I0086468

G.O. Sars

Crustacea

G.O. Sars

Crustacea

ISBN/EAN: 9783742882417

Manufactured in Europe, USA, Canada, Australia, Japa

Cover: Foto ©Thomas Meinert / pixelio.de

Manufactured and distributed by brebook publishing software
(www.brebook.com)

G.O. Sars

Crustacea

THE NORWEGIAN NORTH-ATLANTIC EXPEDITION
1876—1878.

ZOOLOGY.

CRUSTACEA,
I.

BY

G. O. SARS.

WITH 21 PLATES AND 1 MAP.

CHRISTIANIA.
PRINTED BY GRØNDAHL & SØN.
1885.

Indholdsfortegnelse.

(Table of Contents).

Ved Bearbeidelsen af det særdeles vidtløftige Materiale af Crustaceer, indsamlede og iagttagne under Expeditionen, har jeg fundet det praktisk rigtigt at dele min Afhandling i tre Afsnit. I 2det Afsnit gives en fuldstændig systematisk Fortegnelse over samtlige under Expeditionen iagttagne Arter med Angivelse af Findested samt korte Bemærkninger om Forekomst og Udbredning. I sidste Afsnit meddeles de mere almindelige Slutninger, hvortil Studiet af Nordhavsexpeditionens Crustaceer har ledet, dels i Henseende til Faunaens almindelige Character, dels til dens supponerede Bevægelse (Ind- og Udvandring af Dyreformer) samt de physiske og meteorologiske Forhold, som herved synes at være bestemmende. Første Afsnit er derimod kun forbeholdt udførlige Beskrivelser af nogle enkelte Former, der enten er nye for Videnskaben eller hidtil mindre fuldstændigt beskrevne og afbildede. Herved er dog at mærke, at jeg almindelighed ikke har indbefattet herunder de Former, som tidligere er constaterede som tilhørende Norges Kystfauna. Disse sidste vil paa et andet Sted blive adførligt omhandlede, nemlig i et større faunistisk Arbeide over Norges Crustaceer, som jeg med det allerførste agter at paabegynde.

Til de medfølgende Plancher har jeg selv udført alle Figurer og overalt herved anvendt Camera lucida, hvorved deres Nøjagtighed er garanteret. Til Grund for de fleste Habitusfigurer ligger colorerede Tegninger udførte af mig under selve Expeditionen efter frisk indfangede og endnu levende Exemplarer.

De her beskrevne nye Former er tidligere kortelig blevne characteriserede i følgende to paa Latin affattede foreløbige Afhandlinger, begge indførte i "Archiv for Mathematik og Naturvidenskab":

1. *Prodromus descriptionis Crustaceorum et Pycnogonidarum, quæ in Expeditione Norvegica anno 1876 observavit G. O. Sars.*

2. *Crustacea et Pycnogonida nova in itinere 2do et 3tio Expeditionis Norvegicæ anno 1877 & 1878 collecta. (Prodromus descriptionis).*

For at undgaa Gjentagelser ved Opgivelsen af Findestederne, meddeles nedenfor en Tabel over alle de Stationer, paa hvilke Bundskrabe eller Trawl har været anvendt, med

In working up the very extensive material embracing the Crustaceans collected and observed on the Norwegian North-Atlantic Expedition, practical reasons have induced me to divide my Memoir into three sections. The second section gives a complete systematic enumeration of the species observed on the Expedition, as also a statement of the localities where found, together with brief remarks on occurrence and distribution. In the third section are set forth the chief conclusions to which a study of the Crustacea from the North-Atlantic Expedition has led, partly in regard to the general character of the Fauna, and partly with reference to its supposed movements (migration of animal forms), as also to the physical and meteorological conditions which appear to determine the occurrence of species. The first section has been devoted exclusively to detailed descriptions of certain forms either new to science or which, up to the present time, have been incompletely diagnosticated and figured. Meanwhile, I must not fail to observe, that as a rule I have not included forms previously established as belonging to the Norwegian littoral fauna. Such forms will be fully treated of elsewhere, viz. in a work on the Crustacea of Norway, which I purpose beginning at an early date.

For the Plates accompanying this Memoir, all of the figures were furnished by myself; and the use, without exception, of the Camera Lucida affords a sufficient guarantee for their accuracy. Most of the habitus-representations are facsimiles of coloured drawings, executed by myself on the several cruises of the Expedition, from fresh and living specimens.

The new forms described in the first section of this Memoir are briefly characterized in the two following preliminary papers, both published in "Archiv for Mathematik og Naturvidenskab": —

1. — *Prodromus descriptionis Crustaceorum et Pycnogonidarum, quæ in Expeditione Norvegica anno 1876 observavit G. O. Sars.*

2. — *Crustacea et Pycnogonida nova in itinere 2do et 3tio Expeditionis Norvegicæ anno 1877 & 1878 collecta. (Prodromus descriptionis).*

To avoid repetition in stating the localities, I have given below a List of all the Stations at which the dredge or the trawl was used, along with the date, position of the

Angivelse af Datum. Beliggenhed, Dybde, Bundtemperatur, Bundens Beskaffenhed og Fangstredskabets Art. Paa meget faa Undtagelser nær, haves fra alle disse Stationer Crustaceer. Desuden er ved Overfladenettet indsamlet pelagiske Former fra mange andre Stationer, som her ikke er anførte. Paa de til Slutning anførte Kyststationer har en mindre Skrabe været anvendt fra Baad af eller fra det for Anker liggende Dampskib.

De i Tabellen anførte Stationer er alle nøjagtigt afsatte paa det vedføjede Kart, hvor tillige Dybdecurverne for 500, 1000, 1500 og 2000 Favne er optrukne som punkterede Linier. Fremdeles er angivet paa Kartet en stærkere markeret Curve, der betegner Grændsen mellem den kolde og tempererede Area, beregnet efter Bundtemperaturen. Denne Curve danner tillige den naturlige Begrændsning for den indtil 2000 Favne dybe, i Bunden med iskoldt Vand fyldte Havdal, der fra det arktiske Hav skyder sig ned mellem Norge og Island og i Form af en smal Kile ender i den saakaldte Færø-Shetlands Rende, hvor den ved en smal Tværryg er skilt fra det udenfor liggende store Atlanterhavsdyb.

vessel, depth, bottom-temperature, nature of bottom and character of apparatus. With but very few exceptions, Crustaceans were obtained at all of these Stations. Moreover, pelagic forms were collected with the surface-net at many other Stations not included in the List. At the Coast Stations enumerated in conclusion, a smaller dredge was made use of, either from a boat or from the ship when lying at anchor.

The Stations enumerated in the List have all been accurately set off on the annexed Map, in which the curves of depth for 500, 1000, 1500, and 2000 fathoms are drawn as dotted lines. In the Map will also be found a more strongly marked curve, indicating the boundary line between the cold and temperate areas, determined from the observed bottom-temperatures. This curve also forms the natural limit of the ocean valley — reaching 2000 fathoms in depth and filled at the bottom with ice-cold water — which shelves from the Polar Sea to the tract between Norway and Iceland and in the form of a narrow wedge terminates in the so-called Færø-Shetland channel, where it is cut off by a narrow transverse ridge from the great depths of the Atlantic.

Zoologiske Stationer.
(Zoological Stations.)

Station No. (Date.)	Datum. (Date.)	Nordlig Bredde. (North Latitude.)	Længde fra Greenwich. (Longitude.)	Dybde (Depth) Engl. Favne. (Fathoms.)	Meter. (Metres.)	Bundens Temperatur. (Temperature at Bottom.) C.	Bunden.	Bottom.	Apparat. (Apparatus.) S. Skrabe. (Dredge.) T. Trawl. s. Svabere. (Swabs.)
	1876								
1	Juni 3	61° 13'	6° 36' E.	650	1189	6.6	Sandler.	Sabulous Clay.	S.
2	(June) 3	61 10	6 32 E.	672	1229	6.7	Sandler.	Sabulous Clay.	T.
4	" 8	61 5	5 14 E.	566	1035	6.6	Sandler, Grus, Singel.	Sabulous Clay. Pebbles.	T.
8	" 9	61 0	4 49 E.	200	366	6.6	Ler, Sand, Sten.	Clay, Sand, Stones.	S.
9	" 20	61 30	3 37 E.	206	377	5.9	Ler.	Clay.	T.
10	" 21	61 41	3 19 E.	220	402	6.0	Slik, Ler.	Ooze, Clay.	T.
18	" 21	62 44	1 48 E.	412	753	—1.0	Ler.	Clay.	S. T.
23	" 23	62 52	5 50 E.						T.
25	" 28	63 10	5 25 E.	98	179	6.9	Sandler.	Sabulous Clay.	T. S.
26	" 28	63 10	5 16 E.	237	433	7.1	Sandler.	Sabulous Clay.	S.
31	" 29	63 10	5 0 E.	417	763	—1.0	Sandler.	Sabulous Clay.	S. T.
33	" 30	63 5	3 0 E.	525	960	—1.1	Ler.	Clay.	T. S.
34	Juli 1	63 5	0 53 E.	587	1073	—1.0	Ler.	Clay.	T.
35	(July) 5	63 17	1 27 W.	1081	1977	—1.0	Biloculiner.	Biloculina Clay.	S.
40	" 18	63 22	5 29 W.	1215	2222	—1.2	Biloculiner.	Biloculina Clay.	S. T.
48	Aug. 6	64 36	10 22 W.	299	547	—0.3	Mørkgraat Ler.	Dark-grey Clay.	s.
51	" 7	65 53	7 18 W.	1163	2127	—1.1	Biloculiner.	Biloculina Clay.	S.
52	" 8	65 47	3 7 W.	1861	3403	—1.2	Biloculiner.	Biloculina Clay.	T.
53	" 10	65 13	0 33 E.	1539	2814	—1.3	Biloculiner.	Biloculina Clay.	S & T.
54	" 12	64 47	4 24 E.	601	1099	—1.2	Biloculiner.	Biloculina Clay.	S & T.
79	" 21	64 48	6 32 E.	155	283	6.9	Sandler.	Sabulous Clay.	S.
87	" 22	64 2	5 35 E.	498	911	—1.1	Ler.	Clay.	S.
92	" 22	64 0	6 42 E.	178	326	7.2	Sandholdigt Ler.	Sabulous Clay.	T.
93	" 24	62 41 (Romsdalsfjord).	7 8 E.	158	289	6.4	Bled Ler.	Soft Clay.	T.

Station No.	Datum (Date)	Nordlig Bredde (North Latitude)	Længde fra Greenwich (Longitude)	Eng. Favne (Fathoms)	Meter (Metres)	Bundens Temperatur at Bottom C.	Bunden.	Bottom.	Apparat. (S. Skrabe, T. Trawl, s. Svabere)
	1877								
96	Juni 16	66° 8'	3° 0' E.	805	1472	—1.°1	Biloculinler.	Biloculina Clay.	S.
101	(June) 17	65 36	8 32 E.	223	408	6.0	Sandler.	Sabulous Clay.	S.
124	„ 19	66 41	6 59 E.	350	640	—0.9	Grovkornet Ler.	Coarse Clay.	S. T.
137	„ 21	67 24	8 58 E.	452	827	—1.0	Ler.	Clay.	S. T.
147	„ 22	66 49	12 8 E.	142	260	6.2	Grant Ler.	Grey Clay	S.
149	„ 23	67 52	13 58 E.	135	247	4.9	Ler.	Clay.	T. S.
		(Vestfjord).							
164	„ 29	68 21	10 40 E.	457	836	—0.7	Sandler.	Sabulous Clay.	S. T.
173b	Juli 3	69 18	14 32 E.	300	549	4.6	Ler, Sten.	Clay. Stones.	S.
175	(July) 2	69 17	14 35 E.	415	759	3.0	Ler. Smaasten.	Clay, Pebbles.	S.
177	„ 3	69 25	13 49 E.	1443	2639	—1.2	Biloculinler.	Biloculina Clay.	S & T.
183	„ 5	69 59	6 15 E.	1710	3127	—1.3	Sandholdig Ler.	Sabulous Clay.	S & T.
190	„ 7	69 41	15 51 E.	870	1591	—1.2	Biloculinler.	Sabulous Clay.	T.
192	„ 7	69 46	16 15 E.	649	1187	—0.7	Sandler.	Sabulous Clay.	S.
195	„ 16	70 55	18 38 E.	107	196	5.1	Sten, Ler.	Stones, Clay.	S.
200	„ 17	71 25	15 41 E.	620	1134	—1.0	Ler.	Clay.	S. T.
205	„ 18	70 51	13 3 E.	1287	2354	—1.2	Biloculinler.	Biloculina Clay.	S.
213	„ 26	70 23	2 30 E.	1760	3219	—1.2	Biloculinler.	Biloculina Clay.	S.
223	Aug. 1	70 54	8 24 W.	70	128	—0.6	Graasort Sandler.	Dark-grey sabulous Clay	S.
		(Jan Mayen).							
224	„ 1	70 51	8 20 W.	95	174	—0.6	Graasort Sandler.	Dark-grey sabulous Clay	S.
225	„ 2	70 58	8 4 W.	195	357	—0.6	Graasort Sandler.	Dark-grey sabulous Clay	S.
237	„ 3	70 41	10 10 W.	263	481	—0.3	Brunt Ler. Stene.	Brown Clay. Stones.	S.
240	„ 4	69 2	11 26 W.	1004	1836	—1.1	Biloculiuler.	Biloculina Clay.	S.
248	„ 8	67 56	4 11 E.	778	1423	—1.4	Biloculinler.	Biloculina Clay.	S.
251	„ 9	68 6	9 44 E.	634	1159	—1.3	Ler.	Clay.	S.
252	„ 11	Vestfjord.					Ler.	Clay.	S.
253	„ 15	Skjerstadfjord.		263	481	3.2	Ler.	Clay.	S.
253b	Aug. 17	Saltstrømmen.		90	165		Sten.	Stones.	
	1878.								
255	Juni 19	68 12	15 40 E.	341	624	6.5	Ler.	Clay.	S.
		(Vestfjord).							
257	(June) 21	70 1	23 2 E.	160	293	3.9	Ler.	Clay.	S.
		(Altenfjord).							
258	„ 21	70 13	23 3 E.	230	421	4.0	Ler.	Clay.	T.
		(Altenfjord).							
260	„ 24	70 55	26 11 E.	127	232	3.5	Ler.	Clay.	S. T.
		(Porsangerfjord).							
261	„ 25	70 47	28 30 E.	127	232	2.8	Ler.	Clay.	S. T.
		(Tanafjord).							
262	„ 27	70 36	32 35 E.	148	271	1.9	Ler.	Clay.	T. S.
267	„ 29	71 42	37 1 E.	148	271	—1.4	Ler. Sten.	Clay. Stones.	S.
270	„ 30	72 27	35 1 E.	136	249	—0.0	Ler.	Clay.	S.
273	Juli 1	73 25	31 30 E.	197	360	2.2	Ler.	Clay.	S.
275	(July) 2	74 8	31 12 E.	147	269	—0.4	Ler.	Clay.	T.
280	„ 4	74 10	18 51 E.	35	64	1.1	Sten.	Stones.	S.
		(Beeren Eiland).							
283	„ 5	73 47	14 21 E.	767	1403	—1.4	Ler.	Clay.	S.
286	„ 6	72 57	14 32 E.	447	817	—0.8	Ler.	Clay.	T.
290	„ 7	72 27	20 51 E.	191	349	3.5	Sandler.	Sabulous Clay.	T.
295	„ 14	71 59	11 40 E.	1110	2030	—1.3	Biloculinler.	Biloculina Clay.	T.
297	„ 16	72 36	5 12 E.	1280	2341	—1.4	Biloculinler.	Biloculina Clay.	T.
303	„ 19	75 12	3 2 E.	1200	2195	—1.6	Biloculinler.	Biloculina Clay.	T.
312	„ 22	74 54	14 53 E.	658	1203	—1.2	Ler.	Clay.	T.
315	„ 22	74 53	15 55 E.	180	329	2.5	Ler. Sand.	Clay. Sand.	T.
322	„ 23	74 57	19 52 E.	21	38	0.2	Haard.	Hard.	S.
323	„ 30	72 53	21 51 E.	223	408	1.5	Ler.	Clay.	T.
326	Aug. 3	75 31	17 50 E.	123	225	1.6	Ler.	Clay.	T.

1*

Station No.	Datum (Date)	Nordlig Bredde (North Latitude)	Længde fra Greenwich (Longitude)	Dybde (Depth) Eng. Favne (Fathoms)	Meter (Metres)	Bundens Temperatur (Temperature at bottom) C.	Bunden.	Bottom.	Apparat (Apparatus) S. Skrabe (Dredge) T. Trawl s. Svabere (Swabs)
333	Aug. 4	76° 6'	13° 10' E.	748	1368	−1.°3	Biloculinler.	Biloculina Clay.	T.
336	" 5	76 19	15 42 E.	70	128	0.4	Ler, Haard B.	Clay, Hard Bottom.	S.
338	" 6	76 19	18 1 E.	146	267	−1.1	Haard.	Hard.	S.
343	" 7	76 34	12 51 E.	743	1359	−1.2	Ler.	Clay.	T.
350	" 8	76 26	0 29 W.	1686	3083	−1.5	Biloculinler.	Biloculina Clay.	T.
353	" 10	77 58	5 10 E.	1333	2438	−1.4	Biloculinler.	Biloculina Clay.	T.
357	" 12	78 3	11 18 E.	125	229	1.9	Ler.	Clay.	S.
359	" 12	78 2	9 25 E.	416	761	0.8	Ler.	Clay.	S.
362	" 14	79 59	5 40 E.	459	839	−1.0	Ler.	Clay.	T.
363	" 14	80 3	8 28 E.	260	475	1.1	Ler.	Clay.	T.
366	" 17	79 35	11 17 E.	61	112	−2.1	Ler.	Clay.	T.
"	" "	Magdalena Bay.		37	68	−0.2		Clay.	
370	" 18	78 48	8 37 E.	109	199	1.1	Ler.	Clay.	T.
372	" 19	78 9	14 7 E.	129	236	1.2	Ler.	Clay.	T.
		(Isfjord). (Ice Sound).							
374	" 22	78 16	15 33 E.	60	110	0.7	Ler.	Clay.	T.
		(Advent Bay).							

Kyst-Stationer.

Flesje	I den indre Del af Sognefjorden.
Husø	En af de yderste Øer paa Nordsiden af Sognsjøen.
Saltnæs	Bunden af Skjerstadfjord.
Røst	Den yderste af Lofotøerne.
Tromsø	Sundet udenfor Byen.
Hammerfest	Havnen.
Bossekop	Bunden af Altenfjord.
Kjosen	Bunden af Ulfsfjord Nord for Tromsø.
Thorshavn	Færøerne.
Reikjavik	Island.
Jan Mayen	Nord- og Sydside.
Adventbay	Arm af Isfjorden, Spitsbergen.
Magdalenabay	Isfyldt Fjord ved Nordvestsiden af Spitsbergen.
Norske Øer	Øgruppe nordenfor Spitsbergen.

Coast Stations.

Flesje	In the inner part of the Sognefjord.
Husø	One of the outermost islands on the north side of the Sognesjø.
Saltnæs	At the head of the Skjerstadfjord.
Røst	The outermost of the Lofoten Islands.
Tromsø	The sound without the town.
Hammerfest	The harbour.
Bossekop	At the head of the Altenfjord.
Kjosen	At the head of the Ulfsfjord, north of Tromsø.
Thorshavn	The Faroes.
Reykjavik	Iceland.
Jan Mayen	Northern and southern shores.
Advent Bay	An arm of Ice Sound, Spitsbergen.
Magdalena Bay	Fjord enclosed by glaciers, on the north-west coast of Spitzbergen.
The Norway Islands	A group of islands north of Spitzbergen.

I.

Beskrivelse af nye eller mindre bekjendte Arter.

Ordo Podophthalmata.

Subordo Brachyura.
Tribus Oxyrhyncha.
Fam. Majidæ.

Gen. **Scyramathia,** Alph. Milne Edwards, 1880.

Rapport sur l'Exploration scientifique du «Travailleur».

Slægtscharacteristic. Rygskjoldet triangulært, convext. oventil forsynet med spredte stumpe Forhøininger samt til hver Side fortil med en triangulær Hepaticaltorn. bagtil med en koniskt tilspidset fra Gjelleregionen udgaaende Fortsats. Pandehornet delt i to fra Roden af divergerende dolkformige Grene. Øienhulerne tydeligt begrændsede, vendte til Siderne, og oventil forsynede med et dybt Indsnit og en tilspidset Praeocularfortsats. Øinene smaa, retractile. 2det Par Føleres Basalled med den ydre Kant simpel, ikke tandet, den frie Del af Skaftet smalt cylindrisk. Svøben børsteformig. De ydre Kjævefødders 4de Led (meros) meget bredt, fortil næsten lige afskaaret. Fangarmene forholdsvis smaa og svage, med smal Haand. Gangfødderne temmelig forlængede, 1ste Par længst, de 3 øvrige successivt kortere: Endekloen svagt krummet, af ens Udseende paa alle.

Almindelige Bemærkninger. Nærværende Slægt er grundet paa den nedenfor nøiere beskrevne Form, der først er noteret som en Art af Slægten *Amathia* Roux. Trods sin umiskiendelige habituelle Lighed med Arterne af denne sidste Slægt, vil dog en nøiere Undersøgelse snart vise, at den ikke er nogen ægte *Amathia.* Prof. *Alph. Milne Edwards* har først i sin foreløbige Rapport over den Franske

I.

Description of new or imperfectly known Species.

Ordo Podophthalmata.

Subordo Brachyura.
Tribus Oxyrhyncha.
Fam. Majidæ.

Gen. **Scyramathia,** Alph. Milne Edwards, 1880.

Rapport sur l'Exploration scientifique du «Travailleur».

Generic Character. — Carapax triangular, convex, furnished above with scattered obtuse protuberances, as also anteriorly. on either side. with a triangular hepatic spine, posteriorly with a conical acuminate process, issuing from the branchial region. Rostrum divided at the base into two diverging dagger-shaped branches. Orbita distinctly defined, turning sideways. and exhibiting above a deep incision. together with an acuminate preocular spine. Eyes small, retractile. Basal articulation of the 2nd pair of antennæ with the outer margin simple. not dentate; the free portion of the peduncle slender. cylindrical, flagellum setiform. Exterior maxillipeds having the 4th joint (meros) very broad, anteriorly well-nigh truncate. Chelipeds comparatively small and weak, with a slender hand. Ambulatory legs rather elongate. 1st pair longest. the 3 remaining pairs diminishing successively in length; terminal claw slightly bent, presenting the same appearance in all.

General Remarks. — The present genus is based on the form minutely described below, and first noticed as a species of the genus *Amathia* Roux. Notwithstanding the undeniable resemblance shown in its habitus to the species of this genus, a closer examination will soon prove it to be no genuine form of *Amathia.* Prof. *Alph. Milne Edwards,* in his preliminary report of the French Expedition in the

Expedition i Biscayerbugten gjort opmærksom herpaa og tillige paapeget, at den her omhandlede Form slutter sig meget nær til den af *Stimpson*[1] under Benævnelsen *Scyra umbonata* kortelig characteriserede Krabbe fra Havet om Florida. Milne Edwards foreslaar at oprette for begge disse Former en ny Slægt under ovenstaaende Navn.

Angaaende denne Slægts systematiske Stilling og Forhold til de øvrige bekjendte *Oxyrhyncher*, synes det efter Øienhulernes Bygning og andre Charactérer klart, at den nma henføres til Familien *Majidæ*, i den Begrændsning hvori denne Familie for Tiden ialmindelighed opfattes, altsaa temmelig fjernt saavel fra Slægten *Amathia* som fra *Scyra*, hvoraf den første tilhører Familien *Inachidæ*, og den sidste Familien *Periceridæ*, ifølge den nylig af E. Miers givne Revision af *Oxyrhyncherne*.[2] Blandt Majiderne igjen tilhører den utvivlsomt Underfamilien *Majinæ* og slutter sig, som det synes, nærmest til Slægten *Hyastenus* White, hvis Arter væsentlig stammer fra den nordlige Del af det stille Ocean.

Bay of Biscay, first drew attention to this fact, and also alluded to the form in question very closely approximating the crab occurring off the coast of Florida and briefly characterized by Stimpson[1] under the name of *Scyra umbonata*. Milne Edwards suggests establishing a new genus for both these forms, under the aforesaid designation.

As regards the systematic position and relation of this genus to the other known *Oxyrhyncha*, it should certainly, from the structure of the orbits and other characters, be classed under the family *Majidæ*, within the limits at present usually assigned to that family, — hence comparatively remote alike from the genus *Amathia* and from the genus *Scyra*, the first of which belongs to the family *Inachidæ* and the latter to the family *Periceridæ*, according to the revision of the *Oxyrhyncha*[2] lately published by E. Miers. Again, among the Majidæ it unquestionably belongs to the sub-family *Majinæ*, and would seem to approximate closest the genus *Hyastenus*, White, chiefly represented in the northern part of the Pacific Ocean.

1. Scyramathia Carpenteri, (Norman).

(Pl. I, Fig. 1—7).

Syn: *Amathia Carpenteri*, Norman, i Wyville Thomson's: «The Depths of the Sea», pg. 175, Fig. 33.

Artscharacteristic. Legemet overalt tæt og kort laaddent. Rygskjoldet noget længere end bredt, bagtil i Midten udbuet, oventil stærkt hvælvet samt forsynet med 9 stumpe Forhøininger, hvoraf de 3 tilhører Maveregionen, 1 Hjerteregionen, 2 hver Gjelleregion og 1 Tarmregionen. Den laterale Forbats paa Gjelleregionen stor, skarpt tilspidset, lige udadrettet. Hepaticaltornen triangulær, begge overragende Siderne af Rygskjoldet, oventin sæt. Pandehornets Grene af Rygskjoldets halve Længde, lige, stærkt divergerende, sylformigt tilspidsede. Præorbitaltornen triangulær, Postorbitaltornen stump; Indtnittet mellom begge i Bunden afrundet. Øinene næget smaa, med lyst Pigment. Fangarmene uden tydelige Torner, smalt cylindriske, med Haanden neppe fortykket. Fingrene simple ikke forcipate, og kortere end Palmen. 1ste Par Gangfødder en halv Gang til saa lange som Fangarmene og ligesom de følgende Par simpelt cylindriske; Endekloen forlænget med Spidsen nøgen, hornfarvet. Hunnens Bagkrop stor og bred, næsten cirkelformig, med en stump Kjøl efter Midten. Farven ensformig skidden gruabrun. Spandvidde indtil 250ᵐᵐ.

Specific Character. — Body covered over the whole surface with a close, velvety pubescence. Carapax somewhat longer than broad, posteriorly arched in the middle, above extremely arcuate and furnished with 9 obtuse protuberances, of which 3 belong to the gastric region, 1 to the cardiac region, 2 to each of the branchial regions, and 1 to the intestinal region. Lateral process on the branchial region large, very acute, and pointing straight outwards, hepatic spine triangular, both projecting beyond the sides of the carapax when viewed from above. Branches of the rostrum half the length of the carapax, straight, widely diverging, styliform, acuminate. Preorbital spine triangular, postorbital obtuse: the incision between rounded at the bottom. Eyes exceedingly small, with a light-coloured pigment. Chelipeds without distinct spines, slender cylindric, hand exhibiting scarcely any inspissation, dactyli simple, not forcipate, and shorter than the palm. First pair of ambulatory legs half again the length of the chelipeds, and, like the following pairs, simple cylindric: terminal claw produced, with the point naked, and of a horny colour. In females, the abdo-

1. Scyramathia Carpenteri, (Norman).

(Pl. I, figs. 1—7.)

Syn. *Amathia Carpenteri*, Norman, in Wyville Thomson's: «The Depths of the Sea,» p. 175, fig. 35.

[1] Preliminary Report on the Crustacea dredged in the Gulf Stream. Part I. Brachyura.

[2] «On the classification of the Majoid Crustacea» i Linnean Society's Journal Zool., Vol. XIV.

[1] Preliminary Report on the Crustacea dredged in the Gulf Stream, Part I. Brachyura.

[2] «On the classification of the Majoid Crustacea,» in the Linnean Society's Journal, Zool., Vol. XIV.

Findested. Stat. 10. 2 Exemplarer. begge Hunner.

Bemærkninger. Hvorvidt den her omhandlede Form i Virkeligheden er specifisk forskjellig fra Stimpsons *Scyra umbonata*, er det vanskeligt for Tiden med fuld Sikkerhed at afgjøre, da der endnu ikke foreligger nogen udførlig Beskrivelse eller Afbildning af denne sidste. Stimpson's korte Diagnose passer i alt væsentligt temmelig godt paa vor Art, saa at det neppe herefter lader sig gjøre at udhæve for denne sidste nogen egentlig distinctiv Character ligeoverfor den amerikanske Form.

Skjøndt jeg for min Part skulde være meget tilbøielig til at anse disse to Former for identiske, tror jeg dog ikke paa Basis heraf udenvidere at kunne reducere Norman's Art, saalænge der endnu ikke er foretaget nogen noiere Sammenligning mellem begge de her omhandlede Former. Den opføres derfor her under det af Norman foreslaaede Artsnavn.

Beskrivelse. Hele Legemets Overflade er ligesom beklædt med et tæt filtagtigt Beleg, der ved noiere Undersøgelse bestaar af 2 forskjellige Slags Hudvedhæng. Inderst bemærkes talrige smaa tæt sammentrængte knudeformige Udvæxter, der ved en flygtig Betragtning let vilde kunne tages for Granulationer paa selve Hudskelettet, men som nærmere besvede snart viser sig at være af en helt anden Natur, da de baade er af temmelig blød Consistents og med den største Lethed lader jeg skrabe af. Ved Behandling med Kalilud viser de sig (se Fig. 7) som hudagtige Blærer eller Kapsler, der med en bred Basis er fæstede til Hudskelettet og i Midten støttes af en tynd chitinagtig Stav, hvis Spids rager mere eller mindre tydeligt frem fra Toppen.

Imellem disse eiendommelige Hudvedhæng og betydeligt overragende dem staar korte, men stive og i Enden noget bageformigt krummede Haar (Fig. 6), der især er tæt sammentrængte paa den forreste Del af Rygskjoldets dorsale Flade, der herved faar et eget fløielsagtigt Udseende. De savnes imidlertid heller ikke paa andre Dele af Legemet, saasom Pandehornene, Lemmerne og Bagkroppen, skjøndt de ialmindelighed her er noget mere spredte.

Rygskjoldet viser (se Fig. 1) den for *Oxyrhyncherne* characteristiske afrundet trekantede Form, med Længden noget større end Breden og den bagre Kant i Midten temmelig stærkt udbuet. Dets Overflade er noget ujevn, uden at dog de forskjellige Regioner markerer sig synderligt skarpt fra hverandre. Tydeligst er Begrændsningen mellem Maverregionen og Gjelleregionerne, hvilken viser sig som to dybe, lagtil convergerende Furer omtrent ved Midten af Rygskjoldets Længde. Seet i Profil (Fig. 3) viser Rygfladen sig stærkt hvælvet og temmelig brat nedadskraanende snavel mod Panden som den bagre Rand.

men large and broad, almost circular, with an obtuse carina along the middle. Colour a uniform dirty greyish-brown. Width between the points of the outstretched legs reaching 250ᵐᵐ.

Locality. — Station 10: 2 specimens, both females.

Remarks. — Whether the form treated of here be indeed specifically distinct from Stimpson's *Scyra umbonata*, is difficult to decide at present with absolute certainty, since a detailed description or representation of the latter has not yet been given. Stimpson's brief diagnosis agrees well in all essential particulars with our species: and hence it is hardly possible to assign a pronounced distinctive character as contrasting with the American form.

Though myself greatly disposed to regard these two forms as identical, I cannot, on the basis of a mere supposition, presume to reduce Norman's species, till a further and more minute comparison shall have been made between the two forms treated of here. Hence, it is described under the specific name suggested by Norman.

Description. — The whole surface of the body invested, as it were, with a dense, felt-like covering, which, on closer inspection, is found to consist of two different kinds of cutaneous appendages. Innermost, crowded together, are observed numerous small tuberculiform excrescenses, which, at the first glance, may be readily taken for granulations on the skeleton of the skin, but, after a closer examination, are seen to be of a totally different character, since they have not only a soft consistence, but admit of being scraped off with the greatest facility. On treating these protuberances with a solution of potash, they are found (see fig. 7) to be true cutaneous vesicles or capsules, that, with a broad basis, are attached to the skeleton of the skin and supported in the middle by a slender chitinous-like rod, of which the point projects more or less distinctly forward from the top.

Between these peculiar cutaneous appendages, and projecting considerably beyond them, are short and comparatively stiff hairs (fig. 6), somewhat unguiform at the extremity, and crowded together, in particular on the anterior part of the dorsal surface of the carapax, which thus acquires a velvety appearance. These hairs, though not wanting on other parts of the body, for example the rostrum, the legs, and the abdomen, occur here as a rule somewhat more scattered.

The carapax (see fig. 1) exhibits the rounded triangular form characteristic of the *Oxyrhyncha*, with the length somewhat greater than the breadth, and the posterior margin slightly arcuate in the middle. Its surface is somewhat uneven, but without the various regions of the body being sharply defined one from the other. The demarcation is most distinct between the gastric and the branchial regions, occurring here as two deep, posteriorly converging furrows about the middle of the longitudinal diameter of the carapax. Viewed in profile (fig. 3), the dorsal surface has an exceedingly curved appearance, sloping abruptly down alike towards the rostrum and the posterior margin.

Af Knuder eller Tuberkler findes kun et meget begrændset Antal fordelte paa Rygskjoldets Overflade og som sædvanligt strængt symetriskt ordnede. Paa den stærkt convexe Maveregion bemærkes i Midten bagtil en stump Forhøining og til hver Side af denne en mindre, men tydeligere begrændset afrundet Knude. Hos det ene af de to undersøgte Individer fandtes desuden i Midtlinien længere fortil en meget liden, men ganske tydeligt markeret Tuberkel, der imidlertid ganske savnedes hos det andet Exemplar. Hjerteregionen er særdeles stærkt, pukkelformigt fremspringende, dannende en umboformig Forhøining i Midten af det bagre Parti af Rygskjoldet. Ogsaa den bagenfor liggende saakaldte Tarmregion er i Midten mere eller mindre tydeligt tuberkelformigt fremspringende. Paa enhver af de temmelig stærkt hvælvede Gjelleregioner findes fortil og bagtil et stumpt knudeformigt Fremspring, hvoraf det forreste er størst og noget afladet i Enden. Fra den ydre Side af disse Regioner udspringer desuden en særdeles stor konisk tilspidset Fortsats, der retter sig lige udad og betydelig overrager Rygskjoldets Sidekanter. En anden, men mindre og triangulært tilspidset Fortsats sees i den forreste Del af Rygskjoldet, hævende sig fra hver Leverregion og ligeledes overrragende Sidekanterne. Tallet af samtlige Forhøininger paa Rygskjoldets Overflade bliver saaledes, naar undtages den ovenfor nævnte lille, og som det synes inconstante Tuberkel fortil paa Maveregionen, ialt 13, 9 stumpe dorsale Knuder og 4 tilspidsede laterale Fortsatser. Paa de Mundranen til Siderne begrændsende saakaldte Pterygostomialregionen bemærkes en noget uregelmæssigt lnet Længdekjøl, der viser et, som det synes, noget vexlende Antal af stumpe Knuder eller Crenulationer (se Fig. 2 og 3).

Pandehornet er af et meget characteristiskt og fra vore øvrige bekjendte Former afvigende Udseende. Det er nemlig delt i to lige fra Roden af adskilte, fuldkommen lige og sylformigt tilspidsede Grene eller Horn, der divergere til hver Side og opnaar omtrent Halvparten af Rygskjoldets Længde. De er ved Roden fuldkommen cylindriske og afsmalnes jævnt mod Enden samt er tæt haarbesatte.

Øienhulerne er temmelig smaa, men ganske tydeligt begrændsede og rettede til Siderne. De begrændses oventil og fortil af en triangulær tilspidset fortilrettet Flig, den saakalte Præorbitaltorn og bagtil af en i Enden afstumpet Postorbitaltorn; mellem begge er et dybt, i Bunden afrundet Indsnit eller Sinus. Den nedre Væg af Øienhulerne dannes væsentlig kun af det med Epistomet forvoxne Basalled af 2det Par Følere.

Antennegruberne, der som sædvanligt er beliggende lige under Pandedelen (se Fig. 2), er af uregelmæssig oval Form og skilte i Midten ved en smal Skillevæg, hvis forreste Del springer frem i Form af en buet Kam (se Fig. 3).

Det brede, i Midten fordybede Brystskjold dækkes hos Hunnen fuldstændig af den paa Bugsiden ombøiede Bagkrop.

Of protuberances or tubercles, but a very limited number occur on the surface of the carapax, and as usual disposed with rigid symmetry. On the gastric region, exceedingly convex, is observed in the middle, posteriorly, an obtuse prominence, and on either side a smaller, but distinctly defined, rounded tubercle. Moreover, in one of the two specimens examined was detected on the median line, farther forward, a minute but well marked protuberance, of which however there was no trace in the other example. The cardine region, considerably projecting, constitutes an umbo-shaped prominence, in the middle of the posterior part of the carapax. The so-called intestinal region, located posterior to the cardine, is likewise in the middle more or less protuberant and projecting. On each of the comparatively arcuate branchial regions occurs, alike anteriorly and posteriorly, an obtuse tuberculiform projection, of which the anterior is the larger and somewhat applanated at the top. Moreover, from the outer side of these regions issues a very large acuminate projection, turned directly outward, and extending considerably beyond the lateral margins of the carapax. Another, but smaller and triangular-acuminate process, is seen on the foremost part of the carapax, rising from each hepatic region, and in like manner projecting beyond the lateral margins. Hence, the number of prominences occuring on the surface of the carapax, if we except the minute and apparently inconstant tubercle observed, as stated above, on the anterior part of the gastric region, is 13, viz. 9 obtuse dorsal protuberances and 4 acuminate lateral projections. On the so-called pterygostomian regions, laterally adjoining the buccal area, occurs a somewhat irregularly arched longitudinal carina, exhibiting, it would seem, a slightly varying number of obtuse tubercles or crenulations (see figs. 2, 3).

The rostrum is highly characteristic, differing widely in appearance from that in any other of our known forms. It is divided from the base upwards into two perfectly straight, awl-shaped branches or horns, diverging to either side, and which attain about half the length of the carapax. At the base they are perfectly cylindrical, tapering gradually towards the extremity, and have a thick covering of hair.

The orbita are rather small, but distinctly defined, and turned sideways. Above and in front, they are bounded by a triangular-acuminate lobule, pointing anteriorly, the so-called preorbital spine, and behind by a postorbital spine, obtuse at the extremity: between the two extends a deep incision or sinus, rounded at the bottom. The lower wall of the orbita is formed in greater part by the basal segment (connate with the epistome) of the 2nd pair of antennae.

The antennal fovea, placed as usual immediately beneath the frontal region (see fig. 2), have an irregular oval form, and are separated in the middle by a narrow ridge, of which the anterior part projects in the shape of an arched comb (see fig. 3).

The broad sternum, hollowed in the middle, is in the females wholly covered by the inflexed abdomen.

Denne sidste (se Fig. 2) er særdeles stor, af næsten cirkelrund Form og noget hvælvet samt langs Midten forsynet med en stump Kjøl. Af dens 7 Segmenter er næstsidste det største. Hos det ene af de erholdte Exemplarer fandtes under Bagkroppen en tæt Klase af fint kornet, rødgul Udrogn.

Øinene er særdeles smaa og kan mere eller mindre fuldstændigt inddrages i Øienhulerne. De er af cylindrisk Form og kun lidet udvidede i Enden. Den facetterede Del indtager kun en forholdsvis liden Del af Øiet og udmærker sig ved sit lyse, hvidgule Pigment.

1ste Par Følere er fæstede i Bunden af de ovennæmtalte Antennegruber, hvori de fuldstændigt kan inddrages, idet den ydre Del (Skaftets sidste Led tilligemed de korte Svøber) kan slaaes albueformigt ind mod Basaldelen. Deres Bygning er forøvrigt den for *Brachyurerne* sædvanlige.

2det Par Følere udspringer (se Fig. 2) til hver Side af Antennegruberne, som de delvis indrager til at begrændse udad. Deres basale Del er fast forvoxet med Epistomet og danner, som ovenfor anført, den nedre Begrændsning for Øienhulerne. Den ydre Kant af denne Del er ganske glat, uden nævneværdige Fremspring, og Enden simpelt afkuttet. Lugteknuderne befinder sig helt bagtil nær Mundrammen. Den frie Del af disse Følere er traadformig og rager frem til hver Side af Pandehornene, hvis halve Længde de omtrent opnaar. Man kan adskille et smalt cylindrisk 2-leddet Skaft og en noget tynd, omtrent ligelang, af flere Led bestaaende børsteformig Svøbe.

Den temmelig store firkantede Mundramme (se Fig. 2), der tager sin Begyndelse i nogen Afstand fra Antennegruberne med en fuldkommen lige og glat Rand, dækkes fuldstændigt af de ydre Kjævefødder.

Disse sidste (Fig. 4) er af særdeles kraftig Bygning og udspringer til hver Side af Mundrammens bagre Del, umiddelbart foran den spalteformige Aabning, der fører ind til Gjællehulerne (se Fig. 2). De bestaar af den egentlige Kjævedel eller Stamme og en betydelig tyndere ydre Gren (Exognath), foruden den i Gjælledalen indragende Viste (Epignath), som ikke er fremstillet paa Figuren. Man kan paa selve Stammen adskille 7 Led, hvoraf de to første er meget korte og mindre tydeligt begrændsede, medens de 2 følgende Led er stærkt pladeformigt udvidede og paa sin ydre Flade grovt granulerede. 3die Led er det største, af aflang firkantet Form og langs sin indre Kant uregelmæssigt tandet samt besat med korte og tætte Børster. 4de Led er stærkt udvidet mod Enden, betydelig bredere end langt og af uregelmæssig trekantet Form, med den forreste Rand næsten lige afskaaret. Paa dets indre Flade er en Udrandning, hvori den korte indad krummede Endedel eller Palpe er fæstet ved en meget bevægelig Articulation. Dennes 3 Led aftager successivt i Tykkelse og er alle tæt haarede. Exognathen udspringer fra Yderside af Stammens 2det Led og bestaar af et noget afladet, stægt bugtet

The latter part (see fig. 2) is exceedingly large, almost circular and somewhat arcuate in shape, and furnished along the middle with an obtuse carina. Of its 7 segments, the penultimate is the largest. In one of the specimens obtained was found under the abdomen a thick cluster of finely granulous reddish-yellow roe.

The eyes are exceedingly small, and admit of being more or less completely retracted within the orbita. They are cylindric in form, and but slightly dilated at the extremities. The cornea constitutes but a small portion of the eye, and is characterized by its light, whitish-yellow pigment.

The 1st pair of antennæ are attached at the bottom of the aforesaid antennal foveæ, into which they can be wholly retracted, the outer part (the last segment of the peduncle together with the short flagella) admits of being elbow-like bent in toward the basal portion. For the rest, their structure is that usually observed in the *Brachyura*.

The 2nd pair of antennæ issue (see fig. 2) one on either side of the antennal foveæ, which in part they serve to limit exteriorly. Their basal portion is connate with the epistome, and forms, as stated above, the lower limit of the orbita. The outer margin of this portion is perfectly smooth, without dentate projections, and the extremity simple. The olfactory tubercles occur far behind, in close proximity to the buccal area. The free portion of these antennæ is filiform, and projects on either side of the rostrum, about half the length of which they attain. A slender cylindric peduncle, with two segments, can be distinguished, as also an extremely narrow, setiform flagellum, nearly equal in length, and consisting of several segments.

The comparatively large quadrate buccal area (see fig. 2), originating at some distance from the antennal foveæ, with a perfectly even and smooth border, is wholly covered by the outer maxillipeds.

The latter parts (fig. 4) are exceedingly strong; they are attached on either side of the posterior portion of the buccal area, immediately anterior to the fissure-like opening that leads to the branchial cavity (see fig. 2). They consist of the true maxillary portion, or stem, and a much more slender external branch (exognath), together with the flabellum (epignath), projecting into the branchial cavity (not represented in the figure). On the stem itself can be distinguished 7 articulations, of which the 2 first are exceedingly short and less distinctly indicated, whereas the 2 succeeding ones, pronounced lamelliform, are greatly dilated, and have their outer surface coarsely granulous. The 3rd segment, which is the largest, has an oblong, quadrate form, with its inner margin irregularly dentate, as also beset with short and closely disposed bristles. The 4th segment is very much dilated at the extremity, considerably broader than long, and has an irregular-triangled form, with the anterior margin almost vertically truncate. On its inner surface is observed a hollowed emargination, to which the short terminal portion, or palp, curving inward, is attached by an exceedingly mobile articulation. The 3 articulations com-

2

Skaft, der mod Enden i den indre Kant viser et kort tandformigt Fremspring, og en liden cylindrisk Endesmært, hvis ydre Del er afdelt i korte, med Børster besatte Led.

1ste Fodpar eller de saakaldte Fangarme (se Fig. 1) er, infald har Hunnen, af forholdsvis svag Bygning og neppe længere end Rygskjoldet, Pandehornene iberegnede. De bestaar ligesom de øvrige Fødder af 7 Led, hvoraf dog de to første er mindre skarpt begrændsede. Det stærkt forlængede 4de Led (brachium) er noget fortrykket i Enden og oventil har forsynet med et kort knudeformigt Fremspring. Forøvrigt er Fangarmene uden enhver Bevæbning og simpelt cylindriske. Haanden er meget smal, neppe tykkere end den øvrige Del og omtrent af samme Længde som de 2 foregaaende Led tilsammen. Fingrene er betydelig kortere end Palmen, simple, noget bøjede og i sin indre Kant forsynet med ensformigt udviklede stumpe Tænder. Naar de lukkes, slutter de tæt sammen i sin hele Længde.

De egentlige Gangfødder er temmelig stærkt forlængede og ligesom Fangarmene smalt cylindriske, uden tydelige Tuberkler eller Torner. De aftager successivt i Længde bagtil saaledes, at, medens 1ste Par omtrent er 1/4 Gang til saa langt som Fangarmene er sidste Par neppe længere end disse. Det næstsidste Led (tarsus) er kjendeligt smalere end de øvrige og temmelig forlænget. Endekloen er kraftigt udviklet og paa alle Par af ens Udseende, svagt bøiet, næsten trind, ikke sammentrykt og i Størsteparten af sin Længde tæt besat med de eiendommelige ovenfor omtalte kapselformige Hudvedhæng, hvormed ogsaa den øvrige Del af Fødderne er rigeligt forsynet. Den alleryderste Del af Endekloen er derimod ganske nøgen og af en meget fast hornagtig Consistens samt sylformigt tilspidset (se Fig. 4).

Farven er overalt ensformig skidden graabrun, hvad der forøvrigt væsentlig skyldes de tætte Hudvedhæng, der overalt dækker Legemet.

Udmaalinger. Det største af de to undersøgte Exemplarer har en Spandvidde mellem de udstrakte forreste Gangfødder af 250mm. Rygskjoldets Længde er, naar Pandehornene fraregnes, 45mm, dets største Brede 42mm; Pandehornenes Længde 25mm; 1ste Par Gangfødders Længde 120mm; Fangarmenes Længde udstrakt 70mm.

Forekomst og Udbredning. Nærværende mærkelige Krabbe blev først opdaget under den Porcupine'ske Expedition paa den saakaldte Holteniagrund i den vestlige Del af Færø-Shetlandsrenden og er afbildet i det bekjendte af

posing this part diminish successively in thickness and are each thickly clothed with hair. The exognath issues from the outer side of the 2nd segment of the stem, and consists of a somewhat bevelled, slightly arcuate peduncle, which, towards the extremity, at the inner margin, exhibits a short, dentiform projection, and at the apex a small cylindric flagellum, the outer part of which is subdivided into small articulations, beset with bristles.

The 1st pair of legs, or chelipeds as they are called (see fig. 1), exhibit, in the females at least, a comparatively feeble structure, and are scarcely at all longer than the carapax, including the rostrum. Like the other legs, they are composed of 7 segments, of which however the two first are less sharply defined. The very elongate 4th segment (brachium) is somewhat dilated at the extremity, and here, above, furnished with a short, tuberculiform projection. For the rest, the chelipeds are simple cylindric, without any armature whatsoever. The hand is exceedingly narrow, scarcely at all thicker than the remaining part, and about of the same length as the 2 preceding segments taken together. The fingers are considerably shorter than the palm, simple, somewhat bent, and on their inner margin provided with obtuse, uniformly developed teeth. When shut, they fit close together, throughout their entire length.

The true ambulatory legs are comparatively elongate, and, like the chelipeds, slender and cylindric, without distinct tubercles or spines. They diminish successively in length posteriorly, in such manner that, whereas the 1st pair are about half as long again as the chelipeds, the last pair are scarcely at all longer than those limbs. The penultimate segment (tarsus) is appreciably narrower than the preceding ones, and rather elongate. The terminal claw is most powerfully developed, and on each pair of uniform appearance, slightly curved, almost round, not compressed, and throughout the greater part of its length thickly beset with the characteristic capsular cutaneous appendages described above, with which, too, the remaining portion of the pereiopoda is abundantly furnished. The outermost part of the terminal claw is, on the other hand, entirely naked, of an exceedingly firm, corneous consistence, and acutely pointed (see fig. 4).

Colour everywhere a uniform dirty greyish-brown, chiefly ascribable to the compact cutaneous appendages that cover the whole surface of the body.

Measurements. — The largest of the two specimens examined has a width between the expanded anterior pereiopoda of 25mm. The length of the carapax, exclusive of the rostrum, is 45mm, its greatest breadth 42mm; the length of the rostral horns is 25mm; the 1st pair of pereiopoda has a length of 120mm; the length of the chelipeds, expanded, is 70mm.

Occurrence and Distribution. — This remarkable crab was first observed on the "Porcupine" Expedition, inhabiting the "Holtenia ground," in the western part of the Færoe-Shetland channel: the animal is figured in

11

Wyville Thmsom forfattede Skrift "The Depths of the Sea" under Benævnelsen *Amathia Carpenteri.*

Nylig er samme Form under den franske Expedition fundet meget almindelig paa de større Dyb i Biscayerbugten.

De to under vor Expedition erholdte Exemplarer optoges i Trawlnettet circa 20 Mil udenfor vor Vestkyst (Stat. 10) fra et Dyb af 220 Favne.

Dens hidtil bekjendte geografiske Udbredning strækker sig saaledes igjennem circa 20 Bredegrader. Hvis Stimpsons Art skulde vise sig at være identisk med vor, bliver Udbredningen selvfølgelig endnu betydelig større.

Overalt er den kun fundet paa Dybder over 100 Favne, og den er derfor at betragte som en ægte Dybvandsform, noget, der ogsaa paa Forhaand vil kunne sluttes af enkelte Organisationsforhold, navnlig de lidet udviklede Øine og disses lyse Pigment.

De physiske Forhold, hvorunder den forekommer, synes endelig at vise, at den er en mere sydlig Form, der alene tilhører den tempererede Area, men er ganske fremmed for den kolde.

Sir Wyville Thomson's well-known work, "The Depths of the Sea," under the name of *Amathia Carpenteri.*

A short time since, the same form was met with on the French Expedition, occurring very abundantly throughout the great depths in the Bay of Biscay.

The two specimens obtained on the Norwegian Expedition were brought up in the trawl-bag, about 20 miles off the west coast of Norway (Stat. 10), from a depth of 220 fathoms.

Hence, its geographical distribution as hitherto known comprises about 20 degrees of latitude. Should Stimpson's species prove to be identical with ours, the distribution is of course much more extensive.

In every locality, this crustacean has been met with in depths exceeding 100 fathoms, and must therefore be regarded as a true deep-sea form, which could, indeed, be presumptively inferred from certain characteristics of organization, in particular the slight development of the eyes and their light pigment.

Finally, the physical conditions under which the animal occurs would apparently distinguish it, rather as a southern form, exclusively belonging to the temperate and wholly unknown in the cold area.

Subordo Anomura.

Tribus Pterygura.

Fam. Paguridæ.

Gen. **Eupagurus**, Brandt. 1851.

Middendorffs Sibirische Reise.

2. Eupagurus tricarinatus, (Norman).

(Pl. I, Fig. 8—10.)

Syn: *Pagurus tricarinatus*, Norman, Last Report on dredging among the Shetland Isles. Report of the British Association for the Advancement of Science for 1868. p. 264.

Artscharacteristik. Legemet temmelig undersætsigt, besat med spredte Børsteknipper. Panderanden i Midten kun lidet fremspringende. Øinene aflangt kølleformige, kortere end Panderanden. Fangarmene meget ulige, haarede; høire Arm meget større og kraftigere end venstre med 5te Led (Vristen) temmelig tykt og tæt besat med tornformige Tuberkler. Haanden bredt oval med 3 Længdekjøler, hvoraf de to ydre indtager Kanterne og er regelmessigt og grovt tandede, medens den 3die lober langs ad Midten af den øvre Flade og er stumpere end de to øvrige. Haandens Overflade mellem Kjølerne tydeligt indhulet og kun forsynet med faa og stumpe Knuder; Fingrene neppe

Subordo Anomura.

Tribus Pterygura.

Fam. Paguridæ.

Gen. **Eupagurus**, Brandt. 1851.

Middendorffs Sibirische Reise.

2. Eupagurus tricarinatus, (Norman).

(Pl. I, figs. 8—10.)

Syn. *Pagurus tricarinatus*, Norman, Last Report on dredging among the Shetland Isles. Report of the British Association for the Advancement of Science for 1868, p. 264.

Specific Character. — Body comparatively robust, beset with scattered fasciculi of bristles. Margin of front, in the middle, but slightly projecting. Eyes oblong claviform, shorter than the frontal margin. Chelipeds very unequal, ciliated; right arm much larger and more powerfully developed than left, with the 5th segment (the wrist) comparatively thick, and densely beset with spiniform tubercles; hand broadly oval, with 3 longitudinal carinæ, of which the 2 outer ones occupy the edges and are regularly and coarsely dentate, whereas the 3rd extends along the middle of the upper surface and is more obtuse than the two others. Surface of hand between the carinæ

2*

længere end Palmen, brede og affladede, i den ydre Kant tandede, i den indre uregelmæssigt kantdrede. Venstre Fangarms Haand smalt oval, tæt haaret oventil med en tandet Længdekjøl. Gangfødderne af middelmaadig Længde, med de 2 ydre Led grovt tandede og haarede i den forreste Kant; Endekloen svagt krummet, uden Tænder. Farven blegt gulrød.

Findested. Stat. 25. 1 Exemplar.

Bemærkninger. Nærværende Form er let kjendelig fra alle vore øvrige Arter ved den eiendommelige og skarpt udprægede Sculptur af Haanden paa høire Fangarm. Derimod kommer den i denne Henseende temmelig nær to middelhavske Arter, nemlig *E. angulatus* Risso og *E. meticulosus* Roux. Den første af disse Arter har imidlertid ganske glatte Kjøler, og for den sidste synes den at skille sig ved kortere og plumpere Hænder samt ved en betydelig stærkere udpræget Tornbesætning.

Beskrivelse. Legemet er af temmelig kraftig og undersætsig Bygning og saavel paa Rygsiden som Bugsiden besat med spredte Knipper af fine Haar.

Integumenterne er som hos de øvrige Arter af Slægten temmelig tynde og delvis ganske membranøse.

Rygskjoldet viser (se Fig. 8) den sædvanlige noget hjertedannede Form. Dets forreste Parti er ved en skarpt markeret bueformigt bøiet Cervicalfure adskilt fra den bageste Del og viser i Midten den egentlige Maveregion, til hver Side af denne en liden ufuldstændig begrændset Leverregion og helt bagtil umiddelbart foran Cervicalfuren paa hver Side et smalt, skjævtliggeende Felt, den saakaldte "*regio metagastrica*". Den bageste Del af Rygskjoldet, der er af en mere hudagtig Beskaffenhed end den forreste, er bagtil stærkt opsvulmet og i Midten udrandet, ladende sidste Forkropssegment ubedækket. Man adskiller i Midten den smale, lineære Hjerteregion og til hver Side af denne de stærkt hvælvede Gjælleregioner, der ovenfil ved en utydelig Længdefure er delt i to Felter.

Bagkroppen er af noget mindre membranøs Beskaffenhed end hos de fleste øvrige Arter af Slægten, og de 3 forreste Segmenter er paa Rygsiden begrændsede ved tydeligt markerede Linier samt besatte med spredte Knipper af Haar. Den er som sædvanligt asymmetrisk og dreiet noget spiralformigt til høire med Spidsen.

Øinene er af temmelig robust Form og noget kortere end Panderanden, aflangt kølleformige, med Enden temmelig stærkt udvidet og jevnt afrundet. Den facetterede Del viser oventil i Midten en dyb Udrandning og er forsynet med mørkt, brunsort Pigment. De ved Roden liggende Basalplader er af noget uregelmæssig trekantet Form, indskaarne i den ydre Kant og besatte med korte Børster.

1ste Par Følere, der udspringer lige under Øinene,

distinctly hollowed, and furnished with only a few scattered knobs; fingers scarcely at all longer than palm, broad and applanated, along the outer margin dentate, along the inner irregularly rugged. Hand of left cheliped narrowly oval, closely covered with hair, and, above, exhibiting a dentate longitudinal carina. Ambulatory legs of moderate length, with the two outer segments coarsely dentate, and ciliated along the anterior margin; terminal claw slightly curved, without teeth. Colour a pale yellowish-red.

Locality. — Station 25: 1 specimen.

Remarks. — This animal is easily distinguished from all our known species by the peculiar and sharply prominent sculpturing of the hand of the right cheliped. Meanwhile, it approximates in this respect considerably two Mediterranean species, *viz. E. angulatus*, Risso, and *E. meticulosus*, Roux. The former of these species has, however, perfectly smooth carina, and the present species would appear, too, to be distinguished from the latter by shorter and clumsier shaped hands, as also by a much more pronounced spiniferous armature.

Description. — The body is comparatively powerful and thickset in structure, and furnished, both on the dorsal and ventral surfaces, with scattered bunches of downy hair.

As in the other species of the genus, the integuments are somewhat thin, nay in places quite membranaceous.

The carapax (see fig. 8) has the usual somewhat cordiform shape. Its anterior portion is separated from the posterior by an arcuate, well-marked cervical sulcus, and exhibits in the middle the true gastric region, on either side of which is a small, imperfectly defined hepatic region, and far behind, immediately anterior to the cervical sulcus, on either side, a narrow, obliquely extending area — the so-called "*regio metagastrica*." The posterior portion of the carapax, more cutaneous than the anterior, is, behind, very considerably swollen, and in the middle emarginate, leaving the last segment of the cephalo-thorax uncovered. In the middle can be distinguished the narrow, linear cardiac region, and on either side the very strongly arched branchial regions, each divided above by an indistinct longitudinal sulcus into two compartments.

The abdomen, or posterior division of the body, is somewhat less membranous than in most of the other species of the genus; and the 3 anterior segments are on the dorsal surface indicated by distinct lines, as also beset with scattered fascicles of hair. As is commonly the case, it is asymmetrical, and has the point somewhat spirally twisted to the right.

The eyes are in form comparatively robust, and somewhat shorter than the frontal margin, oblongo-clavate, with the extremity considerably expanded and evenly rounded off. The cornea exhibits above, in the middle, a deep emargination, and is furnished with a dark, brownish-black pigment. The basal lamellæ have a somewhat irregular-triangled form, incised into the outer margin and beset with short bristles.

The 1st pair of antennæ, originating immediately be-

mellem hvilke deres ydre Del træder frem, er af den sædvanlige smukre Bygning og kan strækkes med hele Skaftets sidste Led foran Øinene.

2det Par Følores Basaldel viser udad en stærk, fortilrettet og i den indre Kant tandet Torn og indenfor denne et næsten dobbelt saa langt, lancetformigt, bevægeligt Vedhæng, der svarer til Bladet hos *Macrurerne*. Dette Vedhæng overrager med sin Spids Øinene og er besat med spredte Haar. Den traadformige Svøbe er omtrent af Legemets Længde og delt i talrige korte Led.

Fangarmene er meget ulige udviklede og, som altid Tilfældet er hos Arterne af den egentlige Slægt *Eupagurus*, den høire størst. Den er omtrent af hele Legemets Længde og af en særdeles kraftig Bygning. De 3 forste Led er, naar Dyret sees ovenfra, ganske skjulte under Forkroppen. 4de Led er af prismatisk Form, indad næsten plant og udvidet mod Enden, hvor det er forsynet med nogle spredte Torner og Børster. 5te Led eller Vristen er omtrent af samme Størrelse og af næsten trekantet Form. Dets øvre Flade er noget hvælvet og forsynet med talrige tornformige Knuder, som mod den indre Kant bliver større og ordner sig i mere eller mindre tydelige Længderader; mellem Tornene staar tætte Børsteknipper. Haanden (se ogsaa Fig. 9) er særdeles kraftig, af bredt oval Form, noget affladet og lidt længere end Vristen. Dens øvre Flade er meget kjøvn og viser 3 tydeligt markerede Længdekjøler, hvoraf de to indtager Sidekanterne og er forsynede med skarpe Saugtakker, medens den 3die løber langs ad Midten og er mere stumpt afrundet samt forsynet med mindre knudeformige Forhøininger, som dog bagtil delvis antager Formen af spidse Torner. Mellem Kjølerne er Overfladen tydelig indhulet og her kun forsynet med adspredte stumpe Knuder. Fingrene er noget kortere end Palmen, brede og noget affladede samt jevnt krummede mod Spidsen. De er som den øvrige Del af Haanden besatte med Børsteknipper og viser i den indre Kant uregelmæssige større og mindre Knuder. Haandens ydre Kjøl fortsætter sig som en saugtakket Kam langs ad den ubevægelige Finger lige til dens Spids, og ogsaa den mediane Kjøl lader sig delvis forfølge langs ad den indre Kant af Fingeren. Den bevægelige Finger er saavel paa sin øvre Flade som i Kanten forsynet med tydelige tornformige Knuder.

Den venstre Fangarm er, som ovenfor antydet, betydelig baade kortere og svagere bygget end den høire. Vristen er ogsaa her paa sin øvre Flade besat med spidse Torner, der dog er langt færre i Antal. Haanden (se Fig. 10) er ligesom Vristen tæt haaret og af aflang oval Form, indad uden Spor af Torner, udad derimod forsynet med en saugtakket Kam, og langs Midten af den øvre Flade med en bagtil stærkt fremspringende tandet Kjøl. Fingrene

neath the eyes, between which their exterior portion projects, exhibit the usual slender structure, and admit of being exserted, along with the whole of the last segment of the peduncle, in front of the eyes.

The basal portion of the 2nd pair of antennæ exhibits exteriorly a stout, anteriorly directed, and, along the inner margin, dentate spine, on the inner side of which is an almost double as long, lanceolate, moveable appendage, corresponding to the scale in the *Macrura*. This appendage projects with its point beyond the eyes, and is beset with scattered hairs. The filiform flagellum is about of the same length as the body, and divided into numerous short segments.

The chelipeds are very unequally developed, and, as is always the case in species of the true genus *Eupagurus*, the right one is the larger; it attains about the length of the whole body, and has an extremely powerful structure. The 3 anterior segments are, when the animal is viewed from above, wholly concealed beneath the cephalo-thorax; the 4th segment is prismatic in form, inward almost plane, and furnished toward the extremity with a few scattered spines and bristles; the 5th segment, or wrist, is about of the same size and well-nigh triangular in form; its upper surface is somewhat arcuate and provided with numerous spiniform protuberances, which, toward the inner margin, gradually increase, and are arranged in more or less distinct longitudinal series; between the spines occur closely disposed bunches of bristles; the hand (see also fig. 9) is exceedingly powerful, broadly ovate in form, somewhat bevelled, and a trifle longer than the wrist; its upper surface is very uneven and exhibits 3 distinctly marked longitudinal carinæ, two of which occupy the lateral margins, and are distinctly serrate throughout, whereas the 3rd carina runs along the middle, and is more obtusely rounded, as also beset with small tuberculiform protuberances, which, however, in places, assume the form of sharp spines; between the carinæ, the surface is distinctly hollowed out, and furnished there with only a few scattered knobs; the fingers are somewhat shorter than the palm, broad and slightly bevelled, as also uniformly curving towards the point; like the remaining portion of the hand, they are beset with bunches of bristles, and exhibit along the inner margin irregular-shaped tubercles, varying in size; the exterior carina of the hand is produced as a serrate comb along the immovable finger to its very point, and the median carina may be partly traced along the inner margin of the finger; the movable finger is provided, both on its upper surface and along the margin, with distinctly spiniform tubercles.

The left cheliped is, as stated above, considerably shorter, and exhibits besides a much more slender form than the right; the wrist, too, is beset over its upper surface with acute spines, which, however, are very considerably less numerous; the hand (see fig. 10) is, like the wrist, densely ciliated and oblongo-ovate in form, exhibiting interiorly not a trace of spines, but exteriorly furnished with a serrate comb, and having along the middle of its upper surface

er kjendeligt længere end Palmen, og den bevægelige for-
bunden med Haanden ved en meget skjæv Articulation.

De to Par egentlige Gangfødder er (se Fig. 8) af
middelmaadig Længde, omtrent saa lange som høire Fang-
arm, sammentrykte fra Siderne og langs den forreste Kant
af de to ydre Led grovt tandede og haarede. Endekloen
er temmelig smækker, adskilligt længere end det foregaa-
ende Led og uden Spor af Torner, men besat med lange
spredte Haar.

De to bageste Fodpar viser den for Familien cha-
racteristiske rudimentære Bygning og er især mod Enden
besatte med lange og tætte Børsteknipper.

Bagkroppens Vedhæng viser intet udmærkende i sin
Bygning.

Farven er hvidagtig med et svagt gulrødt Skjær.

Udmaalinger. Længden af det undersøgte Individ
er fra Panderanden til Bagkroppens bagre Krumning 30^{mm}.
Høire Fangarm er lige udstrakt 36^{mm} lang.

Forekomst og Udbredning. Arten er først opdaget
af Norman ved Shetlandsøerne og i al Korthed characteri-
seret i den af ham givne Rapport over en Del af det her
indsamlede Materiale.

Det af os tagne Exemplar erholdtes i Havet udenfor
vor Vestkyst, noget indenfor den bekjendte Fiskegrund,
Storeggen (Stat. 25) fra et Dyb af 98 Favne. Exemplaret
beboede en gammel Skal af *Sipho islandicus.*

Ifølge den af Norman givne Rapport over den Franske
Expedition i Biskayerbugten, er den ogsaa forefundet her
paa større Dyb.

Artens hidtil bekjendte geographiske Udbredning er
saaledes omtrent den samme som for den i det foregaaende
beskrevne Krabbe, *Scyramathia Carpenteri,* og ligesom denne
maa den betragtes som en mere sydlig Form.

a dentate carina, projecting considerably backward. The
fingers are appreciably longer than the palm, and the
moveable finger is connected with the hand by an extremely
oblique articulation.

The two pairs of true ambulatory legs (see fig. 8) are of
moderate length, about as long as the right cheliped, com-
pressed, and, along the anterior margin of the two outer
segments, coarsely dentate and ciliated; the terminal claw
is comparatively slender, a good deal longer than the pre-
ceding segment, and without any trace of spines, but exhibi-
ting scattered hairs.

The two posterior pairs of legs have the rudimen-
tary structure characteristic of the family, and are, more
particularly at the extremity, beset with long and thick
bunches of bristles.

The appendages of the posterior division of the body
exhibit nothing peculiar in their structure.

Colour whitish, with a faint yellowish-red tint.

Measurements. — The specimen examined measures
from the frontal margin to the posterior curvature of the
abdomen 30^{mm}; the right cheliped, fully exserted, has a
length of 36^{mm}.

Occurrence and Distribution. — The species was
discovered by Norman, off the Shetland Isles, and briefly
characterized by that author in his Report of part of the
zoological material collected there.

The example obtained on the Norwegian Expedition
was brought up at sea, off the west coast of Norway, a short
distance within the well-known fishing-bank "Storeggen"
(Stat. 25), from a depth of 98 fathoms. The specimen
inhabited an old shell of *Sipho islandicus.*

According to the Report given by Norman of the
French Expedition in the Bay of Biscay, the said form
was met with there in greater depths.

The geographical distribution of the species, as known
up to the present time, is accordingly about the same as
that of the crab described above, *Scyramathia Carpenteri,*
and, in common with that animal, the species must be re-
garded as a more southern form.

Subordo Caridea.

Fam. Crangonidæ.

Gen. Sclerocrangon, n.

Slægtscharacteristik. Legemet af robust Form med
haarde, stærkt incrusterede Integumenter. Rygskjoldet bredt,
oventil hvælvet og forsynet med stærke tandformige Frem-
spring; de forreste Sidevinkler særdeles store, lancetformige.
Pandehornet øxeformigt udvidet nedad. Bagkroppen oventil
mere eller mindre tydeligt kjølet og tydeligt skulpteret.

Subordo Caridea.

Fam. Crangonidæ.

Gen. Sclerocrangon, n.

Generic Character. — Body robust in form, with
hard, thickly incrusted integuments. Carapax broad, arcuate
above, and furnished with strong, dentiform projections;
antero-lateral angles exceedingly large, lanceolate; rostrum
securiform-expanded below; abdomen, above, more or less
distinctly keeled, and sharply sculptured. Eyes extremely

Øinene meget smaa, fæstede i ufuldstændigt udviklede Øienhuler. 1ste Par Følere med tilspidset Basalplade og korte Svøber; 2det Par med kort og bredt Blad. 2det Par Kjævefødder uden supplementær Gjelle; 3die Par stærkt udviklet med spadeformigt udvidet Endeafsnit. 1ste Fodpar meget kraftigt bygget, forøvrigt af sædvanlig Form; 2det Par tyndt og forkrøget, næsten nøgent, med smal Haand og sværdeløs korte Fingre; 3die Par ikke meget lengere; de 2 bagre Par forholdsvis korte, og af robust Bygning. Bagkroplemmernes indre Plade meget kortere end den ydre. uden lateralt Appendix og med Undtagelse af 1ste Par delt i 2 Segmenter; det ydre Segment paa 2det Par hos Hannen stærkt udvidet og tvelappet.

Bemærkninger. Man har som bekjendt i den nyere Tid anseet det for nødvendigt at opløse Slægten *Crangon* Linné i flere Slægter; idet Linné's Slægtsbegreb her, som i saa mange andre Tilfælde er bleven ophøiet til Betydningen af en distinct Familie *(Crangonidæ)*. De fleste Carcinologer er saaledes nu enig i at erkjende Slægterne *Pontophilus* og *Sabinea*, hvis Arter tidligere beskreves som Crangoner. Senere er ogsaa foreslaaet en Del andre Slægter, f. Ex. *Egeon, Cheraphilus, Nectocrangon, Paracrangon* o. fl. Det synes mig nu, at den længst bekjendte arktiske Form, *Crangon boreas* Phipps. viser i mange Henseender saa vigtige Forskjelligheder fra de typiske Crangoner, at den med ligesaa stor Ret bør udskilles fra disse som Typen for en egen Slægt, og jeg har derfor her foreslaaet en saadan under Benævnelsen *Sclerocrangon*. Jeg er heri væsentlig bleven bestyrket ved Undersøgelsen af nedenstaaende, hidtil kun lidet kjendte Form, der i alt væsentligt paa det nøieste slutter sig til *Crangon boreas*, skjøndt den er sikkert artsforskjellig.

Slægten *Sclerocrangon* udmærker sig iser ved de stærkt incrusterede og ujevne Integumenter, det høit hvælvede Rygskjold, den eiendommelige Form af Rostrum. samt Bygningen af 2det Fodpar og Bagkropslemmernes indre Plade. Foruden de 2 her nevnte Arter tør maaske ogsaa den middelhavske *Crangon cataphractus* Olivi blive at henføre til denne Slægt.

small, located in imperfectly defined orbitæ. First pair o antennæ with a pointed basal plate and short flagella; second pair with a short and broad scale. Second pair of maxillipeds without a supplementary branchia; third pair very considerably developed, with a spatulate expanded terminal division. First pair of legs very powerful in structure, for the rest of the usual form; second pair slender and elongate, almost naked, with a narrow hand and exceedingly short fingers; third pair not much longer; the 2 posterior pairs comparatively short and robust in structure. Inner lamella of the pleopods much shorter than the outer, without any lateral appendix, and, saving the first pair, divided into 2 segments; the exterior segment of the same lamella in the second pair is, in the male, very considerably expanded, and bilobed.

Remarks. — Of late, it has, we are aware, been deemed imperative to break up the genus *Crangon* Linné, into several genera, Linné's generic division having been raised, as in so many other cases, to the rank of a distinct family *(Crangonidæ)*. Hence, most carcinologists now accept the genera *Pontophilus* and *Sabinea*, whose species were formerly described as belonging to the genus Crangon. Still later, a number of other genera have been suggested, for example. *Egeon, Cheraphilus, Nectocrangon, Paracrangon.* I am now of opinion, that the long known Arctic species, *Crangon boreas*, Phipps, exhibits in many respects such divergent characteristics from the typical Crangonians, that it is equally entitled to be regarded as the type of a distinct genus. for which I would suggest the name of *Sclerocrangon*. In these views I have been chiefly borne out on examining the comparatively little known form described below, which, in all essential characteristics, bears the closest resemblance to *Crangon boreas*, though without doubt specifically distinct.

The genus *Sclerocrangon* is distinguished in particular by the rough and thickly incrusted integuments, the exceedingly arcuate carapax, the peculiar form of the rostrum, as also by the structure of the 2nd pair of legs and the inner lamella of the pleopods. Exclusive of the 2 species recorded here, the Mediterranean form *Crangon cataphractus*, Olivi, should, perhaps, be referred to this genus.

3. Sclerocrangon salebrosus, (Owen).

(Pl. II).

Syn: *Astacus boreas*, Tilesius. Mémoires de l'Acad. Imp. des sciences de St. Pétersb. Tome V pg. 352, pl. VII, Fig. 2 –5.
Crangon salebrosus, Owen. Beechey's Voyage. Crust. pg. 88, Pl. 27, Fig. 1 (teste Middendorf).
Cheraphilus ferox, G. O. Sars. Prodromus descriptionis Crust. etc. No. 12.

Artscharacteristik. Habitus og Bygning meget lig samme hos *Sclerocrangon boreas*. Rygskjoldet stærkt hvælvet,

3. Sclerocrangon salebrosus, (Owen).

(Pl. II).

Syn. *Astacus boreas*, Tilesius, Mémoires de l'Acad. Imp. des sciences de St. Péters., Tomo V, p. 352. Pl. VII. figs. 2—5.
Crangon salebrosus, Owen, Beechey's Voyage. Crust. p. 88, Pl. 27, fig. 1 (teste Middendorf).
Cheraphilus ferox, G. O. Sars, Prodromus descriptionis Crust. etc., No. 12.

Specific Character. — Habitus and structure closely resembling that in *Sclerocrangon boreas*. Carapax extremely

med 3 tydelige Længdekjøler, hvoraf den midterste gaar ud i 3 særdeles store og temmelig ens udviklede, sammentrykte, fortilhøiede Fortsatser, Sidekjølerne i 2 lignende. De forreste Sidefortsatser overordentlig store, triangulært tilspidsede og skjævt udadrettede. Pandehornet temmelig stort, ved Basis bredt, men derpaa sammentrykt, næsten øxeformigt udvidet nedad og med Enden uddraget i en lang og skarp, skjævt opadrettet Spids. Bagkropssegmenterne langs ad Midten kjølede; de 2 forreste oventil med en høi sammentrykt Fortsats; sidste Segment med 2 parallele Kjøler. Epimererne med tandformige Fremspring i Kanterne. Det midterste Halovedhæng oventil udhulet efter Længden, med 3 Sidetænder. Enden triangulært tilspidset. Farven brunrød med mørkere Skatteringer. Længden indtil 130ᵐᵐ.

Findesteder. Stat. 31, 224. 338. 359. 362, 363.

Bemærkninger. Nærværende anselige Crangonide er allerede i Aaret 1815 beskrevet af *Tilesius* efter Exemplarer fra Kamtschatka, men af ham anseet for en Varietet af den af Phipps først omtalte *Astacus (Crangon) boreas*. 24 Aar derefter blev samme Form atter undersøgt af *Owen* og beskrevet i "Zool. of Beechey's Voyage" som en ny Art under Benævnelsen *Crangon salebrosus*. Senere har denne Form, saa vidt mig bekjendt, ikke været nøiere omtalt.[1]

Arten slutter sig saavel i sin ydre Habitus som i den anatomiske Bygning meget nær til *Sclerocrangon boreas* (Phipps), men viser dog tilstrækkelige Afvigelser til at dens Artsforskjel maa sættes udenfor al Tvivl. Af disse Afvigelser kan fremhæves: Pandehornets meget eiendommelige Form, den stærke Udvikling af snavel Kjølene som de toruformige Fremspring paa Legemet, endelig den characteristiske Bevæbning af Bagkropssegmenternes Epimerer.

I min Prodromus har jeg for denne Art benyttet det af Kinahan foreslaaede Slægtsnavn *Cheraphilus*. Dette anser jeg nu for mindre rigtigt. Vistnok henfører Kinahan ogsaa *Crangon boreas* til denne Slægt; men da han selv ikke synes at have undersøgt hin Art, til det vistnok være mere correct at indskrænke Slægten *Cheraphilus*, om denne godkjendes, til de af nævnte Forsker selv nøiere beskrevne Arter, eller en begrændset Del af disse.

Beskrivelse. Legemet er (se Pl. 2, Fig. 1 og 2) af plump og undersætsig Form, med Høide- og Bredediameteren omtrent ens.

Integumenterne er haarde og stærkt incrusterede samt

arcuate, with 3 distinct longitudinal carinæ, of which the median carina rises into 3 apophyses, exceedingly large, compressed, comparatively uniform in development, and bent anteriorly, the lateral carinæ dividing each into 2 similar processes. Antero-lateral spines remarkably large, triangular-acute, and turning obliquely outward. Rostrum comparatively large, broad at the base, but from thence compressed. — downward almost securiform-dilated, with the extremity produced into a long and acute point turning obliquely upward. Abdominal segments carinated along the middle; the two anterior, above, with a high, compressed process; last segment with 2 parallel carinæ. Epimera with dentiform projections on the margins. Telson hollowed out above longitudinally, with 3 lateral teeth, extremity triangular-acute. Colour brownish-red, with darker shadings. Length reaching 130ᵐᵐ.

Locality. - Stats. 31, 224. 338. 359, 362, 363.

Remarks. — This large Crangonidian was described as early as the year 1815, by *Tilesius*, from specimens collected at Kamtschatka, but regarded by that author merely as a variety of the form *Astacus (Crangon) boreas*, first recorded by Phipps. Four and twenty years later, this animal was again examined, by *Owen*, and described, in "Zool. of Beechey's Voyage," as a new species, under the name of *Crangon salebrosus*. Subsequently, to the best of my knowledge, a more detailed description has not been given of the form.[1]

The species approximates very closely both in its habitus and anatomical structure *Sclerocrangon boreas* (Phipps), but exhibits however sufficient characteristic divergencies to place beyond doubt its specific distinctness. Of these divergencies may be mentioned: — The very peculiar form of the rostrum, the remarkable development alike of the carinæ and of the spiniform projections on the body, and finally the characteristic armature of the epimera of the abdominal segments.

In my Prodromus I have adopted for the present species the generic name *Cheraphilus*, suggested by Kinahan. This appellation I do not now, however, regard as strictly correct. True, Kinahan also refers *Crangon boreas* to the same genus; but apparently not having himself examined the species, it will, I opine, be safest to comprise in *Cheraphilus*, provided that genus be accepted, such species only as the aforesaid naturalist has described more in detail, or a limited number thereof.

Description. — The body (see Pl II. figs. 1, 2) clumsy and thickset in form, height and breadth about equal.

The integuments are hard and thickly incrusted, and

---

[1] Da ovennævnte Skrift af Owen mangler i vort Univ. Bibliothek, vidste jeg ikke dengang jeg skrev min Prodromus, at nærværende Form allerede tidligere var beskrevet, og opførte den derfor som en ny Art. Jeg har imidlertid senere overbevist mig om, at den i Virkeligheden er identisk med Owens Art, hvorfor den selvfølgelig maa beholde det nøiere af denne Forsker anvendte Artsnavn.

[1] Since Owen's above-cited Memoir is not to be had in the Library of the Christiania University. I was not aware, when writing my Prodromus, that the form in question had previously been described, for which reason I spoke of it as a new species. I have subsequently, however, been convinced that the animal is identical with Owen's species, and must therefore of course retain the original specific appellation assigned to it by that naturalist.

viser en meget ujevn Overflade, idet saavel Rygskjoldet som Bagkropssegmenterne er tydeligt skulpterede dels med uregelmæssige kundrede Forhøininger, dels med skarpt markerede langsgaaende Kjøler, der paa visse Steder hæver sig i Form af høie, sammentrykte tornformige Fortsatser.

Nogen tydelig Haarbesætning er kun at se langs de frie Kanter af Rygskjoldet og Bagkropssegmenterne, medens selve Rygfladen er paa det nærmeste ganske nøgen.

Rygskjoldet (se Fig. 1 og 2), der omtrent indtager ¹∕₃ af Totallængden, er oventil stærkt hvælvet og kun i sin allerforreste Del noget nedtrykt. Seet fra Rygsiden (Fig. 1) er det næsten overalt af ens Brede, seet i Profil (Fig. 2) viser det sig derimod fortil betydelig smalere end bagtil, idet de frie Kanter er fortil stærkt opstigende, medens de bag Midten danner en stærk bueformig Bøining nedad. Rygskjoldets Høide er paa dette Sted neppe mindre end Breden.

Som ovenfor anført, er Rygskjoldets Overflade meget ujevn. Man bemærker saaledes 3 meget skarpt markerede Længdekjøler, der fra den bagre Rand strækker sig forover, en i Midten og en paa hver Side. Den midterste eller dorsale Kjøl, der er tydelig i hele Rygskjoldets Længde, gaar ud i 3 særdeles store, sammentrykte, tornformige Fortsatser, alle omtrent af ens Udseende og skilte ved lige Mellemrum. Den bagerste af disse, der almindeligst er lidt mindre end de øvrige 2, staar i kort Afstand fra Rygskjoldets bagre Rand, den forreste noget bag Roden af Pandehornet. Sidekjølerne er bagtil temmelig lave, men hæver sig foran Midten til 2 lignende, dog noget mindre, skjævt udad og fortil rettede Torner, hvoraf den bagerste omtrent staar i samme Tværlinie som den midterste af de dorsale Fortsatser. Længere fortil taber disse Sidekjøler sig ganske, og Rygskjoldet viser her et noget fordybet Parti, der udad begrændses af en særdeles stor triangulært tilspidset og noget skraat udadrettet, horizontal Fortsats, der, naar Rygskjoldet sees ovenfra (Fig. 1) indtager dettes forreste Sidehjørner. Disse Fortsatser, der, skjøndt langt mindre udviklede, ogsaa forefindes hos de øvrige Crangonider, synes at svare til de saakaldte Branchiostegaltorner hos andre Macrurer. Lige nedenunder de omtalte Fortsatser sees et meget lidet tandformigt Fremspring, som er Pterygostomialtornen.

Pandehornet viser et fra de øvrige bekjendte Crangonider temmelig afvigende Udseende. Det er forholdsvis af ikke ubetydelig Størrelse, ved Roden bredt og fladtrykt, men derpaa pludselig stærkt sammentrykt fra Siderne og øxeformigt udvidet, dannende nedentil en i Kanterne tæt børstebesat vertikal Plade. Selve Enden af Pandehornet er udtrukket i en lang og skarp, skraat opadrettet, lancetformig Spids, der rækker betydelig udover 1ste Par Føleres Basalled, og giver Dyret, seet fra Siden (Fig. 2) et ganske eget Physiognomi.

exhibit an exceedingly uneven surface, both the carapax and the abdominal segments being distinctly sculptured, partly with rough, irregularly disposed prominences and partly with sharply marked longitudinal carinæ, which, in places, rise as high, compressed, spiniform projections.

Any distinct covering of hair cannot be detected save along the free margins of the carapax and the abdominal segments, whereas the dorsal surface itself is well-nigh wholly naked.

The carapax (see figs. 1, 2), which occupies about one-third of the total length, is above exceedingly arcuate, its most anterior portion only being slightly depressed. Viewed from the dorsal side (fig. 1), it appears almost everywhere of equal breadth; seen in profile (fig. 2), on the other hand, it is much narrower anteriorly than posteriorly, the inferior free margins ascending considerably throughout the anterior part, whereas, behind the middle division, they form an exceedingly arcuate descending curvature. The height of the carapax is here about the same as the breadth.

As stated above, the surface of the carapax is very uneven. Thus, it exhibits 3 very sharply marked longitudinal carinæ, extending forward from the posterior margin, one in the middle and one on either side. The median or dorsal carina, distinct throughout the whole length of the carapax, rises into 3 exceedingly large, compressed, anteriorly curved, spiniform processes, all well-nigh uniform in appearance and separated by equal spaces. The hindermost of these, which, as a rule, is somewhat smaller than the other 2, is placed at a short distance from the posterior margin of the carapax, the most anterior a trifle behind the basis of the rostrum. The lateral carinæ are posteriorly rather low, but, in front of the middle part, rise as 2 similar, but somewhat smaller, spines, pointing obliquely outward and forward, of which the more posterior about occupies the same transverse line as the median of the dorsal processes. Farther forward these lateral carinæ disappear altogether, and the carapax exhibits here a somewhat depressed area, which, exteriorly, is bounded by an extremely large, triangular-acute, horizontal projection, pointing somewhat obliquely outward, which, when the carapax is seen from above, occupies its antero-lateral angles (fig. 1). These processes, though much less developed, also occur in the other Crangonidians, corresponding apparently to the so-called branchiostegal spines in the other Macrura. Immediately beneath the aforedescribed processes, is seen an extremely small dentiform projection — the pterygostomial spine.

The rostrum exhibits a structural appearance diverging considerably from that in the other known Crangonidæ. In size it is by no means inconsiderable, at the root broad and depressed, but from thence suddenly much compressed laterally and securiform, constituting below a vertical plate, closely beset along the margins with bristles. The extremity of the rostrum is produced into a long and acute, lanceolate, and obliquely upturned point, which projects considerably beyond the basal segment of the 1st pair of antennæ, and gives to the animal — lateral aspect (fig. 2) — a highly characteristic appearance.

Til hver Side af Pandehornet viser Rygskjoldets forreste Kanter et kort afrundet Udsnit, hvorfra Øinene rager frem. Dette Udsnit, der danner et Slags ufuldkommen Øienhule, er udad begrændset af en liden spids Tand, den saakaldte Extraorbitaltorn.

Rygskjoldets Overflade er mellem Længdekjolerne ujevn, dannende flere mere eller mindre tydelige Tværvulster, hvoraf 2 omtrent i Midten af Rygskjoldets Længde er mest fremtrædende. Fra Roden af Pandehornet strækker sig 2 noget buede og bagtil divergerende opheiede Linier, der begrændser et mediant Felt fortil, svarende til Mavoregionen hos *Brachyurer* og *Anomurer*. Bagtil bemerkes 2 andre, men mindre skarpt markerede Linier, der fra den bagerste dorsale Fortsats løber bueformigt udad og fortil ovenfor Sidekjolerne og antyder den øvre Begrændsning for Gjelleregionerne. Endelig sees nedenfor Sidekjolerne i det bagre Parti af Rygskjoldet (se Fig. 2) en noget fremspringende Længdekant, hvorfra Sidefloiene boier sig stærkt indad mod Midtlinien eller ind under Forkroppen. Den frie Rand af Sidefloiene er her besat med fine Haar. Rygskjoldets bagre Rand er oventil noget fortykket og meget svagt udrandet i Midten.

Det mellem Føddernes Insertion beliggende Brystskjold (Fig. 22 og 23) er tydeligt udviklet og temmelig bredt bagtil samt ved tydelige Tværsuturer delt i paa hinanden følgende Segmenter. Det viser en triangulær Form og har langs ad Midten en Kjol, der for hvert Segment gaar ud i en spids fortil rettet tornformig Fortsats.

Bagkroppen (se Fig. 1 og 2), der omtrent er dobbelt saa lang som Forkroppen, er i sin forreste Del neppe smalere end denne, men aftager hurtigt i Brede bagtil. Den er forøvrigt hos ægbærende Hunner adskilligt bredere end hos Hannerne og ogsaa forsynet med dybere Epimerer. Rygladen er stærkt hvælvet og ligesom Rygskjoldet meget ujevn, med en mere eller mindre tydeligt udpræget Sculptur i Form af uregelmæssige Forhøininger og Fordybninger. Langs ad Midten løber en skarpt markeret Kjol, der paa de so forreste Segmenter hæver sig til en høi, sammentrykt Fortsats, omtrent af samme Beskaffenhed som Rygskjoldets Torner. Paa de 3 følgende Segmenter er derimod Rygkjolen ganske jevn, og paa sidste Segment findes oventil 2 parallele Kjoler, der begrændser et canalformigt fordybet Parti i Midten; enhver af de sidstævnte Kjoler danner i den bagerste Del to paa hinanden følgende bagudrettede tandformige Fremspring.

De to forreste Segmenter er oventil betydelig kortere end de øvrige og skilte ved større, hudagtige Mellemrum, hvorfor ogsaa Bevægeligheden mellem disse Segmenter er temmelig stor.

Epimererne er navnlig hos de ægbærende Hunner (se Fig. 2) temmelig store, pladeformige og i Kanterne fint cilierede. Paa 1ste Segment er de dybest og danner i Midten af den forreste Kant et lidet tandformigt Fremspring, der møder Sidekjolerne paa Rygskjoldet, medens de

On either side of the rostrum, the anterior margins of the carapax exhibit a short, rounded immargination, from which the eyes project. This immargination, which constitutes, as it were, a kind of imperfect orbita, is limited exteriorly by a small acute tooth, — the so-called extraorbital spine.

The surface of the carapax is somewhat uneven between the longitudinal carinæ, constituting several more or less distinct transverse protuberances, 2 of which, located about in the middle of the longitudinal diameter of the carapax, are most prominent. From the base of the rostrum, extend 2 somewhat arcuate and posteriorly diverging, elevated lines, which anteriorly mark off a median area, corresponding to the gastric region in the *Brachyura* and *Anomura*. Posteriorly are observed 2 other, but less sharply marked lines, which, from the posterior dorsal projection, extend in a curve, outward and forward, above the lateral carinæ, and indicate the upper limit of the branchial regions. Finally, is seen beneath the lateral carinæ, on the posterior portion of the carapax (fig. 2), a somewhat projecting longitudinal border, from which the lateral lobes bend considerably inward towards the median line, or in under the ventral face of the body. The free margin of the lateral lobes is here finely ciliated. The posterior margin of the carapax, above, is somewhat incrassated and very slightly immarginated in the middle.

The sternum, located between the origin of the legs (figs. 22, 23) is distinctly developed and posteriorly rather broad, as also, by distinct transverse sutures, divided into a series of segments. It has a triangular form and exhibits along the middle a carina, which, at each segment, is produced into an acute, anteriorly directed, spiniform apophysis.

The posterior division of the body (figs. 1, 2), about twice as long as the anterior, has its foremost part scarcely at all narrower than the latter, but diminishes rapidly in breadth posteriorly. For the rest, in ovigerous females it is considerably broader than in males, and also provided with deeper epimera. The dorsal surface is exceedingly arcuate, and, like the carapax, very uneven, with more or less distinctly marked sculpturing, in the form of irregular elevations and depressions. Along the middle extends a sharply marked keel, which, on the two foremost segments, rises into a high, compressed process, much the same in character as the spines of the carapax. On the 3 following segments the dorsal carina is, however, quite even, and on the last segment occurs, above, 2 parallel carinæ, which bound a canaliculated median area; each of the last-mentioned carinæ form in their extreme hinder part two posteriorly directed dentiform projections.

The two foremost segments are considerably shorter above than the others, and separated one from the other by broad cutaneous spaces: hence the mobility between these segments is very considerable.

The epimera, particularly in ovigerous females (fig. 2), are rather large, lamellar in shape, and along the margins finely ciliated. They are deepest on the 1st segment and exhibit in the middle of the foremost margin a small dentiform projection, which meets the lateral carinæ on the

længere nedad delvis dækker dettes Sidefloie. Den nedre Del er fortil afrundet, men bagtil uddraget i en skarp lige nedadrettet Spids. Epimererne paa 2det Segment er betydelig bredere og dækker en Del snavel af 1ste som 3die Segment. De er i Enden bredt afrundede og her bevæbnede med 2 tandformige Fremspring. 3die og 4de Segments Epimerer er atter noget smalere og ligeledes 2tandet. 5te Segments Epimerer er noget bagudrettede og i Kanten bevæbnede med 4 Tænder. Sidste Segment er betydelig smalere end de ovrige og uden tydelige Epimerer, men nedentil paa hver Side forsynet med en tydeligt markeret Længdekjol, der i Forbindelse med de 2 dorsale Kjøler giver dette Segment et næsten qvadratisk Gjennemsnit. Dets bagre Kant gaar oventil ud i 2 lange dolkformige Spidser, der ligesom omfatter Roden af det midterste Halevedhæng, og enhver af de ventrale Kjøler ender ligeledes med et temmelig stærkt tandformigt Fremspring.

Paa Bugsiden af de 5 forreste Segmenter findes mellem Roden af Svømmevedhængene en hoi sammentrykt Torn.

Øinene (Fig. 3) er forholdsvis meget smaa, med korte og tykke Stilke. Den facetterede Del, der viser et mørkt brunsort Pigment, er ikke som sædvanlig fortykket, men tvertimod af ringere Diameter end selve Øienstilken ved Roden. Den dækkes oventil for en Del af en tilspidset med nogle korte Børster besat Fortsats.

1ste Par Folere (Fig. 4) er kun lidet udviklede, neppe mere end halvt saa lange som Rygskjoldet, og bestaar som sædvanlig af et 3leddet Skaft og 2 mangeleddede Svøber. Skaftets 1ste Led er næsten dobbelt saa langt som de 2 ovrige tilsammen og gaar ved Roden paa den ydre Side ud i en bred, næsten hjerteformig Fortsats, der er udtrukket i en skarp, noget udadboiet Spids. Fortsatsen omslutter, som hos andre Macrurer, en temmelig rummelig Hule (Horecavitet), som aabner sig udad med en trang spaltformig Aabning paa den nedre Side; den er i Kanterne fint cilieret og desuden paa den ovre Side nær den ydre Rand forsynet med 5—6 lange sabelformige Torner. Den ydre Del af Leddet er cylindrisk og i begge Kanter, men især den indre, tæt besat med tynde, fint cilierede Børster. Paa den nedre Side findes nær den indre Kant og omtrent i Midten af Leddets Længde et lidet fortilrettet tornformigt Fremspring, hvorfra en Kjol strækker sig bagtil. Skaftets sidste Led er ganske kort, neppe mere end halvt saa langt som 2det og i Enden skramt afskaaret; begge Led i Kanterne børstebesatte.

Svøberne forholder sig noget ulige hos begge Kjon. Hos Hunnerne (Fig. 4) er de neppe længere end Skaftet og indbyrdes omtrent af ens Længde. Den ydre Svøbe, der ved et meget bevægeligt, kort og tykt næsten skaal-

carapax, whereas, farther down, they partially overlap the lateral lobes of that part. The lower division is rounded anteriorly, but posteriorly produced into a sharp point directed straight downward. The epimera on the 2nd segment are considerably broader and partially overlap both the 1st and 3rd segments. At the extremity they are broadly rounded, exhibiting here 2 dentiform projections. The epimera of the 3rd and 4th segments are again much narrower and, also bidentate. The epimera of the 5th segment are somewhat posteriorly directed and furnished along the margin with 4 teeth. The last segment is much more slender than the others and without any true epimera, but below, on each side, provided with a distinctly marked longitudinal carina, which, in conjunction with the 2 dorsal carinæ, gives to the transverse section of this segment an almost quadrate appearance. Its posterior margin projects above with 2 long dagger-shaped points, that embrace, as it were, the base of the telson, and each of the ventral carinæ terminates likewise in a comparatively strong dentiform projection.

On the ventral surface of the 5 anterior segments occurs between the bases of the pleopods a high, compressed spine.

The eyes (fig. 3) are comparatively very small, with short and thick pedicles. The cornea, which exhibits a dark, brownish-black pigment, is not, as commonly the case, dilated, but, on the other hand, smaller in diameter than the pedicle of the eye itself at the root. It is covered above, partially, by an acutely pointed projection, beset with short bristles.

The 1st pair of antennæ (fig. 4) are but slightly developed, being scarcely more than half as long as the carapax, and consist as usual of a triarticulate peduncle and 2 multi-articulate flagella. The 1st joint of the peduncle attains almost twice the length of the other 2 taken together, and at the outer side is seen projecting from its base a broad, almost cordiform process, which is produced into a sharp, somewhat outwardly bent point. The projection encloses, as in other Macrura, a rather spacious chamber (auditory cavity), which opens exteriorly with a narrow, fissure-shaped orifice on the lower side; along the margins it is finely ciliated, and on the upper side, in proximity to the outer margin, furnished besides with 5 or 6 cusiform spines. The terminal portion of the joint is cylindrical, and on both sides, but more especially the inner, closely beset with slender, finely ciliated bristles. On the lower side, near the inner margin, and about in the middle of the longitudinal diameter of the segment, occurs a small, anteriorly directed, spiniform projection, from which a short keel extends posteriorly. The 1st joint of the peduncle is very short, scarcely more than half the length of the 2nd, and the extremity obliquely truncate: both articulations furnished with bristles along the margins.

The flagella are somewhat different in the two sexes. The females (fig. 4) have them scarcely longer than the peduncle and well-nigh uniform in length. The outer flagellum, connected with the peduncle by an extremely mobile,

3*

formigt udskaaret Rodled er forbundet med Skaftet, er næsten overalt jevn tyk og bestaar af circa 20 korte, med tætte Knipper af gjennemsigtige, haandformige Sandseborster (de saakaldte *cilia auditoria*) besatte Led. Den indre Svøbe er betydelig tyndere, afsmalnende mod Enden og sammensat af et lignende Antal, men med simple Børster besatte Led. Hos Hannerne er begge Svøber længere og navnlig den ydre (Fig. 5) betydelig stærkere udviklet og bestaaende af flere Led.

2det Par Følere, der næsten er fiestede i samme horizontale Plan som 1ste Par, bestaar (se Fig. 6) af en kort og tyk, utydelig segmenteret Rodled, fra hvis Ende udgaar oventil og udad et bladformigt Vedhæng, nedentil og indad en tynd, mangeleddet Svøbe. Rodlelen guar paa den ydre Side ud i en stærk tornformig, fortilrettet Fortsats og viser ved Basis paa den indre Side en spids Torn, der synes at svare til Lugteknuden hos *Brachyurerne* og den saakaldte *spina olfactoria* hos *Amphipoderne*.

Det bladdannede Vedhæng *(ibid.)* er af en meget bred, oval eller elliptisk Form og meget end dobbelt saa langt som bredt. Dets ydre Kant er næsten lige, eller kun ganske svagt buet og glat samt ender fortil med et stærkt tandformigt Fremspring. Den indre Kant er jevnt bueformigt bøiet og ligesom den bredt afrundede Ende af Bladet forsynet med en tæt Rad af korte Fjærborster. Den øvre Flade viser 3 divergerende Kjøler, hvoraf den ydre løber i nogen Afstand fra Randen lige fortil mod det omtalte tandformige Fremspring, medens de 2 øvrige passerer i diagonal Retning over Bladet og taber sig henimod dettes børstebesatte Rand.

Svøben bestaar af et cylindriskt Skaft omtrent af Bladets Længde og en traadformig Endedel. Skaftet se Fig. 6) er sammensat af 3 Led, hvoraf de 2 første er ganske korte og skjevt forbundne med hinanden, medens sidste Led er af anselig Længde, regelmæssigt cylindriskt og ved Enden børstebesat. Den traadformige Endedel (se Fig. 1 og 2) er omtrent af Legemets halve Længde og sammensat af talrige korte Led.

Munddelene er idethele temmelig svagt udviklede og viser den for *Crangoniderne* characteristiske Bygning.

Overlæben (Fig. 7) danner en temmelig voluminos halvkugleformig Fremstaaenhed, der delvis dækker Mundaabningen fortil.

Underlæben (Fig. 8) er af en særdeles tynd, membranos Beskaffenhed og derfor vanskelig at faa helt udpræpareret. Den gaar ud i to meget stærkt divergerende Lapper, der ender med en noget indadkrummet Spids, men forøvrigt ganske synes at mangle enhver Ciliering i Kanterne.

Kindbakkerne (Fig. 9), der som hos alle egentlige *Crangonider* mangler Palpe, er forholdsvis smaa og svage.

short and thick, almost bowl-shaped basal articulation, is of nearly uniform thickness throughout, and consists of about 20 short joints, beset with closely disposed fascicles of translucent, riband-shaped sensory bristles (the so-called *cilia auditoria*). The inner flagellum is much more slender, tapering towards the extremity, and composed of a like number of articulations, beset however with simple bristles. In the males, both flagella are longer, and, in particular the outer one (fig. 5), much more developed and composed of a greater number of articulations.

The 2nd pair of antennæ, attached almost in the same horizontal plane as the 1st pair, consist (see fig. 6) of a short and thick, indistinctly segmented basal portion, from the extremity of which, upward and outward, proceeds a squamiform appendage, downward and inward a slender multiarticulate flagellum. The basal portion is produced on the outer side into a stout, spiniform, anteriorly directed process, and exhibits at the base, on the inner side, an acute spine, corresponding apparently to the olfactory tubercle in the *Brachyura* and the so-called *spina olfactoria* in the *Amphipoda*.

The squamiform appendage *(ibid.)* is exceedingly broad, oval or elliptic in form, and very little more than twice as long as broad. Its outer margin is almost straight, or very slightly curved, and smooth, terminating anteriorly in a stout, dentiform projection. The inner margin is uniformly arcuate, and, in common with the broadly rounded extremity of the scale, furnished with a closely set series of short, plumose bristles. The upper surface exhibits 3 diverging carinæ, the outer of which extends, at some distance from the margin, straight forward towards the previously mentioned dentiform projection, whereas the 2 others pass diagonally across the scale, and disappear in immediate proximity to the bristly margin of the latter.

The flagellum consists of a cylindric peduncle, about of the same length as that of the scale, and of a filiform terminal portion. The peduncle (see fig. 6) is composed of 3 segments, the 2 first quite short and obliquely connected with each other, whereas the last segment is of considerable length, of a regular cylindrical form, and at the extremity beset with bristles. The filiform terminal portion (see figs 1, 2) about equals half the body in length, and is composed of numerous short articulations.

The buccal parts are on the whole but slightly developed, and exhibit the structure characteristic of the *Crangonidæ*.

The labrum (fig. 7) constitutes a comparatively voluminous semiglobular prominence, partially covering the buccal orifice in front.

The labium (fig. 8) has an exceedingly thin, membraneous structure; and hence can with great difficulty be separated in a complete state. It protends as two exceedingly diverging lobules, terminating in a somewhat inwardly curved point, but for the rest would appear to be entirely without any ciliated covering at the edges.

The mandibles (fig. 9), which, as in all true *Crangonidæ*, are without any palps, are comparatively small and

De er paa Midten stærkt, næsten boileformigt kruumede, med den indad mod Munden fremspringende Arm, der synes at svare til Tyggefortsatsen hos de egentlige *Carider*, meget smal, cylindrisk, dog noget udvidet i Enden. Denne er paa begge Kindbakker kløftet til 4 spidse, parvis stillede Tænder, hvoraf de to mere eller mindre dækker de to øvrige (se Fig. 10). Kindbakkerne er helt igjennem chitiniserede, og navnlig den omtalte mod Munden rettede Arm (*pars incisiva*) af temmelig fast Consistens og intensiv gulbrun Farve.

1ste Par Kjæver (Fig. 11) bestaar af 3 fra en tykkere Roddel udgaaende Grene eller Lapper. Den indre af disse er smalt tungeformig og ved den afrundede Ende forsynet med fine Børster. Den midterste Gren er betydelig kraftigere udviklet og synes at danne den umiddelbare Fortsættelse af Roddelen. Den er stærkt indadkrummet og paa den tvært afskaarne Ende bevæbnet med 4 stærke Torner foruden en hel Del fine Børster. Begge disse Grene er rettede indad mod Mundaabningen og forestiller den egentlige Kjævedel (Endognath). Den ydre Gren, der er fæstet til Ydersiden af den midterste og noget høiere oppe end den inderste er uligt de 2 øvrige rettet udad. Den er af en lignende smal tungedannet Form som den indre, men af mere membranøs Beskaffenhed og langs den ydre Kant besat med omtrent 14 korte Fjærbørster og i Spidsen med en enkelt simpel Børste. Sædvanligt har man betegnet denne Gren som Exognathen; men den svarer aabenbart ikke til hvad man benævner saa paa de øvrige Munddele, men svarere til den saakaldte Mesognath. Den egentlige Exognath mangler her eller er ganske rudimentær.

2det Par Kjæver (Fig. 12) er fuldstændig pladeformige og af membranøs Beskaffenhed. Den egentlige Kjævedel (Endognath), der hos andre *Macrurer* sædvanlig bestaar af 4 indadrettede Tyggelapper, er her ganske rudimentær, kun dannende en lidet fremtrædende, med nogle faa simple Børster besat Knude. Umiddelbart foran denne Knude udgaar en smal, i Enden børstebesat Fortsats, som forestiller den saakaldte Mesognath. Størstedparten af disse Kjæver indtages af en meget stor, fra den ydre Side af Roddelen udgaaende membranøs Plade, der man betragtes som homolog med den saakaldte Exognath paa Kjævefødderne. Paa denne Plade kan adskilles en fortilrettet, i Enden bredt afrundet og langs Kanterne med en regelmessig Rad af Fjærbørster besat Del, samt en lige bagudrettet, smalt tungeformig Flig, der er af betydelig Længde, og ved Spidsen forsynet med flere overordentlig lange og tynde, bøgnd og indad kruummede Børster. Hele denne Plade benævnes sædvanlig Viften (*flabellum*), et Navn, der godt passer til dens Function; men det er at bemærke, at den morphologiskt ikke svarer til hvad man kalder saa paa de følgende Munddele.

1ste Par Kjævefødder (Fig. 13) er ligeledes hovedsageligt af membranøs Beskaffenhed og bestaar af 3 forskjelligt formede Hoveddele eller Grene. Den indre Gren,

feeble. In the middle they are exceedingly curved, in the shape almost of a bow, with the terminal portion projecting inward towards the mouth and apparently corresponding to the molar projection in the true *Caridæ*, exceedingly narrow, cylindric, but somewhat dilated at the extremity. On both mandibles, this extremity is cleft into 4 acutely pointed teeth, arranged in pairs, two of the teeth to a greater or less extent covering the others (see fig. 10). The mandibles are chitinous throughout, the terminal portion (*pars incisiva*) in particular being of a firm consistence and of a deep yellowish-brown colour.

The 1st pair of maxillæ (fig. 11) consist each of 3 branches or lobes, proceeding from a thickish basal part. The innermost of these is slender linguiform, and, at the rounded extremity, furnished with delicate bristles. The middle branch is much more powerfully developed, and would appear to constitute the immediate continuation of the basal part. It is bent very considerably inwards and, at the truncate extremity, provided with 4 powerful spines, exclusive of numerous delicate bristles. The outer branch, attached to the exterior margin of the median, and a trifle higher up than the innermost, is, contrary to what is the case with the 2 others, directed outwards. Like the inner branch, it is slender linguiform, but more membranaceous in character, and beset along the outer margin with about 14 short plumose bristles, a simple bristle projecting from the point. Generally, this branch has been termed the exognath; but it certainly does not correspond to what is thus designated on the other buccal parts — rather, one would opine, to the so-called mesognath. The true exognath is wanting here, or must at least be quite rudimentary.

The 2nd pair of maxillæ (fig. 12) are quite lamellar in form and of membranous structure. The true maxillary portion (endognath), which, in other *Macrura*, generally consists of 4 inwardly directed masticatory lobes, is in this animal quite rudimentary, constituting merely a small protuberant knob, beset with a few simple bristles. Immediately in front of this prominence, extends a slender prolation furnished at the extremity with bristles, constituting the so-called mesognath. The greater part of these maxillæ occupy an extremely large membranous plate, proceeding from the outer margin of the basal part, and which must be regarded as homologous with the so-called exognath on the maxillipeds. On this plate can be distinguished a division, anteriorly directed, broadly rounded at the extremity, and furnished along the edges with a regular row of plumose bristles, as also a slender, linguiform lappet, directed straight backwards, of very considerable length, and at the point having several exceedingly long and delicate, posteriorly and inwardly curving bristles. The whole of this plate is generally termed the fan (*flabellum*), a name well befitting its function; we must, however, bear in mind that, morphologically, it does not correspond to what is thus designated on the following buccal parts.

The 1st pair of maxillipeds (fig. 13) are likewise chiefly membranaceous in substance, and consist of 3 differently formed principal parts or branches. The innermost

der danner den egentlige Stamme og er fremkommen ved en Sammensmeltning af Endognath og Mesognath, gaar ud i en smalt tungeformig, i den indre Kant børstebesat Lap, uden nogen tydelig Leddeling. Den midterste Gren (Exognath), der aabenbart svarer til den membranøse Plade paa 2det Par Kjæver, er betydelig større og ligesom den indre fortilrettet, samt bestaar af en noget pladeformig, i den ydre Kant tæt børstebesat Basalled og en ganske tynd, indadkrummet og stærkt bugtet Endesnært, hvis ydre Parti er delt i korte med Fjærborster besatte Led. Den ydre Gren endelig (den saakaldte Epignath) har Formen af en temmelig stor hudagtig, i to koniske Fliger — en fortil og en bagtilrettet — udgaaende børstelos Plade.

2det Par Kjævefødder (Fig. 14) viser de samme Hoveddele som foregaaende Par, skjøndt temmelig modificerede i sit Udseende. Navnlig er den indre Gren her betydelig stærkere udviklet, dannende en paa Midten vinkelformigt bøiet og indadkrummet Stamme, der er afdelt i 6 tydelige Led. Af disse er det næstsidste størst og ligesom opsvulmet paa Midten samt langs den ydre Kant forsynet med talrige lange og stive Børster. Sidste Led, der ved en meget skjæv Sutur er begrændset fra foregaaende, er ganske kort og bevæbnet med flere ulige store Torner, hvoraf 3 udmærker sig ved betydelig Længde. Exognathen, der er fæstet til Ydersiden af Stammens 2det Led, bestaar ligesom paa foregaaende Par af en noget sammentrykt Basalled, der er bredest ved Roden og her i den ydre Kant besat med lange bøiede Fjærborster, samt en tynd Endesnært, der er rettet indad og mindre bugtet end paa 1ste Par. Epignathen er ogsaa her tilstede, men er betydelig mindre end paa foregaaende Par og mangler ganske den fortilrettede Lap.

3die Par Kjævefødder (Fig. 15) skiller sig væsentlig fra de øvrige Munddele ved sin betydelige Størrelse og fodformige Bygning. De opnaar næsten hele Rygskjoldets Længde og rager fortil adskilligt ud over 2det Par Følerens Blad. Tilsyneladende bestaar disse Kjævefødders Stamme kun af 4 Segmenter, et kort og tykt Rodled, et meget langstrakt og noget bugtet 2det Led, et neppe halvt saa stort 3die Led og et stærkt afladet, næsten spadeformigt Endeled. Ved nøiere Undersøgelse finder man dog, at Rodleddet egentlig er sammensat af 2 ufuldstændigt begrændsede Segmenter, hvoraf det 2det paa sin Yderside gaar ud i en kort, tungeformig Flig, der imidlertid neppe, som Krøyer mener, svarer til Epignathen paa de 2 foregaaende Par. Fremdeles er der en vistnok svag Antydning til en Sondring paa næste Led af et kort Basalafsnit, fra hvis Yderside den i Bygning og Størrelse med samme paa foregaaende Par nøie overensstemmende Exognath udgaar. Endelig bemærkes ved stærk Forstørrelse og Compression i Spidsen af sidste Segment et yderst lidet, men tydeligt afsat Endeled. Leddenes Antal bliver saaledes egentlig 7. sva-

branch, which constitutes the actual trunk, and results from a coalescence of the endognath and the mesognath, protends as a slender, linguiform lobule, beset along the inner margin with bristles, and does not exhibit any distinct articulation. The middle branch (exognath), which obviously corresponds to the membranous plate on the 2nd pair of maxillæ, is considerably larger, and, like the innermost, directed anteriorly, consisting, too, of a somewhat lamellar basal portion, densely beset with bristles along the outer margin, and a delicate, inwardly curving and exceedingly sinuous terminal lash, the outer part of which is divided into short articulations, beset with plumose bristles. Finally, the outermost branch (the so-called epignath), cutaneous in substance and without bristles, has the form of a comparatively large plate, protending into two conical lobes — one directed anteriorly and one posteriorly.

The 2nd pair of maxillipeds (fig. 14) exhibit the same principal parts as the foregoing pair, though of considerably modified appearance. The innermost branch, in particular, is much more developed, constituting a geniculate stem, curving inward, and divided into 6 distinct articulations. Of these articulations, the penultimate is the largest, and, as it were, tumified in the middle, and furnished along the outer margin with numerous long and stiff bristles. The last articulation, which, by an exceedingly oblique suture, is separated from that preceding it, is very short and armed with several large spines, varying in length, 3 of which, however, are remarkably long. The exognath, attached to the outer margin of the 2nd articulation of the stem, consists, as does that on the preceding pair, of a somewhat compressed basal portion, broadest at the root, and beset along the outer margin with long, curving plumose bristles, having also a slender terminal lash, directed inwards, and less sinuous than that on the 1st pair. The epignath is also present, though much smaller than that on the preceding pair, the anteriorly directed lobe being entirely wanting.

The 3rd pair of maxillipeds (fig. 15) are chiefly distinguished from the other buccal appendages by their considerable size and pediform structure. They attain almost the entire length of the carapax, and, in front, project considerably beyond the scale of the 2nd pair of antennæ. Apparently, the stem of these maxillipeds consists of only 4 segments, — a short and thick basal articulation, an exceedingly elongate and very sinuous 2nd articulation, a 3rd articulation, scarcely half as large, and an extremely flattened, almost spatulate, terminal articulation. On closer examination, however, the basal articulation is found to be composed of 2 imperfectly separated segments, of which the 2nd sends off from its outer margin a short, linguiform lappet, that hardly, however, as assumed by Krøyer, can correspond to the epignath on the 2 preceding pairs. Moreover, on the next articulation there is a trace, faint indeed, of a basal section, from the outer margin of which proceeds the exognath, precisely similar in size and structure to that on the preceding pair. Finally, when examined under a powerful magnifier and highly compressed,

reude til hvad Tilfældet er paa de egentlige Fødder. Samtlige Led er mere eller mindre tæt børstebesatte. Navnlig er det yderste Afsnit tæt haaret og i Kanterne med visse Mellemrum desuden bevæbnet med Knipper af tynde Torner.

Iste Fodpar (Fig. 16) er neppe længere end 3die Par Kjævefødder, men langt kraftigere bygget. Det er som de følgende Par enkelt, uden ydre Vedhæng ved Basis, og bestaar, den bevægelige Finger iberegnet af 7 vel begrændsede Led, hvoraf de 3 første er ganske korte. 4de Led forbinder sig med det foregaaende ved en meget skjæv Articulation og er noget udvidet mod Enden samt at kantet, næsten prismatisk Form; den ydre Kant løber fortil ud i en temmelig stærk tornformig Fortsats og er omkring denne besat med lange Børster. 5te Led er ganske kort, neppe længere end bredt og meget bevægeligt forbundet saavel med det foregaaende som efterfølgende; det er paa den ydre Side tæt haaret og gaar oventil ved Enden ud i 2 stærke Torner. 6te Led eller Haanden er kraftigt udviklet, ved Basis ligesom opsvulmet, fortil mere og mere afladet og tillige noget bredere. Enden er næsten tvært afskaaret og danner en skarp, noget buet Kant, imod hvilken den til det ydre Hjørne fæstede kloformige Finger kan indboies. Det indre Hjørne er udtrukket til en skarp lige fortilrettet Fortsats, der forestiller den rudimentære ubevægelige Finger. Haanden er ligesom Størsteparten af den øvrige Fod kun besat med meget korte Haar.

2det Fodpar (Fig. 17) er meget tyndt og svagt bygget, men lige udstrakt neppe kortere end 1ste. Det bæres imindeligheden slaaet ind under Forkroppen og er derfor sjælden synligt, naar Dyret sees ovenfra. Af Leddene er 4de og 5te længst og danner med hinanden en mere eller mindre stærk knæformig Boining. 6te Led eller Haanden er neppe bredere end det foregaaende og omtrent halvt saa langt. Spidsen danner en liden, men fuldstændig Sax (se Fig. 18), paa hvilken dog Fingrene er særdeles korte, idet de neppe er ¹/₃ saa lange som Palmen.

3die Fodpar (Fig. 19) er ubetydelig længere end foregaaende, men meget kraftigere bygget, navnlig hvad det basale Afsnit angaar. Det afsmalnes successivt mod Enden, der er sylformigt tilspidset. Af Leddene er det 5te længst. Det overmaade lille sidste Led eller Endekloen gaar i Flugt med næstsidste, men er skilt fra samme ved en tydelig Sutur.

De 2 følgende Par (Fig. 20), der forestiller de egentlige Gangfødder, er indbyrdes af ens Udseende, omtrent af foregaaende Pars Længde, men kraftigere byggede. Af Leddene er 4de og 6te længst og omtrent indbyrdes lige lange og betydelig større end 5te. Sidste Led er om-

at the point of the last segment can be detected an extremely minute, though distinctly defined terminal articulation. Hence, the number of articulations is strictly 7, corresponding to that on the true legs. All the articulations are more or less closely beset with bristles. The outermost section, in particular, is densely clothed with hairs, and at intervals furnished along the edges with bunches of slender spines.

The 1st pair of legs (fig. 16) are scarcely at all longer than the 3rd pair of maxillipeds. Like the following pairs, they are simple, having no exterior appendages at the base, and consist, inclusive of the moveable dactylus, of 7 distinctly separated segments, of which the 3 first are exceedingly short. The 4th segment is connected with the preceding by means of an extremely oblique articulation, and is somewhat expanded towards the extremity, with an angular, almost prismatic form; the outer margin extends forward (anteriorly) as a rather prominent spiniform projection, beset round the latter with long bristles. The 5th segment is quite short, scarcely longer than broad, and very flexibly connected alike with the preceding and the succeeding segments; on the outer side, it is densely clothed with hair, and projects at the extremity, above, into 2 powerful spines. The 6th segment, or hand, is strongly developed, with the base, as it were, swollen, anteriorly gradually applanated, and also somewhat broader. The extremity is well-nigh truncate, and constitutes a sharp, slightly arcuate edge, towards which the unguiform dactylus, attached to the outer corner, admits of bending in. The inner corner is drawn out into a sharp tooth, directed straight forwards, which represents the rudimentary immobile finger. The hand, like the greater part of the rest of the foot, is clothed with exceedingly short hairs.

The 2nd pair of legs (fig. 17) are very thin and of fragile construction, but, fully extended, hardly shorter than the 1st pair. As a rule, they are carried, doubled up under the cephalo-thorax, and hence are rarely visible when the animal is seen from above. Of the segments, the 4th and 5th are the longest, and constitute together a more or less prominent geniculate flexure. The 6th segment, or hand, is scarcely at all broader than the preceding, and about half as long. Its extremity assumes the shape of a small, but perfectly formed chela (see fig. 18), on which, however the dactyli are exceedingly short, attaining scarcely one-third the length of the palm.

The 3rd pair of legs (fig. 19) are but very little longer than the preceding, of a somewhat more powerful structure, however, in particular the basal section. They taper gradually to the extremity, which has an awl-shaped point. Of the segments, the 5th is the longest. The last, exceedingly small segment, or terminal claw, projects in a line with the penultimate, from which, however, it is separated by a well-marked suture.

The 2 succeeding pairs (fig. 20), which represent the true ambulatory feet, are similar in appearance, of about the same length as the preceding pair, but much more powerful in structure. Of the segments, the 4th and 6th are the longest, about equal in length, and considerably

dannet til en kraftig tilspidset og svagt krummet Endeklo. Begge disse Fodpar er temmelig rigeligt besatte med korte Børster.

Gjællernes Antal er (se Fig. 21) 5 paa hver Side. svarende til de 5 Par Fodder. I sin Bygning og Udseende viser de intet usædvanligt.

Bagkroppens Svømmevedhæng (Fig. 24 25) er kraftigt udviklede og rettede noget skraat udad til Siderne, saa at deres ydre Del viser sig, naar Dyret sees ovenfra (Fig. 1), ragende frem til hver Side. De bestaar af en særdeles tyk og muskuløs Roddel eller Stamme, til hvis Ende er indleddet 2 uligestore Grener. Den ydre af disse er størst, dannende en langs Kanterne tæt børstebesat, lancetformig Plade af Stammens dobbelte Længde. Den indre Gren er neppe mere end halvt saa lang, paa 1ste Par uleddet, paa de øvrige bestaaende af to tydelige Segmenter. Paa de to forreste Par er denne Gren noget ulige hos begge Kjøn. Hos Hunnerne er den paa 1ste Par (Fig. 24) af elliptisk Form, men noget vreden, saa at den vanskeligt kan udbredes i samme Plan. Hos Hannerne er den (Fig. 26) derimod tydelig indknebet paa Midten og noget udvidet i hver Ende, samt her forsynet med lange og stive, uciliercde Børster. Paa 2det Par er denne Gren hos Hunnerne (Fig. 25) fuldkommen af samme Udseende som paa de følgende, bestaaende af 2 med hinanden knæformigt forbundne Segmenter, hvoraf det yderste er længst og smalt lancetformigt. Hos Hannerne har den (Fig. 27) et temmelig afvigende Udseende. Den bestaar vistnok ogsaa her af 2 Segmenter, men det yderste er her tvedelt eller gaar ud i to ulige lange, med stærke Børster besatte Lapper.

Det midterste Halevedhæng (Fig. 28), der egentlig forestiller Bagkroppens sidste Segment, er af smal, lancetdannet Form og oventil langs ad Midten noget udhulet, med to stumpe Sidekjøler, hvoraf enhver bag Midten hæver sig til 2 skarpe tornformige Fortsatser. Enden er udtrukket til en triangulær Spids, og til hver Side af denne er indleddet en kort Torn. Langs ad Sidekanterne af Vedhænget findes desuden en tæt Rad af Fjærbørster.

De ydre Halevedhæng (Fig. 28), der sammen med det midterste danner den saakaldte Halevifte, bestaar af en kort, paa Ydersiden i en stærk tornformig Fortsats udgaaende Roddel og to omtrent lige lange pladeformige Grene. Den ydre af disse er noget bredere end den indre og har den ydre Kant glat samt løbende bugtil ud i en stærk Torn, hvorfra en tydelig Sutur strækker sig paaskraa tværsover Pladens ydre Del. Kanterne er forøvrigt paa begge Grener forsynede med en regelmæssig Rad af korte Fjærbørster. Den øvre Flade er paa den ydre Gren forsynet med to, paa den indre med en enkelt stump Længdekjøl.

Farven er i levende Tilstand overalt rødlig brun, som

larger than the 5th. The last segment is transformed into a strong, pointed, and slightly curved terminal claw. Both these pairs of legs are rather closely beset with short bristles.

The branchiæ (see fig. 21) are 5 in number on either side, corresponding to the 5 pairs of feet. In their structure and appearance they exhibit nothing uncommon.

The natatory appendages of the abdomen (figs. 24, 25) are powerfully developed and directed somewhat obliquely sideways; hence, their exterior part appears, when the animal is viewed from above (fig. 1), to project out from either side. They consist of an exceedingly thick and muscular basal portion, or stem, to the end of which are jointed in 2 branches of unequal size. The outer branch is the larger, constituting a lancelate plate, twice the length of the stem, and thickly beset with bristles along the edges. The inner branch is scarcely half as long; on the 1st pair it has no articulations, on the others it consists of two distinct segments. On the 2 foremost pairs, this branch differs somewhat in the 2 sexes. In the females, it has on the 1st pair (fig. 24) an elliptic form, but is somewhat twisted, so as with difficulty to admit of being spread out in the same plane. In the males, on the other hand, it is (fig. 26) distinctly constricted in the middle, and somewhat expanded at either extremity, as also furnished with long and stiff unciliated bristles. On the 2nd pair, this branch is in the females (fig. 25) of precisely the same appearance as on those succeeding it, consisting as it does of 2 connected geniculate segments, of which the outer one is the longer, and narrow lancelate. In the males, it exhibits (fig. 27) a rather different appearance. True, it consists of 2 segments; but the outer one is bipartite, or protends in 2 lobes of unequal length, beset with strong bristles.

The telson (fig. 28), that strictly represents the last segment of the abdomen, is slender, lancelate in form, and somewhat hollowed out above, along the middle part, with two obtuse lateral carinæ, each of which, posterior to the middle, rises as an acute spiniform prolation. The extremity is drawn out to a sharp triangular point, on either side of which is jointed in a short spine. Extending along the lateral borders of the appendage, occur moreover a close-set series of plumose bristles.

The exterior caudal appendices or uropoda (fig. 29), which, together with the telson, form the so-called caudal fan, consist of a short basal part, produced on the outer side as a strong spiniform prolation, and of two lamellar branches about equal in length. The outer of these branches is somewhat broader than the inner, with the exterior margin smooth and projecting posteriorly as a powerful spine, whence a distinct suture passes obliquely straight across the outer portion of the plate. For the rest, the borders of both branches are furnished with a regular series of short plumose bristles. On the upper surface of the outer branch occur two obtuse, longitudinal carinæ, on that of the inner a single one.

Colour in a living state everywhere reddish-brown, as

oftest skatteret med større uregelmæssige Pletter eller Skjolde af en mørkere brun Coulour.

Længden af de største Exemplarer er, maalt fra Enden af 2det Par Føleres Blad til Spidsen af det midterste Halevedhæng 130ᵐᵐ, og den her omhandlede Form staar saaledes neppe tilbage i Størrelse for nogen af de tidligere bekjendte Arter af Slægten.

Udvikling. De under Hunnernes Bagkrop fæstede Æg er (se Fig. 2) forholdsvis af temmelig betydelig Størrelse, hvilket tør tyde hen paa, at Ungernes Udvikling er forbunden med en mindre fuldstændig Metamorphose end hos de øvrige Crangonider. Hos ingen af de erholdte Exemplarer var dog Æggenes Udvikling saa vidt fremskreden, at dette med Sikkerhed kunde constateres.

Ganske unge Individer af kun 16—18 Mm.'s Længde er af noget slankere Kropsform end fuldt udvoxede Dyr og har Pandehornet forholdsvis større og de tornformige Fortsatser paa Legemet skarpere fremtrædende. Saavel paa Rygskjoldets som Bagkroppens Overflade findes spredte og temmelig lange Haar.

Forekomst og Levevis. I vore Have er denne Art en ægte Dybvandsform, som neppe nogensinde her træffes for i en Dybde af omkring 100 Favne, medens den gaar ned lige til 459 F. og maaske endnu dybere. Derimod synes den ved Kamtschatka at leve paa betydelig grundere Vand, da den her, ifølge Tilesius fanges i stor Mængde nær Kysten af de Indfødte, der anvender den til Næring. Ligesom de øvrige Crangonider er den en udpræget Bundform, hvilket tydeligt nok fremgaar af dens hele Organisation og uavnlig af de stærkt incrusterede Integumenter, der giver Legemet en betydelig specifisk Vægt og neppe tillader Dyret at gjøre ret lange Udflugter i Vandet. De af os indsamlede Exemplarer var ogsaa kun lidet livlige i sine Bevægelser og holdt sig fordetmeste roligo paa Bunden af de Kar, hvori de opbevaredes for nærmere Observation.

Udbredning. Saavel de til Grund for Tilesius's som Owen's Beskrivelser liggende Exemplarer var fra Kamtschatka, som tidligere var det eneste bekjendte Findested for nærværende Art.

I et nylig af Dr. Stuxberg udgivet interessant Skrift betitlet: «Evertebratfaunaen i Sibiriens Ishav» anføres imidlertid denne Art at være fundet under Nordenskjölds Expedition 1876 i det kariske Hav paa et Par Lokaliteter.

Under vor Expedition har vi taget den paa 6 forskjellige Stationer, hvoraf de 4 tilhører Havet omkring Spitsbergen, medens de 2 øvrige ligger vidt adskilte, den ene ved Jan Mayen, den anden i Havet udenfor vor Vestkyst.

Dens for Tiden bekjendte geografiske Udbredningsfelt strækker sig herefter fra Kamtschatka og Behringsstrædet vestlig idetmindste til 8° V. L. og fra den 63de til den 80de Bredegrad.

a rule relieved with comparatively large irregular spots or patches, of a darker brown colour.

The length of the largest specimens, measured from the extremity of the scale of the 2nd pair of antennæ to the tip of the telson, reaches 130ᵐᵐ; and hence the form here treated of can, as regards size, hardly yield precedence to any of the previously known species of the genus.

Development. — The eggs attached beneath the abdomen of the females (see fig. 2) are comparatively large, a circumstance from which, perhaps, we may infer, that the development of the young animals is attended with a less complete metamorphosis than in any of the other Crangonidæ. In none, however, of the specimens collected had the ova attained a stage of development that would admit of confirming the assumption with certainty.

Very young animals, not exceeding 16—18 millimetres in length, have the body of a somewhat more slender form than full-grown individuals, the rostrum, too, relatively larger, and the spiniform prolations on the body more sharply defined. Both on the carapax and the surface of the abdomen are seen scattered hairs of considerable length.

Occurrence and Habits. — In the North Atlantic, this species is a true deep-sea form, rarely, if ever, met with at a depth less than about 100 fathoms, though elsewhere it descends to 459 fathoms, and possibly still deeper. On the other hand, off the coast of Kamtschatka it would appear to inhabit much shallower water, being there, according to Tilesius, taken near the coast in great abundance by the natives, who consume the animal as food. Like all other Crangonidæ, it is a well-marked bottom-form, a fact sufficiently apparent from its whole organization, and in particular from the thickly incrusted integuments, which give to the body a considerable specific weight, and can hardly admit of the animal travelling far through the water. Nor were the specimens we collected particulary brisk in their movements, keeping as they did during the greater part of the time quietly at the bottom of the vessels in which they were preserved for closer examination.

Distribution. — The specimens to which the descriptions both of Tilesius and of Owen refer, were from off Kamtschatka, formerly the only known habitat of the present species.

According to an interesting paper lately published by Dr. Stuxberg, bearing title: — "Evertebratfaunaen i Sibiriens Ishav" (The Evertebrate Fauna in the Polar Seas of Siberia), this species would appear to have been taken on Nordenskjöld's Expedition in 1876, from the Kara Sea, in one or two localities.

During the course of our Expedition, we obtained the animal at 6 different Stations, 4 in the sea surrounding Spitzbergen, the 2 others lying wide apart, one at Jan Mayen, the other off the western shores of Norway.

Hence, the geographical distribution of the species as yet known, ranges in a westerly direction from Kamtschatka and Behring's Strait at least to long. 8° W., and from the 63rd to the 80th parallel of latitude.

4

At Arten er en ægte hoinordisk og arktisk Form synes klart saavel af dens ovenfor omtalte geographiske Udbredning som af den Omstændighed, at snagodtsom alle Stationer, hvor den under vor Expedition er observeret, tilhører den kolde Area.

That the animal in question is a true Arctic form, seems manifest, alike from its above recorded geographical distribution and the fact of well-nigh all the Stations at which the species was met with on the Norwegian Expedition having belonged to the cold area.

Fam. **Alpheidæ**.

Gen. **Bythocaris**, G. O. Sars, 1869.

Nye Dybvandscrustaceer fra Lofoten. Vid. Selsk. Forh. 1869.

Slægtscharacteristik. Legemsbygningen noget lig samme hos Slægten *Hippolyte*. Rygskjoldet kort og hvælvet, fortil i Midten dannende en til Siderne tydeligt begrændset noget hævet Pandedel, der ender med 3 simple fortilrettede Fortsatser, hvoraf den midterste forestiller Pandehornet, Sidefortsatserne de enormt udviklede Supraorbitaltorner. En Antenne- og Hepatical-Torn tilstede, derimod ingen Pterygostomialtorn. Bagkroppen kraftigt udviklet, med 3die Segment oventil pukkelformigt og bagtil fremspringende; Epimererne hos Hunnen særdeles store og afrundede. Øinene smaa. Folerne næsten fæstede i samme horizontale Plan; 1ste Par med 2 Svøber; 2det Par med særdeles stort og brødt Blad. Kindbakkerne uden Palpe kun forsynet med en enkelt cylindrisk, i Enden afstumpet Tyggegren. 3die Par Kjævefødder forsynet ved Basis med en rudimentær Exognath; Stammens sidste Led sammentrykt, skjævt udvidet og bueformet med en enkelt Rad af korte Tænder. 1ste Fodpar som hos *Hippolyte*; 2det Par meget smækkert og svagt, med 9-leddet Tarse. Gjællerne paa hver Side 5, hurtigt tiltagende i Størrelse bagtil. Det midterste Halevedhæng stærkt forlænget med afstumpet Spids og særdeles smaa Endetorner. De ydre Halevedhængs Endoplader af meget ulige Størrelse. Udviklingen directe, uden Metamorphose.

Alm. Bem. I Aaret 1869 opstillede jeg denne nye Slægt for en eiendommelig af mig paa de store Dybder ved Lofoten opdaget Caride. *B. simplicirostris*, som vistnok i sin almindelige Habitus stemmede nær overens med Slægten *Hippolyte*, men som paa den anden Side viste en Del mærkelige Afvigelser, der gjorde det nødvendigt at skille den generisk fra hin Slægt. Senere er 2 forskjellige Former blevne beskrevne, som aabenbart tilhører samme Slægtstype. nemlig *Hippolyte Payeri* Heller og *Hippolyte Panschii* Buchholz, og paa vor Expeditions sidste Togt er endnu en pragtfuld ny Art af samme Slægt bleven opdaget, nemlig den nedenfor nærmere beskrevne *Bythocaris leucopis* Slægten tæller altsaa for Tiden ikke mindre end 4 forskjellige Arter, som alle i de væsentlige Characterer stemmer over-

Fam. **Alpheidæ**.

Gen. **Bythocaris**, G. O. Sars. 1869.

Nye Dybvandscrustaceer fra Lofoten. Vid. Selsk. Forh. 1869.

Generic Character. — Structure of body exhibiting some resemblance to that in the genus *Hippolyte*. Carapax short and arcuate, forming anteriorly in the middle a distinctly defined and rather elevated frontal area, that terminates with 3 simple, anteriorly directed processes. the median representing the rostrum and the lateral the enormously developed supraorbital spines. One antennal and one hepatical spine present on either side, but no pterygostomial spine. Abdomen powerfully developed, with third segment hunched above. and projecting posteriorly; epimera in female exceedingly large and rounded. Eyes small; antennæ attached almost in the same horizontal plane; first pair with 2 flagella; second pair with an exceedingly large and broad scale. Mandibles without palps, merely furnished with a cylindric masticatory branch. obtuse at the end. Third pair of maxillipeds provided at base with a rudimentary exognath; last joint of stem compressed. obliquely dilated, and armed with a single row of short teeth. First pair of legs as in *Hippolyte*; second pair exceedingly slender and fragile, with a nine-jointed tarsus. Branchiæ on either side 5, rapidly increasing in size posteriorly. Telson very elongated, with an obtuse point and exceedingly small terminal spines. Terminal plates of uropoda very unequal in size. Development direct, without any metamorphosis.

General Remarks. — In the year 1869 I established this new genus, for the reception of a remarkable Caridian I had taken in the great depths off Lofoton, — viz. *B. simplicirostris*, which, in its general habitus, did indeed closely agree with the genus *Hippolyte*, but, on the other hand, exhibited a number of striking deviations, that obviously called for generic separation from that genus. Since then, 2 different forms have been described, both clearly belonging to the same generic type, — viz. *Hippolyte Payeri* Heller and *Hippolyte Panschii* Buchholz; and on the last cruise of our Expedition we obtained a third new and magnificent species of the same genus, viz. *Bythocaris leucopis*, described more in detail below. The genus comprises therefore at present as many as 4 different species. all of which

ens og snaledes danner tilsammen en vel begrændset eiendommelig Type blandt Cariderne.

Af de tidligere bekjendte Slægter kommer den utvirlsomt *Sl. Hippolyte* nærmest, men skiller sig fra denne blandt andet meget væsentligt ved det særdeles korte og simple Pandehorn og de enormt udviklede Supraorbitaltorner, der sammen med Pandehornet danner en eiendommelig og meget tydeligt begrændset pladeformig, i Enden trekantet Pandedel; fremdeles ved Folernes indbyrdes Stilling samt Kindbakkernes meget forskjellige Bygning, endelig ogsaa ved den usædvanlige Udvikling af 2det Par Folores Blad og ved Halevedlhængenes Form.

Endnu en Character, som det først under vor Expedition lykkedes mig at faa sikkert constateret, fortjener særligt at udhæves, og det er, at Ungerne ikke gjennemgaar den sædvanlige postembryonale Forvandling eller saakaldte Larvetilstand, men kommer ud af de usædvanlig store Æg forsynede med alle sine blivende Lemmer. Slægten skiller sig i denne Henseende fra alle bekjendte Carider, alene med Undtagelse af den ligeledes af mig opstillede Slægt *Cryptocheles*, hos hvem jeg har fundet Forholdet fuldkommen ligedant.

Alle Slægtens Arter er udprægede Dybvandsformer og bærer ogsaa tydeligt Præget heraf ved de usædvanlig smaa og ufuldkomment udviklede Øine.

agree in their principal characters, and thus constitute together a well-defined, peculiar type among the Caridians.

Of the genera hitherto known, it unquestionably approximates closest the genus *Hippolyte*, but is however most saliently distinguished from that form by reason of its exceedingly short and simple rostrum and prodigiously developed supraorbital spines, which, along with the rostrum, constitute a peculiar and well-marked frontal area, tridentate at the extremity; moreover, by the relative position of the antennæ, as also the very different structure of the mandibles; finally, too, by the unusual development of the scale of the 2nd pair of antennæ and by the form of the caudal appendages.

Another characteristic peculiarity specially worthy of notice, which I first succeeded in fully substantiating on the Norwegian Expedition, lies in the young of the animal not passing through the usual postembryonic metamorphosis, or the so-called larval stage: they leave the remarkably large ova provided with the full number of appendages. So far, the genus is distinguished from every known Caridian, save only *Cryptocheles*, also established by myself, in which I have found precisely the same characteristic.

All the species of the genus are true deep-sea forms, of which, too, they give manifest indication in their unusually small and imperfectly developed eyes.

---

4. Bythocaris leucopis, G. O. Sars. n. sp.

(Pl. III. Fig. 1—26).

Bythocaris leucopis, G. O. Sars, Crustacea et Pycnogonida nova etc., No. 1.

Artscharacteristik. Rygskjoldet fortil med en tydelig Længdekjøl bevæbnet med en enkelt liden fortilrettet Tand i Midten. Pandedelen noget fremspringende; den midterste Tand (Pandehornet) kjendeligt længere end Sidetænderne, spidst uddragen og overragende Øinene. Disse meget smaa og smale, med opakt hvidt Pigment. 1ste Par Følores indre Svøbe næsten 3 Gange længere end den ydre. 2det Par Følores Blad af enorm Størrelse, stærkt udvidet mod Enden og her tvert afskaaret mod den forreste Rand fint cilieret; det tandformige Fremspring i det ydre Hjørne tæt trykket til Bladet og neppe overragende den forreste Rand. Det midterste Halevedlhæng med Spidsen i Midten tydeligt udrandet og til hver Side af Udrandingen bevæbnet med 2 særdeles smaa Torner. Farven pragtfuld morgenrød. Længden indtil 95^{mm}.

Findesteder. Stat. 295, 297.

Bemærkninger. Fra de øvrige Arter af Slægten er den her omhandlede Form let kjendelig, foruden ved sin

4. Bythocaris leucopis, G. O. Sars. n. sp.

(Pl. III. figs 1—26).

Bythocaris leucopis, G. O. Sars, Crustacea et Pycnogonida nova etc., No. 1.

Specific Character. — Carapax anteriorly with a distinct longitudinal carina, armed in the middle with a single small, anteriorly directed tooth. Frontal area somewhat projecting; medial tooth (rostrum) perceptibly longer than lateral teeth, sharply produced, and extending beyond the eyes. The latter very small and narrow, with an opaque, white pigment. Inner flagellum of 1st pair of antennæ almost three times as long as outer. Scale of 2nd pair of antennæ of prodigious size, greatly expanded toward the extremity, and here cut straight off, with the anterior margin finely ciliated; dentiform projection at outer edge closely pressed against the scale, and scarcely, if at all, extending beyond the foremost border. Telson with the point in the middle considerably emarginated, and armed, on either side of the emargination, with 2 extremely small spines. Colour a magnificent rosy red. Length reaching 95^{mm}.

Locality. — Stats. 295, 297.

Remarks. — Irrespective of its great size and magnificent colouring, the form here diagnosticated may be readily

28

betydelige Størrelse og pragtfulde Farve. ved ‘de smaa, ufuldkomment udviklede og lyst pigmenterede Øine, de overordentlig brede Antenneblade og den stærkt forlængede indre Svøbe paa 1ste Par Følere. I de fleste øvrige Punkter viser den særdeles stor Lighed med følgende Art.

Beskrivelse. Legemets Form er (se Fig. 1 og 2), sammenlignet med de egentlige Hippolyter, temmelig slank og noget sammentrykt fra Siderne. Den ligner i denne Henseende noget mere samme hos Arterne af den nærstaaende Slægt *Virbius* Stimpson. Dog synes Forkroppen paa Grund af det lidet udviklede Pandehorn usædvanlig kort i Forhold til Bagkroppen.

Rygskjoldet er oventil temmelig stærkt hvælvet, med Høiden betydelig større end Breden og den øvre Contour fortil noget bueformigt bøiet. I den forreste Del bemærkes en tydelig, men ganske kort median Længdekjøl, der er bevæbnet med en enkelt liden fortilrettet Tand. Foran denne Kjøl skyder frem i horizontal Retning en i Midten noget fortlybet trekantet Pandeplade. der hvælver sig over Øinenes Insertion og til hver Side er begrændset ved en tydelig markeret Kant. Den gaar fortil ud i 3 spidse Tænder, hvoraf de 2 yderste og korteste egentlig forestiller de usædvanlig stærkt udviklede Supraorbitaltorner. imedens den midterste, spidst udtrukne og ud over Øinenes Ender ragende Tand er det rudimentære Pandehorn. Den forreste Rand af Rygskjoldet er ligeledes neden for Pandepladen og lige over 2det Par Føleres Insertion en kort Antennaltorn hvorfra en noget bugtet Linie strækker sig bagtil og antyder et Slags Begrændsning mellem Mave- og Leverregionen. Længere nede og noget fjernet fra Randen findes en spids saakaldt Hepaticaltorn, der fortsætter sig bagtil i en kort Kjøl. De nedre forreste Hjørner af Rygskjoldet er derimod simpelt tilrundede uden noget tandformigt Fremspring, og de nedre Kanter er i hele sin Længde jevnt bueformigt bøiede. Rygskjoldets bagre Rand er oventil noget fortykket og ganske svagt udrandet i Midten. De afrundede Sidefløier dækkes for en Del af 1ste Bagkropssegments Epimerer (se Fig. 2).

Bagkroppen er meget kraftigt udviklet og mere end dobbelt saa lang som Rygskjoldet. Af dens Segmenter er de to forreste som sædvanligt oventil ganske korte og adskilte ved større hudagtige Mellemrum. 3die Segment er som hos Hippolyterne oventil stærkt pukkelformigt fremspringende og gaar bagtil i Midten ud i en triangulær noget nedad bøiet Fortsats. De 3 bagerste Segmenter aftager hurtigt saavel i Høide som i Brede, og sidste Segment er meget smalt og næsten cylindriskt. Epimererne paa de 3 forreste Segmenter er hos de ægbærende Hunner særdeles store og brede; navnlig udmærker sig i denne Henseende 2det Segments Epimerer, som danner særdeles brede, elliptiske, udad convexe Plader, hvis Sidedele for en stor Del dækker saavel dét foregaaende som efterfølgende Epimer (se Fig. 2). Hos Hannerne er disse Epimerer dog for-

distinguished from the other species of the genus by reason of the small, imperfectly developed, and faintly pigmented eyes, the remarkably broad antennal scales, and the greatly elongated inner flagellum on the 1st pair of antennæ. In most other respects, it exhibits great resemblance to the following species.

Description. — Form of body (see figs. 1, 2), as compared with that of the true Hippolytæ, rather slender and somewhat compressed from the sides. In this respect, the body has greater resemblance to that in the approximating genus *Virbius* Stimpson. Meanwhile, the cephalothorax would appear, from the slight development of the rostrum, to be unusually short as compared with the abdomen.

The carapax rather arched above, with the height very considerably in excess of the breadth, and the upper contour somewhat projecting anteriorly. On the foremost part, may be observed a distinct. but exceedingly short, median longitudinal carina, armed with a small, anteriorly directed tooth. In front of this keel protends horizontally, somewhat depressed in the middle, a triangular frontal plate, arching over the insertion of the eyes, and on either side marked off by a well-defined border. Anteriorly, it branches out into 3 pointed teeth, of which the 2 outermost and shortest, strictly, represent the unusually developed supraorbital spines, whereas the median tooth, sharply produced and jutting beyond the extremities of the eyes. is the rudimentary rostrum. On the foremost margin of the carapax, below the frontal plate and immediately above the insertion of the 2nd pair of antennæ, is seen a short antennal spine, whence a somewhat curved line extends posteriorly, indicating a kind of demarcation between the gastric and hepatic regions. Farther down, and at some distance from the margin. occurs a pointed. so-called hepatic spine, continued posteriorly as a short carina. The antero-lateral corners of the carapax are, on the other hand. simply rounded. without any dentiform projection, and the lower margins, throughout their entire length. uniformly arched. Above, the posterior margin of the carapax is somewhat incrassated, and very slightly emarginate in the middle. The rounded lateral wings are partially overlapped by the 1st segment of the abdomen (see fig. 2).

The posterior division of the body is very strongly developed, and more than twice the length of the carapax. Of its segments, the two foremost are, as usual, quite short above, and separated from each other by wide membranous spaces. As in the Hippolytes. the 3rd segment projects above. prominently hunched, extending posteriorly along the middle as a triangular. somewhat downward deflected prolation. The 3 hindmost segments diminish rapidly alike in height and in breadth, and the last segment is exceedingly narrow, and almost cylindrical. On the 3 foremost segments, the epimera in the ovigerous females are exceedingly large and broad: this is more particularly the case with the epimera of the 2nd segment. which constitute remarkably broad, elliptic, externally convex plates, whereof the lateral parts to a great extent overlap alike the preceding and the

holdsvis betydelig mindre og mere jevnt afrundede. 4de og 5te Segments Epimerer er rettede skraat bagtil og ender med et kort tandformigt Fremspring.

Øinene er særdeles smaa og dækkes for en stor Del af Pandepladen. De er af smalt kolleformet Form, med den ydre Del kun svagt udvidet og jevnt tilrundet. Øiepigmentet er ganske lyst, næsten kridthvidt og Synselementerne kun ufuldkommet udviklede.

Følerne er ligesom hos Crangoninerne næsten fæstede i samme horizontale Plan, hvorfor de, naar Dyret sees i Profil (Fig. 2), for en stor Del gjensidig dækker hinanden.

1ste Par Føleres Skaft (se Fig. 3) er temmelig kort, neppe halvt saa langt som Rygskjoldet. Af dets 3 Led er det 1ste størst, og af samme Længde som de 2 øvrige tilsammen. Det er ved Basis paa den ydre Side forsynet med den sædvanlige pladeformige Fortsats, der dog kun er lidet udriklet og af smal lancetdannet Form. Den indre Kant af Leddet er besat med korte Børster og har noget foran Midten et meget lidet tandformigt Fremspring. Sidste Led er noget kortere end 2det og i Enden tvært afskaaret. Af de 2 Svøber er den ydre hos Hannen omtrent dobbelt saa lang som Skaftet, hos Hunnen noget kortere; den er hos begge Kjøn cylindrisk og temmelig jevnt tyk lige til Spidsen som er udtrukken i en kort Endesmært, samt sammensat af talrige korte Led, besatte med de sædvanlige Knipper af klare, baandformige Sandsebørster. Den indre Svøbe er (se Fig. 1 og 2) stærkt forlænget, omtrent 3 Gange saa lang som den ydre, og afsmalnes jevnt mod Enden.

2det Par Følere (se Fig. 4) har en kort og tyk, utydelig segmenteret Roddel, der saagodtsom ganske er nbedækket af Rygskjoldet og udad springer frem i Form af en stærk trekantet Fortsats.

Det bladdannede Vedhæng er af en ganske usædvanlig Størrelse og saa stærkt udbredt mod Enden, at det i sin normale Stilling ikke blot møder det tilsvarende paa den anden Side, men ogsaa krydser samme (se Fig. 1). Af Form er det næsten trekantet, med den største Brede, der er betydelig større end den halve Længde, i dets yderste Del. Enderanden er næsten tvært afskaaret og viser istedetfor de sædvanlige Randbørster kun en yderst fin Cilitering. Den indre Kant er ganske svagt buet og forsynet med de sædvanlige cilierede Randbørster, der dog kun er lidet udviklede og hurtigt aftagende i Længde mod det indre afrundede Hjørne af Bladet. Den ydre Kant er næsten lige og ganske glat samt gaar fortil ud i en tandformig Fortsats, der er tæt trykket til Bladet og overrages af Enderanden. Tvært over Bladet løber i diagonal Retning en stump Kjøl, der lidt efter lidt taber sig mod det indre Hjørne.

succeeding epimera (see fig. 2). In the males, these epimera, are, however, comparatively much smaller and more evenly rounded. The epimera of the 4th and 5th segments are directed obliquely, in a posterior direction, and terminate with a short dentiform process.

The eyes are extremely small, and covered to a great extent by the frontal plate. They are narrow and clavate in shape, with the outer portion but slightly dilated and uniformly rounded. The ocular pigment is quite light, approximating a chalky white, and the visual elements are imperfectly developed.

As with the Crangonians, the antennæ are attached almost in the same horizontal plane; and hence, when the animal is viewed in profile (fig. 2), they cover each other to a great extent.

The peduncle of the 1st pair of antennæ (see fig. 3) is rather short, scarcely half as long as the carapax. Of its 3 articulations, the 1st is the largest, equalling in length both the others taken together. At its base, it is provided on the exterior side with the usual lamelliform projection, which, however, occurs but slightly developed and narrow-lanceolate in shape. The inner edge of the articulation is beset with short bristles, and exhibits, a little anterior to the middle, an exceedingly small dentiform prolation. The terminal articulation is somewhat shorter than the 2nd, and truncate at the extremity. Of the 2 flagella, the exterior, in the male, is about twice as long as the peduncle, — in the female somewhat shorter; in both sexes it is cylindric in form, and nearly of a uniform thickness to the extremity, which is produced to a short terminal lash, as also composed of numerous short articulations, beset with the usual fascicles of translucent, riband-shaped sensory bristles. The inner flagellum (see figs. 1, 2) is considerably elongated, being about three times the length of the outer, and tapering gradually toward the extremity.

The 2nd pair of antennæ (see fig. 4) have a short and thick, indistinctly segmented basal portion, that is well-nigh wholly uncovered by the carapax, and, externally, jutting forth in the form of a strong, triangular projection.

The squamiform appendage attains quite a remarkable size, and is, toward the extremity, so considerably expanded that, in its usual position, it not only meets the corresponding appendage on the opposite side, but even overlaps it (see fig. 1). In form it is almost triangular, with the exterior portion broadest; its greatest breadth considerably exceeds half the length. The terminal border is well-nigh truncate, and exhibits, in place of the marginal bristles usually observed, an exceedingly fine clothing of hairs. The inner margin is very slightly curved, and furnished with the usual ciliated marginal bristles, which, however, are but little developed and rapidly diminish in length toward the inner rounded corner of the scale. The outer margin is almost straight and perfectly smooth; moreover, it extends anteriorly as a dentiform projection, closely pressed up to the scale and overlapped by the terminal border. Straight across the scale, extends diagonally an obtuse carina, which gradually disappears toward the inner corner.

Svøben er (se Fig. 1 og 2) særdeles lang, selv adskilligt længere end hele Legemet og bestaar af et cylindriskt. 3-leddet Skaft (se fig. 4) og en traadformig, mangeleddet Endedel.

Overlæben (Fig. 5) er hjelmformig og temmelig bred, med Sidefloiene noget uddragne og den forreste Del fremspringende i Form af en stump Tand.

Underkeben (Fig. 6) er forholdsvis liden og bestaar af to noget divergerende, i Enden skjævt afskaarne Lapper, paa hvilke ingen Cilfering kunde opdages.

Kindbakkerne (Fig. 7) udmærker sig i høi Grad fra samme hos Sl. Hippolyte og meerstaaende Former derved, at de ganske mangler den forreste tandbærende Gren, hvorimod den bagre Gren (Tyggeknuden) er vel udviklet og danner Kindbakkens umiddelbare Fortsættelse. Denne Gren, der med Kindbakkens Corpus danner en omtrent ret Vinkel, er af cylindrisk Form og noget fortykket mod Enden. Den næsten tvært afkuttede Spids viser den sædvanlige Brolegning af knudeformige Opboininger, der udmærker Tyggeknuden hos Hippolyterne, hvortil endnu kommer nogle faa spidse Tænder, der navnlig paa venstre Kindbakke er tydeligt udviklede. Fra den indre Side af Corpus udgaar en kort, i Enden stumpt tilrundet Fortsats, hvortil de stærke Rotationsmusklers chitinagtige Sene fæster sig. Af nogen Palpe findes intetsomhelst Spor.

1ste Par Kjæver (Fig. 8) er forholdsvis temmelig store og viser 3 vel udviklede Grene eller Lapper, hvoraf den midterste er størst, næsten øxeformigt sammentrykt, samt langs sin indre Kant bevæbnet med korte tornformige Børster. Den indre Gren er smal, konisk tilspidset og fortilkrummet, med begge Kanter og Spidsen børstebesat. Den ydre Gren, der som sædvanligt er fæstet høiere oppe og rettet mere udad, er smalt tungeformig, afstumpet i Enden og her besat med nogle fortilkrummede Børster.

2det Par Kjæver (Fig. 9) har den sædvanlige pladedannede Form. Det indre Parti eller den egentlige Kjævedel (Endognath) er vel udvildet og delt i 3 tydeligt begrændsede, men tæt sammentrængte og i den indre Kant rigeligt børstebesatte Tyggelapper, hvoraf den forreste er størst. Fra den ydre Side af denne Del udgaar en smal fortilrettet og i Spidsen med lange Børster forsynet Gren (Mesognathen), og længere udad den pladeformige Exognath, der som sædvanligt viser et fortilrettet, tungeformigt, med stærke Fjærbørster forsynet Parti og en bagudrettet, noget lancetformig Forlængelse.

1ste Par Kjævefødder (Fig. 10) er omtrent af samme Størrelse som 2det Par Kjæver og som disse hovedsageligt af membranøs Beskaffenhed. Den egentlige Kjævedel eller Endognath bestaar af 2 tæt sammentrængte, brede og i den indre Kant tæt børstebesatte Tyggelapper. Mesognathen viser et lignende Udseende som paa 2det Par Kjæver. Exognathen er i sin basale Del ganske pladeformig og langs den ydre Kant forsynet med stærke Fjærbørster, men forlænger sig indad i en smalt cylindrisk af 2 utydeligt adskilte Led bestaaende Endesnært. Til den ydre Side af den fælles

---

The flagellum (see figs. 1, 2) is exceedingly long, a good deal longer even than the whole body, and consists of a cylindric, three-jointed peduncle (see fig. 4) and a filiform, multi-articulate terminal portion.

The labrum (fig. 5) is galeate in form and rather broad, with the lateral wings somewhat produced, and the anterior portion projecting as an obtuse tooth.

The labium (fig. 6) is comparatively small, and consists of two, somewhat diverging and at the ends obliquely truncated, lobules, on which no trace of ciliation could be detected.

The mandibles (fig. 7) differ essentially from those in the genus Hippolyte and other approximating forms, exhibiting as they do no trace of the foremost dentiferous branch, whereas the posterior branch (molar protuberance) is well developed, and constitutes the immediate continuation of the mandibles. This branch, placed about at right angles with the corpus of the mandibles, is cylindric in form and somewhat inspissated at the extremity. Its well-nigh truncate point exhibits the usual, so to speak, paved surface of tuberculiform prominences characteristic of the molar protuberance in the Hippolytes, as also a few sharp-pointed teeth, which, particulary on the left mandible, are distinctly developed. From the inner side of the corpus, extends a short and, at the extremity, obtusely rounded projection, to which are attached the strong chitinous sinew of the rotatory muscles. Of a palp no trace can be detected.

The 1st pair of maxilla (fig. 8) are comparatively large, with 3 well-developed branches or lobes, of which the median is the largest, almost securiform, and greatly compressed, as also, along its inner margin, armed with short, spiniform bristles. The inner branch is slender, conically pointed, and curved anteriorly, with both margins and the point beset with bristles. The outer branch, attached as usual higher up and more externally directed, is slender linguiform, and obtuse at the extremity, where it has a few anteriorly curving bristles.

The 2nd pair of maxilla (fig. 9) exhibit the usual lamelliform shape. The inner portion, or maxillary part (endognath), is well developed, and divided into 3 distinctly defined, but closely arranged, and along the inner margin densely bristle-beset, masticatory lobules, of which the foremost is largest in size. From the outer side of this part, issues a slender branch (mesognath), anteriorly directed, and furnished at the point with long bristles, and farther out the lamelliform exognath, which as usual exhibits a linguiform, anteriorly directed part, furnished with strong, plumose bristles, and a posteriorly directed, somewhat lanceolate prolongation.

The 1st pair of maxillipeds (fig. 10) are about of the same size as the 2nd pair of maxilla, and, like the latter, membranaceous in substance. The maxillary portion, or endognath, consists of 2 broad, closely arranged masticatory lobes, beset along the inner side with a dense armature of bristles. The mesognath presents a similar appearance to that on the 2nd pair of maxilla. The exognath is quite lamelliform throughout its basal portion, and furnished along the outer margin with strong, plumose bristles, but extends inward as a slender, cylindric terminal lash, composed of

Roddel er fæstet en uregelmæssig oval, børsteløs Plade af en eiendommelig spongiøs Structur, der forestiller Epignathen.

2det Par Kjævefødder (Fig. 11) er forholdsvis smaa og svage. De bestaar af en 5-leddet indadbøiet Stamme og en til Ydersiden af samme ved Basis fæstet smal fortilrettet Exognath. Stammens næstsidste Led er særdeles stærkt oxeformigt udvidet og langs den forreste Halvpart af den indadvendte Kant besat med lange stive Børster. Til den bagre Halvpart af denne Kant er fæstet det særdeles korte, men brede Endeled, der ligeledes langs sin indre Kant er tæt besat med korte tornformige Børster. Exognathen er meget ufuldkommen udviklet og viser ikke nogen tydelig Adskillelse i Basaldel og Endesnært. Af Epignath har jeg ikke fundet det mindste Spor.

3die Par Kjævefødder (Fig. 12) er som hos andre Carider stærkt udviklede og fodformige, samt rækker fortilstrakte næsten til Enden af 2det Par Folerens Blad. De bestaar af 4 paa hinanden følgende Afsnit eller Segmenter, hvoraf det 1ste er ganske kort og egentlig sammensat af 2 Led. 2det Segment er stærkt forlænget, noget vredent og ved Enden i den indre Kant forsynet med et kort tandformigt Fremspring. 3die Segment er ganske kort og simpelt cylindriskt. Sidste Segment er over 3 Gange saa langt, stærkt sammentrykt, paa Midten udvidet og i Enden meget skraat afskaaret samt bevæbnet med en Rad af circa 8 korte, men stærke brunligt farvede Torner. Ved Basis er dette Kjævefodpar forsynet med en ganske kort og rudimentær Exognath; derimod synes heller ikke her nogen Epignath at være tilstede.

1ste Fodpar (Fig. 13) er af kort og undersætsig Bygning og udviklet paa en lignende Maade som hos Slægten Hippolyte. Haanden er længere og tykkere end det foregaaende Led og danner en tydeligt udviklet Chela, hvis Fingre dog er betydelig kortere end selve Palmen.

2det Fodpar (Fig. 14) er særdeles spinkelt bygget og ialmindelighed slankt end under Forkroppen. Det ender som hos Hippolyte med en meget liden, men tydeligt cheliformt udviklet Haand, der i Enden er tæt børstebesat. Det foregaaende Afsnit, den saakaldte Tarse, er stærkt forlænget og delt i 9 Led.

De 3 bagre Fodpar (Fig. 15), der forestiller de egentlige Gangfødder, viser den sædvanlige Bygning. De er alle stærkt forlængede og temmelig spinkle, med 4de og 6te Led længst og indbyrdes omtrent af samme Størrelse. Endekloen er forholdsvis kort og i den bagre Kant forsynet med korte Torner.

Af Gjeller findes paa hver Side 5 (se Fig. 16), fæstede over Roden af de 5 Fodpar. Den forreste Gjelle er særdeles liden; de følgende tiltager hurtigt i Størrelse, og den sidste er meget betydelig større end nogen af de øvrige og

2 imperfectly separated articulations. To the outer side of the basal portion is attached an irregular ovate plate — which represents the epignath — without bristles, and exhibiting a peculiar spongy structure.

The 2nd pair of maxillipeds (fig. 11) are comparatively small and feeble. They consist of a five-jointed, inwardly curving stem and a slender, anteriorly bent exognath, attached to the outer side of the latter, at the base. The penultimate joint of the stem, securiform in shape, is greatly dilated, and beset, along the anterior half of the inward-directed margin, with long, stiff bristles. To the posterior half of this margin is attached the exceedingly short, but broad, terminal articulation, which, in like manner, along its inner margin, is densely beset with short, spiniform bristles. The exognath is very imperfectly developed, and does not exhibit any distinct partition in the basal part and the terminal lash. Of an epignath, I have failed to discover the slightest trace.

As in other Caridians, the 3rd pair of maxillipeds (fig. 12) are strongly developed, and pediform: anteriorly extended, they reach almost to the end of the scale of the 2nd pair of antennæ. They consist of 4 serial divisions, or segments, of which the first is quite short and, strictly, composed of 2 articulations. The 2nd segment is very considerably prolonged, a trifle twisted, and furnished at the extremity, along the inner margin, with a short dentiform projection. The 3rd segment is quite short, and simple cylindric. The terminal segment is more than three times as long as the 3rd, greatly compressed, dilated in the middle, and, at the extremity, very obliquely truncate, as also furnished with a row of about 8 short, but strong, dark-brown coloured spines. At the base, this pair of maxillipeds is provided with an exceedingly short and rudimentary exognath; but here, too, no epignath would appear to be present.

The 1st pair of legs (fig. 13) are of a short and thickset structure, and developed as in the genus Hippolyte. The hand is longer and thicker than the preceding articulation, constituting a distinctly developed chela, of which, however, the fingers are considerably shorter than the palm.

The 2nd pair of legs (fig. 14) are exceedingly slender, and, as a rule, folded in under the anterior division of the body. As in the genus Hippolyte, they terminate with a very small, but distinctly cheliform hand, beset at the extremity with bristles. The preceding segment, or so-called tarsus, is very considerably prolonged, and divided into 9 articulations.

The three posterior pairs of legs (fig. 15), which represent the true pereiopoda, exhibit the usual structure. They are all of them considerably prolonged and somewhat slender, with the 4th and 6th joints longest, and nearly equal in size. The terminal claw is comparatively short, and furnished along the posterior margin with short spines.

Of branchiæ, there are 5 (see fig. 16) on either side, attached above the bases of the 5 pairs of feet. The foremost branchia is exceedingly small; the succeeding branchiæ increase rapidly in size, and the last of the series is very

med Spidsen noget bueformigt fortilkrummet. Deres Bygning er forøvrigt den sædvanlige.

Bagkroppens Svømmevedhæng (Fig. 17—20) er vel udviklede og som sædvanligt bestaaende af en tyk og muskuløs Basaldel og 2 Grene. Den indre af disse er paa 1ste Par (Fig. 17) særdeles kort af oval Form og langs Kanterne tæt besat med divergerende Fjærborster. Hos Hunnerne har denne Gren (se Fig. 19) en noget mere uregelmæssig Form end hos Hannerne og er ved Enden forsynet med et særegent smalt Appendix. Paa de øvrige Par (se Fig. 18) er denne Gren vel udviklet, af lancetdannet Form ligesom den ydre og langs Kanterne besat med en enkelt Rad af stærke Fjærborster, hvortil endnu kommer et lidet smalt cylindriskt Appendix, der er fæstet til den indre Kant foran Midten. Paa 2det Par er hos Hannerne (se Fig. 20) dette Appendix dobbelt.

Det midterste Halevedhæng (Fig. 21) er stærkt forlænget, betydelig længere end sidste Segment, og temmelig smalt, jevnt aftagende i Brede mod Spidsen, som er tvært afkuttet og i Midten svagt, men tydeligt udrandet samt til hver Side af Udrandingen bevæbnet med 2 særdeles korte Torner (se Fig. 22). Langs Sidekanterne af Vedhænget bemærkes endnu paa hver Side en Rad af 4 meget smaa tandformige Fremspring ligesom en Del korte Borster.

De ydre Halevedhæng (Fig. 23), hvis korte Roddel gaar ud i en stærk bagudrettet Fortsats, har Endepladerne meget ulige udviklede, idet den indre er betydelig baade kortere og smalere end den ydre. Denne sidste viser et tydeligt afsat Endesegment og har den ydre Kant fuldkommen lige samt bagtil gaaende ud i en stærk tornformig Fortsats.

Farven er i levende Tilstand særdeles brillant, nemlig overalt smukt morgenrød, noget intensere ved Enden af hvert Bagkropssegment. Over Midten af Rygskjoldet bemærkes desuden et større uregelmæssigt sadelformigt Felt af en mørk blaalig Farve. Øinenes Pigment er, som ovenfor anført ganske lyst, opakt hvidt, og stikker mærkeligt af mod de intensivt rødfarvede Øienstilke. Artsbenævnelsen "*leucopis*" er hentet herfra.

Længden af det største erholdte Exemplar er, maalt fra Enden af 2det Par Føleres Blad til Spidsen af det midterste Halevedhæng 95ᵐᵐ, en Størrelse der langt overgaar samme hos de øvrige bekjendte Arter af Slægten.

Udvikling. Paa et af de indsamlede Exemplarer fandtes under Bagkroppen fuldmoden Rogn, og jeg fik herved Anledning til at anstille nogle Undersøgelser over Udviklingen. Allerede hos den først opdagede Art, *B. simplicirostris*, havde Æggenes ualmindelige Størrelse været mig paafaldende og ledet mig paa den Tanke, at dette maaske kunde antyde en eiendommelig Udviklingsmaade hos nærværende Slægt. En lignende paafaldende Størrelse havde Æggene ogsaa hos det indsøgte Exemplar af den her omhandlede Art (se Fig. 2), og heldigvis befandt de sig her netop i det sidste Udviklingsstadium, saa at den indsluttede Unge tydeligt kunde skimtes igjennem den tynde

considerably larger than any of the others, and has a somewhat bow-shaped, anteriorly curving point.

The natatory appendages of the abdomen (figs. 17—20) are well developed, consisting as usual of a thick and muscular basal portion and 2 branches. The inner of these branches is on the 1st pair exceedingly short, and densely beset along the margins with diverging, plumose bristles. In the males, this branch (see fig. 19) has a somewhat more irregular form than in the females, and is furnished at the extremity with a peculiar, narrow appendix. On the other pairs (see fig. 18), this branch is well developed, lanceolate in form, like the outer, and beset along the margins with a single series of strong, plumose bristles, as also provided with a small, narrow, cylindric appendage, attached, anterior to the middle, on the inner margin. In the males (see fig. 20), the 2nd pair have this appendix double.

The telson (fig. 21) is greatly prolonged, considerably longer than the terminal segment, and rather narrow, gradually diminishing in breadth toward the point, which is abruptly truncate, and in the middle slightly, but distinctly, emarginate, as also, on either side of the emargination, armed with 2 exceedingly short spines (see fig. 22). Along the lateral borders of the telson are observed on either side a row of 4 extremely small, dentiform projections, together with a number of short bristles.

The exterior caudal appendages (fig. 23), whose short basal part extends as a strong, posteriorly directed projection, have the terminal plates very unequally developed, the inner one being alike shorter and narrower than the outer. The latter plate exhibits a distinctly developed terminal segment, and has its outer margin perfectly straight, extending posteriorly as a strong, spiniform projection.

Colour, in a living state, exceedingly brilliant, everywhere a magnificent rosy red, a trifle more intense at the end of each segment of the posterior division of the body. Extending across the middle of the carapax, is observed moreover a large, irregular, saddle-shaped area, of a darkbluish colour. The ocular pigment is, as stated above, wholly colourless, viz. an opaque white, and forms a striking contrast to the intensely red-coloured eye-stalks. The generic appellation "*leucopis*" is taken from the said characteristic.

Length of the largest specimen, measured from the end of the scale of the 2nd pair of antennæ to the point of the telson, 95ᵐᵐ, a size very considerably exceeding that observed in any other species of the genus.

Development. — In one of the specimens collected, mature roe was found beneath the abdomen, which afforded opportunity of examining the development of the animal. On the discovery of the first species, *B. simplicirostris*, I had been struck by the unusual size of the eggs, and led to surmise that possibly it might indicate a peculiar mode of development in the present genus. The size of the eggs was equally striking in the specimen I examined of the species treated of here (see fig. 2): fortunately, too, they had reached the last stage of development; and hence the brood could be distinctly discerned through the delicate membrane (see figs. 24, 25), as also without great difficulty removed from

Æggehinde (se Fig. 24 og 25) og ogsaa uden stor Vanske-
lighed lod sig udpræparere og nøiere undersøge (Fig. 26).
Det kunde herved med fuldkommen Sikkerhed constateres,
at Ungerne hos nærværende Slægt, uligt hvad Tilfældet er
hos de øvrige bekjendte Carider, gjennemgaar sin Forvand-
ling i selve Ægget og kommer til Verden som fuldkomne
Decapoder med fuldtallige Lemmer. Den noget afvigende
Habitus, som den af Ægget udpræparerede Unge viser fra
det voxne Dyr (se fig. 26), beror væsentlig kun paa den
Omstændighed, at Følerne med sine Vedhæng enduu ikke
har indtaget sin normale fortilrettede Stilling, men er skaaede
tilbage langs ad Rygskjoldets Sider. Rimeligvis rettes disse
Lemmer allerede strax efter den normale Udklækning ud
i sin vanlige Stilling, og Ungen ligner da i alt væsentligt
fuldkommen det voxne Dyr.

Forekomst og Udbredning. 4 vel vedligeholdte og
levende Exemplarer af denne vakre Caride blev under Ex-
peditionens sidste Togt optaget i Trawlnettet paa Stat. 295
fra det anselige Dyb af 1110 Favne. Dette er det eneste
Punkt, hvor vi under vor Expedition har truffet den. Men
senere, efter Expeditionens Slut, er af R. Collett fundet
Levningerne af 2 Exemplarer af samme Art i Ventrikelen
hos den mærkelige af ham beskrevne Dybvandsfisk, Rhodich-
thys regina Coll., der erholdtes paa den langere Vest be-
liggende Station 297 og fra et enduu betydeligere Dyb,
nemlig 1280 Favne.

Begge de omtalte Stationer er beliggende i Havet
mellem Jan Mayen og Finmarken og tilhører den kolde
Area, hvoraf det med Sikkerhed tor sluttes, at nærværende
Art er en ægte høinordisk og arktisk Form, ligesom det
af de enorme Dyb, paa hvilke den er forefundet, fremgaar,
at den er en enduu mere udpræget Dybvandsform end nogen
af de øvrige Arter af Slægten.

the eggs and carefully examined (fig. 26). Hence, it could
be fully substantiated, that the young in this genus, contrary
to what is the case in all other known Caridians, undergo
their transformation in the egg itself, from which they
emerge as perfect Decapods, with the number of their limbs
complete. The somewhat deviating habitus which the young
removed from the egg exhibit as compared with that of
the full-grown animal (see fig. 26), arises chiefly from the
antennæ, with their appendages, not yet having assumed
the normal, anteriorly directed position, but, contrariwise,
in their being folded back along the sides of the carapax.
Probably these parts assume their usual position immediately
after hatching, and the young then resemble in all essential
particulars the mature animal.

Occurrence and Distribution. — Of this beautiful
Caridian. 4 living specimens, in a perfect state, were brought
up in the trawl, on the last cruise of the Expedition. at
Station 295, from the very considerable depth of 1110
fathoms. This is the only locality in which the species
was met with on the Norwegian North-Atlantic Expedition.
Subsequently, however, after the final return of the Ex-
pedition, Mr. R. Collett found the remains of 2 specimens
of the same species in the ventricle of the remarkable
deep-sea fish, Rhodichthys regina, Coll., described by that
naturalist; the fish was obtained at Station 297, lying some-
what farther west. and from a still greater depth. viz. 1280
fathoms.

Both of the said Stations lay in the open sea, be-
tween Jan Mayen and Finmarken, a locality belonging to
the cold area, from which we may with certainty infer,
that the present species is a true Northern and Arctic
form; moreover, the enormous depth at which the animal
occurred shows it to be a still more decided deep-sea form
than any other species of the genus.

5. Bythocaris Payeri, (Heller).

(Pl. III, Fig. 27).

Syn: *Hippolyte Payeri*, Heller, Crustaceen. Pycnogoniden und Tuni-
caten der K. K. Österreich.-Ungar. Nordpol-Expedition. pag. 2.
Pl. I, Fig. 1—4.

Artscharacteristik. Rygskjoldets Kjøl uden tydelig
Tand. Pandedelen lidet fremspringende, med den midterste
Tand (Pandehornet) kun ubetydeligt længere end Side-
tænderne og ikke overragende Øinene. Disse sidste større
end hos foregaaende Art, kølleformige, med mørkt Pigment.
1ste Par Føleres indre Svøbe kun høist ubetydeligt længere
end den ydre. 2det Par Føleres Blad aflangt rhomboidalt,
mere end dobbelt saa langt som bredt, med Enden skjævt
afskaaret og forsynet med tydelige skjønt korte Randborster;

Den norske Nordhavsexpedition. G. O. Sars: Crustacea.

5. Bythocaris Payeri, (Heller).

(Pl. III, fig. 27).

Syn. *Hippolyte Payeri*, Heller, Crustaceen, Pycnogoniden und Tuni-
caten der K. K. Österreich.-Ungar. Nordpol-Expedition. pag. 2.
Pl. I. figs. 1—4.

Specific Character. — Keel of carapax without any
distinctly developed tooth. Frontal area but slightly pro-
jecting. with the medial tooth (rostrum) scarcely at all
longer than the lateral teeth, and not jutting over the
eyes, which are larger than in the preceding species,
claviform. and coloured with a dark pigment. Inner
flagellum of 1st pair of antennæ but very little longer
than outer. Scale of 2nd pair of antennæ oblongo-rhom-
boidal, more than twice as long as broad, with the ex-

5

det tandformige Fremspring i det ydre Hjørne tydeligt frem-ragende. Det midterste Halevedhæng i Spidsen lige af-skaaret, ikke udrandet i Midten, og bevæbnet med 6 smaa Torner. Legemet af hvidagtig Farve, kun i den forreste og bagerste Del forsynet med rødligt Pigment. Længden ikke overskridende 65mm.

Findesteder: Stat. 35, 124, 137, 164, 192, 251, 286, 312, 359, 362.

Bemærkninger. Skjøndt særdeles nærstaaende fore-gaaende Art er den her omhandlede Form dog let kjendelig fra samme ved sin betydelig ringere Størrelse, Legemets forskjellige Farvetegning, de forholdsvis betydelig større og mørkt pigmenterede Øine, de korte Svøber paa 1ste Par Folere samt ved Antennebladenes temmelig afvigende Form.

Beskrivelse. Kropformen er temmelig slank og zirlig, forøvrigt særdeles lig samme hos foregaaende Art.

Rygskjoldet (se Fig. 27) har fortil en meget svagt udpræget dorsal Kjøl, der som oftest ganske mangler det tandformige Fremspring, som findes her hos foregaaende Art. Kun hos et Par Exemplarer har jeg fundet en svag Antydning til samme. Pandedelen er betydelig kortere end hos foregaaende Art og rækker kun omtrent til Midten af Øinene, naar disse strækkes fortil. Den er som hos hin Art tretandet i Enden; men den midterste Tand eller det egentlige Pandehorn er her meget kortere og mindre spidst udtrukket.

Bagkroppens 3die Segment er som hos foregaaende Art oventil noget puklet, med den bagre Rand dannende en triangulær Fortsats, der bøier sig ud over det følgende Seg-ment; men denne Fortsats er her kjendeligt kortere. 2det Segments Epimerer er hos den ægbærende Han særdeles brede og har det forreste Hjørne noget spidst udtrukket.

Øinene (se Fig. 27) er forholdsvis betydelig stærkere udvikede end hos foregaaende Art og næsten af pæredannet Form, med Øiepigmentet af den sædvanlige morke Farve. 1ste Par Foleres Skaft forholder sig omtrent som hos B. leucopis; derimod er den indre Svøbe her meget kortere og kun høist ubetydelig længere end den ydre samt meget tynd, børsteformig (se Fig. 27). 2det Par Foleres Blad (ibid.) er ogsaa her meget stort. næsten af hele Rygskjoldets Længde. men viser en temmelig afvigende Form. Det er nemlig allangt-ovalt eller næsten rhomboidalt, med den største Brede betydelig mindre end den halve Længde og Enden meget skraat afskaaret i Retningen indenfra udad samt noget buet og besat med tydeligt udviklede, skjøndt korte Randbørster. Den fra det ydre Hjørne udgaaende temmelig stor og frit fremragende. Svøben er forholdsvis kortere end hos B. leucopis.

Munddelenes og Føddernes Bygning stemmer i alt væsentlig saa noie overens med samme hos foregaaende Art,

tremity obliquely truncate, and armed with distinct, though short, marginal bristles; dentiform projection at the outer corner jutting distinctly forward. Telson truncate at the extremity, not emarginate. and armed with 6 small spines. Colour of body whitish, anterior and posterior parts faintly tinged with reddish pigment. Length not exceeding 65mm.

Locality. — Stats. 35, 124, 137, 164, 192, 251, 286, 312, 359, 362.

Remarks. — Though very closely approximating the preceding form, the species here treated of may be easily distinguished by its considerably smaller size, the different colouring of the body, the much larger and darkly pig-mented eyes, the short flagella on the 1st pair of an-tennæ, as also the somewhat deviating form of the an-tennal scales.

Description. — Form of body rather slender, and graceful; for the rest, closely resembling that in the preceding species.

The carapax (see fig. 27) is furnished anteriorly with a dorsal carina, very slightly developed, and as a rule ex-hibiting no trace whatever of the dentiform projection observed here in the preceding species. In one or two specimens only, have I detected a faint indication of this character. The frontal area is considerably shorter than in the pre-ceding species, and reaches to only about the middle of the eyes when the latter are anteriorly extended. As in that form, it is tridentate at the extremity; but the medial tooth, or, strictly, the rostrum, is much shorter. and less acute.

The 3rd segment of the posterior division of the body is, as in the preceding species, somewhat hunched above, with the posterior margin forming a triangular prolation, that arches over the succeeding segment; but this prolation is here perceptibly shorter. The epimera of the 2nd seg-ment in ovigerous females are exceedingly broad, and have the foremost corner somewhat sharply produced.

The eyes (see fig. 27) are comparatively more devel-oped than in the preceding species, and almost pyriform in shape, with the ocular pigment of the usual dark colour.

The peduncle of the 1st pair of antennæ about as in B. leucopis; the inner flagellum, however, is much shorter. and but very little longer than the outer, as also extremely slender. and setiform (see fig. 27). The scale of the 2nd pair of antennæ (ibid.) is here, too, very large, well-nigh equalling the whole of the cara-pax in length, but with a somewhat deviating form. It is oblongo-oval, or almost rhomboidal, with the greatest breadth considerably less than half the length. and has the extremity very obliquely truncate, and somewhat arched, as also beset with distinctly developed, though short, marginal bristles. The denticle extending from the outer corner is rather large, and projects freely. The flagellum is relatively shorter than in B. leucopis.

The structure of the oral appendages and of the legs agrees so closely in all essential particulars with that ex-

at en detailleret Beskrivelse af samme bliver ganske overflødig.

Det samme gjælder ogsaa Bagkroppens Svømmevedhæng og de ydre Halevedhæng.

Det midterste Halevedhæng viser ligeledes en meget lignende Form, men skiller sig ved noiere Undersøgelse derved, at Spidsen ikke viser nogen Udrandning i Midten, hvorimod den her er noget udbuet og til hver Side bevæbnet med 3 meget smaa, men dog noget ulige udviklede Torner.

Farven er i levende Tilstand hvidagtig, med den forreste Del af Rygskjoldet og Spidsen af Bagkroppen svagt rødligt pigmenteret. Munddelene og Basis af Fødderne er noget mere intenst rødfarvede.

Længden af det største erholdte Exemplar er 65ᵐᵐ; men ialmindelighed er Størrelsen af fuldt udviklede Individer betydelig mindre.

Udvikling. Ogsaa hos denne Art er de under Hunnens Bagkrop fæstede Æg af paafaldende Størrelse og derfor faa i Antal. Ved Dissection af samme har jeg kunnet overbevise mig om, at ogsaa her Ungen forlader Ægget i fuldt udviklet Tilstand, uden at gjennemgaa nogen postembryonal Metamorphose.

Forekomst og Udbredning. Arten er først opdaget under den Østerrigsk-Ungarnske Nordpolexpedition i Havet omkring Frantz Josephs Land og er beskrevet og afbildet af Heller i ovennævnte Skrift som en Art af Slægten Hippolyte.'

Under vor Expedition har vi taget den paa ikke mindre end 10 forskjellige Stationer, hvoraf de allerfleste tilhører den kolde Area, og fra et Dyb af 350—1100 Favne.

Dens for Tiden bekjendte geographiske Udbredning strækker sig herefter fra den 82de til den 82de Brødegrad og fra circa 2° V. L. til 70° Ø. L. og rimeligvis endnu videre mod Øst.

At den ligesom foregaaende Art maa ansees som en ægte arktisk Form, fremgaar tilstrækkeligt af de oveufor givne Data.

hibited by the said parts in the preceding species, that a detailed description may be held as wholly superfluous.

The same remark applies, too, to the pleopoda, as also to the outer caudal appendages.

The telson likewise exhibits a very similar form, but differs, on closer examination, by reason of the point having no emargination in the middle; here, however, it is slightly curved, and on either side armed with 3 exceedingly small, but somewhat unequally developed spines.

Colour, in a living state, whitish, the anterior part of the carapax and the point of the abdomen being however faintly tinged with reddish pigment. The oral appendages and the base of the legs are somewhat more intensely red-coloured.

Length of the largest specimen obtained 65ᵐᵐ; but as a rule the size of full-grown individuals is considerably less.

Development. — In this species, too, the ova attached beneath the abdomen of the female are remarkably large, and therefore but few in number. By dissection, I have convinced myself that the young of this animal also leave the egg in a fully developed state, and accordingly do not pass through any postembryonal metamorphosis.

Occurrence and Distribution. — The species was first discovered on the Austrio-Hungarian North Pole Expedition, in the open sea, a short distance off Frantz Joseph's Land, and has since been described and figured by Heller in the aforecited work, as a species of the genus Hippolyte.

On our Expedition, we obtained the species at not less than 10 different Stations, by far the greater part of which belong to the cold area, and from a depth of 350—1100 fathoms.

Hence, the geographical distribution of the species, as known up to the present time, ranges from the 63rd to the 82nd parallel of latitude, and from about long. 2° W. to long. 70° E., may probably still further east.

That the animal must, in common with the foregoing species, be regarded as a true Arctic form, is manifest from the data given above.

Fam. Ephyridæ.

Gen. Hymenodora, G. O. Sars. 1877.

Prodromus descriptionis Crust. etc.

Slægtscharacteristik. Legemet næsten trindt, ikke sammentrykt fra Siderne. Integumenterne overordentlig tynde og bøielige, næsten membranøse. Rygskjoldet fortil i Midten kjølet og forsynet med et sammentrykt Pandehorn.

Fam. Ephyridæ.

Gen. Hymenodora, G. O. Sars. 1877.

Prodromus descriptionis Crust. etc.

Generic Character. — Body almost round, not compressed from the sides. Integuments exceedingly thin and flexibile, almost membranaceous. Carapax keeled in the middle anteriorly, and furnished with a compressed rostrum.

5*

Bagkroppen stærkt afsmalnende, ovontil jevnt hvælvet. Øi-ncne smaa og afuldkomment udviklede. 1ste Par Følere fæstede ovenuver 2det Par, med kort og tykt Skaft og 2 stærkt forlængede Svøber; 2det Par forsynet med et vel udviklet Blad og en overordentlig lang, traadformig Svøbe. Kindbakkerne kraftigt udviklede med den indre Ende plade-formigt udvidet og i Kanten fint savgtakket; en liden, men tydelig 3-leddet Palpe tilstede. Kjæverne og de forste Par Kjævefødder af en lignende Bygning som hos de typiske Carider. 3die Par Kjævefødder stærkt forlængede, forsynede ved Basis med en vel udviklet Exognath og en supplemen-tær Gjølle; det yderste Led sylformigt tilspidset, uden Torner. Alle Fødder forsynede med vel udviklede Svømmegrene, de 2 forreste Par kortere end de øvrige, med smaa Saxe, de 2 følgende Par tynde og spinkle med stærkt forlænget Endeklo, sidste Par nogot uligt de 2 foregaaende, med sær-deles kort og rudimentær Endeklo. Gjøllerne paa hver Side, iberegnet den supplementære Gjølle paa 3die Par Kjæve-fødder, 10, ordnede i en dobbelt Rad. Bagkroppens Svøm-mevedhæng kraftigt udviklede med lancetformige Endeplader. Det midterste Halevedhæng stærkt forlænget, med den ydre Del smalt udtrukken og Spidsen bevæbnet med divergerende Torner. De ydre Halevedhæng kortere end det midterste, med den ydre Plade længst, af aflang Form og uden nogen Tværsutur ved Enden.

Almindelige Bemærkninger.

Den Form, hvorpaa denne nye Slægt er grundet, viser vistnok i visse Henseen-der nogen Overensstemmelse med Slægten *Pasiphaë* Savigny, hvortil den af Buchholz er henført, men frembyder dog paa den anden Side saa mange characteristiske Eiendommelig-heder, at jeg finder det absolut nødvendigt at betragte den som Typen for en distinct Slægt, der neppe engang vil kunne forenes med Pasiphaë under en Familie.

Med Slægten Pasiphaë stemmer den væsentlig kun overens derved, at de 2 forreste Fodpar er forsynede med Saxe og at alle Fodpar har en Svømmegren (Exopodit); men denne Svømmegren er her langt kraftigere udviklet end hos hin Slægt, hvor den har mere Udseende af et rudimentært Appendix. Ligeledes er de 2 forreste Fodpar betydelig mindre, medens de 3 følgende, der hos Pasiphaë er smaa og svage, her er vel udviklede. Fra Slægten Pasiphaë skiller den sig endvidere ved den mere undersætsige, næsten trinde Kropsform, de umindelig tynde, membranøse Integumenter, Øinenes rudimentære Beskaffenhed, Munddelenes meget ulige Bygning samt Halevedhængenes eiendommelige Form.

Efter min Mening slutter den her omhandlede Form sig nærmere til den af Roux opstillede og almindelighed til Pencidernc henførte middelhavske Slægt *Ephyra*, hos hvem de 2 forreste Fodpar ligesom hos nærværende Form er kortere end de følgende og forsynede med smaa Saxe. Men ogsaa de 2 herhen hørende Arter synes i visse Hen-seender at skille sig saameget, at det heller ikke vel lader sig gjøre at henføre vor Form til denne Slægt.

Posterior division of body rapidly tapering; above, uni-formly arched. First pair of antennæ attached above second pair, with a short and thick peduncle and 2 very considerably produced flagella; second pair furnished with a well-developed scale and a remarkably long, filiform flagel-lum. Mandibles powerfully developed, with the inner ex-tremity lamelliform dilated, and, along the margin, delicately serrate; a small, but distinctly three-jointed palp present. Maxillæ and first pairs of maxillipeds exhibiting a similar structure to that characterizing those parts in the typical Caridians. Third pair of maxillipeds greatly produced, furnished at the base with a well-developed exognath and a supplementary branchia; outer joint awl-shaped, and without spines. All of the legs provided with well-developed natatory branches, the 2 foremost pairs shorter than the rest, with small chelæ, the 2 succeeding pairs thin and slender, with a greatly produced terminal claw, last pair somewhat unlike the 2 preceding pairs, with an exceedingly short and rudimentary terminal claw. Number of branchiæ on either side, including the supplementary branchia on 3rd pair of maxillipeds, 10, arranged in a double series. Pleo-poda powerfully developed, with lanceolate terminal plates. Telson greatly prolonged, with the exterior portion drawn slenderly out, and the point armed with diverging spines. Outer caudal appendages shorter than telson, with the ex-terior plate longest, of oblong form, and without any transverse suture at the extremity.

General Remarks. — The form on which this new genus is based, does indeed. in certain respects, exhibit some agree-ment with the genus *Pasiphaë* Savigny, to which Buchholz has referred it. but, on the other hand, has so many charac-teristic peculiarities, that, in my judgment, it is absolutely necessary to regard the animal as the type of a distinct genus, hardly even to be united with Pasiphaë under one family.

With the genus Pasiphaë, its chief agreement consists simply in the 2 foremost pairs of feet being furnished with chelæ, and in all of the pairs having a natatory branch (ex-opodite); but this branch is far more powerfully developed than in the former genus, where it has merely the appearance of a rudimentary appendix. Moreover, the 2 foremost pairs of legs are considerably smaller, whereas the 3 succeeding pairs, which in Pasiphaë are small and feeble, exhibit a powerful development. From the genus Pasiphaë, it also differs by reason of its comparatively more thickset, almost rounded, form of body, the unusually thin, membranaceous integuments, the rudimentary character of the eyes, the very different structure of the oral parts, and the peculiar form of the caudal appendages.

In my judgment, the form in question approximates more closely the Mediterranean genus *Ephyra*, established by Roux, and generally referred to the Penides, in which the 2 foremost pairs of legs, as in the present form, are shorter than the succeeding, and furnished with small chelæ. But the 2 species belonging to this genus would in certain respects also appear to differ so much, that the form here treated of cannot be safely classed with them in the same genus.

For Tiden maa vi saaledes betragte den nedenfor nærmere beskrevne Art som en temmelig isoleret staaende Form, der kun har en fjern Affinitet til Sl. Pasiphaë, men som maaske sammen med de 2 ovennævnte, endnu kun ufuldstændigt kjendte middelhavske Former tør danne en egen anomal Gruppe af Carider, i enkelte Punkter visende en Slags Overgang til Schizopoderne.

At present, therefore, we must regard the species described below as a rather isolated form, exhibiting but slight affinity to the genus Pasiphaë, and which perhaps, more properly, may constitute, together with the above-mentioned, still imperfectly known Mediterranean forms, a peculiar group of Caridians, marking in some respects a kind of transition to the Schizopod type.

---

6. Hymenodora glacialis, (Buchholz).

(Pl. IV).

Syn: *Pasiphaë glacialis*, Buchholz, Die zweite Deutsche Polarfahrt. Zool. pag. 279, Pl. 1, Fig. 2.
Hymenodora glacialis, G. O. Sars, Prodromus descriptionis Crustaceorum et Pycnogonidarum etc. No. 24.

Artscharacteristik. Rygskjoldet jevnt hvælvet, med den dorsale Kjøl i den forreste Del bevæbnet med 4—6 smaa Tænder. Pandehornet særdeles kort, med Enden tilspidset og den nedre Kant ubevæbnet. Øinene næsten koniske, med Spidsen tilrundet og forsynet med opakt hvidt Pigment. 1ste Par Føleres Skaft kort cylindriskt, med Basalleddet størst; den ydre Svøbe længere og stærkere end den indre, 2det Par Føleres Blad ½ længere end 1ste Par's Skaft, bredest paa Midten, med den ydre Kant glat og fortil endende med et tandformigt Fremspring; Svøben mere end dobbelt saa lang som hele Legemet. De 2 forreste Fodpar baade i Størrelse og Bygning ens, med Saxene lidet fortykkede og Fingrene kortere end Palmen. Sidste Led paa de 2 følgende Par forhænget og afsmalnende, paa sidste Par lineært og tæt haaret. Det midterste Halevedhæng i Spidsen noget udvidet og her bevæbnet med 7 Torner, hvoraf de 5 midterste er af ens Længde, hvorimod de 2 ydre er over 3 Gange saa lange og stærkt divergerende. Farven intensiv blodrød. Længden indtil 83ᵐᵐ.

Fundsteder. Stat. 33, 34, 35, 40, 52, 54. 137. 183. 205, 295, 297, 303, 343. 362.

Bemærkninger. Nærværende interessante og eiendommelige Krebs er først optaget under den 2den tydske Nordpolexpedition, men kun i et enkelt Exemplar, som af Buchholz paa ovennævnte Sted er kjendeligt beskrevet og afbildet. Da Exemplaret maatte saavidt muligt skaanes for at kunne tjene som Type-Specimen, har Buchholz selvfølgelig ikke kunnet anstille nogen dybere gaaende anatomisk Undersøgelse af samme og derfor heller ikke kunnet skaffe sig noget Kjendskab til Munddelenes Bygning, hvori den generiske Forskjel fra Pasiphaë er skarpest og tydeligst udtrykt.

Beskrivelse. Legemets Form er (se Fig. 1 og 2), ulig samme hos Pasiphaë, temmelig plump og næsten trind,

6. Hymenodora glacialis, (Buchholz).

(Pl. IV).

Syn. *Pasiphaë glacialis*, Buchholz, Die zweite Deutsche Polarfahrt. Zool. pag. 279, Pl. 1, fig. 2.
Hymenodora glacialis, G. O. Sars, Prodromus descriptionis Crustaceorum et Pycnogonidarum etc., No. 24.

Specific Character. — Carapax uniformly arcuate, with the dorsal carina, along the anterior part, bearing from 4 to 6 small teeth. Rostrum exceedingly short, with the extremity pointed and the lower margin unarmed. Eyes almost conical, with the point rounded off, and furnished with an opaque white pigment. Peduncle of 1st pair of antennae short, cylindric, with the basal joint largest; outer flagellum longer and more powerful than inner; scale of 2nd pair of antennae one-third longer than peduncle of 1st pair, broadest in the middle, with the outer margin smooth, and terminating anteriorly in a dentiform projection; flagellum more than twice the length of the whole body. The 2 foremost pairs of legs precisely similar, alike in size and structure, with the chelæ but slightly incrassated and the dactyli shorter than the palm. Terminal joint on the 2 succeeding pairs elongate and tapering, on the last pair linear, and densely clothed with hair. Telson somewhat dilated at the point, which is armed with 7 spines, the 5 median of one length, but the 2 outer ones more than 3 times as long, and strongly diverging. Colour a deep blood-red. Length reaching 83ᵐᵐ.

Locality. — Stats. 33, 34, 35, 40, 52, 54, 137, 183, 205, 295, 297, 303, 343, 362.

Remarks. — This interesting and very peculiar form was first met with on the Second German North Pole Expedition, one specimen only having however been secured, which, in the aforecited work, Buchholz has recognizably described and figured. The said example having had to be handled with the greatest possible care, to admit of reserving it as a type-specimen, Buchholz could not of course undertake a comprehensive anatomical examination; and hence he failed to learn aught concerning the structure of the oral appendages, in which the generic difference between this form and Pasiphaë is most salient and conspicuous.

Description. — Form of body, contrary to what is observed in Pasiphaë (see figs. 1, 2), rather clumsy and

ikke som hos hin Slægt sammentrykt fra Siderne. Forkroppen indtager omtrent $^1/_3$ af Totallængden, og Bagkroppen afsmalnes hurtigt og jevnt bagtil.

Alle Integumenter er i en ganske paafaldende Grad tynde og bøielige, næsten ganske membranøse, hvorfor Dyret vanskeligt bibeholder sin Form uforandret, med mindre det behandles med den største Varsomhed.

Rygskjoldet er forholdsvis af betydelig Størrelse og dækker Forkroppen fuldstændigt. Det er jevnt hvælvet, med Høide og Brede omtrent ens og Længden omtrent dobbelt saa stor. Ved svagt markerede Linier antydes forskjellige Regioner paa samme. Af disse er den i den forreste Del beliggende Mavergion tydeligst og noget hævet samt ved en skarpt udpræget Linie til hver Side adskilt fra 2 mindre Sidefelter. Leverregionerne. Langs ad Midten er den forsynet med en tydelig Kjøl, der i sin forreste Del er bevæbnet med 4—6 smaa, fremadrettede Tænder. Fortil løber denne Kjøl ud i et meget kort, sammentrykt og i Enden spidst udtrukket Pandehorn, hvis nedre, noget buede Kant er ganske glat.

De forreste Kanter af Rygskjoldet viser under Pandehornet et lidet Indsnit for Øinene, hvilket begrændses nedentil og udad af en triangulær Flig (Infraorbitaltornen). Nedenfor denne igjen bemærkes 2 meget smaa tandformige Fremspring, hvoraf det ene ligger til Siderne af 2det Par Føleres Roddel (Antennaltornen), medens det andet indtager det nedre Hjørne af Rygskjoldet (Pterygostomialtornen). De nedre Kanter af Rygskjoldet er jevnt buede og den bagre Rand oventil i Midten kun meget svagt udrundet.

Bagkroppen er (se Fig. 2) oventil jevnt hvælvet, uden Spor af nogen Kjøl og uden at noget af Segmenterne kan siges at være pukkelformigt fremspringende. Dens 5 forreste Segmenter er forsynede med tynde tilrundede Epimerer, der viser et lignende Forhold som hos de egentlige Carider, idet 1ste Par skyver sig noget ndover Rygskjoldets Sidefløier, medens 2det Par delvis dækker saavel det foregaaende som efterfølgende Par. De 3 første Par Epimerer er hos Hunnerne som sædvanlig betydelig større og bredere end hos Hannerne. Sidste Segment er meget smalt og omtrent saa langt som de 2 foregaaende tilsammen.

Øinene (Fig. 3) er forholdsvis smaa og ufuldkomment udviklede. De er meget smale og næsten af konisk Form, idet de, uligt hvad tilfældet pleier at være hos andre Macrurer, har sin største Tykkelse ved Basis, hvorfra de afsmalnes jevnt og hurtigt mod Enden. Paa denne bemærkes den meget lille, tilrundede egentlige Øiegloh, der er forsynet med ganske lyst, opakt hvidt Pigment. Selve Synselementerne synes at være ganske rudimentære, og den Øiengloben udrundigt beklædende Hud viser kun en svagt udpræget, uregelmæssig netformig Structur som en Antydning til Facettering (Fig. 4). Ved Grændsen mellem den egentlige Øiegloh og Øiestilken findes fortil et lidet knudeformigt Fremspring.

almost round, not compressed from the sides as in that genus. The anterior division of the body measuring about one-third of the total length, and the posterior division tapering rapidly and uniformly backward.

All the integuments are remarkably thin and flexible, nay almost membranaceous; and hence the animal will rarely retain its form unchanged unless handled with the greatest care.

The carapax is comparatively large, covering the whole of the anterior division of the body. It is uniformly arched, with the height and breadth about equal, and the length well-nigh twice as great. Faintly marked lines indicate divers regions on the surface. That occupying the anterior part, viz. the gastric region, is most distinctly marked, and somewhat prominent, as also cut off by a sharply defined line from 2 smaller lateral areas — the hepatic regions. Along the middle, it is furnished with a distinct keel, which, on its anterior part, has from 4 to 6 small, anteriorly directed teeth. In front, this keel protends as an exceedingly short, compressed, and, at the extremity, acutely produced rostrum, of which the lower, somewhat arched, margin is perfectly smooth.

The anterior margins of the carapax exhibit under the rostrum a small incision for the eyes, bounded without and below by a triangular lobule (infraorbital spine). Beneath this lobule, are observed 2 exceedingly small dentiform projections, one placed at the side of the basal portion of the 2nd pair of antennae (antennal spine), the other occupying the lower corner of the carapax (pterygostomial spine). The inferior margins of the carapax are uniformly arcuate, and the posterior margin, above, in the middle, is but very slightly emarginate.

The posterior division of the body (see fig. 2) uniformly arched above, without the slightest trace of a keel, and without any one of the segments, in a strict sense, being hunched and projecting. The 5 anterior segments are furnished with thin, rounded epimera, exhibiting a similar relation to that in the true Caridians, the 1st pair projecting somewhat over the lateral wings of the carapax, while the 2nd pair partially overlap alike the preceding and the succeeding pairs. The 3 first pairs of epimera are as usual considerably larger and broader in the females than in the males. The terminal segment is exceedingly narrow, and in length about equal to the 2 preceding ones taken together.

The eyes (fig. 3) are comparatively small, and imperfectly developed. They are exceedingly narrow, and almost conical in shape, having, contrary to what is generally the case in other Macrurans, their greatest thickness at the base, whence they taper gradually and rapidly toward the extremity. Here is observed the exceedingly small, rounded ocular sphere, furnished with a very light, opaque, whitish pigment. Even the elements of vision would appear to be quite rudimentary, and the skin investing the ocular sphere exhibits but a faintly defined, irregular, reticulate (fig. 4), instead of the regular areolate, structure generally observed. On the boundary-line between the cornea and the stalk of the eye, occurs anteriorly a small tuberculiform projection.

1ste Par Fölores Skaft (Fig. 5–6) er kort og tykt, af næsten cylindrisk Form og neppe opnaaende ¼ af Rygskjoldets Længde. Dets 1ste Led er størst, af noget uregelmæssig Form og paa den ydre Side forsynet med et ganske kort tornformigt Fremspring, hvorfra en Rad af bøiede Fjærborster strækker sig bagtil. De 2 følgende Led er betydelig kortere og smalere end 1ste og omtrent indbyrdes af samme Størrelse; det sidste meget skrant afskaaret i Retningen indenfra udad. De 2 Svøber er stærkt udviklede, den indre ganske tynd og af Legemets halve Længde, den ydre betydelig længere, næsten af hele Legemets Længde og ved Basis stærkt opsvulmet samt her tæt besat med de sædvanlige baandformige Sandseborster.

2det Par Fölere er ikke som hos de i det foregaaende omtalte Former fæstede i samme horizontale Plan med 1ste Par, men betydelig lavere, hvorfor begge Par træder tydeligt frem, naar Dyret sees i Profil (se Fig. 2). Den korte og tykke, utydelig segmenterede Roddel (se Fig. 7) gaar paa den ydre Side ad i en kun lidet fremspringende trekantet, i Randen børstebesat Fortsats og har paa den indre Side en smal indadrettet Torn (spina olfactoria).

Det bladdannede Vedhæng (se Fig. 7) er vel udviklet, omtrent ½ længere end 1ste Par Fölores Skaft og af aflang Form, med den største Brede. der omtrent er lig ⅓ af Længden. paa Midten, den ydre Kant ganske lige, den indre stærkt udbuet. Enden er smalt afstumpet og ligesom hele den indre Kant besat med en tæt Rad af Fjærborster. Ved Bladets ydre Hjørne staar et ganske kort tandformigt Fremspring.

Svøben er overordentligt udviklet, navnlig hos Hannen (se Fig. 1), hos hvem den opnaar mere end Legemets dobbelte Længde. Dens Skaft (se Fig. 7) er tykt og muskuløst. bestaaende af 3 Led, hvoraf det sidste er størst.

Overlæben (Fig. 8) danner en noget hjelmformigt fremspringende kjødet Lap af uregelmæssig firkantet Form, paa hvilken kan adskilles en større hvælvet median Del og 2 smalere Sidefløier.

Underlæben (Fig. 9) er dybt tvekløftet. med Sidelapperne udviklede mod Enden, som er tvært afkuttet og i det ydre Hjørne spidst udtrukken. Langs den indre Kant er disse Lapper fint cilierede; derimod er den ydre og forreste Rand ganske glat.

Kindbakkerne (Fig. 10) er kraftigt udviklede og har den indad mod Munden vendte Del, ligesom hos Pasiphaë, stærkt pladeformigt udvidet, med Tyggeranden tilskjærpet og delt i et stort Antal smaa spidse Tagger. Bagtil viser denne Del et noget fortykket og mod jevnere og tættere Smaatænder bevæbnet Parti. der svarer til Tyggeknuden hos andre Macrurer. Høire og venstre Kindbakke skiller sig forøvrigt ved nærmere Eftersyn noget i Henseende til Tyggerandens Beskaffenhed. Paa venstre Side er den nemlig tydelig vinklet, medens den paa høire er mere jevnt

The peduncle of the 1st pair of antennæ (figs. 5, 6) is short and thick. almost cylindric in form. attaining scarcely one-fourth of the length of the carapax. Its 1st joint is largest, somewhat irregular in form, and furnished on the outer side with an exceedingly short, spiniform projection. from which a series of curved. plumose bristles extend posteriorly. The 2 succeeding joints are considerably shorter and narrower than the 1st, and about equal in size; the last is very obliquely truncate. from within to without. The 2 flagella are strongly developed: the inner quite slender and half the length of the body. the outer considerably longer. almost equalling the whole body in length. and at the base exceedingly tumid, as also densely beset with the usual riband-shaped sensory bristles.

The 2nd pair of antennæ are not, as in the forms previously treated of, attached in the same horizontal plane with the 1st pair, but are placed considerably lower down; and hence both pairs can be distinctly seen when the animal is viewed in profile (see fig. 2). The short and thick. indistinctly segmented basal portion (see fig. 7) extends, on the outer side, as a slightly projecting. triangular prolation, beset with bristles along the margin, and has on the inner side a slender, inward-directed spine (spina olfactoria).

The squamiform appendage (see fig. 7) is well developed, about one-third longer than the peduncle of the 1st pair of antennæ, and oblong in form, having its greatest breadth, which about equals one-third of the length, in the middle; the outer margin quite straight, the inner very considerably arched. The extremity is slender-obtuse, and, like the whole of the inner margin, beset with a closely arranged series of plumose bristles. In the outer corner of the scale occurs an exceedingly short, dentiform projection.

The flagellum is remarkably developed, more particularly in the males (see fig. 1), attaining upwards of twice the length of the body. Its peduncle (see fig. 7) is thick and muscular, composed of 3 articulations, the last being the largest.

The labrum (fig. 8) forms a somewhat galeate-projecting, fleshy lobule, of an irregular, quadrate form, on which can be distinguished a larger, arcuate median portion and 2 narrower lateral wings.

The labium (fig. 9) is deeply cleft, with the lateral lobules dilated toward the extremity, which is abruptly truncate, and in the outer corner produced to a point. Along the inner margin. these lobules are finely ciliated, whereas the outer and anterior margin is perfectly smooth.

The mandibles (fig. 10) are powerfully developed, and have, as in Pasiphaë, the part turning in toward the mouth lamelliform dilated, with the cutting edge sharpened, and divided into a great number of small acute teeth. Posteriorly, this part exhibits a somewhat inspissated region, armed with smaller and more closely arranged denticles. corresponding to the molar protuberance in other Macrurans. The right and left mandibles differ somewhat, on closer examination, as regards the character of the cutting edge. On the left side, the latter is perceptibly angular, while on the

buet, og Tyggeknuden paa venstre Kindbakke viser sig ogsaa mere tvært afkuttet end paa høire.

Ved Tilstedeværelsen af en tydeligt udviklet, skjøndt ganske kort Palpe skiller Kindbakkerne hos nærværende Form sig meget væsentligt fra samme hos Pasiphaë, der som bekjendt ganske mangler en saadan. Denne Palpe (Fig. 11) bestaar af 3 tydeligt begrændsede Led, hvoraf det 2det er størst, det sidste ganske lidet, af oval Form og besat med talrige divergerende Børster.

1ste Par Kjæver (Fig. 12) har alle 3 Grene tydeligt udviklede. Den midterste er som sædvanlig den kraftigste, sammentrykt fra Siderne og langs den skraat afsknarne mod Munden vendte Kant bevæbnet med et stort Antal af korte Torner. Den indre Gren er ligeledes pladeformig og temmelig bred samt langs den indre Kant temmelig rigeligt børstebesat. Den ydre Gren er lancetformigt tilspidset og fortilrettet, uden tydelige Børster.

2det Par Kjæver (Fig. 13) har, uligt hvad Tilfældet er hos Pasiphaë, den egentlige Kjævedel (Endognath) vel udviklet og delt i 3 børstebesatte Tyggelapper. Mesognathen er smalt lancetformig og i Spidsen forsynet med nogle lange og tynde Børster. Exognathen danner en gjennemsigtig, membranøs, rundt Kanterne med stærke Fjærbørster besat aflang Plade, hvis lagerste smalere Parti er noget indkrummet.

1ste Par Kjævefødder (Fig. 14) viser ut fra samme hos Pasiphaë meget forskjelligt Udseende og ligner mere samme hos de typiske Carider. Endognathen er delt i 2 pladeformige Tyggelapper, hvoraf den forreste er meget bred og langs den indre Kant tæt besat med fine Haarbørster. Mesognathen har en lignende smal og simpel Form som paa 2det Par Kjæver. Exognathen danner en fortilrettet aflang Plade, der langs sin ydre Rand er besat med stærke Fjærbørster. Den ender stumpt tilrundet uden Spor af den sædvanlige Endesnært. Epignathen er af forholdsvis ringe Størrelse og danner en liden ved en tynd Stilk til Yderiden af Roddelen fæstet Plade af[g]jellelignende Structur.

2det Par Kjævefødder (Fig. 15) er ligeledes udviklede paa den for de typiske Carider sædvanlige Maade og meget ulige samme hos Pasiphaë. De bestaar nemlig, foruden af den i 7 tydelige Segmenter afdelte Stamme, af en vel udviklet Exognath og Epignath. Fra Stammens Rodled udgaar indad en børstebesat Lap, der forestiller den egentlige Endognath, medens Resten af Stammen nærmest svarer til Mesognathen paa foregaaende Par. Næstsidste Led er pladeformigt udvidet, næsten øxeformigt, og danner med det foregaaende meget lille Led en knæformig Bøining. Langs den ydre, bueformigt bøiede Rand er det besat med talrige Børster og Torner. Sidste Led, der ved en lige Satur er skilt fra hint, er betydelig mindre, ovalt, og langs sin indadvendte Kant bevæbnet med en Rad af spidse Torner. Exognathen, som er fæstet til Yderiden af Stammens 2det

right it is more uniformly arched, and the molar protuberance on the left mandible appears, too, more abruptly truncate than on the right.

The presence of a distinctly developed, though exceedingly short, palp, essentially distinguishes the mandibles in the present form from those in Pasiphaë, which, as we know, has not this character. The said palp (fig. 11) consists of 3 well-defined articulations, of which the 2nd is the largest, the last quite small, oval in form, and beset with numerous diverging bristles.

The 1st pair of maxillæ (fig. 12) have all three branches distinctly developed. The median branch is, as usual, the strongest, compressed from the sides, and armed along the margin, obliquely truncate and directed toward the mouth, with a large number of short spines. The inner branch is likewise lamelliform and rather broad, as also densely setiferous along the inner margin. The outer branch is lanceolate, and directed anteriorly, without distinct bristles.

The 2nd pair of maxillæ (fig. 13) have, contrary to what is the case in Pasiphaë, the true maxillary part (endognath) well developed, and divided into 3 bristle-beset masticatory lobules. The mesognath is slender-lanceolate, and furnished at the point with a few long and slender bristles. The exognath constitutes an oblong, translucent, membranous plate, beset round the margins with strong, plumose bristles, and having the posterior — narrower — portion somewhat incurved.

The 1st pair of maxillipeds (fig. 14) exhibit a widely different appearance from those in Pasiphaë, resembling rather the said parts in the typical Caridians. The endognath is divided into 2 lamelliform masticatory lobes, of which the anterior is exceedingly broad, and densely beset along the inner margin with delicate bristles. The mesognath has the same narrow and simple form as in the 2nd pair of maxillæ. The exognath constitutes an anteriorly directed oblong plate, beset along its outer margin with strong, plumose bristles. It ends obtusely rounded, without a trace of the usual terminal lash. The epignath is comparatively of inconsiderable size, and forms a small plate, of a spongious structure, attached by a slender stalk to the outer side of the basal part.

The 2nd pair of maxillipeds (fig. 15) are likewise developed in the manner common to the typical Caridians, and differ greatly from those in Pasiphaë. They consist, exclusive of the stem and its 7 distinct segments, of a well-developed exognath and epignath. From the basal joint of the stem, protrudes inward a bristle-beset lobule, representing the true endognath, while the rest of the stem corresponds rather to the mesognath on the preceding pair. The penultimate joint is lamelliform, nay almost securiform-dilated, and constitutes, together with the exceedingly small preceding joint, a geniculate curve. Along the outer, arcuate margin, it is beset with numerous bristles and spines. The terminal joint, which a straight suture separates from the penultimate, is considerably smaller, oval, and armed along the inward-directed margin with a series of sharp spines.

Led og retter sig lige fortil, er af en meget smal, lineær Form og i Enden utydeligt leddet og børstebesat; Epignathen er af samme Beskaffenhed som paa foregaaende Par, men af næsten cirkelrund Form. Bag denne udgaar fra Roddelens ydre Side en smal tungeformig Flig, som ogsaa forefindes paa det følgende Par samt paa samtlige Fødder.

3die Par Kjævefødder (Fig. 16) er stærkt forlængede, fodformige og rækker fortilstrakte omtrent til Spidsen af 2det Par Føleres Blad. Af Stammens 5 Led er det 3die størst og mindre skarpt adskilt fra det foregaaende, samt temmelig stærkt krummet. Sidste Led er ikke meget kortere, men stærkt afsmalnende mod Enden, der er udtrukken i en sylformig Spids. Det er ligesom de foregaaende Led besat med tætte Børsteknipper, som navnlig i den indre Kant er stærkt udviklede, hvorimod egentlige Torner mangler.

Til Ydersiden af Stammens 2det Led er fæstet en vel udviklet Exognath, paa hvilken kan adskilles en smalt cylindrisk Basalled og en noget sammentrykt, mangeleddet og med lange Fjerborster besat Endedel. Den hele Exognaths Længde er lige udstrakt omtrent ⅓ af Stammens Længde.

Endelig er til Ydersiden af Stammens Rodled fæstet en oval eller elliptisk Epignath, der i høi Grad udmærker sig derved, at den har antaget Beskaffenheden af en virkelig Gjelle, idet der fra dens ydre Flade har hævet sig 8—9 tydelige bladformige Tværfolder.

Samtlige Fødder har fæstet til Ydersiden af 2det Led en vel udviklet Svømmegren (Exopodit) ligesom hos Schizopoderne og svarende til den saakaldte Exognath paa Munddelene.

De to forreste Par er kortest og som hos Pasiphaë forsynede med Saxe; de 3 bageste Par er derimod simple i Enden.

1ste Fodpar (Fig. 17) er knapt saa langt som sidste Par Kjævefødder og af forholdsvis svag Bygning. Af Leddene er det 4de størst og længere end de 3 foregaaende tilsammen. 5te Led danner med dette i Regelen en stærk knæformig Bøining og er knapt ⅓ saa langt. 6te Led eller Haanden er kun lidet tykkere end det foregaaende Led og indtager omtrent ¼ af Fodens Længde. Fingrene er, sammenlignet med samme hos Pasiphaë, meget korte, neppe halvt saa lange som Palmen, temmelig tynde og i Spidsen svagt krummede (se ogsaa Fig. 18). Alle Led er mere eller mindre tæt børstebesatte, navnlig i den indre Kant; dog er Børsterne paa selve Haanden meget korte.

Svømmegrenen er stærkt udviklet og rækker lige fortilstrakt ud over 4de Led. Dens Bygning stemmer forøvrigt fuldkommen overens med Exognathen paa sidste Par Kjævefødder.

The exognath, attached to the outer side of the 2nd joint of the stem and protending straight forward, has an exceedingly slender, linear form, and at the end is indistinctly articulated, and beset with bristles; the epignath exhibits a structure similar to that in the preceding pair, but a well-nigh circular form. Posterior to the latter, proceed from the outer side of the basal part a narrow, linguiform lobule, which also occurs on the succeeding pair, and on all of the legs.

The 3rd pair of maxillipeds (fig. 16) are greatly produced, pediform, and reach, extended anteriorly, about to the point of the scale of the 2nd pair of antennæ. Of the 5 joints of the stem, the 3rd is the largest, and less distinctly separated from the preceding, as also a good deal curved. The terminal joint is not much shorter, tapers rapidly toward the extremity, which is drawn out to an awl-shaped point. Like the preceding joints, it is beset with dense fascicles of bristles, which, more particularly on the inner margin, are strongly developed; true spines, however, do not occur.

To the outer side of the 2nd joint of the stem is attached a well-developed exognath, on which can be distinguished a narrow, cylindric basal portion and a somewhat compressed, multiarticulate terminal part, beset with long, plumose bristles. The whole length of the exognath, when fully extended, equals about one-third of the length of the stem.

Finally, on the outer side of the basal joint of the stem is attached an oval or elliptic epignath, strikingly distinguished by having assumed the character of a true branchia, 8 or 9 distinct transverse folds rising from its outer surface.

All of the legs have a well-developed natatory branch (exopodite) attached to the outer side of the 2nd joint, as in the Schizopods, corresponding to the so-called exognath on the oral appendages.

The two anterior pairs are shortest, and, as in Pasiphaë, furnished with chelæ; the three posterior pairs are, on the other hand, simple at the extremity.

The 1st pair of legs (fig. 17) are scarcely as long as the last pair of maxillipeds, and comparatively feeble in structure. Of the joints, the 4th is the largest, and longer than the three preceding ones taken together. The 5th joint forms along with the 4th, as a rule, a strong, geniculate bend, and is hardly one-third as long as the latter. The 6th joint, or hand, is but little thicker than the preceding joint, and measures about one-fourth of the length of the leg. The fingers, as compared with those in Pasiphaë, are exceedingly short, scarcely half as long as the palm, somewhat slender, and at the point slightly curved (see, too, fig. 18). All of the joints are more or less densely beset with bristles, in particular along the inner margin; the bristles on the hand itself, however, are very short.

The natatory branch is powerfully developed, and reaches, anteriorly extended, beyond the 4th joint. For the rest, its structure perfectly agrees with that of the exognath on the last pair of maxillipeds.

Ved Basis af dette ligesom de 3 følgende Fodpar er fæstet 2 vel udviklede Gjæller, og foran dem danner Rodleddet et knudeformigt, med et Bundt af lange, bugtede Børster besat Fremspring.

2det Fodpar (Fig. 19) er af samme Størrelse og Bygning som 1ste Par og skiller sig kun ved et noget afvigende Længdeforhold mellem 3die og 4de Led samt derved, at Saxenes Fingre er noget længere.

3die Fodpar (Fig. 20) er af meget spinkel Bygning og stærkt forlænget, omtrent af hele Forkroppens Længde. 3die Led er lidt kortere end 4de og begge langs sin indre Kant bevæbnede med en enkelt Rad af spidse Torner foruden fine Børster. Sidste Led er stærkt forlænget og tyndt, noget afsmalnende mod Enden og forsynet med spredte Børsteknipper. Endekloen er omtrent halvt saa lang, leformig sammentrykt og langs sin indre Kant besat med fine Torner. Svømmegrenen er fuldkommen af samme Udseende som paa de 2 foregaaende Par, og heller ikke det knudeformige børstebærende Fremspring ved Basis mangler.

4de Fodpar skiller sig i ingen Henseende fra foregaaende Par.

Derimod viser sidste Fodpar (Fig. 21) tydeligt udprægede Afvigelser. Det er omtrent af samme Længde som de 2 foregaaende Par, men mindre stærkt afsmalnende mod Enden og viser et noget forskjelligt Længdeforhold af de enkelte Led. 3die Led er saaledes her adskilligt længere end 4de, og mangler ganske Torner, hvorimod Børsterne i den indre Kant er længere og talrigere. Ogsaa 5te Led er forholdsvis større end paa de foregaaende Par og neppe kortere end 4de. Endelig er sidste Led af fuldkommen lineær Form, overalt af ens Brede og i begge Kanter, men navnlig i den indre tæt besat med korte, kostformige Børsteknipper. Endekloen er ganske rudimentær, afstumpet i Spidsen og oftest ganske skjult mellem de fra foregaaende Led udgaaende Børster.

Gjællerne (se Fig. 22) viser den sædvanlige pyramidale Form og bladede Bygning, men udmærker sig ved sit betydelige Antal. Man tæller paa hver Side 10 saadanne, medregnet den overfor omtalte supplementære Gjælle paa sidste Par Kjævefødder. Naar undtages denne sidste og den allerbageste (se Fig. 21), som begge er uparrede, er de øvrige ordnede i en dobbelt Række, saaledes, at til hver Fod svarer 2 Gjæller (se Fig. 17 og 19).

Bagkroppens Svømmevedhæng (Fig. 23 og 24) er kraftigt udviklede og bestaar af en tykkere, muskuløs og noget findtrykt Basaldel og 2 med talrige cilierede Randbørster besatte, smalt lancetformige Grene eller Endeplader. Af disse sidste er den indre noget kortere end den ydre og ved Roden i den indre Kant forsynet med et forholdsvis temmelig stort cylindrisk eller noget kølleformigt Appendix (se Fig. 24). 1ste Par skiller sig dog i denne Henseende

At the base of this pair of legs, as also of the three succeeding pairs, are attached 2 well-developed branchiæ, and, anterior to the latter, the basal joint forms a tuberculiform projection, furnished with a bunch of long, curving bristles.

The 2nd pair of legs (fig. 19) are similar in size and structure to the 1st, being distinguished from them merely by a somewhat different proportion in length between the 3rd and 4th joints, as also by the fingers of the chela being a trifle longer.

The 3rd pair of legs (fig. 20) are very feeble in structure, and greatly produced, their length about equalling that of the whole anterior division of the body. The 3rd joint is a trifle shorter than the 4th, and both exhibit along the inner margin a single series of sharp-pointed spines, exclusive of slender bristles. The last joint is greatly produced, and slender, tapering a little toward the extremity, and provided with scattered fascicles of bristles. The terminal claw is about half as long, falciform, and beset along the inner margin with delicate spines. The natatory branch has precisely the same appearance as that on the two preceding pairs, and not even is the bristle-beset, tuberculiform projection at the base wanting.

The 4th pair of legs are in no respect distinguished from the preceding pairs.

On the other hand, the last pair of legs (fig. 21) exhibit distinct deviations. They are about of the same length as the two preceding pairs, but taper less abruptly toward the end, as also the proportion in length between the different joints is somewhat different. Thus, the 3rd joint is considerably longer than the 4th, and entirely without spines, whereas the bristles on the inner margin are longer and more numerous. The 5th joint, too, is comparatively larger than in the preceding pair, and very little, if at all, shorter than the 4th. Finally, the last joint is perfectly linear in form, everywhere of the same breadth, and along both margins, but especially the inner, beset with short, scopiform fascicles of bristles. The terminal claw is quite rudimentary, obtuse at the end, and, as a general rule, entirely concealed among the bristles of the preceding joints.

The branchiæ (see fig. 22) exhibit the usual pyramidical form and lamellar structure, but are characterized by their considerable number. On either side occur 10, including the supplementary branchia mentioned above as found on the last pair of maxillipeds. If we except this and the hindmost branchia (see fig. 21), both of which are odd ones, the rest occur in a double series, so that each leg has 2 branchiæ (see figs. 17 and 19).

The natatory appendages of the abdomen (figs. 23, 24) are powerfully developed, and consist of a thickish, muscular, and somewhat flattened basal part, along with 2 slender, lanceolate branches, or terminal plates, beset with numerous ciliated marginal bristles. Of these branches, the inner is somewhat shorter than the outer, and at the base furnished on the inner margin with a comparatively large, cylindric, or somewhat claviform, appendix (see fig. 24). The 1st pair are

væsentlig fra de øvrige, idet denne Gren her er meget kort og af simpel oval Form. Ligeledes bemærkes nogen Forskjel i disse Lemmer mellem begge Kjøn. Hos Hannen er de idetbele kraftigere byggede, med forholdsvis kortere og bredere samt mindre rigeligt børstebesat Basalled. Den indre Gren paa 1ste Par (se Fig. 28) er ogsaa betydelig bredere end hos Hunnen og har Enden næsten tvært afkuttet. Paa 2det Par (Fig. 29) findes fæstet til den indre Gren 2 Appendices, hvoraf det forreste og korteste svarer til samme hos Hunnen, medens det 2det er særegent for Hannen og har Formen af en smal tungedannet Plade, der i Kanterne er besat med stærke tornformige Børster.

Det midterste Halevedhæng (Fig. 25) er af en overordenlig smal og langstrakt Form og rager betydeligt ud over de ydre Halevedhæng (se Fig. 1). I sin forreste Fjerdepart er det af nogenlunde cylindrisk Form, men afsmalnes derpaa hurtigt og jævnt bagtil, saa at det yderste Parti bliver særdeles small. Selve Spidsen (Fig. 26) er noget udvidet og viser en noget udbuet Enderand, hvortil er fæstet 7 Torner. De 5 midterste af disse er indbyrdes af ens Størrelse og Udseende, hvorimod de 2 yderste er langt kraftigere udviklede og mere end 3 Gange saa lange samt stærkt divergerende til hver Side. Langs Siderne af Vedhænget og noget nærmere den dorsale Flade bemærkes en Række af 6 meget smaa Torner.

De ydre Halevedhæng (Fig. 27) har en ganske kort og simpel Roddel. Af Endepladerne er den indre lancetformig og rundt om besat med lange Fjerbørster. Den ydre Plade er noget længere end den indre og i Spidsen noget skraat afskaaret, med den ydre Kant ganske lige og besat med korte og fine Børster, den indre svagt buet. Ved det ydre Hjørne findes en særdeles liden og rudimentær Torn. Pladen er forøvrigt ganske simpel, uden Spor af nogen Tværsutur i sit yderste Parti.

I levende Tilstand er hele Dyrets Legeme tilligemed dets forskjellige Vedhæng af en særdeles intensiv og pragtfuld blodrød Farve. De lange Svøber paa Følerne viser i sit basale Parti mere eller mindre tydeligt afvexlende mørkere og lysere Ringe eller Tværbaand. Øiepigmentet er som ovenfor anført opakt hvidt.

Længden af de største Individer, er, maalt fra Antennebladenes Spids til Enden af det midterste Halevedhæng, 83ᵐᵐ. Hannerne synes i Regelen at være større end Hunnerne.

Udvikling. Den betydelige Størrelse af de under Hunnens Bagkrop fæstede Æg (se Fig. 2) lader formode, at Udviklingen enten som hos Slægten Bythocaris sker directe, eller at den i al Fald kun er forbunden med en ufuldstændig Metamorphose. Kun hos et enkelt Exemplar fandtes imidlertid Udrogn, og denne var her endnu ikke saa udviklet, at nogen Undersøgelse i nævnte Retning kunde anstilles.

De mindste erholdte Exemplarer, af kun 16ᵐᵐ Længde

in this respect distinguished from the rest chiefly by the said branch being exceedingly short and of a simple oval form. Some difference, too, is observed in these parts on comparing the sexes. In the male, they have on the whole a more powerful structure, with the basal portion comparatively shorter and broader, and less densely beset with bristles. The inner branch on the 1st pair (see fig. 28) is also considerably broader than in the female, and has the extremity almost truncate. On the 2nd pair (fig. 29), are seen, attached to the inner branch, 2 appendices, of which the anterior and shortest corresponds to that in the female, while the other is peculiar to the male, and has the form of a narrow, linguiform plate, beset along the margins with strong, spiniform bristles.

The telson (fig. 25) is remarkably narrow and elongate in form, and projects considerably beyond the outer caudal appendages (see fig. 1). Its anterior fourth has an approximately cylindric form, and thence it rapidly and uniformly tapers in a posterior direction, the hindmost part thus becoming exceedingly narrow. The point itself (fig. 26) is somewhat dilated, and exhibits a slightly outward-curving terminal margin, to which are attached 7 spines. The 5 middle ones are uniform in size and appearance, whereas the 2 outermost are far more powerfully developed, and upwards of 3 times the length of the others, as also widely diverging to either side. Along the sides of the appendage, and somewhat nearer the dorsal surface, is observed a series of 6 exceedingly small denticles.

The outer caudal appendages (fig. 27) have a short and simple basal part. Of the terminal plates, the inner is lanceolate, and beset round the edge with long, plumose bristles. The outer plate is a trifle longer than the inner, and at the point somewhat obliquely truncate, with the outer margin perfectly straight and beset with short and slender bristles, the inner slightly arcuate. At the outer corner, occurs an exceedingly small and rudimentary denticle. For the rest, the plate is quite simple, without the slightest trace of a transverse suture in its outermost part.

In a living state, the whole body of the animal, together with its various appendages, has an exceedingly vivid and brilliant blood-red colour. The long flagella of the antennæ exhibit in their basal part more or less distinctly alternating rings, or transverse bands. The ocular pigment is, as stated above, opaque white.

The length of the largest individuals met with, measured from the point of the antennal scale to the tip of the telson, was 83ᵐᵐ. The males would as a rule appear to be larger than the females.

Development. — The very considerable size of the eggs attached beneath the abdomen of the female (see fig. 2), gives reason to surmise, that the development, either occurs direct, as in the genus Bythocaris, or that, at all events, it is merely connected with an imperfect metamorphosis. Meanwhile, roe was found in a single specimen only, and the stage of development did not admit of undertaking any investigation in the said object in view.

The smallest individuals obtained, measuring 16ᵐᵐ in

6*

viste i alt væsentligt fuldkommen samme Bygning som hos fuldvoxne Individer, uden at det mindste Spor af nogen forudgaaende Larvetilstand var at bemærke hos samme.

Forekomst og Levevis.

Ifølge sin hele Organisation synes den her omhandlede Form at maatte antages at føre et Slags halvt pelagiskt Liv; men andre Ord, jeg har Grund til at antage, at den ikke som de i det foregaaende omtalte Former er strengt bunden til selve Havbunden, men streifer frit om i Vandet. Dog tyder Øinenes rudimentære Beskaffenhed med Bestemthed hen paa, at dens Ophold væsentlig kun kan være indskrænket til de dybere Vandlag; noget der ogsaa vinder fuld Bekræftelse ved de under vor Expedition gjorte Erfaringer. Alle de af os erholdte Exemplarer er nemlig optagne ved Hjælp af Bundskraben eller Trawlnettet fra de største Dybder i den kolde Area, fra 452 til 1862 Favne. Paa grundere Vand har vi aldrig fnaet den op, heller ikke nogensinde i Overfladenettet, skjøndt dette i stor Udstrækning har været benyttet under Expeditionen.

Endelig fortjener det at bemærkes, at R. Collett har fundet Levninger af nærværende Krebs i Ventrikelen hos et Par Dybvandsfiske, hvilke Fisks Organisation er at de med Sikkerhed maa antages ikke at kunne gjøre meget lange Udflugter fra Havbunden, nemlig Raja hyperborea Collett, og Lycodes frigidus Collett, begge optagne fra det store Dyb i den kolde Area.

Som en Mærkelighed fortjener det dog her at anføres, at det af Buchholz undersøgte Exemplar blev, som det heder, taget lige i Vandskorpen. Hvis dette virkelig forholder sig saa, maa det dog antages at have været et ganske anomalt Tilf. Exemplaret maa vel af en eller anden tilfældig Aarsag, ved Undervandsstrøm eller paa anden Maade, være bleven bragt op fra de dybere Vandlag, hvor Arten naðenbart maa antages at have sit rette Hjem.

Skjøndt denne Krebs ifølge sine kraftigt udviklede Svømmeredskaber og ringe specifiske Vægt maa antages at være et særdeles livligt Dyr, var der dog altid kun yderst svage Livsytringer at se hos de af os indfangede Individer, og det uagtet disse som oftest erholdtes i fuldkommen ubeskadiget Tilstand og hurtigst muligt efter Indfangningen blev isolerede i Kar med friskt Søvand. Det synes klart, at Grunden hertil maa være den, at Dyret ved saaledes pludseligt at bringes op til Dagens Lys fra de enorme Dyb, hvori det har sit Tilhold, hensættes under saa abnorme Forhold, at alle Livsfunctioner herved bliver ligesom lamslaaede. Noget lignende observeres forøvrigt ogsaa i mere eller mindre Grad med de fleste øvrige paa store Dyb levende Sødyr.

Udbredning.

Det af Buchholz beskrevne Individ erholdtes, som anført, i Havet Øst for Grønland og nær den 74de Brødegrad. Under vor Expedition har vi taget den nærværende Form paa ikke mindre end 14 forskjellige Stationer, samtlige tilhørende den kolde Area. Endelig er af R. Collett fundet Levninger af et Exemplar i Ventrikelen af en Lycodes frigidus fra Stat. 353, hvorfra' vi ikke har noteret denne Krebs.

length, exhibited in all essential characters precisely the same structure as full-grown individuals, without its being possible to detect the slightest trace of a previous larval stage.

Occurrence and Habits.

— Judging from its whole organization, the form here treated of would appear to lead a kind of semi-pelagic existence; in other words, I have reason to suppose, that, unlike the forms previously recorded, this animal is not strictly confined to the sea-bottom, but can move about freely through the water. Meanwhile, the rudimentary character of the eyes indicate with absolute certainty its habitat as chiefly lying in the deeper strata, a fact to which the experience derived on the Norwegian Expedition gives full confirmation. All of the specimens collected were brought up in the dredge or trawl from the greatest depths in the cold area — 452 to 1862 fathoms. In shallower water we never took it, nor in the surface-net, which notwithstanding was extensively used on the Expedition.

Finally, I will not fail to remark that Mr. R. Collett has found the remains of this form in the ventricle of one or two deep-water fishes whose organization is such as must infallibly prevent them from ascending to any great distance from the sea-bed, viz. — Raja hyperborea Collett and Lycodes frigidus Collett, both brought up from the great depths of the cold area.

As a remarkable coincidence, it is worthy of note, that the specimen examined by Buchholz is said to have been taken at the surface of the water. Assuming this to have actually been the case, we cannot but regard it as anomolous. The animal had probably from some incidental circumstance, by an undercurrent or in some other manner, been carried up from the deeper strata, where the species must obviously be assumed to have its true habitat.

Though the form described above, judging from its powerfully developed natatory organs and trifling specific weight, must be deemed an exceedingly vivacious animal, the specimens we succeeded in collecting gave without exception but very faint manifestations of life, notwithstanding they were captured as a rule in a perfectly unmutilated state and as soon as possible isolated in a vessel containing fresh sea-water. The reason of this must clearly be, that the animal, on being suddenly brought up to the light of day from the enormous depths it inhabits, is placed in such abnormal conditions as cannot fail to paralyze all its vital functions. For the rest, similar phenomena may be observed, to a greater or less extent, in most other marine animals whose habitat is the great depths of the ocean.

Distribution.

— The specimen described by Buchholz was taken, as previously stated, in the open sea, east of Greenland, and near the 74th parallel of latitude. On the Norwegian Expedition, the form occurred at not less than 14 different Stations, all in the cold area. Finally, Mr. R. Collett found the remains of a specimen in the ventricle of Lycodes frigidus, at Stat. 353, from which we had not recorded this Crustacean.

Dens for Tiden bekjendte Udbredningsfelt bliver herefter den dybe, med iskoldt Vand i Bunden fyldte Havdal mellem Spitsbergen, Beeren Eiland og Norge paa den ene Side, Grønland, Jan Mayen og Island paa den anden, fra den 68de Bredegrad af og nordlig til den 80de.

Hence, the known limits of its distribution are confined within the deep basin, filled at the bottom with ice-cold water, that extends between Spitzbergen, Beeren Eiland, and Norway on the one side, and Greenland, Jan Mayen, and Iceland on the other, — from the 68rd to the 80th parallel of latitude.

Subordo Schizopoda.

Fam. Mysidæ.

Gen. **Erythrops,** G. O. Sars, 1869.

Undersøgelser over Christianiafjordens Dybvandsfauna.

7. Erythrops glacialis, G. O. Sars, n. sp.

(Pl. V, Fig. 1—4).

Erythrops glacialis, G. O. Sars, Prodromus descriptionis Crust. etc. No. 30.

Artscharakteristik. Rygskjoldet forholdsvis stort, fortil neppe afsmalnende, næsten dækkende hele Forkroppen. Panderanden i Midten stærkt udbuet og jevnt tilrundet. Øinene meget smaa og ufuldkomment udviklede, ikke overragende Siderne af Rygskjoldet, med lyserødt Pigment, der oventil kun indtager Randzonen. 2det Par Føleres Blad vel udviklet, omtrent ¹/₃ længere end 1ste Par's Skaft, allangt lineært, med den ydre Kant glat, Enden skjævt afskaaret og den indre Kant forsynet med talrige lange Fjærborster. Fødderne særdeles tynde og forlængede. Det midterste Halevedhæng med Spidsen lige afskaaret og bevæbnet med 4 omtrent ens udviklede Torner og 2 cilierede Børster i Midten. De ydre Halevedhæng med særdeles smale og tilspidsede Endeplader. Legemet gjennemsigtigt med kun svagt udpræget Pigmentering. Hunnens Længde indtil 20ᵐᵐ.

Findesteder. Stnt. 87, 124.

Bemærkninger. Nærværende anselige Form kjendes let fra de øvrige bekjendte Arter af Slægten, foruden ved sin betydelige Størrelse, ved de usædvanlig smaa og ufuldkomment udviklede Øine, det store ligesom opsvulmede Rygskjold samt ved de stærkt udviklede og med talrige Randborster forsynede Antenneblade.

Beskrivelse. Legemets Form er (se Pl. V, Fig. 1) i Sammenligning med de tidligere bekjendte Arter temmelig robust, med Forkroppen betydelig tykkere end Bagkroppen. Denne sidste er som hos Slægtens øvrige Arter meget smækker,

Specific Character. — Carapax comparatively large, tapering scarcely at all anteriorly, covering almost the whole of the anterior division of the body. Frontal margin very considerably areuate in the middle, and uniformly rounded. Eyes exceedingly small, and imperfectly developed, not projecting over the sides of the carapax, furnished with a light-red pigment, which, above, occupies the marginal zone only. Scale of 2nd pair of antennæ well developed, about one-third longer than peduncle of 1st pair, oblongo-linear, with the outer margin smooth, the end obliquely truncate, and the inner margin furnished with numerous long, plumose bristles. Legs exceedingly slender and elongate. Telson, having the point abruptly truncate, armed with 4, about equally developed spines, and bearing in the middle 2 ciliated bristles. Outer caudal appendages with exceedingly narrow and pointed terminal plates. Body translucent and but slightly pigmented. Length of female reaching 20ᵐᵐ.

Locality. — Stats. 87, 124.

Remarks. — The present form is readily distinguished from the other known species of the genus, apart from its considerable size, by the unusually small and imperfectly developed eyes, the large, and, as it were, tumid carapax, as also by the strongly developed antennal scales, furnished with numerous marginal bristles.

Description. — The form of the body is (see Pl. V, fig. 1), compared to the previously known species, relatively robust, with the cephalo-thorax considerably thicker than the abdomen. The latter is, as in the other species

cylindrisk, kun lidet afsmalnende bagtil og har sidste Segment betydelig længere end de foregaaende.

Rygskjoldet er forholdsvis stort, ligesom opsvulmet og neppe mærkeligt indknebet i sit forreste Parti. Det dækker næsten fuldstændigt Forkroppen, kun ladende en ubetydelig Del af sidste Segment oventil frit. Dets forreste Rand er i Midten stærkt udbuet, dannende en bredt afrundet Pandeplade, der delvis dækker Roden af Øinene; den bageste Rand er oventil kun ganske svagt udrandet. Cervicalfuren er skarpt og tydeligt markeret, og den foran samme beliggende Del af Rygskjoldet er ovenfra seet kjendeligt bredere end Bagkroppen.

Øinene (se Fig. 2) er meget smaa og ufuldkomnut udviklede samt rager ikke som sædvanligt ud over Rygskjoldets Sider. Af Form er de kort pæreformige og noget affladede, med den pigmenterte Del oventil kun indtagende den allersyderste Randzone. Pigmentet er som hos de øvrige Arter af Slægten smukt lyserødt. Derimod er Facetteringen kun lidet tydelig.

1ste Par Følers Skaft (ibid.) er af den sædvanlige Bygning og omtrent af samme Længde som den foran Cervicalfuren beliggende Del af Rygskjoldet. Svøbernes Længde kan ikke nøiere bestemmes, da deres ydre Del paa det undersøgte Exemplar var afbrukket.

2det Par Følers Blad (ibid.) er forholdsvis af ikke ubetydelig Størrelse, næsten ½ længere end 1ste Pars Skaft og af aflang lineær Form, med den ydre Kant ganske glat og lige samt fortil endende med et lidet tandformigt Fremspring, den indre svagt buet og Enden meget skraat afskaaren i Retningen indenfra udad. Langs den indre Kant og Spidsen er fæstet et temmelig betydeligt Antal af lange Fjærbørster.

Fødderne er af den for nærværende Slægt charateristiske spinkle, traaddannede Form. Kun enkelte af dem var endnu i Behold paa det undersøgte Exemplar, og disse viste en lignende stærkt forlænget Form som hos E. abyssorum, idet det ydre Parti (Fig. 3) var særdeles langt og tyndt, med de 2 sidste Led tilsammen neppe overstigende ⅓ af det foregaaendes Længde.

Æggeposen eller Marsupium var paa det undersøgte Individ meget stor og fyldt med næsten fuldt udviklede Unger.

Det midterste Halevedhæng (se Fig. 4) viser det for Slægten characteristiske Udseende. Det er ganske kort, neppe længere end bredt og bærer paa den næsten lige afskaarne Enderand 4 omtrent lige lange Torner og i Midten 2 fint cilierede Børster.

De ydre Halevedhæng (ibid.) har særdeles smale og forlængede, lancetformige Endeplader, begge rundt om besatte med lange Fjærbørster. Den ydre er omtrent ¼ længere end den indre, der ved Basis viser det sædvanlige Høreapparat.

Hele Dyrets Legeme var i frisk Tilstand i høi Grad gjennemsigtigt og næsten uden nogen Pigmentering, saa at

of the genus, very slender, cylindric, tapering but little posteriorly, and has the terminal segment much longer than any of those preceding it.

The carapax is comparatively large, as it were swollen, and well-nigh imperceptibly constricted in its anterior part. It covers almost the whole of the cephalo-thorax, leaving but a very small portion of the last segment uncovered above. Its anterior margin is considerably arcuate, forming a broad, rounded frontal plate, which partially covers the base of the eyes; the posterior margin is but slightly emarginate above. The cervical groove is sharply and distinctly marked, and the portion of the carapax lying anterior to it has, when viewed from above, a diameter perceptibly exceeding that of the posterior division of the body.

The eyes (see fig. 2) are exceedingly small and imperfectly developed, and, contrary to what is usually the case, do not project over the sides of the carapax. In shape, they are abrupt-pyriform and somewhat applanated, with the cornea occupying, above, only the outermost marginal zone. The pigment, as in the other species of the genus, is a beautiful light-red. On the other hand, the areolar structure of the cornea is anything but distinct.

The peduncle of the 1st pair of antennæ (ibid.) has the usual structure, and well-nigh the same length as the portion of the carapax placed anterior to the cervical groove. The length of the flagella cannot be accurately given, their outer part in the specimen examined having been broken off.

The scale of the 2nd pair of antennæ (ibid.) is comparatively large, almost one-third longer than the peduncle of the 1st pair, and oblongo-linear in form, with the outer margin quite smooth and straight and terminating anteriorly in a small dentiform projection; the inner margin is slightly arched, and has the extremity very obliquely truncate, from within to without. Along the inner margin, and at the point, are attached a considerable number of long, plumose bristles.

The legs exhibit the slender, filiform appearance characteristic of the present genus. A few only were left in the specimen examined, and these had a very elongated form, similar to that in E. abyssorum, the outer portion (fig. 3) being extremely long and slender, with the two last joints, taken together, scarcely exceeding by one-third the preceding articulation in length.

The incubatory pouch, or marsupium, was very large in the specimen examined, and full of almost mature young.

The telson (see fig. 4) exhibits the appearance characteristic of the genus. It is quite short, scarcely longer than broad, and has on the well-nigh truncate terminal margin 4 long spines, about equal in length, and in the middle 2 delicately ciliated bristles.

The outer caudal appendages (ibid.) have 2 exceedingly narrow and prolonged, lanceolate terminal plates, both beset round the edges with long, plumose bristles. The outer plate is about one-fourth longer than the inner, which exhibits at the base the usual auditory apparatus.

The whole body of the animal, in a fresh state, was well-nigh translucent, and scarcely at all pigmented, so that

1

47

de vigtigste Indvolde med stor Tydelighed skinnede igjennem de særdeles tynde Integumenter. Meget iøinefaldende var snaledes den udsædvanlig store i den forreste Del af Forkroppen liggende kugleformige Mave, der var fyldt med rødfarvet Indhold.

Længden af det undersøgte Exemplar er, maalt fra Enden af Antennebladene til Spidsen af de ydre Halovedhæng 20ᵐᵐ, en Størrelse, der betydelig overskrider samme hos de hidtil bekjendte Arter af denne Slægt.

Forekomst og Udbredning. Et enkelt, temmelig vel vedligeholdt Exemplar, en fuldvoxen Hun, optoges under Expeditionens 1ste Togt med Bundskraben fra et Dyb af 498 Favne i Havet Vest af Trondhjemsfjorden (Stat. 87). Under 2det Togt erholdtes desuden et stærkt mutileret Exemplar af samme Art længere Nord i Havet udenfor Helgeland (Stat. 124) fra 350 Favnes Dybde.

Da begge disse Stationer tilhører den kolde Area, er Arten utvivlsomt at betragte som en ægte arktisk Form, hvis Udbredning vistnok for en Del vil kunne antages at falde sammen med de øvrige paa de nævnte Stationer erholdte Dybvandsdyr.

the principal viscera shone with great distinctness through the exceedingly thin integuments. Very conspicuous, for example, in the anterior portion of the cephalo-thorax, was the unusually large and globular stomach, with its red-coloured contents.

The length of the specimen examined, measured from the tip of the antennal scales to the point of the outer caudal appendages, reaches 20ᵐᵐ, a size considerably exceeding that attained by any previously known species of the genus.

Occurrence and Distribution. — A single, comparatively uninjured specimen, viz. a full-grown female, was brought up, on the first cruise of the Expedition, in the dredge, from a depth of 498 fathoms, in the open sea, west of the Trondhjemfjord (Stat. 87). On the second cruise, an example of the same species was obtained, in a very mutilated condition, farther north, off Helgeland (Stat. 124), from a depth of 350 fathoms.

Both these Stations being in the cold area, the species may unquestionably be regarded as a true Arctic form, the distribution of which, to some extent, no doubt corresponds with that of the other deep-sea animals collected at the said Stations.

Gen. **Parerythrops**, G. O. Sars, 1869.
Undersøgelser over Christianiafjordens Dybvandsfauna.

8. Parerythrops spectabilis, G. O. Sars, n. sp.

(Pl. V, Fig. 5—12).

Parerythrops spectabilis, G. O. Sars, Prodromus descriptionis Crust. etc. No. 32.

Artscharacteristik. Rygskjoldet stort og opsvulmet, med skarpt markeret Cervicalfure og Panderanden i Midten vinkelformigt fremspringende. Øinene usædvanlig smaa med gulrødt Pigment. 2det Par Følenes Blad kjendeligt længere end 1ste Pars Skaft, aflangt-rhomboidalt. 3 Gange saa langt som bredt, med Enden særdeles skjævt afskaaret og det tandformige Fremspring ved det ydre Hjørne meget lidet. Hannens 1ste Par Bagkropslemmer rudimentære, af samme Udseende som hos Hunnen. Det midterste Halevedhæng ved Spidsen bevæbnet med 6 omtrent ligestore Torner. De ydre Halevedhængs indre Plade langs den indre Kant under Randbørsterne forsynet med talrige smaa Torner; Otolithen usædvanlig liden. Legemet prydet med smukt purpurfarvet Pigment. Længden indtil 26ᵐᵐ.

Findested. Stat. 31, 237.

Bemærkninger. Fra Slægtens øvrige Arter, med hvilke nærværende Form viser en stor habituel Lighed, vil den strax kunne kjendes, foruden ved sin meget betydelige

Specific Character. — Carapax large and tumid, with the cervical groove sharply defined, and the frontal margin angular and projecting in the middle. Eyes remarkably small, and furnished with a yellowish-red pigment. Scale of 2nd pair of antennæ perceptibly longer than peduncle of 1st pair, oblongo-rhomboidal in form, three times as long as broad, with the end very obliquely truncate, and the dentiform projection at the outer corner exceedingly small. First pair of pleopoda in male rudimentary, and exhibiting the same appearance as those in female. Telson armed at the point with 6 spines, about equal in size. Inner plate of outer caudal appendages furnished along the inner border, beneath the marginal bristles, with numerous small spines; the otolith remarkably small. Body brilliantly coloured with a beautiful purple pigment. Length reaching 26ᵐᵐ.

Locality. — Stats. 31, 237.

Remarks. — From the other species of the genus, to which the present form exhibits great habitual resemblance, it may be readily distinguished, apart from its very

Størrelse, ved Øinenes ringe Udvikling. Antenneblandenes Størrelse samt den meget characteristiske Bevæbning af det midterste Halevrdhæng.

Beskrivelse af Hannen. Legemets Form er (se Pl. V, Fig. 5 og 6), som hos de tidligere bekjendte Arter af denne Slægt, meget kort og plump, med stærkt opsvulmet Forkrop og betydelig tyndere Bagkrop.

Rygskjoldet dækker Forkroppen næsten fuldstændigt og viser en meget skarpt markeret Cervicalfure, der er stærkt udbuet bagtil. Pandepladen springer tydeligt frem mellem Roden af Øinene og er af trekantet Form samt næsten retvinklet.

Øinene er usædvanlig smaa, og, skjøndt de i Midten er adskilte ved et temmelig betydeligt Mellemrum, rager de dog ikke, som hos de øvrige Arter, ud over Siderne. De er af kort kølledannet Form og forsynet med et lyst gulrødt Pigment, der paa de nylig optagne og endnu levende Exemplarer viste et særdeles brillant guldglindsende Skjær.

1ste Par Føleres Skaft er som hos Slægtens øvrige Arter tykt og plumpt, med Basalleddet forholdsvis kort og sidste Led meget stort og ligesom opsvulmet. Det bærer ved Enden det for Hannerne eiendommelige haarede Appendix, der er af betydelig Størrelse og konisk Form samt udtrukket i et spidst Hjørne. Naar de talrige kostformigt divergerende Børster, hvormed dette Appendix er besat, fjernes, viser det sig, at alle disse udspringer fra et flere Gange zigzagformigt bugtet baandformigt Felt, der slynger sig langs ad Vedhængets nedre Flade (se Fig. 7).

2det Par Føleres Blad (se Fig. 8) er i Sammenligning med de øvrige bekjendte Arter af Slægten, forholdsvis temmelig stort og overrager kjendeligt 1ste Par Føleres Skaft. Af Form er det aflangt-rhomboidalt, omtrent 3 Gange længere end bredt og med Enden meget skjævt afskaaret i Retningen indenfra udad. Den ydre glatte Rand løber fortil ud i et kort tandformigt Fremspring; den indre Kant og Enden er forsynet med et meget betydeligt Antal af lange Randborster. Svøben er vistnok af meget anselig Længde, da deus Skaft er særdeles kraftigt bygget; men dens ydre Del var paa de undersøgte Exemplarer afbrukket ligesom Svøberne paa 1ste Par Følere.

I Munddelenes Bygning er ikke nogen væsentlig Afvigelse fra de øvrige Arter at notere.

Ogsaa Fødderne viser det for Slægten characteristiske Udseende. Deres ydre Parti (Fig. 9) er omtrent af det foregaaende Leds Længde og bestaar, foruden den tydeligt udviklede Endeklo, af 3 med lange Børsteknipper forsynede Led, hvoraf det første er størst og ved en meget skjæv Sutur forbundet med det næste. Svømmegrenene er ikke meget stærkt forlængede, men af særdeles kraftig Bygning, med Basaldelen stærkt pladeformigt udvidet og muskuløs.

De til Bagkroppens Ventralside førstede Lemmer (se

considerable size, by the slight development of the eyes, the size of the antennal scales, and the highly characteristic armature of the telson.

Description of the Male. — Form of the body (see Pl. V. figs. 5, 6), as in the previously known species of this genus, exceedingly short and clumsy, with the cephalothorax greatly swollen and the abdomen, by comparison, very slender.

The carapax covers almost entirely the anterior division of the body, and has a very sharply defined cervical groove, strongly arched posteriorly. The frontal plate triangular, almost right-angled, in form, and distinctly projecting between the bases of the eyes.

The eyes are unusually small, and, though separated in the middle by a rather wide space, do not, as in the other species, project over the sides. They are clavate in form, and furnished with a light yellowish-red pigment, which, in recently taken and still living specimens, had an exceedingly brilliant, golden lustre.

The peduncle of the 1st pair of antennæ is, as in the other species of the genus, thick and clumsy in shape, with the basal joint comparatively short, and the last joint exceedingly large and, as it were, swollen. It has at the extremity the hair-clothed appendix peculiar to the males, which is of considerable size and conical in form, and produced into a sharp-pointed corner. On removing the numerous, scopi form, diverging bristles with which this appendix is beset, they are all found to issue from a zigzag, riband-shaped tract, winding along the lower surface of the appendage (see fig. 7).

The scale of the 2nd pair of antennæ (see fig. 8) is, compared to that in the other known species of the genus, rather large, and projects perceptibly over the peduncle of the 1st pair of antennæ. In form it is oblongo-rhomboidal, about three times longer than broad, and with the end very obliquely truncate, from within to without. The smooth outer margin is produced anteriorly into a short dentiform projection: the inner margin and the end are furnished with a very considerable number of long marginal bristles. The flagellum must certainly attain a very considerable length, the structure of its peduncle being exceedingly powerful; but its outer portion in the specimens examined was broken off, as also the flagella on the 1st pair of antennæ.

The structure of the oral appendages exhibits no essential deviation from that observed in the other species of the genus.

The legs, too, have the usual characteristic appearance. Their outer portion (fig. 9) is about equal in length to the preceding joint, and consists, exclusive of the distinctly developed terminal claw, of 3 joints, furnished with long fascicles of bristles, the first joint being the largest, and connected by an exceedingly oblique suture with the succeeding one. The natatory branches are not very elongated, but remarkably powerful in structure, with the basal portion greatly dilated, and muscular.

The limbs attached to the ventral side of the abdomen

Fig. 5) viser et lignende Forhold som hos den typiske Art. *P. obesa*, idet 1ste Par er ganske rudimentært og af samme Udseende som hos Hunnen, medens de øvrige er udviklede til kraftige Svømmeredskaber med to 8-leddede Grene.

Det midterste Halevedhæng (Fig. 10) er som hos de øvrige Arter aflangt-triangulært, med Sidekanterne glatte og Spidsen smalt udtrukken, men skiller sig væsentlig ved dennes Bevæbning. Til den i Midten noget udbøede Enderand er nemlig (Fig. 11), foruden 2 mediane Børster, fæstet til hver Side 3 Torner af næsten ens Størrelse, medens der hos alle de øvrige bekjendte Arter kun findes 2 saadanne og disse meget ulige i Størrelse.

De ydre Halevedhæng har den indre Plade (Fig. 12) betydelig kortere end den ydre og langs den indre Kant under Randbørsterne forsynet med en Rad af smaa Torner, der næsten strækker sig til Pladens Spids. Høreapparatet ved Basis er tydeligt udviklet, skjøndt Otolithen er af forholdsvis ringere Størrelse end sædvanligt.

I levende Tilstand er Dyrets Legeme temmelig gjennemsigtigt og prydet med et noget diffust smukt lyserødt Pigment, der paa Bagkroppen danner mere eller mindre fuldstændige Tværbaand. Munddelene og Fødderne er intensivt rødfarvede, ligeledes den store i den forreste Del af Forkroppen gjennemskinnende Mave.

Længden af den fuldt udviklede Han er fulde 26ᵐᵐ, en Størrelse, som ikke nogen af de tidligere bekjendte Arter paa langt nær opnaar.

Forekomst og Udbredning. 2 temmelig vel vedligeholdte Exemplarer, en yngre Hun og en fuldt udviklet Han, blev under Expeditionens 1ste Togt optaget i Bundskraben fra et Dyb af 417 Favne i Havet udenfor Storeggen (Stat. 31). Et andet, men i høi Grad mutileret Exemplar, erholdtes under 2det Togt paa en vidt adskilt Lokalitet, nemlig i Havet SV af Jan Mayen (Stat. 237). Dybden 263 Favne.

Da de to omtalte Stationer begge tilhører den kolde Area, og Arten er fundet paa begge Sider af Nordhavets store Dyb, er man berettiget til at slutte, at den ligesom foregaaende Myside er en ægte arktisk Form, der rimeligvis er udbredt over den hele kolde Area, hvor Dybdeforhold og Bundens Beskaffenhed er egnet for dens Trivsel.

(see fig. 5) are precisely similar to those in the typical species, *P. obesa*, the 1st pair being quite rudimentary and of the same appearance as in the female, whereas the others are developed into powerful natatory organs, with 2 eight-jointed branches.

The telson (fig. 10), as in the other species, oblongotriangular, with the lateral margins smooth and the point slenderly produced: its armature however exhibits a very striking specific character. To the terminal margin, somewhat arched in the middle, are attached on either side (fig. 11), exclusive of 2 median bristles, 3 spines, about equal in size, whereas 2 only, and these of very unequal size, occur in all other known species.

The outer caudal appendages have the inner plate (fig. 12) considerably shorter than the outer, and furnished along the inner margin, beneath the bristles, with a row of small spines, reaching almost to the point of the plate. The auditory apparatus at the base distinctly developed, although the otolith is comparatively much smaller in size than usual.

In a living state, the body of the animal is well-nigh translucent, and beautifully coloured with a somewhat diffuse, light-red pigment, which, on the posterior division of the body, forms more or less perfect transverse bands. The oral appendages and the legs are of a vivid red, as also the large stomach, seen shining through the anterior part of the cephalo-thorax.

Length of the fully developed male 26ᵐᵐ, a size far outreaching that of any previously known species.

Occurrence and Distribution. — Two specimens, in a state comparatively good, a young female and a fully developed male, were brought up, on the first cruise of the Expedition, in the dredge, from a depth of 417 fathoms, in the open sea, off the Storeggen bank (Stat. 31). Another, but very mutilated example, was obtained on the second cruise, in a widely different locality, viz. in the open sea south-west of Jan Mayen (Stat. 237), from a depth of 263 fathoms.

The two aforesaid Stations having both belonged to the cold area, and the species been found on either side of the great ocean valley of the North Atlantic, we are warranted in regarding this animal, equally with the preceding species, as a true Arctic form, distributed in all probability throughout the whole of the cold area where the depth and nature of the bottom are favourably adapted for its existence.

Gen. **Pseudomysis,** G. O. Sars, 1880. n.

Crustacea et Pycnogonida nova etc.

Slægtscharacteristik. Legemet af undersætsig Form. Rygskjoldet stort og bredt, fortil i Midten fremspringende. Øinene ganske rudimentære, uden Pigment eller Synselementer. 1ste Par Følere af sædvanligt Udseende. 2det Par Følores Blad lancetformigt, rundt om børstebesat. Munddelene temmelig lig samme hos Slægten Mysideis. Fødderne forholdsvis smaa og svage, med mangeleddet Tarse og Endekloen ufuldkomment udviklet; Svømmegrenene overordentlig forlængede. Det midterste Halevedhæng særdeles kort, pladeformigt, bagtil indskaaret. De ydre Halevedhæng med vel udviklede lancetformige Endeplader; Hørvapparatet ved Basis af den indre Plade rudimentært.

Almindelige Bemærkninger. Af de tidligere bekjendte Mysideslægter synes denne nye Slægt, navnlig hrad Munddelene angaar, at slutte sig nærmest til *Sl. Mysideis* G. O. Sars, men skiller sig bestemt fra samme ved den rudimentære Beskaffenhed af Øinene samt det i den indre Haloplade beliggende Høreapparat, fremdeles ved Føddernes afvigende Bygning og den meget eiendommelige Form af det midterste Halevedhæng.

Enkelte vigtige Punkter, navnlig Forholdet af Hannens Bagkropslemmer, har vistnok endnu ikke kunnet oplyses paa Grund af det utilstrækkelige foreliggende Materiale; men allerede de ovenfor fremhævede Characterer synes mig dog at være af tilstrækkelig Vægt til herpaa at maatte begrunde en generisk Adskillelse.

Slægten indeholder for Tiden kun en enkelt Art, som desværre kun er repræsenteret af to meget mutilerede Exemplarer, begge Hunner.

9. **Pseudomysis abyssi,** G. O. Sars, n. sp.

(Pl. V, Fig. 13—21, Pl. XX, Fig. 18—20).

Pseudomysis abyssi, G. O. Sars, Crustacea et Pycnogonida nova etc. No. 4.

Artscharacteristik. Rygskjoldet fortil betydelig brebredere end Bagkroppen, med Panderanden i Midten uddraget i en skarp, rostramlignende Spids. Øinene meget smaa, stumpt koniske, ved Spidsen fortil forsynet med et tandformigt Fremspring. 1ste Par Føleres Skaft smalt cylindriskt med 1ste og sidste Led af samme Størrelse. 2det Par Føleres Blad dobbelt saa langt som 1ste Pars Skaft, smalt lancetformigt, med Spidsen stumpt tilrundet. Fødderne alle af ens Længde, med det ydre Parti omtrent saa langt som det foregaaende Led og delt i 7—8 korte,

Gen. **Pseudomysis,** G. O. Sars, 1880. n.

Crustacea et Pycnogonida nova etc.

Generic Character. — Body thickset in form. Carapax large and broad, projecting anteriorly in the middle. Eyes quite rudimentary, without either pigment or visual elements. First pair of antennæ exhibiting the usual appearance. Scale of 2nd pair lanceolate, and beset round the edges with bristles. Oral appendages presenting considerable resemblance to those in the genus Mysideis. Legs comparatively small and feeble, with a multiarticulate tarsus, and having the terminal claw imperfectly developed; natatory branches remarkably elongate. Telson exceedingly short, lamelliform, incised posteriorly. Outer caudal appendages with well-developed lanceolate terminal plates; auditory apparatus at the base of the inner plate rudimentary.

General Remarks. — Of the previously known genera of Mysidians, this new genus — in particular as regards the structure of the oral parts — would appear to approximate closest the genus *Mysideis,* G. O. Sars, but is, however, plainly distinguished from it by the rudimentary character of the eyes and of the auditory apparatus placed within the inner caudal plate, moreover by the deviating structure of the legs and the very peculiar form of the telson.

A few important points, more especially as regards the structure of the pleopoda in the male, have, it is true, not yet been elucidated, owing to the insufficient material obtained; but even the characters specified above are, I opine, amply sufficient to warrant generic distinction.

The genus comprises at present but a single species, which, unfortunately, is represented by only two very mutilated specimens, both females.

9. **Pseudomysis abyssi,** G. O. Sars, n. sp.

(Pl. V, figs. 13—21; Pl. XX, figs. 18—20).

Pseudomysis abyssi, G. O. Sars, Crustacea et Pycnogonida nova etc., No. 4.

Specific Character. — Carapax much broader anteriorly than posterior division of body, with the frontal margin produced in the middle to a sharp, rostrum-like point. Eyes very small, obtusely conical, furnished anteriorly at the point with a dentiform projection. Peduncle of 1st pair of antennæ slender-cylindric, with the first and last joints equal in size. Scale of 2nd pair of antennæ twice as long as peduncle of 1st pair, slender-lanceolate, with the point obtusely rounded. Legs all of one length, with the outer portion about as long as the preceding joint,

tæt børstebesatte Led. Det midterste Halevedhæng næsten qvadratisk, kun lidet længere end bredt. med Sidekanterne i den bagre Halvpart forsynede med smaa Torner; det bagre Indsnit bredt. vinklet. med Kanterne fint savgtakkede; Endelapperne tilspidsede og bevæbnede med en enkelt apical Torn. De ydre Halevedhængs indre Plade kortere end den ydre og langs den indre Kant under Randbørsterne tæt tandet. Hele Legemet gjennemsigtigt. af hvidagtig Farve, uden Spor af Pigmentering.

Findesteder. Stat. 295, 297.

Bemærkninger. Den i min Prodromus givne Diagnose er kun affattet efter det under vor Expedition tagne enkelte Exemplar. paa hvilket forskjellige i systematisk Henseende vigtige Dele manglede eller var ufuldstændige. Længe efter Expeditionens Afslutning og efterat nærværende Afhandling allerede var paabegyndt. blev imidlertid af R. Collett i Ventrikelen af den mærkelige nye Dybvandsfisk, *Rhodichthys regina*, Coll., fundet Levningerne af et andet Exemplar af samme Art, paa hvilket saavel Antennebladene som samtlige Fødder var i Behold. Jeg har herved i enkelte vigtige Punkter kunnet supplere min tidligere Characteristik af nærværende interessante Myside og har paa sidste Planche vedføiet de fornødne Figurer.

Beskrivelse. Da begge de foreliggende Exemplarer. som ovenfor bemærket, er i en stærkt mutileret Tilstand, bliver det temmelig vanskeligt med Sikkerhed at bestemme Legemets almindelige Form. Den synes imidlertid, efter de erholdte Levninger at dømme. at have været forholdsvis undersætsig og nærmest lignende samme hos Arterne af Slægten *Mysideis*, G. O. Sars.

Rygskjoldet er forholdsvis stort og synes fuldstændigt at have dækket Forkroppen. Det er fortil (se Pl. V. Fig. 13. og Pl. XX, Fig. 18) betydelig bredere end Bagkroppen og viser foran Midten en tydeligt markeret buet Cervical-fure. Pandedelen springer stærkt frem og er i Midten udtrukken i en skarp tilspidset, rostrumlignende Fortsats, der rækker næsten til Midten af 1ste Par Føleres Basalled.

Øinene (*ibid.*) er ganske og aldeles rudimentære. kun dannende et Par skraat udadrettede, stumpt koniske Fortsætser, uden det mindste Spor af Pigmet eller Synselementer. Ved den stumpt tilrundede Ende. der ikke rækker ud over Rygskjoldets Sidekanter, findes fortil et lidet tandformigt Fremspring.

1ste Par Føleres Skaft (*ibid.*) er temmelig kraftigt bygget, cylindrisk og omtrent af samme Længde som Rygskjoldets Brede fortil. Af dets 3 Led er 1ste og sidste omtrent lige store, medens det 2det er ganske kort.

Svøberne var vistnok paa begge Exemplarer incomplette; men efter det bevarede basale Parti lader sig dog slutte, at de har været af temmelig betydelig Længde.

2det Par Føleres Blad var paa det ene større Exemplar (Pl. V, Fig. 13) paa begge Sider defect, idet den ydre Del var afbrukket. Derimod var det paa det andet mindre Individ (Pl. XX. Fig. 18) uskadt og forsynet med

and divided into 7 or 8 short articulations, densely beset with bristles. Telson well-nigh quadrate. but very little longer than broad, armed in the posterior half with small marginal denticles; posterior incision broad, angular. with the edges finely serrate: the terminal lobes pointed and armed with a single apical spine. Inner plate of outer caudal appendages shorter than outer. and. along the inner margin, closely dentate beneath the bristles. Whole body translucent, and whitish, without any trace of pigment.

Locality. — Stats. 295. 297.

Remarks. — The diagnosis given in my Prodromus was worked up exclusively from the solitary specimen taken on the Expedition, in which however several systematically important parts were either entirely wanting or incomplete. Long after the close of the Expedition, and after the present Memoir had been commenced. Mr. R. Collett found in the ventricle of the remarkable deep-sea fish, *Rhodichthys regina*, Coll.. the remains of another specimen of the same species. in which both the antennal scales and all the feet remained intact. Hence, I have. with regard to several important points. been enabled to supplement my original characteristic of this interesting form, and on the last plate have annexed the necessary figures.

Description. — Both of the specimens secured being. as mentioned above. in a very mutilated condition, it is a matter of some difficulty to determine the general form of the body. This, however, judging from the remains found on the Expedition and by Mr. Collett, would appear to be comparatively thickset. approximating closest that in the two species of the genus *Mysideis*, G. O. Sars.

The carapax is comparatively large, and would appear to entirely cover the cephalo-thorax. Anteriorly (see Pl. V. fig. 13, and Pl. XX, fig.. 18), it is much broader than the posterior division, and exhibits, anterior to the middle, a well-defined, arcuate cervical groove. The frontal part juts prominently forward. and is drawn out as a sharp-pointed, rostrum-like projection, reaching almost to the middle of the basal joint of the 1st pair of antennæ.

The eyes (*ibid.*) are in every sense rudimentary, forming merely a pair of obtuse. conical prolations, directed obliquely outward, without the slightest trace of pigment or visual elements. At the obtusely rounded extremity, which does not reach above the lateral margins of the carapax, occurs anteriorly a small dentiform projection.

The peduncle of the 1st pair of antennæ (*ibid.*) comparatively powerful in structure. cylindric. and about as long as the carapax is broad anteriorly. Of its 3 joints, the first and last are about equal in size. while the second is exceedingly short.

The flagella were in both specimens incomplete; but. judging from the basal portion, their length may be inferred to have been considerable.

The scale of the 2nd pair of antennæ was in the larger example (Pl. V. fig. 13) on either side defective, the outer portion having been broken off. In the smaller specimen (Pl. XX. fig. 18). it was wholly uninjured and

7*

sit fuldstændige Sæt af Randborster. Det er, som det vil sees af sidstnævnte Figur, stærkt forlænget, omtrent dobbelt saa langt som 1ste Par Foleres Skaft, lancetdannet og randt om alle Kanter besat med lange Fjærbørster. Spidsen er stumpt tilrundet og viser en tydelig Tværsutur, hvorved et kort Endesegment er afsat.

Munddelene stemmer idethele temmelig nøie overens med samme hos Slægten Mysideis.

Kindbakkernes Bevæbning er dog noget afvigende (se Pl. V, Fig. 14). Paa venstre Kindbakke findes fortil 2 tydeligt begrændsede tandede Plader, er mellem dem og Tyggeknuden er fæstet 4 tykke, bøiede og cilierede Børster; paa høire er der derimod fortil kun en enkelt utydeligt tandet Plade, og mellem den og Tyggeknuden findes intet Spor af Børster, men kun en simpel tilrundet Fremstaaenhed. Palpen (Fig. 15) er af betydelig Størrelse og tæt børstebesat; dens 2det Led er meget stort og pladeformigt, medens sidste Led er forholdsvis kort og af oval Form.

1ste Par Kjæver (Fig. 16) har begge Grene stærkt indbøiede, forøvrigt af sædvanlig Bygning.

2det Par Kjæver (Fig. 17) er forholdsvis smaa. med Basaldelen ganske kort og ligesom hos Slægten Mysideis indad kun forsynet med 2 tydelige Tyggelapper. Exognathen er af smal triangulær Form og langs sin ydre Kant besat med en Rad af stærke Fjærbørster. Mesognathon er stærkt udviklet, med sidste Led meget stort og bredt, af uregelmæssig rhombisk Form og langs den ydre Kant forsynet med en Rad af 8—10 cilierede Børster.

De to Par Kjævefødder (Fig. 18 og 19) er begge kraftigt udviklede og af temmelig ens Bygning, skjøndt 2det Par (Fig. 19) er adskilligt større end 1ste. Laddene er mere eller mindre pladeformigt udvidede og i den indre Kant tæt børstebesatte. Sidste Led er pan begge Par af oval Form og bevæbnet med talrige cilierede Torner, hvoraf den fra Spidsen udgaaende, der forestiller Endekloen, er noget kraftigere udviklet end de øvrige og ganske glat. Epignathen paa 1ste Par (ikke fremstillet paa Figuren) er lancetdannet og længere end Basaldelen.

Fødderne (Pl. XX, Fig. 19) er i Modsætning til hvad Tilfældet er hos Slægten Mysideis temmelig svagt byggede og alle omtrent af ens Længde. 4de Led er noget længere end 3die og langs den indre Kant besat med talrige Børster, hvoraf de yderste er særdeles lange og lige fortilrettede. Det ydre Afsnit af Foden er omtrent af foregaaende Leds Længde og sammensat af ikke mindre end 8—9 korte. med tætte Børsteknipper besatte Led. Det 1ste af disse er størst, medens det sidste, der egentlig forestiller Basalafsnittet af den ufuldkomment udviklede Endeklo. er meget lidet og af konisk Form, endende med 3 tynde Børster. Svømmegrenen er overordentlig stærkt forlænget og smækker, selv betydelig længere end selve Fodens Stamme. Dens

furnished with a perfect set of marginal bristles. It is, as will appear from the last-mentioned figure, greatly produced, about twice as long as the peduncle of the 1st pair of antennæ, lanceolate, and everywhere beset round the margins with long, plumose bristles. The point is obtusely rounded, and exhibits a distinct transverse suture, marking off a short terminal segment.

The oral appendages agree on the whole rather closely with those in the genus Mysideis.

The armature of the mandibles exhibits however a somewhat different appearance (see Pl. V, fig. 14). On the left mandible occur anteriorly 2 well-defined dentate plates. between which and the molar protuberance are attached 4 thick, curved, and ciliated bristles, whereas on the right mandible is seen anteriorly but a single, indistinctly dentate plate. between which and the molar protuberance not a trace of bristles can be detected — merely a simple. rounded prominence. The palp (fig. 15) is of considerable size, and densely beset with bristles: its 2nd joint is very large, and lamelliform, while the last joint is comparatively short, and oval.

The 1st pair of maxillæ (fig. 16) have both branches very considerably incurved, for the rest exhibiting the usual structure.

The 2nd pair of maxillæ (fig. 17) are comparatively small, with the basal portion exceedingly short, and. as in the genus Mysideis, furnished with but 2 distinct masticatory lobules. The exognath is slender-triangular in form, and armed along its outer margin with a series of strong, plumose bristles. The mesognath is powerfully developed. with the last joint very large and broad, of an irregular-rhomboidal form, and furnished along the outer margin with a row of 8—10 ciliated bristles.

The two pairs of maxillipeds (figs. 18. 19) are both powerfully developed, and much the same in structure. though the 2nd pair (fig. 19) occur somewhat larger than the 1st. The joints are all more or less lamelliform, and densely beset with bristles along the inner margin. In both pairs, the last joint is oval in form, and armed with numerous ciliated spines, that proceeding from the point. which represents the terminal claw. being a trifle more powerfully developed than the others, and quite smooth. The epignath (not represented in the figure). occurring on the 1st pair. is lanceolate, and longer than the basal portion.

The legs (Pl. XX, fig. 19), contrary to what is the case in the genus Mysideis, are comparatively feeble in structure, and all of well-nigh equal length. The 4th joint is somewhat longer than the 3rd, and beset along the inner margin with numerous bristles. of which the outermost are exceedingly long. and directed straight forward. The outer section of the leg has about the same length as the preceding joint, and is composed of not less than 8 or 9 short articulations, beset with dense fascicles of bristles. The 1st of these is the largest. while the last, which, strictly. represents the basal section of the imperfectly developed terminal claw, is very small, and of a conical form. ending in 3 slender bristles. The natatory branch is remarkably

Basaldel er ganske smal og Endedelen sammensat af 12 med lange Svømmeborster forsynede Led.

Bagkropslemmerne er af den for Hummerne af denne Familie sædvanlige rudimentære Beskaffenhed, kun dannende lancetformige, med fint ciliered Børster besatte ubevægelige Plader. Det midterste Halevedhæng (Pl. V. Fig. 20) er af et meget eiendommeligt Udseende og uligt samme hos de øvrige bekjendte Mysider. Det er ganske kort, pladeformigt og næsten qvadratisk, kun ubetydeligt afsmalnende mod Enden, der i Midten er dybt indskaaret. Indsnittet, der omtrent indtager ¹/₃ af Vedhængets Længde, er vinkelformigt, med Kanterne næsten lige, stærkt divergerende og i hele sin Længde fint saugtakkede. Paa Spidsen af enhver af de triangulære Endefliger staar en enkelt Torn og foran denne er til Sidekanterne fæstet en Rad af 8—12 meget smaa Torner, der dog kun naar omtrent til Midten af Vedhængets Længde.

De ydre Halevedhæng (Fig. 21) har Endepladerne temmelig store, af lancetdannet Form og rundt om besatte med de sædvanlige Randborster. Den indre Plade er noget kortere og smalere end den ydre og viser ved Basis kun en yderlig svag Antydning til det sædvanlige her forekommende Høreapparat. Dens indre Kant er under Randbørsterne næsten i sin hele Længde forsynet med en Rad af korte Torner.

Paa det under vor Expedition erholdte Individ var hele Legemet gjennemsigtigt, af hvidagtig Farve og uden det mindste Spor af nogen Pigmentering.

Længden af det største af de foreliggende Exemplarer synes at have været omkring 35ᵐᵐ; men det var endnu ikke forsynet med tydeligt udviklede Æggeplader og kan derfor heller ikke antages at have naaet sin fulde Størrelse.

Forekomst og Udbredning. Af denne mærkelige Myside blev et enkelt Exemplar under Expeditionens sidste Togt optaget ved Hjelp af Trawlnettet fra det enorme Dyb af 1110 Favne i Havet NV af Finmarken (Stat. 295). Det andet mindre Exemplar blev, som ovenfor anført, fundet af R. Collett i Ventrikelen af Rhodichthys regina, der optoges paa den længere vestlig beliggende Stat. 297 fra et endnu større Dyb, nemlig 1280 Favne. Ogsaa dette Exemplar var selvfølgelig incomplet, men viste dog de forskjellige Kropsvedhæng bedre vedligeholdte end hos det andet.

At denne Myside er en i ganske særlig Grad udpræget Dybvandsform, fremgaar ikke blot af Findestederne, men ogsaa af flere Punkter i dens Organisation, navnlig de fuldkommen rudimentære Øine, de tynde Integumenter og Mangelen af Pigmentering. Da begge Stationer tilhører den kolde Area, maa den desuden antages for at være en ægte arktisk Form, der rimeligvis er udbredt over hele det dybe Havbasin i Nordhavet.

elongated, being considerably longer than even the stem of the leg itself. Its basal part is rather slender, the terminal portion consisting of 12 articulations, furnished with long natatory bristles.

The abdominal limbs exhibit the usual rudimentary character observed in the females of this family, forming merely small, lanceolate, immobile plates, beset with delicately ciliated bristles. The telson (Pl. V. fig. 20) presents a very peculiar appearance, unlike that exhibited in any other known Mysidian. It is exceedingly short, lamelliform, and almost quadrate, tapering but slightly toward the extremity, which, in the middle, appears deeply incised. The incision, which occupies about one-third of the length of the appendage, is angular in form, with the margins almost straight, very considerably diverging, and, throughout their entire length, finely serrate. From the point of each of the triangular terminal lobes, springs a single spine, anterior to which are attached along the lateral margins a row of 8—12 very small denticles, reaching only however to about the middle of the appendage.

The outer caudal appendages (fig. 21) have the terminal plates rather large, lanceolate in form, and beset round the edges with the usual marginal bristles. The inner plate is somewhat shorter and narrower than the outer, exhibiting at the base but an exceedingly faint indication of the auditory apparatus that usually occurs here. The inner border is provided beneath the marginal bristles, throughout its entire length almost, with a row of short spines.

In the specimen obtained on the Expedition, the whole body was translucent, whitish, and without the slightest trace of pigment.

The length of the largest of the two specimens examined, would appear to have reached about 35ᵐᵐ; but as yet the animal was not furnished with distinctly developed incubatory plates, and can hardly therefore have attained its full size.

Occurrence and Distribution. Of this remarkable Mysidian, a single specimen was taken, in the trawl on the last cruise of the Expedition, at the enormous depth of 1110 fathoms, in the open sea, north-west of Finmark (Stat. 295). The other and smaller example was, as previously stated, found by Mr. R. Collett, in the ventricle of Rhodichthys regina, brought up at Stat. 297, lying farther west, from a still greater depth — viz. 1280 fathoms. This specimen, too, was of course defective, but had the various appendages to the body in a better state than the other.

That the Mysidian treated of here can in a special degree lay claim to the character of a true deep-sea form, appears not only from the localities where it was met with, but also from divers characteristics in its organization, viz. the wholly rudimentary eyes, the very thin integuments, and the absence of pigment. Both Stations being in the cold area, it must, moreover, be regarded as a true Arctic form, distributed in all probability throughout the whole of the deep basin of the Northern Ocean.

54

Gen. **Boreomysis**, G. O. Sars. 1869.
Undersøgelser over Christianiafjordens Dybvandsfauna.

10. Boreomysis nobilis, G. O. Sars. n. sp.

Boreomysis nobilis, G. O. Sars, Crustacea et Pycnogonida nova etc.. No. 2.

Artscharacteristik. Rygskjoldet fortil i Midten stærkt udbuet og gaaende ud i en horizontal, tilspidset, rostrumlignende Fortsats; de nedre forreste Sidehjørner udtrukne i Form af lancetdannede Flige. Øinene korte og tykke, næsten cirkelformige, noget afladede, neppe fremragende til Siderne, med rødbrunt Pigment. 1ste Par Foleres Skaft af et lignende Udseende som hos *B. arctica*. 2det Par Foleres Blad mere end dobbelt saa langt, stærkt afsmalnende mod Enden, næsten lancetformigt; Spidsen meget smal og skjævt afskaaret i Retningen udenfra indad, med en stærk Torn ved det ydre Hjørne. Foddernes ydre Del, foruden Endekloen, bestaaende af 3 Led, det sidste meget smalt. Bagkropslemmerne hos Hannen af samme Bygning som hos den typiske Art. Det midterste Halevedhæng aflangt-firkantet, med Sidekanterne næsten lige og, naar undtages det basale Parti, bevæbnet med talrige Torner; det bagre Indsnit af sædvanlig Form, med Kanterne grovt tandede og Sidelapperne i Spidsen stumpe. Legemet i levende Tilstand prydet med lyserødt Pigment. Længden indtil 60ᵐᵐ.

Findested. Stat. 362.

Bemærkninger. Skjøndt særdeles nærstaaende den typiske Form, *B. arctica*, er denne nye Art dog let kjendelig fra samme ved sin usædvanlige Størrelse, det fuldkommen horizontale, ikke opadbøiede Pandehorn, de kortere og tykkere Øine og de i sin Form meget afvigende Antenneblade.

Arten foreligger kun i et enkelt Exemplar, en fuldt udviklet Han, hvorefter nedenstaaende Beskrivelse er affattet.

Beskrivelse. Kropsformen er (se Pl. V, Fig. 22, 23) temmelig slank, men kraftig og idethele meget lig samme hos de to nærstaaende Arter, *B. arctica* Kr. og *B. tridens*, G. O. Sars.

Rygskjoldet er forholdsvis stort, men viser sig dog bagtil i Midten tydeligt udrandet, saa at sidste Forkropssegment for en Del bliver ubedækket oventil. Dets forreste Parti er i Midten stærkt udbuet og udtrukket i et skarpt tilspidset, rostrumlignende Fremspring, der er fuldkommen horizontalt og rækker omtrent til Enden af 1ste Par Foleres Basalled. Fra dette Fremspring strækker sig en kort, men tydelig Kjøl bagtil, uden dog at naa Cervicalfuren. Til Siderne er de forreste Kanter af Rygskjoldet dybt udrandede og danner nedentil en tilspidset fortilrettet Flig, der ligger tæt ind til Ydersiden af 2det Par Foleres Roddel.

Gen. **Boreomysis**, G. O. Sars, 1869.
Undersøgelser over Christianiafjordens Dybvandsfauna.

10. Boreomysis nobilis, G. O. Sars, n. sp.

Boreomysis nobilis, G. O. Sars, Crustacea et Pycnogonida nova etc.. No. 2.

Specific Character. — Carapax anteriorly produced in the middle, and extending as a horizontal, pointed, rostrumlike projection; the lower and foremost lateral corners produced in the form of lanceolate lobes. Eyes short and thick, almost circular, somewhat bevelled, projecting very little, if at all, to the sides, and furnished with a reddish-brown pigment. Peduncle of 1st pair of antennæ similar in appearance to that in *B. arctica*. Scale of 2nd pair of antennæ more than twice as long, abruptly tapering towards the end, almost lanceolate; its extremity very slender, obliquely truncate, from within to without, and having a strong spine at the outer corner. Exterior portion of legs, not including the terminal claw, composed of 3 articulations, the last exceedingly slender. Abdominal limbs in male exhibiting the same structure as in the typical species. Telson oblongo-quadrate, with the lateral margins almost straight, and, saving the basal portion, armed with numerous spines; posterior incision of the usual form, with the margins coarsely dentate, and the lateral lobes obtuse. Body, in a living state, brilliantly coloured with a light-red pigment. Length reaching 60ᵐᵐ.

Locality. — Stat. 362.

Remarks. — Though closely approaching the typical form, *B. arctica*, this new species may be easily distinguished from the latter by its unusual size, by the rostrum, which is perfectly horizontal and not bent upwards, by the shorter and thicker eyes, and by the deviating form of the antennal scales.

The species is represented as yet by a single specimen only, a fully developed male, from which the following description is given.

Description. — The body (see Pl. V, figs. 22, 23) comparatively slender, but powerful, and, on the whole, presenting considerable resemblance to that in the two approximating species, *B. arctica* Kr. and *B. tridens*, G. O. Sars.

The carapax is comparatively large, but in the middle distinctly emarginate posteriorly, so that the last segment of the cephalo-thorax is partially uncovered above. Its foremost part is very considerably produced in the middle, and drawn out as a sharp-pointed, rostrum-like projection, perfectly horizontal, and reaching about to the end of the basal joint of the 1st pair of antennæ. From this projection extends posteriorly a short but distinct keel, without however reaching the cervical groove. At the sides, the anterior borders of the carapax are deeply emarginate, forming below a pointed, anteriorly directed lobe, lying close in to the outer side of the basal portion of the 2nd pair of antennæ.

Øinene er vel udviklede, skjøndt ikke meget store og neppe fremragende til Siderne. Af Form er de meget kort pæredannede eller næsten kredsformige, noget fladtrykte og ved en smalt udløbende Stilk fæstede temmelig nær ind til hinanden. Den facetterede Del indtager ovontil (se Fig. 23) kun den yderste eller marginale Zone, medens den nedentil har en større Udbredning. Pigmentet er af mørk rødbrun Farve og viste paa det nys optagne Exemplar et lignende brillant guldglindsende Skjær, som er omtalt hos *Parerythrops spectabilis*.

1ste i ar Føleres Skaft er af kraftig Bygning og i Henseende til Leddenes Form og indbyrdes Længdeforhold meget nær overensstemmende med samme hos *B. arctica* og *B. tridens*. Det særdeles korte knudeformige og tæt haarede Appendix ved Enden af Skaftet er ligeledes fuldstændig af samme Udseende som hos Hannen af *B. arctica*. Den ydre Svøbe har den for de 2 omtalte Arter characteristiske lamellære Udvidning ved Basis.

2det Par Føleres Blad (se Fig. 24) er af betydelig Længde, nemlig over dobbelt saa langt som 1ste Pars Skaft, men af en meget smal, næsten lancetdannet Form, med den største Brede neppe ⅕ af Længden. Det afsmalnes stærkt mod Spidsen, som, uligt hvad Tilfældet pleier at være, er skraat afskaaret i Retningen udenfra indad, med det ydre Hjørne stærkt fremragende og gaaende ud i et skarpt tandformigt Fremspring. Svøbens Skaft er forholdsvis kort, men stærkt, omtrent lig ⅓ af Bladets Længde. Endedelens Længde kan ikke bestemmes, da dens ydre Parti var afbrukket, ligesom Endepartiet af begge Svøber paa 1ste Par Følere.

Fødderne stemmer i alt væsentligt fuldkommen overens med samme hos den typiske Art. Det ydre Parti (Fig. 25) bestaar ogsaa her, foruden Endekloen, af 3 tydeligt afsatte Led, hvoraf det yderste er særdeles smalt.

Bagkroppens Buglemmer (se Fig. 22) er samtlige udviklede til mægtige Svømmeredskaber, der i sin Bygning stemmer nær overens med samme hos Hannen af *B. arctica*. Den indre Gren paa 1ste Par (Fig. 26) er ligesom hos denne Art uleddet og pladeformig samt i den indre Kant forsynet med en Rad af 10 Torner. Den ydre Gren paa 2det Par er betydelig stærkere forlænget end paa de øvrige Par, og dens ydre Led er istedetfor med de sædvanlige Randbørster bevæbnede med korte Torner.

Det midterste Halevedhæng (Fig. 27) er af betydelig Størrelse omtrent saa langt som de 2 sidste Bagkropssegmenter tilsammen og af den for Slægten characteristiske aflangt-firkantede Form. Det afsmalnes kun høist ubetydeligt mod Enden og har Sidekanterne næsten fuldkommen lige samt bevæbnede med et stort Antal af smaa, noget ulige udviklede Torner, der dog mangler ved det basale Parti. Enden er som hos Slægtens øvrige Arter dybt indskaaret i Midten. Indsnittet, der omtrent indtager ⅙ af Vedhængets Længde, er i Bunden afrundet og dets Kanter bevæbnede med stærke, kamformigt ordnede Tænder. Ende-

The eyes are well developed, though not particularly large, and project but very little, if at all, toward the sides. In shape, they are abrupt-pyriform, or almost circular, somewhat bevelled, and attached by a slender stem comparatively close together. The cornea occupies, above, only the outermost or marginal zone (see fig. 23), whereas, below, it has greater extent. The pigment is a dark reddish-brown, that in the living specimen exhibited the brilliant golden lustre recorded as occurring in *Parerythrops spectabilis*.

The peduncle of the 1st pair of antennæ has a powerful structure, and, as regards the relative length of the joints, closely corresponds with that in *B. arctica* and *B. tridens*. Moreover, the exceedingly short, tuberculiform, and densely ciliated appendix at the extremity of the peduncle, has precisely the same appearance as that in the male of *B. arctica*. The outer flagellum exhibits the lamelliform dilatation at the base characteristic of the 2 species in question.

The scale of the 2nd pair of antennæ (see fig. 24) is of considerable length, viz. twice as long as the peduncle of the 1st pair, but very slender, almost lanceolate in form, its greatest breadth scarcely attaining one-fifth of the length. It tapers abruptly toward the point, which, unlike what usually occurs, is obliquely truncate, from without to within, and has the outer corner very considerably protending and drawn out to a sharp, dentiform projection. The peduncle of the flagellum is comparatively short, but strong, measuring in length about one-third of that of the scale. The length of the terminal portion cannot be determined, its outer part having been broken off; this was the case, too, with the terminal part of both flagella on the 1st pair of antennæ.

The legs agree perfectly in all essential characteristics with those in the typical species. The outermost portion (fig. 25) consists in this animal too, not including the terminal claw, of 3 well-defined joints, of which the last is exceedingly slender.

The abdominal limbs (see fig. 22) are all developed to powerful natatory organs, which, in structure, agree closely with those in the male of *B. arctica*. The inner branch of the 1st pair (fig. 26) is, as in that species, non-articulate and lamelliform, and has, along the inner margin, a series of 10 spines. The outer branch on the 2nd pair is much more produced than on any of the other pairs, and has, in place of the usual marginal bristles, its outer joint armed with short spines.

The telson (fig. 27) is of considerable size, about as long as the 2 last segments of the abdomen taken together, and has the oblongo-quadrate form characteristic of the genus. It tapers but very slightly toward the end, and has the lateral margins almost perfectly straight, as also furnished with a large number of small, somewhat unequally developed spines, which, however, are wanting on the basal part of the telson. The extremity appears, as in the other species of the genus, deeply incised in the middle. The incision, occupying about one-sixth of the length of the appendage, is rounded off at the bottom, and has the margins

fligerne (se Fig. 28) er i Spidsen stumpt tilrundede og her forsynede med 3 Torner, hvoraf den midterste er stør't.

De ydre Halevedhæng synes ikke at vise noget særligt udmærkende i sin Bygning. Høreapparatet i Basis af den indre Plade er som hos de øvrige Arter ufuldstændigt udviklet, idet Otolithen kun er liden og ikke incrusteret. Den ydre Plade har i Yderkanten den sædvanlige med 2 korte Torner bevæbnede Afsats; Spidsen var hos det undersøgte Exemplar afbrukket paa begge Sider.

Legemet var i levende Tilstand prydet med et vakkert lyserødt Pigment, der var afsat i temmelig regelmæssige Skatteringer snavel paa Forkrop som Bagkrop. Munddelene, Fødderne og Øienstilkene var intensivt rødfarvede, og ogsaa den i den forreste Del af Kroppen gjennemskinnende kugleformige Mave viste et mørkt rødligt Indhold.

Det foreliggende Exemplar har den for en Myside meget anselige Længde af 60ᵐᵐ. maalt fra Spidsen af 2det Par Antenners Blad til Enden af Halevedhængene.

Forekomst. Det ovenfor beskrevne Exemplar blev under Expeditionens sidste Togt optaget ved Hjælp af Trawlnøttet fra et Dyb af 459 Favne i Havet NV af Spitsbergen (Stat. 362), under nær 80° Brede. Stationen tilhører den kolde Area, og Arten maa følgelig, ligesom de i det foregaaende beskrevne Mysider ansees før en arktisk Form.

armed with strong teeth, arranged in a pectinate form. The terminal lobules (see fig. 28) are obtusely rounded at the point, where they have 3 spines, of which the median is the largest.

The outer caudal appendages would not appear to have anything specially characteristic in their structure. The auditory apparatus at the base of the inner plate is, as in the other species, imperfectly developed, the otolith being but small and not incrusted. The outer plate exhibits on the exterior margin the usual projection, armed with 2 short spines; the point in the specimen examined had been broken off on both sides.

The body, in a living state, was coloured with a beautiful light-red pigment, diffused with comparative uniformity alike over the anterior and the posterior divisions of the body. The oral appendages, the legs, and the eyestalks were of a vivid red, and even the globular stomach, seen shining through the foremost part of the body, exhibited within a dark, reddish substance.

The specimen secured has, for a Mysidian, the very considerable length of 60ᵐᵐ, measured from the point of the scale of the 2nd pair of antennæ to the extremity of the caudal appendages.

Occurrence. — The specimen treated of above was brought up in the trawl from a depth of 459 fathoms, in the open sea, north-west of Spitzbergen (Stat. 362), close to the 80th parallel of latitude. This Station being in the cold area, the species must, equally with the Mysidians previously described, be regarded as an Arctic form.

II. Boreomysis scyphops, G. O. Sars. n. sp.

(Pl. VI).

Boreomysis scyphops, G. O. Sars, Crustacea et Pycnogonida nova etc., No. 3.

Artscharacteristik. Rygskjoldet stort, dækkende fuldstændigt Forkroppen, fortil i Midten noget fremspringende, men uden at danne noget Pandehorn; de nedre forreste Sidehjørner stumpt tilrundede i Enden. Øinene af meget eiendommelig Form, stillede vertikalt og tæt sammen, med den ydre Flade skaalformigt indhulet, uden Spor af Pigment eller Synseleouter. 1ste Par Føleres Skaft simpelt cylindrisk; den ydre Svøbe ved Basis noget udvidet, uden imidlertid at danne nogen skarpt begrændset Lap. 2det Par Følers Blad mere end dobbelt saa langt som 1ste Pars Skaft, aflangt lineært med Enden afrundet og det ydre Hjørne bevæbnet med en liden Tand. Fødderne tæt børstebesatte, med Tarsen kun sammensat af 2 l ed; Svømmegrenene af enorm Længde. Hannens Bagkropslemmer alle vel udviklede, med stærkt forlængede Endegrene; den indre

Specific Character. — Carapax large, covering the whole of the anterior division of the body, and projecting somewhat anteriorly, but without forming any rostrum; antero-lateral corners obtusely rounded at the extremity. Eyes very peculiar in appearance, placed vertically and close together, calyciform, with the outer surface hollowed, and not exhibiting any trace of pigment or visual elements. Peduncle of 1st pair of antennæ simple-cylindric; outer flagellum somewhat dilated at the base, without however forming any sharply defined lobule. Scale of 2nd pair of antennæ more than twice as long as peduncle of 1st pair, oblongo-linear, with the end rounded, and having at the outer corner a small tooth. Legs densely beset with bristles, and tarsus composed of only 2 articulations; natatory branches of prodigious length. Abdominal limbs in

II. Boreomysis scyphops, G. O. Sars. n. sp.

(Pl. VI).

Boreomysis scyphops, G. O. Sars, Crustacea et Pycnogonida nova etc., No. 3.

57

paa 1ste Par af samme Udseende som paa de ovrige: den ydre paa 2det Par overordentlig forlænget. med de ydre Led bevæbnede med korte Torner. Det midterste Halevedhæng bagtil noget afsmalnende, til Siderne bevæbnet med uligestore Torner; det bagre Ludsnit omtrent som hos foregaaende Art. Horeapparatet i Basis af den indre Haleplade fuldstændig rudimentært. Farven ensformig lys kjodrod. Længden indtil 70ᵐᵐ.

Findested. Stat. 295.

Bemærkninger. Nærværende interessante Mysideskiller sig i flere Punkter ikke uvæsentligt fra de typiske Arter af Slægten og slutter sig, navnlig hvad Bygningen af 1ste Par Folere og Fodderne angaar, nærmere til den aberrante Art. *B. megalops* G. O. Sars. Snavel fra denne som de ovrige Arter er den, foruden ved sin kjæmpemæssige Størrelse, let kjendelig ved Øinenes mærkværdige og usedvanlige Form, hvilken Character ogsaa har givet Anledning til Artsbenævnelsen.

Beskrivelse af Hunnen. Legemets Form er (se Pl. VI, Fig. 1 og 2) noget mindre slank end hos de ovrige Arter af Slægten, idet Forkroppen næsten indtager Halvparten af Totallængden. Bagkroppen viser den sædvanlige spinkle, cylindriske Form og afsmalnes ganske svagt bagtil. Af dens Segmenter er det sidste længst, omtrent ligt de 2 foregaaende tilsammen.

Rygsjoldet er forholdsvis meget stort, saa at det ikke blot fuldstændigt dækker Forkroppen, men ogsaa bagtil for en Del skyver sig noget ud over 1ste Bagkropssegment. Dets forreste, foran Cervicalfuren beliggende Parti indtager omtrent ⅓ af hele Rygskjoldets Længde og er kjendeligt bredere end Bagkroppens forreste Segment. Panderanden er i Midten noget fremspringende, uden dog at danne noget tydeligt Pandehorn, men kun en stump Vinkel. De nedre forreste Sidehjorner er noget uddragne, men i Spidsen stumpt tilrundede.

Øinene er af en hoist mærkværdig Beskaffenhed og Form, idet deres ydre Flade, istedetfor at være convex er omvendt stærkt indhulet, hvorved de næsten faar en skaaldannet Form. De er fæstede temmelig nær sammen og staar verticale, med den convexe Flade indad, den concave udad. Hverken noget specifiskt Øiepigment eller nogetsomhelst Spor af Synselementer var at bemærke paa de friskt indfangede Exemplarer, og den senere Undersogelse har ogsaa bekræftet den fuldstændige Mangel heraf.

1ste Par Foleres Skaft (Fig. 4 og 5) er, uligt hvad Tilfældet er hos de typiske Arter, simpelt cylindriskt og temmelig spinkelt, med 1ste og sidste Led omtrent lige store, 2det tydelig mindre og af fuldkommen normal Form. Af Svoberne er den ydre betydelig længere og stærkere end den indre og viser sig ved Basis noget udvidet samt her tæt besat med lange baandformige Sandseborster. Udvidningen er imidlertid ikke saa skarpt begrændset som hos de typiske Arter, men ligner mere samme hos den aberrante Form, *B. megalops*.

Den norske Nordhavsexpedition. G. O. Sars: Crustacea.

the male all well developed, with greatly produced terminal branches; the inner on the 1st pair of similar appearance to that on the others; the outer on the 2nd pair remarkably elongate, with the exterior articulations armed with short spines. Telson tapering slightly backward, and bearing, laterally, spines of unequal size; the posterior incision about as in the preceding species. Auditory Apparatus at the base of the inner caudal plate quite rudimentary. Colour a uniform light-red. Length reaching 70ᵐᵐ.

Locality. — Stat. 295.

Remarks. — The present interesting Mysidian differs in several respects not unessentially from the typical species of the genus, approximating closer, more particularly as regards the structure of the 1st pair of antennæ and of the legs, the aberrant form, *B. megalops* G. O. Sars. Both from this and the other species, it is, however, let alone its great size, easy to distinguish by the remarkable and unusual form of the eyes, — a character indeed on which its specific designation is founded.

Description of the Female. — Form of the body (see Pl. VI. figs. 1, 2) somewhat less slender than in the other species of the genus, the cephalo-thorax measuring almost one-half of the total length. The abdominal division exhibits the usual slender, cylindric form, tapering but very slightly backward. Of its segments, the last is the longest, about equal in length to both the preceding ones taken together.

The carapax is comparatively very large, covering not only the whole of the anterior division of the body, but also jutting out a little posteriorly over the 1st abdominal segment. Its foremost part, anterior to the cervical groove, measures about one-third of the whole length of the carapax, and is obviously broader than the foremost abdominal segment. The frontal margin slightly projecting in the middle, without however forming a distinct rostrum, but merely an obtuse angle. The antero-lateral corners are somewhat produced, but obtusely rounded at the point.

The eyes are very remarkable, alike in character and form, their outer surface being, instead of convex, considerably hollowed, which gives them a well-nigh calyciform appearance. They are attached comparatively close together, in a vertical position, with the convex surface turning in and the concave out. Of any specific ocular pigment, or indeed of any visual elements whatsoever, no trace could be detected in the recently taken specimens; and subsequent examination has fully confirmed the absolute want of such.

The peduncle of the 1st pair of antennæ (figs. 4, 5), unlike what is observed in the typical species, is simple-cylindric, and somewhat slender, with the first and last joints about equal in size, the second considerably smaller, and perfectly normal in form. Of the flagella, the outer is much longer and more powerful than the inner, as also somewhat dilated at the base, where it exhibits a dense armature of long, riband-shaped sensory bristles. The dilatation, however, is less sharply defined than in the typical species; it has greater resemblance to that in the aberrant form, *B. megalops*.

2det Par Føleres Blad (Fig. 6) er af betydelig Størrelse, mere end dobbelt saa langt som 1ste Pars Skaft, og af aflang lineær Form, omtrent 5 Gange længere end bredt. Det afsmalnes ganske svagt mod Enden, der er stumpt tilrundet, med det ydre Hjørne noget fremspringende og forsynet med et kort tandformigt Fremspring. Svøbens Skaft er omtrent halvt saa langt som Bladet, smalt cylindriskt, med 2det Led længst. Enddelelen er stærkt forlænget og omtrent af hele Legemets Længde.

Munddelene viser idethele den for Slægten typiske Bygning.

Overlæben (Fig. 7, L) er af den sædvanlige, noget hjelmdannede Form.

Underlæben (ibid. l) er kløftet i to tungeformige, i Spidsen jævnt tilrundede og navnlig langs den indre Kant tæt cilierede Lapper.

Kindbakkerne (ibid. M) er kraftigt udviklede og har den mod Munden vendte Ende oxeformigt udvidet samt noget ulige i sin Bevæbning paa høire og venstre Side (se Fig. 9). Paa venstre Kindbakke findes fortil to tydelige, hinnuden delvis dækkende grovt tandede Plader, og mellom disse og den skraat afskaarne Tyggekunde er fæstet 7 tykke og høiede, i den ene Kant fint cilierede Børster. Paa høire Kindbakke kan fortil ligeledes adskilles to tandbærende Grene; men de er her, navnlig den lagre, forholdsvis mindre og ikke saa grovt tandede. Mellem disse og Tyggekuuden bemærkes et afrundet Fremspring, der langs Kanten er besat med et stort Antal af fine, bagtil i Længde tiltagende Torner. Palpen (Fig. 7, p) er forholdsvis temmelig stor, med 2det Led pladeformigt og noget vredent, sidste Led, som hos Slægtens øvrige Arter, ganske smalt, næsten lineært.

1ste Par Kjæver (Fig. 10) viser intet udmærkende i sin Bygning; kun er de paa Enden af den større Gren fæstede Torner usædvanlig korte og tandformige.

2det Par Kjæver (Fig. 11) er forholdsvis stærkt udviklede, med Basaldelen af betydelig Størrelse og indad dannende en noget buet og tilskjærpet Kant, der er besat med en regelmæssig Rad af lange tynde Børster. Tyggelapperne er tilstede i det normale Antal (3) og tæt sammentrængte ved det indre Hjørne af Basaldelen. Exognathen er af smal elliptisk Form og langs den ydre Kant besat med talrige tæt cilierede Børster. Mesognathens sidste Led er stærkt indadbøiet, aflangt ovalt og rundt om tæt børstebesat; de i den ydre Kant fæstede Børster er delvis ligesom hos den typiske Art noget tilbagebøiede og sparsomt cilierede.

1ste Par Kjævefødder (Fig. 12) har Basaldelen omtrent af samme Længde som den øvrige Del af Stammen samt indad forsynet med en smal, tungedannet Tyggelap. Sidste Led er kegleformigt tilspidset og ender med en kort, men tydelig Klo. Exognathen er her ligesom paa følgende

The scale of the 2nd pair of antennæ (fig. 6) is of considerable size, more than twice the length of the peduncle of the 1st pair, and oblongo-linear in form, its length exceeding about 5 times its breadth. It tapers very slightly toward the end, which is obtusely rounded, with the outer corner somewhat projecting, and furnished with a short, dentiform process. The peduncle of the flagellum, slendercylindric, has about half the length of the scale, with the 2nd joint longest. The terminal portion is greatly produced, equalling about the whole body in length.

The oral appendages exhibit on the whole the typical structure of the genus.

The labrum (fig. 7 L) has the usual somewhat galeate form.

The labium (ibid. l) is cleft into two linguiform lobules, uniformly rounded at the point, and, more particularly along the inner margin, densely ciliated.

The mandibles (ibid. M) are powerfully developed, with the extremity directed toward the mouth securiformdilated, and differ somewhat in their armature on the right and left sides (see fig. 9). On the left mandible, occur anteriorly two distinct, coarsely dentate plates, the one partially overlapping the other; and between these plates and the obliquely truncate molar protuberance are attached 7 thick and curving bristles, along one side finely ciliated. On the right mandible, anteriorly, two dentiferous branches can likewise be distinguished; but these, in particular the posterior one, are comparatively smaller and less coarsely dentate. Between the branches and the molar protuberance is seen a rounded projection, beset along the margin with a large number of slender spines, increasing in length posteriorly. The palp (fig. 7, p) is comparatively large, with the 2nd joint lamelliform and somewhat twisted, the last being, as in the other species of the genus, quite slender, almost linear.

The 1st pair of maxillæ (fig. 10) exhibit nothing characteristic in their structure, saving only that the spines attached to the extremity of the larger branch are unusually short, and dentiform.

The 2nd pair of maxillæ (fig. 11) are comparatively well developed, with the basal portion of considerable size, and forming, inwards, a somewhat arched and sharp edge, furnished with a regular series of long and slender bristles. The masticatory lobes are present in the usual number (3), and placed close together at the inner corner of the basal part. The exognath is slender-elliptic in form, and armed along the outer margin with numerous closely ciliated bristles. The last joint of the mesognath is greatly incurved, oblongooval, and densely bristle-beset round the edges; the bristles attached to the outer margin curve, as in the typical species, somewhat backward, and are but sparingly ciliated.

The 1st pair of maxillipeds (fig. 12) have the basal part about of the same length as the remaining section of the stem, and, inwards, are provided with a slender, linguiform masticatory lobe. The last joint is conically pointed, and terminates in a short, but distinctly developed claw.

Par enormt forlænget, over dobbelt saa lang som selve Stammen, med Endedelen sammensat af et stort Antal af korte Led. Epignathen er smalt lancetformig og omtrent af Basaldelens Længde.

2det Par Kjævefødder (Fig. 13) er kraftigt udviklede, mere end dobbelt saa lange som 1ste Par og mangler som sædvanligt Epignath, hvorimod Exognathen er af samme Udseende som paa foregaaende Par. Af Stammens Led er det 4de længst. 5te Led, der sædvanlig med foregaaende danner en stærk knæformig Bøining, er noget fortykket i Enden og her tæt børstebesat. Sidste Led er særdeles lidet og meget bevægeligt forbundet med det foregaaende, saa at det kan slaaes ind mod en tilsvarende Udrandning i den indre Kant af dette (se Fig. 14). Det har foruden en hel Del finere Børster paa hver Side en Rad af korte ciliérede Torner. Selve Spidsen indtages af en noget større ucilieret Torn, der forestiller den rudimentære Endekloe.

Fødderne (Fig. 15) viser den for Slægten characteristiske spinkle Form og er navnlig i den indre Kant forsynede med talrige lange og tynde Børster. Det stærkt forlængede 4de Led har paa 1ste Par ved Enden i det ydre Hjørne et Knippe af lange fortilrettede Fjærbørster, der mangler paa de øvrige Par. Endedelen er (paa de forreste Par) betydelig kortere end 4de Led og bestaar ligesom hos B. megalops kun af 2 Led, foruden Endekloen. Svømmegrenen (Exopoditen) svarer i sin Bygning fuldkommen til Exognathen paa Kjævefødderne og er som denne ualmindelig stærkt forlænget, med Endedelen sammensat af indtil 36 Led.

Brystposen eller Marsupium, der paa et Par af de erholdte Exemplarer var stærkt udviklet (se Fig. 2), er som hos de øvrige Arter af denne Slægt sammensat af ikke mindre end 7 Par tydelige Plader, der udgaar fra Basis af samtlige Fødder samt sidste Kjævefodpar, hvorfor den ogsaa indtager Størsteparten af Forkroppens Ventralside. De forreste af disse Plader (se Fig. 13 og 15) er smalt tungeformige, de øvrige bliver bagtil successivt større og mere lancetdannede.

Bagkroppens Buglemmer (Fig. 16) er af den sædvanlige rudimentære Beskaffenhed, kun dannende smaa enkle, i den ene Kant med stærke Fjærbørster forsynede tilspidsede Plader.

Det midterste Halevedhæng (Fig. 17) er temmelig stort, pladeformigt og af ulang Form, med den ydre Del noget afsmalnende. Dets Sidekanter er ganske svagt buede og, naar undtages det basale Parti, tæt besat med Torner, der er af meget ulige Størrelse og saaledes grupperede, at der mellem to længere altid findes et Antal (6—8) kortere. Enden er som sædvanligt i Midten dybt indskaaret. Indsnittet, der omtrent indtager ⅕ af Vedhængets Længde, er fortil ganske smalt, dog afrundet i Bunden, og har Kanterne besatte med kamformigt ordnede Tænder. Endefligerne (Fig. 18) er stumpt koniske og ved Spidsen forsynede med 3 omtrent ligestore Torner.

Here, as in the succeeding pairs, the exognath is quite unusually produced, being more than twice as long as the stem itself, and has the terminal section composed of a large number of short articulations. The epignath is slender-lanceolate, and about of the same length as the basal part.

The 2nd pair of maxillipeds (fig. 13) are powerfully developed, more than twice as long as the 1st pair, and as usual without any epignath. Of the joints of the stem, the 4th is the longest. The 5th joint, which, along with the preceding, usually forms a strong, geniculate curve, is somewhat inspissated at the extremity, and there densely beset with bristles. The last joint is exceedingly small, and very flexibly connected with the preceding, in such manner, that it admits of being bent in toward a corresponding emargination on the inner border of the latter (see fig. 14). It has, exclusive of a great many slender bristles, on either side a series of short ciliated spines. The point itself bears a somewhat larger, naked spine, that represents the rudimentary terminal claw.

The legs (fig. 15) exhibit the slender form characteristic of the genus, and are furnished, more particularly along the inner margin, with numerous long and slender bristles. The very elongate 4th joint has on the first pair, at the extremity, in the outer corner, a fascicle of long, anteriorly directed, plumose bristles, wanting in the other pairs. The terminal part (on the foremost pairs) is considerably shorter than the 4th joint, and consists, as in B. megalops, of 2 articulations only, besides the terminal claw. The natatory branch (the exopodite) corresponds in its structure perfectly with the exognath on the maxillipeds, and is, like that, greatly produced, the terminal part being composed of as many as 36 articulations.

The marsupium, or incubatory pouch which, in one or two of the specimens collected, was greatly developed (see fig. 2), is, as in the other species of this genus, composed of not less than 7 pairs of distinctly defined plates, proceeding from the base of the legs and of the last pair of maxillipeds; and hence it occupies the greater part of the ventral face of the anterior division of the body. The foremost of these plates (see figs. 13, 15) are narrow-linguiform, the others become successively larger posteriorly and more lanceolate in shape.

The abdominal limbs (fig. 16) have the usual rudimentary character, forming merely small, simple, pointed plates, furnished along one of the margins with strong, plumose bristles.

The telson (fig. 17) comparatively large, oblongo-lamellar in form, with the outer part somewhat tapering. Its lateral margins are very slightly arched, and, saving the basal part, densely beset with spines, very unequal in size, and so disposed that a certain number (6—8) of shorter always occur between two longer ones. The extremity is, as usual, deeply cleft in the middle. The incision, measuring about one-fifth of the length of the appendage, is quite narrow anteriorly, but rounded at the bottom, and has the margins beset with teeth, in a pectinate arrangement. The terminal lobes (fig. 18) are obtusely conical, and furnished at the point with 3 spines, about equal in size.

8*

De ydre Halevedhæng (Fig. 19) har Endepladerne temmelig store og brede. Den indre er omtrent ¼ kortere end den ydre og lancetformig tilspidset samt viser ved Basis kun en yderst svag, neppe mærkelig Antydning til det for Familien characteristiske Høreapparat. Den ydre Plade er af aflang oval Form og viser i den ydre Kant nærmere Basis en liden med to Torner bevæbnet Afsats; foran denne er den ydre Kant ganske glat, medens disse Plader forøvrigt er rundtom børstebesatte.

Hannen (Fig. 3) er adskilligt større og kraftigere bygget end Hunnen og desuden let kjendeligt fra samme ved de tydeligt udprægede secundære Kjønscharacterer.

1ste Par Føleres Skaft (se fig. 20) er saaledes betydelig tykkere og har ved Enden under Svøberne det sedvanlige haarede Appendix, der dog her er særdeles kort, knudeformigt og næsten ganske skjult af eller ligesom indsænket i en fra Skaftet udgaaende Hudduplicatur.

Svømmegrenene paa Kjævefødderne og de egentlige Fødder er (se Fig. 3) forholdsvis endnu stærkere udviklede end hos Hunnen, med Basaldelen bredere og stærkere musklos.

Ved Basis af sidste Fodpar bemærkes de ydre Kjønsvedhæng i Form af to cylindriske, noget fortil krummede og i Spidsen med stive Børster besatte Lapper.

Bagkroppen er forholdsvis kraftigere bygget end hos Hunnen, og dens Buglemmer samtlige udviklede til mægtige Svømmeredskaber, med bred muskuløs Basaldel og særdeles lange, mangeleddede Endegrene. Den indre Gren er her paa alle Par, ogsaa paa 1ste (Fig. 21), af ens Udseende. Den er kjendeligt kortere end den ydre og danner ved Basis en oval, med nogle faa fine Børster besat pladeformig Udvidning. Den ydre Gren paa 2det Par (Fig. 22) er af enorm Længde og delt i ikke mindre end 38 Led, hvoraf de ydre, istedetfor Fjerbørster, er forsynede med korte simple Torner.

Farven saavel af Han som Hun er i levende Tilstand temmelig uniform lyserød eller kjødrød. Da imidlertid Legemet er temmelig gjennemsigtigt, skinner enkelte af de indre Dele og navnlig den store med mørkerødt Indhold fyldte Mave, igjennem Integumenterne.

Nærværende Art opnaar en for en Myside colossal Størrelse, idet Hunnen har en Længde af 64ᵐᵐ, medens Hannen bliver endnu adskilligt længere, nemlig indtil 70ᵐᵐ.

Forekomst. Fem mere eller mindre fuldstændige Exemplarer af denne mærkelige Form blev under Expeditionens sidste Togt optaget med Hjælp af Trawlnettet fra det enorme Dyb af 1110 Favne i Havet NV. af Finmarken (Stat. 295), og i det selvsamme overordentlig righoldige Kast, der blandt mange andre interessante Ting ogsaa bragte op det i det foregaaende omtalte Exemplar af den eiendommelige Mysideform, *Pseudomysis abyssi*, ligesom ogsaa de 4 pragtfulde Exemplarer af *Bythocaris leucopis*.

The outer caudal appendages (fig. 19) have the terminal plates comparatively large and broad. The inner is about one-fourth shorter than the outer, and lanceolate, exhibiting at the base an exceedingly faint, scarcely perceptible indication of the auditory apparatus distinguishing the family. The outer plate is oblongo-oval in form, and bears on the outer margin, near the base, a small shelf, armed with two spines; anterior to this shelf, the outer margin is quite smooth, whereas the plates are elsewhere beset with bristles round the edges.

The *male* (fig. 3) is considerably larger and more powerful in structure than the female, and, moreover, may be readily distinguished from the latter by reason of its prominent secondary sexual characters.

Thus, the peduncle of the 1st pair of antennæ (see fig. 20) is considerably thicker, and has at the extremity the usual hirsute appendix, which, however, is exceedingly short, tuberculiform, and almost entirely concealed by, or rather sunk into, a thick integumental duplicature issuing from the peduncle.

The natatory branches on the maxillipeds and the true legs (see fig. 3) exhibit comparatively a still more powerful development than in the female, having the basal part broader and more prominently muscular.

At the base of the last pair of legs, are seen the outer sexual appendages, having the form of two cylindrical, somewhat anteriorly curved lobes, armed at the point with stiff bristles.

The posterior division of the body is comparatively more robust in structure than in the female, and has all of its limbs developed as powerful natatory organs, with a broad, muscular basal part and exceedingly long, multiarticulate terminal branches. The inner branch on all the pairs, also the 1st (fig. 21), is uniform in appearance. It is appreciably shorter than the outer, and exhibits at the base an oval, lamelliform dilatation, beset with a few slender bristles. The outer branch on the 2nd pair (fig. 22) is of prodigious length, and divided into not less than 38 articulations, of which the outer, instead of having plumose bristles, are furnished with short, simple spines.

The colour, both of the male and female, in a living state, is a comparatively uniform light-red, or pink. The body, however, being well-nigh translucent, some few of the inner parts, and more especially the large stomach, filled with a dark-red substance, are seen shining through the integuments.

The present species attains, for a Mysidian, a colossal size, the female reaching a length of 64ᵐᵐ, while the male has a still greater, viz. 70ᵐᵐ.

Occurrence. — Five more or less perfect specimens of this striking form came up in the trawl, on the last cruise of the Expedition, from the prodigious depth of 1110 fathoms, in the open sea, north-west of Finmark (Stat. 295), and in the same remarkably rich haul that, among other interesting objects, also brought to light the previously recorded specimen of the characteristic Mysidian, *Pseudomysis abyssi*, along with 4 magnificent specimens of *Bythocaris leucopis*.

Som disse er nærværende Myside en udpræget Dybvandsform, hvad der allerede paa Forhaand tydeligt nok fremgaar af Øinenes rudimentære Beskaffenhed, og da den ovennmtalte Station tilhører den kolde Area, er den endvidere at betragte som en ægte høinordisk eller arktisk Form.

Like these animals, the present Mysidian is a prominent deep-sea form, which appears at a glance from the rudimentary character of the eyes; and the above-mentioned Station having been in the cold area, it must, moreover, be regarded as a true Arctic species.

Ordo Cumacea.

Fam. Diastylidæ.

Gen. **Diastylis**, Say.

Transactions of the Philadelphia Philosophical Society.

12. **Diastylis nodosa**, G. O. Sars. n. sp.

(Pl. VII, Fig. 1—4).

Diastylis nodosa, G. O. Sars, Crustacea et Pycnogonida nova etc., No. 51.

Artscharacteristic. Rygskjoldet stort og opsvulmet, bagtil høit hvælvet, fortil nedadskrannende, uden Haar eller Pigge, men forsynet med et Antal af større afrundede, glatte og glindsende Knuder, hvoraf 8 til hver Side dannor en horizontal buet Række, der begrændser et noget affladet dorsalt Felt. Rostrum af middelmaadig Længde, horizontalt med Sidekanterne tandede. De frie Forkropssegmenter næsten ganske glatte; det sidste med en enkelt opret Torn i Midten og Sidehjornerne noget koniskt uddragne. De 2 forreste Bagkropssegmenter oventil ved den bagre Rand bevæbnede med 2 parvis ordnede Torner, de 2 følgende kun med en enkelt saadan, de 2 sidste med en median Række af Torner. Øiet ikke synligt. 1ste Par Føleres Skaft overragende Rostrum, Svøberne meget korte. 1ste Fodpar med de ydre Led tynde og forlængede; sidste Led kortere end det foregaaende. Det midterste Halevedhæng stærkt forlænget, med 9 Par Sidetorner. De ydre Halevedhæng kun lidet længere end det midterste, med Endegrenene korte og omtrent af ens Længde, den indre 3leddet med 10 Torner i den indre Kant og Spidsen dolkformigt udtrukken. Farven blegt kjødrød. Længden indtil 18ᵐᵐ.

Findested. Stat. 357.

Bemærkninger. Den her omhandlede nye Art slutter sig i flere Hensæender meget nær til den af Heller fra den Østerrigsk-UngarskeNordpolexpedition beskrevne *D. spinulosa*, men skiller sig strax ved Mangelen af de talrige spidse Torner, hvormed saavel Rygskjoldet som de frie Forkropssegmenter hos denne sidste Art er bevæbnet. Det eneste

---

Ordo Cumacea.

Fam. Diastylidæ.

Gen. **Diastylis**, Say.

Transactions of the Philadelphia Philosophical Society.

12. **Diastylis nodosa**, G. O. Sars, n. sp.

(Pl. VII, figs. 1—4).

Diastylis nodosa, G. O. Sars, Crustacea et Pycnogonida nova etc., No. 51.

Specific Character. — Carapax large, posteriorly high and arched, anteriorly shelving downward, without either hairs or spikes, but having a number of large, rounded, smooth, and shining prominences, of which 8 on either side form a horizontal, arcuate series, bounding a somewhat applanated dorsal tract. Rostrum of moderate size, horizontal, with the lateral margins dentate. Free segments of the anterior division of the body almost quite smooth; the last having a single perpendicular spine in the middle, and with the lateral corners somewhat conically produced. The two anterior segments of the posterior division of the body armed above, on the posterior margin, with 2 spines, arranged in pairs; the 2 succeeding with but a single spine, the 2 last with a median row of spines. Eye not visible. Peduncle of 1st pair of antennæ projecting over the rostrum, flagella exceedingly short. First pair of legs having the outer joints slender and produced; the last joint shorter than the preceding. Telson greatly produced, with 9 pairs of lateral spines. Outer caudal appendages but little longer than telson, with the terminal branches short, and well-nigh uniform in length, the inner one three-jointed, with 10 spines along the inner margin, and having the point dagger-shaped and elongate. Colour a light-red, or pink. Length reaching 18ᵐᵐ.

Locality. — Stat. 357.

Remarks. — The species treated of here approximates in several respects very closely *D. spinulosa*, — from the Austrin-Hungarian Expedition, — described by Heller, but is at once distinguished by its wanting the numerous acute spines with which, in the latter form, both the carapax and the free segments of the anterior division of the body

162

foreliggende Exemplar er vistnok en Han, medens det til Grund for Hellers Beskrivelse af *D. spinulosa* liggende Exemplar er en Hun; men da det nedenfor beskrevne Individ nabenhart endnu ikke er slægtsmodent udviklet, er der heller ikke nogen Grund til at antage, at Skulpturen i mærkbar Grad afviger fra samme hos Hunnen. Det er nemlig ifølge mine Undersøgelser først efter den Hudskiftning, der gaar umiddelbart forud for den slægtsmodne Tilstand, at de ofte mærkelige Forandringer i Legemets Form og Skulptur hos Cumaceebannerne optræder, der tidligere har givet Anledning til Opstillelsen af flere nominelle saavel Arter som Slægter. Jeg kan derfor heller ikke tvivle om, at de for nærværende Art fra Skulpturen hentede Distinctionscharacterer er af virkelig specifisk Vægt ligeoverfor Hellers Art.

Beskrivelse. Legemets Form er (se Pl. VII. Fig. 1 og 2) temmelig undersætsig, med stærkt opsvulmet ægformig Forkrop og spinkel Bagkrop. Den sidste er, naar Halovedhængene fraregnes, noget kortere end den første.

Integumenterne er særdeles haarde og stærkt incrusterede med Kalk, samt, naar afsees fra Lemmerne, næsten ganske nøgne, uden Haar.

Rygskjoldet er af særdeles betydelig Størrelse, over dobbelt saa langt som de frie Forkropssegmenter tilsammen og ogsaa betydelig bredere end disse, med Gjelleregionerne stærkt opsvulmede. Set fra Siden (Fig. 2) viser det sig bagtil højt hvælvet eller ligesom puklet, fortil jevnt nedadskraanende mod det saakaldte Rostrum og her ligesom indtrykt i Midten. Frontallappen viser (se Fig. 1) den sædvanlige, noget klokkedannede Form og har langs ad Midten en utydelig Kjøl. Det iøvrigt samme fremskydende, af de 2 i Midtlinien sammenstødende Sidefliger dannede Fremspring, der kun høist ugentligt kan benævnes Pandehorn eller Rostrum, indtager omtrent ¹/₅ af Rygskjoldets Længde og er konisk tilspidset samt horizontalt, med Sidekanterne grovt tandede. Nedenunder det saakaldte Pandehorn danner de frie nedre Kanter af Rygskjoldet (se Fig. 2) et stumpt tandet Hjørne og har længere bagtil et stærkt bugtet Forløb, med en stærk Bøining omtrent paa Midten.

Rygskjoldets Overflade viser overalt en meget iøinefaldende Skulptur i Form af talrige smaa Gruber, der giver den et elegant spættet Udseende. Desforuden bemærkes nærmere den dorsale Flade et Antal af symetriske grupperede større knudeformige Fremspring, der er af stumpt tilrundet Form og ligesom polerede. Man tæller ialt omtrent 32 saadanne, hvoraf dog nogle er mindre tydelige. Mest iøinefaldende er til hver Side 8 større Knuder, der danner en nogenlunde regelmæssig horizontal og noget buet Række strækkende sig fra det saakaldte Pandehorn og bagover indtil det mest opheiede Parti af Rygskjoldet. Begge disse Knuderækker begrændser tilsammen et noget fordybet ovalt Felt, der førstørstedelen repræsenterer den saakaldte Mavoregion; bagenfor dette staar desuden til hver Side 2 ligeledes tydeligt markerede Knuder, dannende sammen en regulær Firkant (se Fig. 1).

are furnished. The only example secured is, indeed, a male, whereas the specimen from which Heller worked out his description of *D. spinulosa*, is a female; but the specimen described below being not yet sexually developed, there is no reason to infer that the sculpture should in any perceptible degree deviate from that in the female. According to my researches, it is not till after the moult, which immediately precedes the sexually mature state, that the changes, frequently so remarkable, in the form and sculpture of the body characterising the males in Cumacea actually occur, — a circumstance that has previously led to the establishment of several spurious species and genera. Hence, I am fully convinced that, to the distinctive characters educed for the present species from its sculpture we can attach a real specific weight when comparing it with Heller's species.

Description. — The form of the body (see Pl. VII. figs. 1, 2) comparatively thickset, with the cephalo-thorax considerably swollen and ovate, and the abdomen slender. Excluding the caudal appendages, the latter is somewhat shorter than the former.

The integuments are exceedingly hard and strongly incrusted with lime, as also, apart from the limbs, almost entirely naked, and without hair.

The carapax is of very considerable size, more than twice as long as the free segments of the cephalo-thorax taken together, and also considerably broader, with the branchial regions much swollen. Viewed from the side (fig. 2), it appears, posteriorly, high and arcuate, or, as it were, hunched, anteriorly shelving down toward the so-called rostrum, and there impressed in the middle. The frontal lobe exhibits (see fig. 1) the usual, somewhat bell-shaped form, and has, extending along the middle, an indistinct carina. The process generally termed the rostrum, jutting out before the lobe, and composed of the lateral lobules that meet on the medial line, measures about one-fifth of the length of the carapax: it is conically pointed and horizontal, with the lateral margins coarsely dentate. Underneath this rostriform projection, the free margins of the carapax (see fig. 2) form an obtusely dentate corner, and somewhat farther behind are exceedingly sinuous, with a strong curve about in the middle.

The surface of the carapax exhibits everywhere a very conspicuous sculpture, with numerous small pits, giving it a curious speckled appearance. Moreover, in close proximity to the dorsal surface are seen a number of large, symmetrically disposed, tuberculiform projections, obtusely rounded in form, and, as it were, polished. In all, may be counted 32 such projections, some of which however are less distinctly developed. The most conspicuous are 8 large protuberances, on either side, constituting a comparatively regular horizontal and somewhat arched series, extending posteriorly from the so-called rostrum to the most elevated portion of the carapax. Both of these series of protuberances constitute together the boundary of a somewhat depressed oval area, representing the greater part of the so-called gastric region; posterior to this area occur, moreover, on either side, 2 distinctly marked protuberances, that form a regular square (see fig. 1).

De frie Forkropssegmenter er meget smale, næsten baandformige og saagodtsom ganske glatte. Man bemærker alene paa de 3 bagerste til hver Side et meget lidet landformigt Fremspring og paa sidste Segment desuden i Midten en opadrettet Torn. Epimererne er noget udstaaende til Siderne og paa de 4 forreste Segmenter jevnt afrundede med delvis saugtakket Rand. Sidste Segments Epimerer er udtrukne i en kort bagtil og noget udadrettet Spids.

Bagkropssegmenterne viser den sædvanlige ligesom knudrede Form, idet de saavel oventil som nedentil er stærkt udrandede, med de bagre Sideldjørner tilspidsede og noget udstaaende. Paa ethvert af de 2 forreste Segmenter bemærkes ved den bagre Rand oventil 2 symetrisk stillede tilspidsede Torner, medens der paa de 2 følgende kun findes en enkelt saadan stillet i Midtlinien. Paa de 2 sidste Segmenter er der en median Længdernd af flere (4—5) Torner. Desuden findes til Siderne ligesom nedentil nogle mindre tydelige Smaatænder. Næstsidste Segment er af alle det længste. Sidste Segment er af den sædvanlige noget fladtrykte, femkantede Form og er ovenfra seet bredere end det foregaaende.

Af noget tydeligt udviklet Øie var intet Spor at opdage paa det friskt indfangede Exemplar. Vistnok findes ved Enden af Frontallappen (se Fig. 1) den sædvanlige Øielob; men denne er ganske flad, og indenfor den sees intet Pigment eller andre Synselementer.

1ste Par Følere har Skaftet af forholdsvis kraftig Bygning og kjendeligt overragende Spidsen af det saakaldte Pandehorn. Derimod er de to Svøber særdeles korte.

2det Par Følere og Munddelene kunde ikke paa det eneste foreliggende Exemplar nøiere undersøges.

1ste Fodpar er af den sædvanlige spinkle Bygning og lige udstrakt omtrent af Forkroppens Længde. Basalleddet er temmelig stort, men noget kortere end de øvrige tilsammen, jevnt afsmalnende mod Enden og i den indre Kant grovt tandet. 4do og 5te Led er meget tynde og omtrent indbyrdes af ens Længde; sidste Led kjendeligt kortere end disse.

2det Fodpar er neppe mere end halvt saa langt, koniskt tilspidset i Enden og har de 2 ydre Led ganske korte.

De 2 følgende Fodpar er af forholdsvis robust Bygning og tæt børstebesatte.

Sidste Fodpar er betydelig mindre end disse, meget tyndt og mindre rigeligt børstebesat.

Til Basis af 3die og 4de Fodpar var hos det undersøgte Individ fæstet en afuldkomment udviklet konisk Exopodit og til de 2 forste Bagkropssegmenter et Par ligeledes ufuldkomment udviklede Bugleminer, hvoraf fremgik, at Individet var en endnu ikke slægtsmodent udviklet Han.

Det midterste Halevedhæng er stærkt forlænget, næsten af Bagkroppens halve Længde og af den sædvanlige smale,

The free segments of the cephalo-thorax are exceedingly narrow, well-nigh riband-shaped, and almost quite smooth. On the 3 posterior segments, is seen, issuing from either side, a minute dentiform projection; and on the last segment, in the middle, also an upward-directed spine. The epimera jutting a little toward the sides, and, on the 4 anterior segments, uniformly rounded, with the margin partly serrate. The epimera of the last segment are produced to a posteriorly and somewhat outward-extending point.

The abdominal segments exhibit the usual, as it were, nodulose character, being both above and below, very considerably emarginate, with the posterior lateral corners acuminately pointed, and somewhat projecting. On each of the 2 anterior segments, are observed above, springing from the posterior margin, 2 symmetrically disposed, acute spines, whereas on the 2 succeeding ones, a single spine only occurs, in the medial line. On the 2 last segments, there is a median longitudinal row of spines (4—5), and, moreover, toward the sides, as also below, a few less distinctly developed denticles. The penultimate segment is the longest of all. The last segment has the usual somewhat depressed, pentagonal form, and, viewed from above, appears broader than the preceding.

Of a distinctly developed eye no trace could be detected in the recently taken specimen. True, the usual ocular track occurs at the extremity of the frontal lobe (see fig. 1); it is however quite flat, and within neither pigment nor any other visual element can be seen.

The peduncle of the 1st pair of antennæ is comparatively powerful in structure, and projects perceptibly over the point of the so-called rostrum. The two flagella are, on the other hand, exceedingly short.

The 2nd pair of antennæ and the oral appendages could not be accurately examined in the only specimen we succeeded in obtaining.

The 1st pair of legs have the usual slender structure, and, when fully extended, about equal the anterior division of the body in length. The basal joint is comparatively large, but somewhat shorter than the others, taken together, tapering uniformly toward the extremity, and, along the inner margin, coarsely dentate. The 4th and 5th joints are exceedingly slender, and relatively about equal in length; last joint perceptibly shorter than either of these.

The 2nd pair of legs are scarcely more than half as long as the 1st, conically pointed at the extremity, and have the 2 outer joints quite short.

The 2 succeeding pairs of legs are comparatively robust in structure, and densely beset with bristles.

The last pair of legs are considerably smaller than these, exceedingly slender, and less abundantly furnished with bristles.

To the base of the 3rd and 4th pairs of legs was attached, in the specimen examined, an imperfectly developed conical exopodite, and to the 2 first abdominal segments a pair of likewise imperfectly developed pleopoda, showing the individual to have been a not yet sexually mature male.

The telson is greatly produced, almost half as long as the posterior division of the body, and of the usual

omvendt flaskedannede Form. Dets forreste Halvpart, der indeholder Endeßnittet af Tarmen, er af cylindrisk Form, medens Endepartiet er stærkt afsmalnende og til hver Side bevæbnet med 9 smaa Torner foruden de to noget større fra Spidsen udgaaende (se fig. 3).

De ydre Halevedhæng er kun ubetydelig længere end det midterste og har Basaldelen eller Stammen særdeles tynd og forlænget samt i den indre Kant forsynet med smaa Torner. Endegrenene (se Fig. 4) er ganske korte, neppe halvt saa lange som Stammen og indbyrdes omtrent af ens Størrelse. Den indre er dolkformig og delt i 3 tydelige Led, hvoraf det 1ste er længst. Til den indre Kant af denne Gren er fæstet ialt 10 korte Torner, hvoraf 4 tilhører 1ste, 3 ethvert af de 2 følgende Led. Sidste Led gaar ud i en stærk tornformig Spids. Den ydre Gren er noget smalere end den indre og som sædvanlig 2-leddet med Basalleddet ganske kort. Endeleddet linearet og i den ydre Kant samt ved Spidsen forsynet med nogle tynde Børster.

Dyrets Farve var i levende Tilstand, navnlig paa Forkroppen, blegt kjødrød.

Længden af det erholdte Individ, maalt fra Spidsen af Pandehornet til Enden af det midterste Halevedhæng, er 18ᵐᵐ, og Arten hører altsaa til de største af Slægten.

Forekomst og Udbredning. Det beskrevne Exemplar blev under Expeditionens sidste Togt optaget i Bundskraben fra et Dyb af 125 Favne i Havet lige i Vest for Isfjorden paa Spitsbergen.

Om Artens geografiske Udbredning kan selvfølgeligt intet med Bestemthed anføres. Dog er man ifølge Findestedets høie nordlige Brede berettiget til at antage, at den ligesom den nærstaaende *D. spinulosa* Heller, er en ægte arktisk Form.

slender, inverted bottle-shape form. Its foremost half, containing the terminal section, of the intestine, is cylindric, whereas the terminal portion tapers abruptly, and, on either side, is armed with 9 small spines, exclusive of the two somewhat larger ones proceeding from the point (see fig. 3).

The outer caudal appendages are but very little longer than the telson, and have the basal part, or stem, exceedingly slender and elongate, as also furnished along the inner margin with small spines. The terminal branches (see fig. 4) are quite short, scarcely half as long as the stem, and well-nigh uniform in size. The inner is dagger-shaped, and divided into 3 distinctly defined joints, of which the first is longest. To the inner margin of this branch are attached 10 short spines, 4 of which belong to the 1st joint and 8 to each of the 2 succeeding ones. The last joint juts out as a strong, spiniform point. The outer branch is a little more slender than the inner, and, as usual, two-jointed, with the basal articulation quite short, the terminal joint linear, and furnished along the outer margin, as also at the point, with a few slender bristles.

The colour of the animal in a living state, more especially on the anterior division of the body, was a light-red, or pink.

The length of the specimen taken, measured from the tip of the rostrum to the extremity of the telson, is 18ᵐᵐ, and the species ranks therefore among the largest of the genus.

Occurrence and Distribution. — The specimen described above was brought up in the dredge, on the last cruise of the Expedition, from a depth of 125 fathoms, in the open sea, due west of Ice Sound, Spitzbergen.

As regards the geographical distribution of the species, nothing can of course be stated with certainty. Judging, however, from the high northern latitude of the locality in which the animal was found, we are warranted in regarding it, equally with the species *D. spinulosa* Heller, as a true Arctic form.

Ordo Isopoda.

Trib. 1. Chelifera.

Fam. 1. **Apseudidæ.**

Gen. **Sphyrapus,** Norman, M. S.

(G. O. Sars, Revision af Gruppen Isopoda chelifera).

Slægtscharacteristik. Legemet bagtil afsmalnende med skarpt afsatte Segmenter, hos Hannen betydelig smækrere end hos Hunnen. Hovedsegmentet stort, oventil jevnt

Ordo Isopoda.

Trib. 1. Chelifera.

Fam. 1. **Apseudidæ.**

Gen. **Sphyrapus,** Norman, M. S.

(G. O. Sars, Revision af Gruppen Isopoda chelifera).

Generic Character. — Body tapering posteriorly, with sharply defined segments, and much more slender in the male than in the female. Cephalic segment large, uniformly arched

bevæbnet, fortil gaaende ud i en bred horizontal Pande-plade. Øienlobberne tydeligt adskilte, men meget smaa, be-liggende ved Hovedets ydre Hjørner. Iste frie Forkrops-segment, jævnt afrundet til Siderne og forsynet med smaa og stumpe Epimerer. Bagkroppen forholdsvis kort, med sidste Segment lidet smalere end de øvrige. Iste Par Fø-lere vidt adskilte, med Skaftets Iste Led meget stort og pladeformigt, sidste Led ganske lidet. Svøberne forholdsvis korte, den ydre hos Hannen betydelig stærkere udviklet end hos Hunnen og forsynet med tætte Knipper af Sandseborster. 2det Par Følere meget tynde, simple, uden Bisvøbe, med kort Svøbe. Kindbakkerne vel udviklede, med de bag det tandede Parti fæstede Torner simple. Tyggeforsatsen smalt cylindrisk. Palpen særdeles tynd og sparsomt borstebesat. Saxfødderne med de 2 Haanden forudgaaende Led smale og hos Hannen særdeles stærkt forlængede, selve Haanden stærkt opsvulmet med lange tilspidsede Fingre; et lidet 2-leddet borstebesat Vedhæng (rudimentær Exopodit) ved Basis. Gravefødderne kraftigt byggede, uden Vedhæng ved Basis, med de ydre Led pladeformigt udvidede og bevæbnede med stærke Torner, hos Hannen enormt forlængede. Gangfød-derne smækre og svagt byggede samt sparsomt borstebesatte. Bagkroppens Buglemmer alle vel udviklede, med den ydre Plade bestaaende af 2 tydelige Segmenter. Halevedhængene af et lignende Udseende som hos Slægten Apseudes, men forholdsvis kortere.

Bemærkninger. Slægten *Sphyrapus* er opstillet af Norman i en under Arbeide værende Afhandling over Iso-poder indsamlede under de engelske Expeditioner. Jeg har ved nævnte Forskers Velvillie havt Anledning til at under-søge 2 meget distincte Arter tilhørende denne Slægt, nemlig *Sphyrapus tudes* og *malleolus*, og har derved kunnet over-bevise mig om, at den nedenfor nærmere omtalte Form ligeledes er en ægte Sphyrapus. Foruden disse 3 Arter hører ogsaa herhen den af mig som *Apseudes anomalus* charac-teriserede norske Form. Slægten teller saaledes for Tiden 4 Arter.

Fra Slægten *Apseudes* skiller den sig blandt andet meget bestemt ved Mangelen af det eiendommelige blad-formige Vedhæng til 2det Par Følere og derved, at kun Saxfødderne, men ikke som hos Apseudes tillige Gravefød-derne, har en rudimentær Exopodit ved Basis; fremdeles ved den eiendommelige Udvikling af begge disse Fødpar samt Iste Par Følere hos Hannen, endelig derved, at den ydre Plade paa Bagkroppens Buglemmer bestaar af 2 tyde-lige Segmenter.

above, anteriorly protending as a broad, frontal plate. Ocular lobes distinctly separate, but exceedingly small, placed at the outer corners of the head. First free segment firmly connected with the cephalic segment, uniformly rounded toward the sides, and furnished with small and obtuse epimera. Abdomen comparatively short, with the terminal segment but a trifle more slender than the others. First pair of antennæ widely separated, with the 1st joint of the peduncle very large and lamelliform, the last joint quite small, the flagella comparatively short, the outer one in the male much more powerfully developed than in the female, and armed with dense fascicles of sensory bristles. Second pair of antennæ exceedingly slender, simple, without secondary plate, and having a short flagellum. Mandibles well developed, with the spines attached behind the dentate part simple, the molar projection narrow-cylindric, the palp exceedingly slender, and but sparingly beset with bristles. Chelipeds with the 2 joints preceding the hand narrow, and in the male very greatly produced; the hand itself much swollen, with long, pointed fingers; a small two-jointed appendage (rudimentary exopodite), beset with bristles, at the base. Fossorial legs powerfully developed, without any appendage at the base; the outer joints lamelliform-dilated, and armed with strong spines; in the male, remarkably pro-duced. Ambulatory legs more slender and feeble in struc-ture, as also sparingly furnished with bristles. Pleopoda all well developed, with the outer plate composed of 2 distinct segments. Caudal appendages presenting a similar appearance to those in the genus Apseudes, but comparatively shorter.

Remarks. — The genus *Sphyrapus* was established by Norman, in a Memoir he had commenced on the Isopods collected during the various British Expeditions. By the kindness of that naturalist I was enabled to examine 2 very distinct species of the said genus. — viz. *Sphyrapus tudes* and *S. malleolus*, and feel convinced, from the result of my investigations, that the form described in detail below is likewise a true Sphyrapus. Exclusive of the aforesaid 3 species, comes the Norwegian form to which I had given the appellation of *Apseudes anomalus*. The genus comprises therefore at present 4 species.

From the genus Apseudes it is, for example, unmis-takeably distinguished by the absence of the peculiar squami-form appendage on the 2nd pair of antennæ, and by the chelipeds only — not as in Apseudes the fossorial legs also — being furnished with a rudimentary exopodite at the base; moreover, by the peculiar development of both those pairs of feet, as also of the 1st pair of antennæ in the male; and finally by the outer plate of the pleopoda consisting of 2 distinct segments.

13. Sphyrapus serratus, G. O. Sars, n. sp.

(Pl. XXI).

Sphyrapus serratus, G. O. Sars. Revision af Gruppen Isopoda chelifera, pg. 20.

Artscharacteristik. Legemet hos Hunnen neppe 5 Gange saa langt som bredt, hos Hannen betydelig smækrere. Pandepladen meget bred, horizontal, i Midten uddraget i en stump 4-tandet Spids. Sidste Forkropssegment betydelig kortere end de øvrige. Bagkroppens 5 første Segmenter med udstaaende, triangulært tilspidsede Epimerer. Sidste Segment stumpt tilrundet. Ingen Øine. 1ste Par Føleres Basalled meget stort, udvidet paa Midten, med 4 Børster i den ydre Kant; den indre Svøbe ganske kort, 3-leddet, den ydre hos Hunnen 5-leddet, hos Hannen 7-leddet. Saxfødderne kraftigt udviklede, med stærkt opsvulmet Haand, Tibialleddet hos Hunnen længere end Tarsalleddet. Gravefødderne næstsidste Led hos Hunnen bevæbnet med 3 stærke Torner i den indre Kant. Halevedhængene neppe længere end Bagkroppen, med den ydre Gren meget liden og 3-leddet, den indre 10-leddet. Farven eensformig hvid. Længden 5—6ᵐᵐ.

Findesteder. Stat. 40, 51, 353.

Bemærkninger. Nærværende Art viser en saa paafaldende Lighed med den af mig tidligere characteriserede norske Art, Sph. anomalus, at jeg i lang Tid kun holdt den for en Varietet af samme. Ved den nøiere anatomiske Undersøgelse, jeg senere har anstillet over begge disse Former, har jeg dog fundet visse constante Forskjelligheder saavel hos Hun som hos Han, der gjør det nødvendigt at skille dem som distincte Arter. Et meget let opfatteligt ydre Kjendemærke for nærværende Art er de til Siderne stærkt udstaaende og triangulært tilspidsede Epimerer paa Bagkroppens 5 første Segmenter, hvilket har givet Anledning til Artsbenævnelsen. Hos Sph. anomalus er disse Segmenter til Siderne stumpt afrundede, og hele Bagkroppen synes derved ogsaa her betydelig smalere.

Beskrivelse af Hunnen. Legemet er (se Pl. XXI, Fig. 1 og 2) noget nedtrykt og jevnt afsmalnende bagtil, med den største Brede, der falder over 1ste frie Forkropssegment, noget større end ⅕ af Længden.

Integumenterne er temmelig haarde, glatte og glindsende, samt uden nogen bemærkelig Haarbesætning, naar afsees fra Lemmerne.

Det forreste Kropssegment, der kun uegentlig kan benævnes Hovedet, da det i sig tillige indbefatter det 1ste fodbærende Segment, er meget stort, dannende et Slags Rygskjold (carapax) af triangulær Form, med den største Brede, der omtrent er lig Længden, i sin bagerste Del. Fortil gaar det ud i en bred, horizontal Pandeplade, der i Enden er udtrukket i en kort stump Spids besat med 4 smaa Tænder (se Fig. 4). Ved Basis af denne Pandeplade og indtagende Sidehjørnerne af Hovedskjoldet sees 2 smaa

13. Sphyrapus serratus, G. O. Sars, n. sp.

(Pl. XXI).

Sphyrapus serratus, G. O. Sars. Revision af Gruppen Isopoda chelifera. p. 20.

Specific Character. — Body in female scarcely 5 times as long as broad, in male much more slender. Frontal plate exceedingly broad, horizontal, produced in the middle to an obtuse four-toothed point. Last thoracic segment considerably shorter than the others. Five first segments of abdomen with projecting, triangular, acuminate epimera. Last segment obtusely rounded. No eyes. Basal joint of 1st pair of antennæ exceedingly large, dilated in the middle, with 4 bristles on the outer margin; inner flagellum very short, three-jointed: outer in female five-jointed, in male seven-jointed. Chelipeds powerfully developed, with the hand greatly swollen; tibial joint in male longer than tarsal joint. Penultimate joint of fossorial legs in female armed with 3 strong spines on the inner margin. Caudal appendages scarcely, if at all, longer than posterior division of body, with the outer branch exceedingly small and three-jointed, the inner ten-jointed. Colour a uniform white. Length from 5 to 6ᵐᵐ.

Locality. — Stats. 40, 51, 353.

Remarks. — The present species exhibits so striking a resemblance to the Norwegian I had previously described under the name of Sph. anomalus, that I long held it to be a mere variety of that form. Meanwhile, a closer anatomical examination of both these animals has brought to light divers constant deviations both in the female and the male, that render it necessary to establish them as distinct species. A readily appreciable outer characteristic in the present form are the triangularly pointed epimera on the 5 first segments of the abdomen, prominently projecting toward either side, from which indeed the specific designation is derived. In Sph. anomalus, these segments are at the sides obtusely rounded: and hence the whole posterior division of the body in that species too, appears considerably more slender than in the present form.

Description of the Female. — The body somewhat depressed (see Pl. XXI, figs. 1, 2) and tapering gradually backward, with its greatest breadth, that occurs across the 1st free thoracic segment, slightly exceeding one-fifth of the length.

The integuments comparatively hard, smooth, and lustrous, as also without any covering of hair, except on the appendages.

The most anterior segment of the body, which in anything but a strict sense can be termed the head, comprising as it does also the 1st podigerous segment, is exceedingly large, constituting a kind of carapax, triangular in form, its greatest breadth about equal to the length across the posterior portion. Anteriorly, it projects as a broad, horizontally extending frontal plate, which, at the extremity, is produced to a short, obtuse point, beset with 4 small teeth (see fig. 4). At the base of this frontal plate, and

triangulære, skarpt begrændsede Lapper, der forestiller Øienlobberne. Lige bag disse danner Hovedskjoldet nedad til hver Side en dyb Udrandning, indenfor hvilken Kindbakkerne og Overleben træder frit frem (se Fig. 3), medens det længere bagtil boier sig om paa Bugfladen i Form af 2 uregelmæssigt firkantede Flige, der mellem sig indslutter de øvrige Munddele. Disse Flige dækker sammen med Hovedskjoldets bagre Sidedele til hver Side en tydelig Hule, hvori 2 eiendommeligt modificerede Vedhæng til Munddelene rager frem. Det bagerste og største af disse Vedhæng dunner, som nedenfor nærmere skal vises, et compliceret Ventilapparat, ved hvis Bevægelser en stadig Strømning af Vandet i Retningen bagfra fortil underholdes i de nævnte Huler. Indgangsaabningerne til disse Huler er beliggende ved Basis af Kjævefødderne, medens Udgangsaabningerne ligger foran de omtalte Flige, mellem disse og Kindbakkernes Corpora. Det heie er, saaledes som af Fritz Müller hos Slægten Tanais paavist, utvivlsomt at betragte som et Respirationsapparat og har sit fuldstændige Homologon i Cumaceernes Gjellehuller, skjøndt paa langt nær ikke opnaaende disses mægtige Udvikling. Lige bag Kjævefødderne sees paa Bugsiden en ganske smal transversal Chitinplade, der aabenbart forestiller Sternaldelen af det forøvrigt ganske med Hovedet sammenvoxede 1st fodbærende Segment. Til Siderne af denne Chitinplade og umiddelbart indenfor en kort fra Hovedskjoldet udskydende tungeformig Fortsats er Saxfødderne bestede.

Af tydeligt begrændsede Forkropssegmenter findes ligesom hos de øvrige til denne Gruppe hørende Former kun 6, idet det 1ste fodbærende Segment, som anført, saagodtsom ganske er gaaet op i Dannelsen af Hovedskjoldet. Det 1ste af disse frie Segmenter er meget fast og, som det synes, ubevægeligt forbundet med Hovedsegmentet. Det er noget bredere end dette, med jevnt afrundede Sidedele, og er bagtil stærkt udrandet til Optagelse af den smale forreste Del af 2det Segment. Dette og de følgende Segmenter er betydelig smalere og ved dybe Indsnøringer skilte fra hinanden. De har alle (se Fig. 2) meget smaa, med de tilsvarende Lemmer forbundne og fra selve Segmenterne skarpt adskilte Epimerer. De til 1ste Segment hørende er størst, men ikke som hos Slægten Apseudes forlænget til fortilrettede Torner.

Bagkroppen, der indtager omtrent ¼ af Totallængden, bestaar af 6 tydeligt begrændsede Segmenter, hvoraf de 5 forreste er ganske korte og i høi Grad udmærkede ved de triangulært tilspidsede og til Siderne udstaaende Epimerer, der giver denne Kropsdel et eiendommeligt saugtakket Udseende. Sidste Segment er i Enden stumpt afrundet og noget længere end de 2 foregaaende tilsammen.

Egentlige Øine mangler ganske. Thi indenfor de smaa

occupying the lateral corners of the cephalic shield, are seen 2 triangular, sharply defined lobules, representing the ocular lobes. Immediately posterior to these lobules, the cephalic shield forms below, on either side, a deep emargination, within which the mandibles and the labrum are seen freely protending (fig. 3), while, farther behind, it bends round the ventral surface in the form of 2 irregular-quadrate lappets, enclosing the rest of the oral appendages. These lappets, along with the posterior lateral portions of the cephalic shield, cover, on either side, a conspicuous cavity, into which 2 peculiarly modified appendices of the oral parts are observed to project. The larger and more posteriorly placed of these appendices, constitutes, as will be shown in the sequel, a complicated ventilatory apparatus, by the movements of which an uninterrupted current of water is made to flow in a postero-antero direction through the aforesaid cavities. The entrance-apertures to these cavities are located at the base of the maxillipeds, whereas the outlet-apertures occur anterior to the above-mentioned lobules. The whole arrangement must, as shown by Fritz Müller to be the case in the genus Tanais, unquestionably perform the functions of a respiratory apparatus, and has its perfect analogue in the branchial cavities of the Cumacea, though far from attaining their prodigious development. Immediately posterior to the maxillipeds are seen on the ventral side an exceedingly narrow, transversal, chitinous plate, manifestly representing the sternal portion of the 1st pedigerous segment, which, for the rest, is quite connate with the head. On the sides of this chitinous plate, and immediately anterior to a short, linguiform projection jutting out from the cephalic shield, are attached the chelipeds.

Of well-defined thoracic segments, occur, as in the other forms belonging to this group, 6 only, the first pedigerous segment being, as stated above, almost entirely confounded with the cephalic shield. The 1st of these free segments is exceedingly firm, and, it would appear, immovably connected with the cephalic segment. It is somewhat broader than the latter, with uniformly rounded lateral parts, and has posteriorly a deep emargination, to receive the narrow foremost part of the 2nd segment. This and the succeeding segments are considerably narrower, and separated by deep instrictions from one another. They have all of them (see fig. 2) exceedingly small epimera, connected with the corresponding appendages and distinctly separated from the segments themselves. Those on the 1st segment are largest, but not, as in the genus Apseudes, produced to anteriorly directed spines.

The posterior division of the body, measuring about one-fourth of the total length, consists of 6 well-defined segments, of which the 5 foremost are quite short, and conspicuously distinguished by the epimera, triangularly pointed and projecting toward the sides, which gives to this part of the body a characteristic serrate appearance. The terminal segment is, at the extremity, obtusely rounded, and somewhat longer than the 2 preceding ones, taken together.

Eyes, in a strict sense, are entirely wanting. For,

9*

Øienlober kunde paa de friskt indfangede Exemplarer hverken Spor af Pigment eller lysbrydende Medier bemærkes.

1ste Par Følere (Fig. 5) udspringer vidt adskilte fra Hovedets forreste Sidehjørner umiddelbart foran Øienloberne og er lige udstrakte omtrent af Hovedkjoldets Længde. De bestaar, som hos Slægten Apseudes, af et 3leddet Skaft og 2 Svøber. Skaftets 1ste Led er meget stort, indtagende mere end Halvparten af Følernes Længde, pladeformigt, noget udvidet mod Enden og i den ydre buede Kant forsynet med 4 stærke Børster. 2det Led, der tilligemed den øvrige Del af Føleren danner med Basalleddet en vinkelformig Boining udad, er neppe mere end $\frac{1}{3}$ saa langt og simpelt cylindriskt samt ved Enden i hver Kant forsynet med nogle lange Børster. 3die Led endelig er særdeles lidet, omtrent ligesaa bredt som langt og uden tydelige Børster. Svøberne er af ulige Længde og ved Basis forbundne med hinanden. Den ydre er kengst og sammensat af 4 Led, hvoraf de 2 midterste hvert foruden en simpel Børste bærer i den forreste Kant et smalt gjennemsigtigt Sandsvedhæng eller saakaldt Lugtepapille; dens sidste Led ender med et Knippe af simple Børster. Den indre Svøbe er neppe mere end halvt saa lang som den ydre og bestaar af 3 med simple Børster besatte Led.

2det Par Følere (Fig. 6) udspringer ligeledes vidt adskilte lige under 1ste Par (se Fig. 3) og er omtrent af samme Længde som disse, men meget spinklere. Man kan paa dem adskille et 4leddet Skaft og en enkelt kort Svøbe. Skaftets 1ste Led er ganske kort, men forholdsvis bredt, noget udvidet mod Enden eller næsten omvendt hjerteformigt. 2det Led er smalt og cylindriskt; 3die særdeles lidet og rudimentært; 4de derimod meget langt og smalt samt forsynet i begge Kanter med flere af de eiendommelige penselformige saakaldte Hørebørster. Svøben, der omtrent er af samme Længde som Skaftets sidste Led, bestaar af 4 Led, hvoraf de 3 yderste er forsynede med nogle simple Haarbørster. Det for Slægten Apseudes characteristiske bladformige Vedhæng til disse Følere mangler her ganske og aldeles.

Imellem Følernes Insertion og Munddelene findes et temmelig betydeligt, noget concaveret Mellemrum, der danner Epistomet, hvilket fortil umiddelbart fortsætter sig i Pandepladen (se Fig. 3).

Omtrent i Midten af Hovedsegmentets nedre Flade sees (Fig. 3) en noget hjelmformig Forhøining, der danner Basis for Overkøben. Denne har Formen af en afrundet firkantet Lap, der ender med en i Midten svagt indbugtet skarp Kant (se Fig 7 og 9).

Underlæben (Fig. 8) er temmelig stor, pladeformig og bestaar af 2 symetriske, i Midten sammenvoxede Lapper. Til det ydre Hjørne af hver Lap er fæstet et lidet bevægeligt indadrettet Led af konisk Form og besat med fine Børster.

within the small ocular lobes, in the recently taken specimens, neither traces of pigment nor any visual elements whatsoever could be detected.

The 1st pair of antennæ (fig. 5) spring, widely apart, from the foremost lateral corners of the head, immediately anterior to the ocular lobes, and, fully extended, about equal the cephalic shield in length. They consist, as in the genus Apseudes, of a three-jointed peduncle and 2 flagella. The 1st joint of the peduncle is very large, measuring more than half the length of the antennæ, lamelliform, somewhat dilated towards the extremity, and on the outer arcuate margin armed with 4 strong bristles. The 2nd joint, which, together with the remaining portion of the antenna, bends outward, forming with the basal joint a distinct angle, is scarcely more than one-third as long, and simple-cylindric, as also, at the extremity, on either side furnished with a few long bristles. Finally, the 3rd joint is exceedingly small, about as long as broad, and without distinctly developed bristles. The flagella are unequal in length and at the base connected together. The outer flagellum is longest, and composed of 4 joints, of which the 2 median have each, exclusive of a simple bristle on the anterior margin, also a narrow, translucent sensory appendix, or, as it is termed, olfactory papilla; its last joint terminates in a fascicle of simple bristles. The inner flagellum is scarcely more than half as long as the outer, and consists of 3 joints, beset with simple bristles.

The 2nd pair of antennæ (fig. 6) take their origin, likewise widely apart, just under the 1st pair (see fig. 3), and are about of the same length, but much more slender. On these antennæ can be distinguished a four-jointed peduncle and a single, short flagellum. The first joint of the peduncle is quite short, but comparatively broad, somewhat expanded towards the end, or almost inverted-cordiform; the 2nd joint is slender and cylindric; the 3rd exceedingly small and rudimentary; the 4th, on the other hand, very long and slender, as also furnished on both margins with several of the peculiar scopiform, so-called auditory, bristles. The flagellum, about of the same length as the last joint of the peduncle, consists of 4 articulations, of which the 3 outermost are provided with a few simple bristles. The squamiform appendix to these antennæ characteristic of the genus Apseudes is entirely wanting.

Between the points of insertion for the antennæ and the oral appendages, occurs a comparatively extensive, somewhat concave space, forming the epistome, which, anteriorly, protends straight into the frontal plate (see fig. 3).

About in the middle of the lower surface of the cephalic segment, is seen (fig. 3) a somewhat galeate prominence, that forms the base of the labrum. The latter has the form of a rounded quadrate lobe, terminating in the middle with a faintly incurved sharp margin (see figs. 7 and 9).

The labium (fig. 8) is comparatively large, lamelliform, and consists of 2 symmetrical lobes, connate in the middle. To the outer corner of each lobe, is attached a small movable, inward-directed joint, of conical form, and beset with delicate bristles.

Kindbakkerne, der, naar Dyret sees nedenfra (se Fig. 3), viser sig som to temmelig store convexe Fremstaaenheder til hver Side af Overlæben, er af temmelig kraftig Bygning og stærkt incrusterede. Deres Corpora har (se Fig. 9) den sædvanlige baaddannede Form og fyldes af de stærke Adductormuskler, der i Midten gaar over i en chitinagtig Aponeurose. Deres indre Del gaar ud i 2 divergerende Fortsatser, hvoraf den forreste gaar i lige Flugt med Corpus og forestiller Kindbakkens egentlige Endoparti: den er noget indadkrummet og i Enden delt i 2 tandbærende Plader, der forholder sig noget ulige paa høire og venstre Kindbakke (se Fig. 10). Paa venstre Kindbakke er begge Plader omtrent ligestore og dækker hinanden gjensidig: paa høire Kindbakke er den bagerste meget liden, næsten cylindrisk og ved Spidsen besat med nogle fine Torner. Lige bag disse Plader findes paa begge Kindbakker en Rad af simple tornformige Børster. 4 paa høiere og 5 paa venstre. Den bagre Fortsats, der udgaar fra Kindbakkens Corpus næsten under en ret Vinkel, forestiller Tyggeknuden. Don er smalt cylindrisk, noget tyndere mod Enden og her forsynet med den sædvanlige riflede Sculptur. Kindbakkernes Palpe (Fig. 11) er meget spinkel og kun yderst sparsomt børstebesat. Don bestaar af 3 tydelige Led, hvoraf det 2det er længst og ved Enden i den ene Kant forsynet med en enkelt kort Børste. Sidste Led er ganske lidet, koniskt og ender med 2 noget stærkere Børster.

Iste Par Kjæver (Fig. 12) har 2 tydelig udviklede fortilrettede Tyggelapper, hvoraf den ydre er stærkest og paa Enden bevæbnet med talrige spidse Torner, medens den indre er af membranøs Beskaffenhed, tungeformig og ved Spidsen forsynet med 4 ciliærede Børster. Fra Yder- siden af Basaldelen udgaar en lige bagudrettet Gren (Palpe), der bestaar af 3 utydeligt begrændsede Segmenter og ved Spidsen er forsynet med 3 stærke indadkrummede Børster. Denne Gren rager, ligesom Epignathen paa Kjæveføddorne, frit frem i Gjællehulen og synes nærmest bestemt til at rense samme for fremmede Partikler.

2det Par Kjæver (Fig. 13) er smaa, men normalt ud- viklede. Den noget pladeformige Basaldel danner indad en stump Vinkel og har forau denne en tæt Besætning af fine Børster. Fortil gaar den ud i en kort afstumpet Tyggelap, der foruden med Børster er bevæbnet med 3 stærke, i den ene Kant grovt tandede Torner (se Fig. 14). Det ydre Parti af Kjæven, der ved en tydelig Sutur er begrændset fra Basaldelen, bestaar af 2 Led, hvoraf det 1ste indad løber ud i en lignende Tyggelap, som den Basaldelen til- hørende, men kun besat med simple Børster. Endeleddet er ganske lidet og forsynet med 5 noget stærkere Børster, ordnede i 2 Knipper.

Kjæveføddorne (Fig. 15), som delvis dækker Kjæverne nedad (se Fig. 3), bestaar af en 2-leddet pladeformig Ba- saldel, som er fast forbunden men den tilsvarende paa den anden Side, en 4-leddet Endedel eller Palpe og en eien-

The mandibles, which, on viewing the animal from below (fig. 3), present the appearance of two comparatively large convex protuberances, one on either side of the labrum, are powerful in structure, and very considerably incrusted. Their corpora (see fig. 9) have the usual navicular form, and are filled up with the strong adductor muscles, which, in the middle, pass into a chitinous aponeurosis. Their inner part branches out into 2 diverging projections, of which the more anterior protends in the same plane as the corpus, and, strictly, repre- sents the terminal part of the mandible: it is somewhat in- curved, and divided at the extremity into 2 dentiferous plates, differing slightly in character on the right and left mandibles (see fig. 10). On the left mandible, the plates are about equal in size, the one covering the other; on the right mandible, the posterior one is very small, almost cylindric, and at the joint beset with a few slender spines. Immediately posterior to these plates, on both mandibles, is seen a row of simple spiniform bristles. 4 on the right and 5 on the left. The posterior projection, jutting out almost at right angles from the corpus of the mandible, represents the molar protu- berance. It is slender-cylindric, somewhat slimmer toward the extremity, where it has the usual grooved sculpturing. The palp of the mandibles (fig. 11) is exceedingly slender, and but sparingly furnished with bristles. It consists of three distinct joints, of which the 2nd is the longest, and has on one of the margins, at the extremity, a single short bristle. The last joint is quite small, conic, and terminates with 2 somewhat stronger bristles.

The 1st pair of maxillæ (fig. 12) have 2 distinctly developed, anteriorly directed masticatory lobes, of which the outer one is the stronger, and furnished at the extremity with numerous acute spines, while the inner lobe is of a membranous character, linguiform, and armed at the point with 4 ciliated bristles. From the outer side of the basal part proceeds a posteriorly directed branch (the palp), com- posed of 3 indistinctly defined segments, and furnished at the point with 3 strong, inward-curving bristles. This branch — as does also the epignath on the maxillipeds — projects freely into the branchial cavity, its chief function being apparently to cleanse the latter from detrimental particles.

The 2nd pair of maxillæ (fig. 13) are small, but normally developed. The somewhat lamelliform basal part forms inward an obtuse angle, anterior to which it has a dense armature of slender bristles. Anteriorly, it juts out as a short, truncate masticatory lobe, armed, exclusive of bristles, with 3 strong, on one side coarsely dentate, spines (see fig. 14). The outer portion of the maxilla, separated by a distinct suture from the basal part, consists of 2 joints, of which the 1st protends inward as a masticatory lobe, similar to that on the basal part but furnished merely with simple bristles. The terminal joint is quite small, and armed with 5 somewhat stronger bristles, arranged in 2 bunches.

The maxillipeds (fig. 15), which, below, partially cover the maxillæ (fig. 3), consist of a two-jointed, lamelliform basal part, firmly connected with that corresponding to it on the opposite side, a four-jointed terminal part, or palp,

dommeligt udviklet Epignath. Basaldelens 1ste Led er ganske kort, dobbelt saa bredt som langt og er manske egentlig at betragte som Sternaldelen af et særskilt Segment. Dens 2det Led er bredt lagtil. men afsmalnes hurtigt fortil. idet den ydre Kant er skraat afskaaret: indad løber det ud i en oval. i Enden med korte Børster og Torner besat Tyggeplade. Palpen er længere end Basaldelen og alle dens 4 Led lamellose samt i den indre Kant besat med indadkrummede Børster. Af Leddene er det 2det størst; sidste Led er skraat afskaaret i Enden og her forsynet med 7 boiede Børster. Den mærkværdigt udviklede Epignath udspringer fra Basaldelens 1ste Led med en tyk, muskulos Stilk og er ligesom Palpen paa 1ste Par Kjæver ganske skjult i Gjellehulen. hvori den danner et Ventilapparat. der ved sine rythmiske Svingninger frem og tilbage underholder en stadig Strømning af Vandet i en bestemt Retning. Dens ydre Parti dannes af en bred. stærkt buet Plade af oval Form og uendbrunes Beskaffenhed. der bagtil ender med et tyndt. snærtformigt Appendix. Noget foran Midten er denne Plade forsynet med en tydelig Tværsatur. hvorved den deles i 2 Segmenter. Det foran Suturen liggende Segment er i Kantërne meget fint cilieret. Den hele Epignaths Homologi med Gjelleapparntet hos Cumaceerne er evident saavel ifolge dens Structur som Beliggenhed og Forhold til Kjævefodderne.

Af Fodderne er de 2 forreste Par. ligesom hos Slægten Apseudes. eiendommeligt udviklede. medens de 5 bagerste Par er af mere normal Bygning og forestiller de egentlige Gangfødder.

1ste Fodpar (Fig. 17). der udspringer fra den bagerste Del af Hovedsegmentet. til hver Side af den før omtalte transversale Chitinplade, er udviklet til særdeles kraftige Griberedskaber i Lighed med de saakaldte Fangarme hos hoiere Krebsdyr (Decapoda). De viser en temmelig stærk Sformig Krumning og er boiede ind under Forkroppen saaledes, at deres Endeparti let kan bringes i Berørelse med Mundaabningen. Man kan paa dem adskille 6 Led. hvoraf de 2 sidste tilsammen danner en vel udviklet Sax. 1ste Led er stærkt indknebet ved Basis, men derpaa meget opsvulmet og fyldt med kraftige Muskler. der tjener til at bevæge den øvrige Del af Foden: det bærer ved Roden paa den ydre Side et lidet 2-leddet. med 4 lange cilierede Børster endende Appendix (Fig. 19). der aabenbart svarer til den saakaldte Exopodit hos hoiere Crustaceer (Schizopoder og Cumaceer), og som vi hos Slægten Apseudes ogsaa gjenfinder paa det følgende Fodpar. 2det Led er ganske og aldeles rudimentært og san lidet, at det let undgaar Opmærksomheden, ihvorvel dets Tilstedeværelse med fuld Sikkerhed kan paavises. 3die Led er meget smalt, men noget udvidet mod Enden og her ved en meget skjæv Sutur forbundet med det næste. Dette er omtrent af Basalleddets Længde. men betydelig smalere, noget sammentrykt fra Siderne og i den nedre eller indre Kant forsynet med 4 stærke Børster. Den følgende Del af Foden, der fore-

and a peculiar-developed epignath. The 1st joint of the basal part is quite short. twice as broad as long, and should. perhaps, strictly. be regarded as the sternal portion of a separate segment. The 2nd joint is broad posteriorly. rapidly tapering however anteriorly. the outer side being obliquely truncate: inward. it protends as an oval masticatory plate, beset at the extremity with short bristles and spines. The palp is longer than the basal part, 'and has each of its 4 joints lamellar. and armed along the inner margin with incurving bristles. Of the joints. the 2nd lis the largest: the terminal joint is obliquely truncate at the extremity. where it has 7 curving bristles. The remarkably developed epignath takes its origin on the 1st joint of the basal part, as a thick, muscular stem. and. like the palp on the 1st pair of maxillæ. is entirely concealed within the branchial cavity. where it forms a ventilatory apparatus. which, by rhythmical vibrations backward and forward. produces an uninterrupted current of water in a given direction. Its outer part is composed of a broad, very considerably arcuate plate, oval in form and of a membranous character, terminating posteriorly with a narrow, digitiform appendix. A little anterior to the middle. this plate exhibits a distinct transverse suture. dividing it into 2 segments. The segment in advance of the suture is very finely ciliated along the margins. The homology of this epignath with the branchial apparatus in the Cumacea is indisputably apparent, alike from the structure of the organ and its position and relation to the maxillipeds.

Of the legs, the 2 foremost pairs exhibit, as in the genus Apseudes, a very peculiar development, whereas the 5 hindmost pairs are more normal in structure, and represent the true pereiopods.

The 1st pair of legs (fig. 17). springing from the posterior part of the cephalic segment, on either side of the previously mentioned chitinous plate. are, like the so-called chelipeds in more highly developed Crustaceans (Decapods) exceedingly powerful prehensile organs. They exhibit a comparatively strong S-shaped curve. and are bent in under the body, so as to readily admit of their terminal part being brought in contact with the buccal orifice. They are composed of 6 joints, the last two forming together a well-developed chela. The 1st joint is very much constricted at the base. from thence however greatly swollen. containing as it does the powerful muscles that serve for moving the other part of the leg; it bears at the base, on the outer side. a small, two-jointed appendix. terminating in 4 long. ciliated bristles (fig. 19). which obviously correspond to the so-called exopodite in more highly developed Crustaceans (Schizopods and Cumaceans), and that, in the genus Apseudes, we also observe on the succeeding pair of legs. The 2nd joint is quite rudimentary, and so very small that it easily escapes observation, though its presence can be determined with perfect certainty. The 3rd joint is exceedingly slender. but somewhat dilated toward the extremity. where a very oblique suture connects it with the succeeding one. The latter is about equal in length to the basal joint, but much more slender, somewhat

Müller Haanden eller Saxen og er meget bevægeligt forbunden med det foregaaende Led, er enorm udviklet og selv længere end de 2 foregaaende Led tilsammen samt i sit basale Parti stærkt opsvulmet for at kunne optage de stærke divergerende Muskelknipper, der tjener til den bevægelige Fingers Adduction, og hvis Udspring frembringer paa den øvre stærkt convexe Del af Haanden en eiendommelig fnortieret Tegning. Fingrene er særdeles lange, længere end Palmen, og ender i skarpe Spidser, der krydser hinanden, naar Saxen er lukket. Den indre Kant af begge Fingre er regelmæssigt saugtakket (se Fig. 18) indtil henimod Spidsen, som er ganske glat. Den ubevægelige Finger er noget bredere end den bevægelige og har mod Enden i den indre Kant 2 korte Børster, i den ydre Kant 3 lignende og ved Basis en enkelt saadan.

2udet Fodpar (Fig. 20) har den for Familien Apseudidæ charactcristiske Bygning, der synes at gjøre dem fortrinligt skikkede som Graveredskaber. De er noget længere end 1ste Par, men forholdsvis smækkrere og har de ydre Led stærkt sammentrykte fra Siderne og bevæbnede med stærke Torner. Basalleddet, som mangler ganske Exopodit, er ikke mærkeligt indknebet ved Basis, men at nogenlunde cylindrisk Form og næsten nøgent. 2det Led er vistnok meget lidet, men dog langt tydligere fremtrædende end samme paa 1ste Par. 3die Led er omtrent halvt saa langt som Basalleddet og foruden med en Del simple Børster bevæbnet med en stærk Torn ved Enden i den indre Kant. 4de Led er meget betydelig længere og bliver mod Enden successivt bredere og mere sammentrykt; dets ydre Rand er glat og kun ved Spidsen bevæbnet med en stærk Torn; den indre Rand er derimod forsynet med en Rad af Børster og i det forreste Parti desuden med 3 særdeles stærke Torner, der er fæstede til særegne Afsatser. 5te Led er ovalt, skiveformigt og bevæbnet med 8 stærke Torner, hvoraf 5 udgaar fra den indre Rand, 2 fra den ydre og 1 fra Spidsen. Denne sidste er betydelig større end de øvrige og i den indre Kant fint tandet; den forestiller egentlig Endeleddet (Dactylus).

De 5 følgende Fodpar (Fig 21, 22, 24) er af meget svagere Bygning og forestiller de egentlige Gangfødder. De bestaar ligesom de 2 foregaaende Par af 5 Led foruden den tynde og meget bevægelige Endekløe. Af disse er Basalleddet omtrent saa langt som alle de øvrige tilsammen. De 2 første Par har en lignende Retning som Sax- og Gravefødderne, idet Endekløen vender nedad og bagtil, medens de 3 sidste i Regelen har en modsat Retning. I sin Bygning viser de forøvrigt indbyrdes stor Overensstemmelse, skjøndt der ved noiere Undersøgelse lader sig paavise en Del mindre fremtrædende Differentser. De 2 forreste Par (se Fig. 21) er saaledes rigeligere børstebesatte end de øvrige, og de 2 følgende (Fig. 22) udmærker

compressed from the sides, and on the lower, or inner, margin furnished with 4 strong bristles. The remaining part of the leg, which represents the hand, or chela, and is very flexibly connected with the preceding joint, attains an enormous development, and is longer even than the 2 preceding joints taken together; moreover, it has the basal part considerably swollen, for the reception of the widely diverging fascicles of muscles that serve for the movable fingers' adduction, and whose origin produces on the upper, extremely convex portion of the hand a peculiar, areolated appearance. The fingers are remarkably long — longer than the palm — and terminate in acute points, that cross one another when the chela is shut. The inner margin of both fingers is regularly serrate (see fig. 18) to within a short distance from the point, which is quite smooth. The immovable finger is somewhat broader than the movable one, and has toward the extremity, on the inner margin, 2 short bristles, on the outer margin 3, of a similar kind, and at the base one such bristle.

The 2nd pair of legs (fig. 20) exhibit the structure characteristic of the family Apseudidæ, that would appear to render them admirably adapted to serve as fossorial organs. They are somewhat longer than the 1st pair, but comparatively more slender, and have the outer joints greatly compressed from the sides, as also armed with strong spines. The basal joint, on which the exopodite is entirely wanting, does not appear much constricted at the base, but has a well-nigh cylindrical form, and is almost naked. The 2nd joint is indeed very small, but far more prominent than that corresponding to it on the 1st pair. The 3rd joint is about half as long as the basal joint, and has, exclusive of a number of simple bristles, a strong spine at the extremity, on the inner margin. The 4th joint is very much longer, and becomes toward the extremity gradually broader and more compressed; its outer margin is smooth, and at the point armed only with a strong spine; the inner margin has, on the other hand, a row of bristles, and on the anterior portion also 3 exceedingly long spines, attached to special, ledge-like projections. The 5th joint is ovato-discoid, and armed with 8 strong spines, 5 of which proceed from the inner margin, 2 from the outer, and 1 from the point. The apical spine is considerably larger than the others, and finely dentate along the inner margin; it represents, strictly, the terminal joint (Dactylus).

The 5 succeeding pairs of legs (figs. 21, 22, 24) are much more feeble in structure, and represent the true perciopoda. They consist, like the 2 preceding pairs, of 5 joints, exclusive of the slender and very movable terminal claw. Of these, the basal joint is well-nigh as long as all the others taken together. The 2 first pairs have the same direction as the chelipeds and fossorial legs, the terminal claw turning downward and backward, whereas the 3 last take as a rule the opposite direction. In their structure, they exhibit for the rest very considerable agreement, though, on closer examination, a number of slight deviations can be shown. The 2 foremost pairs (see fig. 21) are, for instance, more abundantly furnished with bristles than the

sig blandt andet derved, at der til Ydersiden af sidste Led er fæstet en stærkt udvikiet saakaldt Høreborste (se Fig. 23). Sidste Par (Fig. 24) er noget mindre end de øvrige og mangler Høreborsten paa sidste Led, hvorimod der langs den ydre Kant af Basalleddet er fæstet flere saadanne.

Brystposen, hvori Æggene optages og Ungerne undergaar sin første Udvikling, dannes af 8 Plader, der udspringer fra Basis af Gravefødderne og de 3 forreste Par Gangfødder. De var paa de erholdte Exemplarer endnu ikke fuldt udviklede og havde Udseendet af korte stilkede Blærer (se Fig. 2 og 3).

Bagkroppens Buglemmer er tilstede i 5 Par, svarende til de 5 forreste Segmenter. De bestaar (se Fig. 25) af en smalt cylindrisk Stamme og 2 smale pladeformige Grener, hvoraf den ydre, uligt hvad Tilfældet er hos Slægten Apseudes, er sammensat af 2 tydeligt begrændsede Segmenter. Ved Spidsen er begge Grener forsynede med lange Fjærborster, 8 paa den indre og 9 paa den ydre Gren. Desuden har denne sidste Gren paa Midten af den ydre Kant og ved Enden af dens 1ste Segment en lignende Fjærborste, og til Indersiden af den indre Gren er fæstet til en særegen Afsats en noget grovere, tornformig Børste.

Halevedhængene (se Fig. 26) er omtrent af Bagkroppens Længde og bestaar ligeledes af en Stamme og 2 Grene. Stammen udspringer til hver Side af sidste Segment fra en særegen Afsats og er ganske kort samt noget udvidet mod Enden. Grenene er smale, traadformige og af meget ulige Længde. Den indre og længste er sammensat af 10 Led, hvoraf ialmindelighed hvert andet bærer nogle lange Børster ved Enden: sidste Led har ved Spidsen en Dusk af 4 saadanne. Den ydre Gren er kun lidet længere end Stammen og bestaar kun af 3 Led, hvoraf det sidste er længst og ved Spidsen forsynet med 2 Børster.

Den fuldt udviklede Han (Fig. 27) er noget større end Hunnen og af forholdsvis betydelig smækrere Kropsform. Den kjendes desuden let ved den eiendommelige Udvikling af 1ste Par Følere og de 2 første Fodpar.

1ste Par Følere (Fig. 28) har Skaftet og den indre Svøbe af samme Udseende som hos Hunnen. Derimod er den ydre Svøbe betydelig kraftigere udviklet og sammensat af 7 Led, der alle med Undtagelse af det sidste er forsynede med et tæt Knippe af særdeles lange, vifteformigt divergerende Sandseborster.

Saxfødderne (Fig. 27 og 28) viser et fra samme hos Hunnen temmelig afvigende Udseende. Basaldelen er betydelig større og de 2 Haanden forudgaaende Led overordentlig stærkt forlængede og tynde samt indbyrdes næsten af ens Længde. Selve Haanden er omtrent af samme Størrelse som hos Hunnen, men skiller sig derved, at Fingrene i den indre Kant har skarpere Smaatænder. Ved Basis af

others, and the 2 succeeding pairs (fig. 22) may be distinguished by their having, among other characteristics, a strongly developed, so-called auditory, bristle (see fig. 23) attached to the outer side of the terminal joint. The last pair (fig. 24) are somewhat smaller than the others, and without any auditory bristle on the terminal joint, whereas several such bristles occur along the outer margin of the basal joint.

The marsupium, in which the eggs are deposited and the young undergo their first development, is composed of 8 plates, proceeding from the base of the fossorial legs and the 3 most anterior pairs of pereiopoda. In the specimens taken, they were not fully developed, and presented the appearance of short, pedunculated vesicles (see figs. 2, 3).

The pleopoda are present in 5 pairs, corresponding to the 5 foremost segments of the abdomen. They consist (see fig. 25) of a slender, cylindric stem and 2 narrow, lamelliform branches, of which the outer, contrary to what is the case in the genus Apseudes, is composed of 2 distinctly defined segments. At the point, both branches are provided with long, plumose bristles, 8 on the inner and 9 on the outer branch. Moreover, the latter branch has in the middle of its outer margin and at the extremity of the 1st segment, a similar plumose bristle, and on the inner side of the inner branch is attached, to a ledge-like projection, a somewhat coarser, spiniform bristle.

The caudal appendages (see fig. 26) about equal in length the posterior division of the body, and also consist of a stem and 2 branches. The stem springs, on either side of the terminal segment, from a ledge-like projection, and is quite short, as also somewhat dilated at the extremity. The branches are slender, filiform, and very unequal in length. The inner and longer of the two is composed of 10 joints, of which every other joint as a rule bears a few long bristles at the extremity; the last joint has a tuft of 4 such bristles. The outer branch is but little longer than the stem, and consists of only 3 joints, of which the last is longest and furnished at the point with 2 bristles.

The fully developed Male (fig. 27) is somewhat larger than the female, and has the body of a comparatively much more slender form. Moreover, it may be readily distinguished by the peculiar development of the 1st pair of antennæ and of the 2 first pairs of legs.

The 1st pair of antennæ (fig. 28) have the peduncle and the inner flagellum of the same appearance as in the female. On the other hand, the outer flagellum is much more powerfully developed, consisting of 7 joints, all of which, with the exception of the last, are furnished with a dense fascicle of exceedingly long, flabelliform-divergent sensory bristles.

The chelipeds (figs. 27, 29) exhibit a rather deviating appearance from those in the female. The basal part is much larger, and the 2 joints preceding the hand are remarkably elongate and slender, as also about equal in length. The hand itself is very nearly of the same size as that in the female, but differs in the inner margin of the fingers having sharper denticles. Moreover, at the base

den bevægelige Finger sees desuden en større, i Enden
tvekløftet Tuberkel, som ganske mangler hos Hunnen.

Gravefødderne (Fig. 27 og 30) er enormt forlængede,
næsten af hele Legemets Længde og udmærker sig desuden
derved, at de hos Hunnen i den indre Kant af næstsidste
Led fæstede Børster her er omdannede til Torner af et
lignende Udseende som de 3 i den forreste Del fæstede,
skjøndt noget mindre,

Bagkroppens Buglemmer er forholdsvis kraftigere ud-
viklede og forsynede med talrigere og længere Svømme-
børster. Desuden bemærkes den Eiendommelighed, at der
til Afsatsen i den indre Gren er fæstet ikke som hos Hunnen
en enkelt, men 2 grove Børster.

Farven er saavel hos Hannen som hos Hunnen ens-
formig hvid, uden noget bemærkeligt Pigment.

Længden af Hunnen er 5ᵐᵐ, af Hannen næsten 6ᵐᵐ.

Forekomst og Udbredning. En Del Exemplarer af
denne mærkelige Isopode erholdtes under Expeditionens 1ste
Togt i Havet mellem Norge og Island (Stat. 40 og 51) fra
det betydelige Dyb af 1163—1215 Favne. Et enkelt Ex-
emplar optoges endelig under sidste Togt Vest af Spits-
bergen (Stat. 353) fra et endnu større Dyb, nemlig 1333
Favne.

Artens hidtil bekjendte Udbredningsfelt er saaledes den
dybe med iskoldt Vand ved Bunden fyldte Havdal mellem
Norge, Beeren Eiland og Spitsbergen paa den ene Side
og Island, Jan Mayen og Grønland paa den anden, fra den
63de til den 78de Bredegrad.

---

of the movable finger is seen a large, at the extremity
bifurcate, tubercle, entirely wanting in the female.

The fossorial legs (figs. 27, 30) are enormously pro-
duced, equalling almost the whole of the body in length;
moreover, they may also be distinguished by the bristles in
the female attached along the inner margin of the penulti-
mate joint being here transformed into spines, similar in
appearance to the 3 on the foremost part, though a trifle
smaller.

The pleopoda exhibit comparatively a more powerful
development, and are furnished with numerous and long
natatory bristles. Moreover, they are also characterized by
the ledge-like projection on the inner branch not having,
as in the female, a solitary bristle attached to it, but 2
coarse ones.

Colour, both in the male and female, a uniform white,
without any trace of pigment.

Length of female 5ᵐᵐ, of male almost 6ᵐᵐ.

Occurrence and Distribution. — Some few speci-
mens of this remarkable Isopod were taken, on the 1st
cruise of the Expedition, in the open sea, between Norway
and Iceland (Stats. 40, 51), at the considerable depth of
1163—1215 fathoms. A single specimen was brought up,
on the last cruise, west of Spitzbergen (Stat. 353), from a
still greater depth, viz. 1333 fathoms.

Hence, the tract over which the species is at present
known to be distributed, comprises the deep ocean valley,
filled at the bottom with ice-cold water, extending between
Norway, Beeren Eiland, and Spitzbergen, on the one side,
and Iceland, Jan Mayen, and Greenland, on the other, —
from the 63rd to the 78th parallel of latitude.

Fam. 2. **Tanaidæ.**

Gen. 1. **Cryptocope.** G. O. Sars. 1881.

Revision af Gruppen Isopoda chelifera.

Slægtscharacteristik. Legemet af undersætsig Byg-
ning, med mere eller mindre skarpt afsatte Segmenter.
Hovedskjoldet fortil lige afskaaret, uden tydelige Øienlober.
1ste Par Følere hos Hunnen 4-leddede, hos Hannen bety-
delig stærkere udviklede, med tykt 2-leddet Skaft og 5-leddet
Svøbe besat med tætte Knipper af Sandseborster. Kind-
bakkerne af middelmaadig Størrelse, med sammentrykt, plade-
formig Tyggefortsats. Saxfødderne kraftigt udviklede, af ens
Udseende hos begge Kjøn. Gangfødderne spinkle, indbyrdes
lidet forskjellige. Bagkroppens Buglemmer hos Hunnen
overordentlig smaa og rudimentære, med 2 smaa børsteløse
Endeplader, hos Hannen vel udviklede, med lange Svømme-
børster. Haleredlemmerne med 2 ulige udviklede Grene,
hos Hannen betydelig længere end hos Hunnen.

Den norske Nordhavsexpedition, G. O. Sars: Crustacea.

Fam. 2. **Tanaidæ.**

Gen. 1. **Cryptocope,** G. O. Sars. 1881.

Revision af Gruppen Isopoda chelifera.

Generic Character. — Body thickset in structure,
with more or less sharply defined segments. Cephalic shield
truncate anteriorly, without distinct ocular lobes. First
pair of antennæ, in female, four-jointed, in male much more
powerfully developed, with a thick, two-jointed peduncle and
a five-jointed flagellum, beset with dense fascicles of sensory
bristles. Mandibles moderate in size, with a compressed,
lamelliform molar projection. Chelipeds powerfully developed,
of same appearance in both sexes. Ambulatory legs slender,
differing but little one from the other. Pleopoda, in female,
remarkably small and rudimentary, with 2 diminutive, naked
terminal plates; in male well developed, and having long
natatory bristles. Caudal appendages with 2 unequally de-
veloped branches, in male much longer than in female.

10

Bemærkninger. Den Character, hvorved nærværende Slægt især skiller sig fra de øvrige Tanaideslægter, er den rudimentære Beskaffenhed af Bagkroppens Buglemmer hos Hunnen. I denne Henseende kommer den nærmest Slægten *Haplocope* G. O. Sars;[1] men hos denne sidste Slægt danner disse Lemmer kun simple bladformige Appendices, medens de hos Slægten Cryptocope, trods sin rudimentære Beskaffenhed, er tydeligt tvegrenede. Ogsaa i Kindbakkernes Bygning afviger Slægten kjendeligt fra de øvrige Tanaideslægter. Foruden den nedenfor nærmere omtalte Form hører ogsaa herhen den af mig tidligere som *Tanais abbreviatus* kortelig characteriserede norske Art, hos hvilken Bagkropslemmerne forholder sig fuldkommen ligedan.

Remarks. The character whereby in particular the present genus differs from the other genera of Tanaidæ, is the rudimentary nature of the pleopoda in the female. So far, the animal approximates closest the genus *Haplocope* G. O. Sars;[1] but in that form the said parts constitute mere simple, squamiform appendices, whereas in the genus Cryptocope they are, notwithstanding their rudimentary nature, distinctly biramous. Also in the structure of the mandibles, the genus differs very perceptibly from the other genera of Tanaidæ. Exclusive of the animal described more in detail below, this genus also comprises the Norwegian species that, as *Tanais abbreviatus*, I had briefly characterized on a former occasion, and which, as regards the pleopoda, exhibits a relation precisely similar.

---

14. Cryptocope Væringii, G. O. Sars, n. sp.

(Pl. VII, Fig. 5—16).

Tanais Væringii, G. O. Sars, Prodromus descriptionis Crust. etc., No. 62. *Cryptocope Væringii*, G. O. Sars, Revision af Gruppen Isopoda chelifera.

Artscharacteristik. Legemet omtrent 5 Gange saa langt som bredt, med stærkt opbleste og ved dybe Indsnøringer adskilte Segmenter, hos Hannen noget smalere især paa Midten. Hovedskjoldet til Siderne stærkt buget, med noget buget Panderand. Bagkroppen hos Hunnen smalere end Forkroppen med 5 stærke Torner langs Bugsiden og sidste Segment stærkt opblæst, næsten kugleformigt; hos Hunnen uden ventrale Torner, med sidste Segment smalere og bagtil triangulært tilspidset. 1ste Par Følere hos Hunnen kortere end Hovedskjoldet, hos Hannen betydelig længere. Saxfødderne særdeles kraftige, med Haanden stærkt opsvulmet og Fingrene omtrent af Palmens Længde, endende med hornfarvede, hinanden krydsende Spidser. Halevedhængene hos Hunnen meget korte og skraat indadrettede, med den ydre Gren 1-leddet, den indre 2-leddet og betydelig større; hos Hannen med 2- og 3-leddede Grene. Farven ensformig hvid. Længden indtil 5 1/2mm.

Specific Character. Body about 5 times as long as broad, with exceedingly tumid segments, separated one from the other by deep instrictions: in male a trifle more slender, particularly in the middle. Cephalic shield bellying out very considerably toward the sides, with a somewhat flexuous frontal margin. Posterior division of body, in female, more slender than anterior, with 5 strong spines along the ventral side, and having the last segment exceedingly tumid, almost globular; in male, without ventral spines, and having the last segment narrower and, posteriorly, triangular-acute. First pair of antennæ, in female, shorter than cephalic shield, in male considerably longer. Chelipeds remarkably powerful, with the hand exceedingly swollen, and the fingers about of same length as the palm, terminating in horn-coloured points, that cross one another. Caudal appendages in female very short, and directed obliquely inward, with the outer branch one-jointed, the inner two-jointed and considerably larger; in male with two and three-jointed branches. Colour a uniform white. Length reaching 5 1/2mm.

Findesteder. Stat. 31, 124, 248.

Locality. Stats. 31, 124, 248.

Bemærkninger. Nærværende anselige Tanaide er let kjendelig fra alle øvrige Former ved de stærkt opsvulmede og ved usædvanlig dybe Indsnøringer adskilte Segmenter, der giver Legemet et eiendommeligt perlebaandformigt Udseende. Fra Slægtens 2den Art, *C. abbreviata*, kjendes den desuden let ved sin langt betydeligere Størrelse samt ved en forholdsvis mindre undersætsig Kropsform.

Remarks. The present large-sized Tanaid is readily distinguished from all other forms by the exceedingly tumescent segments, separated one from the other by unusually deep instrictions, and giving to the body a peculiar moniliform appearance. Moreover, from the 2nd species of the genus *C. abbreviata*, it may be easily recognized by its far greater size, as also by a comparatively less thickset form of body.

---

[1] Se den ovencitérede Afhandling.

[1] See aforecited Memoir.

Beskrivelse af Hunnen. Legemets Form er (se Pl. VII. Fig. 5 og 6). infald i Sammenligning med de fleste øvrige Tanaider. temmelig undersætsig. idet den største Brede omtrent er lig ⅕ af Længden. og adskerker sig. som ovenfor anført, ved den sædvanlig skarpt markerede Begrændsning af Forkroppens Segmenter.

Integumenterne er særdeles haarde. glatte og glindsende. uden nogen tydelig udpræget Skulptur.

Hovedskjoldet er neppe længere end bredt, til Siderne. hvor det omslutter Gjellebulerne. stærkt buet, fortil temmelig hurtigt afsmalnende og ender med en næsten lige afskaaret. eller kun meget svagt bugtet Panderand.

De 3 forste frie Segmenter er noget bredere end Hovedskjoldet. med Sidedelene noget fortilrettede og afrundede samt Længden mindre end den halve Brede. De 2 derpaa følgende er noget længere og til Siderne jevnt buede eller næsten af elliptisk Form. Sidste Forkropssegment endelig er lidt udvidet bagtil og har den bagre Rand ganske svagt concaveret.

Bagkroppen. der omtrent indtager ¼ af Totallængden. er noget smalere end Forkroppen og bestaar som sædvanligt af 6 Segmenter. hvoraf de 5 forreste er meget korte og indbyrdes af ens Udseende. med jevnt tilrundede Epimerer. Sidste Segment er derimod betydelig større og bredere. oventil stærkt hvælvet. næsten kugleformigt og bagtil i Midten endende med en stump Spids. Langs den ventrale Side af de 5 forreste Segmenter findes (se Fig. 6 og 8) en stærkt fremtrædende Kjøl, der for hvert Segment springer frem i Form af en sammentrykt og bestaar som bagudkrummet Torn, der navnlig paa 2det Segment er af betydelig Størrelse. Sidste Segment er derimod (se Fig. 8) paa den nedre Side i Midten noget fordybet og bagtil vinkelformigt indskaaret for at kunne optage de bløde Dele. der omgiver den spalteformige Analaabning.

Af Øine findes ikke det allermindste Spor. og heller ikke bemærkes nogen fra Hovedskjoldet tydelig adskilte Øienlober.

Iste Par Følere (se Fig. 5 og 7). der udspringer tæt sammen fra Panderanden. er betydelig kortere end Hovedskjoldet og jevnt afsmalnende mod Enden. De er som hos alle andre Tanaider simple og bestaar af 4 tydelig begrændsede Led. kvoraf det iste er betydelig større end de øvrige. Sidste Led. der vel egentlig repræsenterer den rudimentære Svøbe. er af linear Form. omtrent san langt som de 2 foregaaende tilsammen og bærer paa Spidsen et Knippe af tynde Børster. imellem hvilke ved stærk Forstørrelse viser sig et enkelt gjennemsigtigt Sandsevedhæng (Lugtopapille).

2det Par Følere (ibid.) udspringer lige under iste Par og er noget kortere og betydelig spinklere end disse. De bestaar af 6 Led. hvoraf det iste er meget kort, medens 4de Led er stærkt forlænget. Sidste Led. er overordentlig lidet og kun synligt ved stærke Forstørrelser: det bærer

Description of the Female. — The form of the body (see Pl. VII. figs. 5, 6) is. compared to that in most other Tanaids. rather thickset. its greatest breadth being about equal to one-fifth of the length: and. as stated above. it is characterized by the unusually well-marked separation of the segments belonging to the anterior division.

The integuments are exceedingly hard. smooth. and lustrous, without any perceptible sculpturing.

The cephalic shield scarcely at all longer than broad: toward the sides. where it encloses the branchial cavities. exceedingly arcuate. anteriorly rather rapidly tapering. and terminating in a well-nigh truncate. or at least but very slightly flexuous, frontal margin.

The 3 first free segments are a trifle broader than the cephalic shield. with the lateral portions somewhat anteriorly directed and rounded off, as also with the length less than half the breadth. The 2 succeeding segments are somewhat longer. and. toward the sides. uniformly arched. or well-nigh elliptic in form. The last segment is a little dilated posteriorly. and has the hinder margin very slightly concave.

The posterior division of the body. measuring about one-fourth of the total length. is somewhat more slender than the anterior. and. as usual. composed of 5 segments. of which the 5 foremost are very short, and similar in appearance. with uniformly rounded epimera. The terminal segment. on the other hand. is considerably larger and broader. above exceedingly arched. almost globular. and posteriorly terminating in the middle with an obtuse point. Along the ventral side of the 5 foremost segments (see figs. 6, 8). runs an exceedingly prominent carina, which. at each segment. springs out in the form of a compressed and somewhat posteriorly curving spine. that. more particularly on the 2nd segment. is of considerable size. The last segment is. however (see fig. 8). on the lower side. somewhat depressed in the middle. and posteriorly angular-incised. for the reception of the soft parts surrounding the fissure-like anal opening.

Of eyes. not a trace can be found: nor do any distinctly defined ocular lobes proceed from the cephalic shield.

The 1st pair of antennæ (see figs. 5, 7). springing. close together. from the frontal margin. are considerably shorter than the cephalic shield. and taper uniformly toward the extremity. As in all other Tanaids. they are simple. and consist of 4 distinctly defined joints. of which the 1st is considerably larger than the rest. The last joint. which. in a strict sense. probably represents the rudimentary flagellum. is linear in form. about as long as the 2 preceding joints taken together. and bears at the point a fascicle of slender bristles. between which. under a strong magnifier. can be seen a single translucent. sensory appendix (olfactory papilla).

The 2nd pair of antennæ (ibid.) have their origin immediately beneath the 1st pair. and are somewhat shorter and considerably more feeble in structure than the latter. They consist of 6 joints. the 1st very short, whereas the 4th joint is greatly prolonged. The terminal segment is

10*

ved Spidsen et Par meget lange og tynde Børster. De 4 første Led forestiller Skaftet, de 2 sidste Svøben.

Munddelene viser sig, naar Dyret sees nedenfra (se Fig. 7) sammentrængte paa et forholdsvis lidet Rum og til Siderne indesluttede af de paa Bugsiden ombøiede Sidedele af Hovedskjoldet. Fortil mellem Roden af 2det Par Følere bemærkes en liden afrundet firkantet, noget fremspringende Plade, der forestiller Overlæben. Umiddelbart bag denne og tildels dækket af samme sees de brunt farvede Tænder paa Kindbakkernes indre Ender. Den øvrige Del af disse Organer ligesom Underlæben og Kjæverne dækkes derimod fordetmeste ganske af Kjævefødderne. Disse viser en lignende Bygning som hos Sl. Sphyrapus. Den 4-leddede Palpe er noget udadrettet og langs den indre Kant tæt besat med stærke indadkrummede Børster.

1ste Fodpar (se Fig. 6 og 7) er som hos de øvrige til denne Tribus hørende Former udviklede til særdeles kraftige Griberedskaber. De udspringer temmelig nær sammen med en bred Basis fra den bagerste Del af Hovedsegmentets Ventralside og retter sig med en stærk Sformig Bøining fortil langs Siderne af Hovedskjoldet. Leddene er særdeles brede, noget sammentrykte fra Siderne og fyldte med kraftige Muskler; de 2 sidste danner tilsammen en vel udviklet Sax, der indtager omtrent ⅓ af Fodens Længde. Fingrene, der neppe er kortere end Palmen, ender med en skarp, stærkt krummet og hornfarvet Spids og viser langs den indre Kant nogle uregelmæssige tandformige Fremspring, der gribe ind mellem hverandre, naar Saxen er lukket (sml. Fig. 14); i dette Tilfælde krydser Spidserne hinanden meget stærkt.

De øvrige Fodpar (se Fig. 5 og 6) er alle omtrent af ens Udseende og forestiller de egentlige Gangfødder. De er af meget spinkel Form, med Basalleddet størst, men neppe bredere end de øvrige Led. Endekloen er paa alle ganske kort og simpel, ligesom de paa disse Fodpar fæstede Børster er smaa og faa i Antal.

Bagkroppens Buglemmer (se Fig. 8 og 9) er ganske og aldeles rudimentære og saa smaa, at de meget let kan forbisees. De er imidlertid tilstede i det sædvanlige Antal og fæstede nær de afrundede Sidekanter af de 5 forreste Segmenter (se Fig. 8). De bestaar som sædvanligt af en Basaldel og 2 Endeplader; men disse sidste er særdeles smaa og mangler ganske ethvert Spor af Børster, hvorfor disse Lemmer heller ikke kan fungere som Svømmeredskaber, hvortil desuden deres ringe Størrelse vilde gjøre dem ganske utjenlige.

Halevedhængene (se Fig. 8 og 10) er forholdsvis meget korte, paa langt nær ikke af sidste Segments Længde, og viser ialmindelighed en skraa Retning indad mod Midtlinien, saa at, naar Dyret sees orenfra, oftest kun de lange Endebørster rager frem fra Segmentets bagre Rand. De bestaar

remarkably small, and not visible save when highly magnified: it bears at the point a couple of very long and slender bristles. The 4 first joints represent the peduncle, the 2 last the flagellum.

The oral appendages — on viewing the animal from below (see fig. 7) — appear crowded over a relatively small space and enclosed at the sides by the lateral parts of the cephalic shield, that bend over on the ventral surface. Anteriorly, between the bases of the 2nd pair of antennæ, is seen a small, rounded, quadrate, somewhat projecting plate, representing the labrum. Immediately posterior to this plate, and partially covered thereby, appear the browncoloured teeth, at the inner extremities of the mandibles. The remaining portion of these organs, as also the labium and the maxillæ, are, on the other hand, as a rule, entirely concealed by the maxillipeds. The latter exhibit a similar structure to those in the genus Sphyrapus. The four-jointed palp is directed somewhat outward, and closely beset along the inner margin with strong incurving bristles.

The 1st pair of legs (see figs. 6, 7) are, as in the other forms belonging to this tribe, developed to exceedingly powerful organs of prey. They have their origin rather close together, with a broad base, from the posterior part of the ventral side of the cephalic segment, proceeding anteriorly, in a strong, S-shaped curve, along the sides of the cephalic shield. The joints are exceedingly broad, somewhat compressed from the sides, and provided with powerful muscles; the 2 last constitute together a well-developed chela, measuring about one-third of the length of the leg. The fingers, scarcely at all shorter than the palm, terminate in a short, exceedingly curved, and horn-coloured point, and exhibit, along the inner margin, a few irregular, dentiform projections, that fit in between one another when the chela is closed (see fig. 14), the points then crossing very prominently.

The remaining pairs of legs (see figs. 5, 6) have all about the same appearance, and represent the true pereiopoda. They are exceedingly slender in form, with the basal joint largest, but scarcely at all broader than the other joints. The terminal claw is without exception quite short and simple, the bristles, too, attached to these pairs of legs being likewise small and few in number.

The abdominal limbs (see figs. 8, 9) are in every sense rudimentary, and so small as to be easily overlooked. Meanwhile, they are present in the usual number, and attached close to the rounded lateral margins of the 5 anterior segments of the abdomen (see fig. 8). They consist as usual of a basal part and 2 terminal plates: but the latter are exceedingly small, and do not exhibit a trace of bristles: hence these parts can by no means serve as natatory organs, for which, too, their small size must render them wholly inefficient.

The caudal appendages (see figs. 8, 10) are comparatively very short, not attaining by far the length of the last segment, and have as a rule an oblique, inward direction towards the medial line, so that, on viewing the animal from above, it is generally the terminal bristles alone that

af en kort, men temmelig tyk Stamme, til hvis Ende er
fæstet 2 ulige udviklede Grene. Den ydre af disse er
meget liden, smalt konisk og kun bestaaende af et enkelt
Led, hvorimod den indre er betydelig større og sammensat
af 2 tydeligt begrændsede Led, hvoraf det sidste paa Spidsen
bærer flere særdeles lange og tynde, divergerende Børster.

Den fuldt udviklede Han (Fig. 11 og 12) er noget
mindre end Hunnen og i flere Henseender forskjellig fra
samme.

Kropsformen er forholdsvis noget spinklere og Legemet
paa Midten ligesom indsnøret, idet de 3 bageste Forkrops-
segmenter, er kjendeligt smalere end saavel de foregaaende
som Bagkropssegmenterne. Disse sidste er betydelig kraf-
tigere udviklede end hos Hunnen, overalt stærkt hvælvede
og mangler ganske den ventrale Kjøl med sine tornformige
Fortsatser. Sidste Segment er dog forholdsvis mindre stærkt
opsvulmet og gaar bagtil ud i en temmelig lang konisk
Spids.

1ste Par Følere (se Fig. 18) er af et fra samme hos
Hunnen meget forskjelligt Udseende. De er betydelig større
og sammensatte af 7 tydeligt begrændsede Led, hvoraf de
2 første maa henregnes til Skaftet, de 5 sidste til Svøben.
Af Skaftets 2 Led er det 1ste omtrent dobbelt saa stort
som det 2det; begge er af bred cylindrisk Form og fyldte
med stærke Muskelknipper, der tjener til at bevæge Svøben.
Denne sidste er noget længere end Skaftet og jævnt afsmal-
nende mod Enden. Dens 3 første Led er meget korte og
bærer ligesom det følgende i den ydre Kant et tæt Knippe
af klare, vifteformigt udbredte Sandsebørster; sidste Led er
noget længere end det foregaaende og ved Spidsen forsynet
med en Del simple Børster.

2det Par Følere viser derimod ingen bemærkelig For-
skjel fra samme hos Hunnen.

Munddelene er, som hos de fleste Tanaidehanner, ufuld-
stændigt udviklede, og alene Kjæveføddernes Palpe af nor-
malt Udseende.

I Føddernes Bygning er ingen væsentlig Afvigelse at
notere, og Saxfødderne, der hos enkelte til denne Familie
hørende Former viser en saa paafaldende Forskjel hos begge
Kjøn, er her fuldkommen af ens Udseende som hos Hunnen
(se Fig. 12 og 14).

Derimod viser Bagkroppens Vedhæng mere udprægede
Afvigelser.

Buglemmerne (se Fig. 12 og 15) er saaledes her i
Modsætning til deres rudimentære Beskaffenhed hos Hunnen,
udviklede til kraftige Svømmeredskaber og har i Overens-
stemmelse hermed Endepladerne besat med overordentlig
lange og stærke Fjærbørster.

Halevedhængene (Fig. 16) er betydelig stærkere for-
længede end hos Hunnen, og Grenene har her 1 Led
flere end hos denne, idet den ydre er 2-leddet, den indre
3-leddet.

Farven saavel hos Han som Hun er ensformig hvid
ligesom hos de fleste til denne Tribus hørende Former.

are seen to project from the posterior margin of the seg-
ment. They consist of a short, but somewhat thick stem,
to the extremity of which are attached 2 unequally devel-
oped branches. The outer of these is very small, conically
slender, and consists of but one joint, whereas the inner
branch is considerably larger, and composed of 2 distinctly
defined joints, the latter of which bears at the point several
exceedingly long and slender, diverging bristles.

The fully developed Male (figs. 11, 12) is somewhat
smaller than the female, from which, in several respects, it
is found to differ.

The body is relatively a trifle more slender in form,
and in the middle, as it were, constricted, the 3 posterior
pedigerous segments being perceptibly narrower than both
the anterior and the abdominal segments. The latter are
much more powerfully developed than in the female, ex-
ceedingly arcuate above, as also without a trace of the
ventral keel and its spiniform projections. The last segment
is, however, comparatively less tumid, and projects posteriorly
into a long, conical point.

The 1st pair of antennæ (see fig. 18) have a widely
different appearance from those in the female. They are
considerably larger, and composed of 7 distinctly defined
joints, of which the 2 first must be regarded as belonging
to the peduncle, the 5 last to the flagellum. The latter
somewhat exceeds the peduncle in length, and tapers grad-
ually toward the end. Its 3 first joints are very short,
and bear, as does also the succeeding, on the outer margin,
a dense fascicle of pellucid, flabelliform-expanded sensory
bristles; the last joint is somewhat longer than the preceding,
and furnished at the point with a number of simple bristles.

The 2nd pair of antennæ exhibit on the other hand
no conspicuous difference from those in the female.

The oral appendages are, as in most Tanaid males,
imperfectly developed, only the palp of the maxillipeds
being of normal appearance.

In the structure of the legs, there is no essential
deviation to record; and the chelipeds, which in several
forms of this family exhibit so striking a difference in the
two sexes, have precisely the same appearance as in the
female (see figs. 12, 14).

On the other hand, the abdominal appendages exhibit
more salient deviations.

Thus, the ventral limbs (see figs. 12, 15), in direct op-
position to their rudimentary character in the female, are
developed as powerful natatory organs, and have, in agree-
ment herewith, the terminal plates beset with remarkably
long and stiff, plumose bristles.

The caudal appendages (fig. 16) are much more elon-
gate than in the female, and the branches have each 1
joint more, the outer branch being two-jointed and the inner
three-jointed.

Colour, alike in male and female, a uniform white,
as with most of the forms belonging to this tribe.

Længden af Hunnen er 5¹/₂ᵐᵐ. af Hannen ubetydelig mindre. Nærværende Art hører saaledes til de største i denne Familie.

Forekomst og Udbredning. 2 Exemplarer. en Hun og en Han af den ovenbeskrevne Tanaide blev under Expeditionens 1ste Togt optaget i Bundskraben fra et Dyb af 417 Favne udenfor Storeggen (Stat. 31). Under 2det Togt erholdtes enkelte Exemplarer af samme Art paa 2 andre Lokaliteter (Stat. 124 og 248). begge beliggende i Havet udenfor Kysten af Helgeland. Dybdden fra 350 til 778 Favne. Alle 3 Stationer tilhører den kolde Area.

Artens for Tiden bekjendte Udbredningsfelt er saaledes det store Havdyb udenfor Norges Vestkyst fra den 63de til den 68de Bredegrad. Men efter at Rimelighed er den en ægte arktisk Form, der vistnok vil vise sig at forekomme paa mange andre Steder i den kolde Area's Dyb.

Length of female 5¹/₂ᵐᵐ. of male but very little less. The present species ranks accordingly as one of the largest in this family.

Occurrence and Distribution. Two specimens. a female and a male, of the Tanaid described above. were brought up, on the 1st cruise of the Expedition. in the dredge. from a depth of 417 fathoms, off the Storeggen bank (Stat. 31). On the 2nd cruise, a few specimens were obtained of the same species at 2 other localities (Stats. 124, 248), both in the open sea. off the coast of Helgeland, depth from 350 to 778 fathoms. All 3 Stations in the cold area.

Hence, the tract throughout which the species is at present known to be distributed coincides with the great ocean depths off the West Coast of Norway, extending from the 63rd to the 68th parallel of latitude. But, in all probability, it is a true Arctic form, that no doubt will be found to occur in many other parts of the cold area.

Gen. 2. **Leptognathia**, G. O. Sars, 1881.

Revision af Gruppen Isopoda chelifera.

Slægtscharacteristik. Legemet hos Hunnen mere eller mindre langstrakt og smalt, med skarpt begrændsede Segmenter, hos Hannen betydelig kortere. Ingen Øine eller Øienlober. 1ste Par Følere hos Hunnen 4-leddede, hos Hannen betydelig større, med tykt 3-leddet Skaft og 4-leddet Svøbe forsynet med tætte Knipper af Sandsehorster. Kindbakkerne meget smaa og svage, med lligformig tilspidset Tyggefortsats. Saxfiddderne noget ulige hos Han og Hun. Saxen hos Hunnen kraftigt udviklet af triangulær Form. hos Hannen betydelig svagere, med den ubevægelige Finger kortere end den bevægelige. Gangfødderne forholdsvis meget smaa og spinkle. de 3 bagerste Par noget ulige de foregaaende og bevæbnede med stærke Torner. Bagkroppens Buglemmer saavel hos Han som Hun vel udviklede. med ovale, tæt børstebesatte Endeplader. Halevedhængene tregrenede. med den ydre Gren meget liden. undertiden ganske rudimentær, den indre hos Hunnen 2-leddet. hos Hannen 3-leddet. Hunnens Brystpose af normal Bygning.

Bemærkninger. Denne Slægt udmærker sig især ved Kindbakkernes eiendommelige Udseende og svage Bygning, hvilket har givet Anledning til Slægtsnavnet. Fra foregaaende Slægt, med hvilken den i Følernes Bygning stemmer overens, skiller den sig blandt andet væsentlig derved, at Bagkroppens Buglemmer hos Hunnen er jvel udviklede og forsynede med børstebesatte Endeplader.

Slægten er temmelig artsrig, idet jeg har kunnet henføre til samme ikke mindre end 10 forskjellige Arter. De

Gen. 2. **Leptognathia**, G. O. Sars, 1881.

Revision af Gruppen Isopoda chelifera.

Generic Character. — Body in female more or less elongate and slender, with sharply defined segments; in male considerably shorter. No eyes or ocular lobes. First pair of antennæ in female four-jointed, in male considerably larger. with a thick, three-jointed peduncle, and a four-jointed flagellum furnished with dense fascicles of sensory bristles. Mandibles very small and weak, with an acutely lobular molar projection. Chelipeds somewhat dissimilar in male and female. Chela in female powerfully developed. triangular; in male much more feeble, with the immovable finger shorter than the movable. Ambulatory legs comparatively very small and fragile, the 3 posterior pairs somewhat unlike the preceding, and armed with stronger spines. Pleopoda both in male and female well developed, with ovate, closely setiferous terminal plates. Caudal appendages biramous, with the outer branch very small. sometimes quite rudimentary, the inner, in female, two-jointed, in male three-jointed. Marsupium of female normal in structure.

Remarks. — The genus is distinguished more particularly by the peculiar appearance and feeble structure of the mandibles, from which its generic appelation is derived. From the preceding genus, with which it agrees in the structure of the antennæ, it differs, among other characteristics, chiefly in the pleopoda of the female being well developed and furnished with setiferous terminal plates.

The genus may be regarded as rich in species, since I have been able to class under it not less than 10 different

Heste af disse er først opdagede af Prof. Lilljeborg ved Bohuslän og Norges Vestkyst. Slægten er forøvrigt ogsaa repræsenteret i Middelhavet og ved Nordamerikas Østkyst. Alle dens Arter synes at være ægte Dybvandsformer, og den fuldstændige Mangel af Øine synes at staa i god Samklang hermed.

forms. Most of these were discovered by Professor Lilljeborg, off Bohuslän, in Sweden, and the West Coast of Norway. For the rest, the genus is also represented in the Mediterranean and off the eastern shores of North America. All these species are apparently true deep-sea forms, and the absolute want of eyes would seem to be in strict accordance therewith.

15. Leptognathia longiremis, (Lilljeborg).

(Pl. VII. Fig. 17—28).

Tanais longiremis. Lilljeborg, Bidrag til Kundskab om de inom Sverige och Norrige förekommande Crustaceer af Tanaidernas underfamilj No. 7.

Tanais islandicus, G. O. Sars, Prodromus descriptionis Crust. etc., No. 61.

Leptognathia longiremis. G. O. Sars, Revision af Gruppen Isopoda chelifera pg. 11.

Artscharacteristik.

Legemet af smal lineær Form, med den største Brede neppe mere end ¹/₇ af Længden. Hovedskjoldet betydelig længere end bredt, i sin forreste Del afsmalnende, med lige afskaaret Panderand. Bagkroppen af samme Brede som Forkroppen, sidste Segment forholdsvis kort, med et lidet tandformigt Fremspring ved Basis af Halevedhængene. 1ste Par Følere noget kortere end Hovedskjoldet, med 1ste Led omtrent saa langt som de øvrige tilsammen. Saxfødderne af middelsmaadig Størrelse, med Haanden noget udvidet mod Enden og den ydre Kant forsynet med en kort takket Kam; Fingrene lidt kortere end Palmen, den bevægelige i Yderkanten saugtakket. Halevedhængene længere end sidste Segment med begge Grene 2-leddede, den ydre særdeles liden, den indre 3 Gange saa lang, med særdeles lange divergerende Endeborster. Farven hvid. Længden indtil 3.70ᵐᵐ.

Findested. Havnen ved Reikjavik.

Bemærkninger. Ved den nøiere Undersøgelse, som jeg fornylig har anstillet over de til nærværende Tribus hørende Former, har jeg fundet, at den af mig som en ny Art opstillede Form, *Tanais islandicus,* ikke skiller sig fra Lilljeborgs T. longiremis. Den opføres derfor her under sit rette Navn, og da Figurerne allerede var graverede inden jeg kom til dette Resultat, vedføier jeg nedenfor en udførlig Beskrivelse, skjøndt en saadan egentlig, efter den for dette Arbeide lagte Plan, ikke skulde medeles her.

Arten er let kjendelig fra de øvrige til denne Slægt hørende Former ved Saxføddernes Bygning og de særdeles ulige udviklede Grene paa Halevedhængene, samt ved de usedvanlig lange Endeborster, hvormed disse, og navnlig den indre Gren, er forsynede.

15. Leptognathia longiremis, (Lilljeborg).

(Pl. VII. figs. 17—28).

Tanais longiremis, Lilljeborg. Bidrag til Kundskab om de inom Sverige och Norrige förekommande Crustaceer af Tanaidernas underfamilj, No. 7.

Tanais islandicus, G. O. Sars, Prodromus descriptionis Crust. etc., No. 61.

Leptognathia longiremis, G. O. Sars. Revision af Gruppen Isopoda chelifera, p. 11.

Specific Character. — ♀ Body of a slender, linear form, with its greatest breadth scarcely more than one-seventh of the length. Cephalic shield considerably longer than broad, tapering throughout, with the frontal margin abruptly truncate. Abdomen of same breadth as anterior division, terminal segment comparatively short, with a small dentiform projection at the base of the caudal appendages. First pair of antennæ somewhat shorter than cephalic shield, with the 1st joint about as long as the others taken together. Chelipeds moderate in size, with the hand somewhat dilated toward the extremity, and provided on the outer margin with a short, dentate comb; fingers a trifle shorter than palm, the movable one serrate on the outer margin. Caudal appendages longer than last segment, with both branches two-jointed, outer exceedingly small, inner 3 times as long, with remarkably elongate, diverging terminal bristles. Colour white. Length reaching 3.70ᵐᵐ.

Locality. — Rejkjavik harbour.

Remarks. From the closer examination I undertook some time since of the various forms belonging to the present tribe, I found that the new species I had established as *Tanais islandicus* is not distinct from Lilljeborg's T. longiremis. Hence, it is referred here under its proper designation; and as the figures had been already engraved previous to my arriving at this result, I annex below a detailed description, though, strictly, such does not come within the compass of the present Memoir.

The species may be easily distinguished from the other forms belonging to this genus by the structure of the chelipeds and the very unequally developed branches on the caudal appendices, as also by the unusually long terminal bristles with which those parts, in particular the inner branch, are furnished.

Beskrivelse af Hunnen. Legemet er (se Pl. VII. Fig. 17 og 18) af smal og langstrakt Form, omtrent 7 Gauge længere end bredt, og har Segmenterne vel begrændsede ved laterale Indsnøringer.

Integumenterne er tyndere end hos den i det foregaaende omtalte Tanaide og hos enkelte Exemplarer halvt gjennemsigtige.

Hovedskjoldet er betydelig længere end bredt og i sin forreste Del temmelig stærkt afsmalnende, med næsten lige afskaaret Panderand og uden Spor af Øine eller fra Hovedskjoldet adskilte Øienlober.

Af Forkroppens Segmenter er det sidste kortest; næstsidste og 1ste omtrent ligestore og noget mindre end de 3 øvrige, der kun er ubetydelig bredere end lange.

Bagkroppen indtager omtrent ¼ af Totallængden og er af samme Brede som Forkroppen. Dens sidste Segment er forholdsvis kort og i Enden stumpt tilrundet samt viser nedad noget foran Halevedhængenes Insertion til hver Side et lidet tandformigt Fremspring (ikke antydet paa Figuren).

1ste Par Følere er noget kortere end Hovedskjoldet og viser den for Slægten sædvanlige Bygning. De bestaar af 4 mod Enden stærkt afsmalnende Led, hvoraf det 1ste er størst og af samme Længde som de øvrige tilsammen. Hos et af de erholdte Exemplarer, der tilfældigvis udvalgtes til Dissection, viste disse Følere (se Fig. 19) den Anomali, at sidste Led var delt i 2 tydelige Segmenter, hvorved disse Følere her blev 5-leddede. Jeg antager, at dette Exemplar har været en endnu ikke fuldt udviklet Han, hos hvem den yderligere Segmentering af disse Organer netop var paabegyndt. Ved en Feiltagelse er Følerne ogsaa paa det Fig. 17 og 18 afbildede Exemplar, der var en fuldt udviklet Hun, fremstillede som 5-leddede. Dette er urigtigt. De var her, som jeg senere har overbevist mig om, som sædvanlig, 4-leddede.

2det Par Følere (Fig. 20) er betydelig baade kortere og tyndere end 1ste Par og har de 2 midterste Led noget, skjøndt ikke meget længere end de øvrige. Ved Spidsen bærer disse Følere ligesom 1ste Par et Knippe af simple Børster.

Kindbakkerne (Fig. 21) er som hos alle til denne Slægt hørende Arter umindelig smaa og svagt byggede. Selve Corpus er meget kort samt ufuldstændigt incrusteret, og den mod Munden rettede indre Ende smalt udtrukket og jevnt indadbøiet; paa høire Kindbakke er den bevæbnet med 2 smaa simple Tænder, paa venstre desuden med en secundær pladeformig Fortsats. Tyggeknuden har den usædvanlige Form af en simpel tilspidset, noget bagudkrummet Flig af kun lidet fast Consistens og uden Spor af den sædvanlige riflede Skulptur.

1ste Par Kjæver (Fig. 22) har som hos andre Tanaider kun en enkelt smalt lineær Tyggelap, der paa Spidsen er bevæbnet med talrige divergerende Torner. Den bag-

Description of the Female. — The body (see Pl. VII. figs. 17, 18) is slender and elongate in form, about 7 times longer than broad, and has the segments well defined by lateral instrictions.

The integuments are thinner than in the preceding Tanaid, and in some specimens semi-diaphanous.

The cephalic shield is considerably longer than broad, and tapers somewhat rapidly throughout its anterior portion: the frontal margin abruptly truncate, without any trace of eyes, or of ocular lobes separated from the cephalic shield.

Of the segments belonging to the anterior division, the last is shortest; the penultimate and the 1st about equal in size, and a trifle smaller than the 3 others, which are but very little broader than long.

The posterior division of the body, measuring about one-fourth of the total length, is of the same breadth as the anterior. Its terminal segment is comparatively short, and obtusely rounded at the extremity; moreover, it exhibits, downward, a little anterior to the insertion of the caudal appendages, on either side, a small dentiform projection (not represented in the Figure).

The 1st pair of antennæ are somewhat shorter than the cephalic shield, and have the structure characteristic of the genus. They consist of 4 joints, rapidly tapering toward the extremity, of which the 1st is largest, and equal in length to the others taken together. In one of the specimens that chanced to be selected for dissection, these antennæ (see fig. 19) exhibited the anomaly of the terminal joint being divided into 2 distinct segments; and hence the said antennæ are five-jointed. In my judgment, this specimen must have been a male not fully developed, in which the segmentation of the organs in question had only just commenced. The antennæ of the specimen — a fully developed female — represented in figs. 17 and 18, are also erroneously shown as five-jointed. They were, in this specimen too, as I have subsequently been enabled to determine, as usual four-jointed.

The 2nd pair of antennæ (fig. 20) are considerably shorter and more slender than the 1st pair, and have the 2 middle joints a trifle longer than the rest. At the point, these antennæ bear, as do the 1st pair, a fascicle of simple bristles.

The mandibles (fig. 21) are, as in all the species belonging to this genus, remarkably small and feeble in structure. The corpus itself is exceedingly short and imperfectly incrusted, and the inner extremity directed toward the mouth, slenderly produced and uniformly incurved; on the right mandible it has 2 small, simple teeth; on the left, also a secondary, lamelliform projection. The molar protuberance exhibits the very unusual form of a simple, acute, somewhat posteriorly curving lobule, anything but firm in consistence, and without a trace of the usual fluted sculpturing.

The 1st pair of maxillæ (fig. 22) are provided, as in other Tanaids, with only a single narrow, linear masticatory lobe, armed at the point with numerous diverging spines.

udrettede Exognath er kortere end Tyggelappen og forsynet med 2 ulige lange Børster ved Spidsen.

2det Par Kjæver er som hos alle til denne Familie hørende Former ganske rudimentære, kun dannende et Par smaa, børstelose Lapper.

Kjævefødderne (Fig. 23) er ved Basis ubevægeligt forbundne med hinanden, skjøndt en tydelig median Sutur antyder deres Adskillelse. Tyggelappen er af uregelmæssig firkantet Form og uden tydelige Tænder eller Børster. Palpen er vel udviklet og bestaar af 4, mere eller mindre pladeformigt udvidede Led, der i sin indre Kant bærer nogle faa, men stærke indadkrummede Børster; fra det lille ovale Endeled udgaar 4 saadanne.

Saxfødderne (Fig. 24) er temmelig kraftigt udviklede, med Leddene tykke og fyldte med stærke Muskler. Haanden er noget længere end det foregaaende Led (carpus), udvidet mod Enden og her i den forreste Kant forsynet med en kort takket Kam, der ogsaa fortsætter sig langs ad den bevægelige Finger. Den ubevægelige Finger ender med en temmelig stærk hageformig Spids og viser indenfor denne en fin Crenulering samt 2 korte Børster. Begge Fingre er noget kortere end Palmen og slutter, naar Saxen er lukket, temmelig nøie sammen, uden at Spidserne krydser hinanden mærkbart.

De egentlige Gangfødder er forholdsvis meget smaa og spinkle. De 3 forreste Par (Fig. 25) er indbyrdes omtrent af ens Udseende, kun sparsomt børstebesatte og ender med en lang børsteformig Klo. De 3 bageste Par (Fig. 26), der i Modsætning til hine er rettede fortil, har de ydre Led temmelig rigeligt forsynede med Torner; Endekloen bestaar her af 2 tydelige Segmenter.

Bagkroppens Buglemmer (Fig. 27) er normalt udviklede og bestaar af et meget lidet Basalled, hvortil er fæstet 2 brede, ovale og indadbøiede Plader, der langs sin ene Kant er besatte med en Rad af udad i Længde successivt tiltagende Fjærbørster.

Halevedhængene (Fig. 28) er noget længere end sidste Segment og har begge Grene, tydeligt 2-leddede, men meget ulige udviklede. Den ydre Gren er overdeles liden og tynd, neppe længere end Stammen og bærer ved Spidsen en enkelt lang Børste og en kortere i den ydre Kant. Den indre Gren er 3 Gange længere og betydelig tykkere. Dens 2 Led er omtrent af ens Længde, og det sidste har ved Spidsen 4 usædvanlig lange divergerende Børster.

Et af de erholdte Exemplarer (det Fig. 17 og 18 afbildede) var forsynet med fuldt udviklet Brystpose eller Klækkehule, hvoraf netop Ungerne var udkrøbne, og viste derfor tydeligt dennes Sammensætning af 5 Par brede Plader, svarende til de 5 forreste frie Forkropssegmenter.

Farven er den sædvanlige, ensformigt hvide, uden al Pigmentering.

The posteriorly directed exognath is shorter than the masticatory lobe, and furnished at the point with 2 bristles, unequal in length.

The 2nd pair of maxillæ are, as in all forms belonging to this family, quite rudimentary, constituting merely a pair of small, bristleless lobes.

The maxillipeds (fig. 23) are at the base immovably connected, though a distinct median suture intervenes. The masticatory lobe is irregular-quadrate in form, and without distinctly developed spines or bristles. The palp is well developed, and consists of 4, more or less lamelliform-dilated joints, bearing on their inner margin a few strongly incurving bristles; 4 such may be observed to proceed from the small oval-shaped terminal joint.

The chelipeds (fig. 24) have rather a powerful development, with the joints thick, and furnished with strong muscles. The hand is somewhat longer than the preceding joint (carpus), dilated at the extremity, where it exhibits, on the anterior margin, a short, dentate comb, likewise produced along the movable finger. The immovable finger terminates in a comparatively strong, unguiform point, and exhibits, besides, a fine crenellation, together with 2 short bristles. Both fingers are somewhat shorter than the palm, and fit, when the chela is shut, tolerably close together, but without any obvious crossing of the points.

The true ambulatory legs are comparatively very small and feeble. The 3 anterior pairs (fig. 25) are very nearly uniform in appearance, but sparingly beset with bristles, and terminate in a long, setiform claw. The 3 posterior pairs (fig. 26) which, in contradistinction to the anterior, are directed forward, have the outer joints rather abundantly provided with spines; the terminal claw consists of 2 distinct segments.

The pleopoda (fig. 27) are normally developed, and consist of a very small basal joint, to which are attached 2 broad, oval, incurved plates, beset along one of the margins with a row of plumose bristles, increasing outwards successively in length.

The caudal appendages (fig. 28) are somewhat longer than the terminal segment, and have both branches distinctly two-jointed, but very unequal in development. The outer branch is exceedingly small and slender, scarcely at all longer than the stem, and bears at the point a long, isolated bristle and a shorter one on the outer margin. The inner branch is three times as long, and considerably thicker. Its two joints are well-nigh uniform in length, and the latter has at the point 4 unusually long, diverging bristles.

One of the specimens obtained (that represented in figs. 17 and 18) had a fully developed marsupium, or incubatory pouch, from which the young had just emerged; and hence the observer could plainly distinguish the 5 pairs of broad plates that compose it, corresponding to the 5 free anterior segments of the anterior division.

Colour, as usual, a uniform white, without a trace of pigment.

82

Længden af de erholdte Exemplarer var kun 2.80ᵐᵐ. Ved vore Kyster har jeg fundet dem betydelig større.

Forekomst og Udbredning. Nogle faa Exemplarer af nærværende Art toges under Expeditionens 1ste Togt i Havnen ved Reikjavik paa 16—20 Favnes Dyb. Arten forekommer desuden ved Bohuslän (Lilljeborg) og langs hele Norges Kyst fra Kristiania til Vadsø.

Length of the specimens collected not exceeding 2.80ᵐᵐ. Off the coasts of Norway. I have met with considerably larger examples.

Occurrence and Distribution. — A few examples of the present species were taken on the first cruise of the Expedition, in Reikjavik harbour, at a depth of 16—20 fathoms. The species occurs, too, off Bohuslän (Lilljeborg), in Sweden, and along the whole coast of Norway, from Christiania to Vadsø.

Gen. 1. **Typhlotanais**, G. O. Sars, 1881.

Revision af Gruppen Isopoda chelifera.

Slægtscharacteristik. Legemet mere eller mindre langstrakt, linært, med kun svagt markerede Indsnøringer mellem Segmenterne. Ingen Øine eller Øienlober. 1ste Par Følere hos Hunnen 3-leddede, hos Hannen 6-leddede, med Basalleddet stort og pladeformigt udvidet. Kindbakkerne kraftigt udviklede, med cylindrisk. i Enden knudret Tyggefortsats. Saxfødderne af ens Udseende hos begge Kjøn, afsmalnende mod Enden, med Haanden forholdsvis smal og Fingrene simple. De 3 bagerste Par Gangfødder kortere end de foregaaende, med opsvulmet Basalled. Bagkroppens Buglemmer hos begge Kjøn vel udviklede. Halevedhængene tvegrenede, med Grenene 1- eller 2-leddede. Brystposen hos Hunnen af normal Bygning.

Bemærkninger. Fra de 2 foregaaende Slægter er denne let kjendelig derved, at 1ste Par Følere hos Hunnen kun bestaar af 3 Led. Fra Slægten Paratanais, med hvilken den, hvad den ydre Habitus angaar, stemmer mest overens, skilles den ved den fuldstændige Mangel af Øine og Øienlober samt ved Kindbakkernes afvigende Bygning.

Slægten indbefatter for Tiden ikke mindre end 10 forskjellige Arter, hvoraf 1 middelhavsk. Resten nordiske. Alle dens Arter er ægte Dybvandsformer.

Gen. 3. **Typhlotanais**, G. O. Sars, 1881.

Revision af Gruppen Isopoda chelifera.

Generic Character. — Body more or less elongate, linear, with but faintly marked instrictions between the segments. No eyes or ocular lobes. First pair of antennae, in female, three-jointed, in male six-jointed, with basal joint large and lamelliform-dilated. Mandibles powerfully developed, with a cylindric. at the extremity rugged, masticatory projection. Chelipeds of uniform appearance in both sexes, tapering toward the extremity, with the hand comparatively slender and the fingers simple. The 3 posterior pairs of ambulatory legs shorter than the preceding, with the basal joint tumid. Pleopoda well developed in both sexes. Caudal appendages biramous, with the branches either one or two-jointed. Marsupium of female normal in structure.

Remarks. — From the 2 preceding genera, this genus may be easily recognized by the 1st pair of antennae, in the female, consisting of but 3 joints. From the genus Paratanais, with which, as regards its outer habitus, it approximates closest, it differs in the total want of eyes and ocular lobes, and in the deviating structure of the mandibles.

The genus comprises at present 10 different species, 1 occurring in the Mediterranean, while the rest are exclusively Northern. All of the species are true deep-sea forms.

16. **Typhlotanais cornutus**, G. O. Sars. n. sp.

(Pl. VII, Fig. 29—38).

Paratanais cornutus. G. O. Sars, Crustacea et Pycnogonida nova etc.. No. 5.
Typhlotanais cornutus, G. O. Sars, Revision af Gruppen Isopoda chelifera. pg. 38.

Artscharacteristik. ♀ Legemet usædvanlig kort og undersætsigt, neppe mere end 4½ Gang længere end bredt. Hovedskjoldet af samme Brede som Længde, til Siderne jevnt convext, fortil i Midten udgaaende i en tilspidset rostrumlignende Fortsats. 1ste frie Segment meget kort. Bagkroppen af samme Brede som Forkroppen, med sidste Segment forholdsvis kort. 1ste Par Følere af Hovedskjoldets Længde, med 1ste Led længere end de 2 øvrige tilsammen. sidste Led meget smalt og forsynet med lange Endeborster. Saxfødderne temmelig kraftigt udviklede, men med forholdsvis liden og smal Haand; Fingrene kortere end Palmen. Basalleddet paa de 3 sidste Par Gangfødder stærkt opsvulmet. Halevedhængene korte, med begge Grene 2-leddede, den indre noget længere end den ydre. Farven hvid. Længden 1.65ᵐᵐ.

Findested. Stat. 290.

Bemærkninger. Nærværende Art udmærker sig fra de fleste øvrige til denne Slægt hørende Arter ved sin usædvanlig korte og undersætsige Kropsform, den i Midten til en tilspidset Fortsats uddragne Panderand og de usædvanlig lange Børster paa Spidsen af 1ste Par Følere. I alle disse Punkter viser den en stor Lighed med en anden af mig ved vor Vestkyst funden Art, *T. penicillatus*, som dog let kjendes fra samme ved sine betydeligt længere og tyndere 1ste Par Følere, de langt svagere byggede Saxfødder og de stærkere forlængede Halevedhæng. I Munddelenes Bygning stemmer disse to Arter paa det nøieste overens med de øvrige Arter af Slægten.

Beskrivelse af Hunnen. Legemets Form er (se Pl. VII. Fig. 29 og 30). som anført, i Sammenligning med Slægtens øvrige Arter usædvanlig kort og undersætsig, idet den største Brede indeholdes 4½ Gang i Længden. Ovenfra seet (Fig. 29) er Legemet næsten overalt af ens Brede, kun i sin forreste og bagerste Del ubetydelig afsmalnende.

Integumenterne er forholdsvis tynde og halvgjennemsigtige, saa at flere af de indre Dele tydeligt sees igjennem samme.

Hovedskjoldet er temmelig stort, af samme Brede som Længde og til Siderne jevnt hvælvet samt udmærket derved, at Panderanden ikke som sædvanlig er lige afskaaret, men i Midten uddraget til en mellem Roden og 1ste Par Følere fremskydende tilspidset Fortsats eller Pandehorn.

---

16. **Typhlotanais cornutus**, G. O. Sars. n. sp.

(Pl. VII. figs. 29—38)

Paratanais cornutus, G. O. Sars, Crustacea et Pycnogonida nova etc.. No. 5.
Typhlotanais cornutus, G. O. Sars. Revision af Gruppen Isopoda chelifera. p. 38.

Specific Character. — ♀ Body remarkably short and thickset, but very little, if at all, more than 4½ times longer than broad. Cephalic shield of same breadth as length, uniformly convex at the sides, jutting forth anteriorly from the middle, as an acute, rostrum-like projection. First free segment exceedingly short. Abdomen of same breadth as anterior division, with last segment comparatively short. First pair of antennæ equal in length to cephalic shield. with 1st joint longer than the 2 others taken together. last joint exceedingly slender, and furnished with long terminal bristles. Chelipeds rather powerfully developed, but with a small and slender hand; fingers shorter than palm. Basal joint of 3 last pairs of ambulatory legs extremely tumid. Caudal appendages short, with both branches two-jointed, inner somewhat longer than outer. Colour white. Length 1.65ᵐᵐ.

Locality. — Stat. 290.

Remarks. — The present species is distinguished from most other forms belonging to this genus by its remarkably short and thickset form of body, by the frontal margin jutting out in the middle as an acute projection, and by the unusually long apical bristles of the 1st pair of antennæ. In all these characteristics, the animal presents very considerable resemblance to another species I have met with off the Norwegian coast, viz, *T. penicillatus*, easily recognized however from the former by its very much longer and more slender 1st pair of antennæ. the far weaker structure of the chelipeds, and the more elongate caudal appendages. In the structure of the oral parts, these two species exhibit the most perfect agreement with the other species of the genus.

Description of the Female. — The form of the body is (see Pl. VII, figs. 29 and 30), as stated above, in comparison with that in the other species of the genus, remarkably short and thickset, the greatest breadth being contained not more than 4½ times in the length. Viewed from above (fig. 29), the body appears almost everywhere uniform in breadth, tapering but very slightly in its anterior and posterior parts.

The integuments are comparatively thin and semitranslucent, so that several of the inner parts may be distinctly seen through them.

The cephalic shield is rather large, of the same breadth as length, and uniformly arched at the sides, and characterized by the frontal margin not being, as usual, abruptly truncate, but jutting out from the middle, between the bases of the 1st pair of antennæ, as an acutely pointed projection. or rostrum.

De frie Forkropssegmenter er kun ved smaa og smale laterale Indsnit adskilte fra hinanden. Det forreste er betydelig kortere end de øvrige, som omtrent er dobbelt saa brede som lange.

Bagkroppen er af sædvanligt Udseende og har sidste Segment meget kort og bagtil stumpt tilrundet.

Af Øine eller særskilte fra Hovedskjoldet afgrændsede Øienlober er der ligesaalidt som hos Slægtens øvrige Arter noget Spor at bemærke.

1ste Par Følere (Fig. 31) er omtrent af Hovedskjoldets Længde og bestaar kun af 3 Led, der hurtigt aftager i Tykkelse mod Enden. 1ste Led er temmelig bredt ved Basis, længere end de 2 øvrige tilsammen og langs sin indre Kant forsynet med en Rad af Børster. Sidste Led er meget smalt, lineært og bærer ved Spidsen et Knippe af usædvanlig lange Børster.

2det Par Følere (Fig. 32) er omtrent af samme Længde som 1ste Par, men meget tyndere, og udmærket ved den betydelige Længde af de 2 midterste Led.

Kindbakkerne (Fig. 33) viser den for Slægten charateristiske Bygning. De er i Modsætning til hvad Tilfældet er hos foregaaende Slægt kraftigt udviklede og helt igjennem stærkt incrusterede, med forholdsvis stort, kileformigt Corpus. Den forreste tandbærende Gren gaar i lige Flugt med Corpus, men bøier sig ved Enden vinkelformigt indad og viser en liguende Forskjel i Bevæbningen paa høire og venstre Kindbakke som hos foregaaende Slægt. Tyggefortsatsen udgaar fra Corpus under en ret Vinkel og er af cylindrisk Form, dog noget udvidet mod Enden og her bevæbnet med et Antal af stærke knudeformige Udvæxter.

De øvrige Munddele viser intet usædvanligt i sin Bygning.

Saxfødderne (Fig. 34) er vistnok kraftigt byggede, men har som hos Slægtens øvrige Arter selve Haanden forholdsvis liden og smal samt kortere end det foregaaende Led (corpus). Fingrene er simple, uden nogen bemærkelig Crenulation og noget kortere end Palmen.

De 3 følgende Fodpar (Fig. 35) er af meget spinkel Form, med Basalleddet ganske smalt og Endekloon tynd, børsteformig. De 3 bagerste Par (Fig. 36) er temmelig ulig disse, betydelig kortere og har Basalledet meget tykt og opsvulmet.

Bagkroppens Bugleummer (Fig. 37) er vel udviklede, med tæt børstebesatte Endeplader.

Halevedhængene (Fig. 38) er forholdsvis smaa, men forsynede med 2 vel udviklede og tydeligt 2-leddede Grene, hvoraf den indre er noget, skjøndt ikke meget længere end den ydre.

Farven er den sædvanlige hvide, her dog paa Grund af Integumenternes Tyndhed mindre ren.

Længden af de største erholdte Exemplarer er kun lidet over 1½ᵐᵐ.

The free segments of the anterior division of the body are separated from one another only by small and narrow lateral incisions. The foremost is considerably shorter than the rest, which are about twice as broad as long.

The posterior division of the body is of the usual appearance, and has the last segment exceedingly short and, posteriorly, obtusely rounded.

Of eyes, or of ocular lobes separated from the cephalic shield, there was, as in the other species of the genus, no trace to be detected.

The 1st pair of antennæ (fig. 31) are about of the same length as the cephalic shield, and consist of only 3 joints, rapidly diminishing in thickness toward the extremity. The 1st joint is rather broad at the base, longer than the 2 others taken together, and furnished on its inner margin with a row of bristles.

The 2nd pair of antennæ (fig. 32) are about of the same length as the 1st pair, but much more slender, and characterized by the considerable length of the 2 median joints.

The mandibles (fig. 33) exhibit the structure peculiar to the genus. Contrary to what is the case in the preceding genus, they are powerfully developed, and strongly incrusted throughout, with a comparatively large, wedge-like corpus. The foremost dentiferous branch extends in the same plane as the corpus, bending however straight inward at the extremity, and exhibiting a difference in the armature on the right and left mandibles similar to that observed in the preceding genus. The molar projection springs at right angles from the corpus; it is cylindrical in form, though somewhat dilated at the extremity, where it has a number of strong, tuberculiform protuberances.

The remaining oral appendages exhibit nothing unusual in their structure.

The chelipeds (fig. 34) are, indeed, powerfully developed, but have, as in the other species of the genus, the hand itself rather small and narrow, as also shorter than the preceding joint (carpus). The fingers are simple, without any obvious crenulation, and somewhat shorter than the palm.

The 3 succeeding pairs of legs (fig. 35) are exceedingly feeble in structure, with the basal joint quite narrow, and the terminal claw slender, setiform. The 3 posterior pairs (fig. 36) differ a good deal from these, being shorter and having the basal joint exceedingly thick and swollen.

The pleopods (fig. 37) are well developed, with densely setiferous terminal plates.

The caudal appendages (fig. 38) are comparatively small, but furnished with 2 well developed and distinctly two-jointed branches, of which the inner is somewhat, though not much, longer than the outer.

Colour, as usual, white, but less pure in this animal, owing to the great tenuity of the integuments.

Length of the largest specimens taken but very little more than 1½ᵐᵐ.

85

Forekomst og Udbredning. Af den her omhandlede meget distincte Art blev nuder Expeditionens sidste Togt en Del Exemplarer optagne fra et Dyb af 190 Favne omtrent midt imellem Beeren Eiland og Finmarken (Stat. 290). Ved nylig at gjennemgaa det paa mine forskjellige Reiser indsamlede Materiale af Tanaider, finder jeg ogsaa et Par Exemplarer af samme Art fra vor nordlige Kyst (Hammerfest).

Dens for Tiden bekjendte Udbredning synes saaledes at indskrænke sig til Havet omkring Norges nordlige Kyster og Beeren Eiland.

Occurrence and Distribution. — Of the very distinctly characterized species described above, a number of specimens were taken, on the last cruise of the Expedition, at a depth of 190 fathoms, about midway between Beeren Eiland and Finmark (Stat. 290). Lately, on reviewing the material comprising the Tanaid group collected on my various exploratory excursions, I lighted on a few specimens of the species from the north coast of the country (Hammerfest).

The distribution of this form is therefore, apparently, at present confined to the sea off the northern shores of Norway and that surrounding Beeren Eiland.

Trib. 2. Flabellifera.

Bemærkninger. Under denne Tribus henfører jeg alle de Isopoder, hos hvem de bagerste Par Buglemmer sammen med sidste Segment danner en mere eller mindre tydelig Halevifte. Jeg har fundet, at disse Former ogsaa i flere andre Henseender frembyder Overeensstemmelser indbyrdes, og derfor fortjener at sammenfattes som en særegen storre Afdeling af Isopoderne. Folgende Familier hører herhen: Anthuridæ, Anceidæ, Cymothoidæ (incl. Ægidæ & Cirolanidæ), Serolidæ, Sphæromidæ (incl. Limnoriidæ).

Trib. 2. Flabellifera.

Remarks. — To this tribe I refer all Isopods in which the posterior pair of abdominal limbs, along with the last segment, constitute a more or less distinct caudal fan. I have found that the said forms also present agreement in several other respects, and hence afford warrantable grounds for classing them in a special, comprehensive section of the Isopods. The following families belong to this section: — The Anthuridæ, Anceidæ, Cymothoidæ (including the Ægidæ and the Cirolanidæ), Serolidæ, Sphæromidæ (including the Limnoriidæ).

Fam. **Anceidæ.**

Gen. **Anceus**, Risso, 1816.

Crustacés de Nice.

17. Anceus stygius, G. O. Sars.

(Pl. VIII. Fig. 1—22).

Anceus stygius, G. O. Sars, Prodromus descriptionis Crust. etc., No. 65.

Artscharacteristik. ♂ Legemet af aflang Form, 3 Gange længere end bredt, fortil noget afsmalnende, med særdeles haarde, piggede Integumenter. Hovedet mindre end sædvanligt, næsten pentagonalt, til hver Side forsynet med en i Midten afbrudt tandet Kjol. De frie Forkropssegmenter med grovt tandede Epimerer; de høgre Sidehjorner paa de 3 sidste udtrukne til skjævt udadrettede smale tandede Fortsatser; næstsidste Segment størst, oventil

Fam. **Anceidæ.**

Gen. **Anceus**, Risso, 1816.

Crustacés de Nice.

17. Anceus stygius, G. O. Sars.

(Pl. VIII. figs. 1—22).

Anceus stygius, G. O. Sars. Prodromus descriptionis Crust. etc., No. 65.

Specific Character. — ♂ Body oblong in form, 3 times longer than broad, forward somewhat tapering, with exceedingly hard, spiky integuments. Cephalic segment smaller than usual, almost pentagonal, furnished on either side with a dentate keel, disrupted in the middle. Free segments of anterior division with coarsely dentate epimera; posterior lateral corners on last 3 drawn out to oblique, exteriorly directed, slender, toothed projections; penultimate

i Midten ved en dyb Længdefure delt i 2 laterale Felter. Bagkroppen forholdsvis liden, oventil forsynet med en dobbelt Rad af korte Tænder; Epimererne tilspidsede og fremragende til Siderne. Tutet Spor af Øine. Følerne korte, af ens Længde. Kindbakkerne mindre end sædvanlig, med en liden Afsats i den ydre Kant. Fødderne robuste, tæt haarede og forsynede med grove tandformige Knuder. Bagkropslemmerne med Endepladerne smale, uden Børster. Den midterste Haleplade stærkt indknebet bag Basis, med delvis tandede Kanter. Enden stumpt tilspidset. Sidevedhængene med smaa delvis tandede Endeplader. Farven hvidagtig med blaaligt Skjær. Længden indtil 12ᵐᵐ.

Larven (Praniza) af sædvanlig Form med forholdsvis lidet triangulært Hovedsegment uden Spor af Øine. Klammerfødderne endende med en usædvanlig stærk og skarpt tilspidset Krog. Farven hvid, uden Pigment. Længden indtil 10ᵐᵐ.

Findesteder. Stat. 35, 40, 51, 240, 248, 295, 312.

Bemærkninger. Nærværende anselige Art, den største hidtil bekjendte af Slægten, er let kjendelig fra alle tidligere beskrevne Former ved sit aflange, stærkt piggede Legeme, forholdsvis lille Hovedsegment og den fuldstændige Mangel af Øine saavel hos den fuldt udviklede Han som hos Larven.

Beskrivelse af Hannen. Legemet er (se Pl. VIII, Fig. 1 og 2) i Sammenligning med de øvrige bekjendte Arter temmelig langstrakt, med den største Brede neppe større end ¹/₃ af Længden, forøvrigt af den sædvanlige stærkt nedtrykte Form, med Segmenterne adskilte ved dybe laterale Indsnit.

Integumenterne er særdeles haarde og rue af talrige Pigger eller Torner, som især langs Sidekanterne af Legemet er af betydelig Størrelse. Paa visse Steder er de ogsaa tæt besatte med lange fine Haar.

Hovedet er betydelig smalere end den bagenfor liggende Del af Forkroppen og næsten af pentagonal Form, bagtil convext, fortil i Midten concaveret og til hver Side forsynet med 2 tandede Kjøle, hvoraf den ene indtager Sidekanterne og er afbrudt paa Midten, medens den anden begrændser den fordybede trekantede Mundaren (se Fig. 3). Panderanden er i Midten temmelig stærkt fremspringende og til hver Side begrændset af en tornformig, i den ene Kant tandet Fortsats (Supraorbitalfortsatsen). Lige bag Hovedet, imellem dette og Forkroppen, findes paa Rygsiden indskudt en smal halvmaaneformig Plade, der egentlig repræsenterer Dorsaldelen af et særskilt til Forkroppen hørende Segment, hvis Sternaldele dog ganske er sammensmeltede med Hovedet (se Fig. 3).

Af tydeligt udviklede frie Forkropssegmenter findes som hos Slægtens øvrige Arter tilsynelndende kun 5. De 2 første af disse er ganske korte, med stærkt udstaaende, i Enden afstumpede og grovt tandede Epimerer. 3die Segment er betydelig større end disse, med den bagre Rand i Midten noget udbuet og de bagre Sidehjørner ligesom paa de

segment largest; above, divided in the middle, by a deep longitudinal sulcus, into 2 lateral areas. Abdomen comparatively small, furnished above with a double row of short teeth; epimera pointed, and projecting toward the sides. No trace of eyes. Antennæ short and of one length. Mandibles smaller than usual, with a minute projection on the outer margin. Legs robust in structure, densely clothed with hair, and furnished with coarse, dentiform protuberances. Terminal plates of pleopoda narrow, and without bristles. Median caudal plate very considerably constricted behind the base, and with partially dentate margins, extremity obtusely pointed. Colour whitish, with a tinge of blue. Length reaching 12ᵐᵐ.

Larva (Praniza) of the usual form, with a comparatively small, triangular cephalic segment, exhibiting no trace of eyes. Prehensile legs, terminating in a remarkably strong and acutely pointed hook. Colour white, without pigment. Length reaching 10ᵐᵐ.

Locality. — Stats. 35, 40, 51, 240, 248, 295, 312.

Remarks. — The present species, the largest hitherto obtained of the genus, may be readily distinguished from all other described forms by its oblong and excessively spiky body, the comparatively small cephalic segment, and the total absence of eyes, alike in the fully developed male and in the larva.

Description of the Male. — The body (see Pl. VIII, figs. 1, 2) is, when compared with the other known species, considerably elongate, its greatest breadth scarcely exceeding one-third of the length; for the rest, it exhibits the usual greatly depressed form, and has the segments separated by deep incisions.

The integuments are exceedingly hard and rough, a result of the numerous spikes or spines, which, more especially along the lateral margins of the body, are of considerable size. In certain places, they are also densely covered with long, delicate hairs.

The head is much narrower than any of the succeeding segments, and almost pentagonal in form, posteriorly convex, anteriorly, in the middle, concave, and on either side furnished with 2 dentate carinæ, of which the one, that occupying the lateral margins, is disrupted in the middle, while the other bounds the depressed, triangular buccal area (see fig. 3). The frontal border projects considerably in the middle, and is bounded on either side by a spiniform, along one of its margins dentate projection (the supraorbital projection). Immediately posterior to the head, between that part and the first free segment, occurs, inserted on the dorsal side, a narrow lunate plate, that, strictly, represents the dorsal section of a separate segment belonging to the anterior division of the body, the sternal parts of which are, however, wholly connate with the head (see fig. 3).

Of distinctly developed free segments belonging to the anterior division, occur, as in the other species of the genus, apparently, but 5. The 2 first are quite short, with strongly projecting epimera, obtuse at the extremity and coarsely dentate. The 3rd segment is considerably larger than the preceding, with the posterior margin somewhat

2 følgende Segmenter udtrukne i en tornformig tandet Fortsats, der er noget skjævt udadrettet. 4de Segment er det største af alle og viser oventil i Midten en dyb Længdefure, hvorved dets dorsale Del bliver delt i 2 symmetriske Sidefelter. Sidste Forkropssegment er noget smalere end det foregaaende, med den bagre Kant dybt udrandet og de til hver Side af Udrandningen udgaaende laterale Fortsatser betydelig længere end paa de 2 foregaaende Segmenter. Paa Ventralsiden er (se Fig. 2) de 2 sidstnævnte Segmenter ufuldstændige, idet Kropsvæggen her indtages af en blød, ikke incrusteret Hud, der dog undertiden i Midten viser 2 symmetriske forkalkede Plader. Helt bagtil bemærkes desuden en kort halvmaaneformig buet Plade, der egentlig, som af Prof. Dohrn først paavist,[1] repræsenterer den ventrale Del af et særskilt Segment. Ved noiere Undersøgelse vil man ogsaa lægge Mærke til, at der mellem For- og Bagkrop paa Rygsiden er indskudt en lignende smal Plade, som den, der findes mellem Hoved og Forkrop. Denne Plade er at betragte som den dorsale Del af samme Segment. Herved faar man altsaa ud det normale Antal Forkropssegmenter, nemlig 7, hvoraf dog kun de 5 midterste er fuldstændigt udviklede, idet det 1ste delvis er gaaet op i Hovedets Dannelse, medens det sidste, ikke blot er ganske rudimentært, men endog mangler ethvert Spor af Lemmer.

Bagkroppen er meget liden og smal, neppe indtagende ¼ af Totallængden og bestaar egentlig af 6 Segmenter, hvoraf dog det sidste er omformet paa en eiendommelig Maade, dannede sammen med Haleveedhrængene en saakaldt Halevifte, i Lighed med hvad Tilfældet er hos høiere Crustaceer (Macrurer og Schizopoder). De 5 egentlige Bagkropssegmenter er ganske korte og af ens Udseende, med tilspidsede og uladrettede Epimerer, der paa de bagerste Segmenter synes at være dobbelte. Langs ad Rygsiden findes en dobbelt Rad af korte tandformige Fortsatser, hvorved hele denne Kropsdel i Gjennemsnit faar et kantet Udseende.

Øine mangler, i Modsætning til hvad Tilfældet er hos de øvrige bekjendte Arter, ganske og aldeles, og Integumenterne viser paa det Sted, hvor disse Organer skulde findes, ikke det mindste Spor af nogen Forandring, hverken hvad Farve eller Structur angaar.

De 2 Par Følere er fæstede tæt sammen ved de forreste Sidehjørner af Hovedet, umiddelbart indenfor Supraorbitalfortsatserne. De er forholdsvis smaa og iøbyrdes omtrent af ens Længde, men viser et noget forskjelligt Forhold af de dem sammensættende Led.

1ste Par Følere (Fig. 4), der er fæstede lige over det 2det Par, bestaar af et 3-leddet Skaft og en kort 5-leddet Svøbe. Af Skaftets Led er det sidste stærkt forlænget og næsten saa langt som de 2 øvrige tilsammen. 2det Led bærer ved Enden i den ene Kant 2 saakaldte Høreborster.

arched in the middle, and having the posterior lateral corners, as in the 2 succeeding segments, drawn out to a spiniform, dentate projection, taking a somewhat oblique, outward course. The 4th segment is the largest of all, and exhibits above, in the middle, a deep, longitudinal sulcus, dividing the dorsal part into 2 symmetrical lateral areas. The last segment of the anterior division is a trifle narrower than the preceding one, with its posterior margin deeply emarginate, and having the lateral projections jutting forth from either side of the emargination considerably farther than on the 2 preceding segments. On the ventral side (see fig. 2), the 2 last-mentioned segments are incomplete, the wall of the body consisting here of a soft, non-incrusted pellicle, which, however, in some specimens, exhibits 2 symmetrical, calcareous plates. Moreover, far behind, is observed a small lunate, arched plate, that, strictly, as first pointed out by Professor Dohrn,[1] represents the ventral part of a separate segment. On closer examination will also be detected, between the anterior and posterior divisions of the body, inserted on the dorsal side, a narrow plate, similar to that occurring between the head and the trunk. This plate must be regarded as the dorsal part of the same segment. Thus, we have the normal number of segments belonging to the anterior division, viz. 7, but of which the 5 median only are fully developed, the first segment going in part to the formation of the head, while the last is not only quite rudimentary, but fails even to exhibit the slightest trace of limbs.

The posterior division of the body is very small and slender, measuring scarcely one-fourth of the total length; it consists, strictly, of 6 segments, the last transformed in a peculiar manner, constituting, as in more highly organized Crustaceans (Macrurans and Schizopods), together with the last pair of pleopods, a so-termed caudal fan. The 5 true abdominal segments are quite short and uniform in appearance, with pointed and outward-directed epimera, which, on the posterior segments, would appear to be double. Along the dorsal side, occurs a double series of short, dentiform projections, giving to the greater part of this division of the body an angulous appearance.

Eyes entirely wanting, contrary to what is the case in all other known species; and the integuments, where these organs might be looked for, do not present a trace of change, as regards either colour or structure.

The 2 pairs of antennæ are attached close together, at the foremost lateral corners of the head, immediately within the supraorbital projections. They are comparatively small, and well-nigh uniform in length, but differ somewhat in relation to the joints composing them.

The 1st pair of antennæ (fig. 4), attached immediately above the 2nd pair, consist of a three-jointed peduncle and a short, five-jointed flagellum. Of the joints of the peduncle, the last is very considerably produced, being almost as long as the 2 others taken together. The 2nd joint bears at

[1] Untersuchungen über Arthropoden.

[1] Untersuchungen über Arthropoden.

Svøben er omtrent af samme Længde som Skaftets sidste Led og særdeles tynd. Dens 1ste Led er meget lidet saa at det let vil kunne oversees: derimod er de 2 følgende Led temmelig forlængede, og ethvert af dem længere end de 2 sidste Led tilsammen. Foruden nogle simple Børster er til Enden af hvert af de 3 sidste Led fæstet en klar stavformig Sandseborste.

Paa 2det Par Følere (Fig. 5) kan ligeledes adskilles Skaft og Svøbe; men Skaftet bestaar her af 5 Led, hvoraf de 3 første er meget korte og delvis smugtakkede i Kanterne, medens sidste Led ogsaa her er stærkt forlænget og ved Spidsen forsynet med 4 stærkt udviklede Høreborster. Svøben er noget længere end Skaftets sidste Led og jevnt afsmalnende mod Spidsen samt sammensat af 8 korte, med simple Børster besatte Led.

De saakaldte Kindbakker (Fig. 6), der dog, som af Prof. Dohrn (l. c.) paavist, ifølge sin Stilling i Forhold til Mundaabningen og sin Udvikling, neppe kan betragtes som homologe med Kindbakkerne hos andre Crustaceer, er fæstede til Hovedets forreste Rand og rager frit frem forna samme, idet de som Tænger kan bevæges i horizontal Retning imod hinanden. De er i Sammenligning med andre Arter ikke meget store, med af den sædvanlige Form, noget indknebne ved Basis og pladeformigt udvidede mod Enden, med Spidsen leformigt indadkrummet og glat, dannende paa Midten en fremstaaende Vinkel. Ligeoverfor denne Vinkel bemærkes paa den ydre convexe Rand en liden, noget uregelmæssig Afsats som Antydning til et tandformigt Fremspring.

Af andre Munddele er kun 2 Par tilstede, der er fæstede til det bagerste Parti af Hovedsegmentet og ligeledes i betydelig Afstand fra selve Mundaabningen. Denne sidste sees som en ubetydelig simpelt cirkelformig eller noget elliptisk Aabning omtrent i Midten af den fordybede Mundaren (se Fig. 8).

Det ene af disse Par (Fig. 7) udspringer tæt sammen ved den bagerste Del af Mundaren (se Fig 3) og dækkes fuldstændigt af det 2det Par (se fig. 2). Saavel ifølge sin Beliggenhed som Bygning er det heromhandlede Par Lemmer at opfatte som de egentlige Kjevefødder, hvoraf altsaa følger, at Kjever ganske mangler. De er af blød og membranøs Beskaffenhed samt halvt gjennemsigtige og bestaar af en bred muskuløs Basaldel, der paa den indre Side lober ud i en kort fingerformig Fortsats (Tyggelap), og en mod Spidsen noget afsmalnende Enddel eller Palpe. Denne er sammensat af 4 pladeformige Led eller Segmenter, hvoraf det 2det er størst. Alle disse Led er langs sin ydre Kant forsynede med en regelmæssig Rad af stærke, udadbøiede Fjærborster.

Det 2det Par til Hovedsegmentet fæstede Lemmer (Fig. 8) viser et meget eiendommeligt Udseende, idet de som et Par mægtige Valvler hvælver sig over den hele

the extremity, on one side, 2 so-called auditory bristles. The flagellum is about of the same length as the last joint of the peduncle, and remarkably slender. Its 1st joint is very small, so minute indeed as to be easily overlooked: on the other hand, the 2 succeeding joints are rather elongate, each being longer than the 2 terminal joints taken together. Exclusive of a few simple bristles, a pellucid, baculiform, sensory bristle is attached to the extremity of each of the 3 terminal joints.

On the 2nd pair of antennæ (fig. 5), a peduncle and a flagellum can likewise be distinguished; but the peduncle consists of 5 joints, of which the 3 first are very short, and in part serrate along the margins, whereas the last joint is here, too, very considerably elongate, and at the point provided with 4 strongly developed auditory bristles. The flagellum is somewhat longer than the last joint of the peduncle, and tapers gradually toward the point: it consists of 8 short joints, beset with simple bristles.

The so-called mandibles (fig. 6), which, however, as pointed out by Professor Dohrn (l. c.), both regarding their position relative to the buccal orifice and their general development, can scarcely be held as homologous with the mandibles in other Crustaceans, are attached to the foremost margin of the head, and project freely forward before it, admitting of being moved horizontally one toward the other, like a pair of forceps. They are, as compared with other species, not particularly large, but of the usual form, somewhat constricted at the base and lamelliform-dilated toward the extremity, with the point falciform-incurved, and the inner margin sharp and smooth and forming in the middle a protuberant angle. Opposite to this angle, is observed, on the outer convex margin, a small, somewhat irregular ledge, constituting a rudiment of the usual dentiform projection.

Of other oral appendages 2 pairs only are present, attached to the hindermost part of the cephalic segment, and likewise at a considerable distance from the buccal orifice. The latter has the appearance of a small, circular, or somewhat elliptic, opening, placed about in the middle of the depressed buccal area (see fig. 8).

One of these pairs (fig. 7) spring, close together — and wholly covered by the 2nd pair (see fig. 2) — from the hindermost portion of the buccal area (see fig. 3). Both by reason of their position and their structure, the said pair of appendages must be regarded as the true maxillipeds; and hence maxillæ are entirely wanting. They are soft and membranous in character, as also semi-translucent, and consist of a broad, muscular basal portion, which, on the inner side, juts out as a short, dactyliform projection (masticatory lobe), and of a somewhat tapering terminal portion, or palp. The latter is composed of 4 lamelliform joints, or segments, of which the 2nd is largest. All these joints are furnished along their outer margin with a regular series of strong, outward-curving, plumose bristles.

The 2nd pair of appendages (fig. 8), attached to the cephalic segment, present a very peculiar appearance, arching over as they do, like a pair of enormous valves, the whole of the

Mundarea og i Midten endog delvis griber over hinanden (se Fig. 2). De udspringer vidt adskilte nær Sidekanterne af Hovedsegmentet (se Fig. 3) og bestaar kun af 2 tydelige Segmenter. Det yderste at disse er ganske lidet og af oval Form, hvorimod det 1ste er overordentlig stort, dannende en bred hvælvet Plade af afrundet triangulær Form og langs den indre stærkt buede Rand forsynet med en regelmæssig Rad af Fjærborster. I Midten af Pladen findes 3 meget iøinefaldende kalkagtige Concretioner, der giver disse Plader en betydelig Grad af Fasthed. De her omhandlede Lemmer maa egentlig, som Prf. Dohrn rigtigt bemærker, betragtes som et eiendommeligt modificeret Fodpar, tilhørende det rudimentære mellem Hovedet og Kroppen beliggende Segment. Da de imidlertid saavel hvad Bygning som Stilling angaar nærmest slutter sig til Mundpartiet, kan de passende benævnes accessoriske Kjæverfødder.

Af egentlige Fødder findes som hos de øvrige Arter af Slægten kun 5 Par. Disse er (Fig. 9) af kraftig Bygning, tæt besatte med lange Børster og delvis med grove Tænder. Af de 5 Led er det 1ste størst og omtrent saa langt som de 3 følgende tilsammen. Sidste Led danner med det foregaaende en meget bevægelig Articulation og bærer i Spidsen en kraftig, krummet Klo.

Det enkle Kjønsvedhæng, der er beliggende (se Fig. 2) paa Ventralsiden ved Enden af Forkroppen og støttet af en smal Chitinliste, er meget lidet, neppe fremragende.

Bagkroppens Buglemmer (Fig. 10) bestaar af en kort Basaldel og 2 smalt tungeformige Grene, hvoraf den indre er længst. Begge Grene mangler ethvert Spor af Børster, og disse Lemmer kan følgelig heller ikke fungere som Svømmeredskaber, hvorimod Structuren af Endepladerne snarere synes at antyde, at de staar i Respirationens Tjeneste.

Halevedhængene (Fig. 11) danner som hos de øvrige til denne Gruppe hørende Former en fuldstændig Halevifte. Det midterste Halevedhæng, der egentlig forestiller sidste Bagkropssegment, er omtrent saa langt som de 4 foregaaende Segmenter tilsammen og ved Basis ligesaa bredt som disse: den ydre Del er imidlertid meget smal, næsten lancetdannet med stump tilspidset Ende. Langs Kanterne ligesom paa den øvre Flade findes talrige Smaapigge: derimod mangler de sædvanlige Endeborster.

De ydre Halevedhæng er adskilligt kortere end det midterste, til hvis Basis de er indleddede, og bestaar af en kort, men bred Basaldel, der indad gaar ud i en tungeformig Flig, og 2 smalt ovale Endeplader, hvoraf den indre er lidt større end den ydre. Begge Plader viser i Kanterne en Del uregelmæssige tandformige Fremspring og er desuden mod Enden i den indre Kant forsynede med nogle tynde cilierede Børster, hvis Antal er størst paa den indre Plade.

Farven er hvidagtig med et tydeligt blaaligt Skjær. De blødere hudagtige Partier mellem Segmenterne og paa Ventralsiden viser en dyb mørkeviolet Farvetone.

Længden gaar op til fulde 12mm, og den er saaledes

buccal area, and in the middle even overlapping each other (see fig. 2). They take their origin, widely apart, in close proximity to the lateral margins of the cephalic segment (see fig. 3), and consist of only 2 distinct segments, the outermost quite small and oval in form, whereas the other is exceedingly large, constituting a broad, arcuate plate, rounded-triangular, and furnished along its inner, exceedingly vaulted margin with a regular series of plumose bristles. In the middle of the plate, occur 3 very conspicuous calcareous concretions, that give to these plates considerable firmness. The appendages treated of here must, too, strictly, as Professor Dohrn with just appreciation observes, be regarded as a peculiar, modified pair of legs, belonging to the rudimentary segment placed between the head and the first free segment. Meanwhile, since, as regards alike their structure and their position, they approximate closest the buccal region, they may not improperly be termed accessory maxillipeds.

Of legs, in a strict sense, there occur, as in the other species of the genus, only 5 pairs. These are (fig. 9) powerful in structure, closely beset with long bristles, and furnished in places with coarse teeth. Of the 5 joints, the 1st is the largest, and about as long as the following 3 taken together. The last joint constitutes, along with the preceding one, a very mobile articulation, and bears at the point a powerful, curving claw.

The simple sexual appendix placed (see fig. 2) on the ventral side, at the extremity of the anterior division, and strengthened by a slender chitinous fillet, is exceedingly small, and projects but very slightly.

The pleopoda (fig. 10) consist of a short basal portion and 2 slender, linguiform branches. On neither of the branches can a trace of bristles be detected; and hence, too, these appendices, are unadapted to perform the function of natatory organs; nay, judging from the structure of the terminal plates, they would rather appear promotive of respiration.

The caudal appendages (fig. 11) form, as in the other species belonging to this group, a true caudal fan.

The median caudal plate, representing, strictly, the last abdominal segment, is about as long as the 4 preceding segments taken together, and at the base equal in breadth to the latter; the outer portion, however, is exceedingly narrow, almost lanceolate, with an obtusely pointed extremity. Along the margins, as also on the upper surface, occur numerous minute spikes, whereas the usual terminal bristles are wanting.

The outer caudal appendages are a good deal shorter than the telson, to the base of which they are jointed, and consist of a short and broad basal portion, jutting out inward as a linguiform lappet, and 2 slenderly ovate terminal plates, of which the inner is a trifle larger than the outer. Both plates exhibit along the margins a number of dentiform projections, and, moreover, are furnished toward the extremity, on the inner margin, with a few slender ciliated bristles, greatest in number on the inner plate.

Colour whitish, with a distinct shade of blue. The softer cutaneous parts between the segments and on the ventral side have a deep, dark-violet tinge.

Length reaching fully 12mm; hence, this animal is

12

betydelig større end nogen af de tidligere bekjendte Arter af Slægten.

Beskrivelse af Larven (Praniza). Legemet viser (Fig. 12 og 13) den characteristiske tendannede Praniza-Form; men forholder sig noget ulige hos ulige store Individer.

Integumenterne er betydelig tyndere end hos den fuldvoxne Han, halvt gjennemsigtige samt mangler baade Børster og Pigge. Ved stærk Forstørrelse viser de derimod en tydelig granulær Skulptur.

Hovedsegmentet er af smal triangulær Form, bredest bagtil og med en meget bemerkelig Indknibning bag Følernes Insertion. Fortil gaar det ud i et tilspidset Næb, der for en stor Del dannes af de eiendommeligt modificerede stikkende Munddele.

Af de 5 Forkropssegmenter er de 2 første altid meget korte forsynede med jevnt afrundede Epimerer. De 3 følgende Segmenter er kun hos ganske unge Exemplarer (Fig. 12) tydeligt begrændsede, skjøndt de 2 forreste oventil næsten ganske dækkes af en fra 3die Segment udgaaende skjoldformig Plade. Hos ældre Exemplarer (Fig. 13) er disse 3 Segmenter fuldstændigt sammenvoxede med hverandre, dannende et særdeles voluminøst og stærkt ophlæst Parti, der optager det her stærkt udvidede Afsnit af Næringskanalen.

Bagkroppen er forholdsvis kraftigere udviklet end hos den fuldvoxne Han, oventil jevnt hvælvet og forsynet med jevnt afrundede Epimerer.

Af Øine er her ligesaalidt som hos Hannen det mindste Spor at opdage; thi de Interne Udvidninger af Hovedet, hvor ellers disse Organer har sin Plads, viser fuldkommen samme Structur som de øvrige Integumenter og mangler ogsaa fuldstændig Pigment.

De 2 Par Følere (se Fig. 14) er ikke i nogen væsentlig Grad forskjellige i sin Bygning fra samme hos Hannen.

Derimod er Munddelene af et meget afvigende Udseende. De danner tilsammen (se Fig. 14) et konisk tilspidset, lige fortilrettet Næb, der aabenbart er indrettet til et stikkende og sugende Apparat. Ved nærmere Undersøgelse finder man følgende Dele, der indgaar i Dannelsen af Næbbet.

Oventil findes en stumpt triangulær uparret Plade, der delvis hvælver sig over de øvrige Dele og forestiller Overlæben.

Umiddelbart nedenunder denne ligger et Par temmelig stærke, koniskt tilspidsede Organer (Fig. 15), bestaaende af en tykkere muskulos Basaldel og en stærkt chitiniseret, tornformig Endedel, der i sin indre Kant er forsynet med tilbagerettede Tænder. Disse Organer er de egentlige Kindbakker.

Derpaa følger 2 Par simple stiletformige Munddele, der aabenbart er at betragte som de modificerede Kjæver. Det 1ste af disse Par (Fig. 16) er ganske glatte, medens det noget længere og tyndere 2det Par (Fig. 17) viser ved Spidsen i den indre Kant en fin Tandbevæbning.

considerably larger than any of the previously known species of the genus.

Description of the Larva (Praniza). — The body (figs. 12, 13) exhibits the characteristic fusiform Praniza form, differing however somewhat in examples of unequal size.

The integuments are considerably thinner than in the full-grown male, semi-translucent, and have neither bristles nor spikes. Under a powerful magnifier, they exhibit however a distinct, granulous sculpturing.

The cephalic segment is narrow-triangular in form, broadest posteriorly, and with an exceedingly conspicuous instriction posterior to the origin of the antennæ. Anteriorly, it protends as a sharp-pointed beak, which, in great part, is formed by the peculiarly modified oral appendages.

Of the 5 segments belonging to the anterior division, the 2 first are always exceedingly short, and furnished with obtusely rounded epimera. The 3 succeeding segments occur distinctly defined in very young specimens only (fig. 12), although the 2 foremost are almost entirely covered above by a scutiform plate, proceeding from the 3rd segment. In more developed specimens (fig. 13), these 3 segments are completely connate one with the other, constituting an exceedingly voluminous and swollen part, which serves for the reception of the greatly dilated section of the alimentary canal.

The posterior division of the body has a comparatively more powerful development than in the full-grown male, and is uniformly arched above, as also provided with evenly rounded epimera.

Of eyes, not the slightest trace can, as in the male, be detected; for the lateral dilations of the head, on which these organs are otherwise located, exhibit the precise structure of the other integuments, and, besides, are wholly wanting in pigment.

The 2 pairs of antennæ (see fig. 14) do not differ essentially in their structure from those in the male.

On the other hand, the oral appendages present a widely deviating appearance. They constitute together (see fig. 14) a conically pointed beak, directed straight forward, obviously adapted for the purpose of piercing and suction. On closer examination, the beak is found to consist of the following parts.

Above, is seen a single, obtusely triangular plate, arching over, in part, the remaining appendages, and which represents the labrum.

Immediately beneath this plate, occur a pair of rather strong, conically pointed organs (fig. 15), composed of a thickish muscular basal part, along with an exceedingly chitinised, spiniform terminal portion, which, on its inner margin, has a number of posteriorly directed teeth. These organs are the true mandibles.

Thence, succeed 2 pairs of simple, styliform oral appendages, obviously the modified maxillæ. The first of these pairs (fig. 16) are quite smooth, whereas the somewhat longer and more slender 2nd pair (fig. 17) exhibit at the points, on the inner margin, a delicate armature of denticles.

Nedentil afsluttes Næbbet med et Par noget mere complicerede Munddele (Fig. 18), der forestiller de egentlige Kjævefødder. De er ligesom de ovenfor omtalte Munddele rettede lige fortil og dækker disse mere eller mindre fuldstændigt nedentil (se Fig. 14). Man kan paa dem adskille en i 4 utydelige Segmenter afdelt Stamme eller Basaldel, der fortil gnar ud i en dolkformig, i den indre Kant fint tandet Fortsats (Tyggelap), og en til den ydre Side af denne sidste fæstet enleddet og med korte Børster besat Enddedel eller Palpe, der kun lidet overrager hin Fortsats.

Bag Næbbet er til Hovedsegmentets Underside fæstet (se Fig. 14) et Par Lemmer, der aabenbart svarer til de operkelformige accessoriske Kjævefødder hos Hannen, men som her er udviklede paa en helt anden Maade, nemlig til kraftige Fastklamringsredskaber.

Af Form er de (Fig. 19) cylindriske og noget Sformigt bøiede samt bestaar af 6 Led, hvoraf de bagerste paa den indre Side viser et Antal af skarpe chitinøse Tværfolder. Sidste Led er omformet til en overordentlig kraftig bageformigt bøiet Klo, hvis ydre Del er af særdeles fast Consistens og kylformigt tilspidset.

De egentlige Fødder (Fig. 20) stemmer i sin Bygning fuldkommen overens med samme hos Hannen, dog med den Forskjel, at de ganske mangler de knudeformige Tænder, hvormed de ydre Led hos hin er bevæbnede, ligesom ogsaa Børstebesætningen er langt sparsommere.

Bagkroppens Buglemmer (Fig. 21) er uddannede til vel udviklede Svømmeredskaber, idet de 2 ovale Endeplader i Spidsen er forsynede med lange cilierede Svømmebørster.

Haleviften (Fig. 22) er vistnok i Hovedsagen af samme Bygning som hos Hannen, men viser dog nogle mindre Differentser. Den midterste Haleplade er saaledes noget mindre indknebet i sit ydre Parti, og paa den stumpt tilrundede Spids bemærkes et lidet mediant Indsnit, fra hvis Bund 2 korte Børster rager frem. De ydre Halevedhængs Endeplader er forholdsvis noget bredere end samme hos Hannen og de paa dem fæstede Børster stærkere udviklede.

Farven er ensformig hvid og noget gjennemsigtig, uden Spor af nogen Pigmentering.

Længden af de største Larver er 10mm, af de mindste erholdte 5.80mm.

Forekomst og Udbredning. Nærværende eiendommelige Art forekommer, som det synes, ikke saa ganske sjeldent paa de store Dyb i den kolde Area. Vi har Exemplarer fra ikke mindre end 7 forskjellige Stationer, Dybden fra 658 til 1215 Favne. De allerfleste indsamlede Exemplarer var fuldt udviklede Hanner; derimod fandtes ingen fuldvoxen Hun og kun nogle faa Larver. Disse sidste lever rimeligvis parasitisk paa Dybvandsfiske eller andre større Dybvandsdyr.

Below, the beak is bounded by a pair of somewhat more complicated oral appendages (fig. 18), representing the true maxillipeds. They have, like the oral appendages spoken of above, a straight, anterior direction, covering the latter, more or less completely, below (see fig. 14). On the appendages may be distinguished a stem, or basal part, divided into 4 indistinct segments, that, anteriorly, jut out as a dagger-shaped, on the inner margin finely dentate, projection (masticatory lobe), and, attached to the outer side of this projection, a one-jointed terminal portion, or palp, beset with short bristles, reaching but slightly beyond the said projection.

Posterior to the beak, are attached on the under surface of the cephalic segment (see fig. 14) a pair of appendages, evidently corresponding to the operculiform accessory maxillipeds in the male, but here, however, developed for a widely different purpose, viz. to serve as powerful prehensile organs.

They are cylindric and somewhat S-shaped in form, and consist of 6 joints, of which the hindermost on the inner side exhibits a number of sharp-edged, chitinous, transverse folds. The last joint is transformed into a remarkably powerful, hook-shaped claw, the outer portion of which is exceedingly firm in consistence, and produced to an awl-shaped point.

The true legs (fig. 20) agree completely in structure with those of the male, saving however the total absence of tuberculiform teeth, with which the outer joints in the latter are armed, as also a much less abundant supply of bristles.

The pleopoda (fig. 21) are developed as fully efficient natatory organs, the 2 ovate terminal plates being furnished at the point with long, ciliated natatory bristles.

The caudal fan (fig. 22) is indeed essentially of the same structure as that in the male, but exhibits however a few minor points of difference. The median caudal plate is, for example, somewhat less constricted in its outer portion, and, at the obtusely rounded point, occurs a small median incision, from the bottom of which project 2 short bristles. The terminal plates of the outer caudal appendages are comparatively somewhat broader than those in the male, and the bristles attached to them more fully developed.

Colour a uniform white and semi-translucent, without a trace of pigment.

Length of the largest specimens of larvæ collected 10mm, of the smallest 5.80mm.

Occurrence and Distribution. — The present peculiar species occurs, it would seem, not so very rarely, throughout the great depths of the cold area. We obtained examples at not less than 7 different Stations, in depths ranging from 658 to 1215 fathoms. Most of the specimens collected were fully developed males, no full-grown female having been taken and but very few larvæ. The latter probably exist as parasites on deep-sea fishes or other large deep-sea animals.

12*

Artens for Tiden bekjendt Udbredningsfelt er det store Havdyb mellem Norge, Beeren Eiland, Island og Jan Mayen fra den 63de til den 75de Bredegrad.

The tract throughout which the species is at present known to be distributed, comprises the great ocean deep between Norway, Beeren Eiland, Iceland, and Jan Mayen, from the 63rd to the 75th parallel of latitude.

18. Anceus hirsutus, G. O. Sars, n. sp.

(Pl. VIII. Fig. 23.–24).

Anceus hirsutus, G. O. Sars Prodromus descriptionis Crust. etc.. No 66.

Artscharakteristik. ♂ Legemet af undersætsig Form, neppe 3 Gange saa langt som bredt og ikke mærkbart afsmalnende fortil. Integumenterne paa den forreste Del af Kroppen ru af smaa Pigge og tæt haarede. Hovedet stort og bredt, næsten firkantet, med Sidedelene jævnt convexe, uden Kjøl. De 2 bagre Forkropssegmenter uden Pigge, med afrundede Epimerer; næstsidste Segment størst og forsynet oventil med en korsformig Fordybning. Bagkroppen ovantil glat, med tilspidsede, børstebesatte Epimerer. Øinene tydelige, men smaa, med mørkt Pigment. Følerne af sædvanlig Bygning. Kindbakkerne af middelmaadig Størrelse, med en liden, men tydelig Tand i den ydre Kant. Enden skarpt tilspidset. Bagkroppens Buglemmer med smale børsteløse Endeplader. Den midterste Haleplade aflangt triangulær, med Enden tilspidset og forsynet med 2 tynde divergerende Børster. Farven ensformig skidden graabrun. Længden 5¹/₂ᵐᵐ.

Findesteder. Stat. 31. 237.

Bemærkninger. Den her omhandlede Art kan ikke forvexles med foregaaende. Mere ligner den vore 3 indenlandske Arter: A. maxillaris, elongatus og dentatus, fra hvilke den dog let kjendes ved sine tæt børstebesatte Integumenter.

Beskrivelse af Hannen. Legemet er (se Pl. VIII. Fig. 23) kjendelig kortere og plumpere end hos foregaaende Art, neppe 3 Gange saa langt som bredt og fortil ikke mærkbart afsmalnende.

Integumenterne er vistnok temmelig faste, dog langtfra i den Grad som hos foregaaende Art, og er delvis ru af meget smaa Pigge samt besat med lange og tætte Haar, navnlig paa den forreste Del af Kroppen.

Hovedet er meget bredt, næsten firkantet, med Panderanden i Midten kun lidet fremspringende og Sidedelene jævnt convexe, uden nogen tydelig Kjøl. Supraorbitalfortsatserne er tydelige, skjøndt temmelig smaa.

Af de frie Forkropssegmenter er de 2 forreste som hos foregaaende Art kortest. 3die Segment er ved en dyb Indsnøring skilt fra det følgende og er ligesom de 2 foregaaende Segmenter og Hovedet ru af talrige Smaapigge,

18. Anceus hirsutus, G. O. Sars, n. sp.

(Pl. VIII, figs. 23. 24).

Anceus hirsutus, G. O. Sars, Prodromus descriptionis Crust. etc., No. 66.

Specific Character. — ♂ Body thickset scarcely 3 times as long as broad, and not perceptibly tapering forwards. Integuments on anterior portion of body rough, by reason of minute spikes, and thickly covered with hairs. Head large and broad, well-nigh quadrate, with the lateral parts uniformly convex, and without any keel. The 2 posterior pedigerous segments without spikes, but with rounded epimera; penultimate segment largest, and exhibiting above a cruciform depression. Abdomen, above, smooth, with sharply pointed, bristle-beset epimera. Eyes distinct, but small, with a dark-coloured pigment. Antennæ of the usual structure. Mandibles moderate in size, with a small but distinct tooth on the outer margin, extremity acutely pointed. Pleopoda with narrow, bristleless terminal plates. Median caudal plate oblongo-triangular, with the extremity pointed, and furnished with 2 slender diverging bristles. Colour a uniform dirty greyish-brown. Length 5¹/₂ᵐᵐ.

Locality. — Stats. 31, 237.

Remarks. — The species here treated of cannot be confounded with the preceding. It has closer resemblance to our 3 native (Norwegian) forms viz. — A. maxillaris, A. elongatus. and A. dentatus, from which however it may easily be recognized by the densely bristle-beset integuments.

Description of the Male. -- The body (see Pl. VIII, fig. 23) is perceptibly shorter, as also more clumsy in form, than in the preceding species, scarcely 3 times as long as broad, and not obviously tapering anteriorly.

The integuments are indeed rather firm, though by no means to the same extent as in the preceding species, and in places rough, by reason of minute spikes, as also clothed with long and close hairs, in particular on the anterior part of the body.

The head is very broad, almost quadrate, with the frontal margin projecting but slightly in the middle, and the lateral parts uniformly convex, without any distinct keel. The supraorbital projections are distinctly defined, though comparatively small.

Of the free segments belonging to the anterior division the 2 foremost are, as in the preceding species, shortest. The 3rd segment is separated by a deep instriction from the succeeding one, and. like the 2 preceding segments

der er temmelig ligeligt udviklede saavel paa den ovre Flade som langs Sidekanterne. De 2 bagre Segmenter mangler derimod ganske Pigge og de dem beklædende Integumenter synes ogsaa at være tyndere og mere hudagtige. Næstsidste Segment har oventil i Midten en tydeligt markeret Længdefure, fra hvilken en anden kortere strækker sig paatværs til hver Side, hvorved fremkommer ligesom et korsformigt Indtryk i Midten. Sidste Segment er bagtil dybt udrandet og har Sidehjørnerne stumpt afrundede.

Bagkroppen er oventil jevnt hvælvet og glat, uden Spor af Pigge. Derimod er Epimererne som hos foregaaende Art tilspidsede og udstaaende til Siderne samt ved Spidsen forsynede med korte Børster.

Øinene er. i Modsætning til hvad Tilfældet er hos foregaaende Art, tydeligt udviklede, skjøndt temmelig smaa, og har sin Plads paa Siderne af Hovedet, umiddelbart bag Supraorbitalfortsatserne. Deres Pigment er mørkt, sortagtigt.

Følerne er i sin Bygning ikke væsentlig forskjellig fra samme hos foregaaende Art.

Kindbakkerne er derimod forholdsvis noget større og har Enden mere uddraget og skarpt tilspidset. I den ydre Kant findes omtrent i Midten et tydeligt, skjøndt lidet tandformig Fremspring.

De 2 øvrige Par Munddele skiller sig ikke i nogen væsentlig Grad fra samme hos A. stygius.

Fødderne viser ogsaa en noget lignende Form, skjøndt de er mindre rigeligt børstebesatte og har de knudeformige Tænder mindre udviklede.

Bagkroppens Bughlemmer mangler ogsaa her ethvert Spor af Børster og har Grenene af et lignende Udseende som hos foregaaende Art.

Den midterste Haleplade (Fig. 24) er forholdsvis kortere og bredere og af temmelig regelmæssig triangulær Form, med Enden udtrukket i en skarp Spids, hvorfra 2 temmelig lange divergerende Børster udgaar; 2 lignende Børster er fæstede til den øvre Flade noget bag Midten.

De ydre Halevedhæng viser intet udmærkende i sin Bygning. Endepladerne mangler Tænder i Kanterne, hvorimod Randbørsterne er forholdsvis stærkere udviklede end hos foregaaende Art.

Farven er skidden graa, med et svagt brunligt Skjær, og de 2 bagre Forkropssegmenter paa Grund af de gjennemskinnende Indvolde noget mørkere end det øvrige Legeme.

Længden er kun omtrent 5¹/₂ᵐᵐ, altsaa neppe mere end halvt saa stort som hos foregaaende Art.

Forekomst og Udbredning. 2 Exemplarer af denne Art toges under Expeditionens 1ste Togt udenfor Storeggen (Stat. 31) fra et Dyb af 417 Favne. Under 2det Togt gjenfandtes samme Art paa en vidt adskilt Lokalitet, nemlig SV af Jan Mayen (Stat. 237), hvor ligeledes 2 Exemplarer

and the head, has a rough appearance, from numerous minute spikes, comparatively equal in development alike on the upper surface and along the lateral margins. On the 2 posterior segments, spikes are entirely wanting, and the integuments would, too, appear to be thinner and more cutaneous. The penultimate segment has, above, in the middle, a distinctly marked longitudinal sulcus, from which a shorter one extends transversely on either side, producing, as it were, a cruciform depression in the middle. The last segment is posteriorly deeply emarginate, and has the lateral corners obtusely rounded.

The posterior division of the body is uniformly arched above, and smooth, without a trace of spikes. The epimera, however, are, as in the preceding species, pointed, and project toward the sides, being also furnished at the point with short bristles.

The eyes, contrary to what is the case in the preceding species, are distinctly developed, though rather small, and have their position at the sides of the head, immediately posterior to the supraorbital projections. Their pigment is of a dark, blackish colour.

The antennæ do not differ essentially in structure from those of the preceding species.

The mandibles, on the other hand, are relatively somewhat larger, and have the extremity produced, as also acutely pointed. On the outer margin, occurs, about in the middle, a distinct, though small, dentiform projection.

The 2 remaining pairs of oral appendages do not differ essentially from those in A. stygius.

The legs, too, present a very close resemblance in form, though less abundantly furnished with bristles; moreover, the tuberculiform teeth are not so fully developed.

On the pleopoda, likewise lirewise every trace of bristles, and the branches have a similar appearance to those in the preceding species.

The median caudal plate (fig. 24) is relatively shorter and broader, and comparatively of a regular triangular form, with the extremity produced to a sharp point, from which proceed 2 rather long, diverging bristles: 2 similar bristles are attached to the upper surface, a little posterior to the middle.

The outer caudal appendages exhibit nothing distinctive in their structure. The terminal plates have no teeth on the edges, whereas the marginal bristles are relatively more developed than in the preceding species.

Colour a dirty grey, with a faint brownish tinge, the 2 posterior segments of the anterior division having, from the viscera that shine through the integuments, a somewhat darker shade than the rest of the body.

Length only about 5¹/₂ᵐᵐ: hence, scarcely half that of the preceding species.

Occurrence and Distribution. — Of this species, 2 specimens were taken on the 1st cruise of the Expedition, off the Storeggen Bank (Stat. 31), at a depth of 417 fathoms. On the 2nd cruise, the same species was again met with, in a widely different locality, viz. — south-west

erholdtes fra et Dyb af 263 Favne. Begge Stationer tilhører den kolde Arm.

Artens for Tiden bekjendte Udbredningsfelt strækker sig saaledes fra den Gade til den 71de Bredegrad og fra 5° østlig Længde til 10° vestlig Længde.

of Jan Mayen (Stat. 237), where 2 specimens were likewise obtained, from a depth of 263 fathoms. Both Stations lay in the cold area.

Accordingly, the tract over which the species is at present known to be distributed extends from the 63rd to the 71st parallel of latitude, and from long. 5° E. to long. 10° W.

19. Anceus robustus, G. O. Sars, n. sp.

(Pl. VIII. Fig. 25—27).

Anceus robustus, G. O. Sars, Crustacea et Pycnogonida nova etc., No. 6.

Artscharacteristik. ♂ Legemet af særdeles kort og robust Form, med Breden betydelig større end ⅓ af Længden. Integumenterne overalt ru af smaa Pigge, men uden tydelig Haarbesætning. Hovedet særdeles stort og bredt, fortil afstumpet. Siderne convexe. Næstsidste Forkropssegment oventil forsynet med en smal Længdefure, hvorfra en i Enden tvedelt Tværfure strækker sig til hver Side. Bagkroppen med tandede, lidet fremspringende Epimerer. Øinene smaa, men tydelige. Kindbakkerne uden nogen tydelig Tand i den ydre Kant. Fødderne kraftigt byggede med stærke tandformige Fremspring. Bagkropslemmerne med børsteløse Endeplader. Den midterste Haleplade bag Basis pludselig sterkt indknebet, med den ydre Del særdeles smal, konisk, Enden tilspidset og forsynet med 2 divergerende Børster. Farven hviagtig med enkelte utydelige gulagtige Pigmentpletter. Længden 7ᵐᵐ.

Larverne (Praniza) af sædvanlig Form, med store mørkt purpurfarvede Øine, og gulrød Pigmentering.

Findesteder. Stat. 280, 359.

Bemærkninger. Fra foregaaende Art er denne let kjendelig ved sin nahmindelig plumpe Kropsform, de kun med meget sparsomme Haar, men talrige Smaapigge, besatte Integumenter og ved den midterste Haleplades meget eiendommelige Form.

Beskrivelse af Hannen. Legemets Form er (se Pl. VIII, Fig. 25) endnu adskilligt plumpere og mere undersætsig end hos foregaaende Art, med Breden betydelig større end ⅓ af Længden.

Integumenterne er temmelig faste og overalt, ogsaa paa de 2 bagre Forkropssegmenter, ru af smaa Pigge, hvorimod den tætte Haarbesætning, som udmærkede foregaaende Art, her saagodtsom ganske savnes.

Hovedet er særdeles stort, omtrent dobbelt saa bredt som langt, med Panderanden næsten tvært afskaaret og Sidedelene sterkt convexe. Supraorbitalfortsatserne er tydelige, men ganske smale og tandede i den ene Kant.

19. Anceus robustus, G. O. Sars. n. sp.

(Pl. VIII. figs. 23—27).

Anceus robustus, G. O. Sars, Crustacea et Pycnogonida nova etc., No. 6.

Specific Character. — ♂ Body remarkably short, and robust in form, with the breadth but slightly exceeding one-third of the length. Integuments everywhere rough, by reason of minute spikes, but without any distinct covering of hair. Head very large and broad, anteriorly obtuse. Sides convex. Penultimate pedigerous segment furnished above with a narrow longitudinal sulcus, from which a transverse sulcus, bifurcate at the extremity, protends on either side. Abdomen furnished with dentate, and but slightly projecting epimera. Eyes small but distinct. Mandibles without any distinctly developed tooth on the outer edge. Legs powerful in structure, with strong dentiform projections. Pleopoda with naked terminal plates. Median caudal plate, posterior to the base, abruptly constricted, with the outer portion exceedingly narrow, conic, extremity pointed and furnished with 2 diverging bristles. Colour whitish, with scattered indistinct patches of yellowish pigment. Length 7ᵐᵐ.

The larva (Praniza) normal in form, with large dark purple-coloured eyes, and a yellowish-red pigment.

Locality. — Stats. 290, 359.

Remarks. — From the preceding species, the present may be readily distinguished by its remarkably clumsy form of body, by the integuments being furnished very sparingly with hair but having numerous minute spikes, and also by the exceedingly peculiar form of the median caudal plate.

Description of the Female. — The form of the body (see Pl. VIII, fig. 25) is much more clumsy and thickset than in the preceding species, with the breadth considerably exceeding one-third of the length.

The integuments are rather firm in consistence, and everywhere, even on the 2 posterior pedigerous segments, rough from minute spikes, whereas the dense covering of hair that distinguishes the preceding species is well-nigh entirely wanting.

The head is exceedingly large, about twice as broad as long, with the frontal margin abruptly truncate, and having the lateral parts prominently convex. The supraorbital projections are distinct, but very small, and dentate along one of the edges.

Det indbyrdes Forhold mellem de 5 frie Forkrops-segmenter er omtrent som hos foregaaende Art. Dog er næstsidste Segment forholdsvis kortere og bredere. Det viser øventil den sædvanlige mediane Længdefure, der dog her er ganske smal og desuden en tydeligt markeret Tværfure, der krydser hin og til hver Side kløfter sig i 2 Grene, der begrændser det noget convexe laterale Parti, til hvis Under-side de tilsvarende Lemmer er fæstede. Sidste Segment er kjendeligt smalere end det foregaaende og har de bagre Sidehjørner kun lidet uddragne og stumpe.

Bagkroppen er af den sædvanlige smale lineære Form og har Epimererne kun lidet udstaaende til Siderne og, naar undtages sidste Segment, delt i 2 eller flere Tænder.

Øinene er tydeligt udviklede, men meget smaa og saa-ledes beliggende, at de, naar Dyret sees ovenfra, for en stor Del dækkes af de fra Siderne af Hovedet udgaaende Smaapigge.

Følerne viser intetsomhelst udmærkende i sin Bygning.

Kindbakkerne er forholdsvis noget kraftigere end hos foregaaende Art og har Spidsen noget stærkere indadkrum-met og den ydre Kant glat, uden noget tydeligt tandfor-migt Fremspring.

Munddelene og Fødderne skiller sig ikke synderligt fra samme hos de øvrige Arter. De sidste Organer udmærker sig dog, sammenlignet med samme hos foregaaende Art, ved kraftigere Bygning og ved stærkere udviklede tandfor-mige Fremspring i den indre Kant.

Bagkroppens Buglemmer mangler som hos de 2 fore-gaaende Arter ganske Børster paa de smalt tungeformige Endeplader.

Den midterste Haleplade (Fig. 26) er af en meget characteristisk Form. Den er nemlig umiddelbart bag Basis særdeles stærkt indknebet, saa at det ydre Parti bliver meget smalt og konisk tilspidset. Til Spidsen er som hos foregaaende Art fæstet 2 divergerende Børster, og noget længere fortil udgaar fra den øvre Flade 2 lignende.

De ydre Halevedhæng skiller sig ikke i nogen væsent-lig Grad fra samme hos de foregaaende Arter.

Farven er temmelig ensformig hvidgraa; kun hist og her bemerkes nogle spredte, ligesom advinskede Pigment-pletter af lys gulagtig Farve.

Længden er 7ᵐᵐ, altsaa adskilligt større end hos fore-gaaende Art.

Larverne (Praniza) (Fig. 27) ligner meget Larverne af øvrige bekjendte Arter, men skiller sig ved en noget undersætsigere Kropsform. Øinene er særdeles store, ind-tagende Størsteparten af Hovedets Sider og er forsynede med et mørkt purpurfarvet Pigment. Legemet er tydeligere pigmenteret end hos Hannen, med smaa og tætstaaende røde og gule Punkter, især paa Bagkroppen og den forreste Del af Forkroppen.

The 5 free segments belonging to the anterior division exhibit, when compared together, about the same relation as in the preceding species. The penultimate segment is however relatively shorter and broader. Above, it has the usual median longitudinal sulcus, which here, however, occurs exceedingly narrow, and, in addition, a distinctly marked transverse sulcus, traversing the former, and on either side dividing into 2 branches, that limit the somewhat convex lateral region, to the under surface of which are attached the corresponding legs. The last segment is perceptibly narrower than the preceding, and has the posterior lateral corners but very slightly produced, and obtuse.

The posterior division of the body has the usual slender, linear form, with the epimera but slightly projecting toward the sides, as also, saving the terminal segment, divided into 2 or more teeth.

The eyes are distinctly developed, but very small, and so located that, on viewing the animal from above, they appear in great part covered by the minute spikes springing from the sides of the head.

The antennæ exhibit nothing distinctive in their struc-ture.

The mandibles have comparatively a somewhat more powerful development than in the preceding species, with the point a little more incurved and the outer edge smooth, without any perceptible dentiform projection.

The oral appendages and the legs do not differ much from those parts in the other species. The latter organs, however, are characterized, as compared with those in the preceding species, by a more powerful structure and more fully developed dentiform projections on the inner margin.

The pleopoda are, as in the 2 preceding species, wholly without bristles on the narrow, linguiform terminal plates.

The median caudal plate (fig. 26) has a very charac-teristic form. Immediately posterior to the base, it is ex-ceedingly constricted, the outer portion becoming thus very narrow and conically pointed. To the point are attached, as in the preceding species, 2 diverging bristles, and some-what farther anteriorly 2 of a similar kind spring from the upper surface.

The outer caudal appendages are not essentially dis-tinguished from those in the 2 preceding species.

Colour a comparatively uniform whity-grey; here and there only are observed a few scattered and, as it were, partially effaced patches of pigment, having a light-yellowish colour.

Length 7ᵐᵐ — therefore considerably greater than met with in the preceding species.

The larva (Praniza) — (fig. 27) present a close re-semblance to those of the other known species, but are characterized by a somewhat more thickset form of body. The eyes are exceedingly large, occupying the greater part of the sides of the head, and provided with a dark purple-coloured pigment. The body is more conspicuously coloured than in the male, with small and closely disposed red and yellow dots, particularly on the abdomen and the foremost part of the anterior division of the body.

Forekomst og Udbredning. En Del Exemplarer af denne Art erholdes under Expeditionens sidste Togt paa 2 forskjellige Stationer, den ene (Stat. 290) beliggende omtrent midt imellem Norge og Beeren Eiland, den anden (Stat. 359) lige Vest af Spitsbergen; Dybden fra 191 til 416 Favne. Ingen af disse Stationer tilhører egentlig den kolde Area, skjøndt den sidste ligger lige ved Grændsen af samme. Om Artens Udbredning kan for Tiden kun siges saameget, at den ligger indenfor den arktiske Zone fra den 72de til den 78de Bredegrad.

Occurrence and Distribution. — Some few examples of this species were obtained on the last cruise of the Expedition, at 2 different Stations, one (Stat. 290) located about midway between Norway and Beeren Eiland, the other (Stat. 359) due west of Spitsbergen; depth ranging from 191 to 416 fathoms. Neither of these Stations was strictly within the cold area, although the latter lay in close proximity to its boundary. As regards the distribution of the species, all that at present can be said amounts to the fact of its occurrence within the Arctic zone, from the 72nd to the 78th parallel of latitude.

Trib. 3. Valvifera.

Trib. 3. Valvifera.

Anmærkninger. Under denne Tribus sammenfatter jeg de Isopoder, hos hvem sidste Par Bagkropslemmer eller Halevedhængene er omformede til valvelformige Klapper, der fra hver Side hvælver sig ud over de øvrige Bagkropslemmer, saaledes at disse kommer til at ligge i en rummelig af det skjoldformige Endesegment eventil dækket Hule. Den indeholder 2 distincte Familier, Arcturidæ og Idotheidæ, hvoraf Repræsentanter nedenfor nærmere vil blive beskrevne.

Remarks. — Within this tribe I comprise all Isopods in which the last pair of abdominal limbs or the caudal appendages are transformed into valvular flaps, that, from either side, arch out over the other pairs, in such manner as to leave them in a spacious cavity, covered above by the scutiform terminal segment. It contains 2 distinct families — the Arcturidæ and the Idotheidæ, of which representatives will be described in detail below.

Fam. I. **Arcturidæ.**

Gen. 1. **Arcturus,** Latr. 1804.

Hist. nat. des Crustacés et des Insects.

Slægtscharacteristik. Legemet af forholdsvis undersætsig Form, cylindrisk eller tendannet, med 4de Forkropssegment kun lidet længere end de øvrige. 2det Par Følerens Svøbe med simple, ikke saugtakkede Led. 1ste Fodpar forholdsvis lidet, med næstsidste Led smalt og forlænget, sidste Led meget lidet, uden Klo. Hunnens Brystpose sammensat af 3 Par tydelige Plader, tilhørende 2det—4de Forkropssegment.

Bemærkninger. I den Begrændsning, hvori Slægten her tages, indbefatter den foruden de 3 nedenfor nærmere omtalte Former kun den af Miers[1] fra Magellan-Strædet beskrevne *Arcturus Coppingeri*. Alle de øvrige til denne Slægt henførte Arter hører derimod ind under følgende

Fam. I. **Arcturidæ.**

Gen. 1. **Arcturus,** Latr. 1804.

Hist. nat. des Crustacés et des Insects.

Generic Character. — Body comparatively thickset in form, cylindric or fusiform, with the 4th segment but little longer than the others. Flagellum of 2nd pair of antennæ with simple, non-serrate joints. First pair of legs comparatively small, with penultimate joint slender and elongate, terminal joint exceedingly small and without any claw. Marsupium of female composed of 3 pairs of distinct plates, belonging to 2nd, 3rd, and 4th pedigerous segments.

Remarks. — Within the limits here assigned to the genus, it comprises, exclusive of the 3 forms treated of in detail below, but one other species, *Arcturus Coppingeri*, from the Straits of Magellan, described by Miers.[1] All the other species referred to this genus belong to the

---

[1] Proceedings of the Zool. Soc. of London, Jan. 4, 1881.

[1] Proceedings of the Zool. Soc. of London, Jan. 4th, 1881.

Slægt. *Astacilla*. Begge staar hinanden vistnok meget nær; men det lader sig dog gjøre at opstille en Del distinctive Charecterer, der iallfald for Tiden vil kunne tillægges generisk Værd, og jeg har derfor troet at burde holde disse 2 Slægter ud fra hinanden.

succeeding, viz. to the genus *Astacilla*. Both do indeed approximate very closely; but a number of distinctive characters can however be found that, lenstways at present, have warrantable generic value: and hence I have seen fit to keep these 2 genera apart.

20. Arcturus baffini, Sab.

(Pl. IX, Fig. 1—21.)

Idothea baffini, Sabine, Appendix to Parry's 1ste Voy. pg. 50, Pl. I, Fig. 4—6.

Arcturus tuberculatus, Latreille I Cuvier's Règne animal. Vol. IV, pg. 139.

Arcturus baffini, Westwood, Trans. Entom. Soc. Lond., Vol. I. pg. 72.

Artscharacteristik. Legemet ovalt, loddent af korte og stive Haar. med en dobbelt Rad af koniske, opadrettede Fortsatser langs ad Ryggen. Epimererne paa de 3 bagerste Forkropssegmenter triangulært tilspidsede og stærkt udstaaende til Siderne. Sidste Bagkropssegment bagtil koniskt uddraget, med 2 triangulære Sidefortsatser ved Basis og 2 smaa Torner paa Midten af Rygfladen. Øinene store og fremstaaende, af nyredannet Form og forsynede med mørkt Pigment. 1ste Par Følere Svøbe forsynet med talrige Sandseredkning. 2det Par Følere betydelig lengere end Legemet, med Svøben sammensat af 8 Led. Farven lys brungul. Legemets Længde indtil 40ᵐᵐ.

Findestedor. Stat. 48, 350.

Bemørkninger. Nærværende anselige Art er først beskreven og afbildet af Sabine i Appendixet til Parry's 1ste Nordpolexpedition, men er senere, saavidt mig bekjendt, ikke underkastet nogen fornyet Undersøgelse, skjøndt den flere Gange er gjenfunden og nævnt af mange forskjellige Forfattere. Latreille's Slægt *Arcturus* er utvivlsom grundet paa denne Art, hvorfor ogsaa det oprindelige Slægtsnavn bør maa anvendes. Den her omhandlede Art er saaledes Typen for Slægten Arcturus og tillige for Familien Arcturidæ.

Beskrivelse af Hunnen. Legemet er (se Pl. IX, Fig. 1 og 2) næsten af cylindrisk Form, omtrent 7 Gange lengere end bredt og er overalt loddent af korte og stive Haar. Dets Overflade er forøvrigt temmelig ujevn, idet Segmenterne er skilte ved temmelig dybe Indsnøringer og forsynede med afrundede Forhøininger og Fordybninger samt med en Del symetriskt ordnede høie koniske Fortsatser, der danner en dobbelt Rtekke langs ad Ryggen. Integumenterne er stærkt incrusterede og viser overalt en fint kuadret eller granuleret Sculptur.

Hovedet er omtrent af samme Brede som Lengde, fortil neppe afsmalnende og her næsten lige afskaaret eller i Midten ganske svagt udrandet. Orentil er det forsynet

Den norske Nordhavs-expedition. (I. O. Sars: Crustacea.

20. Arcturus baffini, Sab.

(Pl. IX. figs. 1—21).

Idothea baffini, Sabine, Appendix to Parry's First Voy. p. 50, Pl. I, figs. 4—6.

Arcturus tuberculatus, Latreille, in Cuvier's Règne animal, Vol. IV, p. 139.

Arcturus baffini, Westwood, Trans. Entom. Soc. Lond., Vol. I. p. 72.

Specific Character. — Body everywhere clothed with short and stiff hairs, and furnished along the back with a double series of conical, upward-directed projections. Epimera on the 3 posterior pedigerous segments triangularly pointed, and prominently projecting at the sides. Last abdominal segment conically produced posteriorly, with 2 triangular lateral projections at the base, and 2 small spines in the middle of the dorsal surface. Eyes large and protruding, reniform in shape, and provided with a dark pigment. Flagellum of 1st pair of antennæ with numerous sensory appendices. Second pair of antennæ considerably longer than body, with flagellum composed of 8 joints. Colour a light brownish-yellow. Length of body reaching 40ᵐᵐ.

Locality. — Stats. 48, 350.

Remarks. — The present large species was first described and figured by Sabine, in the Appendix to Parry's First North Pole Expedition, but has subsequently, so far as I am aware, not been again submitted to any closer examination, though several times met with and recorded by various authors. Latreille's genus *Arcturus* is unquestionably founded on this species; and hence the original generic designation should be retained. The species treated of here is accordingly the type of the genus Arcturus, and likewise of the family Arcturidæ.

Description of the Female. — The body (see Pl. IX. figs. 1, 2) is almost cylindric in form, about 7 times longer than broad, and everywhere clothed with long and stiff hairs. Its surface is, for the rest, rather uneven, the segments being separated by rather deep instrictions, and having rounded prominences and depressions, as also a number of symmetrically arranged, high, conical projections, constituting a double series along the back.

The integuments are strongly incrusted, and exhibit everywhere a minutely rugged, or granulous sculpturing.

The head has about the same breadth as length, tapering scarcely at all anteriorly, where it is abruptly truncate, or, in the middle, slightly emarginated. Above, it exhibits

13

med 2 hoie koniske Fortsatser, der er stillede jevnsides noget bag Midten af dets Længde.

1ste Forkropssegment udmærker sig fra de øvrige derved, at dets Sidedele eller Epimerer danner en fortilbøiet tungeformig Lap, der delvis dækker Siderne af Hovedet. Det er ligeledes oventil i Midten forsynet med 2 koniske Fortsatser; men disse er her betydelig mindre.

De 3 følgende Segmenter tiltager successivt i Længde bagtil, og det sidste af dem (4de Segment) er kjendeligt større end nogen af de øvrige. Ethvert af disse Segmenter har paa Rygsiden 2 lignende koniske Fortsatser som de, der findes paa Hovedet og er forsynet med smaa, fra Segmenterne tydeligt adskilte Epimerer.

De 3 sidste Forkropssegmenter er igjen noget kortere end de foregaaende og ligesom disse oventil forsynede med et Par koniske Fortsatser, der dog her er noget mindre. Epimererne er stærkt udstaaende til Siderne, triangulært tilspidsede og ved en tydeligt markeret Sutur skilt fra Segmenterne.

Bagkroppen, der indtager noget mere end ½ af Totallængden, bestaar af 3 Segmenter. De 2 første er ganske korte og skiller sig lidet i Udseende fra de foregaaende Forkropssegmenter. Ligesom disse har ethvert af dem oventil 2 korte koniske Fortsatser, hvorimod Epimererne her ikke ved nogen Sutur er skilt fra Segmenternes Sidedele. Sidste Segment er meget stort, oventil hvælvet og bagtil konisk uddraget. Det har ved Basis 2 temmelig store triangulære Fortsatser, der staar ud til hver Side, og paa Midten af Dorsalfladen 2 smaa, tæt sammen stillede Torner.

Øinene er store, næsten halvkugleformigt fremstaaende og seede fra Siden af næsten nyredannet Form, med den forreste Rand concav, den bageste stærkt convex. Deres Pigment er af en dyb sort Farve.

1ste Par Følere (Fig. 3 og 4) udspringer tæt sammen fra den forreste Rand af Hovedet. De er ganske korte, kun lidet længere end Hovedet og bestaar af et 3-leddet Skaft og en uleddet Svøbe. Skaftets 1ste Led er meget bredt, noget pindedannet og af afrundet oval Form, med den indre Kant grovt knudret. De 2 følgende Led er meget smalere og forsynede med stumpe Saugtakker i den indre Kant. Svøben er omtrent saa lang som disse tilsammen, noget sammentrykt og langs den ydre Kant forsynet med en tæt Rad af eiendommelige Sandsevedhæng. Ved stærk Forstørrelse viser disse. (se Fig. 5) ligesom 3 forskjellige Afsnit, et kort og noget indknebet basalt Parti, en midterste cylindrisk Del og en særdeles gjennemsigtig og pladeformig, i Enden stumpt afrundet Enddel.

2det Par Følere (se Fig. 1 og 2) udspringer ligeledes fra Hovedets forreste Rand, til hver Side af og noget nedenunder 1ste Par. De er særdeles kraftigt byggede og overgaar betydelig i Længde det hele Legeme. Ialmindelighed er de mere eller mindre stærkt nedadkrummede, idet deres forskjellige Led danner kneeformige Bøininger med hinanden;

2 elevated conical projections, placed side by side, a little posterior to the median part of its length.

The 1st segment is distinguished from the others by its lateral portions, or epimera, constituting an anteriorly curved, linguiform lobe, that partially covers the sides of the head. It is also furnished above, in the middle, with 2 conical projections, which, however, are much smaller than those on the head.

Of the succeeding segments, 3 increase backward successively in length, and the last of them (4th segment) is perceptibly larger than any of the others. Each of these segments has on the dorsal side 2 conical projections, similar to those on the head, and is furnished with small epimera, distinctly separated from the segments.

The last 3 segments belonging to the anterior division are, too, somewhat shorter than the preceding, and, in like manner, furnished with a pair of conical projections, which, however, are somewhat smaller. The epimera, strongly projecting toward the sides, are triangularly pointed, and separated by a distinct suture from the segments.

The posterior division of the body, measuring a little more than one-third of the total length, is composed of 3 segments. The 2 first are quite short, and differ but slightly in appearance from the preceding segments. Like the latter, each is furnished above with 2 short, conical projections, whereas no suture separates the epimera from the lateral portions of the segments. The last segment is exceedingly large, arcuate above, and conically produced posteriorly. It has at the base 2 rather large triangular projections, jutting out on either side, and, in the middle of the dorsal surface, 2 small, closely set spikes.

The eyes are large, well-nigh hemispherically protruding, and, viewed from the sides, almost reniform in shape, with the anterior margin concave, the posterior exceedingly convex. Their pigment is of a deep black.

The 1st pair of antennæ (figs. 3, 4) spring, close together, from the anterior margin of the head. They are quite short, very little longer than the head, and consist of a three-jointed peduncle and a simple flagellum. The 1st joint of the peduncle is very broad, somewhat lamelliform, and rounded-oval, with the inner edge coarsely rugged. The 2 succeeding joints are much narrower, and furnished with obtuse teeth along the inner edge. The flagellum is about equal in length to both these joints taken together, somewhat compressed, and, on the inner edge, provided with a close-set series of peculiar sensory appendages. When highly magnified, the latter exhibit (see fig. 5), as it were, 3 different sections:—a short and somewhat constricted basal portion, a median cylindric part, and a perfectly translucent and lamelliform terminal section, obtusely rounded at the extremity.

The 2nd pair of antennæ (see figs. 1, 2) likewise originate from the anterior margin of the head, on either side of and somewhat below the 1st pair. They are remarkably powerful in structure, and considerably exceed the whole of the body in length. As a rule, they are more or less bent downward, their various joints constituting one with

men de kan ogsaa strækkes mere ud til Siderne. saaledes som paa Fig. 1 fremstillet. Man kan paa dem adskille et langt 5-leddet Skaft og en forholdsvis ganske kort mangeleddet Svøbe. Skaftets 2 første Led er noget korte og tykke, af noget uregelmæssig Form og adskilte fra hinanden ved en skjævt snoet Sutur (se Fig. 6). De 3 ydre Led er derimod stærkt forlængede. cylindriske og tæt haarede samt aftager successivt i Tykkelse; næstsidste er det længste af alle. Svøben (Fig. 7) er noget mere end halvt saa lang som Skaftets sidste Led, meget tynd og sammensat af 8 tydeligt begrændsede Led, hvoraf det 1ste næsten er saa langt som alle de øvrige tilsammen. Langs den bagre Kant er den forsynet med nogle yderst smaa simple Børster, der er festede knippevis til særegne Afsatser, hvoraf der findes 10 paa 1ste Led, 2 paa 2det og 1 paa hvert af de øvrige. Det særdeles lille yderste Led bærer paa sin Ende en kort klofornig Torn, der egentlig er at betragte som et særskilt Endeled.

Munddelene er tæt sammentrængte paa Undersiden af Hovedet og adskilte fra dettes forreste Rand ved en bred Epistomialplade (se Fig. 3).

Overlæben (Fig. 3 og 8) danner en fra Epistomialpladen udgaaende bevægelig, bredt firkantet Lap, hvis bagre Kant er i Midten jevnt indbugtet og tæt cilieret.

Underlæben (Fig. 8) er dybt tvekløftet, med Sidelapperne afrundede og uciliierede.

Kindbakkerne (Fig. 10) er af kraftig Bygning og har den mod Munden vendte Ende stærkt udvidet og vinkelformigt bøiet. Selve Tyggeranden viser fortil 2 tandede Fortsætser og bagtil en bred riflet Tyggeknude; mellem begge disse Partier findes nogle faa stive tornformige Børster. Som sædvanlig er nogen Forskjel i Bevæbningen paa høire og venstre Kindbakke; men denne Forskjel er dog her kun lidet fremtrædende. Af nogen Palpe findes intet Spor.

1ste Par Kjæver (Fig. 11) har 2 fortilrettede og noget indadkrummede Tyggelapper, hvoraf den ydre er stærkest. Den er noget sammentrykt fra Siderne og langs den indre Rand fint cilieret: Enden er tvært afskaaret og bevæbnet med stærke, tilspidsede Torner, ordnede i flere Rader. Den indre Tyggelap er betydelig baade kortere og smalere end den ydre samt meget bevægeligt forbundet med Basaldelen. Den er som den ydre Tyggelap i den indre Kant fint cilieret og bærer ved Spidsen 3 tykke ciliierede Torner.

2det Par Kjæver (Fig. 12) er forholdsvis smaa og svagt byggede. Man adskiller en bred. sammentrykt eller noget pladeformig Basaldel og et lidet til dennes indre Hjørne fæstet tredelt Appendix. Den indre, stærkt buede Kant af Basaldelen er besat med en tæt Rad af stive Børster og danner den egentlige Tyggerand. Det ovennævnte ydre Appendix, der er bevægeligt forbundet med Basaldelen gaar ud i 2 fingerformige Lapper, hvoraf enhver bærer 3 grovt ciliierede Børster. Ved nøiere Undersøgelse viser den ydre

the other geniculate flexions; they admit however of being more fully extended toward the sides, as shown in fig. 1. On these antennæ can be distinguished a long, five-jointed flagellum. The 2 first joints of the peduncle are exceedingly short and thick, somewhat irregular in form, and separated one from the other by an obliquely twisted suture (see fig. 6). The 3 outer joints, diminishing successively in thickness, are, on the other hand, extremely elongate, cylindric, and thickly covered with hair: the penultimate joint is the longest of all. The flagellum (fig. 7) is a trifle more than half as long as the terminal joint of the peduncle. very slender, and composed of 8 distinctly defined joints, of which the 1st well-nigh equals in length all the others taken together. Along the posterior edge, it is furnished with a few exceedingly small, simple bristles, attached in tufts to special, ledge-like projections, of which there are 10 on the 1st joint, 2 on the 2nd, and 1 such on each of the rest. The extremely small outermost joint bears at the extremity a short unguiform spine, that, strictly, must be regarded as a separate terminal joint.

The oral appendages are crowded together on the under side of the head, and separated from its anterior margin by a broad epistomial plate (see fig. 3).

The labrum (figs. 3, 8) constitutes a broad, quadrangular lobe, proceeding from the epistomial plate, with the middle of its posterior margin uniformly emarginated and densely ciliated.

The labium (fig. 9), deeply bifurcate, has the lateral lobes rounded, and without ciliation.

The mandibles (fig. 10) are powerful in structure, with the extremity directed towards the mouth very considerably dilated, and bent to an angle. The cutting edge itself exhibits anteriorly 2 dentate projections, and posteriorly a broad, grooved molar protuberance; between these 2 parts occur a few stiff, spiniform bristles. As usual, some difference in the armature is observed on the right and left mandibles: but this difference does not assume here a conspicuous character. Of any palp. no trace can be detected.

The 1st pair of maxillæ (fig. 11) have 2 anteriorly directed and somewhat incurving masticatory lobes, of which the outer one is the strongest. It is somewhat compressed from the sides, and finely ciliated along the inner margin; the extremity is abruptly truncate, and armed with strong, acute spines, arranged in divers rows. The inner masticatory lobe is considerably shorter and narrower than the outer, as also very movably connected with the basal part. It is, like the outer masticatory lobe, finely ciliated, and bears at the point 3 thick, ciliated spines.

The 2nd pair of maxillæ (fig. 12) are comparatively small and fragile in structure. On this pair, may be distinguished a broad, compressed, or somewhat lamelliform basal part, and a small bifurcate appendix attached to its outer corner. The inner, exceedingly areuate border of the basal part, is furnished with a close-set series of stiff bristles, and constitutes the true masticatory margin. The aforementioned outer appendix, movably connected with the basal part, branches out into 2 digitiform lobules, each

13*

Lap sig indleddet ved Basis af den indre, saaledes at begge egentlig forestiller 2 paa hinanden følgende Endeled.

Kjævefødderne (Fig. 13), der mere eller mindre fuldstændigt dække de øvrige Munddele nedad og ved Basis støder tæt op mod hinanden (se Fig. 3), bestaar som sædvanligt af en noget tykkere Basaldel, en med denne bevægeligt forbunden, indad bøiet 5-leddet Palpe og en til Ydersiden af Basaldelen fæstet pladeformig Epignath. Basaldelen gaar fortil ud i en temmelig stor tungedannet, i Kanterne haaret Tyggelap, der ved Hjelp af 3 tykke, krogformige Torner er ligesom hægtet sammen med den tilsvarende paa den anden Side. Af Palpens Led er det 1ste ganske kort, det 3die det største og ligesom de øvrige i den indre Kant tæt børstebesat; sidste Led er meget lidet, knudeformigt og ved Spidsen forsynet med en Del lignende Børster, men mangler ganske nogen virkelig Endeklo. Epignathen danner en oval fortilrettet Plade af temmelig fast Consistens og uden Børster i Kanterne. Den synes kun at være lidet bevægelig og fungerer alene som et Slags Dækplade. Ved Basis af Kjævefødderne findes paa hver Side en noget uregelmæssigt formet Chitinplade, hvis inderste Del danner en næsten halvcirkelformig, i den ene Kant cilieret Lap. Disse Basalplader maa nærmest betragtes som Sternaldelene af et særskilt Segment.

Fødderne er tilstede i det normale Antal, nemlig 7 Par, svarende til de 7 Forkropssegmenter; men de 4 forreste Par skiller sig i sit Udseende paa en meget paafaldende Maade fra de 3 bagerste og synes i sin Function snarere at maatte betragtes som Hjælperedskaber til Munddelene. De er derfor ogsaa, uligt de følgende Par, fortilstrakte og bøiede ind mod Munden.

1ste Fodpar (Fig. 14) er det korteste af alle og ogsaa det, som saavel i Bygning som Stilling mest ligner Kjævefødderne. Det udspringer fra hver Side af disse fra den indre Flade af de tungeformige udløbende Epimerer af 1ste Forkropssegment og er ialmindelighed tæt trykket op mod Hovedets Underside. Det bestaar ligesom Kjævefødderne af en 6-leddet, noget indadkrummet og i den indre Kant tæt børstebesat Stamme, men mangler ganske Basalpladen. Af Leddene er det 1ste størst og danner mod Resten af Stammen en stærk albueformig Bøining. Næstsidste Led er adskilligt længere end det foregaaende og stærkt afsmalnende mod Enden. Sidste Led er som paa Kjævefødderne særdeles lidet, knudeformigt og uden Endeklo.

De 3 følgende Fodpar er indbyrdes af ens Udseende og tiltager jevnt i Længde bagtil. De er (se Fig. 15) særdeles spinkle, i den ydre Kant fint knudrede og langs den indre Kant forsynede med en regelmæssig Rad a lange og tynde Børster. De bestaar tilsyneladende kun af 5 Led, hvoraf de 3 yderste er stærkt forlængede; men i Spidsen

bearing 3 coarsely ciliated bristles. On closer examination, the outer lobule is found to be jointed on to the base of the inner; and hence they strictly constitute 2 successively terminal joints.

The maxillipeds (fig. 13), which cover below, more or less completely, the other oral appendages, and at the base are contiguous (see fig. 3), consist as usual of a thickish basal part, a five-jointed palp movably connected therewith, and a lamelliform epignath attached to the outer side of the basal part. Anteriorly, the basal part protends as a rather large linguiform masticatory lobe, clothed with hair along the edges, which, by means of 3 thick, unguiform spines, is, as it were, hooked to the corresponding lobe on the opposite side. Of the joints of the palp, the 1st is quite short, the 3rd the largest, and, like the others, densely beset with bristles along the inner edge; the last joint is exceedingly small, tuberculiform, and, at the point, furnished with a number of similar bristles, but has no trace whatever of a true terminal claw. The epignath constitutes an oval, anteriorly directed plate, rather firm in consistence, and without bristles along the edges. It would appear to be but slightly movable, serving exclusively as a kind of covering-plate. At the base of the maxillipeds, is seen, on either side, a somewhat irregularly formed chitinous plate, the inner portion of which constitutes an almost semicircular lobe, ciliated on one of the edges. These basal plates should properly, we think, be regarded as the sternal portions of a separate segment.

The legs are present in the usual number, viz. 7 pairs, corresponding to the 7 segments belonging to the anterior division; but the 4 anterior pairs differ very conspicuously in appearance from the 3 posterior ones, their function being, it would seem, to serve as accessory parts to the oral appendages. They are, therefore — unlike the succeeding pairs — directed anteriorly, and bent in towards the mouth.

The 1st pair of legs (fig. 14) are the shortest of all, and moreover, that which in structure and position present greatest resemblance to the maxillipeds. They originate on either side of those appendages, springing from the inner surface of the linguiform-projecting epimera of the 1st thoracic segment, and are, as a rule, pressed close in to the under side of the head. Like the maxillipeds, they consist of a six-jointed, somewhat incurving, and, along the inner edge, densely bristle-beset stem, but the basal plate is entirely wanting. Of the joints, the 1st is the largest, and constitutes, together with the remaining portion of the stem, a strong, geniculate flexure. The penultimate joint is considerably longer than the preceding, and tapers abruptly towards the end. The last joint is, like that on the maxillipeds, exceedingly short, tuberculiform, and without any terminal claw.

The succeeding 3 pairs of legs exhibit a uniform appearance and gradual increase in length posteriorly. They are (see fig. 15) remarkably slender, finely tubercular along the outer edge, and on the inner furnished with a regular series of long and slender bristles. They consist apparently of but 5 joints, of which the outermost 3 are greatly pro-

af sidste Led bemærkes ved nøiere Undersøgelse en liden indadkrummet Klo, der egentlig repræsenterer et særskilt Endeled.

De 3 bageste Fodpar (Fig. 16) viser et helt for-skjelligt Udseende og forestiller de egentlige Gangfødder, hvormed Dyret klamrer sig fast til forskjellige Gjenstande paa Havbunden. I Overensstemmelse med denne deres Be-stemmelse har de ogsaa en fra de forreste Par forskjellig Retning, idet de er vendte nedad og noget bagud, med en stærk knæformig Bøining mellem Basalleddet og den øvrige Del. De er af temmelig kraftig Bygning, med noget kandret Overflade og sparsom Haarbesætning, samt aftager successivt i Længde bagtil, idet Basalleddet hurtigt formindskes i Stør-relse. Det temmelig smale cylindriske Endeled gaar ved Spidsen ud i en skarp triangulær Fortsats og bærer desuden en fra Leddet tydeligt afsat kort, men stærk Klo. Hele Leddet med sin Endeklo forestiller den saakaldte Dactylus, som her synes at være tvekløftet i Enden.

Under Midten af Forkroppen bemærkes (se Fig. 2) den saakaldte Brystpose eller Marsupium, der dannes af 3 Par tydelige, i Midten over hinanden gribende Plader, ud-gaaende fra 2det, 3die og 4de frie Segment.

Bagkroppens Lemmer er indbyrdes meget forskjellige baade i Function og Bygning. Der findes ialt 6 Par, hvoraf de 5 forreste indunindelighed fuldstændig dækkes af det eien-dommeligt modificerede sidste Par (se Fig. 18).

De 2 første Par (Fig. 19), der udgaar fra de 2 frie Bagkropssegmenter, er aabenbart uddannede til et Slags Svømmeredskaber og maa følgelig efter Dyrets Vilie kunne strækkes frem af den Cavitet, hvori de i Regelen er inde-sluttede sammen med de 3 følgende Par. De bestaar af en smal 2-leddet Stamme, til hvis Ende er fæstet 2 lige-ledes smale, men med lange Fjærbørster besatte Plader. Til Indersiden af Stammens ydre Led er fæstet en Rad af eiendommelige bøgeformige Torner, hvorved ethvert af disse Par ligesom hægtes sammen, saa at deres Bevægelser kun kan ske samtidigt.

De 3 følgende Par (Fig. 20), der altid ligger skjult i Bunden af den af Endesegmentet oventil begrændsede Cavitet, har Stammen ganske kort og kun bestaaende af et enkelt Led, hvormed Endepladerne er af meget betydelig Størrelse, aflangt elliptiske og af en eiendommelig spongiøs Struktur, der tydelig nok stempler dem som Respirations-organer. Naar undtages 2 korte Fjærbørster i Yderkanten mod Spidsen af den ydre Plade, er de ganske børsteløse.

Sidste Par Bagkropslemmer, der svarer til Halovéd-hængene hos andre Isopoder er (se Fig. 18) i Lighed med hvad Tilfældet er hos Idotheerne omformede til et Par mægtigt udviklede og stærkt chitiniserede Plader, der fra hver Side hvælver sig ud over de øvrige Bagkropslemmer, næsten indtagende hele Bagkroppens Underside og mødende hinanden i Midtlinien. De er bevægelig fæstede til hver

longed; but at the point of the last joint may be detected on closer examination a small, incurving claw, which, strictly, represents a separate terminal joint.

The 3 posterior pairs of legs (fig. 16) exhibit a widely different appearance, representing the true pereiopoda, by means of which the animal is enabled to grip hold of the various objects it encounters in its path over the sea-bed. In accordance with the function of these organs, they have, too, a direction different from that given the preceding pairs, being turned down-ward and somewhat backward, forming a strong, geniculate flexion between the basal and the remaining part. They are comparatively powerful in structure, with a somewhat rugged surface and thinnish covering of hair, and diminish succes-sively in length posteriorly, the basal joint exhibiting a rapid decrease in size. The somewhat slender, cylindric terminal joint juts out at the extremity into an acute, tri-angular projection, and bears too a short but strong claw, distinctly defined from the joint. The whole joint, along with its terminal claw, represents the so-called dactylus, which, here, is apparently bifurcate at the extremity.

Beneath the middle of the anterior division of the body is seen (fig. 2) the so-termed incubatory pouch, or marsupium, composed of 3 pairs of distinct plates, overlapping in the middle, that proceed from the 2nd, 3rd, and 4th free seg-ments.

The abdominal limbs are relatively very different, alike in function and structure. In all, the number of pairs is 6, of which the 5 anterior, as a rule, are completely covered by the peculiarly modified terminal pair (see fig. 18).

The 2 first pairs (fig. 19), proceeding from the 2 free abdominal segments, are manifestly adapted as a kind of natatory organs, and hence must, at the will of the animal, admit of being stretched forth from the cavity, in which as a rule they are enclosed, along with the 3 succeeding pairs. They consist of a slender, two-jointed stem, to the extremity of which are attached 2 narrow plates, beset with long, plumose bristles. To the inner side of the outer joint of the stem, is attached a series of peculiar, unguiform spines, by means of which each of these pairs are, as it were, hooked together; and hence their movements must of necessity be simultaneous.

The 3 succeeding pairs (fig. 20), which at all times lie concealed at the bottom of the cavity bounded above by the terminal segment, have the stem quite short and consisting but of one joint, whereas the terminal plates are of very considerable size, oblong-elliptic, and exhibiting a peculiar, spongy structure, which obviously marks them as respiratory organs. With the exception of 2 short, plumose bristles on the outer edge, near the point of the outer plate, they are entirely devoid of bristles.

The last pair of abdominal limbs, corresponding to the caudal appendages in other Isopods, are (see fig. 18), as in the Idotheidæ, transformed into a pair of largely developed and strongly chitinized plates, which, on either side, arch out over the other limbs, occupying almost the whole under surface of the abdomen, and meeting each other along the medial line. They are movably attached to either side

Side nær Basis af Endesegmentet og lige under den triangulære Sidefortsats med en kort og tyk Stilk og kan ved særegne Muskler slaaes til Siden ligesom de 2 Fløie paa en Port. Ved Spidsen bærer de hver 2 korte ovale Endegrene, hvoraf den ene er særdeles liden og ganske dækket af den anden (se Fig. 21) samt besat med korte Børster.

Farven er i levende Tilstand ensformig skidden gulbrun, Øinenes Pigment kulsort.

Længden af de største erholdte Individer er. fraregnet Følerne, 40ᵐᵐ.

Forekomst. Flere smukke Exemplarer af denne characteristiske Isopode toges under Expeditionens 1ste Togt i Havet Øst af Island (Stat. 48) fra et Dyb af 300 Favne. Under sidste Togt erholdtes endnu et Par Exemplarer af samme Art udenfor Vestkysten af Spitsbergen (Stat. 359), Dybden 416 Favne.

Udbredning. Arten er tidligere kjendt fra Færøerne. Island, Spitsbergen, Grønland og Polarøerne, og maa betragtes som en ægte arktisk Form.

at the base of the terminal segment. and immediately beneath the triangular lateral projection. by a short and thick pedicle, and admit, by the use of specially adapted muscles. of being pushed back, like the leaves of a folding door. At the point. they have each 2 short, ovate terminal branches. one of which is exceedingly small and completely covered by the other (see fig. 21). as also beset with short bristles.

Colour. when alive, a uniform dirty yellowish-brown; ocular pigment a coal-black.

Length of the largest specimens obtained — excluding the antennæ — 40ᵐᵐ.

Occurrence. — Several fine examples of this characteristic Isopod were collected on the 1st cruise of the Expedition, in the open sea. east of Iceland (Stat. 48), from a depth of 300 fathoms. On the last cruise two more specimens of the same animal were taken, off the west coast of Spitzbergen (Stat. 359); depth 416 fathoms.

Distribution. — The species had been previously known from the Færoes, Iceland, Spitzbergen, Greenland, as also the Islands of the Polar Sea north of America. and must. therefore. be regarded as a true Arctic form.

---

21. Arcturus tuberosus, G. O. Sars, n. sp.

(Pl. IX. Fig. 22).

Arcturus tuberosus, G. O. Sars, Prodromus descript. Crust. etc., No. 72 (1876).

Arcturus baffini, var. Feildeni. Miers, Report on the Crustacea collected by the Naturalists of the arctic Expedition in 1875—76 (Ann. Nat. Hist. 1877), pg. 14. Pl. III. Fig. 1.

Artscharacteristik. Legemet noget mere undersætsigt end hos foregaaende Art, uden tydelige Haar og uden dorsale Torner, men med uregelmæssig knudret Overflade. Epimererne paa de 3 bageste Forkropssegmenter stumpt tilspidsede. Endesegmentet med jevnt hvælvet Overflade. Øinene store, triangulært nyreformige. 2det Par Følere betydelig længere end Legemet, med 7-leddet Svøbe. Farven blegt kjødfarvet. Længden 35ᵐᵐ.

Findested. Stat. 18.

Bemærkninger. Den her omhandlede Form staar foregaaende saa overmaade nær. at jeg har været i stor Tvivl om dens Gyldighed som distinct Art. især da der blot fordsaa til Undersøgelse et enkelt Exemplar. Jeg opførte den derfor i min Prodromus kun med Forbehold som en ny Art og yttrede, at den muligvis kun vilde vise sig at være en ganske tilfældig Varietet af foregaaende. Aaret efter blev imidlertid den samme Form beskrevet af Miers fra den Engelske Nordpolexpedition i 1875—76 og angivet at forekomme endog i Mangde paa en Localitet, uden at

21. Arcturus tuberosus, G. O. Sars. n. sp.

(Pl. IX. fig. 22).

Arcturus tuberosus, G. O. Sars. Prodromus descriptionis Crust etc., No. 72 (1876).

Arcturus baffini, var. Feildeni. Miers, Report on the Crustacea collected by the Naturalists of the Arctic Expedition in 1875—76 (Ann. Nat. Hist. 1877), p. 14. Pl. III. fig. 1.

Specific Character. — Body a trifle more thickset than in the preceding species, without distinctly perceptible hairs and without dorsal spines, but presenting an irregular rugged surface. Epimera on the 3 posterior pedigerous segments obtusely pointed. Terminal segment with uniformly arcuate surface. Eyes large, triangular-reniform. Second pair of antennæ considerably longer than body. with a seven-jointed flagellum. Colour a light pink. Length 35ᵐᵐ.

Locality. — Stat. 18.

Remarks. — The form to be treated of here approximates so closely the preceding, that I have felt very greatly in doubt concerning its title to specific distinctness, and the more so since but one specimen only lay before me for examination. Hence. I recorded the animal in my "Prodromus" with considerable reservation as a new species, stating that it possibly would turn out to be a mere casual variety of the preceding. Meanwhile. the year after the same form was described by Miers from the English North Pole Expedition in 1875—76, and said by him to occur

nogen Tilnærmelse til det for A. baffini charecteristiske piggede Udseende var at bemærke hos nogen af de her indsamlede Exemplarer. Miers opfører den vistnok desuagtet kun som en Varietet af A. baffini; men det synes mig dog, at det Faktum, at den selvsamme Form forekommer paa en vidt adskilt Localitet i Nordhavet, i Forbindelse med de ovenanforte Data, taler stærkt til Fordel for dens virkelige specifiske Forskjel fra A. baffini, hvorfor jeg ogsaa tror her at burde opfore den som en distinct Art under det af mig forst foreslaaede Navn.

Beskrivelse af Hunnen. Legemets Form er (se Pl. IX, Fig. 22) omtrent som hos foregaaende Art, dog forholdsvis endnu noget mere undersætsig. Dets Overflade er noget ru, men ikke som hos A. baffini loddent, og de for hin Art characteristiske dorsale Fortsatser mangler her ganske eller er kun repræsenterede ved lidet fremspringende rundagtige Knuder.

Hovedet viser oventil istedetfor de 2 hoie koniske Fortsatser, der udmærker foregaaende Art, kun en stump, i Midten noget fordybet Forhoining.

1ste frie Forkropssegment er oventil fuldkommen glat, hvorimod de 6 folgende har i Midten af Rygfladen en stump, tvedelt Forhoining. Epimererne paa de 3 sidste Segmenter er som hos foregaaende Art stærkt udstaaende til Siderne, men mindre skarpt tilspidsede.

Bagkroppens 2 foreste frie Segmenter er fuldstændig glatte, uden Spor af nogen dorsale Fortsatser, og heller ikke paa Endesegmentets Rygflade bemærkes nogen saadanne, hvorimod der ved Basis af samme findes til hver Side en stump triangulær Sidefortsats.

Oinene er af et lignende Udseende som hos A. baffini, store og fremstaaende, triangulært nyreslamede og forsynede med morkt Pigment.

Hvad Kroppens forskjellige Lemmer angaar, saa har jeg ikke kunnet undersoge disse saa noiagtigt, som jeg kunde have onsket, da det eneste foreliggende Exemplar maatte onskes. Men de synes i alt væsentligt at ligne samme af A. baffini.

Det foreliggende Exemplar var en fuldt udviklet Hun og havde sine 2det Par Folere tæt besatte med den nylig af Brystposen udkrobne Yngel.

Farven var meget bleg kjodfarvet, faldende mest i det gule.

Længden af det erholdte Exemplar var, uden at regne Folerne, 35mm.

Forekomst og Udbredning. Det beskrevne Exemplar optoges under Expeditionens 1ste Togt i Havet udenfor vor Vestkyst fra et Dyb af 412 Favne, indviklet i en de til Bundskraben fæstede Svabberter. Stationen tilhorer den kolde Area og ligger paa Afholdet fra Havbankerne med det udenfor liggende store Havdyb.

Som ovenanfort blev den samme Form under den Engelske Nordpol-Expedition med "Alert" og "Discovery"

even in great abundance thoughout one locality, none of the specimens there taken having however exhibited the slightest approximation to the peculiar spiky appearance characteristic of A. baffini. Miers regards it indeed notwithstanding as a variety of A. baffini; but, in my judgment, the fact of the self same form occurring in a widely different locality in the Northern Ocean, together with the above-stated data, militates strongly in favour of its true specific distinctness from A. baffini; and hence I have seen fit to establish it as a separate species under the name I first suggested.

Description of the Female. — The form of the body (see Pl. IX, fig. 22) is about the same as that in the preceding species, though comparatively still more thickset. Its surface is somewhat rough, but not, as in A. baffini, clothed with hair; and the dorsal projections characteristic of that species are entirely wanting, or represented merely by small and but slightly protruding roundish knobs.

The head exhibits above, in place of the 2 elevated conical projections that distinguish the preceding species, simply an obtuse prominence, somewhat depressed in the middle.

The 1st free segment is perfectly smooth above, whereas the 6 succeeding segments have in the middle of the dorsal surface an obtuse, bifurcate prominence. The epimera on the last 3 segments project, as in the preceding species, very considerably toward the sides, but are less acutely pointed.

The 2 anterior free segments of the abdomen are perfectly smooth, without a trace of dorsal projections, nor can any such be observed on the dorsal surface of the terminal segment, whereas at the base is seen on either side an obtuse, triangular lateral projection.

The eyes, of the same appearence as in A. baffini, large and protuding, triangular-reniform, and furnished with a dark pigment.

As regards the various appendages of the body, I have lacked opportunity to examine them with the accuracy I could have wished, the only specimen before me having had to be very carefully handled. In all essential characteristics, however, they apparently resemble those in A. baffini.

The specimen secured was a fully developed female, and had the 2nd pair of antennae thickly covered with young, that apparently had just left the marsupium.

The colour was an exceedingly light pink, with a distinct shade of yellow.

Length of the specimen obtained — excluding the antennae — 35mm.

Occurrence and Distribution. — The specimen described was brought up, on the 1st cruise of the Expedition, off the West Coast of Norway, from a depth of 412 fathoms, attached to one of the hempen tangles fastened to the dredge. The Station lay in the cold area, on the slope of the banks that shelve down to the great ocean depths.

As stated above, the same form was found on the English North Pole Expedition with the "Alert" and

fundet paa en vidt adskilt Localitet nemlig i Smith Sound under 82° 27″ Brede og her i talrige Exemplarer, baade Hunner, Hanner og Unger. Arten er herefter utvivlsomt ligesom foregaaende at betragte som en ægte arktisk Form.

"Discovery," in a widely different tract, viz. Smith's Sound, lat. 82° 27″ N., and numerous specimens obtained, comprising males, females, and young. Hence the species must, in common with the preceding, be regarded as a true Arctic form.

22. Arcturus hystrix, G. O. Sars, n. sp.

(Pl. IX, Fig. 23 –26).

Arcturus hystrix, G. O. Sars, Prodromus descriptionis Crust. etc., No. 73.

Artscharacteristik. Legemet hos Hunnen næsten tenformigt, med talrige lange og spidse Torner, dannende regelmæssige Tværrader for hvert Segment. 4de Segment noget større end de øvrige og forsynet med 2 Tværrader af Torner. 2det Bagkropssegment ufuldstændigt skilt fra Endesegmentet, med 2 stærke dorsale Torner og store triangulære Sidefortsatser. Endesegmentet ved Basis forsynet med 2 lignende laterale Fortsatser og eventil med en dobbelt Række af Torner; Spidsen tvedelt. Øinene meget smaa, runde, med sort Pigment. 1ste Par Følere med Svøben smal, linear og (hos Hunnen) kun forsynet med 3 Sandsevedhæng. 2det Par Følere kortere end Legemet, med Skaftets Led i Enden tornede og Svøben kun sammensat af 3 simple Led. De 3 bagre Fodpar med en stærk Torn i Midten af Basalleddets bagre Kant. Farven hvidagtig. Længden 9ᵐᵐ.

Findestedor. Stat. 18, 124. 164.

Bemærkninger. Nærværende mærkelige Form viser ved første Øiekast et fra de 2 foregaaende Arter saa paafaldende forskjelligt Udseende, at man kunde være fristet til at se i den Typen for en helt anden Slægt. Jeg har imidlertid ved den anatomiske Undersøgelse fundet, at den idethele slutter sig nær til disse, isalfald nærmere end den efterfølgende Form, og foretrækker derfor indtil videre at henføre den til den typiske Slægt Arcturus. Som Charactere, der maaske kunde komme i Betragtning ved en generisk Adskillelse skal jeg her blot anføre den kun af 3 Led bestaaende Svøbe paa 2det Par Følere og 2det Bagkropssegments Sammenvoxning med Endesegmentet.

Beskrivelse af Hunnen. Legemet er (se Pl. IX, Fig. 23 og 24) af forholdsvis kort og undersætsig Form, med den største Brede kjendelig større end ¼ af Længden. Det er paa Midten stærkt opsvulmet, næsten tenformigt, og jevnt afsmalnende mod begge Ender. Hvad der især bidrager til at give denne Art sit eiendommeligt udprægede Udseende, er de høie og skarpe Torner, hvormed Legemet overalt er bevæbnet og som stritter ud til alle Sider lige-

22. Arcturus hystrix, G. O. Sars, n. sp.

(Pl. IX, figs. 23—26)

Arcturus hystrix, G. O. Sars, Prodromus descriptionis Crust. etc. No. 73.

Specific Character. — Body in female almost fusiform, with numerous long and acute spines, constituting regular transverse series for each segment. Fourth segment somewhat larger than the others, and furnished with 2 transverse series of spines. Second abdominal segment incompletely separated from terminal segment, with 2 strong dorsal spines and large, triangular lateral projections. Terminal segment furnished at base with 2 similar lateral projections, and, above, with a double row of spines; point bifurcate. Eyes very small, round, and provided with a black pigment. First pair of antennæ with flagellum slender, linear, and (in female) furnished with only 3 sensory appendices. Second pair of antennæ shorter than body, with the joints of the peduncle spiniferous at the extremity and the flagellum composed of only 3 simple joints. The three posterior pairs of legs with a strong spine springing from the middle of the posterior margin of the basal joint. Colour whitish. Length 9ᵐᵐ.

Locality. — Stats. 18, 124, 164.

Remarks. — The present highly characteristic form exhibits at the first glance an appearance so strikingly divergent from the 2 preceding species, as to suggest its being the type of quite another genus. Meanwhile, the result of my anatomical examination has shown it, on the whole, to approximate those species closely, more so at least than is the case with the succeeding form; and hence I prefer classing it at present under the typical genus Arcturus. As characters that might perhaps be assigned generic value, I will merely call attention to the flagellum on the 1st pair of antennæ consisting of but 3 joints, and the 2nd abdominal segment being connate with the terminal segment.

Description of the Female. — The body (see Pl. IX, figs. 23, 24) is comparatively short and thickset in form, with its greatest breadth perceptibly exceeding one-fourth of the length. It is very tumid in the middle, almost fusiform, and tapers gradually toward both extremities. The character that more than any other contributes to give this species its peculiarly distinctive appearance, are the high and acute spines with which the body is

som Piggene paa et sammenrullet Pindsvin (deraf Artsbenævnelsen).

Integumenterne er særdeles haarde og faste, skjøndt noget gjennemsigtige og uden nogen tydelig udpræget Skulptur eller Haarbesætning.

Hovedet er noget nedtrykt og har Panderanden i Midten temmelig stærkt udrandet, saa at Sidehjørnerne træder frem som afrundede Lapper, der delvis dækker 2det Par Føleres Basalled. Enhver af disse Lapper gaar nedad ud i et skarpt tandformigt Fremspring. Oventil er Hovedet forsynet med 8 tornformige Fortsatser, hvoraf de 2 staar over og noget foran Øinene, medens de øvrige 6 danner en buet Tværrad over den bagerste Del af Hovedet.

1ste frie Forkropssegment har Sidedelene udviklede paa en lignende Maade som hos de 2 foregaaende Arter til skjævt fortilrettede Lapper. Det har en regelmæssig Tværrad af 8 spidse Torner. Ethvert af de 2 følgende Segmenter viser en fuldkommen lignende Bevæbning. 4de Segment er betydelig baade længere og bredere end de øvrige og har 2 Tværrader af spidse Torner. De 3 følgende Segmenter aftager hurtigt i Brede bagtil og har hvert en enkelt Tværrad af Torner samt tilspidsede og til Siderne stærkt udstaaende Epimerer.

Bagkroppen, der omtrent indtager 1/4 af Totallængden, bestaar tilsyneladende kun af 2 Segmenter, idet det 2det er ufuldstændigt begrændset fra Endesegmentet. 1ste Segment er meget lidet og har en Tværrad af Torner, som dog her er mindre end paa Forkropssegmenterne. Endepartiet, der altsaa ogsaa omfatter det hos de 2 foregaaende Arter tydeligt begrændsede 2det Segment, viser til hver Side 2 stærke triangulære og noget bagudkrummede Fortsatser og har oventil 4 parvis stillede, ligeledes bagudkrummede Torner, hvorpaa følger en dobbelt Rad af en Del noget mindre saadanne. Enden er ikke som hos de 2 foregaaende Arter simpelt tilspidset, men viser i Midten en tydelig Udrandning begrændset til hver Side af et kort tandformigt Fremspring.

Øinene er meget smaa, cirkelrunde og udstaaende til Siderne, med mørkt Pigment.

1ste Par Følere (Fig. 25) er omtrent af Hovedets Længde og viser en lignende Bygning som hos de 2 foregaaende Arter, dog med den Forskjel, at Svøben her er meget smal, lineær og kun forsynet med 3 Sandsevedhæng nær Spidsen.

2det Par Følere (se Fig. 23 og 24) er vistnok i Forhold til 1ste Par kraftigt udviklede, men dog paa langt nær ikke som hos de 2 foregaaende Arter, idet deres Længde i fuldt udstrakt Tilstand er kjendelig mindre end Totallængden. Basalafsnittet, som ogsaa her egentlig dannes af 2 Led, er kort og tykt og gaar ved Enden paa den

everywhere armed, and that bristle out on all sides, like the quills of a rolled-up porcupine (hence the specific designation).

The integuments are exceedingly hard and firm, though somewhat translucent, and have no perceptibly prominent sculpture or covering of hair.

The head is slightly depressed, with the frontal margin considerably emarginate in the middle, causing the lateral corners to pretend as rounded lobes, that partly cover the basal joint of the 2nd pair of antennæ. Each of these lobes juts out below as an acutely dentiform projection. Above, the head is furnished with 8 spiniform projections, of which 2 are placed above and a little anterior to the eyes, whereas the remaining 6 constitute an arcuate transverse series, above the posterior part of the head.

The 1st free segment has the lateral parts developed in a manner precisely similar to those in the preceding species, viz. as oblique, anteriorly directed lobes. It has a regular transverse series of 8 acute spines. Each of the 2 succeeding segments exhibits a perfectly similar armature. The 4th segment is a good deal longer and broader than the others, and has 2 transverse series of acute spines. The 3 succeeding segments diminish rapidly in breadth posteriorly, and have each of them a single transverse series of spines, together with pointed epimera, projecting very considerably toward the sides.

The posterior division of the body, measuring about one-fourth of the total length, consists apparently of but 2 segments, the 2nd segment being imperfectly separated from the terminal one. The 1st segment is very small, and has a transverse series of spines, which, however, are smaller than those on the segments belonging to the anterior division. The terminal portion, comprising also accordingly the 2nd segment — distinctly defined in the 2 preceding species — exhibits on either side 2 strong triangular, and somewhat posteriorly curving projections, and has, above, 4 pairs of likewise posteriorly curving spines, to which succeeds a double series of similar but smaller ones. The extremity is not, as in the 2 preceding species, simple pointed, but exhibits in the middle a distinct emargination, bounded on either side by a short dentiform projection.

The eyes, laterally protruding, are very small, circular in shape, and furnished with a dark pigment.

The 1st pair of antennæ (fig. 25) are about of the same length as the head, and in structure similar to those in the 2 preceding species, saving, however, that the flagellum is very slender, linear, and provided with only 3 sensory appendicles, in close proximity to the point.

The 2nd pair of antennæ (figs. 23, 24) are, indeed, as compared with the 1st pair, powerfully developed, by no means, however, to the same extent as in the 2 preceding species, their length, when fully extended, being perceptibly less than that of the body. The basal section, which here, too, strictly, consists of 2 joints, is short and

14

ydre Side ud i et stærkt tornformigt Fremspring; 2 andre mindre Torner sees paa den øvre Flade. Det følgende Led er ikke meget længere og gaar ligeledes ved Enden paa den ydre Side ud i en stærk Torn. De 2 følgende Led er tynde og forlængede, næsten af samme Længde indbyrdes, og det første af dem har ligeledes Enden ud-draget i en spids Torn. Svøben (se Fig. 26) er ganske kort, omtrent halvt saa lang som Skaftets sidste Led og bestaar kun af 3 simpelt cylindriske Led, uden Torner og kun forsynede med nogle korte Haar.

Munddelene viser ingen væsentlig Forskjel fra samme hos den typiske Art.

De 4 første Fodpar er ligeledes idethele af samme Udseende som hos hin Art, alene med den Forskjel, at der fra Enden af Basalleddet paa de 3 bagerste af disse Par udgaar en skarp, bagudrettet Torn.

De 3 bagre Fodpar aftager stærkt i Længde lagtil og er udmærket derved, at deres Basalled i Midten af den bagre Kant har et stærkt tandformigt Fremspring.

Brystposen er som hos A. baffini sammensat af 3 Par tydelige Plader.

Bagkroppens Lemmer viser ingen væsentlig Forskjel fra samme hos A. baffini.

Farven var i levende Tilstand hvidagtig, med et svagt grønligt Skjær, der vel for en Del skrev sig fra de i Brystposen indsluttede Æg. De fleste af Exemplarene var imidlertid ved Optagelsen saa tæt besat med Smuds og forskjellige fremmede Partikler, der havde fæstet sig paa og mellem de talrige Pigge, at Legemets Form og Farve kun vanskeligt kunde erkjendes.

Længden af de største Exemplarer overskred ikke 9mm.

Forekomst og Udbredning. 3 Exemplarer, alle Hun-ner, af denne distincte Form toges under Expeditionens 1ste Togt paa samme Sted (Stat. 18), hvor foregaaende Art erholdtes. Under 2det Togt fandtes enkelte Exempla-rer, ligeledes Hunner, af samme Art paa 2 andre Lokali-teter i Havet udenfor Helgeland og Lofoten (Stat. 124 og 164). Dybden fra 350 til 457 Favne. Samtlige Stationer tilhører den kolde Area.

Artens for Tiden bekjendte Udbredning er saaledes Havet udenfor Norges ydre Havbanker fra den 63de til den 69de Bredegrad. Samme Art er imidlertid, som jeg har kunnet overbevise mig om ved et mig af Norman vel-villigt meddelt Individ, ogsaa taget under Valorous' Ex-pedition i de arktiske Farvande.

thick, and at the end juts forth on the outer side as a strong spiniform projection; 2 other smaller spines are seen on the upper surface. The succeeding joint is not much longer, and also juts forth at the end from the outer side as a strong spine. The 2 succeeding joints are slender and elongate, almost uniform in length, and the first has likewise the end produced as an acute spine. The flagellum (see fig. 26) is quite short, about half as long as the terminal joint of the peduncle, and consists of only 3 simple cylindric joints, without spines, and furnished with merely a few short hairs.

The oral appendages exhibit no essential difference from those in the typical species.

The 4 first pairs of legs have likewise, on the whole, the same appearance as in that species, saving only that a sharp, posteriorly directed spine proceeds from the end of the basal joint on the 3 hindermost of those pairs.

The 3 posterior pairs of legs diminish very much in length posteriorly, and are characterized by their basal joint having in the middle of the posterior margin a strong dentiform projection.

The marsupium is composed, as in A. baffini, of 3 pairs of distinctly developed plates.

The abdominal limbs exhibit no essential difference from those in A. baffini.

The colour, in a living state, was whitish, with a faint greenish tinge, in part no doubt arising from the eggs in the marsupium. Most of the specimens, however, were thickly incrusted with mud and other foreign substances, adhering to and between the numerous spikes, thus rendering the form and colour of the body extremely diffi-cult to determine.

The length of the largest examples did not reach more than 9mm.

Occurrence and Distribution. — Three specimens of this distinct form, all of them females, were taken on the first cruise of the Expedition, on the same locality (Stat. 18) where the preceding species occurred. On the second cruise, a few examples were obtained of the same species, likewise females, in two other localities, viz. off Helgeland and Lofoten (Stats. 124 and 164); depth ranging from 350 to 457 fathoms. The Stations lie all of them in the cold area.

The distribution of the species, as at present known, extends accordingly throughout the ocean tract lying off the outer banks of the Norwegian coast, from the 63rd to the 69th parallel of latitude. The same form was, how-ever, as I have found, from the examination of a specimen kindly sent me by Mr. Norman, likewise taken in the waters of the Polar Sea, on the British Expedition with the "Valorous."

Gen. 2. **Astacilla**, Fleming.

(Encycl. Brit. 7th edit. Vol. VII).

Synon. Leachia, Johnston (non Lesueur).

Slægtskarakter. Legemet mere eller mindre langstrakt, cylindriskt. 4de Forkropssegment stærkt forlænget, hos Hunnen meget smalt, hos Hunnen bredere og nedad udvidet til Dannelsen af Brystposen. 2det Par Folere med Svøben ganske kort, 3-leddet, savtakket i den indre Kant og endende med en skarp Torn. 1ste Fodpar med alle Led brede og pladeformige, sidste Led ovalt og forsynet med en tydelig Klo. Brystposen kun dannet af 2 valvelformige Plader tilhørende 4de Forkropssegment.

Bemærkninger. Hvad der hovedsageligt skiller denne Slægt fra foregaaende er Brystposeus væsentlig forskjellige Bygning. I Forbindelse hermed staar ogsaa den uforholdsmæssige Udvikling af 4de Forkropssegment, der giver de herhen hørende Former et meget eiendommeligt Udseende. Den af Johnston foreslaaede Slægtsbenævnelse *Leachia* kan, skjøndt den har Prioriteten for Flemings, ikke bibeholdes, da dette Navn allerede tidligere er anvendt i Zoologien, nemlig for en Cephalopodeslægt. Ikke faa Arter af nærværende Slægt er beskrevne fra forskjellige Have, men de er i almindelighed alle blevne henførte under Slægten Arcturus.

Gen. 2. **Astacilla**, Fleming.

(Encycl. Brit. 7th Edit. Vol. VII.)

Synon. Leachia, Johnston (non Lesueur).

Generic Character. — Body more or less elongate, cylindrical. Fourth pedigerous segment greatly produced; in female broader, and, below, dilated — to form the marsupium. Second pair of antennæ, with flagellum quite short, three-jointed, serrate along the inner edge, and terminating in a sharp spine. First pair of legs with all the joints broad and lamelliform, terminal joint oval and furnished with a distinct claw. Marsupium composed of only 2 valvular plates, belonging to 4th pedigerous segment.

Remarks. — The character that principally causes this genus to differ from the preceding, is the essentially deviating structure of the marsupium. In conjunction with this distinctive divergence, comes the disproportionate development of the 4th segment, giving to all the forms belonging to the genus a very peculiar aspect. The generic appellation *Leachia*, suggested by Johnston, though with a prior claim to Fleming's, cannot be retained, that name having already been adopted in zoology, viz. to designate a genus of Cephalopods. Not a few species of the present genus have been described from specimens taken in various parts of the ocean; they have well-nigh all, however, been referred to the genus Arcturus.

---

23. **Astacilla granulata** (G. O. Sars).

(Pl. IX, Fig. 27—35).

Leachia granulata, G. O. Sars, Prodromus descript. Crust. etc. No. 73 (1878).

Astacilla americana, Harger, Am. Journ. Sci. III, Vol. XV, pg. 374 (1878).

Astacilla granulata, Harger, Report on the marine Isopoda of New England, pg. 361, Pl. VIII & IX, Fig. 48—53.

Artskarakteristik. Legemet hos Hunnen omtrent 7 Gange længere end bredt, oventil forsynet med talrige smaa afrundede Tuberkler. Hovedet oventil med en noget større, tvedelt Tuberkel. 4de Forkropssegment hos Hunnen indtagende mere end ⅓ af Totallængden, noget udvidet fortil og paa sin Overflade granuleret af smaa ensformige udviklede Knuder; hos Hannen overordentlig smalt, cylindriskt. De 3 bagre Forkropssegmenter med triangulært tilspidsede Epimerer. Bagkroppen forholdsvis kort, med sidste Segment kun lidet udtrukket i Enden, oventil stærkt knudret og ved Basis forsynet med 2 triangulære Sidefortsatser.

---

23. **Astacilla granulata** (G. O. Sars), n. sp.

Pl. IX, figs. 37—35.

Leachia granulata, G. O. Sars, Prodromus descriptionis Crust. etc. No. 73 (1876).

Astacilla americana, Harger, Am. Journ. Sci. III, Vol. XV, p. 374 (1878).

Astacilla granulata, Harger, Report on the marine Isopoda of New England, p. 461, Pl. VIII & IX, figs. 48—52.

Specific Character. — Body in female about 7 times longer than broad, furnished above with numerous small rounded tubercles. Head, above, with a somewhat large bifurcate tubercle. Fourth segment, in female, measuring more than one-third of the total length, somewhat dilated anteriorly, and, on its surface, granulated with small, uniformly developed protuberances; in male, remarkably slender, cylindric. The three posterior pedigerous segments with triangular-pointed epimera. Abdomen comparatively short, with the terminal segment but slightly produced toward the extremity; above, exceedingly rugged, and

14*

Øinene næsten trekantede, med mørkt Pigment. 1ste Par Følere med sammentrykt, paa Midten noget udvidet Svøbe. 2det Par Følere lige udstrakte næsten af Legemets Længde. Farven blegt gulgraa. Længden 14ᵐᵐ.

Findesteder. Stat. 18, 48, 124, 164, 200.

Bemærkninger. Nærværende Art kjendes fra vore tre øvrige Arter: A. longicornis, affinis og pusillus, med hvilke den i sin ydre Habitus idethele stemmer overens, ved sit oventil jevnt og tæt knudrede Legeme, den forholdsvis korte Bagkrop og det i Spidsen kun lidet udtrukne Endesegment.

Beskrivelse af Hunnen. Legemet er (se Pl. 9, Fig. 27 og 28) af den sædvanlige smale og langstrakte Form, dog noget kortere end hos den typiske Art, A. longicornis, idet den største Brede omtrent er lig ¼ af Længden.

Integumenterne er ikke meget faste og paa hele den dorsale Flade forsynede med talrige smaa afrundede Knuder, men uden Haar eller Torner.

Hovedet er i sin forreste Del temmelig nedtrykt, med Panderanden jevnt udrandet og Sidehjørnerne udtrukne til tungeformige Tapper. I Midten af den øvre Flade findes en større stump Forhøining, der ved en grund Længdefure er delt i 2.

Af de frie Forkropssegmenter er de 3 forreste ganske korte og oventil noget uregelmæssigt knudrede; det 1ste har den forreste Rand dybt udrandet for Hovedet og Epimererne udtrukne i en fortilrettet noget tilspidset Flig.

4de Forkropssegment er særdeles stort, indtagende mere end ½ af Totallængden, og viser fortil til hver Side et knudeformigt Fremspring lige over det tilsvarende Fodpars Insertion. Hele dets øvre Flade er jevnt og tæt granuleret af smaa afrundede Tuberkler, medens dets nedre Flade er glat og indtages af den mere eller mindre stærkt udbuede Brystpose.

Det bagenfor liggende Parti af Legemet er ved en meget bevægelig Articulation forbundet med dette Segment, hvorfor denne Del kan bøies saaledes, at den danner en større eller mindre Vinkel med den øvrige Del af Legemet (sml. Fig. 32); eller, naar, hvad der er det sædvanlige, dette bagre Parti er fixeret, kan den forreste Del af Legemet svinges pendelformigt frem og tilbage i Forhold til hint.

Den forreste Del af dette bagre Kropsparti indtages af de 3 bagerste Forkropssegmenter, der oventil er adskilte ved dybe, af en blød Hud dækkede Indsnøringer og derfor ogsaa indbyrdes viser en temmelig fri Bevægelighed. Deres øvre Side er noget pukkelformigt fremspringende og

furnished at the base with 2 triangular lateral projections. Eyes well-nigh triangular, with a dark pigment. First pair of antennæ with a compressed, and, in the middle, somewhat dilated flagellum. Second pair of antennæ, when fully extended, almost as long as the body. Colour a pale yellowish-grey. Length 14ᵐᵐ.

Locality. — Stats. 18, 48, 124, 164, 200.

Remarks. — The present species may be recognized from our three other forms: — A. longicornis, A. affinis, and A. pusillus, which exhibit on the whole a rather similar habitus, by its having the body, above, uniformly rugged, the abdomen comparatively short, and the terminal segment but slightly produced.

Description of the Female. — The body (see Pl. 9, figs. 27, 28) of the usual slender and elongate form, though somewhat shorter than in the typical species, A. longicornis, the greatest breadth being about equal to one-fourth of the length.

The integuments, which are not very firm, exhibit over the whole of the dorsal surface numerous small rounded prominences, but are without either hairs or spines.

The head is a good deal depressed throughout its anterior portion, with the frontal margin uniformly emarginate and the lateral corners produced as linguiform lobes. In the middle of the upper surface is seen a large obtuse prominence, which, by a shallow longitudinal sulcus, is divided in two.

Of the free segments, the 3 anterior ones are quite short, and, above, somewhat irregularly rugged; the 1st has the anterior border deeply emarginate, and the epimera produced as anteriorly directed, somewhat acute lobules.

The 4th segment is exceedingly large, measuring more than one-third of the total length, and exhibits anteriorly, on either side, a tuberculiform projection, directly above the points of insertion of the corresponding pairs of legs. Its entire upper surface is uniformly and closely granulous, with small rounded tubercles, while the lower surface is smooth, and occupied by the more or less prominently arched marsupium.

The succeeding portion of the body is connected, by an exceedingly movable articulation, with this segment; and the said part admits in consequence of being so bent as to form a greater or lesser angle with the rest of the body (see fig. 32), or when — which as a rule is the case — this posterior part remains fixed, the whole anterior portion admits of being swung pendulum-like backwards and forwards.

The anterior part of this posterior region of the body is occupied by the 3 hindermost pedigerous segments, which, above, are separated one from the other by deep instrictions, covered with a soft skin; and hence they possess in their mutual relation very considerable mobility. Their upper side projects in a somewhat hunched form,

som den øvrige Rygflade knudret. Epimererne er stærkt udstaaende til Siderne og triangulært tilspidsede.

Bagkroppen, der kun er lidet længere end det bagre Parti af Forkroppen, bestaar af 3 tydeligt begrændsede Segmenter, hvoraf de 2 forreste er meget smaa. Endesegmentet er af triangulær Form, oventil temmelig stærkt hvælvet og grovt knudret, samt ved Basis til hver Side forsynet med et triangulært Fremspring. Enden er stumpt tilspidset og mindre udtrukket end hos de øvrige Arter.

Øinene er temmelig store, med en jevnt convex Overflade, og viser seede fra Siden en uregelmæssig kantet, næsten triangulær Form. Deres Pigment er af en dyb sort Farve.

1ste Par Følere (Fig. 29) er omtrent af Hovedets Længde og bestaar som hos foregaaende Slægt af et 3-leddet Skaft og en uleddet Svøbe. Skaftets 1ste Led er noget udvidet, pladedannet, dog mindre bredt end hos foregaaende Slægt; de 2 øvrige Led er betydelig smalere og ganske simple, uden Torner eller Saugtakker. Svøben er noget længere end de 2 sidste Led af Skaftet tilsammen, sammentrykt fra Siderne og noget udvidet paa Midten samt i sit yderste Parti langs den ydre Kant forsynet med 7 klare Sandsevedhæng.

2det Par Følere (se Fig. 27 og 28) er, lige udstrakte, næsten af Legemets Længde. I sin Bygning ligner de idethele samme hos foregaaende Slægt, men er forholdsvis kraftigere og mere egnede som Gribeverdskaber. Svøben (Fig. 30) er neppe halvt saa lang som Skaftets sidste Led og kun sammensat af 3 Led, hvoraf det 1ste er længere end de 2 øvrige tilsammen. Alle disse 3 Led er stærkt chitiniserede og viser langs den indre Rand en tæt Rad af regelmæssige Saugtakker; sidste Led bærer paa sin Ende en skarp kloformig Torn.

Munddelenes Bygning stemmer idethele saa nær overens med samme hos foregaaende Slægt, at en detailleret Beskrivelse af samme maa ansees unødvendig.

Ogsaa Fødderne er af et meget lignende Udseende, skjøndt Forskjellen mellem de 4 forreste og de 3 bagerste Par her bliver endmere udpræget ved det betydelige Mellemrum, der ligger mellem begge og som indtages af Størsteparten af 4de Forkropssegment.

1ste Fodpar (Fig. 31) viser dog en kjendelig Afvigelse, baade derved, at det er forholdsvis større, og derved, at alle Led, ogsaa de yderste, er pladeformigt udvidede. Sidste Led er af oval Form og ved Spidsen forsynet med en tydelig, kloformig Torn, der ganske savnes hos foregaaende Slægt.

De 3 bagre Fodpar (se Fig. 28) er forholdsvis kortere, og navnlig er Basalleddets Længde her betydelig ringere.

Brystposen viser her en væsentlig forskjellig Bygning.

and is, like the rest of the dorsal surface, rugged. The epimera, triangular-pointed, jut prominently forth toward the sides.

The posterior division of the body — but very little longer than the hinder part of the anterior — consists of 3 distinctly defined segments, of which the 2 first are exceedingly small. The terminal segment is triangular in form, and less produced than in the other species.

The eyes rather large, with a uniformly convex surface, and exhibiting — lateral view — an irregularly edged, well-nigh triangular appearance. Their pigment is jet black.

The 1st pair of antennæ (fig. 29) are about as long as the head, and consist, as in the preceding genus, of a three-jointed peduncle and a uni-articulate flagellum. The 1st joint of the peduncle is somewhat dilated, lamelliform, though less broad than in the preceding genus; the 2 other joints are much more slender, and quite simple, without either spines or serrate denticles. The flagellum — somewhat longer than the 2 last joints of the peduncle, taken together — is compressed from the sides and slightly dilated in the middle, as also, in its outermost part, furnished along the exterior edge with 7 translucent sensory appendices.

The 2nd pair of antennæ (see figs. 27, 28) are, when fully extended, almost of the same length as the body. In structure, they resemble on the whole those in the preceding genus, but are relatively more powerful, and better adapted to serve as prehensile organs. The flagellum (fig. 30) is scarcely half as long as the terminal joint of the peduncle, and composed of only 3 joints, of which the 1st is longer than the 2 others taken together. These 3 joints are all exceedingly chitinous, and exhibit along the inner margin a close series of regular denticles arranged in a pectinate form; the terminal joint bears at the extremity an acute anguiform spine.

The structure of the oral appendages agrees on the whole so closely with that in the preceding genus, that a detailed description may be regarded as superfluous.

The legs, too, present a very similar appearance, though the deviation between the 4 anterior and the 3 posterior pairs is rendered still more prominent by reason of the extensive interspace, occupied by the greater part of the 4th segment.

The 1st pair of legs (fig. 31) exhibit however a perceptible divergence, being both relatively larger and having all the joints, the 2 outermost even, lamelliform-dilated. The terminal joint is oval in form, and, at the point, furnished with a distinct, unguiform spine, entirely wanting in the preceding genus.

The 3 posterior pairs of legs (see fig. 28) are relatively shorter, the length of the basal joint in particular being considerably less.

The marsupium exhibits an essentially different struc-

Den er (se Fig. 28), i Modsætning til hvad Tilfældet er hos Slægten Arcturus, alene indskrænket til 4de Forkrops-segment og dannes af 2 fra dettes Ventralside udgaaende brede, valvelformige, i Midten sammenstødende Klapper, indenfor hvilke de talrige Æg har sin Plads.

Bagkroppens Lemmer stemmer i alt væsentligt fuld-kommen overens med samme hos foregaaende Slægt.

Beskrivelse af Hannen. Den fuldt udviklede eller slægtsmodne Han (Fig. 32) viser et fra Hunnen meget af-vigende Udseende, idet Legemet er betydelig spinklere. Navnlig gjelder dette Forkropssegment, der er over-ordentlig smalt, regelmæssigt cylindrisk og kjendeligt læn-gere end det bagenfor liggende Afsnit af Legemet.

Af Lemmerne er det alene 1ste Par Følere og de 2 forreste Par Bagkropslemmer, der viser nogen udpræget Forskjel fra samme hos Hunnen.

1ste Par Følere (Fig. 33) er forholdsvis større end hos Hunnen og har navnlig Svøben stærkere udviklet og af samme Længde som hele Skaftet. Ligeledes er de til samme fæstede Sandserødhæng tilstede i et betydelig større Antal, nemlig 13.

De til Ventralsiden af sidste Forkropssegment fæ-stede ydre Kjønsvedhæng har (se Fig. 34) Formen af 2 cylindriske, fra en fælles Basis udgaaende og med smaa Pigge besatte Fortsatser, der er rettede bagtil mellem Ro-den af 1ste Par Bagkropslemmer. Indenfor den fælles Basis sees tydeligt de 2 convergerende vasa deferentia, der begiver sig hvert ind i den tilsvarende Fortsats og ender med en fin Aabning paa den stumpe Spids af samme.

1ste Par Bagkropslemmer (Fig. 34) udmærker sig derved, at den ydre Plade viser en eiendommelig Bøining ved Basis, samt derved, at den indre Plade nær Roden har i den ydre Kant en Udstaaenhed, hvortil 3 stærke ucilierede Børster er fæstede.

Endnu mere afvigende er 2det Par (Fig. 35). Den ydre Plade er nemlig her forsynet med et temmelig stort konisk tilspidset og med 2 stive Børster endende Ved-hæng, der er fæstet til en stærk Afsats i den ydre Kant nær Basis. Dette Par synes herved ved første Øiekast at bære 3 Endeplader.

Begge disse Par Lemmers eiendommelige Bygning staar aabenbart i et bestemt Forhold til Copulationsakten, og vi træffer ogsaa lignende Indretninger hos andre Iso-podehanner.

Farven saavel hos Han som Hun er ensformig lys grangul, uden mørkere Skatteringer.

Længden af Hunnen er 14mm. Hannen er noget længere.

Forekomst og Udbredning. Exemplarer af den ovenfor beskrevne Art er indsamlede paa 5 forskjellige Stationer, hvoraf de 4 ligger langs med det vestlige Af-held fra vore Havbanker fra Høiden af Romsdalen til Høiden af Nordkap, den 5te (Stat. 48) i Havet Øst af

ture. Contrary to what is the case in the genus Arctu-rus, it is exclusively confined to the 4th pedigerous seg-ment, and composed of 2 broad valvular flaps, proceeding from its ventral side and meeting in the middle, within which the numerous eggs are deposited.

The abdominal limbs agree perfectly in all essential characteristics with those in the preceding genus.

Description of the Male. — The full-grown or sex-ually mature male (fig. 32) presents an appearance very different from that of the female, the body being much more slender. This applies more particularly to the 4th segment, which is exceedingly narrow, regular-cylindric, and obviously longer than the succeeding section of the body.

Of the appendages, it is the 1st pair of antennæ only, and the 2 foremost pairs of pleopoda that exhibit any considerable difference from those in the female.

The 1st pair of antennæ (fig. 33) are relatively lar-ger than in the female, having in particular the flagellum more fully developed, and equal in length to the whole peduncle. Moreover, the sensory appendices attached to the latter are present in a much greater number. — viz. 13.

The outer sexual appendages attached to the ventral side of the last pedigerous segment, have the form (see fig. 34) of 2 cylindrical projections, issuing from a com-mon base and beset with minute spikes, the said pro-jections extending backward between the bases of the 1st pair of pleopoda. Within the common base, are distinctly seen the 2 converging vasa deferentia, each of which en-ters the corresponding projection, and terminates in a mi-nute orifice on its obtuse point.

The 1st pair of pleopoda (fig. 34) are characterized by the outer plate exhibiting a peculiar bend at the base. as also by the inner plate having, in proximity to the base, on the outer border, a protuberance, to which are attached 3 strong non-ciliated bristles.

Still greater is the divergence of the 2nd pair (fig. 35). The outer plate, namely, is here furnished with a rather large, conically pointed appendix, terminating in 2 stiff bristles, attached to a strong ledge on the outer margin, near the base. This pair acquire thereby, at the first glance, the appearance of bearing 3 terminal plates.

The peculiar structure of both these pairs of pleo-poda must obviously stand in some relation to the act of copulation; indeed, something similar is met with in other Isopod males.

Colour, both in the male and female, a uniform light greyish-yellow, without any darker shades.

Length of the female 14mm; the male is a trifle longer.

Occurrence and Distribution. — Specimens of the species described above were collected at 5 different Sta-tions, 4 located along the western slope of the outer Nor-wegian banks, extending from Romsdalen to the North Cape, the 5th (Stat. 48) in the open sea, east of Iceland;

Island; Dybden fra 290 til 620 Favne. Alle Stationer tilhører den kolde Area.

Artens for Tiden bekjendte Udbredning i Nordhavet strækker sig herefter fra den 63de til den 71de Bredegrad og fra 16° Ø. L. til 9° V. L. Men samme Form er ogsaa observeret hinsides Atlanterhavet ved New Englands Kyst (Harger), og Norman har sendt mig Exemplarer af samme Art fra den engelske Expedition med Valorous. Det synes heraf at fremgaa, at nærværende Art har en temmelig vid geografisk Udbredning i de nordlige Have. Den er, som de i det foregaaende omhandlede Arter af Slægten Arcturus, at anse som en ægte arktisk Form.

depth ranging from 290 to 620 fathoms. All the Stations in the cold area.

The known distribution of the species, therefore, in the Northern Seas, extends at present from the 63rd to the 71st parallel of latitude, and from long 16° E. to long 9° W. But the same form has been also observed on the other side of the Atlantic Ocean, off the coast of New England (Harger); and Mr. Norman has sent me examples of the same species, taken on the British Expedition with the "Valorous." Hence, the present species would appear to have a rather wide geographical distribution throughout the tracts of the Northern Ocean. It must, in common with the previously described species of the genus Arcturus, be regarded as a true Arctic form.

Fam. 2. Idoteidæ.

Gen. 1. Glyptonotus, Eights. 1853.

Amr. Journal. Sciences, Ser. 2 Vol. XV.

Synon. Chiridotea, Harger.

Slægtscharakteristik. Legemet af mere eller mindre undersætsig Form, oventil jevnt hvælvet, med tydeligt markeret Grændse mellem For- og Bagkrop. Hovedet meget bredt, med laterale, pladeformige Udvidninger. 1ste Kropssegment med Sidedelene fortilbøiede; de øvrige med vel adskilte, bagtil tilspidsede Epimerer. Bagkroppen sammensat af 4 tydeligt begrændsede Segmenter, de 3 forreste meget smaa, Endesegmentet stort og bagtil udtrukket i en skarp Spids. Øinene, naar de er tilstede, paa den øvre Flade af Hovedet. 2det Par Følere robuste med Skaftets Led mere eller mindre pladeformigt udvidede, Svøben mangeleddet. De 3 forreste Fodpar ulige de øvrige, forsynede med stærke Gribehænder; de 4 bagerste Par ægte Gangfødder. De valvelformige Halevedhæng med 2 tydelige Endeplader.

Bemærkninger. Nærværende af Eights først opstillede Slægt er især udmærket ved Forholdet af Fødderne, hvoraf de 3 forreste er ægte Griberedskaber, medens de 4 bagerste er væsentlig forskjelligt byggede og forestiller de egentlige Gangfødder. Foruden den nedenfor beskrevne Form hører herhen den meget nærstaaende *Idotea Sabini* Krøyer, *I. entomon* Lin., 2 nordamerikanske Arter *Ch. cæca* (Say) og *Tuftsii* (Stimpson), endelig en kjæmpemæssig Art fra det sydlige Polarhav, *Gl. antarcticus* Eights. Slægten tæller altsaa for Tiden 6 Arter, samtlige tilhørende de koldere Have.

Fam. 2. Idoteidæ.

Gen. 1. Glyptonotus, Eights. 1853.

Amr. Journal Sciences, Ser. 2, Vol. XV.

Synon. Chiridotea, Harger.

Generic Character. — Body more or less thickset in form, uniformly arched above, with a distinctly defined boundary between the anterior and posterior divisions of the body. Head exceedingly broad, with lateral, lamelliform dilatations. First segment, with its lateral parts anteriorly bent, the rest having well developed, posteriorly pointed epimera. Posterior division of body composed of 4 distinctly defined segments, the 3 foremost exceedingly small, terminal segment large and posteriorly produced to a sharp point. Eyes, when present, on upper surface of head. Second pair of antennæ robust in structure, with the joints of the peduncle more or less lamelliform-dilated, flagellum multi-articulate. The three anterior pairs of legs differing from the rest, being provided with powerful prehensile hands. The four posterior pairs, true ambulatory legs. Valvular caudal appendages with 2 distinctly developed terminal plates.

Remarks. — The present genus, first established by Eights, is chiefly distinguished by the characteristic structure of the legs, the 3 anterior pairs being true prehensile organs, whereas the 4 posterior have an essentially different structure, representing the true pereiopoda. Exclusive of the form described below, to this genus belong the closely approximating — *Idotea Sabini*, Krøyer; *I. entomon*, Lin.; 2 North American species, *Ch. cæca* (Say) and *Tuftsii* (Stimpson); and finally, a gigantic species from the southern Polar Sea, *Gl. antarcticus*, Eights, all inhabiting the colder ocean tracts.

24. Glyptonotus megalurus, G. O. Sars, n. sp.

(Pl. X, Fig. 1—23.)

Idotea Sabini, var. G. O. Sars. Prodromus descriptionis Crust. etc.. No. 69.

Chiridotea megalura, G. O. Sars, Crustacea et Pycnogonida nova etc., No. 7.

Artscharacteristik. Legemet af aflang Form, ikke fuldt 4 Gange saa langt som bredt. Forkroppen næsten overalt af ens Brede. Bagkroppen af samme Længde som Forkroppen; Endesegmentet særdeles stort og bredt, med Sidekanterne jevnt convexe og Enden konisk tilspidset, næsten horizontal. Intet Spor af Øine. 2det Par Følere med Skaftets 2det Led dannende udad en bred børstebesat Lap. Svøben af samme Længde som Skaftets 3 sidste Led tilsammen og bestaaende af 6—8 Led. Farven ensformigt graalig. Længden indtil 50ᵐᵐ.

Findesteder. Stat. 35, 40. 183. 295, 353.

Bemærkninger. Den her omhandlede kjæmpemæssige Isopode viser en saa stor habituel Lighed med den af Kröyer beskrevne *Idotea Sabini*, at jeg i Begyndelsen kun holdt den for en Varietet af samme. Efter imidlertid senere at have undersøgt authentiske Exemplarer af sidstnævnte Art, finder jeg dog, at begge disse Former, omend særdeles nærstaaende, dog maa adskilles som distincte Arter. Fra *Ch. Sabini* kjendes vor Form let ved den langt betydeligere Størrelse og afvigende Form af Bagkroppens Endesegment samt ved den ensformige graalige Farve.

Beskrivelse. Legemet er (se Pl. X, Fig. 1 og 2) af aflang Form, næsten 4 Gange saa langt som bredt, noget nedtrykt, dog med temmelig hvælvet Rygflade. Forkroppen er næsten overalt af ens Brede, medens Bagkroppen ved Basis viser en stærk Indknibning.

Integumenterne er paa Rygsiden meget haarde og stærkt incrusterede samt viser under Mikroskopet en fint granuleret Skulptur.

Hovedet er omtrent 3 Gange bredere end langt, ovenul temmelig stærkt hvælvet, med en utydelig Indtrykning langs Midten. Det gaar til hver Side ud i en triangulær pladedannet Fortsats, der i Kanterne er besat med korte Børster og fortil ved et lidet Indsnit skilt fra Panderanden. Denne er i Midten ganske svagt indbugtet, forøvrigt ganske glat.

1ste Forkropssegment har den forreste Rand dybt concav for at kunne optage Hovedet. Dets Sidedele eller Epimerer, der ikke ved nogen Sutur er skilte fra Segmentet, er noget fortilbøiede, pladeformige og ender med et tydeligt, næsten retvinklet Hjørne. Den bagre Rand er paa

---

24. Glyptonotus megalurus, G. O. Sars, n. sp.

(Pl. X. figs. 1—23.)

Idotea Sabini, var., G. O. Sars. Prodromus descriptionis Crust., etc. No. 69.

Chiridotea megalura, G. O. Sars, Crustacea et Pycnogonida nova, etc., No. 7.

Specific Character. — Body oblong in form, not quite 4 times as long as broad. Anterior division almost everywhere uniform in breadth. Posterior division equal in length to anterior; terminal segment exceedingly large and broad, with the lateral margins uniformly convex and the extremity conically pointed, almost horizontal. No trace of eyes. Second pair of antennae with 2nd joint of peduncle forming exteriorly a broad setiferous lobe, flagellum equal in length to the 3 last joints of peduncle taken together, and consisting of from 6 to 8 articulations. Colour a uniform grey. Length reaching 50ᵐᵐ.

Locality. — Stats. 35, 40, 183. 295, 353.

Remarks. — The gigantic Isopod treated of here exhibits so great a resemblance in its outer habitus to Kröyer's *Idotea Sabini*, that at first I felt disposed to regard it as a mere variety of that form. Meanwhile, having since examined authentic specimens of the latter species, I am now clearly of opinion that the two aforesaid forms, though very closely approximating, must nevertheless be assigned specific distinctness. From *Ch. Sabini*, the form in question is easily recognized by its far greater size and the deviating shape characterizing the terminal segment, as also by its uniform greyish colour.

Description. — The body (see Pl. X, figs. 1, 2) oblong in form, almost 4 times as long as broad, somewhat depressed, though with the dorsal surface rather prominently arched. The anterior division of the body almost everywhere uniform in breadth, whereas the posterior division exhibits at the base a deep instriction.

The integuments, on the dorsal side, exceedingly hard and very considerably incrusted, as also, when examined under the microscope, exhibiting a finely granulous sculpturing.

The head about 3 times broader than long, above rather prominently arched, with a slight, indistinct impression along the middle. It juts out on either side as a triangular, lamelliform projection, beset along the edges with short bristles, and, anteriorly, separated by a slight incision from the frontal margin. The latter is very faintly incurved in the middle; for the rest, quite smooth.

The 1st free segment has the anterior margin deeply concave, so as to serve for the reception of the head. Its lateral portions, or epimera, not separated by any suture from the segment, are somewhat anteriorly bent, lamelliform, and terminate in a distinct, well-nigh rectangular corner. The

dette ligesom de følgende Segmenter noget hævet og stærkt fortykket.

De øvrige 6 Forkropssegmenter er alle næsten af ens Udseende og Størrelse samt forsynede med tydeligt afsatte, triangulære og bagudrettede Epimerer, der successivt tiltager i Størrelse bagtil.

Bagkroppen er omtrent af Forkroppens Længde og bestaar af 4 tydeligt begrændsede Segmenter, hvoraf de 3 forreste er særdeles smaa og forsynede med korte tilspidsede Epimerer. Endesegmentet er derimod overordentlig stort og bredt, i sin forreste Del neppe synderlig smalere end Forkroppen og oventil stærkt hvælvet. Dets Sidekanter er jevnt bueformigt boiede, uden at vise nogen saadan pludselig Indknibning paa Midten som hos Gl. Sabini. Enden er som hos denne Art uddraget i en skarp Spids, men som her er noget kortere og næsten horizontal, ikke opadkrummet.

Af Øine er der ikke det allermindste Spor at opdage. 1ste Par Folere (Fig. 3), der udspringer tæt sammen fra den forreste Rand af Hovedet, er noget længere end drøttes halve Brede og bestaar af et 3-leddet Skaft og en cylindrisk, uleddet Svøbe. Skaftets 1ste Led er kort, men bredt, næsten pladeformigt, de 2 øvrige mere cylindriske. Svøben er noget kortere end Skaftet og næsten overalt af ens Brede. Langs dens ene Kant bemærkes flere Knipper af meget smaa, klare Sandsevedhæng (Lugtepapiller) (se Fig. 5), og til den stumpt endende Spids er (se Fig. 4) foruden 3 saadanne endnu fæstet en temmelig lang simpel Børste og en meget liden penselformig Høreborste.

2det Par Folere (Fig. 6), der er fæstede til Siderne og noget nedenfor 1ste Par, er betydelig større og kraftigere byggede, skjøndt neppe mere end halft saa lange som Forkroppen. De bestaar af 5-leddet, paa Midten knæformigt bøiet Skaft og en mangeleddet Svøbe. Af Skaftets Led er det 1ste meget lidet, de øvrige derimod mere eller mindre pladeformigt udvidede og tæt børstebesatte i den ydre Kant. Navnlig bemærker 2det Led sig ved sin betydelige Brede og ved den stærke, afrundet tungeformige Udvidning, som dets ydre Kant danner. Svøben er omtrent saa lang som de 3 sidste Led af Skaftet tilsammen og bestaar af 7—8 med korte Børster besatte Led. Hos Gl. Sabini er Svøben betydelig kortere.

Munddelene viser idethele i sin Bygning stor Overensstemmelse med samme hos foregaaende Familie, saaledes som disse er ovenfor fremstillede hos Arcturus baffini, og det bliver derfor kun nødvendigt her i Korthed at fremhæve de Forskjelligheder, de viser fra samme.

Overlæben (Fig. 7) er meget massiv og viser over Midten en med lange stive Børster besat Tværliste.

posterior margin both of this segment and of those succeeding it, is slightly raised and very considerably incrassated.

The remaining 6 segments belonging to the anterior division are all well-nigh uniform in appearance and size, as also provided with distinctly defined, triangular, and posteriorly directed epimera, increasing backward successively in size.

The posterior division of the body is about of the same length as the anterior, and consists of 4 distinctly defined segments, the 3 foremost exceedingly small, and furnished with short, pointed epimera. The terminal segment, on the other hand, is remarkably large and broad, its foremost part but very little, if at all, narrower than the anterior division of the body, and above, very considerably arcuate. Its lateral edges are uniformly arched, without exhibiting any such abrupt instriction in the middle as that occurring in Gl. Sabini. The extremity is, as in that species, produced to a sharp point, but somewhat shorter, and well-nigh horizontal, not curving upwards.

Of eyes, not the slightest trace can be detected.

The 1st pair of antennæ (fig. 3), originating, close together, on the anterior margin of the head, somewhat exceed in length half the breadth of the latter, and consist of a three-jointed peduncle and a cylindric, non-articulate flagellum. The 1st joint of the peduncle is short, but broad, almost lamelliform, the 2 remaining joints being more cylindrical. The flagellum is somewhat shorter than the peduncle, and almost everywhere uniform in breadth. Along one of its edges, are seen several fascicles of exceedingly small, translucent sensory appendices (olfactory papillæ) (see fig. 5), and to the obtusely terminating point is attached (see fig. 4), exclusive of 3 such appendices, a comparatively long simple bristle and a very small, penicillate auditory bristle.

The 2nd pair of antennæ (fig. 6), attached to the sides of, and a little beneath, the 1st pair, are considerably larger, and more powerful in structure, though scarcely more than half as long as the anterior division of the body. They consist of a five-jointed, in the middle knee-shaped peduncle, and a multi-articulate flagellum. Of the joints of the peduncle, the 1st is very small, the rest, on the other hand, being more or less lamelliform-dilated, and densely setous at the outer edge. The 2nd joint is more particularly characterized by its considerable breadth, and by the strong, round, linguiform dilatation formed by its outer margin. The flagellum its about as long as the 3 last joints of the peduncle taken together, and consists of from 7 to 8 joints, beset with short, bristles. In Gl. Sabini, the flagellum is considerably shorter.

The oral appendages exhibit in their structure on the whole very close agreement with those in the preceding family, as described above when treating of Arcturus baffini; and hence I need merely give a brief specification of the differences found to exist between them.

The labrum (fig. 7) is very massive, and has, above the middle part, a transverse fillet, furnished with long, stiff bristles.

15

Underløben (Fig. 8) har Endeloberne fint cilierede saavel i den ydre som indre Kant.

Kindbakkerne (Fig. 9) er meget kraftigt byggede og har de fra den forreste Del af Endepartiet udgaaende tandede Fortsatser forholdsvis stærkere udviklede end hos Arcturus samt af en mørk brunsort Farve. De imellem disse og Tyggeknuden fæstede secundære Plader er ligeledes noget forskjelligt formede, som vil sees ved en Sammenligning af de respective Figurer.

De 2 Par Kjæver (Fig. 10 og 11) er næsten nøiagtigt af samme Udseende som hos Arcturus.

Kjævefødderne (Fig. 12) har Palpens Led forholdsvis bredere og mere pladedannede. Epignathen er af en lignende Form som hos Arcturus, men har hele den ydre Kant fint cilieret. Basalpladen er noget mindre og smalere samt uden Børster.

Af Fødderne er de 3 forreste Par ægte Griberedskaber og derfor i Regelen (se Fig. 2) slaaede ind under Forkroppen, saa at de, naar Dyret sees ovenfra (Fig. 1), ialmindelighed er ganske skjulte. De er alle af fuldkommen ens Udseende og særdeles kraftigt byggede. Af Leddene er (se Fig. 13 og 14) 3die og 4de meget korte og af temmelig uregelmæssig Form samt forbundne med hinanden paa en eiendommelig Maade, idet hint ligesom omfatter dette. 5te Led er stort og bredt, af oval Form og danner i Forbindelse med den kraftige Endeklo (Dactylus) en Slags Gribehaand.

De 4 bagerste Fodpar er ægte Gangfødder og rager derfor under Dyrets Bevegelser mere ud til Siderne (se Fig. 1 og 2). De tiltager successivt i Længde bagtil og bestaar (se Fig. 15 og 16) ligesom de forreste Par af 5 Led foruden Endekloen; men alle Led er her simple og det sidste ikke udviklet til nogen Gribehaand. Alle disse Fodpar er temmelig rigeligt børstebesatte i Kanterne.

Brystposen var hos et Par af de indsamlede Exemplarer fuldt udviklet og indeholdt talrige grønagtigt farvede Æg. Den sammensættes som hos de øvrige til denne Familie hørende Former af 4 Par brede og gjennemsigtige Plader, der udspringer fra Basis af 2det—5te Fodpar.

Bagkropslemmerne er (se Fig. 2) som hos foregaaende Familie nedad dækkede af et Par voluminøse klapformige Organer, der forestiller de modificerede Halevedhæng. Fjernes disse, bemærkes (se Fig. 17) 5 vel udviklede Buglemmer, der mere eller mindre fuldstændigt dækker hinanden indbyrdes.

De 2 første Par (Fig. 19 og 20) er ligesom hos Arcturus udviklede til Sømmerudskaber, men skiller sig ved betydelig kortere Roddel og bredere, ovale Endeplader, hvoraf den indre er kjendelig større end den ydre. Begge Plader er i Kanterne forsynede med talrige cilierede Børster, men som er forholdsvis betydelig kortere end hos Arcturus.

The labium (fig. 8) has the terminal lobes finely ciliated, both along the outer and the inner edge.

The mandibles (fig. 9) are very powerful in structure, and the dentate projections jutting forth from the anterior part of the terminal region, relatively stronger than in Arcturus, as also of a dark brownish-black colour. The secondary plates, too, attached between the said projections and the molar protuberance, have likewise a somewhat deviating form, as will appear on comparing the respective figures.

The 2 pairs of maxillæ (figs. 10, 11) have almost exactly the same appearance as in Arcturus.

The maxillipeds (fig. 12) have the joints of the palp comparatively broader and more lamelliform. The epignath exhibits a similar form to that in Arcturus, but has the whole of the outer margin finely ciliated. The basal plate is somewhat smaller and narrower, as also without bristles.

Of the legs, the 3 anterior pairs are true organs of prey, and hence, as a rule (see fig. 2), bent in under the body, so that, when the animal is viewed from above (fig. 1), they are generally quite concealed. They all present a perfectly uniform appearance, and are exceedingly powerful in structure. Of the joints (see figs. 13, 14), the 3rd and 4th are very short and somewhat irregular in form, as also connected together in a peculiar manner, the former encompassing, as it were, the latter. The 5th joint is large and broad, oval in form, and constitutes, in conjunction with the terminal claw (dactylus), a kind of prehensile hand.

The 4 posterior pairs of legs are true pereiopoda, and hence, during the movements of the animal, project somewhat farther out toward the sides (see figs. 1, 2). They increase successively in length posteriorly, and consist (see figs. 15, 16), as is the case with the anterior pairs, of 5 joints, exclusive of the terminal claw; but all these joints are simple, nor is the last developed to a prehensile hand. These pairs of legs are all of them rather abundantly furnished with bristles along the edges.

The marsupium, in one or two of the specimens taken, was fully developed, containing numerous greenish coloured eggs. It is composed, as in the other forms belonging to this family, of 4 pairs of broad and translucent plates, springing from the base of the 2nd up to the 5th pair of legs.

The abdominal limbs (see fig. 2) are, as in the preceding family, covered below by a pair of voluminous valvular organs, representing the modified caudal appendages. On removing these organs, are observed (see fig. 17) 5 pairs of well developed ventral appendages, the one covering more or less completely the other.

The 2 first pairs (figs. 19, 20) are, as in Arcturus, developed to natatory organs, but differ in the basal part being considerably shorter, as also in their having broader ovate terminal plates, of which the inner is appreciably larger than the outer. Both plates are furnished along the edges with numerous ciliated bristles, which, however, are relatively much shorter than in Arcturus.

De 3 følgende Par (Fig. 21) forestiller ægte Respirationsorganer og har derfor Endepladerne stærkt udviklede, elliptiske og af membranøs Struktur, uden tydelige Randbørster. Begge Plader er omtrent af ens Størrelse; men den ydre er ved en tydelig Tværsutur delt i 2 Segmenter, et kortere basalt og et længere terminalt, næsten af lanceldannet Form.

De klapformige Halevedhæng (se Fig. 2 og 17) er af en lignende Bygning som hos Arcturus og ligeledes ved Enden forsynede med 2 tilspidsede Grene eller Plader, hvoraf dog den ene er særdeles liden og fuldstændig dækket af den anden (se Fig. 23).

Hannerne skiller sig kun lidet i sit Ydre fra Hunnerne.

I Følernes Bygning er heller ikke nogen væsentlig Forskjel at bemærke.

De ydre Kjønsvedhæng udgaar (se Fig. 17) som hos Arcturus fra Ventralsiden af 1ste Bagkropssegment imellem Roden af de tilsvarende Buglemmer. De danner (Fig. 18) 2 korte, koniske, noget indbøiede og i Midten sammenstødende Fortsatser, paa hvis stumpt tilrundede Ende Aabningen for vas deferens er beliggende.

Af Bagkroppens Buglemmer er 2det Par (Fig. 21) eiendommeligt modificeret, idet der til Basis af den indre Plade er fæstet et særdeles langt og smalt, stiletformigt Vedhæng, der næsten rækker til Spidsen af Endesegmentet og i normal Tilstand ligger tæt op mod det tilsvarende paa den anden Side (se Fig. 17).

Legemets Farve er hos begge Kjøn ensformig skidden graalig, omtrent som det Mudder, hvori Dyret færdes. Af nogen tydelige Pigmentaflejringer var intetsomhelst Spor at bemærke paa de nylig indfangede Exemplarer.

Længden af de største Exemplarer gaar op til 50ᵐᵐ, og den staar saaledes neppe tilbage for Gl. Sabini i Størrelse.

Forekomst og Udbredning. Exemplarer af denne Art er tagne paa 5 forskjellige Stationer, alle tilhørende den kolde Area, Dybden fra 1081 til 1710 Favne.

Dens for Tiden bekjendte Udbredningsfelt er herefter den dybe Havdal mellem Norge, Beeren Eiland og Spitsbergen paa den ene Side, og Island, Jan Mayen og Grønland paa den anden, fra den 63de til den 78de Bredegrad. I den østlige Del af Ishavet synes den derimod ikke at forekomme. Her repræsenteres den af den nærstaaende Gl. Sabini, som efter Stuxberg her er overordentlig talrig og som ogsaa under vor Expedition blev taget i et enkelt Exemplar i Havet mellem Beeren Eiland og Novaja Semlja.

The 3 succeeding pairs (fig. 21) represent true respiratory organs, and have, therefore, the terminal plates very fully developed, of an elliptic form and membranous structure, without any distinctly obvious marginal bristles. Both plates are well-nigh uniform in size; but the outer is divided by a distinct transverse suture into 2 segments, a shorter basal segment and a longer terminal one; the latter almost lanceolate in form.

The valvular caudal appendages (see figs. 2, 17) exhibit a similar structure to those in Arcturus, and are, in like manner, furnished at the extremity with 2 pointed branches, between the bases of which, however, one is exceedingly small and completely overlapped by the other (see fig. 23).

The *males* differ but little in their outer habitus from the females.

In the structure of the antennæ, too, no essential difference can be detected.

The outer sexual appendices proceed (see fig. 17), as in Arcturus, from the ventral side of the 1st abdominal segment, between the bases of the corresponding pleopoda. They constitute (fig. 18) 2 short, conical, somewhat incurving and, in the middle, contiguous projections, on the obtusely rounded extremities of which is located the opening for the vas def.rens.

Of the abdominal limbs, the 2nd pair (fig. 21) has a peculiarly modified form, to the base of the inner plate being attached an exceedingly long and slender, styliform appendix, reaching almost to the extremity of the terminal segment, and generally lying close up to the corresponding appendix on the opposite side (see fig. 17).

Colour of the body in both sexes a uniform dirty grey, very nearly the same as that of the mud through which the animal moves. Of any distinct deposits of pigment, no trace whatever could be detected in the recent specimens.

Length of the largest examples reaching 50ᵐᵐ; and hence, in point of size, it about ranks with *Gl. Sabini*.

Occurrence and Distribution. — Specimens of this species were taken at 5 different Stations, all in the cold area; depth ranging from 1081 to 1710 fathoms.

The extent of its distribution, as known at present, comprises accordingly the deep ocean tract between Norway, Beeren Eiland, and Spitzbergen on the one side, and Iceland, Jan Mayen and Greenland on the other, from the 63rd to the 78th parallel of latitude. In the eastern part of the Polar Sea, it would not, on the other hand, appear to occur. Throughout this region the species is represented by the approximating form *Gl. Sabini*, which, according to Stuxberg, is remarkably abundant here, and which, on the Norwegian Expedition too, was met with, a single specimen having been taken in the sea extending between Beeren Eiland and Novaja Zemlja.

116

Gen. 2. **Synidotea,** Harger. 1878.

Amer. Journal of Science III, Vol. XV.

Slægtscharacteristik. Legemet af mere eller mindre undersætsig Form, uden skarp Begrændsning mellem For- og Bagkrop. Epimererne afrundede, ikke begrændsede fra Segmenterne. Hovedet uden laterale Udvidninger. Bagkroppen kun bestaaende af 2 oventil ufuldstændigt adskilte Segmenter. Øinene tydelige, laterale. 2det Par Følere med Skaftets Led simpelt cylindriske, Svøben traadformig, mangeleddet. Kjæveføddernes Palpe kun bestaaende af 3 Led. 1ste Fodpar prehensilt, de øvrige simple Gangfødder. De valveformige Halevedhæng forholdsvis smaa, med en enkelt Endeplade.

Bemærkninger. Denne Slægt er først opstillet af Harger og bør utvivlsomt opretholdes. Characteristik er den compacte Kropsform, de oventil ikke fra Segmenterne begrændsede afrundede Epimerer og Bagkroppens stærke Consolidation. Foruden den nedenfor nærmere omtalte Form hører herhen den af Krøyer beskrevne *Idotea nodulosa*, som ogsaa erholdtes under vor Expedition. Begge disse Arter er udpræget arktiske i sin Forekomst og slutter sig naturligt sammen til en distinct Slægtstype.

25. Synidotea bicuspida, (Owen).

(Pl. X, Fig. 24—26).

Idotea bicuspida, Owen, Crustacea of the "Blossom" pg. 92, Pl. XXVII, Fig. 6 (in fide Harger).

Synidotea bicuspida, Harger, Report on the marine Isopoda of New England pg. 352.

Synidotea incisa, G. O. Sars, Crustacea et Pycnogonida nova etc., No. 8.

Artscharacteristik. Legemet af kort og undersætsig Form, aflangt ovalt, neppe dobbelt saa langt som bredt, med høit hvælvet Ryg og concentrisk rynket Overflade. Hovedet bredt, med i Midten indskaaret Panderand og vinklede Sidehjørner. Forkropssegmenternes Sidedele eller Epimerer bredt afrundede og horizontalt udstaaende. Bagkroppen kort, triangulær, i Spidsen forsynet med et tydeligt Indsnit begrændset af 2 tilspidsede Fremspring. Øinene store og fremstaaende med mørkt Pigment. 2det Par Følere af Legemets halve Længde, med Svøben længere end Skaftet og sammensat af omtrent 14 Led. Farven mørkt chocoladebrun med rødbrune Skatteringer. Længden 14ᵐᵐ.

Gen. 2. **Synidotea,** Harger. 1878.

Amer. Journal of Science III, Vol. XV.

Generic Character. — Body more or less thickset in form, without any sharply defined instriction between the anterior and posterior divisions. Epimera rounded off, not defined from segments. Head without lateral dilatations. Posterior division of body consisting of only 2 segments, imperfectly separated above. Eyes distinct, lateral. Second pair of antennæ with joints of peduncle simple, cylindric; flagellum filiform, multi-articulate. Palp of maxillipeds composed of only 3 joints. First pair of legs prehensile, the rest simple pereiopoda. Valvular caudal appendages comparatively small, with but a single terminal plate.

Remarks. — This genus was first instituted by Harger, and should unquestionably be maintained. Conspicuous, as characteristic features, are the compact form of body, the rounded epimera, not separated above from the segments, and the remarkably consolidated structure of the posterior division of the body. Exclusive of the form treated of more in detail below, to this genus also belongs *Idotea nodulosa,* described by Krøyer, likewise taken on the Norwegian Expedition. Both of these species are prominently Arctic in occurrence, and naturally approximate as a distinct generic type.

25. Synidotea bicuspida, (Owen).

(Pl. X, figs. 24—26).

Idotea bicuspida, Owen, Crustacea of the "Blossom" p. 92, Pl. XXVII, fig. 6, (in fide Harger).

Synidotea bicuspida, Harger, Report on the marine Isopoda of New England, p. 352.

Synidotea incisa, G. O. Sars, Crustacea et Pycnogonida nova etc., No. 8.

Specific Character. — Body short and thickset in form, oblongo-oval, scarcely twice as long as broad, with an exceedingly vaulted back and the surface concentrically corrugated. Head broad, with frontal margin incised in the middle and lateral corners angular. Lateral parts, or epimera, broadly rounded and horizontally projecting. Posterior division of body short, triangular, and having at the point a distinct incision, bounded by 2 acute projections. Eyes large and protruding, with a dark pigment. Second pair of antennæ half the length of body, with flagellum longer than peduncle, and composed of about 14 joints. Colour a dark chocolate-brown, with reddishbrown shadings. Length 14ᵐᵐ.

Findested. Stat. 366.

Bemærkninger. Nærværende characteristiske Art, som jeg i Begyndelsen holdt for ny, da jeg ikke havde Anledning til at raadføre mig med Owens Arbeide, men som jeg senere har overbevist mig om er identisk med den af ham beskrevne Form, kjendes let fra den anden Art af Slægten, *S. nodulosa* Krøyer, ved sin mere undersætsige Kropsform og navnlig ved den characteristiske Udrandning i Spidsen af Endesegmentet, hvorved dette synes at gaa ud i *2* tilspidsede Fortsatser (heraf Artsbenævnelsen).

Beskrivelse af Hunnen. Legemet er (se Pl. X, Fig. 24) usædvanlig kort og undersætsigt og minder derfor noget om samme hos visse Land-Isopoder. Af Form er det aflangt ovalt, uden nogen skarpt markeret Indsnøring mellem For- og Bagkrop, med den største Brede, der falder noget foran Midten, lidt større end den halve Længde. Rygsiden er i Midten stærkt hvælvet og noget ujevn, idet saavel de forreste som bagerste Kanter af Segmenterne er stærkt fortykkede og hevede, ligesom en mere eller mindre tydelig concentrisk Rynkning bemærkes, navnlig henimod Siderne.

Integumenterne er særdeles haarde og faste samt viser en noget mat, ikke glindsende Overflade.

Hovedet er omtrent dobbelt saa bredt som langt og viser over den bagerste Del en tydelig Tverfold, der ligesom antyder et særskilt Segment, svarende til Kjævefødderne. Panderanden er i Midten tydeligt indbugtet, og Sidehjørnerne træder frem i Form af et næsten trekantet, vinklet, i Enden lige afskaaret Fremspring til hver Side af 2det Par Føleres Basis (se Fig. 25).

Forkropssegmenterne er alle forsynede med jevnt afrundede og horizontalt til Siderne udstaaende Epimerer, der imidlertid ikke ved nogen bemærkelig Sutur er afgrændsede fra det tilstødende Parti. De 3 bagerste Segmenter er noget mindre end de øvrige og har Epimererne smalere.

Bagkroppen er forholdsvis meget kort, af triangulær Form, og bestaar kun af *2* Segmenter, et ganske kort basalt og et betydeligt større terminalt. Disse Segmenter er dog kun til Siderne tydeligt adskilte, medens de i Midtlinien flyder sammen. Rygfladen af begge er ganske glat og Spidsen af Endesegmentet forsynet med et tydeligt Indsnit eller Udrandning, der begrændses til hver Side af et kort triangulært Fremspring.

Øinene der er beliggende paa Siderne af Hovedet, er temmelig store og næsten halvkugleformigt fremspringende, med mørktfarvet Pigment.

1ste Par Følere (se Fig. 24 og 25) er forholdsvis smaa, forøvrigt af den for Familien sædvanlige Bygning.

Locality. — Stat. 366.

Remarks. — The present characteristic species, which at first I regarded as new, having not had opportunity to consult Professor Owen's work, but which I have subsequently found to be identical with the form he has described, is easily distinguished from the other species of the genus, *S. nodulosa* Krøyer, by its relatively more thickset form of body, and in particular by the characteristic emargination at the point of the terminal segment, giving to the latter the appearance of jutting forth as 2 acute projections (hence the specific designation).

Description of the Female. — The body (see Pl. X, fig. 24) unusually stout and thickset, and accordingly not unlike that in certain land Isopods. The form is oblongo-oval, without any sharply defined instriction between the anterior and posterior divisions of the body, the greatest breadth — which occurs a little anterior to the middle — slightly exceeding one-half of the length. The dorsal side exceedingly arched in the middle and somewhat uneven, both the anterior and posterior edges of the segments being very considerably inspissated and raised; and a more or less distinct concentric corrugation is also observed, in particular toward the sides.

The integuments are extremely hard and compact, exhibiting a somewhat dull, by no means a lustrous surface.

The head is about twice as broad as long, and has, above the posterior part, a distinct transverse fold, that indicates, as it were, a separate segment, corresponding to the maxillipeds. The frontal margin is distinctly incurved in the middle, the lateral corners jutting forth on either side of the base of the 2nd pair of antennæ (see fig. 25) in the form of a well-nigh triangular projection, abruptly truncate at the extremity.

The segments of the anterior division are all furnished with uniformly rounded and, toward the sides, horizontally projecting epimera, which, however, exhibit no distinct suture separating them from the lateral parts. The 3 posterior segments are somewhat smaller than the others, and have more narrow epimera.

The posterior division of the body is comparatively very short, triangular in form, and consists of only 2 segments, an exceedingly short basal and a much larger terminal segment. These segments, however, are at the sides only, distinctly separated, being confluent along the medial line. The dorsal surface of both is quite smooth, and the point of the terminal segment has a distinct incision or emargination, bounded on either side by a short triangular projection.

The eyes, placed at the sides of the head, are rather large and well-nigh hemispherically protruding, with a dark-coloured pigment.

The 1st pair of antennæ (see figs. 24, 25) are comparatively small, exhibiting for the rest the structure characteristic of the family.

2det Par Følere (ibid.) er temmelig stærkt forlængede, omtrent af Legemets halve Længde, og har Skaftets Led simpelt cylindriske. Svøben er længere end Skaftet og sammensat af omtrent 14 korte Led.

Munddelene kunde ikke paa det eneste forliggende Exemplar nøiere undersøges.

Af Fødderne er alene 1ste Par (se Fig. 25) udviklet til Griberedskaber af en lignende Bygning som de 3 forreste Par hos Glyptonotus. Derimod er alle de øvrige Par ægte Gangfødder, med sidste Led simpelt cylindriskt og Endekloen ganske kort samt forsynet med en secundær Torn.

De klapformige Halevedhæng (se Fig. 26) er forholdsvis mindre udviklede end hos foregaaende Slægt og dækker paa langt nær ikke hele Undersiden af Bagkroppen. De viser over Midten en skraat løbende eller diagonal Kjøl og har ved Spidsen en enkelt, temmelig stor triangulær Endeplade.

Farven var hos det levende Dyr temmelig mørk, næsten chocoladefarvet, med enkelte uregelmæssige rødbrune Skatteringer. Det undersøgte Individ havde desuden over Midten af 2det Par Føleres Svøbe et meget iøinefaldende smukt carminrødt Tværbaand. Hvorvidt dette Tværbaand er characteristisk for Arten eller blot en individuel Eiendommelighed, maa overlades til fremtidige Undersøgelser at afgjøre.

Længden af det undersøgte Exemplar var 14mm.

Forekomst og Udbredning. Det eneste erholdte Exemplar, der var en fuldt udviklet Hun, optoges under Expeditionens sidste Togt i Magdalenebay, en af iskoldt Vand opfyldt Fjord paa Nordvestsiden af Spitsbergen, fra et Dyb af 40—60 Favne.

Arten har en temmelig vid Udbredning i de arktiske Have og synes at være circumpolar. Foruden ved Spitsbergen er den observeret ved Nordamerikas Østkyst (New England), Polarøerne, Alaschka og Behringstrædet. Ifølge Stuxberg forekommer den ogsaa ikke ualmindeligt i det nordsibiriske Hav sammen med *Glyptonotus Sabini* og *entomon*.

The 2nd pair of antennæ (ibid.) are considerably elongate, about half as long as the head, and have the joints of the peduncle simple cylindric. The flagellum is longer than the peduncle, and composed of about 14 short joints.

The oral appendages could not be submitted to a closer examination in the solitary specimen secured.

Of the legs, the 1st pair alone (see fig. 25) are developed as prehensile organs, of a similar structure to that exhibited by the 3 foremost pairs in Glyptonotus. On the other hand, all the rest are true gangfeet, having the last joint simple cylindric and the terminal claw exceedingly short, as also furnished with a secondary spine.

The valvular caudal appendages (see fig. 26) are comparatively less developed than in the preceding genus, not covering by far the entire under-surface of the posterior division of the body. Across the middle, they exhibit an obliquely extending, or diagonal, carina, and have at the point a single, rather large, triangular terminal plate.

The colour in the living animal was rather dark, closely approximating that of chocolate, with a few irregular reddish-brown shadings. The specimen examined had, moreover, across the middle of the flagellum of the 2nd pair of antennæ an exceedingly conspicuous transverse band, of a brilliant carmine. Whether this transverse band be characteristic of the species or a mere individual peculiarity, must be left for subsequent investigation to decide.

Length of the specimen examined 14mm.

Occurrence and Distribution. — The solitary specimen obtained, a fully developed female — was brought up on the last cruise of the Expedition, from a depth of 40—60 fathoms, in Magdalena Bay, a fjord, filled with ice-cold water, on the north-west coast of Spitsbergen.

The species has a rather extensive distribution throughout the Arctic Seas, and would appear to be circumpolar. Exclusive of Spitzbergen, it has been met with on the east coast of North America (New England), off the Polar Islands, Alaschka, and in Behring's Straits. According to Stuxberg, it occurs, too, and not infrequently, in the North Siberian Sea: along with *Glyptonotus Sabini*, and *G. entomon*.

Tribus 4. *Asellota*, Edw.

Bemærkninger. Hos de herhen hørende Former, der maa betragtes som de mest typiske Isopoder, er Halevedhængene terminale som hos 1ste Tribus (*chelifera*) og enten tvegrenede eller simple, men aldrig modificerede hverken til en Haleviste eller til Klapper. Heller ikke er nogen af Bagkropslemmerne saaledes som hos de foregaaende Grupper uddannede til Svømmeredskaber, hvorimod det

Tribus 4. *Asellota*. Edw.

Remarks. — The forms belonging to this division of the Crustacea, that unquestionably must be regarded as the most typical of Isopods, have the caudal appendages terminal, as in the 1st tribe (*chelifera*), and either bifurcate or simple, but never modified, either to form a caudal flabellum or valvular organs. Nor do any of the abdominal limbs, as in the preceding groups, occur in the form of

119

Iste Par i Regelen (herfra alene undtaget Slægten Asellus) hos Hunnen er omformet til en enkelt, operkelformig Plade, der dækker de øvrige 4 Par, som alle forestiller ægte Respirationsorganer; hos Hannen er denne Plade af meget compliceret Bygning og delvis modificeret til Copulationsredskaber. Den her omhandlede Tribus indbefatter for Tiden 2 Familier, nemlig *Asellidæ* og *Munnopsidæ*.

natatory appendages, whereas the 1st pair, as a rule (saving only the genus Asellus), in the female, are transformed into a single operculiform plate, covering the 4 remaining pairs, all of which represent true organs of respiration; in the male, this plate exhibits an exceedingly complex structure, and is modified in part to organs of copulation. The tribe treated of here comprises at present 2 families, viz. the *Asellidæ* and the *Munnopsidæ*.

Fam. 1. Asellidæ.

Gen. 1. **Acanthoniscus**, G. O. Sars. 1878, n.

Crustacea et Pycnogonida nova etc.

Slægtscharacteristik. Legemet fladt og bredt med alle Segmenter løst forbundne med hinanden og gaaende ud i laterale fligformige Fortsatser. Bagkroppen bestaaende af et enkelt i Kanterne suugtakket, skjoldformigt Segment. Ingen Øine. Følerne af en lignende Bygning som hos Slægten Janira. Iste Fodpar ikke forskjelligt fra de øvrige, alle ægte Gangfødder. Halevedhængene med forlænget cylindrisk Stamme og 2 korte Endegrene.

Bemærkninger. Nærværende Slægt slutter sig meget nær til Slægten *Janira* Leach, fra hvilken den dog skiller sig ved den fuldstændige Mangel af Øine samt derved, at samtlige Fødder er af ens Udseende og ægte Gangfødder, uden at 1ste Par, saaledes som hos hin Slægt, er udviklet til Griberedskaber. Slægten indeholder for Tiden kun den nedenfor nærmere beskrevne Art.

Fam. 1. Asellidæ.

Gen. 1. **Acanthoniscus**, G. O. Sars. 1878, n.

Crustacea et Pycnogonida nova etc.

Generic Character. — Body flat and broad, with all the segments loosely connected together, and laterally jutting out as lobular projections. Posterior division of body consisting of a single scutiform segment. No eyes. Antennæ similar in structure to those in the genus Janira. First pair of legs differing in no wise from the others — all true perciopoda. Caudal appendages furnished with an elongate cylindric trunk, having 2 short terminal branches.

Remarks. — The present genus approximates very closely the genus *Janira* Leach, from which it nevertheless differs in the absolute want of eyes, and in the legs being all of uniform appearance and true perciopoda, not with the 1st pair, as in that genus, developed into organs of prey. The genus counts at present but one species, that described below.

---

26. Acanthoniscus typhlops, G. O. Sars, n. sp.

(Pl. X, Fig. 27—30).

Acanthoniscus typhlops, G. O. Sars, Crustacea et Pycnogonida nova etc., No. 9.

Artscharacteristik. Legemet af oval Form, med Breden større end den halve Længde og Segmenterne skarpt adskilte. Hovedet forsynet med et i Enden tvedelt Pandehorn og 2 laterale fligformige Fortsatser til hver Side. Alle Forkropssegmenter i Midtlinien bevæbnede med en opadrettet dorsal Torn. Epimererne paa 1ste Segment simpelt tilspidsede, paa de 3 følgende tvefligede, paa de 3 bagerste 3-fligede. Bagkropssegmentet halvcirkelformigt, med

26. Acanthoniscus typhlops, G. O. Sars, n. sp.

(Pl. X, figs. 27—30).

Acanthoniscus typhlops, G. O. Sars, Crustacea et Pycnogonida nova etc., No. 9.

Specific Character. — Body oval in form, with breadth exceeding one-half of length, and segments sharply defined. Head furnished with a rostrum, bipartite at extremity, and 2 lateral projections on either side. All the segments armed on the medial line with a dorsal spine, directed upwards. Epimera on 1st segment simple pointed, on the 3 succeeding segments two-lobed, on the 3 posterior three-lobed. Abdominal segment semicircular

6 stærke Saugtakker paa hver Side. 2det Par Følere med de 2 basale Led gaaende ud i en stærk udadrettet Torn. Halevedhængene omtrent halft saa lange som Bagkropssegmentet, med Stammen i Enden paa den indre Side gaaende ud i et tandformigt Fremspring. Grenene meget smaa og af ulige Længde, den ydre mindst. Farven hvidagtig. Længden 12ᵐᵐ.

Findested. Stat. 164.

Bemærkninger. Da Slægten for Tiden kun er repræsenteret af den her ombandlede Art, bliver det selvfølgelig vanskeligt med Bestemthed at angive de Characterer, der skal tillægges specifisk Værdi. Hos Slægten Janira, som kommer denne Slægt nærmest, synes imidlertid Hovedets og Bagkroppens Form samt Forholdet af Epimerernes Bevæbning at være af størst Betydnig i denne Henseende, og jeg har derfor ogsaa troet her at maatte opføre disse Characterer som Artskjendemerker for nærværende Form.

Beskrivelse af Hunnen. Legemet er (se Pl. X. Fig. 27) stærkt fladtrykt, af temmelig regelmæssig oval Form, med den største Brede kjendeligt større end den halve Længde. Segmenterne er som hos Slægten Janira skarpt begrændsede og temmelig løst forbundne med hinanden, samt adskilte ved dybe laterale Indsnøringer.

Integumenterne er faste, men gjennemsigtige og uden nogen tydelig udpræget Skulptur.

Hovedet er forholdsvis stort og bredt, næsten af pentagonal Form og oventil i Midten noget hvælvet. Fortil gaar det ud i et noget fladtrykt, i Enden med 2 korte, udadbøiede Spidser forsynet Pandehorn, og har til hver Side 2 tilspidsede børstebesatte Fliger.

Forkropssegmenterne tiltager bagtil noget i Brede og er alle i Midten af den dorsale Flade forsynede med en opadrettet Torn. Epimererne er stærkt udstaaende til Siderne og noget forskjelligt formede paa de forskjellige Segmenter. Paa 1ste Segment er de simpelt tilspidsede; paa de 3 følgende er de derimod tredelte eller udgaaende i 2 omtrent ligestore tilspidsede fligformige Fortsatser. Paa de 3 bageste Segmenter endelig er Epimererne 3-fligede, med den midterste Flig længst. Kanterne af disse Fliger er paa alle Segmenter tæt haarbevoxede.

Bagkroppen bestaar kun af et enkelt bredt, næsten halvcirkelformigt Segment, omtrent af Forkroppens halve Længde. Dets Overflade er ganske glat og noget hvælvet, hvorimod Kanterne er delte paa hver Side i 8 tilspidsede og haarbesatte Smaafliger eller grove Saugtakker, alle af ens Udseende. Selve Enden er stumpt tilspidset og kun lidet fremspringende.

Øine mangler fuldstændigt, idet hverken Pigment eller nogensomhelst andre Synselementer var at opdage hos de friskt indfangede Exemplarer.

in form, with 8 strong, serrate teeth on either side. Second pair of antennæ with the 2 basal joints jutting forth as a strong, outward-directed spine. Caudal appendages about half as long as abdominal segment, with trunk jutting out at extremity, on the inner side, as a dentiform projection; branches very small and unequal in length, the outer smallest. Colour whitish. Length 12ᵐᵐ.

Locality. — Stat. 164.

Remarks. — The genus being at present exclusively represented by the species treated of here, it is, of course, difficult to determine with certainty what characters should be assigned specific weight. Meanwhile, as, in the genus Janira — which approximates this genus closest — the form of the head and the abdominal segment, as also the armature of the epimera, would appear to have greatest significance in this respect, I have seen fit to record those characters as specific peculiarities distinguishing the present form.

Description of the Female. — The body (see Pl. X. fig. 27) very much depressed, its form a comparatively regular oval, with the greatest breadth perceptibly exceeding one-half of the length. The segments, as in the genus Janira, sharply defined, and rather loosely connected together, being separated by deep lateral instrictions.

The integuments, though compact, are translucent, and have no distinctly prominent sculpturing.

The head is comparatively large and broad, almost pentagonal in form, and above, in the middle, somewhat arcuate. Anteriorly, it projects as a slightly depressed rostrum, furnished at the extremity with 2 short, outward-bent points, and has on either side 2 acute, setiferous lobules.

The free segments increase somewhat in breadth posteriorly, and in the middle of the dorsal surface are all furnished with an upward-pointing spine. The epimera project prominently toward the sides, deviating slightly in form on the different segments. On the 1st segment they are single acute, whereas on the 3 succeeding segments they are bipartite, or jut out as 2 acute lobular projections, about equal in size. Finally, on the 3 posterior segments the epimera are three-lobed, the medial lobe longest. The edges of these lobes are thickly clothed with hair on all the segments.

The posterior division of the body consists of but one broad, almost semicircular segment, about half the length of the anterior division. Its surface is quite smooth and somewhat arched, whereas the edges are cleft on either side into 8 pointed and ciliated lappets, or coarse teeth, all similar in appearance. The extremity itself is obtusely pointed, and projects but very slightly.

No trace whatever of eyes, as neither pigment nor any other visual element could be detected in the recent specimens.

1ste Par Følere skiller sig kun lidet i sin Bygning fra samme hos Slægten *Janira*. Svøben er meget boielig og sammensat af et stort Antal af korte Led.

2det Par Følere viser den sædvanlige vinkelformige Boining og er lige udstrakte længere end Halvparten af Legemet. Skaftets 2 første Led gaar paa Ydersiden ud i en stærk, skraat udadrettet tornformig Fortsats. 3die Led er særdeles lidet, hvorimod de to følgende er mere forlængede og af cylindrisk Form. Svøben er omtrent af Skaftets Længde og sammensat af talrige korte Led.

Munddelene kunde ikke nøiere undersøges paa Grund af manglende Materiale.

1ste Par Fødder (Fig. 8), der hos Slægten *Janira* ligesom hos de fleste øvrige til denne Familie hørende Former er stærkere byggede end de øvrige og uddannede til Gribe-redskaber, er her fuldkommen af samme enkle Form og Udseende som de følgende Par og ligesom disse ægte Gang-fødder. Sidste Led er nemlig ikke udvidet, men simpelt cylindriskt, og Endekloen er ganske kort og kan ikke fuldstændig bøies ind mod hint.

Bagkroppen dækkes (se Fig. 29) paa Undersiden i Midten af en enkelt tynd, operkelformig, hvælvet Plade, der forestiller det 1ste Par modificerede Buglemmer. Under denne Plade findes de 4 øvrige Par Buglemmer, der alle er ægte Respirationsorganer, med bløde, membranøse Ende-plader.

Halevedhængene (Fig. 30) er kun lidet mere end halvt saa lange som Bagkroppen og rettede lige bagud. De bestaar af en stærkt forlænget, cylindrisk og i Kanterne børste-besat Stamme, der ved Enden paa den indre Side lober ud i et kort tandformigt Fremspring, og 2 meget korte koniskt tilspidsede Grene. Den indre Gren er størst og ikke fuldt af Stammens halve Længde; den ydre Gren er særdeles liden, neppe halvt saa lang som den indre. Begge Grene er i Kanterne og ved Spidsen besatte med fine Børster.

Det hele Legeme var i levende Tilstand hvidagtigt, gjennemsigtigt, uden ethvert Spor af Pigmentafleiringer.

Længden af det undersøgte Exemplar var 12ᵐᵐ.

Forekomst og Udbredning. Et enkelt fuldvoxent Exemplar af denne ved sit piggede Udseende characteristiske *Isopode* erholdtes under Expeditionens 2det Togt i Havet Vest af Lofoten (Stat. 164) fra et Dyb af 457 Favne. Sammesteds fandtes ogsaa et Par meget smaa Unger tilhørende samme Art.

Da Stationen tilhører den kolde Area, er det at formode, at dens Udbredningsfelt kun er indskrænket til de arktiske Farvande.

The 1st pair of antennæ differ but very slightly as to structure from those in the genus *Janira*. The flagellum is very flexible, and composed of a large number of short joints.

The 2nd pair of antennæ exhibit the usual angular curvature, and, when fully stretched, exceed half the body in length. The 2 first joints of the peduncle jut forth on the outer side, as a strong, oblique, outward-directed, spiniform projection. The 3rd joint is exceedingly short, whereas the 2 succeeding joints are more elongate, and cylindric in form. The flagellum has about the length of the peduncle, and consists of numerous short joints.

The oral appendages could not be closely examined from want of sufficient material.

The 1st pair of legs (fig. 28), which in the genus *Janira*, as in most other forms belonging to this family, are more powerful in structure than the others, and developed as prehensile organs, have the same simple form and appearance as the succeeding pairs, and are, like those legs, true pereiopoda. The last joint, namely, is not dilated, but simple-cylindric, and the terminal claw, being quite short, does not admit of being fully bent in towards the joint.

The posterior division of the body (see fig. 29) is covered on the under side, in the middle, by a thin, operculiform, arcuate plate, representing the 1st pair of modified ventral limbs. Beneath this plate, occur the 4 remaining pairs of limbs, all of them true respiratory organs, with soft, membranous terminal plates.

The caudal appendages (fig. 30) are but little more than half as long as the posterior division of the body, and directed straight backwards. They consist of an exceedingly elongate, cylindric, and, along the edges, setiferous trunk, jutting out at the extremity as a short, dentiform projection, with 2 exceedingly short, acuminate branches. The inner branch is the larger of the two, measuring not quite half the length of the trunk; the outer is remarkably small, scarcely half as long as the inner. Both branches are beset along the edges and at the point with delicate bristles.

In a living state, the whole body of the animal was whitish, translucent, without a trace of pigment.

Length of the specimen examined 12ᵐᵐ.

Occurrence and Distribution. — A single, full-grown specimen of this *Isopod*, characterized by its spiniferous appearance, was taken on the 2nd cruise of the Expedition, in the open sea, west of Lofoten (Stat. 164), at a depth of 457 fathoms. In the same locality, were also obtained two exceedingly young individuals belonging to the same species.

The Station being in the cold area, the region throughout which this animal is distributed may be held to lie exclusively within the limits of the Arctic Sea.

Gen. 2. **Nannoniscus**, G. O. Sars, 1869.

Nye Dybvandscrustaceer fra Lofoten.

Slægtscharacteristik. Legemet temmelig compakt, af oval Form, med hvælvet Ryg og jevnt buede Sider. Segmenterne fast forbundne med hinanden og kun adskilte ved smale laterale Indsnit. Hovedet meget stort, ikke skarpt afsat fra Kroppen. Bagkroppen bestaaende af et enkelt bagtil noget afsmalnende hvælvet Segment. Ingen Øine. 1ste Par Følere smaa, med rudimentær eller meget kort Svøbe; 2det Par forlængede, med mangeleddet traadformig Svøbe. Kindbakkerne med tydeligt udviklet Palpe. Alle Fødder af ens Udseende, noget tiltagende i Længde bagtil. Bagkroppens Operculum meget lidet, i Midten kjølet. Halevedhængene særdeles korte, tvegrenede eller enkle.

Bemærkninger. Denne af mig i 1869 opstillede Slægt er let kjendelig ved det compacte, regelmæssigt ovale Legeme, paa hvilket hverken Hoved eller Bagkrop afmærkerer sig ved nogen iøinefaldende Indknibning. Med foregaaende Slægt stemmer den overens ved Føddernes ensformige Bygning og den fuldstændige Mangel af Øine, men viser forøvrigt kun liden Affinitet til samme. Slægten indeholder for Tiden 2 distincte Arter, nemlig den af mig ved Lofoten opdagede *N. oblongus* og den nedenfor nærmere beskrevne Art. Begge er ægte Dybvandsformer.

Gen. 2. **Nannoniscus**, G. O. Sars, 1869.

Nye Dybvandscrustaceer fra Lofoten.

Generic Character. — Body rather compact, oval in form, with vaulted back and uniformly arching sides. Segments connected firmly together, and separated only by narrow lateral incisions. Head very large, not sharply defined from succeeding segment. Posterior division of body consisting of a single, posteriorly somewhat tapering, arched segment. No eyes. First pair of antennæ small, with either a rudimentary or a very short flagellum; 2nd pair elongate, with a many-jointed, filiform flagellum. All of the legs uniform in appearance, their length slightly increasing posteriorly. Operculum of abdomen very small, and keeled along the middle. Caudal appendages exceedingly short, bifurcate or simple.

Remarks. — The present genus, established by the author of this Memoir in 1869, may be easily recognized by the compact and regular, oval-shaped body, from which neither the head nor the abdomen is marked off by any conspicuous instriction. With the preceding genus it agrees in the uniform structure of the legs and the absolute want of eyes, but in other respects exhibits but slight affinity. The genus comprises at present 2 distinct species, viz. that which I met with off Lofoten, *N. oblongus*, and the species of which a detailed description is given below. Both are true deep-sea forms.

27. Nannoniscus bicuspis, G. O. Sars, n. sp.

(Pl. X, Fig. 31—15).

Nannoniscus bicuspis, G. O. Sars, Prodromus descriptionis Crust. etc., No. 80.

Artscharacteristik ♀. Legemet aflangt ovalt, næsten 3 Gange saa langt som bredt, oventil jevnt hvælvet, med pladeformige afstumpede Epimerer. Hovedet jevnt afrundet og fortil i Midten kun dannende et ubetydeligt knudeformigt Fremspring. Bagkropssegmentet i Enden afkuttet med Sidehjørnerne udtrukne i et kort bagudrettet tandformigt Fremspring. 1ste Par Følere af Hovedets Længde, med tydeligt 4-ledlet Svøbe og normalt udviklede Sandsevedhæng; 2det Par Følere omtrent dobbelt saa lange, med Skaftets 2det Led dannende paa den ydre Side en stærk udadrettet Torn, Svøben noget kortere end Skaftet og sammensat af 13 Led. Bagkroppens Operculum ubevæbnet. Halevedhængene meget smaa, simple, af konisk Form. Farven hvid. Længden 2.90ᵐᵐ.

27. Nannoniscus bicuspis, G. O. Sars, n. sp.

(Pl. X, figs. 31—45)

Nannoniscus bicuspis, G. O. Sars, Prodromus descriptionis Crust. etc., No. 80.

Specific Character. ♀ — Body oblongo-oval, almost 3 times as long as broad, above uniformly arched, with lamelliform-obtuse epimera. Head uniformly rounded, and, anteriorly, in the middle, merely forming a slight tuberculiform projection. Abdominal segment cut off at the extremity, with the lateral corners drawn out as a short posteriorly directed, dentiform projection. First pair of antennæ equal in length to head, with a distinct four-jointed flagellum and normally developed sensory appendices; 2nd pair of antennæ about twice as long, with 2nd joint of peduncle constituting on the outer side a strong outward-protruding spine; flagellum somewhat shorter than peduncle, and composed of 13 joints. Operculum of abdomen without any armature. Caudal appendages very small, simple, and conical in form. Colour white. Length 2.90ᵐᵐ.

Findesteder. Stat. 33, 51, 192, 290.

Bemærkninger. Den her omhandlede Art ligner i sin almindelige Habitus meget den typiske Form, N. oblongus, men skiller sig temmelig bestemt ved Hovedets forskjellige Form og ved de 2 charactcristiske tandformige Fremspring i Enden af Bagkroppen, hvilken sidste Character har givet Anledning til Artsbenævnelsen. Ogsaa i de anatomiske Detailler viser den enkelte distincte Afvigelser, navnlig hvad 1ste Par Følere angaar.

Beskrivelse af Hunnen. Legemet er, seet ovenfra (Pl. X, Fig. 31) af temmelig regelmæssig aflang oval Form, med den største Brede, der er beliggende paa Midten, kjendeligt mindre end den halve Længde. Hele Rygsiden er jevnt hvælvet og de noget pladeformige Epimerer danner sammen med Hovedets og Bagkropssegmentets Sider en temmelig jevnt buet Linie, der kun er afbrut ved meget smale Indsnit mellem Segmenterne.

Integumenterne er af temmelig fast Consistens og kun lidet gjennemsigtige, samt viser under Mikroskopet en fint granuleret Skulptur.

Hovedet er af forholdsvis betydelig Størrelse og ikke ved nogen mærkbar Indkniibning afsat fra Forkroppen. Det er næsten af halvcirkeldannet Form og viser fortil i Midten kun et meget lidet og stumpt kuuleformigt Fremspring, hvorimod der hos den anden Art her findes en temmelig stærkt fremstaaende og i Enden tvekløftet Pandeplade.

Af Forkroppens Segmenter er det 1ste og sidste kortest, 4de størst. Alle har Epimererne afstumpede i Enden og nogne, uden nogen bemærkelig Haarbesætning.

Bagkropssegmentet, der ligesaalidt som Hovedet er skarpt afsat fra Forkroppen, er omtrent af dennes halve Længde, oventil jevnt hvælvet og bagtil jevnt afsmalnende. Enden er ikke som hos den typiske Art afrundet, men afkuttet, med ethvert af Sidehjørnerne udtrukket i et kort bagudrettet tandformigt Fremspring. Midt imellem disse Fremspring danner den bagre Kant af Segmentet en ganske svag Udhugtning, paa hvis Underside Analaabningen er beliggende.

Af Øine findes ligesaalidt som hos den typiske Art det ringeste Spor.

1ste Par Følere (Fig. 32) er af et fra samme hos N. oblongus temmelig forskjelligt Udseende. De er her fuldkommen normalt udviklede og omtrent af Hovedets Længde, med tydelig Adskillelse mellem Skaft og Svøbe. Af Skaftets Led er de 2 første størst og ved Enden forsynede med en Del temmelig lange penselsformige Hørebørster; sidste Led er derimod ganske lidet og tager sig mere ud som tilhørende selve Svøben. Denne er her af sædvanlig Bygning, omtrent saa lang som Skaftets 2 sidste Led tilsammen og bestaaende af 4 tydeligt begrændsede Led,

Locality. — Stats. 33, 51, 192, 290.

Remarks. — The species treated of here presents in its general habitus a marked resemblance to the typical form, N. oblongus, but differs very decidedly in the deviating form of the head and the 2 characteristic dentiform projections at the extremity of the abdomen; indeed, from this latter character the specific designation is derived. Moreover, in the various anatomical details, both species exhibit unmistakeable deviations, more particularly as regards the 1st pair of antennæ.

Description of the Female. — The body, viewed from above (Pl. X, fig. 31), has a comparatively regular oblongo-oval form, with its greatest breadth occurring in the middle, perceptibly less than half the length. The whole of the dorsal side is uniformly arched, and the somewhat lamelliform epimera form, along with the sides of the head and the abdominal segment, an almost uniformly arcuate line, disrupted only by very narrow incisions between the segments.

The integuments are rather compact in substance, and but slightly translucent; under the microscope, they exhibit a finely granulous sculpturing.

The head is comparatively large, and not marked off by any noticeable instriction from the succeeding part. It has a well-nigh semicircular form, and exhibits anteriorly, in the middle, merely a very small and obtuse-tuberculiform projection, whereas in the other species occurs here a rather prominently projecting frontal plate, bifurcate at the extremity.

Of the free segments, the first and last are the shortest, the 4th being the largest. All have the epimera obtuse at the extremity, and naked, without any perceptible clothing of hair.

The abdominal segment, like the head, not distinctly marked off from the anterior division, measuring about half the length of the latter, is uniformly arched above and tapers gradually backward. The extremity not, as in the typical species, rounded, but truncate, with each of the lateral corners drawn out as a short, posteriorly directed, dentiform projection. Between these projections, the posterior margin of the segment jutting out very slightly in the middle, and here is observed, on the under surface, the anal orifice.

Of eyes, as in the typical species, no trace whatever.

The 1st pair of antennæ (fig. 32) present a rather different appearance from those in N. oblongus. They are in every respect normally developed, and about as long as the head, with the peduncle and the flagellum distinctly defined. Of the joints of the peduncle, the 2 first are largest, and furnished at the extremity with a number of comparatively long auditory bristles; the last joint, on the other hand, is quite small, and has rather the appearance of belonging to the flagellum itself. The latter is of the usual structure, about equalling in length the 2 last joints

16*

hvoraf de 2 yderste foruden de sædvanlige Haarbørster er forsynede med nogle faa (3) Sandsevedhæng af den sædvanlige smale, linevære Form. Hos *N. oblongus* repræsenteres derimod hele Svoben af et enkelt enormt udviklet kolbeformigt Sandsevedhæng.

2det Par Følere (Fig. 33) er omtrent dobbelt saa lange som 1ste Par og ialmindelighed vinkelformigt bøiede, med Endepartiet bagudrettet. Af Skaftets 5 Led udmærker det 2det sig derved, at det paa den ydre Side gaar ud i et stærkt, udadrettet, tornformigt Fremspring. 1ste og 3die Led er ganske korte, hvorimod de 2 sidste er mere forlængede. Svoben er traadformig, noget kortere end Skaftet og sammensat af 13 med simple Børster besatte Led.

Overlæben (Fig. 34) danner en liden afrundet, ligesom af 2 Segmenter bestaaende Lap, der er bevægeligt forbundet med Epistomet. Underlæben (Fig. 35) har 2 ganske korte, i sin indre Kant cilierede Endelapper.

Kindbakkerne (Fig. 36) viser den for Familien sædvanlige Bygning. Det forreste tandede Parti har tæt bag Spidsen en Gruppe af stive Børster og er ved et dybt vinkelformigt Indsnit skilt fra Tyggekanden; denne har Formen af en cylindrisk, næsten under en ret Vinkel fra Corpus udgaaende Fortsats, der i Enden er noget skraat afkuttet og her forsynet med den sædvanlige riflede Skulptur. Palpen er vel udviklet, omtrent af selve Kindbakkens Længde og bestaaende af 3 tydelige Led, hvoraf det midterste er længst. Endeleddet er stærkt krummet og langs sin indre Kant forsynet med en Rad af cilierede Torner. Ved Enden af 2det Led sees en Gruppe lignende Torner eller Børster; forøvrigt er Palpen ganske nøgen.

1ste Par Kjæver (Fig. 37) er af sædvanligt Udseende. Den indre Tyggelap er ganske smal og noget bugtet; de paa samme fæstede Børster meget smaa.

2det Par Kjæver (Fig. 38) har de 2 ydre fingerformige Fortsatser meget smale og ved Spidsen forsynede med 3 tynde Børster.

Kjævefødderne (Fig. 39) udmærker sig i høi Grad ved den usædvanlige Udvikling af Tyggelappen, der er betydelig større end selve Basaldelen og af aflang 4-sidet Form, med det indre Hjørne udtrukket til et skarpt tandformigt Fremspring. Derimod er Palpen ualmindelig smal og simpelt cylindrisk, forøvrigt sammensat af det normale Antal Led. Af disse er det 2det længst og ligesom de følgende ved Spidsen forsynet med nogle faa simple Børster. Den pladeformige Epignath er stærkt udviklet, af uregelmæssig tresidet Form og rækker med sin stumpe Spids omtrent til Enden af Palpens 3die Led.

of the peduncle taken together, and consisting of 4 distinctly defined joints, of which the 2 outermost, apart from the usual auditory bristles, are furnished with a few (3) sensory appendices, of the normal slender, linear form. In *N. oblongus*, on the other hand, the whole flagellum is represented by a single, prodigiously developed, cucubiter-shaped sensory appendix.

The 2nd pair of antennæ (fig. 33) are about twice as long as the 1st pair, and, as a rule, angularly bent, with the terminal part directed backward. Of the 5 joints of the peduncle, the 2nd is distinguished by its jutting forth on the outer side as a strong, outward-directed, spiniform projection. The 1st and 3rd joints are quite short, whereas the 2 last occur more produced. The flagellum is filiform, somewhat shorter than the peduncle, and composed of 13 articulations, beset with simple bristles.

The labrum (fig. 34) forms a small rounded lobe, consisting, as it were, of 2 segments, and movably connected with the epistome. The labium (fig. 35) has 2 very short terminal lobes, ciliated along the inner margin.

The mandibles (fig. 36) exhibit the structure characteristic of the family. The anterior dentate part has in immediate proximity to the point a group of stiff bristles, and is, by a deep angular incision, cut off from the molar protuberance; the latter presents the form of a cylindric projection, jutting forth almost at right angles with the corpus, the said projection being somewhat obliquely truncate at the extremity and furnished there with the usual fluted sculpturing. The palp is well developed, about equal in length to the mandible itself, and composed of 3 distinct articulations, of which the middle one is longest. The terminal articulation very considerably curved, and furnished, along its inner margin, with a series of ciliated spines. At the extremity of the 2nd articulation occurs a group of similar spines or bristles; for the rest, the palp is entirely naked.

The 1st pair of maxillæ (fig. 37) has the usual appearance. The inner masticatory lobe is quite slender, and somewhat sinuous; the bristles attached to the lobe are exceedingly small.

The 2nd pair of maxillæ (fig. 38) have the 2 outer dactyliform projections exceedingly slender, and furnished at the point with 3 delicate bristles.

The maxillipeds (fig. 39) are very prominently characterized by the unusual development of the masticatory lobe, which is considerably larger than the basal part itself, and of an oblong, quadrilateral form, with the inner corner drawn out to a sharp, dentiform projection. The palp, on the other hand, is remarkably slender and simple-cylindric, but has, for the rest, the normal number of articulations. The longest of these is the 2nd, which, like the succeeding, is furnished at the point with a few simple bristles. The lamelliform epignath is very fully developed, of an irregular-triangled form, and reaching with its obtuse point about to the extremity of the 3rd articulation of the palp.

Fødderne (Fig. 40 og 41) er samtlige ægte Gangfødder, uden at nogen af dem en modificeret til Griberedskaber. De tiltager jevnt i Længde bagtil, saa at sidste Par (Fig. 41) omtrent er en halv Gang til saa langt som 1ste Par (Fig. 40). De er temmelig spinkle og alle af fuldkommen ens Bygning, kun tyndt børstebesatte og endende med en simpel, svagt boiet Klo.

Bagkroppens Operculum (se Fig. 42) er forholdsvis meget lidet, kun indtagende et meget begrændset Rum af Segmentets nedre Flade, og viser en uregelmæssig afrundet Form. I den bagre Kant er det fint cilieret, og langs Midten leber en stump Kjøl, der dog ikke som hos den typiske Art danner noget tandformigt Fremspring.

De under Operculet skjulte Buglemmer, 4 Par i Tallet, er alle ægte Respirationsorganer og af en meget blød og fragil Consistens, uden nogen tydelig Adskillelse mellem Stamme og Endeplader.

1ste Par (Fig. 43) har den ydre Plade meget liden og smal, langs den ydre Kant tæt cilieret og ved Spidsen forsynet med en enkelt stærk Børste.

2det Par (Fig. 44) har denne Plade ligeledes meget liden, men af bredere, hjertedannet Form og i den ydre Kant forsynet med 3 Fjærborster.

De 2 øvrige Par synes kun at bestaa af enkle, børsteløse Plader.

Haleveedhængene, der rager frem fra Enden af Bagkropssegmentet umiddelbart indenfor de tandformige laterale Fremspring (se Fig. 31, 42 og 45), er meget smaa og, uligt hvad Tilfældet er hos den typiske Art, ganske simple, kun bestaaende af et enkelt konisk, med en Del fine Børster forsynet Led.

Dyrets Farve er som hos *N. oblongus* ensformig hvid, uden nogen Pigmentering.

Længden overstiger neppe 3ᵐᵐ.

Forekomst og Udbredning. Denne lille characteristiske Isopode er observeret paa 4 forskjellige Stationer, men paa alle kun ganske enkeltvis, noget, der vel for en Del maa tilskrives dens ringe Størrelse og uanselige Farve, hvorved den let unddrager sig Opmærksomheden. Af disse Stationer, som samtlige, med Undtagelse af en enkelt (Stat. 290) tilhører den kolde Area, ligger en (Stat. 33) i Havet udenfor Romsdalen, en anden (Stat. 192) i Havet Vest af Tromsø, en 3die (Stat. 290) omtrent midtveis mellem Finmarken og Beeren Eiland, den 4de endelig (Stat. 51) i Havet Øst af Island. Dybden paa disse Stationer varierer fra 191 til 1163 Favne.

Artens for Tiden bekjendte Udbredningsfelt er saaledes de større Dybder i Nordhavet fra den 63de til den 73de Bredegrad.

The legs (figs. 40. 41) are all true pereiopoda, none of them modified to serve as organs of prey. They increase successively in length, the last pair (fig. 41) being about half as long again as the first (fig. 40). They are rather slender, all perfectly uniform in structure, but sparingly furnished with bristles, and terminate in a simple, faintly curving claw.

The operculum of the abdomen (see fig. 42) is comparatively very small, occupying but an exceedingly limited space on the lower face of the segment, and has an irregular-rounded form. Its posterior margin is finely ciliated; and, along the middle, runs an obtuse carina, not however, as in the typical species, constituting any dentiform projection.

The abdominal limbs — 4 pairs — concealed beneath the operculum, are all true respiratory organs, exceedingly soft and fragile, and have no distinct separation between the trunk and the terminal plates.

The 1st pair (fig. 43) have the outer plate very small and narrow, densely ciliated along the outer edge and furnished at the point with a single strong bristle.

The 2nd pair (fig. 44) have this plate likewise exceedingly small, but of a broader, cordiform shape, and furnished along the outer margin with 3 plumous bristles.

The 2 remaining pairs would appear to consist of merely simple, naked plates.

The caudal appendages, jutting forth from the extremity of the abdominal segment, immediately within the dentiform lateral projections (see figs. 31, 42, and 45), are exceedingly small, and, contrary to what is the case in the typical species, quite simple in structure, consisting of but one conical joint, furnished with a number of delicate bristles.

Colour of the animal, as in *N. oblongus*, a uniform white, without any trace of pigment.

Length scarcely, if at all, exceeding 3ᵐᵐ.

Occurrence and Distribution. — This minute, characteristic Isopod was taken at 4 different Stations, but in each locality isolated, a circumstance that no doubt must be partly ascribed to its trifling size and well-nigh inconspicuous colour, which would easily cause it to escape attention. Of these Stations, that, with the exception of one (Stat. 290), all belong to the cold area, the first (Stat. 33) lies off the coast of Romsdalen, the second (Stat. 192) in the open sea west of Tromsø, the third (Stat. 290) about midway between Finmark and Beeren Eiland, and the fourth (Stat. 51) in the open sea east of Iceland. The depth at these Stations ranged from 191 to 1163 fathoms.

Hence, the tract throughout which the species is at present known to be distributed, comprises the great depths of the Northern Ocean, extending from the 63rd to the 73rd parallel of latitude.

Gen. 3. **Ischnosoma,** G. O. Sars. 1866.

Zoologisk Reise i 186~.

Slægtscharacteristik. Legemet særdeles smalt og forlænget, næsten cylindriskt, mere eller mindre stærkt indknebet paa Midten og tykkest i sin forreste Del. Hovedet forholdsvis lidet, med jævnt afrundet Panderand. 4de og 5te Forkropssegment fast forbundne med hinanden og dannende eet særdeles stærkt forlænget og smalt cylindriskt eller timeglasformigt Afsnit. Bagkropssegmentet af oval Form, indknebet ved Basis. Ingen Øine. 1ste Par Følere med Skaftets 2det Led stærkt forlænget og smalt, Svøben kort. 2det Par Følere betydelig længere, med traadformig, mangeleddet Svøbe. Kindbakkerne uden Palpe. 1ste Fodpar kort og undersætsigt bygget, subprehensilt, de øvrige stærkt forlængede og tynde med simpel Endeklo; de 3 bagre Par ved et betydeligt Mellemrum skilte fra de 4 forreste. Halevedhængene simple.

Bemærkninger. Nærværende eiendommelige og fra de typiske Asellider i sit ydre meget afvigende Slægt viser en vis habituel Lighed med enkelte til næste Familie, Munnopsidæ, hørende Former, navnlig Arterne af Slægten Desmosoma, men kan dog ikke henføres til hin Familie, da de 3 bageste Par Fødder her ikke skiller sig i sin Bygning fra de foregaaende, men ligesom disse forestiller ægte Gangfødder. En anden ligeledes meget anomal Slægt, som jeg tidligere urigtigt har stillet sammen med Munnopsiderne, nemlig *Sl. Macrostylis*, synes hvad den ydre Form angaar at danne et Slags Overgang til den mere normale nedtrykte Form, der characteriserer de typiske Aselliider. Den her omhandlede Slægt indeholder for Tiden 2 distincte Arter, nemlig den først opdagede typiske Form, *J. bispinosum*, fra den norske Kyst, og den nedenfor nærmere beskrevne nye Art.

- - -

28. Ischnosoma qvadrispinosum, G. O. Sars, n. sp.

(Pl. XI, Fig. 26—29)

Ischnosoma qvadrispinosum, G. O. Sars. Crustacea et Pycnogonida nova etc.. No. 10.

Artskarakteristik. Legemet overalt ru af smaa tiltrykte Pigger. 1ste og 3die Forkropssegment til hver Side bevæbnede med en stærk fortilrettet Torn; de paa 1ste Segment størst. 4de og 5te Segment tilsammen indtagende omtrent Halvparten af Totallængden. Bagkropssegmentet forholdsvis lidet, bagtil stumpt tilspidset. 2det Par Følere kortere end Legemet. 1ste Fodpar mindre kraftigt bygget end hos den typiske Art, med 1ste Led kun lidet opsvul-

Gen. 3. **Ischnosoma,** G. O. Sars. 1866.

Zoologisk Reise i 1865.

Generic Character. — Body exceedingly slender and elongate, almost cylindric, more or less constricted in the middle, and thickset throughout the anterior part. Head comparatively small, with uniformly rounded frontal margin. Fourth and fifth segments firmly connected together, and constituting one with the other a very prominently elongated and narrow-cylindric, or rather hourglass-like section. Abdominal segment oval in form, constricted at the base. No eyes. First pair of antennæ with 2nd joint of peduncle greatly produced and slender, flagellum short. Second pair of antennæ considerably longer, with a filiform multi-articulate flagellum. Mandibles without any palp. First pair of legs short, and thickset in structure, subprehensile, the others greatly produced and slender, with the terminal claw simple, the 3 posterior pairs separated by a considerable interspace from the 4 anterior. Caudal appendages simple.

Remarks. — The present characteristic genus, that in its outer habitus deviates very considerably from the typical Aselliidæ, has a certain general resemblance to some of the forms comprised in the next family — the Munnopsidæ, more especially the species of the genus Desmosoma, yet cannot be referred to that family, since the 3 posterior pairs of legs exhibit no difference in structure from the preceding, but, like the latter, represent true pereiopoda. Another most anomalous form that I had erroneously classed along with the Munnopsidæ, viz. the genus Macrostylis, would appear, as regards its outer habitus, to constitute a kind of transition to the more normal, depressed form characterizing the typical Aselliidæ. The genus treated of here comprises at present 2 distinct species, viz. the typical form (that first discovered), J. bispinosum, from the Norwegian coast, and the new species described in detail below.

28. Ischnosoma qvadrispinosum, G. O. Sars. n. sp.

(Pl. XI. figs. 26—29)

Ischnosoma qvadrispinosum, G. O. Sars. Crustacea et Pycnogonida nova etc., No. 10.

Specific Character. — Body everywhere rough, by reason of minute, appressed spikes. First and third segments armed on either side with a strong, anteriorly directed spine; those on the 1st segment largest. Fourth and fifth segments measuring together about one-half of total length. Abdominal segment comparatively small, with posterior extremity obtusely pointed. Second pair of antennæ shorter than body. First pair of legs less

met. Halevedhængene meget smaa, enleddede. Farven graahvid. Længden 4.20ᵐᵐ.

Findested. Stat. 248.

Bemærkninger. Fra den typiske Art er denne let kjendelig ved de overalt piggede Integumenter, de mindre stærkt forlængede 2det Par Følere og den rudimentære Beskaffenhed af Halevedhængene; endelig derved, at ikke blot 1ste, men ogsaa 3die Forkropssegment til hver Side gaar ud i spidse Torner.

Beskrivelse af Hunnen. Legemet er (se Pl. XI, Fig. 26) af den for Slægten characteristiske spinkle og langstrakte Form, med den største Brede neppe overskridende ⅕ af Længden og Midtpartiet særdeles smalt og ligesom udtrukket.

Integumenterne er temmelig faste og overalt ru af meget smaa tiltrykte Pigger.

Hovdet er forholdsvis lidet, næsten cirkelformigt og ved Basis delvis omfattet af 1ste Forkropssegment, med Panderanden jernt buet.

De 3 første Forkropssegmenter er omtrent indbyrdes af ens Størrelse og over dobbelt saa brede som lange. De forreste Sidehjørner af 1ste og 3die er utrukne til lange skraat fortilrettede dolkformige Fortsatser, hvoraf navulig de paa 1ste Segment er af betydelig Længde.

De 2 følgende Forkropssegmenter viser en meget eiendommelig Form, idet de tilsammen danner et stærkt forlænget, paa Midten smalt cylindriskt, eller næsten timeglasformigt Kropsafsnit, indtagende omtrent Halvparten af Totallængden. Begge Segmenter er meget fast, og som det synes uberngeligt forbundne med hinanden, men dog tydeligt begrændsede ved en lige Tværsutur, som bemærkes foran Midten af nævnte Afsnit.

De 2 sidste Forkropssegmenter er meget smaa, med jevnt afrundede Sidedele og den bagre Rand noget concaveret.

Bagkropssegmentet er forholdsvis lidet, kun indtagende ⅐ af Totallængden. Af Form er det ovalt, noget indknebet ved Basis, og med Enden stumpt tilspidset.

Af Øine findes intetsomhelst Spor.

1ste Par Følere (Fig. 27) er omtrent saa lange som Hovedet og de 2 første Forkropssegmenter tilsammen. Skaftets 1ste Led er meget kort, skjælformigt, med en noget takket Rand. 2det Led er stærkt forlænget og smalt, i den indre Kant forsynet med stærke Børster. 3die Led er forholdsvis lidet og synes mere at slutte sig til Svøben end Skaftet; det følges af 3 korte Led, der forestiller den egentlige Svøbe.

2det Par Følere (se Fig. 26) er betydelig stærkere udviklede, skjøndt neppe opnaaende Legemets Længde. Skaftets 5 Led er alle smale og simpelt cylindriske. Svøben er

---

powerful in structure than in the typical species, with 4th joint but very little swollen. Caudal appendages exceedingly minute, uni-articulate. Colour greyish-white. Length 4.20ᵐᵐ.

Locality. — Stat. 248.

Remarks. — From the typical species, this form is easily distinguished by the rough surface of the integuments, the less produced 2nd pair of antennæ, and the rudimentary character of the caudal appendages; finally, not only by the 1st, but also the 3rd, segment projecting on either side as an acute spine.

Description of the Female. — The body (Pl. XI, fig. 26) has the slender and elongate form peculiar to the genus, with the greatest breadth scarcely exceeding one-fifth of the length, the medial part remarkably narrow and, as it were, drawn out.

The integuments are rather compact, and everywhere rough, from minute appressed spines, or spicules.

The head is comparatively small, almost circular in shape, and at the base partly encompassed by the 1st free segment, with the frontal margin uniformly arched.

The 3 first segments are well-nigh uniform in size, and more than twice as broad as long. The anterior lateral corners of the 1st and 3rd jut out as long, oblique, anteriorly directed, dagger-shaped projections, those on the 1st segment in particular being of very considerable size.

The 2 succeeding segments exhibit a very peculiar form, constituting together an exceedingly elongate and, in the middle, narrow-cylindric, or almost hourglass-shaped section of the body, that measures about one-half of the total length. The two segments are very firmly, and, it would seem, immovably connected with each other, though distinctly defined by a straight, transverse suture, occurring somewhat anterior to the middle of the aforesaid section.

The 2 last segments belonging to the anterior division are very small, with uniformly rounded lateral parts and the posterior margin somewhat concave.

The abdominal segment is comparatively small, measuring not more than one-seventh of the total length. In form, it is oval, somewhat constricted at the base, and with the extremity obtusely pointed.

Of eyes no trace whatever could be detected.

The 1st pair of antennæ (fig. 27) are about as long as the head and the 2 first segments taken together. The 1st joint of the peduncle is extremely short, squamiform, with a somewhat jagged margin. The 2nd joint is greatly produced, and slender, as also, along the inner margin, furnished with 4 strong bristles. The 3rd joint is comparatively small, and would appear rather as belonging to the flagellum than to the peduncle; it is succeeded by 3 short articulations, representing the true flagellum.

The 2nd pair of antennæ (fig. 26) is much stronger in development, though scarcely attaining the length of the body. The 5 joints of the peduncle are all slender and

traadformig, noget kortere end Skaftet og sammensat af circa 14 Led.

Munddelene kunde ikke noiere undersøges paa det eneste foreliggende Exemplar.

1ste Fodpar (Fig. 28) er betydelig kortere end de øvrige og uddannet til et Slags Griberedskaber, skjøndt af mindre kraftig Bygning end hos den typiske Art. Basalleddet er meget smalt og messten saa langt som alle de øvrige tilsammuen. 4de Led er noget, skjøndt ikke meget opsvulmet og i den indre Kant forsynet med 3 stive Børster. Sidste Led er meget bevægeligt forbundet med dette og kan slaaes ind mod samme; det ender med en stærk, tydeligt 2-leddet Klo.

De øvrige Fodpar er alle af ens Udseende, ægte Gangfødder og af en særdeles spinkel Bygning. De tiltager noget i Længde forfra bagtil og viser sig ordnede i 2 Sæt, idet de 3 forreste er adskilte fra de 3 bagerste ved et meget betydeligt Mellemrum, der indtages af det ovenfor omtalte mediane Kropsafsnit.

Halevedhængene (se Fig. 29) er meget smaa og synes kun at bestaa af et enkelt konisk Led, der ved Spidsen har nogle fine Børster.

Dyrets Farve er ensformig skidden graalig, omtrent som det Mudder, hvori det lever.

Længden af det undersøgte Individ er kun 4.20ᵐᵐ.

Forekomst og Udbredning. Et enkelt Exemplar af denne distincte Art optoges i Bundskraben under Expeditionens 2det Togt i Havet Vest af Lofoten fra et Dyb af 778 Favne.

Om Artens Udbredning kan selvfølgelig intet med Bestemthed anføres; men da den ovennævnte Station tilhører den kolde Area, er der al Rimelighed for, at den er en ægte arktisk og for de nordlige Have eiendommelig Form.

simple-cylindric. The flagellum is filiform, somewhat shorter than the peduncle, and composed of about 14 articulations.

The oral appendages could not be submitted to close examination in the sole specimen obtained.

The 1st pair of legs (fig. 28) are considerably shorter than the rest, and developed as a kind of prehensile organs, though less powerful in structure than in the typical species. The basal joint is exceedingly slender, and well-nigh as long as all the others taken together. The 4th joint is somewhat, though not much, swollen, and furnished along the inner margin with 3 stiff bristles. The last joint is very movably connected with the latter, and adm.its of being bent in towards it; this last joint terminates in a strong, distinctly bi-articulate claw.

The remaining pairs of legs are all uniform in appearance, being true perciopoda, and exceedingly slender in structure. They increase somewhat in length posteriorly, and are arranged in 2 series, the 3 anterior being separated from the 3 posterior pairs by a very considerable interspace, occupied by the aforesaid medial section of the body.

The caudal appendages (see fig. 29) are very small, and would appear to consist of but one conical joint, furnished at the extremity with a few delicate bristles.

The colour of the animal is a uniform dirty grey, much the same as that of the mud in which it lives.

Length of the specimen examined only 4.20ᵐᵐ.

Occurrence and Distribution. — A single specimen of this distinctly characterized species was brought up in the dredge on the 2nd cruise of the Expedition, in the open sea west of Lofoten, from a depth of 778 fathoms.

Respecting the distribution of the species, nothing can of course be stated with certainty; but the Station at which the specimen was taken being in the cold area, there is every reason to regard the animal as a true Arctic form, peculiar to the fauna of the Northern Seas.

Fam. 2. **Munnopsidæ**, Lilljeborg.

(Isopoda remigantia, G. O. Sars)

Bemærkninger. De til denne Familie hørende Isopoder udmærker sig i høi Grad ved den mærkværdige Bygning af de 3 bagerste Fodpar, der er meget ulige de øvrige saavel i Form som Function, idet de er uddannede til mægtige Svømmeredskaber, hvormed Dyret kan, ofte med stor Fart, bevæge sig frit om i Vandet i baglænds Retning. Denne Character er i Virkeligheden saa eiendommelig og ulig alt, hvad vi hidtil kjendte, at jeg i Begyndelsen blev forledet til herpaa at grunde en ganske egen Isopodetribus,

Fam. 2. **Munnopsidæ**, Lilljeborg.

(Isopoda remigantia. G. O. Sars)

Remarks. — The Isopoda belonging to this family are very prominently distinguished by the remarkable structure of the 3 posterior pairs of legs, differing most essentially as they do alike in form and function, being developed to powerful natatory organs, by means of which the animal, often with great rapidity, can move through the water in a backward direction. This character is indeed so peculiar and unlike anything hitherto observed, that at first I felt disposed to establish from it a distinct tribe of Isopods,

under Bemærkelsen *Isopoda remigantia*. Jeg er imidlertid nu fuldkommen enig med Prof. Lilljeborg i, at de omhandlede Former i alle andre Henseender slutter sig saa nær til de egentlige *Asellider*, at de neppe kan skilles fra disse i en særskilt Tribus, skjøndt de efter min Mening vel fortjener at sammenstilles i en egen Familie. Typen for Familien er den af min Fader opstillede Slægt *Munnopsis* med Arten *M. typica*. Foruden denne har jeg kunnet føie endnu 3 distincte Slægter til Familien, nemlig *Eurycope*, *Ilyarachna* og *Desmosoma*, enhver repræsenteret af flere Arter.

by the name of *Isopoda remigantia*. Now, however, I quite agree with Professor Lilljeborg, that the forms in question approximate in all other respects so closely the true *Asellidæ* as hardly to admit of being separated from the latter into a new tribe, though, in my judgment, they might well be comprised within a special family. The type of the family is the genus *Munnopsis*, established by my father, the late Professor Dr. Michael Sars, with the species *M. typica*. Exclusive of *Munnopsis*, I have myself been enabled to add 3 distinct genera to the family, viz. *Eurycope*, *Ilyarachna*, and *Desmosoma*, each represented by several species.

Gen. Eurycope, G. O. Sars, 1863.

Om en anomal Gruppe af Isopoder.

Slægtscharacteristik. Legemet af oval Form, noget udtrykt, med det forreste og bageste Parti af Legemet mindre skarpt begrændsede. Hovedet bredt, til hver Side udrandet for Fæstet af Følerne. De 4 første Forkropssegmenter korte, oventil paa tvers indhulede, de 3 bageste betydelig større og oventil stærkt convexe. Bagkropssegmentet stort og bredt, skjoldformigt. 1ste Par Følere med Skaftets 1ste Led meget stort, skjelformigt, Svøben smal, mangeleddet. 2det Par Følere stærkt forlængede, med Svøben længere end Skaftet. Kindbakkerne stærkt byggede med tydelig Palpe. Kjævefødderne pladeformige, med Palpens 2det og 3die Led særdeles brede, de 2 ydre smale, dannende tilsammen en ufuldkommen Sax. 1ste Fodpar betydelig kortere end de øvrige, meget smalt, ikke prehensilt; de 3 følgende Par stærkt forlængede. De 3 bagre Fodpar alle uddannede til kraftige Svømmeredskaber af ens Udseende, med de 2 ydre Led aarebladformigt udvidede og Endekloen mere eller mindre rudimentær, stiletformig. Halevedhængene smaa, tvegrenede.

Bemærkninger. Hos nærværende Slægt er den Character, der udmærker Familien *Munnopsidæ*, nemlig den mærkværdige Omformning af de bagre Fødder til Svømmeredskaber, skarpest og tydeligst udpræget, og den kan derfor egentlig betragtes som den mest typiske i Familien. Characteristisk for Slægten ligeoverfor de øvrige er fremdeles Legemets compakte Form, den ligelige Udvikling af 2det, 3die og 4de Fodpar samt af Svømmefødderne, og de tydeligt tvegrenede Halevedhæng. Slægten tæller for Tiden, iberegnet den nedenfor nærmere beskrevne Form, ikke mindre end 9 forskjellige Arter, hvoraf de 8 tilhører Nordhavet.

Gen. Eurycope, G. O. Sars, 1863.

Om en anomal Gruppe af Isopoder.

Generic Character. — Body oval in form, somewhat depressed, with the anterior and posterior sections not very sharply defined. Head broad, on either side emarginate, for the attachment of the antennæ. The four anterior segments short, above transversely hollowed; the three posterior much larger, and very considerably arched above. Abdominal segment large and broad, scutiform. First pair of antennæ with 1st joint of peduncle very large, squamiform; flagellum slender, multi-articulate. Second pair of antennæ greatly produced, with flagellum longer than peduncle. Mandibles powerful in structure, with a distinct palp. Maxillipeds lamelliform, with 2nd and 3rd articulations of palp exceedingly broad, the 2 outer ones slender, constituting an imperfect chela. First pair of legs considerably shorter than the rest, exceedingly slender, non-prehensile; the 3 succeeding pairs greatly produced. The 3 posterior pairs of legs all developed as powerful natatory organs, uniform in appearance, with the 2 outer articulations dilated like the blade of an oar, and the terminal claw more or less rudimentary, styliform. Caudal appendages small, bifurcate.

Remarks. — In the present genus, the character distinguishing the family *Munnopsidæ*, viz. the remarkable transformation of the posterior legs into natatory organs, is most prominently and conspicuously developed; and hence *Eurycope* may properly be regarded as the most typical genus of the family. Peculiar, too, for this genus, as compared with the other genera, is the compact form of body, the equable development of the 2nd, 3rd, and 4th pairs of legs, as also of the posterior or natatory pairs, and the distinctly bifurcate caudal appendages. The genus comprises at present, inclusive of the form described in detail

den 9de (*E. robusta* Harger) Havet ved Nordamerikas Østkyst. Alle Arter er ægte Dybvandsformer.

below, not less than 9 different species, of which 8 inhabit the Northern Ocean, the 9th (*E. robusta* Harger) occurring off the eastern coast of North America. All of these species are true deep-sea forms.

---

29. Eurycope gigantea, G. O. Sars, n. sp.

(Pl. XI. Fig. 1–25).

Eurycope gigantea. G. O. Sars, Prodromus descriptionis Crust. etc., No. 83.

Artscharacteristik. Legemet af aflang Form, mere end dobbelt saa langt som bredt og kun lidet udvidet paa Midten. Det forreste Afsnit af Legemet (Hovedet og de 4 forreste Segmenter) betydelig kortere end det bagerste og ved en bemærkelig Indknibning skilt fra samme. Hovedet uden tydelig Frontalfortsats, med Mundregionen stærkt fremspringende. 1ste Forkropssegment neppe bredere end Hovedet, de 3 følgende med jævnt afrundede Epimorer. De 3 bagre Forkropssegmenter alle vel begrændsede og indbyrdes af ens Størrelse. Bagkropssegmentet særdeles stort og bredt, bugtil i Midten noget udbugtet. 2det Par Følere omtrent 4 Gange længere end Legemet, med Skaftets 2 ydre Led stærkt forlængede og Svøben kun lidet længere end Skaftet. Kindbakkerne uden Tænder, med glat Tyggerand. 1ste Fodpar med sidste Led usædvanlig kort og Endekloen rudimentær; de 2 følgende Par næsten dobbelt saa lange som Legemet. Svømmefødderne med de 2 ydre bladformige Led omtrent indbyrdes af ens Størrelse; Endekloen særdeles liden. Halevedhængene meget smaa, med den ydre Gren betydelig mindre end den indre. Farven ensformig lys gulagtig, gjennemskinnende. Længden indtil 33ᵐᵐ.

Findesteder. Stat. 33. 124. 251, 286, 312, 362, 363.

Beskrivelse af Hunnen. Legemet er (se Pl. XI, Fig. 1, 2 og 3) noget slankere og mindre undersætsigt bygget end hos de øvrige Arter af Slægten, idet den største Brede er kjendeligt mindre end den halve Længde. Formen er aflang oval, noget smalere i det forreste Parti, men foruvrigt mesten overalt af ens Brede. Rygsiden er noget hvælvet, især i den bagre Del, og Segmenternes Sidedele eller Epimorer horizontalt udstaaende. Som hos de øvrige til denne Familie hørende Former kan man paa Legemet udskille et forreste og et bagerste Parti, hvoraf hint sammensættes af Hovedet og de 4 forreste Forkropssegmenter, dette af de 3 bagerste Forkropssegmenter og Bagkroppen.

---

29. Eurycope gigantea. G. O. Sars, n. sp.

Pl. XI, figs. 1–25).

Eurycope gigantea, G. O. Sars, Prodromus descriptionis Crust. etc., No. 83.

Specific Character. — Body oblong in form, with length more than twice exceeding breadth, and but slightly dilated in the middle. Anterior section of body (head and the 4 anterior segments) considerably shorter than posterior, and separated by an appreciable instriction. Head without any distinct frontal projection, but with the oral region prominently protruding. First segment scarcely at all broader than head; the 3 succeeding segments with uniformly rounded epimera. The 3 posterior segments all well defined, and uniform in size. Abdominal segment exceedingly large and broad, posteriorly somewhat produced in the middle. Second pair of antennæ about 4 times as long as body, with the 2 outer joints of peduncle greatly produced, and the flagellum but very little longer than the former. Mandibles without teeth, cutting edge smooth. First pair of legs with last articulation unusually short and terminal claw rudimentary; the 2 succeeding pairs almost twice as long as body. Natatory legs with the 2 outer foliaceous articulations well-nigh uniform in size; terminal claw exceedingly small. Caudal appendages very diminutive, with outer branch considerably smaller than inner. Colour a uniform light-yellow. Length reaching 33ᵐᵐ.

Locality. — Stats. 33, 124, 251, 286, 312, 362, 363.

Description of the Female. — The body (see Pl. XI, figs. 1, 2, and 3) is somewhat more slender and less thickset than in the other species of the genus, its greatest breadth being appreciably less than half the length. The form is oblong-oval, a trifle slimmer throughout the foremost part, but elsewhere exhibiting an almost uniform breadth. The dorsal face is somewhat arcuate, more especially the posterior portion, and the lateral parts of the segments, or the epimera, project horizontally. The body, as in the other forms belonging to this family, has an anterior and a posterior section, the former consisting of the head and the 4 first segments, the latter of the 3 posterior

Grændsen mellem begge disse Partier er hos nærværende Form skarpere markeret end hos de øvrige Arter af Slægten, idet en tydelig bemærkelig Indknibning skiller begge ad.

Integumenterne er meget tynde og gjennemsigtige samt uden nogen udpræget Structur.

Hovedet er stort og bredt, oventil jevnt hvælvet og til hver Side udrandet for Insertionen af Følerne. I Midten stiger Panden skraat nedad mellem Roden af 1ste Par Følere, uden at danne nogen tydelig Frontalproces, og forbinder sig her med det halvmaaneformige noget fremspringende Epistom (se Fig. 4).

1ste Forkropssegment er kun lidet bredere end Hovedet og kun forsynet med smaa og lidet fremspringende Epimerer. De 3 følgende Segmenter er derimod bredere og har Epimererne mere pladeformige og jevnt afrundede. Alle disse 4 Segmenter er oventil paatværs udhulede, idet snavel den forreste som bageste Rand er noget hævet (se Fig. 2).

De 3 bageste Forkropssegmenter er betydelig større og tilsammen omtrent lige lange som hele det forreste Parti af Legemet. De er alle, i Modsætning til hvad Tilfældet er hos enkelte andre Arter af Slægten, tydeligt begrændsede fra hinanden og oventil stærkt hvælvede samt viser langs ad Midten en grund Fure, der til Siderne er begrændset af afrundede knudeformige Fremspring. Paa dem alle er den forreste Rand stærkt buet og Sidedelene fortil gaaende ud i et skarpt Hjørne.

Bagkropssegmentet er usædvanlig stort og bredt, neppe mindre end de 3 bageste Segmenter tilsammen, skjoldformigt, med jevnt buede Sidekanter og bagtil i Midten udtrukket i et stumpt Fremspring, paa hvis Underside Analaabningen er beliggende (se Fig. 3 og 24).

Øine mangler fuldstændigt ligesom hos alle øvrige bekjendte Former af denne Familie.

1ste Par Følere (Fig. 5) udspringer fra den forreste Del af Hovedet og er adskilte ved et tydeligt Mellemrum, der danner ligesom en Bro mellem Panden og Epistomet (se Fig. 1 og 4). De opnaar neppe mere end ¼ af Totallængden og bestaar af et 3-leddet Skaft og en mangeleddet Svøbe. Skaftets 1ste Led er i høi Grad udmærket ved sin betydelige Størrelse og eiendommelige, næsten skjældanrede Form. Det ender fortil med et afrundet Fremspring og viser paa sin øvre Flade nær Enden en Grube, hvori den følgende Del af Følerne er meget bevægeligt indleddet. Skaftets 2 sidste Led er meget smaa og synes derfor snarere at udgjøre den basale Del af selve Svøben. Denne er smalt cylindrisk, særdeles bøielig og sammensat af et stort Antal meget korte Led, der ved Roden er mindre tydeligt adskilte. De bærer alle i den ene Kant gjennemsigtige baandformige Sandsevedhæng, der tilsammen danner en tæt Fryndse langs ad Svøben.

segments and the abdomen. The boundary between these regions is in the present form marked off much more sharply than in the other species of the genus, a distinctly perceptible instriction separating the two.

The integuments are very thin, and translucent, as also without any prominent sculpturing.

The head is large and broad, uniformly arched above, and on either side emarginate, for the insertion of the antennæ. In the middle, the front protends obliquely downward, between the bases of the 1st pair of antennæ, without forming any distinct frontal apophysis, and unites there with the lunate and somewhat projecting epistome (see fig. 4).

The 1st segment is but little broader than the head, and furnished only with small and very slightly projecting epimera. The 3 succeeding segments are, on the other hand, broader, and have the epimera more lamelliform, and uniformly rounded. These 4 segments are each of them transversely hollowed above, both the anterior and the posterior margins being somewhat raised (see fig. 2).

The 3 posterior segments are considerably larger, and, taken together, about equal in length to the whole of the anterior section of the body. Contrary to what occurs with some species of the genus, they are distinctly defined from each other, and above very considerably arched, exhibiting, too, along the middle, a shallow groove, marked off along the sides by a rounded, tuberculiform projection. In each of them, the anterior margin is very arcuate, and the lateral parts jut forth anteriorly as an acute angle.

The abdominal segment unusually large and broad, and very little, if at all, smaller than the 3 posterior segments taken together, is scutiform, with uniformly arched lateral margins, and posteriorly, in the middle, drawn out as an obtuse projection, on the under surface of which occurs the anal opening (see figs. 3 and 24).

No trace whatever of eyes, as in all other known forms of this family.

The 1st pair of antennæ (fig. 5) originate on the foremost part of the head, separated one from the other by a distinct interspace, constituting, as it were, a bridge between the front and the epistome (see figs. 1 and 4). They attain scarcely one-fourth of the total length, and consist of a three-jointed peduncle and a multi-articulate flagellum. The 1st joint of the peduncle is strikingly characterized by its considerable size and very peculiar, almost squamiform shape. It terminates anteriorly in a rounded projection, and exhibits, on its upper surface, near the end, a small cavity, into which the remaining part of the antenna is very movably jointed. The 2 last joints of the peduncle are very small, and would, therefore, appear rather to constitute the basal part of the flagellum itself. The latter is slender-cylindric, exceedingly flexible, and composed of a large number of very small articulations, which, at the base, are less distinctly separated. On one of the margins, they all bear translucent riband-shaped appendices, constituting together a thick fringe along the surface of the flagellum.

17*

2det Par Følere (se Fig. 1), der udspringer tæt nedenunder og noget til den ydre Side af 1ste Par, er enormt udviklede, mere end 4 Gange saa lange som hele Legemet, og bestaar som sædvanligt af et 5-leddet Skaft og en mangeleddet Svøbe. Skaftets 3 første Led er korte og tykke og danner tilsammen et noget uregelmæssigt formet, koniskt Rodstykke (se Fig. 6 og 7), om hvilket de Leddene begrændsende Suturer slynger sig mere eller mindre tydeligt spiralformigt. Toppen af dette Rodstykke ender med en takket Rand, der ligesom omfatter den følgende Del af Skaftet. Denne, der dannes af de 2 ydre Led, er særdeles stærkt forlænget, med begge Led smalt cylindriske, indbyrdes omtrent af ens Længde, og i Kanterne besatte med talrige stive Børster og Torner. Svøben er kun ubetydelig længere end Skaftet, traadformig og sammensat af talrige korte Led.

Mundregionen er særdeles stærkt fremspringende, saa at Hovedet, seet fra Siden (Fig. 2) synes fortil skjævt afskaaret. Den begrændses fortil fra Panden af en bred, halvmaaneformigt buet Plade, der forestiller Epistomet (se Fig. 4).

Overkæben (Fig. 8), der udgaar fra Midten af den ovenomtalte Epistomplade, viser ved Roden oventil en afrundet Forhøining og har den nedad frit fremragende Del næsten af halvcirkeldannet Form, med Enderanden i Midten svagt indbugtet og fint cilieret.

Underkæben (Fig. 9) har Endelapperne stærkt divergerende og af smal tungedannet Form samt i Kanterne tæt cilierede; imellem dem bemærkes endnu 2 andre mindre, tæt sammen stillede Lapper, imellem hvilke Indgangen til Mundhulen er beliggende.

Kindbakkerne (Fig. 10 og 11) er særdeles kraftigt udviklede og springer frit frem til hver Side af Overkøben (se Fig. 4), overragende denne kjendeligt nedad. Deres Corpus er næsten af trekantet Form og articuleret langs den ene (øvre) Side til Hovedet. Fra den modsatte Side udgaar en triangulær Fortsats, hvortil Tyggemusklerne insærer sig. I sin Bevæbning skiller de sig mærkeligt fra de øvrige Arter af Slægten og viser i denne Henseende mere Lighed med samme hos Slægten *Ilyarachna*. Deres Tyggerand er nemlig ganske glat uden tydelig hverken Tænder eller Torner, og Tyggeknuden er kun lidet fremtrædende samt mangler ganske den sædvanlige riflede Skulptur, i hvis Sted kun et yderst lidet Knippe af fine Børster bemærkes. Palpen, der udspringer omtrent fra Midten af Kindbakkernes ydre Flade, er særdeles smal og bestaar af 3 tydeligt begrændsede Led, hvoraf de 2 første er simpelt cylindriske og temmelig stærkt forlængede, medens det sidste er ganske lidet og stærkt, næsten leformigt krummet.

De 2 Par Kjæver (Fig. 12 og 13) er af fuldkommen normal Bygning. Paa 1ste Par (Fig. 12) er den ydre Tyggelap kraftigt udviklet og i Enden forsynet med stærke Torner, medens den indre Lap er forholdsvis liden og smal.

The 2nd pair of antennæ (see fig. 1), originating immediately beneath, and a little on the outer side of, the 1st pair, are prodigiously developed — more than 4 times the length of the whole body, and consist, as usual, of a five-jointed peduncle and a multi-articulate flagellum. The 3 first joints of the peduncle are short and thick, and constitute together a somewhat irregular-formed, conic basal part (see figs. 6, 7), round which the sutures separating the joints wind as a more or less distinct spiral. The top of this basal part terminates in a jagged margin, that, as it were, encompasses the succeeding portion of the peduncle. The latter, composed of the 2 outer joints, is very greatly produced, with both joints slender-cylindric, about uniform in length, and beset along the edges with numerous stiff bristles and spines. The flagellum is but very little longer than the peduncle, filiform, and composed of numerous short articulations.

The oral region projects very prominently, giving to the head, when viewed from the side, anteriorly an oblique, truncate appearance. Forwards, it is separated from the front by a broad, lunate, vaulted plate, representing the epistome (see fig. 4).

The labrum (fig. 8), proceeding from the middle of the forementioned epistomial plate, exhibits at the base, above, a rounded prominence, and has the freely downward projecting part of almost semicircular form, with the terminal margin faintly incurving in the middle, and delicately ciliated.

The labium (fig. 9) has the terminal lobes widely diverging, and of a slender, linguiform shape, as also densely ciliated along the edges; between the lobes occur, close together, 2 smaller ones, and between these is located the entrance to the buccal cavity.

The mandibles (figs. 10, 11) are most powerfully developed, and jut freely forward on either side of the labrum (see fig. 4), projecting appreciably over it downwards. Their corpus is almost triangular in form, and on one side (the upper) articulated, up to the head. From the opposite side juts out a triangular projection, into which the masticatory muscles are inserted. As regards their armature, they differ widely from those in the other species of the genus, exhibiting in this character a greater resemblance to the mandibles in the genus *Ilyarachna*. Their cutting edge is perfectly smooth, without any distinct teeth or spines, and the molar protuberance but slightly prominent, as also without a trace of the usual fluted sculpturing, in place of which but an exceedingly small tuft of delicate bristles can be observed. The palp, originating about in the middle of the outer surface of the mandibles, is exceedingly slender, and consists of 3 distinctly defined articulations, whereof the 2 first are simple-cylindric and rather elongate, the last being quite small and strongly curved, almost falciform.

The 2 pair of maxillæ (figs. 12, 13) are quite normal in structure. On the 1st pair (fig. 12), the outer masticatory lobe is powerfully developed, and furnished at the extremity with strong spines, whereas the inner lobe is

Paa 2det Par (Fig. 13) er de 2 ydre fingerformige Fortsatser stærkt forlængede og de paa dem fæstede Børster forholdsvis smaa.

Kjævefødderne (Fig. 14), der for en stor Del dækker de øvrige Munddele nedentil (se Fig. 3), er af pladedannet, membranøs Beskaffenhed og ganske gjennemsigtige. Basaldelen bestaar af 2 skarpt markerede Segmenter, hvoraf det sidste er størst og noget udvidet. Den fra dette Segment indad udgaaende Tyggelap er ganske smal, tungedannet og ved Enden forsynet med korte Børster. Palpen bestaar af 5 tydelige Led, hvoraf 2det og 3die er stærkt udvidede, pladeformige og indbyrdes forbundne ved en meget skjæv Sutur. De 2 sidste Led er pludselig betydelig smalere og danner tilsammen en Slags ufuldkommen Sax, idet det første af dem indad gaar ud i en fingerformig Lap, imod hvilken det smale ydre Led kan indbøies. Alle Led er i Kanterne forsynede med talrige korte Børster. Den pladeformige Epignath er af bred lancetdannet Form og rækker med sin Spuds omtrent til Midten af Palpens 2det Led.

Iste Fodpar (Fig. 15) er af meget svag Bygning og lige udstrakt neppe af mere end Legemets halve Længde. Det er eiendommelighed (se Fig. 2 og 3) bøiet ind under den forreste Del af Kroppen, saa at Enden ligger mere eller mindre i Contact med Munddelene, hvorfor ogsaa dets Function nærmest maa antages at være den, at hjælpe til at bringe Fødemidlerne til Munden, skjøndt det ifølge sin Bygning ikke forestiller virkelige Gribeværktøiler. Det bestaar som de følgende Fodpar af 5 Led, hvoraf 4de er længst og ligesom de 2 foregaaende i sin indre Kant tæt og fint cilieret. Sidste Led der med hint danner en mere eller mindre stærk knæformig Bøining, er neppe halvt saa langt og særdeles smalt, og Endekloen ligeledes usædvanlig lidet udviklet.

De 3 følgende Fodpar (se Fig. 1) er som hos Slægtens øvrige Arter stærkt forlængede og forestiller de egentlige Gangfødder. De er alle af ens Udseende, næsten dobbelt saa lange som Legemet, og har de 3 første Led ganske korte, hvorimod de 2 øvrige er særdeles lange og tynde, med talrige korte og stive Børster i Kanterne. Endekloen er paa de 2 første Par (Fig. 16) leformig krummet, paa sidste Par (Fig. 17) næsten ret.

De 3 bagre Par Fødder (Fig. 18) er af et helt forskjelligt Udseende og i Lighed med hvad Tilfældet er hos de øvrige til denne Familie hørende Former, omdannede til kraftige Svømmeredskaber. Alle 3 Par er af fuldkommen ens Udseende, mere eller mindre stærkt Sформigt bøiede og udmærkede ved den eiendommelige Form af de 2 ydre Led, der er stærkt, aarebladformigt udvidede og langs Kanterne forsynede med en tæt Rad af Fjerbørster. Det forste af disse Led er næsten hjerteformigt, det andet kun lidet mindre og af regelmæssig elliptisk Form. Begge Led

comparatively small and slender. On the 2nd pair (fig. 13), the 2 outer dactyliform projections are greatly produced, and the bristles attached to them comparatively small.

The maxillipeds (fig. 14), that to a great extent cover the rest of the oral appendages (see fig. 3), are lamelliform, membranous, and quite translucent. The basal part consists of 2 sharply defined segments, of which the latter is the larger of the two, and somewhat dilated. The masticatory lobe, proceeding inwards from that segment, is very slender, linguiform, and furnished at the extremity with short bristles. The palp consists of 5 distinct articulations, of which the 2nd and 3rd are greatly dilated, lamelliform, and connected together by an exceedingly oblique suture. The 2 last articulations become abruptly narrower, constituting a kind of imperfect chela, the first jutting forth inward as a dactyliform lobe, against which the delicate outer articulation admits of being bent in. All the articulations are furnished along the edges with numerous short bristles. The lamelliform epignath is broadly lanceolate, reaching with its point almost to the middle of the 2nd articulation of the palp.

The 1st pair of legs (fig. 15) are exceedingly feeble in structure, and, when fully extended, measure scarcely, if at all, more than half the length of the body. They are, as a rule (see figs. 2, 3), bent in under the foremost part of the body, their extremities being thus brought more or less in contact with the oral appendages; and hence their chief function must be regarded as subservient in conveying food to the mouth, though, according to their structure, they can not represent true prehensile organs. They consist, like each of the succeeding pairs, of 5 articulations, of which the 4th is longest, and, like the 2 preceding ones, are densely and finely ciliated along the outer margin. The last joint, that, together with the 4th, constitutes a more or less strong geniculate bend, is scarcely half as long as the latter, and exceedingly slender, the development, too, of the terminal claw being unusually slight.

The 3 succeeding pairs of legs (see fig. 1) are, as in the other species of the genus, greatly produced, and represent the true pereiopoda. They are all uniform in appearance, well-nigh twice as long as the body, and have the 3 first articulations quite short, whereas the 2 others are exceedingly long and slender, with numerous short and stiff bristles along the edges. The terminal claw on the 2 first pairs (fig. 16) is falciform, on the last pair (fig. 17) almost straight.

The 3 posterior pairs of legs (fig. 18) are widely different in appearance, and, like those in the other forms belonging to this family, transformed into powerful natatory organs. All 3 pairs are perfectly uniform in appearance, curved more or less prominently into the shape of the letter S, and characterized by the peculiar form distinguishing the 2 outer articulations, which are greatly dilated, in the form of an oar-blade, and furnished along the margins with a close series of plumous bristles. The first of these articulations is almost cordiform, the other, but little smaller

134

er særdeles bevægeligt forbundne med hinanden ved en ganske tynd Stilk, saa at det sidste kan skaas ind mod det forste. Endekloen er særdeles liden, stiletformig og næsten ganske skjult mellem de fra sidste Led udgaaende Fjærborster (se Fig. 19).

Brystposen var hos ingen af de erholdte Exemplarer fuldt udviklet; men de 4 Par Plader, der bidrager til dennes Dannelse, var paa de fleste tydeligt anlagte i Form af smaa fra Basis af de 4 forste Fodpar udgaaende Lapper (se Fig. 2 og 3).

Bagkroppens Operculum (se Fig. 2 og 3) er særdeles stort og hvælvet, indtagende Storsteparten af Bagkropssegmentets Underside. Det viser langs ad Midten en stump Kjøl, der i den ydre Del spalter sig i 2 divergerende Grene. Kanterne er ganske glatte.

De under Operculet liggende Bagkmmer er alle ægte respiratoriske og af en særdeles blod og tander Structur. Det 1ste Par (Fig. 20) er tydelig tvegrenet, med den indre Gren dannende en bred afrundet i 2 utydelige Segmenter afdelt Plade, den ydre ganske smal, cylindrisk og noget krummet samt bestaaende af 2 tydelige i sin ydre Kant fint cilierede Led. De øvrige Par synes kun at danne enkle, uregelmæssigt foldede Plader (Fig. 21).

Halevedhængene (Fig. 22), der træder frem til hver Side af den stumpe Fremragning, som Bagkropssegmentet danner bagtil i Midten, er særdeles smaa, men tydeligt tvegrenede, med den indre Gren omtrent af Basaldelens Længde, den ydre betydelig mindre. Begge Grene er af linear Form og forsynede med nogle meget smaa og fine Børster.

Hannerne skiller sig ikke i sit ydre meget væsentligt fra Hunnerne, men kjendes dog let ved 1ste Par Føleres stærkere Udvikling og ved den eiendommelige Bygning af Bagkroppens Operculum.

1ste Par Følere (Fig. 23) er kjendeligt længere end hos Hunnen, hvilket skyldes den langt stærkere Udvikling af Svøben, der er forholdsvis mere end dobbelt saa lang og sammensat af et særdeles stort Antal af Led.

Bagkroppens Operkulum (se Fig. 24) er, som hos de til foregaaende Familie hørende Former delt i 4 særskilte Plader, 2 ganske smale i Midten og 2 bredere Sideplader. De mediane Plader, der ligger i umiddelbar Contact med hinanden, er af linear Form og ender hver med 2 triangulære Spidser. Sidepladerne er af halvoval Form og paa den ydre Side jevnt hvælvede. Paa den indre Side (se Fig. 25) findes nær Enden et eiendommeligt krogformet Appendix, der ved Roden bagtil viser en liden afrundet Lap. Dette Appendix kan bevæges ved særegne Muskler, der tydeligt sees at convergere mod Basis af samme. At vi her har at gjøre med Hjælperedskaber ved Copulationen er vel utvivlsomt; dog er det endnu ikke med Sikkerhed oplyst, hvorledes disse Dele herunder fungerer.

in size, has a regular elliptic shape. Both articulations are very movably connected by an exceedingly narrow stem, which admits of the latter being jerked back toward the former. The terminal claw is very small, styliform, and well-nigh wholly concealed amidst the plumous bristles (see fig. 19) issuing from the last articulation.

The marsupium did not in any of the specimens collected occur fully developed; but the 4 pairs of plates that contribute to its formation were on most however distinctly indicated in the form of small lobes, proceeding from the base of the 4 first pairs of legs (see figs. 2, 3).

The operculum of the abdomen (see figs. 2, 3) is exceedingly large and arcuate, occupying the greater part of the under-surface of the abdominal segment. It exhibits along the middle an obtuse carina, which, in its outer part, divides into 2 diverging branches. The edges are quite smooth.

The abdominal limbs, placed underneath the operculum, are all true respiratory organs, exceedingly soft and delicate in structure. The 1st pair (fig. 20) are distinctly biramous, with the inner branch forming a broad, rounded plate, consisting of 2 indistinctly defined segments; the outer is quite narrow, cylindric, and somewhat curved, composed of 2 distinct articulations, ciliated along the outer margin. The remaining pairs would appear to form merely simple, irregular-folded plates (fig. 21).

The caudal appendages (fig. 22), jutting forth on either side of the obtuse projection formed in the middle, posteriorly, by the abdominal segment, are exceedingly small, but distinctly biramous, with the inner branch about of the same length as the basal part, the outer considerably shorter. Both branches are linear in form, and provided with a few exceedingly small and delicate bristles.

The males do not differ essentially in their outer habitus from the females, but are nevertheless easily recognized by the fuller development characterizing the 1st pair of antennæ, as also by the peculiar structure of the abdominal operculum.

The 1st pair of antennæ (fig. 23) are appreciably longer than in the female, a character arising from the much fuller development of the flagellum, which is relatively more than double the length, and composed of a very large number of articulations.

The operculum of the abdomen (see fig. 24) is, as in the forms belonging to the preceding family, divided into 4 separate plates, 2 very narrow ones in the middle and 2 broader lateral plates. The median plates, immediately contiguous to each other, are of a linear form, and terminate each in 2 triangular points. The lateral plates are semi-oval, and, on the outer side, uniformly arched. On the inner side of the latter plates (see fig. 25), occurs near the extremity a peculiar, hook-shaped appendix, which, at the base, posteriorly, has a small, rounded lobe. This appendix is movable by means of specially adapted muscles, distinctly seen converging toward its base. That we have here to do with accessory organs of copulation is, I think, unquestionable; though as yet it remains to be shown what particular function the said parts perform in the act.

Farven af snavel Hannen som Hunnen er ensformig lys gulagtig og saa gjennemsigtig at flere af de indre Organer tydeligt skimtes igjennem Huden, navnlig den med mørke Contenta fyldte Tarmkanal.

Legemets Længde er indtil 33^{mm}, en i Sammenligning med de øvrige Arter af Slægten aldeles colossal Størrelse. Den overgaar endog i denne Henseende kjendeligt *Munnopsis typica*, der hidtil har været anseet som den mest kjæmpemæssige Form i denne Familie.

Forekomst og Udbredning. Exemplarer af denne anselige Art er under vor Expedition indsamlede paa ikke mindre end 7 forskjellige Stationer. Da imidlertid de stærkt forlængede 2det Par Følere og Gangfødderne er yderst fragile og derfor meget let brækkes, er saagodtsom alle de indsamlede Exemplarer mere eller mindre incomplette. Alene et eneste Individ (det her afbildede) lykkedes det mig, ved at anvende den yderste Forsigtighed, at faa isoleret med samtlige Lemmer i Behold. Af de omfaltte Stationer ligger 3 (Stat. 33, 124, 251) i Havet udenfor vore Havbanker, 2 i Havet Vest af Beeren Eiland og de 2 øvrige Nordvest af Spitsbergen; Dybden fra 260 til 658 Favne. Alle Stationer alene med Undtagelse af den nordligste (Stat. 363) tilhører den kolde Area.

Artens for Tiden bekjendte Udbredningsfelt er herefter det vestlige Afheld mod Nordhavets store Dyb fra den 63de til den 80de Bredegrad. Ifølge Meddelelse fra Dr. Stuxberg forekommer den imidlertid ogsaa i det sibiriske Ishav.

The colour alike of the male and the female is a uniform light-yellow, and so translucent that several of the inner organs can be plainly discerned shining through the skin, in particular the intestinal canal, with its dark contents.

The length of the body reaches 33^{mm}, a truly colossal size compared with the other species of the genus. In this respect it appreciably exceeds even *Munnopsis typica*, hitherto held to be the largest form of the family.

Occurrence and Distribution. — Specimens of this gigantic species were collected on the Norwegian Expedition at not less than 7 different Stations. Meanwhile, the 2nd, greatly produced, pair of antennæ and the equally elongate ambulatory legs being exceedingly fragile, and therefore easily broken, well-nigh all the examples obtained were in a more or less defective state. Only one individual (that represented here) was I enabled, by the most careful handling, to isolate with all its parts intact. Of the said Stations, 3 (Stats. 33, 124, 251) lie off the great outer banks of Norway, 2 in the tract of ocean west of Beeren Eiland, and the 2 others north-west of Spitzbergen. Depth ranging from 260 to 658 fathoms. All the Stations, save the most northerly (Stat. 363), are in the cold area.

Hence, the tract throughout which the species is at present known to be distributed, comprises the western slope shelving down towards the great depths of the Northern Ocean, from the 63rd to the 80th parallel of latitude. According to a communication from Dr. Stuxberg, the form also occurs in the Siberian Polar Sea.

Tribus 5. *Epicarides.*

Tribus 5. *Epicarides.*

Bemærkninger. De herhen hørende Isopoder har af de fleste Zoologer været stillet sammen med eller ialfald ved Siden af den til Gruppen *Flabellifera* hørende Familie *Cymothoidæ*, vel især paa Grund af den overensstemmende parasitiske Levevis. Fritz Müller har imidlertid[1] vist, at de i Virkeligheden i sin Organisation kun viser meget liden Overensstemmelse med hin Familie, hvorimod han er mere tilbøielig til at stille dem nærmest ved de saakaldte Land-isopoder (*Onisciderne*). Rigtignok synes det mig af mange Grunde at være at henføre de her omhandlede Isopoder til en egen større Afdeling eller Tribus, for hvilken den af Milne Edwards foreslaaede Benævnelse, *Epicarides*, bør beholdes.

Remarks. — The Isopods belonging to this division have by most zoologists been classed either under, or at least in immediate connexion with, the family *Cymothoidæ*, belonging to the group *Flabellifera*, chiefly, one would imagine, from the parasitic nature common to the said forms. Meanwhile, Fritz Müller[1] has shown, that, in their organisation, they exhibit but very slight agreement with that family; indeed, he is rather disposed to regard them as approximating closest the so-called land-Isopods (*Oniscoida*). For divers reasons, however, the Isopods treated of here can, in my judgment, lay claim to be classed within a separate comprehensive division, or tribe, for which the designation, *Epicarides*, suggested by Milne Edwards, should certainly be retained.

[1] Bruchstücke zur Naturgeschichte der Bopyriden. »Jenaische« Zeitschrift, Bd. VI.

[1] Bruchstücke zur Naturgeschichte der Bopyriden (Jenaische Zeitschrift, Bd. VI).

Hos ingen Isopoder fremtræder Parasitismen stærkere udpræget end hos disse eiendommelige Former, hvilket har tilfølge en regressiv Udvikling af Hunnerne, ofte ledsaget af en paafaldende Assymetri. Hunnerne er ligesom hos de ægte parasitiske Copepoder meget ulig Hannerne, særdeles smaa og lever fastklamrede til disse. Alle hidtil bekjendte Former er Parasiter paa eller i forskjellige Crustaceer. Som eiendommelige Typer, der vel maa ansees som repræsenterende ligesaamange distincte Familier, kan nævnes Slægterne *Bopyrus, Dajus, Entoniscus* og *Cryptoniscus.*

In none of the Isopods is parasitism more decidedly prominent than in these peculiar forms, which occasions a regressive development of the females, frequently accompanied by a striking assymetry. The males are, as in the true parasitic Copepods, very unlike the females, exceedingly small, and pass their life firmly attached to the latter. All hitherto known forms exist as parasites, either on or in different Crustaceans. As characteristic types, that in all probability must be regarded as representing as many distinct families, can be mentioned the genera *Bopyrus, Dajus, Entoniscus,* and *Cryptoniscus.*

Fam. Dajidæ.

Gen. Notophryxus, n. gen.

Slægtscharacteristik. Hunnens Legeme symetriskt, noget nedtrykt, kun tydeligt segmenteret i Midten af Rygsiden; Sidedelene udvidede og opsvulmede. Hovedet mere eller mindre fremspringende, ikke tydeligt begrændset bagtil. Bagkroppen uleddet, pladeformig, nedentil concav. Følerne rudimentære, utydeligt leddede; 2det Par coniskt tilspidsede i Enden. Fødderne sammentrængte paa et meget lidet Rum helt fortil, til hver Side af Mundregionen, kun tilstede i 5 Par, alle af ens Udseende og forestillende ufuldstændigt leddede Klamreorganer. Ingen tydeligt udviklede Æggeplader. Bagkroppen uden Lemmer eller andre Vedhæng.

Hannen af et lignende Udseende som hos Slægten *Phryxus,* med tydeligt segmenteret Legeme, 7 Par Klamrefødder og uleddet Bagkrop.

Parasiter paa lavere *Podophthalmer* (Schizopoder).

Bemærkninger. Ved Hunnens fuldkommen symetriske Legeme og Mangelen af de 2 Par bagerste Forkropslemmer stemmer denne Slægt overens med Kröyers Slægt *Dajus (Leptophryxus* Buchholz), men skiller sig blandt andet meget væsentligt ved Bagkroppens forskjellige Bygning og ved Mangelen af egentlige Æggeplader. Arterne lever ligesom *Dajus mysidis* parasitisk paa lavere *Podophthalmer* (Schizopoder); men medens hin Form altid findes indsluttet i Klækkehulen hos Mysider, er de herhen hørende Arter fæstede frit til Rygsiden af deres Værter (heraf Slægtsbenævnelsen).

Foruden den nedenfor nærmere beskrevne Form, har eg ondnu ved vore Kyster fundet 2 andre distincte Arter,

Generic Character. — Body of female symmetrical, somewhat depressed, distinctly segmented in the middle of the dorsal side only; lateral parts dilated and tumescent. Head more or less projecting, not distinctly defined posteriorly. Abdomen non-articulate, lamelliform, concave below. Antennæ rudimentary, indistinctly articulate; 2nd pair conically pointed at extremity. Legs, of which occur but 5 pairs, crowded together over a very confined space, on either side of the buccal region, all uniform in appearance and representing incompletely articulated clasping organs. No distinctly developed incubatory plates. Posterior division of body without any kind of appendages whatever.

The male of a similar appearance to the male in the genus *Phryxus,* with a distinctly segmented body, 7 pairs of clasping legs, and a non-articulate abdomen.

Parasites, on lower organized *Podophthalmata* (Schizopods).

Remarks. — In the strictly symmetrical body of the female and the absence of the 2 posterior pairs of legs, this genus agrees with Kröyer's genus *Dajus (Leptophryxus.* Buchholz), but differs essentially, among other characteristics, in the deviating structure of the abdomen and the absence of true incubatory plates. The species live parasitically, as does *Dajus mysidis,* on lower organized *Podophthalmata* (Schizopods); but, while the former are invariably found enclosed within the incubatory cavity of Mysidians, the species belonging to the genus treated of here live freely attached to the dorsal side of the animal on which they subsist (hence the generic designation).

Exclusive of the form described more particularly below, I have taken off our coasts 2 other distinct species.

hvoraf den ene *(N. pellatus)* lever fastheftet til Forkroppen hos Arter af Slægten *Erythrops*, medens den anden *(N. ovatus)* findes fasthcftet til Rygsiden af 3die Bagkropssegment hos en anden Mysideform, nemlig *Amblyops abbreviata*, G. O. Sars.

one of which *(N. pellatus)* is found affixed to the cephalothorax in species of the genus *Erythrops*, the other *(N. ovatus)* occurring attached to the dorsal side of the 3rd abdominal segment in another Mysidian, viz. *Amblyops abbreviata*, G. O. Sars.

30. Notophryxus clypeatus, G. O. Sars, n. sp.

(Pl. XI. Fig. 30—33.)

Leptophryxus clypeatus, G. O. Sars. Crustacea et Pycnogonida nova etc., No. 11.

Artscharacteristik. Hunnens Legeme af aflang oval Form, bredest paa Midten, med Hovedet stærkt fremspringende, koniskt tillobende og i Enden afstumpet. Fire tydeligt markerede Tværsuturer i Midten af Rygfladen. Bagkroppen skjoldformig, dannende en bred halvcirkelformig Plade. Hannen fæstet under Haleskjoldet. Farven blegt gulfarvet. Længden af Hunnen 5ᵐᵐ. Parasit paa *Pseudomma roseum*.

Findested. Stat. 31.

Bemærkninger. Ved den stærkt udviklede skjoldformige Haleplade og det fortil koniskt tillobende Legeme er denne Art let kjendelig fra de 2 ovrige Arter af Slægten, med hvilke den forøvrigt i alle væsentlige Charaterer stemmer noie overens.

Beskrivelse af Hunnen. Legemet er (se Pl. XI. Fig. 30 og 31), i Modsætning til de fleste ovrige *Epicarider*, fuldkommen symetriskt, noget nedtrykt og af aflang oval eller næsten tøndumet Form, med den storste Brede, der falder over Midten, noget storre end den halve Længde. Fortil afsmalnes Legemet ganske jevnt og ender med en noget fremspringende, i Enden afstumpet eller svagt indbugtet Pandedel, uden at forovrigt nogen tydelig Grændse mellem Hoved og Forkrop er antydet.

Rygsiden er i Midten noget hvælvet og viser her 4 tydeligt markerede Tværsuturer, der antyder Begrændsningen af ligemauge Forkropssegmenter. Disse Segmenter er til Siderne ved tydelige Linier begrændsede fra de laterale Dele af Legemet, der ligesom de ventrale ingensomhelst Segmentering frembyder, men tilsammen planner en tyndhudet voluminos Beholder, hvori de overordentlig talrige smaa Æg er indsluttede. Denne Beholder eller Marsupium, der indtager Storsteparten af Legemets Ventralside og ogsaa, som allerede bemærket, delvis rager frem til hver Side af Forkroppen, er nedentil i Midten noget afladet eller endog svagt indhulet. Den sammensættes ikke af nogen

Den norske Nordhavsexpedition. G. O. Sars: Crustacea.

30. Notophryxus clypeatus, G. O. Sars, n. sp.

(Pl. XI. figs. 30—33).

Leptophryxus clypeatus, G. O. Sars. Crustacea et Pycnogonida nova etc., No. 11.

Specific Character. — Body of female oblongo-oval, broadest in the middle, with head greatly projecting, conically extended, and obtuse at the extremity. Four distinctly marked transverse sutures in the middle of the dorsal face. Abdomen scutiform, constituting a broad, semicircular plate. Male affixed under the caudal shield. Colour paleyellowish. Length of female 5ᵐᵐ. Parasitical on *Pseudomma roseum*.

Locality. — Stat. 31.

Remarks. — By the greatly developed caudal plate and the body conically protending throughout the anterior part, this species is easily distinguished from the 2 other forms of the genus, with which, as regards all essential characters, it otherwise exhibits close agreement.

Description of the Female. — The body (see Pl. XI. figs. 30, 31), contrary to what is the case with most other *Epicarida*, perfectly symmetrical, somewhat depressed, and oblongo-oval in form, or almost fusiform, with the greatest breadth occurring across the middle, slightly exceeding half the length. Uniformly tapering throughout its anterior part, the body terminates in a somewhat projecting frontal part, obtuse or faintly incurved at the extremity, without however, for the rest, exhibiting any well-defined boundary between the head and the part succeeding it.

The dorsal face is somewhat arcuate across the middle, with 4 distinctly marked transverse sutures, that indicate the limits of as many segments. These segments are bounded at the sides, by distinct lines, from the lateral parts of the body, which, like the ventral, exhibit no segmentation whatever, but form conjointly a thin-skinned capacious receptacle, in which the remarkably numerous minute ova be enclosed. This receptacle, or marsupium, which occupies the greater part of the ventral side of the body, and, as previously stated, projects partially forward on either side of the body, is somewhat applanated below in the middle, or even slightly hollowed. It is not composed of distinctly

18

tydeligt udviklede Æggeplader saaledes som hos de fleste øvrige Epicarider; men synes alene at begrændses af Kroppens Hud, som her er tyndere og mere gjennemsigtig.

Bagkroppen er af et meget eiendommeligt og fra de øvrige *Bopyrider* forskjelligt Udseende. Den dannes kun af et enkelt Segment, der har Formen af en meget stor og bred, med en halvcirkelformig boiet Rand endende skjoldformig Plade, der rager frem bagtil og delvis hvælver sig over Enden af .Æggeposen.

Dyrets Lemmer er som hos andre *Epicarider* af et meget ufuldkomment Udseende og viser kun en hoist utydelig Segmentering. De er alle sammentrængte paa et forholdsvis meget lidet Rum under den forreste Del af Legemet, hvor de tilsammen danner et lidet næsten firkantet, i Midten noget fordybet Felt, der fortil begrændses af en temmelig stor halvmaaneformig Pandeplade (se Fig. 31 og 32). Tydningen af disse Lemmer er ikke vanskelig.

Fortil bemærkes i Midtlinien 2 brede, indad sammenstødende Plader af triangulær Form, med det ydre Hjørne noget udtrukket og fremspringende. Dette er aabenbart 1ste Par Folere.

Til Siderne af disse ligger et Par andre noget forskjelligt formede Lemmer, der forestiller 2det Par Folere. De er stærkt Sformigt bugtede og udtrukne i en konisk, frit fremragende og udadrettet Spids, paa hvilken det forekom mig der sad et Par rudimentære Børster.

Bagenfor Folerne og indtagende Midten af den ovenomtalte Area ligger en aflang trekantet Forhøining, der synes at forestille de til et Slags Sugeapparat omformede Munddele, hvis nøiere Bygning dog ikke nærmere kunde undersøges.

Til hver Side af denne Mundaren sees 5 rundagtige Forhoininger, hvoraf dog den forreste ikke er tydelig sondret fra Pandepladen. Til disse Forhøininger er fæstet 5 Par temmelig ufuldstændigt udviklede Klamrefødder. Disse er alle af ens Udseende, ganske korte og rettede skraat indad mod Mundregionen, med den noget udvidede og med en hageformig Klo bevæbnede Ende noget tilbagebøiet og fremspringende nedad.

Af andre Lemmer end de ovennævnte findes intet Spor, idet saavel de 2 sidste Forkropssegmenter som Bagkroppen ganske mangler saadanne.

Hannen (Fig. 33), der fandtes fastklamret til Hunnens Bugside inducder Basis af Halepladen (se Fig. 31), er meget liden og af et lignende Udseende som Hannen af Phryxusarterne. Legemet er temmelig smalt og tydeligt segmenteret, med dybe Indsnøringer mellem Segmenterne. Det afrladede, næsten halvcirkelformige Hoved bærer paa sin Underside 2 Par Folere, hvoraf det 2det [Par er længst og traadformigt, samt et kort Sugerør. De 7 Forkropssegmenter er alle af ens Størrelse og Udseende, og hvert forsynet med et Par Klamrefødder af samme Beskaffenhed som hos Hunnen. Bagkroppen dannes af et enkelt tem-

developed incubatory plates, as in most of the other *Epicaridæ*, but would appear to be exclusively bounded by the skin of the body, which, throughout this part, is thinner and more translucent.

The posterior division of the body exhibits a most peculiar appearance, differing widely from that observed in all other *Bopyridæ*. It consists of but one segment, that has the shape of a large and broad scutiform plate, jutting out posteriorly and in part arching over the extremity of the incubatory pouch.

The appendages of the animal exhibit, as in other *Epicaridæ*, a very rudimentary appearance, their segmentation being exceedingly indistinct. They are all crowded together over a relatively very limited space, beneath the foremost part of the body, forming there conjointly a small, well-nigh quadrangular, and in the middle somewhat depressed area, bounded anteriorly by a rather large, crescent-shaped frontal plate (see figs. 31, 32). The explication of these appendages is not difficult.

Anteriorly, on the medial line, are observed 2 broad plates, of triangular form, meeting together inwards, with the outer angle somewhat produced and projecting. These are evidently the 1st pair of antennæ.

On either side of the plates, occur a pair of somewhat differently formed appendages, representing the 2nd pair of antennæ. These are prominently flexuous, in the shape of the letter S, and produced to a conical, freely projecting, and outward-directed point, on which could be discerned a couple of rudimentary bristles.

Posterior to the antennæ, and occupying the middle of the forementioned area, is seen an oblong, triangular prominence, representing, it would seem, the oral appendices transformed into a kind of suction-apparatus, the structure of which could not however be closely examined.

On either side of this buccal area, occur 5 roundish prominences, of which, however, the foremost is not distinctly separated from the frontal plate. To these prominences are attached 5 pairs of rather incompletely developed clasping legs. These are all of a uniform appearance, quite short, and directed obliquely inward, towards the oral region, and have the somewhat dilated extremity armed with a hook-shaped claw, bent slightly back, and projecting downward.

Of other appendages, apart from those specified above, no trace can be detected, both the last 2 segments and the posterior division of the body having none whatever.

The *Male* (Fig. 33), found clasped to the ventral side of the female, beneath the base of the caudal plate (see fig. 31), is exceedingly small, and similar in appearance to the male in the *Phryxus* species. The body comparatively slender and distinctly segmented, with deep instrictions between the segments. The bevelled, almost semicircular head bears on its under surface 2 pairs of antennæ, of which the 2nd pair is the longer, and filiform, together with a short suction-tube. The 7 segments belonging to the anterior division are all of them uniform in size and appearance, and each furnished with a pair of

melig stort.[*] i Enden noget skraat afkuttet Segment uden Spor af Vedhæng.

Farven er saavel hos Hunnen som Hannen blegt gulagtig; de i Hunnens Æggesæk indeholdte Æg hvidagtige med et svagt rosenfarvet Skjær.

Længden af Hunnen er 5ᵐᵐ; af Hannen neppe mere end 1ᵐᵐ.

Forekomst og Udbredning. Et enkelt Exemplar af denne distincte Art, tilligemed den tilhørende Han, blev under Expeditionens 1ste Togt taget i Havet udenfor Storæggen (Stat. 31) fra et Dyb af 417 Favne. Exemplaret fandtes fasthæftet til Rygsiden af Forkroppen hos et usædvanlig stort Individ af *Pseudouma roseum*.

Om Artens Udbredning kan selvfølgelig intet med Bestemthed anføres. Da imidlertid den ovennævnte Station tilhører den kolde Area, er det rimeligt, at den er en arktisk Form.

clasping legs, of the same character as in the female. The posterior division of the body consists of a single, rather large segment, somewhat obliquely truncate at the extremity, without a trace of appendages.

Colour, alike in the female and the male, a pale yellow; the eggs in the incubatory cavity of the female whitish, with a faint rosy tinge.

Length of female 5ᵐᵐ; of male scarcely more than 1ᵐᵐ.

Occurrence and Distribution. — A single specimen of this distinct species, together with the male, was brought up, on the first cruise of the Expedition, in the open sea, off the Storeggen bank (Stat. 31), from a depth of 417 fathoms. This specimen was found attached to the dorsal side of the anterior division of the body of an remarkably large example of *Pseudouma roseum*.

Respecting the distribution of the species, nothing can of course be stated with certainty. Meanwhile, as the Station at which the animal was taken lies in the cold area, it is most probably an Arctic form.

Amphipoda.

Tribus 1. *Gammarina.*

Fam. 1. **Lysianassidæ.**

Gen. 1. **Socarnes,**[1] Boeck, 1870.

Crustacea amphipoda borealia et arctica.

31. Socarnes bidenticulatus, (Sp. Bate).

(Pl. XII. Fig. 1.)

Lysianassa bidentirulata, Sp. Bate. Ann. & Mag. Nat. Hist. Ser. 3. T. 1. pg. 362.

Lysianassa magna, Sp. Bate, Cat. Amphip. Brit. Mus.. pg. 65. Pl. X, fig. 3. (non Phipps).

Lysianassa Vahlii, Goës, Crust. amphip. Spitsb. No. 2 (ex parte).

Anonyx bidentidatus, Miers. Spitsb. Crust. Ann. & Mag. Nat. Hist. 1877. pg. 131.

Artscharacteristik. Legemet nalmindelig høit og noget opsvulmet, med de forreste Epimerer over dobbelt saa høie som selve Kroppen. Hovedets Sidevinkler tilspid-

Jeg følger her foreløbig den af Boeck foreslaaede Slægtsindeling, skjøndt jeg er af den Mening, at man ved en nøiere Revision af Familien vil finde det nødvendigt at reducere noget Slægternes Antal.

Amphipoda.

Tribus 1. *Gammarina.*

Fam. 1. **Lysianassidæ.**

Gen. 1. **Socarnes,**[1] Boeck, 1870.

Crustacea amphipoda borealia et arctica.

31. Socarnes bidenticulatus, (Sp. Bate).

(Pl. XII, fig. 1.)

Lysianassa bidenticulata, Sp. Bate. Ann. & Mag. Nat. Hist., Ser. 3. Vol. 1. p. 362.

Lysianassa magna, Sp. Bate, Cat. Amphip. Brit. Mus. p. 65, Pl. X. fig. 3 (non Phipps).

Lysianassa Vahlii, Goës, Crust. amphip.' Spitsb. No. 2 (ex parte).

Anonyx bidentidatus, Miers. Spitsb. Crust. Ann. & Mag. Nat. Hist., 1877, p. 131.

Specific Character. — Body remarkably high and somewhat swollen, with anterior epimera more than double the height of body. Lateral angles of head acute, projecting

[1] I retain for the present the generic subdivision proposed by Boeck, though, in my judgment, a closer revision of the family will show the need of slightly reducing the number of genera.

18*

sede, men lidet fremspringende. 3die Bagkropssegments Sideplader bagtil gaaende ud i 2 triangulære ved en Udrandning skilte Fortsatser, den overste størst. Øinene smalt nyreformige, eller næsten lineære, sortbrune. 1ste Par Følere med kort og tykt Skaft, Bisvøben forhenget, bestaaende af 9 Led. De 3 bagre Fodpar forholdsvis korte og robuste med bredt, næsten cirkelformigt Hofteled. Sidste Par Halefødder forholdsvis korte, neppe overragende det foregaaende Par. Halevedhænget kløvet til Midten. Længden indtil 36ᵐᵐ.

Lengden indtil 36^mm.

Findested. Station 366.

Bemærkninger. Denne Form staar vistnok meget nær Kröyers *Anonyx Vahlii*, hvortil Goës henfører den, men er dog utvivlsomt artsforskjellig. Foruden ved sin langt betydeligere Størrelse og mere undersætsige Kropsform, kjendes den meget let i alle Aldre ved den eiendommelige Form af 3die Bagkropssegments Sideplader, der ikke som hos hin Art danner bagtil en jevnt tilrundet Udbugtning, men gaar ud i 2 spidse Takker, hvorfra ogsaa den af Sp. Bate foreslaaede Artsbenævnelse er hentet.

Beskrivelse af Hunnen. Legemet er (se Pl. XII, Fig. 1) i Sammenligning med den anden Art af temmelig plump Form, med jevnt hvælvet Rygflade og nalmindelig høie Epimerer.

Hovedet er forholdsvis lidet, betydelig kortere end 1ste Forkropssegment og har Sidevinklerne tilspidsede, skjøndt ikke meget fremspringende. En stor Del af dets Sider tilligemed samtlige Munddele dækkes fuldstændigt af 1ste Par Epimerer.

Af Forkropssegmenterne er det 1ste noget længere end de nærmest følgende; de 2 sidste er atter noget kortere end det foregaaende. De 4 forreste Par Epimerer er over dobbelt saa høie som selve Kroppen og synes forholdsvis smale, idet de gjensidigt for en stor Del dækker hinanden. Det sidste af dem er som sædvanlig bagtil stærkt udrundet, for at kunne optage det følgende Par, og er nedenfor Udrandningen uddraget i et skarpt Hjørne. 5te Par Epimerer er af uregelmæssig firkantet Form og noget høiere end bredt; de 2 følgende betydelig mindre.

De 3 forreste Bagkropssegmenter har Sidepladerne brede og dybe. Paa 3die Segment danner de bagtil 2 skarpe Hjørner, hvoraf det nedre forestiller det egentlige Sidehjørne, medens det øvre betydelig stærkere fremspringende danner en sæeregen triangulær Fortsats. Imellem begge er der en jevn Udrandning. De følgende Bagkropssegmenter er oventil jevnt hvælvede, uden Fortsatser eller Knuder.

however but slightly. Lateral plates of 3rd abdominal segment jutting out posteriorly in the form of 2 triangular projections, separated by a distinct emargination, the upper one the larger. Eyes narrow, reniform, or well-nigh linear, dark-brown in colour. First pair of antennæ with short and thick peduncle; secondary flagellum elongate, consisting of 9 articulations. The 3 posterior pairs of legs short and robust, with basal joint broad, almost circular. Last pair of caudal stylets comparatively short, projecting but very little, if at all, over the preceding pair. Telson cleft to the middle. Length reaching 36ᵐᵐ.

Locality. — Stat. 366.

Remarks. — This form does indeed approximate very closely Kröyer's *Anonyx Vahlii*, to which Goës has referred it, but is nevertheless without a doubt specifically distinct. Let alone its far greater size and more thickset body, the species may be easily recognized, in all stages of development, by the peculiar form distinguishing the lateral plates of the 3rd abdominal segment, which do not, as in the forementioned species, exhibit behind an evenly rounded curve, but jut forth as 2 acute teeth, a character indeed from which the specific appellation suggested by Sp. Bate is taken.

Description of the Female. — The body (see Pl. XII, fig. 1), as compared with that in the other species, rather clumsy in form, with a equably arched dorsal surface and remarkably deep epimera.

The head comparatively small, much shorter than the 1st thoracic segment, and with the lateral angles pointed, though not to any great extent projecting. A very considerable portion of the sides, as also the oral appendages, are entirely covered by the 1st pair of epimera.

Of the thoracic segments, the 1st is somewhat longer than those immediately succeeding it; the last 2 being also a trifle shorter than the preceding. The 4 anterior pairs of epimera are upwards of double the height attained by the body itself, and apparently slender, covering one another, as they do, to a great extent. The last of these pairs are as usual very considerably emarginate posteriorly, to serve for the reception of the succeeding pair, appearing produced below, as an acute angle. The 5th pair of epimera have an irregular, quadrate form, their height slightly exceeding their breadth; the 2 succeeding pairs are considerably smaller.

The 3 anterior abdominal segments have the lateral plates broad and deep. On the 3rd segment, they constitute posteriorly 2 sharp corners, of which the lower represents the true lateral corner, whereas the upper, jutting forth much more prominently, constitutes a characteristic triangular projection. Between the two occurs a uniform emargination. The succeeding abdominal segments are equably arched above, without either projection or protuberance.

Øinene er meget smalt nyreformige eller næsten lineære og strækker sig lodret ned over Siderne af Hovedet i kort Afstand fra den forreste Rand. Deres Pigment er af en dyb sortebrun Farve.

1ste Par Følere er omtrent af samme Længde som Hovedet og 1ste Forkropssegment tilsammen. Skaftet er kort og tykt, med 1ste Led meget stort, de 2 følgende særdeles korte. Svøben er næsten dobbelt saa lang som Skaftet og sammensat af cirka 18 Led, hvoraf det 1ste er størst, men neppe længere end de 2 følgende tilsammen. Bisvøben er stærkt forlænget, mere end halvt saa lang som selve Svøben og sammensat af 9 Led.

2det Par Følere er neppe længere end 1ste Par, men meget tyndere, med Svøben bestaaende af 17 Led.

Foddernes Bygning synes i alt væsentligt at stemme overens med samme hos S. Vahlii; dog er de 3 bagerste Par forholdsvis noget mere robuste, med særdeles bredt, næsten cirkelformigt Hofteled.

De bagerste Par Halefødder rækker neppe udover det foregaaende Par og har Grenene kort lancetformige, uden tydelige Børster.

Halevedhænget er trianguleret og kløvet lige til Midten.

Farven hos det levende Dyr blev ikke nøiere noteret. Hos den nærstaaende S. Vahlii er den meget vakker og iøinefaldende.

Længden af det største af de indsamlede Exemplarer er 36⁗, og den hører saaledes til de største bekjendte Amphipoder.

Forekomst og Udbredning. 2 Exemplarer af denne characteristiske Art erholdtes under Expeditionens sidste Togt i den af iskoldt Vand opfyldte Magdalenabay ved Nordvestpynten af Spitsbergen fra et Dyb af 40—60 Favne.

Arten er tidligere observeret foruden ved Spitsbergen ogsaa ved Grønland, hvorimod den endnu ikke er antruffen ved vore Kyster, hvor derimod den næden Art S. Vahlii ikke er sjelden. Den er derfor uden Tvivl at betragte som en ægte arktisk eller hoinordisk Form.

The eyes are very narrow, reniform, or well-nigh linear, extending perpendicularly down the sides of the head, at a short distance from the anterior margin. Their pigment is of a deep dark-brown.

The 1st pair of antennae about equal in length the head and the 1st thoracic segment taken together. The peduncle is short and thick, with the 1st joint very large, the 2 succeeding joints extremely short. The flagellum is almost twice as long as the peduncle, and composed of 18 articulations, or thereabouts, of which the first is the largest, but hardly exceeds in length the 2 succeeding ones, taken together. The secondary flagellum is greatly produced, more than half as long as the flagellum itself, and consists of 9 articulations.

The 2nd pair of antennae are scarcely at all longer than the 1st pair, but much more slender, with the flagellum composed of 17 articulations.

The structure of the legs would appear in all essential characteristics to agree with that in S. Vahlii; the 3 posterior pairs, however, are somewhat stouter, with the basal joint exceedingly broad, almost circular.

The posterior pair of caudal stylets scarcely reach beyond the preceding pair, and have their branches short-lanceolate, without distinctly developed bristles.

The telson is triangular, and cleft to the middle.

The colour of the living animal was not closely observed. In the approximating species, S. Vahlii, it is very beautiful and conspicuous.

Length of the largest specimen obtained 36⁗; hence this form ranks among the largest known Amphipods.

Occurrence and Distribution. — Two individuals of this characteristic species were obtained, on the last cruise of the Expedition, in Magdalena Bay, an arm of the sea filled with ice-cold water, at the north-western extremity of Spitzbergen, from a depth of 40—60 fathoms.

The species had been previously observed, exclusive of Spitzbergen, off the shores of Greenland, whereas it is not yet known to have been met with at any point on the Norwegian coast, a region in which the allied species S. Vahlii, is by no means rare. Hence the animal must unquestionably be regarded as a true Arctic form.

142

Gen. 2. **Hippomedon,** Boeck, 1870.

Crust. amphip. bor. et arctica.

32. Hippomedon Holbölli, (Krøyer) var.

(Pl. XII. Fig. 2).

Hippomedon abyssi, G. O. Sars. Prodromus descriptionis Crust. etc., No. 94 (non Goës).

Bemærkninger. Ved nøiere Undersøgelse har jeg fundet, at denne Form ikke som jeg før troede er Goës's *Lysianassa abyssi,* men kun en eiendommelig Dybvands-varietet af Krøyer's Art. Den skiller sig fra den sædvanlige ved vore Kyster forekommende Form ved betydeligere Størrelse, noget mindre fortykket Skalt paa 1ste Par Følere og ved den fuldstændige Mangel af Øine. Hos den paa grundt Vand forekommende Form er disse paa friske Exemplarer meget tydelige og af en smuk carmosinrød Farve, men viser sig dog ved nærmere Undersøgelse ogsaa her af en ufuldkommen Bygning, idet Lindser eller andre lysbrydende Medier ganske mangler, hvorfor de ogsaa i Regelen ganske forsvinder paa Spiritusexemplarer. Hos den her omhandlede Dybvandsform var derimod ogsaa hos de friskt indfangede Exemplarer ethvert Spor af Øiepigment borte, og hele Dyret af en ensformig hvidagtig Farve.

Forekomst. Vi har taget denne eiendommelige Varietet paa 4 forskjellige Stationer (St. 40, 124, 200, 248), alle tilhørende den kolde Area; Dybden fra 350 til 1215 Favne.

Gen. 2. **Hippomedon,** Boeck, 1870.

Crust. amphip. bor. et arctica.

32. Hippomedon Holbölli, (Krøyer) var.

(Pl. XII. fig. 2).

Hippomedon abyssi, G. O. Sars, Prodromus descriptionis Crust., etc., No. 94 (non Goës).

Remarks. — A closer examination has convinced me that the present form is not, as I formerly opined, Goës's *Lysianassa abyssi,* but simply a peculiar deep-sea variety of Krøyer's species. It differs from the form usually occurring off the Norwegian coast by its much larger size, the less inspissated peduncle on the 1st pair of antennæ, and by the total want of eyes. The form inhabiting shallow water has the latter organs, in fresh specimens, exceedingly distinct and of a beautiful crimson colour, but on closer examination, they exhibit, in this form too, an incomplete structure, since no trace exists either of lenses or other refracting media; and hence, as a rule, they entirely disappear in spirit-specimens. In the deep-sea form treated of here, not a trace of ocular pigment could, on the other hand, be detected; the animal was everywhere uniform whitish.

Occurrence. — We took this characteristic variety at as many as 4 different Stations (Stats. 40, 124, 200, 248), all in the cold area; depth ranging from 350 to 1215 fathoms.

Gen. 3. **Anonyx,** Krøyer, 1883.

Grønlands Amphipoder.

33. Anonyx calcaratus, G. O. Sars, n. sp.

(Pl. XII. Fig. 3, 3 a—w).

Anonyx (Hippomedon) calcaratus, G. O. Sars, Crust. & Pycnogonida nova etc., No. 16.

Artscharakteristik. Legemet sammentrykt fra Siderne med temmelig høie Epimerer. Hovedets Sidevinkler stærkt uddragne og tilspidsede. 3die Bagkropssegments Sideplader bagtil udtrukne i en usædvanlig lang og spids skraat opadrettet dolkformig Fortsats. Ingen tydelige Øine. Følerne af ens Længde; 1ste Par med Skaftets 1ste Led temmelig forlænget. Svøben neppe længere end Skaftet, Bisvøben liden, 3-leddet. 1ste Fodpar med sidste Led ufuldstændigt subcheliformt, afsmalnende mod Enden og længere end det

Gen. 3. **Anonyx,** Krøyer, 1883.

Grønlands Amphipoder.

33. Anonyx calcaratus, G. O. Sars, n. sp.

(Pl. XII. fig. 3, 3 a—w).

Anonyx (Hippomedon) calcaratus, G. O. Sars, Crust. & Pycnogonida nova etc., No. 16.

Specific Character. — Body compressed at the sides, with rather deep epimera. Lateral angles of head greatly produced, and pointed. Lateral plates of 3rd abdominal segment jutting out behind as a remarkably long and acute dagger-shaped projection, directed obliquely upward. No distinct eyes. Antennæ uniform in length. First pair with 1st joint of peduncle rather elongate, flagellum scarcely at all longer than peduncle. Secondary flagellum small, tri-articulate. First pair of legs with last joint imperfectly

foregaaende. Endeklœen paa 3die og 4de Par usædvanlig tyk, dolkformig, næsten lige. Sidste Fodpar med Hofteleddet bredt, pladeformigt og i det nedre bagre Hjørne uddraget til en skarp bagudrettet Fortsats. Halevedhænget dobbelt saa langt som bredt og næsten lige til Roden spaltet. Farven hvidagtig. Længden 8ᵐᵐ.

Findesteder. Stat. 240, 303, 312.

Bemærkninger. Paa Grund af en vis habituel Lighed var jeg i Begyndelsen tilbøidig til at henføre denne Art til Boeck's Slægt *Hippomedon*, men finder det nu rigtigere at rangere den under Slægten *Anonyx* i den Begrændsning, hvori denne Slægt af Boeck tages. Af de tidligere bekjendte *Anonyx*-Arter kommer den utvivlsomt nærmest *A. pumilus* Lilljeborg, men kjendes let ved de betydelig stærkere uddragne bagre Sidehjørner paa 3die Bagkropssegment samt ved den eiendommelige sporeformige Fortsats paa sidste Fodpars Hofteled, hvilken sidste Character har givet Anledning til Artsbenævnelsen. I 1ste Fodpars ufuldkommen subcheliforme Bygning skiller den sig fra alle øvrige Arter af Slægten og stemmer i denne Henseende mere overens med Slægterne *Lysianassa* og *Socarnes*.

Beskrivelse af Hunnen. Legemet er (se Pl. XII. Fig. 3) af mindre undersætsig Form og temmelig stærkt sammentrykt fra Siderne, med temmelig høie Epimerer.

Hovedet er kjendeligt længere end 1ste Forkropssegment og viser sig i Midten mellem Roden af 1ste Par Følere noget fremspringende. Sidehjørnerne er udtrukne i en skarp fortilrettet Spids.

De 4 forreste Par Epimerer er temmelig smale og dobbelt saa høie som selve Kroppen. Det 4de er bagtil noget udrundet og nedenfor Udrundningen afstumpet. 5te Par er noget bredere end høit og af uregelmæssig afrundet Form.

3die Bagkropssegment har Sidepladerne bagtil udtrukne i en usædvanlig stor dolkformig Fortsats, der er noget skraat opadrettet og rager op over Rygsiden af det bagerste Parti, naar dette er indbøiet. De 3 sidste Bagkropssegmenter er forholdsvis korte og oventil jevnt hvælvede uden knudeformige Fremspring.

Egentlige Øine fattes. Men indenfor Hovedets Sider bemærkedes hos de friskt indfangede Individer et diffust hvidgult Pigment, der vel er at betragte som et Slags Øiepigment, skjøndt dets Fordeling var temmelig uregelmæssig.

1ste Par Følere (Fig. 3 a) er omtrent saa lange som Hovedet og de 2 forreste Forkropssegmenter tilsammen. Skaftet er temmelig tykt, dog med 1ste Led forholdsvis mere forlænget end hos de øvrige *Anonyx*-Arter. Svøben er neppe længere end Skaftet og bestaar af 9 Led, hvoraf det 1ste som sædvanlig er størst og omtrent ligt de 2 føl-

---

subcheliform, tapering towards the extremity, and longer than the preceding. Terminal claw on 3rd and 4th pairs unusually thick, dagger-shaped, almost straight. Last pair of legs with basal joint broad, lamelliform, and at the lower, posterior corner jutting out as a sharp, backward directed projection. Telson twice as long as broad, and cleft almost to the base. Colour whitish. Length 8ᵐᵐ.

Locality. — Stats. 240, 303, 312.

Remarks. — Misled by a certain habitual likeness, I was at first disposed to refer this species to Boeck's genus *Hippomedon*, but now see fit to establish it under the genus *Anonyx*, in the restricted sense that genus is taken by Boeck. Of the previously known *Anonyx* species, it unquestionably approximates closest *A. pumilus* Lilljeborg, but is easily recognized by the much more produced posterior lateral corners on the 3rd abdominal segment, as also the peculiar spur-like projection on the basal joint of the last pair of legs, a character that suggested the specific designation. In the imperfect subcheliform structure of the 1st pair of legs, it differs from all other known species of the genus, agreeing in this respect rather with the genera *Lysianassa* and *Socarnes*.

Description of the Female. — The body (see Pl. XII. fig. 3) less thickset in form and a good deal compressed from the sides, with rather deep epimera.

The head is appreciably longer than the 1st thoracic segment, somewhat projected in the middle between the bases of the 1st pair of antennae. The lateral corners produced to a sharp, anteriorly directed point.

The 4 anterior pairs of epimera are rather slender, and twice as high as the body itself. The 4th pair are somewhat emarginate posteriorly, and, below the emargination, obtuse. The 5th pair are somewhat broader than high, and irregularly rounded in form.

The 3rd abdominal segment has the lateral plates drawn out posteriorly as an unusually large, dagger-shaped projection, directed somewhat obliquely upward and extending over the dorsal face of the posterior part, when the latter is bent in. The 3 last abdominal segments are comparatively short, and uniformly arched above, without tuberculiform projections.

Eyes, in a strict sense, entirely wanting. A little within the sides of the head, is observed however in recently taken individuals a diffuse, whitish-yellow pigmentary substance, that must, one would imagine, be regarded, as a kind of ocular pigment, though its distribution was by no means uniform.

The 1st pair of antennae (fig. 3 a) are about as long as the head and the 2 anterior thoracic segments taken together. The peduncle is rather thick, though with the 1st joint relatively more elongate than in any of the other *Anonyx* species. The flagellum is scarcely at all longer than the peduncle, and consists of 9 articulations,

144

gende tilsammen. Bugsroben er forholdsvis liden og bestaar kun af 3 Led.

2det Par Folere (Fig. 3 b) er omtrent af samme Længde som 1ste Par og har Skaftets nestsidste Led længst. Svøben er neppe længere end paa 1ste Par og bestaar omtrent af det samme Antal Led.

Munddelene dækkes ikke ganske til Siderne af 1ste Par Epimerer, men rager for en Del frit frem nedenfor samme (se Fig. 3). I deres Bygning er der kun liden Forskjel at bemærke fra de 2 længere nedenfor beskrevne Arter.

Kindbakkerne (Fig. 3 c) har Tyggeknuden vel udviklet og temmelig stærkt fremspringende. Palpen er fæstet i Høide med denne og er temmelig stor, med sidste Led noget udvidet paa Midten og tæt børstebesat.

1ste Par Kjæver (Fig. 3 d) har den midterste Gren (den egentlige Tyggelap) kraftigt udviklet og bevæbnet med stærke Torner. Den indre Lap er derimod ganske liden og ved Spidsen forsynet med 2 cilierede Børster. Palpen overrager kun lidet den midterste Lap og er paa Enden af det sammentrykte sidste Led forsynet med en Rad af korte Torner.

2det Par Kjæver (Fig. 3 e) bestaar som sædvanligt af 2 fra en fælles Basaldel udgaaende Lapper, hvoraf den indre er noget mindre end den ydre, begge tæt børstebesatte.

Kjævefødderne (Fig. 3 f) viser den sædvanlige Bygning. Den ydre Tyggelap er temmelig stor, af skjævt oval Form og ved det indre Hjørne forsynet med en Del Torner. Palpens sidste Led er meget smalt, lineært og kun sparsomt børstebesat. Endekloen forholdsvis svag.

1ste Fodpar (Fig. 3 g) er temmelig undersætsigt bygget og ufuldkomment subcheliformt ligesom hos Arterne af Slægterne Lysianassa og Socarnes. Sidste Led eller Haanden er omtrent saa langt som de 2 foregaaende Led tilsammen og afsmalner jevnt mod Enden uden at vise nogen tydeligt begrændset Griberand.

2det Fodpar (Fig. 3 h) viser den tor Familien charakteristiske spinkle Bygning og bar de 3 ydre Led tæt haarede og Endekloen rudimentær.

De 2 følgende Fodpar (Fig. 3 i) udmærker sig især ved den usædvanlige Form af Endekloen. Denne er temmelig tyk, dolkformig og neppe mærkeligt krummet.

De 3 bagre Fodpar (se Fig. 3) har som sædvanligt Hofteleddet pladeformigt udvidet, af oval Form og i den bagre Rand utydeligt saugtakket. Sidste Par (Fig. 3 k) udmærker sig dog i høi Grad derved, at det nedre bagre Hjørne af dette Led er udtrukket i en skarp dolkformig og skraat bagudrettet Fortsats, ligesom en Spore.

the 1st being, as usual, largest, and about equal in length to the 2 succeeding ones, taken together. The secondary flagellum is comparatively small, and consists of only 3 articulations.

The 2nd pair of antennæ (fig. 36) are about of the same length as the 1st pair, and have the penultimate joint of the peduncle longest. The flagellum is scarcely at all longer than that on the 1st pair, and consists about of the same number of articulations.

The oral appendages are not quite covered at the sides by the 1st pair of epimera, projecting as they do, in part, freely forward below them (see fig. 3). In structure, they exhibit but little difference from those in the 2 species described below.

The mandibles (fig. 3 c) have the molar protuberance well developed and rather prominently projecting. The palp, attached at the same height as the protuberance, is comparatively large, with the last joint somewhat dilated in the middle and densely beset with bristles.

The 1st pair of maxillæ (fig. 3 d) have the medial branch (the true masticatory lobe) powerfully developed, and armed with strong spines. The inner lobe, on the other hand, is quite small, and furnished at the point with 2 ciliated bristles. The palp projects but little beyond the medial lobe, and is furnished at the extremity of the compressed terminal joint with a row of short spines.

The 2nd pair of maxillæ (fig. 3 e) consist as usual of 2 lobes proceeding from a common basal part, of which the inner is somewhat smaller than the outer — both densely beset with bristles.

The maxillipeds (fig. 3 f) exhibit the usual structure. The outer masticatory lobe is rather large, obliquely oval in form, and at the inner corner armed with a number of spines. The last articulation of the palp is exceedingly slender, linear, and but sparingly beset with bristles — the terminal claw comparatively weak.

The 1st pair of legs (fig. 3 g) are rather thickset in structure, and imperfectly subcheliform, as in the species of the genera Lysianassa and Socarnes. The terminal articulation, or hand, is about as long as the 2 preceding articulations taken together, and tapers gradually towards the end, without exhibiting any distinctly defined palm.

The 2nd pair of legs (fig. 3 h) exhibit the slim, fragile structure characteristic of the family; they have the outer 3 articulations thickly covered with hair and the terminal claw rudimentary.

The 2 succeeding pairs of legs (fig. 3 i) are distinguished more especially by the unusual form of the terminal claw, which is rather thick, dagger-shaped, and well-nigh imperceptibly curved.

The 3 posterior pairs of legs (see fig. 3) have, as usual, the basal joint lamelliform-dilated, oval in structure, and, along the posterior margin, indistinctly serrate. The last pair (fig. 3 k) are highly characterized by the lower posterior corner of the said joint being drawn out as a sharp, dagger-shaped projection, or, as it were, spur, directed obliquely backward.

Sidste Par Halefødder (Fig. 3 *l*) rager med Spidsen noget udover det foregaaende Par. Begge Grene er dolkformige og nøgne, den ydre noget kongere end den indre og forsynet med en stærk Endetorn.

Halevedhænget (Fig. 3 *m*) er omtrent dobbelt saa langt som bredt, afsmalnende mod Enden og kløvet næsten lige til Roden.

Farven var hos de friskt indfangede Exemplarer hvidagtig uden nogen bemærkelig Pigmentering.

Længden overskrider neppe 8ᵐᵐ.

Forekomst og Udbredning. Enkelte Exemplarer af denne eiendommelige Art er taget paa 3 forskjellige Stationer, hvoraf den ene (Stat. 240) er beliggende omtrent midt imellem Island og Jan Mayen, de øvrige 2 (St. 303 og 312) i Havet Nord og Vest af Beeren Eiland. Dybden fra 658 til 1200 Favne.

Da alle disse 3 Stationer tilhører den kolde Area, er Arten utvivlsomt at betragte som en arktisk Form.

The last pair of caudal stylets (fig. 3 *l*) project with the point a little beyond the preceding pair. Both branches dagger-shaped and naked, the outer somewhat longer than the inner, and armed with a strong terminal spine.

The telson (fig. 3 *m*) is about twice as long as broad, tapering towards the extremity, and cleft well-nigh to the base.

Colour in the recently taken specimens whitish, without a trace of pigment.

Length scarcely exceeding 8ᵐᵐ.

Occurrence and Distribution. — A few specimens of this peculiar species were taken at 3 different Stations, one of which (Stat. 240) lies about midway between Iceland and Jan Mayen, the other 2 (Stats. 303, 312) being in the sea north and west of Beeren Eiland; depth ranging from 658 to 1200 fathoms.

These Stations are in the cold area, and hence the species must unquestionably be regarded as an Arctic form.

---

34. Anonyx typhlops, G. O. Sars. n. sp.

(Pl. XII, Fig. 4, 4 *a—h*).

Anonyx typhlops, G. O. Sars, Crust. & Pycnogonida nova etc., No. 12.

Artscharakteristik. Legemet mindre sammentrykt, med rund Ryg og ikke meget høie Epimerer. Hovedets Sidevinkler tilspidsede. 3die Bagkropssegments Sideplader med det bagre Hjørne adtrukket i en kort tilspidset Fortsats. 4de Bagkropssegment oventil forsynet med en kort Kjøl, skydende ad bagtil i en skarp Spids. Ingen Øine. 1ste Par Følere med kort og tykt Skaft. Svøbens 1ste Led stort, Bisvøben af Svøbens halve Længde, 4-leddet. 2det Par Følere noget længere end 1ste Par. 1ste Fodpar kort og undersetsigt, tydeligt subcheliformt, med Haanden neppe længere end det foregaaende Led. Sidste Fodpar noget kortere end de 2 foregaaende, med Hofteleddet meget stort, ovalt. Halevedhænget smalt triangulært, dybt kløftet. Farven blegt rødlig. Længden 15ᵐᵐ.

Specific Character. — Body less compressed, with back round and not particularly deep epimera. Lateral angles of head acute. Lateral plates of 3rd abdominal segment with posterior corner drawn out to a short acute projection. Fourth abdominal segment furnished above with a short carina, jutting forth posteriorly with a sharp point. No eyes. First pair of antennæ with short and thick peduncle, 1st articulation of flagellum large, secondary flagellum half the length of principal, four-jointed. Second pair of antennæ somewhat longer than 1st. First pair of legs short and thickest, distinctly subcheliform. Last pair of legs somewhat shorter than the 2 preceding pairs, with basal joint exceedingly large, oval. Telson narrow-triangular, deeply cleft. Colour a pale red. Length 15ᵐᵐ.

Findesteder. Stat. 183, 213.

Locality. — Stats. 183, 213.

Bemærkninger. Denne Art er idethele af mere normalt Udseende end foregaaende og tilhører tydeligt nok Slægten *Anonyx*, saaledes som denne af Boeck er characteriseret. Fra de tidligere bekjendte Arter kjendes den ved Hovedets Form, det korte, men skarpt tilspidsede Fremspring, som 3die Bagkropssegments Sideplader danner bagtil, fremdeles ved den i en bagudrettet Spids udgaaende Kjøl paa det følgende Segment, endelig ved den totale Mangel af Øine.

Remarks. — This species presents on the whole a more normal appearance than the preceding, and clearly belongs to the genus *Anonyx* as characterized by Boeck. From the species previously known it is recognized by the form of the head; the short and acutely pointed projection formed posteriorly by the lateral plates of the 3rd abdominal segment; furthermore, by the keel on the succeeding segment jutting forth as a posterior-directed point; and finally, by the total absence of eyes.

19

Beskrivelse af Hunnen. Legemet er (se Pl. XII, Fig. 4) noget forlænget, men mindre sammentrykt end hos foregaaende Art, med Ryggen temmelig bred og jevnt hvælvet og Epimererne forholdsvis lavere, neppe dobbelt saa høie som selve Kroppen.

Hovedet er ikke meget længere end 1ste Forkropssegment og har Sidehjørnerne temmelig stærkt fremspringende og noget tilspidsede, skjøndt i mindre Grad end hos foregaaende Art.

4de Par Epimerer er bagtil dybt udrandede og nedenfor Udrandningen udtrukne i et skarpt Hjørne. 5te Par er betydelig bredere end høit og af den sædvanlige tilrundede Form.

3die Bagkropssegment Sideplader er temmelig store og har det bagre Hjørne udtrukket i en kort, men skarpt tilspidset, næsten lige Fortsats. 4de Bagkropssegment har oventil en tydelig Kjøl, der ender bagtil med en kort tornformig Spids.

1ste Par Følere (Fig. 4 *a*) har Skaftet kort og tykt. Svøben er noget længere end Skaftet og sammensat af ca. 11 Led, hvoraf det 1ste er meget stort og ligesaa langt som de 4 følgende Led tilsammen. Bisvøben er omtrent af Svøbens halve Længde, meget tynd og 4-leddet.

2det Par Følere (Fig. 4 *b*) er noget længere end 1ste Par og har Skaftets 2 sidste Led omtrent af ens Længde. Svøben er kjendeligt længere end paa 1ste Par og sammensat af circa 18 Led.

Munddelene springer tydeligt frem nedenfor 1ste Par Epimerer (se Fig. 4). Deres Bygning er forøvrigt (se Fig. 4 *c—f*) i alt væsentligt saa nær overeisstemmende med samme hos foregaaende Art, at jeg anser en detailleret Beskrivelse af dem for overflødig.

1ste Fodpar (Fig. 4 *g*) er forholdsvis kort og undersætsigt bygget og tydeligt subchelifornt som hos de tidligere bekjendte Arter af Slægten. Sidste Led eller Haanden er neppe længere end det foregaaende Led og har ved Enden en tydelig begrændset noget skraa Griberand, mod hvilken den korte Endeklo kan slaaes ind.

2det Fodpar (Fig. 4 *h*) viser intet særegent i sin Bygning.

De 2 følgende Fodpar har Endekloen normalt udviklet og neppe længere end Halvparten af sidste Led (se Fig. 4 *i*).

Sidste Fodpar (se Fig. 4) er noget kortere end de 2 foregaaende og har Hofteleddet som paa disse simpelt ovalt, skjøndt noget større, og i den bagre Rand tydeligt saugtakket.

Sidste Par Halofødder (se Fig. 4 *k*) er næsten nøiagtigt af samme Udseende som hos foregaaende Art.

Description of the Female. — The body (see Pl. XII, fig. 4) somewhat elongate, though less compressed than in the preceding species, with the back comparatively broad and uniformly arched, and the epimera relatively shorter, scarcely twice the height of the body.

The head is not much longer than the 1st thoracic segment, and has the lateral corners rather prominently projecting and somewhat pointed, — less so however than in the preceding species.

The 4th pair of epimera are hindwards deeply emarginate, and, below the emargination, produced to a sharp corner. The 4th pair are considerably broader than high, and of the usual rounded form.

The lateral plates of the 3rd abdominal segment are rather large and broad, and have the posterior corner drawn out as a short, but acute-pointed, almost straight projection. The 4th abdominal segment has above a distinct carina, terminating posteriorly in a short, spiniform point.

The 1st pair of antennæ (fig. 4 *a*) have the peduncle short and thick. The flagellum is somewhat longer than the peduncle and composed of about 11 articulations, the 1st very large and equal in length to the 4 succeeding ones taken together. The accessory flagellum is about half as long as the flagellum, exceedingly thin and composed of 4 articulations.

The 2nd pair of antennæ (fig. 4 *c*) are somewhat longer than the 1st pair, and have the 2 last joints of the peduncle well-nigh uniform in length. The flagellum is appreciably longer than that of the 1st pair, and composed of about 18 articulations.

The oral appendages project distinctly from beneath the 1st pair of epimera (see fig. 4). Their structure, for the rest (see fig. 4 *c—f*), agrees in all essential characteristics so closely with that in the preceding species as, in my judgment, to render a detailed description superfluous.

The 1st pair of legs (fig. 4 *g*) are comparatively short and thickset in structure, and distinctly subcheliform, as in the previously known species of the genus. The last articulation, or hand, is scarcely at all longer than the preceding joint, and has at the extremity a distinctly defined, somewhat oblique palm, toward which the short terminal claw admits of being jerked in.

The 2nd pair of legs (fig. 4 *h*) exhibit nothing characteristic in structure.

The 2 succeeding pairs of legs have the terminal claw normally developed, and but very little longer than half last joint (see fig. 4 *i*).

The last pair of legs (see fig. 4) are somewhat shorter than the 2 preceding, and have the basal joint, as in the latter, of a simple oval form, though somewhat larger, and along the posterior margin, distinctly serrate.

The last pair of caudal stylets (see fig. 4 *k*) have almost precisely the same appearance as those in the preceding species.

Halevedhænget (ibid.) er ogsaa meget ligt, men har Indsnittet ikke fuldt saa dybt, skjøndt betydeligt overskridende Midten af Vedhængets Længde.

Farven var paa de friskt indfangede Exemplarer hvidagtig med et svagt rødligt Skjær.

Længden gaar op til 15ᵐᵐ.

Forekomst og Udbrødning. Enkelte Exemplarer af nærværende Art erholdtes paa 2 forskjellige Stationer (St. 183 og 213), begge beliggende i Havet omtrent midt imellem Jan Mayen og Finmarken, Dybden fra 1710 til 1760 Favne. Den synes saaledes at være en for den kolde Areas større Dyb eiendommelig Form.

The telson (ibid.) is likewise very similar, but has the incision not quite so deep, though considerably exceeding half the length of the appendage.

Colour in the recently taken specimens whitish, with a faint tinge of red.

Length reaching 15ᵐᵐ.

Occurrence and Distribution. — A few examples of the present species were obtained at 2 different Stations (Stats. 183 and 213), both about midway in the tract of ocean stretching between Jan Mayen and Finmarken; depth from 1710 to 1760 fathoms. It would, therefore, appear to be a form peculiar to the greater depths of the cold area.

Gen. 4. **Onisimus**, Boeck. 1870.

Crust. amphip. bor. & arct.

35. Onisimus turgidus, G. O. Sars, n. sp.

(Pl. XII, Fig. 5, 5 *a—i*.)

Anonyx (Onisimus) turgidus, G. O. Sars, Crust. & Pycnogonida nova etc., No. 13.

Artscharaeteristik. Legemet stærkt opsvulmet, med Breden næsten ligesaa stor som Høiden. Hovedets Sidehjørner tilspidsede. De 4 forreste Par Epimerer temmelig store; 5te omtrent af samme Høide som Brede. 3die Bagkropssegments Sideplader bagtil udtrukne i en skarp, noget opadkrummet Fortsats; 4de Segment i Midten noget indtrykt. Øinene tydelige, ovale, nedentil bredere, med rødt Pigment. 1ste Par Følere med stærkt opsvulmet Skaft; Svøben kort med 1ste Led meget stort; Bisvøben temmelig stærkt udviklet. 4leddet. 1ste Fødpar undersætsigt, tydeligt subcheliformt, med Haanden neppe længare end det foregaaende Led. De 2 bagre Fødpar med stort pladeformigt Hofteled af regelmæssig oval Form. Halefødderne robuste, med lancetformige, nøgne Grene. Halevedhænget kort og bredt, i Enden afstumpet, med et lidet og smalt Indsnit, der ikke naar til Midten. Farven gulrød. Længden 13ᵐᵐ.

Fundested. Stat. 323.

Bemærkninger. Af de bekjendte til denne Slægt henhørende Former slutter nærværende Art sig nærmest til *O. Edwardsii* Krøyer, fra hvilken den dog strax kjendes ved den usædvanlig plumpe og opblæste Kropsform, i hvilken Henseende den mere ligner *O. plautus* Krøyer, der dog i andre Punkter skiller sig meget bestemt.

Specific Character. — Body exceedingly tumid, with breadth almost equal to height. Lateral corners of head pointed. The 4 anterior pairs of epimera rather large; 5th pair about equal in height and breadth. Lateral plates of 3rd abdominal segment drawn out posteriorly as a sharp, somewhat upward-curving projection; 4th segment slightly impressed in the middle. Eyes distinct, oval, broader below, with a red-coloured pigment. First pair of antennæ with peduncle greatly swollen; flagellum short, with 1st articulation very large; secondary flagellum rather well developed, four-jointed. First pair of legs thickset, distinctly subcheliform, with the hand scarcely at all longer than the preceding articulation. The 3 posterior pairs of legs with basal joint large, lamelliform, and of a regular oval shape. Caudal stylets robust, with naked, lanceolate branches. Telson short and broad, obtuse at extremity, with a short and narrow incision, that does not reach to the middle. Colour yellowish-red. Length 13ᵐᵐ.

Locality. — Stat. 323.

Remarks. — Of the known forms belonging to this genus, the present species approximates closest *O. Edwardsii* Krøyer, from which however it may at once be distinguished by the remarkably clumsy and inflated form of body, a character that gives the animal greater resemblance to *O. plautus* Krøyer, which, in other respects, however, differs very decidedly.

19*

Beskrivelse af Hunnen. Legemet er (se Pl. XII, Fig. 5 og 5') ualmindelig robust bygget og saa stærkt opblæst, at Breden neppe er meget ringere end Høiden.

Hovedet er omtrent saa langt som 1ste Forkropssegment og har Sidehjørnerne tilspidsede, men kun lidet fremspringende.

De 4 forreste Par Epimerer er temmelig store, næsten dobbelt saa høie som selve Kroppen; det 4de viser bagtil den sædvanlige Udrandning og danner nedenfor denne et næsten retvinklet Hjørne.

3die Bagkropssegments Sideplader er bagtil uddragne i en skarp opadkrummet Spids. Det følgende Segment er oventil bag Midten noget indtrykt, forøvrigt ligesom de øvrige glat og uden Kjøl eller Fortsatser.

Øinene er tydeligt udviklede, af oval Form og noget bredere nedentil. Deres Pigment var hos det levende Dyr af zinoberrød Farve.

1ste Par Følere (Fig. 5 a) har Skaftet stærkt opsvulmet. Svøben er kun lidet længere end dette og bestaar af circa 10 Led, hvoraf det 1ste er meget stort og omtrent saa langt som de 4 følgende tilsammen. Bisvøben er forholdsvis stærkt udviklet, adskilligt mere end halvt saa lang som selve Svøben og bestaar af 4 Led; ogsaa her er 1ste Led meget stort og længere end de øvrige tilsammen.

2det Par Følere (Fig. 5 b) er neppe synderligt længere end 1ste Par og har Skaftets sidste Led noget kortere end det foregaaende. Svøben er omtrent af samme Længde som Skaftets 2 sidste Led tilsammen og sammensat af kun 7 Led.

Munddelene er for største Delen til Siderne dækkede af 1ste Par Epimerer. Deres Bygning stemmer (se Fig. 5 c—f) i alt væsentligt fuldkommen overens med samme hos de 2 ovenfor beskrevne Anonyx-Arter.

1ste Fodpar (Fig. 5 g) viser stor Lighed med samme hos Anonyx typhlops. Ligesom hos denne er det undersætsigt bygget, med sidste Led neppe længere end det foregaaende og tydeligt subcheliformt.

2det Fodpar (Fig. 5 h) viser neppe nogen paafaldende Eiendommelighed.

De 3 bagre Fodpar (se Fig. 5) er temmelig korte og robuste, dog paa langt nær ikke som hos O. plautus. Deres Hofteled er stærkt pladeformigt udvidet, ovalt og i den bagre Kant tydeligt saugtakket.

Halefødderne (se Fig. 5 i) er robuste, med lancetformige, børsteløse Grene. Paa de 2 første Par er Stammen i den ydre Kant forsynet med en Rad af fine Torner, som derimod mangler paa sidste Par.

Haleredhænget (ibid.) er den eneste Del, som viser nogen mere iøinefaldende Afvigelse fra samme hos de 2 foregaaende Arter og er ogsaa den Character, der har

Description of the Female. — The body (see Pl. XII, figs. 5, 5') uncommonly robust in structure, and so inflated, that the breadth is but very little, if at all, less than the height.

The head is about as long as the 1st thoracic segment, and has the lateral corners pointed, though very slightly projecting.

The 4 anterior pairs of epimera are rather large, almost twice as high as the body itself; the 4th pair exhibit posteriorly the usual emargination, below which they form an almost rectangular corner.

The lateral plates of the 3rd abdominal segment are produced posteriorly to a sharp, upward-curving point. The succeeding segment is somewhat impressed above, posterior to the middle; for the rest smooth, like the others, and without either keel or projection.

The eyes are distinctly developed, oval in form, and somewhat broader below. Their pigment, in the living animal, was a rich vermillion.

The 1st pair of antennae (fig. 5 a) have the peduncle greatly swollen. The flagellum is but very little longer than the peduncle, and consists of about 10 articulations, the 1st exceedingly large and well-nigh as long as the 4 succeeding articulations taken together. The secondary flagellum is comparatively well developed, considerably more than half as long as the flagellum itself, and composed of 4 articulations; here, too, the 1st articulation is very large, and longer than all the rest taken together.

The 2nd pair of antennae (fig. 5 b) are not much longer than the 1st, and have the last joint of the peduncle somewhat shorter than the preceding. The flagellum is about equal in length to the last 2 joints of the peduncle taken together, and consists of only 7 articulations.

The oral appendages are in greater part covered at the sides by the 1st pair of epimera. Their structure (see fig. 5 c—f) agrees in all essential characteristics with that in the 2 Anonyx species described above.

The 1st pair of legs (fig. 5 g) exhibit great resemblance to the corresponding pair in Anonyx typhlops. They are, namely, thickset in structure, with the last articulation but very little, if at all, longer than the preceding, and distinctly subcheliform.

The 2nd pair of legs (fig. 5 h) exhibit apparently no striking peculiarity.

The 3 posterior pairs of legs (see fig. 5) are rather short, and robust in structure, though by no means to the same extent as in O. plautus. The basal joint is very considerably lamelliform-dilated, oval, and distinctly serrate along the posterior margin.

The caudal stylets (see fig. 5 i) are robust, with naked, lanceolate branches. On the 2 first pairs, the trunk is furnished along the outer margin with a row of delicate spines, wanting on the last pair.

The telson (ibid.) is the only part that exhibits any striking deviation from that organ as it occurs in the 2 preceding species, and presents too the character

bevæget Boeck til at opstille sin Slægt *Onisimus*, der vel vanskeligt lader sig hævde som saadan. Det er forholdsvis kort og bredt, saa at det ikke engang rækker til Enden af sidste Par Halefodders Stamme. Spidsen er afstumpet og viser et ganske kort og smalt Indsnit, der ikke rækker til Midten af Vedhængets Længde.

Farven var hos de friskt indfangede Exemplarer rød-gul med mere intensivt rødligt gjennemskinnende Indvolde.

Længden af det største Exemplar er 13mm.

Forekomst og Udbredning. 2 Exemplarer af denne Art erholdtes under Expeditionens sidste Togt omtrent midtveis mellem Beeren Eiland og Finmarken (Stat. 323) fra et Dyb af 223 Favne. De fandtes parasitisk paa en større fra dette Dyb optagen *Actinie*. Om Artens Udbredning er det selvfølgelig vanskeligt at sige noget med Bestemthed. Da Stationen egentlig ikke tilhører den kolde Area, er Arten heller ikke med Sikkerhed at characterisere som en udpræget arktisk Form.

that induced Boeck to establish his genus *Onisimus*, which, however, will hardly admit of being retained as such. The appendage is short and broad, not even reaching to the extremity of the trunk of the last pair of caudal stylets. The point is obtuse, and exhibits an exceedingly short and narrow incision, that does not extend to the middle of the appendage.

Colour in the recently taken specimens a reddish-yellow; the viscera — seen shining through the skin — more vividly red.

Length of the largest specimen 13mm.

Occurrence and Distribution. — Two specimens of this species were obtained on the last cruise of the Expedition, about midway between Beeren Eiland and Finmark (Stat. 323), from a depth of 223 fathoms. They occurred as parasites on a large *Actinian*, taken at that depth. Concerning the distribution of the species, nothing can of course be stated with certainty. The Station not being in a strict sense within the limits of the cold area, this animal, too, cannot be regarded as a prominent Arctic form.

---

36. Onisimus leucopis, G. O. Sars, n. sp.

(Pl. XIII, Fig. 1, 1 a).

Anonyx (Onisimus) leucopis, G. O. Sars, Crust. & Pycnogonida nova etc., No. 14.

Artscharacteristik. Legemet ikke meget sammentrykt, med jevnt hvælvet Ryg og forholdsvis ikke meget store Epimerer. Hovedets Sidehjørner tilspidsede. 4de Par Epimerer bagtil nedenfor Udrandningen kun lidet fremspringende. 3die Bagkropssegments Sideplader bagtil endende med et spidst Hjørne. De følgende Segmenter oventil jevnt hvælvede. Øinene ufuldstændigt udviklede, meget smaa, med hvidt Pigment. 1ste Par Følere med Svøben noget længere end Skaftet, Bisvøben temmelig stor, 4-leddet. 2det Par Følere længere end 1ste Par. Fødderne af sædvanlig Bygning; 3die Led paa de 3 bagre Par kort og tykt. Halevedhænget af samme Længde som sidste Par Halefodders Stamme, i Spidsen ganske svagt udrandet. Farven hvidagtig, halvt gjennemsigtig. Længden 10mm.

Findested. Stat. 96.

Bemærkninger. Denne Art kjendes let fra de øvrige af Boeck til Slægten *Onisimus* henførte Arter ved Øinenes ufuldstændige Udvikling samt ved Halevedhængets Form.

36. Onisimus leucopis, G. O. Sars, n. sp.

(Pl. XIII, figs. 1, 1 a).

Anonyx (Onisimus) leucopis, G. O. Sars, Crust. & Pycnogonida nova etc., No. 14.

Specific Character. — Body not much compressed, with uniformly arching back and relatively not very large epimera. Lateral corners of head pointed. Fourth pair of epimera but slightly projecting posteriorly below the emargination. Lateral plates of 3rd abdominal segment terminating posteriorly with an acute corner. The succeeding segments uniformly arched above. Eyes imperfectly developed, very small, pigment white. First pair of antennae with flagellum somewhat longer than peduncle; secondary flagellum rather large, four-jointed. Second pair of antennae longer than 1st. Legs exhibiting usual structure; 3rd articulation on the 3 posterior pairs short and thick. Telson equalling in length trunk of last pair of caudal stylets, very faintly emarginate at extremity. Colour whitish, semi-translucent. Length 10mm.

Locality. — Stat. 96.

Remarks. — This species is easily distinguished from all the others referred by Boeck to the genus *Onisimus*, by reason of the imperfect development of the eyes and the shape of the telson.

Beskrivelse af Hunnen. Legemet er (se Pl. XIII, Fig. 1) temmelig tykt med rundt og hvælvet Ryg og forholdsvis ikke meget høie Epimerer.

Hovedet er af samme Længde som 1ste Forkropssegment og har Sidehjørnerne noget udtrukne og tilspidsede.

1ste Par Epimerer en nedentil temmelig stærkt udvidede og jevnt afrundede; 4de Par er neppe bredere end de øvrige og i den bagre Kant kun svagt udrandet; 5te Par er kjendeligt bredere end høit og af afrundet firkantet Form.

3die Bagkropssegments Sideplader er bagtil ikke saa stærkt udtrukne som hos de i det foregaaende omtalte Arter, men ender kun med et spidst Hjørne. De følgende Segmenter er øventil jevnt hvælvede, uden Kjøl eller Fortsatser.

Øinene er meget smaa og beliggende langt nede paa Siderne af Hovedet. De er af en temmelig ufuldkommen Bygning, idet de egentlige Synselementer kun er svagt fremtrædende. Øiepigmentet er af en eiendommelig lys, næsten melkehvid Farve (heraf Artsbenævnelsen).

1ste Par Følere har Svøben noget længere end Skaftet og sammensat af 11 Led, hvoraf det 1ste er temmelig stort. Bisvøben er ikke meget kortere end den egentlige Svøbe og 4-leddet.

2det Par Følere er adskilligt længere end 1ste Par og har Svøben temmelig forlænget og sammensat af 16 Led.

Munddelene kunde ikke nærmere undersøges hos det foreliggende Exemplar; heller ikke de 2 første Fodpar; men disse sidste synes dog, saavidt det kunde sees, ikke at adskille sig i nogen væsentlig Grad fra samme hos foregaaende Art.

De 3 bagerste Fodpar er alle omtrent af ens Længde. Hofteleddet har den sædvanlige pladedannede Form og tiltager noget i Størrelse bagtil. Af de øvrige Led udmærker det 3die sig ved sin korte og tykke Form.

Halevedhænget (se Fig. 1 a) er omtrent af samme Længde som Stammen paa sidste Par Halefødder. Det er ligesom hos foregaaende Art kort og bredt, pladeformigt, men adskiller sig derved, at Spidsen ikke er indskaaret, men kun ganske svagt udrandet i Midten.

Farven var i frisk Tilstand hvidagtig og halvt gjennemsigtig.

Længden af det undersøgte Exemplar var 10ᵐᵐ.

Forekomst og Udbredning. 1 enkelt Exemplar af denne Form erholdtes under Expeditionens 1ste Togt i Havet mellem Island og Norge (Stat. 96) fra et Dyb af 805 Favne. Da Stationen tilhører den kolde Area, er det rimeligt at nærværende Art er en ægte arktisk Form.

Description of the Female. — The body (see Pl. XIII, fig. 1) rather thick, with round and arching back and relatively not very deep epimera.

The head of the same length as the 1st thoracic segment, with the lateral corners somewhat produced and pointed.

The 1st pair of epimera are considerably dilated below, and uniformly rounded; the 4th pair are scarcely at all broader than the rest, and but slightly emarginate along the posterior border; the 5th pair are appreciably broader than high, and of a rounded, quadrate form.

The lateral plates of the 3rd abdominal segment are not so much produced posteriorly as in the preceding species, terminating merely with an acute corner. The succeeding segments are uniformly arched above, without either keel or projection.

The eyes are exceedingly small, and placed far down the sides of the head. In structure, they are rather imperfect, the true elements of vision being but slightly developed. The ocular pigment has a peculiar light, well-nigh lacteal colour (hence the specific designation).

The lateral pair of antennæ have the flagellum somewhat longer than the peduncle, and composed of 11 articulations, the 1st rather large. The secondary flagellum is not much shorter than the true flagellum, and has 4 articulations.

The 2nd pair of antennæ are considerably longer than the 1st, with the flagellum rather elongate and composed of 16 articulations.

The oral appendages could not be closely examined in the only specimen taken; nor the 2 first pairs of legs; but the latter had no appearance of differing in any essential degree from those in the preceding species.

The 3 posterior pairs of legs are all about equal in length. The basal joint has the usual lamelliform shape, and increases somewhat in size posteriorly. Of the remaining articulations, the 3rd is characterized by its short and thick form.

The telson (see fig. 1 a) is about of the same length as the trunk on the last pair of caudal stylets. As in the preceding species, it is short and broad, lamelliform, but differs in the point not being incised, but merely having a slight emargination in the middle.

Colour in a fresh state whitish, with the body semi-translucent.

Length of the specimen examined 10ᵐᵐ.

Occurrence and Distribution. — A single specimen of this form was obtained on the 1st cruise of the Expedition, in the tract of ocean stretching between Iceland and Norway (Stat. 97), from a depth of 805 fathoms. This Station being in the cold area, there is good reason for assuming the present species to be a true Arctic form.

Gen. 5. **Tryphosa**, Boeck, 1870.

Crust. amphip. bor. & arct.

37. Tryphosa pusilla, G. O. Sars. n. sp.

(Pl. XIII. Fig. 2, 2 a).

Anonyx (Tryphosa) pusilla, G. O. Sars, Crust. & Pycnog. nova etc., No. 15.

Artscharacteristik. Legemet noget sammentrykt, med forholdsvis hoie Epimerer. Hovedets Sidehjørner stærkt fremspringende, men afrundede i Spidsen. 1ste Par Epimerer betydelig mindre end de øvrige og smalere nedentil. 3die Bagkropssegments Sideplader bagtil lidet uddragne, spidsvinklede; 4de Segment oventil puklet. Ingen Øine. Følerne indbyrdes af ens Længde; 1ste Par med Svøben betydelig længere end Skaftet; Bisvøben meget smal 3-leddet. Mundregionen stærkt fremspringende. De 3 bagerste Fodpar temmelig spinkle, med ovalt Hofteled. Halevedhænget triangulært, længere end Stammen paa sidste Par Halefødder og næsten til Roden kløftet. Farven hvidagtig. Længden 5¹⁄₂ᵐᵐ.

Findested. Stat. 240.

Bemærkninger. Jeg tror nærmest at maatte henføre denne Art til Boecks Slægt *Tryphosa*. Min personlige Opfatning er imidlertid, at snarel denne Slægt som *Sl. Onisimus* og *Orch.* mene bør slaaes sammen med *Sl. Anonyx*. Fra de øvrige af Boeck til *Sl. Tryphosa* henførte Former kjendes nærværende Art ved den fuldstændige Mangel af Øine, ved den usædvanlig tynde Bisvøbe paa 1ste Par Følere og ved Formen af Hovedet.

Beskrivelse af Hunnen. Legemet er (se Pl. XIII, Fig. 2) temmelig stærkt sammentrykt fra Siderne med forholdsvis hoie Epimerer og stærkt fremspringende Mundregion.

Hovedet har Sidehjørnerne temmelig stærkt fremspringende, skjøndt de ikke som hos de i det foregaaende omtalte Arter er tilspidsede, men mere tungedannede, med Enden stumpt tilrundet.

1ste Par Epimerer er kjendeligt mindre end de øvrige og noget afsmalnende nedad; 4de Par er bagtil dybt udrandet og ned ufor Udrandingen udtrukket i et skarpt Hjørne. 5te Par er omtrent af samme Hoide som Brede.

3die Bagkropssegments Sideplader er kun lidet udtrukne bagtil og danner her kun et spidst Hjørne. Det følgende Segment er oventil pukkelformigt fremstaaende.

Af Øine fandtes hos det friskt indfangede Exemplar ikke det ringeste Spor.

Gen. 5. **Tryphosa**, Boeck, 1870.

Crust. amphip. bor. & arct.

37. Tryphosa pusilla, G. O. Sars.

(Pl. XIII, figs. 2, 2 a).

Anonyx (Tryphosa) pusilla, G. O. Sars, Crust. & Pycnog. nova etc., No. 15.

Specific Character. — Body somewhat compressed, with relatively high epimera. Lateral corners of head prominently projecting, but rounded at point. First pair of epimera considerably smaller than the rest, and more slender below. Lateral plates of 4th abdominal segment but little produced posteriorly, acute-angled; 4th segment hunched above. No eyes. Antennæ uniform in length; 1st pair with flagellum considerably longer than peduncle; secondary flagellum exceedingly slender, three-jointed. Oral region prominently projecting. The three hindmost pairs of legs rather slender, basal joint oval in form. Telson triangular, longer than trunk on last pair of caudal stylets, and cleft almost to the base. Colour whitish. Length 5¹⁄₂ᵐᵐ.

Locality. — Stat. 240.

Remarks. — The present species I refer here to Boeck's genus *Tryphosa*. In my judgment, however, both this genus and the genera *Onisimus* and *Orchomene* should, perhaps, more properly be eliminated and their species ranged under the genus *Anonyx*. From the other forms referred by Boeck to the genus *Tryphosa*, the present species may be recognized by the total absence of eyes, the remarkably slender secondary flagellum on the 1st pair of antennæ, and the form of the head.

Description of the Female. — The body (see Pl. XIII. fig. 2) a good deal compressed from the sides, with relatively deep epimera and the oral region prominently projecting.

The head has the lateral corners rather prominently projecting, though not pointed, as in the species previously described, but more linguiform in shape, with the extremity obtusely rounded.

The 1st pair of epimera are appreciably smaller than the rest, and taper somewhat from below; the 4th pair are deeply emarginate posteriorly, and beneath the emargination produced to a sharp corner; the 5th pair about uniform in height and breadth.

The lateral plates of the 3rd abdominal segment are but little produced posteriorly, constituting merely an acute angle. The succeeding segment projects, hunch-shaped, above.

Of eyes in the recently taken specimen, not a trace could be detected.

1ste Par Følere er temmelig forlængede, med Svøben betydelig længere end Skaftet og bestaaende af 11 Led, hvoraf det 1ste er temmelig stort. Bisvøben er neppe mere end halvt saa lang og særdeles tynd samt 3-leddet.

2det Par Følere er omtrent af samme Længde som 1ste Par og har Skaftets sidste Led ganske kort og Svøben bestaaende af 12 Led.

1ste Fodpar er temmelig svagt bygget, forøvrigt af sædvanlig Form, med sidste Led eller Haanden omtrent af det foregaaende Leds Længde og noget skraat afskaaret i Enden.

De 3 bageste Fodpar er forholdsvis spinkle, men med bredt pladeformigt Hofteled.

Sidste Par Halefødder (se Fig. 2 a) er forholdsvis korte, med nogne lancetformige Grene.

Halevedhænget (ibid.) rager noget udover Stammen paa sidste Par Halefødder og er af triangulær Form samt ved et meget smalt Indsnit kløftet næsten til Roden.

Farven var paa det levende Dyr hvidagtig uden nogen tydelig Pigmentering.

Længden overstiger neppe 5¹/₂'''.

Forekomst og Udbredning. Et enkelt Exemplar af denne lille Art toges under Expeditionens 2det Togt i Havet mellem Jan Mayen og Island (Stat. 240) paa det betydelige Dyb af 1004 Favne. Da Stationen tilhører den kolde Area, er Arten utvivlsomt at betragte som en arktisk Form.

The 1st pair of antennæ are rather elongate, with the flagellum considerably longer than the peduncle, and composed of 11 articulations, the 1st comparatively large. The secondary flagellum is scarcely more than half as long, exceedingly slender, and composed of 3 articulations.

The 2nd pair of antennæ are about of the same length as the 1st pair, with the last joint of the peduncle quite short and the flagellum consisting of 12 articulations.

The 1st pair of legs are rather feeble in structure; for the rest, of the usual form, with the last articulation, or hand, about equal in length to the preceding, and somewhat obliquely truncate at the extremity.

The 3 posterior pairs of legs are comparatively slender, but with the basal joint broadly lamelliform.

The last pair of caudal stylets (see fig. 2 a) are comparatively short, with naked, lanceolate branches.

The telson (ibid.) projects a little over the trunk on the last pair of caudal stylets, is triangular in form, and cleft (by an exceedingly narrow incision almost to the base.

Colour in the living animal whitish, without any distinct pigmentation.

Length scarcely exceeding 5¹/₂'''.

Occurrence and Distribution. — A single specimen of this small species was taken, on the 2nd cruise of the Expedition, in the tract of ocean between Jan Mayen and Iceland (Stat. 240), at the considerable depth of 1004 fathoms. This Station being in the cold area, the species may unquestionably be regarded as an Arctic form.

Gen. 6. **Acidostoma,** Lilljeborg. 1865.

On the Lysianassa magellanica etc.

38. Acidostoma laticorne, G. O. Sars, Crust.

(Pl. XIII. Fig. 3. 3 a).

Acidostoma laticorne, G. O. Sars. Crust. & Pycnogon. nova etc., No. 17.

Artscharacteristik. Legemet særdeles undersætsigt, med stærkt udviklede Epimerer. Hovedet lidet, med Sidehjørnerne smalt tilrundede. 3die Bagkropssegments Sideplader bagtil noget udtrukne, men ikke tilspidsede; 4de Segment oventil noget sadelformigt indtrykt. Ingen Øine. 1ste Par Følere overordentlig voluminøse, med Skaftet særdeles tykt, Svøben af Skaftets Længde, 7-leddet. 1ste Led meget stort, pladeformigt sammentrykt og i den bagre Kant tæt cilieret. Bisvøben stærkt udviklet, 6-leddet. De 3 bageste Fodpar overordentlig robuste, med stort næsten firkantet Hofteled og 3die Led særdeles bredt og sammentrykt.

Gen. 6. **Acidostoma,** Lilljeborg. 1865.

On the Lysianassa magellanica etc.

38. Acidostoma laticorne, G. O. Sars. n. sp.

(Pl. XIII, fig. 3. 3 a).

Acidostoma laticorne, G. O. Sars. Crust. & Pycnogon. nova etc., No. 17.

Specific Character. — Body exceedingly thickset, with very fully developed epimera. Head small, with lateral corners narrowly rounded. Lateral plates of 3rd abdominal segment somewhat produced posteriorly, but not pointed; 4th segment, saddle-shaped as it were above. No eyes. First pair of antennæ remarkably robust, with peduncle exceedingly thick, flagellum same length as peduncle, seven-jointed, 1st articulation very large, lamelliform-compressed, and densely ciliated along the posterior margin; secondary flagellum strongly developed, six-jointed. The 3 posterior pairs of legs exceedingly robust in structure, with basal joint

2det Par Halefødder med stærkt udvidet Stamme; sidste Par meget smaa og rudimentære. Halevedhænget kort og bredt, med Spidsen svagt udrandet. Farven hvidagtig. Længden 7½ᵐᵐ.

Findested. Stat. 251.

Bemærkninger. Fra den eneste hidtil bekjendte Art af Slægten, *A. obesum* Sp. Bate, er denne let kjendelig ved den fuldstændige Mangel af Øine, de enormt udviklede 1ste Par Følere og de usædvanlig robuste 3 bagerste Fodpar. I den rudimentære Beskaffenhed af sidste Par Halefødder og det bagtil ikke indskaarne Halevedhæng adskiller nærværende Art sig ogsaa væsentligt fra den typiske Form.

Beskrivelse. Legemet er (se Pl. XIII, Fig. 3) af usædvanlig kort og undersætsig Bygning, med bred hvælvet Ryg og høie Epimerer.

Hovedet er forholdsvis lidet, men bredt og har den forreste Rand til hver Side stærkt udrandet for Fæstet af 1ste Par Følere. Dets Sidehjørner er smalt tilrundede.

De 4 forreste Par Epimerer er omtrent dobbelt saa høie som selve Kroppen og dækker hinanden delvis gjensidigt; 4de Par er bagtil i sin øverste Del udrandet for det følgende Par og er nedenfor Udrandingen næsten tvært afskaaret, med den øvre Vinkel ret. 5te Par er omtrent af samme Høide som Brede, af uregelmæssig firkantet Form.

3die Bagkropssegments Sideplader er meget store og bagtil noget udtrukne, uden dog at være tilspidsede. Det følgende Segment viser oventil et sadelformigt Indtryk.

Øine mangler ganske og aldeles.

1ste Par Følere er ganske overordentlig voluminøse og omtrent saa lange som Hovedet og de 4 forreste Segmenter tilsammen. Skaftet er stærkt opsvulmet med alle 3 Led tydeligt begrændsede. Svøben er noget længere end Skaftet og sammensat af 7 Led, hvoraf det 1ste udmærker sig paa en paafaldende Maade ved sin betydelige Størrelse og stærkt sammentrykte næsten pladedannede Form; i den bagre noget tilskjærpede og bueformigt bøiede Rand bærer dette Led en tæt Rad af lange gjennemsigtige Sandsebørster. Bisvøben er forholdsvis stærkt udviklet og neppe kortere end den egentlige Svøbe samt sammensat af 6 tynde Led.

2det Par Følere er noget længere end 1ste Par, men meget tyndere. Af Skaftets Led er det næstsidste det længste. Svøben er omtrent af Skaftets Længde og sammensat af 10—12 Led.

Munddelene og de forreste Fodpar kunde ikke nøiere undersøges paa det eneste foreliggende Exemplar, men de

---

large, almost quadrate, and 3rd articulation remarkably broad and compressed. Second pair of caudal stylets with trunk very fully developed; last pair exceedingly small and rudimentary. Telson short and broad, with point slightly emarginate. Colour whitish, length 7½ ᵐᵐ.

Locality. — Stat. 251.

Remarks. — From the only hitherto known species of this genus, viz. *A. obesum* Sp. Bate, the present is easily distinguished by the total absence of eyes, the prodigiously developed 1st pair of antennæ, and the remarkably robust 3 posterior pairs of legs. Moreover, in the rudimentary character of the last pair of caudal stylets, as also the posteriorly non-incised telson, this species differs essentially from the typical form.

Description. — The body (see Pl. XIII, fig. 3) is remarkably short and thickset in structure, arching back and deep epimera.

The head is comparatively small, but broad, and has the anterior margin, on either side, very considerably emarginate, for the attachment of the 1st pair of antennæ. Its lateral corners are narrowly rounded.

The 4 anterior pairs of epimera are about twice as high as the body itself, and partly overlap one another. The 4th pair are emarginate posteriorly in their upper part, for the reception of the succeeding pair, and below the emargination almost vertically truncate, with the upper angle a right one. The 5th pair are about of the same height as breadth, and irregular-quadrate in form.

The lateral plates of the 3rd abdominal segment are very large and somewhat produced posteriorly, without however being pointed. The succeeding segment exhibits above a saddle-shaped impression.

Of eyes no trace whatever.

The 1st pair of antennæ are remarkably robust, and equal in length to the head and the 4 anterior segments taken together. The peduncle is greatly swollen, and has each of the three joints distinctly defined. The flagellum is somewhat longer than the peduncle, and composed of 7 articulations, the 1st strikingly characterized by its large size, and greatly compressed almost lamelliform shape; along the posterior, somewhat sharpened and arcuate margin, this articulation bears a close series of long, translucent sensory bristles. The secondary flagellum, with 6 slender articulations, is very fully developed, and scarcely at all shorter than the true flagellum.

The 2nd pair of antennæ are somewhat longer than the 1st, but much more slender. Of the joints of the peduncle, the penultimate is the longest. The flagellum about equal in length to the peduncle, and composed of 10 or 12 articulations.

The oral appendages and the anterior pairs of legs could not be closely examined in the only specimen taken;

20

synes ikke, saavidt det kunde sees, i nogen væsentlig Grad at skille sig i sin Bygning fra samme hos den typiske Art. De 3 bagerste Fodpar er af en overordentlig robust Bygning og indbyrdes omtrent af ens Længde. Hofteleddet er særdeles stort, næsten firkantet, med det nedre bagre Hjørne noget udtrukket og bredt afrundet. Af de øvrige Led er navnlig det 3die særdeles bredt og sammentrykt, med den bagre Rand stærkt buet. Endekloen er ganske kort.

2det Par Halefødder (se Fig. 3 og 3 a) udmærker sig ved den betydelige Brede og stærkt sammentrykte Form af Stammen. Grenene er som paa 1ste Par simpelt koniske, uden Børster eller Torner.

Sidste Par Halefødder (ibid.) er ganske rudimentære og saa smaa, at de neppe overrager Stammen paa det foregaaende Par. De er imidlertid som de øvrige Par tvegrenede, med Grenene særdeles smaa og korte.

Halevedhænget (ibid.) er kort og bredt, næsten firkantet, og ikke som hos den typiske Art dybt indskaaret, men kun i Enden ganske svagt udrandet.

Farven var hos det friskt indfangede Exemplar hvidagtig uden nogen tydelig Pigmentering.

Længden af det erholdte Exemplar er 7½mm.

Forekomst og Udbredning. — 1 enkelt Exemplar, efter Udseende at domme en Han, af denne meget distinkte Art toges under Expeditionens 2det Togt i Havet Vest af Lofoten (Stat. 251) fra et Dyb af 634 Favne. 1 ganske ungt Exemplar, der synes at tilhøre samme Art, har jeg tidligere taget ved Finmarkens Kyst paa 150—200 Favnes Dyb. Da den ovennemalte Station tilhører den kolde Area, er vistnok Arten at betragte som en arktisk Form.

but they did not appear to differ essentially in structure from those in the typical form.

The 3 posterior pairs of legs are remarkably robust in structure and well-nigh uniform in length. The basal joint is exceedingly large, almost quadrate, with the lower posterior corner somewhat produced and broadly rounded. Of the remaining articulations, the 3rd, in particular, is exceedingly broad and compressed, with the posterior margin very arcuate. The terminal claw quite short.

The 2nd pair of caudal stylets (see figs. 3, 3 a) are distinguished by the considerable breadth and greatly compressed form of the trunk. The branches are, as in the 1st pair, simple conic, without either bristles or spines.

The last pair of caudal stylets (ibid.) are quite rudimentary, and so small as scarcely to project beyond the trunk of the preceding pair. They are, however, as in the other pairs, biramous, with the branches exceedingly small and short.

The telson (ibid.) is short and broad, almost quadrate, and not, as in the typical species, deeply incised, having merely a slight emargination at the extremity.

Colour in the recently taken specimen whitish, without any distinct pigmentation.

Length of the specimen secured 7½mm.

Occurrence and Distribution. — One individual only — to judge by the appearance a male — of this very distinct species was brought up, on the second cruise of the Expedition, in the sea west of Lofoten (Stat. 251), from a depth of 634 fathoms. A very young example, apparently belonging to the same species, I had previously taken off the coast of Finmark, at a depth of 150—200 fathoms. The Station mentioned above being in the cold area, the species may no doubt be regarded as an Arctic form.

Fam. 2. **Phoxidæ.**

Gen. 1. **Phoxus,** Kröyer, 1842.

Naturh. Tidsskrift, 1 Række, Bd. IV.

39. Phoxus oculatus, G. O. Sars, n. sp.

(Pl. XIII, Fig. 4, 4 a—c)

Phoxus oculatus, G. O. Sars, Crust. & Pycnogonida nova etc., No. 18.

Artscharacteristik. Legemet undersætsigt, med vel udviklede Epimerer. Hovedet oventil kun svagt hvælvet, med Pandepladen forholdsvis kort og næsten horizontal. 3die Bagkropssegments Sideplader bagtil udtrukne i en bred tungeformig Lap. Øinene tydelige, laterale, med mørkt

Fam. 2. **Phoxidæ.**

Gen. 1. **Phoxus,** Kröyer, 1842.

Naturh. Tidsskrift, 1 Række, Bd. IV.

39. Phoxus oculatus, G. O. Sars, n. sp.

(Pl. XIII, figs. 4, 4 a—c).

Phoxus oculatus, G. O. Sars, Crust. & Pycnogonida nova etc., No. 18.

Specific Character. — Body thickset, with well developed epimera. Head but slightly arched above, with frontal plate comparatively short and almost horizontal. Lateral plates of 3rd abdominal segment produced posteriorly to a broad linguiform lobe. Eyes distinct, lateral.

Pigment og vel udviklede Synselementer. Alle Børster ucilierede. 1ste Par Følere med Basalledet af middelmaadig Størrelse, Bisvøben omtrent halvt saa lang som Svøben, 4-leddet. De 2 forreste Fodpar med Haanden oval og Gribranden kort samt nedentil begrændset af et stærkt tandformigt Fremspring. 5te Fodpars Hofteled pladeformigt udvidet. Sidste Fodpar kort, med Hofteleddet meget bredt og bagtil jevnt udbuet. Sidste Par Halefødder med den ydre Gren forlænget og cylformigt tilspidset. Halevedhænget af aflang Form, kløftet til Roden. Farven hvidgraa. Længden 5 1/2 mm.

Findested. Jan Mayen.

Bemærkninger. Nærværende Form er let kjendelig fra alle saavel til denne som den følgende Slægt hørende Arter ved de tydeligt udviklede, mørkt pigmenterede Øine. Fra *Ph. Holbølli* Kr. kjendes den desuden ved den mere undersætsige Kropsform, den kortere og stumpere Pandeplade og en noget forskjellig Form paa sidste Fodpars Hofteled.

Beskrivelse af Hunnen. Legemet er (se Pl. XIII, Fig. 4) forholdsvis meget kort og undersætsigt bygget, med bred, hvælvet Ryg og temmelig høie Epimerer.

Hovedet er omtrent saa langt som de 3 forreste Segmenter tilsammen, oventil svagt hvælvet og fortil som sædvanligt fremspringende over Roden af Følerne i Form af et Pandehorn eller rettere Pandeplade. Spidsen af denne Pandeplade er mindre uddraget end hos *Ph. Holbølli* og ovenfra seet stumpt tilrundet.

De 4 forreste Par Epimerer er temmelig store, kjendeligt høiere end selve Kroppen og nedentil (se Fig. 4 d) besat med nogle simple, ikke cilierede Børster. 4de Par er betydelig bredere end de øvrige og bagtil i sin øverste Del stærkt indskaaret for at kunne optage den forreste lungeformigt udløbende Lap af det følgende Par.

3die Bagkropssegments Sideplader er temmelig store og bagtil uddragne i en tungeformig, i Enden afrundet Lap. De 3 bageste Segmenter er meget korte og oventil jevnt hvælvede.

Øinene er hos denne Art meget tydeligt udviklede og har sin Plads som hos andre Amphipoder paa Siderne af Hovedet, lige over 2det Par Føleres Fæste. De er af afrundet Form og forsynede med mørkt Pigment og normalt udviklede Synselementer.

1ste Par Følere (Fig. 4 a) dækkes for en Del oventil af Pandepladen og træder frem til hver Side af samme. De er forholdsvis korte og undersætsigt byggede, dog ikke i den Grad som hos *Ph. Holbølli*. Basalleddet er noget længere end de 2 følgende Led tilsammen og betydelig tykkere. 2det Led har i den ene Kant en Rad af stærke ucilierede Børster. Svøben er noget kortere end Skaftet,

with a dark pigment and well-developed visual elements. All bristles non-ciliated. First pair of antennæ with basal joint moderate in size; secondary flagellum about half as long as true flagellum, and with 4 articulations. The 2 anterior pairs of legs with the hand oval and the palmar margin short, as also defined below by a prominently dentiform projection. Basal joint of 5th pair of legs lamelliform-dilated. Last pair of legs short, with basal joint very broad, and uniformly arched behind. Last pair of caudal stylets with outer plate elongate and awlshaped-acute. Telson oblong in form, cleft to the base. Colour whitishgrey. Length 5 1/2 mm.

Locality. — Shores of Jan Mayen.

Remarks. — The present form is readily distinguished from all other species belonging either to this or the succeeding genus, by the distinctly developed, darkly pigmented eyes. From *Ph. Holbølli* Kr. the animal may, too, be easily recognized by the more thickset form of body, the shorter and more obtuse frontal plate, as also by a somewhat different shape characterizing the basal joint of the last pair of legs.

Description of the Female. — The body (see Pl. XIII, fig. 4) comparatively very short and thickset in structure, with broad, arching back and rather deep epimera.

The head is about as long as the 3 anterior segments taken together, slightly arcuate above, and as usual projected anteriorly beyond the base of the antennæ, in the form of a kind of rostrum, or rather frontal plate. The point of this frontal plate is less produced than in *Ph. Holbølli*, and, when viewed from above, appears obtusely rounded.

The 4 anterior pairs of epimera are rather large, obviously higher than the body itself, and furnished below with a few simple, non-ciliated bristles. The 4th pair are considerably broader than the rest, and hindwards deeply incised in their upper half, for the reception of the foremost linguiform-protending lobe of the succeeding pair.

The lateral plates of the 3rd abdominal segment are comparatively large, and posteriorly produced to a linguiform, at the extremity, rounded lobe. The 3 posterior segments are very short, and uniformly arched above.

The eyes in this species are very distinctly developed, and, as in other Amphipods, placed on either side of the head, immediately above the points of attachment for the 2nd pair of antennæ. They are rounded in form, and furnished with a dark pigment as also normally developed visual elements.

The 1st pair of antennæ (fig. 4 a) are covered above to a great extent by the frontal plate, from either side of which they project. They are comparatively short and thickset in structure, though not so much so as in *Ph. Holbølli*. The basal joint is somewhat longer than the 2 succeeding articulations taken together, and considerably thicker. The 2nd articulation has on one of the margins a row of strong

20*

meget tynd og sammensat af 6 Led. Bisvøben er neppe mere end halvt saa lang og 4-leddet.

2det Par Følere (Fig. 4 b) er ubetydeligt længere end 1ste Par og har de 2 basale Led stærkt opsvulmede og delvis skjulte under Hovedskjoldet. Skaftets næstsidste Led er noget udvidet mod Enden og temmelig rigeligt forsynet med Børster, der her ligesom overalt paa Legemet er neihierede. Svøben er tynd, 8-leddet.

De 2 forreste Fodpar (Fig. 4 c) er indbyrdes fuldkommen af samme Bygning, temmelig kraftige, med Haanden af oval Form og Griberanden kort og noget skraa samt bagtil begrændset af et tydeligt tandformigt Fremspring, ved hvis Basis er fæstet en stærk Torn. De 2 følgende Fodpar har 3die Led forholdsvis stort og tæt børstebesat, de 2 sidste temmelig smaa.

5te Fodpar har som hos de øvrige til denne Slægt hørende Arter Hofteleddet pladeformigt udvidet, de øvrige Led succesivt afsmalnende og temmelig rigeligt børstebesatte.

6te Fodpar er næsten dobbelt saa langt, med Hofteleddet næsten elliptiskt, de øvrige Led cylindriske med spredte tornformige Børster; Endekloen tynd og lige.

Sidste Fodpar er igjen meget kort, men har Hofteleddet særdeles stort, pladeformigt, med den bagre Rand jevnt bueformigt bøiet og utydeligt sangtakket. Den øvrige Del af Foden er neppe længere end Hofteleddet og jevnt afsmalnende. Sidste Par Halefødder (se Fig. 4 e) har den ydre Gren stærkt forlænget og sylformigt tilspidset samt besat med en Del simple Børster. Den indre Gren er meget kort, neppe mere end ¹/₃ saa lang som den ydre.

Halevedhænget (ibid.) er af aflang Form og ved et smalt Indsnit kløftet lige til Roden i 2 symmetriske Halvdele. Farven er hvidgraa, noget gjennemsigtig. Længden overstiger neppe 5¹/₂ᵐᵐ.

Forekomst og Udbredning. Nogle faa Exemplarer af denne distincte Art toges under Expeditionens 2det Togt ved Sydkysten af Jan Mayen paa 15—20 Favnes Dyb. Samme Art har jeg ogsaa taget ved vor Kyst, nemlig i Varangerfjorden. Den er vistnok at betragte som en arktisk Form.

non-ciliated bristles. The flagellum is somewhat shorter than the peduncle, very slender, and composed of 6 articulations. The secondary flagellum is scarcely more than half as long, and has 4 articulations.

The 2nd pair of antennæ (fig. 4 b) are but very little longer than the 1st pair, and have the 2 basal joints greatly swollen, and in part covered by the cephalic shield. The penultimate joint of the peduncle is somewhat dilated towards the extremity, and rather abundantly provided with bristles, which here, as elsewhere on the body, are non-ciliated. The flagellum is slender, and composed of 8 articulations.

The 2 anterior pairs of legs (fig. 4 c) are perfectly uniform in structure, rather powerful, with the hand of an oval form and the palmar margin short and somewhat oblique, as also posteriorly defined by a well-marked dentiform projection, at the base of which occurs a strong spine.

The 2 succeeding pairs of legs have the 3rd articulation comparatively large and densely beset with bristles, the 2 last rather small.

The 5th pair of legs have, as in the other species belonging to this genus, the basal joint lamelliform-dilated, the remaining articulations successively tapering and rather abundantly furnished with bristles.

The 6th pair of legs are well-nigh double the length, with the basal joint almost elliptic in form, the remaining articulations cylindric, with scattered spiniform bristles. Terminal claw slender and straight.

The last pair of legs, again, are very short, but have the basal joint exceedingly large, lamelliform, with the posterior margin uniformly arched and indistinctly serrate. The remaining portion of the leg is scarcely at all longer than the basal joint, and tapers gradually.

The last pair of caudal stylets (see fig. 4 e) have the outer branch very considerably elongate and awlshaped-acute, as also beset with a number of simple bristles. The inner branch is very short, scarcely more than one-third as long as the outer.

The telson (ibid.) is oblong in form, and, by a narrow incision, cleft to the base into 2 symmetrical halves. Colour a whitish-grey, semi-translucent. Length scarcely exceeding 5¹/₂ᵐᵐ.

Occurrence and Distribution. — A few individuals of this distinct species were obtained on the 2nd cruise of the Expedition, off the south-east coast of Jan Mayen, from a depth of 15—20 fathoms. The same species I have likewise taken on the Norwegian coast, viz. in the Varanger Fjord. It may no doubt be regarded as an Arctic form.

Gen. 2. **Harpinia**, Boeck, 1870.

Crust. amphip. bor. et arctica.

40. Harpinia abyssi, G. O. Sars, n. sp.

(Pl. XIII, Fig. 5, 5 a—m).

Harpinia abyssi, G. O. Sars, Crustacea & Pycnog. nova etc., No. 10.

Artscharakteristik. Legemet noget mindre undersætsigt, med bred Ryg og ikke meget store Epimerer. Hovedet oventil convext, med forholdsvis kort Pandeplade. 3die Bagkropssegments Sideplader bagtil jevnt afrundede; 4de Segment oventil puklet. De fleste Borster ciliærede. Ingen Øine. 1ste Par Følere med særdeles tykt og massivt Basalled. Svøberne korte, næsten af ens Længde. 2det Par Følere med Skaftets næstsidste Led stærkt udvidet. De 2 forste Fodpar med Haanden omvendt pæreformig. Gribranden meget skjæv og bagtil begrændset af en stump Vinkel. 5te Fodpar med smalt lineært Hofteled. Sidste Fodpar særdeles lidet, med Hofteleddet af uregelmæssig Form, bredere end langt, bagtil stærkt udbuet, fortil i det nedre Hjorne skraat afkuttet og tet besat med lange ciliærede Borster. Sidste Par Halefødler korte, med den ydre Gren borstebesat, den indre noget kortere, sylformigt tilspidset, nøgen. Halevedhænget meget lidet, bredere end langt, kloftet til Midten. Farven graahvid. Længden indtil 13mm.

Findesteder. Stat. 18, 31, 33, 40, 51, 87, 124, 192, 200, 240, 248, 251, 283, 295, 312.

Bemærkninger. Denne Art er let kjendelig fra de øvrige bekjendte Arter af Slægten, foruden ved sin forholdsvis betydelige Størrelse, ved den eiendommelige Form af sidste Fodpars Hofteled, ved de stumpt tilrundede Sideplader paa 3die Bagkropssegment samt ved det pukkelformige Fremspring, som det følgende Segment danner oventil.

Beskrivelse af Hunnen. Legemet er (se Pl. XIII, Fig. 5) noget mindre undersætsigt end hos den ovenfor beskrevne *Phoxus*-Art, men dog endnu temmelig plumpt, med bred Ryg og forholdsvis ikke meget hoie Epimerer.

Hovedet er oventil temmelig stærkt hvælvet, med Pandepladen ikke meget uddraget og ovenfra seet stumpt afrundet.

De 4 forreste Par Epimerer er noget, skjøndt ikke meget hoiere end selve Kroppen og i sin nedre Kant forsynede med en Rad af Borster. Disse sidste er her ligesom i Regelen ogsaa paa Lemmerne fint ciliærede (se Fig. 5 h). 4de Par er temmelig bredt og har den bagre Kant nedenfor Udrandningen jevnt buet. 5te Par (se Fig. 5 i) er af uregelmæssig transversal Form, med den forreste Del smalt kileformig, den bagerste betydelig dybere og noget vinklet.

Gen. 2. **Harpinia**, Boeck, 1870.

Crust. amphip. bor. et arctica.

40. Harpinia abyssi, G. O. Sars, n. sp.

(Pl. XIII, figs. 5, 5 a—m).

Harpinia abyssi, G. O. Sars, Crustacea & Pycnog. nova etc., No. 10.

Specific Character. — Body somewhat less thickset, with the back broad and not very large epimera. Head convex above, with comparatively short frontal plate. Lateral plates of 3rd abdominal segment equally rounded behind; 4th segment hunched above. Most of the bristles ciliated. No eyes. First pair of antennæ with basal joint exceedingly thick and massive, flagella short, almost uniform in length. Second pair of antennæ with penultimate joint of peduncle greatly dilated. The first 2 pairs of legs with hand inverted-pyriform, palmar margin very oblique, and posteriorly defined by an obtuse angle. Fifth pair of legs with basal joint linear. Last pair of legs with basal joint irregular in form, broader than long, posteriorly very arcuate; anteriorly, oblique truncate in the lower corner, and closely beset with long, ciliated bristles. Last pair of caudal stylets short, outer branch beset with bristles, inner somewhat shorter, awlshaped-acute, naked. Telson very small, broader than long, cleft to the middle. Colour greyish-white. Length reaching 13mm.

Locality. — Stats. 18, 31, 33, 40, 51, 87, 124, 192, 200, 240, 248, 251, 283, 295, 312.

Remarks. — This form is easily distinguished from all other known species of the genus, not only by its comparatively very considerable size but also by the peculiar form characterizing the basal joint of the last pair of legs, by the obtusely rounded lateral plates on the 3rd abdominal segment, and finally by the hunched projection formed above by the succeeding segment.

Description of the Female. — The body (see Pl. XIII, fig. 5) is somewhat less thickset than in the *Phoxus* species described above, but still rather clumsy in form, having the back broad and the epimera relatively not very deep.

The head is considerably arched above, with the frontal plate not very much produced, and presenting, when viewed from above, an obtusely rounded appearance.

The 4 anterior pairs of epimera are somewhat, though not much, higher than the body itself, and furnished along the lower margin with a row of bristles, finely ciliated, as is generally the case, too, on the appendages (see fig. 5 h). The 4th pair are rather broad, and have the posterior border, below the emargination, uniformly arched. The 5th pair (see fig. 5 i) are irregular-transversal in form, with the anterior part slenderly wedge-shaped, the posterior considerably deeper and somewhat angular.

3die Bagkropssegments Sideplader er ikke bagtil udtrukne, men stumpt afrundede. 4de Segment viser oventil et pukkelformigt Fremspring.

Øine mangle ganske og aldeles.

1ste Par Følere (Fig. 5 *a*) er meget korte, med Basalledet overordentlig massivt og opsvulmet. Svøberne er forholdsvis smaa og næsten af ens Længde. Hovedsvøben 6-leddet. Bisvøben 5-leddet.

2det Par Følere (Fig. 5 *b*) er ligeledes korte og robuste, med Skaftets næstsidste Led sammentrykt og dannende bagtil en bredt afrundet Lap, hvortil er fæstet en Rad af Fjærbørster og en Del korte Torner. Svøben er forholdsvis liden og 6-leddet.

Kindbakkerne (Fig. 5 *c*) er kraftigt udviklede, med kort, men tydelig Tyggeknude og forholdsvis meget stor Palpe.

1ste Par Kjæver (Fig. 5 *d*) er derimod smaa, med Tyggelappen kort og skraat afskaaret i Enden. Palpen forholdsvis smal og den indre Lap rudimentær.

2det Par Kjæver (Fig. 5 *e*) har begge Lapper omtrent af ens Størrelse, men den indre stærkere børstebesat.

Kjævefødderne (Fig. 5 *f*) viser den sædvanlige Bygning. Den ydre Tyggelap er forholdsvis kort og forsynet med lange bøiede Børster. Palpen er vel udviklet, med sidste Led kloformigt.

De 2 forreste Fodpar (Fig. 5 *g*) har Haanden omvendt pæreformig og længere end de 3 foregaaende Led tilsammen. Griberanden er meget skraa og indtager Størsteparten af Haandens Længde samt begrændses bagtil kun af et stumpt Hjørne, hvortil er fæstet en enkelt Torn.

De 2 følgende Fodpar (Fig. 5 *h*) er af den sædvanlige Form, med 3die Led meget stort og ligesom de følgende i den bagre Kant tæt børstebesat.

5te Fodpar (Fig. 5 *i*) har som hos de øvrige Arter af denne Slægt Hofteleddet simpelt lineært, ikke som hos *Phoxus* pladeformigt udvidet. De øvrige Led er i begge Kanter tæt børstebesatte; Børsterne her som overalt fint cilierede.

6te Fodpar (Fig. 5) er stærkt forlænget og temmelig kraftigt bygget, med Hofteleddet smalt ovalt, sidste Led længere end de øvrige og i den ene Kant besat med en tæt Rad af temmelig lange Børster.

Sidste Fodpar (Fig. 5 *k*) er særdeles lidet, med Hofteleddet som sædvanlig pladeformigt udvidet, men af en temmelig uregelmæssig Form og noget bredere end høit. Dets bagre Rand er stærkt udbuet og fint saugtakket samt forsynet med korte Børster; den forreste danner nedentil en fremspringende Vinkel og er nedenfor denne besat med en tæt Rad af lange Fjærbørster. De øvrige Led aftager successivt i Størrelse og er temmelig rigeligt børstebesatte.

The lateral plates of the 3rd abdominal segment are not produced posteriorly, but obtusely rounded. The 4th segment exhibits above a hunched projection.

Eyes entirely wanting.

The 1st pair of antennæ (fig. 5 *a*) are very short, with the basal joint remarkably massive and swollen. The flagella are comparatively small and almost uniform in length; the principal flagellum has 6 articulations, the secondary 5.

The 2nd pair of antennæ (fig. 5 *b*) are likewise short, and robust in structure, with the penultimate joint of the peduncle compressed and forming posteriorly a broad, rounded lobe, to which are attached a series of plumous bristles and a number of short spines. The flagellum is comparatively small, and composed of 6 articulations.

The mandibles (fig. 5 *c*) are powerfully developed, with a small but distinct molar protuberance and a relatively very large palp.

The 1st pair of maxillæ (fig. 5 *d*), on the other hand are small, with the masticatory lobe short and obliquely truncate at the extremity, the palp comparatively slender, and the inner lobe rudimentary.

The 2nd pair of maxillæ (fig. 5 *e*) have the 2 lobes equal in size, but the inner more abundantly furnished with bristles.

The maxillipeds (fig. 5 *f*) exhibit the usual structure. The outer masticatory lobe is comparatively short, and provided with long, curving bristles. The palp is well developed, and has the terminal articulation unguiform.

The 2 anterior pairs of legs (fig. 5 *g*) have the hand inverted-pyriform and longer than the 3 preceding articulations taken together. The palmar margin — very oblique and occupying the greater part of the length of the hand — is limited behind by an obtuse corner only, bearing a single spine.

The 2 succeeding pairs of legs (fig. 5 *h*) are of the usual form, with the 3rd articulation very large, and, like the succeeding, densely beset with bristles along the posterior margin.

The 5th pair of legs (fig. 5 *i*) have, as in the other species belonging to this genus, the basal joint simple linear, not as in *Phoxus* lamelliform-dilated. The remaining articulations are, along both margins, densely beset with bristles, and here as elsewhere finely ciliated.

The 6th pair of legs (fig. 5) are very elongate and rather powerful in structure, with the basal joint slenderly oval, the last articulation longer than the rest and furnished along one of the margins with a close series of rather long bristles.

The last pair of legs (fig. 5 *k*) are exceedingly small, with the basal joint, as usual, lamelliform-dilated, but somewhat irregular in shape, and a trifle broader than high. Its posterior margin is strongly arched and finely serrate, as also furnished with short bristles; the anterior forms below a projecting angle, beneath which it has a close series of long plumous bristles. The remaining articulations diminish successively in size, and are rather abundantly provided with bristles.

Sidste Par Halefødder (Fig. 5 l) er forholdsvis korte og overrager neppe det foregaaende Par. Af Grenene er den ydre forsynet med en Rad Børster i den ene Kant; den indre er noget kortere, sylformigt tilspidset og børsteløs.

Halevedhænget (Fig. 5 m) er særdeles kort og bagtil forsynet med et vinkelformigt Indsnit, der dog ikke strækker sig længere end til Midten af Vedhængets Længde; Sidelapperne er i Spidsen afstumpede.

Farven er som hos de øvrige Arter ensformig |graahvid uden Pigment.

Længden gaar op til 13ᵐᵐ og er saaledes betydelig større end hos nogen af de tidligere bekjendte Arter.

Forekomst og Udbredning. Nærværende Art synes at være en af de for Nordhavets større Dybder mest charateristiske *Amphipoder*. Vi har noteret den fra ikke mindre end 15 forskjellige Stationer, alle tilhørende den kolde Area, Dybden fra 350 til 1215 Favne.

Artens for Tiden bekjendte Udbredningsfelt er herefter Nordhavets større Dyb fra den 63de til den 75de Bredegrad og fra 16° Ø. L. til 12° V. L.

The last pair of caudal stylets (fig. 5 l) are comparatively short, projecting scarcely at all over the preceding pair. Of the branches, the outer is provided with a row of bristles along one of the margins; the inner is somewhat shorter, awlshaped-acute, and without bristles.

The telson (fig. 5 m) is exceedingly short, and has posteriorly an angular incision, which, however, does not extend farther down than the middle of the appendage; the lateral lobes are obtuse at the extremity.

Colour, as in the other species, a uniform whitish-grey, without any distinct pigmentation.

Length reaching 13ᵐᵐ, and hence greater than in any of the previously known species.

Occurrence and Distribution. — The present species would seem to be one of the *Amphipods* most peculiar to the great depths of the Northern Ocean. We have recorded the animal from not less than 15 different Stations, all in the cold area; depth ranging from 350 to 1215 fathoms.

Hence, the tract of distribution throughout which the species is at present known to occur, comprises the great depths of the Northern Ocean, extending from the 63rd to the 75th parallel of latitude and from long. 16° E. to long. 12° W.

---

41. Harpinia carinata, G. O. Sars, n. sp.

(Pl. XIII, Fig. 6, 6 a—m).

Harpinia carinata, G. O. Sars, Crust. & Pycnog. nova etc., No. 20.

Artskarakteristik. Legemet noget sammentrykt, med Bagkroppen øvertil tydeligt kjølet, 4de og sidste Bagkropssegments Kjøl adskilt ved et dybt Indsnit. Pandepladen kort og stump. 3die Bagkropssegments Sideplader bagtil stumpt afrundede. Ingen Øine. Følerne særdeles robuste, begges Skaft foruden de sædvanlige Børster forsynet paa den indre Side med tætte Knipper af fine Cilier. De 5 forreste Fodpar omtrent som hos foregaaende Art. 6te Fodpar med de ydre Led kun forsynede med korte Torner. Sidste Fodpar med Hofteleddet stærkt udvidet, bagtil jevnt buet. fortil ikke vinklet. Sidste Par Halefødder med begge Grene membranøse, lancetformige og i Kanterne forsynede med korte Haar. Halevedhænget kløvet til Roden. Farven graahvid. Længden 10ᵐᵐ.

Findesteder. Stat. 248, 312.

Bemærkninger. De 2 foreliggende Exemplarer af nærværende Form har alle Charakterer af at være Hanner,

41. Harpinia carinata, G. O. Sars, n. sp.

(Pl. XIII, figs. 6, 6 a—m).

Harpinia carinata, G. O. Sars, Crust. & Pycnog. nova etc., No. 20.

Specific Character. — Body somewhat compressed, with posterior division distinctly carinated above; keels of 4th and last abdominal segments separated by a deep incision. Frontal plate short and obtuse. Lateral plates of 3rd abdominal segment obtusely rounded posteriorly. No eyes. Antennae exceedingly robust, with peduncles of both, exclusive of the usual bristles, having on inner side close-set fascicles of delicate cilia. The 5 anterior pairs of legs about as in the preceding species. Sixth pair of legs with outer articulation provided merely with short spines. Last pair of legs with basal joint greatly dilated, posteriorly uniformly arched, anteriorly not angular. Last pair of caudal stylets with both branches membranous, lanceolate, and clothed along the edges with short hairs. Telson cleft to base. Colour greyish-white. Length 10ᵐᵐ.

Locality. — Stats. 248, 312.

Remarks. — The 2 specimens obtained of the present form exhibit every characteristic of being males, and indeed

og jeg har en Tid svevet i Tvivl om de ikke maaske kunde være Hanner af foregaaende Art. De skiller sig imidlertid, som det vil sees, ikke blot i Følernes Bygning, men ogsaa i enkelte andre Charaeterer, som ikke pleier at være modificerede hos Hannerne (f. Ex. den tydeligt kjølede Bagkrop, Formen af de 2 bagre Fodpar og Halevedhængene), hvorfor jeg foretrækker indtil videre at beskrive dem som tilhørende en selvstændig Art.

Beskrivelse. Legemets Form er (se Pl. XIII, Fig. 6) i det væsentlige som hos foregaaende Art, dog noget mere sammentrykt fra Siderne, med mindre bred Ryg og forholdsvis lavere Epimerer.

Hovedet er som hos foregaaende Art oventil temmelig stærkt hvælvet og Pandepladen forholdsvis kort og bred.

Bagkroppen viser oventil i hele sin Længde en meget tydeligt markeret Længdekjøl, der dog bagtil bliver afbrudt ved et dybt Indsnit mellem 4de og sidste Segment. Sidepladerne paa 3die Segment er som hos *H. abyssi* bagtil stumpt tilrundede.

Øine mangler ogsaa her fuldstændigt.

Følerne (Fig. 6 a og b) er særdeles robuste og i høi Grad udmærkede derved, at Skaftet paa begge foruden de sædvanlige Børster viser paa den indre Side en særdeles tæt Besætning af eiendommelige fine Cilier, der i sin Bygning nærmest synes at svare til de hos andre *Amphipoder* alene til 1ste Pars Svøbe indskrænkede klare Sandsebørster. Disse Cilier er grupperede i tætte skastformige Knipper og rager delvis frem foran Følernes forreste Kanter. Bisvøben paa 1ste Par er kjendeligt kortere end Hovedsvøben, og Svøben paa 2det Par synes forholdsvis mindre end hos foregaaende Art.

De 2 forreste Fodpar (Fig. 6 c) har Haanden noget mere forlænget og det Griberanden bagtil begrændsende Hjørne stumpere.

De 3 følgende Fodpar viser ikke nogen bemærkelig Forskjel fra samme hos foregaaende Art.

6te Fodpar (se Fig. 6) er forholdsvis endnu noget stærkere forlænget end hos *H. abyssi*, og dets yderste Led er her kun besat med korte og spredte Torner.

Sidste Fodpar (Fig. 6 d) er temmelig uligt samme hos foregaaende Art, idet Hofteleddet er større og mere regelmæssigt afrundet, med den bagre Rand ganske jevnt buet og den forreste lige, uden det stærke vinkelformige Fremspring nedentil, som udmærker dette Fodpar hos *H. abyssi*.

Sidste Par Halefødder (Fig. 6 e) skiller sig ligeledes noget væsentligt fra samme hos foregaaende Art. De er forholdsvis betydelig større, og Endegrenene er af en eiendommelig membranøs Beskaffenhed, lancetdannede og i Kanterne besatte med nogle meget smaa og spredte Haar.

Description. — Form of the body (see Pl. XIII, fig. 6) essentially similar to that in the preceding species, though much more compressed from the sides, with the back less broad and relatively smaller epimera.

The head, as in the preceding species, rather prominently arched above, and the frontal plate comparatively short and broad.

The posterior division of the body exhibits above, throughout its entire length, a very distinctly marked longitudinal carina, which, however, posteriorly, is severed by a deep incision between the 4th and terminal segments. The lateral plates on the 3rd segment are, as in *H. abyssi*, obtusely rounded posteriorly.

Eyes in this form, too, entirely wanting.

The antennæ (figs. 6 a, b) are exceedingly robust, and very prominently characterized by the peduncle on each pair, apart from the usual bristles, exhibiting along the inner side an exceedingly dense clothing of peculiar, delicate cilia which, in their structure, would seem to approximate closest the translucent sensory bristles exclusively confined in other *Amphipods* to the flagellum of the 1st pair. These cilia are grouped in close-set, scopiform fascicles, and project in part beyond the anterior margins of the antennæ. The secondary flagellum on the 1st pair is appreciably shorter than the principal flagellum; and the flagellum on the 2nd pair would seem to be relatively smaller than in the preceding species.

The 2 anterior pairs of legs (fig. 6 c) have the hand a trifle more elongate and the corner posteriorly defining the palmar margin obtuser.

The 3 succeeding pairs of legs do not exhibit any appreciable difference from those pairs in the preceding species.

The 6th pair of legs (see fig. 6) are relatively still more elongate than in *H. abyssi*, and the outermost articulation of this pair is furnished merely with short and scattered spines.

The last pair of legs (fig. 6 d) are rather unlike that pair in the preceding species, the basal joint being larger and more regularly rounded, with the posterior margin uniformly arched and the anterior straight, without the strong angular projection below distinguishing the said pair of legs in *H. abyssi*.

The last pair of caudal stylets (fig. 6 e) differ likewise essentially from those in the preceding species. They are relatively much larger, and the terminal branches, lanceolate in form, exhibit a peculiar membranous structure having along the margins a few exceedingly minute and scattered hairs.

Halevedhænget (ibid.) er lige til Roden kløftet, med Sidelapperne i Spidsen smalt tilrundede.

Farven er som hos foregaaende Art ensformig graahvid.

Længden af det største af de undersøgte Exemplarer var 16ᵐᵐ.

Forekomst. Kun 2 Exemplarer af denne Form blev under vor Expedition indsamlede, det ene langt ude i Havet Vest af Lofoten (Stat. 248), det andet Nordvest af Beeren Eiland (Stat. 312). Dybden fra 658 til 778 Favne. Begge Stationer tilhører den kolde Area.

The telson (ibid.) is cleft to the base, with the lateral lobes narrowly rounded at the extremity.

Colour, as in the preceding species, a uniform greyish-white.

Length of the largest specimen examined 10ᵐᵐ.

Occurrence. — Only 2 examples of this form were taken on the Norwegian North-Atlantic Expedition, the one far out at sea, west of Lofoten (Stat. 248), the other north-west of Beeren Eiland (Stat. 312); depth 658 and 778 fathoms. Both Stations in the cold area.

---

42. Harpinia mucronata, G. O. Sars, n. sp.

(Pl. XIII, Fig. 7, 7 a—g).

Harpinia mucronata, G. O. Sars. Crust. & Pycnog. nova etc., No. 22.

Artscharacteristik. Legemet mindre undersætsigt, med jevnt hvælvet Rygside og forholdsvis meget store Epimerer. Hovedet oventil kun lidet convext, med næsten horizontal Pandeplade. 3die Bagkropssegments Sideplader bagtil uddragne i en skarp opadbøiet Hage. Ingen Øine. Følerne mindre robuste end hos de 2 foregaaende Arter. De 2 forreste Fodpar med regelmæssig oval Haand og Gribe-randen bagtil begrændset af et tydeligt Fremspring. 6te Fodpar mindre stærkt forlænget. Sidste Fodpar med Hofte-leddet forholdsvis lidet og bagtil udtrukket i en lang og skarp dolkformig Fortsats. Sidste Par Halefødder omtrent som hos *H. abyssi*. Halevedhænget kort, næsten til Roden kløftet. Farven hvidgraa. Længden 5ᵐᵐ.

Findesteder. Stat. 200, 262.

Bemærkninger. Denne lille Art er let kjendelig ved den stærke hageformige Spids, som 3die Bagkropssegments Sideplader danner bagtil, samt ved den meget eiendommelige Form af sidste Fodpars Hofteled.

Beskrivelse af Hunnen. Legemet er (se Pl. XIII, Fig. 7) forholdsvis spinklere bygget end hos de øvrige Arter af Slægten og noget sammentrykt, dog med rund Ryg.

Hovedet er kjendeligt længere end de 3 forreste Segmenter tilsammen og oventil kun svagt hvælvet, med Pandepladen næsten horizontal.

De 4 forreste Par Epimerer er forholdsvis ikke meget store, neppe synderligt høiere end selve Kroppen og viser i den nedre Kant et begrændset Antal (sædvanlig 4) af ciliorede Børster. 4de Par er bagtil nedenfor Udrandningen stumpt afrundet.

---

42. Harpinia mucronata, G. O. Sars. n. sp.

(Pl. XIII, figs. 7, 7 a—g).

Harpinia mucronata, G. O. Sars, Crust. & Pycnog. nova etc.. No. 22.

Specific Character. — Body less thickset, with dorsal face uniformly arched and not very large epimera. Head but slightly convex above, with frontal plate almost horizontal. Lateral plates of 3rd abdominal segment produced posteriorly to a sharp, upward-bent hook. No eyes. Antennæ less robust in structure than in the 2 preceding species. The 2 anterior pairs of legs with hand regularly oval and palmar margin defined posteriorly by a distinct projection. Sixth pair of legs less prominently elongate. Last pair of legs with basal joint comparatively small, and jutting out posteriorly as a long and sharp dagger-shaped projection. Last pair of caudal stylets about as in *H. abyssi*. Telson short, cleft almost to the base. Colour whitish-grey. Length 5ᵐᵐ.

Locality. — Stats. 200, 262.

Remarks. — This small species is easily distinguished by the strong, hook-shaped point formed posteriorly by the lateral plates of the 3rd abdominal segment, as also by the very peculiar form characterizing the basal joint of the last pair of legs.

Description of the Female. — The body (see Pl. XIII, fig. 7) has a relatively more slender form than in the other species of the genus, and is somewhat compressed, though with the back round.

The head is appreciably longer than the 3 anterior segments taken together, and but slightly arched above, with the frontal plate well-nigh horizontal.

The 4 anterior pairs of epimera are relatively not very large, being scarcely at all higher than the body, and bear on the lower margin a limited number (as a rule 4) of ciliated bristles. The 4th pair are obtusely rounded posteriorly, below the emargination.

21

3die Bagkropssegments Sideplader er bagtil udtrukne i en usædvanlig stærkt udviklet, skarp, opadkrummet hageformig Fortsats, ovenfor hvilken er hæstet en Rad af Fjærborster (se Fig. 7 *g*). De bagre Segmenter er oventil jævnt hvælvede uden nogen Kjøl eller pukkelformige Fremspring.

Øine mangler ganske ligesom hos de foregaaende Arter. Følerne (Fig. 7 *a—b*) er mindre robuste end hos de 2 foregaaende Arter, forøvrigt af den sædvanlige Bygning.

De 2 første Fodpar (Fig. 7 *c*) har Haanden af regelmæssig oval Form, med Griberanden temmelig skraa og bugtil begrændset af et tydeligt Fremspring, der omtrent ligger lige langt fra Basis som fra Spidsen af Haanden, og er bevæbnet med den sædvanlige Torn.

6te Fodpar (se Fig. 7) er forholdsvis noget mindre forlænget og svagere bygget end hos de 2 foregaaende Arter og har sidste Led neppe længere end det foregaaende.

Sidste Fodpar (Fig. 7 *d*) udmærker sig i høi Grad ved Hofteleddets eiendommelige Form. Dette er forholdsvis betydelig mindre end hos de øvrige Arter og har det nedre bagre Hjørne udtrukket i en skarp dolkformig Fortsats, der er rettet lige bagud og oventil ved et lidet Indsnit er skarpt begrændset fra den bagre Rand; nedentil viser denne Fortsats 2 korte Sagtakker.

Bagkroppens Vedhæng ligner meget samme hos *H. abyssi*, dog med den Forskjel, at Halevedhænget (Fig. 7 *f*) er dybere kløftet.

Farven er den sædvanlige ensformig graahvide, her imidlertid noget mere gjennemsigtig.

Længden synes ikke at overskride 5**mm**.

Forekomst og Udbredning. Nogle faa Exemplarer af denne distincte Art er under Expeditionen indsamlede paa 2 forskjellige Stationer, den ene (St. 260) beliggende i Havet XV af Finmarken, Dybden 620 Favne, den 2den (St. 262) lige Øst af Vardø, Dybden 148 Favne. Da ialfald den ene af disse Stationer tilhører den kolde Area og den anden tilhører det i sin Fauna idethele arktiske Østhav, maa Arten vistnok ansees for at være af høinordisk Oprindelse.

The lateral plates of the 3rd abdominal segment are drawn out posteriorly to a remarkably strong-developed, sharp, upward-curving, hook-shaped projection, above which extend a series of plumous bristles (see fig. 7 *g*). The posterior segments are uniformly arched above, without any keel or hunched projection.

No trace of eyes, as in the preceding species.

The antennæ (figs. 7 *a—b*) are less robust than in the 2 preceding species, but, for the rest, of the usual structure.

The 2 anterior pairs of legs (fig. 7 *c*) have the hand of a regular oval form, with the palmar margin rather oblique and defined posteriorly by a distinct projection, placed about as far from the base as from the point of the hand, and bearing the usual spine.

The 6th pair of legs (see fig. 7) occur relatively somewhat less produced and more feeble in structure than are those of the 2 foregoing species, having also the terminal articulation scarcely at all longer than the preceding.

The last pair of legs (fig. 7 *d*) are highly characterized by the peculiar form of the basal joint, which is relatively much smaller than in the other species, and has the lower posterior corner jutting out as a sharp, dagger-shaped projection, directed straight backwards, and sharply defined above, by a small incision, from the faintly arcuate posterior margin; below, this projection exhibits 2 short teeth.

The abdominal appendage presents very considerable resemblance to that in *H. abyssi*, saving however that the telson (fig. 7 *f*) is more deeply cleft.

Colour, as usual, a uniform greyish-white — in this animal, however, somewhat more translucent.

Length apparently not exceeding 5**mm**.

Occurrence and Distribution. — A few examples of this distinct species were collected on the Expedition, at 2 different Stations, one (Stat. 260) in the sea north-west of Finmark, depth 620 fathoms, the other (Stat. 262) due east of Vardø, depth 148 fathoms. One, at least, of these Stations having been in the cold area, and the other in the Barents' Sea, a tract of ocean on the whole essentially polar as regards its Fauna, the present form is unquestionably of Arctic origin.

43. Harpinia serrata, G. O. Sars, n. sp.

(Pl. XIII, Fig. 8, 8 *a—d*).

Harpinia serrata, G. O. Sars, Crust. & Pycnog. nova etc., No. 21.

Artscharacteristik. Legemet kort og tykt, med temmelig store Epimerer. Hovedet oventil stærkt hvælvet med Pandepladen noget nedadkrummet. De 3 forreste Bagkrops-

43. Harpinia serrata, G. O. Sars, n. sp.

(Pl. XIII, figs. 8, 8 *a—d*).

Harpinia serrata, G. O. Sars, Crust. & Pycnog. nova etc., No. 21.

Specific Character. — Body short and thick, with rather large epimera. Head strongly arched above, with frontal plate curving slightly downward. The 3 anterior

segmenter oventil tæt haarede; Sidepladerne paa 3die Segment forholdsvis smaa og bagtil uddragne i et spidst, noget opadkrummet Hjørne. Ingen Øine. Foierne korte, af sædvanlig Bygning. De 2 forste Fodpar med Haanden af en lignende Form som hos *H. mucronata*. Sidste Fodpar med Hofteleddet bagtil stærkt udbuet og delt i 6 triangulært tilspidsede Fortsatser eller grove Sangtakker. Halefolderne og Halevedhænget som hos foregaaende Art. Farven graaagtig. Længden 6"".

Findested. Stat. 224.

Bemærkninger. Nærværende Art staar meget nær *H. plumosa* Kr., men kjendes let ved de oventil tæt haarede forreste Bagkropssegmenter og navnlig ved den eiendommelige og meget ioinefaldende Bevæbning af sidste Fodpars Hofteled, hvilken sidste Character har givet Anledning til Artsbenævnelsen.

Beskrivelse af Hunnen. Legemet er (se Pl. XIII, Fig. 8) af meget kort og undersætsig Form, med Forkroppen temmelig opblæst og Epimererne mere udviklede end hos de foregaaende Arter.

Hovedet er ogsaa forholdsvis storre og oventil stærkere hvælvet, saa at Pandepladen viser sig tydeligt nedadkrummet.

De 4 Par forreste Epimerer er kjendeligt hoiere end selve Kroppen og i sin nedre Kant forsynede med en Rad af cilierede Borster.

De 3 forreste Bagkropssegmenter er oventil tæt besatte med korte Borster, der giver dem et eget laaddent Udseende. Deres Sideplader er forholdsvis betydelig lavere end hos de foregaaende Arter, og de paa 3die Segment er bagtil udtrukne i et spidst, noget opadkrummet Hjørne. De folgende Segmenter er oventil jevnt hvælvede, uden Kjøl eller Fortsatser.

Af Øine er her ligesaalidt som hos de i det foregaaende omtalte Arter noget Spor at se.

Foierne (Fig. 8 *a—b*) er temmelig korte og robuste, forovrigt af sædvanlig Bygning.

De 2 forreste Fodpar (Fig. 8 *c*) har Haanden næsten noiagtig af samme Form som hos foregaaende Art.

6te Fodpar (se Fig. 8) er ogsaa meget overensstemmende bygget, men forholdsvis noget længere og kraftigere.

Sidste Fodpar (Fig. 8 *d*) viser derimod i Formen og Bevæbningen af Hofteleddet en meget ioinefaldende Forskjel fra alle ovrige bekjendte Arter. Dette Led er som sædvanlig pladeformigt udvidet, men den bagre Udvidning er meget skraa, saa at den overrager 3die Led, og dens Kanter er ved regelmæssige Indsnit delt i 6 triangulært tilspidsede Fortsatser eller grove Sangtakker, imellem hvilke staar frem korte Borster.

abdominal segments densely pubescent above; lateral plates on 3rd segment comparatively small, and produced posteriorly to a sharp, somewhat upward-curving corner. No eyes. Antennæ short, of the usual structure. The 2 first pairs of legs with hand of a similar form to that in *H. mucronata*. Last pair of legs having posterior margin of basal joint exceedingly arcuate, and divided into 6 triangular-acute projections, or coarse teeth. Caudal stylets and telson as in preceding species. Colour greyish. Length 6"".

Locality, — Stat. 224.

Remarks. — The present species approximates very closely *H. plumosa* Kr., but is easily recognized by the anterior abdominal segments being densely pubescent above, and more especially by the peculiar and very conspicuous armature distinguishing the basal joint of the last pair of legs. — a character, indeed, from which the specific designation is derived.

Description of the Female. — The body (see Pl. XIII, fig. 8) is exceedingly short and thickset, with the anterior division rather inflated, and the epimera more developed than in the preceding species.

The head, too, occurs relatively larger and more prominently arched above, giving to the frontal plate a distinct appearance of being curved downwards.

The 4 anterior pairs of epimera are appreciably higher than the body itself, and furnished along the lower margin with a series of ciliated bristles.

The 3 anterior abdominal segments are closely beset above with short bristles, that give them a characteristic pubescent appearance. Their lateral plates are relatively much smaller than in the preceding forms, and those on the 3rd segment are produced posteriorly to an acute, somewhat upward-curving corner. The succeeding segments are uniformly arched above, without either keel or projection.

Of eyes, as in the preceding species, not a trace could be detected.

The antennæ (fig. 8 *a—b*) are rather short and robust, for the rest normal in structure.

The 2 anterior pairs of legs (fig. 8 *c*) have the hand of almost precisely the same form as in the preceding species.

The 6th pair of legs (see fig. 8) exhibit, too, very considerable agreement as to structure, but are relatively somewhat longer and more powerful.

The last pair of legs (fig. 8 *d*) differ, on the other hand, most conspicuously in the form and armature of the basal joint from all other known species. This articulation is, as usual, lamelliform-dilated, but the posterior dilatation is very oblique, projecting beyond the 3rd joint, and its margins are divided by regular incisions into 6 triangular-pointed projections, or coarse serratures, between which rise a number of short bristles.

21*

I Bagkroppens Vedhæng er ingen væsentlig Afvigelse fra den sædvanlige Bygning at notere.

Farven er ensformig graaagtig, uden Pigment.

Længden af de undersøgte Exemplarer overstiger neppe 6⁰⁰.

Forekomst og Udbredning. 3 Exemplarer af denne Art toges under Expeditionens 2det Togt Syd af Jan Mayen (Stat. 224) paa circa 100 Favnes Dyb. Denne Art har jeg ogsaa fra Varangerfjorden. Den er uden Tvivl at betragte som en arktisk Form.

In the abdominal appendage there is no essential deviation in structure to be recorded.

Colour a uniform greyish-white, without pigment.

Length of the specimens examined scarcely exceeding 6⁰⁰.

Occurrence and Distribution. — Three examples of this species were taken on the 2nd cruise of the Expedition, south of Jan Mayen (Stat. 224); depth about 100 fathoms. The same species I have also obtained in the Varanger Fjord. It may doubtless be regarded as an Arctic form.

Gen. 3. **Urothoë**, Dana, 1852.

Amer. Journ. of Science and Arts XIV.

44. Urothoë abbreviata, G. O. Sars, n. sp.

(Pl. XIV, Fig. 1),

Urothoë abbreviata, G. O. Sars, Crustacea & Pycnogonida nova etc., No. 23.

Artscharacteristik. Legemet kort og undersætsigt, med smaa Epimerer. Hovedet stort, fortil afsmalnende, bagtil til hver Side forsynet med en udstaaende tilspidset Flig. 3die Bagkropssegments Sideplader bagtil retvinklede. Ingen Øine. 1ste Par Følere meget længere end 2det Par, med Skaftets 3 Led af ens Længde, Svøben kort, Bisvøben rudimentær. De 2 forreste Fodpar med liden Haand og stor Carpus. De 3 bagre Par særdeles robuste, med Leddene fortykkede og piggede. Sidste Par Halefødder meget smaa. Haletvedhænget dybt kløftet. Farven hvidagtig. Længden 3⁰⁰.

Findested. Stat. 200.

Bemærkninger. Fra de øvrige Arter af Slægten kjendes denne lille Art ved sin overordentlig korte og undersætsige Kropsform, de eiendommeligt formede 1ste Par Følere, Mangelen af Øine, og ved de korte sidste Par Halefødder.

Beskrivelse. Legemet er (se Pl. XIV, Fig. 1) usædvanlig kort og undersætsigt, bredere end høit og saaledes, uligt hvad Tilfældet pleier at være med Amphipoderne, hellere nedtrykt end sammentrykt, hvorfor det ogsaa er forbunden med adskillig Vanskelighed at faa et correct Sidevue af Dyret.

Hovedet er forholdsvis stort, omtrent af samme Længde som de 4 forreste Segmenter tilsammen. Det løber fortil noget conisk til og har Sidekanterne skraat nedadstigende

Gen. 3. **Urothoë**, Dana, 1852.

Amer. Journ. of Science and Arts XIV.

44. Urothoë abbreviata, G. O. Sars, n. sp.

(Pl. XIV. fig. 1).

Urothoë abbreviata, G. O. Sars, Crustacea & Pycnogonida nova etc. No. 23.

Specific Character. — Body short and thickset, with small epimera. Head large, tapering anteriorly, posteriorly furnished on either side with a projecting acute lappet. Lateral plates on 3rd abdominal segment rectangular posteriorly. No eyes. First pair of antennae much longer than 2nd, with the 3 joints of peduncle uniform in length; flagellum short, secondary flagellum rudimentary. The two anterior pairs of legs with hand small and carpus large. The three posterior pairs exceedingly robust, with the joints inspissated and spinous. Last pair of caudal stylets very small. Telson deeply cleft. Colour whitish. Length 3⁰⁰.

Locality. — Stat. 200.

Remarks. — From the other species of the genus, this diminutive form is easily recognized by its remarkably short and thickset body, the peculiar form distinguishing the 1st pair of antennae, the absence of eyes, and by the short last pair of caudal stylets.

Description. — The body (see Pl. XIV. fig. 1) remarkably short and thickset, broader than high, and thus, contrary to what, as a rule, is the case with Amphipods, rather depressed than compressed; hence, it proves a matter of no little difficulty to obtain a perfect side-view of the animal.

The head is comparatively large, about equal in length to the 4 anterior segments taken together. It runs out anteriorly in a conical form, and has the lateral margins

og bagtil endende med en fremstaaende triangulært tilspidset Flig.

Forkropssegmenterne er meget korte og brede; de til dem hørende Epimerer særdeles smaa. De 4 forreste Par af disse sidste er noget skraat fortilrettede og nedad jevnt tilrundede; de 3 bagerste svagt 2-lappede.

De forreste Bagkropssegmenter er temmelig høie og tiltager hurtigt i Størrelse, saa at 3die Segment næsten er ligesaa stort som de 2 foregaaende tilsammen; dets Sideplader ender bagtil med et omtrent retvinklet Hjørne. De 3 bagerste Segmenter er særdeles korte.

Øine synes ganske og aldeles at mangle.

1ste Par Følere er temmelig forlængede og ulige samme hos de øvrige bekjendte Arter. Skaftets 3 Led er indbyrdes omtrent af ens Længde, uden Borster og noget fortykkede paa Midten eller adskilte ved bemærkelige Indsnøringer. Svøben er neppe mere end halvt saa lang som Skaftet, sylformig tilspidset og kun bestaaende af 4 Led. Bisvøben er ganske rudimentær, 1-leddet.

2det Par Følere er rettede udad og bagtil langs Siderne af Legemet og derfor vanskelige at undersøge uden Dissection. De er betydelig kortere end 1ste Par og har Skaftets 2 sidste Led i begge Kanter besatte med stive Borster.

De 2 forreste Fodpar er indbyrdes af ens Bygning, men af noget ulige Størrelse. Næstsidste Led eller Carpus er meget stort og bredt, hvorimod selve Haanden er forholdsvis liden.

De 2 følgende Par er kraftigt udviklede og tæt borstebesatte.

5te Par er af særdeles robust Bygning, med Hofteleddet kort og bredt, de øvrige Led i Enden stærkt udvidede og besatte med knippevis ordnede Torner; Endekloen næsten lige.

De 2 bagre Par er af en lignende plump Bygning, men er noget mere forlængede, med Hofteleddet større og af oval Form; paa 6te Fodpar er dette Led i Kanterne besat med lange og stive sagtakkede Borster.

De 2 bagre Par Halefødder er meget smaa og af ens Bygning, uden tydelige Borster eller Torner.

Halovedhænget er forholdsvis lidet og dybt kløftet.

Farven var paa det friske indfangede Exemplar hvidagtig noget spillende i det gule.

Længden er kun 3ᵐᵐ.

Forekomst. Et enkelt Exemplar af denne lille Art erholdtes under Expeditionens 2det Togt i Havet NV. af Finmarken (St. 200) fra et Dyb af 620 Favne. Stationen tilhører den kolde Area.

obliquely descending, and posteriorly, terminating in a prominent triangular-pointed lappet.

The thoracic segments are very short and broad, and their epimera exceedingly small. The 4 anterior pairs of the latter occur directed somewhat obliquely forward, below uniformly rounded; the 3 posterior faintly bilobular.

The anterior abdominal segments are rather high and increase rapidly in size, the 3rd segment being almost as large as the 2 preceding ones taken together; and its lateral plates terminate posteriorly in a well-nigh rectangular corner. The 3 posterior segments are exceedingly short.

Eyes would appear to be absolutely wanting.

The 1st pair of antennæ are rather elongate, and unlike those in all other known species. The 3 joints of the peduncle are about equal in length, without bristles, and somewhat inspissated in the middle, or rather separated by appreciable instrictions. The flagellum is scarcely half as long as the peduncle, awlshaped-acute, and composed of only 4 articulations. The secondary flagellum is quite rudimentary, uni-articulate.

The 2nd pair of antennæ are directed onward and backward along the sides of the body, and therefore difficult to examine without dissection. They are considerably shorter than the 1st pair, and have the 2 last joints of the peduncle beset along both margins with stiff bristles.

The 2 anterior pairs of legs are uniform in structure, but of somewhat unequal size. The penultimate joint, or carpus, is very large and broad, whereas the hand itself is comparatively small.

The 2 succeeding pairs are powerfully developed and closely beset with bristles.

The 5th pair are exceedingly robust in structure, with the basal joint short and broad, the remaining articulations greatly dilated at the extremity and armed with fascicles of spines; terminal claw almost straight.

The 2 posterior pairs are likewise clumsy in structure, but a trifle more elongate, with the basal joint larger and oval in form; on the 6th pair of legs, this articulation is beset along the margins with long and stiff serrate bristles.

The 2 posterior pairs of caudal stylets are very small, and uniform in structure, without distinct bristles or spines.

The telson is comparatively small, and deeply cleft.

Colour in the recently taken specimens whitish, bordering on yellow.

Length not more than 4ᵐᵐ.

Occurrence. — One individual only of this diminutive species was obtained, on the second cruise of the Expedition, in the sea north-west of Finmark (Stat. 200), from a depth of 620 fathoms. This Station was located in the cold area.

Fam. 3. Epimeridæ.

Gen. 1. **Epimeria**, Costa, 1851.

Cat. de Crust. Ital. del Rev.

45. Epimeria loricata, G. O. Sars. n. sp.

(Pl. XIV, Fig. 2).

Epimeria loricata, G. O. Sars, Crustacea & Pycnogonida novæ etc., No. 26.

Artscharacteristik. Legemet stærkt incrusteret, med meget ujevn Overflade. Hovedet gaaende ud i et langt og spids Pandehorn. Alle Forkropssegmenter og de 4 forreste Bagkropssegmenter oventil kjølede og forsynede med høie, sammentrykte, i Spidsen afrundede dorsale Fortsatser. Forkroppen desuden forsynet til hver Side med 2 stumpere Kjøle, der delvis fortsætter sig langs de 3 forreste Bagkropssegmenter. De forreste Epimerer smale og tilspidsede; 4de og 5te Par store og udstaaende, hint fortil forlænget i en leeformigt krummet og langs Midten kjølet Fortsats, dette bagtil dolkformigt tilspidset. De bagre Sidehjørner paa de 3 forreste Bagkropssegmenter kort tilspidsede. Øinene stærkt convexe, runde, zinnoberrøde. Følerne med forlænget, mangeleddet Svøbe; 2det Par noget længere end 1ste. De 2 forreste Fodpar smaa og svage, de øvrige tynde, meget kort haarede. Hofteleddet paa de 3 bageste Par smalt med en median Kjøl. Sidste Par Halefødder med kort Stamme og forlængede Grene. Halevedhænget lidet med udrandet Spids. Farven pragtfuld rød. Længden indtil 40ᵐᵐ.

Findesteder. Stat. 326, 357, 363.

Bemærkninger. Fra den tidligere bekjendte Art, *E. cornigera* Fabr., er denne let kjendelig ved sin betydelige Størrelse, de usædvanlig faste Integumenter og Legemets forskjellige Bevæbning.

Beskrivelse. Legemet er (se Pl. XIV, Fig. 2) af temmelig undersætsig Form, med en særdeles ujevn og kantet Overflade. Integumenterne er usædvanlig haarde og faste, stærkt incrusterede med Kalk og derfor kun lidet gjennemsigtige.

Hovedet er forholdsvis lidet og gaar fortil mellem Roden af 1ste Par Følere ud i et langt og spidst, noget nedadkrummet Pandehorn. Sidekanterne viser umiddelbart nedenfor 1ste Par Føleres Fæste kun et ganske kort Fremspring, men danner med den bagre Rand nedentil et temmelig stærkt udtrukket spidst Hjørne.

Alle Forkropssegmenter og de 4 forreste Bagkropssegmenter er oventil langs ad Midten forsynede med en høi Kjøl, som for hvert Segment gaar ud i en meget stor pladeformig sammentrykt og bagudrettet Fortsats. Disse

---

Fam. 3. Epimeridæ.

Gen. 1. **Epimeria**, Costa, 1851.

Cat. de Crust. Ital. del. Rev.

45. Epimeria loricata, G. O. Sars. n. sp.

(Pl. XIV, fig. 2).

Epimeria loricata, G. O. Sars, Crustacea & Pycnogonida novæ etc., No. 26.

Specific Character. — Body thickly incrusted, with surface very uneven. Head running out into a long and acute rostrum. All thoracic segments and the 4 anterior abdominal segments keeled above, with high, compressed, at the extremity rounded, dorsal projections. Moreover, anterior division of body furnished on either side with 2 obtuser carinæ, extending partly along the 3 anterior abdominal segments. Anterior epimera slender and pointed; 4th and 5th pairs large and projecting: the former of the two jutting out as a falciform and, along the middle, carinated projection; the latter produced posteriorly as a mucroniform point. Posterior lateral corners on the 3 abdominal segments short pointed. Eyes prominently convex, round, a rich vermillion in colour. Antennæ with elongate, multi-articulate flagellum; 2nd pair somewhat longer than 1st. The two anterior pairs of legs small and feeble, rest slender, exceedingly short-haired. Basal joint on the 3 posterior pairs slender, with a' median keel. Last pair of caudal stylets with trunk short and elongate branches. Telson small, with point emarginate. Colour a gorgeous red. Length reaching 40ᵐᵐ.

Locality. — Stats. 326, 357, 363.

Remarks. — From the previously known species, *E. cornigera* Fabr., this form is easily recognized by its considerable size, remarkably firm integuments, and the deviating armature of the body.

Description. — The body (see Pl. XIV. fig. 2) is rather thickset in form, with a most uneven and rugged surface. The integuments occur remarkably hard and firm, thickly incrusted with calcareous deposit, and hence almost everywhere opaque.

The head is comparatively small, and runs out anteriorly, between the bases of the 1st pair of antennæ, as a long and acute, somewhat downward-curving rostrum. The lateral margins exhibit, however, below the attachment of the 1st pair of antennæ, but a very short projection, though forming beneath, along with the posterior margin, a rather distinctly produced acute corner.

All the thoracic segments and the 4 anterior abdominal segments are furnished above, along the medial line, with a prominent keel, which, at each segment, juts out as a very large, lamelliform-compressed and posteriorly di-

Fortsætser tiltager bagtil successivt i Størrelse indtil det 2det Bagkropssegment og viser en tungedannet i Spidsen afrundet Form. Paa 3die og 4de Bagkropssegment er disse Fortsætser noget mindre og mere triangulært tilspidsede. Langs hver Side af Legemet bemærkes endnu 2 noget mindre fremtrædende eller stumpere Kjøle, hvoraf den nederste dannes af Forkropssegmenternes nedre, til Epimererne stødende Rand. Denne Kjøl hæver sig for hvert Segment til et knudeformigt, længere bagtil mere tandformigt Fremspring, der ogsaa bemærkes paa de 3 forreste Bagkropssegmenters Sideplader. Den øvre Sidekjøl danner ligesom den nedre for hvert Forkropssegment et knudeformigt Fremspring. Paa ethvert af de 3 forreste Bagkropssegmenter findes i Flugt med denne Kjøl 3 noget uregelmæssigt grupperede Knuder.

De 3 forreste Par Epimerer er ganske smale og nedentil skarpt tilspidsede. 4de og 5te Par er særdeles store og stærkt udstaaende til Siderne samt bøiede i forskjellige Retninger. 4de Par er langs ad Midten forsynet med en skarp Kjøl og løber fortil ud i en stor nedadkrummet leformig Fortsats; 5te Par er noget mindre, af triangulær Form og ender bagtil i et skarpt tilspidset dolkformigt Fremspring. De 2 følgende Par er meget mindre og af afrundet Form, men paa Midten forsynede med en knudeformig Fremstaaenhed.

De nedre bagre Hjørner paa de 3 forreste Bagkropssegmenters Sideplader er kort tilspidsede.

Øinene er tydeligt udviklede, af afrundet Form, stærkt convexe og af zinnoberrød Farve.

1ste Par Følere er omtrent ⅓ saa lange som Legemet. Skaftet er ganske kort, med 1ste Led betydelig længere end de 2 øvrige tilsammen. Svøben er meget bøielig, stærkt afsmalnende og sammensat af talrige korte med Børster besatte Led. Bisvøbe mangler ganske.

2det Par Følere er noget længere end 1ste Par og har Svøben af et lignende Udseende.

De 2 forreste Fodpar er smaa og svage, med smal i Enden skraat afskaaret Haand.

De øvrige Fodpar er forholdsvis spinkle og besatte med korte Børsteknipper. Sidste Par er noget kortere end de 2 foregaaende og har Hofteleddet noget mere udvidet: paa alle disse 3 Par er dog dette Led forholdsvis smalt og viser langs ad Midten en stump Kjøl.

Sidste Par Halvefødder har Stammen ganske kort, hvorimod begge Grene er stærkt forlængede og noget pladedannede.

Halevedhænget er forholdsvis kort, med Spidsen udrundet i Midten.

Farven er pragtfuld coralrød, noget intensere ved den bagre Rand af hvert Segment.

Længden af det største af de indsamlede Exemplarer er omtrent 40ᵐᵐ, en for en Amphipode ganske anselig Størrelse.

rected projection. These projections increase posteriorly, one after the other, in size, to the 2nd abdominal segment, exhibiting a linguiform and, at the extremity, rounded form. On the 3rd and 4th abdominal segments, these projections are somewhat smaller and more triangular-acute. On either side of the body occur, moreover, 2, a trifle less prominent, or obtuser, carinæ, the lower of which is formed by the inferior margin of the thoracic segment that adjoins the epimera. The keels rise at each segment into a knob-shaped, or, further back, more dentiform projection, also observed on the lateral plates of the 3 anterior abdominal segments. The upper lateral carina constitutes, like the lower, at each thoracic segment, a knob-shaped projection. On each of the 3 anterior abdominal segments occur, in a line with these carinæ, 3 somewhat irregular-grouped protuberances.

The 3 anterior pairs of epimera are quite small and sharply pointed below. The 4th and 5th pairs are exceedingly large, jutting out prominently at the sides, as also bent in divers directions. The 4th pair are furnished along the medial line with a sharp keel, and run out anteriorly as a large, downward-curving, falciform projection; the 5th pair are somewhat smaller, triangular in shape, and terminate posteriorly in a sharp-pointed, mucroniform projection. The 2 succeeding pairs are much smaller and of a rounded form, but furnished in the middle with a knob-shaped prominence.

The lower posterior corners on the lateral plates of the 3 anterior abdominal segments are shortly acute.

The eyes are distinctly developed, rounded in form, prominently convex, and in colour a brilliant vermilion.

The 1st pair of antennæ are about one-third as long as the body. The peduncle is quite short, with the 1st joint considerably longer than the other two taken together. The flagellum is exceedingly flexible, rapidly tapering, and composed of numerous short, bristle-beset articulations. Secondary flagellum entirely wanting.

The 2nd pair of antennæ are somewhat longer than the 1st, and have the flagellum similar in appearance.

The 2 anterior pairs of legs are small and feeble, with the hand narrow and obliquely truncate at the extremity.

The remaining pairs of legs are comparatively fragile, and provided with short tufts of bristles. The 1st pair are somewhat shorter than the 2 preceding pairs, and have the basal joint a trifle more dilated; on all three, however, this articulation is comparatively slender, and exhibits along the medial line an obtuse carina.

The last pair of caudal stylets have the trunk quite short, whereas both branches are exceedingly elongate and somewhat lamelliform.

The telson is comparatively short, with the point emarginate in the middle.

Colour a magnificent coral-red, a trifle more vivid on the posterior margin of each segment.

Length of the largest of the specimens collected about 40ᵐᵐ — for an Amphipod a truly imposing size.

Forekomst og Udbredning. Enkelte Exemplarer af denne smukke og anselige Art blev under Expeditionens sidste Togt taget paa 3 forskjellige Stationer, alle i Havet omkring Spitsbergen, Dybden fra 123 til 260 Favne. Ogsaa fra vor Kyst (Finmarken) har jeg nogle mindre Exemplarer. Endelig er ogsaa nylig samme Art bleven opført af Smith som forekommende ved Nordamerikas Østkyst.

Occurrence and Distribution. — A few individuals of this beautiful and imposing species were taken, on the last cruise of the Expedition, at 3 different Stations, all off the shores of Spitzbergen; depth ranging from 123 to 260 fathoms. From the coast of Norway, too (Finmark), I have several smaller specimens. Finally, the same species has been lately recorded by Smith, as occurring off the east coast of North America.

Gen. 2. **Paramphithoë**, Bruzelius, 1859.

Amphip. Gammar. K. Vet. Akad. Handl. III.

46. Paramphithoë euacantha, G. O. Sars. n. sp.

(Pl. XIV, Fig. 3, 3 *a—b*).

Pleusts euacantha, G. O. Sars, Prodromus Crust. & Pycnog. etc., No. 110.

Gen. 2. **Paramphithoë**, Bruzelius, 1859.

Amphip. Gammar. K. Vet. Akad. Handl. III.

46. Paramphithoë euacantha, G. O. Sars, n. sp.

(Pl. XIV, figs. 3, 3 *a—b*).

Pleusts euacantha, G. O. Sars, Prodromus Crust. & Pycnog. etc., No. 110.

Artscharacteristik. Legemet noget sammentrykt, med ujevn Overflade og vel udviklede Epimerer. Hovedet forsynet med et kort Pandehorn, Sidehjørnerne smalt tilrundede. Alle Forkropssegmenter og de 3 forreste Bagkropssegmenter oventil langs Midten kjølede og gaaende ud i hoie sammentrykte og bagudrettede dorsale Fortsatser, de 3 forreste stumpt tilrundede, de 6 følgende lancetformige, den sidste triangulært tilspidset. 3die Bagkropssegments Sideplader bagtil tilspidsede. Øinene smaa, ovalt-nyredannede, rødgule. 1ste Par Følere stærkt forlængede, omtrent af Legemets Længde, med Skaftets 1ste Led længere end de 2 øvrige tilsammen. 2det Par Følere neppe mere end halvt saa lange. De 2 forreste Fodpar med Haanden næsten dobbelt saa lang som det foregaaende Led. De øvrige Fodpar kraftigt udviklede, med tætte Knipper af korte Børster. Halefødderne af ens Udseende, med stærkt forlængede lancetformige Grene. Halevedhænget lidet, i Spidsen afrundet. Længden 14ᵐᵐ.

Specific Character. — Body somewhat compressed, with uneven surface and well-developed epimera. Head furnished with a short rostrum, lateral corners slenderly rounded. All the thoracic segments and the 3 anterior abdominal segments keeled above along the medial line, and running out as compressed, posteriorly directed dorsal projections, — the 3 anterior ones obtusely rounded, the 6 succeeding lanceolate, the last triangular-acute. Lateral plates of 3rd abdominal segment pointed posteriorly. Eyes small, ovato-reniform, reddish-yellow in colour. First pair of antennæ exceedingly elongate, about equal to body in length, with 1st joint of peduncle longer than the other two taken together. Second pair of antennæ scarcely more than half as long. The two anterior pairs of legs with hand almost twice as long as preceding articulation. Remaining pairs of legs powerfully developed, with closely disposed tufts of short bristles. Caudal stylets uniform in appearance, with exceedingly produced lanceolate branches. Telson small, rounded at point. Length 14ᵐᵐ.

Findesteder. Stat. 18, 137, 336.

Locality. — Stats. 18, 137, 336.

Bemærkninger. Nærværende Art staar meget nær *P. pulchella* Kröyer, men kjendes let derved, at alle Forkropssegmenter, ogsaa de 3 forreste, er kjølede og udgaaende i dorsale Fortsatser, medens dette hos hin Art kun er Tilfældet med de bagre. Ligeledes er Formen af de 2 forreste Fodpar noget forskjellig. Slægten *Paramphithoë* henføres af Boeck til *Oedicerinæ*. Jeg tror, at den har bedre hjemme blandt Epimeriderne. Ogsaa har jeg fundet det rigtigt at bibeholde Sp. Bates Slægt *Pleustes* for *P. panopla* Kröyer og de med denne nærmest beslægtede Arter.

Remarks. — The present species approximates very closely *P. pulchella* Kröyer, but is easily recognized by the thoracic segments, including the 3 anterior ones, being all of them keeled and running out as dorsal projections, whereas in the former species this is the case with the posterior ones only. Moreover, the form of the 2 anterior pairs of legs differs somewhat. The genus *Paramphithoë* is referred by Boeck to the family *Oedicerinæ*. In my judgment, it should rather be classed among the Epimeridæ. Furthermore, I have seen fit to retain Sp. Bate's genus *Pleustes* for *P. panopla* Kröyer, and the species nearest related to that form.

Beskrivelse. Legemet er (se Pl. XIV, Fig. 3) noget sammentrykt fra Siderne og af mindre plump Bygning end hos de til *Sl. Pleustes* henførte Former. Ligeledes er Integumenterne meget tyndere og mere gjennemsigtige.

Hovedet er forholdsvis lidet og gaar fortil i Midten ud i et kort men temmelig brudt, nedadkrummet Pandehorn. Sidekanterne dannne mellem Fæstet af de 2 Par Følere en smalt tilrundet Lap og er bag Roden af 2det Par udtrukne i et skarpt Hjørne.

Alle Forkropssegmenter og de 3 forreste Bagkropssegmenter er eventil langs ad Midten tydeligt kjølede og forsynede med høie sammentrykte dorsale Fortsatser. Af disse sidste er de 3 forreste mindre stærkt udviklede og i Enden afrundede, de 6 følgende derimod særdeles store, lancetformige og bagudrettede; den sidste endelig, der udgaar fra 3die Bagkropssegment, er triangulært tilspidset og noget opadrettet. De følgende 3 Bagkropssegmenter er eventil jevnt hvælvede, uden Kjøl eller Fortsatser.

De 4 forreste Par Epimerer er temmelig høie, men smale og noget skjævt fortilrettede, med den bagre Rand utydeligt crenuleret. 4de Par er størst og i Midten af den bagre Kant udtrukket i et skarpt Hjørne. De 3 bagre Par Epimerer er betydelig lavere og utydeligt 2-lappede.

3die Bagkropssegments Sideplader ender bagtil i en skarp noget opadbøiet Spids.

Øinene er temmelig smaa, jovale eller noget nyredannede, med den forreste Rand svagt indbugtet. Deres Pigment er af rødgul Farve.

1ste Par Følere er meget stærkt forlængede, omtrent af hele Legemets Længde, og har Skaftets 1ste Led temmelig stort, hengere end de 2 følgende Led tilsammen. Svøben er særdeles tynd og sammensat af et stort Antal korte Led.

2det Par Følere er neppe halvt saa lange og har Skaftet omtrent af samme Længde som paa 1ste Par, hvorimod Svøben er meget kortere.

De 2 forreste Fodpar (Fig. 3 a) er af temmelig spinkel Form, men har Haanden forholdsvis stor og betydelig længere end det foregaaende Led. Den er noget udvidet mod Enden, med Griberanden meget skjæv og foran Midten forsynet med et kort tandformigt Fremspring. Ved Enden af Griberanden staar til hver Side en temmelig lang tynd Torn.

De øvrige Fodpar er stærkt forlængede, men af forholdsvis kraftig Bygning, og besat med talrige Knipper af korte Børster. Endekloen er meget kraftig og leformigt krummet. Hofteleddet paa de 3 bagre Par er af oval Form og i den bagre Kant tæt saugtakket.

Description. — The body (see Pl. XIV. Fig. 3) somewhat compressed from the sides, and less clumsy in structure than in the forms referred to the genus *Pleustes.* The integuments, too, are much thinner and more approximately translucent.

The head is comparatively small, and runs out anteriorly in the middle as a short, but rather broad, downward-curving rostrum. The lateral margins constitute between the points of attachment of the 2nd pair of antennæ a narrowly rounded lobe, and are produced, posterior to the base of the 2nd pair, to a sharp corner.

All the thoracic segments and the 3 anterior abdominal ones, are distinctly keeled above along the median line, and furnished with high, compressed, dorsal projections. Of these projections, the 3 anterior are less fully developed, and rounded at the extremity, whereas the following 6 are very large, lanceolate, and directed posteriorly; furthermore, the last, proceeding from the 3rd abdominal segment, is triangular-acute, and turns somewhat upward. The succeeding 3 abdominal segments are uniformly arched above, without either keel or projection.

The 4 anterior pairs of epimera are rather high, but slender, and directed somewhat obliquely forward, with the posterior margin indistinctly crenulated. The 4th pair is the largest, and produced in the middle of the posterior margin to a sharp corner. The 3 posterior pairs of epimera are considerably smaller and indistinctly bilobular.

The lateral plates of the 3rd abdominal segment terminate posteriorly in a sharp, somewhat upward-bent point.

The eyes are rather small, oval, or approximately reniform, with the anterior margin slightly incurved. Their pigment is of a reddish-yellow colour.

The 1st pair of antennæ are very greatly elongated, equalling about the whole body in length, and have the 1st joint of the peduncle rather large, longer than the 2 succeeding joints taken together. The flagellum is exceedingly slender, and composed of a large number of short articulations.

The 2nd pair of antennæ are scarcely half as long as the 1st, and have the peduncle about equal in length to that of the 1st pair, whereas the flagellum is much shorter.

The 2 anterior pairs of legs (fig. 3 a) are rather slender in form, but have the hand comparatively large and much longer than the preceding joint. It is slightly dilated toward the extremity, with the palmar margin very oblique, and furnished, anterior to the middle, with a short, dentiform projection. At the end of the palmar margin, occurs on either side a rather long, slender spine.

The remaining pairs of legs are greatly elongated, but comparatively powerful in structure, and beset with numerous tufts of short bristles. The terminal claw is very strong, and falciform. The basal joint on each of the 3 posterior pairs is oval in form and closely serrate along the posterior margin.

22

Halefødderne er alle af ens Udseende og Størrelse, med forlængede lancetformige Grene, hvoraf den indre er størst. Halevedhænget (Fig. 3 b) er meget lidet, udelt, med Spidsen jævnt tilrundet. Legemet er temmelig gjennemsigtigt, med sparsomt rødligt Pigment. Længden er 14ᵐᵐ.

Forekomst og Udbredning. Enkelte Exemplarer af denne smukke Art er under Expeditionen tagne paa 3 forskjellige Stationer, hvoraf de 2 (St. 18 og 137) ligger i Havet udenfor Norges vestlige Kyst, medens den 3die (St. 336) ligger Syd af Spitsbergen; Dybden fra 70 til 452 Favne. Da ialfald de 2 af disse Stationer tilhører den kolde Area og den 3die ligger langt ind i den arktiske Zone, maa Arten uden Tvivl betragtes som en ægte høinordisk Form.

The caudal stylets are all of a uniform size and appearance, with elongate, lanceolate branches, the inner one being the larger. The telson (fig. 3 b) is very small, undivided, with the point evenly rounded off. The body is comparatively translucent, sparingly furnished with a reddish pigment. Length 14ᵐᵐ.

Occurrence and Distribution. — A few individuals of this beautiful species were taken on the Expedition, at 3 different Stations, two of which (Stats. 18, 137) lay off the western coast of Norway, the 3rd (Stat. 336) having been located south of Spitzbergen; depth ranging from 70 to 452 fathoms. Meanwhile, as 2 of these Stations were in the cold area, and the 3rd lay far within the limits of the Arctic zone, the species must unquestionably be regarded as a true Arctic form.

Fam. 4. **Oediceridæ.**

Gen. **Oediceros**, Kröyer, 1842.

Nat. Tidsskr. 1ste Række IV.

47. Oediceros macrocheir, G. O. Sars, n. sp.

(Pl. XIV. Fig. 4).

Oediceros macrocheir, G. O. Sars, Crustacea & Pycnogonida nova etc., No. 25.

Artscharacteristik. Legemet fortil opsvulmet, bagtil sammentrykt, med de bagre Segmenter skarpt afsatte. Hovedet ovontil stærkt hvælvet, med meget liden og neppe opsvulmet Pandekel. De 4 forreste Par Epimerer store og brede. Ingen Øine. 1ste Par Følere meget smaa, neppe overragende næstsidste Led paa 2det Pars Skaft, med 2det Led smalt og forlænget. De 2 forreste Fodpar kraftigt udviklede og af ulige Bygning. 1ste Par størst, med Haanden enormt forlænget og noget udvidet mod Enden; Griberanden bueformigt bøiet; det foregaaende Led meget lidet, simpelt. 2det Par betydelig kortere, men med stærkt udvidet oval Haand og det foregaaende Led nedentil forsynet med en lang børstebesat Fortsats. De øvrige Fodpar af sædvanlig Bygning. Halefødderne alle af ens Udseende. Halevedhænget lidet, afrundet. Farven lyst brunlig-violet. Længden 18ᵐᵐ.

Findested. Stat. 240.

Fam. 4. **Oediceridæ.**

Gen. **Oediceros**, Kröyer, 1842.

Nat. Tidsskr. 1ste Række IV.

47. Oediceros macrocheir, G. O. Sars, n. sp.

(Pl. XIV, fig. 4).

Oediceros macrocheir, G. O. Sars, Crustacea & Pycnogonida nova etc. No. 25.

Specific Character. — Body anteriorly swollen, posteriorly compressed, with hinder segments sharply defined. Head prominently arched above, with frontal portion very small and scarcely at all intumescent. The 4 anterior pairs of epimera large and broad. No eyes. First pair of antennæ very small, projecting scarcely, if at all, beyond penultimate joint of peduncle on 2nd pair, with 2nd articulation slender and elongate. The 2 anterior pairs of legs powerfully developed and deviating in structure. First pair larger than 2nd, with hand prodigiously elongate and somewhat dilated toward the extremity; palmar margin arcuate; preceding articulation very small, simple. Second pair considerably shorter than 1st, but having hand greatly dilated, oval, and with preceding joint furnished below with a long bristle-beset projection. Remaining pairs of legs exhibiting the usual structure. Caudal stylets all of a uniform appearance. Telson small, rounded. Colour a light brownish-violet. Length 18ᵐᵐ.

Locality. Stat. 240.

Bemærkninger. Fra de øvrige bekjendte Arter er denne let kjendelig ved den uahmindelig lille og ikke fortykkede Pandefortsats, Mangelen af Øine og ved de 2 forreste Fodpars enorme Udvikling.

Beskrivelse. Legemet viser (se Pl. XIV. [Fig. 4) den for Skægten characteristiske Form, idet Forkroppen er temmelig stærkt opsvulmet med bred og hvælvet Ryg, medens Bagkroppen er stærkere sammentrykt og har Segmenterne skarpt begrændsede ved bemærkelige Indsnøringer.

Integumenterne er meget tynde og gjennemsigtige, uden nogen tydelig Sculptur.

Hovedet er øventil jevnt hvælvet og gnar fortil, over Roden af 1ste Par Følere, ud i en liden, noget fladtrykt Fortsats, der svarer til den hos de øvrige Arter stærkt opsvulmede Pandedel, hvorefter Skægten har faaet Navn.

De 4 forreste Par Epimerer er meget store og brede, med de nedre Kanter bredt afrundede og tæt børstebesatte. 4de Par er noget bredere end de øvrige, men ikke saa høit. 5te Par er tydeligt 2-lappet; de 2 sidste Par meget smaa.

3die Bagkropssegments Sideplader er bagtil jevnt afrundede og, nedentil tæt børstebesatte.

Øine mangler ganske og aldeles.

1ste Par Følere er særdeles smaa, kun lidet længere end Hovedet, og neppe overragende næstsidste Led paa 2det Pars Skaft. Basalleddet er tæt børstebesat, noget afsmalnende mod Enden, og rækker langt ud over Pandefortsatsen. 2det Led er omtrent af samme Længde, men meget smalere, cylindrisk; 3die Led meget lidet. Svøben er betydelig kortere end Skaftet og sammensat af omtrent 8 Led.

2det Par Følere er langt kraftigere byggede og mere end dobbelt saa lange som 1ste Par. Skaftets 2 sidste Led, og navnlig det sidste, er robuste og tæt børstebesatte. Svøben er tynd og forlænget.

De 2 forreste Fodpar er særdeles kraftigt udviklede og indbyrdes af temmelig forskjellig Form.

1ste Par er overordentlig stærkt forlænget, med Basalleddet meget stort og fyldt med kraftige Muskler, de 3 følgende Led derimod meget korte og 4de Led eller Carpus simpelt, uden nogen Udvidning nedentil. Haanden er af en ganske usædvanlig Længde, mere end 4 Gange saa lang som bred og noget udvidet mod Enden. Griberanden er noget buet og bagtil begrændset af et stumpt Fremspring, hvortil er fæstet en stærk Torn.

2det Par er betydelig kortere end 1ste !Par, med 4de Led nedentil gaaende ud i en smal fortilrettet og i den ene Kant børstebesat Lap. Haanden er noget bredere, men kortere end samme paa 1ste Par, med Griberanden

Remarks. — From the other known species, this form may be easily recognized by the remarkably small and noninspissated frontal projection, the absence of eyes, and the prodigious development characterizing the 2 anterior pairs of legs.

Description. — The body (see Pl. XIV, fig. 4) exhibits the form peculiar to the genus, its anterior division being very considerably intumescent, with the back broad and arching, while the posterior is much compressed and has the segments sharply defined by distinct instrictions.

The integuments are exceedingly thin, and translucent, without any obvious sculpturing.

The head is uniformly arched above, and juts out, above the bases of the 1st pair of antennæ, as a small, somewhat depressed projection, corresponding to the prominently intumescent frontal part in the other species, from which the name of the genus is derived.

The 4 anterior pairs of epimera are very large and broad, with the lower margins broadly rounded and thickly beset with bristles. The 4th pair are somewhat broader than the rest, but not so high. The 5th pair are distinctly bilobular; the 2 last pairs exceedingly small.

The lateral plates of the 3rd abdominal segment are evenly rounded posteriorly, and below densely beset with bristles.

No trace of eyes.

The 1st pair of antennæ are exceedingly small, but very little longer than the head, and project scarcely at all beyond the penultimate articulation of the peduncle on the 2nd pair. The basal joint is densely beset with bristles, tapers somewhat toward the extremity, and extends far beyond the frontal projection. The 2nd articulation about equal in length, but much more slender, cylindric; the 3rd articulation very small. The flagellum is considerably shorter than the peduncle, and composed of about 8 articulations.

The 2nd pair of antennæ are far more powerful in structure and upwards of twice the length of the 1st pair. The 2 last joints of the peduncle, and in particular the penultimate, are robust in structure, and thickly beset with bristles. The flagellum is slender and elongate.

The 2 anterior pairs of legs are most powerfully developed, and respectively somewhat different in form.

The 1st pair are remarkably elongate, with the basal joint very large and furnished with powerful muscles, the 3 succeeding joints, on the other hand, exceedingly short, and the 4th articulation, or carpus, simple, without any dilatation below. The hand attains a truly remarkable length, being more than 4 times as long as broad, and is somewhat dilated toward the extremity. The palmar margin is slightly arcuate, and posteriorly defined by an obtuse projection, from which springs a strong spine.

The 2nd pair are considerably shorter than the 1st, with the 4th articulation running out below, as a slender, anteriorly directed, and, along one of the margins, bristle-beset lobe. The hand is somewhat broader, but shorter

23*

meget skraa, og indtagende omtrent Halvparten af Haandens Længde.

3die og 4de Fodpar er temmelig spinkle, tæt børstebesatte og forsynede med stor, leformig Endekløe.

De 3 bagre Fodpar tiltager hurtigt i Længde og har Hofteleddet noget udvidet og af oval Form. Endekløen paa sidste Par er lige, næsten børsteformig, paa de 2 ovrige Par derimod tilskjærpet og leformigt krummet. Ligeledes er Børstebesætningen noget forskjellig, idet sidste Par kun bærer korte og simple Børster, medens de 2 foregaaende Par er rigeligt besatte med lange cilierede Børster.

Halefødderne er alle af ens Udseende og aftager successivt i Længde bagtil.

Halevedhænget er meget lidet, i Enden simpelt tilrundet.

Legemet var hos de friskt indfangede Exemplarer temmelig gjennemsigtigt, men med et tydeligt fint forgrenet Pigment af lys brunlig-violet Farve.

Længden er hos begge de erholdte Individer 18ᵐᵐ.

Forekomst. Kun 2 Exemplarer af denne meget distincte Art, begge Hunner med stor Brystpose, erholdtes under Expeditionens 2det Togt i Havet mellem Jan Mayen og Island fra det betydelige Dyb af 1004 Favne. Stationen tilhører den kolde Area.

than that on the 1st pair, with the palmar margin very oblique and occupying about one-half of the length of the hand.

The 3rd and 4th pairs of legs are rather slender, densely beset with bristles, and furnished with a large, falciform terminal claw.

The 3 posterior pairs of legs increase rapidly in length, and have the basal joint somewhat dilated and oval in form. The terminal claw on the last pair is straight — well-nigh setiform, on the 2 other pairs pointed and falciform. Moreover, the setous armature is somewhat different. the last pair having only short and simple bristles, whereas the 2 preceding pairs are abundantly furnished with long, ciliated bristles.

The caudal stylets are all uniform in appearance, and diminish successively in length posteriorly.

The telson is very small, at the extremity simple rounded.

The body in the recently taken specimens was approximately translucent, but furnished with a conspicuous, delicately ramifying pigment, brownish-violet in colour.

Length of both specimens 18ᵐᵐ.

Occurrence. — Only 2 individuals of this very distinct species, both females, with large marsupia, were taken on the Expedition (second cruise), in the tract of ocean stretching between Jan Mayen and Iceland, at the considerable depth of 1004 fathoms. The Station at which the specimen was secured lay in the cold area.

Fam. 5. **Atylidæ.**

Gen. **Halirages,** Boeck, 1870.

Amphipoda arctica et borealia.

48. Halirages qvadridentatus, G. O. Sars, n. sp.

(Pl. XIV, Fig. 4 bis, 4 *a—f*).

Halirages qvadridentatus, G. O. Sars, Prodromus descript. Crust. etc. No. 116.

Artscharacteristik. Legemet slankt, noget sammentrykt, med smaa, i den nedre Kant sangtakkede Epimerer. De 2 bagre Forkropssegmenter og de 2 forreste Bagkropssegmenter overalt i Midten gaaende ud i enkelte bagudrettede Torner. 3die Bagkropssegments Sideplader store, næsten retvinklede, med den bagre Rand svagt buet og fint crenuleret. Øinene meget store, høirøde. Følerne særdeles stærkt forlængede; 2det Par overgaaende hele Legemet i Længde. De 2 forreste Fodpar svagt byggede,

---

Fam. 5. **Atylidæ.**

Gen. **Halirages,** Boeck, 1870.

Amphipoda arctica et borealia.

48. Halirages qvadridentatus, G. O. Sars, n. sp.

(Pl. XIV, figs. 4 bis, 4 *a—f*).

Halirages qvadridentatus, G. O. Sars, Prodromus descript. Crust. etc. No. 116.

Specific Character. — Body slim, somewhat compressed, with small epimera, serrate along lower margin. The 2 posterior thoracic segments and the 2 anterior abdominal ones, running out above, in the middle of the posterior margin, as simple posteriorly directed spines. Lateral plates of 3rd abdominal segment large, almost rectangular, with posterior margin slightly arched and finely crenulated. Eyes very large, bright-red. Antennæ very greatly elongate; 2nd pair exceeding whole body in

med forlænget Carpus; de øvrige særdeles tynde, det bagerste Par længst. Sidste Par Halefødder kraftigt udviklede, med forlængede, lancetformige Grene. Halevedhænget aflangt triangulært, med tretandet Spids. Farven hvidagtig, gjennemsigtig, med sparsomt rødligt Pigment. Længden indtil 24ᵐᵐ.

Findesteder. Stat. 33. 124.

Bemærkninger. Nærværende smukke Art ligner mest *H. fulvocinctus* (M. Sars), men kjendes strax ved sin betydeligere Størrelse, det større Antal af dorsale Torner og ved den afvigende Form og Bevæbning af 3die Bagkropssegments Sideplader.

Beskrivelse. Legemet er (se Pl. XIV, Fig. 4 bis), som hos de øvrige til denne Slægt hørende Arter af slank og elegant Form, med meget smaa Epimerer og stærkt forlængede Lemmer.

Hovedet er fortil afstumpet, uden noget egentligt Pandehorn, og viser til hver Side mellem de 2 Par Føleres Insertion en liden afrundet Lap; nedentil forlænger det sig i en tilspidset nedadrettet Flig.

De 4 forreste Par Epimerer er omtrent af samme Højde som selve Kroppen og simpelt afrundede samt fint sammentakkede i den nedre Kant (se Fig. 4 d); det 1ste Par skiller sig ikke mærkeligt i Form fra de følgende.

Af dorsale Torner findes 4, der udgaar fra den bagre Rand af de 2 sidste Forkropssegmenter og de 2 forreste Bagkropssegmenter. Disse Torner tiltager successivt noget i Størrelse bagtil og er tæt tiltrykte til Kroppen, saa at de først tydeligt træder frem, naar Ryggen er krummet.

De 3 forreste Bagkropssegmenters Sideplader er meget store, paa 1ste Segment afrundede, paa de 2 øvrige næsten retvinklede bagtil. 3die Segments Sideplader skiller sig ikke i Form fra det foregaaendes, men har den bagre, svagt buede Rand meget fint crenuleret (se Fig. 4 e).

Øinene er særdeles store, uregelmæssigt ovale og næsten sammenstødende oventil. Deres Pigment er hos friske Exemplarer af en smuk høirød Farve, men forsvinder meget hurtigt efterat Exemplarerne er kastede paa Spiritus.

Begge Par Følere er særdeles stærkt forlængede, med tynde, af talrige korte Led bestaaende Svøber. 2det Par er det længste og overgaar selv hele Legemet i Længde. Skaftet er paa begge Par forholdsvis kort.

Kindbakkerne (Fig. 4 a) er undersætsigt byggede, med tydelig afstumpet Tyggefortsats. Palpen har sidste Led kortere end det foregaaende og stærkt krummet.

Kjæverne (Fig. 4 b—c) og Kjævefødderne viser intet udmærkende i sin Bygning.

De 2 forreste Fodpar (Fig. 4 d) er som hos Slægtens øvrige Arter svagt byggede, med forholdsvis liden, i Enden afkuttet Haand og stærkt forlænget Carpus.

length. The 2 anterior pairs of legs fragile in structure, with carpus elongate; rest exceedingly slender, hindmost pair longest. Last pair of caudal stylets powerfully developed, with elongate, lanceolate branches. Telson oblongo-triangular, with tridentate point. Colour whitish, translucent, with scattered reddish pigment. Length 24ᵐᵐ.

Locality. — Stats. 33, 124.

Remarks. — The present beautiful species bears closest resemblance to *H. fulvocinctus* (M. Sars), but is immediately recognized by its considerable dimensions, the greater number of dorsal spines, and the deviating form and armature of the lateral plates of the 3rd abdominal segment.

Description. — The body (see Pl. XIV, fig. 4 bis), as in all other species belonging to this genus, has a slim and elegant form, with exceedingly small epimera and very greatly elongated appendages.

The head obtuse anteriorly, without any true rostrum, and exhibiting on either side, between the points of insertion of the 2 pairs of antennæ, a small rounded lobe; below, it is produced to an acute, downward-directed lappet.

The 4 anterior pairs of epimera are about of the same height as the body, simple rounded, and finely serrate along the lower margin (see fig. 4 d); in form, the 1st pair does not differ appreciably from those succeeding it.

Of dorsal spines there are 4, proceeding from the posterior margin of the 2 last thoracic segments and the 2 anterior abdominal segments. These spines increase posteriorly, to a slight extent, successively in size, and, being closely pressed against the body, cannot be distinctly observed save when the back is bent.

The lateral plates of the 3 anterior abdominal segments are very large, on the 1st segment rounded, on the other 2 almost rectangular posteriorly. The lateral plates of the 3rd segment do not deviate in form from those of the preceding, but have the slightly arcuate posterior margin very finely crenulated (see fig. 4 e).

The eyes are exceedingly large, irregular oval, and above, almost contiguous. Their pigment, in recently taken examples, is a brilliant red, which, however, speedily disappears on immersion in spirit.

Both pairs of antennæ are exceedingly elongate, with slender flagella, composed of numerous short articulations. The 2nd pair are the longer, and exceed the whole body in length. The peduncle is comparatively short in both pairs.

The mandibles (fig. 4 a) are thickset in structure, with a distinct, obtusely-ending molar protuberance. The palp has the last articulation shorter than the preceding, and strongly curved.

Neither the maxillæ nor the mandibles exhibit anything specially characteristic in their structure.

The 2 anterior pairs of legs (fig. 4 d) are feeble in structure, as in the other species of the genus, with the hand comparatively small and truncate at the extremity and the carpus very considerably produced.

De 2 følgende Fodpar (se Fig. 4) er overordentlig tynde, næsten traadformige, med korte Børster og forlænget Endkelo.

De 3 bagre Par tiltager successivt i Længde bagtil og har Hofteleddet noget udvidet ved Basis og i det nedre bagre Hjørne udtrukket til en skarp Spids.

De 2 forreste Par Halefødder 'har den ydre Gren betydelig kortere end den indre. Sidste Par (se Fig. 4 *f*) er kraftigt udviklet, med temmelig tyk Stamme og stærkt forlængede, lancetformige Grene, der næsten er indbyrdes af ens Længde. Halevedhænget (*ibid.*) er aflangt triangulært og rækker ud over Stammen paa sidste Par Halefødder. Spidsen er delt i 3 smaa Trender, hvoraf den midterste er længst.

Farven er hvidagtig, gjennemsigtig; kun hist og her bemærkes hos friske Exemplarer et rødligt Pigment, der tildels danner utydelige Tværbaand.

Længden gaar op til 24mm, og nærværende Art er saaledes betydelig større end nogen af de tidligere beskrevne.

Forekomst. Et enkelt Exemplar af denne Art toges under Expeditionens 1ste Togt i Havet udenfor vor Vestkyst (Stat. 33) fra et Dyb af 525 Favne. Under 2det Togt erholdtes talrige Exemplarer af samme Art paa et nordligere Punkt i Havet udenfor Helgelandskysten (Stat. 124), Dybden 350 Favne. Begge disse Stationer tilhører den kolde Area, og Arten maa derfor utvivlsomt ansees for en arktisk Form.

The 2 succeeding pairs of legs (see fig. 4) are remarkably slender, almost filiform, with short bristles and elongate terminal claw.

The 3 posterior pairs of legs increase successively in length from before to behind, and have the basal joint somewhat dilated at the origin, as also produced at the lower posterior corner to a sharp point.

The 2 anterior pairs of caudal stylets have the outer branch considerably shorter than the inner. The last pair (see fig. 4 *f*) are powerfully developed, with a thickish stem and very elongate, lanceolate branches, almost uniform in length. The telson (ibid.) is oblongo-triangular, and reaches beyond the stem of the last pair of caudal stylets. The point is divided into 3 small tooth, the median being the largest.

Colour whitish, translucent; here and there only. in recently taken specimens, can be detected a reddish pigment, forming a few indistinct transverse bands.

Length 24mm; the present species is therefore considerably larger than any of those previously described.

Occurrence. — One individual only of this species was taken, on the first cruise of the Expedition, off the west coast of Norway (Stat. 33), at a depth of 525 fathoms. On the second cruise, numerous examples were obtained. in a more northerly locality, viz. off the coast of Helgeland (Stat. 124), depth 350 fathoms. Both of these Stations were in the cold area, and hence the species may unquestionably be considered an Arctic form.

Gen. 2. **Cleïppides,** Boeck, 1870.

Amphip. bor. et arctica.

49. Cleïppides qvadricuspis, Heller.

(Pl. XIV, Fig. 5).

Cleïppides qvadricuspis, Heller, Crustaceen, Pycnogoniden und Tunicaten der K. K. Österr. Ungar. Nordpol-Exped. pg. 8, Tab. III, Fig. 1—16.

Jeg giver her en forbedret Figur af denne characteristiske af Heller paa ovennævnte Sted beskrevne Form. I levende Tilstand er Legemet af bleg gulagtig Farve, med Munddelene og Størsteparten af Lemmerne carminrøde. Øinenes Pigment er meget lyst, næsten hvidt.

De af os indsamlede Exemplarer er betydelig større end de af Heller undersøgte, idet Længden gaar op til 52mm, en for en Amphipode colossal Størrelse.

Gen. 2. **Cleïppides,** Boeck, 1870.

Amphip. bor. et arctica.

49. Cleïppides qvadricuspis, Heller.

(Pl. XIV, fig. 5).

Cleïppides qvadricuspis, Heller, Crustaceen, Pycnogoniden und Tunicaten der K. K. Österr.-Ungar. Nordpol-Exped., pag. 8, Pl. III, figs. 1—16.

I annex here an improved representation of this characteristic form, described in the above-cited Memoir by Heller. When living, the animal has the body of a pale, yellowish colour, the oral appendages and most of the limbs being of a rich carmine. The ocular pigment exceedingly light, well-nigh colourless.

The specimens collected on the Norwegian Expedition are considerably larger than any of those examined by Heller, their total length reaching 52mm — a truly colossal size for an Amphipod.

Vi har taget denne eiendommelige og iøinefaldende *Amphipode* paa ikke mindre end 7 forskjellige Stationer (St. 124, 164, 192, 240, 286, 359, 362), alle tilhørende den kolde Arva, Dybden fra 350 til 1004 Favne. Dens Udbredningsfelt i Nordhavet strækker sig herefter fra den 67de til den 80de Bredegrad og fra circa 16° Ø. L. til 12° V. L. Arten forekommer imidlertid ogsaa i Havet Øst af Spitshergen, hvor de af Heller beskrevne Exemplarer blev tagne. Den er utvivlsomt at betragte som en ægte arktisk Form.

This peculiar and conspicuous *Amphipod* was met with at not less than 7 different Stations (Stats. 124, 164, 192, 240, 286, 359, 362) — all in the cold area; depth ranging from 350 to 1004 fathoms. Its distribution in the Northern Seas extends accordingly from the 67th to the 80th parallel of latitude, and from about long. 16° E. to long. 12° W. The species occurs, too, off Spitzbergen, the locality from which the examples recorded by Heller were derived. Hence the animal undoubtedly represents a true Arctic form.

Gen. 3. **Amphithopsis**, Boeck, 1860.

Forhandl. v. de Skand. Naturf. 8de Møde.

50. Amphithopsis pulchella, G. O. Sars, n. sp.

(Pl. XIV. Fig. 6, 6 *a – r*).

Amphithopsis pulchella, G. O. Sars. Prodromus descriptivus Crust. etc., No. 117.

Artscharacteristik. Legemet noget sammentrykt, med temmelig store Epimerer og de bagre Segmenter ovontil skarpt afsatte, men uden Kjøl eller Fortsatser. Hovedet forsynet med et meget lidet Pandehorn og tilspidsede Sidehjørner. 3die Bagkropssegments Sideplader næsten retvinklede. Øinene smalt ovale med brunligt Pigment. 1ste Par Følere forlængede, med Skaftets 1ste Led længere end de 2 øvrige tilsammen; 2det Par neppe halvt saa langt som 1ste. 1ste Fodpar svagt bygget; 2det Par derimod særdeles kraftigt udviklet, med Haanden stærkt udvidet og Griberanden noget skraa samt bevæbnet til hver Side med 4 stærke Torner. De øvrige Fodpar temmelig robuste og alle omtrent af ens Længde. Sidste Par Halefødder med den indre Gren over dobbelt saa lang som den ydre. Halevedhænget simpelt afrundet. Farven hvidgul, overalt besaaet med smaa røde Punkter. Længden 8**.

Findesteder. Stat. 31, 48, 87, 200, 338.

Bemærkninger. Af de bekjendte Arter slutter denne sig nærmest til *A. latipes* M. Sars, men skiller sig ved mindre undersætsig Kropsform, Mangelen af dorsal Kjøl, mindre robuste Gangfødder samt red Farven. Formen af de 2 forreste Fodpar er ogsaa temmelig forskjellig.

Beskrivelse. Legemet er (se Pl. XIV, Fig. 6) noget undersætsigt, skjøndt paa langt nær ikke i den Grad som hos *A. latipes*, og temmelig stærkt sammentrykt fra Siderne.

Gen. 3. **Amphithopsis**, Boeck, 1860.

Forhandl. v. de Skand. Naturf. 8de Møde.

50. Amphithopsis pulchella, G. O. Sars, n. sp.

(Pl. XIV. fig. 6, 6 *a – r*).

Amphithopsis pulchella, G. O. Sars, Prodromus descriptionis Crust. etc., No. 117.

Specific Character. — Body somewhat compressed, with rather large epimera and with hindmost segments, above, sharply defined, but having neither keel nor projection. Head exhibiting a very small rostrum, and with pointed lateral corners. Lateral plates of 3rd abdominal segment of body well-nigh rectangular. Eyes narrowly oval, with a brownish pigment. First pair of antennæ elongate, with 1st joint of peduncle larger than the 2 succeeding ones taken together; 2nd pair scarcely half as long as first. First pair of legs feeble in structure; 2nd pair, on the other hand, most powerfully developed, with hand greatly dilated, and palmar margin somewhat oblique, as also armed on either side with 4 strong spines. Remaining pairs of legs rather robust, and all about equal in length. Last pair of caudal stylets with inner branch more than twice as long as outer. Caudal appendages simple rounded. Colour whitish-yellow, everywhere speckled with red. Length 8**.

Locality. — Stats. 31, 48, 87, 200, 338.

Remarks. — Of the known species, this form approximates closest *A. latipes* M. Sars, but is distinguished by a less thickset body, the absence of a dorsal keel, less robust ambulatory legs, as also by its colour. Moreover, the form of the 2 anterior pairs of legs is rather different.

Description. — The body (see Pl. XIV, fig. 6) somewhat thickset, though by no means to the same extent as in *A. latipes*, and a good deal compressed from the sides.

De bagre Forkrops- og forreste Bagkropssegmenter er oventil skarpt afsatte fra hinanden, uden dog at vise nogen egentlig Kjøl eller dorsale Fortsatser.

Hovedet er forholdsvis lidet og maar fortil ud i et ganske kort, noget bøiet Pandehorn. Sidelapperne er tydeligt vinklede.

De 4 forreste Par Epimerer er temmelig store, betydelig høiere end selve Kroppen og meget skraat fortilrettede. De tiltage successivt noget i Størrelse, og 4de Par ender bagtil i et vinkelformigt Fremspring.

De 3 forreste Bagkropssegmenters Sideplader er forholdsvis store; de paa 3die Segment danner bagtil en næsten ret Vinkel.

Øinene er smalt ovale eller næsten nyreformige og beliggende nær den forreste Rand af Hovedet; deres Pigment er af brunlig Farve.

1ste Par Følere er stærkt forlængede, ikke meget kortere end hele Legemet, og har Skaftets 1ste Led længere end de 2 følgende tilsammen. Svøben er over dobbelt saa lang som Skaftet og sammensat af talrige korte Led.

2det Par Følere er neppe halvt saa lang som 1ste Par og har Svøben omtrent af Skaftets Længde.

Kindbakkerne (Fig. 6 a) udmærker sig ved den betydelige Størrelse af Palpen, hvis sidste Led er lige saa langt som de 2 øvrige tilsammen, sammentrykt, leformigt og i den ene Kant tæt børstebesat.

1ste Par Kjæver (Fig. 6 b) er meget smaa og har Basalpladen af bredt oval Form samt forsynet med 2 korte Fjærbørster.

1ste Fodpar (Fig. 6 c) er forholdsvis lidet og svagt bygget, med Haanden temmelig smal og neppe længere end det foregaaende Led.

2det Fodpar (Fig. 6 d) er derimod kraftigt udviklet og har Haanden meget stor og udvidet mod Enden, med Griberanden noget skraa og bevæbnet til hver Side med 4 stærke Torner.

De øvrige Fodpar er alle omtrent af ens Længde og temmelig robuste, skjøndt paa langt nær ikke i den Grad som hos A. latipes. De 3 sidste Par har Hofteleddet temmelig bredt og pladeformigt, af regelmæssig oval Form.

Halefødderne aftager successivt i Længde bagtil, saa at de tilbagestrakte omtrent naar til samme Tværlinie, og har alle den ydre Gren betydelig kortere end den indre. Sidste Par afviger kun fra de øvrige derved, at Basaldelen er forholdsvis kortere og tykkere (se Fig. 6 e).

Haleredhænget (ibid.) er forholdsvis lidet og simpelt tilrundet i Enden, uden Børster eller Torner.

Dyret er i levende Tilstand af gulhvid Farve og overalt tæt bestrøet med meget smaa røde Punkter.

The posterior thoracic and anterior abdominal segments are sharply defined above, one from the other, without however exhibiting any true keel or dorsal projection.

The head is comparatively small, and exhibits anteriorly a very short, somewhat curved rostrum. Lateral lobes distinctly angular.

The 4 anterior pairs of epimera rather large, exceeding considerably in height the body itself, and directed somewhat obliquely forward. They increase, to a slight extent, successively in size; and the 4th pair terminates posteriorly with an angular projection.

The 3 anterior lateral plates of the abdominal segments are comparatively large; those on the 3rd segment form posteriorly almost a right angle.

The eyes, narrowly oval, or almost reniform, are placed in close proximity to the anterior margin of the head; their pigment is of a brownish colour.

The 1st pair of antennae are very elongate, but little shorter than the whole body, and have the 1st joint of the peduncle greater in length than the 2 succeeding ones taken together. The flagellum is more than twice as long as the peduncle, and composed of numerous short articulations.

The 2nd pair of antennae are scarcely half as long as the 1st, and have the flagellum and peduncle about equal in length.

The mandibles (fig. 6 a) are characterized by the very considerable size of the palp, which has the last articulation as long as the 2 others taken together; it is compressed, falciform, and has one of the margins closely beset with bristles.

The 1st pair of maxillae (fig. 6 b) are very small, and have the basal plate of a broad, oval form, as also furnished with 2 short plumous bristles.

The 1st pair of legs (fig. 6 c) are comparatively small and feeble in structure, with the hand rather narrow and but very little longer than the preceding articulation.

The 2nd pair of legs (fig. 6 d), on the other hand, are powerfully developed, and have the hand very large and dilated toward the extremity, with the palmar margin somewhat oblique and armed on either side with 4 strong spines.

The remaining pairs of legs are all about uniform in length, and rather robust, though by no means to the same extent as in A. latipes. The 3 posterior pairs have the basal joint rather broad, and lamelliform, as also of a regular oval shape.

The caudal stylets diminish successively in length posteriorly, and hence, when stretched backwards, reach very nearly to the same transverse line; all have the outer branch much shorter than the inner. The last pair differ from the rest merely in the basal part being comparatively shorter and thicker (see fig. 6 e).

The telson (ibid.) is comparatively small, and simple rounded at the extremity, without either bristles or spines.

In a living state, the animal is of a yellowish-white colour, everywhere closely specked with minute red points.

Længden synes ikke at overstige 8ᵐᵐ.

Forekomst og Udbredning. Vi har under Expeditionen taget denne smukke Form enkeltvis paa 5 forskjellige Stationer. Af disse ligger de 2 (Stat. 31 og 87) i Havet udenfor Romsdalen, den 3die (Stat. 48) Øst af Island, den 4de (Stat. 200) XV. af Finmarken og den 5te (Stat. 338) Syd af Spitsbergen. Alle disse Stationer tilhører den kolde Area; Dybden fra 146 til 620 Favne. Arten forekommer desuden ved vore Kyster, nemlig i Varangerfjorden, hvor jeg har taget den ikke sjelden paa større Dyb.

Dens for Tiden bekjendte Udbredningsfelt er herefter temmelig betydeligt og strækker sig fra den 63de til den 76de Bredegrad og fra omtrent 31° Ø. L. til 10° V. L. Arten er utvivlsomt at betragte som en ægte arktisk Form.

The length would not appear to exceed 8ᵐᵐ.

Occurrence and Distribution. — This beautiful form was taken on the Expedition — isolated specimens - at 5 different Stations. Two of these (Stats. 31 and 87) were located in the open sea, off the coast of Romsdalen; the 3rd (Stat. 48) lay east of Iceland, the 4th (Stat. 200) north-west of Finmark, and the 5th (Stat. 338) south of Spitzbergen. All of the Stations were in the cold area; depth from 146 to 620 fathoms. The species occurs, too, off the shores of Norway, viz. in the Varangerfjord, where I have not infrequently taken it at a depth of about 100 fathoms.

Hence, its range of distribution, as at present known, is rather considerable, extending from the 63rd to the 76th parallel of latitude, and from long. 31° E. to long. 10° W. The species must unquestionably be ranked as a true Arctic form.

Fam. **Gammaridæ.**

Gen. 1. **Maera**, Leach, 1813.

Edinb. Encyclop. VII.

51. **Maera tenera**, G. O. Sars. n. sp.

(Pl. XIV, Fig. 7.)

Maera tenella, G. O. Sars. Prodromus descriptionis Crust. etc., No. 119 (non Stimpson).

Artscharacteristik. Legemet særdeles smalt, med smaa Epimerer, 1ste Par størst, i Enden afrundet. Hovedets Sideplader stumpt tilrundede. 3die Bagkropssegments Sideplader næsten retvinklede. Ingen Øine. 1ste Par Følere noget kortere end Skaftet. Bisvøben 4-leddet. 2det Par Følere ⅓ kortere end 1ste Par. 1ste Fodpar svagt bygget, med Haanden neppe større end det foregaaende Led; 2det Par meget robust, med bred, næsten firkantet Haand. De øvrige Fødder særdeles tynde, de 3 bagerste Par længere end de 2 foregaaende, med Iløfteleddet smalt, lineært. Sidste Par Halefødder omtrent af samme Størrelse som det foregaaende Par, med begge Grene lancetformige og næsten af ens Længde. Haleveddhænget kort, tvelappet. Farven hvidagtig, gjennemsigtig. Længden 10ᵐᵐ.

Specific Character. — Body exceedingly slim, with small epimera, 1st pair largest, rounded at extremity. Lateral corners of head obtusely rounded. Lateral plates of 3rd abdominal segment almost rectangular. No eyes. First pair of antennæ somewhat shorter than body; with the 2 first joints of peduncle about equal in length; flagellum shorter than peduncle, secondary flagellum four-jointed. Second pair of antennæ one-third shorter than 1st. First pair of legs feeble in structure, with hand scarcely at all larger than preceding joint; second pair exceedingly robust, with broad, well-nigh quadrate hand. Remaining legs very slender, the 3 posterior pairs longer than the 2 preceding ones, with basal joint narrow, linear. Terminal pair of caudal stylets about same size as preceding pair, with both branches lanceolate and well-nigh equal in length. Telson short, bilobular. Colour whitish, translucent. Length 10ᵐᵐ.

Findested. Stat. 31.

Locality. — Stat. 31.

Bemærkninger. Denne nye Art kjendes ved sit overordentlig spinkle Legeme, den jevnt afrundede 1ste Par Epimerer, den fuldstændige Mangel af Øine og den lineære Form af Hofteleddet paa de 3 bageste Fodpar. Da det af mig først anvendte Artsnavn, *tenella*, allerede er anvendt for en amerikansk Art, har jeg foretaget ovenstaaende Forandring med samme.

Beskrivelse. Legemet er (se Pl. XIV, Fig. 7) særdeles spinkelt, næsten af cylindrisk Form, med Ryggen jevnt hvælvet, uden Fortsatser eller Tænder.

Hovedet er forholdsvis stort, omtrent af samme Længde som de 2 forreste Segmenter tilsammen, og har Sidehjørnerne meget korte og stumpt tilrundede.

Epimererne er særdeles smaa, lavere end selve Kroppen og aftager successivt noget i Størrelse bagtil. 1ste Par, som er det største, er noget skraat fortilrettet og smalt tilrundet i Enden.

De 3 forreste Bagkropssegmenters Sideplader er kun lidet udviklede og bagtil næsten retvinklede. 4de Segment er noget dybere end de foregaaende.

Af Øine findes intetsomhelst Spor.

1ste Par Følere er temmelig stærkt forlængede, men dog kortere end Legemet, og meget tynde. Skaftets 2 første Led er omtrent indbyrdes af ens Længde og mere end 3 Gange saa lange som 3die Led. Svøben er kortere end Skaftet og sammensat af 16 Led. Bisvøben er noget længere end Skaftets sidste Led og 4-leddet.

2det Par Følere er ⅓ kortere end 1ste Par og har Skaftets næstsidste Led størst. Svøben er 8-leddet og kortere end Skaftet.

Mundregionen er nedentil stærkt fremspringende og saagodtsom fuldstændig ubedækket til Siderne.

De 2 forreste Fodpar er som hos Slægtens øvrige Arter meget ulige udviklede og temmelig rigeligt børstebesatte. 1ste Par er forholdsvis svagt bygget, med Haanden meget liden, neppe større end det foregaaende Led. 2det Par er derimod særdeles kraftigt, med den ydre Del stærkt fortykket og sammentrykt fra Siderne. Haanden er meget stor, næsten firkantet, uden Torner, men i begge Kanter tæt børstebesat. Endekloen er forholdsvis kort.

De følgende Fodpar er særdeles spinkle og kun sparsomt børstebesatte. De 3 bageste Par er noget længere end de 2 foregaaende og udmærkede ved den smale, næsten lineære Form af Hofteleddet.

Halefødderne er alle omtrent af ens Udseende, med smalt lancetformige Grene. Sidste Par er neppe længere end det foregaaende, men har Grenene noget større i Forhold til Stammen.

Remarks. — This new species is distinguished by its remarkably slender body, the evenly rounded 1st pair of epimera, the total absence of eyes, and the linear form of the basal joint of the 3 posterior pairs of legs. The specific name I first selected, viz. *tenella*, having, as I found, already been adopted for an American species, I saw fit to modify my appellation to that given above.

Description. — The body (see Pl. XIV, fig. 7) is exceedingly slender, almost cylindric in form, with the back uniformly arched and exhibiting neither projections nor teeth.

The head is comparatively large, about the same length as that of the 2 anterior segments taken together, and has the lateral corners very short and obtusely rounded.

The epimera are exceedingly small, less in height than the body, and diminish, backwards, successively somewhat in size. The first pair — which are the largest — directed somewhat obliquely forward and narrowly rounded at the extremity.

The 3 lateral plates of the abdominal segments are but slightly developed, and posteriorly almost rectangular. The 4th segment is somewhat deeper than those preceding it.

Of eyes no trace whatever.

The 1st pair of antennæ are considerably elongated, shorter however than the body, and very slender. The 2 first joints of the peduncle are about equal in length, and more than 3 times as long as the 3rd joint. The flagellum is shorter than the peduncle, and composed of 16 articulations. The secondary flagellum is somewhat longer than the 1st joint of the peduncle, and quadriarticulate.

The 2nd pair of antennæ are one-third shorter than the 1st, and have the penultimate articulation largest. The flagellum is eight-jointed, and shorter than the peduncle.

The buccal area juts forward considerably below, and is well-nigh entirely uncovered at the sides.

The 2 anterior pairs of legs, as in all other species of the genus, are most unequally developed, and rather profusely furnished with bristles. The 1st pair are comparatively feeble in structure, with the hand very small, scarcely at all larger than the preceding joint. The 2nd pair, on the contrary, are remarkably powerful, having the outer portion greatly incrassated, and compressed from the sides. The hand is very large, almost quadrate, without spines, but closely beset with bristles along both margins. The terminal claw comparatively short.

The succeeding pairs of legs are exceedingly slender, and but sparingly furnished with bristles. The 3 posterior pairs are somewhat longer than the preceding, and distinguished by the narrow, almost linear form of the basal joint.

The caudal stylets have all about the same appearance, with slender, lanceolate branches. The last pair are scarcely at all longer than the preceding, but have the branches somewhat larger as compared with the stem.

Halevedhænget er meget lidet og dybt indskaaret i Enden eller tvelappet.

Farven er hvidagtig, gjennemsigtig, med et svagt gulagtigt Skjær.

Længden af det undersøgte Exemplar er 10ᵐᵐ.

Forekomst. Et enkelt Exemplar af denne Form toges under Expeditionens 1ste Togt udenfor Storeggen (Stat. 31) paa et Dyb af 417 Favne. Stationen tilhører den kolde Area.

The telson is very small, and deeply incised at the extremity, or bilobular.

Colour whitish, translucent, with a faint yellowish tinge.

Length of the specimen examined 10ᵐᵐ.

Occurrence. — One example only of this form was taken, on the first cruise of the Expedition, off Storeggen (Stat. 31), at a depth of 417 fathoms. This Station lay in the cold area.

Gen. 2. **Melita,** Leach, 1813.

Edinb. Encyclop. Art. Crust.

52. Melita pallida, G. O. Sars, n. sp.

(Pl. XV, Fig. 1, 1 a—l.)

Melita pallida, G. O. Sars, Crust. & Pycnogonida nova etc., No. 34.

Artscharacteristik. Legemet af smal og langstrakt Form. Hovedets Sidehjørner jevnt afrundede. De 4 forreste Par Epimerer noget høiere end Kroppen, ubevæbnede. Den bagre Rand af alle Bagkropssegmenter, med Undtagelse af det sidste, ganende oventil ud i 2 flade tiltrykte Torner, imellem hvilke endnu staar 1 3 betydelig mindre. 3die Segments Sideplader bagtil udtrukne i en skarp Spids. Ingen Øine. 1ste Par Følere ikke meget kortere end Legemet, med Skaftets 2 første Led smale og forlængede, Svøben længere end Skaftet, 24-leddet. Bisvøben liden, 3-leddet. 2det Par Følere neppe halvt saa lange som 1ste Par. 1ste Fodpar svagt bygget, med liden, næsten qvadratisk Haand; 2det Par særdeles kraftigt udviklet, med Haanden meget stor og i Enden skraat afskaaret, det nedre Hjørne noget fremspringende og bevæbnet med en Torn, den bagre Rand besat med Knipper af korte Børster. De 3 bagerste Fodpar temmelig stærkt forlængede, med pladeformigt udvidet Hoffeled. Sidste Par Halefødder stærkt forlængede, med den indre Gren rudimentær, den ydre meget stor, konisk og besat med spredte Randtorner. Halevedhænget kort, kløvet til Roden. Farven ensformig hvid. Længden 26ᵐᵐ.

Findested. Stat. 353.

Bemærkninger. Fra de øvrige Arter af Slægten er denne strax kjendelig ved den totale Mangel af Øine samt ved Bagkropssegmenternes eiendommelige Bevæbning.

Specific Character. — Body slender and elongate in form. Lateral corners of head evenly rounded. The 4 anterior pairs of epimera — unarmed — somewhat higher than body. Posterior margin of all abdominal segments, with exception of last, jutting out above as 2 flat, appressed spines, from between which rise two or three considerably smaller ones. Lateral plates of 3rd segment produced posteriorly to a sharp point. No eyes. First pair of antennæ not much shorter than body, with the 2 first joints of peduncle slender and elongate; flagellum longer than peduncle, composed of close upon 24 articulations, secondary flagellum small, tri-articulate. Second pair of antennæ scarcely half as long as 1st. First pair of legs feeble in structure, with a small, well-nigh quadrate hand; 2nd pair very powerfully developed, with hand exceedingly large and obliquely truncate at extremity, lower corner somewhat projecting and armed with a spine, posterior margin beset with bunches of short bristles. The 3 posterior pairs of legs considerably elongate, with basal joint lamelliform-dilated. Last pair of caudal stylets greatly elongated, with inner branch rudimentary, outer very large, conical, and beset with scattered marginal spines. Telson short, cleft to the base. Colour a uniform white. Length 26ᵐᵐ.

Locality. — Stat. 353.

Remarks. — From the other species of the genus, this form may be readily distinguished by the total absence of eyes, as also by the peculiar armature of the abdominal segments.

Beskrivelse. Legemet er (se Pl. XV. Fig. 1) af temmelig spinkel Form og stærkt sammentrykt fra Siderne, dog med afrundet Ryg.

Hovedet er omtrent af samme Længde som de 2 forreste Segmenter tilsammen og fortil afstumpet, uden tydeligt Pandehorn, og med Sidehjørnerne jevnt afrundede.

De 4 forreste Par Epimerer er temmelig smaa, dog noget høiere end Kroppen og næsten indbyrdes af ens Størrelse og Form; deres nedre Rand jevnt buet og ganske glat, uden Saugtakker.

Paa alle Bagkropssegmenter, med Undtagelse af det sidste, gaar (se Fig. 1 h) den bagre Rand oventil ud i 2 flade tiltrykte Torner, imellem hvilke endnu findes et noget vexlende Antal (fra 2—4) betydelig mindre Torner eller Saugtakker. Den bagre Vinkel paa 2det og 3die Segments Sideplader er udtrukket i en skarp, noget opadkrummet Spids.

Af Øine var ikke det allermindste Spor at se paa de friskt indfangede Individer.

1ste Par Følere er af betydelig Længde, og ikke meget kortere end hele Legemet. Skaftet er stærkt forlænget og smalt, med de 2 første Led størst og indbyrdes omtrent af ens Længde; sidste Led betydelig kortere. Svøben er noget køngere end Skaftet, traadformig og meget tydeligt leddet, Leddenes Antal omkring 24. Bisvøben (se Fig. 1 a) er meget liden og kun sammensat af 3 Led.

2det Par Følere er neppe mere end halvt saa lange som 1ste Par og har Svøben kun sammensat af 11 Led.

Kindbakkerne (Fig. 1 b) er undersætsigt byggede med tydeligt afsat Tyggeknude. Palpen er meget liden, næsten rudimentær, med sidste Led simpelt tilspidset og endende med 2 simple Børster.

1ste Par Kjæver (Fig. 1 c) har den egentlige Tyggelap bevæbnet med stærke Torner. Den indre Lap eller Basalpladen er elliptisk og langs den indre Kant forsynet med talrige Fjerborster. Palpen er meget tynd, med sidste Led smalt leformigt og i Spidsen bevæbnet med nogle tynde Torner.

2det Par Kjæver (Fig. 1 d) har begge Lapper af oval Form og indbyrdes omtrent af ens Størrelse.

Kjævefødderne (Fig. 1 e) viser den sædvanlige Bygning. Den ydre Tyggelap er temmelig stor og i den indre Kant forsynet med en Rad af korte Torner. Palpens sidste Led er noget udvidet i Enden og her tæt børstebesat; Endekloen forholdsvis kort og konisk tilspidset.

1ste Fodpar (Fig. 1 f) er af temmelig svag Bygning og har Haanden neppe længere end det foregaaende Led, samt i Enden tvært afskaaret, med forholdsvis kort Endeklo.

2det Fodpar (Fig. 1 g) er af langt kraftigere Bygning, navnlig hos Hannen, og har Haanden af meget betydelig Størrelse og oval Form, med Griberanden noget

Description. — The body (see Pl. XV, fig. 1) is rather slender in form and greatly compressed from the sides, though with the back rounded.

The head is about of the same length as the 2 anterior segments taken together, and obtuse in front, without a distinct rostrum and with the lateral corners evenly rounded.

The 4 anterior pairs of epimera are rather small, though a trifle higher than the body and well-nigh uniform in size and shape; their lower margin is evenly arched, and quite smooth — not serrate.

On all the abdominal segments, with the exception of the last, the posterior margin (see fig. h 1) juts out above as 2 flat appressed spines, between which occur a somewhat variable number (from 2 to 4) of considerably smaller spines, or denticles. The posterior angle of the lateral plates of the 2nd and 3rd segments is produced to a sharp, upward-curving point.

Of eyes, not a trace could be detected in the recently taken specimens.

The 1st pair of antennæ are of considerable length, but very little shorter than the whole body. The peduncle is exceedingly elongate and slender, with the 2 first joints largest and well-nigh equal in length; last joint a good deal shorter. The flagellum is somewhat longer than the peduncle, filiform, and very distinctly articulated; number of articulations about 24. The secondary flagellum (see fig. 1 a) is very small, and composed of only 3 articulations.

The 2nd pair of antennæ attain scarcely half the length of the 1st, and have the flagellum composed of only 11 articulations.

The mandibles (fig. 1 b) are thickset in structure, with the molar protuberance distinctly defined. The palp is very small, well-nigh rudimentary, with the last articulation simple acute and terminating in 2 simple bristles.

The 1st pair of maxillæ (fig. 1 c) have the true masticatory lobe armed with strong spines. The inner lobe, or basal plate, is elliptic, and, along the inner margin, provided with numerous plumose bristles. The palp is very slender, with the last articulation narrowly falciform, and armed at the point with a few delicate spines.

The 2nd pair of maxillæ (fig. 1 d) have both lobes oval in form and nearly equal in size.

The maxillipeds (fig. 1 e) exhibit the usual structure. The outer masticatory lobe is rather large, and furnished along the inner margin with a series of short spines. The last articulation of the palp is somewhat dilated at the extremity, and there densely beset with bristles. Terminal claw comparatively short and conically pointed.

The 1st pair of legs (fig. 1 f) are comparatively feeble in structure, and have the hand scarcely at all longer than the preceding joint, as also abruptly truncate at the extremity, with terminal claw comparatively short.

The 2nd pair of legs (fig. 1 g) are of far more powerful structure, especially in the male, and have the hand of very considerable size and oval in form, with the palmar

skjøv og nedentil begrændset af et fremspringende, med en kort Torn bevæbnet Hjørne; bagenfor dette er den nedre Kant af Haanden besat med flere Knipper af korte Børster.

De øvrige Fødder er temmelig stærkt forlængede, kun sparsomt børstebesatte og har de 3 ydre Led omtrent af ens Længde. Hofteleddet paa de 3 bageste Par er pladeformigt udvidet, af oval Form og bagtil utydeligt savgtakket.

Af Halefødderne er de 2 forreste Par (Fig. 1 i) af ens Bygning, med begge Grene vel udviklede og lancetformige. Sidste Par (Fig. 1 k) viser derimod et temmelig afvigende Udseende. Det er baade længere og kraftigere bygget end nogen af de foregaaende Par og har den indre Gren ganske rudimentær, medens den ydre Gren er enormt udviklet, konisk tilspidset i Enden, og langs Kanterne bevæbnet med nogle faa korte Torner.

Halevedhænget (Fig. 1 l) er forholdsvis lidet og kløvet lige til Roden, med Sidelapperne noget skjævt afskaarne i Spidsen og her forsynede med en kort Borste.

Dyrets Farve er ensformig hvid, uden det mindste Spor af Pigmentering.

Længden af de største Exemplarer er 26ᵐᵐ.

Forekomst. Af denne Art toges under Expeditionens sidste Togt en hel Del Exemplarer paa en enkelt Lokalitet i Havet Vest af Spitsbergen (Stat. 353). Alle de indsamlede Exemplarer fandtes indkrøbne i Hulninger eller Gange (rimeligvis oprindeligt dannede af en Teredo) i et Stykke gammelt Træ, der optoges med Bundskraben fra det enorme Dyb af 1333 Favne. Stationen tilhører den kolde Area.

margin somewhat oblique, and below defined by a projecting corner, armed with a short spine; posterior to this corner, the lower margin of the hand is beset with several bunches of short bristles.

The remaining pairs of legs are considerably elongated, sparingly furnished with bristles, and have the outer 3 joints about equal in length. The basal joint of the 3 posterior pairs is lamelliform-dilated, oval in form, and behind indistinctly serrate.

Of the caudal stylets, the 2 anterior pairs (fig. 1 i) are uniform in structure, with both branches well developed and lanceolate. The last pair (fig. 1 k) exhibit, on the other hand, a rather deviating appearance. These are alike longer and more powerful in structure than any of the preceding pairs, and have the inner branch quite rudimentary, whereas the outer one is prodigiously developed, acuminate at the extremity, and beset along the margins with a few short spines.

The telson (fig. 1 l) is comparatively small and cleft to the base, having the lateral lobules somewhat obtusely truncate at the extremity, and furnished there with a short bristle.

Colour a uniform white, without the slightest trace of pigment.

Length of largest specimens 26ᵐᵐ.

Occurrence. — Of this species, a number of individuals were taken, on the 1st cruise of the Expedition, in a single locality, off the west coast of Spitzbergen (Stat. 353). All the specimens collected were found within cavities or passages (originally, there is reason to believe, the work of a Teredo) in an old piece of wood that came up in the dredge from the enormous depth of 1333 fathoms. The Station lay in the cold area.

Gen. 3. **Amathillopsis,** Heller, 1875.

Crust. Pycnog. & Tunicaten d. K. K. Øster. Ung. Nordpol-Expedition.

53. Amathillopsis spinigera, Heller.

(Pl. XV. Fig. 2).

Amathillopsis spinigera, Heller; l. c. pg. 11, Tab. III. Fig. 17—22, Tab. IV. Fig. 1—8.

Jeg giver her en forbedret Tegning af denne charakteristiske, under den Øster-Ungarske Nordpolexpedition opdagede Amphipode, hvoraf talrige pragtfulde Exemplare ogsaa erholdtes under vor Nordhavsexpedition. Farven er i levende Tilstand blegt straagul, med intensivt rødfarvede Munddele og forreste Par Fødder, Øinenes Pigment gulhvidt. Længden af de største indsamlede Exemplarer gaar op til 50ᵐᵐ,

Gen. 3. **Amathillopsis,** Heller, 1875.

Crust. Pycnog. & Tunicaten d. K. K. Øster.-Ung. Nordpol-Expedition.

53. Amathillopsis spinigera, Heller.

(Pl. XV. fig. 2).

Amathillopsis spinigera, Heller; l. c. p. 11, Pl. III, figs. 17—22, Pl. IV, figs. 1—8.

I give here an improved drawing of this characteristic Amphipod, first met with on the Austrio-Hungarian North Pole Expedition, of which numerous magnificent specimens were obtained on the Norwegian Expedition. Colour, in a living state, palestraw, with oral appendages and anterior pairs of legs a vivid red; ocular pigment yellowishwhite. Length of largest specimens reaching 50ᵐᵐ, for an

en for en Amphipode aldeles colosal Størrelse. Vi har noteret den paa ikke mindre end 8 forskjellige Stationer (St. 18, 33, 54, 124, 192, 251, 333, 312), alle tilhørende den kolde Area. Dybden fra 350 til 748 Favne.

Formen i Nordhavet, hvor Arten forekommer fra den 63de til den 76de Bredegrad, er den som anført under den Øster. Ungarske Nordpolexpedition observeret i Havet Øst af Spitsbergen og nordlig til det nyopdagede Franz-Josephs Land. Arten er saaledes utvivlsomt at betragte som en ægte arktisk Form.

Amphipod a truly colossal size. We had the species from not less than 8 different Stations (Stats. 18, 33, 54, 124, 192, 251, 333, 312), all in the cold area; depth ranging from 350 to 748 fathoms.

Exclusive of the North-Atlantic, where the species ranges from the 63rd to the 76th parallel of latitude, this form, as seen from the work cited above, was observed on the Austria-Hungarian North Pole Expedition in the sea east of Spitzbergen, and as far north as the recently discovered Franz-Josephs Land. Hence the species most unquestionably be regarded as a true Arctic form.

Fam. **Syrrhoïdæ.**

Gen. **Bruzelia**, Boeck, 1870.

Crust. amphip. bor. & arct.

54. **Bruzelia serrata**, G. O. Sars. n. sp.

(Pl. XV. Fig. 3, 3 *a–l*)

Bruzelia serrata, G. O. Sars, Crust. & Pycnogonida nova etc., No. 24.

Artscharacteristik. Legemet kort og undersetsigt, med særdeles haarde Integumenter, Hovedet stort og tykt med et langt og tilspidset nedadbøiet Pandehorn; imellem dette og Hovedets Sider en dyb Indbugtning. Alle Forkropssegmenter og de 3 forreste Bagkropssegmenter oventil tydeligt kjølede. Kjølen paa de 4 bagre Forkropssegmenter gaaende ud i enkle sammentrykte dorsale Fortsatser, paa de forreste Bagkropssegmenter i 2 paa hinanden følgende Spidser. De 3 bagre Segmenter hvert oventil i Midten af den bagre Rand bevæbnet med et tandformigt opadrettet Fremspring; 4de Segment desuden med et lignende i Midten af Rygsiden. De forreste Epimerer smaa og smale; 4de Par mindre end de foregaaende og skjævt afkattet i Enden; 5te og 6te Par med den bagre Lap forhænget nedad. 3die Bagkropssegments Sideplader bagtil i Midten noget fremspringende og grovt savtakkede, de nedre Hjørner skarpt tilspidsede. Ingen Øine. Følerne tynde, af den for Slægten characteristiske Bygning. De 4 forreste Fødpar meget smaa og svage; de 3 bagerste derimod temmelig robuste, med pladeformigt udvidet og bagtil savtakket Hofteled. Halevedhænget særdeles stort, triangulært, pladeformigt, med en meget smal median Fissur, der naar ud over Midten. Farven ensformig gulgraa. Længden 8¹/₂ᵐᵐ.

Specific Character. — Body short and thickset, with exceedingly hard integuments. Head large and thick, with long and acute, downward-bent rostrum; between the latter and sides of head a deep sinus. All thoracic segments and the 3 anterior abdominal segments distinctly carinated above; keel on the 4 posterior thoracic segments jutting out as simple, compressed, dorsal projections, on the 3 anterior abdominal segments, as 2 successive points. Each of the 3 posterior segments armed above, in the middle of the posterior margin, with a dentiform, upward-turning projection; 4th segment furnished besides with a similar projection, springing from the middle of the dorsal surface. The foremost epimera small and slender; 4th pair smaller than preceding, and obliquely truncate at extremity; 5th and 6th pairs with posterior lobe prolonged downwards. Lateral plates of 3rd abdominal segment somewhat projecting in the middle posteriorly, and coarsely serrate. No eyes. Antennæ slender, exhibiting the structure characteristic of the genus. The 4 anterior pairs of legs very small and feeble; the 3 posterior, on the other hand, somewhat robust, with basal joint lamelliform-dilated and serrate posteriorly. Telson exceedingly large, triangular, lamelliform, with a very small median fissure, extending beyond the middle. Colour a uniform yellowish-grey. Length 8¹/₂ᵐᵐ.

Findested. Stat. 124.

Locality. — Stat. 124.

Bemærkninger. Fra den typiske Art. *Br. typica* Bocek. er denne strax kjendelig ved den skarpt markerede dorsale Kjøl med sine hoie sammentrykte Fortsatser, samt ved de høgtil saugtakkede Sideplader paa 3die Bagkrops-segment.

Beskrivelse. Legemet er (se Pl. XV, Fig. 3) forholdsvis kort og undersætsigt, samt af en noget kantet Form, idet Epimererne danner med Kropssiderne en tydelig Vinkel.

Integumenterne er usædvanlig faste og haarde, kalkagtige og viser overalt en tydelig punkteret Skulptur, der dannes af talrige smaa grubeformige Fordybninger.

Hovedet er meget stort og ligesom opsvulmet, oventil og til Siderne jevnt convext og fortil gaaende ud i et langt og spidst, nedadboiet Pandehorn. Imellem dette og Hovedets forreste Sidekanter er en dyb og smal Indbugtning, hvori 1ste Par Følere er indleddede. Sidehjørnerne er bredt afrundede eller næsten afstumpede.

Langs ad Ryggen strækker sig en tydeligt markeret Kjøl, som paa de 4 bagerste Forkropssegmenter og de 3 forreste Bagkropssegmenter hæver sig til hoie, sammentrykte og bagudrettede Fortsatser. Paa Forkroppen er disse Fortsatser enkle, medens der paa de 3 forreste til Bagkroppen hørende findes fortil en tilspidset Flig, hvorved disse Fortsatser her synes ligesom tvedelte. Kjølen fortsetter sig igjen delvis paa de 3 bagerste Segmenter, der hver ved den bagre Rand har et tandformigt, opadrettet Fremspring; et lignende findes desuden i Midten af 4de Bagkropssegments Rygside. Af Forkropssegmenterne er de 3 forreste meget korte og til Siderne begrændsede af noget Sformigt boiede Suturer; de 4 følgende tiltager successivt noget i Længde bagtil. De 3 forreste Bagkropssegmenter er meget store, med særdeles brede og dybe Sideplader. Paa 3die Segment er den bagre Rand af Sidepladerne i Midten noget fremspringende og delt i 5 stærke opadrettede Saugtakker (se Fig. 3 *i*): de nedre Hjørner er udtrukne i en skarp dolkformig Spids, der oventil er begrændset fra det ovenomtalte saugtakkede Fremspring ved en halvmaaneformig Indbugtning.

De 3 forreste Par Epimerer er meget smaa, tæt sammentrængte og noget divergerende med Enderne samt stillede næsten lodrette, dannende med Kropssiderne en tydelig Vinkel. 4de Par er lavere end de 2 foregaaende og i Enden skraat afskaaret, med et kort vinkelformigt Fremspring i den bagre Kant. De 2 følgende Par har den bagre Lap forlænget nedad i Form af en noget buet Fortsats.

Af Øine findes ligesom hos den typiske Art intetsomhelst Spor.

1ste Par Følere er omtrent saa lange som Hovedet og de 5 forreste Segmenter tilsammen og af forholdsvis slankel Bygning. Skaftet er temmelig stærkt forlænget, med 1ste Led størst, de 2 følgende indbyrdes af ens Længde.

Remarks. — From the typical species, *Br. typica* Bocek, this form may at once be distinguished by the sharply marked dorsal keel, with its high, compressed projections, as also by the posteriorly serrate lateral plates on the 3rd abdominal segment.

Description. — The body (see Pl. XV, fig. 3) is comparatively short and thickset, and of a somewhat angular form, the epimera and the sides of the body forming together a distinct angle.

The integuments are remarkably hard and firm, calcareous, exhibiting everywhere a distinct, dotted sculpture, produced by numerous minute foveal depressions.

The head is very large and, as it were, intumescent, above and at the sides evenly convex, running out in front as a long and acute, downward-bent rostrum. Between the latter and the anterior lateral margins of the head, extends a deep and narrow curved sinus. The lateral corners are broadly rounded, or almost obtuse.

Along the back stretches a well-marked keel, which, on the 4 posterior thoracic segments and the 3 anterior abdominal segments, rises to high, compressed, and backward-directed projections. On the anterior division of the body, these projections are simple, whereas on the 3 anterior ones, belonging to the abdominal division, occurs anteriorly an acute lappet, giving to the said projections a well-nigh cleft appearance. Moreover, the keel is continued in part along the 3 posterior segments, each of which, on the posterior margin, has a dentiform, upward-turning, projection; a similar projection is observed, too, springing from the middle of the dorsal side of the 4th abdominal segment. Of the thoracic segments, the 3 anterior ones are very short, and limited at the sides by sutures, bent somewhat in the form of the letter S; the 3 succeeding segments increase slightly in length backwards. The 3 anterior abdominal segments are very large, with exceedingly broad and deep lateral plates. On the 3rd segment, the posterior margin of the lateral plates projects a little, and is divided into 5 strong, upward-directed teeth (see fig. 3 *i*); the lower corners are drawn out as a sharp, mucroniform point, defined above from the serrate projection by a crescent-shaped sinus.

The 3 anterior pairs of epimera are exceedingly small, crowded together, and somewhat diverging toward the extremities, moreover placed well-nigh perpendicular, and thus forming, with the sides of the body, a distinct angle. The 4th pair are lower than the 2 preceding ones, and obliquely truncate at the extremity, with a short angular projection springing from the posterior margin. The 2 succeeding pairs have the posterior lobe prolonged downward in the form of a slightly arcuate projection.

Of eyes — as in the typical species — no trace whatever.

The 1st pair of antennæ are about equal in length to the head and the 5 anterior segments taken together, as also comparatively slender in structure. The peduncle is considerably elongated, with the 1st joint largest and

Svøben er noget kortere end Skaftet og sammensat af 8 Led. Bisvøben er liden, koniskt tilspidset og bestaaende af 2 Led, hvoraf det sidste er særdeles lidet (se Fig. 3 a).

2det Par Følere er noget længere end 1ste Par og af en lignende spinkel Form. Af Skaftets Led er det næstsidste længst. Svøben er neppe halvt saa lang som Skaftet og sammensat af circa 8 Led.

Overlæben (Fig. 3 b) er meget stor og noget hjelmformig samt stærkt incrusteret, med den nedre Del noget indknebet og i Enden næsten tvært afknuttet.

Kindbakkerne (Fig. 3 c—d) er af en meget eiendommelig og usædvanlig compakt Bygning. Formen er uregelmæssig qvadratisk, med Tyggeranden fuldkommen glat og ubevæbnet, skjøndt en jevn Indbugtning i Midten antyder de 2 sædvanlige Partier, et forreste og et bageste (Tyggeknuden). Fra den indre Flade af Kindbakken udgaar en smal tungeformig Fortsats, der rimeligvis tjener til Fæste for Abductormusklerne. Palpen er meget tynd, næsten børsteformig, men bestaar af de sædvanlige 3 Led.

1ste Par Kjæver (Fig. 3 e) har den egentlige Tyggelap indad stærkt fremspringende og paa den afknttede Ende besat med talrige tynde Torner. Basalpladen er næsten halvcirkelformig og forsynet med 8 stærke Fjørbørster. Palpen er forholdsvis tynd, med sidste Led noget buet og neppe udvidet mod Enden.

2det Par Kjæver (Fig. 3 f) har den indre Lap baade længere og bredere end den ydre, der kun i Spidsen er forsynet med Børster.

Kjævefødderne (Fig. 3 g) udmærker sig ved den usædvanlig stærke Udvikling af den indre Tyggelap, der er af oval Form, stærkt incrusteret og langs sin noget buede indre Kant bevæbnet med en Rad af 9 særdeles grove, kamformigt ordnede Tænder. Palpen er tynd og forlænget, med sidste Led næsten lineært og Endekloen ganske kort.

De 2 forreste Fodpar (Fig. 3 h) er indbyrdes af ens Udseende og meget svagt byggede, med Haanden usædvanlig liden, medens det foregaaende Led (Carpus) er stærkt forlænget og i sin nedre Kant besat med en dobbelt Rad af tildels cilierede Børster.

De 2 følgende Fodpar er ligeledes usædvanlig svage. Derimod er de 3 bageste Par forholdsvis kraftigt udviklede og ogsaa rigeligere børstebesatte. De tiltager successivt i Længde bagtil og har Hofteleddet pladeformigt udvidet og i den bagre Kant tæt savtakket. Dette Led tiltager ligeledes i Størrelse i samme Forhold, saa at det paa sidste Par er over dobbelt saa stort som paa 5te. Af de øvrige Led er det sidste længst og meget tyndt, lineært. Endekloen er forholdsvis kort.

the 2 succeeding ones equal in length. The flagellum is somewhat shorter than the peduncle, and composed of 8 articulations. The secondary flagellum is small, conically pointed, and composed of 2 articulations, — the latter exceedingly small (see fig. 3 a).

The 2nd pair of antennæ are somewhat longer than the 1st, and of a similar slender form. Of the joints of the peduncle, the penultimate is longest. The flagellum attains scarcely half the length of the peduncle, and has about 8 articulations.

The labrum (fig. 3 b) is very large and somewhat galeate in form, as also thickly incrusted, with the lower part slightly instricted and abruptly truncate at the extremity.

The mandibles (figs. 3 c—d) exhibit a very peculiar and remarkably compact structure. Their form is irregular-quadrate, with the cutting edge perfectly smooth and unarmed, though a uniform emargination in the middle indicates the 2 commonly observed portions, an anterior and a posterior (the molar protuberance). From the inner surface of the mandible, juts forth a slender linguiform projection, serving probably as a means of attachment for the abductor muscles. The palp is very slender, well-nigh setiform, but as usual composed of 3 articulations.

The 1st pair of maxillæ (fig. 3 e) have the true masticatory lobe strongly projecting inwards, and beset at the truncate extremity with numerous slender spines. The basal plate is well-nigh semicircular in form and furnished with 8 strong plumous bristles. The palp is comparatively slender, with the last articulation somewhat arched and but very little, if at all, dilated at the extremity.

The 2nd pair of maxillæ (fig. 3 f) have the inner lobe both longer and broader than the outer, which at the point only is furnished with bristles.

The maxillipeds (fig. 3 g) are characterized by the remarkably powerful development of the inner masticatory lobe, which is oval in form, thickly incrusted, and armed along its inner, somewhat arcuate margin with a row of 9 exceedingly coarse, in arrangement pectinate, teeth. The palp is slender and elongate, with the last articulation almost linear and the terminal claw quite short.

The 2 anterior pairs of legs (fig. 3 h) are uniform in appearance and very feeble in structure, with the hand remarkably small, whereas the preceding articulation (carpus) is greatly elongated, and beset along the lower margin with a double series of partly ciliated bristles.

The 2 succeeding pairs of legs are likewise remarkably feeble. On the other hand, the 3 posterior pairs are comparatively powerful in development and more abundantly furnished with bristles. They increase successively in length posteriorly, and have the basal joint lamelliform-dilated, as also closely serrate along the posterior margin. This joint likewise increases in the same proportion, so that, on the last pair, it is more than twice as large as on the 5th. Of the remaining joints, the last is the longest, very slender and linear. Terminal claw comparatively short.

De 2 forreste Par Halefødder har den ydre Gren betydelig kortere end den indre. Sidste Par, som ikke overrager disse, har derimod begge Grene ligeligt udviklede (se Fig. 3 k).

Haleredhænget (ibid.) er forholdsvis af en ganske usædvanlig Størrelse og rækker næsten til Enden af sidste Par Halefødder. Det er pladeformigt og af forlænget triangulær Form, med Sidekanterne glatte og Spidsen forsynet med 4 smaa Tænder. Ved en meget smal Fissur er det kløvet indtil foran Midten.

Farven er ensformig gulgraa og kun lidet gjennemsigtig.

Længden af det største undersøgte Exemplar er $8^{1}/_{2}^{mm}$.

Forekomst og Udbredning. Nogle faa Exemplarer af denne meget distincte Art erholdtes under Expeditionens 2det Togt i Havet Vest af Helgelandskysten (Stat. 124) fra et Dyb af 350 Favne. Stationen tilhører den kolde Area. Samme Art har jeg ogsaa taget ved vor Kyst, nemlig i Korsfjorden Syd for Bergen og ved Lofoten, hvor endnu en 3die ny Art af samme Slægt, *B. tuberculata*, forekommer.

The 2 anterior pairs of caudal stylets have the outer branch considerably shorter than the inner. The last pair, which do not reach beyond them, have, on the other hand, both branches equally developed (see fig. 3 k).

The telson (ibid.) is comparatively of quite a remarkable size, reaching almost to the extremity of the last pair of caudal stylets. It is lamelliform and elongate-triangular, with the lateral margins smooth and the point furnished with 4 small teeth. An exceedingly narrow fissure cleaves it till past the middle.

Colour a uniform yellowish-grey, and but slightly translucent.

Length of the largest specimen examined $8^{1}/_{2}^{mm}$.

Occurrence and Distribution. — A few individuals of this very distinct species were obtained, on the 2nd cruise of the Expedition, in the sea west of the coast of Helgeland (Stat. 124), from a depth of 350 fathoms. This Station belonged to the cold area. The same species I have also taken in the Korsfjord, south of Bergen, and at Lofoten, where a third and new species of the same genus, *B. tuberculata*, is found to occur.

Fam. **Stenothoidæ.**

Gen. 1. **Metopa**, Boeck, 1870.

Crust. amphip. bor. & arct.

55. **Metopa spectabilis**, G. O. Sars, n. sp.

(Pl. XV. Fig. 4 a—u).

Metopa spectabilis, G. O. Sars. Crust. & Pycnogonida nova etc., No. 28.

Artscharacteristik. Legemet mindre undersætsigt end sædvanligt, noget sammentrykt. Hovedets Sidehjørner noget fremspringende og tilrundede. 4de Par Epimerer afrundet triangulære, omtrent saa store som de 2 foregaaende Par tilsammen. Øinene meget smaa, runde, med rødt Pigment. Følerne saavel hos Hun som Han meget ulige udviklede; 2det Par næsten dobbelt saa lange som, og meget kraftigere byggede end 1ste Par, næsten fodformige, med Skaftets 2 sidste Led stærkt forlængede. Svøben særdeles liden og tynd. 1ste Fodpar svagt bygget, med 3die Led nedad gaaende ud i en smalt tilrundet Lap. 2det Fodpar hos begge Kjøn kraftigt udviklet, med Haanden særdeles stor og opsvulmet. Griberanden skjæv og uregelmæssigt bugtet, med et enkelt lidet tandformigt Fremspring i Midten og nedad begrændset af en stærk tilspidset Fortsats, hos Hannen nedentil dybt indbugtet, med den nedre Fortsats særdeles stor og lanceformig. De 3 bagerste Fodpar med

Specific Character. — Body less thickset than usual, somewhat compressed. Lateral corners of head slightly projecting and rounded. Fourth pair of epimera rounded triangular, about as large as the 2 preceding pairs taken together. Eyes very small, round, with red pigment. Antennæ, alike in female and male, most unequally developed; 2nd pair almost twice as long as, and much more powerful in structure than, 1st, well-nigh pediform, with the 2 last joints of peduncle greatly elongated; flagellum exceedingly small and slender. First pair of legs feeble in structure, with 3rd joint jutting out below as a narrow, rounded lobe. Second pair of legs in both sexes powerfully developed, with hand exceedingly large and swollen, palmar margin oblique and irregular-sinuous, with a single small dentiform projection in the middle, and bounded below by a strong, acute apophysis, in the male deeply incurved below; with the lower projection exceedingly large and lan-

24

3die Led kun lidet udvidet bagtil. Hofteleddet paa de 2 bageste Par ovalt. Sidste Par Halefødder simple, uden laterale Torner. Halevedhænget simpelt, tilrundet. Legemet gjennemsigtigt. med kun sparsomt rødligt Pigment. Længden indtil 14ᵐᵐ.

Findesteder. Stat. 31. 343.

Locality. — Stat. 31. 343.

Bemærkninger. Denne Art staar vistnok meget nær *M. Alderi* Sp. Bate, med hvilken jeg ogsaa først identificerede den, men viser dog, som jeg senere har overbevist mig om, tilstrækkelige Afvigelser til at maatte opfattes som en distinct Art. Foruden ved den langt betydeligere Størrelse kjendes den strax ved den særdeles ulige Udvikling af de 2 Par Følere, der forholder sig fuldkommen ens hos begge Kjøn, medens disse iøfald hos Hunnen af *M. Alderi* er omtrent af ens Længde; fremdeles ved Formen og Bevæbningen af 2det Fodpars Haand, endelig ved det bagtil mindre stærkt udvidede 3die Led paa de bagre Fodpar.

Remarks. — This form approximates, it is true, very closely *M. Alderi* Sp. Bate, with which indeed I first held it to be identical; meanwhile it exhibits, as I subsequently found, sufficient deviating characteristics to warrant our regarding it as a distinct species. Let alone the far greater size, it can immediately be recognized by the very unequal development of the 2 pairs of antennæ — perfectly uniform in both sexes; whereas the antennæ (in the female of *M. Alderi* at least) are about equal in length; moreover, by the armature characterizing the hand of the 2nd pair of legs; and finally, by the 3rd joint of the hindmost pairs of legs being less dilated posteriorly.

Beskrivelse. Legemet er (se Pl. XV, Fig. 4) af forholdsvis mindre undersætsig Form end hos de øvrige bekjendte Arter af Slægten og noget sammentrykt fra Siderne. med rund, buet Ryg og tynde gjennemsigtige Integumenter.

Description. — The body (see Pl. XV. fig. 4) is comparatively less thickset in form than in any of the other known forms of the genus, and somewhat compressed from the sides, with a round, arcuate back and thin, translucent integuments.

Hovedet er forholdsvis lidet og har Sidehjørnerne temmelig stærkt fremspringende mellem Roden af de 2 Par Følere, samt smalt tilrundede.

The head is relatively small, and has the lateral corners narrowly rounded and projecting a good deal between the bases of the 2 pairs of antennæ.

Af Epimererne er det 1ste Par som sædvanlig ganske rudimentært og fuldstændig dækket af det følgende Par. Dette er af elliptisk Form og skjævt fortilrettet. 3die Par er aflangt 4-kantet og omtrent dobbelt saa høit som Kroppen. 4de Par er omtrent saa stort som begge de 2 foregaaende tilsammen og af afrundet triangulær Form, bagtil smalt tilrundet og dækkende fuldstændig Basis af 5te Fodpar.

Of the epimera, the 1st pair are as usual quite rudimentary, and wholly covered by the 2nd. The latter are elliptic in form and point obliquely forward. The 3rd pair are oblongo-quadrate, and well-nigh double the height of the body. The 4th pair are about as large as both the 2 preceding ones taken together, and rounded-triangular in form; posteriorly rounded narrowly off and covering the whole base of the 5th pair of legs.

De 3 forreste Bagkropssegmenter har Sidepladerne forholdsvis lidet udviklede og dannende bagtil et stumpt Hjørne.

The 3 anterior abdominal segments have the lateral plates comparatively slight in development, and forming posteriorly an obtuse corner.

Øinene er meget smaa, runde, med Pigmentet, der er af rød Farve, kun indtagende den centrale Del.

The eyes are very small, round, with the pigment of a red colour, occupying the central part only.

1ste Par Følere er forholdsvis meget smaa og tynde, med Skaftets 1ste Led omtrent dobbelt saa langt som 2det, og sidste Led særdeles lidet. Svøben er omtrent af Skaftets Længde og sammensat af omkring 20 korte Led.

The 1st pair of antennæ are comparatively very small and slender, with the 1st joint of the peduncle about twice as long as the 2nd and the last joint exceedingly small. The flagellum is nearly equal to the peduncle in length, and composed of about 20 short articulations.

2det Par Følere er derimod særdeles kraftigt udviklede og næsten dobbelt saa lange som 1ste Par, med Skaftet meget stærkt, cylindriskt, hvorimod Svøben er ualmindelig liden og tynd, kun dannende et smalt snurtformigt 7-leddet Appendix til samme (se Fig. 4 a).

The 2nd pair of antennæ, on the other hand, are most powerful in development, and well-nigh twice as long as the 1st, with the peduncle very strong and cylindric, whereas the flagellum is remarkably small and slender, forming merely a lash-like seven-jointed appendix (see fig. 4 a).

Overlæben (Fig. 4 b) danner en liden paatværs elliptisk og i den nedre Kant noget indbugtet bevægelig Lap.

The labrum (fig. 4 b) consists of a small, transversely elliptic, and, along the lower margin, somewhat incurved, movable lobe.

Underlæben (Fig. 4 c) har Sidelapperne stærkt divergerende og af en noget uregelmæssig, næsten oxedannet Form.

Kindbakkerne (Fig. 4 d) er forholdsvis svagt udviklede og har den mod Munden rettede Ende fint tandet, men mangler tydeligt begrændset Tyggeknude. Palpen er meget liden og rudimentær, skjøndt bestaaende af de 3 sedvanlige Led.

Kjæverne (Fig. 4 e—f) er ligeledes meget smaa og svage. 1ste Par (Fig. 4 e) har Tyggepladen temmelig bred, hvorimod Palpen er smal, næsten lineær; Basalpladen synes at mangle Børster. 2det Par (Fig. 4 f) har den indre Lap kortere end den ydre.

Kjævefødderne (Fig. 4 g) er, i Modsætning til de øvrige Munddele, meget store, fodformige og rager frit frem nedenunder Hovedet (se Fig. 4). De mangler ganske Tyggelap, men har en liden rudimentær Basalplade. Palpen er særdeles stærkt bygget og ender med en kraftig Klo.

1ste Fodpar (Fig. 4 h) er forholdsvis lidet og svagt bygget. 3die Led forlænger sig nedentil i en smalt tilrundet børstebesat Lap. Haanden er af oval Form og kun lidet større end det foregaaende Led, men har, i Modsætning til hvad Tilfældet er hos enkelte andre Arter af Slægten, en tydeligt begrændset skraa Griberand.

2det Fodpar (Fig. 4 i—h) er hos begge Kjøn særdeles kraftigt udviklet, med 3die og 4de Led korte og brede, udviddede med Enden og nedad forlængede i smaa børstebesatte Lapper. Haanden er meget stor og opsvulmet samt viser hos Hun og Han et temmelig forskjelligt Udseende. Hos Hunnen (Fig. 4 i) er den af tilnærmelsesvis oval Form, med Griberanden noget skraa og uregelmæssigt bugtet, fint ciliseret, samt omtrent ved Midten forsynet med et enkelt kort tandformigt Fremspring; nedentil er Griberanden begrændset af en stærk, triangulært tilspidset Fortsats, der bagtil gaar i Flugt med den nedre Rand af Haanden. Hos Hannen (Fig. 4 h) viser Griberanden nedenfor den mediane Tand en særdeles dyb Indbugtning eller Indsnit, hvorved den nedenfor liggende Fortsats antager Formen af en særdeles stor lancetformig fremskydende Flig.

De øvrige Fødder er temmelig spinkle, kort børstebesatte og alle omtrent af ens Længde. 5te Par (Fig. 4 l) har som hos Slægtens øvrige Arter Hofteleddet meget smalt og af lineær Form, hvorimod dette Led paa de 2 følgende Par er pladeformigt udviklet og ovalt. 3die Led paa disse Fodpar gaar bagtil ud i et tilspidset Hjørne, der dog paa langt nær ikke er saa stærkt fremspringende som hos M. Alderi.

Sidste Par Halefødder (Fig. 4 m) rækker ikke ud over de 2 foregaaende Par og er som hos de øvrige til denne Familie hørende Former simple, 3-leddede, samt kaniskt tilspidsede. Kanterne er ganske glatte, uden Torner eller Børster.

Halevedhænget (Fig. 4 n) er aflangt ovalt og i Spidsen simpelt tilrundet, uden nogensomhelst Bevæbning.

The labium (fig. 4 c) has the lateral lobes widely diverging, and somewhat irregular — almost securiform — in shape.

The mandibles (fig. 4 d) are comparatively slight in development, and have the extremity directed toward the mouth, finely dentate, but do not exhibit a distinctly defined molar protuberance. The palp is very small, and rudimentary, though consisting, as usual, of 3 articulations.

The maxillæ (fig. 4 e—f) are likewise very small and feeble. The 1st pair (fig. 4 e) have the masticatory lobe rather broad, whereas the palp is narrow, almost linear; the basal plate would seem to be wholly unprovided with bristles. The 2nd pair (fig. 4 f) have the inner lobe shorter than the outer.

The maxillipeds (fig. 4 g) — contrary to what is the case with the other oral appendages — are very large, pediform, and jut out freely from beneath the head (fig. 4). The masticatory lobe is entirely wanting, but they have a small rudimentary basal plate. The palp is remarkably strong, and terminates in a powerful claw.

The 1st pair of legs (fig. 4 h) are comparatively small, and feeble in structure. The 3rd joint is produced downward to a narrowly rounded lobe. The hand occurs of an oval form, but slightly exceeds the preceding joint in size; it has, however, contrary to what is the case in some species of the genus, a well-defined oblique palmar margin.

The 2nd pair of legs (fig. 4 i—h) are in both sexes most powerfully developed, with the 3rd and 4th joints short and broad, dilated towards the extremity and produced downward as small, bristle-bearing lobes. The hand is very large and swollen, and exhibits, both in the male and female, a somewhat different appearance. In the female (fig. 4 i), it has an approximately oval form, with the palmar margin somewhat oblique and irregular-sinuous, finely ciliated, and exhibiting a single short dentiform projection; below, the palmar margin is defined by a strong triangular-jointed apophysis, extending posteriorly in a line with the lower margin of the hand. In the male (fig. 4 h), the palmar margin exhibits below the median tooth a very deep sinus, or incision, whereby the apophysis jutting forth below it assumes the form of an exceedingly large, lanceolate, protruding lappet.

The remaining legs are comparatively slender, beset with short bristles, and all about equal in length. The 5th pair (fig. 4 l) have the basal joint, in common with the other species of the genus, very narrow and linear in form, whereas that joint in the 2 succeeding pairs is lamelliform-dilated and oval. The 3rd joint of these legs juts out posteriorly as a sharp-pointed corner, which, however, does not by far project to a like extent as in M. Alderi.

The last pair of caudal stylets (fig. 4 m) do not reach beyond the 2 preceding ones, and are, as in the other forms belonging to this family, simple, tri-articulate, and conically pointed. The margins are quite smooth, without either spines or bristles.

The telson (fig. 4 n) is oblongo-ovate and simple rounded at the point, without any armature whatever.

24*

Dyrets Farve er hvidagtig og temmelig gjennemsigtig, med kun sparsomt rødligt Pigment, der er afsat hist og her i uregelmæssige Skatteringer.

Længden gaar op til 14ᵐᵐ, og nærværende Art maa saaledes betragtes som en ren Kjæmpe i Sammenligning med de øvrige, fordetmeste pygmæiske Former, der sammensætter den her omhandlede Familie.

Forekomst og Udbredning. Vi har taget denne anselige Art paa 2 vidt adskilte Localiteter, den ene (St. 31) beliggende i Havet udenfor Storeggen, den anden (St. 348) SV af Spitsbergen; Dybden fra 417 til 743 Favne. Begge Stationer tilhører den kolde Area. Arten forekommer imidlertid ogsaa ved vore nordlige Kyster. Fra Hammerfest har jeg nemlig et Par vel udprægede Exemplarer, der ristnok er adskilligt mindre, men forøvrigt i alt væsentligt stemmer overens med de under Nordhavsexpeditionen tagne.

The ground-colour of the animal is whitish and well-nigh translucent, with a reddish pigment sparingly disposed here and there in irregular patches.

The length reaches 14ᵐᵐ, and the present species must, therefore, be regarded as a veritable giant in comparison with the other, as a rule pygmean, forms that constitute the family treated of here.

Occurrence and Distribution. — This large-sized species was taken in 2 widely distant localities, the one (Stat. 31) lying in the open sea off Storeggen, the other (Stat. 343) located south-west of Spitzbergen; depth from 417 to 743 fathoms. Both Stations belonged to the cold area. The species, however, also occurs off the northern shores of Norway. From Hammerfest, I have in my possession a few well-marked specimens, which are indeed a good deal smaller, but for the rest closely agree in all essential characteristics with those taken on the Norwegian North-Atlantic Expedition.

---

56. Metopa æqvicornis, G. O. Sars, n. sp.

(Pl. XV. Fig. 5).

Metopa æqvicornis, G. O. Sars, Crust. & Pycnogonida nova etc., No. 29.

Artscharacteristik. Legemet noget mere undersætsigt end hos foregaaende Art. Hovedets Sidehjørner mindre fremspringende. 4de Par Epimerer elliptiske, større end de 2 foregaaende tilsammen. Øinene smaa, runde, med rødt Pigment. Begge Par Følere stærkt forlængede, kun lidet kortere end Legemet og indbyrdes omtrent ens udviklede; 2det Led paa 1ste Pars Skaft noget kortere end 1ste Led. 2det Fodpar kraftigt udviklet, med Haanden meget stor og opsvulmet, Griberanden noget skraa og næsten lige samt groft tandet, begrændset nedentil af en kort Fortsats. De øvrige Lemmer omtrent som hos foregaaende Art. Farven hvidagtig. Længden 7¹/₂ᵐᵐ.

Specific Character. — Body somewhat more thickset than in preceding species. Lateral corners of head less projecting. Fourth pair of epimera elliptic, larger than the 2 preceding ones taken together. Eyes small, round, with a red pigment. Both pairs of antennæ greatly elongated, but very little shorter than the body, and well-nigh uniform in development; 2nd joint of peduncle in 1st pair somewhat longer than 1st joint. Second pair of legs powerfully developed, with hand very large and tumid, palmar margin somewhat oblique and well-nigh straight, as also coarsely dentate, marked off below by a short projection. The other limbs about uniform with those in preceding species. Colour whitish. Length 7¹/₂ᵐᵐ.

Findested. Stat. 343.

Locality. — Stat. 343.

Bemærkninger. Fra foregaaende Art er denne let kjendelig ved sin ringere Størrelse og de stærkt forlængede samt ligeligt udviklede Følere. Fra *M. longicornis* Boeck, der i Følernes Udseende nærmest stemmer med vor Art, skiller den sig ved det stærkere forlængede 2det Led paa 1ste Par Følere samt ved en forskjellig Form og Bevæbning af 2det Fodpars Haand.

Remarks. — From the preceding species, this form may be readily distinguished by its inferior size, as also by the greatly elongated and equally developed antennæ. From *M. longicornis* Boeck, which, in the appearance of the antennæ, approximates closest the present species, it differs by the greater elongation of the 2nd joint of the 1st pair of antennæ, as also by the different form and armature of the hand of the 2nd pair of legs.

Beskrivelse. Legemet er (se Pl. XV, Fig. 5) noget mere undersætsigt end hos foregaaende Art og har Ryggen tømmelig bred og hvælvet.

Hovedet har de mellem begge Par Følere fremskydende Sidelapper mindre fremspringende og jevnt tilrundede.

De forreste Epimerer er, naar undtages 1ste Par, der som sædvanlig er rudimentært, meget store, mere end dobbelt saa hoie som Kroppen og dækker hinanden delvis indbyrdes. 4de Par er af elliptisk Form og kjendeligt større end de 2 foregaaende tilsammen samt bagtil stumpt tilrundet.

De 3 forreste Bagkropssegmenters Sideplader er meget smaa og har det bagre Hjørne noget udtrukket, men i Enden afrundet.

Øinene er som hos foregaaende Art meget smaa, med rødligt Pigment.

Følerne er usædvanlig stærkt forlængede, næsten af hele Legemets Længde og indbyrdes omtrent ens udviklede. 1ste Par har Skaftets 2det Led noget længere end 1ste, hvorimod 3die Led som sædvanlig er meget lidet. Svøben er meget længere end Skaftet, meget tynd og delt i talrige korte Led. 2det Par har Skaftets sidste Led størst og Svøben vel udviklet, omtrent af dettes Længde.

1ste Fodpar synes i det nærmeste at ligne samme hos foregaaende Art.

2det Fodpar er særdeles kraftigt udviklet, mod Haanden meget stor og udvidet mod Enden. Gribranden er noget skraa og næsten lige samt grovt tandet i hele sin Længde; nedentil begrændses den af et kort triangulært Fremspring, der udgaar noget foran Midten af Haandens Længde.

De øvrige Fodpar ligner idethele samme hos foregaaende Art.

Det samme gjælder ogsaa Halefødderne og Halevedhænget.

Farven er hvidagtig og gjennemsigtig, med kun yderst sparsom Pigmentering.

Længden af det undersøgte Exemplar er 7½ᵐᵐ, altsaa betydelig mindre end af foregaaende Art.

Forekomst. Et enkelt Exemplar af denne Art toges under Expeditionens sidste Togt sammen med foregaaende i Havet SV af Spitsbergen (Stat. 343) fra et Dyb af 743 Favne.

Description. — The body is (see Pl. XV, fig. 5) a trifle more thickset than in the preceding species, with the back rather broad and arcuate.

The head has the lateral lobes — projecting between both pairs of antennæ — less protruding, and evenly rounded.

The anterior epimera, saving the 1st pair, which, as usual, occur rudimentary, are very large — more than twice as high as the body — and partially overlap each other. The 4th pair are elliptic in form and appreciably larger than the 2 preceding ones taken together, as also, hindwards, obtusely rounded.

The lateral plates of the 3 anterior abdominal segments are very small, and have the posterior corner somewhat exserted, though rounded at the tip.

The eyes, as in the preceding species, are exceedingly small, and furnished with a reddish pigment.

The antennæ are remarkably elongated, — attaining well-nigh the total length of the body, and about equal in development. The 1st pair have the 2nd joint of the peduncle somewhat longer than the 1st, whereas the 3rd joint occurs, as usual, very small. The flagellum is a trifle longer than the peduncle, exceedingly slender, and divided into numerous short articulations. The 2nd pair have the last joint of the peduncle largest, and the flagellum well developed, about equal in length to the latter.

The 1st pair of legs would appear in all essential characters to resemble that pair in the preceding species.

The 2nd pair of legs are most powerfully developed, with the hand very large and dilated at the extremity. The palmar margin is somewhat oblique, almost straight, and coarsely dentate throughout the whole of its length; below, it is marked off by a short triangular projection, jutting out somewhat anteriorly to the longitudinal middle of the hand.

The remaining pairs of legs resemble upon the whole the corresponding pairs in the preceding species.

This applies also to the caudal stylets and the telson.

The colour is whitish and translucent, with but very faint pigmentation.

Length of the specimen examined 7½ᵐᵐ, and hence considerably less than that of the preceding species.

Occurrence. — A single specimen of this species was taken, along with the preceding, in the open sea south-west of Spitsbergen (Stat. 343), at a depth of 743 fathoms.

Gen. 2. **Danaia,** Sp. Bate, 1862.

Catalogue of Amphipoda in Brit. Museum.
Syn: Cressa. Boeck.

57. Danaia abyssicola, G. O. Sars, n. sp.

(Pl. XVI. Fig. 1 a).

Danaia abyssicola, G. O. Sars, Crust. & Pycnogonida nova etc., No. 30.

Artscharacteristik. Legemet kort og undersætsigt. Hovedet fortil afkuttet med Sidehjørnerne nedentil udtrukne i en skarp fortilrettet Spids. 1ste Par Epimerer rudimentære. de 2 følgende i det nedre bagre Hjørne bevæbnede med 2—3 skarpe Tænder; 4de Par størst, i den bagre Kant oventil udrandet og nedenfor Udrandningen skarpt-vinklet; de 2 følgede Par tydeligt udviklede, tvelappede. De 3 forreste Bagkropssegmenters Sideplader nedentil skarpt-vinklede. Ingen Øine. 1ste Par Følere stærkt forlængede og tynde, længere end Legemet, Skaftets 1ste Led størst. Svøben over dobbelt saa lang som Skaftet, traadformig. 2det Par Følere neppe halvt saa lange som 1ste Par. 2det Fodpar kraftigt udviklet, med 4de Led nedentil guaende ud i en smal børstebesat Lap; Haanden bred og sammentrykt, med Gribernuden næsten tvær, nedentil begrændset af en kort Fortsats og til hver Side bevæbnet med en Række Torner. De 3 bagerste Fodpar temmelig robuste, alle med pladeformigt udvidet, ovalt Hofteled. Halefødderne og Halevedhænget af sædvanlig Form, Farven hvidagtig. Længden 6ᵐᵐ.

Findested. Stat. 286.

Bemærkninger. Slægten *Cressa* Boeck er utvivlsomt identisk med Sp. Bates Slægt *Danaia,* hvilket sidste Navn har Prioriteten, og den ene af de af Boeck opstillede Arter, *Cr. Schiödtei,* er, hvad der tydeligt nok fremgaar af Mr. Stebbings Undersøgelser, identisk med den typiske Art, *Danaia dubia* Sp. Bate. Den her omhandlede Art skiller sig fra de 2 tidligere bekjendte, *D. dubia* Sp. Bate og *D. minuta* Boeck, ved den fuldstændige Mangel af Øine, ved de overordentlig stærkt forlængede 1ste Par Følere samt ved 1ste Fodpars Form.

Beskrivelse. Legemet er (se Pl. XVI, Fig. 1) kort og undersætsigt samt temmelig høit og sammentrykt fra Siderne.

Hovedet er forholdsvis lidet og smalt, i Enden næsten tvært afkuttet, med Sidehjørnerne nedentil udtrukne i en skarp horizontal fortilrettet Torn.

1ste Par Epimerer er som hos foregaaende Slægt ganske rudimentære og ikke synlige udvendigt. De 3 følgende Par er derimod meget store, næsten dobbelt saa høie som Kroppen. 2det og 3die Par har det nedre bagre Hjørne bevæbnet med 2—3 skarpe Sangtakker, der vender

---

Gen. 2. **Danaia,** Sp. Bate, 1862.

Catalogue of Amphipoda in Brit. Museum.
Syn: Cressa, Boeck.

57. Danaia abyssicola, G. O. Sars, n. sp.

(Pl. XVI. fig. 1 a).

Danaia abyssicola, G. O. Sars, Crust. & Pycnogonida nova etc., No. 30.

Specific Character. — Body short and thickset. Head truncate anteriorly, with lateral corners produced below to a sharp, forward-directed point. First pair of epimera rudimentary, the 2 succeeding pairs armed in the lower posterior corner with 2 or 3 acute teeth; 4th pair largest, emarginate above along the posterior border and acute-angled below the emargination; the 2 succeeding pairs distinctly developed, bilobular. Lateral plates of the 3 anterior abdominal segments acute-angled below. No eyes. First pair of antennæ greatly produced and slender, exceeding body in length. 1st joint of peduncle largest, flagellum more than twice as long as peduncle, filiform. Second pair of antennæ scarcely half the length of 1st. Second pair of legs powerfully developed, with 4th joint jutting out below as a narrow, bristle-bearing lobe; hand broad and compressed, with palmar margin well-nigh transverse, bounded below by a short prolation and armed on either side with a row of spines. The 3 posterior pairs of legs rather robust, each having an oval, lamelliform-dilated basal joint. Caudal stylets and telson of usual form. Colour whitish. Length 6ᵐᵐ.

Locality. — Stat. 286.

Remarks. — The genus *Cressa* Boeck is unquestionably identical with Sp. Bates genus *Danaia,* the latter of the 2 names however being entitled to priority; and one of the species established by Boeck, viz. *Cr. Schiödtei,* is plainly identical — a fact sufficiently evident from the result of Mr. Stebbing's investigations — with the typespecies, *Danaia dubia* Sp. Bate. The species here treated of differs from the 2 previously known, *D. dubia* Sp. Bate and *D. minuta* Boeck, by the total want of eyes, the remarkably elongated 1st pair of antennæ, and by the form of the 1st pair of legs.

Description. — The body (see Pl. XVI, fig. 1) is short and thickset, as also rather high and compressed from the sides.

The head is comparatively small and narrow, wellnigh transversely truncate at the extremity, with the lateral corners produced below to a sharp, horizontal, anteriordirected spine.

The 1st pair of epimera are, as in the preceding genus, quite rudimentary and not visible externally. The 3 succeeding pairs, on the contrary, are very large, well-nigh twice as deep as the body. The 2nd and 3rd pairs have the lower posterior angle armed with 2 or 3 sharp teeth,

fortil og hvoraf den forreste er størst. 4de Par er dorimod nedentil ubevæbnet, men i den bagre Kant ovenfor Midten udtrukket i et skarpt Hjørne; ovenfor dette viser det en halvmaaneformig Udrandning, som lader det følgende Par ganske frit. Dette ligesom det følgende Par er forholdsvis temmelig stort, tveklappet, med den bagre Lap nedentil noget udtrukket. Sidste Par er betydelig mindre.

De 3 forreste Bagkropssegmenter har Sidepladerne nedentil udtrukne i et skarpt-vinklet Hjørne. Paa 3die Segment viser den bagre Rand til hver Side et dybt vinkelformigt Indsnit.

Af Øine kunde intetsomhelst Spor bemærkes hos det nyligt intfangede Dyr.

1ste Par Følere er af en ganske ualmindelig Længde og selv adskilligt længere end hele Legemet. Af Skaftets 3 Led er det 1ste størst, det 3die meget lidet. Svøben er overdeles tynd, traadformig og over dobbelt saa lang som Skaftet.

2det Par Følere er nepp halvt saa lange som 1ste Par og har Skaftets næstsidste Led størst og Svøben omtrent af Skaftets Længde.

Munddelene og 1ste Fodpar kunde ikke nøiere undersøges paa det eneste foreliggende Exemplar.

2det Fodpar (Fig. 1 a) er temmelig kraftigt bygget, med 4de Led nedad forlænget i en smal tungeformig og børstebesat Lap. Haanden er meget stor, stærkt sammentrykt fra Siderne og betydeligt udvidet mod Enden, som er næsten tvært afkuttet. Griberanden er næsten lige og til hver Side bevæbnet med en regelmæssig Rad af 8 Torner; nedentil begrændses den af et ganske kort tandformigt Fremspring.

De følgende Fodpar er alle omtrent af ens Længde og besatte med korte Børster. De 3 bagerste Par er noget mere robuste end de 2 foregaaende og har alle Hofteleddet pladeformigt udvidet og af regelmæssig oval Form.

Bagkroppens Vedhæng synes ikke i nogen væsentlig Grad at skille sig fra samme hos foregaaende Slægt.

Dyrets Farve er hvidagtig, uden tydelig Pigmentering.

Længden af det undersøgte Exemplar er omtrent 6mm, en Størrelse, som ingen af de 2 hidtil bekjendte Arter paa langt nær opnaar.

Forekomst. Et enkelt Exemplar af denne Form toges under Expeditionens sidste Togt i Havet mellem Finmarken og Beeren Eiland (Stat. 286) paa et Dyb af 447 Favne. Stationen tilhører den kolde Area.

directed forward, and of which the anterior is largest. The 4th pair, on the other hand, are unarmed below, but drawn out posteriorly, above the middle, to a sharp corner; immediately above the latter, occurs a lunate emargination, which leaves the following pair quite free. Both this pair and the next are comparatively rather large, bilobular, with the posterior lobe somewhat produced below. The last pair are considerably smaller than any of the preceding ones.

The 3 anterior abdominal segments have the lateral plates produced below to an acute-angled corner. On the 3rd segment, the posterior margin exhibits on either side a deep, angular incision.

Of eyes, no trace could be detected in the recently taken animal.

The 1st pair of antennæ attain a truly remarkable length, considerably exceeding even that of the body itself. Of the 3 joints of the peduncle, the 1st is the largest, the 3rd very small. The flagellum is exceedingly slender, filiform, and more than twice as long as the peduncle.

The 2nd pair of antennæ attain scarcely half the length of the 1st, have the penultimate joint of the peduncle largest, and the flagellum about as long as the peduncle.

The oral appendages and the 1st pair of legs could not be closely examined in the only specimen before us.

The 2nd pair of legs are rather powerful in structure (fig. 1 a), with the 4th joint produced below to a narrow, linguiform, bristle-bearing lobe. The hand is very large, greatly compressed from the sides, and considerably dilated towards the extremity — well-nigh transversely truncate. The palmar margin is almost straight, and on either side armed with a regular series of 8 spines; below, it is marked off by an exceedingly short dentiform projection.

The succeeding pairs of legs are all about equal in length, and beset with short bristles. The 3 posterior pairs are a trifle more robust than the 2 preceding ones, and have all the basal joint cuneiform-dilated and of a regular oval form.

The abdominal appendages would not appear to deviate essentially from those in the preceding genus.

Colour of the animal whitish, without distinct pigmentation.

Length of the specimen examined about 6mm, a size far outreaching that attained by either of the 2 species as yet known.

Occurrence. — One specimen only of this form was taken on the Expedition (last cruise), in the open sea, between Finmark and Beeren Eiland (Stat. 286), at a depth of 447 fathoms. This Station belonged to the cold area.

192

Fam. **Leucothoidæ.**

Gen. 1. **Lilljeborgia**, Sp. Bate, 1862.

Catal. of Amphip. Brit. Mus.

58. Lilljeborgia æqvicornis, G. O. Sars. n. sp.

(Pl. XVI. Fig. 2 *a*).

Lilljeborgia æqvicornis, G. O. Sars, Prodromus descript. Crust. & Pycnog. etc., No. 103.

Artscharacteristik. Legemet sammentrykt, men ikke kjølet, med en enkelt meget liden dorsal Torn paa 2det Bagkropssegment. De 4 forreste Par Epimerer temmelig store. 1ste Par nedentil udvidet og bredt afrundet. 3die Bagkropssegments Sideplader bagtil udtrukne i et skarpt Hjørne. Ingen tydelige Øine. Følerne korte, omtrent indbyrdes af ens Længde; 1ste Par med Skaftets 1ste Led længere end de 2 øvrige tilsammen, Svøben af Skaftets Længde. Bisvøben halvt saa lang. De 2 forreste Fodpar kraftigt udviklede, med store sammentrykte Hænder; 1ste Par hos Hunnen af samme Bygning som 2det Par, hos Hannen derimod meget forskjelligt, med Haanden enormt udviklet. Griberanden dybt udrandet og bagtil begrændset af en triangulært tilspidset Flig. De 3 bagerste Fodpar kraftigere end de 2 foregaaende, tiltagende noget i Længde bagtil, med Hofteleddet pladeformigt, sidste Led konisk tilspidset og Endekloen meget liden. Sidste Par Halefødder med begge Grene af ens Længde. Halevedhænget dybt kløftet, med Endefligene besatte med stærke Torner. Farven hvidgul. Længden 6ᵐᵐ.

Findesteder. Stat. 31, 224, 273.

Bemærkninger. Denne Art er strax kjendelig fra de 2 øvrige bekjendte ved Mangelen af tydelige Øine, ved at kun en enkelt dorsal Torn er tilstede, ved Følernes ligelige Udvikling, endelig ved 1ste Fodpars eiendommelige Bygning hos Hannen.

Beskrivelse. Legemet er (se Pl. XVI, Fig. 2) temmelig stærkt sammentrykt fra Siderne, men med rund, ikke kjølet Ryg.

Hovedet er forholdsvis lidet, og dets Sidedele dækkes for en stor Del af 1ste Par Epimerer.

Af Segmenterne forlænger kun et, nemlig 2det Bagkropssegment, sig i en liden dorsal Torn; alle de øvrige er ubevæbnede.

De 4 forreste Par Epimerer er forholdsvis store, næsten dobbelt saa høie som Kroppen. 1ste Par er nedentil stærkt udvidet og bredt afrundet, dækkende en Del af Hovedets Sider tilligemed Munddelene. 4de Par er kun lidet større end 1ste og viser oventil i den bagre Kant en svag Udrandning.

Fam. **Leucothoidæ.**

Gen. 1. **Lilljeborgia**, Sp. Bate. 1862.

Catal. of Amphip. Brit. Mus.

58. Lilljeborgia æqvicornis, G. O. Sars. n. sp.

(Pl. XVI, fig. 2. *a*)

Lilljeborgia æqvicornis, G. O. Sars. Prodromus descript. Crust. & Pycnog. etc., No. 103.

Specific Character. — Body compressed, but not keeled, with a single, exceedingly small dorsal spine on 2nd abdominal segment. The 4 anterior pairs of epimera rather large, 1st pair dilated below and broadly rounded. Lateral plates of 3rd abdominal segment drawn out posteriorly to a sharp corner. No distinct eyes. Antennæ short, about equal in length; 1st pair with 1st joint of peduncle longer than both the others taken together; flagellum uniform in length with peduncle, secondary flagellum half as long. The 2 anterior pairs of legs powerfully developed, with large, compressed hands; 1st pair, in female, as regards structure, similar to 2nd, in male widely different, the hand being enormously developed, with palmar margin deeply emarginate and posteriorly defined by a triangular-acute lappet. The 3 hindmost pairs of legs more powerfully developed than the 2 preceding ones, increasing somewhat in length posteriorly, with basal joint lamelliform, last joint conic-acute, and terminal claw exceedingly small. Last pair of caudal stylets with the 2 branches equal in length. Telson deeply cleft, with terminal lappets bearing strong spines. Colour whitish-yellow. Length 6ᵐᵐ.

Locality. — Stats. 31, 224, 272.

Remarks. — This animal differs conspicuously from the 2 other known species by its want of distinctly developed eyes, by the presence of only one dorsal spine, by the uniform development of the antennæ, and finally by the peculiar structure of the 1st pair of legs in the male.

Description. — The body (see Pl. XVI, fig. 2) rather strongly compressed from the sides, but with round, not carinated back.

The head comparatively small, and its lateral parts to a great extent overlapped by the 1st pair of epimera.

Of the segments, only one, viz. the 2nd abdominal segment, is produced to a small dorsal spine; the others are all unarmed.

The 4 anterior pairs of epimera are comparatively large, almost twice as high as the body. The 1st pair are greatly expanded below, and broadly rounded, overlapping part of the sides of the head, along with the oral appendages. The 4th pair are but very little larger than the 1st, and exhibit above on the posterior margin a slight emargination.

3die Bagkropssegments Sideplader er temmelig brede og bøgtil udtrukne i et noget opadkrummet tandformigt Fremspring.

Tydelige Øine findes ikke; men paa friskt indfangede Exemplarer bemærkes dog hver Side indenfor Hovedets Bedækning en uregelmæssig opak hvid Pigmentansamling, der synes at svare til Øienpigmentet.

Følerne er forholdsvis korte og indbyrdes omtrent af ens Størrelse. 1ste Par har Skaftets 1ste Led størst og længere end de 2 øvrige tilsammen. Svøben er omtrent af Skaftets Længde og sammensat af omkring 12 Led. Bisvøben er omtrent halvt saa lang og 5-leddet. 2det Par har Skaftets 2 sidste Led omtrent af ens Længde og Svøben saa lang som disse tilsammen samt bestaaende af 8 Led.

De 2 forreste Fodpar er særdeles store og hos Hunnen af ens Udseende og Størrelse, med Haanden stærkt udviklet og sammentrykt fra Siderne og Griberanden noget skraa samt nedentil kun begrændset af et stumpt Hjørne.

Hos Haanen er 1ste Par (se Fig. 2 a) eiendommeligt modificeret og betydelig større end 2det Par. Navnlig er Haanden enormt udviklet og af en meget paafaldende Form, idet Griberanden her er dybt udrandet, hvorved det nedre Parti af Haanden springer frem i Form af en tilspidset triangulær Flig, medens det øverste og forreste Parti bliver smalt udtrukket. Den særdeles store og kraftige Endekloo er stærkt leformigt krummet og kan med Spidsen bøies ind mod den ovenomtalte tilspidsede Flig.

De 2 følgende Fodpar er forholdsvis tynde og svagt byggede. Derimod er de 3 bagerste Par temmelig robuste og tiltager noget i Længde bagtil. Deres Hofteled er pladeformigt udvidet og i den bagre Rand crenuleret; sidste Led er konisk tilspidset og bærer en ganske liden Endekloo.

Af Halefødderne er det 2det Par meget lidet, neppe halvt saa langt som det 1ste. Sidste Par er baade længere og stærkere end 2det og har begge Grene lancetformige og af ens Længde.

Halevedhænget rækker adskilligt ud over sidste Par Halefødders Stamme og er i Midten dybt kløftet samt bevæbnet med flere stærke Torner.

Farven er ensformig gulhvid, uden nogen tydelig Pigmentering; Længden omtret 6ᵐᵐ.

Forekomst og Udbredning. Vi har taget denne meget distincte Art paa 3 vidt adskilte Localiteter. Af disse ligger den ene (Stat. 31) i Havet udenfor Storeggen, den anden (Stat. 224) Syd af Jan Mayen, den 3die i Østhavet mellem Beeren Eiland og Novaja Semlja; Dybden fra 95 til 417 Favne. Den forekommer imidlertid endnu paa en 4de Localitet, nemlig i Varangerfjorden, hvorfra

Den norske Nordhavsexpedition. C. O. Sars: Crustacea.

The lateral plates of the 3rd abdominal segment are rather broad, and posteriorly produced to a somewhat upward-curving, dentiform process.

Eyes in a strict sense, do not occur; but in fresh specimens may be observed on either side, within the covering of the head, an irregular patch of whitish-opaque pigment, that apparently corresponds to the ocular pigmentary substance.

The antennæ are comparatively short, and about equal in size. The 1st pair have the 1st joint of the peduncle largest, and longer than the 2 others taken together. The flagellum has about the same length as the peduncle, and consists of close upon 12 articulations. The secondary flagellum is nearabout half as long, and five-jointed. The 2nd pair have the 2 terminal joints well-nigh equal in length, and the flagellum — as long as both taken together — composed of 8 articulations.

The 2 anterior pairs of legs are exceedingly large, and in the female of uniform size and appearance, with the hand greatly expanded and compressed from the sides, and the palmar margin somewhat obtuse, as also defined below merely by an obtuse-angled corner.

In the male, the 1st pair (see fig. 2 a) is very peculiarly modified, and also much larger than the 2nd. Thus, in particular, the hand occurs prodigiously developed, and has a very striking form, the palmar margin being deeply emarginate, in such manner that the lower part of the hand juts forth as an acute, triangular lappet, while the upper and foremost part is narrowly drawn out. The very large and powerful terminal claw exhibits a prominent falciform curve, and admits of being bent in with the point towards the aforesaid acute lappet.

The 2 succeeding pairs of legs are comparatively slender, and feeble in structure. On the other hand, the 3 posterior pairs are rather robust, increasing somewhat in length backwards. The basal joint is lamelliform-dilated, and, along the posterior margin, crenulated; the last joint is conic-acute, and has a very small terminal claw.

Of the caudal stylets, the 2nd pair is very small, scarcely half as long as the 1st. The last pair are both longer and more powerful than the 2nd, and have the two branches lanceolate and equal in length.

The telson reaches considerably beyond the stem of the last pair of caudal stylets, and in the middle, is deeply cleft, as also armed with several strong spines.

Colour a uniform yellowish-white, without distinct pigmentation; length about 6ᵐᵐ.

Occurrence and Distribution. — This very distinct species was taken on the Expedition in 3 widely distant localities. One of these (Stat. 30) lay off Storeggen, the 2nd (Stat. 224) south of Jan Mayen, the 3rd in the Barents' Sea, between Beeren Eiland and Novaja Zemlja; depth ranging from 95 to 417 fathoms. The animal in question has however been met with in a fourth locality,

25

jeg har flere Exempler, saavel Hanner som Hunner. Arten er utvivlsomt at betragte som en ægte arktisk Form, skjøndt egentlig kun 2 af de ovennavnte Stationer tilhører den kolde Area.

viz. the Varanger Fjord, whence I have several specimens. both male and female. The species must unquestionably be regarded as a true Arctic form, though but 2 of the Stations strictly belonged to the cold area.

Gen. 2. **Tritropis**, Boeck, 1870.

Crust. amphip. bor. & arct.

59. Tritropis appendiculata, G. O. Sars, n. sp.

(Pl. XVI. Figs. 3, a).

Tritropis appendiculata, G. O. Sars, Crust. & Pycnogonida nova etc., No. 27.

Artscharacteristik. Forkroppen stærkt opsvulmet, med bred Ryg, Bagkroppen sammentrykt og oventil svagt kjølet, men uden dorsale Fortsatser. Hovedet meget lidet, med et kort Pandehorn og afrundede Sidehjørner. Epimererne smaa og jevnt tilrundede. De 3 forreste Bagkropssegmenters Sideplader store, med de nedre bagre Hjørner tilspidsede og den bagre Rand glat. Øinene smaa, ovale, hvide, beliggende langt nede paa Hovedets Sider. 1ste Par Følere umindelig robuste, med Skaftets 2 første Led store og noget opsvulmede. 3die meget lidet; Svøben noget længere end Skaftet, cylindrisk, bagtil forsynet med stærkt udviklede Calceoler. 2det Par Følere noget kortere og tyndere end 1ste Par, ligeledes med Calceoler i den forreste Rand af Svøben og Skaftets sidste Led. De 2 forreste Fodpar med store ovale Gribehænder; de 2 følgende Par særdeles spinkle; de 3 bagerste stærkt forlængede, omtrent ens udviklede, med Hofteleddet ovalt, Endkløen særdeles lang. Halefødderne bagtil successivt aftagende i Længde, med Grenene af ens Størrelse. Halevedhænget? Farven hvidagtig, gjennemsigtig. Længden 13½ᵐᵐ.

Findested. Stat. 205.

Bemærkninger. Den her omhandlede Form afviger i enkelte Henseender temmelig meget fra de øvrige til Slægten *Tritropis* henførte Arter og kan maaske vise sig at danne Typen for en egen Slægt. Da imidlertid kun et enkelt Exemplar foreligger, og jeg paa dette ikke har kunnet nøiere undersøge Munddelene og Halevedhænget, tror jeg indtil videre at burde henføre den til ovennævnte Slægt, hvortil den iøfald nærmest synes at slutte sig. Artsbenævnelsen er hentet fra de usædvanlig stærkt udviklede Calceoler, hvormed begge Par Følere er forsynede.

Gen. 2. **Tritropis**, Boeck, 1870.

Crust. amphip. bor. & arct.

59. Tritropis appendiculata, G. O. Sars, n. sp.

Pl. XVI, fig. 3 a.

Tritropis appendiculata, G. O. Sars, Crust. & Pycnogonida nova etc. No. 27.

Specific Character. — Anterior division of body greatly swollen, with back broad, posterior division compressed, and. above, faintly keeled, but without dorsal projections. Head very small, with rostrum short and rounded lateral corners. Epimera small, and evenly rounded off. Lateral plates on the 3 anterior abdominal segments comparatively large, with lower, posterior corners acute and posterior margin smooth. Eyes small, oval, white, placed far down sides of head. First pair of antennæ unusually robust, with the 2 first joints of peduncle large and somewhat swollen, 3rd exceedingly small; flagellum a trifle longer than peduncle, cylindric, posteriorly furnished with prominently developed calceolæ. Second pair of antennæ somewhat shorter and more slender than 1st pair, having likewise calceolæ along anterior margin of flagellum and on last joint of peduncle. The 2 anterior pairs of legs with oval hands; the 2 succeeding pairs remarkably slender; the posterior 3 greatly produced, about uniform in development, with basal joint oval, terminal claw exceedingly long. Caudal stylets diminishing backwards successively in length, with branches of equal size. Telson —? Colour whitish, translucent. Length 13½ᵐᵐ.

Locality. — Stat. 205.

Remarks. — The form treated of here exhibits in some respects a rather striking deviation from the other species referred to the genus *Tritropis*, and may possibly be found to constitute a separate genus. Meanwhile, as one specimen only was secured, and therefore not having had opportunity of submitting the oral parts and caudal appendages to a thorough examination, I have seen fit, for the present, to refer the animal in question to the aforesaid genus, which at least it would appear to approximate closest. The specific designation is derived from the remarkably developed calceolæ, occurring on both pairs of antennæ.

Beskrivelse. Legemet er (se Pl. XVI, Fig. 3) temmelig undersætsigt, med stærkt opsvulmet Forkrop og bred Ryg. Bagkroppen bliver derimod hurtigt mere sammentrykt og viser oventil en tydeligt markeret, skjøndt lav Kjøl langs ad de 3 forreste Segmenter. Af nogen dorsale Fortsatser er imidlertid intet Spor, heller ikke bemærkes nogen lateral Kjøl, saaledes som Tilfældet er hos de tidligere bekjendte Arter af Slægten.

Integumenterne er meget tynde og gjennemsigtige, det hele Dyr derfor temmelig fragilt.

Hovedet er forholdsvis usædvanlig lidet, neppe længere end det 1ste frie Segment, og gaar fortil i Midten ud i et ganske kort, noget buet Pandehorn. Sidehjørnerne er noget udtrukne ag smalt tilrundede.

De 4 forreste Par Epimerer er forholdsvis smaa, neppe høiere end selve Kroppen og alle omtrent af ens Størrelse, samt nedentil jevnt afrundede. 4de Par er bagtil noget udrandet til Optagelse af det følgende Par, der er af sædvanligt Udseende.

De 3 forreste Bagkropssegmenters Sideplader er store og brede samt ender alle med et skarpt Hjørne. Paa 3die Segment er deres bagre Rand ganske glat, uden Spor af Sangtakker, men er oventil ved et dybt, vinkelformigt Indsnit begrændset fra det tilstødende dorsale Parti.

Øinene er meget smaa, af oval Form og forsynede med lyst, hvidagtigt Pigment. Deres Beliggenhed er noget anomal, idet de er rykkede usædvanlig langt ned paa Hovedets Sider, nær ind mod Sidehjørnerne.

1ste Par Følere er af usædvanlig robust Bygning og omtrent saa lange som Forkroppen og 1ste Bagkropssegment tilsammen. Skaftets 2 første Led er meget store og muskuløse samt noget fortykkede paa Midten. Derimod er 3die Led særdeles lidet og ved en meget bevægelig Artikulation forbundet med 2det, hvorved det mere synes at høre til selve Svøben. Denne sidste er noget længere end Skaftet og næsten overalt af ens Tykkelse, cylindrisk samt udmærket ved de usædvanlig store, skaalformige Vedhæng (de saakaldte Calceoler), hvormed de enkelte Led bagtil er forsynede. Disse Vedhæng synes (se Fig. 3 a) at danne en 3-dobbelt Rad og mangler kun paa den alleryderste Del af Svøben.

2det Par Følere er noget kortere og tyndere end 1ste Par og er ligeledes forsynede med Calceoler, som dog her er mindre og fæstede langs den forreste Rand af Svøben og af Skaftets sidste Led.

Mundhregionen er til Siderne fuldstændig dækket af 1ste Par Epimerer, saa at Munddelenes Bygning paa det eneste foreliggende Exemplar er utilgjængelig for en nærmere Undersøgelse.

De 2 forreste Fodpar er som hos Slægtens øvrige Arter kraftigt udviklede, med store ovale Gribehænder. 1ste Par er noget mindre end 2det og udmærker sig desuden

Description. — The body (see Pl. XVI, fig. 3) is rather thickset, with the anterior division greatly swollen and the back broad. The posterior division, on the other hand, becomes rapidly compressed, exhibiting above, along the 3 anterior segments, a distinctly marked though low keel. Of any dorsal projections, however, not the slightest trace can be detected, nor is a lateral keel to be observed, similar to that in the previously known species of the genus.

The integuments are very thin and translucent; hence, the animal is altogether somewhat fragile.

The head is remarkably small, scarcely at all larger than the 1st free segment, and juts out in the middle, anteriorly, as an exceedingly short, somewhat curved rostrum. The lateral corners are slightly produced and narrowly rounded.

The 4 anterior pairs of epimera are comparatively small, scarcely higher than the body, and all about equal in size, as also evenly rounded off below. The 4th pair are somewhat emarginate posteriorly, to receive the succeeding pair, which have the usual appearance.

The lateral plates of the 3 anterior abdominal segments are large and broad, all terminating in a sharp corner. On the 3rd segment, their posterior margin occurs quite smooth, without a trace of denticles, but above is marked off, by a deep angular incision, from the adjoining dorsal part.

The eyes are very small, oval in form, and furnished with a light, whitish pigment. Their position is somewhat anomalous, occurring, as they do, unusually far down the sides of the head, in close proximity to the lateral corners.

The 1st pair of antennæ are remarkably robust in structure, and about as long as the anterior division and the 1st abdominal segment taken together. The first 2 joints of the peduncle are very large and muscular, as also somewhat incrassated in the middle. On the other hand, the 3rd joint is exceedingly small, and connected by a very movable articulation with the 2nd, thus giving it the appearance of belonging rather to the flagellum. The latter is somewhat longer than the peduncle, and throughout well-nigh uniform in thickness, as also characterized by the remarkably large calyx-shaped appendices (the so-called calceolæ), with which the several joints are furnished behind. These appendices (see fig. 3 a) would appear to constitute a triple series, and are nowhere absent save on the extreme outermost part of the flagellum.

The 2nd pair of antennæ are a trifle shorter and more slender than the 1st, and also furnished with calceolæ, which, however, are somewhat smaller, and attached to the anterior margin of the flagellum and the last joint of the peduncle.

The buccal region is entirely covered on both sides by the 1st pair of epimera; and hence the structure of the oral appendages in the only specimen before us could not be submitted to a close examination.

The 2 anterior pairs of legs exhibit, as in the other species of the genus, a most powerful development, with large, oval hands. The 1st pair are somewhat smaller than the

25*

derved, at 4de Led nedad løber ud i en tungeformig børste-
besat Lap, som mangler, eller ialfald er betydelig kortere
paa 2det Par.

Af de egentlige Gangfødder er de 2 forreste Par
overordentlig tynde, de 3 bagerste noget robustere, men
endnu temmelig spinkle og omtrent indbyrdes af ens Længde.
Deres Hofteled er regelmæssigt ovalt, sidste Led meget
smalt, lineært, og Endekloen særdeles lang og tilspidset.

De 3 Par Halefødder er indbyrdes af ens Bygning
og aftager successivt i Længde, saa at de tilbagestrakte
omtrent naar til samme Tværlinie. Grenene er paa alle lan-
cetformige og lige lange, uden tydelige Torner eller Børster.

Halevedhænget manglede paa det undersøgte Exemplar.
Farven er hvidagtig, gjennemsigtig, uden tydelig Pig-
mentering.
Længden af det undersøgte Exemplar er $13^{1}/_2$ ^{mm}.

Forekomst. Et enkelt Exemplar af denne anomale
Form toges under Expeditionens 2det Togt i Havet NV
af Finmarken (Stat. 205) paa det betydelige Dyb af 1287
Favne. Stationen tilhører den kolde Area.

2nd, and also distinguished by the 4th joint jutting out
below as a linguiform, bristle-bearing lobule, absent, or at
least much shorter, on the 2nd pair.

Of the true ambulatory legs, the 2 anterior pairs are
remarkably feeble, the 3 posterior by comparison somewhat
robust, though rather slender, and, as regards length, about
equal. The basal joint has a regular oval form, the last
articulation is very slender, linear, and the terminal claw
exceedingly long and pointed.

The 3 pairs of caudal stylets are uniform in structure,
and diminish successively in length; hence, they reach, when
stretched backward, to about the same transverse line. The
branches on all are lanceolate and uniform in length, with-
out distinct spines or bristles.

The telson wanting in the specimen examined.

Colour whitish, translucent, without distinct pigmenta-
tion.

Length of the specimen examined $13^{1}/_2$ ^{mm}.

Occurrence. — One individual only was taken of
this anomalous form, on the 2nd cruise of the Expedition,
in the sea north-west of Finmark (Stat. 205), at the great
depth of 1287 fathoms. The Station was located in the
cold area.

Fam. **Ampeliscidæ.**

Gen. **Ampelisca**, Kröyer, 1842.

Naturh. Tidsskr. I R. IV.

60. Ampelisca odontoplax, G. O. Sars, n. sp.

(Pl. XVI. Fig. 4).

Ampelisca odontoplax, G. O. Sars, Crust. & Pycnogonida nova etc.,
No. 31.

Artscharacteristik. Legemet stærkt sammentrykt, men
med rund Ryg. Hovedet oventil tydeligt kjølet, med Pande-
delen noget fremspringende og stumpt tilrundet. Den nedre
bagre Vinkel paa de 3 forreste Par Epimerer udtrukket
til et tandformigt Fremspring. 3die Bagkropssegments Side-
plader næsten retvinklede. Ingen Øine. 1ste Par Følere
omtrent af Legemets halve Længde, med Skaftets 2det Led
smalt og forlænget. Svøben dobbelt saa lang som Skaftet;
2det Par næsten af hele Legemets Længde, med Skaftets
næstsidste Led størst, 3die ragende frem foran Hovedets
Spids. Endekloen paa 3die og 4de Fodpar længere end
de 2 sidste Led tilsammen. Sidste Fodpars Hofteled bagtil
udvidet til en bred, i Enden afkuttet og næsten til Enden
af 3die Led naaende Lob; sidste Led længere og smalere

Fam. **Ampeliscidæ.**

Gen. **Ampelisca**, Kröyer, 1842.

Naturh. Tidsskr. I R. IV.

60. Ampelisca odontoplax, G. O. Sars, n. sp.

(Pl. XVI, fig. 4).

Ampelisca odontoplax, G. O. Sars, Crust. & Pycnogonida nova etc.,
No. 31.

Specific Character. — Body greatly compressed, but
with back round. Head, above, distinctly keeled, with
frontal part somewhat projecting and obtusely rounded.
Lower posterior angle on the 3 anterior pairs of epimera
drawn out as a dentiform projection. Lateral plates of
3rd abdominal segment almost rectangular. No eyes. First
pair of antennæ about half the length of body, with 2nd
joint of peduncle slender and elongate, flagellum twice as
long as peduncle; 2nd pair almost equal to whole body
in length, with penultimate joint of peduncle largest; 3rd
projecting beyond extremity of head. Terminal claw on
3rd and 4th pairs of legs longer than the 2 last joints
taken together. Basal joint of last pair of legs expanded
posteriorly to a broad lobe, truncate at extremity, and

end det foregaaende, Endekloen kort, lancetformig. Sidste Par Halesfødder med stærkt forlængede lancetformige og tæt børstebesatte Grene. Halevedhænget smalt, kløvet til Roden. Farven hvidagtig. Længden 23ᵐᵐ.

Findested. — Stat. 147.

Bemærkninger. Denne Art er let kjendelig fra de øvrige bekjendte ved den totale Mangel af Øine og ved det eiendommelige tandformige Fremspring paa de 3 forreste Par Epimerer, hvilket har givet Anledning til Artsbenævnelsen. Den hører til de større Arter af Slægten og ligner i sin ydre Habitus mest *A. spinipes* Boeck.

Beskrivelse. Legemet er (se Pl. XVI, Fig. 4) stærkt sammentrykt fra Siderne og temmelig høit, dog med rund Ryg og uden dorsale Fortsatser.

Hovedet er omtrent saa langt som de 3 forreste Segmenter tilsammen og viser oventil en tydelig skarp Kjøl, der lidt efter lidt taber sig mod den bagre Rand. Pandedelen er noget fremspringende og stumpt tilrundet, uden tydelige laterale Hjørner.

De 3 forreste Par Epimerer er smale og skraat fortilrettede samt udmærkede derved, at deres nedre bagre Hjørne er udtrukket i et lidet, men tydeligt tandformigt Fremspring. 4de Par er betydelig større end de foregaaende, nedentil smalt tilrundet uden tandformigt Fremspring, men med et skarpt Hjørne bagtil ovenfor Midten. Alle 4 er i den nedre Kant tæt besatte med cilierede Børster. De 3 bagre Par er meget smaa og utydeligt trelappede.

3die Bagkropssegments Sideplader ender bagtil i et næsten retvinklet Hjørne. Det følgende Segment er ovntil stærkt hvælvet, dog uden nogen egentlig Pukkel.

Af Øine var intetsomhelst Spor at opdage hos de friskt indfangede Exemplarer.

Følerne er tynde og spinkle samt ulige udviklede. 1ste Par er ikke fuldt af Legemets halve Længde og har Skaftets 1ste Led temmelig kort, hvorimod 2det Led er stærkt forlænget og smalt. 3die Led er som sædvanlig meget lidet og fast forbundet med Svøben. Denne sidste er omtrent dobbelt saa lang som Skaftet og sammensat af omkring 20 Led. 2det Par er betydelig større end 1ste og næsten af hele Legemets Længde. Af Skaftets Led er kun de 3 yderste udvendigt synlige. Det 1ste af disse rager fortil ud over Hovedets Spids; næstsidste Led er stærkt forlænget og af smal cylindrisk Form; sidste Led noget kortere; Svøben forlænget, traadformig, med lange Børster i begge Kanter.

reaching almost to end of 3rd joint; last joint longer and more slender than preceding, terminal claw short, lanceolate. Last pair of caudal stylets with greatly produced, lanceolate, and densely bristle-beset branches. Telson narrow, cleft to base. Colour whitish. Length 24ᵐᵐ.

Locality. — Stat. 147.

Remarks. — This animal may readily be distinguished from the other known forms by its total want of eyes and the peculiar dentiform projection on each of the 3 anterior pairs of epimera, a character that suggested the specific designation. It ranks among the larger species of the genus, presenting in its outer habitus closest resemblance to *A. spinipes* Boeck.

Description. — The body (see Pl. XVI, fig. 4) is greatly compressed from the sides, and rather high, though with a round back and no dorsal projections.

The head about equals in length the 3 anterior segments taken together, and exhibits above a distinct, sharply defined keel, that gradually disappears towards the posterior margin. The frontal portion projects to a slight extent, and is obtusely rounded, without distinct lateral corners.

The 3 anterior pairs of epimera are slender, and directed obliquely forward, as also distinguished by their lower posterior corner being drawn out to a small, but distinct, dentiform projection. The 4th pair are considerably larger than the preceding pairs, slenderly rounded off below without any dentiform projection, but having posteriorly, above the middle, a sharp corner. The 4 pairs are all, along the lower margin, densely beset with ciliated bristles. The 3 posterior pairs are very small and indistinctly bilobular.

The lateral plates of the 3rd abdominal segment terminate posteriorly in a well-nigh rectangular corner. The succeeding segment is very prominently arched above, though without, in a strict sense, exhibiting any hunched protuberance.

Of eyes, not a trace could be detected in the recently taken specimens.

The antennæ are thin and slender, and unequally developed. The 1st pair do not attain quite half the length of the body, and have the 1st joint of the peduncle rather short, whereas the 2nd joint occurs exceedingly elongate and slender; the 3rd is, as usual, very small, and firmly connected with the flagellum; the latter about equals the peduncle in length, and has close upon 20 articulations. The 2nd pair are considerably larger than the 1st, and attain well-nigh the whole length of the body. Of the joints of the peduncle, only the outermost 3 are visible externally. The first of these juts out beyond the point of the head; the penultimate joint is very considerably elongate and slender-cylindric in form, the last a trifle shorter; the flagellum — filiform — is produced, with long bristles on both margins.

Fodderne viser den for Slægten characteristiske Bygning. De 2 forreste Par er meget spinkle, med forholdsvis liden og smal Haand. De 2 følgende Par har 3die Led meget stort, næsten tendannet og i begge Kanter besat med lange Fjerbørster. 4de Led er særdeles lidet, Endekloen lang og spids, længere end de 2 sidste Led tilsammen. 5te Fodpar, der som sædvanlig er rettet mere eller mindre stærkt bagtil, har Hofteleddet særdeles bredt og muskuløst, næsten cirkelformigt. 6te Fodpar ligner dette i Form, men har Hofteleddet noget mindre. Sidste Par endelig er som hos Slægtens øvrige Arter kortere og robustere end de øvrige, med Hofteleddet særdeles stort og bagtil udvidet til en bred, i Enden næsten tvært afkuttet børstebesat Lap, der naar næsten til Enden af 3die Led; sidste Led paa dette Fodpar er ikke udvidet, men smaler end de foregaaende og bærer paa sin Spids en kort, lancetformig Endeklo.

Sidste Par Halefødder er betydelig større end de øvrige og forsynede med forlængede, lancetformige Grene, der i begge Kanter er tæt børstebesatte.

Halevedhænget rækker noget udover sidste Par Halefødders Stamme og er af temmelig smal Form samt kløvet lige til Roden.

Dyrets Farve er hvidagtig, gjennemsigtig, med kun meget sparsomt, diffust rødligt Pigment.

Længden gaar op til 23ᵐᵐ.

Forekomst. 2 Exemplarer af denne Art toges under Expeditionens 1ste Togt udenfor Helgelandskysten (Stat. 147) paa et Dyb af 142 Favne. Da Stationen tilhører den tempererede Area, er Arten neppe at betragte som en egentlig arktisk Form, omend Findestedet ligger noget nordenom Polarcirkelen.

The legs exhibit the structure characteristic of the genus. The 2 anterior pairs are very slender, with the hand comparatively small and narrow. The 2 succeeding pairs have the 3rd joint very large, and almost fusiform, with both margins bearing long plumous bristles. The 4th joint is exceedingly small, the terminal claw long and acute, longer than the last 2 joints taken together. The 5th pair of legs, which, as usual, are directed more or less straight backward, have the basal joint exceedingly broad and muscular, in form almost circular. The 6th pair resemble the latter in appearance, but have the basal joint somewhat smaller. Finally, the last pair, as in the other species of the genus, are the shortest and most robust, with the basal joint remarkably large, and, posteriorly, expanded to a broad, at the extremity almost vertically truncate, bristle-beset lobe, reaching well-nigh to the end of the 3rd joint; the last joint on this pair of legs is not expanded, but, on the contrary, more slender than the preceding, and bears on its point a short, lanceolate terminal claw.

The last pair of caudal stylets are considerably larger than the others, and furnished with produced, lanceolate branches, densely bristle-beset along both margins.

The telson extends a trifle beyond the stem of the last pair of caudal stylets, and in form is rather slender, as also cleft to the base.

The colour of the animal is whitish, translucent, faintly tinged however with a reddish, diffuse pigment.

The length reaches 23ᵐᵐ.

Occurrence. — Of this species 2 individuals were taken, on the 1st cruise of the Expedition, off the coast of Helgeland (Stat. 147), at a depth of 142 fathoms. The Station having belonged to the temperate area, the form can scarcely be regarded as a true Arctic species, though the locality lies a little to the north of the Polar Circle.

---

61. Ampelisca minuticornis, G. O. Sars, n. sp.

(Pl. XVI. Fig. 5. a—o).

Ampelisca minuticornis, G. O. Sars. Crust. & Pycnogonida nova etc., No. 32.

Artscharacteristik. Legemet uden dorsal Kjøl eller Fortsatser. Hovedet oventil hvælvet, fortil afsmalnende og i Enden skraat afskaaret. De 4 forreste Par Epimerer forholdsvis smaa, uden tandformig Fremspring. 3die Bagkropssegments Sideplader bagtil udtrukne i en smalt tilrundet Lap. Ingen tydelige Øine. Følerne usædvanlig smaa; 1ste Par neppe længere end Hovedet og de 2 forreste Segmenter tilsammen, med Skaftets 2det Led noget smalt, Svøben kun lidet længere end Skaftet, 7-leddet; 2det Par over dobbelt saa langt som 1ste, men neppe opnaaende

61. Ampelisca minuticornis, G. O. Sars, n. sp.

(Pl. XVI. fig. 5, a—o).

Ampelisca minuticornis, G. O. Sars, Crust. & Pycnogonida nova etc. No. 32.

Specific Character. — Body without dorsal carina or projections. Head arched above, tapering anteriorly, and obtusely truncate at extremity. The 4 anterior pairs of epimera comparatively small, without dentiform projections. Lateral plates of 3rd abdominal segment drawn out posteriorly to a slender, rounded lobe. No perceptible eyes. Antennæ remarkably small; 1st pair scarcely longer than head and the 2 anterior segments taken together, with 2nd joint of peduncle exceedingly slender, flagellum but little longer than peduncle, seven-jointed; 2nd pair more

Legemets halve Længde, Skaftets 3die Led ragende fram foran Hovedets Spids. Svøben kortere end Skaftet, 10-leddet. De 2 forreste Fodpar smaa og svage, af sædvanlig Bygning. De 2 følgende Par med de 2 sidste Led indbyrdes omtrent af ens Længde, Endekloen betydelig kortere end disse tilsammen. 6te Fodpars Hofteled med en afrundet Lap paa den indre Side ved Basis. Sidste Fodpar kort og undersætsigt, med Hofteleddets bagre Udvidning særdeles stor og naaende ud over 3die Led, sidste Led meget smalt, lineært. 2det Par Halefødder ualmindelig smaa; sidste Par med forholdsvis korte og næsten nøgne Grene. Halevedhænget temmelig lidet, i Enden afstumpet og kløvet til foran Midten. Farven hvidagtig. Længden 8ᵐᵐ.

Findesteder. Stat. 31, 124, 137, 200, 251, 362.

Bemærkninger. Denne lille Art kjendes fra de tidligere bekjendte ved de sædvanlig smaa Følere, Mangelen af Øine samt ved den betydelige Størrelse af den Udvidning, som sidste Fodpars Hofteled danner bagtil.

Beskrivelse. Legemet er (se Pl. XVI, Fig. 5) ligesom hos foregaaende Art noget sammentrykt, og uden nogen tydelig dorsal Kjøl, idet Ryggen overalt, ogsaa fortil, er jevnt hvælvet.

Hovedet er omtrent saa langt som de 3 forreste Segmenter tilsammen og afsmalnes noget mod Enden, som er lidt skraat afskaaret. Det er oventil jevnt hvælvet, uden Spor af nogen Kjøl.

De 4 forreste Par Epimerer er forholdsvis mindre end hos foregaaende Art og mangler det tandformige Frenspring. 1ste Par er noget udvidet nedad og her jevnt afrundet; de 2 følgende Par er derimod afstumpet i Enden; 4de Par danner bagtil et skarpt fremspringende Hjørne.

3die Bagkropssegments Sideplader er ikke vinklet bagtil som hos foregaaende Art, men uddraget i en smalt tilrundet, tungedannet Lap. Det følgende Segment er oventil jevnt hvælvet.

Øine synes ganske at mangle, ligesom hos foregaaende Art.

1ste Par Følere (Fig. 5 a) er meget smaa, neppe længere end Hovedet og de 2 forreste Segmenter tilsammen. Skaftets 1ste Led er kort, men temmelig tykt; 2det derimod pludselig betydelig smalere og længere; 3die som sædvanlig lidet og ikke skarpt adskilt fra Svøben. Denne er omtrent af Skaftets Længde og kun sammensat af 7 Led.

2det Par Følere (se Fig. 5) er mere end dobbelt saa lange som 1ste Par, uden dog at opnaa Legemets halve Længde. Af Skaftets Led er de 2 første, som hos foregaaende Art ganske skjulte; 3die rækker noget frem foran

than twice as long as 1st, yet attaining scarcely half the length of body, 3rd joint of peduncle projecting beyond point of head; flagellum shorter than peduncle, ten-jointed. The 2 anterior pairs of legs — exhibiting usual structure, small and feeble. The 2 succeeding pairs have the 2 last joints about equal in length, terminal claw considerably shorter than both of these taken together. Basal joint of 6th pair of legs with rounded lobe on inner side of base. Last pair of legs short and thickset, with posterior expansion of basal joint exceedingly large and reaching beyond 3rd joint; terminal joint very slender, linear. Second pair of caudal stylets remarkably small, last pair with comparatively short and almost naked branches. Telson rather small, obtuse at extremity, and cleft beyond the middle. Colour whitish. Length 8ᵐᵐ.

Locality. — Stats. 31, 124, 137, 200, 251, 362.

Remarks. — This comparatively diminutive species may be recognized from all previously known forms by the unusually small antennæ, its want of eyes, as also the considerable size of the expansion distinguishing the basal joint of the last pair of legs posteriorly.

Description. — The body (see Pl. XVI, fig. 5), is somewhat compressed, as in the preceding species, and without any distinct dorsal keel, the back being everywhere — also the fore part — uniformly arcuate.

The head about equals in length the 3 anterior segments, tapering a little toward the extremity, which is somewhat obliquely truncate. Above, it is uniformly arcuate, without the slightest trace of a keel.

The 4 anterior pairs of epimera are comparatively smaller than in the preceding species, and have no dentiform projection. The 1st pair are somewhat expanded below, and evenly rounded off; the 2 succeeding pairs, on the other hand, are obtuse at the extremity; the 4th pair form posteriorly a sharp, projecting corner.

The lateral plates of the 3rd abdominal segment are not angular posteriorly, like those in the preceding species, but drawn out to a narrow, rounded, linguiform lobule. The succeeding segment is evenly arched above.

Eyes, it would appear, entirely absent, as in the preceding species.

The 1st pair of antennæ (fig. 5 a) are very small, scarcely at all longer than the head and the 2 anterior segments taken together. The 1st joint of the peduncle is short, but rather stout; the 2nd, on the other hand, becomes abruptly much longer and more slender; the 3rd, as usual, small, and not distinctly separated from the flagellum. The latter has about the length of the peduncle, and consists of 7 articulations.

The 2nd pair of antennæ (see fig. 5) are more than twice as long as the 1st, without however attaining half the length of the body. Of the joints of the peduncle, the 2 first, as in the preceding species, are entirely concealed;

Hovedets Spids; sidste er noget kortere end det foregaaende. Svøben er omtrent saa lang som Skaftets 2 sidste Led tilsammen og bestaar af circa 12 Led.

Kindbakkerne (Fig. 5 *b*) er kraftigt udviklede, med bred og tydeligt begrændset Tyggeknude. Palpen er derimod forholdsvis kort, tæt børstebesat, med sidste Led meget lidet.

Underkeben (Fig. 5 *c*) er temmelig stor, med Sidelapperne oxeformigt udvidede i Enden og cilierede i den indre Kant.

1ste Par Kjæver (Fig. 5 *d*) har Tyggelappen stærkt indadrettet og paa Enden besat med lange, bøiede Torner. Basalpladen er liden og forsynet med 2 korte Børster i Spidsen. Palpen, der er rettet lige fortil, har sidste Led stort, sammentrykt og noget udvidet mod Enden, der er bevæbnet med en Del fine Torner.

2det Par Kjæver (Fig. 5 *e*) har den ydre Lap noget større end den indre og besat med lange, bøiede Børster.

Kjævefødderne (Fig. 5 *f*) er især udmærkede ved den stærke Udvikling af Tyggelappen, der er af halvelliptisk Form og rækker selv til Enden af Palpen; langs dens indre, lige Rand findes en Rad af stærke, kamformigt ordnede Tænder, og fra det øvre Hjørne udspringer nogle lange og tynde, bøiede Børster. De 2 forreste Fodpar (Fig. 5 *g*, *h*) er af den sædvanlige spinkle Bygning og tæt børstebesatte i begge Kanter. 2det Par er lidt længere end 1ste; forøvrigt er begge Par af ens Udseende, med Haanden meget liden og ufuldstændigt subcheliform. De 2 følgende Fodpar (Fig. 5 *i*) har 3die Led stærkt forlænget og uavnlig paa 4de Par tæt besat med lange Fjærbørster i den indre Kant. De 2 sidste Led er indbyrdes næsten af ens Længde, Endekloen betydelig kortere end disse tilsammen.

5te og 6te Fodpar (se Fig. 5) er temmelig ens byggede, alene med den Forskjel, at Hofteleddet paa 6te Par har ved Basis paa den indre Side en afrundet secundær Lap (se Fig. 5 *k*). Sidste Fodpar (Fig. 5 *l*) er som sædvanlig af kort og undersætsig Bygning, med Hofteleddet meget stort samt bagtil udvidet til en bred skraat nedadrettet Lap, der er afstumpet i Enden og her tæt børstebesat. Lappen rækker kjendeligt ud over 3die Led. Sidste Led er pludselig meget smalere end de øvrige, linært og bærer en sylformigt tilspidset Endeklo.

Af Halefødderne er 2det Par (Fig. 5 *n*) ualmindelig lidet, neppe mere end halvt saa langt som 1ste Par (Fig. 5 *m*). Sidste Par (se Fig. 5, *o*) er omtrent af samme Længde som 2det, men noget tykkere, med kortere og plumpere Basaldel og simpelt lancetformige, næsten nøgne Grene.

the 3rd extends a little beyond the point of the head; the last is somewhat shorter than the penultimate. The flagellum attains about half the length of the last 2 joints of the peduncle taken together, and has close upon 12 articulations.

The mandibles (fig. 5 *b*) are powerfully developed, with a broad and distinctly marked molar protuberance. The palp, on the other hand, is comparatively short, densely bristle-beset, and has the terminal articulation very small.

The labium (fig. 5 *c*) is rather large, with the lateral lobules securiform-expanded at the extremity, and ciliate along the inner margin.

The 1st pair of maxillæ (fig. 5 *d*) have the masticatory lobe directed prominently inward, and beset at the extremity with long, curving spines. The basal plate is small and furnished at the point with 2 short bristles. The palp, directed straight forward, has the terminal articulation large, compressed, and somewhat dilated toward the extremity, which is armed with a number of delicate spines.

The 2nd pair of maxillæ (fig. 5 *e*) have the outer lobe somewhat larger than the inner, and beset with long, curving bristles.

The maxillipeds (fig. 5 *f*) are specially characterized by the powerful development of the masticatory lobe, semielliptic in form, and reaching as far even as the end of the palp; along its straight inner margin occurs a row of strong teeth, exhibiting a pectinate arrangement, and from the upper corner spring a few long and slender, curving bristles. The 2 anterior pairs (fig. 5 *g*, *h*) have the usual slender structure, with both margins densely bristle-beset. The 2nd pair are a trifle longer than the 1st; for the rest, they present a similar appearance, each having the hand very small and imperfectly subcheliform. The 2 succeeding pairs (fig. 5 *i*) have the 3rd joint greatly produced, and — in particular as regards the 4th pair — densely beset with long plumous bristles on the inner margin. The 2 last joints are almost uniform in length; the terminal claw is considerably shorter than both taken together.

The 5th and 6th pairs of legs approximate closely in structure, the sole difference consisting in the basal joint of the 6th pair having at the origin on the inner side a rounded secondary lobe (see fig. 5 *k*). The last pair of legs (fig. 5 *l*) are, as usual, short and thickset in structure, with the basal joint very large and, posteriorly, expanded to a broad lobe, pointing obliquely downward, and truncate at the extremity, where it is densely beset with bristles. This lobe projects appreciably beyond the 3rd joint. The last joint becomes abruptly much shorter than the others, is linear in form, and bears an awl-shaped terminal claw.

Of the caudal stylets, the 2nd pair (fig. 5 *n*) are remarkably small, scarcely more than half as long as the 1st pair (fig. 5 *m*). The last pair (fig. 5 *o*) are about equal in length to the 2nd, but somewhat stouter, with a shorter and more clumsy basal part, and simple lanceolate, well-nigh naked branches.

THE NORWEGIAN NORTH-ATLANTIC EXPEDITION
1876—1878.

XIV.

ZOOLOGY.

CRUSTACEA,
I.ᴬ

BY

G. O. SARS.

WITH 21 PLATES AND 1 MAP.

CHRISTIANIA.
PRINTED BY GRØNDAHL & SØN.
1885.

LEIPZIG,	**LONDON,**	**PARIS**
K. F. KÖHLER.	SAMPSON, LOW, MARSTON, SEARLE	K. NILSON.
	& RIVINGTON.	

DEN NORSKE NORDHAVS-EXPEDITION
1876—1878.

XIV.

ZOOLOGI.

CRUSTACEA,
I.ᴮ

VED

G. O. SARS.

MED 21 PLANCHER OG 1 KART.

CHRISTIANIA.
GRØNDAHL & SØNS BOGTRYKKERI.
1885.

I COMMISSION HOS H. ASCHEHOUG & Cᵒ

Halevedhænget (se Fig. 5 o) er forholdsvis lidet og afstumpet i Spidsen samt kløvet til foran Midten.

Farven er hvidagtig, gjennemsigtig, uden tydelig Pigmentering.

Længden synes ikke at overskride 8ᵐᵐ.

Forekomst og Udbredning. Vi har taget denne Art paa ikke mindre end 6 forskjellige Stationer, alle tilhørende den kolde Area. Af disse ligger de 5 (St. 31, 124, 137, 200, 251) i Havet udenfor Norges vestlige og nordlige Kyst, den 6te (St. 362) NV af Spitsbergen; Dybden fra 350 til 633 Favne.

Artens for Tiden bekjendte Udbredningsfelt er herefter det østlige Afheld mod Nordhavets store Dyb fra den 62de til den 80de Bredegrad.

The telson (fig. 5 o) is comparatively small, and obtuse at the point, as also cleft beyond the middle.

Colour whitish, translucent, without distinct pigmentation.

Length apparently not exceeding 8ᵐᵐ.

Occurrence and Distribution. — This species was taken on the Expedition at as many as 6 different Stations, all belonging to the cold area. Five (Stats. 31, 124, 137, 200, 251) were located off the western and northern shores of Norway, the sixth (Stat. 362) lay north-west of Spitzbergen; depth ranging from 350 to 634 fathoms.

Hence, the tract throughout which the species is at present known to be distributed, comprises the eastern slope of the sea-bed, where it shelves toward the great depths of the Northern Ocean, — from the 62nd to the 80th parallel of latitude.

Gen. 2. **Byblis,** Boeck, 1870.

Crust. amphip. boreal. & arct.

62. Byblis abyssi, G. O. Sars, n. sp.

(Pl. XVI, Fig. 6).

Byblis abyssi, G. O. Sars, Crust. & Pycnogonida nova etc., No. 33.

Artscharacteristik. Legemet smalt og forlænget, med rund Ryg og forholdsvis smaa, afrundede Epimerer. Hovedet ikke meget forlænget, i Spidsen skraat afstumpet, med Sidehjørnerne tilrundede. 3die Bagkropssegments Sideplader bagtil jevnt afrundede; 4de og sidste Segment oventil med en sammentrykt Pukkel. Ingen Øine. 1ste Par Følere omtrent af Legemets halve Længde, med Skaftets 1ste Led kort og tykt. 2det Led betydelig længere og smalere, Svøben over dobbelt saa lang som Skaftet; 2det Par af hele Legemets Længde, med alle Skaftets Led synlige udvendigt, 3die Led ragende fortil langt ud over Hovedets Spids, de 2 sidste omtrent af ens Længde, Svøben længere end Skaftet og besat med lange tynde Børster. Fødderne af sædvanlig Bygning. Hofteleddet paa sidste Fodpar bagtil udvidet til en bred børstebesat Lap, der rager ud over 3die Led; sidste Led smalt, lineært. Halefødderne alle af ens Udseende, successivt aftagende i Længde bagtil. Halevedhænget lidet, i Enden afstumpet og forsynet med et kort Indsnit. Farven hvidagtig. Længden 12ᵐᵐ.

Findesteder. Stat. 31, 124, 200.

Gen. 2. **Byblis,** Boeck, 1870.

Crust. amphip. boreal. & arct.

62. Byblis abyssi, G. O. Sars, n. sp.

(Pl. XVI, fig. 6).

Byblis abyssi, G. O. Sars, Crust. & Pycnogonida nova etc., No. 33.

Specific Character. — Body slender and elongate, with back arched and comparatively small, rounded epimera. Head not very elongate, at extremity obliquely truncate, with lateral corners rounded off. Lateral plates of 3rd abdominal segment evenly rounded posteriorly; 4th and last segments having above a compressed hump. No eyes. First pair of antennæ about equalling half the body in length, with 1st joint of peduncle short and thick, 2nd considerably longer and more slender, flagellum more than twice as long as peduncle; 2nd pair equalling whole length of body, with all the joints of peduncle visible externally, 3rd joint projecting anteriorly far beyond point of head, the 2 last about uniform in length, — flagellum larger than peduncle, and beset with long, delicate bristles. Legs exhibiting usual structure. Basal joint on last pair expanded posteriorly to a broad bristle-beset lobe, jutting out beyond 3rd joint; last joint slender, linear. Caudal stylets uniform in appearance, and diminishing in length posteriorly. Telson small, truncate at extremity, and with a short incision. Colour whitish. Length 12ᵐᵐ.

Locality. — Stats. 31, 124, 200.

26

Bemærkninger. — Denne Form hører aabenbart til Slægten *Byblis*, saaledes som denne af Boeck er charakteriseret. Den skiller sig fra den typiske Art, *B. Gaimardii* Krøyer strax ved den fuldstændige Mangel af Øine og ved det mindre stærkt forlængede Hoved. Mere ligner den, den af Metzger fra Pommerania's Expedition beskrevne *B. crassicornis*, fra hvilke Art den dog kjendes ved en noget forskjellig Bygning af Følerne og Halefødderne.

Beskrivelse. Legemet er (se Pl. XVI, Fig. 6) smalt og forlænget, kun lidet sammentrykt fra Siderne og med jevnt hvælvet Ryg.

Hovedet er neppe længere end de 2 forreste Segmenter tilsammen og i Enden skraat afskaaret, med Sidehjørnerne afrundede.

De 4 forreste Par Epimerer er forholdsvis smaa, kun lidet høiere end selve Kroppen og nedentil jevnt afrundede samt tæt børstebesatte; 4de Par er noget større end de øvrige og ender bagtil med et skarpt Hjørne.

3die Bagkropssegments Sideplader er bagtil stumpt afrundede, uden Vinkel. 4de Segment har oventil en pukkelformig, sammentrykt Forhøining, og en lignende, skjønt mindre, bemærkes ogsaa paa sidste Segment.

Øine mangler ganske og aldeles, i Modsætning til hvad Tilfældet er hos den typiske Art, hvor de netop udmærker sig ved sin Tydelighed og sit mørke Pigment.

Fødderne er idetheele temmelig lige samme hos den typiske Art. De 2 forreste Par er omtrent af samme Udseende som hos foregaaende Slægt. De 2 følgende Par har næstsidste Led neppe halvt saa langt som sidste, medens Endkloen omtrent er saa lang som begge tilsammen. 5te og 6te Fodpar er indbyrdes omtrent af ens Bygning, med bredt ovalt Hofteled og særdeles smalt sidste Led. Sidste Fodpar har Hofteleddets bagre Udvidning særdeles stor og selv naaende kjendeligt udover 3die Led, samt stumpt afrundet i Enden og her besat med tætte Fjærbørster; sidste Led er smalt, lineært, og Endkloen ganske kort.

Halefødderne er alle af ens Bygning, med simpelt lancetformige og nøgne Grene. De aftager successivt i Længde bagtil, saa at de tilbagestrakte omtrent naar til samme Tværlinie.

Halevedhænget er forholdsvis lidet, afstumpet i Enden og her forsynet med et kort Indsnit.

Dyrets Farve er hvidagtig, gjennemsigtig, uden tydelig Pigmentering.

Længden af det største undersøgte Exemplar er 12ᵐᵐ.

Forekomst og Udbredning. Enkelte Exemplarer af denne Art er tagne paa 3 forskjellige Stationer, alle tilhørende den kolde Area. Af disse ligger den ene (St. 31)

Remarks. — This form belongs obviously to the genus *Byblis*, as the latter is characterized by Boeck. It differs from the typical species, *B. Gaimardii* Krøyer, by the total want of eyes and the much less elongate head. Greater resemblance apparently it presents to *B. crassicornis*, taken on the "Pommerania" Expedition, and described by Metzger, from which species, however, it may be recognized by the somewhat different structure of the antennæ and the caudal stylets.

Description. — The body (see Pl. XVI, fig. 6) is slender and elongate, little compressed from the sides, and with evenly arching back.

The head is scarcely at all longer than the 2 anterior segments taken together, and obliquely truncate at the extremity, with the lateral corners rounded off.

The 4 anterior pairs of epimera are comparatively small, but little higher than the body, and, below, uniformly rounded, as also densely bristle-beset; the 4th pair are somewhat larger than the others, terminating posteriorly in a sharp corner.

The lateral plates of the 3rd abdominal segment are hindwards obtusely rounded, without any angle. The 4th segment has above, a humped, compressed prominence, and a similar though smaller one occurs on the last segment.

Eyes totally wanting, contrary to what is the case in the typical species, which has them of a specially distinct development and a dark pigment.

The legs are upon the whole rather similar to those in the type-species. The 2 anterior pairs have about the same appearance as those in the preceding genus. The 2 succeeding pairs occur with the penultimate joint scarcely half as long as the last, while the terminal claw attains about the same length as both taken together. The 5th and 6th pairs of legs exhibit a well-nigh uniform structure, with the basal joint broadly oval and the last joint exceedingly slender. The last pair of legs have the posterior dilatation of the basal joint remarkably large, and reaching appreciably beyond the 3rd joint, as also obtusely rounded at the extremity, and there densely beset with plumous bristles; the last joint is slender, linear, and the terminal claw quite short.

The caudal stylets are all uniform in structure, with simple lanceolate and naked branches. They diminish successively in length backwards, and reach therefore, when stretched back, to about the same transverse line.

The telson is comparatively small, obtuse at the extremity, and exhibits there a short incision.

Colour of animal whitish, translucent, without distinct pigmentation.

Length of the largest specimen examined 12ᵐᵐ.

Occurrence and Distribution. — A few individuals of this species were taken on the Expedition, at 3 different Stations, all belonging to the cold area. One of these

i Havet udenfor Storeggen; den 2den (St. 124) Vest af Helgelandskysten, og den 3die (St. 200) NV af Finmarken; Dybden 350 til 620.

Artens for Tiden bekjendte Udbredningsfelt er herefter det østlige Afheld mod Nordhavets store Dyb fra den 63de til omtrent den 72de Bredegrad. Den er utvivlsomt at betragte som en arktisk Form.

(Stat. 31) lay off the Storeggen Bank, the 2nd (Stat. 124) west of the coast of Helgeland, and the 3rd (Stat. 200) north-west of Finmark; depth ranging from 350 to 620 fathoms.

Thus, the tract in which the species is at present known to occur, comprises the eastern slope of the sea-bed, where it shelves toward the great depths of the Northern Ocean, from the 63rd to nearabout the 72nd parallel of latitude. The animal should unquestionably be regarded as a true Arctic form.

Fam. Microdeutopidæ.

Gen. **Autonoë**, Bruzel, 1859.

Skandin. Amphip. Gammarina.

63. Autonoë megacheir, G. O. Sars, n. sp.

(Pl. XVI, Fig. 7).

Autonoe megacheir, G. O. Sars, Crust. & Pycnogoina nova etc., No. 35.

Artscharacteristik. Legemet smalt, med smaa Epimerer. Hovedet ikke meget opsvulmet, fortil afkuttet, med smalt uddragne Sidehjørner. 1ste Par Epimerer dannende en horizontal fortilrettet tilspidset Flig. 3die Bagkropssegments Sideplader bagtil afrundede. Ingen Øine. 1ste Par Føleres Basalled længere end Hovedet; 2det Par omtrent halvt saa langt som Legemet med kort 8-leddet Svøbe. 1ste Fodpar hos Hannen særdeles stort og robust, med den ydre Del stærkt fortykket, men kun sparsomt børstebesat; Haanden oval, noget længere end det foregaaende Led og ved Enden af Gribernanden forsynet med en smal og dyb Indbugtning, bagtil begrændset af et tilspidset tandformigt Fremspring; 2det Par meget svagere bygget, med korte Børster og smal ubevæbnet Haand. 3die og 4de Fodpar med sidste Led smalt og forlænget, Endekloen kort. De 3 bageerste Par tiltagende i Længde bagtil. med kun svagt udvidet Hofteled. Sidste Par Halefødder meget smaa, med Grenene af ens Længde. Halevedhænget kort og tykt, rørformigt. Farven gulagtig med mørke Smaapletter. Længden 6**.

Findested. Stat. 195.

Bemærkninger. Denne Art er let kjendelig fra de 2 øvrige norske Arter ved den fuldstændige Mangel af Øine, ved det stærkt forlængede Basalled paa 1ste Par Følere og ved 1ste og tildels ogsaa 3die og 4de Fodpars Bygning og mindre rigelige Børstebesætning.

Fam. Microdeutopidæ.

Gen. **Autonoë**, Bruzel, 1859.

Skandin. Amphip. Gammarina.

63. Autonoë megacheir, G. O. Sars, n. sp.

(Pl. XVI, fig. 7).

Autonoe megacheir, G. O. Sars, Crust. & Pycnogonida nova etc., No. 35.

Specific Character. — Body slender, with small epimera. Head not much swollen, truncate anteriorly, lateral corners slenderly produced. First pair of epimera forming a horizontal, anteriorly directed, acute lappet. Lateral plates on 3rd abdominal segment rounded off posteriorly. No eyes. Basal joint of 1st pair of antennæ longer than head; 2nd pair about half as long as body, with short, eight-jointed flagellum. First pair of legs in male exceedingly large and robust, having outer part greatly incrassated, though very sparingly beset with bristles; hand oval, somewhat longer than preceding joint, and exhibiting at extremity of palmar margin a narrow and deep sinus, bounded posteriorly by an acute, dentiform prolation; 2nd pair much feebler in structure, with short bristles and a narrow, unarmed hand. Third and 4th pairs of legs with last joint slender and elongate, terminal claw short. The 3 hindmost pairs increasing in length posteriorly, with basal joint but slightly dilated. Last pair of caudal stylets very small, with branches uniform in length. Telson short and thick, tubular. Colour yellowish, relieved with dark specks. Length 6**.

Locality. — Stat. 195.

Remarks. — This form may easily be distinguished from the other 2 Norwegian species by its total want of eyes, the greatly elongated basal joint of the 1st pair of antennæ, and the structure characterizing the 1st, and in part too, the 3rd and 4th pairs of legs, as also by their far less dense armature of bristles.

Beskrivelse. Legemet er (se Pl. XVI, Fig. 7) smalt og forlænget, næsten cylindriskt, med rund Ryg og meget smaa Epimerer.

Hovedet er noget mindre opsvulmet end hos de øvrige bekjendte Arter og fortil afkuttet, med Sidehjørnerne smalt udtrukne.

1ste Par Epimerer forlænger sig fortil til en skarpt tilspidset horizontal Flig. De 3 følgende Par er derimod nedentil jevnt tilrundede og aftager hurtigt i Størrelse bagtil. Ingen af dem opnaar selve Kroppens Høide.

3die Bagkropssegments Sideplader danner ikke bagtil nogen Vinkel, men er her smalt tilrundede.

Af Øine er intetsomhelst Spor at opdage.

1ste Par Følere var paa det eneste foreliggende Exemplar defecte, idet kun Basalleddet er i Behold. Dette er forholdsvis større end hos de øvrige Arter og overgaar selv kjendeligt Hovedet i Længde.

2det Par Følere er omtrent halvt saa lange som Legemet og har Skaftets 2 sidste Led smalt cylindriske og næsten af ens Længde. Svøben er forholdsvis kort, 8-leddet.

Mundregionen er nedentil stærkt fremspringende og forstørstedelen ubedækket til Siderne.

1ste Fodpar er særdeles kraftigt udviklet, med den ydre Del (Haanden og Carpus) stærkt fortrykket. Basalleddet er derimod forholdsvis smalere end hos de øvrige Arter og ligesom den øvrige Del af Foden kun sparsomt børstebesat. Haanden er temmelig opblæst, af oval Form, noget længere end det forvægaaende Led og lidt afsmalnende mod Enden, der er næsten tvært afkuttet, med forholdsvis kort Gribrand; ved Enden af denne sidste findes en dyb og smal Bugt eller Indsnit, der bagtil er begrændset af et tilspidset tandformigt Fremspring.

2det Fodpar er betydelig svagere bygget og har Haanden meget smal og neppe længere end det foregaaende Led. De paa dette Fodpar fæstede Børster er ganske korte.

3die og 4de Fodpar har sidste Led stærkt forlænget og smalt, hvorimod Endekloen er meget liden.

De 3 bagerste Fodpar tiltager hurtigt i Længde bagtil og har Hofteleddet kun lidet udvidet.

Halefødderne aftager i Størrelse bagtil. Paa de 2 forreste Par forlænger Stammen sig i Enden foran Grenene til en stærk dolkformig Fortsats; paa sidste Par er Stammen derimod simpel. Grenene er paa alle simpelt lancetformige, uden tydelige Torner eller Børster.

Halevedhænget er ganske kort, men tykt, rørformigt og uden Indsnit.

Dyrets Farve er gulagtig, med mørkere Smaapletter.

Længden af det undersøgte Exemplar er 6ᵐᵐ.

Description. The body (see Pl. XVI, fig. 7) is slender and elongate, well-nigh cylindric, with the back round and very small epimera.

The head occurs a trifle less swollen than in the other known species, as also truncate anteriorly, with the lateral corners slenderly produced.

The 1st pair of epimera are prolonged anteriorly to an acute, horizontal lappet. The 3 succeeding pairs, on the other hand, are evenly rounded off below, and diminish rapidly in size posteriorly. Not one of them attains the height of the body.

The lateral plates of the 3rd abdominal segment do not form posteriorly an angle, but are slenderly rounded off.

Of eyes, not the sligthest trace can be detected.

The 1st pair of antennæ in the only specimen taken, were defective, the basal joint only remaining. This was comparatively larger than the corresponding articulation in the other species, and exceeded even appreciably the head in length.

The 2nd pair of antennæ are about half as long as the body, and have the last 2 joints of the peduncle slender-cylindric, and well-nigh equal in length. The flagellum is comparatively short, and eight-jointed.

The buccal region juts out prominently below, in greater part uncovered at the sides.

The 1st pair of legs are most powerfully developed, with the outer part (hand and carpus) greatly inspissated. The basal joint, on the other hand, is comparatively more slender than in the other species, and, like the remaining portion of the leg, but sparingly furnished with bristles. The hand appears rather tumid, has an oval form, is a trifle longer than the preceding joint, and tapers a little toward the extremity, which is almost vertically truncate, with comparatively a short palmar margin; at the end of the latter, occurs a deep and narrow sinus, posteriorly defined by an acute, dentiform projection.

The 2nd pair of legs are much feebler in structure, and have the hand very narrow, as also scarcely longer than the preceding joint. The bristles attached to this pair of legs are exceedingly short.

The 3rd and 4th pair of legs have the last joint greatly elongated, and slender, whereas the terminal claw is very small.

The 3 posterior pairs of legs increase rapidly in length hindwards, and have the basal joint but little expanded.

The caudal stylets diminish in size posteriorly. On the 2 foremost pairs, the stem is prolonged at the extremity, anterior to the branches, as a strong, mucroniform process; on the last pair, however, it is simple. The branches on all are simple, without distinct spines or bristles.

The telson is quite short, but thick, tubular, and without any incision.

Colour of animal yellowish, relieved with darkish specks.

Length of the specimen examined 6ᵐᵐ.

Forekomst. Et enkelt Exemplar, en fuldt udviklet Han, af denne Art toges under Expeditionens 2det Togt i Havet NV. af Finmarken (Stat. 195) paa et Dyb af 107 Favne. Stationen tilhører den tempererede Area, og Arten kan derfor, trods Findestedets nordlige Beliggenhed, heller ikke med Sikkerhed erklæres for en arktisk Form.

Occurrence. — Only one example of this species, a fully developed male, was taken on the Expedition (2nd cruise), north-west of Finmark (Stat. 195), at a depth of 107 fathoms. The Station was located in the temperate area; and the species cannot therefore, notwithstanding the northern locality in which it occurred, with certainty be regarded as an Arctic form.

Fam. Podoceridæ.

Gen. 1. **Podocerus**, Leach, 1815.

Linn. Transact. XI.

64. Podocerus assimilis, G. O. Sars, n. sp.

(Pl. XVII, Fig. 1, a—e).

Podocerus assimilis, G. O. Sars. Crust. & Pycnogonida nova etc., No. 36.

Artscharacteristik. — Legemet noget forlænget, med de forreste Epimerer omtrent af Kroppens Høide. Hovedets Sidehjørner tilspidsede. 3die Bagkropssegments Sideplader bagtil stumpt tilrundede. Øinene smaa, ovale, med mørkt Pigment. Følerne kraftigt udviklede, over halvt saa lange som Legemet, og bagtil forsynede med lange, kamformigt ordnede Børster; 1ste Par med Skaftets 1ste Led af Hovedets Længde, de 2 følgende indbyrdes lige lange, Bisvøben meget liden, neppe mere end ⅓ saa lang som Svøbens 1ste Led, samt 1-leddet; 2det Par med Svøben noget længere end Skaftets sidste Led, 8-leddet. 2det Fodpar hos Hannen meget stort, med stærkt opsvulmet, aflang oval Haand uden tydeligt begrændset Griberand, men bagtil tæt besat med tildels cilierede Børster. De øvrige Fødder af sædvanlig Bygning. Sidste Par Halefødder med forlænget cylindrisk Stamme. Farven hvidagtig, med mørkere Skatteringer. Længden 8ᵐᵐ.

Findesteder. Stat. 137, 280.

Bemærkninger. Denne Art staar nærmest *P. megacheir* Boeck, men skiller sig ved en noget robustere Kropsform, større Epimerer, den rudimentære Beskaffenhed af 1ste Par Følerens Bisvøbe, samt derved, at 3die Bagkropssegments Sideplader ikke er vinklede, men stumpt afrundede bagtil.

Beskrivelse. Legemet er (se Pl. XVII, Fig. 1) noget langstrakt, skjøndt idethele adskilligt robustere end hos dens nærmeste Forvante *P. megacheir* Boeck.

Specific Character. — Body somewhat elongate, with anterior epimera about equal in height to body. Lateral corners of head pointed. Lateral plates of 3rd abdominal segment obtusely rounded posteriorly. Eyes small, oval, with a dark pigment. Antennæ powerfully developed, more than half the length of body, and posteriorly furnished with long bristles in pectinate arrangement; 1st pair with 1st joint of peduncle as long as head, the 2 succeeding joints of equal length, secondary flagellum very small, scarcely more than one-third as long as 1st joint of flagellum, and uni-articulate; 2nd pair with flagellum somewhat longer than last joint of peduncle, eight-jointed. Second pair of legs in male very large, with greatly swollen oblongo-ovate hand, not exhibiting a distinctly defined palmar margin, posteriorly however furnished with a dense armature of in part ciliate bristles. Remaining legs of usual structure. Last pair of caudal stylets with elongate, cylindric stem. Colour whitish, with dark shadings. Length 8ᵐᵐ.

Locality. — Stats. 137, 280.

Remarks. — This species approximates closest *P. megacheir* Boeck, but differs from that animal in having a somewhat robuster form of body, larger epimera, the rudimentary character distinguishing the secondary flagellum of its 1st pair of antennæ, as also in the lateral plates of the 3rd abdominal segment not being angular, but obtusely rounded posteriorly.

Description. — The body (see Pl. XVII, fig. 1) is somewhat elongate, though on the whole a trifle more robust than in its nearest related congener, *P. megacheir* Boeck.

Hovedet er omtrent saa langt som de 2 forreste Segmenter tilsammen og stærkt afsmalnende fortil, med en bred Udrandning til hver Side over Basis af 2det Par Følere. De mellem begge Par Følere fremskydende Sidelapper er i Enden tilspidsede.

De 4 forreste Par Epimerer er omtrent af Kroppens Høide og tiltager noget i Størrelse bagtil. Deres nedre Rand er jevnt tilrundet. 5te Par er som hos Slægtens øvrige Arter betydelig større end de 2 bagerste og har den forreste Lap mest udviklet.

3die Bagkropssegments Sideplader er ikke som hos *P. megacheir* bagtil vinklede, men stumpt tilrundede.

Øinene er forholdsvis smaa, men tydeligt udviklede, af oval Form og beliggende nær Hovedets forreste Sidehjørner. Deres Pigment er af mørk brunlig Farve.

Følerne er kraftigt udviklede og indbyrdes omtrent af samme Størrelse, overgaaende kjendeligt Legemets halve Længde. Den bagre Rand er paa begge Par forsynet med lange og tynde bagudkrummede Børster. 1ste Par har Skaftets 1ste Led saa langt som Hovedet, de 2 følgende indbyrdes af ens Længde; Svøben er omtrent halvt saa lang som Skaftet og sammensat af 9 Led; Bisvøben (se Fig. 1 a) er særdeles liden og rudimentær, 1-leddet og neppe mere end 1/3 saa lang som Svøbens 1ste Led. 2det Par har Skaftets 2 ydre Led stærkt forlængede og Svøben omtrent saa lang som Skaftets sidste Led, meget tynd og 8-leddet.

1ste Fodpar (Fig. 1 a) har Haanden af oval Form og omtrent saa lang som de 3 foregaaende Led tilsammen, med Griberanden kun ufuldstændigt begrændset nedad og ubevæbnet.

2det Fodpar er navnlig hos Hannen (Fig. 1 b) særdeles kraftigt udviklet, med Haanden stor og opsvulmet, ligesaa lang som alle de øvrige Led tilsammen og af aflang oval Form, uden nogen tydeligt begrændset Griberand, men bagtil besat med flere Rækker af tildels cilierede Børster. Endekloven er særdeles stærk, løsformig og kan slaaes ind mod den indre Side af Haanden.

3die og 4de Fodpar er af den sædvanlige Bygning.

De 3 bagerste Fodpar tiltager hurtigt i Længde bagtil og er temmelig robuste, med pladeformigt udvidet Hofteled og kraftig Endeklo.

Halefødderne viser den for Slægten characteristiske Bygning. Sidste Par har Stammen temmelig stærkt forlænget, hvorimod Grenene er yderst smaa og rudimentære.

Halevedhænget er kort, men tykt, rørformigt, uden Indsnit.

Dyrets Farve er hvidagtig, med mere eller mindre tydelige brune Pletter og Skatteringer.

Længden af de største Individer er 8^{mm}.

The head has about the length of the 2 foremost segments taken together, and tapers rapidly forward, with a broad emargination on either side, over the base of the 2nd pair of antennæ. The lateral lobules, projecting between both pairs of antennæ, are pointed at the extremity.

The 4 anterior pairs of epimera attain about the height of the body, diminishing somewhat in size posteriorly. Their lower margin is evenly rounded. The 5th pair, as in the other species of the genus, is considerably larger than the 2 posterior ones, with the foremost lobe exhibiting greatest development.

The lateral plates of the 3rd abdominal segment are not, as in *P. megacheir*, angular posteriorly, but obtusely rounded.

The eyes are comparatively small, but well developed, oval in form, and placed near the antero-lateral corners of the head. Their pigment is a dark-brown.

The antennæ are powerfully developed, and well-nigh equal in size, appreciably exceeding half the body in length. The posterior margin in both pairs is furnished with long and slender, backward-curving bristles. The 1st pair have the 1st joint of the peduncle as long as the head, the 2 succeeding ones are equal in length; the flagellum is about half as long as the peduncle, and composed of 9 articulations; the secondary flagellum (see fig. 1 a) occurs exceedingly small and rudimentary, uni-articulate and scarcely more than one-third as long as the 1st joint of the flagellum. The 2nd pair have the 2 outer joints of the peduncle greatly elongated, and the flagellum equal in length to the last joint of the peduncle, very slender, and composed of 8 articulations.

The 1st pair of legs (fig. 1 a) have the hand oval in form, and about as long as the 3 preceding joints taken together, with the palmar margin but incompletely defined from below, and wholly unarmed.

The 2nd pair of legs, more especially in the male (fig. 1 b), exhibit a most powerful development, with the hand very large and tumid, equalling in length all the other joints taken together, and oblongo-ovate in form, without any distinctly marked palmar margin, but having posteriorly several rows of in part ciliate bristles. The terminal claw is strong, falciform, and admits of being bent in toward the inner surface of the hand.

The 3rd and 4th pair of legs exhibit the usual structure.

The 3 hindmost pairs of legs increase rapidly in length posteriorly, and are somewhat robust, with the basal joint lamelliform-dilated, and have a powerful terminal claw.

The caudal stylets exhibit the structure characteristic of the genus. The stem of the last pair is rather elongate, whereas the branches are remarkably small, and rudimentary.

The telson is short but thick, tubular, without any incision.

Colour of animal whitish, with more or less distinct brown spots and shadings.

Length of the largest individuals reaching 8^{mm}.

Forekomst. — Af nærværende Art er Exemplarer tagne paa 2 temmelig vidt adskilte Stationer, hvoraf den ene (St. 137) er beliggende i Havet Vest af Helgelandskysten, Dyb den 452 Favne, den anden (St. 280) strax søndenom Beeren Eiland, Dybden 35 Favne. Da den første af disse Stationer tilhører den kolde Areas Dyb og den anden ligger høit mod Nord, er Arten vistnok at betragte som en ægte arktisk Form.

Occurrence. — Of the present species, individuals were taken at 2 comparatively distant Stations, one of which (Stat. 137) lay in the sea west of the coast of Helgeland, depth 452 fathoms, — the other (Stat. 280) immediately south of Beeren Eiland, depth 35 fathoms. The first of these Stations having belonged to the deeps of the cold area, and the other been located in a high northern latitude, the animal must unquestionably be regarded as a true Arctic form.

---

65. Podocerus brevicornis, G. O. Sars, n. sp.

(Pl. XVII, Fig. 2, a—e).

Podocerus brevicornis, G. O. Sars, Crust. & Pycnog. nova etc., No. 37.

Artscharacteristik. Legemet temmelig undersætsigt, med forholdsvis vel udviklede Epimerer. Hovedets Sidehjørner tilspidsede. 3die Bagkropssegments Sideplader bagtil næsten retvinklede. Ingen Øine. Følerne korte og robuste, ikke opnaaende Legemets halve Længde og kun sparsomt besatte med korte Børsteknipper; Iste Par med Skaftets Iste Led kortere end Hovedet, 2det Led længere end sidste, Bisvøben 1-leddet, næsten saa lang som Svøbens Iste Led; 2det Par med Svøben kortere end Skaftets sidste Led, 6-leddet. De 2 forreste Fodpar undersætsigt byggede, med bred sammentrykt Haand, Griberanden tydeligt begrændset, paa Iste Par bevæbnet med 3 Torner, paa 2det Par endende med et tydeligt stumpt Fremspring; 2det Par navnlig hos Hannen betydelig stærkere end Iste. De øvrige Fødder af sædvanlig Bygning. Sidste Par Halefødder forholdsvis korte. Farven hvidagtig. Længden 6¹/₂ᵐᵐ.

Findesteder. Stat. 31, 283, 338, 362, 363.

Bemærkninger. Denne Art ligner noget *P. latipes* Kröyer, med hvilken jeg tidligere ogsaa har forvexlet den, men skiller sig ved nærmere Undersøgelse bestemt ved Mangelen af Øine, ved de tilspidsede Sidehjørner paa Hovedet, ved kortere og mindre rigeligt børstebesatte Følere samt ved en noget forskjellig Form af de 2 forreste Fodpar.

Beskrivelse. Legemet er (se Pl. XVII, Fig. 2) af betydelig kortere og mere undersætsig Form end hos foregaaende Art og ligner i denne Henseende mest *P. latipes* Kröyer.

Hovedet har en lignende Form som hos foregaaende Art, og Sidehjørnerne er ogsaa her, uligt hvad Tilfældet er hos *P. latipes,* tilspidsede, skjøndt noget mindre udtrukne end hos *P. assimilis.*

65. Podocerus brevicornis, G. O. Sars, n. sp.

(Pl. XVII, 2, a—e).

Podocerus brevicornis, G. O. Sars, Crust. Pycnog. nova etc., No. 37.

Specific Character. — Body rather thickset, with comparatively well-developed epimera. Lateral corners of head pointed. Lateral plates of 3rd abdominal segment well-nigh rectangular posteriorly. No eyes. Antennæ short and robust, not attaining half the length of body, and furnished with a few short fascicles of bristles. First pair with 1st joint of peduncle shorter than head, 2nd joint longer than last, secondary flagellum uni-articulate, almost as long as 1st joint of flagellum; 2nd pair with flagellum shorter than last joint of peduncle, six-jointed. The 2 foremost pairs of legs thickset in structure, with broad, compressed hand, palmar margin distinctly defined, on 1st pair armed with 3 spines, on 2nd terminating in a distinct, obtuse projection; 2nd pair — more especially in male — much stronger than 1st. Remaining legs exhibiting usual structure. Last pair of caudal stylets comparatively short. Colour whitish. Length 6¹/₂ᵐᵐ.

Locality. — Stats. 31, 283, 338, 362, 363.

Remarks. — This species somewhat resembles *P. latipes* Kröyer, with which indeed I had formerly confounded it, but differs distinctly, on closer examination, — in its want of eyes, the pointed lateral corners of the head, the shorter and less abundantly bristle-beset antennæ, as also in a somewhat deviating form distinguishing the 2 foremost pairs of legs.

Description. — The body (see Pl. XVII, fig. 2) is considerably shorter and more thickset than with that of the preceding species, and, so far, presents greatest resemblance to *P. latipes* Kr.

The head has a similar form to that of the preceding species; and the lateral corners, unlike what occurs in *P. latipes,* are acutely pointed, though, somewhat less produced than in *P. assimilis.*

De 4 forreste Par Epimerer er vel udviklede, kjendeligt høiere end selve Kroppen, og tiltager noget i Størrelse bagtil. 3die Bagkropssegments Sideplader ender bagtil med et tydeligt, næsten retvinklet Hjørne.

Af Øine er paa de opbevarede Exemplarer intetsomhelst Spor at se.

Følerne er forholdsvis usædvanlig korte og robuste, paa langt nær ikke opnaaende Legemets halve Længde, og er kun sparsomt besatte med ganske korte Børstekupper i den bagre Kant. 1ste Par har Skaftets 1ste Led kortere end Hovedet, det følgende betydelig kongere, sidste noget kortere end 2det. Svøben er lidt mere end halvt saa lang som Skaftet og sammensat af 7 Led. Bisvøben (se Fig 2 a) bestaar ogsaa her kun af 1 Led, men er dog mindre rudimentær end hos foregaaende Art og næsten saa lang som Svøbens 1ste Led. 2det Par Følere har Svøben kortere end Skaftets sidste Led og bestaaende af 6 Led.

De 2 forreste Fodpar (Fig. 2 b, c) er af undersætsig Bygning og som sædvanlig noget ulige udviklede, idet 2det Par navnlig hos Hannen er betydelig større end 1ste. Haanden er paa begge Par temmelig bred og sammentrykt, med tydeligt begrændset Griberand; paa 1ste Par (Fig. 2 b) er den bagtil bevæbnet med 3 stærke Torner; paa 2det Par (Fig. 3 c) ender den med et tydeligt vinkelformigt Fremspring, der ligeledes fortil har 1 eller 2 smaa Torner.

De følgende Fodpar ligner i det nærmeste samme hos foregaaende Art, dog med den Forskjel, at Hofteleddet paa de 3 bagerste Par er noget bredere.

Halefødderne er forholdsvis kortere end hos P. assimilis; navnlig er dette tydeligt med sidste Par.

Dyrets Farve er hvidagtig, uden tydelig Pigmentering.

Længden af de største erholdte Exemplarer overstiger ikke 6¹/₂ᵐᵐ.

Forekomst. Vi har taget denne Art paa ikke mindre end 5 forskjellige Stationer, hvoraf ialfald de 4 tilhører den kolde Area. Af disse ligger en (St. 31) udenfor Storeggen; de øvrige i Havet omkring Beeren Eiland og Spitsbergen; Dybden fra 146 til 767 Favne. Arten er herefter utvivlsomt at betragte som en ægte arktisk Form.

The 4 anterior pairs of epimera are well developed, appreciably higher than the body, and increase a little in size posteriorly. The lateral plates of the 3rd abdominal segment terminate posteriorly with a distinct, almost rectangular corner.

Of eyes in the specimens preserved no trace whatever.

The antennæ are by comparison unusually short and robust, not attaining by far half the length of the body, and furnished, though sparingly, with very short bunches of bristles on the posterior margin. The 1st pair have the 1st joint of the peduncle shorter than the head, the succeeding one considerably longer, and the last somewhat shorter than the 2nd. The flagellum is a little more than half as long as the peduncle, and composed of 7 articulations. The secondary flagellum in this form too, is uni-articulate, less rudimentary however than in the preceding species, and well-nigh as long as the 1st joint of the flagellum. The 2nd pair of antennæ have the flagellum shorter than the last joint of the peduncle, and composed of 6 articulations.

The 2 foremost pairs of legs (fig. 2 b, c) are thickset in structure, and as usual somewhat unequally developed, the 2nd pair, more particularly in the male, much larger than the 1st. The hand in both pairs is rather broad and compressed, with a distinctly defined palmar margin; on the 1st pair (fig. 2 b) it is armed posteriorly with 3 powerful spines; on the 2nd (fig. 2 c) it terminates with a distinct angular projection, which, anteriorly, has likewise one or two small spines.

The succeeding pairs of legs closely resemble those in the preceding species, but with this difference, that the basal joint on the 3 posterior pairs is somewhat broader.

The caudal stylets are comparatively shorter than in P. assimilis; this is particularly appreciable as regards the first pair.

Colour of animal whitish, without distinct pigmentation.

Length of the largest specimens taken not exceeding 6¹/₂ᵐᵐ.

Occurrence. — We took this species at as many as 5 different Stations, of which 4 at least belonged to the cold area. One of these (Stat. 31) lay off the Storeggen Bank, the others in the open sea round Beeren Eiland and Spitzbergen; depth ranging from 146 to 767 fathoms. Hence, the species must unquestionably be regarded as a true Arctic form.

66. Podocerus tenuicorn s, G. O. Sars, n. sp.

(Pl. XVII, Fig. 3).

Podocerus longicornis, G. O. Sars, Crust. & Pycnog. nova etc.. No. 3̶
(non Heller.

Artscharacteristik. Legemet mindre undersætsigt, noget sammentrykt, med vel udviklede Epimerer. Hovedets Sidehjørner stærkt udtrukne og tilspidsede. 3die Bagkropssegments Sideplader bagtil spidsvinklede. Følerne tynde og stærkt forlængede, næsten af hele Legemets Længde og i den bagre Kant forsynede med lange og tynde Børster; 1ste Par med Skaftets 1ste Led længere end Hovedet; Bisvøben 1-leddet, halvt saa lang som Svøbens 1ste Led; selve Svøben [um] begge Par af ens Udseende, 5-leddet og stærkt afsmalnende. De 2 forreste Fodpar ikke meget kraftigt udviklede, med ovale, ubevæbnede Hænder. De 3 bagre Fodpar indbyrdes næsten af ens Længde. Halefødderne smaile. Farven ensformig hvid. Længden 3ᵐᵐ.

Findested. Stat. 295.

Bemærkninger. Denne lille Art kjendes let fra de 2 foregaaende ved sine uahmindelig stærkt forlængede og tynde, bagtil med lange Børsteknipper besatte Følere, de stærkt uddragne Sidehjørner paa Hovedet og de forholdsvis svagt byggede forreste Fodpar. Da Artsbenævnelsen "longicornis" allerede har været anvendt af Heller for en middelhavsk Art, har jeg her ombyttet den med en anden, ligeledes hentet fra Følernes Bygning.

Beskrivelse. Legemet er (se Pl. XVII, Fig. 3) temmelig slankt og noget sammentrykt fra Siderne, med jevnt buet Ryg og forholdsvis høie Epimerer.

Hovedet er kortere end de 2 forreste Segmenter tilsammen og har Sidehjørnerne stærkt udtrukne og skarpt tilspidsede.

Af Epimererne er 1ste Par forholdsvis lidet og delvis dækket af det følgende; de 3 næste Par er derimod temmelig store og kjendelig høiere end selve Kroppen. 3die Bagkropssegments Sideplader er bagtil uddragne til et spidsvinklet Hjørne.

Øine mangler ganske og aldeles, og intet Spor af Pigment var at se paa Øinenes Plads hos det netop indfangede Dyr.

Følerne er uahmindelig stærkt forlængede og tynde, næsten af hele Legemets Længde og i den bagre Kant forsynede med lange og tynde Børster. 1ste Par har Skaftets 1ste Led kjendelig længere end Hovedet, de 2 følgende endnu mere forlængede og cylindriske. Bisvøben er ligesom hos de 2 foregaaende Arter 1-leddet og omtrent halvt saa lang som Svøbens 1ste Led. Selve Svøben er

66. Podocerus tenuicornis, G. O. Sars, n. sp.

(Pl. XVII, fig. 3).

Podocerus longicornis, G. O. Sars, Crust. & Pycnog. nova etc.. No. 38
(non Heller).

Specific Character. — Body less thickset, somewhat compressed, with well-developed epimera. Lateral corners of head greatly produced, and pointed. Lateral plates of 3rd abdominal segment acute-angled posteriorly. Antennæ slender and exceedingly elongate, well-nigh equalling whole body in length, and furnished on posterior margin with long and delicate bristles; 1st pair with 1st joint of peduncle longer than head; secondary flagellum uni-articulate, half as long as 1st joint of flagellum; true flagella uniform in appearance, five-jointed, and rapidly tapering. The 2 anterior pairs of legs not very powerfully developed, with oval, unarmed hands; the 3 posterior al most equal in length. Caudal stylets slender. Colour uniform white. Length 3ᵐᵐ.

Locality. — Stat. 295.

Remarks. — This diminutive species is easily distinguished from the 2 preceding ones by its remarkably elongate and slender antennæ, furnished posteriorly with long fascicles of bristles, — by the greatly produced lateral corners of the head, and also by the comparatively feeble structure characterizing the foremost pair of legs. The specific designation "longicornis" having already been adopted by Heller for a Mediterranean species, I selected another, likewise derived from the structure of the antennæ.

Description. — The body (see Pl. XVII, fig. 3) occurs rather slender, and somewhat compressed from the sides, with the back evenly arched and relatively high epimera.

The head is shorter than both of the 2 foremost segments taken together, and has the lateral corners greatly produced and acutely pointed.

Of the epimera, the 1st pair are comparatively small, and in part covered by the 2nd; the 3 succeeding pairs, on the other hand, are rather large, and appreciably higher than the body. The lateral plates of the 3rd abdominal segment are drawn out posteriorly to an acute-angled corner.

Eyes entirely wanting; and no trace of pigment could be anywhere detected within the ocular area in the recently taken specimen.

The antennæ are remarkably elongate and slender, well-nigh equalling the whole body in length, and furnished on the posterior margin with long, delicately curving bristles. The 1st pair have the 1st joint of the peduncle appreciably longer than the head, the 2 succeeding joints still more produced and cylindric in form. As in the 2 preceding species, the secondary flagellum is uni-articulate.

paa begge Par af ens Udseende og Længde, stærkt afsmalnende mod Spidsen og bestaaende af 5 langstrakte Led.

De 2 forreste Fodpar er mindre kraftigt udviklede end hos de 2 foregaaende Arter, med simpelt ovale Hænder uden Torner, men besatte alene med fine Børster. De 3 bageste Par er indbyrdes næsten af ens Længde og har Hofteleddet temmelig bredt.

Halefødderne og Halevedhænget viser den sædvanlige Bygning.

Dyrets Farve er overalt ensformig hvid, uden Spor af nogen Pigmentering.

Længden af det undersøgte Individ er kun 3ᵐᵐ.

Forekomst. Et enkelt Exemplar af nærværende Art, en efter Udseendet fuldt udviklet Hun, blev under Expeditionens sidste Togt taget i Havet NV af Finmarken (St. 295) fra det betydelige Dyb af 1110 Favne. Stationen tilhører den kolde Aroe.

and nearabout half as long as the 1st joint of the flagellum. The flagellum itself is on both pairs uniform in length and appearance, tapers rapidly toward the extremity, and consists of 5 elongated joints.

The 2 foremost pairs of legs are less powerfully developed than in the 2 preceding species, having simple, oval hands, without spines, merely furnished with delicate bristles. The 3 posterior pairs are almost equal in length, and have the basal joint rather broad.

The caudal stylets and the telson exhibit the usual structure.

The colour of the animal is everywhere a uniform white, without the slightest trace of pigmentation.

Length of the specimen examined only 3ᵐᵐ.

Occurrence. — One individual only of the present species — to judge from its appearance a fully developed female — was brought up, on the last cruise of the Expedition, north-west of Finmark (Stat. 295), from the considerable depth of 1110 fathoms. The Station lay in the cold area.

Gen. 2. **Erichthonius**, Edw., 1850.

Ann. d. sciences naturelles XX.
Syn: *Cerapus*, auctorum (non Say).

67. Erichthonius megalops, (G. O. Sars), n. sp.

(Pl. XVII. Fig. 4, a–b.)

Cerapus megalops, G. O. Sars. Crust. & Pycnog. nova etc., No. 39.

Artscharacteristik. Legemet smalt, nedtrykt, med særdeles smaa Epimerer. Hovedets Sidelober brede, stumpvinklede. De 3 forreste Bagkropssegmenters Sideplader meget smaa. Øinene store, afrundet ovale, med mørkt Pigment. Følerne omtrent af ens Størrelse, mere end halvt saa lange som Legemet, bagtil med tætte Børsteknipper; Svøben paa 1ste Par saa lang som Skaftets 2 sidste Led tilsammen, 12-leddet. 1ste Fodpar meget lidet og svagt bygget, med liden, næsten qvadratisk Haand; 2det Par betydelig stærkere udviklet, hos Hannen overordentlig stort, med 4de Led (carpus) stærkt opsvulmet og næsten dobbelt saa langt som bredt samt gaaende nedad ud i en fortilrettet dolkformig Fortsats, der naar til Enden af Haanden; dennes nedre Rand crenuleret. De følgende Fodpar alle med pladeformigt udvidet Hofteled; sidste Led paa de bageste Par stærkt forlænget. Sidste Par Halefødder korte, med en enkelt liden lageformig Gren. Halevedhænget lidet, rørformigt. Farven hvidagtig med sparsomt brunligt Pigment. Længden 7ᵐᵐ.

Gen. 2. **Erichthonius**, Edw., 1850.

Ann. des sciences naturelles XX.
Syn: *Cerapus*, auctorum (non Say).

67. Erichthonius megalops, (G. O. Sars), n. sp.

(Pl. XVII, fig. 4, a–b.)

Cerapus megalops, G. O. Sars, Crust. & Pycnog. nova etc., No. 39.

Specific Character. — Body slender, depressed, with exceedingly small epimera. Lateral lobes of head broad, obtuse-angled. Lateral plates of the 3 anterior abdominal segments very small. Eyes large, rounded oval, with dark pigment. Antennae about equal in size, more than half as long as body, furnished posteriorly with dense fascicles of bristles; flagellum on 1st pair twelve-jointed, and as long as the last 2 joints of the peduncle taken together. First pair of legs very small and feeble in structure, with hand diminutive, well-nigh quadrate; 2nd pair much more powerfully developed, in male remarkably large, with 4th joint (carpus) greatly swollen, almost twice as long as broad, and jutting down in the form of a forward-directed mucroniform projection, attaining the extremity of the hand, which has the lower margin crenellated. Succeeding pairs of legs all with basal joint lamelliform-dilated; last joint on hindmost pair exceedingly elongate. Last pair of caudal stylets short, with a small unguiform branch. Telson small, tubular. Colour whitish, with scattered brownish pigment. Length 7ᵐᵐ.

Findesteder. Stat. 200, 223.

Locality. — Stat. 200, 233.

Bemærkninger. Nærværende Art skiller sig fra de øvrige bekjendte ved sine usædvanlig store mørkfarvede Øine, de stærkt forkengede Følere og Formen af 2det Fodpar hos Hannen.

Slægten *Cerapus* Say, for hvilken *C. tubularis* er Typen. er, som nylig af Sidn. Smith paavist, væsentlig forskjellig fra *St. Erichthonius* Edw. og hører til *Corophiidernes* Familie. Den eneste nordiske Art af denne Slægt er *C. crassicornis* (Siphonœcetes) Sp. Bate, der ogsaa forekommer ved vore Kyster.

Beskrivelse. Legemet er (se Pl. XVII, Fig. 4) som hos Slægtens øvrige Arter meget smalt, ikke sammentrykt fra Siderne, men hellere noget nedtrykt, med særdeles smaa Epimerer.

Hovedet er omtrent saa langt som de 2 forreste Segmenter tilsammen og viser en lignende Form som hos Arterne af foregaaende Slægt. De mellem begge Par Følere udskydende Sidelapper er brede og danner fortil en stump Vinkel. Den nedre Rand af Hovedet er ved Basis af 2det Par Følere jevnt udrandet og danner bag deres Fæste en fremspringende Vinkel.

De 4 forreste Par Epimerer er neppe halvt saa hoie som selve Kroppen og skjævt afrundede. 5te Par er noget større, med den forreste Lap temmelig dyb; de 2 bagre Par betydelig mindre. De 3 forreste Bagkropssegmenters Sidelplader er forholdsvis meget smaa og ender med et tydeligt Hjørne eller Vinkel.

Øinene er i Sammenligning med samme hos de øvrige bekjendte Arter usædvanlig store, af afrundet oval Form og beliggende nær ind til Hovedets Sidelapper. Deres Pigment er af dyb sortbrun Farve.

Følerne er stærkt forkengede, kjendeligt overgaaende Legemets halve Længde, og ligesom hos Arterne af foregaaende Slægt i den bagre Kant besatte med lange Børsteknipper. 1ste Par er lidt kortere end 2det og mangler Bisvobn, hvorimod Svoben er vel udviklet og sammensat af circa 12 Led. 2det Par har Svoben kortere og kun 6-leddet.

1ste Fodpar (Fig. 4 a) er meget lidet og svagt bygget, med 4de Led stærkt udvidet, Haanden kortere end dette og næsten qvadratisk.

2det Fodpar er betydelig kraftigere udviklet og af forskjelligt Udseende hos begge Kjon. Hos Hannen (se Fig. 4) er 4de Led eller Haandroden kort og nedentil forlænget i en smalt tungeformig fortilrettet Flig, medens selve Haanden er stærkt udvidet og af oval Form. Hos Hannen er dette Fodpar (Fig. 4 b) ganske enormt udviklet, idet Haandroden her er overordentlig stor og opsvulmet samt fortil forlænget i en skarpt tilspidset dolkformig Fortsats, der strækker sig nedemunder Haanden, næsten til dennes Ende og danner ligesom en Tommel, hvorimod Endekloen

Remarks. — The present species is distinguished from every other known form of the genus by its unusually large and dark-coloured eyes, greatly elongated antennae, and the form of the 2nd pair of legs in the male.

The genus *Cerapus* Say, of which *C. tubularis* is the type, differs essentially, as shown by Sidney Smith, from the genus *Erichthonius* Edw., belonging, as it does, to the family *Corophiidæ*. The only Northern species of this genus is *C. crassicornis* (Siphonœcetes) Sp. Bate, also met with on the coasts of Norway.

Description. — The body (see Pl. XVII, fig. 4) is very slender, as in the other species of the genus, not compressed from the sides, but rather somewhat depressed, with exceedingly small epimera.

The head has about the length of the 2 foremost segments taken together, and exhibits a form similar to that observed in the species of the preceding genus. The lateral lobes jutting out between both pairs of antennae, are broad, and form anteriorly an obtuse angle. The lower margin of the head at the base of the 2nd pair of antennae, is evenly emarginate, forming, posterior to their points of attachment, an angular projection.

The 4 anterior pairs of epimera attain scarcely half the height of the body, and are obliquely rounded. The 5th pair are somewhat larger, with the foremost lobe rather deep, — the 2 posterior pairs considerably smaller. The lateral plates of the 3 anterior abdominal segments are comparatively very small, and terminate as a distinct corner or angle.

The eyes, as compared with those in the other known species, are remarkably large, of a rounded oval form, and placed in close proximity to the lateral lobes of the head. Their pigment is a dark-brown.

The antennae are greatly produced, appreciably exceeding half the body in length, and furnished, as in the species of the preceding genus, along the posterior margin with long fascicles of bristles. The 1st pair is a trifle longer than the 2nd, and without any secondary flagellum; however, the flagellum occurs well developed, and composed of close upon 12 articulations. The 2nd pair have the flagellum shorter, and only six-jointed.

The 1st pair of legs (fig. 4 a) are very small and feeble in structure, with the 4th joint greatly expanded, the hand shorter than the latter, and almost quadrate.

The 2nd pair of legs exhibit a much stronger development and a different appearance in the two sexes. The female (see fig. 4) has the 4th joint, or carpus, short, and below, produced to a narrow, linguiform, forward-directed lappet, whereas the hand itself is greatly expanded, and oval in form. In the male, this pair of legs (fig. 4 b) are prodigiously developed, the carpus being remarkably large and swollen, as also prolonged anteriorly to an acute-pointed, mucroniform process, extending down under the hand, well-nigh to its extremity, and forming, as it were, a thumb,

27*

kan indboies. Selve Haanden er betydelig kortere og smalere, uden tydeligt begrændset Gribergand, men nedentil forsynet med flere kanleformige Fremspring.

De 2 følgende Fodpar udmærker sig derved, at deres Hofteled ligesom paa de 3 bageste Par er pladeformigt udvidet og af oval eller skivedannet Form. 5te Fodpar er betydelig mindre end baade det foregaaende og efterfølgende og ialmindelighed buet opad. Sidste Led paa de 2 bagre Par er stærkt forlænget og bærer en kraftig krummet Endekløn.

Sidste Par Halefødder er kortere end de foregaaende Par og kun forsynede med en enkelt kort hageformig opadkrummet Gren.

Halevedhænget er lidet, rørformigt og ved Spidsen bevæbnet med en Del stærke Torner.

Dyrets Farve er hvidagtig, mere eller mindre spraglet med brunt Pigment.

Længden er omtrent 7ᵐᵐ.

Forekomst. Flere Exemplarer, saavel Hanner som Hunner, af denne Art toges under Expeditionens 2det Togt paa en enkelt Lokalitet (St. 200) i Havet NV af Finmarken fra et Dyb af 620 Favne. Et enkelt Exemplar erholdtes desuden S af Jan Mayen (St. 224) paa betydelig ringere Dyb, nemlig 95 Favne. Da begge Stationer tilhører den kolde Area, er Arten utvivlsomt at betragte som en ægte arktisk Form.

against which the terminal claw admits of being bent in. The hand itself is considerably shorter and narrower, without any well-defined palmar margin, but furnished below with several tuberculiform projections.

The 2 succeeding pairs of legs are characterized by the basal joint occurring, as in the 3 posterior pairs, lamelliform-dilated, and of an oval or discoid form. The 5th pair are considerably smaller than either the preceding or the succeeding, and, as a rule, upturned. The last joint of the 2 posterior pairs is greatly produced, and bears a powerful curving terminal claw.

The last pair of caudal stylets are shorter than the preceding, and furnished merely with a single short unguiform upward-curving branch.

The telson is small, tubular, and armed at the point with a number of strong spines.

Colour of animal whitish, more or less variegated with brownish pigment.

Length about 7ᵐᵐ.

Occurrence. — Several examples of this species — both male and female — were brought up on the 2nd cruise of the Expedition, in a single locality (Stat. 200), north-west of Finmark, from a depth of 620 fathoms. A single specimen was also taken south of Jan Mayen (Stat. 224), at a much less considerable depth, viz. 95 fathoms. Both Stations having belonged to the cold area, the species must unquestionably be regarded as a true Arctic form.

Fam. Corophiidæ.

Gen. **Unciola,** Say, 1818.

Journ. Acad. Nat. Sci. Philadelphia I.
Syn: Glaucomone, Kröyer, 1845.

68. Unciola petalocera, (G. O. Sars), n. sp.

(Pl. XVII, Fig. 5, a—l).

Glaucomone petalocera, G. O. Sars, Crust. & Pycnog. nova etc.. No. 40.

Artscharakteristik. Legemet smalt og forlænget, noget nedtrykt, med meget smaa Epimerer. Hovedet fortil afstumpet, med tilspidsede Sidehjørner. 1ste Par Epimerer gaaende fortil ud i en tilspidset Flig. De 3 forreste Bagkropssegmenters Sideplader med det nedre bagre Hjørne udtrukket i en skarp Spids. Ingen Øine. 1ste Par Følere tynde og forlængede, med Skaftets sidste Led neppe ⅓ saa langt som 2det, Svøben omtrent af Skaftets Længde, Bisvøben meget liden, 2-leddet. 2det Par Følere betydelig kortere end 1ste Par, hos Hannen kraftigere udviklede,

Fam. Corophiidæ.

Gen. **Unciola,** Say, 1818.

Journ. Acad. Nat. Sci. Philadelphia I.
Syn: Glaucomone, Kröyer, 1845.

68. Unciola petalocera, (G. O. Sars), n. sp.

(Pl. XVII, fig. 5, a—l).

Glaucomone petalocera, G. O. Sars, Crust. & Pycnog. nova etc., No. 40.

Specific Character. — Body slender and elongate, somewhat depressed, with very small epimera. Head truncate anteriorly, with acute lateral corners. First pair of epimera jutting out anteriorly as a pointed lappet. Lateral plates of 3 foremost abdominal segments having lower posterior corner drawn out to a sharp point. No eyes. First pair of antennæ slender and elongate, with last joint of peduncle scarcely one-third as long as 2nd. flagellum and peduncle about equal in length, secondary flagellum very small, two-jointed. Second pair of antennæ

med Skaftets 3die og 4de Led pladeformigt udvidede og indbyrdes meget bevægeligt artikulerede. 1ste Fodpar stærkt byggct, med Haanden hos Hunnen af normalt Udseende, hos Hannen stærkt udvidet og sammentrykt, med 2 dybe Indbugtninger i den nedre Kant og Endekloen uahuindelig lang og kloformig. 2det Fodpar meget svagere, med Haanden smal og noget længere end det foregaaende Led samt tvært afkuttet i Enden. De øvrige Fødder tynde og forlængede, alle med smalt, lineært Hofteled; de 2 bagre Par betydelig længere end de øvrige. Sidste Par Halefødder meget smaa, med Basaldelen pladeformig og indad udskydende i en tilspidset Flig; Endeleddet meget lidet, ovalt. Halevedhænget halvelliptiskt, uden Indsnit. Farven hvidagtig. Længden 10ᵐᵐ.

Findesteder. Stat. 18, 31, 124, 137, 200, 290, 312.

Bemærkninger. Nærværende Art ligner mest *U. planipes* Norman, men er let kjendelig ved betydeligere Størrelse og den eiendommelige pladedannede Form af 3die og 4de Led paa Hannens 2det Par Følere, ligesom ogsaa ved 1ste Fodpars Bygning hos Hannen. 2det Fodpar skiller sig hos begge Kjøn fra samme hos *H. planipes* derved, at Haanden er tvært afkuttet i Enden, med tydeligt begrændset Gribcrand.

Beskrivelse. Legemet er (se Pl. XVII, Fig. 5 og 5 x), som hos Slægtens øvrige Arter, smalt og noget nedtrykt, med meget smaa Epimerer.

Hovedet er fortil afkuttet, uden noget tydeligt fremtrædende Pandehorn. Sidehjørnerne er skarpt tilspidsede, og bag dem danner Hovedets nedre Kanter en jevn Udrandning over Basis af 2det Par Følere.

Af Epimererne er de 4 forreste Par kun lidet større end de 3 bagerste og danner fortil et skarpt Hjørne, der paa 1ste Par er udtrukket til en fortrinlet dolkformig Fortsats. De 3 forreste Bagkropssegmenters Sideplader danner bagtil et tilspidset Hjørne, der navnlig paa 3die Segment er temmelig stærkt udtrukket.

Af Øine var intetsomhelst Spor at opdage paa de friskt indfangede Exemplarer.

1ste Par Følere er tynde og stærkt forlængede, betydeligt overgaaende den halve Kropslængde. Af Skaftets Led er det 2det længst; 3die derimod meget kort, neppe ¹⁄₃ saa langt som 2det. Svøben er omtrent af Skaftets Længde og sammensat af omkring 20 Led. Bisvøben (se Fig. 5 a) er meget liden, neppe mere end halvt saa lang som Skaftets sidste Led og 2-leddet.

2det Par Følere er betydelig kortere end 1ste Par, men forholdsvis kraftigere byggede, med ganske kort 9-leddet Svøbe. Hos Hunnen (Fig. 5 x) er Skaftets Led af

considerably shorter than 1st, in male more powerfully developed, having 3rd and 4th joints of peduncle lamelliform-dilated with exceedingly mobile articulations. First pair of legs powerful in structure, having hand, in female, of normal appearance, in male greatly expanded and compressed, with 2 deep incurvations on lower margin and terminal claw remarkably long and falciform. Second pair of legs much feebler, with hand narrow and somewhat longer than preceding joint, as also vertically truncate at extremity. Remaining legs slender and elongate, all with a narrow, linear basal joint; the 2 posterior pairs considerably longer than the rest. Last pair of caudal stylets very small, with basal part lamelliform, jutting inward as an acute-pointed lappet; terminal joint very small, oval. Telson semi-elliptic, without incision. Colour whitish. Length 10ᵐᵐ.

Locality. — Stats. 18, 31, 124, 137, 200, 290, 312.

Remarks. — The present species bears closest resemblance to *U. planipes* Norman, but is easily recognized by its greater size and the peculiar lamellar form of the 3rd and 4th joints of the 2nd pair of antennæ in the male, as also by the structure of the 1st pair of legs. The 2nd pair of legs differs in the two sexes from those of *U. planipes*, the hand occurring vertically truncate at the extremity and with a well-defined palmar margin.

Description. — The body (see Pl. XVII. figs. 5, 5 x) is slender and somewhat depressed, as in the other species of the genus, with very small epimera.

The head occurs truncate anteriorly, without exhibiting any distinctly prominent rostrum. The lateral corners are sharply pointed, and, behind them, the lower borders of the head constitute an even emargination above the bases of the 2nd pair of antennæ.

Of the epimera, the 4 anterior pairs are but little larger than the 3 posterior, and form anteriorly a sharp corner, which, on the 1st pair, is drawn out to a forward-directed, mucroniform process. The lateral plates of the 3 anterior abdominal segments form posteriorly an acute-pointed corner, which, more particularly on the 3rd segment, is very considerably produced.

Of eyes, no trace could be detected in the recently taken specimens.

The 1st pair of antennæ are slender and elongate, considerably exceeding half the body in length. Of the joints of the peduncle, the 2nd is longest, the 3rd, on the other hand, being remarkably short, scarce one-third the length of the 2nd. The flagellum and peduncle are well-nigh equally long, and composed of close upon 20 articulations. The secondary flagellum (see fig. 5 a) is very small, scarcely more than half the length of the last articulation of the peduncle, and two-jointed.

The 2nd pair of antennæ are considerably shorter than the 1st, but relatively more powerful in structure, with rather a short nine-jointed flagellum. In the female

214

sædvanligt Udseende og simpelt cylindriske. Hos Hannen (Fig. 5 og 5 b) udmærker derimod 3die og 4de Led sig i høi Grad ved sin eiendommelige Udvikling. Begge disse Led er her stærkt sammentrykte fra Siderne og pladeformigt udvidede, samt forbundne med hinanden ved en særdeles bevægelig Articulation. 3die Led lober nedad ud i en tungeformig Lap, som, naar 4de Led boies ind, glider henad dettes Yderflade.

Mundregionen er nedad stærkt fremspringende og saagodtsom ganske ubedækket til Siderne (se Fig. 5 og 5 x). Kindbakkerne (Fig. 5 c) er kraftigt udviklede, med tydeligt begrændset bred Tyggeknude. Palpen er af betydelig Længde og har sidste Led af oval lancetdannet Form samt besat med meget lange og tynde Borster.

De 2 Par Kjæver (Fig. 5 d—e) viser intet udmærkende i sin Bygning. Kjævefødderne (Fig. 5 f) har den indre Tyggelap temmelig stor og i den indre Kant besæbnet med en Rad af Torner. Palpen er forlænget, med de 2 sidste Led rigeligt børstebesatte og Endekloen skarpt tilspidset.

1ste Fodpar er betydelig baade længere og kraftigere bygget end 2det Par. Haanden er stor og bred, men af temmelig forskjellig Form hos de 2 Kjøn. Hos Hunnen (Fig. 5 b) er den omvendt pæreformig og temmelig opsvulmet ved Basis, med Griberanden kun ganske svagt indbugtet i Midten og utydeligt begrændset bagtil, hvor der til hver Side er fæstet 3 Torner; Endekloen er betydelig kortere end Haanden og af sædvanligt Udseende. Hos Hannen er Haanden paa dette Fodpar (Fig. 5 g) særdeles bred og stærkt sammentrykt, med Griberanden bagtil tydeligt begrændset og forsynet med 2 dybe Indbugtninger; Endekloen er overordentlig stærkt forlænget, leformig, og rager, naar den indbøies, med Spidsen langt ud over Haandens Basis eller omtrent til 3die Led.

2det Fodpar (Fig. 5 i) er fuldkommen ens formet hos begge Kjøn. Det er af forholdsvis svag Bygning og temmelig rigeligt børstebesat, med Haanden meget smal, noget længere end det foregaaende Led og i Enden næsten tvært afkuttet, Endekloen er meget liden.

De 2 følgende Fodpar er forholdsvis spinkle og kun sparsomt børstebesatte, med de 3 yderste Led indbyrdes omtrent af ens Længde og Endekloen ganske kort.

De 3 bagerste Fodpar har alle Hofteleddet smalt linævert, ikke som sædvanlig pladeformigt udvidet. Det forreste af disse Par er omtrent saa langt som de 2 foregaaende Par, medens de 2 sidste er betydelig stærkere forlængede.

Af Halefødderne er det forreste Par (Fig. 5 k) temmelig kraftigt udviklet, med tyk, noget kantet Stamme og forholdsvis korte Grene. Det 2det Par er af samme Bygning, men neppe halvt saa stort.

(fig. 5 x), the joints of the peduncle exhibit the usual appearance and a simple cylindric form. In the male (figs. 5, 5 b), on the other hand, the 3rd and 4th joints are eminently characterized by their peculiar development. Both of those joints are strongly compressed from the sides and lamelliform-expanded, as also connected by an exceedingly mobile articulation. The 3rd joint juts out below as a linguiform lobe, which, on bending in the 4th joint, slides along the surface of the latter.

The buccal area projects prominently below, and is well-nigh wholly uncovered at the sides (see figs. 5, 5 x). The mandibles (fig. 5 c) are powerfully developed, with a broad, distinctly defined molar protuberance. The palp is of considerable length, and has the last joint oval-lanceolate in form, as also beset with very long and delicate bristles.

The 2 pairs of maxillæ (fig. 5 d—e) exhibit nothing characteristic in their structure.

The maxillipeds (fig. 5 f) have the inner masticatory lobe rather large, and armed on the inner margin with a row of spines. The palp is elongate, with the last 2 joints profusely furnished with bristles and the terminal claw sharply pointed.

The 1st pair of legs are at once considerably longer and more powerful in structure than the 2nd pair. The hand is large and broad, but of somewhat deviating form in the two sexes. In the female, it is inverted-pyriform and rather swollen at the base, with the palmar margin but faintly incurved in the middle and indistinctly defined posteriorly, where, on either side, occur 3 spines; the terminal claw is considerably shorter than the hand, and exhibits the usual appearance. In the male, the hand on this pair of legs (fig. 5 g) is very broad and strongly compressed, with the palmar margin well defined posteriorly and exhibiting 2 deep incurvations; the terminal claw is remarkably elongate, falciform, and extends, with the point, when bent in, far beyond the base of the hand, or nearly about to the 3rd joint.

The 2nd pair of legs (fig. 5 i) occur precisely of a similar form in both sexes. These are comparatively feeble in structure, and rather abundantly bristle-beset, with the hand very narrow, somewhat longer than the preceding joint, and well-nigh vertically truncate at the extremity; the terminal claw is very small.

The 2 succeeding pairs of legs are comparatively slender, and but sparingly furnished with bristles, the outermost 3 joints occurring about equal in length, with the terminal claw quite short.

The hindmost 3 pairs of legs have each the basal joint narrowly linear, not, as is usually the case, lamelliform-expanded. The anterior of these pairs are about as long as the 2 preceding ones, the 2 latter occurring much more elongate.

Of the caudal stylets, the foremost pair (fig. 5 k) are rather powerfully developed, having a thick, somewhat angular stem and comparatively short branches. The 2nd pair exhibit a similar structure, but attain scarcely half the size

Sidste Par endelig (Fig. 5 *l*) er særdeles lidet, simpelt og bestaaende af 2 Led, hvoraf det 1ste (Stammen) er kort og bredt, gaaende indad ud i en med en enkelt Torn bevæbnet tilspidset Flig. Endeleddet er af oval Form og i Kanterne besat med tynde Borster.

Halevedhænget (se Fig. 5 *k*) danner en temmelig stor halvelliptisk Plade, der ved Enden er forsynet med 2 korte Borster.

Dyrets Farve er hvidagtig, uden nogen tydelig Pigmentering.

Længden gaar op til 10ᵐᵐ. Ialmindelighed er Hannerne noget større end Hunnerne.

Forekomst og Udbredning. Nærværende Art er under Expeditionen observeret paa ikke mindre end 7 forskjellige Stationer, alle tilhørende den kolde Area. Af disse ligger 2 (Stat. 18 og 31) i Havet udenfor vor Vestkyst, 2 (Stat. 124 og 137) udenfor Helgelandskysten, 1 (Stat. 200) NV af Finmarken og 1 (Stat. 312) V af Beeren Eiland. Dybden fra 350 til 658 Favne.

Artens for Tiden bekjendte Udbredningsfelt er herefter det østlige Afhæld mod Nordhavets store Dyb fra den 63de til den 75de Bredegrad. Den er utvivlsomt at betragte som en ægte arktisk Form.

Finally, the last pair (fig. 5 *l*) are exceedingly small, simple, and composed of 2 joints, of which the 1st (the stem) is short and broad, protending inward as a pointed lappet bearing a single spine. The terminal joint is oval in form, and fringed along the edges with delicate bristles.

The telson (see fig. 5 *k*) constitutes a rather large, semi-elliptic plate, furnished at the extremity with 2 short bristles.

Colour of animal whitish, without any distinct pigmentation.

Length reaching 10ᵐᵐ. As a rule, the males are somewhat larger than the females.

Occurrence and Distribution. — The present species was observed on the Expedition at as many as 7 different Stations, all belonging to the cold area. Of these, 2 (Stats. 18 and 31) lay off the West Coast of Norway, 2 (Stats. 124 and 137) off the coast of Helgeland, 1 (Stat. 200) north-west of Finmark, and 1 (Stat. 312) west of Beeren Eiland. Depth ranging from 350 to 658 fathoms.

Hence, the tract throughout which the species is at present known to be distributed, comprises the eastern slope of the sea-bed where it shelves toward the great deep of the Northern Ocean — from the 63rd to the 75th parallel of latitude. The animal must unquestionably be regarded as a true Arctic form.

Fam. Dulichiidæ.

Gen. **Dulichia**, Kröyer, 1845.

Nat. Tidsskr. 2 R., Bd. 1.

69. Dulichia tuberculata, Boeck.

(Pl. XVII. Fig. 6, 6 *x*).

Dulichia tuberculata, Boeck. Crust. amphip. bor. et arct. pg. 184.
Dulichia tuberculata, Boeck. de skandinaviske og arktiske Amphipoder, Bd. 2, pg. 655, Tab. XXX, Fig. 4.
Dulichia ~plentrionalis, G. O. Sars. Crust. & Pycnog. nova eta, No. 41.

Artscharakteristik. Legemet noget mindre forlænget end sædvanlig, navnlig hos Hunnen, ubevæbnet. Hovedet foran Iste Par Følere Fæste koniskt fremspringende. Alle Epimerne smaa, skjælformige, af samme Udseende hos begge Kjøn. Øinene vel udviklede, runde, convexe, mørkerøde. Følerne tynde og kun sparsomt børstebesatte, Iste Par noget længere end 2det, med Skaftets 2 sidste Led omtrent af ens Længde, Bisvøben 3-leddet. 2det Fodpar hos Hannen kraftigt udviklet med stor aflang oval Haand, forsynet ved Basis med en lige nedadrettet dolkformig Fortsats; Ende-

Specific Character. Body somewhat less elongate than usual, particularly in female, unarmed. Head, anterior to attachment of 1st pair of antennæ, conical and projecting. All epimera small, squamiform, of uniform appearance in both sexes. Eyes well developed, round, convex, dark-red in colour. Antennæ slender, and but sparingly furnished with bristles. 1st pair somewhat longer than 2nd, with 2 last joints of peduncle about equal in length, three-jointed. Second pair of legs in male powerfully developed, with large oblongo-ovate hand, provided at

kloen med 2 Knuder ved Roden. De 3 bagerste Fodpar tynde og forlængede, sidste Par længst. Farven gulhvid, marmoreret med rødbrunt. Længden 6—7ᵐᵐ.

base with a straight, mucroniform, downward-directed process; terminal claw with 2 protuberances at base. The 3 posterior pairs of legs slender and elongate, last pair longest. Colour yellowish-white, marbled over with reddish-brown.

Findested. Magdalenebay (Spitsbergen).

Locality. — Magdalena Bay (Spitzbergen).

Bemærkninger. Ved nærmere at conferere med Boeck's Amphipodeværk, maa jeg nu anse denne af mig tidligere som ny opførte Art for identisk med den af Boeck under Benævnelsen D. *tuberculata* beskrevne Art, hvorfor det ældre Navn her er beholdt. Da baade Text og Afbildninger i Boeck's Værk her, som i mange andre Tilfælde, lader meget tilbage at ønske, vedføies nedenfor en udførlig Beskrivelse af Arten, affattet efter Exemplarer indsamlede funder Expeditionen.

Remarks. — Having carefully referred to Boeck's work on Amphipods, I must now hold this species, which I had previously established as new, to be identical with the form described by Boeck as D. *tuberculata*; wherefore the older designation is here retained. Meanwhile, as both letter-press and figures — in this case as frequently elsewhere throughout Boeck's work — leave much to be desired, I have given below a detailed description of the species, worked up from specimens collected on the Expedition.

Beskrivelse af Hunnen. Legemet er (se Pl. XVII, Fig. 6) af den for Slægten charateristiske spinkle Form; dog noget mere undersætsigt end hos enkelte af de øvrige bekjendte Arter. Det er i Modsætning til hvad Tilfældet er hos den typiske Art. D. *spinosissima* Kröyer, ganske ubevæbnet, uden Pigge eller Fortsatser.

Hovedet er noget længere end de 2 første Segmenter tilsammen og gaar fortil ud i en over Roden af 1ste Par Følere fremragende konisk Spids eller Pandehorn. Dets Sidekanter er noget bugtede, uden dog at vise noget tydeligt Hjørne.

Af Forkroppens Segmenter er det 1ste ganske kort, det 2det omtrent dobbelt saa langt, medens de 2 derpaa følgende er betydelig større end nogen af de øvrige og danner aventil hos den øghvælvende Hun en temmelig stærk Hvælvning. De 2 sidste Segmenter er som hos Slægtens øvrige Arter sammensmeltede til et enkelt Stykke af samme Størrelse og Form som det foregaaende Segment.

Bagkroppen er særdeles smal, omtrent halvt saa lang som Forkroppen og kun sammensat af 5 Segmenter. De 3 forreste er ganske korte, medens 4de Segment er stærkt forlænget og meget tyndt.

Epimererne er smaa og af skjældannet Form, størst paa de 3 midterste Segmenter.

Øinene er vel udviklede og af betydelig Størrelse, cirkelrunde samt stærkt convexe. Deres Pigment er af en dyb mørkerød Farve.

Følerne er særdeles tynde og forlængede samt i den bagre Kant temmelig sparsomt forsynede med korte Børsteknipper. 1ste Par er som sædvanlig længst og lige udstrakte næsten af Legemets Længde. Skaftets 1ste Led er temmelig tykt, men betydelig kortere end Hovedet, medens de 2 følgende Led er særdeles tynde og forlængede samt omtrent af ens Størrelse. Svøben er ubetydelig længere end Skaftets sidste Led og bestaar af 5—6 temmelig utydeligt begrændsede Led, hvoraf det 1ste er længst. Bisvøben er meget liden og tynd, 3-leddet. 2det Par Følere har Skaftets 2 sidste

Description of the Female. — The body (see Pl. XVII. fig. 6) exhibits the slender form characteristic of the genus, though a trifle more thickset than in some of the other known species. Unlike what is the case in the typical species, D. *spinosissima* Kröyer, it is quite unarmed, having neither spikes nor spiniform projections.

The head is somewhat longer than the 2 first segments taken together, and juts out anteriorly, above the bases of the 1st pair of antennae, as a conical point, or rostrum. Its lateral margins are somewhat flexuous, without however exhibiting any distinct corner.

Of the pedigerous segments, the 1st is quite short, the 2nd about twice as long, whereas the 2 succeeding ones are much longer than any of the others, and form above, in the ovigerous female, a somewhat prominent arch. The 2 last segments, like those in the other species of the genus, are grown together in one piece, uniform as to size and form with the preceding segment.

The posterior division of the body is exceedingly slender, about half as long as the anterior, and composed of only 5 segments. The foremost 3 are quite short, whereas the 4th segment is greatly produced, and very slender.

The epimera are small, and squamiform in shape — largest on the 3 median segments.

The eyes are well developed and of considerable size, circular and prominently convex. Their pigment is a dark-red.

The antennae are exceedingly slender and elongate, as also, on the posterior margin, rather sparingly furnished with short fascicles of bristles. The 1st pair is, as usual, longest, and, when fully extended, almost equal to the body in length. The 1st joint of the peduncle is somewhat thick though much shorter than the head, whereas the 2 succeeding joints are very slender and elongate, as also well-nigh equal in size. The flagellum is but slightly longer than the last joint of the peduncle, and consists of 5 or 6 somewhat indistinctly defined articulations, of which the 1st

Led tynde og forlængede som paa 1ste Par og Svøben noget kortere end det sidste Led samt bestaaende af 4 Led.

Mundregionen rager tydeligt frem nedenfor Hovedet. De enkelte Munddele kunde ikke nøiere undersøges [paa Grund af manglende Materiale.

De 2 forreste Fodpar er indbyrdes af ens Bygning, og 2det Par kun lidet større end 1ste; begge temmelig rigligt børstebesatte. Haanden er liden og ufuldstændigt subcheliform, af aflang oval Form og betydelig kortere end det foregaaende Led (Haandroden).

De 2 følgende Fodpar er kun lidet længere, men meget spinklere, med sidste Led særdeles smalt, lineært og Endekloen forholdsvis liden.

De 3 sidste Fodpar er derimod betydelig stærkere udviklede, skjøndt af forholdsvis spinkel Form, og tiltager successivt i Længde bagtil, saa at det sidste Par, der udgaar tæt ved Siden af det næstforegaaende fra Bagsiden af sidste Segment, omtrent er af hele Forkroppens Længde, naar Hovedet fraregnes. Hofteleddet er paa alle ganske smalt, lineært, og 3die Led stærkt forlænget. Endekloen er kraftigt udviklet og leformig krummet.

Gjællebladene, der kun er tilstede i 2 Par, paa 3die og 4de Segment, er meget smaa og smale.

Brystposen eller Klækkehulen var paa det undersøgte Exemplar stærkt udviklet og dannede en næsten halvkugleformig Fremragning midt under Forkroppen.

De 3 Par Svømmevedhæng er forholdsvis store og lige til Roden ubedækkede af de meget smaa Sideplader paa de tilsvarende Bagkropssegmenter.

Af Halefødder er som hos Slægtens øvrige Arter kun 2 Par tilstede og af den vanlige Bygning.

Halevedhænget er meget lidet og af triangulær Form.

Hannen (Fig. 6 c) er betydelig slankere end Hunnen, næsten af fuldkommen lineær Form, og har de 2 midterste Forkropssegmenter betydelig mindre, neppe større end de 2 følgende. Ingen af Epimererne er forlænget til dolkformige Fortsatser.

Følerne er forholdsvis stærkere udviklede end hos Hunnen, og navnlig udmærker 1ste Par sig ved Størrelsen af Skaftets 1ste Led og ved Svøbens betydelige Længde.

2det Fodpar er særdeles kraftigt bygget og meget uligt samme hos Hunnen. Haanden er særdeles stor og opsvulmet, af samme Længde som alle de øvrige Led tilsammen og af aflang oval Form. Den er ved Basis nedentil forsynet med en stærk dolkformig, lige nedadrettet Fortsats og gaar fortil ud i et skarpt, skjævt fortilrettet Hjørne. Den nedre Rand er mellem begge Fortsatser næsten ret og besat med lange og fine Børster. Endekloen er meget stærk og viser ved Basis 2 smaa Knuder, hvilket har givet

is longest. The secondary flagellum is very small, and three-jointed. The 2nd pair of antennæ have the 2 last joints of the peduncle slender and elongate, as on the 1st pair, and the flagellum somewhat shorter than the last joint, as also composed of 4 articulations.

The buccal region projects distinctly below the head. The several oral appendages did not admit of being closely examined for want of sufficient material.

The 2 foremost pairs of legs have each a similar structure, and the 2nd pair is but little larger than the 1st; both are abundantly furnished with bristles. The hand is small and imperfectly subcheliform, in shape oblongo-oval, and considerably shorter than the preceding joint (carpus).

The 2 succeeding pairs of legs are but little longer, and much more slender, with the last joint exceedingly slim, linear, and the terminal claw comparatively small.

The 3 last pairs of legs, on the other hand, have a much more powerful development, though comparatively a slender form, and diminish successively in length posteriorly; hence the last pair, issuing as they do in close proximity to that immediately preceding them, — from the posterior side of the last segment, — equal in length about the whole of the anterior division of the body, excluding the head. The basal joint of every pair is quite slender, linear, with the 3rd articulation greatly produced. The terminal claw occurs powerfully developed, and falciform.

The branchial lamellæ — present in 2 pairs only, on the 3rd and 4th segments — are very small and narrow.

The marsupium, or ovigerous pouch, was greatly developed in the specimen before us, forming a well-nigh semi-globular projection beneath the middle of the anterior division of the body.

The 3 pairs of pleopoda are comparatively large, and down to the base wholly uncovered by the small lateral plates on the corresponding abdominal segments.

Of caudal stylets, 2 pairs only are present, as in the other species of the genus, and of the usual structure.

The telson is very small, and triangular in form.

The Male (fig. 6 c) is very much slimmer than the female, nay almost linear in form, and has the 2 medial pedigerous segments considerably smaller, exceeding scarcely at all the 2 next in size. None of the epimera are produced to mucroniform processes.

The antennæ have relatively a more powerful development than in the female; and the 1st pair are specially distinguished by the size of the 1st joint of the peduncle and by the greater length of the flagellum.

The 2nd pair of legs are most powerfully developed, and very dissimilar from those in the female. The hand is exceedingly large and swollen, equal in length to all the other joints taken together, and of an oblong-oval form. At the base, it is furnished below with a strong, mucroniform prolation, directed straight downward, and juts out anteriorly as a sharp, oblique, forward-projecting corner. The lower margin, beset with long and delicate bristles, runs well-nigh straight between the two prolations. The

28

Anledning til Artsbenævnelsen; naar den slaaes ind mod Haanden, møder den med Spidsen den bagre Fortsats.

Farven er gulagtig, halv gjennemsigtig, og navnlig hos Hunnen marmoreret med brunrødt Pigment. Længden af den æghærende Hun er omtrent 6ᵐᵐ. Hannen er noget større, nemlig 7ᵐᵐ.

Forekomst. 2 Exemplarer af denne Art, en Hun og en Han, toges under Expeditionens sidste Togt i den isfyldte Magdalenebay paa Nordvestsiden af Spitsbergen; Dybden 10—20 Favne. Samme Art forekommer ogsaa af og til ved vore Kyster, navnlig ved Finmarken. Efter Boeck skal den gaa sydlig lige til Christianiafjorden.

terminal claw is very powerful, and exhibits at the base 2 small protuberances, a character that gave rise to the specific designation; when jerked in toward the hand, its point comes in contact with the posterior prolation.

Colour yellowish, semi-translucent, and, more especially in the female, marbled over with a brownish-red pigment. Length of the ovigerous female about 6ᵐᵐ. The male is a trifle larger, viz. 7ᵐᵐ.

Occurrence. — Two individuals of this species, a male and a female, were taken on the Expedition (last cruise) in the ice-encumbered Magdalena Bay, north-west shore of Spitzbergen; depth ranging from 10 to 20 fathoms. The same species occurs too, now and again, off the coasts of Norway, in particular the coast of Finmark. According to Boeck, its habitat is known to range as far south as the Christianiafjord.

---

70. Dulichia hirticornis, G. O. Sars, n. sp.

(Pl. XVIII, Fig. 1, 1 a).

Dulichia hirticornis, G. O. Sars. Prodromus descriptionis etc., No. 131.

Artscharacteristic. Legemet forholdsvis robust, noget nedtrykt, glat. Hovedet fortil stumpt koniskt. Øinene smaa, ovalrunde, hvidgule. Følerne kraftigt udviklede, i den bagre Kant tæt besatte med lange Børsteknipper; 1ste Par af mere end Legemets Længde, med Skaftets 1ste Led saa langt som Hovedet, 3die Led længere end 2det, Bisvøben liden, 3-leddet. 2det Fodpar hos Hunnen af samme Udseende som 1ste, hos Hannen betydelig større, tæt lnaaret, med særdeles stor og bred, sammentrykt Haand, der nedentil gaar ud i 2 skraat fortilrettede dolkformige Fortsatser, den bagerste størst og omtrent beliggende ved Midten af Haandens Længde. 3die og 4de Fodpar med noget udvidet Hofteled. De 3 bagerste Fodpar usImindelig robuste og næsten indbyrdes af ens Længde. Legemet gjennemsigtigt, med hvidgult Pigment. Længden 11ᵐᵐ.

Findesteder. Stat. 18, 31, 200.

Bemærkninger. Denne Art er let kjendelig fra de tidligere beskrevne ved sin uslmindelig plumpe Kropsform, de forholdsvis robuste og tæt haarede Følere og de smaa hvidgule Øine.

Beskrivelse af Hunnen. Legemet er (se Pl. XVIII, Fig. 1) i Sammenligning med de øvrige bekjendte Arter af Slægten usædvanlig plumpt, stærkt nedtrykt, med bred hvælvet Ryg og uden Pigge eller Fortsatser.

70. Dulichia hirticornis, G. O. Sars, n. sp.

(Pl. XVIII, fig. 1, 1 a).

Dulichia hirticornis, G. O. Sars, Prodromus descriptionis etc., No. 131.

Specific Character. — Body comparatively robust, somewhat depressed, smooth. Head anteriorly conico-obtuse. Eyes small, in form a rounded oval. colour whity-yellow. Antennæ powerfully developed; along posterior margin densely beset with long fascicles of bristles; 1st pair greater in length than body, with 1st joint of peduncle as long as head, 3rd joint longer than 2nd, secondary flagellum small, tri-articulate. Second pair of legs, in female, of same appearance as 1st, in male considerably larger, densely hirsute. with hand exceedingly large broad and compressed, jutting below as 2 oblique, forward-directed, mucroniform prolations, posterior prolation the larger, and placed about in middle of hand longitudinally. Third and 4th pair of legs with slightly dilated basal joint. The 3 posterior pairs of legs remarkably robust, and well-nigh equal in length. Body translucent, with whity-yellow pigment. Length 11ᵐᵐ.

Locality. — Stats. 18, 31, 200.

Remarks. — This species is easily distinguishable from those previously described by its remarkably clumsy form of body, comparatively robust and densely hirsute antennæ, and small whitish-yellow eyes.

Description of the Female. — The body (see Pl. XVIII. fig. 1), as compared with the other known species of the genus, is unusually clumsy in form, very much depressed, the back broadly arched, and without either spikes or spiniform prolations.

Hovedet har en lignende Form som hos foregaaende Art. Dog er den over 1ste Par Føleres Fæste fremskydende Del noget mindre fremspringende og stumpere.

Af Forkroppens Segmenter er de 2 forreste som sædvanlig mindst, de følgende alle omtrent af ens Størrelse. Bagkroppen forholder sig omtrent som hos foregaaende Art.

Epimererne er særdeles smaa, skjælformige, og alle omtrent ens udviklede.

Øinene er, i Modsætning til hvad Tilfældet er hos foregaaende Art, meget smaa og ikke fremspringende til Siderne. De er af oval rund Form, noget skjævt stillede og forsynede med et ganske lyst, hvidgult Pigment.

Følerne er usædvanlig robuste og i hele den bagre Kant forsynede med tætte og lange Børsteknipper. 1ste Par er baade længere og kraftigere end 2det og, lige udstrakte, vel saa lange som hele Legemet. Skaftets 1ste Led er omtrent af Hovedets Længde og tykkere end de øvrige; dets sidste Led er kjendeligt længere end 2det, men noget tyndere. Svøben er kortere end Skaftets sidste Led og bestaar af 4 Segmenter, hvoraf det 1ste er betydelig længere end de 3 øvrige tilsammen. Bisvøben er meget liden og omtrent af samme Udseende som hos foregaaende Art. 2det Par Følere har Skaftets 2 sidste Led omtrent af ens Længde og Svøben noget kortere end paa 1ste Par.

De 2 forreste Fodpar er saavel hvad Størrelse som Form angaar fuldkommen lige, temmelig rigeligt børstebesatte og med Haanden af oval Form og omtrent saa stor som det foregaaende Led.

3die og 4de Fodpar har Hofteleddet noget udvidet paa Midten, de øvrige successivt smalere, cylindriske og kun sparsomt børstebesatte.

De 3 bagerste Fodpar er af forholdsvis usædvanlig robust Bygning og alle omtrent lige lange, opnaaende neppe mere end ¹⁄₃ af Totallængden. Endekloen er som sædvanlig kraftigt udviklet og leformig krummet.

Bagkroppens Vedhæng viser den sædvanlige Bygning. Hannen er som sædvanlig af noget spinklere Form end Hunnen og desuden strax kjendelig ved den stærke og eiendommelige Udvikling af 2det Fodpar.

Dette ligner (Fig. 1 a) noget samme hos Hannen af D. porrecta Sp. Bate, idet Haanden er stærkt udvidet og sammentrykt samt nedentil forsynet med 2 skjævt fortilrettede tilspidsede Fortsatser, hvoraf den bagerste er størst og omtrent beliggende i Midten af Haandens Længde. Endekloen er særdeles kraftig og noget bugtet. Hele dette Fodpar, og navnlig Haandens nedre Rand, er besat med tætte og lange fine Børster.

Legemet er temmelig gjennemsigtigt, med kun svagt udpræget lys gulagtig Pigmentering.

The head has a form similar to that in the preceding species. The part, however, stretching over the point of attachment of the 1st pair of antennæ is more obtuse, and does not protrude quite so far.

Of the pedigerous segments, the 2 foremost are, as usual, smallest, all the succeeding ones about equal in size. The posterior division of the body is rather similar to that of the preceding species.

The epimera occur exceedingly small, squamiform, and all about uniform in development.

The eyes, contrary to what is the case in the preceding species, are very small, and do not project toward the sides. They are oval-rotund in form, somewhat oblique as to position, and furnished with a very light whitish-yellow pigment.

The antennæ are unusually robust, and furnished along the whole of their posterior margin with long and dense fascicles of bristles. The 1st pair are both longer and more powerful than the 2nd, and, when fully extended, quite equal the whole body in length. The 1st joint of the peduncle is about as long as the head, and thicker than the others; the terminal is appreciably longer than the 2nd, but a little more slender. The flagellum is shorter than the last joint of the peduncle, and composed of 4 segments, of which the 1st is considerably longer than are all the other three taken together. The secondary flagellum is very small, and about the same in appearance as that of the preceding species. The 2nd pair of antennæ have the 2 last joints of the peduncle well-nigh equal in length, and the flagellum somewhat shorter than on the 1st pair.

The 2 foremost pairs of legs are quite uniform, alike as regards size and form, rather abundantly furnished with bristles, and with the hand of an oval form, in size about equal to the preceding joint.

The 3rd and 4th pairs of legs have the basal joint somewhat dilated in the middle, the others being successively slender, cylindric, and but sparingly beset with bristles.

The 3 hindmost pairs of legs are remarkably robust in structure, and all about equally long, attaining scarcely more than one-third of the total length. The terminal claw is, as usual, powerfully developed, and falciform.

The abdominal appendages have the usual structure.

The Male exhibits, as usual, a somewhat more slender form than the female, and can, moreover, be at once recognized by the powerful and peculiar development of the 2nd pair of legs.

This pair (fig. 1 a) have a certain resemblance to those in the female of D. porrecta Sp. Bate, the hand being greatly expanded and compressed, as also, below, furnished with 2 oblique, forward-directed, acute prolations, of which the hindermost is the larger, and placed, longitudinally, about in the middle of the hand. The terminal claw is very powerful, and somewhat flexuous. The whole of this pair of legs, and more especially the lower margin of the hand, is beset with long and dense delicate bristles.

The body is well-nigh translucent, with but a very faint yellowish pigmentation.

28*

Længden af den ægbærende Hun er 11ᵐᵐ.

Length of the ovigerous female 11ᵐᵐ.

Forekomst. Nogle faa Exemplarer af denne characteristiske Art er under Expeditionen indsamlede paa 3 forskjellige Stationer. Af disse ligger den ene (Stat. 18) i betydelig Afstand fra Kysten NV af Stat; den anden (Stat. 31) tæt ud for Storeggen, og den 3die (Stat. 200) i Havet NV af Finmarken; Dybden fra 412 til 620 Favne. Da alle Stationer tilhører den kolde Area, er Arten utvivlsomt at betragte som en ægte arktisk Form.

Occurrence. — A few individuals of this characteristic species were taken on the Expedition, at 3 different Stations. One of these (Stat. 18) lay at a considerable distance from the coast, north-west of Stat; the second (Stat. 31) in close proximity to the Storeggen Bank; and the third (Stat. 200) north-west of Finmark. Depth ranging from 412 to 620 fathoms. Each of these Stations having belonged to the cold area, the species must unquestionably be regarded as a true Arctic form.

---

71. Dulichia macera, G. O. Sars, n. sp.

(Pl. XVIII, Fig. 2, 2 *a*).

Dulichia macera, G. O. Sars, Crust. & Pycnogonida nova etc., No. 42.

Artscharacteristik. Legemet meget spinkelt, ubevæbnet, med tynde og forlængede Lemmer. Hovedet kortere end de 2 forreste Segmenter tilsammen, stumpt koniskt. Øinene rudimentære. Følerne stærkt forlængede, i den bagre Kant fint haarede. Bisvøber paa 1ste Par temmelig forlænget, 6-leddet. 2det Fodpar hos Hannen meget stort, med Basalleddet stærkt indknebet ved Roden, Haanden uden Børster, stærkt opsvulmet, aflang oval, forsynet ved Basis nedentil med en kort lige nedadrettet stumpt konisk Fortsats, fortil med et skarpt Hjørne. 2det og 3die Fodpar med smalt lineært Hofteled. De 3 bagerste Fodpar tynde og stærkt forlængede, med 3die Led længere end de 2 ydre tilsammen. Legemet gjennemsigtigt, farveløst. Længden 10½ᵐᵐ.

71. Dulichia macera, G. O. Sars, n. sp.

(Pl. XVIII. figs. 2, 2 *a*).

Dulichia macera, G. O. Sars, Crust. & Pycnogonida nova etc., No. 42.

Specific Character. — Body very slim, unarmed, with slender and elongate limbs. Head conico-obtuse, and shorter than the 2 foremost segments taken together. Eyes rudimentary. Antennæ greatly produced, furnished along posterior margin with delicate bristles. Secondary flagellum on 1st pair rather elongate, six-jointed. Second pair of legs in male very large, with basal joint greatly instricted at base, hand without bristles, exceedingly swollen, oblong-oval, having at base, below, a short conico-obtuse prolation, directed straight downward, and anteriorly a sharp corner; 2nd and 3rd pairs of legs with slender, well-nigh linear basal joint. The 3 hindmost pairs of legs slender, and greatly produced, with 3rd joint longer than the 2 outer ones taken together. Body translucent, colourless. Length 10½ᵐᵐ.

Findesteder. Stat. 190, 286.

Bemærkninger. Nærværende Art er let kjendelig ved den spinkle Kropsform og de stærkt forlængede Lemmer, de rudimentære Øine og 2det Fodpars eiendommelige Form hos Hannen.

Beskrivelse af Hunnen. Legemet er (se Pl. XVIII, Fig. 2) af usædvanlig smal og langstrakt Form, næsten lineært og uden enhver Bevæbning.

Hovedet er forholdsvis lidet, betydelig kortere end de 2 forreste Segmenter tilsammen, og af den sædvanlige stumpt koniske Form.

Af Forkropssegmenterne er det 1ste ganske kort, de øvrige alle omtrent af ens Størrelse, næsten cylindriske. Bagkroppen er smalere end Forkroppen og af normalt Udseende.

Epimererne viser den sædvanlige ringe Udvikling og skjælddannede Form; dog er 2det Par kjendeligt større end de øvrige.

Locality. — Stats. 190, 286.

Remarks. — The present species may be readily distinguished by its slim form of body and greatly produced limbs, rudimentary eyes, as also the peculiar form characterizing the 2nd pair of legs in the male.

Description of the Female. — The body (see Pl. XVIII, fig. 2) is unusually slender and elongate in form, almost linear, and without any armature whatever.

The head is comparatively small, a good deal shorter than both the foremost segments taken together, and of the usual conico-obtuse form.

Of the free segments, the 1st is quite short, the rest almost equal in size, and well-nigh cylindric. The posterior division of the body is more slender than the anterior, and of normal appearance.

The epimera exhibit the usual slight development and squamiform shape; the 2nd pair, however, are appreciably larger than the others.

Øinene er ganske og aldeles rudimentære, idet der i deres Plads kun findes indenfor Hovedets Bedækning til hver Side en uregelmæssig Ansamling af hvidt Pigment.

Følerne er særdeles tynde og forlængede samt i den bagre Kant besatte med fine og tætte Børster, der dog ikke opnaar nogen betydelig Længde. 1ste Par var mere eller mindre incomplette paa de indsamlede Exemplarer, men synes at vise et lignende Længdeforhold til 2det Par som hos de øvrige bekjendte Arter. Deres 1ste Led er omtrent af Hovedets Længde og temmelig opsvulmet. Svøben (Fig. 2 a) bestod paa et af de indsamlede Exemplarer, der var en ung Han, af 6 Led, og Bisvøben var forholdsvis temmelig forlænget og ligeledes 6-leddet. 2det Par Følere var paa det her afbildede Exemplar, en fuldt udviklet Han, vel saa lange som hele Legemet, og deres Svøbe betydelig længere end Skaftets sidste Led samt 5-leddet.

1ste Fodpar viser den sædvanlige Bygning. Haanden er forholdsvis meget liden, oval og neppe halvt saa stor som det forgaaende Led (Haandroden).

2det Fodpar er, som sædvanligt hos Hannerne af denne Slægt, særdeles kraftigt udviklet og næsten fuldkommen nøgent eller børsteløst. Basalleddet er ved Roden stærkt indknebet, men i Enden temmelig udvidet og her fyldt med kraftige Muskler. Haanden er meget stor og opsvulmet, aflang oval, og udmærket ved en eiendommelig Formet lige nedadrettet kort Fortsats ved Basis i den nedre Kant; fortil løber den nedre Rand ud i et skarpt fremspringende Hjørne. Endekloen er kraftigt udviklet og stærkt kløformigt krummet.

De 2 følgende Fodpar har Hofteleddet ganske smalt, lineært, de 3 ydre Led omtrent indbyrdes af ens Længde og kun sparsomt børstebesatte i den bagre Kant.

De 3 bagerste Fodpar er stærkt forlængede og særdeles tynde. Sidste Par var paa begge de erholdte Exemplarer afbrukket; de 2 øvrige er omtrent indbyrdes af ens Længde og har 3die Led langt og smalt, næsten dobbelt saa langt som de 2 sidste tilsammen.

Bagkroppens Vedhæng viser intet udmærkende i sin Bygning.

Legemet er hvidagtigt, gjennemsigtigt, uden Spor af nogen udpræget Pigmentering.

Længden af det største erholdte Exemplar er 10½ᵐᵐ.

Forekomst. 2 Exemplarer, en fuldt udviklet Han og en ganske ung Han, af denne characteristiske Art blev under Expeditionen tagne, det ene N af Vesteraalen (Stat. 190), det andet i Havet mellem Beeren Eiland og Finmarken (Stat. 286); Dybden fra 447 til 870 Favne. Begge Stationer tilhører den kolde Area.

The eyes are in every sense rudimentary, since, in lieu of those organs, occurs within the covering of the head, on either side, merely an irregular aggregation of white pigment.

The antennae are exceedingly slender and elongate, and furnished on the posterior margin with dense and delicate bristles, which, however, do not attain any considerable length. The 1st pair were more or less defective in the specimens obtained, but would appear, as regards length, to bear the same proportion to the 2nd pair as in the other known species. Their 1st joint is about as long as the head, and rather tumid. The flagellum (fig. 2 a) consisted in one of the specimens taken, a young male, of six articulations, and the accessory flagellum — relatively rather elongate — was likewise six-jointed. The 2nd pair of antennae slightly exceed in the specimen here represented — a fully developed male — the whole body in length, and their flagellum is considerably longer than the last articulation of the peduncle, and five-jointed.

The 1st pair of legs exhibit the usual structure. The hand is comparatively very small, oval, and scarcely half as large as the preceding joint (carpus).

The 2nd pair of legs are, as usual, in the males of this genus, very powerfully developed, and well-nigh perfectly naked, or bristleless. The basal joint occurs at the origin very instricted, but is somewhat dilated at the extremity and filled out with powerful muscles. The hand is very large and swollen, oblong-oval, and characterized by a short, peculiar prolation at the base of the lower margin, directed straight downward; anteriorly, the lower margin runs out as a sharp, projecting corner. The terminal claw is powerfully developed, and exhibits a prominent falciform curve.

The 2 succeeding pairs of legs have the basal joint quite slender, well-nigh linear, the outer 3 joints about equal in length, and but sparingly furnished with bristles along the posterior margin.

The 3 hindmost pairs of legs are greatly produced, and exceedingly slender. The last pair had in both specimens obtained unfortunately been broken off; the 2 others are nearabout equal in length, with the 3rd joint produced and slender, almost twice as long as the 2 last taken together.

The abdominal appendages do not exhibit anything characteristic in structure.

The body is whitish, translucent, without a trace of pigmentation.

Length of the largest specimen taken 10½ᵐᵐ.

Occurrence. — Two examples of this characteristic species — a fully developed male and a very young female — were obtained on the Expedition, the one north of Vesteraalen (Stat. 190), the other between Beeren Eiland and Finmark (Stat. 286); depth ranging from 447 to 870 fathoms. Both Stations lay in the cold area.

Trib. 3. *Caprellina.*

Fam. Caprellidæ.

Gen. **Caprella**, Lamk., 1818.

Syst. anim. sans vertebres pg. 165.

72. Caprella microtuberculata, G. O. Sars, n. sp.

(Pl. XVIII, Fig. 3. 3 *x—a*).

Caprella microtuberculata, G. O. Sars, Crust. & Pycnogonida nova etc.. No. 43.

Artscharacteristik. Legemet smalt og forlænget. De 4 forreste Segmenter hos Hunnen forsynede med smaa spredte Knuder, hos Hannen næsten ganske glatte. 5te Segment hos begge Kjøn forsynet oventil med 6 parvis stillede Knuder, 2 fortil og 4 bagtil; 6te og 7de hvert med 4 i en Tværrad ordnede større Knuder. De 2 forreste Segmenter hos Hannen mere forlængede end hos Hunnen; 1ste Segment hos begge kortere end 2det. Øinene smaa, runde, med rødt Pigment. 1ste Par Følere stærkt forlængede, med Svøben bestaaende af talrige korte Led; 2det Par neppe ¹/₃ saa lange og bagtil tæt børstebesatte. 2det Fodpar næsten af ens Udseende hos begge Kjøn, med stor oval Haand, der nedentil er forsynet med 2 smaa ved et større Mellemrum skilte Tænder og foran dem med et skarpt udtrukket Hjørne. De 3 bagre Fodpar kraftigt udviklede, med sidste Led eller Haanden udvidet ved Basis og længere end de 2 foregaaende tilsammen. Legemet gjennemsigtigt, marmoreret med større brunrøde Pigmentpletter. Længden 12--17ᵐᵐ.

Findesteder. Stat. 315, 336.

Bemærkninger. Af de tidligere bekjendte Arter ligner denne mest *C. linearis* Lin., men skiller sig strax ved de betydelig stærkere forlængede 1ste Par Følere, 2det Fodpars Form og den forskjellige Farvetegning.

Beskrivelse af Hunnen. Legemet er (se Pl. XVIII, Fig. 3) af den sædvanlige smale og lineære Form og viser paa Rygsiden en Del meget smaa, men temmelig regelmæssigt ordnede Knuder, der navnlig paa det bagre Parti er tydeligt fremtrædende.

Hovedet er meget lidet, afrundet, uden Pandehorn og viser oventil 2 meget smaa, jevnsides stillede Knuder. Det forbinder sig med Kroppen ved en meget skjæv, skraat fortilrettet Sutur.

Af Kropssegmenterne er det 1ste forholdsvis kort og viser oventil ligeledes 2 smaa Knuder, der har sin Plads ved den bagre Del. 2det Segment er næsten dobbelt saa langt og af noget tendannet Form samt meget bevægeligt

---

Trib. 3. *Caprellina.*

Fam. Caprellidæ.

Gen. **Caprella**, Lamk., 1818.

Syst. anim. sans vertebres. p. 165.

72. Caprella microtuberculata, G. O. Sars, n. sp.

(Pl. XVIII, fig. 3. 3 *x—a*).

Caprella microtuberculata, G. O. Sars, Crust. & Pycnogonida nova etc.. No. 43.

Specific Character. — Body slender and elongate. The 4 anterior segments in female furnished with small scattered protuberances, in male almost quite smooth. Fifth segment having above in both sexes 6 protuberances, arranged in pairs, 2 anterior and 4 posterior; 6th and 7th each with 4 larger ones, arranged in a transverse series. The 2 anterior segments in male more elongate than in female; 1st segment in both sexes shorter than 2nd. Eyes small, round, with red pigment. First pair of antennæ greatly produced, with flagellum consisting of numerous short articulations; 2nd pair scarcely one-third as long, and posteriorly having a dense armature of bristles. Second pair of legs of well-nigh uniform appearance in both sexes, with large oval hand, furnished below with 2 small teeth, separated comparatively by a wide interspace, and exhibiting anteriorly a sharply produced corner. The 3 posterior pairs of legs powerfully developed, with last joint, or hand, expanded at base, and longer than the 2 preceding ones taken together. Body translucent, marbled over with comparatively large brownish-red patches of pigment. Length 12—17ᵐᵐ.

Locality. — Stats. 315, 336.

Remarks. — Of the previously known species, this approximates closest *C. linearis* Lin., but admits at once of being distinguished by the much more produced 1st pair of antennæ, the form of the 2nd pair of legs, and the different colouring.

Description of the Female. — The body (see Pl. XVIII, fig. 3) has the usual slender and well-nigh linear form, and exhibiting on the dorsal side a number of very small and comparatively in regular arrangement disposed protuberances, — distinctly prominent, more especially over the posterior part.

The head is very small, rounded, without any rostrum, and exhibits above 2 very diminutive protuberances, placed side by side. It is connected with the body by an exceedingly oblique, forward-directed suture.

Of the body-segments, the 1st is comparatively short, likewise with 2 small protuberances, placed above on the posterior part. The 2nd segment is almost twice as long, and somewhat fusiform in appearance, as also very movably

forbundet saavel med det foregaaende som efterfolgende Segment. Paa Rygsiden tælles 6 parvise Knuder foruden en Del meget smaa sandanne. De 2 folgende Segmenter er, navulig hos den ægkærende Hun, noget bredere end de ovrige og indbyrdes fastere forbundne, dannende tilsammen ligesom et eget Kropsafsnit, fra hvis Underside den af 4 store mod hinanden boiede Plader bestaaende Brystpose rager frem; ethvert af disse Segmenter viser ligeledes oventil 6 mere fremtrædende Knuder. 5te Segment, der har en meget bevægelig Articulation med det foregaaende, er meget længere end dette, smalest fortil og successivt noget tykkere mod den bagre Ende. Paa Rygsiden af samme findes som paa de 3 foregaaende Segmenter 6 parvis ordnede Knuder, hvoraf de 2 er beliggende helt fortil, de 4 andre nærmere den bagre Ende. De 2 sidste Kropssegmenter endelig er ganske korte, stærkt fortykkede noget lang Midten og hvert forsynet med 4 storre, næsten pigformige Knuder, 2 dorsale og 4 laterale, dannende tilsammen en buet Tværrad.

Bagkroppen er som hos Slægtens ovrige Arter aldeles rudimentær, kun dannende et lidet knudeformigt Appendix ved Enden af sidste Kropssegment.

Oinene er meget smaa, runde, med morkerodt Pigment, der kun indtager den centrale Del af Oiet.

1ste Par Folere er usædvanlig stærkt forlængede, næsten af hele Legemets Længde og meget tynde. Af Skaftets Led er det 2det længst, de 2 ovrige omtrent indbyrdes af ens Længde. Svoben er næsten dobbelt saa lang som Skaftet og bestaar af et stort Antal (indtil 26) korte, med fine og korte Borster besatte Led.

2det Par Folere er kun lidet længere end 1ste Pars Skaft og i den bagre Kant besat med lange og stærke Borstoknipper. Svoben bestaar som sædvanlig af et hensev Segment og et meget kort Endeled.

Mundregionen er fuldkommen ubedækket og springer frem umiddelbart bag 2det Par Foleres Fæste. De stærke Kindbakker mangler som hos Slægtens ovrige Arter ethvert Spor af Palper.

1ste Fodpar (Fig. 3 a), der udspringer helt fortil fra Begyndelsen af 1ste Kropssegment, næsten midt under Hovedet, er af den sædvanlige Bygning, med den ydre Del stærkt sammentrykt og Haanden bredest ved Basis, hvor den nedentil danner en vinkelformig fremspringende Hjorne.

2det Fodpar er langt kraftigere udviklet og udspringer fra den forreste Trediedel af 2det Segment. Basalleddet er noget udvidet mod Enden og forsynet med en skarp, i en tilspidset Fortsats udlobende Kjol. 3die Led gaar nedad ud i et skarpt Hjorne. 4de Led eller Haandroden er særdeles lidet, neppe synligt. Derimod er det folgende Afsnit eller Haanden mægtigt udviklet, længere end alle de

connected both with the preceding and the succeeding segments. On the dorsal surface, may be counted 6 pairs of protuberances, exclusive of a number of very small ones. The 2 succeeding segments, more particularly in the ovigerous female, are somewhat broader than the rest, and more firmly connected one with the other, constituting, as it were, a separate section of the body, from the under surface of which the marsupium, composed of 4 large plates bent in one against the other, is seen to project; these segments likewise exhibit above as many as 6 rather prominent protuberances each. The 5th segment, which is connected with the preceding by an exceedingly mobile articulation, attains a somewhat greater length than the latter, is slenderest anteriorly, and gradually becomes a trifle thicker toward the posterior extremity. On its dorsal face, are observed, as on that of the 3 preceding segments, 6 protuberances, arranged in pairs, of which 2 occur far in front, the remaining 4 near the posterior end. Finally, the 2 last body-segments are quite short. thickly incrassated a little posterior to the middle, and each furnished with 4 large, well-nigh spiniform protuberances — 2 dorsal and 2 lateral, forming together a curving transversal series.

The posterior division of the body occurs, as in the other species of the genus, quite rudimentary, constituting merely a small tuberculiform appendix at the extremity of the terminal body-segment.

The eyes are very small, round, with a dark-red pigment occupying the central portion only of the eye.

The 1st pair of antennæ are remarkably produced, equalling almost the whole body in length, and very slender. Of the joints of the peduncle, the 2nd is longest; the 2 others are about equal in length. The flagellum attains nearly double the length of the peduncle, and consists of a large number of articulations (as many as 26), beset with delicate and short bristles.

The 2nd pair of antennæ are but very little longer than the peduncle of the 1st pair, and furnished along the posterior margin with long and powerful fascicles of bristles. The flagellum consists as usual of a comparatively long segment and a very short terminal joint.

The buccal region is wholly uncovered, and juts out immediately posterior to the origin of the 2nd pair of antennæ. As in the other species of the genus, the powerful mandibles do not exhibit the slightest trace of a palp.

The 1st pair of legs (fig. 3 a), originating on the foremost part of the 1st body-segment, almost immediately under the middle of the head, have the usual structure, the outer part being strongly compressed and the hand broadest at the base, where it forms below a projecting angular corner.

The 2nd pair of legs are much more powerfully developed, and issue from the anterior third of the 2nd segment. The basal joint is somewhat dilated towards the extremity, and furnished anteriorly with a sharp carina, jutting out as an acute prolation. The 3rd joint protends below as a sharp corner. The 4th joint, or carpus, is exceedingly small, well-nigh invisible. On the other hand, the succeeding

øvrige Led tilsammen og af oval Form, med den forreste Rand jevnt buet, den bagre næsten lige og forsynet med 3 smaa tandformige Fremspring, hvoraf de 2 yderste staar tæt sammen og ved et betydeligt Mellemrum er skilte fra det øverste. Endekloen er særdeles stærk, kraftig krummet, og lægger sig, naar den indbøies, med Spidsen ind mod det øverste af de ovennævnte tandformige Fremspring.

De til 3die og 4de Segment fæstede Gjælleblade er forholdsvis smaa og smale og mger fortil og bagtil noget ud over Brystposen. De 3 bagre Fodpar er kraftigt udviklede og tiltager successivt noget i Længde bagtil. Sidste Led er som sædvanlig subcheliformt eller danner et Slags Haand, med en Afsats ved Basis i den forreste Kant, mod hvilken Endekloen kan indbøies.

Hannen (se Fig. 3 ♂) er af forholdsvis spinklere og mere langstrakt Form end Hunnen og har de 4 forreste Segmenter næsten fuldkommen glatte eller kun med yderst svage Spor af de Knuder, som findes her hos Hunnen, hvorimod de 3 bagerste Segmenter viser en ligneude Bevæbning. Af Segmenterne er navulig de 2 forreste kjendelig stærkere forlængede end hos Hunnen, dog saaledes, at det indbyrdes Forhold mellem begge er temmelig uforandret.

1ste Par Følere skiller sig fra samme hos Hunnen derved, at Skaftets Led er noget fortykkede paa Midten, sammentrykte og i Kanterne fint cilierede. 2det Fodpar, der ellers pleier at være meget forskjelligt hos begge Kjøn, er her næsten noiagtig af samme Udseende som hos Hunnen, alene med den Forskjel, at Basalleddet er noget mere forlænget. Derimod udspringer det ikke som hos Hunnen fra det forreste Parti af 2det Segment, men kjendeligt bag Midten af dets Længde.

Legemet er hos begge Kjøn temmelig gjennemsigtigt, gulagtigt, og navnlig hos Hunnen marmoreret med større uregelmæssige mørkebrune Skatteringer, der delvis danner afbrudte Tværbaand over Kroppen. Længden af den ægbærende Hun er 12ᵐᵐ. Hannen er noget større og opnaar en Længde af 17ᵐᵐ.

Forekomst. Nogle faa Exemplarer af denne Art blev under Expeditionens sidste Togt tagne paa 2 forskjellige Stationer, den ene (Stat. 315) beliggende i Havet N.V af Beeren Eiland, den anden (Stat. 336) mer Sydpynten af Spitsbergen. Dybden fra 70 til 180 Favne. Exemplarerne fandtes fastsiddende paa Hydroider optagne med Bundskraben fra klippefuld Bund. Skjøndt ingen af disse Stationer egentlig tilhører den kolde Avea, er man dog at Stationernes høie nordlige Brede berettiget til at betragte Arten som en arktisk Form.

section, or hand, is prodigiously developed, being longer than all the other joints taken together, oval in form, with the anterior margin evenly arched, the posterior almost straight and furnished with 3 small dentiform projections, of which the 2 outer ones occur close together, separated by a considerable interspace from the uppermost. The terminal claw is remarkably powerful, falciform, and impinges, when bent in, against the uppermost of the aforesaid dentiform projections.

The branchial lamellæ attached to the 3rd and 4th segments are comparatively small and thin, projecting, both anteriorly and posteriorly, over the marsupium. The 3 posterior pairs of legs are powerfully developed, and increase somewhat in length posteriorly. The last joint is, as usual, subcheliform, and forms, as it were, a hand, with a ledge at the base on the anterior margin, against which the terminal claw admits of being bent in.

The *Male* (see fig. 3 ♂) has comparatively a more slender and elongate form than the female, the 4 anterior segments being almost perfectly smooth, or exhibiting but very faint traces of the tubercles observed there in the female, whereas the 3 hindmost segments are furnished with a similar armature. Of the segments, the 2 foremost occur in particular more produced than in the female, yet in such manner that the relation between the two is very much the same.

The 1st pair of antennæ differ from those of the female in the joints of the peduncle being somewhat incrassated along the middle, compressed, and finely ciliated on the edges. The 2nd pair of legs, which, as a rule, are very different in the two sexes, have almost exactly the same appearance as in the female, the only deviation consisting in the basal joint being a trifle more elongate. This articulation does not however originate from the foremost part of the 2nd segment as in the female, but appreciably posterior to its longitudinal middle.

The body is in both sexes well-nigh translucent, yellowish, and, more particularly in the female, relieved with large, irregular, dark-brown marbled shadings, that form in part transversal bands across the body. Length of the ovigerous female 12ᵐᵐ. The male is somewhat larger, attaining a length of 17ᵐᵐ.

Occurrence. — A few examples of this species were taken on the last cruise of the Expedition, at 2 different Stations, the one (Stat. 315) north-west of Beeren Eiland, the other (Stat. 336) near the southern extremity of Spitzbergen; depth ranging from 70 to 180 fathoms. The specimens were found attached to Hydroids, brought up in the dredge from a rocky bottom. Though neither of the said Stations strictly belonged to the cold area, their high northern latitude warrant our assuming the species to be an Arctic form.

73. Caprella spinosissima, Norman.

(Pl. XVIII, Fig. 4. a—l, x).

Caprella spinosissima, Wyville Thomson. The Depths of the Sea pg. 126.
Caprella horrida, G. O. Sars. Prodromus descript. Crust. & Pycnog.
etc., No. 137.

Artscharacteristik. Legemet forholdsvis kort og undersætsigt, navnlig hos Hunnen; Rygsiden tæt bevæbnet med talrige tilspidsede Pigge, hvoraf nogle udmærker sig ved betydelig Længde; de 2 sidste Kropssegmenter ganske korte, hvert kun bevæbnet med 4 Pigge. Øinene smaa, punktformige. 1ste Par Følere hos Hannen betydelig stærkere forlængede end hos Hunnen; Skaftets sidste Led længere end 1ste og Svøben kortere end Skaftet; 2det Par bagtil forsynet med stærke Børsteknipper, hos Hunnen længere end 1ste Pars Skaft. 2det Fodpar hos Hunnen af middelmaadig Størrelse, med oval Haand, bagtil forsynet med 4 smaa tandformige Fremspring, de 3 yderste tæt sammentrængte og ved et længere Mellemrum skilte fra det 4de; hos Hannen betydelig kraftigere udviklet, med Haanden særdeles stor, aflang, i begge Kanter tæt cilieret og bagtil forsynet med 2 dybe Indsnit, begrændsede af lancetformige Flige, hvoraf den midterste er størst. De bagre Fodpar af sædvanligt Udseende. Farven ensformig graahvid. Længden 14—20ᵐᵐ.

Findesteder. Stat. 18, 124, 137, 164, 200, 343.

Bemærkninger. Jeg har tidligere opført denne characteristiske Art under et nyt Navn, horrida, for at undgaa Forvexling med Stimpsons Ægina spinosissima. Da imidlertid denne sidste er identisk med den noget tidligere af Bell beskrevne Caprella spinifera og saaledes maa bære det sidstnævnte Artsnavn, ser jeg ikke længere nogen Grund til at forandre det af Norman for den her omhandlede Art foreslaaede Navn, som derfor her beholdes.

Beskrivelse af Hunnen. Legemet er (se Pl. XVIII, Fig. 4) i Sammenligning med de øvrige Arter af Slægten af usædvanlig kort og undersætsig Form og navnlig hos de ægbærende Hunner noget nedtrykt, især i det midterste Parti. Hele Dyrets Rygside er tæt besat med talrige skarpe opadrettede Pigge, hvoraf nogle udmærker sig ved betydelig Længde. Disse sidste er ordnede parvis langs Midtlinien saaledes, at der findes et eller to Par paa hvert Segment. Desuden bemærkes en Del større laterale Pigge, hvoraf navnlig de 2 ligeover Brystposen ved Basis af Gjællebladene udgaaende er iøinefaldende.

Hovedet er meget lidet, fortil afstumpet og oventil ligesom den øvrige Del af Rygsiden tæt besat med Pigge, hvoraf 2 udmærker sig ved større Længde.

73. Caprella spinosissima, Norman.

(Pl. XVIII, fig. 4, a -l, x).

Caprella spinosissima, Wyville Thomson. The Depths of the Sea, p. 126.
Caprella horrida, G. O. Sars, Prodromus descript. Crust. & Pycnog.
etc., No. 137.

Specific Character. — Body comparatively short and thickset, more particularly in female; dorsal face densely armed with acute spikes, some of which are characterized by considerable length; the 2 last body-segments quite short, each furnished with only 4 spikes. Eyes small, punctiliform. First pair of antennæ in male much more elongate than in female; last joint of peduncle longer than 1st, flagellum shorter than peduncle; 2nd pair armed posteriorly with fascicles of strong bristles, in female longer than peduncle of 1st pair. Second pair of legs in female of moderate size, with hand oval, and posteriorly having 4 small dentiform prolations, the 3 outermost close together, and separated by a rather wide interspace from the 4th; in male much more powerfully developed, with hand remarkably large, oblong, densely ciliate along both margins, and exhibiting posteriorly 2 deep incisions, defined by lanceolate lappets, the median the largest. Posterior pairs of legs of usual appearance. Colour a uniform greyish-white. Length 14—20ᵐᵐ.

Locality. — Stats. 18, 124, 137, 164, 200, 343.

Remarks. — On a former occasion, I recorded this characteristic species under a new name, viz. horrida, to prevent its being confounded with Stimpson's Ægina spinosissima. Meanwhile, as the latter is identical with the form Caprella spinifera, described somewhat earlier by Bell, and must, therefore, bear the last-mentioned specific designation, I see no reason for suggesting any change in the name proposed by Norman for the species treated of here; wherefore it is now retained.

Description of the Female. — The body (see Pl. XVIII, fig. 4), in comparison with the other species genus, is unusually short and thickset in form, as also, of the more particularly in ovigerous females, somewhat depressed, especially throughout the medial part. The whole dorsal face of the animal is densely beset with acute, upturned spikes, some distinguished by very considerable length. The latter are arranged in pairs along the median line, in such manner that one or two pairs occur on each segment. Moreover, a number of lateral-directed spikes may be also observed, of which in particular 2, just above the marsupium, and issuing at the base of the branchial scales, are the most conspicuous.

The head is very small, obtuse anteriorly, and above, in common with the rest of the dorsal face, densely beset with spikes, 2 of which are characterized by considerable length.

29

Hvad Længdeforholdet af de forskjellige Kropssegmenter angaar, saa er det 1ste som sædvanlig ganske kort, de 4 følgende omtrent indbyrdes af ens Længde. De 2 bagerste er meget smaa og kun forsynede hvert med 4 i eu Tværrad stillede Pigge.

Øinene er særdeles smaa, næsten punktformige og synes at have Synselementerne ufuldstændigt udviklede.

1ste Par Følere er forholdsvis korte, paa langt nær ikke opnaaende Legemets Længde. Af Skaftets Led er det 2det som sædvanlig længst; det 3die er kun lidet kortere og betydelig længere end 1ste. Svøben er kjendelig kortere end Skaftet og kun sammensat af 12 Led.

2det Par Følere er længere end 1ste Pars Skaft og bagtil forsynet med stærke Børsteknipper, forøvrigt af sædvanlig Bygning.

Overlæben (Fig. 4 a) danner et temmelig stærkt kuppelformigt Fremspring foran Mundaabningen og har den mod samme vendte Rand indbugtet i Midten.

Underlæben (Fig. 4 b) bestaar af 2 Par over hinanden liggende Lapper, hvoraf de indre er simpelt afrundede og tæt sammenstillede, medens de betydelig større ydre Lapper er stærkt divergerende og øxeformigt udvidede i Enden.

Kindbakkerne (Fig. 4 c) er korte og tykke samt uden Spor af Palper. Det forreste tandede Parti er delt i 2 Flige, bag hvilke er fæstede 3 stive Børster. Tyggeknuden er bred og tyk samt viser i Enden 3 stumpe Spidser.

1ste Par Kjæver (Fig. 4 d) synes at mangle den sædvanlige Basalplade. Tyggelappen er stærkt indadkrummet og paa den lige afskaarne Ende bevæbnet med flere stærke Torner. Palpen har sidste Led sammentrykt og noget buet samt i den ydre Kant besat med fine Haar, i Enden med nogle meget smaa Torner.

2det Par Kjæver (Fig. 4 e) har den indre Lap betydelig bredere, men kortere end den ydre; begge Lappe er ved Enden besatte med fine Børster.

Kjævefødderne (fig. 4 f) er af betydelig Størrelse, ved Basis sammenvoxne og forsynede med de 2 sædvanlige Tyggelappe, som dog kun er lidet udviklede, navnlig den indre. Palpen er meget stor, fodformig, med sidste Led indadbøiet og ved Enden tæt børstebesat; Endekloen temmelig lang og kun svagt krummet.

1ste Fodpar (Fig. 4 i) er af den sædvanlige stærkt sammentrykte Form og noget plumpere bygget end hos foregaaende Art, med Haanden næsten ligesaa bred som lang.

2det Fodpar (se Fig. 4) er af middelmaadig Størrelse og ligner nogot samme hos foregaaende Art, dog med den Forskjel, at Haanden er nogot bredere og har et tandformigt Fremspring mere i den bagre Kant ved Enden.

As regards the longitudinal proportion between the several body-segments, the 1st is, as usual, quite short, the 4 succeeding ones being about equal in length. The 2 posterior ones are very small, and furnished merely with 4 spikes, arranged in a transverse series.

The eyes are exceedingly small, well-nigh punctiliform, and would appear to have the visual elements imperfectly developed.

The 1st pair of antennæ are comparatively short, — far from attaining the length of the body. Of the joints of the peduncle, the 2nd occurs, as usual, longest; the 3rd is but little shorter, and considerably longer than the 1st. The flagellum is appreciably shorter than the peduncle, and composed of only 12 articulations.

The 2nd pair of antennæ are longer than the peduncle of the 1st pair, and posteriorly furnished with fascicles of powerful bristles; for the rest, exhibiting the usual structure.

The labrum (fig. 4 a) forms a rather prominent, dome-shaped prolation, anterior to the buccal orifice, and has the margin directed toward the latter, incurved in the middle.

The labium (fig. 4 b) consists of 2 pairs of superposed lobes, the inner pair simple rounded and close together, whereas the much larger outer lobes occur widely diverging and securiform-expanded at the extremity.

The mandibles (fig. 4 c) are short and thick, without a trace of palps. The foremost, dentiferous, part is divided into two lappets, behind which issue 3 stiff bristles. The molar protuberance is broad and thick, exhibiting at the end 3 obtuse points.

The 1st pair of maxillæ (fig. 4 d) would appear to want the usual basal plate. The masticatory lobe is sharply incurved, and bears at the vertically truncate extremity several strong spines. The palp has the last joint compressed, and somewhat arched, as also delicately ciliate along the outer margin, and beset at the extremity with a few very small spines.

The 2nd pair of maxillæ (fig. 4 e) have the inner lobe considerably broader than, but not so long as, the outer, and both are furnished at the extremity with delicate bristles.

The maxillipeds (fig. 4 f) attain a very considerable size, are connate at the base, and furnished with the 2 usual masticatory lobes, which, however, exhibit but a slight development, in particular the inner one. The palp is very large, pediform, with the last articulation bending inward, and, at the extremity, densely bristle-beset; the terminal claw is rather long, and but slightly curved.

The 1st pair of legs (fig. 4 i) have the usual very compressed form, and exhibit a somewhat clumsier structure than in the preceding species, the hand occurring almost as broad as long.

The 2nd pair of legs (see fig. 4) are of moderate size, and bear some resemblance to those in the preceding species, save however that the hand is a trifle broader, and has one more dentiform prolation on the posterior margin at the extremity.

De 3 bagre Fodpar er noget mindre kraftigt udviklede end hos foregaaende Art. forøvrigt af den sædvanlige Bygning.

Den rudimentære Bagkrop (se Fig. 4 g—h) danner kun et yderst lidet knudeformigt Fremspring ved Enden af sidste Kropssegment mellem Roden af sidste Fodpar. Ved noiere Undersøgelse viser dette sig at bestaa ligesom af 3 Valvler, en dorsal og 2 ventrale. Disse indeslutter mellem sig Endeafsnittet af Tarmen, der munder paa Spidsen med en trekantet Aabning. Paa den nedre Side af de ventrale Valvler sees 2 smaa knudeformige Fortsatser, der forestiller Rudimenter af et Par Lemmer.

Hunnen (Fig. 4 x) er betydelig større end Hunnen og af mere langstrakt Kropsform. Navnlig er de 2 forreste Segmenter kjendelig stærkere forlængede. Legemets Bevæbning er derimod lidet afvigende. skjøndt Piggene idethele synes noget mindre fremtrædende.

1ste Par Følere er betydelig stærkere forlængede end hos Hunnen og mere end dobbelt saa lange som 2det Par. Skaftets 2 ydre Led er indbyrdes næsten af ens Størrelse og Svøben neppe halvt saa lang som Skaftet.

2det Fodpar. der ligesom hos Hannen af foregaaende Art udspringer fra den bagre Del af 2det Segment, er temmdig uligt samme hos Hunnen. Haanden er særdeles stor og af aflang Form samt i begge Kanter tæt besat med fine Cilier. Griberanden viser i Midten 2 dybe Indsnit begrændsede af 2 triangulære Fortsatser, hvoraf navnlig den forreste er meget stor. Foran det forreste og dybeste Indsnit og lige under Endekloens Insertion gaar Haanden ud i 2 spidse Hjørner.

Bagkroppen (Fig. 4 k—l) er forholdsvis noget mindre rudimentær end hos Hunnen, og de 2 knudeformige Appendices paa den nedre Side er her udviklede til et Par tydelige 2-leddede og tæt børstebesatte Lemmer. Umiddelbart foran Bagkroppen udgaar fra sidste Kropssegments Bugside 2 koniske Fortsatser, som forestiller de ydre Kjønsvedhæng.

Farven er hos begge Kjøn ensformig graahvid, uden nogen tydelig Pigmentering. Længden af den ægbærende Hun er 14mm. Hannen opnaar en Længde af indtil 20mm.

Forekomst og Udbredning. Denne characteristiske Art er under Expeditionen observeret paa ikke mindre end 6 forskjellige Stationer, alle tilhørende den kolde Area; Dybden fra 350 til 743 Favne. Paa enkelte af disse Stationer forekom den i store Mængder. Det sydligste Punkt, hvor den er bleven observeret er i Færø-Shetlands-Renden, paa hvilken Lokalitet den først blev opdaget under den engelske Lightning-Expedition. det nordligste Punkt (Stat. 343) ligger i Havet Vest af Spitsbergens Sydpynt.

The 3 posterior pairs of legs are somewhat less powerfully developed than is the case with those in the preceding species; for the rest, of the usual structure.

The rudimentary abdominal division of the body (fig. 4 g—h) forms but an exceedingly small tuberculiform projection, at the extremity of the last body-segment, between the bases of the last pair of legs. On closer examination, this projection is found to consist, as it were, of 3 valves, one dorsal and 2 ventral. These valves enclose the terminal section of the intestine, which opens at the extremity with a triangled orifice. On the lower surface of the ventral valves, are seen 2 small, tuberculiform prolations, that represent the rudiments of one or two limbs.

The Male (fig. 4 x) is considerably larger than the female, and exhibits a more elongate form of body. The 2 foremost segments are in particular appreciably more produced. On the other hand, the armature of the body deviates but little, though the spikes would, on the whole, appear to be less prominently developed.

The 1st pair of antennæ are much more elongate than in the female, and upwards of double the length of the 2nd pair; the 2 outer joints of the peduncle occur almost equal in length, and the flagellum is scarcely half as long as the peduncle.

The 2nd pair of legs, which, as in the male of the preceding species, issue from the posterior part of the 2nd segment, differ considerably from those in the female. The hand is exceedingly large, oblong in form, and delicately ciliate along both margins. The palmar margin exhibits in the middle 2 deep incisions, bounded by 2 triangular projections, of which the foremost in particular is very large. Anterior to the foremost and deepest incision, and immediately beneath the origin of the terminal claw, the hand juts forth as 2 sharp corners.

The posterior division of the body (fig. 4 k—l) is, by comparison, somewhat less rudimentary than in the female, and the 2 tuberculiform appendages on the lower side are developed as a pair of distinct two-jointed and densely bristle-beset limbs. Immediately anterior to the posterior division of the body, proceed from the ventral surface of the last body-segment 2 conical prolations, that represent the outer generative appendages.

Colour in both sexes a uniform greyish-white, without distinct pigmentation.

Length of the ovigerous female 14mm. The male attains a length of 20mm.

Occurrence and Distribution. — This characteristic species was taken on the Expedition at as many as 6 different Stations, all belonging to the cold area. Depth ranging from 350 to 743 fathoms. At several of these Stations the animal occurred in great abundance. The most southerly point at which it has hitherto been observed is the Færö-Shetland channel, the locality where the form was first met with (on the English "Lightning" Expedition); the most northerly point (Stat. 343) lay some distance west of the southern extremity of Spitzbergen.

Artens for Tiden bekjendte Udbredningsfelt er herefter det østlige Aftæld mod Nordhavets store Dyb fra den 62de til op mod den 77de Bredegrad.

Hence, the tract throughout which the species is at present known to occur, comprises the eastern slope of the sea-bed, shelving down toward the great deeps of the Northern Ocean, — from the 62nd to well-nigh the 77th parallel of latitude.

Gen. 2. **Ægina,** Krøyer, 1843.

Nat. Tidsskrift 1 R. Bd. 4.

74. Ægina spinifera, Bell.

(Pl. XVIII. Fig. 5, *a—e, x*).

Caprella spinifera, Bell, i Appendix to Belcher's last Arct. Voy., pg. 407, Tab. 35, Fig. 2. 1855.

Ægina spinosissima, Stimpson, Marine Invertebrata of Grand Manan, pg. 45, 1857.

Ægina spinosissima, G. O. Sars, Prodromus descript. Crust. & Pycnog., No. 135.

Artscharakteristik. Legemet forlænget og smalt, oventil bevæbnet med en Del regelmæssigt ordnede tilspidsede Pigge, hvoraf de største danner en dobbelt Rad langs efter Ryggen, 3—4 Par paa hvert Segment, naar undtages de 2 sidste. Hovedet oventil med 2 parvis ordnede Pigge. Ved Basis af 2det Fodpar og de 2 Par Gjelleblade til hver Side en stærk lateral Pig. Øinene smaa, runde. 1ste Par Følere næsten af Legemets Længde, med Skaftets sidste Led længere end 1ste, Svøben noget kortere end Skaftet; 2det Par særdeles smaa og tynde, meget kortere end 1ste Pars Skaft og kun besat med korte Haar. 2det Fodpar kraftigt udviklet, af lignende Form hos begge Kjøn, Haanden aflang, sammentrykt, med 3 lancetformige Flige i den lavere Kant, begrændsende 2 vinkelformige Indsnit; Spidsen af Haanden over Endekloens Fæste udtrukket i et skarpt Hjørne. Hannen noget mere langstrakt end Hunnen og med mindre skarpt udpræget Pigbevæbning. Legemet gjennemsigtigt, med mørkere Skatteringer. Længden indtil 38^{mm}.

Gen. 2. **Ægina,** Krøyer, 1843.

Nat. Tidsskrift, 1 R., Bd.

74. Ægina spinifera, Bell.

(Pl. XVIII, fig. 5, *a -e, x*).

Caprella spinifera, Bell, in the Appendix to Belcher's last Arctic Voyage, p. 407, Pl. 35, fig. 2, 1855.

Ægina spinosissima, Stimpson, Marine Invertebrata of Grand Manan, p. 45, 1857.

Ægina spinosissima, G. O. Sars, Prodromus descript. Crust. & Pycnog., No. 135.

Specific Character. Body elongate and slender, armed above with a number of acute spikes in regular arrangement, of which the largest constitute a double series disposed along the back, — 3 or 4 pairs on every segment, except the 2 last ones. Head, above, bearing 2 spikes, arranged as a pair. At base of 2nd pair of legs and the 2 pairs of branchial scales, on either side a strong lateral spike. Eyes small, round. First pair of antennæ attaining well-nigh length of body, with last joint of peduncle longer than 1st, flagellum somewhat shorter than peduncle; 2nd pair exceedingly small and slender, much shorter than peduncle of 1st, and clothed merely with short hairs. Second pair of legs powerfully developed, of a similar form in both sexes, hand oblong, compressed, with 3 lanceolate lappets on posterior margin, marking off 2 angular incisions; point of hand above attachment of terminal claw produced to a sharp corner. Male somewhat more elongate than female, and with armature of spikes less prominently developed. Body translucent, relieved with darker shadings. Length reaching 38^{mm}.

Findesteder. Stat. 48, 336.

Bemærkninger. Den af Bell i Belcher's Reise beskrevne *Caprella spinifera* er utvivlsomt identisk med nærværende Art; ligeledes er den noget senere af Stimpson anførte *Ægina spinosissima* samme Art. Derimod er Boeck's *Ægina echinata* aabenbart forskjellig baade ved Legemets Bevæbning og 2det Fodpars Bygning.

Beskrivelse af Hunnen. Legemet er (se Pl. XVIII, Fig. 5) smalt og langstrakt, næsten cylindrisk og oventil

Locality. — Stats. 48, 336.

Remarks. — The form described as *Caprella spinifera* by Bell, in Belcher's Voyage, is unquestionably identical with the present species; moreover, this also applies to *Ægina spinosissima*, recorded somewhat later by Stimpson. On the other hand, Boeck's *Ægina echinata* differs obviously alike in the armature of the body and the structure of the 2nd pair of legs.

Description of the Female. — The body (see Pl. XVIII, fig. 5) is slender and elongate, almost cylindric,

bevæbnet med et vist Antal større tilspidsede Pigge, der er regelmæssigt ordnede saaledes, at de største danner en dobbelt Rad langs efter Ryggen.

Hovedet er forholdsvis lidet og oventil bevæbnet med et Par korte, men tydelige Pigge. 1ste Kropssegment er kortere end de 4 derpaa følgende og af sædvanlig Form; det viser oventil 3 Par temmelig smaa tilspidsede Knuder. 2det Segment har den sædvanlige tendannede Form og viser oventil 3 Par stærkt fremtrædende Pigge, hvoraf navnlig det midterste udmærker sig ved betydelig Længde; desuden sees over Basis af 2det Fodpar en stærk skjevt fortilrettet lateral Pig. De 2 følgende Segmenter, der omtrent er af samme Størrelse som 2det, har ligeledes over Basis af Gjællebladene og til hver Side af Brystposen en stærk lateral Pig samt desuden en dobbelt Rad af høie tilspidsede Pigge langs Rygsiden, 4 Par paa hvert Segment. 5te Segment er noget smalere end de 2 foregaaende og langs Rygsiden bevæbnet med en Del mere eller mindre fremtrædende Pigge. De 2 sidste Kropssegmenter er som sædvanlig ganske korte, og hvert forsynet med 4 i en Tværrad staaende Pigge, 2 dorsale og 2 laterale.

Bagkroppen (sml. Fig. 5 c) er mindre rudimentær end hos foregaaende Slægt og bestaar af 2 tydelige Segmenter, hvert forsynet med et Par Lemmer.

Gimene er ganske smaa, runde, med som det synes ufuldkomment udviklede Synselementer.

1ste Par Følere er tynde og forlængede, næsten af hele Legemets Længde. Af Skaftets Led er 2det længst og 3die længere samt betydelig tyndere end 1ste. Svøben er noget, skjøndt ikke meget, kortere end Skaftet og bestaar af circa 20 korte med fine Børster besatte Led.

2det Par Følere er meget smaa og tynde, neppe mere end ⅓ saa lange som 1ste Par, samt mangler ganske de stærke Børsteknipper, der udmærker disse Følere hos Arterne af foregaaende Slægt.

Kindbakkerne (Fig. 5 a) ligner meget i sin Bygning samme hos foregaaende Slægt, men skiller sig væsentlig derved, at de er forsynede med en ret udviklet 3-leddet Palpe.

I de øvrige Munddeles Bygning er derimod ingen væsentlig Afvigelse fra samme hos Caprella at notere.

1ste Fodpar (Fig. 5 b) er ligeledes temmelig overensstemmende bygget, skjøndt noget mindre undersætsigt end hos de 2 i det foregaaende omtalte Caprelliner.

2det Fodpar (se Fig. 5) er kraftigt udviklet, med Basalleddet ganske smalt og simpelt cylindriskt, Haanden derimod stor, saa lang som alle de øvrige Led tilsammen, af aflang Form, med den bagre Rand tilskjærpet og delt i 3 lancetformige Flige, hvoraf den midterste er størst. Af de 2 ved disse Flige begrændsede Indsnit er det forreste

and armed above with a definite number of comparatively large acute spikes, in regular arrangement, and so disposed, that the largest constitute a double series extending along the back.

The head is comparatively small, and furnished above with a pair of short but distinct spikes. The 1st body-segment is shorter than the 4 succeeding ones, and of the usual form; above, it exhibits 3 pairs of rather small acute protuberances. The 2nd segment has the usual fusiform shape, and above exhibits 3 pairs of very prominently developed spikes, of which in particular the median is characterized by considerable length; besides, over the base of the 2nd pair of legs is seen a strong, anterior-directed lateral spike. The 2 succeeding segments, about equal in size to the 2nd, have likewise above the base of the branchial scales and on either side of the marsupium a strong lateral spike, as also a double series of high acute spikes along the dorsal surface, 4 pairs on either segment. The 5th segment is a trifle more slender than the 2 preceding ones, and armed along the dorsal surface with a number of more or less prominent spikes. The 2 last body-segments are, as usual, quite short, and each furnished with 4 spikes, arranged transversally, 2 dorsal and 2 lateral.

The abdominal division of the body (see fig. 5 c) is less rudimentary than in the preceding genus, and consists of 2 distinct segments, each provided with a pair of limbs.

The eyes are quite small, round, and, it would appear, with incompletely developed visual elements.

The 1st pair of antennæ are slender and elongate, well-nigh equalling the body in length. Of the joints of the peduncle, the 2nd is longest, and the 3rd longer than the 1st, as also considerably more slender. The flagellum is somewhat, though not much, shorter than the peduncle, and consists of close upon 20 short, with delicate bristles beset joints.

The 2nd pair of antennæ are very small and slender, scarcely more than a third the length of the 1st pair, and want altogether the strong fascicles of bristles characterizing these antennæ in the species of the preceding genus.

The mandibles (fig. 5 a) resemble closely in structure those of the preceding genus, but differ essentially in having a well-developed three-jointed palp.

In the structure of the other oral appendages, no important deviation from that in Caprella has to be recorded.

The 1st pair of legs (fig. 5 b) are likewise comparatively similar in structure, though somewhat less thickset than is the case with the corresponding pair in the 2 previously described Caprelliæ.

The 2nd pair of legs (fig. 5) are powerfully developed, with the basal joint quite slender and simple cylindric, the hand exceedingly large, equal in length to all the other joints taken together, oblong in form, with the posterior margin sharpened and divided into 3 lanceolate lappets, of which the median is the largest. Of the 2 incisions bounded by these

dybest og afrundet i Bunden. Fortil danner Haanden lige over den kraftige Endeklo et spidst Fremspring.

Gjællebladene, Brystposen og de 3 bagre Fodpar viser intet udmærkende i sin Bygning.

Af de 2 Par Bagkropslemmer er det forreste (se Fig. 5 c) tydeligt 2-leddet og betydelig større end det bagerste, der kan danner et Par simple, i Kanterne fint cilierede koniske Vedhæng.

Hannen (Fig. 5 x) er betydelig større end Hunnen og af noget mere langstrakt Kropsform. De 2 forreste Segmenter viser dog ikke noget saadant anomalt Forhold som hos Hannerne af foregaaende Slægt. Hvad Legemets Bevæbning angaar, saa er den noget ulig samme hos Hunnen, idet de dorsale Pigge er betydelig mindre fremtrædende, hvorimod hele Legemets Overflade, ligesom ogsaa en stor Del af Lemmerne, er ru af talrige smaa tilspidsede Knuder.

1ste Par Følere er stærkere forlængede end hos Hunnen og navnlig Skaftet kraftigere udviklet, medens Svøben synes at være forholdsvis kortere.

2det Fodpar skiller sig i sin Bygning fra samme hos Hunnen alene derved, at Basalleddet er noget stærkere forlænget, medens Haanden viser nøiagtig samme Form. Hele dette Fodpar er, ligesom 1ste Par Føleres Skaft, tæt besat med de ovennævnte Smaaknuder.

Bagkroppen med dens Vedhæng (Fig. 5 c) skiller sig heller ikke i nogen væsentlig Grad fra samme hos Hunnen. Foran den, udgaar fra sidste Forkropssegment de 2 ydre Kjønsvedhæng, der er af et lignende Udseende som hos Hannen af Caprella spinosissima.

Legemet er hos begge Kjøn temmelig gjennemsigtigt, hvidagtigt, med uregelmæssige mørkere Pigmentskatteringer. Længden af den æggebærende Hun er 30ᵐᵐ. Hannen er betydelig større og opnaar en Længde af indtil 38ᵐᵐ.

Forekomst og Udbredning. Denne smukke og characteristiske Art er under Expeditionen observeret paa 2 forskjellige langt fra hinanden liggende Stationer; den ene (Stat. 48) beliggende i Havet Øst af Island, den anden (Stat. 336) udenfor Sydpynten af Spitsbergen; Dybden fra 70 til 299 Favne. Af disse Stationer tilhører ialfald den ene (Stat. 48) den kolde Area, og den anden ligger under en saa høi nordlig Brede, at Artens arktiske Oprindelse neppe er tvivlsom.

Angaaende dens geographiske Udbredning udenfor Nordhavet, saa er den observeret saavel ved Grønland som ved Nordamerikas Østkyst, nordenom Cap Cod.

---

lappets, the foremost is the deeper, and rounded off at the bottom. Anteriorly, just above the powerful terminal claw, the hand extends forward as a pointed prolation.

The branchial scales, the marsupium, and the 3 posterior pairs of legs exhibit nothing characteristic in their structure.

Of the 2 abdominal appendages, the anterior (see fig. 5 c) is distinctly two-jointed, and much larger than the posterior, which constitutes merely a pair of simple appendages finely ciliated along the margins.

The Male (fig. 5 x) is considerably larger than the female, and somewhat more elongate in form. The 2 anterior segments do not, however, exhibit any such anomalous relation as in the males of the preceding genus. With regard to the armature of the body, it differs somewhat from that in the female, the dorsal spikes being much less prominent, whereas the whole surface of the body, as also a considerable portion of the limbs, are rough from numerous small acute protuberances.

The 1st pair of antennæ are more elongate than in the female, with the peduncle exhibiting a specially powerful development, whereas the flagellum would appear to be relatively shorter.

The 2nd pair of legs differ in structure from that in the female simply by the basal joint occurring a trifle more elongate; but the hand exhibits precisely the same form. The whole of this pair of legs, as also the peduncle of the 1st pair of antennæ, are densely beset with the forementioned small protuberances.

Nor does the abdominal division of the body with its appendages (fig. 5 c), present any essential difference from that in the female. Anterior to it, issue from the last body-segment the 2 outer generative appendages, of a similar appearance to those in the male Caprella spinosissima.

The body is in both sexes well-nigh translucent, whitish, with irregular pigmentary shadings.

Length of the ovigerous female 30ᵐᵐ. The male is considerably larger, attaining in length 38ᵐᵐ.

Occurrence and Distribution. — This beautiful and characteristic species was met with on the Expedition at 2 widely distant Stations; the one (Stat. 48) lay east of Iceland, the other (Stat. 336) was located off the southern extremity of Spitsbergen; depth ranging from 70 to 299 fathoms. Of these Stations, one at least (Stat. 48) belonged to the cold area, and the other was located in so high a latitude, that the Arctic origin of the species can hardly be doubtful.

As regards its geographical distribution without the limits of the Northern Ocean, the animal has been observed off Greenland and the eastern coast of North America, north of Cape Cod.

Trib. 4. *Hyperiina.*

Fam. **Hyperiidæ.**

Gen. **Hyperiopsis,** n.

Slægtscharacteristik. Legemet af Hyperiernes sædvanlige Form, fortil opsvulmet, med bred Ryg og smaa Epimerer. Hovedet stort, med stærkt hvælvet Overdel. Øinene ufuldstændigt udviklede. 1ste Par Følere større end 2det Par, med kort Skaft og en tydeligt udviklet Bisvøbe. Kindbakkerne forsynede med vel udviklede Palper. De 2 forreste Fodpar svagt byggede, simple, ikke subcheliforme; de 2 følgende Par med 3die Led meget stort, sammentrykt, bladformigt; de 3 bagre Par tynde, næsten traadformige, med kun svagt udvidet Hofteled; sidste Par længst. Svømmefødderne kraftigt udviklede. De 2 forreste Par Halefødder enkle, 2-leddede; sidste Par tvegrenede. Halevedhænget rudimentært.

Bemærkninger. Skjøndt i sin almindelige Habitus temmelig lig de øvrige Hyperiider synes den nedenfor beskrevne Amphipode dog i enkelte Henseender mærkeligt at skille sig fra de tidligere bekjendte Former af denne Familie, saa at det ikke er usandsynligt, at man ved en nøiere Undersøgelse vil finde det nødvendigt at sondre den som Typen for en distinct Gruppe indenfor Hyperiinernes Tribus. Hvad der navnlig er paafaldende ved nærværende Form er den tydelige og temmelig store Bisvøbe paa 1ste Par Følere, en Character, der som bekjendt er ganske fremmed for Hyperiiderne. Da kun et enkelt Exemplar foreligger, har ikke en nøiere Undersøgelse af Munddelene kunnet anstilles.

Trib. 4. *Hyperiina.*

Fam. **Hyperiidæ.**

Gen. **Hyperiopsis,** n.

Generic Character. — Body of the usual form in Hyperidians, tumid anteriorly, with back broad and small epimera. Head large, with upper part prominently arcuate. Eyes incompletely developed. First pair of antennæ larger than 2nd, with peduncle short and a well-developed accessory flagellum. Mandibles furnished with distinctly developed palps. The 2 foremost pairs of legs feeble in structure, simple, non-subcheliform; the 2 succeeding pairs with 3rd joint very large, compressed, lamelliform; the 3 posterior pairs slender, almost filiform, with basal joint but slightly expanded; last joint longest. Pleopoda powerfully developed. The 2 foremost pairs of caudal stylets simple, two-jointed; last pair biramous. Telson rudimentary.

Remarks. — Though bearing in its general habitus very considerable resemblance to other Hyperidians, the Amphipod described below would in certain respects appear to differ remarkably from the previously known forms of the family; and hence it is far from improbable that a closer examination will show the necessity of selecting it as the type of a distinct group within the tribe *Hyperiina.* The most striking peculiarity in the present form is the distinct and rather large secondary flagellum on the 1st pair of antennæ, a character quite alien to Hyperidians in general. Having had but one specimen before us, a detailed examination of the oral appendages could not be undertaken.

---

75. **Hyperiopsis Væringii,** n. sp.

(Pl. XX, Fig. 21).

Artscharacteristik. Legemet glat, uden dorsale Fortsatser. Hovedet oventil jevnt buet med et svagt Fremspring over Roden af 1ste Par Følere, de nedre Kanter næsten lige og horizontale. De 4 forreste Par Epimerer indbyrdes af ens Størrelse og Udseende, simpelt tilrundede og omtrent halvt saa høie som selve Kroppen; de 3 bagre successivt betydelig mindre. De 3 forreste Bagkropssegmenter med vel udviklede, bagtil vinklede Sideplader; de 3 sidste smale og forlængede. 1ste Par Følere ikke fuldt af Legemets halve Længde, med Svøbens 1ste Led meget stort og i den indre Kant tæt cilieret. Bisvøben omtrent af dettes Længde og bestaaende af 4 Led; 2det Par Følere betydelig svagere, med Skaftets næstsidste Led tyndt og

75. **Hyperiopsis Væringii,** n. sp.

(Pl. XX, fig. 21).

Specific Character. Body smooth, without dorsal probations. Head evenly arched above, with a slight projection over base of 1st pair of antennæ, lower margins well-nigh straight and horizontal. The 4 anterior pairs of epimera uniform in size and appearance, simple rounded and close upon half as high as body; the 3 posterior becoming successively much smaller. The 3 foremost abdominal segments with well-developed, posteriorly angulous lateral plates; the 3 last slender and elongate. First pair of antennæ not quite half the length of body, with 1st joint of flagellum very large and on inner margin closely ciliate, secondary flagellum about equal in length to said joint, and composed of 4 articulations; 2nd pair of antennæ

forlænget, sidste meget lidet. 2det Fodpar længere end 1ste; Haanden paa begge simpel og ganske smal, neppe længere end det foregaaende Led. 3die Led paa 3die og 4de Fodpar mere end dobbelt saa langt som de 2 følgende tilsammen, aarebladformigt, bredest paa Midten; Endekloen vel udviklet. leformig. Sidste Fodpar stærkt forlænget, utydeligt leddet. Sidste Par Halefødder med Grenene af Skaftets Længde. Legemet gjennemsigtigt uden tydelig Pigmentering. Længden 11ᵐᵐ.

Beskrivelse. Det undersøgte Exemplar synes efter Følernes Bygning at være en Han. Legemet viser (se Pl. XX, Fig. 21) idethele den for Hyperiiderne characteristiske Habitus, idet Forkroppen er stærkt opsvulmet, med bred Ryg og smaa Epimerer. Bagkroppen mere sammentrykt, med Sideplademe paa de 3 forreste Segmenter vel udviklede og bagtil tydeligt vinklede. Ingen af Segmenterne gaar ud i dorsale Fortsatser.

Hovedet er som hos andre Hyperiider særdeles stort, næsten kugleformigt og oventil stærkt hvælvet, med et meget lidet knudeformigt Fremspring over Roden af 1ste Par Følere. Dets nedre Kanter er næsten lige og horizontale samt overgaar i de forreste med en jevn Runding.

De 4 forreste Par Epimerer er alle af ens Størrelse og Udseende, simpelt tilrundede eller skjælformige og omtrent halvt saa høie som selve Kroppen; de 3 derpaa følgende Par aftager hurtigt i Størrelse.

Det ydre Parti af Bagkroppen er temmelig forlænget, noget nedtrykt og delt i 3 tydeligt afsatte Segmenter.

Øinene mangler vistnok ganske ethvert Spor af lysbrydende Elementer eller tydeligt udviklet Pigment, men viser dog i sit Anlæg en fuldkommen lignende Anordning som hos de øvrige Hyperiider, idet der paa hver Side fra et opakt Legeme (det udvidede Synsganglion) udstraaler talrige opad divergerende Fibrer, der synes at være Rudimenter af de enkelte Synselementer.

Begge Par Følere er vel udviklede og udspringer fra den nedre Side af Hovedet, det ene Par bag det andet. 1ste Par er næsten af Legemets halve Længde og temmelig stærkt bygget. Skaftet er meget kort og tykt, med det 1ste Led større end de 2 øvrige tilsammen. Svøben af smalnes successivt mod Enden og bestaar af et meget stort, noget opsvulmet 1ste Led, hvorpaa følger en af circa 12 korte Led bestaaende Endesnært. Langs ad Svøbens indre Side og navnlig dennes 1ste Led er fæstede talrige lange og gjennemsigtige Sandsehorster. Bisvøben er vel udviklet

much more feeble, with penultimate joint of peduncle slender and produced, last very small. Second pair of legs longer than 1st; hand on both simple and quite slender, scarcely if at all, greater in length than preceding joint. Third joint on 3rd and 4th pairs of legs more than twice as long as the 2 succeeding ones taken together, oar-shaped, broadest in the middle; terminal claw well developed, falciform. Last pair of legs greatly produced, indistinctly articulate. Last pair of caudal stylets with branches equalling length of peduncle. Body translucent, without distinct pigmentation. Length 11ᵐᵐ.

Description. — The specimen examined would appear, judging from the structure of the antennæ, to be a female. The body exhibits (see Pl. XX, fig. 21) on the whole the habitus characteristic of Hyperidians, the anterior division being greatly swollen, with back broad and small epimera, the posterior occurring more compressed, with the lateral plates on the 3 foremost segments well developed, and hindwards distinctly angular in form. None of the segments are produced as dorsal prolations.

The head is exceedingly large, as in other Hyperidians, almost globular, and prominently arched above, with a very small tuberculiform projection over the base of the 1st pair of antennæ. Its lower margins are well-nigh straight and horizontal, on the foremost gradually changing to an even curve.

The 4 anterior pairs of epimera are all uniform in size and appearance, simple rounded or squamiform, and nearabout half the height of the body; the 3 succeeding pairs diminish rapidly in size.

The outer part of the abdominal division of the body is considerably produced, somewhat compressed, and divided into 3 well-defined segments.

The eyes are, it is true, without the slightest trace of refractive elements or any distinctly developed pigment, but exhibit in their structural disposition a perfectly similar arrangement to that in other Hyperidians, since, on either side, from an opaque body (the expanded visual ganglion) numerous upward-diverging fibres are seen to radiate, apparently rudiments of the several visual elements.

. Both pairs of antennæ are well developed, and originate on the lower surface of the head, the one pair posterior to the other. The 1st pair attain well-nigh half the length of the body, and have a somewhat powerful structure. The peduncle is very short and thick, with the 1st joint larger than the other 2 taken together. The flagellum diminishes successively toward the end, and consists of a very large, somewhat tumid 1st articulation, to which succeed about 12 short joints, forming a terminal lash. Along the inner side of the flagellum, and more particularly on its 1st joint, occur numerous long and translucent sensory bristles. The secondary flagellum is well developed.

og omtrent af samme Længde som Svøbens Basalled samt viser 4 tydelige Led, hvoraf det 1ste er størst.

2det Par Følere er baade kortere og tyndere end 1ste Par. Af Skaftets Led er det næstsidste stærkt forlænget og smalt, hvorimod sidste Led er ganske lidet. Svøben er kortere end Skaftet og utydeligt leddet.

Munddelene kunde, som anført, paa det eneste foreliggende Expl. ikke nøiere undersøges. Dog sees allerede udvendigt, at Kindbakkerne er forsynede med vel udviklede Palper af den for Gammarinerne sædvanlige Bygning.

De 2 forreste Fodpar er temmelig svagt udviklede og af ens Bygning, men 2det Par noget mere forlænget end 1ste. Haanden er ganske simpel, smal, ikke subchelisform og neppe længere end det foregaaende Led. Begge Par er i Kanterne besatte med korte Børster.

De 2 følgende Par udmærker sig i høi Grad ved den eiendommelige Udvikling af 3die Led. Dette er mere end dobbelt saa langt som de 2 sidste tilsammen, særdeles gjennemsigtigt og stærkt sammentrykt eller aarebladformigt, bredest paa Midten og jevnt afsmalnende mod begge Ender, samt i begge Kanter besat med korte Børster. Af de 2 ydre Led er det sidste længst og koniskt tilløbende samt ved Spidsen forsynet med en kraftig og meget bevægelig Klo, der kan slaaes helt ind mod Leddet.

De 3 bagerste Fodpar har Hofteleddet ganske smalt, ikke som sædvanlig pladeformigt. Det ydre Parti var paa de 2 forreste af disse Par afbrukket; paa sidste Par er det stærkt forlænget og smalt, næsten traadformigt, med utydelig Segmentering og næsten børsteløst.

De 3 Par Svømmefødder er kraftigt udviklede og af sædvanlig Bygning.

Af Halefødderne er de 2 forreste Par meget stærkt forlængede, simple, 2-leddede. Derimod har sidste Par 2 omtrent ligeligt udviklede lancetformige Grene.

Halevedhænget er yderst lidet og rudimentært.

Legemet er gjennemsigtigt, næsten vandklart, uden nogen tydelig Pigmentering.

Længden af det undersøgte Exemplar er 11ᵐᵐ.

Forekomst. Et enkelt Exemplar af denne mærkelige Amphipode blev under Expeditionens 1ste Togt taget i Havet udenfor vor Kyst (Stat. 54) fra et Dyb af 600 Favne. Et andet incomplet Exemplar blev senere udprepareret af Maveindholdet af den mærkelige Dybvandsfisk, *Rodichthys regina* Collett, taget paa Stat. 297 fra et Dyb af 1280 Favne.

and about the same length as the basal joint of the true flagellum, as also exhibiting 4 distinct articulations, of which the 1st is the largest.

The 2nd pair of antennæ are both shorter and more slender than the 1st. Of the joints of the peduncle, the penultimate is greatly produced, and slender, whereas the last joint is quite small. The flagellum is shorter than the peduncle, and indistinctly articulated.

The oral appendages could not, as previously mentioned, be submitted to close examination in the only specimen before us. Meanwhile, the mandibles are seen, even externally, to be furnished with well-developed palps of the structure usual in Gammaridians.

The 2 foremost pairs of legs exhibit a rather feeble development and a uniform structure; but the 2nd pair are a trifle more elongate than the 1st. The hand is quite simple, slender, non-subcheliform, and scarcely at all longer than the preceding joint. Both pairs are fringed along the margins with short bristles.

The 2 succeeding pairs have a most prominent character in the peculiar development of the 3rd joint. This is more than twice as long as the 2 last joints taken together, well-nigh translucent, and greatly compressed or oar-shaped, broadest in the middle, and gradually tapering to both extremities, as also beset on both margins with short bristles. Of the 2 outer joints, the second is the longer, and conically produced, bearing also at the point a powerful and very mobile claw, which admits of being jerked back in direct contact with the joint.

The 3 hindmost pairs of legs have the basal joint quite slender, — not, as usual, lamelliform. The outer part of the 2 foremost of these pairs was broken off; on the last pair, it is greatly produced and slender, well-nigh filiform, with indistinct segmentation, and almost bristleless.

The 3 pairs of pleopoda are powerfully developed and normal in structure.

Of the caudal stylets, the 2 foremost pairs are very greatly produced, simple, and two-jointed. On the other hand, the last pair have 2 about equally developed lanceolate branches.

The telson is exceedingly small and rudimentary.

The body is translucent, almost hyaline, without distinct pigmentation.

Length of the specimen examined 11ᵐᵐ.

Occurrence. — One example of this remarkable Amphipod was taken, on the 1st cruise of the Expedition, off the Norwegian coast (Stat. 54), at a depth of 600 fathoms. Another (defective) specimen was subsequently extracted from the stomach of the remarkable deep-sea fish, *Rodichthys regina* Collett, brought up at Stat. 297, from a depth of 1280 fathoms.

Ordo Copepoda.

Trib. *Calanoidea.*

Fam. **Calanidæ.**

Gen. **Euchæta,** Philippi, 1843.

Wiegmann's Archiv f. Naturgeschichte. Jahrg. 9.

76. Euchæta norvegica, Boeck.

(Pl. XIX).

Euchæta Prestandreæ, Oversigt over de ved Norges Kyster iagttagne Copepoder. Chr. Vid. Selsk. Forh. 1874, p. 236.

Euchæta norvegica, Nye Slægter og Arter af Saltvandscopepoder. Chr. Vid. Selsk. Forh. 1872, p. 40.

Euchæta carinata, Moebius, Jahresbericht der Commission zur wissenschaftlichen Untersuchung des deutschen Meeres in Kiel f. d. Jahr 1872—73 pg. 271, Tab. VII.

Artscharacteristik. Forkroppen glat, aflang, hos Hunnen dobbelt saa lang som Bagkroppen. Pandehornet tilspidset, med kun en utydelig Afsats oventil. Sidste Forkropssegments Sidehjørner stumpe og tæt haarrede. 1ste Bagkropssegment hos Hunnen nedentil stærkt knudeformigt fremspringende. Halevedh:ængene korte, skraat afskaarne; Børsterne stærkt cilierede, den næstinderste meget længere end de øvrige; den supplementære Haarbørste kortere end Legemet. 1ste Par Følere af Forkroppens Længde. Børsterne paa Kjævepalpernes sidste Led stærkt forlængede og bøiede. Munddelene hos den fuldt udviklede Han rudimentære; sidste Fodpar (Gribefødderne) længere end Bagkroppen. Endekloen paa høire Fod kortere end det foregaaende Led med stump Spids, Enderedlængene paa venstre Fod korte og indbyrdes omtrent af ens Længde. Farven hos Exemplarer fra større Dyb intensiv blodrød. Længden indtil 11``""``.

Findesteder. Stat. 26, 31, 33, 35, 40, 53, 54, 96, 183, 190, 205, 257.

Bemærkninger. Dette er den største og mest iøinefaldende af alle de under Expeditionen observerede fritlevende Copepoder og staar i denne Henseende neppe tilbage for nogen af de tidligere bekjendte Former. Arterne af Slægten *Euchæta* staar hverandre særdeles nær, og Boeck blev herved forledet til først at identificere vor nordiske Form med den middelhavske Form *E. Prestandreæ* Phil. Senere opstillede han imidlertid Arten *E. norvegica,* hvis Identitet med den her omhandlede Form jeg har kunnet overbevise mig om ved at conferere med Forfatterens originale Manuskript og Tegninger, mig velvilligt laant af hans Broder, Dr. H. Boeck. At den her omhandlede af Moebius senere under Benævnelsen *E. carinata* beskrevne Form er specifisk forskjellig fra *E. Prestandreæ,* har jeg kunnet overbevise mig om ved en direkte Sammenligning med Exemplarer af sidstnævnte Art samlede af mig ved

---

Ordo Copepoda.

Trib. *Calanoidea.*

Fam. **Calanidæ.**

Gen. **Euchæta,** Philippi, 1843.

Wiegmann's Archiv f. Naturgeschichte, Jahrg. 9.

76. Euchæta norvegica, Boeck.

(Pl. XIX).

Euchæta Prestandreæ, Oversigt over de ved Norges Kyster iagttagne Copepoder. Chr. Vid. Selsk. Forh. 1861, p. 236.

Euchæta norvegica, Nye Slægter og Arter af Saltvandscopepoder. Chr. Vid. Selsk. Forh. 1872. p. 40.

Euchæta carinata, Moebius Jahresbericht der Commission zur wissenschaftlichen Untersuchung des deutschen Meeres in Kiel, f. d. Jahr 1872—73. p. 271, Tab. VII.

Specific Character. — Anterior division of body smooth, oblong, in female twice as long as posterior. Rostrum pointed, with merely an indistinct ledge above. Lateral corners of last thoracic segment obtuse, and densely hirsute. In female, first abdominal segment below, prominently tuberculiform-protrusive. Caudal appendages short, obliquely truncate; bristles closely ciliate. — that next to innermost very much longer than the others; supplementary hair-bristle shorter than body. Bristles on last joint of maxillary palps exceedingly elongate and curved. Oral appendages in fully developed male rudimentary; last pair of legs (prehensile) longer than posterior division of body, terminal claw on right legs shorter than preceding joint, with extremity obtuse, terminal appendages on left leg short and well-nigh equal in length. Colour of specimens from any considerable depth a vivid blood-red. Length reaching 11``""``.

Locality. — Stats. 26, 31, 33, 35, 40, 53, 54, 96, 183, 190, 205, 257.

Remarks. — This is the largest and most conspicuous of all the free-living Copepods observed on the Norwegian Expedition, and in this respect hardly yields precedence to any previously known form. The species of the genus *Euchæta* approximate very closely; and hence Boeck was at first erroneously led to confound the Northern with the Mediterranean form — *E. Prestandreæ* Phil. Subsequently, however, he established the species *E. norvegica,* the identity of which with that here described I have had opportunity to ascertain by comparing the original manuscript and drawings of the author, kindly lent me by his brother, Dr. H. Boeck. That the species here treated of, and described by Moebius as *E. carinata,* is specifically distinct from *E. Prestandreæ,* I have had ample opportunity of proving from direct comparison between the said animal and specimens of the latter form, collected by

Messina. Foruden ved den langt betydeligere Størrelse skiller nærværende Art sig blandt andet ved Pandehornets Form, ved det nedentil særdeles stærkt pukkelformigt fremspringende 1ste Bagkropssegment hos Hunnen samt ved Bygningen af Hannens bagre Fodpar (Gribefødderne). Det kjølformige Fremspring, som findes nedentil mellem sidste Par Kjævefødder og 1ste Fodpar og som har givet Anledning til den af Moebius foreslaaede Artsbenævnelse, er noget, der ikke er eiendommeligt for nærværende Art, men som den deler med de fleste Calanider.

Beskrivelse af Hunnen. Legemet viser (se Pl. XIX, Fig. 1 og 2) som hos alle Calanoider en meget skarp Adskillelse mellem For- og Bagkrop. Forkroppen er af aflang eller noget tendannet Form, omtrent 3 Gange saa lang som bred og afsmalnes stærkt mod den forreste Ende, mindre mod den bageste. Den bestaar kun af 4 tydeligt begrændsede Segmenter; idet de 2 sidste er sammenvoxede med hinanden. Det forreste Segment, der er længere end de øvrige tilsammen og i sig indbefatter det 1ste fodbærende Segment, ender fortil med et næsten lige fortilrettet, skarpt tilspidset Fremspring eller Pandehorn. Paa den øvre Side af dette sees (Fig. 3) en ubetydelig, neppe mærkelig Afsats, hvortil er fæstet 2 korte Børster. Hos den middelhavske Form er derimod denne Afsats udtrukket til en stærk tornformig Forlsats af et lignende Udseende som det egentlige Rostrum. Sidste Forkropssegment er som sædvanlig i Midten dybt udrandet og gaar til hver Side ud i en stumpt tilrundet med tætte Haar beant bagudrettet Lap. Bagkroppen er neppe halvt saa lang som Forkroppen og overalt fint bladden af korte Haar eller Smaapigge, der ganske synes at mangle paa Forkroppen. Den bestaar af 4 Segmenter foruden de 2 Halevedhæng (Furca). Af disse er det 1ste betydelig større end nogen af de øvrige og dannes nedentil foran Midten et stærkt pukkelformigt Fremspring, paa hvilket Kjønsaabningen er beliggende og hvortil den enkle Æggesæk og ofte 2 eller flere Spermatophorer er fæstede. De 2 følgende Segmenter er simpelt cylindriske og indbyrdes omtrent af ens Længde, hvorimod det 4de er særdeles kort og derfor let at overse. Ved dets Ende findes oventil Analaabningen.

Halevedhængene eller den saakaldte Furca (Fig. 13), er ganske korte, neppe dobbelt saa lange som brede og i Enden skraat afskaarne i Retningen udenfra indad. Til særegne Afsatser er fæstede 4 stærke, i Kanterne tæt og temmelig grovt cilierede eller fjærdannede Haleborster. Af disse er de 2 yderste og den inderste næsten indbyrdes af ens Længde, hvorimod den næstinderste er mere end dobbelt saa lang. Foruden disse egentlige Haleborster, der hos det levende Dyr viser et overordentlig pragtfuldt Udseende ved det vexlende regnbuefarvede Skjær, som Cilierne frembyder, sees tæt over den yderste en ganske kort uciliveret Borste, samt

myself at Messina. Let alone its far greater size, the present species is distinguished among other characteristics by the form of the rostrum, by the 1st abdominal segment in the female jutting forth below with an exceedingly prominent hunch, and by the structure of the posterior pair of legs in the male (prehensile). The keel-shaped projection occurring below between the last pair of maxillipeds and the 1st pair of legs, and that gave rise to the specific designation proposed by Moebius, is nowise peculiar to the present species, sharing as it does the said character with most other Calanidæ.

Description of the Female. — The body exhibits (see Pl. XIX, figs. 1, 2), as in all *Calanoidea*, a very distinct separation between the anterior and posterior divisions. The anterior division is oblong or rather somewhat fusiform, about 3 times as long as broad, and tapers rapidly toward the anterior end, less so toward the posterior. It consists of but 4 distinctly defined segments, the 2 last being connate. The foremost segment, which is longer than all the others taken together and comprises the 1st pedigerous segment, terminates anteriorly in a well-nigh straight, anterior-directed, acute projection, or rostrum. On the upper face of this projection, can be observed (fig. 3) a minute, scarcely appreciable ledge, to which are affixed 2 short bristles. In the Mediterranean form, on the other hand, this ledge is drawn out as a strong, spiniform prolation, similar in appearance to the true rostrum. The last thoracic segment occurs, as usual, deeply emarginate in the middle, projecting on either side as an obtusely rounded, posterior-directed lobe, densely covered with hair. The posterior division of the body is scarcely half as long as the anterior, and everywhere clothed with short hairs or delicate, diminutive spikes, wanting entirely, it would seem, on the latter. It consists of 4 segments, exclusive of the 2 caudal appendages (furca). Of these, the 1st is considerably larger than either of the others, and constitutes below, anterior to the middle, a strong, hunched prolation, on which the generative orifice is located, and to which the single ovisac, as also, frequently, 2 or more spermatophores, occur attached. The 2 succeeding segments are simple cylindric, and about equal in length, whereas the 4th is exceedingly short, and may therefore be easily overlooked. At the end, above, is seen the anal opening.

The caudal appendages, or the so-called furca (fig. 13), are quite short, scarcely twice as long as broad, and obliquely truncate at the extremity, from without to within. Affixed to special ledges, occur 4 strong caudal bristles, densely and rather coarsely ciliate along the margins — or plumous. Of these bristles, the 2 outermost and the innermost are well-nigh equal in length, whereas that next to the innermost is more than twice as long. Exclusive of the said, strictly caudal bristles, which, in the living animal, exhibit a most gorgeous colouring, produced by the shifting prismatic tints of the ciliæ, are seen, close above the outermost, a very short

30*

nedentil, fæstet til det indre Hjørne lige under den inderste Halebørste en overordentlig lang og tynd, ved Basis knæformig bøiet og i en særdeles fin Spids udgaaende Børste, der opnaar mere end Legemets halve Længde.

Det enkle Øie er ganske lidet og simpelt bygget, beliggende i det indre af Hovedets forreste Del og nærmere Bug- end Rygsiden. Det hviler umiddelbart paa Hjerneganglict og har 2 meget smaa lysbrydende Legemer, i Midten forbundne med en liden Ansamling af rødt Pigment.

1ste Par Følere er omtrent af Forkroppens Længde, meget tynde og bæres under Dyrets Bevægelser udstrakte til hver Side, med en svag og jevn Krumning af det indre Parti. De er sammensatte af 23 tydeligt begrændsede Led, der idethele tiltager noget i Længde mod Enden i samme Forhold som de bliver tyndere. Foruden en Del ganske korte Haar i den forreste Kant ved Enden af Leddene, bemærkes paa disse Følere et vist Antal af usædvanlig lange og stærke, i forskjellige Retninger bøiede Børster, der i Forbindelse med den eiendommelige supplementære Halebørste har givet Anledning til Slægtsbenævnelsen Euchæta. Man tæller i den forreste Kant 6 saadanne stærkt udviklede Børster, tilhørende 3die, 7de, 8de, 13de, 17de og 20de Led. Navnlig er de fra 7de og 8de Led udgaaende meget lange og rettede skraat udad. Sidste Led bærer paa Enden 3 længere Børster, hvoraf den ene er rettet lige fortil, de 2 øvrige bagtil. Endelig har næstsidste Led ved Enden i den bagre Kant ligeledes en lang bagudrettet Børste. I det basale Parti af Følerne bemærkes desuden langs den bagre Kant en tæt Besætning af fine Haar eller Cilier.

2det Par Følere (Fig. 5) viser den for Calaniderne sædvanlige Bygning og bestaar af et kort og muskuløst 2-leddet Skaft og 2 temmelig ligeligt udviklede Grene. Den inderste af disse, der danner den umiddelbare Fortsættelse af Skaftet, bestaar af 2 uligestore Led, et temmelig smalt og forlænget 1ste Led og et ganske kort, sammentrykt og i Spidsen afstumpet eller svagt trelappet Endeled, hvorfra udgaar et tæt Knippe af lange divergerende Fjærbørster. Den ydre Gren, der er ubetydelig længere end den indre og udspringer fra en Afsats i den bagre Kant af Skaftets sidste Led, er simpelt cylindrisk og noget bøiet paa Midten samt meget bevægelig. Den bestaar af 6 Led, hvoraf det 1ste er ganske kort og uden Børster. Af de 5 øvrige Led er de 3 midterste ligeledes særdeles korte og hvert ligesom det foregaaende i den ene Kant forsynet med en lang og stærk Fjærbørste. Sidste Led, der er af samme Længde som de 4 foregaaende tilsammen, har i Spidsen 3 lange og stærkt bøiede Fjærbørster og i den ene Kant en kortere saadan.

naked bristle, as also, below, attached to the inner corner, immediately beneath the innermost caudal bristle, an exceedingly long and slender seta, attaining more than half the length of the body, — at the base geniculate, and terminating in a very delicate point.

The single eye is quite small and simple in structure, placed within the foremost part of the head, and nearer the ventral than the dorsal side. It rests immediately on the cerebral ganglion, and has 2 very small refractive corpuscles, connected in the middle, as it were, by a patch of red pigment.

The 1st pair of antennæ are about equal in length to the anterior division of the body, very slender, and, during the movements of the animal, borne extended on either side, with a slight and equable curvature of the inner part. They consist of 23 distinctly defined articulations, which, upon the whole, increase somewhat in length toward the extremity, becoming in like proportion more slender. Exclusive of a quantity of very short hairs on the foremost margin at the end of the joints, may be observed on these antennæ a limited number of remarkably long and powerful bristles, curving in various directions, which, together with the peculiar supplementary caudal bristle, have suggested the generic designation Euchæta. On the foremost margin can be counted 6 of these powerfully developed bristles, belonging respectively to the 3rd. 7th, 8th, 13th, 17th, and 20th articulation. Those issuing from the 6th and 8th articulations are in particular very long, and jut obliquely outward. The terminal articulation bears at the extremity 3 long bristles, one of which extends straight forward, the 2 others pointing backward. Finally, the penultimate articulation has at the extremity, on the posterior margin, likewise a long, backward-directed bristle. Moreover, in the basal part of the antennæ occurs along the posterior margin a dense clothing of fine hairs, or cilia.

The 2nd pair of antennæ (fig. 5), exhibiting the structure usual in Calanidians, consist of a short and muscular two-jointed peduncle and 2 equally developed branches. The inner of these, constituting the immediate prolongation of the peduncle, is composed of 2 unequal articulations, a rather slender elongate 1st articulation and a very short, compressed, and at the point obtuse or faintly bilobular terminal joint, whence issues a dense fascicle of long, diverging plumous bristles. The outer branch — but very little longer than the inner, and springing from a ledge on the posterior margin of the last joint of the peduncle — is simple cylindric, and somewhat bent in the middle, as also exceedingly mobile. It consists of 6 articulations, of which the 1st is quite short, and without bristles. Of the 5 remaining articulations, the 3 median are likewise exceedingly short, and, in common with the preceding, bear each on one of the margins a long and powerful plumous bristle. The last articulation, equal in length to the 4 preceding taken together, has at the point 3 long and sharply curved plumous bristles, and on one of its margins a similar shorter one.

Overlæben (Fig. 4) er temmelig voluminøs og har fortil et knudeformigt, med tætte stive Haar besat Fremspring. Den mod Mundaabningen vendte Side gaar ud i 2 smaa jevnsides stillede Lapper.

Underlæben har jeg ikke kunnet faa tilfredsstillende isoleret. Den beskrives noiere af Moebius paa ovenanførte Sted.

Kindbakkerne (Fig. 6) er kraftigt udviklede, med Tyggeranden noget udvidet og tilskjærpet samt delt i 5 Tænder, hvoraf den yderste er størst og i den ene Kant fint takket. De øvrige gaar alle ud i 2 ligeligt udviklede Spidser; indenfor den inderste er fæstet en stiv Børste. Palpen er forholdsvis stor og bestaar af en tyk udydeligt 2-leddet Basalled og 2 korte Grene. Den inderste af disse er 2-leddet og har i Spidsen af sidste Led 8—10 stærke Fjærbørster. Den ydre Gren er noget opsvulmet paa Midten og delt i 5 utydeligt begrændsede Led, hvoraf ethvert bærer en lang og stærk boiet Fjærbørste.

Kjæverne (Fig. 7) bestaar af den egentlige Kjævedel og en til Ydersiden af samme fæstet membranøs Palpe eller Exognath. Kjævedelen er stærker chitiniseret, indadkrummet og paa den noget skraat afskaarne Tyggerand bevæbnet med flere stærke sagtakkede Torner, indenfor hvilke der endnu er fæstet en Del tyndere Børster. Palpen bestaar af 2 tydelige Segmenter, et bredt trelappet Basalled og et til Enden af den midterste Lap fæstet ganske kort Endeled. Til den ydre og indre Lap af Basalleddet er fæstet en Gruppe af Fjærbørster, hvoraf iser de til den ydre Lap hørende udmærker sig ved betydelig Længde. Den ydre Kant af Endeleddet bærer 7 nalmindelig lange og stærkt krummede Fjærbørster.

1ste Par Kjævefødder (Fig. 8) er stærkt byggede, fortilkrummede og delt i 6—7 Segmenter, hvoraf det 1ste er meget stort og tykt samt fortil paa den indre Side forsynet med 2 smaa børstebesatte Lappe. Ethvert af de 2 følgende meget korte og utydeligt begrændsede Segmenter gaar ligeledes fortil ud i smale Lappe, paa Spidsen besatte med stærke krummede Børster, der paa den ydre Lap antager Formen af klokamnede, kun i den ene Kant fint cilierede Torner. 4de Led er længere og stærkere end saavel de 2 forgaaende som de 2 efterfølgende og forlænger sig paa den forreste Side til en i Spidsen afskaaren temmelig bred Lap, medens de 2 ydre Led er ganske simple. De til disse 3 sidste Led fæstede Torner er særdeles lange og jevnt buede samt af samme Bygning som de fra det næstforegaaende Led udgaaende, dannende tilsammen et Bundt af kraftige Klør, egnede til at fastholde de Organismer, som kommer indenfor deres Omraade.

2det Par Kjævefødder (Fig. 9) er særdeles kraftigt udviklede og af en for nærværende Slægt eiendommelig Form. De er nemlig dobbelt genienlerede, idet 1ste og 2det Led danner bagtil med hinanden en stærk albueformig Boining,

The labrum (fig. 4) is rather voluminous, and has anteriorly a tuberculiform projection, densely covered with stiff hairs. The side turning toward the buccal orifice juts out as 2 small lobules, placed side by side.

The labium I have not succeeded in satisfactorily isolating. Of this part, Moebius gives a rather detailed description in the forecited Memoir.

The mandibles (fig. 6) are powerfully developed, with the cutting edge somewhat expanded and sharpened, as also divided into 5 teeth, of which the outermost is largest, and, along one of its margins, finely serrate. The rest all jut out with 2 equably developed points; at the base of the innermost occurs a stiff bristle. The palp is comparatively large, and consists of a thick, indistinctly two-jointed basal part and 2 short branches. The innermost of these is two-jointed, and has at the point of the last articulation 8—10 strong, plumous bristles. The outer branch is somewhat tumid in the middle, and divided into 5 indistinctly defined articulations, each bearing a long and sharply curved plumous bristle.

The maxillæ (fig. 7) consist of the true maxillary portion and a membranous palp, or exognath, affixed to its outer side. The maxillary portion is more highly chitinous, incurved, and bearing on the somewhat obliquely truncate masticatory border a number of powerful serrate spines, within which are likewise attached a few comparatively slender bristles. The palp consists of 2 distinct segments, a broad tri-lobular basal joint and an exceedingly short terminal articulation, attached to the extremity of the median lobule. On the outer and inner lobes of the basal joint occurs a group of plumous bristles, of which those belonging to the outer lobe are in particular characterized by considerable length. The outer margin of the terminal joint bears 7 remarkably long and sharply curved plumous bristles.

The 1st pair of maxillipeds (fig. 8) are powerful in structure, curved anteriorly, and divided into 6 or 7 segments, of which the 1st is very large and thick, as also anteriorly, on the inner side, furnished with 2 small, setiferous lobes. Each of the 2 succeeding, very short and indistinctly defined segments, also jut out as slender lobules, armed at the point with strong, curving bristles, which on the outer lobule assume the form of unguiculate spines, finely ciliate along one of their edges only. The 4th joint is longer and more powerful than both the 2 preceding and the 2 succeeding ones, and on the foremost side produced to rather a broad lobe, truncate at the point, whereas the 2 outer joints are quite simple. The spines attached to these 3 terminal joints are exceedingly long and evenly arched, as also uniform in structure with those on the joint immediately preceding, and constitute together a fascicle of powerful claws, well adapted to grasp the various organisms that come within their range.

The 2nd pair of maxillipeds (fig. 9) are most powerfully developed, and of a form peculiar to the present genus. They are, namely, twofold-geniculate, the 1st and 2nd joints forming posteriorly, one with the other, a strong elbow-

medens den korte 6-leddede Endedel med en mere eller mindre tydelig kuorformig Boining retter sig bagud. Basalleddet har fortil 3 stumpe Fremspring, hvert besat med 3 korte Borster. 2det Led er betydelig længere, af noget tendannet Form, stærkt muskuløst og kun forsynet med 3 simple Børster paa Midten af den bagre Kant. Den korte Endedel er ligeledes i den bagre Kant bevæbnet med 8— 10 særdeles stærke leformig krummede og bagudrettede Klør.

Imellem dette Kjævefodpar og 1ste Fodpar er (se Fig. 2) et større Mellemrum, der indtages af et i Midtlinien fremspringende kjølformigt Parti, der ogsaa er tilstede hos mange andre Calanider.

Af de 4 Par Svømmefødder er det 1ste (Fig. 10) betydelig mindre end de øvrige og svagere chitiniseret. Den ydre Gren er neppe længere end den 2leddede Stamme og bestaar kun af 2 Led, idet de 2 første ikke er tydeligt adskilte. Sidste Led er ganske smalt og bærer i den indre Kant 4 lange Svømmeborster foruden en kort simpel Børste ved Spidsen; en lignende Svømmeborste udgaar ogsaa indad fra Enden af det foregaaende Led. Den indre Gren er meget liden. 1-leddet og noget udvidet paa Midten samt i den indre Kant og ved Spidsen forsynet med 5 Svømmeborster. Ved dens Basis udgaar fra Enden af Stammen en tynd, noget bugtet Børste.

2det Par Svømmefødder (Fig. 11) er betydelig kraftigere udviklet. Til Indersiden af Stammens 1ste Led er fæstet en stærk Fjærborste, hvorimod sidste Led mangler Børster og kun viser i den indre Kant en tæt Ciliering. Af Grenene er den ydre særdeles stor. $\frac{1}{2}$ Gang til saa lang som Stammen og er delt i 3 tydeligt begrændsede Led, hvoraf det 1ste er mindst. Snavel dette som det betydelig bredere 2det Led har i den ydre Kant fæstet til en stoup Fortsats en kort Torn og indad en Svømmeborste. Sidste Led er saa langt som begge de foregaaende tilsammen, stærkt sammentrykt og bredest ved Basis samt i den ydre Kant forsynet med 2 til særegne papilleagtige Fortsatser fæstede Torner. Fra dets indre Kant udgaar 3 Svømmeborster og fra den afstumpede Spids indad en lignende Svømmeborste, udad en kort Torn og i Midten en særdeles kraftig, i den ydre Kant grovt sangtakket Pig. Den indre Gren er neppe halvt saa lang som den ydre og betydelig smalere. Den er ligesom paa 1ste Par 1-leddet, skjøndt der er en Antydning til en Søndring af et kort Basalled. Den bærer ialt 6 Svømmeborster, hvoraf 1 udgaar fra den ydre Kant. 2 fra Spidsen og de 3 øvrige fra den indre Kant.

De 2 følgende Par Svømmefødder (Fig. 12) adskiller sig væsentlig kun fra 2det Par derved, at den indre Gren er delt i 3 tydeligt begrændsede Led og bærer 1 Svømmeborste flere.

Af noget 5te Fodpar er ikke det mindste Rudiment at opdage.

shaped bend, whereas the short, six-jointed terminal part points backward, with a more or less distinct geniculate bend. The basal joint has anteriorly 3 obtuse prolations, each bearing 3 short bristles. The 2nd joint is considerably longer, somewhat fusiform, exceedingly muscular, and furnished with only 3 simple bristles, in the middle of the posterior margin. The short terminal portion is likewise armed along the posterior margin with from 8 to 10 exceedingly strong, falciform, and backward-directed claws.

Between this pair of maxillipeds and the 1st pair of legs (see fig. 2) extends a comparatively wide interspace, occupied by a keel-shaped area projecting along the median line — also present in many other Calanidians.

Of the 4 pairs of natatory legs, the 1st (fig. 10) is considerably smaller than the others, and less decidedly chitinous. The outer branch is scarcely at all longer than the two-jointed stem, and consists of only 2 articulations, the 2 first being not distinctly separated. The last joint is quite slender, and bears on the inner margin 4 long natatory setæ, besides a short, simple bristle at the point; a similar natatory seta also proceeds inward from the end of the preceding articulation. The inner branch is very small, uni-articulate, and somewhat dilated in the middle, as also, on the inner margin and at the point, furnished with 5 natatory bristles. At the base, is seen issuing from the extremity of the stem a slender, somewhat curved bristle.

The 2nd pair of natatory legs (fig. 11) are much more powerfully developed. To the inner surface of the 1st joint of the stem, is affixed a strong plumous bristle, whereas the last joint has no trace of bristles, and exhibits only along the inner margin a dense ciliation. Of the branches, the outer is exceedingly large, half as long again as the stem, and divided into 3 distinctly defined articulations, the 1st being the smallest. Both this and the much broader 2nd joint, have on the outer margin, affixed to an obtuse prolation, a short spine, and inwards a natatory bristle. The last joint equals in length the two preceding ones taken together, is greatly compressed, and broadest at the base, as also on the outer margin furnished with 2 spines, affixed to special papillary prolations. From its inner margin proceed 3 natatory bristles, and springing from the obtuse point, extends inward a similar natatory bristle, outward a short spine, and in the middle an exceedingly powerful, along its outer margin coarsely serrate spike. The inner branch is scarcely half as long as the outer, and much more slender. As on the 1st pair, it is uni-articulate, though a faint indication may be detected of a short basal joint. It bears in all 6 natatory bristles, of which 1 issues from the outer margin, 2 from the point, and the other 3 from the inner margin.

The 2 succeeding pairs of natatory legs (fig. 12) are distinguished from the 2nd pair chiefly by the inner branch being divided into 3 distinctly defined articulations and by its bearing an additional natatory bristle.

Of a 5th pair of legs, not the slightest rudiment can be discerned.

Flere af de indfangede Exemplarer var forsynede med ydre Æggesæk. Denne er noget fladtrykt og af bred elliptisk Form samt indeholder et noget vexlende Antal (fra 10 til 30) Æg af en smuk mørkeblaa Farve.

Den fuldt udviklede *Han* (Fig. 14) er noget mindre end Hunnen og af forholdsvis betydelig spinklere Form. Navnlig er Bagkroppen særdeles tynd, og det 1ste Segment her delt i 2 samt uden noget kundeformigt Fremspring nedentil.

1ste Par Følere stemmer i Længde og Leddenes Antal overens med samme hos Hunnen, og ingen af dem viser nogen Antydning til Geniculation. Derimod udmærker begge disse Følere sig ved en rigelig Besætning af eiendommelige klare, noget sammentrykte eller næsten bladformige Sandsbevedhæng, der navnlig i det basale Parti er tæt sammentrængte (se Fig. 15). Paa 2det Led tælles saaledes ikke mindre end 5 saadanne, medens de øvrige Led i Regelen kun har et hvert.

2det Par Følere viser ingen væsentlig Afvigelse fra samme hos Hunnen, hvorimod flere af Munddelene er rudimentære eller ufuldstændigt udviklede.

Saaledes mangler Kindbakkerne (Fig. 16) fuldstændig det egentlige Corpus, og paa Kjæverne (Fig. 17) er ligeledes den egentlige Tyggedel kun tilstæde som en liden ubevæbnet Lap. 1ste Par Kjævefødder (Fig. 18) er ogsaa af en meget rudimentær Beskaffenhed, og de paa dem fæstede Børster saa skrøbelige og infiltrede i hverandre, at deres Tal og Anordning vanskeligt lader sig undersøge. Noget mere udviklede er 2det Par Kjævefødder (Fig. 19), skjøndt ogsaa disse er betydelig svagere end hos Hunnen.

I Svømmeføddernes Bygning er ingen væsentlig Forskjel fra samme hos Hunnen at notere.

Derimod forefindes bag disse et Par mægtigt udviklede Lemmer, der forestiller det hos Hunnen ganske manglende 5te Fodpar. Disse Lemmer, der tilbagestrakte rækker selv noget udover Bagkroppens Spids, er omformede til eiendommelige Griberedskaber, hvormed Spermatophorerne gribes og overføres til Hunnens Kjønsaabning. Den venstre Fod (se Fig. 20) bestaar af en tyk og muskuløs Basalled, fra hvis Ende udgaar 2 ulige store og ulige formede Grene. Den ydre af disse er stærkt forlænget og bestaar af 2 Led, hvoraf det 1ste er svagt tenformigt og i den ydre Kant forsynet med et kort tandformigt Fremspring, medens det sidste er omdannet til en noget indadbøiet, i Enden afstumpet cylindrisk Klo, der er noget kortere end det foregaaende Led. Den indre Gren har Formen af et simpelt styletformigt Appendix, der rækker til Enden af den ydre Grens 1ste Led. Den høiere Fod er noget kortere end den venstre og ganske smal. Dens 1ste simpelt cylindriske Led svarer til Basalleden paa venstre Fod og har ved Spidsen indad et ganske lidet, noget hageformigt Appendix, der forestiller den rudimentære indre Gren. Det følgende Led er lidt fortykket paa Midten og har en meget bevægelig

Several of the specimens collected were ovigerous. The ovisac is slightly depressed and of a broad, elliptic form, containing a somewhat variable number of eggs (from 10 to 30), in colour a beautiful dark-blue.

The fully developed *Male* (fig. 14) is a trifle smaller than the female, and relatively of a much more slender form. The posterior division of the body is in particular exceedingly narrow, and the 1st segment occurs divided in two, as also without any tuberculiform prolation below.

The 1st pair of antennæ agree as to length and number of joints with the corresponding pair in the female, and neither of them exhibit the slightest indication suggesting a geniculate character. On the other hand, both these antennæ are distinguished by numerous, somewhat compressed or well-nigh foliaceous, pellucid sensory appendices, which, more especially in the basal part, occur densely crowded together (see fig. 15). Thus, on the 2nd joint may be counted as many as 5 such appendices, the other joints have, as a rule, only one appendix each.

The 2nd pair of antennæ exhibit no essential deviation from the corresponding pair in the female, whereas several of the oral appendages are rudimentary, or but imperfectly developed.

Thus, in the mandibles (fig. 16), the true corpus is entirely wanting, and on the maxillæ (fig. 17) the true masticatory portion occurs merely as a small, unarmed lobule. The 1st pair of maxillipeds (fig. 18) are likewise most rudimentary in character, and the bristles affixed to those parts alike so fragile and entangled as to render any trustworthy determining of their number and arrangement a matter of extreme difficulty. The 2nd pair of maxillipeds (fig. 19) occur somewhat more developed; but these are also considerably feebler than in the female.

In the structure of the natatory legs, there is no essential deviation to record from that of those organs in the female.

On the other hand, posterior to the said legs, occur a pair of prodigiously developed limbs, representing the 5th pair of legs, entirely absent in the female. These limbs, which, extended backward, reach to even a little beyond the point of the posterior division of the body, are transformed into peculiar prehensile organs, by means of which the spermatophores are clasped and transferred into the generative opening of the female. The left leg (see fig. 20) consists of a thick and muscular basal portion, from the end of which issue 2 branches, differing alike in size and form. The outer of these is greatly produced, and consists of 2 articulations, the 1st of which is slightly fusiform, and exhibits on the outer margin a short, dentiform prolation, whereas the 2nd is transformed into a somewhat incurving, at the extremity obtusely truncate cylindric claw, a trifle shorter than the preceding articulation. The inner branch has the form of a simple, styliform appendix, reaching to the extremity of the 1st articulation of the outer branch. The right leg is somewhat shorter than the left, and quite slender. Its 1st simple cylindric articulation corresponds with the basal part

Articulation med det foregaaende. 3die Led er betydelig kortere og bærer paa Spidsen flere særdeles complicerede Vedhæng, hvoraf nogle er forsynede med Børster, andre med korte Torner (se Fig. 21). Meget afvigende er dette Fodpar bygget hos Hannen af *Euchæta Prestandreæ*, hvor Endekloen paa venstre Fod er betydelig længere og fint tilspidset, ligesom Vedhængene i Enden af høire Fod er af et meget forskjelligt Udseende.

Alle de under Expeditionen fra stort Dyb optagne Exemplarer udmærkede sig ved en særdeles intensiv blodrød Farve, der ogsaa strakte sig til de fleste af Kroppens Vedhæng, med Undtagelse af Halebørsterne, der vare ganske klare og hvis tætte Cilier skiftede i alle Regnbuefarver. Derimod viste nogle mindre Exemplarer, tagne udenfor Storeggen nær Vandskorpen med det fine Net, en langt mindre iøinefaldende Farvetegning, idet de som sædvanlig var ganske gjennemsigtige med kun et ganske svagt blegrødt Skjær paa visse Dele af Legemet. Æggene i Æggesækken er, som ovenfor anført, sædvanlig af en vakker blaa Farve.

Længden af de største under Expeditionen erholdte Exemplarer gaar op til 12ᵐᵐ, en for en fri Copepode colossal Størrelse. Den sædvanlig ved vore Kyster forekommende Form opnaar neppe mere end den halve Størrelse.

Forekomst og Udbredning. Vi har under vor Expedition noteret denne smukke og anselige Copepode fra ikke mindre end 12 forskjellige Stationer. Paa de allerfleste af disse blev Exemplarerne optagne med Trawl eller Bundskrabe fra meget betydelige Dybder, medens Overfladenettet her, selv om det sænkedes dybt under Vandskorpen ikke bragte et eneste Exemplar op. Det er heraf sikkert, at Arten paa disse Punkter holdt sig i de dybere Vandlag. Nøiagtig at angive, fra hvilken Dybde de er optagne, lader sig dog vanskeligt gjøre; men der er Grund til at antage, at de stammer fra de under det tempererede Atlanterhavsvand liggende iskolde, Polarhavet oprindelig tilhørende Vandlag.

Arten, der, som ovenfor anført, først er beskrevet som særskilt Art af A. Boeck, og senere af Moebius fra Pommeranias Expedition i Nordsøen, forekommer ikke ualmindelig langs vor hele Kyst, men opnaar her paa langt nær ikke den Udvikling som i Nordhavets store Dyb, hvorfor man er berettiget til at anse den for en høinordisk Form i Modsætning til *E. Prestandreæ*, der er en sydlig eller Atlanterhavsform.

of the left leg, and has at the point extending inward a very small, somewhat unguiform appendix, representing the rudimentary inner branch. The next articulation is slightly inspissated in the middle, and very movably connected with the preceding. The 3rd articulation is considerably shorter, and bears at the point several exceedingly complicated appendices, some of which are furnished with bristles, others with cilia, others again with short spines (see fig. 21). This pair of legs deviate very much, as to structure, from the male of *Euchæta Prestandreæ*, the terminal claw on the left leg being in this species considerably longer, and acutely pointed; the appendices, too, at the extremity of the right leg present quite a different appearance.

All the specimens brought up on the Expedition from a great depth were distinguished by a vivid blood-red hue, also characterizing most of the appendages of the body, save the caudal bristles, which were quite pellucid, and whose dense cilia kept constantly shifting in all the tints of the rainbow. On the other hand, a few smaller examples, taken off the Storeggen Bank, near the surface of the water, in the finemeshed tow-net, had a far less conspicuous coloration, being as usual quite transparent, with only the faintest reddish tinge over certain parts of the body. The eggs in the ovisac are, as stated above, of a beautiful blue colour.

The length of the largest specimens obtained on the Expedition reaches 12ᵐᵐ. — a colossal size for a free Copepod. The form generally met with off the Norwegian coast attains but little more than half that length.

Occurrence and Distribution. — On the Norwegian Expedition we had to record this beautiful and large-sized Copepod from as many as 12 different Stations. At by far the greater number of these, the specimens were brought up in the trawl or dredge, from very considerable depths, whereas the surface-net, even when sunk in these localities to a depth comparatively great, never succeeded in taking a single example. Hence, it is obvious, that the species hereabouts must inhabit the deeper strata. Meanwhile, to give the precise depth from which the specimens were collected, would be a difficult matter; but there is reason to assume as the habitat of the species the ice-cold strata of the Polar current, extending beneath the temperate Atlantic water.

This form, which, as stated above, was first described specifically by A. Boeck, and subsequently by Moebius, from the "Pommerania" Expedition in the North Sea, occurs not infrequently along the entire range of the Norwegian coast, though far from attaining there a development comparable to that it exhibits in the great deeps of the Northern Ocean; and hence we are warranted in regarding the animal as a high Northern form, in contradistinction to *E. Prestandreæ*, which is a southern or Atlantic species.

Ordo Cirripedia.

Subordo 1. *Thoracica.*

Fam. I. Lepadidæ.

Gen. **Scalpellum**, Leach.

77. Scalpellum Strømii, M. Sars.

(Pl. XX, Fig. 1, 2.)

Scalpellum Strømii, M. Sars, Christiania Vid. Selsk. Forhandl. f. 1858, pg. 158.

Scalpellum Strømii, Smith & Harger. Report on the dredging in the region of St. Georges banks in 1872, pg. 35, Pl. III, fig. 9.

Artscharacteristik. Capitulum aflangt rhomboidalt, noget udvidet mod Enden, med Apex kort og beliggende nedenfor Kropsaxen. Valvlerne glatte, uden udpræget Sculptur og tydeligt begrændsede ved smale mellemliggende hudagtige Partier, Kjølen stærkt vinkelförmigt boiet, med tydelig Umbo. Tergalstykkerne uligesidet triangulære, med Aabningsranden kortest. Skjoldene uden tydelig Umbo, ulige firsidede. De øvre Sidestykker næsten af samme Brede som Skjoldene, med tydelig fremspringende Umbo. Basal-stykkerne af ulige Størrelse, de dorsale størst, ved Basis svagt fremspringende, de midtre 5-kantede, de ventrale mindst, ulige firsidede. Rostrum kiledannet, bredere ved Basis. Stilken kort, stærkt boiet og tæt belagt med store taglagte Kalkskjæl. Den ydre Beklædningsmembran glat. Farven snehvid med orangefarvede gjennemskinnende Indvolde. Længden indtil 13mm.

Findesteder. Stat. 33, 79, 190, 255, 260, 261.

Bemærkninger. Da der af denne Form hidtil ikke er leveret nogen mere udførlig Beskrivelse, giver jeg nedenfor en saadan, væsentlig til Sammenligning med de nye hengere nedenfor beskrevne Arter. Fra den tidligere i de nordiske Have observerede Art, *Sc. vulgare* Leach, er den let kjendelig ved Skallens snehvide Farve, den glatte ydre Membran, fremdeles ved den mindre stærkt fremspringende Apex, Rostrums Form og de betydelig større Kalkskjæl paa Stilken.

Beskrivelse. Legemet er (se Pl. XX. Fig. 1 og 2) temmelig kort og undersætsigt, med Capitulum betydelig større og bredere end Stilken og som sædvanlig stærkt sammentrykt fra Siderne. Hvad Legemets Stilling angaar, saa er det altid fæstet paa en saadan Maade til forskjellige submarine Gjenstande, at Capitulum er rettet skraat nedad, med den ventrale Rand mere eller mindre vendt indad mod det Formaal, der danner Fæstet for Dyret.

Selve Capitulum er seet fra Siden (Fig. 1) af aflang rhomboidal Form og noget udvidet mod Enden, med Breden

Ordo Cirripedia.

Subordo 1. *Thoracica.*

Fam. I. Lepadidæ.

Gen. **Scalpellum**, Leach.

77. Scalpellum Strømii, M. Sars.

(Pl. XX. figs. 1, 2.)

Scalpellum Strømii, M. Sars, Christiania Vid. Selsk. Forhandl. for 1858, p. 158.

Scalpellum Strømii, Smith & Harger. Report on the dredging in the region of St. George's banks in 1872, p. 35, Pl. III. fig. 9.

Specific Character. — Capitulum oblongo-rhomboidal, somewhat expanded towards end, with apex short and placed below axis of body. Valves smooth, without prominent sculpturing, and distinctly defined by narrow, intervening cutaneous parts. Keel pronounced angular, with distinct umbo. Tergal segments inequilateral-triangular, with occluding margin shortest. Shields — without distinct umbo — irregular-quadrilateral. The upper lateral segments, well-nigh equal in breadth to the shields, with distinctly projecting umbo. Basal segments differing in size, dorsal largest, at base slightly projecting, median pentagonal, ventral smallest, in form irregular-quadrilateral. Rostrum wedge-shaped, broader at base. Peduncle short, sharply bent, and covered over with large imbricate calcareous scales. Outer investing membrane smooth. Colour a snowy white; viscera orange, shining through the integument. Length reaching 13mm.

Locality. — Stats. 33, 79, 190, 255, 260, 261.

Remarks. — No detailed description of this form having as yet been furnished, I give one here, chiefly to serve for comparing the animal with the recently discovered species described below. From the species previously observed in Northern Seas, viz. *Sc. vulgare* Leach, it may at once be distinguished by the snow-white colour of the shell and the smooth outer membrane; also by its far less projecting apex, the form of the rostrum, and the much larger calcareous scales on the peduncle.

Description. — The body (see Pl. XX, figs. 1, 2) is rather short and thickset, with the capitulum considerably longer and broader than the peduncle, and, as usual, greatly compressed from the sides. As regards the position of the body, its mode of attachment to the different submarine objects is invariably such, that the capitulum takes an oblique downward direction, with the ventral margin turned more or less in towards the object serving for the attachment of the animal.

The capitulum itself, viewed from the side (fig. 1), is oblongo-rhomboidal in form, and somewhat expanded

31

betydelig større end den halve Længde. Apex er forholdsvis kun lidet fremspringende og udgaar nedenunder Kropsaxen eller i nogenlunde lige Flugt med Aabningsranden (margo occludens). Som sædvanlig dækkes Capitulum af 14 Kalkstykker eller Valvler, 2 uparrede og 6 parrede. De er alle tydeligt begrændsede og skilte ved smale mellemliggende Hudstriber. Overfladen af Valvlerne er næsten ganske glat, eller kun forsynet med svagt udprægede concentriske og endnu utydeligere radiære Striber.

Kjølen (carina), der dannes af den dorsale uparrede Valvel, er vel udviklet og temmelig høi samt viser sig tydeligt at bestaa af 5 med hverandre fast forbundne Stykker, et smalt uparret i Midten (tectum) og 2 parrede Sidestykker (parietas og intra-parietas). Den er i sit ydre Parti stærkt vinkelformigt boiet, med en tydeligt udpræget Umbo, der paa Grund af Apex's Korthed ligger nærmere denne end Basis af Capitulum.

Tergalstykkerne (terga), der tilsammen danner den saakaldte Apex, er af smal uligesidet triangulær Form, med Aabningsranden (margo occludens) betydelig kortere end nogen af de 2 øvrige. Den dorsale spidst udløbende Ende af disse Stykker ligger indkilet mellem Kjølen og de øvre Sidestykker.

Skjoldene (scuta), der til hver Side begrændser det nedre Parti af Skallens Aabning, er af uregelmæssig firkantet Form og uden nogen tydeligt udpræget Umbo. Af de 4 Sider er den frie mod Skallens Aabning vendte længst, de 3 øvrige næsten af ens Længde.

De øvre Sidestykker (latera superiora), der omtrent indtager Midten af Capitulums Sider og foruden af de ovennævnte Valvler tillige begrændses af 2 af Basalstykkerne, er vistnok mindre end Skjoldene, men neppe smalere, skjævt 5-kantede og forsynede med en meget tydelig subcentral Umbo.

De basale Sidestykker, der umiddelbart støder op til Stilken, danner tilsammen en Tværrad, der indtager hele Capitulums Brede og skiller sig fra hverandre baade i Størrelse og Form. De dorsale Stykker (latera carinalia), der omfatter mellem sig den basale Del af Kjølen, er størst og af en noget uregelmæssig aflang Form, med det basale Hjørne noget fremspringende og opadkrummet. De midterste Basalstykker (latera infero-mediana) er 5-kantede, omtrent lige brede ved Basis som ved Apex, der dannes af de 2 korteste Sider. De ventrale Basalstykker (latera rostralia) er uregelmæssigt 4-kantede, med den basale Side kortest, den apicale længst.

Rostrum (se Fig. 2), der danner den ventrale uparrede Valvel og ligger indkilet mellem de 2 ventrale Basalstykker, er vistnok den mindste af alle Valvlerne, men dog betydelig større end hos *Sc. vulgare*, hvor det er ganske og aldeles rudimentært. Af Form er det pyramidalt eller kiledannet, bredest ved Basis og jevnt afsmalnende mod Spidsen, der rækker til Enden af de ventrale Basalstykker og begrændser Skalaabningen i Midten.

towards the extremity, with the breadth considerably exceeding half the length. The apex, projecting comparatively but little, juts out beneath the axis of the body, or well-nigh in a line with the occluding margin (margo occludens). As usual, the capitulum is covered by 14 calcareous segments, or valves, 2 odd and 6 even. They are all distinctly marked off, and separated by narrow intervening cutaneous strips. The surface of the valves is almost entirely smooth, or exhibits merely faint concentric lines and still more indistinct radial striæ.

The keel (carina), formed by the odd dorsal valve, is well developed, and rather high, as also distinctly seen to consist of 5 segments, firmly connected together, viz. — a narrow, odd segment in the middle (tectum) and 2 even lateral segments (parietas and intra-parietas). Its outer part exhibits a sharp angular bend, with a prominent umbo, which, owing to the shortness of the apex, lies nearer to the latter than to the base of the capitulum.

The tergal segments (terga), forming together the so-called apex, has a narrow, inequilateral-triangular form, with the occluding margin (margo occludens) considerably shorter than either of the 2 others. The dorsal, acutely protruding extremity of these segments, lies wedged in between the keel and the upper lateral segments.

The shields (scuta), which, on either side, limit the lower part of the opening in the shell, have an irregular-quadratic form, without any distinctly prominent umbo. Of the 4 sides, that occurring free and turned towards the opening in the shell is longest, the remaining 3 are well-nigh equal in length.

The upper lateral segments (latera superiora), occupying about the middle of the sides of the capitulum and defined, exclusive of the forementioned valves, also by 2 of the basal, are indeed smaller than the shields, but scarcely narrower, oblique-pentagonal in form, and furnished with a well-marked subcentral umbo.

The basal lateral segments, adjoining the peduncle, constitute a transverse series, occupying the entire breadth of the capitulum, and differ alike in size and in form. The dorsal segments (latera carinalia), which embrace the basal part of the keel, are largest, and of a somewhat irregular-oblong form, with the basal corner slightly projected and curving upward. The median basal segments (latera inferomediana) are pentagonal, about equally broad at the base and at the apex, with the latter formed by the 2 shortest of the sides. The ventral basal segments (latera rostralia) are irregular-quadratic, having the basal side the shorter, the apical the longer.

The rostrum (see fig. 2), that forms the ventral odd valve, and lies wedged in between the 2 ventral basal segments, is indeed the smallest valve of all, but nevertheless considerably larger than the corresponding part in *Sc. vulgare*, which occurs quite rudimentary. In form, the rostrum is pyramidal or wedge-shaped, broadest at the base, and tapers gradually toward the point, that reaches the extremity of the ventral basal segments and defines the opening of the shell in the middle.

Stilken er kort og undersætsig, stærkt indknebet ved Basis og viser altid en stærk ventral Boining. Den er tæt belagt med forholdsvis store og regelmæssige Kalkskjæl, der dækker hverandre tagstensformigt, alene med Undtagelse af de nærmest Befæstningspunktet beliggende, der er meget smaa og rudimentære.

Den ydre gjennemsigtige Membran, der overtrækker saavel Capitulum som Stilken, er ganske glat, uden Spor af de fine Smaapigge, som forefindes her hos *Sc. vulgare*. Selve Dyret synes ikke i nogen væsentlig Grad at skille sig fra samme hos *Sc. vulgare*. De 6 Par leddede og børstebesatte Lemmer, der benævnes Cirrer eller Ranker, sees paa Figurerne delvis fremstrakte af Skallens Aabning.

Paa Indsiden af Skjoldene nær deres Rand observeredes hos denne ligesom hos de følgende Arter ofte en eller 2 supplementære Hanner af samme mikroskopiske Lidenhed og rudimentære Udseende som hos *Sc. striolatum* (se nedenfor).

Farven er i Modsætning til *Sc. vulgare*, der altid er mere eller mindre graabrun eller brunviolet, her rent snehvid, med orangefarvede gjennemskinnende Indvolde (Æggestokke).

Længden af de største Individer gaar op til 13ᵐᵐ.

Forekomst. Flere Exemplarer af denne smukke Art blev under Expeditionen tagne i Vestfjorden (Stat. 255), Porsangerfjord (Stat. 260) og Tanafjord (Stat. 261) fæstede til Rør af *Tubularia indivisa* og *Sertularella Gayi*. Desuden blev den observeret paa Stat. 79 i Havet V af Nordlandskysten, samt paa 2 Stationer tilhørende den kolde Area (Stat. 33 og 190), Dybden indtil 870 Favne. Arten er ikke ualmindelig ved vor Vest- og Nordkyst paa større Dyb og er nylig ogsaa noteret fra Nordamerikas Østkyst.

The peduncle is short and thick, greatly instricted at the base, and has, without exception, a sharp ventral bend. It is everywhere overlaid with large and regular calcareous scales, imbricate in arrangement, saving only those nearest the point of attachment, which are small and rudimentary.

The outer translucent membrane, investing alike both capitulum and peduncle, is quite smooth, without a trace of the delicate spikelets that occur here in *Sc. vulgare*.

The animal itself would not appear to exhibit any essential difference from *Sc. vulgare*. The 6 pairs of articulated and bristle-bearing limbs designated cirrhi, or tendrils, are shown in the figures, partially extending from the orifice in the shell.

On the inner side of the shields, in close proximity to their margin, was frequently observed, both in this and the succeeding species, one or two supplementary males, of the same microscopic dimensions and rudimentary aspect as in *Sc. striolatum* (see below).

The colour, unlike that of *Sc. vulgare*, which invariably occurs as a more or less greyish-brown or brownish-yellow, is a pure snowy white, with the orange-tinted viscera (ovaries) shining through the integument.

Length of the largest specimens reaching 13ᵐᵐ.

Occurrence. — Several examples of this beautiful species were taken on the Expedition, in the Vestfjord (Stat. 255), the Porsangerfjord (Stat. 260), and the Tanafjord (Stat. 261), attached to the tubes of *Tubularia indivisa* and *Sertularella Gayi*. Moreover, the same animal was observed at Stat. 79, in the open sea, west of the coast of Nordland, also at 2 Stations within the cold area (Stats. 33 and 190); depth ranging to 870 fathoms. The species is not uncommon off our western and northern shores at a considerable depth, and has also been lately recorded from the east coast of North America.

---

78. Scalpellum angustum, G. O. Sars. n. sp.

(Pl. XX, Fig. 3 & 4).

Scalpellum Stranisi, Heller, Crustaceen, Pycnogoniden und Tunicaten der K. K. Österr.-Ungar. Nordpol-Exped. pg. 15, tab. IV, fig. 13 & 14 (non M. Sars).

Scalpellum angustum, G. O. Sars, Crustacea et Pycnogonida nova Exped. Norvegicæ No. 44.

Artscharacteristik. Capitulum aflangt ovalt, neppe udvidet mod Enden, med Apex stærkt uddraget, tilspidset og næsten beliggende i Skallens Axe. Valvlerne vel begrændsede, glatte, uden tydeligt udpræget Sculptur. Kjølen smal, jevnt buet, uden Umbo. Tergalstykkerne med Aabningsranden af samme Længde som Basalranden. Skjoldene

78. Scalpellum angustum, G. O. Sars, n. sp.

(Pl. XX, figs. 3, 4).

Scalpellum Stranisi, Heller, Crustaceen und Tunicaten der K. K. Österr.-Ungar. Nordpol-Exped. p. 15. Pl. IX. figs. 13, 14 (non M. Sars).

Scalpellum angustum, G. O. Sars, Crustacea et Pycnogonida nova Exped. Norvegicæ No. 44.

Specific Character. — Capitulum oblong-oval, scarcely at all expanded towards extremity, with apex greatly produced, pointed, and placed well-nigh in axis of shell. Valves well developed, smooth, without strictly prominent sculpturing. Keel narrow, uniformly arched, no umbo. Tergal segments with occluding margin equal in length,

31*

bredere end de øvre Sidestykker, med den apicale Vinkel uddraget og tilspidset. De dorsale Basalstykker ikke fremspringende ved Roden; de mellemste og ventrale omtrent af samme Form som hos *Sc. Strømii*. Rostrum særdeles smalt, lineært, ikke udvidet ved Basis. Stilken forlænget, næsten af Capitulums Længde, lige, ikke bøiet, cylindrisk og beklædt med faa og store skraatliggende Kalkskjæl, der ikke dække hverandre indbyrdes. Den ydre Beklædningsmembran glat. Farven snehvid. Længden indtil 13ᵐᵐ.

Findesteder. Stat. 16, 343.

Bemærkninger. Denne under den Øster.-Ungarske Nordpolexpedition opdagede Art er let kjendelig fra *Sc. Strømii*, med hvilken Heller feilagtigt har identificeret den, ved den smale og langstrakte Form, den jevnt buede Kjøl, den stærkt fremspringende og næsten i Skallens Axe liggende Apex, Rostrums eiendommelige Form samt ved den lige, aldrig buede, og med spredte skjævtliggende Kalkskjæl beklædte Stilk.

Beskrivelse. Legemet er (se Pl. XX, Fig. 3 og 4) idethele betydelig slankere end hos foregaaende Art og indtager en ganske anden Stilling i Forhold til de Gjenstande, hvortil det er fæstet, idet Stilken her aldrig viser den characteristiske Bøining som hos *Sc. Strømii*, men gaar i lige Flugt med Capitulum.

Dette sidste er seet fra Siden (Fig. 3) af aflang oval Form, omtrent dobbelt saa langt som bredt, med Aabningsranden svagt buet og Apex stærkt uddraget, tilspidset samt næsten beliggende i Skallens Axe. De 14 Valvler er alle tydeligt begrændsede ved smale mellemliggende hudagtige Partier og er ligesom hos foregaaende Art glatte, uden nogen skarpt udprægct Sculptur.

Kjølen er ganske smal og jevnt buet, uden at vise nogen tydelig Umbo, saaledes som Tilfældet er hos *Sc. Strømii*.

Tergalstykkerne er forholdsvis store og har Aabningsranden omtrent af samme Længde som Basalranden.

Skjoldene viser en lignende Form som hos foregaaende Art, men er forholdsvis noget større og har den apicale Vinkel uddraget til et rostrumlignende udover Siderne af Tergalstykkerne ragende Fremspring.

De øvre Sidestykker er kjendeligt smalere end Skjoldene og noget længere end brede, forøvrigt forsynede med et lignende umboformigt Fremspring som hos *Sc. Strømii*.

Af Basalstykkerne er ogsaa her de dorsale størst, men af en noget anden Form end hos foregaaende Art og ikke som hos denne fremspringende ved Roden. De midterste og ventrale Basalstykker skiller sig lidet i sin Form fra samme hos *Sc. Strømii*.

to basal. Shields broader than upper lateral segments, with apical angle produced and pointed. Dorsal basal segments not projecting at origin; median and ventral almost similar in form to those of *Sc. Strømii*. Rostrum exceedingly narrow, linear, not expanded at base. Peduncle elongate, equalling nearly capitulum in length, straight, not bent, cylindric, and with a few but large obliquely arranged, non-imbricate calcareous scales. Outer investing membrane smooth. Colour a snowy white. Length reaching 13ᵐᵐ.

Locality. — Stats. 16, 343.

Remarks. — This species, discovered on the Austro-Hungarian North Pole Expedition, is easy to recognize from *Sc. Strømii*, with which Heller has erroneously identified it, by reason of the slender and elongate form, the uniformly arched carina, the greatly projected apex, extending well-nigh in the axis of the shell, the peculiar form of the rostrum, as also the straight — in no case arcuate — peduncle, overlaid with scattered obliquely disposed calcareous scales.

Description. — The body (see Pl. XX, figs. 3, 4) is, on the whole, much more slender than in the preceding Art, and occupies quite a different position, the peduncle never exhibiting the flexure characteristic of *Sc. Strømii*, but proceeding in a line with the capitulum.

The latter, viewed from the side (fig. 3), is of an oblong-oval form, about twice as long as broad, with the occluding margin slightly arcuate and the apex greatly produced, pointed, and extending well-nigh in the axis of the shell. The 14 valves are all distinctly defined by narrow, intervening cutaneous strips, and occur, as in the preceding species, perfectly smooth, without any prominent sculpturing.

The keel is quite narrow and evenly arched, and does not exhibit any distinctly defined umbo, such as occurs in *Sc. Strømii*.

The tergal segments are comparatively large, and have the occluding margin about equal in length to the basal.

The shields exhibit a similar form to those in the preceding species, but are relatively somewhat larger, and have the apical angle produced to a rostrum-like prolation, jutting over the sides of the tergal segments.

The upper lateral segments are appreciably narrower than the shields, and a trifle longer than broad, — for the rest, furnished with an umbo-shaped prolation similar to that in *Sc. Strømii*.

Of the basal segments, the dorsal are here, too, the largest, though of a somewhat deviating form from that in the preceding species, and not, as in the latter animal, projected at the base. The median and ventral basal segments differ but little as to form from those parts in *Sc. Strømii*.

Dermod er Rostrum (se Fig. 4) af et helt andet Udseende. Det er nemlig særdeles smalt, linieformigt og ikke bredere ved Basis end ved Spidsen.

Stilken er næsten af Capitulums Længde, temmelig regelmæssigt cylindrisk og ganske lige. Kalkskjellene er ogsaa kjendeligt forskjellige, idet de er mere spredte, saa at de ikke som hos Sc. Stromii dække hverandre gjensidigt, men er skilte ved større tyndhudede Mellemrum. De er ordnede i skjæve Tværrækker og er størst i Midten af Stilkens Længde.

Den ydre Beklædningsmembran saavel paa Capitulum som Stilken er som hos Sc. Stromii ganske glat, uden Spor af Pigge.

Farven er hos alle de undersøgte Exemplarer ensformig snehvid.

Længden af de største Individer gaar op til 13mm.

Forekomst. Adskillige Exemplarer af denne Art blev under Expeditionen indsamlede, fæstede til Tubulariorer og Spongier fra 2 forskjellige Stationer. Den ene af disse (Stat. 18) ligger i Havet mellem Norge og Færøerne, den anden (Stat. 343) SV af Spitsbergen; Dybden fra 412 til 743 Favne. Begge Stationer tilhører den kolde Area. Arten er nordlig udbredt til Havet om Franz Josephs Land, hvor den først blev fundet under den Øster.-Ungarske Nordpolexpedition.

On the other hand, the rostrum (see fig. 4) has quite a different appearance. It is exceedingly narrow, linear, and not broader at the base than at the point.

The peduncle is well-nigh equal in length to the capitulum, almost cylindric, and quite straight. The calcareous scales, too, are appreciably different, being more scattered, and not imbricate as in Sc. Stromii, but separated one from the other by a relatively thin-skinned interspace. They occur in oblique transversal series, and are largest on the middle part of the peduncle.

The outer investing membrane, alike on the capitulum and the peduncle, is, as in Sc. Stromii, quite smooth, without a trace of spikes.

Colour, in all the specimens examined, a uniform snowy white.

Length of the largest individuals reaching 13mm.

Occurrence. — Several specimens of this form were collected on the Expedition, at different Stations, attached to sponges and tubulariæ. One of these Stations (Stat. 18) was located in the tract of ocean between Norway and the Færoes, the other (Stat. 343) lay south-west of Spitzbergen; depth ranging from 412 to 743 fathoms. Both Stations lay within the cold area. The species extends northward to the Sea surrounding Franz Joseph's Land, where it was first observed on the Austro-Hungarian North Pole Expedition.

---

79. Scalpellum striolatum, G. O. Sars, n. sp.

(Pl. XX, Fig. 5—7).

Scalpellum striolatum, G. O. Sars, Prodromus descript. Crust. & Pycnog. Exped. Norv., No. 150.

Artscharakteristik. Capitulum temmelig regelmæssigt ovalt eller elliptiskt, mere end dobbelt saa langt som bredt, ikke udvidet mod Enden, med Apex forholdsvis kort og noget opadbøiet samt beliggende omtrent i Skallens Axe. Valverne tæt sammenstødende, med tydeligt fremtrædende Sculptur af radierende Ribber. Kjølen smal, jevnt buet, uden Umbo. Tergalstykkerne meget store, med Anbringsranden kortere end Basalranden. Skjoldenes apicale Vinkel spidst udtraget. De øvre Sidestykker bredere end Skjoldene, med 5 mere fremtrædende radierende Kjøler og et stærkt umboformigt Fremspring. De dorsale Basalstykker forholdsvis brede, uligesidet 4-kantede, ikke fremspringende ved Roden; de midterste Basalstykker smaa, triangulære, med det basale Parti kileformigt afsmalnende; de ventrale Basalstykker noget mindre end de dorsale, men større end de midterste. Rostrum mindre tydeligt begrændset fra Basalstykkerne, pyramidalt, bredest ved Basis. Stilken kort, noget indknebet ved Roden, lige, dækket af store taglagte

Specific Character. — Capitulum rather closely approximating an oval or elliptic form, more than twice as long as broad, not expanded towards the end, with apex relatively short and bent a trifle upwards, as also extending well-nigh in the axis of the shell. Valves in close contact, with a clearly prominent sculpture of radiating ribs. Keel slender, evenly arcuate, without umbo. Tergal segments very large, with occluding margin shorter than basal. Apical angle of shields acutely produced. Upper lateral segments broader than shields, with 5 rather prominent radiating keels and a strong umbo-shaped projection. Dorsal basal segments comparatively broad, irregular-quadratic, not projecting at base; median basal segments small, triangular, with basal part tapering wedge-shaped; ventral basal segments somewhat smaller than dorsal, but larger than median. Rostrum not very distinctly defined from basal segments, pyramidal in form, broadest at base. Peduncle short, slightly instricted at base, straight, overlaid

Kalkskjæl. Den ydre Beklædningsmembran overalt ru af fine Smaapigge. Farven ensformig hvid. Længden indtil 35ᵐᵐ.

with large imbricate calcareous scales. Outer investing membrane everywhere rough, from numberless minute spikelets. Colour a uniform white. Length reaching 35ᵐᵐ.

Findesteder. Stat. 18, 35, 312.

Locality. — Stats. 18, 35, 312.

Bemærkninger. Denne anselige Form er strax kjendelig fra de 2 foregaaende Arter, foruden ved sin betydelige Størrelse, ved den overalt af fine Smaapigge ru ydre Beklædningshinde og ved den særdeles tydelige og elegante Sculptur af Skallens Valvler, hvilket har givet Anledning til Artsbenævnelsen.

Remarks. — This large and striking form can be at once recognized from the 2 preceding species, not only by its considerable size but also by the outer investing membrane, rendered everywhere rough from minute spikelets, and the very distinct and graceful sculpture on the valves of the shell, a character that suggested the specific designation.

Beskrivelse. Legemet er (se Pl. XX, Fig. 5 & 6) forholdsvis kort og undersætsigt, med Capitulum betydelig baade længere og bredere end Stilken. Det har en lignende Stilling i Forhold til de Gjenstande, hvortil det er fæstet som hos *Sc. angustum*, idet Stilken ingen mærkbar Bøining viser.

Capitulum er seet fra Siden (Fig. 5) temmelig regelmæssigt ovalt eller elliptiskt, mere end dobbelt saa langt som bredt, med den ventrale Rand jevnt buet og Apex forholdsvis kort, men skarpt tilspidset og noget opadkrummet samt beliggende næsten noiagtig i Skallens Axe. Valvlerne er indbyrdes meget fast forbundne, idet de støde umiddelbart op til hverandre og kun er skilte ved smale, tildels utydelige Suturer. De viser alle en meget skarpt udpræget og elegant Sculptur, idet der foruden concentriske Vækststriber findes talrige, tildels kjølformigt fremspringende radierende Ribber.

Kjølen er som hos foregaaende Art ganske smal og jevnt buet, uden nogen tydelig Umbo og fortsætter sig nedad lige til Stilkens Begyndelse.

Tergalstykkerne er meget store, men har Aabningsranden kjendelig kortere end Basalranden.

Skjoldene er forholdsvis smale, og af en lignende uregelmæssig 4-sidet Form som hos de 2 foregaaende Arter; dog er Tergalranden her neppe længere end Basalranden og høgere betydelig kortere end Lateralranden. Det apicale Hjørne er ligesom hos *Sc. angustum* spidst udtrukket.

De øvre Sidestykker har det dorsale mod Kjølen vendte Parti noget kileformigt afsmalnende og den ventrale Rand uregelmæssigt bugtet. De viser en meget tydelig subcentral Umbo, hvorfra 5 mere fremspringende Kjøle radierer.

Af Basalstykkerne er de dorsale temmelig store og brede, uregelmæssig 4-sidede og viser intet Fremspring ved Roden; de mellemste Stykker er meget smaa og af en fra samme hos de 2 foregaaende Arter væsentlig forskjellig Form, idet de er smalt triangulære eller kileformige, med Spidsen vendt mod Basis; de ventrale Stykker er mere end dobbelt saa store og af 4-kantet Form.

Description. — The body (see Pl. XX, figs. 5, 6) is comparatively short and thickset, with the capitulum both longer and broader than the peduncle. It has a position in relation to the objects whereto it is attached similar to that in *Sc. angustum*, the peduncle not exhibiting any appreciable flexure.

The capitulum, viewed from the side (fig. 5), is approximately of a regular oval or elliptic form, more than twice as long as broad, with the ventral margin evenly arched and the apex comparatively short, but acutely pointed and curving slightly upward, as also well-nigh coinciding with the axis of the shell. The valves are very firmly connected, coming as they do in close contact, with but narrow and partly indistinct separating sutures. They all exhibit a very sharply pronounced and graceful sculpture, a number of keel-like, radiating ribs occurring along with concentric striæ of growth.

The keel, as in the preceding species, is quite slender and evenly arched, without any distinct umbo, extending downward to the commencement of the peduncle.

The tergal segments are very large, but have the occluding margin appreciably shorter than the basal.

The shields are comparatively narrow, and of a similar, irregular-quadratic form to those in the 2 preceding species; the tergal margin, however, is scarcely at all longer than the basal, and both are much shorter than the lateral. The apical corner occurs, as in *Sc. angustum*, acutely produced.

The upper lateral segments have the dorsal part turned towards the keel, somewhat cuneiform-tapering, with the ventral margin irregularly flexuous. They exhibit a very distinct subcentral umbo, from which radiate 5 more prominent carinæ.

Of the basal segments, the dorsal are rather large and broad, irregular-quadratic, and exhibit no projection at the base; the median segments are very small, and of a form essentially different from that distinguishing the said parts in the 2 preceding segments, being narrow-triangular or cuneiform, with the point turned towards the base; the ventral segments are more than twice as large, and quadrangular in form.

Rostrum er (se Fig. 6) mindre tydeligt begrændset fra Basalstykkerne, saa at jeg først tog feil af dets Form. Det synes imidlertid at være vel udviklet og kileformigt eller pyramidalt som hos *Sc. Strømii*, med Basalranden temmelig bred, og jevnt afsmalneude mod Spidsen.

Stilken er forholdsvis kort, neppe mere end halvt saa lang som Capitulum og noget indknebet paa Midten, uden dog at vise nogen mærkbar Bøining. Den er som hos *Sc. Strømii* dækket af store regelmæssigt taglagte Kalkskjel, der alene ved den noget udbredte Basis bliver meget smaa og rudimentære.

Den ydre Beklædningsmembran er overalt, saavel paa Capitulum som Stilken, ru af fine Smaapigge, der ligesom et fint Dun overdrager hele Legemet.

Paa et af de undersøgte Exemplarer fandtes fæstede til Indsiden af Skjoldene ner deres Aabningsrand 2 af de eiendommelige supplementære Hanner, hvoraf den ene er afbildet Fig. 7 stærkt forstørret. Legemet er blødt, uden Spor af Valvler eller Kalkplader, hvorimod den tynde contractile Hud er overalt ru af yderst fine Smaapigge. Af Form er det temmelig regelmæssigt ovalt og viser i den ene Ende en af 4 læbeformige Fortykkelser begrændset Aabning, hvorigjennem et Bundt af stive Børster (de rudimentære Rander) rager frem. Paa den ene Side af Legemet og i temmelig betydelig Afstand fra den aborale Ende sees de 2 Hefteantenner med sine Børster og Hefteskiver. Legemet er fyldt med et fint kornet Indhold og i den ydre Hud sees tydelige fra Hefteorganerne radierende fine Muskelfibre.

Farven er som hos de 2 foregaaende Arter ensformig hvid.

Længden af det største erholdte Exemplar er 35ᵐᵐ, og nærværende Form hører saaledes til de største bekjendte Arter af Slægten.

Forekomst. Vi har taget denne smukke Art paa 3 forskjellige Stationer, alle tilhørende den kolde Areas Dyb. Af disse ligger de 2 (Stat. 18 og 35) i Havet mellem Norge og Færøerne, den 3die (Stat. 312) NV af Bjørn Eiland; Dybden fra 412 til 1081 Favne. Exemplarerne fandtes fasthefted dels til Spongier, dels til Smaastene fra Havbunden.

The rostrum (see fig. 6) is less distinctly marked off from the basal segments, a character that at first led me to misapprehend its form. Meanwhile, it would appear to be well developed, and cuneiform or pyramidal, as in *Sc. Strømii*, with the basal margin rather broad and gradually tapering toward the extremity.

The peduncle is comparatively short, scarcely more than half as long as the capitulum, and a trifle constricted in the middle, without however exhibiting any appreciable flexure. As in *S. Strømii*, it is covered with large calcareous imbricate scales, and which, at the somewhat expanded base only, become exceedingly small and rudimentary.

The outer investing membrane is everywhere, both on the capitulum and the peduncle, rough to the feel from minute spikelets, which, with the aspect of a delicate pubescence, extend over the whole body.

On one of the specimens examined, were found, attached to the inner side of the scuta, near their overlading margin, 2 of the peculiar supplementary males, one of which has been represented in fig. 7, highly magnified. The body is soft, without a trace of valves or calcareous plates, whereas the tenuous, contractile skin occurs everywhere roughened, from exceedingly minute spikelets. In form, it is approximately oval, and exhibits at one extremity an orifice, defined by 4 labiate inspissations, through which a fascicle of stiff bristles (the rudimentary tendrils) are seen to project. On one side of the body, and placed at a considerable distance from the aboral end, occur the 2 antennæ of attachment, with their bristles and discs. The body contains a finely granular substance; and in the outer integument may be distinctly seen delicate muscular fibres, radiating from the organs of attachment.

Colour, as in the 2 preceding species, a uniform white.

Length of the largest specimen obtained 35ᵐᵐ, and hence the present form ranks among the largest known species of the genus.

Occurrence. — This beautiful species was taken on the Norwegian Expedition at 3 different Stations, all belonging to the cold area. Two (Stats. 18, 35) lay in the tract of ocean between Norway and the Færoes, the 3rd (Stat. 312) north-west of Beeren Eiland; depth ranging from 412 to 1081 fathoms. The specimens were found in part attached to sponges, in part to rubble from the sea-bed.

80. Scalpellum cornutum, G. O. Sars. n. sp.

(Pl. XX, Fig. 8—10).

Scalpellum cornutum, G. O. Sars. Crustacea et Pycnogonida nova Exped. Norv. No. 47.

Artscharacteristik. Capitulum aflangt ovalt, ikke udvidet mod Enden, med Apex forholdsvis kort og beliggende nedenfor Skallens Axe. Valvlerne tæt sammenstødende, med skarpt udpræget Sculptur af radierende ophøiede Linier. Kjølen jevnt buet, uden Umbo. Tergalstykkerne store, med Aabningsranden noget kortere end Basalranden. Skjoldene forholdsvis brede, med det apicale Hjørne stærkt uddraget og tilspidset, rostrumlignende. De dorsale Basalstykker fremspringende til hver Side af Kjølens basale Parti i Form af 2 hornformige tillagekrummede Fortsatser; de midtre Basalstykker bredest ved Basis med en stærkt ophøiet central Umbo; de ventrale Basalstykker meget mindre end de øvrige. Rostrum særdeles lidet, næsten rudeformigt. Stilken kort, indknebet ved Basis og tydeligt bøiet samt beklædt med store taglagte Kalkskjæl. Den ydre Beklædningsmembran glat. Farven hvid. Længden indtil 11ᵐᵐ.

Findesteder. Stat. 124. 267. 359.

Bemærkninger. Denne Art kjendes let fra de foregaaende ved den eiendommelige Form af de dorsale Basalstykker og af Rostrum samt ved den særdeles skarpt udpregede Sculptur af Valvlerne. Fra *Sc. Strömii,* som den ligner ved Stilkens Bøining, er den desuden let kjendelig ved Capitulums forskjellige Form.

Beskrivelse. Legemet er (se Pl. XX. Fig. 8- 10) forholdsvis meget kort og undersætsigt samt indtager en lignende Stilling i Forhold til de Gjenstande, hvortil det er fæstet, som hos *Sc. Strömii,* paa Grund af Stilkens Bøining.

Capitulum er seet fra Siden (Fig. 8) af temmelig regelmæssig oval Form, med Breden noget større end den halve Længde og ikke bredere i det ydre Parti end ved Basis. Den ventrale Rand eller Aabningsranden er næsten lige, og Apex forholdsvis kort, men skarpt tilspidset samt beliggende kjendeligt nedenfor Skallens Axe. Valvlerne er tæt sammenstødende, kun begrændsede af smale Suturer, uden mellemliggende hudagtige Partier, og viser alle en særdeles skarpt udpræget Sculptur af ophøiede radierende Striber eller smale Ribber.

Kjølen mangler, som hos de 2 foregaaende Arter, nogen tydelig Umbo, men er i sit ydre Parti noget høiere og stærkere buet.

Tergalstykkerne viser den sædvanlige skjævt triangulære Form og har Aabningsranden noget kortere end Basalranden.

---

80. Scalpellum cornutum, G. O. Sars. n. sp.

(Pl. XX, figs. 8—10.)

Scalpellum cornutum, G. O. Sars, Crustacea et Pycnogonida nova Exped. Norv. No. 47.

Specific Character. — Capitulum oblong-oval, not expanded towards extremity, with apex comparatively short and placed below axis of shell. Valves in close contact, with a sharply prominent sculpture of radiating elevated striæ. Keel evenly arched, without umbo. Tergal segments large, with occluding margin somewhat shorter than basal. Shields comparatively broad, having apical corner rostrum-like, as also greatly produced and pointed. Dorsal basal segments projecting on either side of basal part of keel, as 2 corniform, backward-curving prolations; median basal segments broadest at base, with an exceedingly prominent central umbo; ventral basal segments much smaller than rest. Rostrum remarkably small, well-nigh quadrate in form. Peduncle short, constricted at base, and distinctly inflexed, as also covered with large imbricate calcareous scales. Outer investing membrane smooth. Colour white. Length reaching 11ᵐᵐ.

Locality. — Stats. 124. 267. 359.

Remarks. — This species may be readily recognized from the preceding by the peculiar form of the dorsal basal segments and of the rostrum, as also by the exceedingly prominent sculpturing of the valves. From *Sc. Strömii,* which it approximates in the flexure of the peduncle, it is also easily distinguished by the deviating form of the capitulum.

Description. — The body (see Pl. XX. figs. 8—10) is comparatively very short and thickset, with a position, — by reason of the flexure of the peduncle, — in relation to the objects whereto it is attached, similar to that of the body in *Sc. Strömii.*

The capitulum, viewed from the side (fig. 8), has an approximately oval form, with the breadth slightly exceeding half the length, and not broader in the outer part than at the base. The ventral, or occluding, margin is almost straight, and the apex comparatively short, but acutely pointed, and placed appreciably below the axis of the shell. The valves are closely contiguous, defined merely by narrow sutures, without intervening cutaneous strips, and all of them exhibiting a most strongly marked sculpture of prominent radiating striæ or slender ribs.

The keel, as in the 2 preceding species, has no distinct umbo, but occurs in its outer part somewhat more elevated and arched.

The tergal segments exhibit the usual oblique, triangular form, and have the occluding margin somewhat shorter than the basal.

Skjoldene er forholdsvis brede, med Lateralranden kortere end de øvrige, og det apicale Hjørne uddraget til et skarpt næbformigt Fremspring, der rager ud over Tergalstykkernes Basalrand.

De øvre Sidestykker er kjendeligt smalere end Skjoldene og af skjæv, næsten rhomboidal Form, med en tydelig subcentral Umbo.

Af Basalstykkerne udmærker de dorsale sig ved en ganske usædvanlig Form, idet de til hver Side af Kjølens basale Parti hæver sig i Form af en hornlignende opadboiet Fortsats, hvad der har givet Anledning til Artsbenævnelsen (se ogsaa Fig. 10). Der er ligesom de 2 øvrige Basalstykker forsynede med særdeles tydelige radierende Linier. De midterste Basalstykker ligner i sin Form mest samme hos Sc. Strømii, men skiller sig derved, at de i Midten danner en stærkt fremspringende umboformig Forhøining. De ventrale Basalstykker er meget mindre end de øvrige og afsmalnes kileformigt mod Rostrum.

Dette sidste er (se Fig. 9) meget lidet og rudimentært, neppe længere end bredt og næsten rudeformigt, mest lignende i sin Form samme hos Sc. vulgare.

Stilken er kort, kun lidet mere end halvt saa lang som Capitulum og stærkt indknebet ved Basis. Den viser en fuldkommen lignende stærk Boining som hos Sc. Strømii og har en lignende tæt Beklædning af store regelmæssige og taglagte Kalkskjæl.

Den ydre Beklædningsmembran er som hos Sc. Strømii og angustum ganske glat, uden Smaapigge.

Farven er hvid med orangefarvede gjennemskinnende Æggestokke.

Længden af de største Exemplarer er 11mm.

Forekomst. En Del Exemplarer af denne Art erholdtes under Expeditionen paa 3 forskjellige Stationer. Af disse ligger den ene (Stat. 124) i Havet V af Nordlandskysten, den anden (Stat. 267) i Østhavet og den 3die (Stat. 359) V af Spitshergen; Dybden fra 148 til 416 Favne. 2 af Stationerne tilhører den kolde Area og den 3die ligger paa Grændsen af samme. Exemplarerne fandtes fæstede til Hydroider og Polyzoer.

The shields are comparatively broad, with the lateral margin shorter than the others and the apical corner produced to a sharp rostral projection, jutting over the basal margin of the tergal segments.

The upper lateral segments are appreciably smaller than the shields, and oblique, almost rhomboidal, in form, with a distinct, subcentral umbo.

Of the basal segments, the dorsal present a most anusual aspect, rising, as they do, from either side of the basal portion of the keel as corniform, upcurving prolations, — a character that suggested the specific designation (see too fig. 10). They are marked, in common with the 2 remaining basal segments, by exceedingly distinct radiating lines. The median basal segments exhibit in their form greatest resemblance to those of Sc. Strømii, but differ by forming in the middle a strongly projecting umbo-shaped prominence. The ventral basal segments are much smaller than the others, and taper wedge-like toward the rostrum.

The latter (see fig. 9) is very small, and rudimentary, scarcely at all longer than broad, and well-nigh quadrate, resembling most in form Sc. vulgare.

The peduncle is short, but little more than half as long as the capitulum, and greatly constricted at the base. It exhibits a sharp inflexion, precisely similar to that in Sc. Strømii, and has, in common with that form, a dense covering of large, regular, imbricate calcareous scales.

The outer investing membrane, as in Sc. Strømii and Sc. angustum, is quite smooth and without spikelets.

Colour white, with the orange-colored ovaries shining through the integument.

Length of the largest specimens 11mm.

Occurrence. — A number of examples belonging to this species were collected on the Expedition, at 3 different Stations. Of these Stations, one (Stat. 124) lay in the tract of ocean west of the coast of Nordland, the other (Stat. 267) in the Barent's Sea, and the 3rd (Stat. 359) west of Spitzbergen; depth ranging from 148 to 416 fathoms. Two of the Stations were in the cold area, and the 3rd lay on the boundary. The specimens came up attached to Hydroidæ and Polyzoa.

81. Scalpellum hamatum, G. O. Sars.

(Pl. XX, Fig. 11—13).

Scalpellum hamatus, G. O. Sars. Crustacea et Pycnogonida nova Exp. Norv., No. 46.

Artscharakteristik. Capitulum ovalt, bredest ved Basis, afsmalnende mod Enden, med Apex kort og beliggende nedenfor Skallens Axe. Valvierne tydeligt begrændsede, i sit

81. Scalpellum hamatum, G. O. Sars.

(Pl. XX, figs. 11—13).

Scalpellum hamatus, G. O. Sars. Crustacea et Pycnogonida nova Exp. Norv., No. 46.

Specific Character. — Capitulum oval, broadest at base, tapering toward extremity, with apex short and placed below axis of shell. Valves distinctly defined, in

32

marginale Parti hudagtige, uden tydeligt udpræget Sculptur. Kjølen jævnt buet, uden Umbo. Tergalstykkerne forholdsvis smaa, med Aabningsranden kortere end Basalranden. Skjoldene af sædvanlig Form, med det apicale Hjørne spidst udtrukket. De øvre Sidestykker bredere end Skjoldene, næsten rhombiske, med en lidet fremtrædende subcentral Umbo. De midterste Basalstykker større end de øvrige, bredere end lange; de dorsale ved Basis uddragne i hornformige Fortsatser; de ventrale kileformigt tiltobende mod Midtlinien. Rostrum kort nedad frit fremspringende, hageformigt krummet; foran samme en supplementær, uheldstændigt forkalket Plade. Stilken meget stor og tyk, keglere end Capitulum, lige, kjødagtig, cylindrisk, kun forsynet med smaa og spredte Kalkkorn. Den ydre Beklædningsmembran ru af fine Smaapigge. Farven brungraa. Længden indtil 30ᵐᵐ.

Findesteder. Stat. 164, 200, 359.

Bemærkninger. Den her omhandlede Form er saa ulig alle de foregaaende ved Stilkens betydelige Udvikling og kjødagtige Beskaffenhed samt ved Rostrums eiendommelige Form, at den allerede ved første Øiekast kjendes fra samme og muligvis fortjente at opstilles som Typen for en egen Slægt. I selve Dyrets Bygning synes imidlertid ingen væsentlig Forskjel at være tilstede.

Beskrivelse. Legemet er (se Pl. XX, Fig. 11, 12) temmelig langstrakt, hvilket væsentlig skyldes Stilkens betydelige Størrelse. Paa Spiritusexemplarer contraheres denne imidlertid paa Grund af sin ringe Kalkholdighed temmelig stærkt baade i Længde- og Bredelimensioner, hvilket har til Følge, at hele Legemets Form noget ændres. Hvad Stillingen angaar i Forhold til de Gjenstaude, hvortil Legemet er fæstet, saa er den en lignende som hos *Sc. angustum* og *striolatum*, idet ingen mærkbar Bøining af Stilken forefindes.

Capitulum er seet fra Siden (Fig. 11) forholdsvis smalt og af noget uregelmæssig oval Form, bredest ved Basis og noget afsmalnende mod Enden. Den ventrale Rand er paa Midten noget indbugtet og Apex temmelig kort samt beliggende nedenfor Skallens Axe. Valvierne mangler nogen tydeligt udpræget Sculptur og er mindre stærkt forkalkede end hos de øvrige Arter, idet det marginale Parti er mere eller mindre hudagtigt. Suturerne mellem dem er dog overalt tydeligt markerede.

Kjølen er som hos de 3 foregaaende Arter ganske smal og jævnt buet, uden nogen tydelig Umbo.

Tergalstykkerne er forholdsvis smaa, men af den sædvanlige skjævt triangulære Form og har Aabningsranden betydelig kortere end Basalranden.

Skjoldene er ikke meget mindre og som sædvanlig uregelmæssigt firkantede, med Lateralranden længere end baade Tergal- og Basalranden; deres apicale Hjørne er ogsaa her uddraget i en skarp Spids, der lægger sig ud over Siderne af Tergalstykkerne.

---

marginal part cutaneous, without clearly prominent sculpturing. Keel evenly arched, no umbo. Tergal segments comparatively small, with occluding margin shorter than basal. Shields of usual form, with apical corner acutely produced. Upper lateral segments broader than shields, well-nigh rhomboidal, with a small, salient, subcentral umbo. Median basal segments larger than rest, broader than long; dorsal produced at base to corniform prolations; ventral extending wedge-shaped toward medial line. Rostrum short, jutting out freely below, hamate; anterior to rostrum a supplementary, in part calcareous, plate. Peduncle very large and thick, longer than capitulum, straight, carneous, cylindric, furnished merely with small and scattered calcareous granules. The outer investing membrane rough, from minute spikelets. Colour a brownish-grey. Length reaching 30ᵐᵐ.

Locality. — Stats. 164, 200, 359.

Remarks. — The species treated of here differs so materially from all the preceding, by reason of the considerable development and carneous character of the peduncle, along with the peculiar form of the rostrum, as to admit, at the first glance, of being distinguished from them, and possibly to warrant its establishment as the type of a separate genus. Meanwhile, in the structure of the animal no essential deviation would appear to exist.

Description. — The body (see Pl. XX, figs. 11, 12) is rather elongate, a character principally arising from the considerable size of the peduncle. In spirit-specimens, however, the latter, from its limited deposit of lime, becomes a good deal contracted, both as to length and breadth, the result of which is a slight change in the form of body. As regards the position to objects whereto the body is attached, this is precisely the same as in *Sc. angustum* and *Sc. striolatum*, since no appreciable inflexion of the peduncle can be detected.

The capitulum, viewed from the side (fig. 11), is narrow, and of a somewhat irregular-oval form, broadest at the base, and slightly tapering toward the extremity. The ventral margin, in the middle, is somewhat inflexed, and the apex rather short, as also placed below the axis of the shell. The valves do not exhibit any strictly prominent sculpturing, and are less calcined that in the other species, their marginal part being more or less cutaneous. The sutures between are meanwhile everywhere distinctly marked.

The keel, as in the 3 preceding species, is quite slender and evenly arched, without any distinct umbo.

The tergal segments are comparatively small, but of the usual oblique-triangular form, and have the occluding margin considerably shorter than the basal.

The shields are not much smaller, and, as usual, irregular-quadratic, with the lateral margin longer than both tergal and basal; here, too, the apical corner is produced to a sharp point, that extends over the sides of the tergal segments.

De ovre Sidestykker er bredere end Skjoldene og næsten rhomboidale, med en kun lidet fremtrædende subcentral Umbo.

Basalstykkerne danne tilsammen en temmelig stærkt buet Tværrad, med Concaviteten vendt mod Stilken, idet de dorsale og ventrale Stykker rækker betydelig længere nedad end de midterste. De dorsale Stykker gaar ligesom hos Sc. corindum ved Basis ud i frit fremragende horndannede Fortsatser, der omfatter mellem sig det basale Parti af Kjølen. De midterste Basalstykker udmærker sig ved sin betydelige Størrelse og brede pentagonale Form, hvorimod de ventrale afsmalnes stærkt nedad, antagende en kileformet Form.

Rostrum er af et meget eiendommeligt og fra de øvrige bekjendte Arter afvigende Udseende. Det er ganske kort og stærkt forkalket samt nedad frit fremspringende i Form af en skarp hageformigt opadkrummet Fortsats. Foran eller over samme ligger (se fig. 12) en forletmeste ganske hudagtig supplementær Plade af hjertedannet Form, der begrændser Skalaabningen nedad.

Stilken er paa friske Exemplarer af særdeles betydelig Størrelse, betydelig længere end Capitulum og neppe smalere. Den er ganske lige og cylindrisk samt af kjødagtig Consistens og istedetfor med de sædvanlige Kalkskjæl kun forsynet med smaa spredte Kalkkorn. Disse (se Fig. 13) ligger dybt indsænkede i Huden og har en bredere fortykket Basis, hvorfra en smalere knapformig Del hæver sig i Veivet, skydende det ydre Lag af Huden med sig op i Form af en liden Knude.

Den ydre Beklædningsmembran er som hos Sc. striolatum overalt ru af fine Smaapigge, der paa Stilken delvis ordner sig i Knipper omkring de her forekommende Kalkkorn.

Farven var paa de friskt indfangede Exemplarer ensformig graabrun, hvilket hovedsagelig skyldes de hudagtige Partier, medens den forkalkede Del af Capitulums Valvler og Stilkens Kalkkorn var af en lysere, hvidagtig Coleur.

Længden af de største Individer gaar op til 30ᵐᵐ.

Forekomst. Af denne meget eiendommelige Form blev under Expeditionen enkelte Exemplarer tagne paa 3 forskjellige Stationer, fæstede som det synes til selve det løse Materiale, hvoraf Bunden bestod. 2 af Stationerne (Stat. 164 og 200) ligger i Havet V og NV af Finmaken, den 3die (Stat. 359) V af Spitsbergen; Dybden fra 416 til 620 Favne. De 2 førstnævnte Stationer tilhører den kolde Area, og den 3die ligger umiddelbart paa Grændsen af samme.

The upper lateral segments are broader than the shields, and almost rhomboidal, with but a slightly projecting subcentral umbo.

The basal segments constitute together a rather prominently arched transversal series, with the concave surface turned towards the peduncle, the dorsal and ventral segments reaching considerably farther down than the median. The dorsal segments, as in Sc. corindum, jut out at the base as freely extending corniform prolations, that embrace between them the basal portion of the keel. The median basal segments are characterized by their considerable size and broad, pentagonal form, whereas the ventral segments taper rapidly downward, with a cuneiform aspect.

The rostrum has a very peculiar and from the other known species deviating form. It is quite short and exceedingly calcareous below, freely projecting as an acute, hamate, upcurving prolation. Anterior to, or above, the rostrum (see fig. 12), occurs a cordiform supplementary plate, almost wholly cutaneous, that defines below the opening in the shell.

The peduncle — in fresh specimens — is very considerable in size, much longer than the capitulum, and scarcely at all more slender. It is quite straight and cylindric, also of a fleshy consistence, and furnished, in lieu of the usual calcareous scales, simply with small, scattered calcareous granules. The latter (see fig. 13) are deeply sunk into the skin, and have a broadish, incrassated base, whence a slender, knob-shaped process, pushing before it the outer layer of the skin, rises in the form of a small protuberance.

The outer investing membrane is, as in Sc. striolatum, everywhere rough from minute spikelets, which, on the peduncle, are partly disposed in fascicles round the scattered calcareous granules occurring here.

Colour of recent specimens a uniform greyish-brown, chiefly produced by the cutaneous parts, while the calcareous section of the valves of the capitulum and the calcareous granules of the peduncle had a lighter, whitish tint.

Length of the largest examples reaching 30ᵐᵐ.

Occurrence. — Of this most peculiar form, a few specimens were taken on the Expedition, at 3 different Stations, attached, it would seem, to the loose material of which the sea-bed in that region consists. Two of the said Stations (Stats. 164 and 200) lay in the sea west and north-west of Finmark, the 3rd Station (Stat. 359), west of Spitzbergen; depth ranging from 416 to 620 fathoms. The 2 first-named Stations lay in the cold area, and the 3rd Station on the boundary of that area.

Fam. 2. **Balanidæ.**

Gen. **Balanus**, Brug.

82. Balanus crenatus, Brug., varietas.

(Pl. XX, Fig. 14, 15).

Den her afbildede Balanus afviger i det ydre saa paafaldende fra den for Balanerne sædvanlige pyramidale eller patellaligmende Form, at man mindst skulde tænke, at den lod sig henføre til nogen af vore bekjendte Former. Og dog har en nøiere Undersøgelse af Skallens Valvier overbevist mig om, at den alene er at betragte som en excessiv udviklet Varietet af den ved vore Kyster ikke ualmindeligt forekommende *B. crenatus* Brug. Som man vil se, er det væsentlig den eiendommelige Udvikling af de Kalkplader eller Valvler, der tilsammen danner Skallens Væg (parietas), som udmærker denne Varietet og giver Skallen et saa i høi Grad fremmed Udseende. Derimod er de Valvler, der begrændser Aabningen (Tergalstykkerne og Skjoldene) saavel i Form som Sculptur noiagtigt af samme Udseende som hos den sædvanlige Form af *B. crenatus.* Skalvæggenes abnorme Udvikling hos den her omhandlede Form tør maaske forklares derved, at Individerne fra først af har været stærkt sammentrængte paa et forholdsvis lidet Rum og under sin paafølgende Væxt saaledes har været nødt til at skyde i Veiret for at faa Rum. I Darwins Arbeide over Cirripederne er givet en Afbildning af en Varietet af den her omhandlede Art, som tydeligt nærmer sig til den her Fig. 15 afbildede Form, skjøndt paa langt nær ikke visende en saadan excessiv Forlængelse af Skalvæggen. Fig. 14 forestiller et af de mindre stærkt forlængede Individer, der imidlertig endnu mærkeligt afviger fra det typiske Udseende ved Skalvæggens cylindriske opad noget udvidede Form.

Forekomst. Af nærværende eiendommelige Varietet toges under Expeditionens sidste Togt nogle Exemplarer ved Hjælp af Bundskraben paa Stat. 322, N af Beeren Eiland, fra et Dyb af 21 Favne, haard Bund.

Fam. 2. **Balanidæ.**

Gen. **Balanus**, Brug.

82. Balanus crenatus, Brug., varietas.

(Pl. XX, figs. 14, 15).

The specimen of Balanus represented in the Plate, exhibits so striking a deviation in its outer habitus from the pyramidal or patelliform aspect usually distinguishing the Balanidæ, that few would imagine it referable to any one of the previously known forms. And yet a closer examination of the valves of the shell, has convinced me, that the animal in question should be regarded as a mere exceptionally developed variety of *B. crenatus* Brug., a species occurring not infrequently off the Norwegian coasts. As will be seen, it is chiefly the peculiar development of the calcareous plates, or valves, that together constitute the wall of the shell (parietas), which distinguish this variety, giving to the shell an aspect so characteristically alien. On the other hand, the valves that define the opening (the tergal segments and the shields) have alike in form and in sculpture precisely the same appearance as those of the usual form *B. crenatus.* The abnormal development of the wall of the shell in the form treated of here, will, maybe, admit of explanation by assuming the individuals to have been originally subjected to strong compression in a relatively confined space, thus compelling them, during the progress of growth, to force an upward passage, for the purpose of obtaining space. In Darwin's work on the Cirripedia, there is a drawing of a variety of the species treated of here, clearly approximating the form represented in fig. 15, though far from exhibiting so remarkable a prolongation of the wall of the shell. Fig. 14 gives one of the less elongated individuals, which however still deviates a good deal from the typical appearance, by reason of the cylindric form — somewhat expanded, as it is, in an upward direction — distinguishing the wall of the shell.

Occurrence. — Of the present peculiar variety, a few specimens were brought up in the dredge, on the last cruise of the Expedition. — at Station 322, north of Beeren Eiland, from a depth of 21 fathoms: hard bottom.

253

Suborde Rhizocephala.

Fam. Peltogastridæ.

Gen. **Sylon,** Kröyer, 1855.

Danske Vid. Selsk. Forhandl.

82. Sylon Hymenodoræ, G. O. Sars.

(Pl. XX, Fig. 16, 17).

Sylon Hymenodoræ, G. O. Sars, Crustacea & Pycnogonida nova Exp. Norv., No. 47.

Artscharacteristik. Legemet ovalt, trindt, fortil pludselig stærkt indsnøret, dannende en smal, skjævt fra selve Kroppen udgaaende noget bugtet Snabel eller Hals. Hefteskiven omgivet af en hornfarvet fortykket Rand. Genitalaabningerne temmelig nær sammen, paa Midten af selve Kroppen og paa den Side af samme, der er vendt fra Snabelen. Farven blegt kjødrod. Længden (incl. Snabelen) 12ᵐᵐ.

Findested. Stat. 52.

Bemærkninger. Fra de øvrige bekjendte Former er denne strax kjendelig ved den eiendommeligt udviklede snabelformigt forlængede Forende, der er skarpt afsat fra den egentlige Krop og danner ligesom en Stilk, hvortil denne er fæstet.

Beskrivelse. Legemet er (se Pl. XX, Fig. 16 og 17) som hos de øvrige Arter af Slægten ovalt, sækformigt, uden Spor af Kalkaffeiringer, men skiller sig mærkeligt derved, at Hefteskiven ikke er sessil, men sidder paa Enden af en lang, bugtet, snabelformig Forlængelse, der udgaar i skraa Retning fra den forreste Del af selve Kroppen. Hefteskiven synes at vise den sædvanlige Bygning og har en tydeligt markeret hornfarvet Chitinring.

Kroppens Hud eller Kappen er overalt glat og jevn samt meget tynd og gjennemsigtig med Undtagelse af det snabelformige Parti, hvor den synes at være noget stærkere chitiniseret.

Omtrent midt paa den Side af Kroppen, der vender fra Snabelen sees 2 jevnsides stillede smaa, men tydeligt galende Porer, som er de Aabninger hvorigjennem Æggene eller rettere Larverne udføres af Legemet.

Kropshulen er saagodtsom ganske fyldt af de voluminøse Æggestokke, hvis talrige smaa rødligt farvede Æg skinner tydeligt igjennem Huden. Imellem de 2 Genitalporer sees et lidet kugleformigt, opakt hvidt Legeme, der ligger tæt op mod Huden, delvis løftende denne i Veiret paa dette Sted. Dette er den uparrede Sædstok, og fra denne strækker sig et noget fortykket, mindre gjennemsigtigt Baand fortil mod Basis af Snabelen.

Suborde Rhizocephala.

Fam. Peltogastridæ.

Gen. **Sylon,** Kröyer, 1855.

Danske Vid. Selsk. Forhandl.

92. Sylon Hymenodoræ, G. O. Sars.

(Pl. XX, figs. 16, 17).

Sylon Hymenodoræ, G. O. Sars, Crustacea & Pycnogonida nova Exp. Norv., No. 47.

Specific Character. — Body oval, sac-like, anterior part abruptly instricted, forming a slender, somewhat inflexed proboscis, or neck, issuing obliquely from the trunk itself. Disc of attachment surrounded by a horn-coloured, inspissated margin. Genital orifices close together, in the middle of the body, and on the side turning from the proboscis. Colour a lightish pink. Length (including proboscis) 12ᵐᵐ.

Locality. — Stat. 52.

Remarks. — From the other known forms, this animal may be immediately distinguished by its peculiar, proboscidiform, elongate anterior extremity, sharply defined from the trunk proper, and forming, as it were, a peduncle, to which the latter is attached.

Description. — The body (see Pl. XX, figs. 16, 17) is, as in the other species of the genus, oval, sac-like, without a trace of calcareous deposit, differing however remarkably in the disc of attachment not being sessile, but placed at the extremity of a long, inflexed, proboscidiform prolation, which, taking an oblique direction, issues from the foremost part of the body. The disc of attachment would appear to exhibit the usual structure, and has a distinctly marked horn-coloured chitinous ring.

The skin of the body, or mantle, is everywhere smooth and even, as also very tenuous and translucent, except the proboscidiform part, that would seem to be a trifle more chitinized.

About midway down the side of the body that turns from the proboscis, are seen, placed side by side, 2 small, but distinctly gaping pores — the orifices through which the ova, or rather the larvae, are extruded from the body.

The perivisceral cavity is well-nigh entirely filled with the voluminous ovaries, whose numerous, small, reddish-coloured eggs shine distinctly through the skin. Between the 2 genital pores is observed a small, globular, opaquish-white corpuscle, close to the skin, which in part it tends to lift. This is the spermatic vesicle, whence proceeds anteriorly toward the base of the proboscis a slightly inspissated, less translucent band.

254

Farven var paa det friskt indfangede Exemplar blegt kjødrod, væsentlig vel paa Grund af de gjennemskinnende Æg.

Længden af selve Kroppen er 8ᵐᵐ, af Snabelen 4ᵐᵐ, altsaa tilsammen 12ᵐᵐ.

Forekomst. Et enkelt Individ af denne characteristiske Parasit erholdtes under Expeditionens 1ste Togt i Havet mellem Norge og Island (Stat. 52) fra et Dyb af 1861 Favne. Exemplaret var fastheftet til Ventralsiden af 1ste Bagkropssegment hos et Individ af den eiendommelige ovenfor beskrevne Dybvandscaride. *Hymenodora glacialis* (Buchholz).

Colour of the fresh specimen a light-pink, produced, one would imagine, in greater part by the eggs shining through the skin.

Length of trunk 8ᵐᵐ, of proboscis 4ᵐᵐ; hence, altogether 12ᵐᵐ.

Occurrence. — A sole example of this characteristic parasite came up, on the 1st cruise of the Expedition, in the tract of ocean between Norway and Iceland (Stat. 52), from a depth of 1861 fathoms. The animal was attached to the ventral side of the 1st abdominal segment of a specimen of the above-described peculiar deep-sea Caridian. *Hymenodora glacialis* (Buchholz).

Forklaring over Plancherne.

Pl. I.

Scyramathia Carpenteri, (Norman).

Fig. 1. Ægbærende Hun seet ovenfra; nat. St.

" 2. Legemet af samme (uden Fødderne) nedenfra.
" 3. Samme fra høire Side.
" 4. Venstre Kjævefod af 3die Par nedenfra.
" 5. Endekloen af en Gangfod.
" 6. En af Rygskjoldets Børster stærkt forstørret.
" 7. En af sammes papilleformige Vedhæng.

Eupagurus tricarinatus, (Norman).

Fig. 8. Hun seet ovenfra, noget forstørret.
" 9. Yderdelen af høire Saxfod ovenfra.
" 10. Yderdelen af venstre Saxfod.

Pl. II.

Sclerocrangon salebrosus, (Owen).

Fig. 1. Ægbærende Hun seet ovenfra; nat. St.

" 2. Samme fra venstre Side.
" 3. Øinene med det tilhørende Segment seede ovenfra.
" 4. Høire Føler af 1ste Par nedenfra.
" 5. Den ydre Svøbe af samme Følerpar hos Hannen.
" 6. Høire Føler af 2det Par med Bladet og Basis af Svøben, seet nedenfra.
" 7. Overlæben nedenfra.
" 8. Underlæben.
" 9. En af Kindbakkerne.
" 10. Enden af samme stærkere forstørret.
" 11. Kjæve af 1ste Par.
" 12. Kjæve af 2det Par.
" 13. Kjævefod af 1ste Par.
" 14. Kjævefod af 2det Par.
" 15. Kjævefod af 3die Par.
" 16. Fod af 1ste Par.
" 17. Fod af 2det Par.
" 18. Haanden af samme stærkere forstørret.

Explanation of the Plates.

Pl. I.

Scyramathia Carpenteri, (Norman).

Fig. 1. Ovigerous female, viewed from above; natural size.

" 2. Body of same animal (without legs), from below.
" 3. Same animal, from right side.
" 4. Left maxilliped of 3rd pair, from below.
" 5. Terminal claw of a pereiopod.
" 6. Bristle from carapax, highly magnified.
" 7. Papillary appendix from same part.

Eupagurus tricarinatus, (Norman).

Fig. 8. Female viewed from above, slightly magnified.
" 9. Outer part of right cheliped, from above.
" 10. Outer part of left.

Pl. II.

Sclerocrangon salebrosus, (Owen).

Fig. 1. Ovigerous female, viewed from above; natural size.

" 2. Same animal, from left side.
" 3. Eyes, together with ocular segment, viewed from above.
" 4. Right antenna of 1st pair, from below.
" 5. Outer flagellum of same pair of antennæ, in male.
" 6. Right antenna of 2nd pair, with scale and base of flagellum, viewed from below.
" 7. Labrum, from below.
" 8. Labium.
" 9. One of the mandibles.
" 10. Extremity of same, considerably magnified.
" 11. Maxilla of 1st pair.
" 12. Maxilla of 2nd pair.
" 13. Maxilliped of 1st pair.
" 14. Maxilliped of 2nd pair.
" 15. Maxilliped of 3rd pair.
" 16. Leg of 1st pair.
" 17. Leg of 2nd pair.
" 18. Hand of same animal, considerably magnified.

Fig. 19. Fod af 3die Par.
 „ 20. Fod af 4de Par.
 „ 21. Gjellerne paa venstre Side tilligemed 1ste og 2den Kjævefod.
 „ 22. Brystskjoldet fra venstre Side.
 „ 23. Samme nedenfra.
 „ 24. En af 1ste Par Pleopoder.
 „ 25. En af 2det Par Pleopoder.
 „ 26. Den indre Gren af 1ste Par Pleopoder hos Hannen.
 „ 27. Samme Gren af 2det Par hos Hannen.
 „ 28. Det midterste Halevedhæng ovenfra.
 „ 29. Høire ydre Halevedhæng ovenfra.

Fig. 19. Leg of 3rd pair.
 „ 20. Leg of 4th pair.
 „ 21. Branchiæ on left side, together with 1st and 2nd maxillipeds.
 „ 22. Carapax, viewed from left side.
 „ 23. Same part, from below.
 „ 24. Pleopod of 1st pair.
 „ 25. Pleopod of 2nd pair.
 „ 26. Inner branch of 1st pair of pleopods, in male.
 „ 27. Same branch of 2nd pair, in male.
 „ 28. Telson, viewed from above.
 „ 29. Right uropod, from above.

Pl. III.

Bythocaris leucopis, G. O. Sars.

Fig. 1. Ægbærende Hun seet ovenfra, ²/₃ nat. St.

 „ 2. Samme fra høiere Side.
 „ 3. Føler af 1ste Par med den ydre Svøbe og Basis af den indre.
 „ 4. Venstre Føler af 2det Par med Bladet og Basis af Svøben.
 „ 5. Overlæben.
 „ 6. Underlæben.
 „ 7. Kindbakkerne.
 „ 8. Kjæve af 1ste Par.
 „ 9. Kjæve af 2det Par.
 „ 10. Kjævefod af 1ste Par.
 „ 11. Kjævefod af 2det Par.
 „ 12. Kjævefod af 3die Par.
 „ 13. Fod af 1ste Par.
 „ 14. Fod af 2det Par.
 „ 15. Fod af 3die Par.
 „ 16. Gjellerne paa høire Side.
 „ 17. En af 1ste Par Pleopoder.
 „ 18. En af 2det Par Pleopoder.
 „ 19. En af 1ste Par Pleopoder hos Hannen.
 „ 20. En af 2det Par Pleopoder hos Hannen.
 „ 21. Det midterste Halevedhæng ovenfra.
 „ 22. Enden af samme stærkere forstørret.
 „ 23. Høire ydre Halevedhæng.
 „ 24. Æg i sidste Udviklingsstadium med gjennemskinnende Embryo seet fra Siden.
 „ 25. Samme ovenfra.
 „ 26. Et fuldt udviklet Embryo udtaget af Ægget.

Bythocaris Payeri, (Heller).

Fig. 27. Rygskjoldet med Øinene og Følerne seet ovenfra, forstørret.

Pl. III.

Bythocaris leucopis, G. O. Sars.

Fig. 1. Ovigerous female, viewed from above, two-thirds natural size.
 „ 2. Same animal, from right side.
 „ 3. Antenna of 1st pair, with outer flagellum and base of inner.
 „ 4. Left antenna of 2nd pair, with scale and base of flagellum.
 „ 5. Labrum.
 „ 6. Labium.
 „ 7. Mandibles.
 „ 8. Maxilla of 1st pair.
 „ 9. Maxilla of 2nd pair.
 „ 10. Maxilliped of 1st pair.
 „ 11. Maxilliped of 2nd pair.
 „ 12. Maxilliped of 3rd pair.
 „ 13. Leg of 1st pair.
 „ 14. Leg of 2nd pair.
 „ 15. Leg of 3rd pair.
 „ 16. Branchiæ on right side.
 „ 17. Pleopod of 1st pair.
 „ 18. Pleopod of 2nd pair.
 „ 19. Pleopod of 1st pair, in male.
 „ 20. Pleopod of 2nd pair, in male.
 „ 21. Telson, viewed from above.
 „ 22. Extremity of same part, considerably magnified.
 „ 23. Right uropod.
 „ 24. Ovum in final stage of development, with embryo shining through the skin, lateral aspect.
 „ 25. Same, viewed from above.
 „ 26. A fully developed embryo, extracted from the egg.

Bythocaris Payeri, (Heller).

Fig. 27. Carapax, with eyes and antennæ, viewed from above, — magnified.

257

Pl. IV.
Hymenodora glacialis. (Buchholz).

Fig.
1. Han seet ovenfra, ²/₁ nat. St.
2. Ægbærende Hun fra venstre Side.
3. Øinene med det tilhørende Segment ovenfra.
4. Et Stykke af Cornea stærkt forstørret, visende den uregelmæssige og svagt udprægede Facettering.
5. Venstre Føler af 1ste Par med Basis af Svøberne, seet ovenfra.
6. Samme fra den ydre Side.
7. Høire Føler af 2det Par med Bladet og Basis af Svøben, seet nedenfra.
8. Overlæben.
9. Underlæben.
10. Kindbakkerne.
11. Palpen paa samme isoleret.
12. Kjæve af 1ste Par.
13. Kjæve af 2det Par.
14. Kjævefod af 1ste Par.
15. Kjævefod af 2det Par.
16. Kjævefod af 3die Par.
17. Fod af 1ste Par.
18. Haanden af samme stærkere forstørret.
19. Fod af 2det Par.
20. Fod af 3die Par.
21. Fod af 5te Par.
22. Gjellerne paa venstre Side.
23. En af 1ste Par Pleopoder.
24. En af 2det Par Pleopoder.
25. Det midterste Halevedhæng ovenfra.
26. Enden af samme stærkere forstørret.
27. Et af de ydre Halevedhæng.
28. En af 1ste Par Pleopoder hos Hannen.
29. En af 2det Par Pleopoder hos Hannen.

Pl. IV.
Hymenodora glacialis. (Buchholz).

Fig.
1. Male, viewed from above, twice natural size.
2. Ovigerous female, viewed from left side.
3. Eyes, with ocular segment, from above.
4. Fragment of cornea, highly magnified, showing the irregular and faintly pronounced areolation.
5. Left antenna of 1st pair, with bases of flagella, viewed from above.
6. Same, viewed from outer side.
7. Right antenna of 2nd pair, with scale and base of flagellum, viewed from below.
8. Labrum.
9. Labium.
10. Mandibles.
11. Mandibular palp, isolated.
12. Maxilla of 1st pair.
13. Maxilla of 2nd pair.
14. Maxilliped of 1st pair.
15. Maxilliped of 2nd pair.
16. Maxilliped of 3rd pair.
17. Leg of 1st pair.
18. Hand of same leg, considerably magnified.
19. Leg of 2nd pair.
20. Leg of 3rd pair.
21. Leg of 5th pair.
22. Branchiæ on left side.
23. Pleopod of 1st pair.
24. Pleopod of 2nd pair.
25. Telson, viewed from above.
26. Extremity of same, considerably magnified.
27. An uropod.
28. Pleopod of 1st pair, in male.
29. Pleopod of 2nd pair, in male.

Pl. V.
Erythrops glacialis. G. O. Sars.

Fig.
1. Ægbærende Hun seet ovenfra, svagt forstørret (Stregen ved Siden angiver den nat. Størrelse).
2. Den forreste Del af Rygskjoldet stærkere forstørret, seet ovenfra, visende Pandepladen, høire Øie, 1ste Par Følernes Skafter og Bladet paa høire Føler af 2det Par.
3. Endepartiet (Tarsen) af en af Fødderne.
4. Enden af Bagkroppen med det midterste Halevedhæng og venstre ydre Halevedhæng, seet ovenfra.

Parerythrops spectabilis, G. O. Sars.

Fig.
5. Han seet fra høire Side, svagt forstørret.
6. Samme ovenfra.

Den norske Nordhavsexpedition. G. O. Sars: Crustacea.

Pl. V.
Erythrops glacialis. G. O. Sars.

Fig.
1. Ovigerous female, viewed from above, slightly magnified (the appended line indicates its natural size.
2. Anterior portion of carapax, viewed from above, considerably magnified, showing frontal plate, right eye, peduncles of 1st pair of antennæ, and scale on right antenna of 2nd pair.
3. Terminal portion (tarsus) of a leg.
4. Extremity of posterior division of body, comprising telson and left uropod, viewed from above.

Parerythrops spectabilis, G. O. Sars.

Fig.
5. Male, viewed from right side, slightly magnified.
6. Same animal, from above.

33

Fig.	7.	Endevedhænget til 1ste Par Føleres Skaft befriet fra de paasiddende Børster, seet nedenfra.
„	8.	Høire Føler af 2det Par med Bladet og Basis af Svøben seet ovenfra.
„	9.	Endepartiet af en Fod.
„	10.	Det midterste Halevedhæng ovenfra.
„	11.	Enden af samme stærkere forstørret.
„	12.	Den indre Plade af et af de ydre Halevedhæng med Høreapparatet.

Pseudomysis abyssi, G. O. Sars.

Fig.	13.	Den forreste Del af Rygskjoldet med Pandepladen, de rudimentære Øine og Følerne, ovenfra.
„	14.	Kindbakkernes Tyggedele stærkere forstørrede.
„	15.	Kindbakkernes Palpe.
„	16.	Kjæve af 1ste Par.
„	17.	Kjæve af 2det Par.
„	18.	Endognathen af 1ste Kjævefodpar.
„	19.	Endognathen af 2det Kjævefodpar.
„	20.	Det midterste Halevedhæng ovenfra.
„	21.	Et af de ydre Halevedhæng.

Boreomysis nobilis, G. O. Sars.

Fig.	22.	Slægtsmoden Han seet fra høire Side, svagt forstørret.
„	23.	Samme ovenfra.
„	24.	Venstre Føler af 2det Par med Bladet og Basis af Svøben, nedenfra.
„	25.	Endepartiet af en Fod.
„	26.	Den indre Gren af 1ste Par Pleopoder.
„	27.	Det midterste Halevedhæng ovenfra.
„	28.	Den ene af sammes Endeftiger stærkere forstørret.

PL. VI.

Boreomysis scyphops, G. O. Sars.

Fig.	1.	Ægbærende Hun seet ovenfra, svagt forstørret.
„	2.	Samme seet fra høire Side.
„	3.	Slægtsmoden Han seet fra høire Side.
„	4.	Høire Føler af 1ste Par hos Hunnen med Basis af Svøberne, seet ovenfra.
„	5.	Samme fra ydre Side.
„	6.	Høire Føler af 2det Par med Bladet og Basis af Svøben, ovenfra.
„	7.	Overlæben, Underlæben og Kindbakkerne i sin naturlige Forbindelse med hverandre, nedenfra.
„	8.	Enden af en af Kindbakkernes Palpe.
„	9.	Tyggedelene af Kindbakkerne stærkere forstørrede.
„	10.	Kjæve af 1ste Par.
„	11.	Kjæve af 2det Par.

Fig.	7.	Terminal appendix to peduncle of 1st pair of antennæ, without the bristles, viewed from below.
„	8.	Right antenna of 2nd pair, with scale and base of flagellum, viewed from above.
„	9.	Terminal portion of a leg.
„	10.	Telson, viewed from above.
„	11.	Extremity of same part, considerably magnified.
„	12.	Inner plate of an uropod, with auditory apparatus.

Pseudomysis abyssi, G. O. Sars.

Fig.	13.	Anterior portion of carapax, with frontal plate, rudimentary eyes, and antennæ.
„	14.	Masticatory parts of mandibles, considerably magnified.
„	15.	Mandibular palp.
„	16.	Maxilla of 1st pair.
„	17.	Maxilla of 2nd pair.
„	18.	Endognath of 1st pair of maxillipeds.
„	19.	Endognath of 2nd pair of maxillipeds.
„	20.	Telson, viewed from above.
„	21.	An uropod.

Boreomysis nobilis, G. O. Sars.

Fig.	22.	Adult male, viewed from right side, slightly magnified.
„	23.	Same animal, viewed from above.
„	24.	Left antenna of 2nd pair, with scale and base of flagellum, viewed from above.
„	25.	Terminal portion of a leg.
„	26.	Inner branch of 1st pair of pleopods.
„	27.	Telson, viewed from above.
„	28.	One of the terminal lappets, of same appendage, considerably magnified.

PL. VI.

Boreomysis scyphops, G. O. Sars.

Fig.	1.	Ovigerous female, from above, slightly magnified.
„	2.	Same animal, viewed from right side.
„	3.	Adult male, viewed from right side.
„	4.	Right antenna of 1st pair, in female, with bases of flagella, viewed from above.
„	5.	Same antenna, from outer side.
„	6.	Right antenna of 2nd pair, with scale and base of flagellum, viewed from below.
„	7.	Labrum, labium, and mandibles in their natural connection, as viewed from below.
„	8.	Extremity of a mandibular palp.
„	9.	Masticatory parts of mandibles, considerably magnified.
„	10.	Maxilla of 1st pair.
„	11.	Maxilla of 2nd pair.

Fig. 12. Kjævefod af 1ste Par med den tilhørende Svømme-
gren og Vifte.

" 13. Kjævefod af 2det Par med Æggepladen og Basis
af Svømmegrenen.

" 14. Endepartiet af samme Kjævefods Endognath.

" 15. Fod af 1ste Par med sin Svømmegren og Ægge-
plade.

" 16. En af Bagkropslemmerne.

" 17. Det midterste Halevedhæng ovenfra.

" 18. Spidsen af en af sammes Endefliger stærkere
forstørret.

" 19. Et af de ydre Halevedhæng.

" 20. Øie med Føler af 1ste Par hos Hannen, seet
fra den ydre Side.

" 21. En af 1ste Par Pleopoder hos samme.

" 22. En af 2det Par Pleopoder hos samme.

Fig. 12. Maxilliped of 1st pair, with appertinent natatory
branch and flabellum.

" 13. Maxilliped of 2nd pair, with incubatory plate and
base of natatory branch.

" 14. Terminal portion of same maxilliped's endognath.

" 15. Leg of 1st pair, with appertinent natatory branch
and incubatory plate.

" 16. One of the abdominal limbs.

" 17. Telson, viewed from above.

" 18. Point of one of the terminal lappets on same
appendage, considerably magnified.

" 19. An uropod.

" 20. Eye, in male, with antenna of 1st pair, viewed
from outer side.

" 21. Pleopod of 1st pair, in male.

" 22. Pleopod of 2nd pair, in male.

Pl. VII.

Diastylis nodosa. G. O. Sars.

Fig. 1. Ung (ikke slægtsmoden) Han seet ovenfra.

" 2. Samme fra venstre Side.

" 3. Spidsen af det midterste Halevedhæng noget
stærkere forstørret.

" 4. Enden af et af de ydre Halevedhæng med de 2
Grene.

Cryptocope Voringii. G. O. Sars.

Fig. 5. Hun seet ovenfra.

" 6. Samme fra venstre Side.

" 7. Den forreste Del af Legemet seet nedenfra
stærkere forstørret, visende Følerne, Munddelene
og Saxfødderne.

" 8. Bagkroppen seet nedenfra, visende de rudimen-
tære Pleopoder og Halevedhængene.

" 9. En af Pleopoderne stærkere forstørret.

" 10. Et af Halevedhængene isoleret.

" 11. Slægtsmoden Han seet ovenfra.

" 12. Samme fra venstre Side.

" 13. Forenden af Hovedet med 1ste Par Følere,
stærkere forstørret.

" 14. Haanden af en af Saxfødderne seet fra den ydre Side.

" 15. En af Pleopoderne.

" 16. Et af Halevedhængene.

Leptognathia longiremis, (Lilljeborg).

Fig. 17. Ægbærende Hun seet ovenfra.

" 18. Samme fra venstre Side.

" 19. En af 1ste Par Følere hos en ung Han, med
begyndende Deling af Svøben. (Paa Fig. 17
og 18 er disse Følere ved en Feiltagelse afbildet
ligedan, medens de her kun skal være 4-leddede).

Pl. VII.

Diastylis nodosa. G. O. Sars.

Fig. 1. Young male (sexually immature), viewed from
above.

" 2. Same animal, viewed from left side.

" 3. Point of telson, rather highly magnified.

" 4. Extremity of an uropod, with the 2 branches.

Cryptocope Voringii, G. O. Sars.

Fig. 5. Female, viewed from above.

" 6. Same animal, viewed from left side.

" 7. Anterior part of body, viewed from below, con-
siderably magnified, showing antennæ, oral ap-
pendages, and chelipeds.

" 8. Posterior division of body, viewed from below,
showing the rudimentary pleopods and caudal
appendages.

" 9. Pleopod, considerably magnified.

" 10. Caudal appendage, isolated.

" 11. Sexually mature male, viewed from above.

" 12. Same animal, viewed from left side.

" 13. Anterior extremity of head, with 1st pair of
antennæ, considerably magnified.

" 14. Hand of a cheliped, viewed from outer side.

" 15. A pleopod.

" 16. A caudal appendage.

Leptognathia longiremis, (Lilljeborg).

Fig. 17. Origerous female, viewed from above.

" 18. Same animal, viewed from left side.

" 19. Antenna of 1st pair, in a young male, with par-
tition of flagellum begun. (In figs. 17 and 18,
these antennæ are erroneously represented alike,
whereas here they should be four-jointed.)

33*

260

Fig. 20. Foler af 2det Par.
„ 21. Kindbakkerne.
„ 22. En af Kjæverne.
„ 23. Kjævefødderne.
„ 24. En af Saxfødderne fra den ydre Side.
„ 25. Fod af 2det Par.
„ 26. Fod af 7de Par.
„ 27. En af Pleopoderne.
„ 28. Et af Halevedhængene.

Typhlotanais cornutus, G. O. Sars.

Fig. 29. Hun seet fra høire Side.
„ 30. Samme ovenfra.
„ 31. Foler af 1ste Par.
„ 32. Foler af 2det Par.
„ 33. Kindbakkerne.
„ 34. En af Saxfødderne.
„ 35. Fod af 1ste Par.
„ 36. Fod af 7de Par.
„ 37. En af Pleopoderne.
„ 38. Et af Halevedhængene.

Fig. 20. Antenna of 2nd pair.
„ 21. Mandibles.
„ 22. A maxilla.
„ 23. Maxillipeds.
„ 24. Cheliped, viewed from outer side.
„ 25. Leg of 2nd pair.
„ 26. Leg of 7th pair.
„ 27. A pleopod.
„ 28. A caudal appendage.

Typhlotanais cornutus, G. O. Sars.

Fig. 29. Female, viewed from right side.
„ 30. Same animal.
„ 31. Antenna of 1st pair.
„ 32. Antenna of 2nd pair.
„ 33. Mandibles.
„ 34. A cheliped.
„ 35. Leg of 1st pair.
„ 36. Leg of 7th pair.
„ 37. A pleopod.
„ 38. A caudal appendage.

Pl. VIII.

Anceus stygius, G. O. Sars.

Fig. 1. Slagtsmoden Han seet ovenfra.
„ 2. Samme nedenfra.
„ 3. Forenden af Legemet, efterat Munddelene og Fødderne er fjernede, stærkere forstørret, seet nedenfra.
„ 4. Foler af 1ste Par.
„ 5. Foler af 2det Par.
„ 6. En af de saakaldte Kindbakker.
„ 7. Kjævefødderne.
„ 8. Det omdannede operkelformede 1ste Fodpar.
„ 9. En af de egentlige Fødder.
„ 10. En af Pleopoderne.
„ 11. Enden af Bagkroppen med Haleviften, seet ovenfra.
„ 12. En ganske ung Larve (Praniza), ovenfra.
„ 13. En ældre Larve med stærkt opsvulmet Forkrop.
„ 14. Hovedet af en Larve seet nedenfra, stærkere forstørret, visende Folerne, Munddelene og Klamrefødderne.
„ 15. Kindbakkerne.
„ 16. 1ste Par Kjæver.
„ 17. 2det Par Kjæver.
„ 18. Kjævefødderne.
„ 19. En af Klamrefødderne.
„ 20. En af de egentlige Fødder.
„ 21. En af Pleopoderne.

Pl. VIII.

Anceus stygius, G. O. Sars.

Fig. 1. Sexually mature male, viewed from above.
„ 2. Same animal, viewed from below.
„ 3. Anterior extremity of body, after removing the oral appendages and legs, considerably magnified, viewed from below.
„ 4. Antenna of 1st pair.
„ 5. Antenna of 2nd pair.
„ 6. One of the so-called mandibles.
„ 7. Maxillipeds.
„ 8. The transformed operculiform 1st pair of legs.
„ 9. One of the true legs.
„ 10. A pleopod.
„ 11. Extremity of posterior division of body, with caudal fan, viewed from above.
„ 12. A very young larva (praniza), viewed from above.
„ 13. A more developed larva, with greatly swollen anterior division of body.
„ 14. Head of a larva, viewed from below, considerably magnified, showing antennæ, oral appendages, and clasping legs.
„ 15. Mandibles.
„ 16. First pair of maxillæ.
„ 17. Second pair of maxillæ.
„ 18. Maxillipeds.
„ 19. One of the clasping legs.
„ 20. One of the true legs.
„ 21. A pleopod.

261

Fig. 23.	Enden af Bagkroppen med det midterste Hale-vedhæng og det venstre ydre Halevedhæng, seet ovenfra.

Anceus hirsutus, G. O. Sars.

Fig. 23. Slægtsmoden Han seet ovenfra.
„ 24. Enden af Bagkroppen med det midterste Hale-vedhæng.

Anceus robustus, G. O. Sars.

Fig. 25. Slægtsmoden Han seet ovenfra.
„ 26. Sidste Bagkropssegment med det midterste Hale-vedhæng ovenfra.
27. Ældre Larve seet ovenfra.

Fig. 22. Extremity of posterior division of body, with median caudal appendage and left outer caudal appendage, viewed from above.

Anceus hirsutus, G. O. Sars.

Fig. 23. Sexually mature male, viewed from above.
„ 24. Extremity of posterior division of body, with median caudal appendage.

Anceus robustus, G. O. Sars.

Fig. 25. Sexually mature male, viewed from above.
„ 26. Last abdominal segment, with median caudal appendage, from above.
„ 27. Larva, in advanced stage of development, viewed from above.

Pl. IX.
Arcturus baffini, Sowb.

Fig. 1. Æghærende Hun seet ovenfra, svagt forstørret.
„ 2. Samme fra venstre Side.
„ 3. Den forreste Del af Legemet med 1ste Par Følere og Munddelene, stærkere forstørret, seet nedenfra.
„ 4. Føler af 1ste Par.
„ 5. To af de paa samme fæstede Sandsevedhæng stærkt forstørrede.
„ 6. Basis af en af 2det Par Følere.
„ 7. Endedelen (Svøben) af samme Føler.
„ 8. Overlæben.
„ 9. Underlæben.
„ 10. Kindbakkerne.
„ 11. Kjæve af 1ste Par.
„ 12. Kjæve af 2det Par.
„ 13. En af Kjævefødderne.
„ 14. Fod af 1ste Par.
„ 15. Fod af 2det Par.
„ 16. Fod af 7de Par.
„ 17. Endekloen af samme stærkere forstørret.
„ 18. Bagkroppen seet nedenfra. Et af de klapformige Halevedhæng er borttaget for at vise de under samme liggende Pleopoder.
„ 19. En af de forreste Pleopoder.
„ 20. En af de bagerste Pleopoder (Gjæller).
„ 21. Spidsen af et af de klapformige Halevedhæng seet fra den indre Side, visende de to rudimentære Endegrene.

Arcturus tuberosus, G. O. Sars.

Fig. 22. Hun seet fra venstre Side.

Pl. IX.
Arcturus baffini, Sowb.

Fig. 1. Ovigerous female, viewed from above, very slightly magnified.
„ 2. Same animal, from left side.
„ 3. Anterior part of body, with 1st pair of antennæ and oral appendages, viewed from below, more highly magnified.
„ 4. Antenna of 1st pair.
„ 5. Two of the sensory appendices on same antenna, highly magnified.
„ 6. Base of antenna of 2nd pair.
„ 7. Terminal part (flagellum) of same antenna.
„ 8. Labrum.
„ 9. Labium.
„ 10. Mandibles.
„ 11. Maxilla of 1st pair.
„ 12. Maxilla of 2nd pair.
„ 13. A maxilliped.
„ 14. Leg of 1st pair.
„ 15. Leg of 2nd pair.
„ 16. Leg of 7th pair.
„ 17. Terminal claw of same leg, considerably magnified.
„ 18. Posterior division of body, viewed from below. One of the valvular caudal appendages removed, to show the pleopods beneath it.
„ 19. One of the anterior pleopods.
„ 20. One of the posterior pleopods (branchiæ).
„ 21. Point of a valvular caudal appendage, viewed from inner side, showing the two rudimentary terminal branches.

Arcturus tuberosus, G. O. Sars.

Fig. 22. Female, viewed from left side.

Arcturus hystrix, G. O. Sars.	*Arcturus hystrix*, G. O. Sars.

Fig. 23. Ægbærende Hun seet ovenfra.
„ 24. Samme fra venstre Side.
„ 25. Foler af 1ste Par.
„ 26. Endedelen (Svøben) af en Foler af 2det Par.

Fig. 23. Ovigerous female, viewed from above.
„ 24. Same animal, from left side.
„ 25. Antenna of 1st pair.
„ 26. Terminal part (flagellum) of an antenna of 2nd pair.

Astacilla granulata, G. O. Sars.

Astacilla granulata, G. O. Sars.

Fig. 27. Ægbærende Hun seet ovenfra.
„ 28. Samme fra høire Side.
„ 29. Foler af 1ste Par.
„ 30. Endedelen af en Foler af 2det Par.
„ 31. Fod af 1ste Par.
„ 32. Skegtsmoden Han seet fra høire Side.
„ 33. En af sammes Folere af 1ste Par.
„ 34. 1ste Par Pleopoder tilligemed de foran samme beliggende ydre Kjønsvedhæng.
„ 35. En af 2det Par Pleopoder hos samme.

Fig. 27. Ovigerous female, viewed from above.
„ 28. Same animal, from right side.
„ 29. Antenna of 1st pair.
„ 30. Terminal part of antenna of 2nd pair.
„ 31. Leg of 1st pair.
„ 32. Sexually mature male, viewed from right side.
„ 33. Antenna of 1st pair, same animal.
„ 34. First pair of pleopods, together with outer sexual appendices placed anterior to them.
„ 35. Pleopod of 2nd pair, same animal.

Pl. X.

Glyptonotus megalurus, (G. O. Sars).

Pl. X.

Glyptonotus megalurus, (G. O. Sars).

Fig. 1. Han seet ovenfra, svagt forstørret.
„ 2. Samme nedenfra.
„ 3. Foler af 1ste Par.
„ 4. Spidsen af samme stærkere forstørret.
„ 5. Et af de paa samme fæstede Sandsevedhæng.
„ 6. Foler af 2det Par.
„ 7. Overlæben.
„ 8. Underlæben.
„ 9. Kindbakkerne.
„ 10. Kjæve af 1ste Par.
„ 11. Kjæve af 2det Par.
„ 12. Kjævefødderne.
„ 13. Fod af 1ste Par fra den ydre Side.
„ 14. Samme fra den indre Side.
„ 15. Fod af 4de Par.
„ 16. Fod af 7de Par.
„ 17. Bagkroppen seet nedenfra. Et af de klapformige Halevedhæng er borttaget for at vise de under samme liggende Pleopoder.
„ 18. De ydre Kjønsvedhæng, stærkere forstørrede.
„ 19. En af 1ste Par Pleopoder.
„ 20. En af 2det Par Pleopoder hos Hannen.
„ 21. En af samme Par Pleopoder hos Hannen.
„ 22. En af de bagre Pleopoder (Gjeller).
„ 23. Spidsen af et af de klapformige Halevedhæng fra den indre Side, visende de 2 rudimentære Endegrene.

Fig. 1. Male, viewed from above, very slightly magnified.
„ 2. Same animal, viewed from below.
„ 3. Antenna of 1st pair.
„ 4. Point of same antenna, considerably magnified.
„ 5. Sensory appendix attached to same antenna.
„ 6. Antenna of 2nd pair.
„ 7. Labrum.
„ 8. Labium.
„ 9. Mandibles.
„ 10. Maxilla of 1st pair.
„ 11. Maxilla of 2nd pair.
„ 12. Maxillipeds.
„ 13. Leg of 1st pair, from outer side.
„ 14. Same leg, from inner side.
„ 15. Leg of 4th pair.
„ 16. Leg of 7th pair.
„ 17. Posterior division of body, viewed from below. One of the valvular caudal appendages removed, to show the pleopods beneath.
„ 18. Outer sexual appendices, considerably magnified.
„ 19. Pleopod of 1st pair.
„ 20. Pleopod of 2nd pair, in male.
„ 21. Pleopod of same pair, in male.
„ 22. A posterior pleopod (branchia).
„ 23. Point of a valvular caudal appendage, viewed from inner side, showing the 2 rudimentary terminal branches.

Synidotea bicuspida, (Owen).

Synidotea bicuspida, (Owen).

Fig. 24. Ægbærende Hun seet ovenfra.
„ 25. Den forreste Del af Legemet fra venstre Side.

Fig. 24. Ovigerous female, viewed from above.
„ 25. Anterior part of body, viewed from left side.

Fig. 26. Bagkropssegmentet seet nedenfra, visende de klapformige Halevedhæng.

Acanthoniscus typhlops, G. O. Sars.

Fig. 27. Hun seet ovenfra.
" 28. Fod af 1ste Par.
" 29. Bagkropssegmentet seet nedenfra, med de stylet-formige Halevedhæng.
30. Et af Halevedhængene stærkere forstørret.

Nannoniscus bicuspis, G. O. Sars.

Fig. 31. Hun seet ovenfra.
" 32. Føler af 1ste Par.
" 33. Føler af 2det Par.
" 34. Overlæben.
" 35. Underlæben.
" 36. En af Kindbakkerne.
" 37. Kjæve af 1ste Par.
" 38. Kjæve af 2det Par.
" 39. Kjævefødderne.
" 40. En af de forreste Par Fødder.
" 41. En af de bagerste Par Fødder.
" 42. Bagkropssegmentet seet nedenfra.
" 43. En af de forreste Par Pleopoder.
" 44. En af de bagerste Par Pleopoder.
" 45. Et Stykke af Bagkropssegmentet med en af de bagre Fortsatser og et af Halevedhængene.

Pl. XI.

Eurycope gigantea, G. O. Sars.

Fig. 1. Hun seet ovenfra, svagt forstørret.
" 2. Samme fra venstre Side. Det ydre Parti af 2det Par Følere og de 3 Par forlængede Gangfødder er udeladt.
" 3. Samme nedenfra.
" 4. Hovedet forfra stærkere forstørret.
" 5. Føler af 1ste Par seet ovenfra.
" 6. Basis af en af 2det Par Følere seet ovenfra.
" 7. Samme nedenfra.
" 8. Overlæben.
" 9. Underlæben.
" 10. En af Kindbakkerne fra den ydre Side.
" 11. Samme bagfra.
" 12. Kjæve af 1ste Par.
" 13. Kjæve af 2det Par.
" 14. Kjævefødderne.
" 15. Fod af 1ste Par.
" 16. Enden af en Fod af 2det Par.
" 17. Enden af en Fod af 4de Par.
" 18. En af Aarefødderne.

Fig. 26. Abdominal segment. viewed from below, showing valvular caudal appendages.

Acanthoniscus typhlops, G. O. Sars.

Fig. 27. Female, viewed from above.
" 28. Leg of 1st pair.
" 29. Abdominal segment. viewed from below, with the styliform caudal appendages.
30. Caudal appendage, considerably magnified.

Nannoniscus bicuspis, G. O. Sars.

Fig. 31. Female, viewed from above.
" 32. Antenna of 1st pair.
" 33. Antenna of 2nd pair.
" 34. Labrum.
" 35. Labium.
" 36. A mandible.
" 37. Maxilla of 1st pair.
" 38. Maxilla of 2nd pair.
" 39. Maxillipeds.
" 40. One of the anterior legs.
" 41. One of the posterior legs.
" 42. Abdominal segment, viewed from below.
" 43. Pleopod of an anterior pair.
" 44. Pleopod of a posterior pair.
" 45. Piece of an abdominal segment, with right posterior prolation and caudal appendage, viewed from below.

Pl. XI.

Eurycope gigantea, G. O. Sars.

Fig. 1. Female, viewed from above, very slightly magnified.
" 2. Same animal, from left side. Outer part of 2nd pair of antennæ and 3 pairs of elongated pereiopoda omitted.
" 3. Same animal, viewed from below.
" 4. Head, anterior aspect, considerably magnified.
" 5. Antenna of 1st pair, viewed from above.
" 6. Base of antenna of 2nd pair, viewed from above.
" 7. Same part from below
" 8. Labrum.
" 9. Labium.
" 10. A mandible, from outer side.
" 11. Same mandible, posterior aspect.
" 12. Maxilla of 1st pair.
" 13. Maxilla of 2nd pair.
" 14. Maxillipeds.
" 15. Leg of 1st pair.
" 16. Extremity of a leg of 2nd pair.
" 17. Extremity of a leg of 4th pair.
" 18. One of the oar-shaped swimming legs.

Fig. 19.	Spidsen af samme med den rudimentære Ende-klo, stærkere forstørret.
„ 20.	En af de forreste Pleopoder.
„ 21.	En af de bagerste Pleopoder (Gjæller).
„ 22.	Et af Halevedhængene.
„ 23.	Føler af 1ste Par hos Hannen.
„ 24.	Hannens Bagkropssegment seet nedenfra.
„ 25.	Det omdannede Operculum stærkere forstørret og seet fra den indre Side.

Ischnosoma qvadrispinosum, G. O. Sars.

Fig. 26.	Hun seet ovenfra, stærkt forstørret.
„ 27.	Føler af 1ste Par.
„ 28.	Fod af 1ste Par.
„ 29.	Et Stykke af Halesegmentet med et af de rudimentære Halevedhæng.

Notophryus clypeatus, G. O. Sars.

Fig. 30.	Ægbærende Hun seet ovenfra.
„ 31.	Samme nedenfra.
„ 32.	Den forreste Del af Legemet stærkere forstørret, seet nedenfra.
„ 33.	Hannen seet fra høire Side, stærkt forstørret.

Pl. XII.

Socarnes bidenticulatus. (Sp. Bate).

Fig. 1.	Hun seet fra venstre Side.

Hippomedon Holbolli. (Kröyer), var.

Fig. 2.	Hun seet fra høire Side.

Anonyx calcaratus. G. O. Sars.

Fig. 3.	Hun seet fra høire Side.
„ a.	Føler af 1ste Par.
„ b.	Føler af 2det Par.
„ c.	En af Kindbakkerne.
„ d.	Kjæve af 1ste Par.
„ e.	Kjæve af 2det Par.
„ f.	En af Kjævefødderne.
„ g.	Fod af 1ste Par.
„ h.	Fod af 2det Par.
„ i.	Fod af 3die Par.
„ k.	Fod af 7de Par.
„ l.	En af sidste Par Halefødder.
„ m.	Halevedhænget seet ovenfra.

Anonyx typhlops, G. O. Sars.

Fig. 4.	Hun seet fra høire Side.
„ a.	Føler af 1ste Par.
„ b.	Føler af 2det Par.
„ c.	En af Kindbakkerne.

Fig. 19.	Point of same, with the rudimentary terminal claw, considerably magnified.
„ 20.	One of the anterior pleopods.
„ 21.	One of the posterior pleopods (branchiæ).
„ 22.	A caudal appendage.
„ 23.	Antenna of 1st pair, in male.
„ 24.	Abdominal segment of male, viewed from below.
„ 25.	The transformed operculum, considerably magnified and viewed from inner side.

Ischnosoma qvadrispinosum, G. O. Sars.

Fig. 26.	Female, viewed from above, highly magnified.
„ 27.	Antenna of 1st pair.
„ 28.	Leg of 1st pair.
„ 29.	Piece of caudal segment, with one of the rudimentary caudal appendages.

Notophryus clypeatus, G. O. Sars.

Fig. 30.	Ovigerous female, viewed from above.
„ 31.	Same animal, from below.
„ 32.	Anterior part of body, viewed from below, considerably magnified.
„ 33.	Male, viewed from right side, highly magnified.

Pl. XII.

Socarnes bidenticulatus. (Sp. Bate).

Fig. 1.	Female, viewed from left side.

Hippomedon Holbolli, (Kröyer), var.

Fig. 2.	Female, viewed from right side.

Anonyx calcaratus. G. O. Sars.

Fig. 3.	Female, viewed from right side.
„ a.	Antenna of 1st pair.
„ b.	Antenna of 2nd pair.
„ c.	A mandible.
„ d.	Maxilla of 1st pair.
„ e.	Maxilla of 2nd pair.
„ f.	A maxilliped.
„ g.	Leg of 1st pair.
„ h.	Leg of 2nd pair.
„ i.	Leg of 3rd pair.
„ k.	Leg of 7th pair.
„ l.	Caudal stylet of last pair.
„ m.	Telson, viewed from above.

Anonyx typhlops. G. O. Sars.

Fig. 4.	Female, viewed from right side.
„ a.	Antenna of 1st pair.
„ b.	Antenna of 2nd pair.
„ c.	A mandible.

265

Fig. *d.* Kjæve af 1ste Par.
" *e.* Kjæve af 2det Par.
" *f.* En af Kjævefødderne.
" *g.* Fod af 1ste Par.
" *h.* Fod af 2det Par.
" *i.* Endepartiet af en Fod af 3die Par.
" *k.* Spidsen af Bagkroppen med Halevedhænget og sidste Par Springfødder, seet ovenfra.

Fig. *d.* Maxilla of 1st pair.
" *e.* Maxilla of 2nd pair.
" *f.* A maxilliped.
" *g.* Leg of 1st pair.
" *h.* Leg of 2nd pair.
" *i.* Terminal part of leg of 3rd pair.
" *k.* Extremity of posterior division of body, with telson and last pair of caudal stylets, viewed from above.

Onesimus turgidus. G. O. Sars.

Fig. 5. Hun seet fra høire Side.
" 5 *g.* Samme ovenfra.
" *a.* Føler af 1ste Par.
" *b.* Føler af 2det Par.
" *c.* En af Kindbakkerne.
" *d.* Kjæve af 1ste Par.
" *e.* Kjæve af 2det Par.
" *f.* En af Kjævefødderne.
" *g.* Fod af 1ste Par.
" *h.* Fod af 2det Par.
" *i.* Enden af Bagkroppen med Halevedhænget og de 2 Par bagerste Springfødder, seet ovenfra.

Onesimus turgidus. G. O. Sars.

Fig. 5. Female, viewed from right side.
" 5 *x.* Same animal, viewed from above.
" *a.* Antenna of 1st pair.
" *b.* Antenna of 2nd pair.
" *c.* A mandible.
" *d.* Maxilla of 1st pair.
" *e.* Maxilla of 2nd pair.
" *f.* A maxilliped.
" *g.* Leg of 1st pair.
" *h.* Leg of 2nd pair.
" *i.* Extremity of posterior division of body, with telson and last 2 pairs of caudal stylets, viewed from above.

Pl. XIII.

Onesimus leucopis. G. O. Sars.

Fig. 1. Hun seet fra høire Side.
" 1 *a.* Spidsen af Bagkroppen med Halevedhænget og sidste Par Springfødder, ovenfra.

Tryphosa pusilla, G. O. Sars.

Fig. 2. Hun seet fra venstre Side.
" 2 *a.* Spidsen af Bagkroppen med Halevedhænget og sidste Par Springfødder, ovenfra.

Acidostoma laticorne. G. O. Sars.

Fig. 3. Han seet fra venstre Side.
" 3 *a.* Spidsen af Bagkroppen med Halevedhænget og de 2 bagerste Par Springfødder, ovenfra.

Phorus ovulatus. G. O. Sars.

Fig. 4. Hun seet fra venstre Side.
" *a.* Føler af 1ste Par.
" *b.* Føler af 2det Par.
" *c.* Fod af 1ste Par.
" *d.* Enden af 2det Par Epimerer.
" *e.* Spidsen af Bagkroppen med Halevedhænget og sidste Par Springfødder.

Pl. XIII.

Onesimus leucopis, G. O. Sars.

Fig. 1. Female, viewed from right side.
" 1 *a.* Extremity of posterior division of body, with telson and last pair of caudal stylets, viewed from above.

Tryphosa pusilla, G. O. Sars.

Fig. 2. Female, viewed from left side.
" 2 *a.* Extremity of posterior division of body, with telson and last pair of caudal stylets, viewed from above.

Acidostoma laticorne, G. O. Sars.

Fig. 3. Male, viewed from left side.
" 3 *a.* Extremity of posterior division of body, with telson and last 2 pairs of caudal stylets, viewed from above.

Phorus ovulatus, G. O. Sars.

Fig. 4. Female, viewed from left side.
" *a.* Antenna of 1st pair.
" *b.* Antenna of 2nd pair.
" *c.* Leg of 1st pair.
" *d.* End of 2nd pair of epimera.
" *e.* Extremity of posterior [division of body, with telson and last pair of caudal stylets.

Harpinia abyssi, G. O. Sars.		*Harpinia abyssi*, G. O. Sars.

Fig. 5. Hun seet fra høire Side.
„ a. Føler af 1ste Par.
„ b. Føler af 2det Par.
„ c. En af Kindbakkerne.
„ d. Kjæve af 1ste Par.
„ e. Kjæve af 2det Par.
„ f. En af Kjævefødderne.
„ g. Fod af 1ste Par.
„ h. Fod af 3die Par.
„ i. Fod af 5te Par.
„ k. Fod af 7de Par.
„ l. En af sidste Par Springfødder.
„ m. Halevedhænget ovenfra.

Fig. 5. Female, viewed from right side.
„ a. Antenna of 1st pair.
„ b. Antenna of 2nd pair.
„ c. A mandible.
„ d. Maxilla of 1st pair.
„ e. Maxilla of 2nd pair.
„ f. A maxilliped.
„ g. Leg of 1st pair.
„ h. Leg of 2nd pair.
„ i. Leg of 5th pair.
„ k. Leg of 7th pair.
„ l. Caudal stylet of last pair.
„ m. Telson, viewed from above.

Harpinia carinata, G. O. Sars.　　　*Harpinia carinata*, G. O. Sars.

Fig. 6. Han seet fra venstre Side.
„ a. Føler af 1ste Par.
„ b. Føler af 2det Par.
„ c. Fod af 1ste Par.
„ d. Fod af 7de Par.
„ e. Spidsen af Bagkroppen med Halevedhænget og sidste Par Springfødder, ovenfra.

Fig. 6. Male, viewed from left side.
„ a. Antenna of 1st pair.
„ b. Antenna of 2nd pair.
„ c. Leg of 1st pair.
„ d. Leg of 7th pair.
„ e. Extremity of posterior division of body, with telson and last pair of caudal stylets, viewed from above.

Harpinia mucronata, G. O. Sars.　　　*Harpinia mucronata*, G. O. Sars.

Fig. 7. Hun seet fra venstre Side.
„ a. Føler af 1ste Par.
„ b. Føler af 2det Par.
„ c. Fod af 1ste Par med det tilhørende Epimer.
„ d. Fod af 7de Par.
„ e. En af sidste Par Halefødder.
„ f. Halevedhænget ovenfra.
„ g. En af 3die Bagkropssegments Sideplader.

Fig. 7. Female, viewed from left side.
„ a. Antenna of 1st pair.
„ b. Antenna of 2nd pair.
„ c. Leg of 1st pair, with appertinent epimerum.
„ d. Leg of 7th pair.
„ e. Caudal stylet of last pair.
„ f. Telson, viewed from above.
„ g. Lateral plate of 3rd abdominal segment.

Harpinia serrata, G. O. Sars.　　　*Harpinia serrata*, G. O. Sars.

Fig. 8. Hun seet fra venstre Side.
„ a. Føler af 1ste Par.
„ b. Føler af 2det Par.
„ c. Fod af 1ste Par.
„ d. Fod af 7de Par.

Fig. 8. Female, viewed from left side.
„ a. Antenna of 1st pair.
„ b. Antenna of 2nd pair.
„ c. Leg of 1st pair.
„ d. Leg of 7th pair.

Pl. XIV.　　　Pl. XIV.

Urothoë abbreviata, G. O. Sars.　　　*Urothoë abbreviata*, G. O. Sars.

Fig. 1. Hun seet fra høire Side, stærkt forstørret.
Fig. 1. Female, viewed from left side, highly magnified.

Epimeria loricata, G. O. Sars.　　　*Epimeria loricata*, G. O. Sars.

Fig. 2. Hun seet fra venstre Side, svagt forstørret.
Fig. 2. Female, viewed from left side, slightly magnified.

Paramphithoë euacantha. G. O. Sars.

Fig. 3. Hun seet fra hoire Side.
" a. Fod af 1ste Par.
" b. Halevedhænget ovenfra.

Oediceros maclrocheir, G. O. Sars.

Fig. 4. Hun seet fra venstre Side.

Halirages qvadridentatus. G. O. Sars.

Fig. 4. (bis.) Hun seet fra hoire Side.
" a. En af Kindbakkerne.
" b. Kjæve af 1ste Par.
" c. Kjæve af 2det Par.
" d. Fod af 1ste Par med det tilhorende Epimer.
" e. En af 3die Bagkropssegments Sideplader.
" f. Spidsen af Bagkroppen med Halevedhænget og de 2 bagre Springfodder paa venstre Side. ovenfra seet.

Cleïppides quadricuspis. Heller.

Fig. 5. Ægbærende Hun seet fra venstre Side. svagt forstorret.

Amphithopsis pulchella, G. O. Sars.

Fig. 5. Hun seet fra venstre Side.
" a. En af Kindbakkerne.
" b. Kjæve af 1ste Par.
" c. Fod af 1ste Par.
" d. Fod af 2det Par.
" e. Spidsen af Bagkroppen med Halevedhænget og sidste Par Springfodder. ovenfra.

Mœra tenera, G. O. Sars.

Fig. 6. Hun seet fra venstre Side.

Pl. XV.

Melita pallida. G. O. Sars.

Fig. 1. Hun seet fra venstre Side, svagt forstorret.
" a. Et Stykke af en Foler af 1ste Par med Enden af Skaftet. Bisvoben og Basis af den egentlige Svobe.
" b. En af Kindbakkerne.
" c. Kjæve af 1ste Par.
" d. Kjæve af 2det Par.
" e. En af Kjævefodderne.
" f. Fod af 1ste Par.
" g. Fod af 2det Par.
" h. Den bagerste Del af Legemet seet ovenfra.

Paramphithoë euacantha. G. O. Sars.

Fig. 3. Female, viewed from right side.
" a. Leg of 1st pair.
" b. Telson, viewed from above.

Oediceros maclrocheir, G. O. Sars.

Fig. 4. Female, viewed from left side.

Halirages quadridentatus, G. O. Sars.

Fig. 4. (bis.) Female, viewed from right side.
" a. A mandible.
" b. Maxilla of 1st pair.
" c. Maxilla of 2nd pair.
" d. Leg of 1st pair, with appertinent epimerum.
" e. Lateral plate of 3rd abdominal segment.
" f. Extremity of posterior division of body, with telson and last 2 caudal stylets on left side, viewed from above.

Cleïppides quadricuspis. Heller.

Fig. 5. Ovigerous female, viewed from left side, slightly magnified.

Amphithopsis pulchella, G. O. Sars.

Fig. 5. Female. viewed from left side.
" a. A mandible.
" b. Maxilla of 1st pair.
" c. Leg of 1st pair.
" d. Leg of 2nd pair.
" e. Extremity of posterior division of body, with telson and last pair of caudal stylets, viewed from above.

Mœra tenera, G. O. Sars.

Fig. 6. Female, viewed from left side.

Pl. XV.

Melita pallida, G. O. Sars.

Fig. 1. Male, viewed from left side, slightly magnified.
" a. Part of an antenna of 1st pair, comprising extremity of peduncle, secondary flagellum, and base of true flagellum.
" b. A mandible.
" c. Maxilla of 1st pair.
" d. Maxilla of 2nd pair.
" e. A maxilliped.
" f. Leg of 1st pair.
" g. Leg of 2nd pair.
" h. Hindmost part of body, viewed from above.

34*

Fig. i. En af 2det Par Springfodder.
 „   k. En af sidste Par Springfodder.
 „   l. Halevedhænget ovenfra.

Amathillopsis spinigera, Heller.

Fig. 2. Ægbærende Hun seet fra hoire Side, ganske svagt forstørret.

Bruzelia serrata. G. O. Sars.

Fig. 3. Hun seet fra venstre Side.
 „   a. Et Stykke af en Foler af 1ste Par med Enden af Skaftet, Bisvøben og Basis af den egentlige Svøbe.
 „   b. Overlæben.
 „   c. En af Kindbakkerne fra den ydre Side.
 „   d. Samme seet forfra.
 „   e. Kjæve af 1ste Par.
 „   f. Kjæve af 2det Par.
 „   g. Kjævefodderne.
 „   h. Fod af 1ste Par.
 „   i. En af 3die Bagkropssegments Sideplader.
 „   k. Spidsen af Bagkroppen med Halevedhænget og de 2 bagre Springfodder paa hoire Side, ovenfra seet.

Metopa spectabilis, G. O. Sars.

Fig. 4. Hun seet fra venstre Side.
 „   a. Enden af en af 2det Par Folere med den rudimentiere Svøbe.
 „   b. Overlæben.
 „   c. Underlæben.
 „   d. En af Kindbakkerne.
 „   e. Kjæve af 1ste Par.
 „   f. Kjæve af 2det Par.
 „   g. En af Kjævefodderne.
 „   h. Fod af 1ste Par.
 „   i. Fod af 2det Par hos Hunnen.
 „   k. Samme Fod hos Hannen.
 „   l. Fod af 5te Par.
 „   m. Sidste Par Springfodder.
 „   n. Halevedhænget ovenfra.

Metopa aegricornis, G. O. Sars.

Fig. 5. Hun seet fra venstre Side.

Fig. i. Caudal stylets of 2nd pair.
 „   k. Caudal stylets of last pair.
 „   l. Telson, viewed from above.

Amathillopsis spinigera, Heller.

Fig. 2. Ovigerous female, viewed from right side, very slightly magnified.

Bruzelia serrata. G. O. Sars.

Fig. 3. Female, viewed from left side.
 „   a. Part of an antenna of 1st pair, comprising extremity of peduncle, secondary flagellum, and base of true flagellum.
 „   b. Labrum.
 „   c. A mandible, viewed from outer side.
 „   d. Same, viewed anteriorly.
 „   e. Maxilla of 1st pair.
 „   f. Maxilla of 2nd pair.
 „   g. Maxillipeds.
 „   h. Leg of 1st pair.
 „   i. Lateral plate of 3rd abdominal segment.
 „   k. Extremity of posterior division of body, with telson and last 2 caudal stylets on right side, viewed from above.

Metopa spectabilis. G. O. Sars.

Fig. 4. Female, viewed from left side.
 „   a. Extremity of an antenna of 2nd pair, with the rudimentary flagellum.
 „   b. Labrum.
 „   c. Labium.
 „   d. A mandible.
 „   e. Maxilla of 1st pair.
 „   f. Maxilla of 2nd pair.
 „   g. A maxilliped.
 „   h. Leg of 1st pair.
 „   i. Leg of 2nd pair, in female.
 „   k. Same leg, in male.
 „   l. Leg of 5th pair.
 „   m. Last pair of caudal stylets.
 „   n. Telson, viewed from above.

Metopa aegricornis. G. O. Sars.

Fig. 5. Female, viewed from left side.

Pl. XVI.

Danaïa abyssi. G. O. Sars.

Fig. 1. Hun seet fra venstre Side.
 „   1 a. Fod af 2det Par.

Pl. XVI.

Danaïa abyssi, G. O. Sars.

Fig. 1. Female, viewed from left side.
 „   1 a. Leg of 2nd pair.

Lilljeborgia æquicornis, G. O. Sars.

Fig. 2. Hun seet fra venstre Side.
„ 2 a. Forkroppen af en Han fra samme Side, visende det eiendommeligt formede 1ste Fodpar.

Tritropis appendiculata, G. O. Sars.

Fig. 3. Han (?) seet fra venstre Side.
„ 3 a. Et Stykke af 1ste Par Føleres Svøbe, visende de stærkt udviklede Calceoler.

Ampelisca odontoplax, G. O. Sars.

Fig. 4. Hun seet fra høire Side.

Ampelisca minuticornis, G. O. Sars.

Fig. 5. Hun seet fra venstre Side.
„ a. Føler af 1ste Par.
„ b. En af Kindbakkerne.
„ c. Underlæben.
„ d. Kjæve af 1ste Par.
„ e. Kjæve af 2det Par.
„ f. En af Kjævefødderne.
„ g. Fod af 1ste Par.
„ h. Fod af 2det Par.
„ i. Fod af 4de Par.
„ k. Basis af en Fod af 6te Par med det tilhørende Epimer.
„ l. Fod af 7de Par.
„ m. Springfod af 1ste Par.
„ n. Springfod af 2det Par.
„ o. Spidsen af Bagkroppen med Halevedhænget og sidste Par Springfødder, ovenfra.

Byblis abyssi, G. O. Sars.

Fig. 6. Hun seet fra høire Side.

Autonoë megacheir, G. O. Sars.

Fig. 7. Han seet fra venstre Side.

Pl. XVII.

Podocerus assimilis, G. O. Sars.

Fig. 1. Hun seet fra høire Side.
„ a. Et Stykke af en Føler af 1ste Par med Enden af Skaftet, Bisvøben og Basis af den egentlige Svøbe.
„ b. Fod af 1ste Par.
„ c. Fod af 2det Par hos Hannen.

Lilljeborgia æquicornis, G. O. Sars.

Fig. 2. Female, viewed from right side.
„ 2 a. Anterior division of body, in male, from same side, showing 1st pair of legs and their peculiar formation.

Tritropis appendiculata, G. O. Sars.

Fig. 3. Male (?), viewed from left side.
„ 3 a. Fragment of flagellum from 1st pair of antennæ, showing the strongly developed calceolæ.

Ampelisca odontoplax, G. O. Sars.

Fig. 4. Female, viewed from right side.

Ampelisca minuticornis, G. O. Sars.

Fig. 5. Female, viewed from left side.
„ a. Antenna of 1st pair.
„ b. A mandible.
„ c. Labium.
„ d. Maxilla of 1st pair.
„ e. Maxilla of 2nd pair.
„ f. A maxilliped.
„ g. Leg of 1st pair.
„ h. Leg of 2nd pair.
„ i. Leg of 4th pair.
„ k. Base of leg of 6th pair, with appertinent epimerum.
„ l. Leg of 7th pair.
„ m. Caudal stylet of 1st pair.
„ n. Caudal stylet of 2nd pair.
„ o. Extremity of posterior division of body, along with telson and last pair of caudal stylets, viewed from above.

Byblis abyssi, G. O. Sars.

Fig. 6. Female, viewed from right side.

Autonoë megacheir, G. O. Sars.

Fig. 7. Female, viewed from left side.

Pl. XVII.

Podocerus assimilis, G. O. Sars.

Fig. 1. Female, viewed from right side.
„ a. Part of an antenna of 1st pair, comprising extremity of peduncle, secondary flagellum, and base of true flagellum.
„ b. Leg of 1st pair.
„ c. Leg of 2nd pair, in male.

Prodocerus brevicornis. G. O. Sars.

Fig. 2. Hun seet fra venstre Side.
" a. Et Stykke af en Føler af 1ste Par med Enden af Skaftet, Bisrøben og Basis af den egentlige Svøbe.
" b. Fod af 1ste Par.
" c. Fod af 2det Par hos Hannen.

Podocerus tenuicornis. G. O. Sars.

Fig. 3. Hun seet fra venstre Side.

Erichthonius megalops. G. O. Sars.

Fig. 4. Hun seet fra høire Side.
" a. Fod af 1ste Par.
" b. Fod af 2det Par hos Hannen.

Unciola petalocera, G. O. Sars.

Fig. 5. Hun seet fra venstre Side.
" 5 x. Hun fra høire Side.
" a. Et Stykke af en Føler af 1ste Par med Enden af Skaftet, Bisrøben og Basis af den egentlige Svøbe.
" b. Føler af 2det Par hos Hannen.
" c. En af Kindbakkerne.
" d. Kjæve af 1ste Par.
" e. Kjæve af 2det Par.
" f. En af Kjævefødderne.
" g. Fod af 1ste Par hos Hannen.
" h. Samme Fod hos Hunnen.
" i. Fod af 2det Par.
" k. Enden af Bagkroppen ovenfra med Halevedhænget, sidste Par Springfødder og de 2 foregaaende Springfødder paa venstre Side.
" l. En af sidste Par Springfødder isoleret.

Dulichia tuberculata. Boeck.

Fig. 6. Ægbærende Hun seet fra venstre Side.
" 6 x. Han fra høire Side.

Pl. XVIII.

Dulichia hirticornis. G. O. Sars.

Fig. 1. Ægbærende Hun seet fra høire Side.
" 1 a. Fod af 2det Par hos Hannen.

Dulichia macera. G. O. Sars.

Fig. 2. Han seet fra venstre Side.
" 2 a. Enden af en Føler af 1ste Par hos Hannen, med Bisrøben og den egentlige Svøbe.

Podocerus brevicornis, G. O. Sars.

Fig. 2. Female, viewed from right side.
" a. Part of an antenna of 1st pair, comprising extremity of peduncle, secondary flagellum, and base of true flagellum.
" b. Leg of 1st pair.
" c. Leg of 2nd pair, in male.

Podocerus tenuicornis. G. O. Sars.

Fig. 3. Female, viewed from left side.

Erichthonius megalops, G. O. Sars.

Fig. 4. Female, viewed from right side.
" a. Leg of 1st pair.
" b. Leg of 2nd pair, in male.

Unciola petalocera, G. O. Sars.

Fig. 5. Male, viewed from left side.
" 5 x. Female, viewed from right side.
" a. Part of an antenna of 1st pair, comprising extremity of peduncle, secondary flagellum, and base of true flagellum.
" b. Antenna of 2nd pair, in male.
" c. A mandible.
" d. Maxilla of 1st pair.
" e. Maxilla of 2nd pair.
" f. A maxilliped.
" g. Leg of 1st pair, in male.
" h. Same leg, in female.
" i. Leg of 2nd pair.
" k. Extremity of posterior division of body, viewed from above, along with telson, last pair of caudal stylets, and the 2 preceding caudal stylets on left side.
" l. Caudal stylet of last pair, isolated.

Dulichia tuberculata, Boeck.

Fig. 6. Ovigerous female, viewed from left side.
" 6 x. Male, viewed from right side.

Pl. XVIII.

Dulichia hirticornis, G. O. Sars.

Fig. 1. Ovigerous female, viewed from right side.
" 1 a. Leg of 2nd pair, in male.

Dulichia macera, G. O. Sars.

Fig. 2. Male, viewed from left side.
" 2 a. Extremity of an antenna of 1st pair, in female, along with secondary flagellum and true flagellum.

<table>
<tr><td>

Caprella microtuberculata, G. O. Sars.

Fig. 3.   Ægbærende Hun seet fra høire Side.
"   3   *x*. Den forreste Del af Legemet af en Han fra samme Side.
  3   *a*. Fod af 1ste Par stærkere forstørret.

Caprella spinosissima. Norman.

Fig. 4.   Ægbærende Hun seet fra høire Side.
"   4   *x*. Han fra samme Side.
"   *a*. Overlæben.
"   *b*. Underkjeben.
"   *c*. En af Kindbakkerne.
"   *d*. Kjæve af 1ste Par.
"   *e*. Kjæve af 2det Par.
"   *f*. Kjævefødderne; Palpen paa høire Side er udeladt.
"   *g*. Hunnens Bagkrop seet ovenfra.

"   *h*. Samme nedenfra.
"   *i*. Fod af 1ste Par hos Hannen.
"   *k*. Hunnens Bagkrop med de foran samme beliggende ydre Kjønsvedhæng seet nedenfra.

"   *l*. Samme fra høire Side.

Ægina spinifera. Bell.

Fig. 5.   Ægbærende Hun seet fra venstre Side.
"   5   *x*. Den forreste Del af Legemet af en Han fra samme Side.
"   *a*. En af Kindbakkerne.
"   *b*. Fod af 1ste Par.
"   *c*. Hannens Bagkrop seet fra venstre Side.

</td><td>

Caprella microtuberculata. G. O. Sars.

Fig. 3.   Ovigerous female, viewed from right side.
"   3   *x*. Foremost part of body, in male, from same side.
"   3   *a*. Leg of 1st pair, more highly magnified.

Caprella spinosissima. Norman.

Fig. 4.   Ovigerous female, viewed from right side.
"   4   *x*. Male, from same side.
"   *a*. Labrum.
"   *b*. Labium.
"   *c*. A mandible.
"   *d*. Maxilla of 1st pair.
"   *e*. Maxilla of 2nd pair.
"   *f*. Maxillipeds (palp on right side omitted).
"   *g*. Posterior division of body, in female, viewed from above.
"   *h*. Same part, same sex, from below.
"   *i*. Leg of 1st pair, in male.
"   *k*. Posterior division of body, in male, with the anterior-placed outer sexual appendices, viewed from below.
"   *l*. Same part, from right side.

Ægina spinifera. Bell.

Fig. 5.   Ovigerous female, viewed from left side.
"   5   *x*. Foremost part of body, in male, from same side.
"   *a*. A mandible.
"   *b*. Leg of 1st pair.
"   *c*. Posterior division of body, in male, viewed from left side.

</td></tr>
</table>

<table>
<tr><td>

Pl. XIX.

Euchæta norvegica, Boeck.

Fig. 1.   Ægbærende Hun seet ovenfra.
"   2.   Samme fra høire Side.
"   3.   Pandehornet ovenfra stærkere forstørret.
"   4.   Overlæben.
"   5.   Føler af 2det Par.
"   6.   En af Kindbakkerne.
"   7.   En af Kjæverne.
"   8.   Kjævefod af 1ste Par.
"   9.   Kjævefod af 2det Par.
"   10.   Svømmefod af 1ste Par.
"   11.   Svømmefod af 2det Par.
"   12.   Svømmefod af 4de Par.
"   13.   Enden af Bagkroppen med Furca og Basis af Halebørsterne.
"   14.   Skjægtsmoden Han seet ovenfra.

</td><td>

Pl. XIX.

Euchæta norvegica, Boeck.

Fig. 1.   Ovigerous female, viewed from above.
"   2.   Same animal, from right side.
"   3.   Rostrum, from above, considerably magnified.
"   4.   Labrum.
"   5.   Antenna of 2nd pair.
"   6.   A mandible.
"   7.   A maxilla.
"   8.   Maxilliped of 1st pair.
"   9.   Maxilliped of 2nd pair.
"   10.   Natatory leg of 1st pair.
"   11.   Natatory leg of 2nd pair.
"   12.   Natatory leg of 4th pair.
"   13.   Extremity of posterior division of body, comprising furca and base of caudal bristles.
"   14.   Sexually mature male, viewed from above.

</td></tr>
</table>

272

Fig. 15.	Basis af en af sammes 1ste Par Følere, visende de baandformige Sandsevedhæng.	Fig. 15.	Base of an antenna of 1st pair, same animal, showing the riband-shaped sensory appendages.
" 16.	En af dens rudimentære Kindbakker.	" 16.	Rudimentary mandible, same animal.
" 17.	En af Kjæverne.	" 17.	A maxilla.
" 18.	Kjævefod af 1ste Par.	" 18.	Maxilliped of 1st pair.
" 19.	Kjævefod af 2det Par.	" 19.	Maxilliped of 2nd pair.
" 20.	5te Fodpar (Gribefødderne) nedenfra.	" 20.	Fifth pair of legs (prehensile), viewed from below.
" 21.	Endepartiet af den høire Fod.	" 21.	Terminal part of right leg.

Pl. XX.

Scalpellum Strømii. M. Sars.

| Fig. 1. | Et fuldstændigt Exemplar fastsiddende paa en Tubulariestamme, seet fra Siden. | Fig. 1. | A perfect specimen attached to a tubularian stalk, lateral aspect. |
| " 2. | Samme fra den ventrale Side. | " 2. | Same animal, ventral aspect. |

Scalpellum angustum. G. O. Sars.

| Fig. 3. | Et Exemplar seet fra Siden. | Fig. 3. | Specimen, lateral aspect. |
| " 4. | Samme nedenfra. | " 4. | Same, viewed from below. |

Scalpellum striolatum, G. O. Sars.

Fig. 5.	Et Exemplar fastsiddende paa en Steen, seet fra Siden.	Fig. 5.	Specimen attached to a stone, lateral aspect.
" 6.	Samme nedenfra.	" 6.	Same, viewed from below.
" 7.	En supplementær Han fra Siden, stærkt forstørret.	" 7.	Supplementary male, lateral aspect, highly magnified.

Scalpellum cornutum, G. O. Sars.

Fig. 8.	Et Exemplar fastheftet til en Tubulariestamme, seet fra Siden.	Fig. 8.	Specimen attached to a tubularian stalk, lateral aspect.
" 9.	Samme nedenfra.	" 9.	Same, viewed from below.
" 10.	Samme ovenfra.	" 10.	Same, viewed from above.

Scalpellum hamatum, G. O. Sars.

Fig. 11.	Et Exemplar seet fra Siden.	Fig. 11.	Specimen, lateral aspect.
" 12.	Samme nedenfra.	" 12.	Same, viewed from below.
" 13.	Et af Stilkens Kalkkorn tilligemed den ydre Beklædningsmembran i Gjennemsnit, stærkt forstørret.	" 13.	Calcareous granule of stalk, along with outer investing membrane, transverse section, highly magnified.

Balanus crenatus, Brug., varietas.

| Fig. 14. | Et Exemplar med kortere Skalvæg. | Fig. 14. | Specimen, with comparatively short testaceous walls. |
| " 15. | Et andet stærkt forlænget Exemplar. | " 15. | Another, exceedingly elongate specimen. |

Sylon Hymenodorae, G. O. Sars.

| Fig. 16. | Et Exemplar fastheftet til Bugsiden af en Hymenodora glacialis, seet nedenfra. | Fig. 16. | Specimen attached to ventral side of Hymenodora glacialis, viewed from below. |
| " 17. | Samme Exemplar seet fra Siden. | " 17. | Same specimen, lateral aspect. |

Pseudomysis abyssi, G. O. Sars.

Fig. 18. Forenden af Legemet med de rudimentære Øine og Følerne, seet ovenfra.
» 19. En af Fødderne med sin Svømmegren.
» 20. Det ydre Parti af en Fod stærkere forstørret.

Hyperiopsis Voringii, G. O. Sars.

Fig. 21. Hun seet fra venstre Side.

Pseudomysis abyssi. G. O. Sars.

Fig. 18. Anterior division of body, along with the rudimentary eyes and antennæ, viewed from above.
» 19. Leg, with appertinent natatory branch.
» 20. Outer part of a leg, considerably magnified.

Hyperiopsis Voringii, G. O. Sars.

Fig. 21. Female, viewed from left side.

Pl. XXI.

Sphyrapus serratus. G. O. Sars.

Fig. 1. Hun seet ovenfra.
» 2. Samme fra venstre Side.
» 3. Forenden af Legemet seet nedenfra, visende Munddelene i Situs.
» 4. Spidsen af Pandehornet stærkere forstørret.
» 5. Føler af 1ste Par.
» 6. Føler af 2det Par.
» 7. Overlæben.
» 8. Underlæben.
» 9. Kindbakkerne og Overlæben bagfra.
» 10. Kindbakkernes forreste Ender stærkere forstørrede.
» 11. En af Kindbakkernes Palpe.
» 12. Kjæve af 1ste Par.
» 13. Kjæve af 2det Par.
» 14. En af sammes Tyggelapper stærkere forstørret.
» 15. Kjævefødderne. Den membranøse Vifte er kun afbildet paa venstre Side.
» 16. Kjæveføddernes Vifte isoleret og udbredt i et Plan.
» 17. En af Saxfødderne fra den ydre Side.
» 18. Et Stykke af den ubevægelige Fingers Griberand stærkt forstørret.
» 19. Den rudimentære Exopodit isoleret.
» 20. En af Gravefødderne.
» 21. Gangfod af 1ste Par.
» 22. Gangfod af 3die Par.
» 23. Den til sidste Led af samme fæstede Hørebørste stærkt forstørret.
» 24. Gangfod af sidste Par.
» 25. En af Pleopoderne.
» 26. Enden af Bagkroppen, seet nedenfra, med Halevedhængene.
» 27. Slægtsmoden Han seet fra venstre Side.
» 28. En af dens 1ste Par Følere.
» 29. Yderdelen af en Saxfod.
» 30. Yderdelen af en Gravefod.
» 31. Endepladerne paa en af Pleopoderne.

Pl. XXI.

Sphyrapus serratus, G. O. Sars.

Fig. 1. Female, viewed from above.
» 2. Same animal, viewed from left side.
» 3. Anterior division of body, viewed from below, exhibiting oral appendages in situ.
» 4. Point of rostrum, considerably magnified.
» 5. Antenna of 1st pair.
» 6. Antenna of 2nd pair.
» 7. Labrum.
» 8. Labium.
» 9. Mandibles and labrum, posterior aspect.
» 10. Foremost extremities of mandibles, considerably magnified.
» 11. Mandibular palp.
» 12. Maxilla of 1st pair.
» 13. Maxilla of 2nd pair.
» 14. Masticatory lobe of same, considerably magnified.
» 15. Maxillipeds. The membranous flabellum is represented on the left side only.
» 16. Flabellum of maxillipeds, isolated and extended in a plane.
» 17. A cheliped from outer side.
» 18. Fragment of immovable finger's palmar margin, highly magnified.
» 19. Rudimentary exopodite, isolated.
» 20. Fossorial leg.
» 21. Ambulatory leg of 1st pair.
» 22. Ambulatory leg of 3rd pair.
» 23. Auditory bristle attached to last joint, highly magnified.
» 24. Ambulatory leg of last pair.
» 25. A pleopod.
» 26. Extremity of posterior division of body, viewed from below, with caudal appendages.
» 27. Sexually mature male, viewed from left side.
» 28. Antenna of 1st pair.
» 29. Outer part of cheliped.
» 30. Outer part of fossorial leg.
» 31. Terminal plates of a pleopod.

Tillæg.

Da nærværende Afhandling allerede for flere Aar siden har været færdig fra min Haand og indleveret til Trykken, og jeg saaledes ikke har kunnet i Texten tage Hensyn til hvad der midlertidig er publiceret af andre Forskere, tror jeg at burde vedføie følgende supplerende Bemærkninger.

Scyramathia Carpenteri, (Norman), pg. 6.

Af Prof. Sidney Smith er nylig beskrevet, under Benævnelsen *Amathia Agassizi*, en Form, som aabenbart gaar ind under Slægten *Scyramathia*, skjøndt Arten er forskjellig fra den nordiske Form. I hvilket nærmere Forhold Stimpson's *Scyra umbonata* staar til denne, eller til vor Form, er endnu fremdeles uoplyst.

Eupagurus tricarinatus, (Norman), pg. 11.

Ved nøiere Sammenligning med den middelhavske Form *E. meticulosus* Roux, hvoraf jeg har havt Anledning til at undersøge 2 Exemplarer tagne ved Neapel, finder jeg, at Norman's *E. tricarinatus* er utvivlsomt identisk med denne. Da Roux's Artsbenævnelse er den langt ældre, maa den selvfølgelig bibeholdes for Arten.

Sclerocrangon salebrosus, (Owen), pg. 15.

Arten er under det af mig først foreslaaede Navn, *Cheraphilus ferox*, omtalt af Dr. Hoek[1] som forekommende paa flere Steder i Østhavet paa Dybder fra 62 til 160 Favne, og en smuk Afbildning leveret af en ægbærende Hun. Den af Prof. Sidney Smith som *Cheraphilus Agassizi* beskrevne Art fra Østkysten af de forenede Stater, tilhører samme Slægt.

[1] Die Crustaceen. gesammelt während der Fahrten des «Willem Barents" in den Jahren 1878 und 1879.

Supplementary.

The present Memoir having several years since left the pen of the Author and been sent to the President of the Editorial Committee for publication, no regard could obviously be taken, in the body of the work, to what has meanwhile appeared on the subject from other zoologists; and hence it will not, I opine, be out of place to append the following notes.

Scyramathia Carpenteri, (Norman). p. 6.

Professor Sidney Smith has recently described, under the appellation *Amathia Agassizi*, a form evidently of the genus *Scyramathia*, though his species deviates from the Northern form. What relation Stimpson's *Scyra umbonata* bears to this or the Norwegian animal, must still remain an open question.

Eupagurus tricarinatus, (Norman), p. 11.

A closer comparison with the Mediterranean form, *E. meticulosus* Roux, two specimens of which — taken off the Naples coast — the Author has had opportunity of examining, leaves no doubt in his mind that Norman's *E. tricarinatus* and the latter are unquestionably identical. Roux's specific denomination being, however, of far anterior date, must of course be retained for the animal in question.

Sclerocrangon salebrosus, (Owen), p. 15.

This species is found recorded, under the name the Author first suggested, viz., *Cheraphilus ferox*, by Dr. Hoek,[1] as occurring throughout several tracts of the Barents' Sea, at depths ranging from 62 to 160 fathoms. — along with a fine representation of an ovigerous female. The species described by Professor Sidney Smith as *Cheraphilus Agassizi*, from the East Coast of the United States, belongs to the same genus.

[1] Die Crustaceen, gesammelt während der Fahrten des «Willem Barents" in den Jahren 1878 und 1879.

275

Bythocaris Payeri, (Heller), pg. 33.

Anført af Dr. Hoek fra en enkelt Station i Østhavet, 160 Favne. En Figur af den forreste Del af Kroppen, seet ovenfra, og af en Kindbakke er leveret. Norman omtaler ligeledes denne Form som forekommende meget almindelig paa en enkelt Station i Færo-Shetlands Renden.

Bythocaris Payeri, (Heller), p. 33.

Mentioned by Dr. Hoek as met with at a single Station in the Barents' Sea; depth 160 fathoms. A figure is furnished of the foremost part of the body, viewed from above, and also one of a mandible. Mr. Norman has likewise recorded this form as occurring rather plentiful in a single Station in the Faroe Channel.

Hymenodora glacialis, (Buchhols). pg. 37.

Min Antagelse, at denne Form maa skarpt skilles fra Slægten *Pasiphaë*, hvortil Buchholz har henregnet den, og henføres til samme Familie som Slægten *Ephyra* Roux, er ved de nyeste Undersøgelser af denne sidste Slægt fuldkommen bekræftet. Da Navnet *Ephyra* har været anvendt tidligere i Zoologien, er det af Mr. Kingsley ombyttet med *Miersia*, og Familienavnet *Ephyridæ* maa vel derfor ogsaa ombyttes med *Miersiidæ*. Prof. Sidn. Smith har under Benævnelsen *Meningodora mollis* beskrevet en Form, der, skjøndt vistnok artsforskjellig fra *Hymenodora glacialis*, dog neppe kan generisk adskilles. Senere fra samme Forfatter ogsaa anført *Hymenodora glacialis* som forekommende i Havet udenfor Nord-Amerikas Østkyst.

Hymenodora glacialis, (Buchholz), p. 37.

The opinion entertained by the Author as to this form being distinctly deviate from the genus *Pasiphaë*, under which Buchholz has classed it, and belonging rather the same family as the genus *Ephyra* Roux, is fully borne out by the most recent researches on the latter genus. The name *Ephyra* having previously been adopted in zoology, Mr. Kingsley has seen fit to substitute that of *Miersia*; and the familydesignation *Ephyridæ* should therefore, in accordance herewith, presumably, be changed to *Miersiidæ*. Professor Sidney Smith has described, under the appellation *Meningodora mollis*, a form which, though no doubt specifically distinct from *Hymenodora glacialis*, will hardly admit of generic distinction. Subsequently, the said author has also recorded *Hymenodora glacialis*, as occurring off the eastern coast of North America.

Boreomysis nobilis, G. O. Sars. pg. 54.

Anført af Norman fra en enkelt Station i Færo-Shetlands Renden.

Boreomysis nobilis, G. O. Sars. p. 54.

Recorded by Mr. Norman, from a single Station in the Faroe Channel.

Boreomysis scyphops, G. O. Sars, pg. 56.

Denne interessante Form er ogsaa repræsenteret blandt 'Challenger' Expeditionens Schizopoder, med hvis Bearbeidelse jeg i den senere Tid har været beskjæftiget. Høist mærkværdig er Artens Forekomst i omtrent den tilsvarende Region af Begge Hemisphærer, uden at være paatruffet i det mellemliggende Strøg af Oceanet.

Boreomysis scyphops, G. O. Sars, p. 56.

This interesting form is also represented in the collection of Schizopoda from the 'Challenger' Expedition, kindly placed in my hands for investigation and description. The presence of the species throughout the well-nigh corresponding regions of both hemispheres, and yet without its ever being observed in any intermediate tract of the Ocean, would seem highly remarkable.

Synidotea bicuspida, (Owen), pg. 116.

Flere Exemplarer af denne characteristiske Form blev ifølge Hoek indsamlede under Expeditionen med «Willem Barents» i Havet om Novaja Zemlja. Miers[1] henfører denne Form til Slægten *Edotia* Guérin Méneville; men det

Synidotea bicuspida, (Owen). p. 116.

Several examples of this characteristic form were collected, according to Dr. Hoek, on the Expedition with the "Willem Barents", in the sea surrounding Novaja Zemlja. Miers[1] refers this form to the genus *Edotia*

---

[1] Revision of the Idoteidæ, p. 66.

[1] Revision of the Idoteidæ, p. 66.

synes mig dog rigtigst indtil videre at opretholde Hargers Slægt *Synidotea* for de 2 hoinordiske Arter *S. bicuspida* og *nodulosa*, da begge afviger bestemt fra den af Guérin Méneville beskrevne Form *Edotia tuberculata* ved den vel udviklede, mangeleddede Svobe paa 2det Par Følere.

Guérin Méneville; but in the Author's opinion, Harger's genus *Synidotea* should for the present be retained for the 2 Arctic species *S. bicuspida* and *S. nodulosa*, both differing distinctly from the form described by Guérin Méneville — *Edotia tuberculata* — in the well-developed, multi-articulate flagellum on the 2nd pair of antennæ.

Eurycope gigantea, G. O. Sars, pg. 130.

To incomplete Exemplarer af denne Form angives af Hoek som fundne ved Beeren Eiland paa 40 F. D.

Eurycope gigantea, G. O. Sars, p. 130.

Two defective specimens of this form are recorded by Dr. Hoek, as taken off Beeren Eiland, at a depth of 40 fathoms.

Socarnes bidenticulatus, (Sp. Bate), pg. 139.

Denne Form er af Hoek (l. c.) beskreven og afbildet som en ny Art under Benævnelsen *Socarnes oralis*, efter Exemplarer tagne i Østhavet paa 124 og 160 F. D.

Socarnes bidenticulatus, (Sp. Bate), p. 139.

This form is described and figured by Dr. Hoek (l. c.), as a new species, under the name of *Socarnes oralis*, from examples obtained in the Barents' Sea, at a depth ranging from 124 to 160 fathoms.

Onesimus leucopis, G. O. Sars, pg. 149.

Hoek henfører til denne Art et af ham undersøgt Exemplar, taget i Nærheden at Smeerenburg (N. Spitsbergen) paa circa 8 F. D. Da imidlertid Exemplaret, ifølge de af Hoek givne Meddelelser, synes at skille sig i enkelte Punkter fra det af mig undersøgte, og det desuden er fra ganske grundt Vand, medens det under Nordhavs Expeditionen tagne optoges fra et meget betydeligt Dyb, skulde jeg være tilbøielig til at betvivle Bestemmelsens Correcthed.

Onesimus leucopis, G. O. Sars, p. 149.

Dr. Hoek refers to this form a specimen he has examined, taken in the vicinity of Smeerenberg (north of Spitzbergen); depth about 8 feet. Meanwhile, as this example, according to Dr. Hoek, would appear to deviate in many respects from that examined by the Author, and having also occurred in very shallow water, whereas the specimen met with on the North-Atlantic Expedition came up from a very considerable depth, there is good reason to question the correctness of Dr. Hoek's determination.

Podocerus asimilis, G. O. Sars, pg. 205.

Et enkelt Exemplar af denne Art er af Hr. Conservator Schneider taget ved Finmarkens Kyst (Tromsø).

Podocerus assimilis, G. O. Sars, p. 255.

A solitary example of this species was taken by Mr. Schneider, off the coast of Finmark (Tromsø).

Podocerus brevicornis, G. O. Sars, pg. 207.

Anføres af Hoek som funden i Østhavet paa en enkelt Lokalitet, Dybden 160 Favne.

Podocerus brevicornis, G. O. Sars, p. 207.

Recorded by Dr. Hoek, as found in the Barents' Sea, at one Station only; depth 160 fathoms.

Index.

PLANCHER.

PLATES.

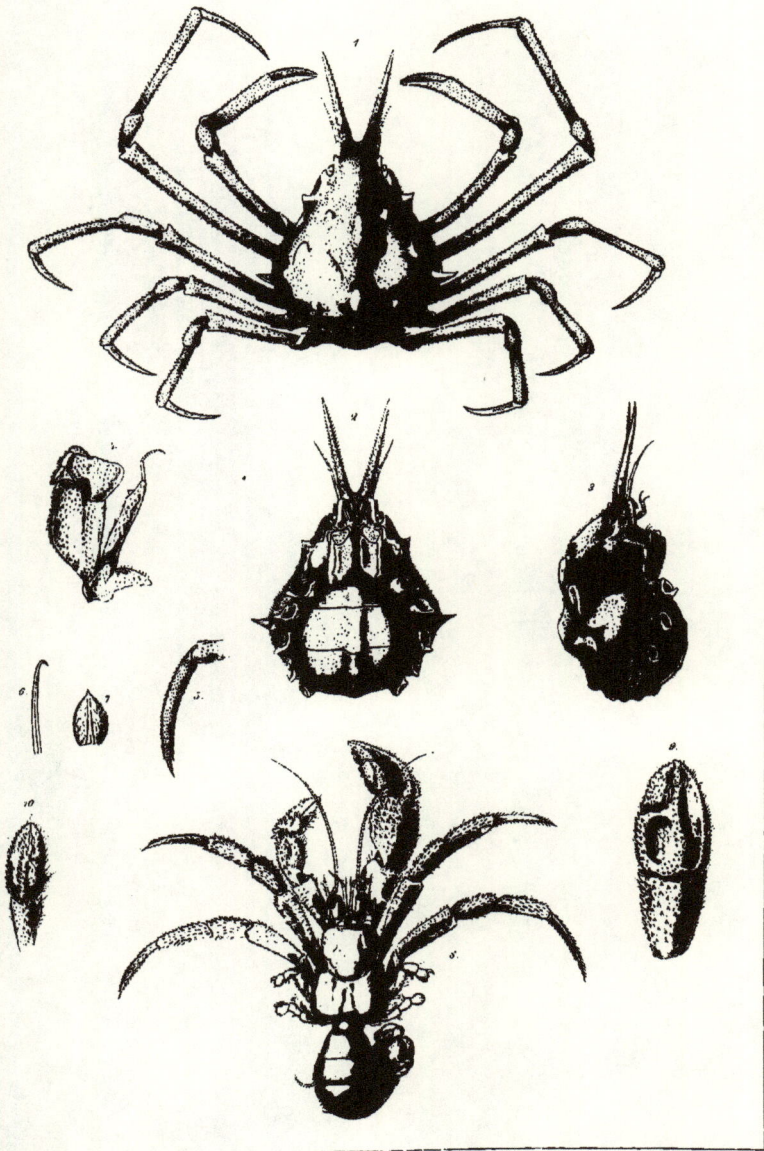

Lith. W Schlachter Stockholm

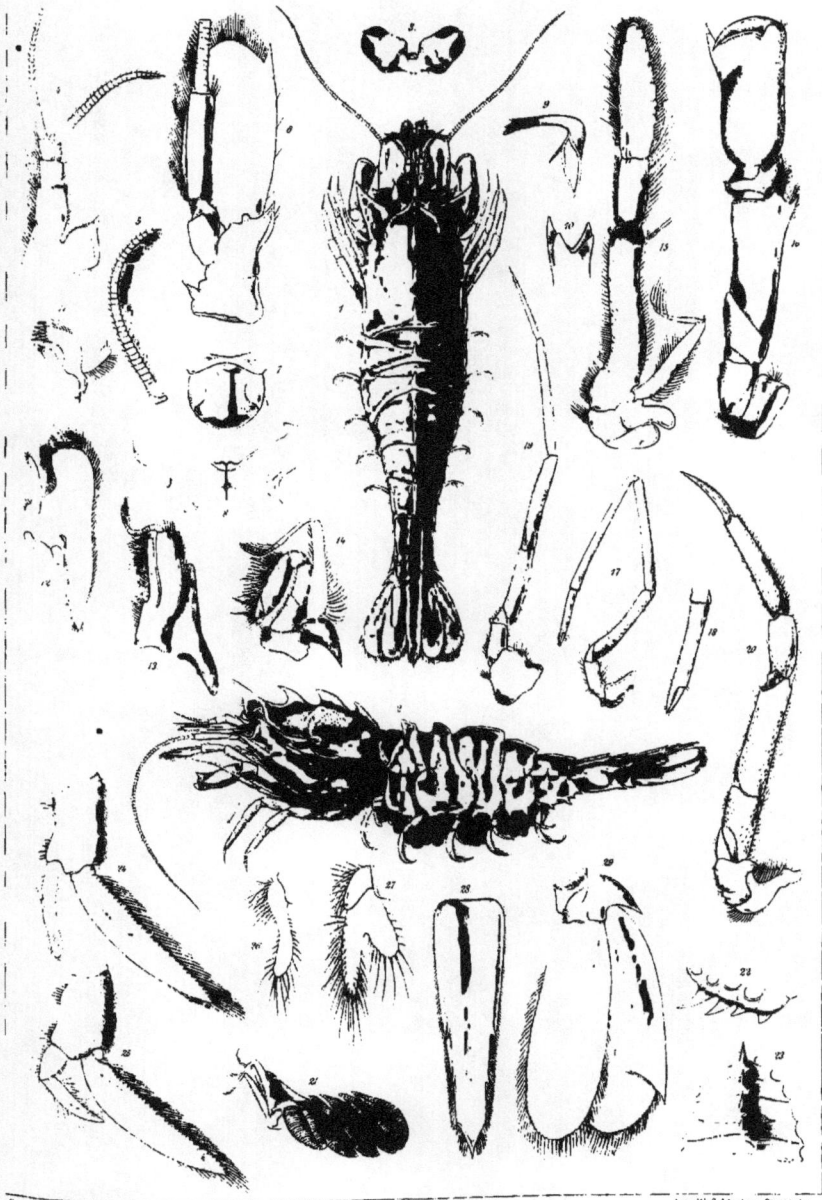

G. O. Sars del.

Lith W. Schlachter, Stockholm

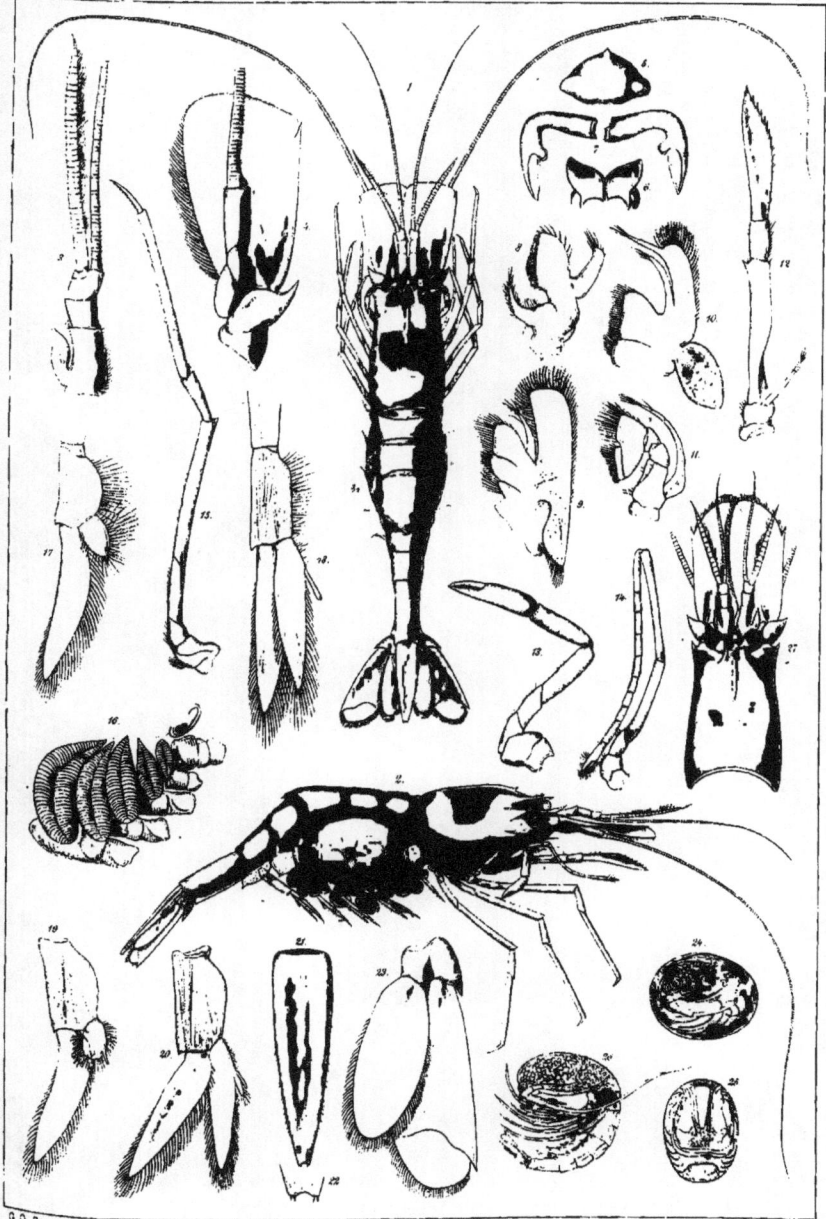

G O Sars del.   Lith.W Schlachter, Stockholm

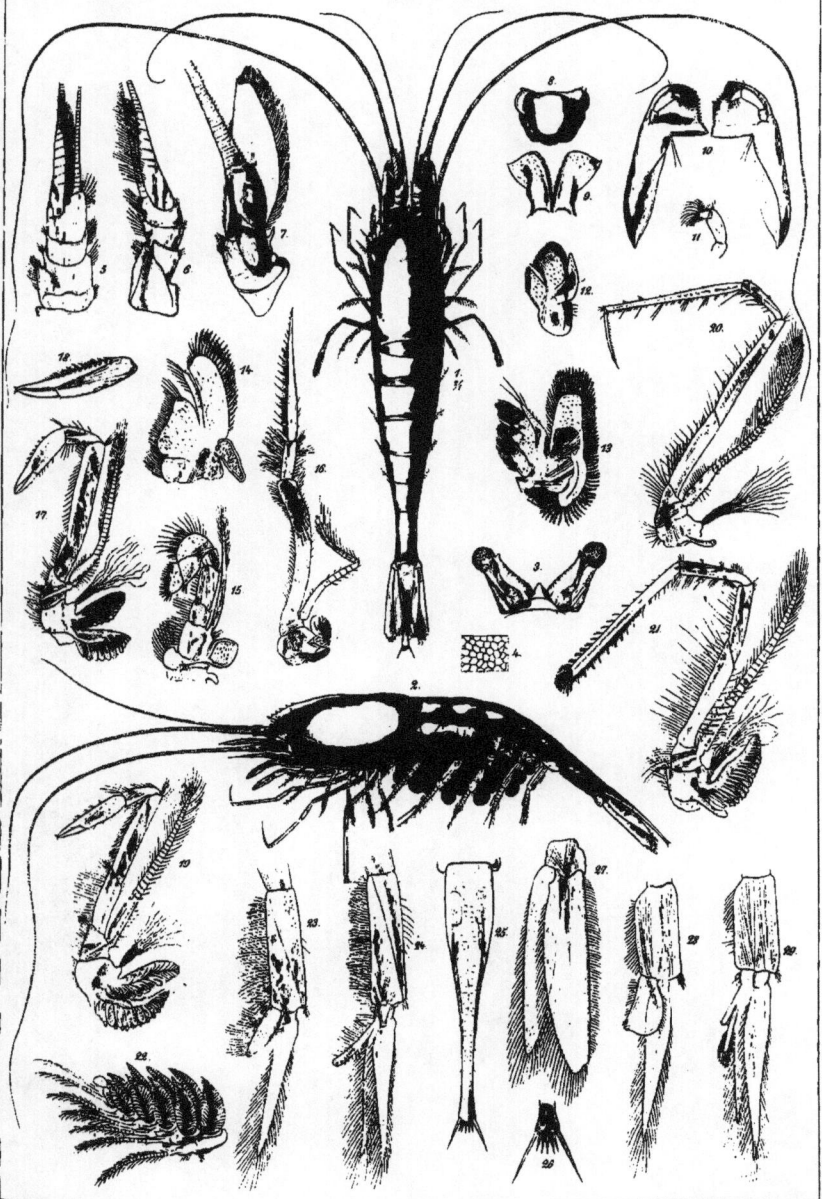

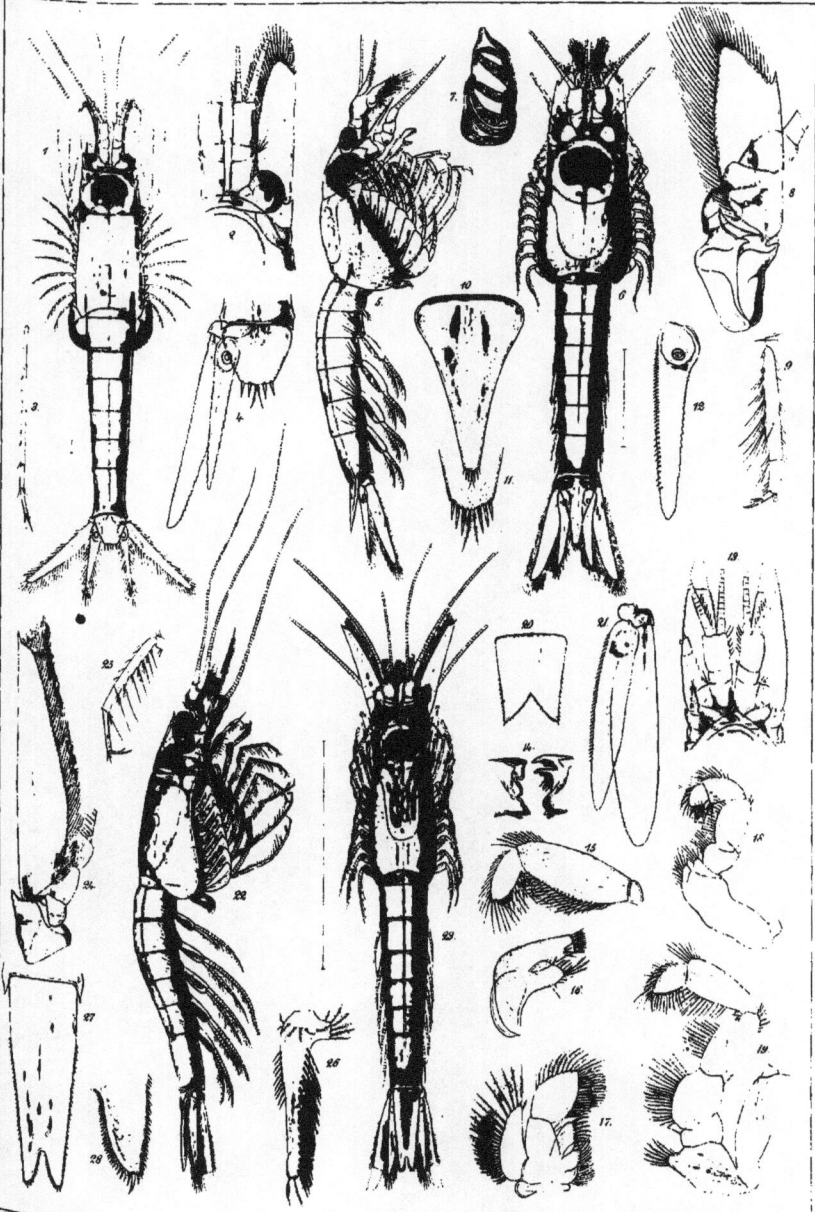

Pl. 6

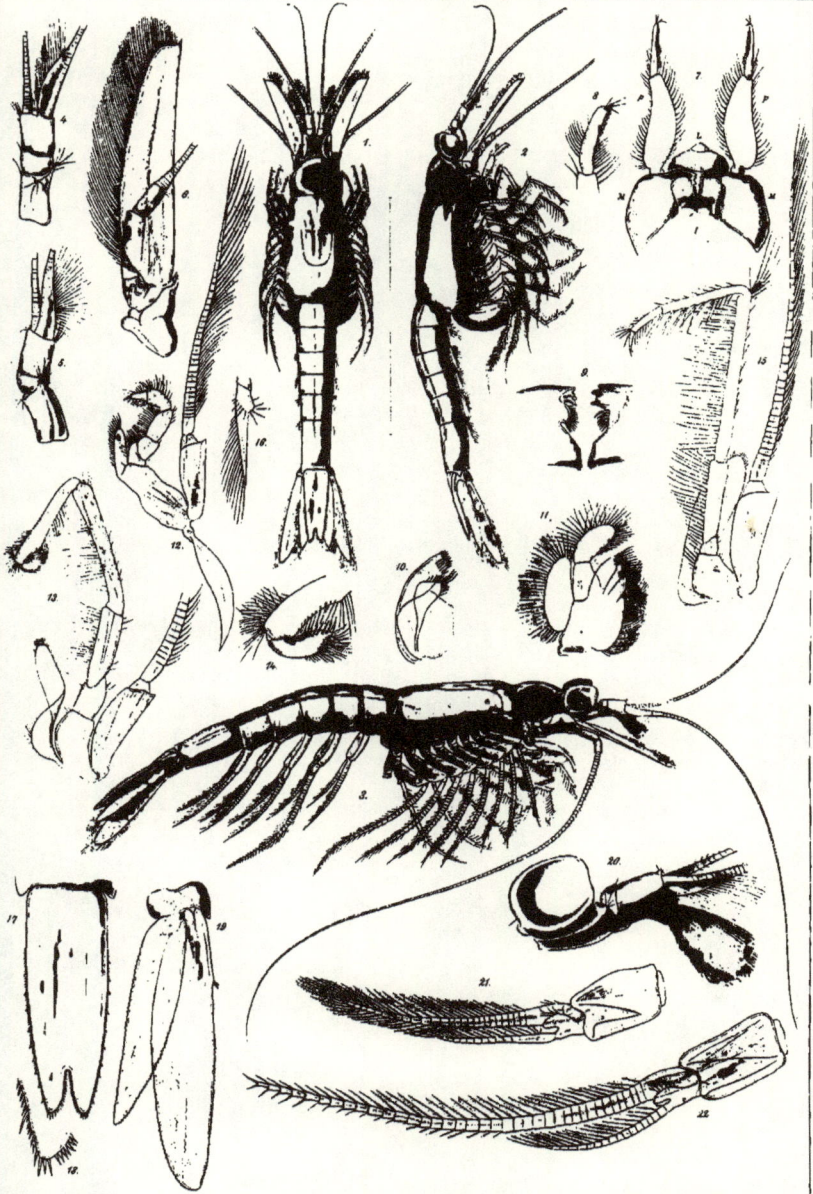

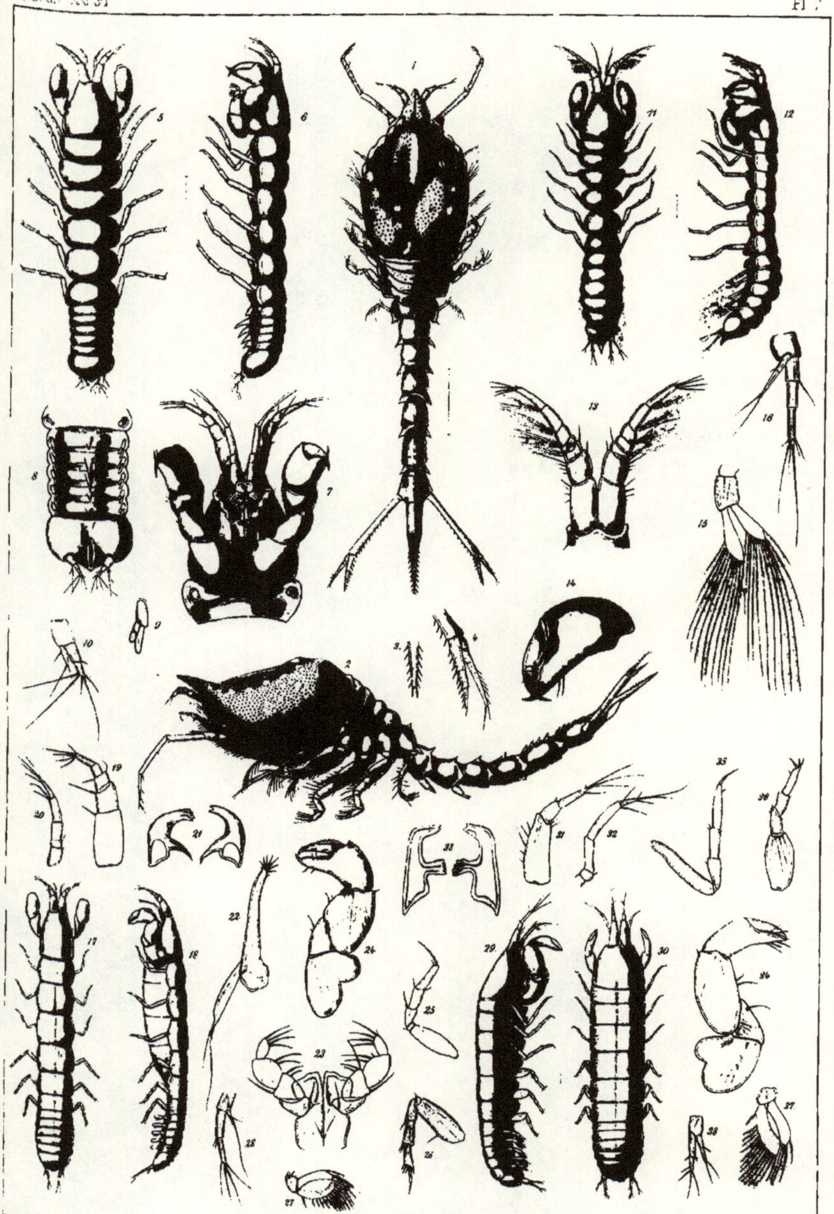

G. O. SARS, CRUSTACEA

Pl 8

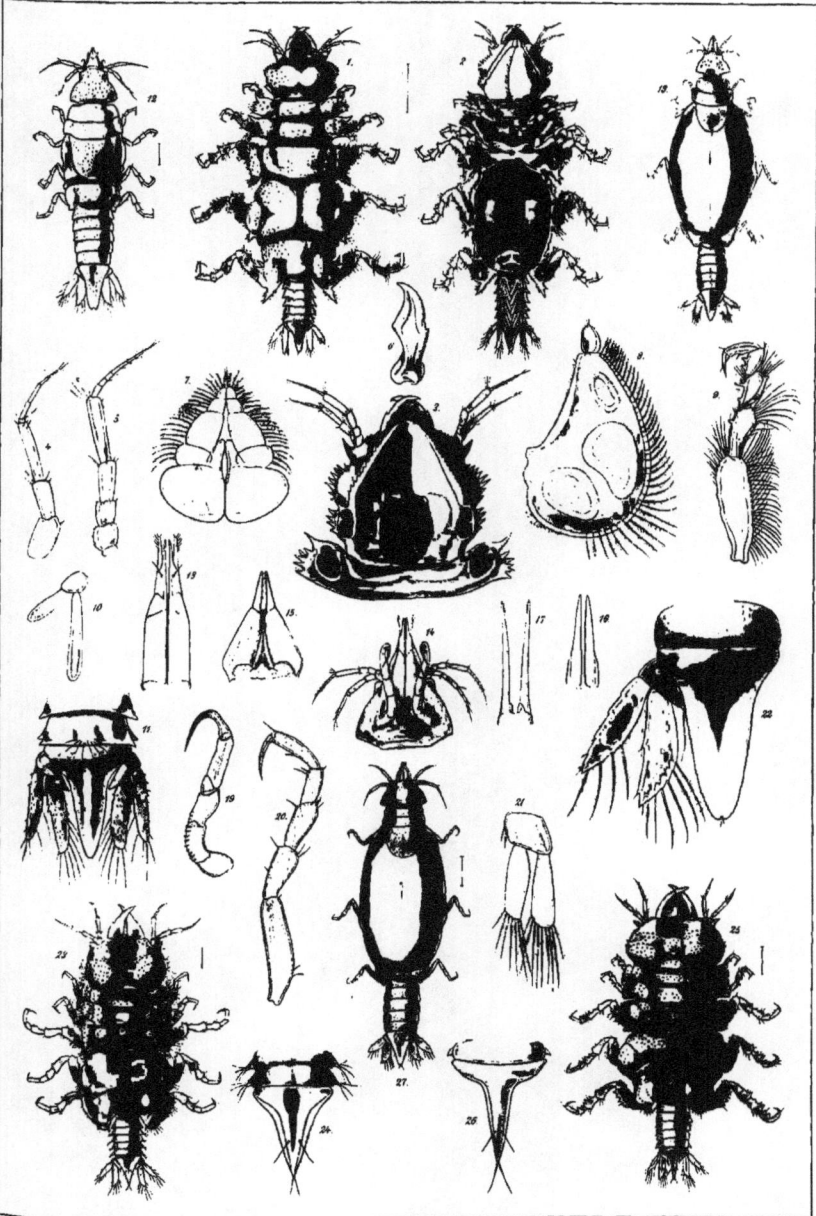

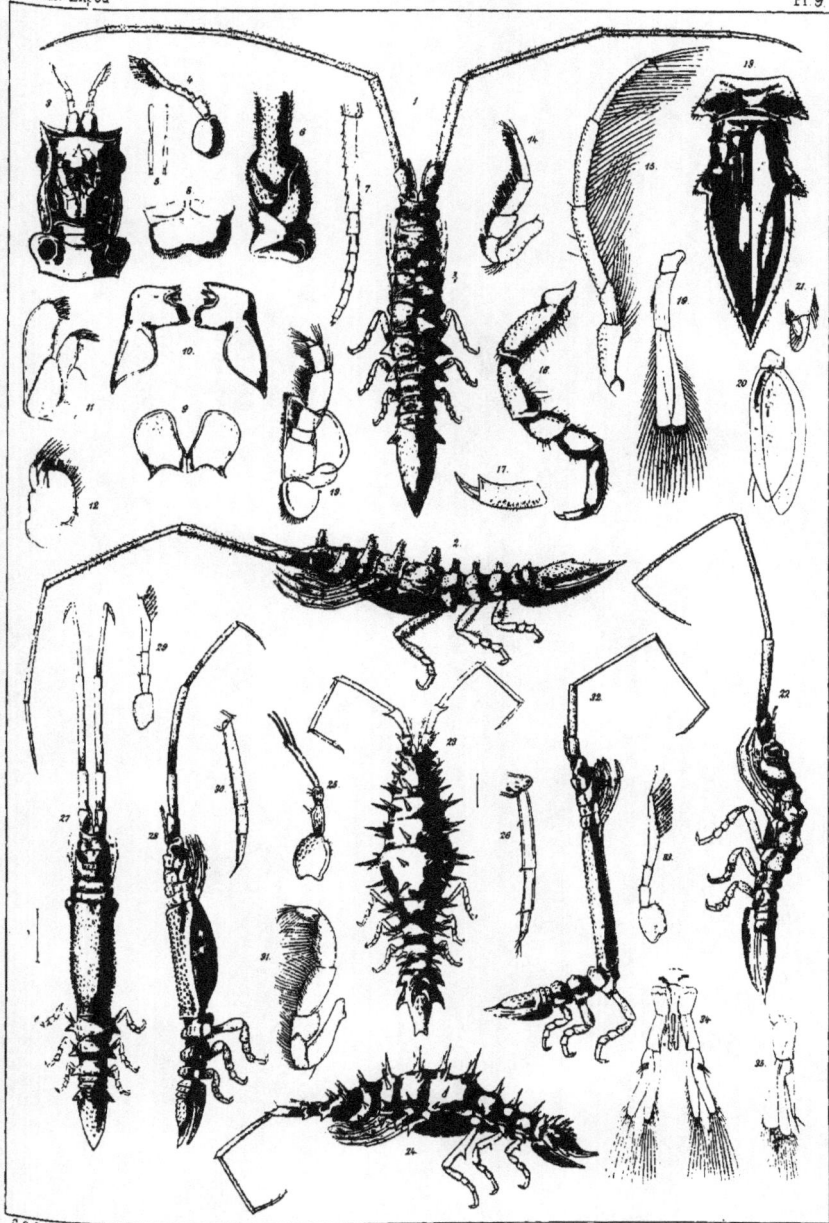

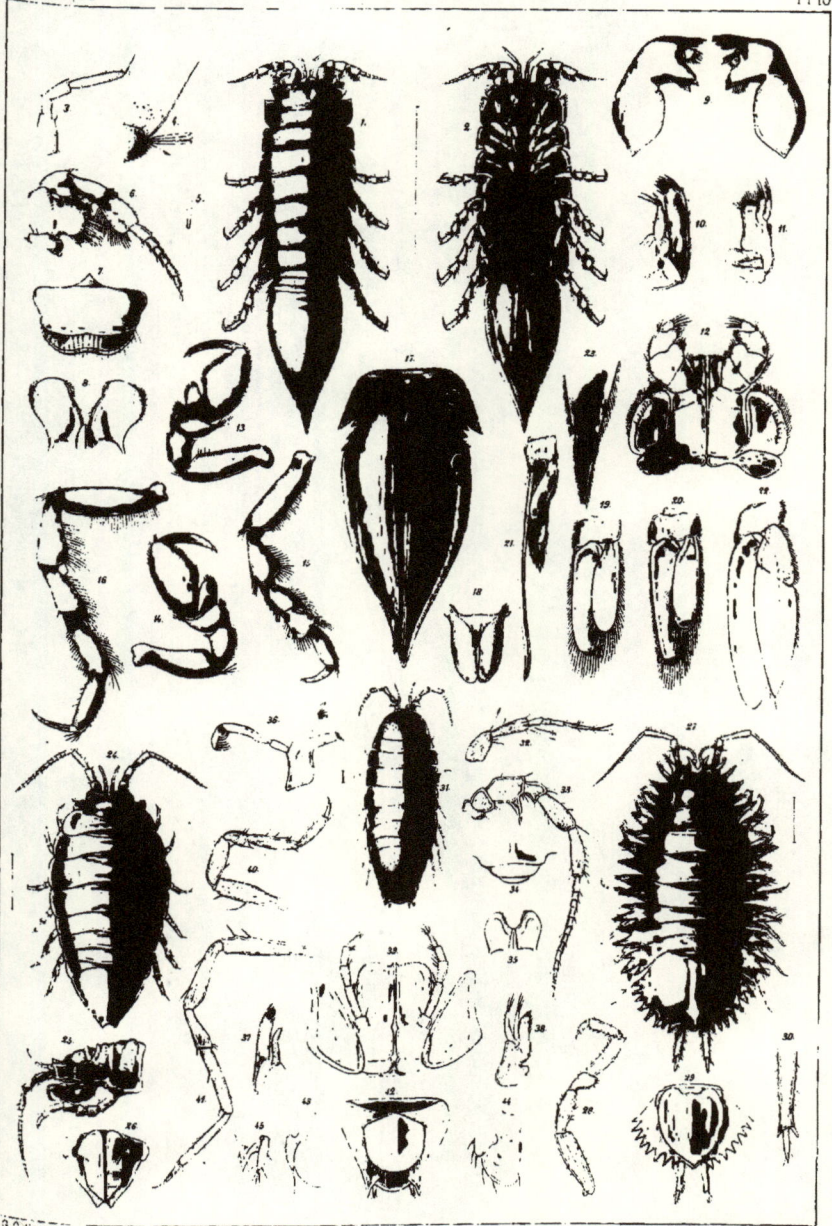

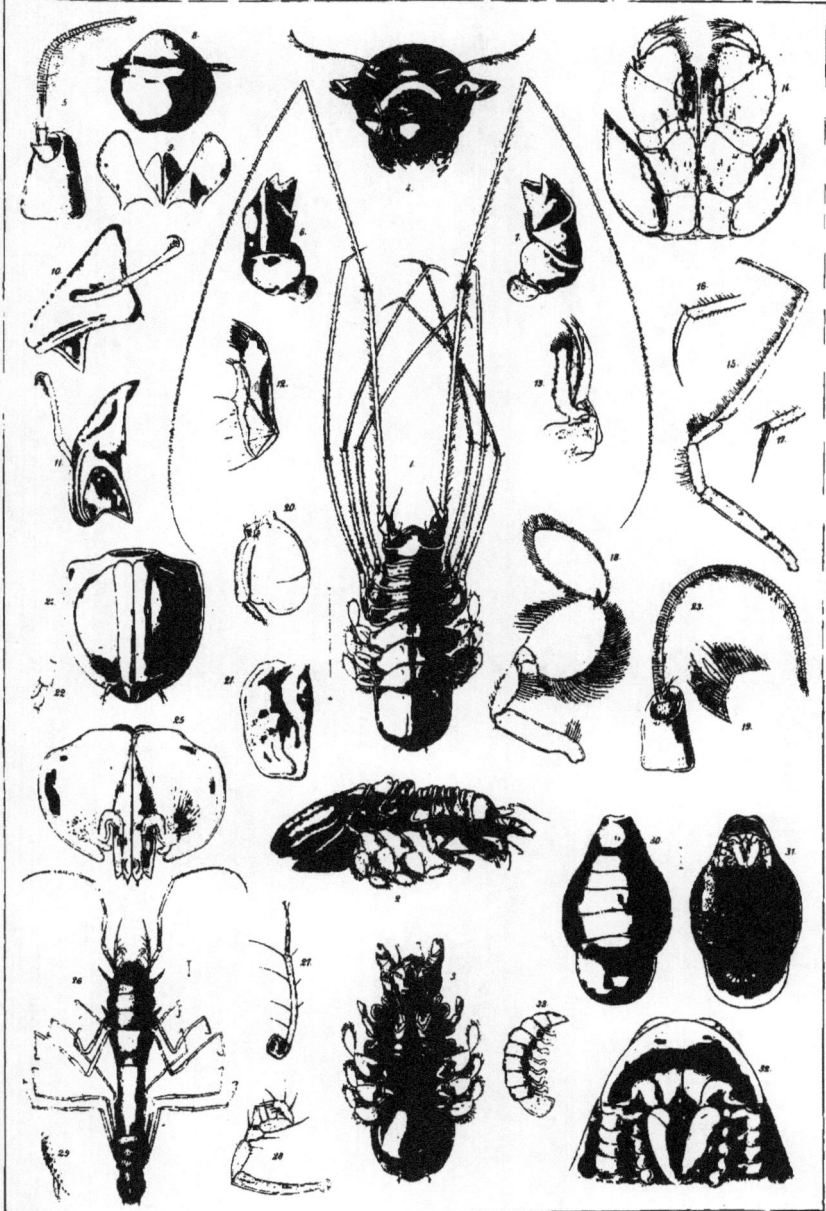

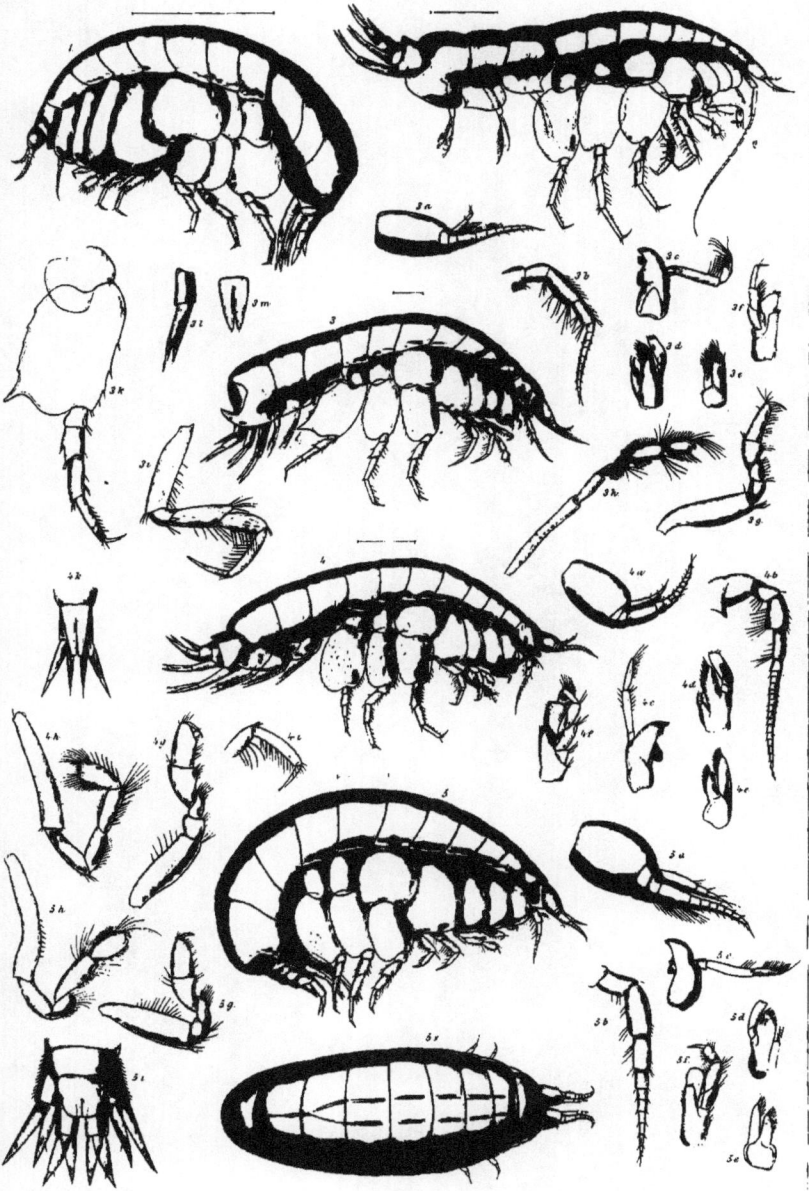

Pl. 13

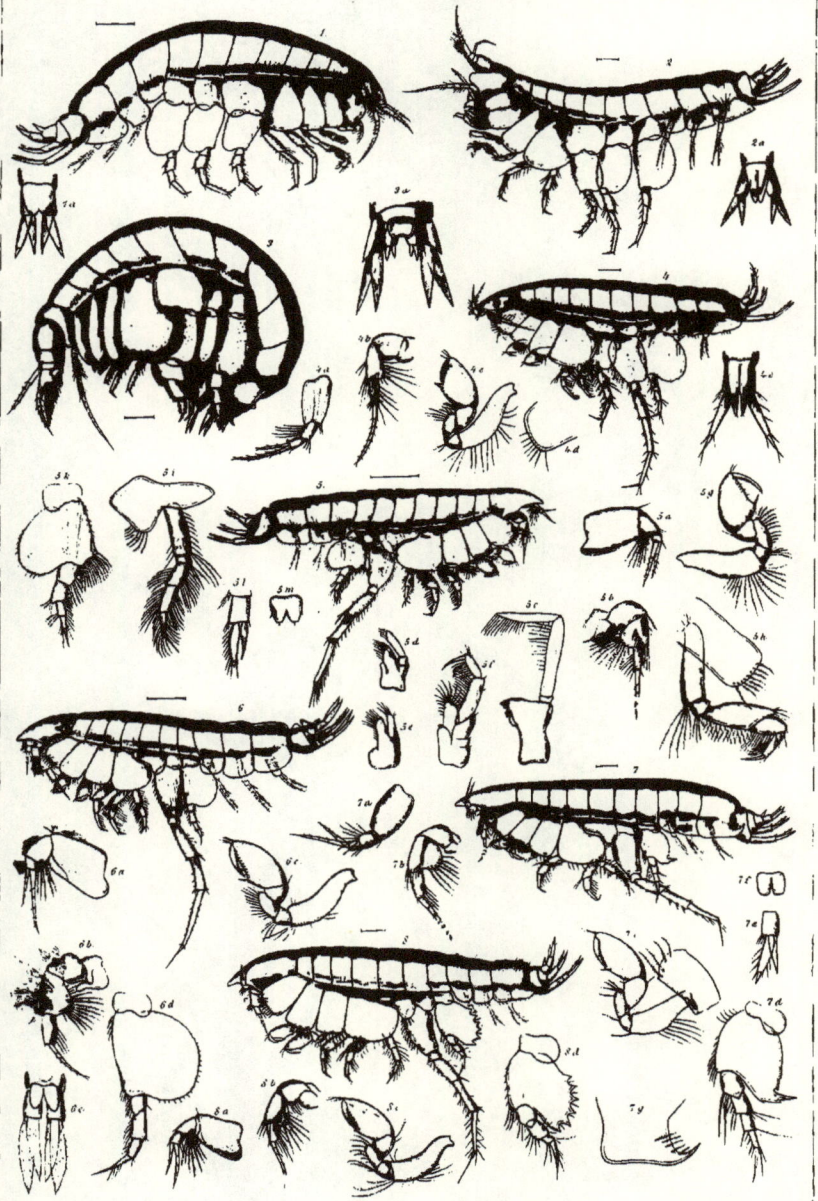

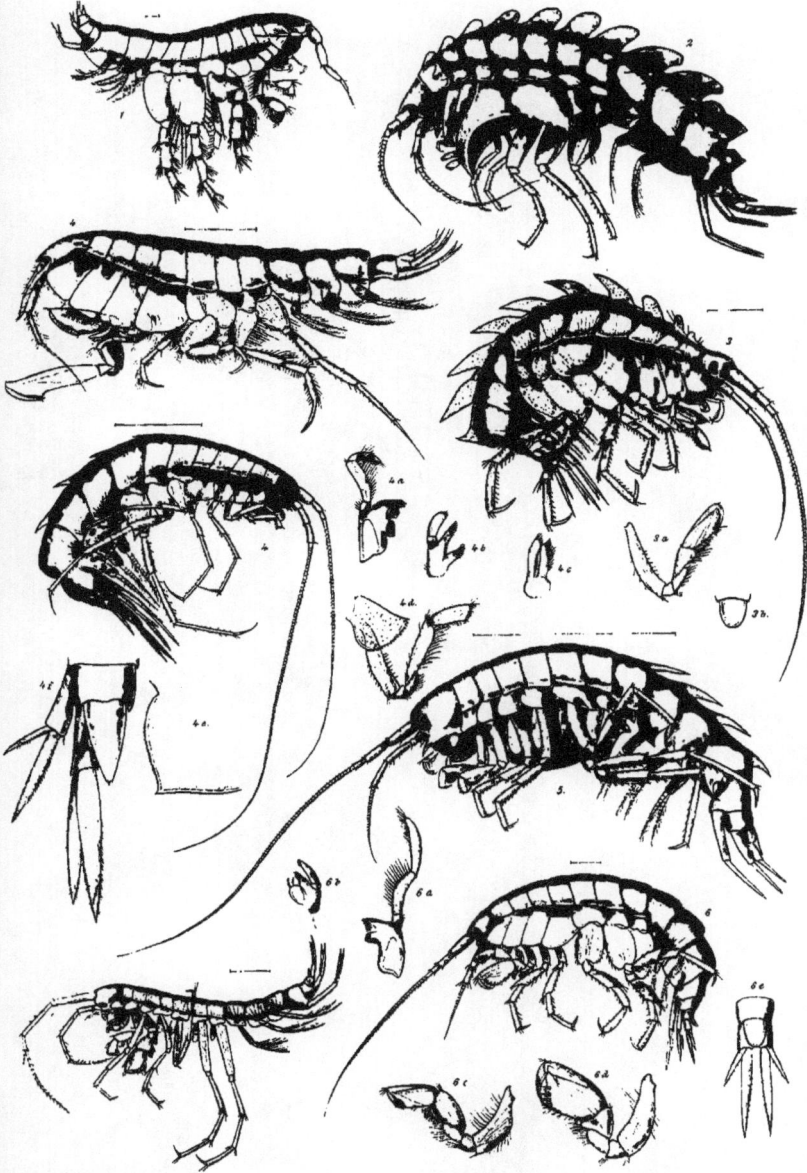

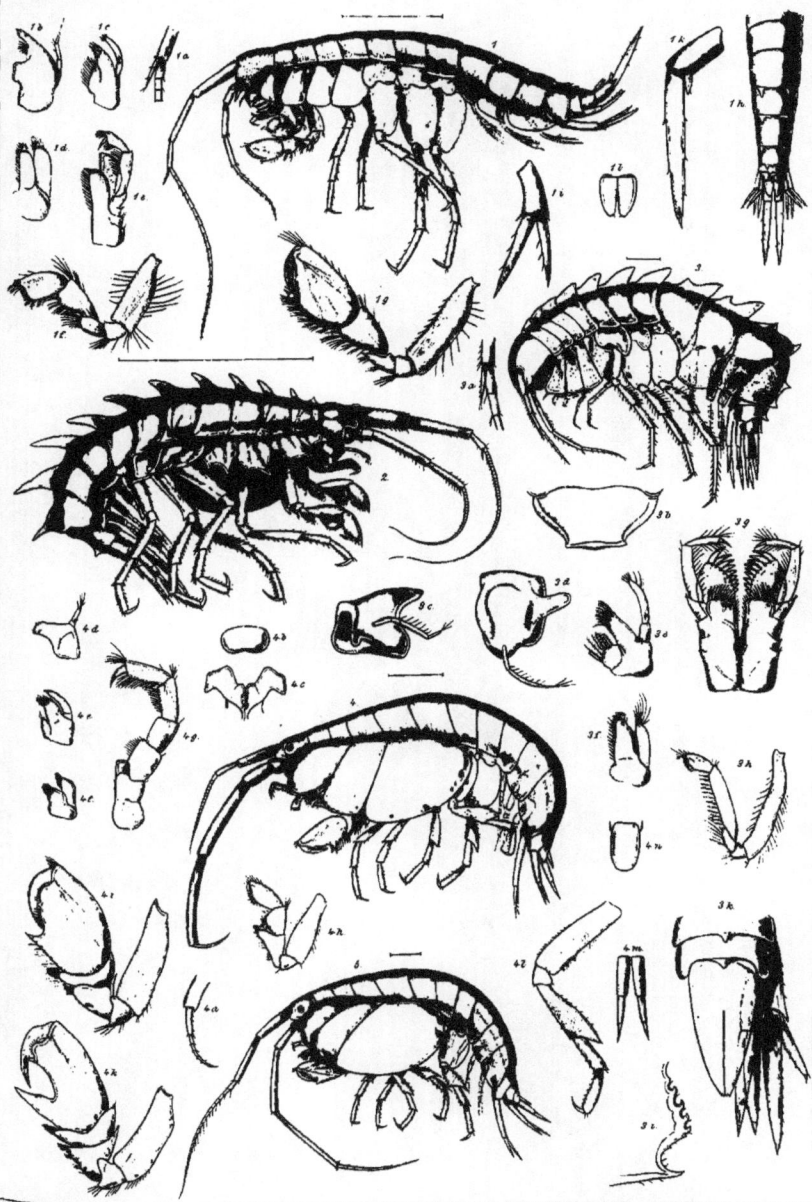

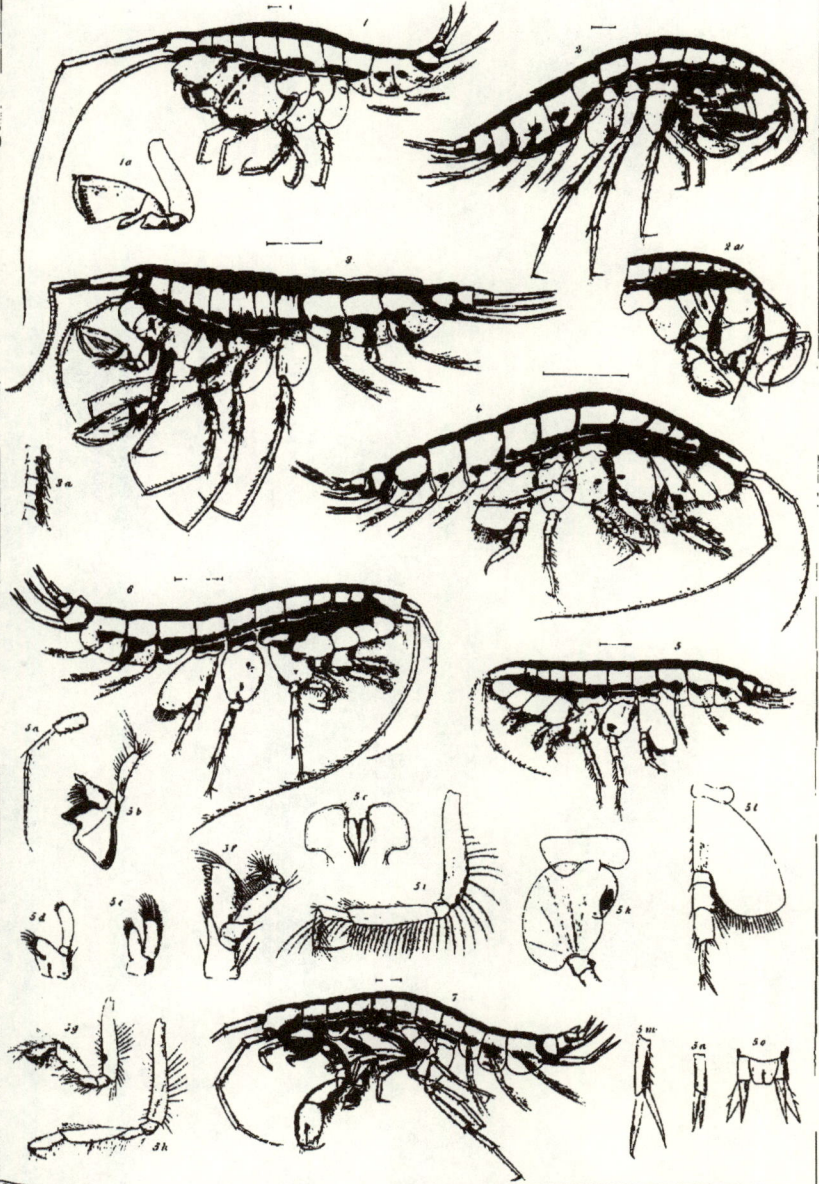

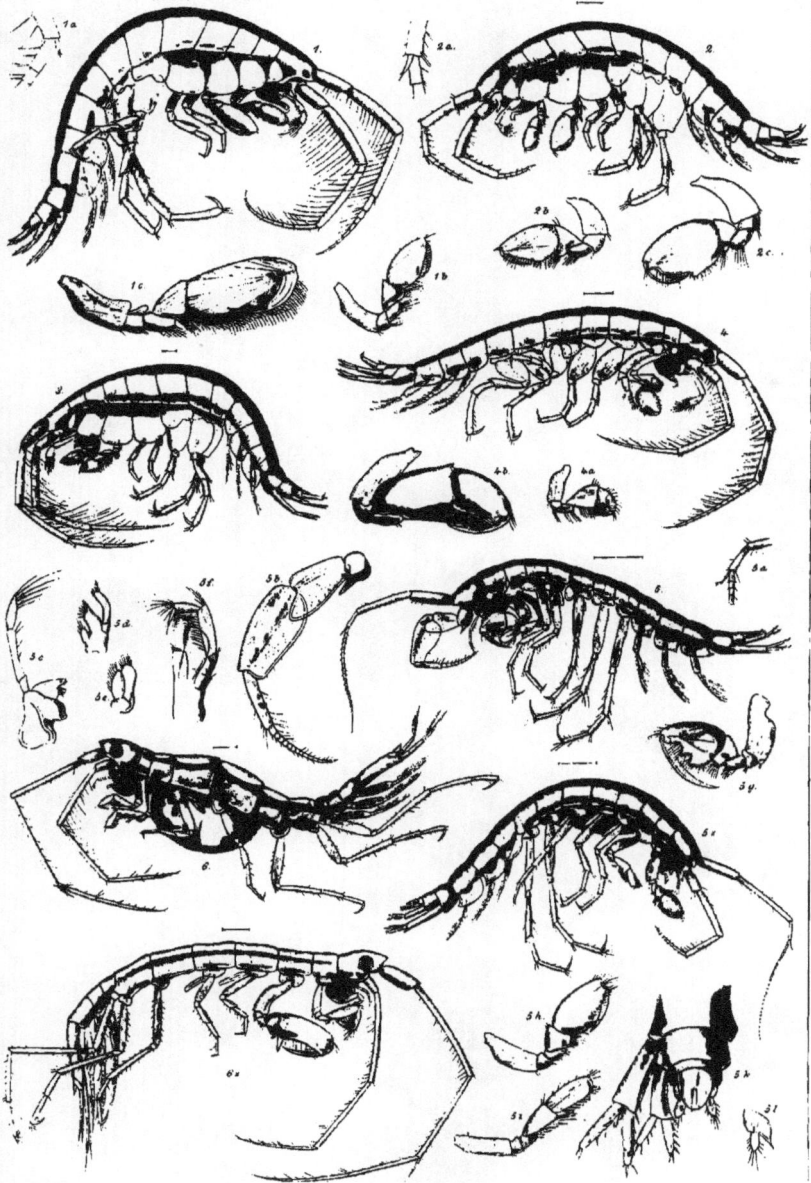

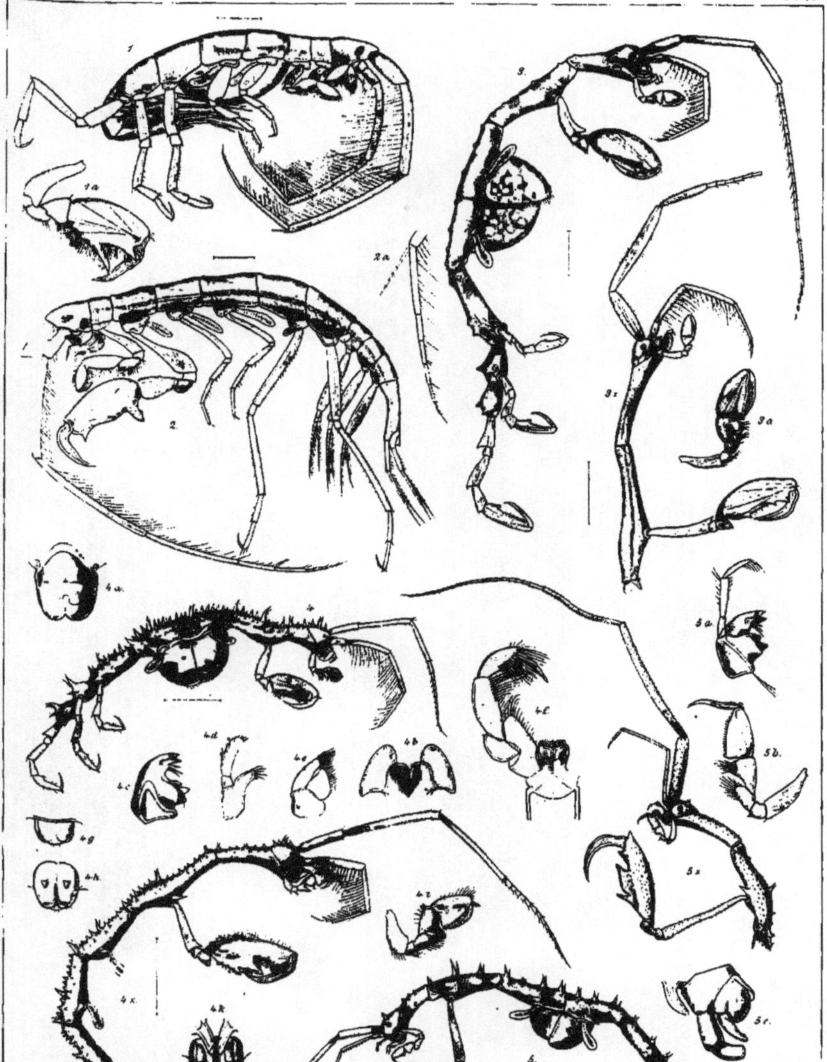
1
1a
2a
2
3
3x
3a
4a
4
4d
4c
4e
4b
4f
5a
5b
4g
4h
4z
5x
4x
4k
5
5c
4l

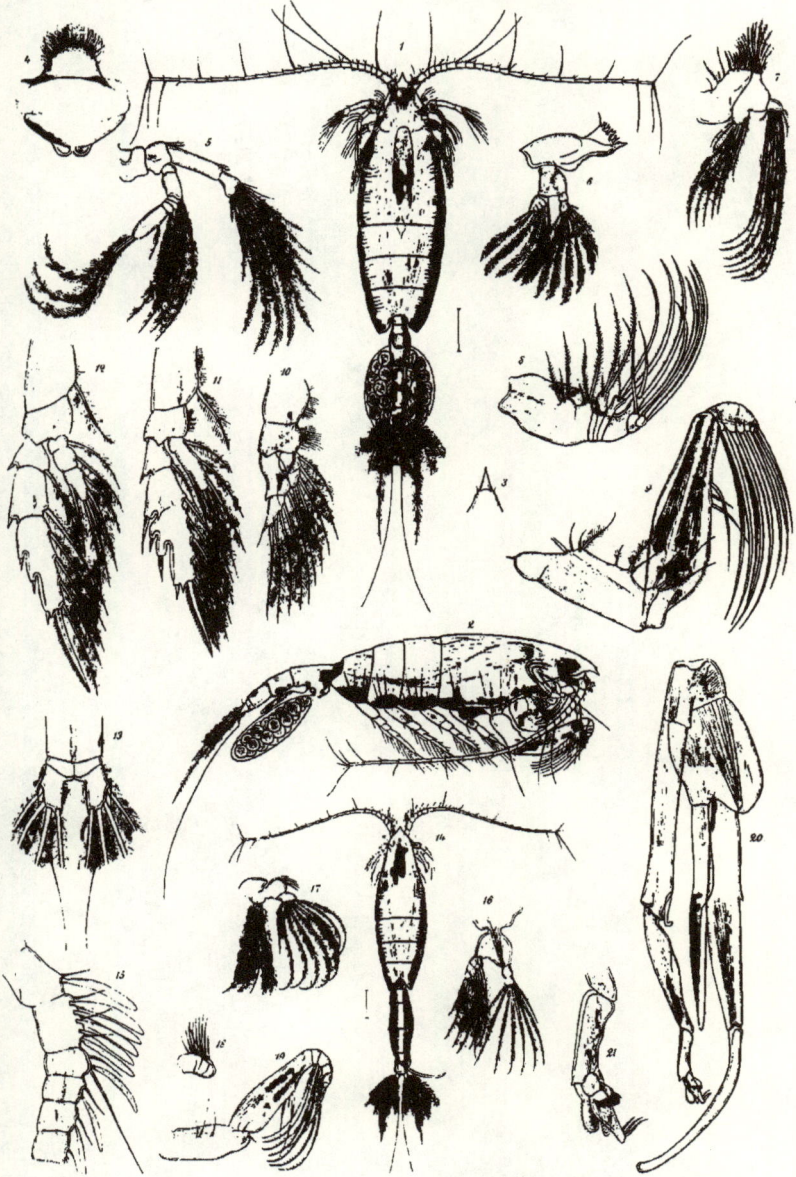

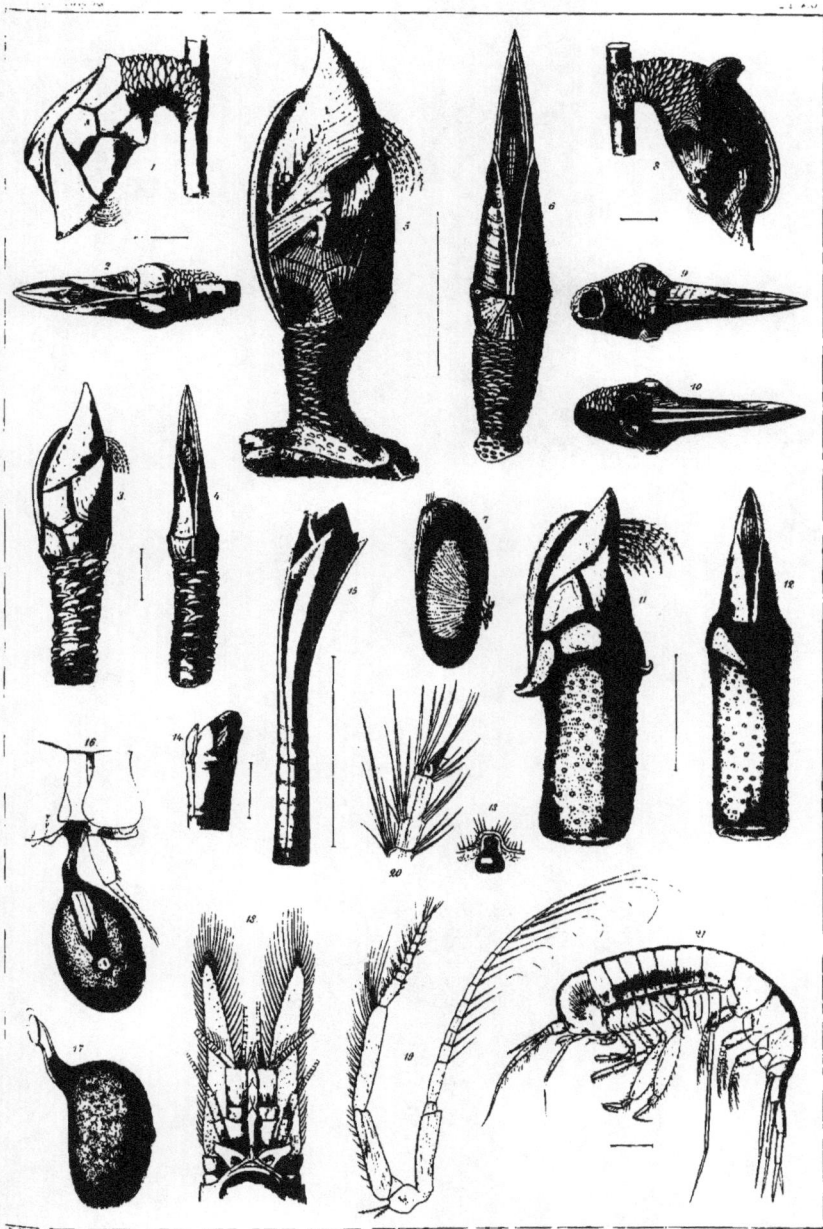

J. O. Sars del.

Lith W. Schlachter, Stockholm

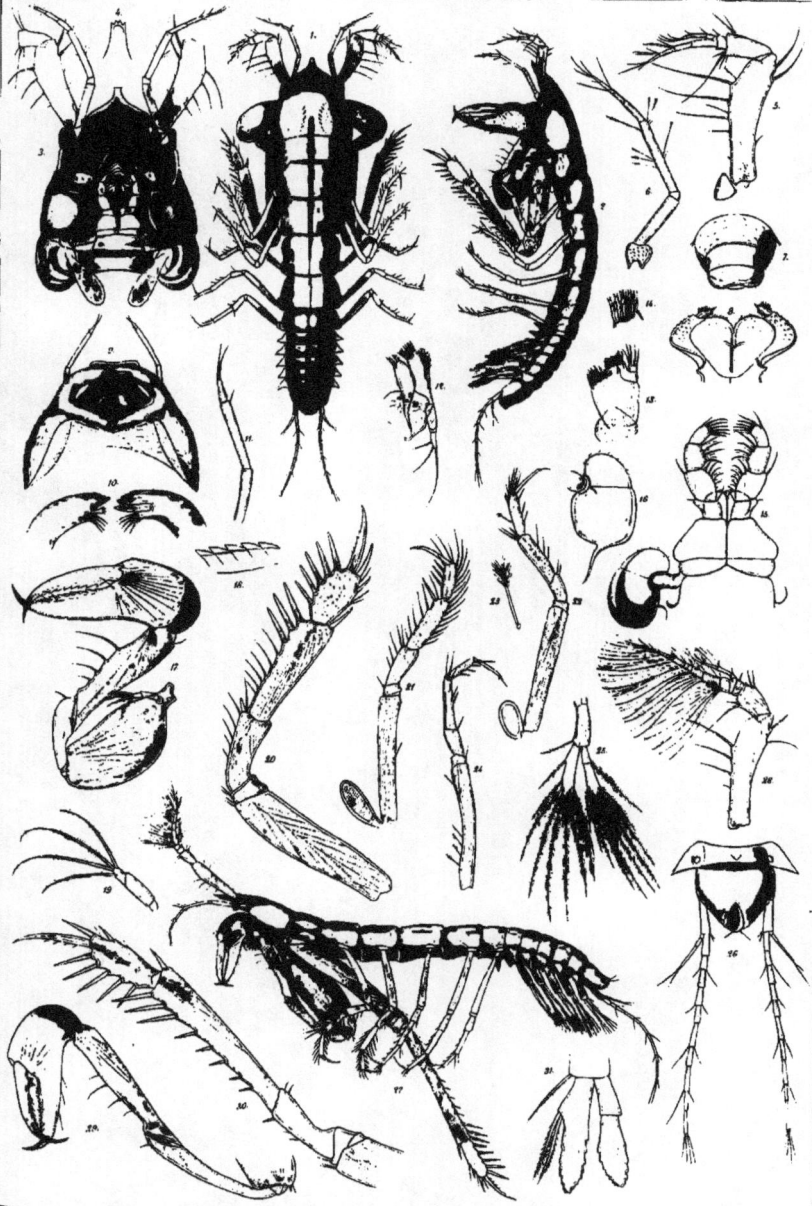

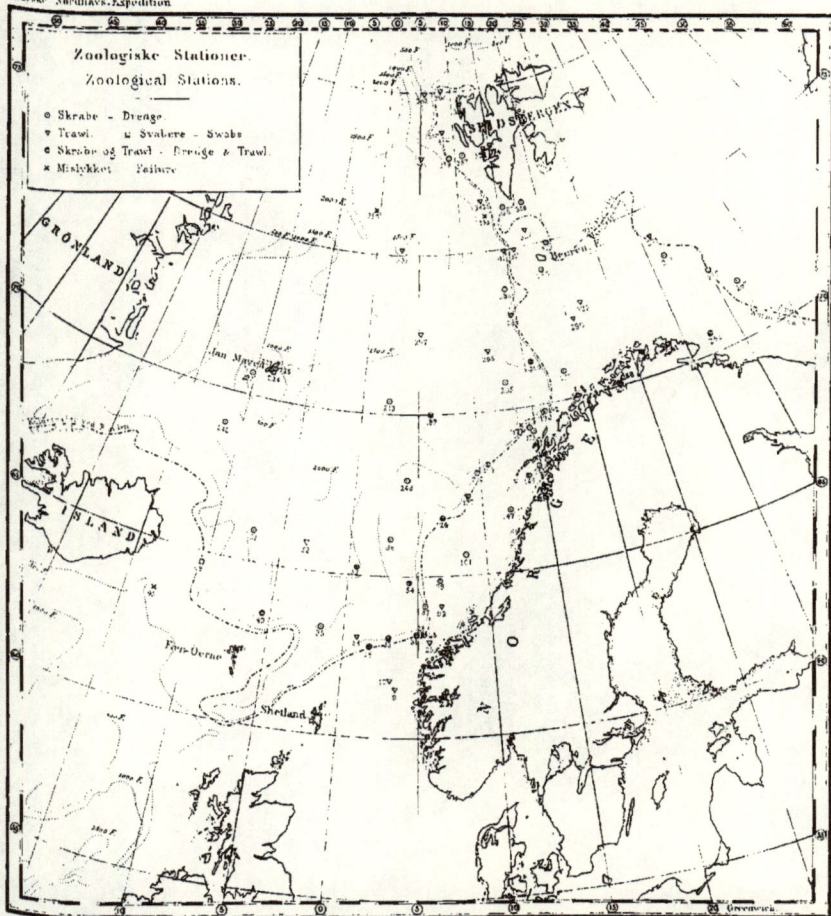

THE NORWEGIAN NORTH-ATLANTIC EXPEDITION
1876—1878.

XIV.

—

ZOOLOGY.

CRUSTACEA,

I.B

BY

G. O. SARS.

WITH 21 PLATES AND 1 MAP.

CHRISTIANIA.
PRINTED BY GRØNDAHL & SØN.
—
1885.

LEIPZIG,   LONDON,   PARIS
K. F. KÖHLER.   SAMPSON, LOW, MARSTON, SEARLE   K. NILSON.
& RIVINGTON.

DEN NORSKE NORDHAVS-EXPEDITION

1876—1878.

XV.

ZOOLOGI.

CRUSTACEA,

II.

VED

G. O. SARS.

CHRISTIANIA.

GRØNDAHL & SØNS BOGTRYKKERI.

1886.

I COMMISSION HOS H. ASCHEHOUG & C⁰

DEN NORSKE NORDHAVS-EXPEDITION
1876—1878.

—

ZOOLOGI.

--

CRUSTACEA,

II.

VED

G. O. SARS.

MED 1 KART.

CHRISTIANIA.
GRØNDAHL & SØNS BOGTRYKKERI.
1886.

THE NORWEGIAN NORTH-ATLANTIC EXPEDITION
1876—1878.

—

ZOOLOGY.

CRUSTACEA,
II.

BY

G. O. SARS.

WITH 1 MAP.

CHRISTIANIA.
PRINTED BY GRØNDAHL & SON.
1886.

II.

II.

Fortegnelse over samtlige under Expeditionen observerede Arter, med Bemærkninger over Forekomst og Udbredning.

List of Species observed on the Expedition, with remarks on occurrence and distribution.

Ordo 1.

Podophthalmata.

Subordo 1.

Brachyura.

Trib. 1. *Cyclometopa.*

Fam. 1. Portunidæ.

1. **Thranites velox**, Bovallius.

Öfversigt Vet. Akad. Förh. 1876 No. 9.

Et desværre i høi Grad mutileret Exemplar af denne først af Bovallius beskrevne Form toges under Expeditionens 1ste Togt ved det ydre Afhæld af Storeggen (Stat. 24) paa 90 F. D.

Bovallius har for denne Form opstillet en ny Slægt, som dog kun synes mig lidet at·skille sig fra Sl. *Portunus.* Af de bekjendte Arter af denne sidste Slægt synes den at komme nærmest *P. longipes* Roux, der ligeledes har den bagerste Sidetand paa Rygskjoldet usædvanlig stærkt forlænget.

Det erholdte Exemplar var ligesom det af Bovallius beskrevne en Han og stemmede i alt væsentligt overens

Ordo 1.

Podophthalmata.

Subordo 1.

Brachyura.

Trib. 1. *Cyclometopa.*

Fam. 1. **Portunidæ.**

1. **Thranites velox**, Bovallius.

Öfversigt Vet. Akad. Förh. 1776. No. 9.

A specimen of this form, first described by Bovallius, was taken — we are sorry to say in a highly mutilated condition — on the 1st cruise, off the outer slope of the Storeggen Bank (Stat. 24), at a depth of 90 fathoms.

For this form, Bovallius has instituted a new genus, which, however, in my judgment, would appear to differ but slightly from the genus *Portunus.* Of the known species belonging to the latter genus, the animal in question apparently approximates closest *P. longipes* Roux, which has likewise the most posterior of the lateral teeth on the carapax unusually produced.

The specimen obtained, like that described by Bovallius, was a male, agreeing in all essential characteristics with

med Bovallius's Beskrivelse og Afbildning, alene med den Forskjel, at Panden var 3-lappet istedetfor 4-lappet. Bovallius's Exemplar var ligeledes fra Storeggen.

his description and figure, save only that the front occurred three and not four-lobed. Bovallius's example also came from Storeggen.

Fam. 2. **Corystidæ.**

2. **Atelecyclus septemdentatus,** Montgy.

(= *A. heterodon*, Leach).

Et enkelt, men vel vedligeholdt Exemplar af denne ved vore Kyster overordentlig skjeldne Krabbe toges sammen med foregaaende.

Den er almindelig ved de britiske Øer og gaar sydlig til Middelhavet (Adriaterhavet), men er hidtil ved vore Kyster kun observeret paa en eneste Localitet, nemlig ved Christiansund.

Fam. 2. **Corystidæ.**

2. **Atelecyclus septemdentatus,** Montgy.

(= *A. heterodon*, Leach).

A sole example — but in good condition — of this crab, remarkably rare off the coast of Norway, was taken along with the preceding.

The species is common on the shores of Great Britain, and its range of distribution extends as far south as the Mediterranean (the Adriatic Sea), but has hitherto been observed off the Norwegian coasts in one locality only — near Christiansund.

Trib. 2. *Oxyrhyncha.*

Fam. **Majidæ.**

3. **Hyas araneus,** Lin.

Denne ved vore Kyster meget almindelige Art observeredes under Expeditionen ogsaa ved Beeren Eiland, Island og Spitsbergen. Paa førstnævnte Localitet erholdtes et Exemplar af den samme eiendommelige Varietet, som af Hoeck[1] er henført til følgende Art, men som utvivlsomt gaar nærmest ind under *H. araneus.*

I sin Udbredning er den en ægte arktisk og circumpolar Form, der foruden paa de omtalte Localiteter er observeret ved Grønland, Nordamerikas Østkyst, Beringshavet, det ochotske Hav, det sibiriske Ishav, det kariske Hav og det hvide Hav. Sydgrændsen for dens Udbredning ved Europas Kyster synes at være Nordvestkysten af Frankrige.

Trib. 2. *Oxyrhyncha.*

Fam. **Majidæ.**

3. **Hyas araneus,** Lin.

This species, a very common one off the coasts of Norway, was observed on the Expedition also off Beeren Eiland, Iceland, and Spitsbergen. In the first-named of these localities, we took a specimen of the peculiar variety that Hoeck[1] has referred to the next species, but which unquestionably is most nearly related to *H. araneus.*

In its distribution, this is a true Arctic and circumpolar form, that, apart from the aforesaid localities, has been observed off Greenland, the east coast of North America, Bering's Sea, the Sea of Ochotsk, the Siberian Polar Sea, the Kara Sea, and the White Sea. The southern limit of distribution on the coasts of Europe would appear to be the north-western shore of France.

---

[1] Die Crustaceen, gesammelt während der Fahrten des »Willem Barents".

[1] Die Crustaceen, gesammelt während der Fahrten des »Willem Barents."

4. Hyas coarctatus, Leach.

Denne ligeledes hos os hyppige Form gaar betydelig dybere ned end foregaaende, nemlig mindst til 150 Favne. Den erholdtes under Expeditionen foruden paa flere Punkter af vor Kyst ogsaa paa følgende mere eller mindre langt ud i det aabne Hav beliggende Stationer: 79, 173 b, 261, 290 og 326, samt i Magdalenebay paa Spitsbergen; fordetmeste dog kun i yngre Exemplarer.

Arten er sydlig udbredt til Kattegat og de britiske Øer, nordlig til Grønland, Nordamerikas Østkyst og det hvide Hav. I det ochotske Hav forekommer efter Brandt[1] en eiendommelig Varietet (var. *alutacea*), som dog rettest tør være at betragte som en egen Art.

4. Hyas coarctatus, Leach.

This form, likewise of frequent occurrence along the Norwegian coast, descends much deeper than the preceding, viz. to at least 150 fathoms. It was taken on the Expedition — not including several points off the Norwegian coast — also at the following Stations, more or less far out at sea, viz. — Stats. 79, 173 b, 261, 290, and 326, as also in Magdalena Bay, Spitzbergen; the greater part however were young individuals.

The species is met with southwards as far as the Cattegat and the British Islands, northward as far as Greenland, the east coast of North America, and the White Sea. In the Sea of Ochotsck occurs, according to Brandt,[1] a peculiar variety (var. *alutacea*), which, however, would appear to be strictly entitled to specific distinction.

5. Scyramathia Carpenteri, (Norman).

Se 1ste Afsnit, pg. 6, Pl. I. Fig. 1—7.

Findested. Stat. 10.

5. Scyramathia Carpenteri, (Norman).

See 1st Part, p. 6, Pl. I. figs. 1—7.

Locality. — Stat. 10.

Suborde 2.

Anomura.

Trib. 1. *Apterura.*

Fam. Lithodidæ.

6. Lithodes maja, Lin.

Yngre Exemplarer af denne Form toges under Expeditionen paa 3 Punkter of vor Kyst, nemlig ved Husø, i Altenfjord og i Tanafjord.

Den er nordlig udbredt til Grønland(?), Nordamerikas Østkyst og den murmanske Kyst, hvorimod den neppe gaar længere Syd end til Kattegat, de britiske Øer og Belgien, hvilket synes at vise, at den er en oprindelig arktisk Form.

Suborde 2.

Anomura.

Trib. 1. *Apterura.*

Fam. Lithodidæ.

6. Lithodes maja, Lin.

Young individuals of this form were taken on the Expedition off the Norwegian coast, in 3 different localities, viz. at Husø, in the Altenfjord, and in the Tanafjord.

Northward, its distribution reaches as far as Greenland (?), the east coast of North America, and the Murman coast, whereas the animal is hardly met with farther south than the Cattegat, the British Islands, and the coast of Belgium, thus apparently indicating an Arctic origin.

[1] Middendorff's Sibirische Reise. Zoologi.

[1] Middendorff's Sibirische Reise. Zoologie.

Trib. 2. *Pterygura.*

Fam. 1. **Paguridæ.**

7. Eupagurus pubescens, (Kröyer).

Af denne ved vore Kyster megot almindelige Art erholdtes ogsaa Exemplarer ved Island, Beeren Eiland og Spitsbergen, paa sidstnævnte Sted af colossal Størrelse. Desuden toges den paa Stat. 10, 267 og 326.

Jeg har paa et andet Sted[1] paavist, at Stimpson's *E. Kröyeri* ikke kan specifisk skilles fra den her omhandlede Art, og at Hunnerne inlmindelighed viser netop de Charakterer, der er fremhævede som Særkjonde for *E. Kröyeri*, medens Hannerne skiller sig ved tættere behaaret Legeme og ved venstre Saxfods Form.

Arten er arktisk og circumpolar samt neppe observeret sydligere end ved de britiske Øer (*Pagurus Thompsoni* Bell).

Trib. 2. *Pterygura.*

Fam. 1. **Paguridæ.**

7. Eupagurus pubescens, (Kröyer).

Of this species, a very common one on the coast of Norway, examples were likewise obtained off Iceland, Beeren Eiland, and Spitzbergen — in the last-mentioned locality of prodigious size. Moreover, it was taken at Stations 10, 267, and 326.

Elsewhere,[1] I have shown that Stimpson's *E. Kröyeri* can not be specifically distinguished from the form treated of here, and that, as a rule, the females exhibit precisely the characters set forth as specially peculiar to *E. Kröyeri*, while the males deviate in having a body more densely hirsute and in the form of the left cheliped.

The species is Arctic and circumpolar, and hardly occurs further south than the British Islands (*Pagurus Thompsoni*, Bell).

---

8. Eupagurus meticulosus, (Roux).

Se 1ste Afsnit. pg. 12, Pl. I. Fig. 8—1, og Supplement.

Findested. Stat. 24.

8. Eupagurus meticulosus, (Roux).

See Part I, p. 12, Pl. I, figs. 8—10, and Supplementary Notes.

Locality. Stat. 24.

Fam. 2. **Galatheidæ.**

9. Galathea nexa, Embleton.

To yngre Exemplarer af denne først nylig til vor Fauna foiede Art toges under Expeditionens 2det Togt ved Røst, den yderste af Lofotoerne. Dette Punkt er for Tiden Artens Nordgrændse; derimod gaar den mod Syd ligetil Middelhavet og er derfor vistnok at betragte som en sydlig Form.

Fam. 2. **Galatheidæ.**

9. Galathea nexa, Embleton.

Two comparatively young specimens of this form, recently added to the Norwegian fauna, were taken, on the 2nd cruise of the Expedition, at Røst, the outermost of the Lofoten Isles. This locality is at present the extreme northern distributory limit of the species; southward, however, its range extends to the Mediterranean, and hence the animal should no doubt be regarded as a southern form.

[1] Oversigt over Norges Crustaceer I.

[1] Oversigt over Norges Crustaceer I.

10. Galathea intermedia, Lilljeborg.

Af denne ved vor Syd- og Vestkyst meget almindelige Art toges et enkelt Exemplar sammen med foregaaende. Heller ikke denne Form er hidtil bleven observeret saa langt Nord. Den er udenfor Norges Kyster alene kjendt fra Kattegat, Skagerak og de britiske Øer (G. Andrewsii Kinahan).

10. Galathea intermedia, Lilljeborg.

Of this species, a very common one off the south and west coasts of Norway, we took but one individual, along with the foregoing. Nor has this form either, as yet, been observed so far north. Saving the coast of Norway, it is known exclusively from the Cattegat. the Skagerak, and the British Islands (G. Andrewsii Kinahan).

---

11. Munida rugosa, Fabr.

Foruden paa de forskjellige under Expeditionen undersøgte Punkter af vor Kyst toges denne Art ogsaa paa følgende Stationer: 7, 9, 10, 24, 26 og 79.

Den af Hoeck fra Havet NO af Shetlandsøerne beskrevne og afbildede Munida er utvivisomt et ganske ungt Individ af den her omhandlede Art.

Arten er sydlig udbredt til Middelhavet, men hverken kjendt fra de egentlige polare Have eller fra Nordamerikas Østkyst, hvorfor den heller ikke kan ansees for en egentlig arktisk Form, skjøndt den ved vore Kyster gaar langt ind i den arktiske Region, nemlig lige til Vadsø.

11. Munida rugosa, Fabr.

Exclusive of the various localities examined off the Norwegian coast, this species was likewise taken on the Expedition at the following Stations: — 7, 9, 10, 24, 26, and 79.

The specimen of a Munida, from the Shetland Sea, described and figured by Hoeck, is unquestionably a very young individual of the species treated of here.

Southward, this species is distributed to the Mediterranean, but has not been met with either in the strictly Polar Seas or off the east coast of North America, and hence we are not entitled to regard it as a true Arctic form, though the animal off the Norwegian coast penetrates a very considerable distance into the Arctic region — viz. as far as Vadsø.

---

12. Munida tenuimana, G. O. Sars.

Undersøgelser over Hardangerfjordens Dybvands Fauna pg. 14.

Denne smukke af mig først i Hardangerfjorden opdagede Art gjenfandtes under Expeditionen i 2 af vore øvrige Fjorde, nemlig i Sognefjorden (Stat. 2 og 4) og i Vestfjorden (Stat. 255). Ogsaa her var den kun at træffe paa de største Dyb, 400—600 Favne. Udenfor Kysten har vi derimod ikke truffet den, skjøndt lignende Dybder ofte undersøgtes. Samme Art er imidlertid saavel under de engelske Expeditioner (Lightning og Porcupine) som under den franske Expedition (Travailleur) observeret paa større Dyb i Atlanterhavet og Biskayerbugten, hvorfor den vel egentlig er at betragte som en sydlig Form.

12. Munida tenuimana, G. O. Sars.

Undersøgelser over Hardangerfjordens Dybvandsfauna, p. 14.

This beautiful species, first observed by the author in the Hardangerfjord, was again met with on the Expedition in 2 other Norwegian fjords, viz. the Sognefjord (Stats. 2 and 4) and the Vestfjord (Stat. 255). Here, too, the animal occurred in the greatest depths only — from 400 to 600 fathoms. Off the coast, on the other hand, we did not observe it, though similar depths were frequently investigated. Meanwhile, the same species was observed both on the British Expeditions with the "Lightning" and „Porcupine" and the French Expedition with the "Travailleur" at still greater depths, in the Atlantic Ocean and the Bay of Biscay; and hence it should properly be regarded as a southern form.

Subordo 3.

Caridea.

Fam. 1. Crangonidæ.

14. Sclerocrangon boreas, (Phipps).

Af denne ved vore nordlige Kyster (Lofoten og Finmarken) meget almindelige høinordiske Form erholdtes ogsaa Exemplarer ved Beeren Eiland (Stat. 280) og Spitsbergen (Stat. 366 og 370) paa forholdsvis grundt Vand. Farven er meget variabel; som oftest mørkebrun med rødbrune og lysere Skygger. Et ved Beeren Eiland taget Exemplar var næsten overalt af ensformig lys graahvid Farve.

Arten er nordlig udbredt til Island, Grønland, Nordamerikas Østkyst, Polarøerne, Beringshavet, det sibiriske Ishav, Franz Josephs Land, Spitsbergen og det hvide Hav følgelig circumpolar.

14. Sclerocrangon salebrosus, (Owen).

Se 1ste Afsnit, pg 16, Pl. II.

Findesteder. Stat. 31, 224, 338, 359, 362, 363.

15. Crangon Allmanni, Kinahan.

Et enkelt Exemplar af denne ved vore Kyster ikke ualmindeligt forekommende Art toges under Expeditionens 1ste Togt i Havnen ved Reikjavik, Island, paa 20—30 Favnes Dybde.

Den er udenfor Norge alene bekjendt fra de britiske Øer, Skagerak og Kattegat.

16. Cheraphilus neglectus, G. O. Sars.

Oversigt over Norges Crustaceer I.

Denne tidligere af mig og andre med Egeon fasciatus Risso forvexlede Form forekom ikke sjelden paa ganske grundt Vand, Sandbund, ved Husø. Arten er endnu ikke med Sikkerhed bekjendt udenfor Norge.

Subordo 3.

Caridea.

Fam. 1. Crangonidæ.

13. Sclerocrangon boreas, (Phipps).

Of this Arctic form, very common along the north coast of the country (Lofoten and Finmark), specimens were likewise obtained off Beeren Eiland (Stat. 280) and Spitzbergen (Stats. 366 and 370), in comparatively shallow water. The colour varies greatly; as a rule, however, it is dark-brown, relieved with reddish-brown and lighter shadings. A specimen taken off Beeren Eiland had almost everywhere a uniform light greyish-white colour.

Northward, the range of distribution extends to Iceland, Greenland, the east coast of North America, the Polar Isles, the Bering Sea, the Siberian Polar Sea, Franz Joseph's Land, Spitzbergen, and the White Sea: the form is circumpolar.

14. Sclerocrangon salebrosus, (Owen).

See Part I, p. 16, Pl. II.

Locality. — Stats. 31, 224, 338, 359, 362, 363.

15. Crangon Allmanni, Kinahan.

A sole individual of this species, by no means infrequent off the coast of Norway, was taken, on the 1st cruise of the Expedition, in the harbour of Rejkjavik, Iceland, at a depth of from 20 to 30 fathoms.

Exclusive of Norway, this form is known only from the British Islands, the Skagerak, and the Cattegat.

16. Cheraphilus neglectus, G. O. Sars.

Oversigt over Norges Crustaceer I.

This form, previously confounded by myself and others with Egeon fasciatus Risso, occurred not infrequently in very shallow water, on a sandy bottom, off Husø. The species is not yet known with certainty beyond the limits of Norway.

17. Cheraphilus echinulatus, (M. Sars).

Enkelte Exemplarer af denne distincte Art erholdtes paa større Dyb ved Husø og i Sognefjorden (Flesje). Den er udenfor Norge kun noteret fra Shetlandsøerne (*Crangon serratus* Norman).

17. Cheraphilus echinulatus, (M. Sars).

A few examples of this distinct species were obtained at a considerable depth off Husø and in the Sognefjord (Flesje). Saving Norway, it is recorded from the Shetlands only (*Crangon serratus* Norman).

18. Pontophilus norvegicus, M. Sars.

Foruden paa de store Dyb i Sognefjorden (Stat. 2 og 8), i Vestfjorden (Stat. 149 og 255), i Porsangerfjorden (Stat. 260) og i Tanafjorden (Stat. 261) erholdtes denne characteristiske Dybvandsform ogsaa paa følgende mere eller mindre langt ud i det aabne Hav beliggende Stationer: 10, 79. 290 og 323.

Da Arten af Sidn. Smith er noteret ogsaa fra Nordamerikas Østkyst, er den rimeligvis at betragte som en oprindelig arktisk Form.

18. Pontophilus norvegicus, M. Sars.

Exclusive of the great depths in the Sognefjord (Stats. 2 and 8), in the Vestfjord (Stats. 149 and 255), in the Porsangerfjord (Stat. 260), and in the Tanafjord (Stat. 261), this characteristic deep-sea form was also obtained at the following Stations, more or less far out at sea, viz. — Stats. 10, 79, 290, and 323.

The species being likewise recorded by Sidney Smith from the east coast of North America, it must in all probability be regarded as originally an Arctic form.

19. Sabinea septemcarinata, (Sab.)

Af denne ægte arktiske Form toges Exemplarer foruden ved vor nordlige Kyst. ogsaa paa flere Steder ved Spitsbergen samt paa Stat. 267. 337 og 371. Ved Spitsbergen opnaar den en langt betydeligere Størrelse end hos os og synes ogsaa her at forekomme i langt større Antal.

Arten er circumpolar, idet den er noteret saavel fra Grønland. Nordamerikas Østkyst og Polarøerne som fra Beringshavet, Sibiriens Ishav, det kariske Hav og den murmanske Kyst.

19. Sabinea septemcarinata, (Sab.)

Of this decidedly Arctic form, we took specimens, apart from the northern coast of Norway, in several localities off Spitzbergen, as also at Stations 267, 337, and 371. At Spitzbergen, the animal attains a much more considerable size than on any part of the Norwegian coast, and would seem to occur throughout those Arctic regions in far greater abundance.

The species is circumpolar, having been recorded alike from Greenland, the east coast of North America, the Polar Islands, the Bering Sea, the Siberian Polar Sea, the Sea of Kara, and the Murman coast.

Fam. 2. Alpheidæ.

20. Bythocaris simplicirostris, G. O. Sars.

Nye Dybvandscrustaceer fra Lofoten.

Et Par mutilerede Exemplarer af denne først af mig ved Lofoten fundne Dybvandscaride toges under Expeditionens sidste Togt paa Stat. 290 og 359, den første beliggende omtrent midt mellem Finmarken og Beeren Eiland,

Fam. 2. Alpheidæ.

20. Bythocaris simplicirostris, G. O. Sars.

Nye Dybvandscrustaceer fra Lofoten.

Two mutilated specimens of this deep-sea Caridian, first met with, by the author, at Lofoten, were taken on the 3rd cruise of the Expedition, at Stations 290 and 359, the former located about midway between Finmark and

den sidste Vest af Spitsbergen, Dybden 191—416 Favne. Arten har tidligere ikke været kjendt udenfor Norges Kyster.

Beeren Eiland, the latter west of Spitzbergen: depth 191—416 fathoms. The species had not previously been known beyond the limits of Norway.

---

21. Bythocaris leucopis, G. O. Sars, n. sp.

Se 1ste Afsnit, pg. 27. Pl. III. Fig. 1—20.

Findested. Stat. 295.

21. Bythocaris leucopis, G. O. Sars.

See Part I, p. 27, Pl. III, figs. 1—20.

Loeality. — Stat. 295.

---

22. Bythocaris Payeri, (Heller.

Se 1ste Afsnit. pg. 33, Pl. III. Fig. 27.

Findesteder. Stat. 35, 124, 137. 164, 192. 251, 286. 312, 359, 362.

22. Bythocaris Payeri, (Heller).

See Part I, p. 33, Pl. III, fig. 27.

Locality. — Stats. 35, 124. 137, 164, 192, 251, 286, 312, 359, 362.

---

23. Cryptocheles pygmæa, G. O. Sars.

Nye Dybvandscrustaceer fra Lofoten.

Et Par Exemplarer af denne eiendommelige og pygmæiske Caride erholdtes under Expeditionens 1ste Togt paa Stat. 8 i Mundingen af Sognefjorden. Arten er ikke fundet uden ved Norges Kyster.

23. Cryptocheles pygmæa, G. O. Sars.

Nye Dybvandscrustaceer fra Lofoten.

Two specimens of this very peculiar and pygmæan Caridian, were obtained, on the 1st cruise of the Expedition, at Stat. 8, near the outlet of the Sognefjord. The species has not been found save on the coasts of Norway.

---

24. Hippolyte spinus, Sowb.

Exemplarer af denne vel bekjendte Art er under Expeditionen tagne ved Rost, i Adventbay (Spitsbergen) og paa Stat. 267, omtrent midt imellem Finmarken og Novaja Sembla. Under den hollandske Expedition er den ogsaa taget ved Beeren Eiland. Arten er desuden kjendt fra Grønland, Nordamerikas Østkyst, Polaroerne. Beringshavet og det hvide Hav, hvorfor den vistnok maa betragtes som en ægte arktisk Form. skjøndt den ogsaa forekommer ved de britiske Øer (Skotland).

24. Hippolyte spinus, Sowb.

Specimens of this well-known form were taken on the Expedition — at Rost, in Advent Bay (Spitzbergen), and at Station 267, about midway between Finmark and Novaja Zemlja. On the Dutch Expedition, the animal was also obtained off Beeren Eiland. Moreover, the species is known from Greenland, the east coast of North America, the Polar Islands, the Bering Sea, and the White Sea; hence, it must certainly be regarded as a true Arctic form, though likewise occurring off the British Islands (Scotland).

---

25. Hippolyte securifrons, Norman.

Foruden i Vestfjorden (Stat. 255) er denne Art under Expeditionen bleven observeret paa Stat. 173 b og 195, begge beliggende i Havet NV af Finmarken. Arten, der er meget almindelig ved vor Syd- og Vestkyst paa større

25. Hippolyte securifrons, Norman.

Besides the Vestfjord (Stat. 255). this species was observed on the Expedition at Stations 173 b and 195. both located in the tract of ocean extending north-west of Finmark. This form, very common off the south and west

Dyb, blev først beskrevet af Norman efter Exemplarer tagne ved Shetlandsøerne og er nylig ogsaa noteret fra Nordamerikas Østkyst, hvoraf det synes at fremgaa, at den egentlig tør være af arktisk Oprindelse.

coasts of Norway, was first fully described by Norman, from specimens procured at the Shetland Isles, and has recently been recorded from the east coast of North America, whence it would appear to be of Arctic origin.

26. Hippolyte turgida, Krøyer.

Denne ægte arktiske Art, der ved vore Kyster kun undtagelsesvis er fundet søndenom Polarcirkelen, forekom ikke ualmindeligt ved Spitsbergen, saaledes i Adventbay, Magdalenebay og ved Norske Øerne. Krøyers *H. Phipsii* er utvivlsomt Hannen af denne Art. I sin Udbredning er den circumpolar, idet den er bekjendt saavel fra Grønland og Nordamerikas Øst- og Nordkyst som fra Beringshavet, det sibiriske Ishav, Franz Josephs Land og det hvide Hav.

26. Hippolyte turgida, Krøyer.

This true Arctic species, which, south of the Polar circle, has been found to exhibit a mere sporadic occurrence, was not infrequently met with at Spitzbergen, for example in Advent Bay, Magdalena Bay, and off the Norway Islands. Krøyer's *H. Phipsii* unquestionably represents the male of this form. In its range of distribution, the animal is circumpolar, being known alike from Greenland, the east and north coasts of North America, the Bering Sea, the Siberian Polar Sea, Franz Joseph's Land, and the White Sea.

27. Hippolyte pusiola, Krøyer.

Af denne ved vore Kyster almindelige Art toges et enkelt Exemplar i Havnen ved Reikjavik. Arten er nordlig udbredt til den murmanske Kyst og Nordamerikas Østkyst og derfor utvivlsomt af arktisk Oprindelse, skjøndt den gaar sydlig til Kattegat, og de britiske Øer.

27. Hippolyte pusiola, Krøyer.

Of this species, a common one off the Norwegian coast, we took but one individual, in the harbour of Reikjavik. Northward, the form is distributed to the Murman coast and the east coast of North America, and must therefore unquestionably be of Arctic origin, though extending as far south as the Cattegat and the British Islands.

28. Hippolyte polaris, Sabine.

Foruden i Vestfjorden (Stat. 149 og 255) samt ved Røst, er denne characteristiske arktiske Form under Expeditionen taget ved Beeren Eiland (Stat. 280) og paa flere Steder ved Spitsbergen (Adventbay, Magdalenebay, Norske Øer) samt endelig paa følgende Stationer i større Afstand fra Kysten: 173 *b*. 237, 267. 362. 366, 370. Arten er desuden kjendt fra Grønland, Nordamerikas Østkyst, Polaroerne og Franz Josephs Land. *H. borealis* Krøyer er Hannen af denne Art.

28. Hippolyte polaris, Sabine.

In the Vestfjord (Stats. 149 and 255), as also at Røst, this peculiar Arctic form was taken on the Expedition, off Beeren Eiland (Stat. 280) and in several parts of Spitzbergen (Advent Bay, Magdalena Bay, the Norway Islands), finally, too, at the following Stations, located some considerable distance from the coast, viz. — 173 *b*, 237, 267. 362, 366. 370. Moreover, the species has been obtained from Greenland, the east coast of North America, the Polar Islands, and Franz Joseph's Land. *H. borealis* Krøyer is the male of this form.

29. Hippolyte Gaimardii, Edw.

Denne vel bekjendte Art blev under Expeditionen taget ved Røst og i Altenfjord, fremdeles i Havnen ved Reikjavik og paa flere Steder ved Spitsbergen, saaledes i

29. Hippolyte Gaimardii, Edw.

This well-known species was taken on the Expedition at Røst and in the Altenfjord; moreover, in the harbour of Reikjavik and in several localities at Spitzbergen, viz.

Adventhay, Magdalenchay (Stat. 366) og ved Norske Øer. De ved Spitsbergen erholdte Exemplarer er usædvanlig store, og de fuldt udviklede Hanner viser alle her, i Modsætning til hvad Tilfældet er ved vore Kyster, den hoie Pukkel paa 3die Bagkropssegment, der har givet Anledning til Opstillelsen af den nominelle Art *H. gibba*.

Arten er ægte arktisk og circumpolar i sin Udbredning, skjøndt den ogsaa gaar sydlig til Kattegat og de britiske Øer.

Advent Bay, Magdalena Bay (Stat. 366), and off the Norway Islands. The specimens obtained at Spitzbergen are unusually large, and the fully developed males taken here exhibit all of them, in contrast with those found off the Norwegian coast, the elevated hump on the 3rd abdominal segment that suggested establishing the spurious species *H. gibba*.

The form is decidedly Arctic and circumpolar in distribution, though extending as far south as the Cattegat and the British Islands.

30. Pandalus annulicornis, Leach.

Exemplarer af denne ved vore Kyster meget almindelige Form toges under Expeditionens 1ste Togt i Havnen ved Reikjavik. Da Arten baade er noteret fra Grønland, Nordamerikas Østkyst og den murmanske Kyst, synes den at maatte betragtes som en arktisk Form, uagtet den er almindelig saavel ved Danmark som de britiske Øer.

30. Pandalus annulicornis, Leach.

Specimens of this form, a very common one off the coasts of Norway, were taken, on the 1st cruise of the Expedition, in the harbour of Reikjavik. The species having been recorded from Greenland, the east coast of North America, and the Murman coast, it should apparently be regarded as an Arctic form, though common both on the coasts of Denmark and the British Islands.

31. Pandalus leptorhynchus, Kinahan?

G. O. Sars. Oversigt over Norges Crustaceer I.

Af denne sjeldne Form, som jeg i det ovenciterede Skrift med Tvivl har identificeret med Kinahan's Art, toges et yngre Exemplar i det indre af Sognefjorden (Flesje) paa circa 150 Favnes Dyb.

31. Pandalus leptorhynchus, Kinahan?

G. O. Sars, Oversigt over Norges Crustaceer I.

Of this rare form, which in the above-cited Memoir I have, — though with some doubt — identified with Kinahan's species, we took a young individual, in the inner part of the Sognefjord (Flesje), at a depth of about 150 fathoms.

32. Pandalus borealis, Kröyer.

Kjæmpemæssige Exemplarer af denne characteristiske arktiske Form toges under Expeditionens sidste Togt i Havet omkring Spitsbergen (Stat. 326, 338, 363 og 370). Desuden erholdtes den i Østhavet (Stat. 252 og 270), i Havet mellem Finmarken og Beeren Eiland (Stat. 290 og 323), samt i TanaGjord (Stat. 261), Porsangerfjord (Stat. 260) og Vestfjord (Stat. 149).

Arten er udbredt til Grønland, Nordamerikas Østkyst, Beringshavet, det ochotske Hav, Sibiriens Ishav og Frantz Josephs Land, er altsaa circumpolar, men findes ogsaa af og til ved Norges Vest- og Sydkyst paa større Dyb.

32. Pandalus borealis, Kröyer.

Gigantic specimens of this characteristic Arctic form were taken, on the last cruise of the Expedition, in the sea surrounding Spitzbergen (Stats. 326, 338, 363, and 370). Moreover, it was obtained in the Barents Sea (Stats. 252 and 270), in the tract of ocean between Finmark and Beeren Eiland (Stats. 290 and 323), as also in the Tanafjord (Stat. 261), the Porsangerfjord (Stat. 260), and the Vestfjord (Stat. 149).

The range of distribution extends up to Greenland, the east coast of North America, the Bering Sea, the Ochotsk Sea, the Siberian Polar Sea, and Franz Joseph's Land; hence, it is circumpolar, but occurs here and there, at a considerable depth, off the west and south coasts of Norway.

Fam. 3. Palæmonidæ.

33. Caridion Gordoni, Sp. Bate.

Et enkelt Exemplar af denne eiendommelige Form, som nærmest synes mig at maatte henføres under ovenstaaende Familie, toges under Expeditionens 1ste Togt i det ydre af Sognefjorden (Stat. 8). Den er nylig noteret fra Nordamerikas Østkyst og gaar ved vore Kyster nordlig ligetil Varangerfjorden, hvoraf synes at fremgaa, at den egentlig tør være af arktisk Oprindelse.

Fam. 3. Palæmonidæ.

33. Caridion Gordoni, Sp. Bate.

A sole specimen of this peculiar form, which, in my judgment, approximates closest the above family, was taken, on the 1st cruise of the Expedition, in the outer part of the Sognefjord (Stat. 8). The species has been recently recorded from the eastern shores of North America, and extends off the coast of Norway as far north as the Varanger-fjord, whence it would appear to be strictly of Arctic origin.

Fam. 4. Pasiphaidæ.

34. Pasiphaë tarda, Kröyer.

Enkelte mere eller mindre fuldstændige Exemplarer af denne anselige Art erholdtes under Expeditionen paa 3 forskjellige Stationer (33, 213 og 295), alle beliggende i betydelig Afstand fra Kysten. Skjøndt alle 3 Exemplarer optoges ved Hjelp af Trawlen fra meget betydeligt Dyb, indtil 1760 Favne, er det dog paa Grund af dens aabenbar pelagiske Levevis muligt, at de er indkomne i Trawlen under dennes Opheisning fra noget af de høire Vandlag. Arten er foruden fra vore Kyster kjendt fra Grønland og Nordamerikas Østkyst, og den er derfor i Modsætning til den 2den ved vore Kyster forekommende Art. *P. sivado* Risso, at betragte som en ægte arktisk Form.

Fam. 4. Pasiphaidæ.

34. Pasiphaë tarda, Kröyer.

A few individuals of this imposing species, in a more or less perfect condition, were obtained on the Expedition, at 3 different Stations (Stats. 33, 213, and 295), all located at a good distance from the coast. Meanwhile, though the specimens in question all came up in the trawl from very considerable depths, reaching 1760 fathoms, yet the animal may, considering its obviously pelagic habits, have entered the trawl, in some one of the higher strata, during the upward passage of the apparatus. Besides the coast of Norway, the form is also known from Greenland and the east coast of North America; and hence it must, in contrast to the second species occurring off the Norwegian shores, viz. *P. sivado* Risso, unquestionably be regarded as a true Arctic form.

Fam. 5. Ephyridæ.

35. Hymenodora glacialis, (Buchholz), n. gen.

Se 1ste Afsnit, pg. 37, Pl. IV.

Findesteder. Stat. 33, 34, 35, 40, 52, 54, 137, 183, 205, 295, 297, 303, 343, 362.

Fam. 5. Ephyridæ.

35. Hymenodora glacialis, (Buchholz), n. gen.

See Part I, p. 37, Pl. IV.

Locality. — Stats. 33, 34, 35, 40, 52, 54, 137, 183, 205, 295, 297, 303, 343, 362.

12

Suborde 4.
Schizopoda.
Fam. 1. Lophogastridæ.

36. Lophogaster typicus, M. Sars.

Exemplarer af denne eiendommelige og interessante Schizopode blev under Expeditionens 1ste Togt indsamlede ved Huso paa 40—60 Favnes Dyb. Den er foruden ved Norges Vest- og Sydkyst observeret ved Shetlandsøerne af Norman (*Ctenomysis alata*), og jeg har nylig havt Anledning til at undersøge 3, under "Challenger" Expeditionen udenfor det gode Haabs Forbjerg indsamlede Exemplarer, der i ingen Henseende skiller sig fra den nordiske Form.

Fam. 2. Euphausiidæ.

37. Nyctiphanes norvegica, (M. Sars).

Mine Undersøgelser af det særdeles righoldige under Challenger-Expeditionen indsamlede Materiale af Euphausiider har overbevist mig om, at denne Form ikke er nogen ægte Thysanopoda, hvorimod den noie slutter sig til en i det australiske Hav forekommende Form, som noiere vil blive beskreven i min Report over Challenger-Expeditionens Schizopoda. Jeg har derfor for begge disse Arter troet at maatte opstille en ny Slægt, *Nyctiphanes*.

Nærværende smukke Art blev under vor Expedition observeret paa flere Steder i det aabne Hav udenfor vor Kyst, svømmende lige i Overfladen af Vandet, som oftest dog kun i yngre Exemplarer. Paa en af Stationerne (75), V af Namsenfjord, var den tilstede i saadanne enorme Masser, at Søen paa enkelte Steder antog en brunlig Farve.

Arten er udbredt langs vor hele Kyst og nordlig til Grønland, Nordamerikas Østkyst og den murmanske Kyst. Det er muligt, at den af Bell observerede britiske Form, *Thysanopoda Couchii* er identisk med nærværende Art.

Suborde 4.
Schizopoda.
Fam. 1. Lophogastridæ.

36. Lophogaster typicus, M. Sars.

Specimens of this peculiar and interesting Schizopod were collected, on the 1st cruise of the Expedition, off Huso, at a depth ranging from 40 to 60 fathoms. Besides the west and south coasts of Norway, the animal has also been observed off the Shetland Islands, by Norman (*Ctenomysis alata*), and I have recently had opportunity of examining 3 specimens collected on the "Challenger" Expedition off the Cape of Good Hope, which in no respect differ from the Northern form.

Fam. 2. Euphausiidæ.

37. Nyctiphanes norvegica, (M. Sars).

My investigations of the exceedingly abundant material of Euphausiidæ collected on the "Challenger" Expedition have convinced me that this form can not be a true Thysanopoda, while, on the other hand, it closely approximates a species occurring in the Australian Sea, to be described in detail in my forthcoming Report on the Schizopods of the "Challenger" Expedition. Hence, I have seen fit to establish for these two species a new genus, viz. *Nyctiphanes*.

The present beautiful species was observed on the Norwegian Expedition in several localities, at a considerable distance from the coast, swimming about at the surface of the water; as a rule, however, exclusively young individuals. At one of the Stations (Stat. 75), west of the Namsenfjord, the animal occurred in such profusion, that the sea, in some localities, had a peculiar brownish tint.

The form is distributed along the whole of the Norwegian coast, extending as far north as Greenland, the east of North America, and the Murman coast. Maybe, the British form, *Thysanopoda Couchii*, observed by Bell, is identical with the present species.

38. Boreophausia inermis, (Kröyer).

Ogsaa for denne Form har jeg været nødt til at opstille en egen Slægt, da den har vist sig at være generisk forskjellig saavel fra Slægten *Thysanopoda* som fra Slægten *Euphausia*, hvortil jeg tidligere har henført den. To andre nordiske Euphausiider hører ind under samme Slægtstype, nemlig *Thysanopoda neglecta* Kröyer og *Th. Raschii* M. Sars, muligens ogsaa *Th. longicaudata* Kröyer.

Exemplarer af den her omhandlede ved vore nordlige Kyster meget almindeligt forekommende Art toges under Expeditionen ved Jan Mayen og i Havet mellem denne Ø og Island. Den er først beskrevet af Kröyer fra Grønland og ogsaa noteret fra Spitsbergen og Nordamerikas Østkyst, hvorfor den utvivlsomt er at betragte som en ægte arktisk Form.

38. Boreophausia inermis, (Kröyer).

For this form, too, I have had to institute a separate genus, the animal having proved generically distinct alike from the genus *Thysanopoda* and the genus *Euphausia*, to the latter of which I had previously referred it. Two other Northern Euphausiidans belong to the same generic type, viz. *Thysanopoda neglecta* Kröyer and *Th. Raschii* M. Sars, possibly too *Th. longicaudata* Kröyer.

Examples of the species treated of here, a very common one off the northern shores of Norway, were taken on the Expedition at Jan Mayen and in the tract of ocean extending between that island and Iceland. The species was first described by Kröyer, from Greenland, and has also been recorded from Spitzbergen and the east coast of North America; hence, it must unquestionably be regarded as a true Arctic form.

---

39. Thysanoëssa tenera, G. O. Sars.

Oversigt over Norges Crustaceer I.

Denne lille zirlige, af mig først i Varangerfjorden fundne Art observeredes under Expeditionen paa 4 forskjellige Stationer i det aabne Hav mellem Norge og Jan Mayen. Alle Exemplarer erholdtes ved Hjælp af Overfladenettet.

39. Thysanoëssa tenera, G. O. Sars.

Oversigt over Norges Crustaceer I.

This diminutive, graceful species, discovered by the author in the Varangerfjord, was met with on the Expedition, at 4 different Stations, in the open sea, between Norway and Jan Mayen. All of the specimens were obtained in the surface-net.

Fam. **Mysidæ.**

40. Boreomysis tridens, G. O. Sars.

Exemplarer af denne Art toges under Expeditionens sidste Togt i Vestfjorden (Stat. 255) paa 341 Favnes Dyb. Foruden i Vestfjorden, hvor jeg først fandt den, er den kun observeret i Trondhjemsfjorden af Conservator Storm, ligeledes paa betydeligt Dyb. Ganske nylig har jeg ogsaa truffet den i Foldenfjord paa lignende Dyb.

Fam. **Mysidæ.**

40. Boreomysis tridens, G. O. Sars.

Examples of this species were taken, on the last cruise of the Expedition, in the Vestfjord (Stat. 255), at a depth of 341 fathoms. Exclusive of the Vestfjord, where I first observed it, the animal has been taken in the Trondhjemsfjord only, by Mr. Storm, also at a considerable depth. Quite recently I have also met with the species in the Foldenfjord, at similar depths.

---

41. Boreomysis nobilis, G. O. Sars, n. sp.

Se lste Afsnit, pg. 54, Pl. V, Fig. 22—28.

Findested. Stat. 362.

41. Boreomysis nobilis, G. O. Sars, n. sp.

See Part I, p. 54, Pl. V, figs. 22—28.

Locality. — Stat. 362.

42. Boreomysis scyphops, G. O. Sars, n. sp.

Se late Afsnit. pg. 56. Pl. VI.

Findested. Stat. 295.

42. Boreomysis scyphops, G. O. Sars, n. sp.

See Part I, p. 56. Pl. VI.

Locality. — Stat. 295.

43. Erythrops Goësii, G. O. Sars.

Exemplarer af denne ved vore Kyster meget almindelige Art blev under Expeditionen indsamlede ved Hammorfest. i Kjøsen, i Saltenfjord og i Porsangerfjord (Stat. 260). Arten blev først opdaget af Goës ved Spitsbergen (*Mysis erythrophthalma*), og er senere ogsaa noteret fra Nord amerikas Østkyst. det kariske Hav, den murmanske Kyst og det hvide Hav. hvorfor den utvivlsomt er at betragte som en ægte arktisk Form.

43. Erythrops Goësii, G. O. Sars.

Examples of this species, a very common one off the coasts of Norway, were collected on the Expedition at Hammerfest, in Kjøsen, the Saltenfjord, and the Porsangerfjord (Stat. 260). The form was first met with by Goës, off Spitzbergen (*Mysis erythrophthalma*), and has since been recorded from the east coast of North America. the Kara Sea, the Murman coast, and the White Sea, whence it unquestionably must be regarded as a true Arctic species.

44. Erythrops pygmæa, G. O. Sars.

Kun observeret under Expeditionen ved Husø paa ganske grundt Vand. Den er aabenbart en mere sydlig Form, da den af mig ogsaa er fundet i Middelhavet ved Neapel.

44. Erythrops pygmæa, G. O. Sars.

Observed on the Expedition at Husø only, in very shallow water. It is obviously a more southern form, since I have taken the animal in the Mediterranean, off Naples.

45. Erythrops microphthalma, G. O. Sars.

Exemplarer af denne hidtil kun ved Norges Kyster observerede Form toges under Expeditionen i det ydre af Sognefjorden (Stat. 8) og i Vestfjorden (Stat. 255); begge Steder paa betydeligt Dyb.

45. Erythrops microphthalma, G. O. Sars.

Specimens of this form, till then observed off the coasts of Norway only, were taken on the Expedition in the outer part of the Sognefjord (Stat. 8) and in the Vestfjord (Stat. 255) — in both localities at a considerable depth.

46. Erythrops glacialis, G. O. Sars, n. sp.

Se late Afsnit, pg. 45, Pl. V, Fig. 1—4.

Findesteder. Stat. 87, 124.

46. Erythrops glacialis, G. O. Sars, n. sp.

See Part I, p. 45, Pl. V, figs. 1—4.

Locality. — Stats. 87, 124.

47. Erythrops abyssorum, G. O. Sars.

Observeret under Expeditionen i Porsangerfjord (Stat. 260) og ved Jan Mayen (Stat. 225); tidligere kun kjendt fra Norges Kyster.

48. Parerythrops abyssicola, G. O. Sars.

Af denne i Dybsecorallernes Region ved vore Kyster forekommende Art blev et Par Exemplarer under Expeditionen indsamlede paa Stat. 8 i det ydre af Sognefjorden.

49. Parerythrops robusta, Smith.

I Porsangerfjord (Stat. 260) toges et enkelt Exemplar af denne distincte Art, et andet paa Stat. 336 ved Spitsbergens Sydpynt. Den er først opdaget af Smith ved Nordamerikas Østkyst og senere af mig gjenfunden i Varangerfjorden. Arten er saaledes udpræget arktisk.

50. Parerythrops spectabilis, G. O. Sars, n. sp.

Se 1ste Afsnit, pg. 17. Pl. V. Fig. 5—12.

Findesteder. Stat. 31, 237.

51. Pseudomma roseum, G. O. Sars.

Usædvanlig store Exemplarer af denne eiendommelige Myside toges under Expeditionens 1ste Togt i Havet udenfor vor Vestkyst (Star. 31) paa 417 Favnes Dyb. Et Par Exemplarer erholdtes ogsaa i Havet SV af Jan Mayen (Stat. 251). Begge Stationer tilhører den kolde Area, og da den desuden er noteret fra Nordamerikas Østkyst er den aabenbart at betragte som en arktisk Form.

47. Erythrops abyssorum, G. O. Sars.

Observed on the Expedition in the Porsangerfjord (Stat. 260) and off Jan Mayen (Stat. 225); till then known only from the coasts of Norway.

48. Parerythrops abyssicola, G. O. Sars.

Of this species, occurring off the Norwegian coast in the region of deep-sea corals, a few examples were obtained on the Expedition, at Station 8, in the outer part of the Sognefjord.

49. Parerythrops robusta, Smith.

A sole example off this distinct species was taken in the Porsangerfjord (Stat. 260), another at Station 336, off the southern extremity of Spitzbergen. The animal was discovered by Smith, off the east coast of North America, and subsequently again met with by the author, in the Varangerfjord. The species is therefore decidedly Arctic.

50. Parerythrops spectabilis, G. O. Sars, n. sp.

See Part I. p. 47, Pl. V. figs. 5—12.

Locality. — Stats. 31, 237.

51. Pseudomma roseum, G. O. Sars.

Unusually large specimens of this characteristic Mysidan were taken, on the 1st cruise of the Expedition, in the open sea, off the west coast of Norway (Stat. 31), at a depth of 417 fathoms. We also obtained one or two specimens in the tract of ocean south-west of Jan Mayen (Stat. 251). Both Stations belong to the cold area, and the species having been likewise recorded from the east of North America, it must obviously be regarded as an Arctic form.

52. Pseudomma affine. G. O. Sars.

Af denne ved vore Kyster ikke sjeldne Art toges en Del Exemplarer under Expeditionens 1ste Togt i den ydre Del af Sognefjorden (Stat. 8) samt ved Husø.

52. Pseudomma affine, G. O. Sars.

Of this species, by no means rare off the Norwegian coast, a number of individuals were taken on the 1st cruise of the Expedition, in the outer part of the Soguefjord (Stat. 8) and off Husø.

53. Pseudomma truncatum, Smith.

Denne Art er først opdaget ved Nordamerikas Østkyst af Sidn. Smith og senere af mig gjenfunden i Varangerfjorden. Under Expeditionen erholdtes enkelte Exemplarer paa Stat. 338 og 357, begge ved Spitsbergen.

53. Pseudomma truncatum, Smith.

This species was discovered off the east coast of North America, by Sidney Smith, and subsequently met with by the author in the Varangerfjord. On the Expedition, a few specimens were obtained, at Stations 338 and 357, both off Spitzbergen.

54. Amblyops abbreviata, G. O. Sars.

Enkelte defecte Exemplarer af denne Form erholdtes under Expeditionens sidste Togt i Altenfjord og paa Stat. 262, Ø af Vardo. Den er hidtil ikke observeret udenfor Norge.

54. Amblyops abbreviata, G. O. Sars.

A few mutilated individuals of this form were taken, on the last cruise of the Expedition, in the Altenfjord and at Station 262, east of Vardo. Up to the present time, the species has not been observed beyond the limits of Norway.

55. Pseudomysis abyssi, G. O. Sars, n. gen. & sp.

Se 1ste Afsnit, pg. 50, Pl. V, Fig. 13—21 og Pl. XX, Fig. 18—20.

Findesteder. Stat. 295, 297.

55. Pseudomysis abyssi, G. O. Sars, n. gen. & sp.

See Part I, p. 50, Pl. V, figs. 13—21 and Pl. XX, figs. 18 –20.

Locality. — Stats. 295, 297.

56. Mysideis grandis, (Goës).

En Del yngre Exemplarer af denne hidtil kun ved Finmarken og Spitsbergen observerede Art indsamledes under Expeditionens sidste Togt i Havnen ved Hammerfest.

56. Mysideis grandis, (Goës).

A number of young individuals belonging to this species, till then observed exclusively off the coasts of Finmark and Spitzbergen, were collected, on the last cruise of the Expedition, in the harbour of Hammerfest.

57. Mysis inermis, Rathke.

Denne ved vore Kyster meget hyppige Art observeredes under Expeditionen ved Husø, Røst og i Kjøsen

57. Mysis inermis, Rathke.

This species, exceedingly frequent off the coasts of Norway, was observed on the Expedition at Husø, Røst, and

mellem Alger nær Stranden. Udenfor Norge er den noteret fra Kattegat, Østersøen de britiske Øer og den murmanske Kyst.

in Kjosen, between Algæ, near the shore. Beyond the limits of Norway, the form has been recorded from the Cattegat, the Baltic, the British Islands, and the Murman coast.

---

58. Mysis mixta, Lilljeborg.

Exemplarer af denne Art blev under Expeditionen tagne i Saltenfjord, ved Røst, i Kjosen og ved Reikjavik paa Island.

Arten er nordlig udbredt til Grønland (*M. latitans* Kröyer), Nordamerikas Østkyst og den murmanske Kyst og derfor utvivlsomt at betragte som en ægte arktisk Form, skjøndt den gaar sydlig til Christianiafjorden, Kattegat og Østersøen.

58. Mysis mixta, Lilljeborg.

Specimens of this form were taken on the Expedition in the Saltenfjord, at Røst, in Kjosen, and at Reikjavik, Iceland.

Northward the distribution of the species extends as far as Greenland (*M. latitans* Kröyer), the east coast of North America, and the Murman coast; hence, the animal must unquestionably be regarded as a true Arctic form, though occurring southward down to the Christianiafjord, the Cattegat, and the Baltic.

---

59. Mysis oculata, (Fabr.)

Denne høinordiske Form, der kun af og til er observeret paa en enkelt Lokalitet ved vore Kyster (Varangerfjorden), fandtes under Expeditionen i enorme Masser saavel ved Jan Mayen som ved Spitsbergen (Adventbay, Magdalenebay og Norske Øer). Et enkelt Exemplar erholdtes ogsaa i Havnen ved Reikjavik.

Arten er udbredt til Grønland, Nordamerikas Østkyst, Polarøerne, Sibiriens Ishav og det kariske Hav, følgelig circumpolar.

59. Mysis oculata, (Fabr.)

This Arctic form, observed, as a rare occurrence, in but one locality on the Norwegian coast (the Varangerfjord) we met with during the course of the Expedition in prodigious numbers alike off the coast of Jan Mayen and at Spitzbergen (Advent Bay, Magdalena Bay, and the Norwegian Islands). A single specimen was also secured in the harbour of Reikjavik.

The species being distributed up to Greenland, the East coast of North America, the Polar Islands, the Siberian Polar Sea, and the Kara Sea, is circumpolar.

---

60. Mysidella typica, G. O. Sars.

Af denne lille eiendommelige Myside toges et Par Exemplarer under Expeditionens 1ste Togt ved Husø paa 80—100 Favnes Dyb. Den er hidtil kun observeret ved Norges Kyster.

60. Mysidella typica, G. O. Sars.

Of this diminutive, peculiar Mysidian, two specimens were taken, on the 1st cruise of the Expedition, off Husø, at a depth ranging from 80 to 100 fathoms. As yet, the form has not been observed elsewhere than off the coast of Norway.

18

Ordo 2.

Cumacea.

Fam. 1. Cumidæ.

6l. Cuma scorpioides, (Mont.)

Under Expeditionen kun observeret ved Husø paa nogle faa Favnes Sandbund. Arten er udenfor Norge kun med Sikkerhed kjendt fra de britiske Øer og Kattegat.

62. Cyclaspis longicaudata, G. O. Sars.

Ligeledes under Expeditionen kun observeret ved Husø paa 80—100 Favnes Dyb. Den er under de engelske og franske Expeditioner ogsaa noteret fra betydelige Dyb i Atlanterhavet og sydlig til Spaniens Kyst.

Fam. 2. Lampropidæ.

63. Hemilamprops rosea, (Norman).

Exemplarer af denne smukke Form blev under Expeditionen tagne i Saltenfjord og ved Hammerfest. Arten er udenfor Norge alene kjendt fra de britiske Øer.

64. Hemilamprops uniplicata, G. O. Sars.

At denne hidtil kun ved Norges Kyster observerede Art erholdtes nogle Exemplarer paa Stat. 31 og 124. begge beliggende i betydelig Afstand fra Kysten og tilhørende den kolde Area, Dybden fra 350 til 417 Favne.

Ordo 2.

Cumacea.

Fam. 1. Cumidæ.

6l. Cuma scorpioides, (Mont.)

On the Expedition, observed at Husø alone, in water a few fathoms deep, bottom sandy. Beyond the limits of Norway, the species is not known with certainty save from the British Islands and the Cattegat.

62. Cyclaspis longicaudata, G. O. Sars.

As with the former species, observed on the Expedition off Husø alone, at a depth ranging from 80 to 100 fathoms. On the British and French Expeditions, the species was likewise met with at a considerable depth in the Atlantic Ocean, and southward as far as the coast of Spain.

Fam. 2. Lampropidæ.

63. Hemilamprops rosea, (Norman).

Specimens of this beautiful form were taken on the Expedition in the Saltenfjord and at Hammerfest. Beyond the limits of Norway, the species is known exclusively from the British Islands.

64. Hemilamprops uniplicata, G. O. Sars.

Of this species, hitherto exclusively observed off the Norwegian coast, we took a few individuals, viz. at Stations 31 and 124, both a good distance from the coast and belonging to the cold area; depth ranging from 350 to 417 fathoms.

65. Hemilamprops cristata, G. O. Sars,

Hun observeret under Expeditionen ved Husø paa 80—100 Favnes Dybde. Den er af Norman noteret fra Porcupine's Expedition V af de britiske Øer (Rockall).

65. Hemilamprops cristata, G. O. Sars.

Observed on the Expedition at Husø alone; depth from 80 to 100 fathoms. Norman met with the form on the "Porcupine" Expedition, west of the British Islands (Rockall).

Fam. 3. Leuconidæ.

66. Leucon nasicus, Kröyer.

Exemplarer af denne ved vore Kyster meget almindelige Art indsamledes under Expeditionen i det indre af Saltenfjord. Arten er udbredt til Grønland. Nordamerikas Østkyst og det kariske Hav, følgelig at betragte som en ægte arktisk Form. Den gaar sydlig til Kattegat, og et enkelt Exemplar angives af Norman at være taget under Porcupine-Expeditionen i den britiske Kanal.

Fam. 3. Leuconidæ.

66. Leucon nasicus, Kröyer.

Individuals of this species, a very common one off the coast of Norway, were collected on the Expedition in the inner part of the Saltenfjord. The species is distributed as far north as Greenland, the east coast of North America, and the Kara Sea, — hence, must be regarded as a true Arctic form. Southward, its range extends to the Cattegat, and a sole specimen is stated, by Norman, to have been taken on the "Porcupine" Expedition, in the British Channel.

---

67. Leucon nasicoides, Lilljeborg.

Nogle faa Exemplarer af denne hos os temmelig sjeldne Art toges under Expeditionens sidste Togt ved Hammerfest. Den er udenfor Norge noteret fra Kattegat og Nordamerikas Østkyst.

67. Leucon nasicoides, Lilljeborg.

A few individuals of this species, comparatively rare off the Norwegian coast, were taken, on the last cruise of the Expedition, at Hammerfest. Beyond the limits of Norway, the form has been recorded from the Cattegat and the east coast of North America.

---

68. Leucon fulvus, G. O. Sars.

Denne af mig først ved Lofoten fundne Art observeredes under Expeditionen foruden ved Hammerfest ogsaa i Havnen ved Reykjavik og i Adventbay paa Spitsbergen. Hos os synes den alene at være indskrænket til den arktiske Region.

68. Leucon fulvus, G. O. Sars.

This species, first observed by the author, at Lofoten, was met with on the Expedition not only at Hammerfest but also in the harbour of Reikjavik and in Advent Bay, Spitzbergen. Off the Norwegian coast, its occurrence would appear to be exclusively within the Arctic region.

---

69. Leucon pallidus, G. O. Sars.

Nogle faa Exemplarer af denne lille Dybvandsart erholdtes under Expeditionens sidste Togt paa Stat. 338 ved Sydpynten af Spitsbergen.

69. Leucon pallidus, G. O. Sars.

A few individuals of this diminutive deep-sea species were obtained, on the last cruise of the Expedition, at Station 338, off the southern extremity of Spitzbergen.

70. Eudorella emarginata, (Kröyer).

Observeret under Expeditionen i Sognefjorden og det indre af Saltenfjord. Foruden ved Norges Kyster er Arten noteret fra Kattegat, Nordamerikas Østkyst og det kariske Hav.

70. Eudorella emarginata, (Kröyer).

Observed on the Expedition in the Sognefjord and the inner part of the Saltenfjord. Apart from the coasts of Norway, the species has been met with in the Cattegat, the east coast of North America, and the Kara Sea.

71. Eudorella truncatula, (Sp. Bate).

Kun observeret under Expeditionen ved Huso paa forholdsvis grundt Vand. Arten er udbredt til Kattegat og de britiske Øer og er ogsaa af mig observeret i Middelhavet ved Neapel og Spezia. Norman anforer denne Art fra Porcupine-Expeditionen som forekommende paa betydeligt Dyb (1443 Favne) i Atlanterhavet.

71. Eudorella truncatula, (Sp. Bate).

Observed on the Expedition at Huso alone, in comparatively shallow water. The species is distributed to the Cattegat and the British Islands, and has been found by the author in the Mediterranean, off Naples and Spezia. Norman records this form from the "Porcupine" Expedition, as occurring at a very considerable depth (1443 fathoms) in the Atlantic.

72. Eudorellopsis deformis, (Kröyer).

En Del Exemplarer af denne ved vore Kyster meget sjeldne Form toges under Expeditionens 1ste Togt i Havnen ved Reikjavik paa 20—30 Favnes Dyb. Arten er desuden kjendt fra Gronland, Nordamerikas Østkyst og Kattegat.

72. Eudorellopsis deformis, (Kröyer).

A number of specimens of this form, very rare off the Norwegian coast, were taken, on the 1st cruise of the Expedition, in the harbour of Reikjavik, at a depth of from 20 to 30 fathoms. Moreover, the species is known from Greenland, the east coast of North America, and the Cattegat.

Fam. 4. Diastylidæ.

73. Diastylis Goodsiri Bell.

Af denne kjæmpemæssige arktiske Art toges Exemplarer ved Jan Mayen (Stat. 223), i Porsangerfjord (Stat. 260) og paa Stat. 267 og 357, den forste beliggende i Østhavet, den anden V af Spitsbergen. Arten er udbredt til Nordamerikas Polaroer, Sibiriens Ishav og det kariske Hav, ligesom talrige Exemplarer blev indsamlede under den hollandske Expedition i den saakaldte Barents-So (Østhavet). Ved vore Kyster er den alene indskrænket til Finmarken (Tromso og Varangerfjorden).

Fam. 4. Diastylidæ.

73. Diastylis Goodsiri, Bell.

Of this colossal Arctic form, specimens were collected off Jan Mayen (Stat. 223), in the Porsangerfjord (Stat. 260), and at Stations 267 and 357, the former located in the Barents Sea, the latter west of Spitzbergen. The species extends as far north as the Polar Islands of North America, the Siberian Polar Sea, and the Kara Sea. Numerous individuals were likewise collected on the Dutch Expedition, in the Barents Sea. Off the Norwegian coast, the occurrence of the species is limited to Finmark (Tromsø and the Varangerfjord).

74. Diastylis Rathkii, (Kröyer).

Exemplarer af denne ved vore Kyster meget alminde-
lige, paa sine Steder i store Masser forekommende Art
toges under Expeditionen i Saltenfjord, Kjøsen og Pors-
angerfjord, fremdeles i Adventbay paa Spitzbergen samt
paa Stat. 18, 192 og 357, de 2 første beliggende i Havet
udenfor vor Kyst, den sidste V af Spitzbergen; Dybden
indtil 649 Favne.

Skjøndt Arten gaar sydlig til Pommerens Kyst, er
den dog utvivlsomt at betragte som en oprindelig arktisk
Form, da den er udbredt til Grønland, Nordamerikas Øst-
kyst, Sibiriens Ishav og det kariske Hav. To af de Sta-
tioner, hvor den under vor Expedition blev observeret, til-
hører desuden den kolde Area.

74. Diastylis Rathkii, (Kröyer).

Examples of this species, a very common one off the
coast of Norway, and occurring most abundantly in certain
localities, were taken on the Expedition in the Saltenfjord,
the Kjøsen, and the Porsangerfjord; moreover, in Advent Bay,
Spitzbergen, as also at Stations 18, 192, and 357 — the two
former located in the sea off the Norwegian coast, the
latter west of Spitzbergen; depth reaching 649 fathoms.

Though the animal occurs as far south as the coast
of Pommerania, it must unquestionably be regarded, in
origin at least, as an Arctic form, its range of distribution
extending northward to Greenland, the east coast of America,
the Siberian Polar Sea, and the Kara Sea. Besides, two
of the Stations at which it was observed on the Norwegian
Expedition belong to the cold area.

75. Diastylis cornuta, Boeck.

Denne ved vore Kyster ligeledes meget almindelige
Art observeredes under Expeditionen ved Husø paa 80—
100 Favnes Dybde. Den er aabenbart en mere sydlig Form
og udbredt til de britiske Øer (*D. bicornis* Sp. Bate) og
Vestkysten af Frankrige (Fischer). Norman anfører den
ogsaa fra Porcupine-Expeditionen som forekommende paa
stort Dyb i Atlanterhavet. Den af samme Forfatter under
Benævnelsen *D strigata* beskrevne Form anser jeg for den
fuldt udviklede Han af nærværende Art.

75. Diastylis cornuta, Boeck.

This species, likewise a very common one off the
Norwegian coast, was observed on the Expedition at Husø;
depth 80—100 fathoms. It is obviously a more southern
form, being distributed to the British Islands (*D. bicornis*
Sp. Bate) and the west coast of France (Fischer). Norman
records the animal, too, from the "Porcupine" Expedition,
as occurring at a great depth in the Atlantic. The form
described by the same naturalist as *D. strigata*, I regard
as the fully developed male of the present species.

76. Diastylis echinata, Sp. Bate.

Foruden ved Husø blev denne Art under Expeditio-
nen observeret paa 2 i Havet udenfor vor Vestkyst belig-
gende Stationer (Stat. 31 og 124), begge tilhørende den
kolde Area; Dybden indtil 417 Favne. Norman anfører
den ogsaa fra "Lightning" Expeditionen. Arten er forøvrigt
kun kjendt fra de britiske Øer og den norske Kyst.

76. Diastylis echinata, Sp. Bate.

Besides Husø, this species was observed on the Ex-
pedition at 2 Stations off the West Coast of Norway (Stats.
31 and 124), both belonging to the cold area; depth reach-
ing 417 fathoms. Norman also records the form from the
"Lightning" Expedition. For the rest, the animal is known
only from the British Islands and the coast of Norway.

77. Diastylis spinulosa, Heller.

Af denne smukke under den østerrigsk-ungarske Nord-
polexpedition opdagede Art toges enkelte Exemplarer i

77. Diastylis spinulosa, Heller.

Of this beautiful species, discovered on the Austrio-
Hungarian Expedition, a few individuals were taken in the

Porsangerfjord (Stat. 260) samt paa Stat. 262 og 273, begge beliggende i Østhavet. Jeg har tidligere taget den i Varangerfjorden. Arten anføres ogsaa af Stuxberg fra det kariske Hav.

Porsangerfjord (Stat. 260), as also at Stations 262 and 273, both in the Barents Sea. I had previously obtained the animal in the Varangerfjord. The species is likewise recorded by Stuxberg from the Kara Sea.

78. Diastylis nodosa, G. O. Sars, n. sp.

Se iste Afsnit, pg. 61, Pl. VII. *Fig.* 1—4.

Findested. Stat. 357.

78. Diastylis nodosa, G. O. Sars.

See Part I. p. 61, Pl. VII. figs. 1—4.

Locality. — Stat. 357.

79. Diastylis polaris, G. O. Sars.

(Om Cumaceer fra de store Dybder i Nordishavet).

Observeret under Expeditionen paa 6 forskjellige Stationer (51, 124, 192, 240, 248, 353), alle tilhørende den kolde Area; Dybden indtil 1333 Favne. Arten er først opdaget i et enkelt Exemplar under den svenske Spitsbergsexpedition 1868 i Havet NV af Spitsbergen og anføres ogsaa af Norman fra Lightning-Expeditionen.

79. Diastylis polaris, G. O. Sars.

(Om Cumaceer fra de store Dybder i Nordishavet).

Observed on the Expedition at 6 different Stations (Stats. 51, 124, 192, 240, 248, 353), all belonging to the cold area; depth reaching 1333 fathoms. The species was discovered (a sole individual) on the Swedish Spitzbergen Expedition, 1868, in the tract of ocean north-west of Spitzbergen, and is likewise recorded by Norman, from the "Lightning" Expedition.

80. Diastylis stygia, G. O. Sars. (l. c.)

Af denne ligeledes under de svenske Spitsbergsexpeditioner først opdagede Art erholdtes Exemplarer paa Stat. 35, 40 og 200, alle tilhørende den kolde Area; Dybden fra 620 til 1215 Favne. Det først opdagede Exemplar blev taget paa det enorme Dyb af 2600 Favne i Havet mellem Spitsbergen og Grønland. Arten anføres ogsaa af Norman fra Porcupine-Expeditionen.

80. Diastylis stygia, G. O. Sars, (l. c.)

Of this form, likewise discovered on the Swedish Spitzbergen Expedition, individuals were taken at Stations 35, 40, and 200, all belonging to the cold area; depth ranging from 620 to 1215 fathoms. The specimen first observed was brought up from the prodigious depth of 2600 fathoms, in the tract of ocean extending between Spitzbergen and Greenland. The animal is also recorded by Norman, from the "Porcupine" Expedition.

81. Diastylis Edwardsii, (Krøyer).

Exemplarer af denne ved Finmarken ikke usædvanlige Art blev under Expeditionen tagne i Saltenfjord, ved Hammerfest og ved Jan Mayen. Den er udbredt til Grønland, Sibiriens Ishav og det kariske Hav. følgelig at betragte som en ægte arktisk Form.

81. Diastylis Edwardsii, (Krøyer).

Examples of this species, not uncommon off the coast of Finmark, were taken on the Expedition in the Saltenfjord, at Hammerfest, and off Jan Mayen. Northward, its range of distribution extends to Greenland, the Siberian Polar Sea, and the Kara Sea; hence, the animal must be regarded as a true Arctic form.

23

82. Diastylis lucifera, (Kröyer).

Observeret i stor Mængde i det indre af Saltenfjord. Den er nylig noteret fra Nordamerikas Østkyst, og den af Sp. Bate under Benævnelsen *D. borealis* beskrevne Form fra Mc'Clintons arktiske Expedition synes ligeledes at være identisk med nærværende Art. Ved vore Kyster forekommer den almindeligt lige til Christianiafjorden, ligesom den ogsaa er hyppig ved de danske Kyster.

82. Diastylis lucifera, (Kröyer).

Observed in great abundance throughout the inner parts of the Saltenfjord. The species has been recently recorded from the east coast of North America, and the form described by Sp. Bate as *D. borealis*, from Mc'Clinton's Arctic Expedition, would appear to be identical with the present species. Off the Norwegian coast it is of frequent occurrence, as far south as the Christianiafjord, and is also common along the coasts of Denmark.

83. Diastylis resima, (Kröyer).

Af denne meget eiendommelige Art toges en Del Exemplarer ved Hammerfest og i Adventbay paa Spitsbergen. Arten er udbredt til Grønland, Nordamerikas Østkyst og det kariske Hav og derfor utvivlsomt arktisk. I Varangerfjorden ved Vadsø forekommer denne Art i store Mængder paa 20—40 Favnes Dybde.

83. Diastylis resima, (Kröyer).

Of this very peculiar form, examples were taken at Hammerfest and in Advent Bay, Spitzbergen. The species is distributed up to Greenland, the east coast of North America, and the Kara Sea, and must therefore unquestionably be Arctic. In the Varangerfjord, near Vadsø, this form occurs in great abundance, at a depth ranging from 20 to 40 fathoms.

84. Diastylis serrata, G. O. Sars.

Observeret under Expeditionen i Sognefjorden og ved Husø; hidtil ikke noteret udenfor Norge, hvor den hører til de almindeligst forekommende Arter.

84. Diastylis serrata, G. O. Sars.

Observed on the Expedition in the Sognefjord and at Husø; as yet, not recorded beyond the limits of Norway, where it is one of the commonest species.

85. Diastylis biplicata, G. O. Sars.

Exemplarer af denne ligeledes ved vore Kyster ikke ualmindelige Art toges under Expeditionen ved Husø paa 80—100 Favnes Dyb. Den anføres af Norman fra Porcupine-Expeditionen som forekommende paa flere Punkter i Atlanterhavet og lige ned til et Dyb af 1630 Favne. Den af samme Forfatter under Navnet *D. Calveri* beskrevne Form anser jeg for den fuldt udviklede Han af nærværende Art.

85. Diastylis biplicata, G. O. Sars.

Examples of this species, likewise by no means uncommon off the Norwegian coast, were taken on the Expedition at Husø, in 80 to 100 fathoms. The form is recorded by Norman, from the "Porcupine" Expedition, as occurring in several localities throughout the Atlantic, down to a depth of even 1630 fathoms. The animal described by the same naturalist as *D. Calveri*, I regard to be the fully developed male of the present species.

86. Leptostylis macrura, G. O. Sars.

Et Par Exemplarer af denne tidligere kun ved Lofoten og Finmarken observerede Art toges paa Stat. 33 i Havet V af Romsdalsamt. Dybden 525 Favne. Stationen tilhører den kolde Area.

86. Leptostylis macrura, G. O. Sars.

A few examples of this species, till then observed off Lofoten and Finmark only, were taken at Station 33, in the tract of ocean extending west of Romsdalsamt; depth 525 fathoms. The Station belongs to the cold area.

87. Leptostylis ampullacea, (Lilljeborg).

Kun observeret under Expeditionen ved Husø paa 40—60 Favnes Dyb; Arten forekommer, skjøndt temmelig sjelden, langs vor hele Kyst og er desuden kjendt fra Kattegat og Nordamerikas Østkyst.

87. Leptostylis ampullacea, (Lilljeborg).

Observed on the Expedition at Husø alone, in 40 to 60 fathoms. The species, though rare, occurs along the whole coast of Norway. and is also known from the Cattegat and the east coast of North America.

Fam. 5. Pseudocumidæ.

88. Pseudocuma cercaria, (V. Beneden).

En Del Exemplarer af denne Form toges ved Røst paa ganske grundt Vand. Jeg har tidligere observeret den paa et Par andre Punkter ved Lofoten, som for Tiden er dens Nordgrændse. Arten gaar sydlig til Belgiens Kyster og til Middelhavet, hvor jeg har taget den ved Siracusa og Messina samt i Golfen ved Goletta paa den afrikanske Kyst.

Fam. 5. Pseudocumidæ.

88. Pseudocuma cercaria, (V. Beneden).

Specimens of this form were taken at Røst, in very shallow water. I had myself previously observed it in one or two other localities at Lofoten, which, at present, constitutes its northern limit of distribution. The species extends as far south as the coasts of Belgium and the Mediterranean, where I have taken it at Syracuse and Messina, as also in the Gulf of Goletta, on the African coast.

89. Petalomera declivis, G. O. Sars.

Et Par Exemplarer af denne tidligere kun fra vor arktiske Region (Lofoten og Varangerfjorden) bekjendte Form erholdtes paa Stat. 338 ved Sydpynten af Spitsbergen.

89. Petalomera declivis, G. O. Sars.

A few specimens of this form, known till then exclusively from the Norwegian Arctic region (Lofoten and the Varangerfjord), were obtained at Station 338, off the southern extremity of Spitzbergen.

Fam. 6. Campylaspidæ.

90. Campylaspis sulcata, G. O. Sars.

Kun observeret under Expeditionen ved Husø paa 80—100 Favnes Dyb. Arten er hidtil kun kjendt fra Norges Kyster.

Fam. 6. Campylaspidæ.

90. Campylaspis sulcata, G. O. Sars.

On the Expedition, observed at Husø alone, in 80 to 100 fathoms. As yet. the species is unknown save from the coasts of Norway.

Ordo 3.

Isopoda.

Trib. 1. *Chelifera.*

Fam. 1. Apseudidæ.

91. Apseudes spinosus, (M. Sars).

Exemplarer af denne tidligere inhundelighed med den nærstaaende *A. talpa* Mont. forvexlede Art toges under Expeditionen i Tanafjord, i det ydre af Sognefjorden (Stat. 8) og paa Stat. 9 og 10 i Havet udenfor vor Vestkyst; Dybden omkring 200 Favne.

92. Sphyrapus anomalus, G. O. Sars.

Denne eiendommelige af mig først i Christianiafjorden opdagede Form erholdtes under Expeditionen paa 4 forskjellige Stationer, de 3 (Stat. 10, 200 og 290) beliggende i Havet udenfor vor Kyst, den 4de (Stat. 240) omtrent midt imellem Jan Mayen og Island; Dybden fra 191 til 1004 Favne. Arten forekommer langs vor hele Kyst lige til Vadsø, men har hidtil ikke været noteret udenfor Norge.

93. Sphyrapus serratus, G. O. Sars, n. sp.

Se 1ste Afsnit, pg. 66, Pl. XXI.

Findesteder. Stat. 40, 51, 353.

Fam. 2. Tanaidæ.

94. Cryptocope Væringii, G. O. Sars, n. gen. & sp.

Se 1ste Afsnit, pg. 74, Pl. VII. Fig. 5—16.

Findesteder. Stat. 31. 124. 248.

Ordo 3.

Isopoda.

Trib. 1. *Chelifera.*

Fam. 1. Apseudidæ.

91. Apseudes spinosus, (M. Sars).

Individuals of this species, confounded as a rule with the closely approximating *A. talpa*, Mont., were taken on the Expedition - in the Tanafjord, in the outer part of the Sognefjord (Stat. 8). and at Stations 9 and 10, off the West Coast of Norway; depth about 200 fathoms.

92. Sphyrapus anomalus, G. O. Sars.

This peculiar form, discovered by the author in the Christianiafjord, was met with on the Expedition at 4 different Stations. — 3 (Stats. 10, 200, and 290) located off the Norwegian coast, the 4th (Stat. 240) about midway between Jan Mayen and Iceland; depth ranging from 191 to 1004 fathoms. The species occurs along the whole of the Norwegian coast, as far north as Vadsø, but, as yet, has not been recorded beyond the limits of Norway.

93. Sphyrapus serratus, G. O. Sars, n. sp.

See Part I, p. 66, Pl. XXI.

Locality. — Stats. 40. 51. 353.

Fam. 2. Tanaidæ.

94. Cryptocope Væringii, G. O. Sars. n. gen. & sp.

See Part I. p. 74, Pl. VII. figs. 5—16.

Locality. — Stats. 31. 124. 248.

95. Typhlotanais tenuimanus, (Lilljeborg).

Kun observeret under Expeditionen ved Husø paa 80—100 Favnes Dyb. Den forekommer meget almindeligt ved vore Kyster paa større Dyb, men er hidtil ikke noteret fra andre Lokaliteter.

95. Typhlotanais tenuimanus, (Lilljeborg).

On the Expedition, observed at Husø alone, in 80 to 100 fathoms. The species is very common off the Norwegian coast in great depths, but has not hitherto been recorded from other localities.

96. Typhlotanais æqviremis, (Lilljeborg).

Sammen med foregaaende Art ved Husø og desuden observeret i Adventbay paa Spitsbergen. Den var tidligere, foruden ved Norges Kyster, kun noteret fra Bohuslän af Lilljeborg.

96. Typhlotanais æqviremis, (Lilljeborg).

Observed along with the preceding species at Husø, and also in Advent Bay, Spitzbergen. Besides on the Norwegian coast, it had previously been recorded from Bohuslän, by Lilljeborg.

97. Typhlotanais cornutus, G. O. Sars, n. sp.

Se 1ste Afsnit. pg. 83, Pl. VII, Fig. 29—38

Findested. Stat. 290.

97. Typhlotanais cornutus, G. O. Sars, n. sp.

See Part 1, p. 83, Pl. VII, figs. 29—38.

Locality. — Stat. 290.

98. Leptognathia longiremis, (Lilljeborg).

Se 1ste Afsnit. pg. 79, Pl. VII, Fig. 17—28.

Findested. — Reikjavik.

98. Leptognathia longiremis, (Lilljeborg).

See Part I, p. 79, Pl. VII, figs. 17—28.

Locality. — Reikjavik.

Trib. 2. *Flabellifera.*

Fam. I. **Anthuridæ.**

99. Paranthura brachiata, (Stimpson).

Syn: *Paranthura arctica,* Heller, Crust. Pycnog. & Tunic. der K. Österr.-Ungar. Nordpol-Exped.

Denne Form, hvis Identitet med Stimpsons Art jeg ved en direkte Sammenligning har kunnet overbevise mig om, observeredes under Expeditionen paa ikke mindre end 9 forskjellige Stationer (48, 225, 260, 262, 290, 323, 326, 338, 357), spredte omkring i de forskjellige Dele af det af os undersøgte Havstrøg, fra Havet om Island og Jan Mayen i Vest til Østhavet i Øst og nordlig til Spitsbergen; Dybden fra 125 til 299 Favne.

Trib. 2. *Flabellifera.*

Fam. I. **Anthuridæ.**

99. Paranthura brachiata, (Stimpson).

Syn. *Paranthura arctica,* Heller, Crust. Pycnog. & Tunic. der K. Österr.-Ungar. Nordpol-Exped.

This form, whose identity with Stimpson's species I have had opportunity of proving by direct comparison, was observed on the Expedition at as many as 9 different Stations (Stats. 48, 225, 260, 262, 290, 323, 326, 338, 357), dispersed most widely throughout the tract we had to investigate: west from the sea surrounding Iceland and Jan Mayen; east to the Barents Sea; and northward to Spitzbergen; depth ranging from 125 to 299 fathoms.

Arten er udbredt til Nordamerikas Østkyst, Havet omkring Franz Josephs Land og det kariske Hav, og er ved vore Kyster kun antruffet i Varangerfjorden, hvoraf tilstrækkelig fremgaar, at den er en ægte arktisk Form.

The species is distributed to the east coast of North America, the sea surrounding Franz Joseph's Land, and the Kara Sea; on the Norwegian coast, the animal has been met with in the Varangerfjord only, whence it is clearly shown to be a true Arctic form.

---

100. Paranthura norvegica, G. O. Sars.

Under Expeditionen observeret ved Huso og paa Stat. 9 udenfor Sognefjorden; hidtil kun kjendt fra Norges Vestkyst.

100. Paranthura norvegica, G. O. Sars.

On the Expedition, observed at Huso and at Station 9, off the Sognefjord; as yet unknown save from the West Coast of Norway.

Fam. 2. Anceidæ.

101. Anceus maxillaris, (Mont.)

Kun observeret under Expeditionen i det indre af Saltenfjord; udenfor Norges Kyster bekjendt fra de britiske Øer.

Fam. 2. Anceidæ.

101. Anceus maxillaris, (Mont.)

On the Expedition, observed in the inner part of the Saltenfjord only; beyond the limits of Norway, known from the British Islands.

---

102. Anceus elongatus, Kröyer.

Denne i vor arktisk Region (ved Lofoten og Finmarken) ikke ualmindeligt forekommende Art blev under Expeditionen indsamlet, foruden ved Hammerfest, paa Stat. 290 og 223, den første beliggende omtrent midtreis mellem Finmarken og Beeren Eiland, den sidste Syd af Jan Mayen, Dybden fra 70 til 191 Favne. Arten er udbredt til Grønland og det kariske Hav.

102. Anceus elongatus, Kröyer.

This species, not infrequent in the Norwegian Arctic region (off Lofoten and Finmark), was taken on the Expedition, apart from Hammerfest, at Stations 290 and 223, the former located about midway between Finmark and Beeren Eiland, the latter south of Jan Mayen; depth ranging from 70 to 191 fathoms. The northern range of distribution extends to Greenland and the Kara Sea.

---

103. Anceus stygius, G. O. Sars, n. sp.

Se 1ste Afsnit, pg. 85, Pl. VIII, Fig. 1—22.

Findesteder. Stat. 35. 40. 51. 240. 248. 295. 312.

103. Anceus stygius, G. O. Sars, n. sp.

See Part I, p. 85, Pl. VIII. figs. 1—22.

Locality. — Stats. 35. 40. 51. 240. 248. 295. 312.

4*

104. Anceus hirsutus, G. O. Sars, n. sp.

Se 1ste Afsnit, pg. 92. Pl. VIII, Fig. 23—24.

Findesteder. Stat. 31, 237.

---

105. Anceus robustus, G. O. Sars, n. sp.

Se 1ste Afsnit, pg. 94, Pl. VIII, Fig. 25—27.

Findesteder. Stat. 290, 359.

Fam. 3. Cymothoidæ.

106. Aega psora, Lin.

Nogle yngre Exemplarer af denne vel bekjendte Art erholdtes under Expeditionens sidste Togt i Havet mellem Finmarken og Beeren Eiland (Stat. 290) fra et Dyb af 191 Favne. Arten er foruden ved Norges, Danmarks og Englands Kyster bekjendt fra Island, Spitsbergen, Grønland og Nordamerikans Østkyst, sædvanlig levende parasitisk paa Torsk.

---

107. Aega ventrosa, M. Sars.

Af denne hidtil kun fra Norges Kyst bekjendte Art toges en Del Exemplarer under Expeditionens 2det Togt i Havet NV af Finmarken (Stat. 200) fra et Dyb af 620 Favne. Stationen tilhører den kolde Area.

---

108. Rocinela danmoniensis, Leach.

(= *Æga rotundicauda,* Lilljeb.)

Enkelte Exemplarer af denne Form erholdtes under Expeditionen paa Stat. 25 og 147, begge beliggende udenfor vor Vestkyst; Dybden fra 90 til 142 Favne. Arten er foruden fra vore Kyster bekjendt fra de britiske Øer, Færøerne og Kattegat.

104. Anceus hirsutus, G. O. Sars, n. sp.

See Part I, p. 92, Pl. VIII, figs. 23, 24.

Locality. — Stats. 31, 237.

---

105. Anceus robustus, G. O. Sars, n. sp.

See Part I, p. 94, Pl. VIII, figs. 25—27.

Locality. — Stats. 290, 359.

Fam. 3. Cymothoidæ.

106. Aega psora, Lin.

A few young individuals of this well-known species, were obtained on the last cruise of the Expedition, in the tract of ocean between Finmark and Beeren Eiland (Stat. 290), from a depth of 191 fathoms. Apart from the coasts of Norway, Denmark, and England, the form has also been met with off Iceland, Spitzbergen, and the east coast of North America, living as a rule parasitically on cod-fish.

---

107. Aega ventrosa, M. Sars.

Of this species, known hitherto exclusively from the Norwegian coast, a number of individuals were taken on the 2nd cruise of the Expedition, in the sea north-west of Finmark (Stat. 200), at a depth of 620 fathoms. The Station belonged to the cold area.

---

108. Rocinela danmoniensis, Leach.

(= *Æga rotundicauda,* Lilljeborg.)

A few specimens of this form were collected on the Expedition, at Stations 25 and 147, both located off the West Coast of Norway; depth ranging from 90 to 142 fathoms. Besides the coast of Norway, the species is also known from the British Islands, the Færoes, and the Cattegat.

109. Cirolana borealis, Lilljeborg.

Kun observeret under Expeditionen paa Stat. 79 i Havet udenfor vor Vestkyst; Dybden 155 Favne. Arten forekommer foruden ved vore Kyster ved de britiske Øer (*C. spinipes* Bate) og i Kattegat.

109. Cirolana borealis, Lilljeborg.

On the Expedition, observed at Station 79 alone, in the sea off the West Coast of Norway; depth 155 fathoms. Apart from the Norwegian coast, the species occurs off the British Islands (*C. spinipes* Bate) and in the Cattegat.

---

110. Cirolona concharum. (Stimpson).

(= *C. Cranchii*, G. O. Sars, non Mont.
= *C. microphthalma*, Hoeck).

Et vel vedligeholdt Exemplar af denne Art blev under Expeditionens sidste Togt taget i Havet Øst af Vardø (Stat. 262) fra et Dyb af 148 Favne, og et andet Exemplar erholdtes under den hollandske Expedition ligeledes i Østhavet. Jeg har tidligere observeret samme Art paa Storeggen, men feilagtigt identificeret den med *C. Cranchii* Leach. Artens Identitet med den nordamerikanske Form har jeg kunnet overbevise mig om ved direkte Sammenligning med et Exemplar tilsendt vort Museum fra Prof. Sidn. Smith.

110. Cirolana concharum, (Stimpson).

(= *C. Cranchii*, G. O. Sars, non Mont.
= *C. microphthalma*, Hoeck).

An individual of this form, in a good state of preservation, was taken, on the last cruise of the Expedition, in the sea east of Vardø (Stat. 262), at a depth of 148 fathoms, and a specimen was likewise obtained on the Dutch Expedition, also in the Barents Sea. I had previously observed the same species on the Storeggen Bank, but confounded it with *C. Cranchii*, Leach. The identity of the species with the North American form, I have had opportunity of substantiating by direct comparison, a specimen of the latter having been kindly presented to the Christiania Zoological Museum by Professor Sidney Smith.

Trib. 3. *Valvifera.*

Fam. 1. **Idoteidæ.**

111. Glyptonotus Sabini, (Kröyer).

Et enkelt mindre Exemplar af denne heinordiske Form erholdtes under Expeditionens sidste Togt i Østhavet (Stat. 273) fra et Dyb af 197 Favne. Arten er udbredt til Grønland, Sibiriens Ishav, det kariske Hav og Franz Josephs Land og blev under den hollandske Expedition taget paa flere Punkter i den saakaldte Barents-Sø (Østhavet). Ved vore Kyster er den endnu ikke bleven iagttaget.

Trib. 3. *Valvifera.*

Fam. 1. **Idoteidæ.**

111. Glyptonotus Sabini. (Kröyer).

A sole and not yet full-grown specimen of this Arctic form, was obtained, on the last cruise of the Expedition, in the Barents Sea (Stat. 273), from a depth of 197 fathoms. The species is distributed as far north as Greenland, the Siberian Polar Sea, the Kara Sea, and Franz Joseph's Land. On the Dutch Expedition, it was taken in several localities throughout the Barents Sea. Off the Norwegian coast, it has not yet been observed.

112. Glyptonotus megalurus, G. O. Sars, n. sp.

Se 1ste Afsnit, pg. 112, Pl. X, Fig. 1—24.

Findesteder. Stat. 35, 40, 183, 295, 353.

112. Glyptonotus megalurus, G. O. Sars, n. sp.

See Part I, p. 112, Pl. X, figs. 1—24.

Locality. — Stats. 35, 40, 183, 295, 353.

113. Idotea irrorata, (Say).

(= *I. tricuspidata*, Desmarest).

Exemplarer af denne ved vore Kyster almindeligt forekommende Art blev indsamlede ved Røst paa forholdsvis grundt Vand. Arten er udbredt til Kattegat, Østersøen, de britiske Øer. Middelhavet. det sorte Hav og Østkysten af Nordamerika.

113. Idotea irrorata, (Say).

(= *I. tricuspidata*, Desmarest).

Individuals of this species, a common one along the Norwegian coast, were collected at Røst. in comparatively shallow water. The form is also met with in the Cattegat. the Baltic, the British Islands. the Mediterranean, and the east coast of North America.

---

114. Idotea pelagica, Leach.

Nogle ganske unge Exemplarer af denne ligeledes ved vore Kyster almindelige Art toges under Expeditionen i Havnen ved Reikjavik. Den synes at være en mere nordlig Form, da den ikke med Sikkerhed er kjendt sydligere end fra de britiske Øer. Den nordamerikanske *I. phosphorea* Harger synes at komme vor Form meget nær.

114. Idotea pelagica, Leach.

A few very young individuals of this species, also rather common off the coast of Norway, were taken on the Expedition in the harbour of Reikjavik. The species would appear to be a more northern form, having not been met with farther south than the British Islands. The North American species *I. phosphorea* Harger would appear to closely approximate the present form.

---

115. Synidotea nodulosa. (Kröyer).

Adskillige Exemplarer af denne arktiske Form blev under Expeditionens sidste Togt indsamlede ved Norske Øer og i Magdalenebay (Stat. 366) paa Spitsbergen. Arten er udbredt til Grønland, Nordamerikas Øst- og Vestkyst, Polarøerne, Sibiriens Ishav samt det kariske Hav, følgelig circumpolar.

115. Synidotea nodulosa, (Kröyer).

Several individuals of this Arctic form were collected, on the last cruise of the Expedition, off the Norwegian Islands and in Magdalena Bay (Stat. 366), Spitzbergen. The range of distribution extends to Greenland, the east and west coasts of North America, the Polar Islands, the Siberian Polar Sea, as also the Kara Sea. — and accordingly is circumpolar.

---

116. Synidotea bicuspida, (Owen).

Se 1ste Afsnit, pg. 116. Pl. X, Fig. 24—26.

Findested. Stat. 366.

116. Synidotea bicuspida, (Owen).

See Part I. p. 116. Pl. X, figs. 24—26.

Locality. — Stat. 366.

31

Fam. 2. Arcturidæ.

117. Arcturus baffini, (Sab.)

Se 1ste Afsnit, pg. 97, Pl. IX, Fig. 1—21.

Findesteder. Stat. 48, 359.

---

118. Arcturus tuberosus, G. O. Sars, n. sp.

Se 1ste Afsnit, pg. 102. Pl. IX, Fig. 22.

Findested. Stat. 18.

---

119. Arcturus hystrix, G. O. Sars, n. sp.

Se 1ste Afsnit, pg. 104, Pl. IX, Fig. 23—26.

Findesteder. Stat. 18, 124, 164.

---

120. Astacilla longicornis, (Sowb.)

Exemplarer af denne ved vore Kyster ikke almindeligt forekommende Form toges under Expeditionen ved Husø paa forholdsvis grundt Vand. Den er udbredt til Kattegat, de britiske Øer og Island.

---

121. Astacilla pusilla, G. O. Sars.

Et enkelt Exemplar af denne af mig først paa Storeggen observerede Art toges under Expeditionens 1ste Togt paa Stat. 9, udenfor Sognefjorden fra et Dyb af 209 Favne.

---

122. Astacilla granulata, G. O. Sars, n. sp.

Se 1ste Afsnit, pg. 107, Pl. IX, Fig. 27—35.

Findesteder. Stat. 18, 48, 124, 164, 200.

Fam. 2. Arcturidæ.

117. Arcturus baffini, (Sab.)

See Part I, p. 97, Pl. IX, figs. 1—21.

Locality. — Stats. 48, 359.

---

118. Arcturus tuberosus, G. O. Sars, n. sp.

See Part I, p. 102, Pl. IX. fig. 22.

Locality. — Stat. 18.

---

119. Arcturus hystrix. G. O. Sars, n. sp.

See Part I. p. 104, Pl. IX, figs. 23—26.

Locality. — Stats. 18, 124, 164.

---

120. Astacilla longicornis, (Sowb.)

Specimens of this form, by no means infrequent off the Norwegian coast, were taken on the Expedition at Husø, in comparatively shallow water. Its range of distribution extends to the Cattegat, the British Islands, and Iceland.

---

121. Astacilla pusilla, G. O. Sars.

A sole individual of this species, first observed by the author, on the Storeggen Bank, was taken, on the 1st cruise of the Expedition, at Station 9, off the Sognefjord, at a depth of 209 fathoms.

---

122. Astacilla granulata, G. O. Sars, n. sp.

See Part I, p. 107, Pl. IX, figs. 27—35.

Locality. — Stats. 18, 48, 124, 164, 200.

Trib. 4. *Asellota.*

Fam. 1. Asellidæ.

123. Janira maculosa, Leach.

Denne rød vore Kyster meget almindelige Form blev under Expeditionen observeret ved Røst, i Havnen ved Reikjavik samt paa Stat. 26 og 290, den forste beliggende ved Storeggens ydre Afheld, den sidste i Havet mellem Finmarken og Beeren Eiland; Dybden fra 191 til 237 Favne. Arten er sydlig udbredt til Kattegat og de britiske Øer.

124. Janira tricornis. (Kröyer).

Et enkelt Exemplar af denne tidligere kun ved Grønland observerede Art blev under Expeditionens sidste Togt taget paa Stat. 336. S af Spitsbergen; Dybden 70 Favne.

125. Acanthoniscus typhlops, G. O. Sars. n. gen. & sp.

Se 1ste Afsnit. pg. 110. Pl. X, Fig. 27—30.

Findested. Stat. 164.

Fam. 2. Munnidæ.

126. Pleurogonium spinosissimum, G. O. Sars.

Af denne chracteristiske Form blev nogle Exemplarer indsamlede under Expeditionens 1ste Togt i Havnen ved Reikjavik. Udenfor Norge er den kun noteret fra Øresund og Storbelt af Meinert.

Trib. 4. *Asellota.*

Fam. 1. Asellidæ.

123. Janira maculosa, Leach.

This form, a very common one off the Norwegian coast. was observed on the Expedition — at Røst, in the harbour of Reikjavik, as also at Stations 26 and 290, the former located on the outer slope of the Storeggen Bank, the latter in the tract of ocean extending between Finmark and Beeren Eiland; depth ranging from 191 to 237 fathoms. Southward, the species is distributed to the Cattegat and the British Islands.

124. Janira tricornis, (Kröyer).

A sole individual of this species, previously observed off the coast of Greenland alone, was taken, on the last cruise of the Expedition, at Station 336, south of Spitzbergen; depth 70 fathoms.

125. Acanthoniscus typhlops, G. O. Sars, n. gen. & sp.

See Part I, p. 110, Pl. X, figs. 27—30.

Locality. — Stat. 164.

Fam. 2. Munnidæ.

126. Pleurogonium spinosissimum, G. O. Sars.

Of this characteristic form, a few specimens were collected, on the 1st cruise of the Expedition, in the harbour of Reikjavik. Beyond the limits of Norway, the animal has been recorded exclusively from the Sound (Øresund) and the Great Belt, by Meinert.

127. Paramunna bilobata, G. O. Sars.

Denne hidtil alene fra den norske Kyst bekjendte Pygmæiske Isopode blev under Expeditionen observeret ved Husø paa 40—50 Favnes Dyb.

127. Paramunna bilobata, G. O. Sars.

This pygmean Isopod, as yet known exclusively from the Norwegian coast, was observed on the Expedition at Husø, in 40—50 fathoms.

128. Nannoniscus bicuspis, G. O. Sars, n. sp.

Se 1ste Afsnit, pg. 122. Pl. X. Fig. 31—45.

Findesteder. Stat. 33, 51, 192, 290.

128. Nannoniscus bicuspis, G. O. Sars. n. sp.

See Part I, p. 122. Pl. X, figs. 31—45.

Locality. — Stats. 33, 51, 192, 290.

129. Munna Fabricii, Kröyer.

Exemplarer af denne arktiske Art blev under Expeditionen indsamlede ved Reikjavik og i Adventbay paa Spitsbergen. Den er ved vore Kyster hyppigst i den arktiske Region, men gaar af og til ogsaa sydlig indfald til Bergens Holder. Arten er udbredt til Grønland og Nordamerikas Østkyst.

129. Munna Fabricii, Kröyer.

Specimens of this Arctic form were collected on the Expedition at Reikjavik, and in Advent Bay, Spitzbergen. Off the Norwegian coast, the species occurs with greatest frequence throughout the Arctic region of the country, but now and again extends southward, at least as far as the latitude of Bergen. The species has its northern limit of distribution up to Greenland and the east coast of North America.

130. Munna Kröyeri, Goodsir.

Et enkelt Exemplar af denne Form, der af Kröyer er sammenblandet med foregaaende Art, toges ved Husø. Den er ikke usmindelig ved vor Vestkyst og udbredt til de britiske Øer.

130. Munna Kröyeri, Goodsir.

A sole individual of this form, confounded by Kröyer with the preceding species, was taken at Husø. The species is not uncommon off the West Coast of Norway, and its range of distribution extends to the British Islands.

131. Munna limicola, G. O. Sars.

Ligeledes observeret under Expeditionen ved Husø paa 80—100 Favnes Dyb. Den er hidtil kun fundet ved Norges Kyster.

131. Munna limicola, G. O. Sars.

On the Expedition, likewise observed at Husø, in 80—100 fathoms. The species has hitherto not been found elsewhere than off the coast of Norway.

132. Ischnosoma qvadrispinosum, G. O. Sars, n. sp.

Se 1ste Afsnit, pg. 126, Pl. XI. Fig. 26—29.

Findested. Stat. 248.

132. Ischnosoma qvadrispinosum, G. O. Sars, n. sp.

See Part I, p. 126, Pl. XI, figs. 26—29.

Locality. — Stat. 248.

Fam. 3. **Munnopsidæ.**

133. Munnopsis typica, M. Sars.

Denne eiendommelige Form, den forst opdagede Repræsentant af Familien, blev under Expeditionen observeret paa 6 forskjellige Stationer. Af disse ligger de 4 (Stat. 10, 18, 31, 124) i Havet udenfor vor Vestkyst, den 5te (Stat. 312) NV af Beeren Eiland og den 6te (Stat. 338) ved Sydhynten af Spitsbergen; Dybden fra 146 til 658 Favne. 5 af disse Stationer tilhører den kolde Area.

Arten, der ved vore Kyster ikke er ualmindelig paa større Dyb, er udbredt til Nordamerikas Østkyst, Baffinsbay, Polaroerne, Sibiriens Ishav og det kariske Hav samt Frantz Josephs Land.

134. Eurycope cornuta, G. O. Sars.

Talrige, tildels usædvanlig store Exemplarer af denne ligeledes ved vore Kyster ikke ualmindeligt forekommende Form blev under Expeditionen indsamlede paa forskjellige Punkter af det af os undersøgte Havstrøg. Forunden i Altenfjord, hvor nogle Exemplarer af sædvanligt Udseende erholdtes, har vi noteret den fra følgende Stationer, samtlige tilhørende den kolde Area: Stat. 31, 40, 87, 124, 240, 248, 251, 286, 312; den sydligste beliggende under 63°, den nordligste under 75° N. B.; Dybden fra 350 til 1215 Favne. Den anføres ogsaa af Stuxberg fra det kariske Hav.

135. Eurycope mutica, G. O. Sars.

Et Par Exemplarer af denne, hidtil kun fra vor Sydkyst bekjendte Art toges under Expeditionens sidste Togt ved Hammerfest.

136. Eurycope gigantea, G. O. Sars, n. sp.

Se 1ste Afsnit, pg. 130, Pl. XI, Fig. 1—25.

Findesteder. Stat. 33, 124, 251. 286, 312, 362, 363.

Fam. 3. **Munnopsidæ.**

133. Munnopsis typica, M. Sars.

This highly characteristic form, the first discovered representative of the family, was met with on the Expedition at 6 different Stations. Of these, 4 (Stats. 10, 18, 31, 124) were located in the sea off the West Coast of Norway, the 5th (Stat. 312) lay north-west of Beeren Eiland, and the 6th (Stat. 338) off the southern extremity of Spitzbergen; depth ranging from 146 to 658 fathoms. As many as 5 of these Stations belonged to the cold area.

The species, which, off the coast of Norway, is by no means uncommon at a considerable depth, occurs up to the east coast of North America, Baffin's Bay, the Polar Islands, the Siberian Polar Sea, and the Kara Sea, as also Franz Joseph's Land.

134. Eurycope cornuta, G. O. Sars.

Numerous, and in part unusually large, specimens of this form, like the preceding not infrequent off the Norwegian coast, were taken on the Expedition in various localities of the tract of ocean investigated. Besides the Altenfjord, where a few individuals of the usual appearance were obtained, we have had to record it from the following Stations, all belonging to the cold area, viz. — Stats. 31, 40, 87, 124, 240, 248, 251, 286, 312; the most southerly of these was located in lat. 63° N., the most northerly in lat. 75° N.; depth ranging from 350 to 1215 fathoms. The animal is also mentioned by Stuxberg as occurring in the Kara Sea.

135. Eurycope mutica, G. O. Sars.

A few individuals of this species, as yet unknown save from the south coast of Norway, were obtained on the last cruise of the Expedition, at Hammerfest.

136. Eurycope gigantea, G. O. Sars, n. sp.

See Part I. p. 130, Pl. XI, figs. 1—25.

Locality. — Stats. 33, 124, 251, 286, 312, 362, 363.

137. Ilyarachna hirticeps, G. O. Sars.

Denne af mig først ved Lofoten fundne Art blev under Expeditionen observeret paa 9 forskjellige Stationer. Af disse ligger 3 (Stat. 31, 33 og 192) i Havet udenfor Norges Kyst, en 4de (Stat. 40) N af Færøerne, en 5te (Stat. 290) i Havet mellem Finmarken og Beeren Eiland, en 6te (Stat. 312) NV af sidstnævnte Ø, de 3 øvrige (Stat. 338, 353 og 363) i Havet omkring Spitsbergen; Dybden fra 146 til 1333 Favne. 7 af Stationerne tilhører den kolde Area.

137. Ilyarachna hirticeps, G. O. Sars.

This species, discovered by the author at Lofoten, was taken on the Expedition at 9 different Stations. Of those, 3 (Stats. 31, 33, and 192) lay in the sea off the Norwegian coast, another (Stat. 40) north of the Færoes, one (Stat. 290) in the tract of ocean between Finmark and Beeren Eiland, one (Stat. 312) north-west of the latter island, and the remaining 3 (Stats. 338, 353, and 363) in the sea surrounding Spitzbergen; depth from 146 to 1333 fathoms. Seven of the Stations belonged to the cold area.

Trib. 5. *Epicarida.*

Fam. 1. **Bopyridæ.**

138. Phryxus abdominalis, (Kröyer).

Observeret under Expeditionen ved Spitsbergen paa *Hippolyte Gaimardii* og ved Røst paa samme Art samt paa *H. polaris.* Arten er sydlig udbredt til Kattegat og de britiske Øer, nordlig til Grønland. Nordamerikas Østkyst og Sibiriens Ishav.

Trib. 5. *Epicarida.*

Fam. 1. **Bopyridæ.**

138. Phryxus abdominalis, (Kröyer).

On the Expedition, found off Spitzbergen — attached to specimens of *Hippolyte Gaimardii;* also at Røst, to individuals of the same species and to *H. polaris.* Southward, the range of distribution extends to the Cattegat and the British Islands, northward, to Greenland, the east coast of North America, and the Siberian Polar Sea.

---

139. Gyge hippolytes, Kröyer.

Under Rygskjoldet hos *Hippolyte securifrons* fra Stat. 255 (Vestfjorden). Arten har en lignende Udbredning som foregaaende.

139. Gyge hippolytes, Kröyer.

Observed, under the carapax of *Hippolyte securifrons,* at Station 255 (the Vestfjord). The species has a similar distribution to the preceding.

---

140. Pleurocrypta galatheæ, Hesse.

Et enkelt Exemplar, rimeligvis tilhørende denne først ved Frankriges Vestkyst fundne Form blev under Expeditionens 1ste Togt taget paa Stat. 25 (Storeggen) under Rygskjoldet af en ung *Munida rugosa.*

140. Pleurocrypta galatheæ, Hesse.

A sole specimen of this form, first met with off the west coast of France, was observed, on the 1st cruise of the Expedition, at Station 25 (Storeggen), under the carapax of a young *Munida rugosa.*

Fam. 2. **Dajidæ.**

141. **Dajus mysidis,** Kröyer.

Almindelig i Klækkehulen hos *Mysis oculata* ved Jan Mayen og Spitsbergen. Arten, der ogsaa forekommer ved vor nordlige Kyst paa *Mysis mixta*, er endvidere noteret fra Grønland og Nordamerikas Østkyst (Labrador).

142. **Notophryxus clypeatus,** G. O. Sars, n. gen. & sp.

Se 1ste Afsnit, pg. 187, Pl. XI, Fig. 30—33.

Findested. Stat. 31.

Fam. 2. **Dajidæ.**

141. **Dajus mysidis,** Kröyer.

Frequently observed off the shores of Jan Mayen and Spitzbergen — affixed within the incubatory cavity of *Mysis oculata*. The species, which also occurs off the north coast of Norway, on examples of *Mysis mixta*, has moreover been recorded from Greenland and the east coast of North America (Labrador).

142. **Notophryxus clypeatus,** G. O. Sars, n. gen. & sp.

See Part I, p. 187, Pl. XI, figs. 30–33.

Locality. — Stat. 31.

Ordo 4.

Amphipoda.

Trib. 1. *Hyperiina.*

Fam. 1. **Hyperiidæ.**

143. **Hyperia galba,** (Mont.)

Et Par Exemplarer af denne ved vore Kyster meget almindelige Form toges under Expeditionens 1ste Togt ved Husø paa *Medusa aurita*. Den er sydlig udbredt til Kattegat, Østersøen og de britiske Øer, nordlig til Spitsbergen, Grønland og den murmanske Kyst.

Ordo 4.

Amphipoda.

Trib. 1. *Hyperiina.*

Fam. 1. **Hyperiidæ.**

143. **Hyperia galba,** (Mont.)

A few specimens of this form, a very common one off the coasts of Norway, were taken, attached to *Medusa aurita*, at Husø, on the 1st cruise of the Expedition. Southward, the species is distributed to the Cattegat, the Baltic, and the British Islands, northward to Spitzbergen, Greenland, and the Murman coast.

144. **Tauria medusarum,** (Fabr.)

Observeret under Expeditionen paa flere Punkter i det aabne Hav lige i Vandskorpen. Den er udbredt til Grønland, Labrador og det sibiriske Ishav og forekommer ogsaa ved vore Kyster (= *T. abyssorum* Boeck).

144. **Tauria medusarum,** (Fabr.)

On the Expedition, observed at sea in several localities, at the very surface of the water. The animal is distributed as far north as Greenland, the coast of Labrador, and the Siberian Polar Sea, and occurs too off the Norwegian coast (= *T. abyssorum,* Boeck).

145. Themisto libellula, (Mandt).

Denne arktiske Form, der kun en og anden sjelden Gang viser sig ved Finmarkens Kyster, observeredes under Expeditionens 2 sidste Togter paa mange Steder i det arktiske Hav, i talrig Mængde saavel i Vandskorpen som paa meget betydeligt Dyb, lige indtil 1710 Favne. Exemplarer fra de store Dyb er af særdeles betydelig Størrelse sammenlignet med dem, der erholdtes i Vandskorpen, hvilke væsentlig syntes at være yngre Individer. At virkelig hine store, ved Hjælp af Trawl og Bundskrabe indfangede Exemplarer stammede fra Dybet, godtgjøres ved det Faktum, at Maveindholdet hos forskjellige fra dette Dyb optagne Bundfiske, f. Ex. Lycodesarter ifølge Rob. Colletts Undersøgelser for en meget væsentlig Del bestod af denne Amphipode. Den sydligste Station, hvor denne Form observeredes (St. 96) ligger under 66° N. B. Her og paa et Par af de følgende Stationer (Stat. 183 og 205) erholdtes den kun fra Dybet; medens Havet hengere Nord, omkring Jan Mayen, Beeren Eiland og Spitsbergen ofte vrimlede i Overfladen af denne Amphipode. Arten er udbredt til Grønland, det sibiriske Ishav og den murmanske Kyst.

145. Themisto libellula, (Mandt.).

This Arctic form, of rare occurrence off the Finmark coast, was observed throughout the Arctic Seas on the 2 last cruises of the Expedition, in great numbers, both at the surface of the water and also at a great depth, reaching 1710 fathoms. Specimens obtained from great depths attain a very considerable size as compared with those taken at the surface of the water, which in greater part would appear to be young individuals. That the aforesaid large examples, brought up in the trawl or dredge, actually came from the deep strata, is proved by the fact, that in several bottom-fishes, e. g. various species of Lycodes taken at an equal depth, the contents of the stomach, according to Mr. Robert Collett's investigations, consisted to a great extent of this Amphipod. The most southerly Station at which the form occurred (Stat. 96), lay in lat. 66° N. Here, as also at one or two of the next Stations (Stats. 183 and 205), the animal was obtained from the deep strata only, whereas, farther north, the surface of the sea surrounding Jan Mayen, Beeren Eiland, and Spitzbergen in places literally swarmed with this Amphipod. The species is distributed as far north as Greenland, the Siberian Polar Sea, and the Murman coast.

146. Themisto bispinosus, Boeck.

Et enkelt Exemplar af denne af Boeck fra Grønland beskrevne Art erholdtes i Havet udenfor vor Vestkyst (St. 35) fra et Dyb af 1081 Favne.

146. Themisto bispinosus, Boeck.

A sole individual of this species, described by Boeck from Greenland, was taken in the sea off the West Coast of Norway (Stat. 35), at a depth of 1081 fathoms.

147. Parathemisto abyssorum, Boeck.

Foruden i Altenfjord (Stat. 257) er denne Form under Expeditionen bleven indsamlet paa 5 Hav-Stationer, alle tilhørende den kolde Area. Samtlige Exemplarer blev optagne ved Hjælp at Skrabe eller Trawl tildels fra meget betydelige Dyb. Af disse Stationer ligger 2 (Stat. 35 og 40) i Havet N og Ø af Færøerne, en 3die (Stat. 137) SV af Lofoten, en 4de (Stat. 183) i Havet mellem Norge og Jan Mayen og en 5te (Stat. 237) SV af sidstnævnte Ø; Dybden fra 263 til 1710 Favne. Arten er først opdaget ved de britiske Øer (= Hyperia oblivia, Sp. Bate, non Kröyer) og forekommer meget almindeligt paa større Dyb langs vor hele Kyst lige til Vadsø.

147. Parathemisto abyssorum, Boeck.

Apart from Altenfjord (Stat. 257), this form was collected on the Expedition at 5 Stations in the open sea, all belonging to the cold area. The specimens were brought up exclusively with the dredge or trawl, in some cases from a very considerable depth. Of the said Stations, 2 (Stats. 35 and 40) lay in the tract of ocean north and east of the Færoes, the next (Stat. 137) south-west of Lofoten, the 4th (Stat. 183) in the tract of ocean between Norway and Jan Mayen, and the 5th (Stat. 237) south-west of the latter island; depth ranging from 263 to 1710 fathoms. The species was discovered off the British Islands (= Hyperia oblivia, Sp. Bate, non Kröyer), and occurs, very frequently, at great depths, along the whole coast of Norway, as far as Vadsø.

148. Hyperiopsis Væringii, G. O. Sars, n. gen. & sp.

Se 1ste Afsuit, pg. 231, Pl. XX, Fig. 21.

Findestod. Stat. 54.

148. Hyperiopsis Væringii, G. O. Sars, n. gen. & sp.

See Part I, p 231, Pl. XX, fig. 21.

Locality. — Stat. 54.

Trib. 2. *Gammarina.*

Fam. 1. **Lysianassidæ.**

149. Lysianassa Costæ, Edw.

Nogle Exemplarer af denne smukke, ved vor Syd- og Vestkyst temmelig sjeldent forekommende Form erholdtes under Expeditionens 1ste Togt ved Husø paa 50—60 Favnes Dyb.
Arten er udbredt til de britiske Øer og Middelhavet.

Trib. 2. *Gammarina.*

Fam. 1. **Lysianassidæ.**

149. Lysianassa Costæ, Edw.

A few specimens of this beautiful form, comparatively rare off the south and west coasts of Norway, were obtained on the 1st cruise of the Expedition, at Husø, in 50—60 fathoms.
The species extends southward to the British Islands and the Mediterranean.

---

150. Socarnes Vahlii, (Kröyer).

Denne arktiske Form, der er almindelig ved Finmarkens Kyster og kun af og til forekommer længere Syd ved vor Vestkyst, blev under Expeditionen observeret i det indre af Saltenfjord og ved Norske Øer paa Spitsbergen. Den er desuden kjendt fra Grønland, Franz Josephs Land, den murmanske Kyst og det hvide Hav.

150. Socarnes Vahlii, (Kröyer).

This Arctic form, common off the coasts of Finmark but occurring only now and again farther south, off our West Coast, was observed on the Expedition in the inner part of the Saltenfjord, and off the Norwegian Islands, Spitzbergen. Moreover, the animal is known from Greenland and Franz Joseph's Land, the Murman coast, and the White Sea.

---

151. Socarnes bidenticulatus, (Sp. Bate).

Se 1ste Afsuit. pg. 139, Pl. XII, Fig. 1.

Findestod. Stat. 366.

151. Socarnes bidenticulatus, (Sp. Bate).

See Part I, p. 139, Pl. XII. fig. 1.

Locality. — Stat. 366.

---

152. Hippomedon Holbølli, (Kröyer).

Den typiske Form blev under Expeditionen observeret i Saltenfjord og Porsangerfjord (Stat. 260), fremdeles ved Jan Mayen og paa Stat. 223 og 225, begge i Havet S for sidstnævnte Ø. Desuden erholdtes paa betydeligt Dyb i den kolde Area en eiendommelig Varietet af anselig Størrelse og uden Spor af Øiepigment (se 1ste Afsnit, pg. 142, Pl. XII, Fig. 2).

152. Hippomedon Holbølli, (Kröyer).

The typical form was observed on the Expedition in the Salten and Porsanger Fjords (Stat. 260), likewise off Jan Mayen, and at Stations 223 and 224, both located in the sea south of the latter island. Moreover, a peculiar variety, of very considerable 'size 'and without a trace of ocular pigment, was taken at great depths in the cold area. (See Part I, p. 142, Pl. XII, fig. 2).

Arton forekommer temmelig hyppig ved vor hele Kyst lige til Vadsø og er sydlig udbredt til Kattegat og de britiske Øer (*Anonyx denticulatus* Sp. Bate), nordlig til Grønland, Spitsbergen, det kariske Hav og den murmanske Kyst.

The species occurs with comparative frequence along the whole Norwegian coast, as far north as Vadsø; southward, it is distributed to the Cattegat and the British Islands (*Anonyx denticulatus* Sp. Bate); northward, to Greenland, Spitzbergen, the Kara Sea, and the Murman coast.

153. Aristias tumidus, (Kröyer).

Nogle faa Exemplarer af denne Form toges under Expeditionens sidste Togt i Havet Øst af Beeren Eiland (Stat. 275) fra et Dyb af 147 Favne. Stationen tilhører den kolde Area. Arten, der ikke er nalmindelig ved vore Kyster og ofte forekommer i Gjellesækken hos Ascidier, synes at have en meget vid geografisk Udbredning, da den er noteret fra Bohuslän, de britiske Øer, Middelhavet, Grønland, Spitsbergen og Franz Josephs Land.

153. Aristias tumidus, (Kröyer).

A few specimens of this form were taken on the last cruise of the Expedition, in the sea stretching east of Beeren Eiland (Stat. 275), at a depth of 147 fathoms. The Station belonged to the cold area. This species, not uncommon off the Norwegian coast, and which often occurs in the branchial sac of Ascidians, would appear to have a very extensive geographical distribution, being recorded from Bohuslän, the British Islands, the Mediterranean, Greenland, Spitzbergen, and Franz Joseph's Land.

154. Cyphocaris anonyx, (Lütken) Boeck.

Et enkelt Exemplar af denne meget eiendommelige, tidligere alene fra Grønland bekjendte Form toges under Expeditionens 2det Togt i Havet udenfor Vestfinmarken (Stat. 190) fra et Dyb af 870 Favne.

154. Cyphocaris anonyx, (Lütken) Boeck.

A sole specimen of this very peculiar form, till then known from Greenland only, was taken on the 2nd cruise of the Expedition, off West Finmark (Stat. 190), at a depth of 870 fathoms.

155. Anonyx nugax, Phipps.

(= *A. lagena*, Kröyer).

Talrige, tildels kjæmpemæssige Exemplarer af denne vel bekjendte arktiske Art erholdtes under Expeditionen fra den kolde Areas Dyb (Stat. 33, 124, 200, 312) og sydlig indtil den 63de Bredegrad; Dybden fra 350 til 658 Favne. Desuden observeredes den paa grundere Vand ved Jan Mayen, Beeren Eiland og Spitsbergen.

Arten, der hos os hovedsagelig er indskrænket til den arktiske Region, hvor den er meget almindelig, synes at have en vid Udbredning i de polare Have, idet den foruden paa de ovennævnte Lokaliteter er noteret fra Island, Grønland, Labrador, Polarøerne, det ochotske Hav, Sibiriens Ishav, det kariske Hav, Franz Josephs Land, Spitsbergen, den murmanske Kyst og det hvide Hav.

155. Anonyx nugax, Phipps.

(= *A. lagena*, Kröyer).

Numerous — part of them truly colossal — specimens of this well-known Arctic form, were brought up on the Expedition from the depths of the cold area (Stats. 33, 124, 200, 312) and, southward, as far as the 63rd parallel of latitude; depth ranging from 350 to 658 fathoms. Moreover, the animal was observed, in shallow water, off Jan Mayen, Beeren Eiland, and Spitzbergen.

The species, whose habitat in Norway is chiefly limited to the Arctic region, where it occurs with very considerable frequence, would appear to be widely distributed throughout the Polar Seas, since, apart from the above-mentioned localities, the animal is known from Iceland, Greenland, Labrador, the Polar Islands, the Sea of Ochotsk, the Siberian Polar Sea, the Kara Sea, Franz Joseph's Land, Spitzbergen, the Murman coast, and the White Sea.

156. Anonyx gulosus, Kröyer.

Ligeledes observeret under Expeditionen i betydelig Mængde paa større Dyb (indtil 649 Favne) i den kolde Arm (Stat. 33. 124. 192. 200) samt desuden ved Huso, i den ydre Del af Sognefjorden (Stat. 8). i Porsangerfjord (Stat. 260), fremdeles i Østhavet (Stat. 273) og paa Vesteraalseggen (Stat. 173 b). Arten er ligesom foregaaende nordlig udbredt til Island. Spitsbergen og Grønland, men synes at gaa længere Syd end denne; da den ikke blot forekommer langs vor hele Kyst, men ogsaa ved de britiske Øer. Hvorvidt den af Heller under dette Navn fra Adriaterhavet anførte Form virkelig er identisk med nærværende Art. anser jeg derimod for meget tvivlsomt.

156. Anonyx gulosus, Kröyer.

Likewise observed on the Expedition. in considerable numbers, at great depths (reaching 649 fathoms) throughout the cold area (Stats. 33. 124, 192. 200); moreover at Huso. in the outer part of the Sognefjord (Stat. 8). in the Porsangerfjord (Stat. 260), also in the Barents Sea (Stat. 273) and on the Vesteraalseggen (Stat. 173 b). The species is distributed, in common with the preceding. northward to Iceland. Spitzbergen, and Greenland. but would appear to extend farther south than does that form, since it not only occurs along the whole Norwegian coast, but also off the British Islands. Whether the animal recorded by Heller, under this appellation, from the Adriatic. be really identical with the present species, I regard as highly doubtful.

157. Anonyx pumilus, Lilljeborg.

Enkelte Exemplarer af denne Art toges under Expeditionen ved Spitsbergen og i Østhavet (Stat. 267). Den forekommer temmelig sjelden ved vore Kyster og gaar sydlig til Bohuslän. nordlig til Nordamerikas Østkyst, det kariske Hav og det hvide Hav.

157. Anonyx pumilus, Lilljeborg.

A few specimens of this form were taken on the Expedition off Spitzbergen and in the Barents Sea (Stat. 267). The species occurs comparatively seldom off the Norwegian coast; southward. it extends to Bohuslän; northward. to the east coast of North America. the Kara Sea. and the White Sea.

158. Anonyx calcaratus, G. O. Sars, n. sp.

Se 1ste Afsnit. pg. 142. Pl. XII. Fig. 3 a—k.

Findesteder. Stat. 240, 303, 312.

158. Anonyx calcaratus, G. O. Sars. n. sp.

See Part 1. p. 142. Pl. XII. fig. 3 a—k.

Locality. — Stats. 240. 303. 312.

159. Anonyx typhlops, G. O. Sars, n. sp.

Se 1ste Afsnit. pg. 145. Pl. XII. Fig. 4 a—k.

Findesteder. Stat. 183. 213.

159. Anonyx typhlops, G. O. Sars. n. sp.

See Part 1. p. 145. Pl. XII. fig. 4 a—k.

Locality. — Stats. 183. 213.

160. Onesimus littoralis, (Kröyer).

Denne ægte arktiske Form, der ved vore Kyster er yderst sjelden og alene af Boeck er noteret fra Finmarken, blev under Expeditionen observeret i enorme Mængder ved

160. Onesimus littoralis, (Kröyer).

This true Arctic form. exceedingly rare off the coast of Norway, and by Boeck alone recorded from Finmark. was observed on the Expedition, in prodigious numbers

Jan Mayen paa forholdsvis grundt Vand, ligeledes af og til ved Spitsbergen. Den er i sin Udbredning circumpolar og noteret saavel fra Grønland som fra Franz Josephs Land og det sibiriske Ishav.

off Jan Mayen, in comparatively shallow water, as also, here and there, along the coast of Spitzbergen. The distribution of the animal is circumpolar, the form having been recorded from Greenland, Franz Joseph's Land, and the Siberian Polar Sea.

---

161. Onesimus Edwardsii, (Krøyer).

Ligeledes meget almindelig ved Jan Mayen og Spitsbergen samt desforuden indsamlet i Havet om Beeren Eiland (Stat. 280 og 322). Arten, der er temmelig hyppig ved vore Kyster, navnlig i den arktiske Region, gaar sydlig til Bohuslän, nordlig til Grønland, Labrador, Sibiriens Ishav, det kariske Hav. Franz Josephs Land og den murmanske Kyst.

161. Onesimus Edwardsii, (Krøyer).

Likewise very common off the shores of Jan Mayen and Spitzbergen; it was, too, collected in the sea surrounding Beeren Eiland (Stats. 280 and 322). The species, comparatively frequent off the coast of Norway — more especially throughout the Arctic region — extends south to Bohuslän, north, to Greenland, Labrador, the Siberian Polar Sea, the Kara Sea, Franz Joseph's Land, and the Murman coast.

---

162. Onesimus turgidus, G. O. Sars, n. sp.

Se 1ste Afsnit. pg 147. Pl. XII, Fig. 5, a—i.

Findested. Stat. 323.

162. Onesimus turgidus, G. O. Sars, n. sp.

See Part I. p. 147. Pl. XII, fig. 5, a—i.

Locality. — Stat. 323.

---

163. Onesimus leucopis, G. O. Sars, n. sp.

Se 1ste Afsnit. pg 149. Pl. XIII, Fig. 1, 1 a.

163. Onesimus leucopis, G. O. Sars, n. sp.

See Part I. p. 149, Pl. XIII, fig. 1, 1 a.

---

164. Onesimus plautus, (Krøyer).

Et Par Exemplarer af denne Art erholdtes i Havet V af Beeren Eiland (Stat. 283) fra et Dyb af 767 Favne. Arten, der forekommer temmelig sjeldent ved vore Kyster, er nordlig udbredt til Grønland, Spitsbergen og det kariske Hav.

164. Onesimus plautus, (Krøyer).

A few individuals of this species were obtained in the sea west of Beeren Eiland (Stat. 283), from a depth of 767 fathoms. The form, which occurs comparatively seldom off the coast of Norway, has its northern range of distribution up to Greenland, Spitzbergen, and the Kara Sea.

---

165. Orchomene serratus, Boeck.

Enkeltvis observeret ved Spitsbergen og paa Stat. 290 i Havet mellem Finmarken og Beeren Eiland. Arten er meget almindelig ved vore Kyster i Dybsøcorallernes Region og udenfor Norge observeret af Goës ved Spitsbergen (Lysianassa crispata), af Jarsinsky ved den murmanske Kyst og af Stuxberg i det kariske Hav. Den af Sp. Bate under

165. Orchomene serratus, Boeck.

Isolated specimens observed off Spitzbergen and at Station 290, in the tract of ocean between Finmark and Beeren Eiland. The species is very common off the Norwegian coast, in the region of deep-sea corals. Beyond the limits of Norway, the animal has been recorded by Goës, off Spitzbergen (Lysianassa crispata), by Jarsinsky, off the

Navnet *Anonyx Edwardsii* opførte Form, der af Boeck og senere af engelske Forskere er identificeret med nærværende Art, er, som jeg paa et andet Sted[1] har vist, bestemt forskjellig og tilhører et eget Species *O. Batei* G. O. Sars.

Murman coast, and by Stuxberg, in the Kara Sea. The form described by Sp. Bate as *Anonyx Edwardsii*, confounded by Boeck and subsequently by English naturalists with the present species, is — as shown elsewhere[1] by the author — very different, and belongs to another species, viz. to *O. Batei*, G. O. Sars.

---

166. Orchomene pectinatus, G. O. Sars. n. sp.

Oversigt af Norges Crustaceer I, No. 99, Pl. III, Fig. 5, 5 a.

Denne nylig af mig paa ovennanførte Sted beskrevne og afbildede Form, som jeg tidligere havde forvexlet med foregaaende Art, blev under Expeditionen indsamlet i flere Exemplarer paa 4 forskjellige Stationer (124, 192, 251, 312), alle tilhørende den kolde Area, Dybden fra 350 til 658 Favne. Ved vore Kyster har jeg kun observeret den i Varangerfjorden.

166. Orchomene pectinatus, G. O. Sars, n. sp.

Oversigt af Norges Crustaceer I. No. 99, Pl. III, fig. 5, 5 a.

Of this form, recently described and figured by the author in the above-cited Memoir, and which, till then, he had confounded with the preceding species, several individuals were collected on the Expedition, at 4 different Stations (Stats. 124, 192, 251, 312), all in the cold area; depth ranging from 350 to 658 fathoms. Off the coast of Norway, the author has not observed the animal in any other locality than the Varangerfjord.

---

167. Orchomene minutus, (Kröyer).

Kun observeret under Expeditionen ved Spitsbergen paa forholdsvis grundt Vand. Arten er almindelig ved vore Kyster, navnlig i den arktiske Region, og nordlig udbredt til Grønland, Nordamerikas Østkyst, det kariske Hav og den murmanske Kyst.

Af Heller anføres den ogsaa fra det adriatiske Hav; men jeg anser det for meget tvivlsomt, om den af nævnte Forsker undersøgte Art er identisk med vor nordiske Form.

167. Orchomene minutus, (Kröyer).

On the Expedition, observed off Spitzbergen only, in comparatively shallow water. The species is common along the Norwegian coast, in particular throughout the Arctic region; and northward, its range of distribution extends to Greenland, the east coast of North America, the Kara Sea, and the Murman coast.

Heller records the animal as occurring in the Adriatic; but I regard it as very doubtful, whether the species examined by that naturalist be actually identical with the Northern form.

---

168. Lepidepecreum umbo, (Goës).

Flere usædvanlig store Exemplarer af denne eiendommelige Form, der af Boeck henføres til sin Slægt *Orchomene*, men som vel rigtigere bør gaa ind under ovennævnte af Sp. Bate opstillede Slægt. toges paa Stat. 48 og 124, den første beliggende i Havet Øst af Island, den sidste Vest af Nordlandskysten; Dybden fra 299 til 350 Favne. Begge Stationer tilhører den kolde Area. Desuden erholdtes Exemplarer fra grundere Vand i det indre af Saltenfjorden og ved Spitsbergen.

168. Lepidepecreum umbo, (Goës).

Several unusually large specimens of this peculiar form, which Boeck has referred to his genus *Orchomene*, but that, more correctly, one may with good reason assume should be classed under the genus established by Sp. Bate, were taken at Stations 48 and 124, the former located in the tract of ocean stretching east of Iceland, the latter west of the coast of Nordland; depth ranging from 299 to 350 fathoms. Both Stations belong to the cold area. Moreover, examples were obtained, from shallower water, in the inner part of the Saltenfjord and off Spitzbergen.

---

[1] Oversigt over Norges Crustaceer I.

[1] Oversigt over Norges Crustaceer I.

Arten er hos os alene indskrænket til den arktiske Region og først beskrevet af Goës fra Spitsbergen samt senere af Jarsinsky anført fra det hvide Hav.

Along the coast of Norway, the occurrence of the species is limited to the Arctic region. It was first described by Goës, from Spitzbergen, and subsequently recorded by Jarsinsky, from the White Sea.

---

169. Tryphosa nanoides, (Lilljeborg).

Kun observeret under Expeditionen i Havet om Jan Mayen. Arten forekommer af og til ved Norges Vestkyst paa større Dyb og gaar sydlig til Bohuslän og Shetlandsøerne.

169. Tryphosa nanoides, (Lilljeborg).

On the Expedition, observed only in the sea surrounding Jan Mayen. The species is found to occur sparingly off the West Coast of Norway, at great depths, and extends as far south as Bohuslän and the Shetland Islands.

---

170. Tryphosa Høringii, Boeck.

Af denne af Boeck ved vor Vestkyst (Haugesund) opdagede Form erholdtes nogle Exemplarer paa Stat. 124 og 359, den første beliggende i Havet udenfor Nordlandskysten, den sidste Vest af Spitsbergen; Dybden fra 350 til 416 Favne. Arten anføres ogsaa af Boeck som forekommende ved Labrador og af Hoeck fra Nordspitsbergen.

170. Tryphosa Høringii, Boeck.

Of this form, discovered by Boeck off the West Coast of Norway (Haugesund), a few specimens were taken at Stations 124 and 359, the former located off the coast of Nordland, the latter west of Spitzbergen; depth ranging from 350 to 416 fathoms. The species is also recorded by Boeck, as occurring off the coast of Labrador, and by Hoeck, from North Spitzbergen.

---

171. Tryphosa pusilla, G. O. Sars, n. sp.

Se 1ste Afsnit, pg. 151, Pl. XIII, Fig. 2. 2 a.

Findested. Stat. 240.

171. Tryphosa pusilla, G. O. Sars, n. sp.

See Part I, p. 151, Pl. XIII, fig. 2. 2 a.

Locality. — Stat. 240.

---

172. Acidostoma obesum, (Sp. Bate).

Et enkelt Exemplar af denne let kjendelige Form erholdtes under Expeditionens 1ste Togt udenfor Storøggen (Stat. 31) fra et Dyb af 417 Favne. Arten forekommer temmelig sjeldent ved vor Vestkyst og er sydlig udbredt til Kattegat og de britiske Øer.

172. Acidostoma obesum, (Sp. Bate).

A sole specimen of this easily distinguishable form was obtained on the 1st cruise of the Expedition, off Storøggen (Stat. 31), from a depth of 417 fathoms. The species is comparatively rare off the West Coast of Norway; southward, its range of distribution extends to the Cattegat and the British Islands.

173. Acidostoma laticorne, G. O. Sars, n. sp.

Se 1ste Afsnit, pg. 132, Pl. XIII, Fig. 3, 3 a.

Findested. Stat. 251.

173. Acidostoma laticorne, G. O. Sars, n. sp.

See Part I, p. 132, Pl. XIII, fig. 3, 3 a.

Locality. — Stat. 251.

Fam. 2. Pontoporejidæ.

174. Pontoporeia femorata, Kröyer.

Exemplarer af denne arktiske Form indsamledes under Expeditionens sidste Togt i Adventbay paa Spitsbergen. Arten, der forekommer temmelig sparsomt ved vor Vest- og Nordkyst, er udbredt til Grønland, Labrador, det kariske Hav, den murmanske Kyst og det hvide Hav og gaar sydlig til Kattegat og Østersøen, hvis, som jeg formoder, *P. furcigera* Bruzel. er identisk med nærværende Art.

Fam. 2. Pontoporejidæ.

174. Pontoporeia femorata, Kröyer.

Specimens of this Arctic form were collected, on the last cruise of the Expedition, in Advent Bay, Spitzbergen. The species, which occurs rather sparingly off the west and north coasts of Norway, is met with as far north as Greenland, Labrador, the Kara Sea, the Murman coast, and the White Sea; southward, its range of distribution extends to the Cattegat and the Baltic. if, as I opine, *P. furcigera* Bruzel. is identical with the present species.

---

175. Bathyporeia pilosa, Lindström.

Kun observeret under Expeditionen ved Røst paa nogle faa Farnes Dyb, Sandbund. Arten, der aabenbart maa ansees som en mere sydlig Form, forekommer meget almindelig ved vor sydvestlige Kyst (Jæderen) og er sydlig udbredt til de britiske Øer, Kattegat og Østersøen.

175. Bathyporeia pilosa, Lindström.

On the Expedition, observed at Røst only, in a few fathoms of water; bottom sandy. The species, which must obviously be regarded as a more southern form, occurs with great frequence off the south-west coast of Norway (Jæderen), and has its southern range of distribution down to the British Islands, the Cattegat, and the Baltic.

---

176. Urothoë abbreviata, G. O. Sars, n. sp.

Se 1ste Afsnit, pg. 164, Pl XIV, Fig. 1.

Findested. Stat. 200.

176. Urothoë abbreviata, G. O. Sars, n. sp.

See Part I, p. 164, Pl. XIV. fig. 1.

Locality. — Stat. 200.

---

177. Phoxus Holbølli, Kröyer.

Denne ved vore Kyster og navnlig i den arktiske Region meget almindeligt forekommende Form blev under Expeditionen observeret ved Jan Mayen paa forholdsvis grundt Vand. Arten er nordlig udbredt til Island, Grønland, Labrador og den murmanske Kyst, sydlig til de britiske

177. Phoxus Holbølli, Kröyer.

This form, of very frequent occurrence off the Norwegian coast, more especially throughout the Arctic region, was taken on the Expedition off Jan Mayen, in comparatively shallow water. The northern distribution of the species extends to Iceland, Greenland, Labrador, and the

Vor og Kattegat. Den nordamerikanske Form, *Ph. Kröyeri* Stimpson, er rimeligvis identisk med nærværende Art.

Murman coast, its southern to the British Islands and the Cattegat. The North-American form, *Ph. Kröyeri* Stimpson, is probably identical with the present species.

---

178. Phoxus oculatus, G. O. Sars, n. sp.

Se 1ste Afsnit, pg. 154, Pl. XIII, Fig. 4, a—e.

Findested. Jan Mayen.

178. Phoxus oculatus, G. O. Sars, n. sp.

See Part I, p. 154, Pl. XIII, fig. 4, a—e.

Locality. — Jan Mayen.

---

179. Harpinia plumosa. (Kröyer).

Nogle faa Exemplarer af denne ved vore Kyster ikke ualmindelige Art toges i Havet mellem Norge og Island (Stat. 248) fra et Dyb af 778 Favne. Arten er nordlig udbredt til Grønland, Spitsbergen og det kariske Hav og gaar sydlig til de britiske Øer og Kattegat. Den af Stimpson fra Nordamerikas Østkyst beskrevne *Phoxus fusiformis* synes at være identisk med den heromhandlede Form.

179. Harpinia plumosa, Kröyer.

A few individuals of this species, by no means uncommon off the Norwegian coast, were taken in the tract of ocean between Norway and Iceland (Stat. 248), at a depth of 778 fathoms. Its northern range of distribution extends to Greenland, Spitzbergen, and the Kara Sea, its southern to the British Islands and the Cattegat. The form described by Stimpson from the east coast of North America, *Phoxus fusiformis*, would appear to be identical with that treated of here.

---

180. Harpinia abyssi, G. O. Sars, n. sp.

Se 1ste Afsnit, pg. 157, Pl. XIII, Fig. 5, a—m.

Findesteder. Stat. 18, 31, 33, 40, 51, 87, 124, 192, 200, 240, 248, 251, 283, 295, 312.

180. Harpinia abysii, G. O. Sars, n. sp.

See Part I, p. 157, Pl. XIII, fig. 5, a—m.

Locality. — Stats. 18, 31, 33, 40, 51, 87, 124, 192, 200, 240, 248, 251, 283, 295, 312.

---

181. Harpinia carinata, G. O. Sars, n. sp.

Se 1ste Afsnit, pg. 159, Pl. XIII, Fig. 6, a—r.

Findesteder. Stat. 248, 312.

181. Harpinia carinata, G. O. Sars, n. sp.

See Part I, p. 159, Pl. XIII, fig. 6, a—r.

Locality. — Stats. 248, 312.

---

182. Harpinia mucronata, G. O. Sars, n. sp.

Se 1ste Afsnit, pg. 161, Pl. XIII, Fig. 7, a—f.

Findesteder. Stat. 200, 262.

182. Harpinia mucronata, G. O. Sars, n. sp.

See Part I, p. 161, Pl. XIII, fig. 7, a—f.

Locality. — Stats. 200, 262.

46

183. Harpinia serrata, G. O. Sars, n. sp.

Se 1ste Afsnit. pg. 102, Pl. XIII. Fig. 8. *a—d.*

Findested. Stat. 223, 224.

183. Harpinia serrata, G. O. Sars, n. sp.

See Part 1, p. 102, Pl. XIII. fig. 8. *a—d.*

Locality. — Stat. 223, 224.

Fam. 3. Stegocephalidæ.

184. Stegocephalus ampulla, (Phipps).

Talrige, tildels kjæmpemæssige Exemplarer af denne charecteristiske Form erholdtes under Expeditionen fra mange Steder i den kolde Areas Dyb (Stat. 31, 87, 124, 137, 237, 251) indtil 634 Favnes Dyb, samt desuden paa Stat. 9 udenfor vor Vestkyst, i Østhavet (Stat. 270), i Vestfjorden (Stat. 255) samt i Havet om Spitsbergen (Stat. 338, 359 og 370).

Arten, der er meget almindelig ved vore Kyster i Dybsøcorallernes Region, er nordlig udbredt til Grønland, Nordamerikas Østkyst, Polarøerne, det sibiriske Ishav og Franz Josephs Land. Sydgrændsen for dens Udbredning synes at være de britiske Øer (Norman); mulig kan dog her foreligge en Forvexling med følgende Art.

Fam. 3. Stegocephalidæ.

184. Stegocephalus ampulla, (Phipps).

Numerous — and in part truly colossal — specimens of this characteristic form were obtained on the Expedition from many localities in the deeps of the cold area (Stats. 31, 87, 124, 137, 237, 251) down to 634 fathoms, as also at Station 9, off the West Coast of Norway, in the Barents Sea (Stat. 270), in the Vestfjord (Stat. 255); finally, too. in the sea surrounding Spitzbergen (Stats. 338, 359, 370).

The species, which is very common off the Norwegian coast in the region of deep-sea corals, has its northern range of distribution up to Greenland, the east coast of North America, the Polar Islands, the Siberian Polar Sea, and Franz Josephs Land. The southern limit of its distribution would appear to be the British Islands (Norman); possibly, however, the animal may have been confounded with the following species.

185. Stegocephalus christianiensis, Boeck.

Nogle Exemplarer af denne hidtil kun fra vore Kyster bekjendte Art toges i Havet Vest af Nordlandskysten (Stat. 137) fra et Dyb af 452 Favne.

185. Stegocephalus christianiensis, Boeck.

A few individuals of this species, known as yet from the Norwegian coast alone, were taken in the sea stretching west of the coast of Nordland (Stat. 137), at a depth of 452 fathoms.

186. Andania abyssi, Boeck.

Denne hidtil ligeledes kun fra Norges Kyst bekjendte Form observeredes under Expeditionen paa Stat. 31, 124 og 137, alle tilhørende den kolde Area og beliggende i Havet udenfor vor Vestkyst; Dybden fra 350 til 452 Favne.

186. Andania abyssi, Boeck.

This form, also known hitherto exclusively from the Norwegian coast, was observed on the Expedition at Stations 31, 124, and 137, all belonging to the cold area, and located in the tract of ocean stretching off the West Coast of Norway; depth from 350 to 452 fathoms.

— 47 —

Fam. 4. **Amphilochidæ.**

187. Astyra ubyssi, Boeck.

Nogle Exemplarer af denne ved vor nordlige Kyst meget almindelige Form toges under Expeditionens 1ste Togt i Havet udenfor vor Vestkyst (Stat. 87) fra et Dyb af 498 Favne. Arten er hidtil ikke observeret udenfor Norge.

188. Amphilochus manudens, Sp. Bate.

Et enkelt Exemplar af denne Form toges under Expeditionens sidste Togt i Havet Øst af Vadsø (Stat. 262) fra et Dyb af 148 Favne. Arten er meget almindelig ved vore Kyster paa forholdsvis grundt Vand og sydlig udbredt til Kattegat og de britiske Øer.

189. Gitana Sarsii, Boeck.

Observeret under Expeditionen ved Spitsbergen paa forholdsvis grundt Vand mellem Alger. Arten forekommer langs vor hele Kyst og er sydlig udbredt til Kattegat og de britiske Øer (= Amphilochus Sabrinæ, Stebbing).

Fam. 5. **Stenothoidæ.**

190. Metopa Alderi, (Sp. Bate).

Ikke ualmindelig i Havnen ved Reikjavik paa 20—30 Favnes Dyb. Nogle Exemplarer blev desuden taget i Havet udenfor Storeggen (Stat. 31) fra et Dyb af 417 Favnes Dyb. Arten forekommer ikke ualmindelig ved vor Vestkyst og er sydlig udbredt til Kattegat og de britiske Øer, nordlig til Spitsbergen og den murmanske Kyst.

Fam. 4. **Amphilochidæ.**

187. Astyra abyssi, Boeck.

A few specimens of this form, very common off the north coast of Norway, were taken on the Expedition in the sea stretching off the West Coast (Stat. 87), at a depth of 498 fathoms. Till then, the species had not been observed beyond the limits of Norway.

188. Amphilochus manudens, Sp. Bate.

A sole specimen of this form was taken, on the last cruise of the Expedition, in the sea stretching east of Vardø (Stat. 262), at a depth of 148 fathoms. The species is a very common one off the Norwegian coast in comparatively shallow water; its southern range of distribution extends to the Cattegat and the British Islands.

189. Gitana Sarsii, Boeck.

On the Expedition, observed off Spitzbergen in comparatively shallow water, among Algæ. The species occurs along the whole coast of Norway, and its southern range of distribution extends to the Cattegat and the British Islands (= Amphilochus Sabrinæ, Stebbing).

Fam. 5. **Stenothoidæ.**

190. Metopa Alderi, (Sp. Bate).

Not uncommon in the harbour of Reikjavik at a depth of 20—30 fathoms. Moreover, a few specimens were taken off the Storeggen Bank (Stat. 31), at a depth of 417 fathoms. The species occurs by no means infrequently off the West Coast of Norway; its southern range of distribution extends to the Cattegat and the British Islands, its northern to Spitzbergen and the Murman coast.

191. Metopa spectabilis, G. O. Sars, n. sp.

Se 1ste Afsnit pg. 185, Pl. XV. Fig. 4. *a—n.*

Findesteder. Stat. 31, 343.

191. Metopa spectabilis, G. O. Sars, n. sp.

See Part I, p. 185, Pl. XV. fig. 4. *a n.*

Locality. — Stats. 31. 343.

192. Metopa Bruzelii, (Goës).

Observeret under Expeditionen ved Norske Øer paa Spitsbergen mellem Alger, samt paa Stat. 280 Syd af Beeren Eiland paa 35 Favnes Dyb. Arten er først beskreven fra Spitsbergen af Goës og forekommer ikke sjelden langs vor hele Kyst fra Vadsø til Christianiafjord.

192. Metopa Bruzelii, (Goës).

On the Expedition, observed off the Norwegian Islands, Spitzbergen, among Algæ, as also at Stat. 280, south of Beeren Eiland, at a depth of 35 fathoms. The species was first described from Spitzbergen, by Goës; it occurs not infrequently along the whole Norwegian coast, from Vadsø to the Christianiafjord.

193. Metopa æqvicornis, G. O. Sars, n. sp.

Se 1ste Afsnit pg. 188, Pl. XV. Fi·. 5.

Findested. Stat. 343.

193. Metopa æqvicornis, G. O. Sars. n. sp.

See Part I. p. 188. Pl. XV. fig. 5.

Locality. — Stat. 343.

194. Danaia abyssicola, G. O. Sars, n. sp.

Se 1ste Afsnit. pg. 190. Pl. XVI, Fig. 1. 1 a.

Findested. Stat. 286.

194. Danaia abyssicola, G. O. Sars, n. sp.

See Part I. p. 190. Pl. XVI. fig. 1, 1 a,

Locality. — Stat. 286.

Fam. 6. Syrrhoidæ.

195. Syrrhoë crenulata, Goës.

Exemplarer af denne ved vore Kyster ikke ualmindelige Form indsamledes under Expeditionen ved Husø paa 60—80 Favnes Dyb samt paa Stat. 280 Syd af Beeren Eiland. Arten er først beskreven at Goës fra Spitsbergen og senere ogsaa noteret fra den murmanske Kyst og fra Nordamerikas Østkyst.

Fam. 6. Syrrhoidæ.

195. Syrrhoë crenulata, Goës.

Specimens of this form, not uncommon off the Norwegian coast, were collected on the Expedition at Husø in 60—80 fathoms, as also at Station 280, south of Beeren Eiland. The species was first described by Goës, from Spitzbergen, and subsequently has been also recorded from the Murman coast and from the east coast of North America.

49

* 196. Bruzelia serrata, G. O. Sars. n. sp.

Se 1ste Afsnit, pg. 182. Pl. XV. Fig. 3, *a--k.*

Findested. Stat. 124.

196. Bruzelia serrata, G. O. Sars. n. sp.

See Part I. p. 182. Pl. XV. fig. 3, *a--k.*

Locality. — Stat. 124.

Fam. 7. Oediceridæ.

197. Oediceros lynceus, M. Sars.

Exemplarer af denne Art blev under Expeditionen indsamlede i Saltenfjord, ved Røst og paa flere Punkter af Spitsbergens Kyst samt paa Stat. 336, Syd for samme.

Arten er meget almindelig i vor arktiske Region og udbredt til Island, Grønland, Nordamerikas Østkyst, det sibiriske Ishav. det kariske Hav og Østhavet.

Fam. 7. Oediceridæ.

197. Oediceros lynceus, M. Sars.

Individuals of this species were collected on the Expedition — in the Saltenfjord. at Røst, and in several localities off the coast of Spitzbergen. as also at Station 336. located to the south of that group of islands.

The form is very common throughout the Norwegian Arctic region, and its northern range of distribution extends to Iceland, Greenland. the east coast of North America. the Siberian Polar Sea, the Kara Sea. and the Barents Sea.

198. Oediceros macrocheir, G. O. Sars. n. sp.

Se 1ste Afsnit, pg. 170. Pl. XIV. Fig. 4.

Findested. Stat. 240.

198. Oediceros macrocheir, G. O. Sars. n. sp.

See Part I. p. 170. Pl. XIV. fig. 4.

Locality. — 240.

199. Monoculodes longirostris, (Goës).

Denne først fra Spitsbergen beskrevne Art blev under Expeditionen observeret. foruden paa ovennævnte Sted (Norske Øer, Magdalenebay). ogsaa i det indre af Saltenfjord. Arten forekommer desuden af og til ved Finmarkens Kyster.

199. Monoculodes longirostris, (Goës).

This species, first described from Spitzbergen, was observed on the Expedition both in that locality (Norwegian Islands, Magdalena Bay) and also throughout the inner tracts of the Saltenfjord. Moreover. the form occurs now and again off the coast of Finmark.

200. Monoculodes borealis, Boeck.

Observeret under Expeditionen ved Røst og ved Spitsbergen paa de samme Lokaliteter som foregaaende. Arten, der hos os alene er indskrænket til den arktiske Region, er udbredt til Nordamerikas Østkyst og det kariske Hav.

200. Monoculodes borealis, Boeck.

On the Expedition. observed at Røst and at Spitzbergen, in the same localities as the preceding. The species. which, in Norway, is limited in occurrence to the Arctic region, has its range of distribution up to the east coast of North America and the Kara Sea.

Den norske Nordhavsexpedition. G. O. Sars: Crustacea.

201. Monoculodes tuberculatus, Boeck.

To Exemplarer af denne hidtil kun fra vore Kyster bekjendte Art toges ved Norske Øer paa Spitsbergen.

201. Monoculodes tuberculatus, Boeck.

Two individuals of this species, till then known only from the Norwegian coast, were taken on the Expedition, off the Norwegian Islands, Spitzbergen.

202. Monoculodes Packardi, Boeck.

Observeret under Expeditionen i Saltenfjord og ved Jan Mayen. Den er meget almindelig ved vore Kyster paa større Dyb, men hidtil ikke noteret udenfor Norge.

202. Monoculodes Packardi, Boeck.

On the Expedition, observed in the Saltenfjord and off Jan Mayen. The species is very common off the Norwegian coast at great depths, but has not hitherto been recorded beyond the limits of Norway.

203. Monoculodes tenuirostratus, Boeck.

Af denne ligeledes hidtil kun fra vore Kyster kjendte Art indsamledes en Del Exemplarer paa Stat. 40, 48 og 240, alle tilhørende den kolde Area; Dybden fra 778 til 1215 Favne.

203. Monoculodes tenuirostratus, Boeck.

Of this species, likewise known as yet exclusively from the Norwegian coast, a number of individuals were collected at Stations 40, 48, and 240, all belonging to the cold area; depth from 778 to 1215 fathoms.

204. Monoculodes Grubei, Boeck.

Kun observeret under Expeditionen ved Røst paa forholdsvis grundt Vand. Foruden ved vor Vestkyst er den ogsaa noteret fra Kattegat af Meinert.

204. Monoculodes Grubei, Boeck.

On the Expedition, observed at Røst only, in comparatively shallow water. Besides the West Coast of Norway, the species has also been recorded from the Cattegat, by Meinert.

205. Monoculodes longicornis, Boeck.

Talrige Exemplarer af denne hidtil kun fra vore Kyster bekjendte Art indsamledes ved Jan Mayen paa forholdsvis grundt Vand.

205. Monoculodes longicornis, Boeck.

Numerous specimens of this form, till then known only from the Norwegian coast, were collected off Jan Mayen, in comparatively shallow water.

206. Halimedon Mølleri, Boeck.

Observeret under Expeditionen i det indre af Saltenfjord. Den er en af de ved vore Kyster, især de sydlige, almindeligste Arter af Familien og er ogsaa noteret fra Kattegat af Meinert.

206. Halimedon Mølleri, Boeck.

On the Expedition, observed in the inner part of the Saltenfjord. It is one of the species of this family commonest off the coasts of Norway, in particular the southern; the form has also been recorded from the Cattegat, by Meinert.

207. Acanthostepheia Malmgreni, (Goës).

Nogle faa Exemplarer af denne characteristiske arktiske Form blev under Expeditionen tagne ved Spitsbergen, hvor ogsaa Goës forst fandt den. Arten er udbredt til Østhavet, Franz Josephs Land, det sibiriske Ishav og det kariske Hav, men er endnu ikke observeret ved vore Kyster.

207. Acanthostepheia Malmgreni, (Goës).

A few individuals of this characteristic Arctic species were taken on the Expedition, off Spitsbergen, where, too, it was first met with, by Goës. The northern range of distribution extends to the Barents Sea, Franz Josephs Land, the Siberian Polar Sea, and the Kara Sea; but as yet, the form has not been observed off the Norwegian coast.

208. Aceros phyllonyx, (M. Sars).

Talrige Exemplarer af denne Form blev under Expeditionen indsamlede paa forskjellige Punkter af det af os bereiste Havstrøg, tildels fra meget betydelige Dyb, indtil 1004 Favne. Af Stationerne ligger en (Stat. 48) i Havet Øst af Island, en anden (Stat. 240) mellem Island og Jan Mayen, en 3die (Stat. 273) i Østhavet, og 4 andre Stationer (336, 338, 357, 363) i Havet om Spitsbergen. Desuden blev den observeret i Saltenfjord og Tanafjord (Stat. 261). Arten, der forekommer langs vor hele Kyst, er nordlig udbredt til Spitsbergen, Franz Josephs Land og det kariske Hav og gaar sydlig til Bohuslän.

208. Aceros phyllonyx, (M. Sars).

Numerous specimens of this form were collected on the Expedition in divers localities of the tract of ocean we had to traverse and investigate, from depths reaching 1004 fathoms. Of the Stations, one (Stat. 48) lay in the sea east of Iceland, another (Stat. 240) between Iceland and Jan Mayen, one (Stat. 273) in the Barents Sea, and 4 other Stations (Stats. 336, 338, 357, 363) in the sea surrounding Spitzbergen. Moreover, the species was observed in the Saltenfjord, and in the Tanafjord (Stat. 261). The form, which occurs along the whole of the Norwegian coast, has its northern range of distribution up to Spitzbergen, Franz Josephs Land, and the Kara Sea, and southward extends to Bohuslän.

209. Oediceropsis brevicornis, Lilljeborg.

Af denne ved vore Kyster tommelig sjeldent forekommende Form toges nogle Exemplarer ved Husø. Den er udenfor Norge kun kjendt fra Bohuslän.

209. Oediceropsis brevicornis, Lilljeborg.

Of this form, comparatively rare off the Norwegian coast, a few specimens were taken, at Husø. Beyond the limits of Norway, the species is unknown, save from Bohuslän.

Fam. 8. Paramphithoidæ.

210. Pleustes panoplus, (Kröyer).

Denne hoinordiske Form, der ved vore Kyster kun undtagelsesvis forekommer udenfor den arktiske Region, blev under Expeditionen observeret i Havnen ved Reikjavik, paa flere Punkter ved Spitsbergen og paa Stat. 359 i Havet Vest af denne Øgruppe. Arten er nordlig udbredt til Grønland, Labrador, Polarøerne og det kariske Hav.

Fam. 8. Paramphithoidæ.

210. Pleustes panoplus, (Kröyer).

This Arctic form, which, on the coast of Norway, is of exceptional occurrence beyond the limits of the Arctic region, was observed on the Expedition in the harbour of Reikjavik, also throughout several localities off Spitzbergen, and at Station 359, in the sea west of that group of islands. The species has its northern range of distribution up to Greenland, Labrador, the Polar Islands, and the Kara Sea.

211. Paramphithoë glabra, Boeck.

Kun observeret under Expeditionen ved Spitsbergen paa forholdsvis grundt Vand. Arten, der ikke er ualmindelig ved vore Kyster, navnlig i den arktiske Region, er udbredt til Island, Grønland, det hvide Hav og den murmanske Kyst.

211. Paramphithoë glabra, Boeck.

On the Expedition, observed off Spitzbergen only, in comparatively shallow water. The species, which is not uncommon off the Norwegian coast, in particular throughout the Arctic region, is distributed up to Iceland, Greenland, the White Sea, and the Murman coast.

212. Paramphithoë bicuspis, (Kröyer).

Ligeledes kun observeret under Expeditionen ved Spitsbergen. Den er ved vore Kyster temmelig sjelden og nordlig udbredt til Island, Grønland og Labrador, sydlig til Bohuslän og de britiske Øer.

212. Paramphithoë bicuspis, (Kröyer).

On the Expedition, likewise observed off Spitzbergen only. Along the Norwegian coast the species is comparatively rare, and northward distributed as far as Iceland, Greenland, and Labrador, southward down to Bohuslän and the British Islands.

213. Paramphithoë euacantha, G. O. Sars. n. sp.

Se 1ste Afsnit, pg. 168, Pl. XIV, Fig. 3, a—b.

Findesteder. Stat. 18, 137, 336.

213. Paramphithoë euacantha, G. O. Sars. n. sp.

See Part I, p. 168. Pl. XIV, fig. 3, a—b.

Locality. — Stats. 18, 137, 336.

214. Paramphithoë brevicornis, G. O. Sars.

Et enkelt Exemplar af denne lille af mig hidtil kun i Varangerfjorden observerede Art toges under Expeditionens sidste Togt i Magdalenebay paa Spitsbergen.

214. Paramphithoë brevicornis, G. O. Sars.

A sole individual of this diminutive species, till then observed, by the author, in the Varangerfjord only, was taken, on the last cruise of the Expedition, in Magdalena Bay, Spitzbergen.

Fam. 9. **Epimeridæ.**

215. Epimeria cornigera, (Fabr.).

Observeret under Expeditionen ved Husø og i Vestfjorden (Stat. 255). Den er meget almindelig ved vor Vest- og Sydkyst i Dybsøcoraldernes Region og sydlig udbredt til Kattegat, de britiske Øer og Middelhavet (*Ep. tricristata* Costa). Af Hoek anføres den ogsaa som forekommende i Østhavet paa 2 forskjellige Stationer.

Fam. 9. **Epimeridæ.**

215. Epimeria cornigera, (Fabr.)

On the Expedition, observed at Husø and in the Vestfjord (Stat. 255). The species is very common off the west and south coasts of Norway in the region of deep-sea corals, and its southern range of distribution extends to the Cattegat, the British Islands, and the Mediterranean (*Ep. tricristata* Costa). Hoek records it as also met with in the Barents Sea, at 2 different Stations.

216. Epimeria loricata, G. O. Sars, n. sp.

Se 1ste Afsnit, pg. 166, Pl. XIV, Fig. 2.

Findesteder. Stat. 326, 357. 363.

216. Epimeria loricata, G. O. Sars, n. sp.

See Part 1. p. 166. Pl. XIV, fig. 2.

Locality. — Stats. 326, 357, 363.

217. Vertumnus cristatus, (Owen).

Et enkelt Exemplar af denne let kjendelige Form toges under Expeditionens sidste Togt Syd af Spitsbergen (Stat. 336) fra et Dyb af 70 Favne. Arten er ved vore Kyster alene indskrænket til Finmarken og tidligere kjendt fra det arktiske Amerika og Spitsbergen. Hoek anfører denne Art foruden fra Spitsbergen ogsaa fra Havet om Beeren Eiland og fra Østhavet.

217. Vertumnus cristatus, (Owen).

A sole specimen of this readily distinguished form was taken on the last cruise of the Expedition, south of Spitzbergen (Stat. 336), at a depth of 70 fathoms. Off the Norwegian coast, the occurrence of the species is limited exclusively to the shores of Finmark; previously, it had been known from Spitzbergen and Arctic America. Hoek records this form not only from Spitzbergen but also from the sea surrounding Beeren Eiland, and from the Barents Sea.

218. Vertumnus serratus, (Fabr.).

Flere Exemplarer af denne Art blev under Expeditionen indsamlede dels ved Spitsbergen, dels ved Jan Mayen (Stat. 223), dels i den kolde Area's Dyb udenfor vor Vestkyst (Stat. 18). Arten forekommer langs vor hele Vestkyst (talrigst dog i den arktiske Region) til Bohuslän og er desuden kjendt fra Island, Grønland og Labrador.

218. Vertumnus serratus, (Fabr.).

Several individuals of this species were collected on the Expedition — partly off Spitzbergen, partly off Jan Mayen (Stat. 223), and partly in the depths of the cold area, at some distance from the West Coast of Norway (Stat. 18). The form occurs along the whole of the Norwegian coast (in greatest frequence, however, throughout the Arctic region), its range extending south to Bohuslän; moreover, it is known from Iceland, Greenland, and Labrador.

219. Vertumnus inflatus, (Kröyer).

Af denne hidtil ikke ved vore Kyster antrufne arktiske Form toges Exemplarer i Adventbay og Magdalenebay (Stat. 366) paa Spitsbergen. Den er nordlig udbredt til Grønland, Labrador og Franz Josephs Land.

219. Vertumnus inflatus, (Kröyer).

Of this Arctic form, as yet not met with off the Norwegian coast, specimens were taken in Advent Bay, (Stat. 366), Spitzbergen. Its northern range of distribution extends to Greenland, Labrador, and Franz Josephs Land.

220. Odius carinatus, (Sp. Bate).

Et enkelt Exemplar af denne lille eiendommelige Form toges ved Norske Øer paa Spitsbergen mellem Alger. Den

220. Odius carinatus, (Sp. Bate).

A sole specimen of this peculiar diminutive form was obtained off the Norwegian Islands, Spitzbergen, between

er temmelig sjelden ved vore Kyster og tidligere kjendt, foruden fra Spitsbergen, fra Shetlandsøerne og Davis-Strædet.

Algæ. The species is comparatively rare off the Norwegian coast, and was previously known, exclusive of Spitzbergen, from the Shetland Islands and Davis Strait.

221. Acanthozone cuspidata, (Lepechin).

Enkelte Exemplarer af denne characteristiske Form erholdtes paa Stat. 48, Øst af Island og paa Stat. 336, Syd af Spitsbergen. Arten, der ved vore Kyster alene er indskrænket til den arktiske Region, er udbredt til Grønland, Labrador, Polarøerne, det sibiriske Ishav, Franz Josephs Land, Spitsbergen og Østhavet, følgelig circumpolar.

221. Acanthozone cuspidata. (Lepechin).

A few specimens of this characteristic form were taken at Station 48, east of Iceland, and at Station 336, south of Spitzbergen. The species, which, off the Norwegian coast, occurs exclusively throughout the Arctic region, has its range of distribution extending to Greenland, Labrador, the Polar Islands, the Siberian Polar Sea, Franz Josephs Land, Spitzbergen, and the Barents Sea — hence is circumpolar.

Fam. 10. Atylidæ.
222. Atylus Swammerdami, (Edw.).

Kun observeret under Expeditionen ved Røst paa ganske grundt Vand. Den forekommer langs vor hele Kyst ligetil Vadsø, paa visse Steder i store Mængder, og er sydlig udbredt til Kattegat, de britiske Øer og Frankriges Vestkyst.

Fam. 10. Atylidæ.
222. Atylus Swammerdami, (Edw.).

On the Expedition, observed at Røst only, in very shallow water. The species occurs along the whole of the Norwegian coast, as far north as Vadsø, in great abundance, and its southern range of distribution extends to the Cattegat, the British Islands, and the west coast of France.

223. Atylus carinatus, (Fabr.).

Af denne udpræget arktiske Form, der hidtil ikke er observeret ved vore Kyster, blev flere smukke Exemplarer indsamlede ved Norske Øer paa Spitsbergen. Den er i sin Udbredning circumpolar og foruden fra Spitsbergen noteret fra Grønland, Polarøerne, det sibiriske Ishav, det kariske Hav, Franz Josephs Land og den murmanske Kyst.

223. Atylus carinatus, (Fabr.).

Of this prominent Arctic form, as yet not observed off the Norwegian coast, several fine specimens were collected at the Norwegian Islands, Spitzbergen. In its range, the animal is circumpolar, being recorded not only from Spitzbergen, but also from Greenland, the Polar Islands, the Siberian Polar Sea, the Kara Sea, Franz Josephs Land, and the Murman coast.

224. Atylus Smitti, (Goës).

Observeret under Expeditionen ved Norske Øer sammen med foregaaende Art og desuden paa Stat. 237, 270, og 336, den første beliggende SV af Jan Mayen, den anden

224. Atylus Smitti, (Goës).

On the Expedition, observed off the Norwegian Islands together with the preceding species, and also at Stations 237, 270, and 336, the first located south-west

i Østhavet, den 3die ved Sydpynten af Spitsbergen. Arten, der ved vore Kyster neppe gaar søndenom Polarcirkelen, er udbredt til Grønland, Sibiriens Ishav, det kariske Hav, den murmanske Kyst og det hvide Hav.

of Jan Mayen, the second in the Barents Sea, and the third off the southern extremity of Spitzbergen. The species, which, on the coast of Norway, hardly occurs south of the Polar Circle, has its range of distribution extending to Greenland, the Siberian Polar Sea, the Kara Sea, the Murman coast, and the White Sea.

225. Dexamine spinosa, (Mont.).

Denne ved vor Syd- og Vestkyst meget almindelige Art blev under Expeditionen observeret ved Røst, som er dens for Tiden bekjendte Nordgrændse. Den er sydlig udbredt til Kattegat, de britiske Øer og Middelhavet.

225. Dexamine spinosa, (Mont.).

This species — a very common one off the south and west coasts of Norway — was observed on the Expedition at Røst, — as yet found to constitute its farthest northern limit of distribution. Southward, the range extends to the Cattegat, the British Islands, and the Mediterranean.

226. Dexamine Thea, Boeck.

Ligeledes under Expeditionen observeret ved Røst. Den forekommer ikke sjelden langs vor hele Kyst ligefra Vadsø til Christianiafjorden og er sydlig udbredt til Kattegat.

226. Dexamine Thea, Boeck.

On the Expedition, likewise observed at Røst. It occurs not infrequently along the whole Norwegian coast, from Vadsø to the Christianiafjord, and is met with as far south as the Cattegat.

227. Halirages bispinosus, (Sp. Bate).

Af og til ved Røst, dens for Tiden bekjendte Nord-grændse. Arten er sydlig udbredt til Kattegat, Østersøen og de britiske Øer.

227. Halirages bispinosus. (Sp. Bate).

A few specimens observed at Røst, as yet known its extreme northern limit of distribution. The species occurs as far south as the Cattegat, the Baltic, and the British Islands.

228. Halirages borealis, Boeck.

Sammen med foregaaende ved Røst; hidtil ikke be-kjendt udenfor Norge.

228. Halirages borealis, Boeck.

Along with the preceding at Røst; as yet unknown beyond the limits of Norway.

229. Halirages fulvocinctus, (M. Sars).

Talrige Exemplarer af denne smukke Form blev under Expeditionen indsamlede paa forskjellige Punkter af det af os berviste Havstrøg, saaledes ved Huso, i Saltenfjord, ved

229. Halirages fulvocinctus, (M. Sars).

Numerous specimens of this beautiful form were col-lected on the Expedition in different localities of the ocean-tracts we had to traverse and investigate; thus, for instance,

Spitsbergen samt paa følgende Stationer: 31. 48. 124, 137. 192, 251. 359, samtlige tilhørende den kolde Area; Dybden indtil 649 Favne.

Arten er meget almindelig ved vore Kyster paa større Dyb og nordlig udbredt til Grønland. Nordamerikas Østkyst, det kariske Hav, Franz Josephs Land, Østhavet og det hvide Hav, følgelig circumpolar.

at Husø, in the Saltenfjord, off Spitzbergen, as also at the following Stations: - 31, 48, 124, 137, 192, 251, 359, belonging without exception to the cold area; greatest depth 649 fathoms.

The species is a very common one off the Norwegian coast at a comparatively great depth. Northward, its range of distribution extends to Greenland, the east coast of North America, the Kara Sea, Frantz Josephs Land, the Barents Sea, and the White Sea: hence it is circumpolar.

230. Halirages qvadridentatus, G. O. Sars. n. sp.

Se 1ste Afsnit, pg. 172. Pl. XIV. Fig. 4, a—f.

Findesteder. Stat. 33, 134.

230. Halirages qvadridentatus, G. O. Sars. n. sp.

See Part I, p. 172, Pl. XIV. fig. 4. a—f.

Locality. — Stats. 33, 124.

231. Halirages tridentatus, (Bruzel.).

Kun observeret under Expeditionen ved Vesteraalen paa ganske grundt Vand mellem Alger. Den er ikke ualmindelig ved Finmarken og sydlig udbredt til Bohuslän.

231. Halirages tridentatus, (Bruzel.).

On the Expedition, observed off Vesteraalen only, in very shallow water, between Algæ. The species is not uncommon off Finmark; and southward, its range of distribution extends to Bohuslän.

232. Amphithopsis latipes, (M. Sars).

Et Par Exemplarer af denne let kjendelige Form toges under Expeditionens 2det Togt i Havet NV af Finmarken (Stat. 200) fra et Dyb af 620 Favne. Arten forekommer af og til langs vor Vest- og Nordkyst paa større Dyb mellem Hydroider og er desuden kjendt fra de britiske Øer (= Calliopius Ossiani Sp. Bate).

232. Amphithopsis latipes, (M. Sars).

A few specimens of this easily distinguished form were taken, on the 2nd cruise of the Expedition, in the sea north-west of Finmark (Stat. 200), at a depth of 620 fathoms. The species occurs now and again along the west and north coasts of Norway, at a comparatively great depth, between Hydroids, and moreover is known from the British Islands (= Calliopius Ossiani Sp. Bate).

233. Amphithopsis pulchella, G. O. Sars. n. sp.

Se 1ste Afsnit, pg. 115, Pl. XIV, Fig. 6, a—r.

Findesteder. Stat. 31, 48, 87, 200, 338.

233. Amphithopsis pulchella, G. O. Sars. n. sp.

See Part I, p. 115, Pl. XIV, fig. 6, a—r.

Locality. — Stats. 31, 48, 87, 200, 338.

234. Cleïppides qvadricuspis, Heller.

So Iste Afsnit, pg. 174, Pl. XIV, Fig. 5.

Findesteder. Stat. 124, 164, 192, 240, 286, 359, 362.

Fam. 11. Leucothoidæ.

235. Leucothoë spinicarpa, (Abildgaard).

Kun observeret under Expeditionen ved Husø paa 50—60 Favnes Dyb. Arten er ikke nalmindelig ved vor Syd- og Vestkyst, ofte forekommende i Gjellehulen hos Ascidier, og er sydlig udbredt til Kattegat, de britiske Øer og Middelhavet.

236. Tritropis aculeata, (Lepechin).

Exemplarer af denne charneteristiske arktiske Form blev under Expeditionen indsamlede ved Spitsbergen og Jan Mayen samt paa 3 Stationer i det aabne Hav, hvoraf den ene (Stat. 237) ligger SV af Jan Mayen, de 2 øvrige (Stat. 290 og 323) i Havet mellem Finmarken og Beeren Eiland; Dybden fra 191 til 263 Favne.

Arten, der ved vore Kyster kun er inkskrænket til den arktiske Region, har en fuldkommen circumpolar Udbredning, idet den foruden fra Spitsbergen er noteret fra Grønland, Nordamerikas Østkyst, Polarøerne, det sibiriske Ishav, det kariske Hav, Franz Josephs Land, Østhavet og det hvide Hav.

237. Tritropis Helleri, Boeck.

Observeret under Expeditionen i Vestfjorden (Stat. 255) og Tanafjord (Stat. 260) samt pan 4 Havstationer, hvoraf de 2 (Stat. 124 og 192) tilhører den kolde Area's Dyb udenfor vor Kyst, den 3die (Stat. 262) ligger Øst af Vardø og den 4de (Stat. 359) Vest af Spitsbergen; Dybden fra 148 til 649 Favne. Arten forekommer temmelig almindelig saavel ved vor Vest- som Nordkyst paa større Dyb og er sydlig udbredt til Skagerak, nordlig til det kariske Hav og Østhavet.

234. Cleïppides qvadricuspis, Heller.

See Part I, p. 174, Pl. XIV, fig. 5.

Locality. — Stats. 124, 164, 192, 240, 286, 359, 362.

Fam. 11. Leucothoidæ.

235. Leucothoë spinicarpa, (Abildgaard).

On the Expedition, observed at Husø, in 50—60 fathoms. The species is not uncommon off the south and west coasts of Norway, frequently occurring in the branchial cavity of Ascidians, and has its southern range of distribution down to the Cattegat, the British Islands, and the Mediterranean.

236. Tritropis aculeata, (Lepechin).

Specimens of this characteristic Arctic form were collected on the Expedition off Spitzbergen and Jan Mayen, and also at 3 Stations in the open sea, one of which (Stat. 237) lay south-west of Jan Mayen, the other 2 (Stats. 290 and 323) in the tract of ocean between Finmark and Beeren Eiland; depth ranging from 191 to 263 fathoms.

The species, which, off the Norwegian coast, is limited in occurrence to the Arctic region, has a decided circumpolar distribution, since the animal, exclusive of Spitzbergen, is recorded from Greenland, the east coast of North America, the Polar Islands, the Siberian Polar Sea, the Kara Sea, Franz Josephs Land, the Barents Sea, and the White Sea.

237. Tritropis Helleri, Boeck.

On the Expedition, observed in the Vestfjord (Stat. 255) and the Tanafjord (Stat. 260), as also at 4 Stations in the open sea, of which 2 (Stats. 124 and 192) belonged to the depths of the cold area off the coast of Norway; the 3rd (Stat. 262) lay east of Vardø and the 4th (Stat. 359) west of Spitzbergen; depth ranging from 148 to 649 fathoms. The species occurs rather frequently alike off the west and the north coasts of Norway, at a comparatively great depth, and has its southern range of distribution extending to the Skagerak, its northern to the Kara Sea and the Barents Sea.

238. Tritropis? appendiculata, G. O. Sars, n. sp.

Se 1ste Afsnit, pg. 194, Pl. XVI, Fig. 3, a.

Findested. Stat. 205.

238. Tritropis? appendiculata, G. O. Sars. n. sp.

See Part I, p. 194. Pl. XVI. fig. 3, a.

Locality. — Stat. 205.

---

239. Eusirus cuspidatus, Kröyer.

Af denne arktiske Form blev under Expeditionen enkelte usædvanlig store Exemplarer indsamlede paa 3 forskjellige Stationer, de 2 (Stat. 18 og 124) tilhørende den kolde Area's Dyb udenfor vor Kyst, den 3die (Stat. 363) beliggende NV af Spitsbergen; Dybden fra 260 til 412 Favne. Arten er hos os ikke ualmindelig i vor arktiske Region, sjeldnere længere Syd lige-til Bohuslän, og er nordlig udbredt til Spitsbergen, Grønland, Nordamerikas Østkyst, Franz Josephs Land og Østhavet.

239. Eusirus cuspidatus, Kröyer.

Of this Arctic form, several unusually large specimens were obtained on the Expedition, at 3 different Stations, — 2 (Stats. 18 and 124) belonging to the deeps of the cold area off the Norwegian coast, the 3rd (Stat. 363) located north-west of Spitsbergen; depth from 260 to 412 fathoms. The species is not uncommon of the Norwegian coast throughout the Arctic region, less frequent in occurrence farther south, down to Bohuslän, its extreme southern limit of distribution; northwards, the range extends to Spitsbergen, Greenland, the east coast of North America, Franz Josephs Land, and the Barents Sea.

---

240. Eusirus longipes, Boeck.

Kun observeret under Expeditionen ved Husø paa 80—100 Favnes Dyb. Den er aabenbart en mere sydlig Form og ikke ualmindelig ved vor Vest- og Sydkyst samt desuden kjendt fra de britiske Øer (= E. helveticæ Sp. Bate).

240. Eusirus longipes, Boeck.

On the Expedition, observed at Husø alone, in 80—100 fathoms. The species is obviously a more southern form, and not uncommon off the west and south coasts of Norway; it has indeed been also recorded from the British Islands (= E. helveticæ Sp. Bate).

---

241. Lilljeborgia fissicornis, (M. Sars).

Foruden i Porsangerfjord (Stat. 260) og i Havet udenfor vor Vestkyst (Stat. 9) er denne characteristiske Form under Expeditionen observeret paa 7 forskjellige Stationer tilhørende den kolde Areas Dyb. Af disse ligger 3 (Stat. 35, 40 og 248) i Havet mellem Norge og Island, to andre (Stat. 283 og 312) Vest af Beeren Eiland og to (Stat. 353 og 359) Vest af Spitsbergen; Dybden fra 416 til 1333 Favne. Arten, der først blev opdaget af min Fader ved Finmarken, hvor den ikke er saa sjelden, forekommer ogsaa af og til langs vor Vestkyst lige til Bergens Høider og er nordlig udbredt til Spitsbergen, det kariske Hav og den murmanske Kyst.

241. Lilljeborgia fissicornis, (M. Sars).

Exclusive of the Porsanger Fjord (Stat. 260) and in the sea off the West Coast of Norway (Stat. 9), this characteristic form was observed on the Expedition at 7 different Stations, all belonging to the depths of the cold area. Three of these (Stats. 35, 40, and 248) lay in the tract of ocean extending between Norway and Iceland, two others (Stats. 283 and 312) west of Beeren Eiland, and two (Stats. 353 and 359) west of Spitsbergen; depth from 416 to 1333 fathoms. The species was first met with by the late professor M. Sars, father of the author, off Finmark, where it is not uncommon, and occurs, too, now and again along the whole West Coast of Norway, at least as far south as the latitude of Bergen; the northern range of distribution extends to Spitsbergen, the Kara Sea, and the Murman coast.

242. Lilljeborgia æqvicornis, G. O. Sars, n. sp.

Se 1ste Afsnit. pg. 102. Pl. XVI. Fig. 2. a.

Findesteder. Stat. 31. 223. 273.

Fam. 12. **Pardaliscidæ.**

243. Pardalisca cuspidata, Kröyer.

Nogle faa Exemplarer af denne arktiske Form blev under Expeditionen indsamlede paa Stat. 359, Vest af Spitsbergen; Dybden 416 Favne. Et enkelt Exemplar af usædvanlig Størrelse, men som forøvrigt ikke kunde skilles fra den typiske Form, toges desuden paa Stat. 173 b i Havet udenfor Vesteraalen fra et Dyb af 300 Favne. Arten, der hos os hovedsageligt synes at være indskrænket til den arktiske Region, er nordlig udbredt til Spitsbergen, Grønland og det hvide Hav.

244. Pardalisca abyssi, Boeck.

Denne tidligere med foregaaende Art forvexlede Form observeredes under Expeditionen, foruden i Saltenfjord, paa Stat. 280 Syd af Beeren Eiland og paa Stat. 336 udenfor Sydpynten af Spitsbergen; Dybden fra 35 til 70 Favne. Arten er ikke ualmindelig ved vore Kyster og gaar sydlig til Bohuslän.

245. Halice abyssi, Boeck.

Af denne hidtil kun fra Norges Kyst bekjendte Form erholdtes nogle Exemplarer paa Stat. 18 og 295, begge tilhørende den kolde Area, den første beliggende i Havet udenfor vor Vestkyst, den anden Vest af Finmarken; Dybden fra 412 til 1110 Favne.

242. Lilljeborgia æqvicornis, G. O. Sars, n. sp.

See Part I, p. 102, Pl. XVI. fig. 2, a.

Locality. — Stats. 31, 223. 273.

Fam. 12. **Pardaliscidæ.**

243. Pardalisca cuspidata, Kröyer.

A few individuals of this Arctic form were collected on the Expedition at Station 359, west of Spitzbergen; depth 416 fathoms. A single specimen, of unusual size but which, in other respects, could not be distinguished from the typical form, was, moreover, brought up at Station 173 b. in the sea off Vesteraalen, from a depth of 300 fathoms. The species, limited off the coast of Norway chiefly to the Arctic region, has its northern range of distribution up to Spitzbergen, Greenland, and the White Sea.

244. Pardalisca abyssi, Boeck.

This species, at first confounded with the preceding form, was observed on the Expedition, not only in the Saltenfjord but also at Station 280, south of Beeren Eiland, and at Station 336, off the southern extremity of Spitzbergen; depth ranging from 35 to 70 fathoms. The species is not uncommon off the Norwegian coast; its southern range of distribution extends to Bohuslän.

245. Halice abyssi, Boeck.

Of this form, hitherto known exclusively from the coast of Norway, a few specimens were obtained at Stations 18 and 295, both in the cold area, the former located in the sea off the West Coast of Norway, the latter west of Finmark; depth from 412 to 1110 fathoms.

246. Nicippe tumida, Bruzelius.

Observeret under Expeditionen ved Huso paa 80—100 Favnes Dyb samt paa Stat. 79 i Havet Vest af Nordlandskysten, Dybden 155 Favne. Arten er ikke ualmindelig ved vor Syd- og Vestkyst og sydlig udbredt til Bohuslän og de britiske Øer.

246. Nicippe tumida, Bruzelius.

On the Expedition, observed at Huso in 80—100 fathoms, and at Station 79, in the sea west of the coast of Nordland; depth 155 fathoms. The species is not uncommon off the south and west coasts of Norway, and occurs as far south as Bohuslän and the British Islands.

Fam. 13. **Gammaridæ.**

247. **Maera tenera,** G. O. Sars, n. sp.

Se 1ste Afsnit, pg. 177, Pl. XIV, Fig. 7.

Findested. Stat. 21.

Fam. 13. **Gammaridæ.**

247. **Maera tenera,** G. O. Sars, n. sp

See Part I, p. 177, Pl. XIV, fig. 7.

Locality. — Stat. 21.

248. **Melita dentata,** (Kröyer).

En Del Exemplarer af denne Form indsamledes under Expeditionen i Adventbay paa Spitsbergen. Arten forekommer ikke ualmindelig ved vor Nord- og Vestkyst paa maadeligt Dyb og er udbredt sydlig til Bohuslän og de britiske Øer, nordlig til Island, Grønland, Nordamerikas Øst- og Nordkyst, Novaja Semlja, Østhavet og det hvide Hav.

248. **Melita dentata,** (Kröyer).

A number of specimens of this form were collected on the Expedition in Advent Bay, Spitzbergen. The species is not uncommon off the north and west coasts of Norway, at a moderate depth, and occurs as far south as Bohuslän and the British Islands; its northern range of distribution extends to Iceland, Greenland, the east and north coasts of North America, Novaja Zemlja, the Barents Sea, and the White Sea.

249. **Melita pallida,** G. O. Sars, n. sp.

Se 1ste Afsnit, pg. 179, Pl. XV, Fig. 1, a—l.

Findested. Stat. 353.

249. **Melita pallida,** G. O. Sars, n. sp.

See Part I, p. 179, Pl. XV, fig. 1; a—l.

Locality. — Stat. 353.

250. **Amathilla Sabini,** (Leach).

Denne ved vore Kyster meget almindeligt forekommende Art blev under Expeditionen observeret i Saltenfjord, ved Jan Mayen og ved Spitsbergen paa forholdsvis grundt Vand. Arten er sydlig udbredt til Kattegat, Østersøen og de britiske Øer, nordlig til Grønland, Nordamerikas Østkyst, det hvide Hav og den murmanske Kyst.

250. **Amathilla Sabini,** (Leach).

This species, a very common one off the Norwegian coast, was observed on the Expedition in the Saltenfjord, also at Jan Mayen and off the shores of Spitzbergen, in comparatively shallow water. Southward, the form is distributed to the Cattegat, the Baltic, and the British Islands, northward to Greenland, the east coast of North America, the White Sea, and the Murman coast.

251. Amathilla pingvis, Kröyer.

Af denne ægte arktiske Form, som endnu ikke er antruffet ved vore Kyster, toges under Expeditionen flere Exemplarer ved Spitsbergen sammen med foregaaende Art. Foruden fra Spitsbergen er den ogsaa noteret fra Grønland og det kariske Hav.

251. Amathilla pingvis, Kröyer.

Of this true Arctic form, — as yet not met with along the coast of Norway, — several fine specimens were obtained on the Expedition, together with the preceding species, at Spitzbergen. Exclusive of Spitzbergen, the animal is also recorded from Greenland and the Kara Sea.

---

252. Amathillopsis spinigera, Heller.

Se 1ste Afsnit. pg. 181, Pl. XV, Fig. 2.

Findesteder. Stat. 18, 33, 54, 124, 192, 251, 333, 312.

252. Amathillopsis spinigera, Heller.

See Part I, p. 181. Pl. XV, fig. 2.

Locality. — Stats. 18, 33, 54, 124, 192, 251, 333, 312.

---

253. Eriopis elongata, Bruzelius.

Et enkelt Exemplar af denne ved vore Kyster overordentlig sjeldne Form blev under Expeditionens sidste Togt taget i Porsangerfjord (Stat. 260) fra et Dyb af 127 Favne. Den er først opdaget af Bruzelius ved Bohuslän og udbredt til de britiske Øer.

253. Eriopis elongata, Bruzelius.

A sole specimen of this form — exceedingly rare off the Norwegian coast — was taken, on the last cruise of the Expedition, in the Porsangerfjord (Stat. 260), at a depth of 127 fathoms. The species was first observed by Bruzelius, off the coast of Bohuslän, and occurs as far south as the British Islands.

---

254. Cheirocrates Sundevalli, (Rathke).

Observeret under Expeditionen ved Røst, dens for Tiden bekjendte Nordgrændse. Arten er meget almindelig ved vor Syd- og Vestkyst og udbredt til Kattegat og de britiske Øer (= Lilljeborgia shetlandica Sp. Bate).

254. Cheirocrates Sundevalli, (Rathke).

On the Expedition, observed at Røst, as known at present its farthest northern limit of distribution. The species is a very common one off the south and west coasts of Norway, and occurs as far south as the Cattegat and the British Islands (= Lilljeborgia shetlandica Sp. Bate).

Fam. 14. Ampeliscidæ.

255. Ampelisca Eschrichtii, Kröyer.

Talrige Exemplarer af denne smukke Art blev under Expeditionen indsamlede paa forskjellige Punkter af det af os bereiste Havstrøg, saaledes i Altenfjord (Stat. 257) og Porsangerfjord (Stat. 260), paa Stat. 48 i Havet Øst af Island, Stat. 195 NV af Finmarken, Stat. 262 Øst af Vardø, Stat. 273 i Østhavet, Stat. 323, 336 og 357 i Havet Syd og Vest af Spitsbergen; Dybden fra 107 til 299 Favne.

Fam. 14. Ampeliscidæ.

255. Ampelisca Eschrichtii, Kröyer.

Numerous individuals of this beautiful species were collected on the Expedition in divers localities of the tract of ocean we had to investigate; e. g., in the Altenfjord (Stat. 257) and the Porsangerfjord (Stat. 260), also at Station 48, in the sea east off Iceland, at Station 195, north-west of Finmark, at Station 262, east of Vardø, at Station 273, in the Barents Sea, at Stations 323, 336, and 357, in the sea south and west of Spitzbergen; depth ranging from 107 to 299 fathoms.

Arten, der er almindelig i vor arktiske Region og ogsaa gaar langs vor Vestkyst, idetmindste til Bergens Hoider, er nordlig udbredt til Island, Spitsbergen, Grønlhnd, Nordamerikas Østkyst, Sibiriens Ishav, det kariske Hav, Østhavet og det hvide Hav, folgelig circumpolar.

The form, sufficiently common throughout the Arctic region of Norway, and occurring along the West Coast, at least as far south as the latitude of Bergen, has its northern range of distribution extending to Iceland, Spitzbergen, Greenland, the east coast of North America, the Siberian Polar Sea, the Kara Sea, the Barents Sea, and the White Sea: hence, the species is circumpolar.

256. Ampelisca spinipes, Boeck.

Af denne tidligere kun ved vor Vestkyst observerede Art toges nogle Exemplarer under Expeditionens 2det Togt ved Rost.

256. Ampelisca spinipes, Boeck.

Of this species, till then met with off the West Coast of Norway alone, a few individuals were taken, on the 2nd cruise of the Expedition, at Rost.

257. Ampelisca gibba, G. O. Sars.

Oversigt af Norges Crustaceer. I.

Nogle faa Exemplarer af denne ved vor Syd- og Vestkyst ikke ualmindelige Art toges under Expeditionen ved Huso og i det indre af Saltenfjord.

257. Ampelisca gibba, G. O. Sars.

Oversigt af Norges Crustaceer, I.

A few individuals of this species, not uncommon off the south and west coasts of Norway, were taken on the Expedition at Huso and in the inner part of the Saltenfjord.

258. Ampelisca propinqva, Boeck.

En Form, der nærmest synes at svare til denne af Boeck opstillede, men ufuldstændigt charncteriserede Art erholdtes under Expeditionens sidste Togt i et enkelt mindre vel vedligeholdt Exemplar i Østhavet (Stat. 270) fra et Dyb af 136 Favne.

258. Ampelisca propinqva, Boeck.

A sole, to some extent mutilated, specimen of a form that would appear to correspond closest with this species, established but imperfectly characterized by Boeck, was taken, on the last cruise of the Expedition, in the Barents Sea (Stat. 270), at a depth of 136 fathoms.

259. Ampelisca odontoplax, G. O. Sars, n. sp.

Se 1ste Afsnit, pg. 196, Pl. XVI, Fig. 4.

Findested. Stat. 147.

259. Ampelisca odontoplax, G. O. Sars, n. sp.

See Part I. p. 196, Pl. XVI. fig. 4.

Locality. — Stat. 147.

260. Ampelisca minuticornis, G. O. Sars, n. sp.

Se late Afsnit, pg. 108, Pl. XVI, Fig. 5, a—o.

Findesteder. Stat. 31. 124, 137, 200, 251, 362.

---

261. Byblis Gaimardii, (Kröyer).

Exemplarer af denne let kjendelige arktiske Form erholdtes under Expeditionen i Saltenfjord og Porsangerfjord (Stat. 260), paa Stat. 267 i Østhavet, samt paa 2 forskjellige Punkter i Havet Syd af Spitsbergen (Stat. 336 og 338); Dybden fra 70 til 146 Favne. Arten, der hos os er meget almindelig i den arktiske Region, sjeldnere ved vor Vestkyst, er udbredt til Island, Spitsbergen, Grønland, Nordamerikas Østkyst, Sibiriens Ishav, det kariske Hav, Østhavet, og det hvide Hav, følgelig circumpolar.

---

262. Byblis abyssi. G. O. Sars, n. sp.

Se late Afsnit, pg. 201, Pl. XVI, Fig. 6.

Findesteder. Stat. 31, 124, 200.

---

263. Haploops tubicola, Lilljeborg.

Observeret under Expeditionen, foruden i Porsangerfjord (Stat. 260) og ved Spitsbergen, paa 8 forskjellige Havstationer. Af disse ligger 5 (Stat. 18, 31, 124, 192 og 251) i det aabne Hav udenfor vor Vestkyst, en (Stat. 48) Øst af Island, en anden (Stat. 273) i Østhavet, en 3die (Stat. 326) i Havet mellem Beeren Eiland og Spitsbergen; Dybden fra 123 til 649 Favne. 6 af Stationerne tilhører den kolde Area.

Arten, der forekommer af og til ved vor Nord- og Vestkyst, er sydlig udbredt til Kattegat og de britiske Øer, nordlig til Island, Spitsbergen, Grønland, Labrador, Sibiriens Ishav, det kariske Hav og Østhavet, følgelig circumpolar.

---

260. Ampelisca minuticornis, G. O. Sars, n. sp.

See Part I, p. 108, Pl. XVI, fig. 5, a—o.

Locality. — Stats. 31, 124, 137, 200, 251, 362.

---

261. Byblis Gaimardii, (Kröyer).

Specimens of this readily distinguished Arctic form were taken on the Expedition in the Saltenfjord and the Porsangerfjord (Stat. 260), also at Stat. 267, in the Barents Sea, and in two different localities south of Spitsbergen (Stats. 336 and 338); depth ranging from 70 to 146 fathoms. The species, which, throughout the Arctic region of Norway, is a very common one, but occurs less frequently off the West Coast, is distributed as far north as Iceland, Spitzbergen, Greenland, the east coast of North America, the Siberian Polar Sea, the Kara Sea, the Barents Sea, and the White Sea: hence, it has a circumpolar distribution.

---

262. Byblis abyssi, G. O. Sars, n. sp.

See Part I, p. 201, Pl. XVI, fig. 6.

Locality. — Stats. 31, 124, 200.

---

263. Haploops tubicola, Lilljeborg.

On the Expedition, observed not only in the Porsangerfjord (Stat. 260) and off Spitzbergen, but also at 8 different Stations in the open sea. Of these, 5 (Stats. 18, 31, 124, 192, and 251) lay in the open sea, off the West Coast of Norway, one (Stat. 48) east of Iceland, another (Stat. 273) in the Barents Sea, and one (Stat. 326) in the tract of ocean extending between Beeren Eiland and Spitzbergen; depth ranging from 123 to 649 fathoms. As many as 6 of the Stations were in the cold area.

The species, which now and again is met with off the north and west coasts of Norway, occurs as far south as the Cattegat and the British Islands, north up to Iceland, Spitzbergen, Greenland, the east coast of North America, the Siberian Polar Sea, the Kara Sea, the Barents Sea, and the White Sea — has accordingly a circumpolar range.

264. Haploops setosa, Boeck.

Talrige Exemplarer af denne charakteristiske Form blev under Expeditionen indsamlede paa forskjellige Punkter af det af os bereiste Havstrøg; nemlig foruden ved Husø paa ikke mindre end 14 forskjellige Havstationer. Af disse ligger 6 (Stat. 9, 124, 147, 195, 248 og 251) i Havet udenfor vor Vest- og Nordkyst, en (Stat. 48) Øst af Island, 2 (Stat. 262 og 267) i Østhavet, 2 (Stat. 290 og 323) i Havet mellem Finmarken og Beeren Eiland, 2 (Stat. 283 og 312) Vest af Beeren Eiland og 1 (Stat. 359) Vest af Spitsbergen; Dybden fra 107 til 767 Favne. 7 af Stationerne tilhører den kolde Area.

Arten forekommer af og til ved vor Nord- og Vestkyst paa større Dyb og er af Hoek noteret fra Østhavet, af Stuxberg fra det kariske Hav.

264. Haploops setosa, Boeck.

Numerous specimens of this characteristic form were collected on the Expedition in divers localities of the tracts we had to investigate, — viz., apart from Husø, at as many as 14 Stations in the open sea. Of these, 6 (Stats. 9, 124, 147, 195, 248, and 251) lay in the sea off the west and north coasts of Norway, 1 (Stat. 48) east of Iceland, 2 (Stats. 262 and 267) in the Barents Sea, 2 (Stats. 290 and 323) in the sea between Finmark and Beeren Eiland, 2 (Stats. 283 and 312) west of Beeren Eiland, and 1 (Stat. 359) west of Spitzbergen; depth ranging from 107 to 767 fathoms. As many as 7 of the Stations belonged to the cold area.

The species occurs now and again off the north and west coasts of Norway, at a great depth, and is recorded by Hoek from the Barents Sea, by Stuxberg from the Kara Sea.

Fam. 15. Photidæ.

265. Photis Reinhardi, Kröyer.

Nogle Exemplarer af denne Form erholdtes under Expeditionens sidste Togt paa Stat. 338, Syd af Spitsbergen, fra et Dyb af 146 Favne. Arten forekommer af og til ved vor Nord- og Vestkyst og er sydlig udbredt til Kattegat, nordlig til Grønland.

Fam. 15. Photidæ.

265. Photis Reinhardi, Kröyer.

A few specimens of this form were obtained, on the last cruise of the Expedition, at Station 338, south of Spitzbergen, from a depth of 146 fathoms. The species occurs now and again off the north and west coasts of Norway, and its southern range of distribution extends to the Cattegat, its northern to Greenland.

Fam. 16. Microdeutopidæ.

266. Autonoë longipes, Lilljeborg.

Observeret under Expeditionen ved Røst, idens for Tiden bekjendte Nordgrændse. Arten er almindelig ved vor Syd- og Vestkyst og udbredt til Kattegat og de britiske Øer.

Fam. 16. Microdeutopidæ.

266. Autonoë longipes, Lilljeborg.

On the Expedition, observed at Røst, at present its northern limit of distribution. The species is common off the south and west coasts of Norway, and occurs down to the Cattegat and the British Islands.

267. **Autonoë megacheir**, G. O. Sars. n. sp.

Se 1ste Afsnit, pg. 203, Pl. XVI. Fig. 7.

Findested. Stat. 195.

267. **Autonoë megacheir**, G. O. Sars. n. sp.

See Part I. p. 203. Pl. XVI, fig. 7.

Locality. — Stat. 195.

---

268. **Protomedeia fasciata**, (Kröyer).

Exemplarer af denne Form blev under Expeditionen indsamlede i Saltenfjord og ved Røst, fremdeles i Havnen ved Reikjavik og ved Spitsbergen paa forholdsvis grundt Vand, mellem Alger. Arten er meget almindelig i vor arktiske Region, sjeldnere ved vor Vestkyst og sydlig udbredt til Kattegat og de britiske Øer, nordlig til Grønland.

268. **Protomedeia fasciata**. (Kröyer).

Specimens of this form were collected on the Expedition in the Saltenfjord and at Røst; also in the harbour of Reikjavik and off Spitzbergen, in comparatively shallow water, between Algæ. The species is a very common one throughout the Arctic region of Norway, less frequent off the West Coast, and southward has its range of distribution as far down as the Cattegat and the British Islands, northward up to Greenland.

---

269. **Protomedeia longimana**, Boeck.

Kun observeret under Expeditionen ved Røst. Arten er foruden ved vore Kyster kjendt fra Kattegat (Meinert).

269. **Protomedeia longimana**, Boeck.

On the Expedition, observed at Røst alone. Apart from the coasts of Norway, the species is known from the Cattegat only (Meinert).

Fam. 17. **Podoceridæ.**

270. **Amphithoë podoceroïdes**, Rathke.

Observeret under Expeditionen ved Røst paa ganske grundt Vand. Arten er meget almindelig ved vore Kyster og sydlig udbredt til Kattegat og de britiske Øer, nordlig til Nordamerikas Østkyst.

Fam. 17. **Podoceridæ.**

270. **Amphithoë podoceroïdes**, Rathke.

On the Expedition, observed at Røst, in very shallow water. The species is a very common one off the Norwegian coast, and has its southern range of distribution extending to the Cattegat and the British Islands, its northern to the east coast of North America.

---

271. **Podocerus angvipes**, Kröyer.

Foruden ved Røst er denne Form under Expeditionen ogsaa observeret ved Spitsbergen paa ganske grundt Vand. Arten forekommer langs vor hele Kyst og er sydlig udbredt

271. **Podocerus angvipes**, Kröyer.

Besides at Røst, this form was observed on the Expedition off the shores of Spitzbergen, in very shallow water. The species occurs along the whole of the Norwegian coast.

til Kattegat og de britiske Øer, nordlig til Island, Grønland, Spitsbergen, det sibiriske Ishav, det kariske Hav, den murmanske Kyst og det hvide Hav.

and has its southern range of distribution to the Cattegat and the British Islands, its northern to Iceland, Greenland, Spitzbergen, the Siberian Polar Sea, the Kara Sea, the Murman coast, and the White Sea.

---

272. Podocerus megacheir, Boeck.

Af denne tidligere kun fra en enkelt Lokalitet ved vor Vestkyst noterede Art indsamledes under Expeditionen talrige Exemplarer paa forskjellige Punkter af det af os berøiste Havstrøg. Af de 8 Stationer, hvorpaa den er observeret, ligger en (Stat. 255) i Vestfjorden, en (Stat. 48) Øst af Island, 2 (Stat. 124 og 200) i Havet udenfor vor Vest- og Nordkyst, en (Stat. 283) SV af Beeren Eiland, de 3 øvrige (Stat. 338, 343 og 359) i Havet om Spitsbergen; Dybdeu fra 146 til 767 Favne. 6 af Stationerne tilhører den kolde Area.

272. Podocerus megacheir, Boeck.

Of this species, previously recorded from but a single locality, off the West Coast of Norway, numerous individuals were collected on the Expedition in divers parts of the ocean-tract we had to investigate. Of the 8 Stations at which the animal was observed, 1 (Stat. 255) lay in the Vestfjord, 1 (Stat. 48) east of Iceland, 2 (Stats. 124 and 200) in the sea off the west and north coasts of Norway, 1 (Stat. 283) south-west of Beeren Eiland, and the other 3 (Stats. 338, 343, and 359) in the sea surrounding Spitzbergen; depth from 146 to 767 fathoms. As many as 6 of the Stations belonged to the cold area.

---

273. Podocerus assimilis, G. O. Sars, n. sp.

Se 1ste Afsnit. pg. 205, Pl. XVII, Fig. 1, a—c.

Findesteder. Stat. 137, 200.

273. Podocerus assimilis, G. O. Sars, n. sp.

See Part I, p. 205, Pl. XVII, fig. 1, a -c.

Locality. — Stats. 137, 200.

---

274. Podocerus brevicornis, G. O. Sars, n. sp.

Se 1ste Afsnit. pg. 207, Pl. XVII, Fig. 2, a -c.

Findesteder. Stat. 31, 283, 338, 362, 363.

274. Podocerus brevicornis, G. O. Sars, n. sp.

See Part I, p. 207, Pl. XVII, fig. 2, a—c.

Locality. - Stats. 31, 283, 338, 362, 363.

---

275. Podocerus tenuicornis, G. O. Sars, n. sp.

Se 1ste Afsnit, pg. 209, Pl. XVII, Fig. 3.

Findested. Stat. 295.

275. Podocerus tenuicornis, G. O. Sars, n. sp.

See Part I, p. 209, Pl. XVII, fig. 3.

Locality. — Stat. 295.

276. Erichthonius megalops, G. O. Sars. n. sp.

Se 1ste Afsnit. pg. 210. Pl. XVII. Fig. 4. a- b.

Findesteder. Stat. 31, 200, 224, 251.

276. Erichthonius megalops, G. O. Sars, n. sp.

See Part I. p. 210. Pl. XVII. fig. 4. a—b.

Locality. — Stats. 31, 200. 224, 251.

Fam. 18. **Corophiidæ.**

277. Corophium crassicorne, Bruzelius.

Observeret under Expeditionen ved Jan Mayen paa forholdsvis grundt Vand. Arten er almindelig ved Finmarken, sjeldnere ved vor Vestkyst og sydlig udbredt til Kattegat og de britiske Øer.

Fam. 18. **Corophiidæ.**

277. Corophium crassicorne, Bruzelius.

On the Expedition, observed off Jan Mayen, in comparatively shallow water. The species is common off Finmark, less frequent along the West Coast of Norway, and occurs as far south as the Cattegat and the British Islands.

278. Unciola irrorata, (Say).

(= *Glauconome leucopis,* Kröyer).

Talrige Exemplarer af denne characteristiske arktiske Form blev under Expeditionen indsamlede paa 7 forskjellige Stationer. Kun en af disse (Stat. 260) tilhører vort Kystgebet (Porsangerfjorden). Af de øvrige ligger de 4 (Stat. 18, 31, 33 og 124) i Havet udenfor vor Vestkyst, en (Stat. 267) i Østhavet og en anden (Stat. 336) udenfor Sydpynten af Spitsbergen. Naar undtages denne sidste, tilhører alle de øvrige den kolde Area; Dybden fra 148 til 525 Favne.

Arten er ved vore Kyster alene indskrænket til den arktiske Region og har en fuldkommen circumpolar Udbredning, idet den er noteret fra Spitsbergen, Grønland, Nordamerikas Østkyst, det kariske Hav og Østhavet.

278. Unciola irrorata, (Say).

(= *Glauconome leucopis,* Kröyer).

Numerous specimens of this characteristic Arctic form were collected on the Expedition, at 7 different Stations. Only one of these (Stat. 260, in the Porsangerfjord), was located within the limits of the Norwegian coastal region. Of the rest, 4 (Stats. 18, 31, 33, and 124) lay in the sea off the West Coast of Norway, 1 (Stat. 267) in the Barents Sea, and 1 (Stat. 336) off the southern extremity of Spitzbergen. Excluding the last, all the others were in the cold area; depth ranging from 148 to 525 fathoms.

Off the Norwegian coast, the species is exclusively limited to the Arctic region, and has a true circumpolar distribution, having been recorded from Spitsbergen, Greenland, the east coast of North America, the Kara Sea, and the Barents Sea.

279. Unciola petalocera, G. O. Sars. n. sp.

Se 1ste Afsnit. pg. 212. Pl. XVII. Fig. 5. a—l.

Findesteder. Stat. 18. 31, 124, 137. 192. 200. 290, 312.

279. Unciola petalocera, G. O. Sars, n. sp.

See Part I, p. 212, Pl. XVII, fig. 5. a—l.

Locality. — Stats. 18, 31. 124, 137. 192, 200. 290, 312.

280. Neohela monstrosa, (Boeck).

Et fuldstændigt vedligeholdt Exemplar af denne hidtil kun fra en enkelt Lokalitet ved vor Kyst (Christianiafiord) bekjendte Form blev under Expeditionens sidste Togt taget i Porsangerfjorden (Stat. 260) fra et Dyb af 127 Favne. Enkelte ufuldstændige Exemplarer haves ogsaa fra 3 forskjellige Havstationer tilhørende den kolde Area, hvoraf den ene (Stat. 40) ligger Nord af Færøerne, den anden (Stat. 295) i Havet NV af Finmarken, den 3die (Stat. 359) Vest af Spitsbergen; Dybden fra 416 til 1215 Favne.

280. Neohela monstrosa. (Boeck).

A perfectly unmutilated specimen of this form, known till then but from a single locality off the Norwegian coast (the Christianiafjord), was obtained in the Porsangerfjord (Stat. 260) from a depth of 127 fathoms. A few defective individuals were taken at 3 different Stations in the open sea, from the cold area, one of which (Stat. 40) lay north of the Færoes, the other (Stat. 295) in the sea north-west of Finmark, and the 3rd (Stat. 359) west of Spitzbergen; depth ranging from 416 to 1215 fathoms.

Fam. 19. **Dulichiidæ.**

281. Dulichia tuberculata, Boeck.

Se 1ste Afsnit, pg. 215, Pl. XVII, Fig. 6, 6 z.

Findested. Spitsbergen.

Fam. 19. **Dulichiidæ.**

281. Dulichia tuberculata, Boeck.

See Part I, p. 215, Pl. XVII, fig. 6, 6 z.

Locality. — Spitzbergen.

282. Dulichia monacantha, Metzger.

Observeret under Expeditionen i Havnen ved Reikjavik (Island). Arten er meget almindelig ved Finmarken, sjeldnere ved vor Vestkyst, hvor den første blev opdaget under den tydske Nordsø-Expedition (Pommerania).

282. Dulichia monacantha. Metzger.

On the Expedition, observed in the harbour of Reikjavik (Iceland). The species is a very common one off the coast of Finmark, less frequent along the West Coast of Norway, where it was first observed on the German "North Sea Expedition" (with the "Pommerania").

283. Dulichia hirticornis, G. O. Sars, n. sp.

Se 1ste Afsnit, pg. 218, Pl. XVIII, Fig. 1, 1 a.

Findesteder. Stat. 18, 31, 200.

283. Dulichia hirticornis, G. O. Sars, n. sp.

See Part I, p. 218, Pl. XVIII, fig. 1, 1 a.

Locality. — Stats. 18, 31, 200.

284. Dulichia macera, G. O. Sars, n. sp.

Se 1ste Afsnit, pg. 220, Pl. XVIII, Fig. 2, 2 a.

Findesteder. Stat. 190, 286.

284. Dulichia macera, G. O. Sars, n. sp.

See Part I, p. 220, Pl. XVIII, fig. 2, 2 a.

Locality. — Stats. 190, 286.

Trib. 3. *Caprellina.*

Fam. Caprellidæ.

285. Caprella linearis, Liu.

Nogle Exemplarer af denne Art blev under Expedi tionens 1ste Togt tagne i Havnen ved Reikjavik. Arten er almindelig ved vor Syd- og Vestkyst og udbredt til Kattegat, Østersøen og de britiske Øer.

Trib. 3. *Caprellina.*

Fam. Caprellidæ.

285. Caprella linearis, Liu.

A few individuals of this species were taken, on the 1st cruise of the Expedition, in the harbour of Reikjavik. The form is common off the south and west coasts of Norway, and occurs as far south as the Cattegat, the Baltic, and the British Islands.

286. Caprella septentrionalis, Kröyer.

Observeret under Expeditionen ved Spitsbergen paa flere forskjellige Punkter. Arten forekommer meget almindelig overalt ved Finmarken og gaar sydlig langs vor Vestkyst ligetil Kattegat; nordlig er den udbredt til Spitsbergen, Grønland og Nordamerikas Østkyst.

286. Caprella septentrionalis, Kröyer.

On the Expedition, observed off Spitzbergen, in divers localities. The species is of very frequent occurrence along the whole of the Finmark coast, and extends southward down the west coast of the country to the Cattegat; northward, its range of distribution reaches up to Spitzbergen, Greenland, and the east coast of North America.

287. Caprella punctata, Boeck.

En Del Exemplarer af denne hidtil alene fra vor Vestkyst bekjendte Art toges under Expeditionen strax indenfor Saltstrømmen fastklyngede til Hydroider optagne fra 50—60 Favnes Dyb.

287. Caprella punctata, Boeck.

A number of individuals of this species, till then known exclusively from the West Coast of Norway, were taken on the Expedition at a short distance within the Saltstrømmen, clustered on Hydroids brought up from 50 to 60 fathoms.

288. Caprella microtuberculata, G. O. Sars, n. sp.

Se 1ste Afsnit. pg. 222, Pl. XVIII, Fig. 3, 3 a.

Findesteder. Stat. 315, 336.

288. Caprella microtuberculata, G. O. Sars, n. sp.

See Part I. p. 222, Pl. XVIII, fig. 3, 3 a.

Locality. — Stats. 315, 336.

289. Caprella spinosissima, Norman.

Se 1ste Afsnit. pg. 225, Pl. XVIII, Fig. 4, a—l.

Findesteder. Stat. 18, 124, 137, 164, 200, 343.

289. Caprella spinosissima, Norman.

See Part I, p. 225, Pl. XVIII, fig. 4, a—l.

Locality. — Stats. 18, 124, 137, 164, 200, 343.

290. Aeginella spinosa, Boeck.

Denne tidligere kun fra vor Vestkyst bekjendte Form blev under Expeditionen observeret i Altenfjord (Stat. 257) og desuden paa Stat. 315 i Havet NV af Beeren Eiland; Dybden 160—180 Favne.

290. Aeginella spinosa. Boeck.

This form, till then exclusively known from the West Coast of Norway, was observed on the Expedition in the Altenfjord (Stat. 257), and likewise at Station 315, in the sea north-west of Beeren Eiland; depth from 160 to 180 fathoms.

291. Aegina spinifera, (Bell).

Se Inte Afsnit, pg. 22s, Pl. XVIII. Fig. 5, c—r.

Findesteder. Stat. 48, 336.

291. Aegina spinifera, Bell.

See Part I. p. 22s, Pl. XVIII. fig. 5, a—r.

Locality. — Stats. 48, 336.

Ordo 5.

Branchiopoda.

Subordo 1.

Phyllocarida.

Fam. Nebaliidæ.

292. Nebalia bipes, (Fabr.)

Observeret under Expeditionen i Saltenfjord paa 20—30 Favnes Dyb. Arten forekommer ikke ualmindelig langs vor hele Kyst og er nordlig udbredt til Grønland (Krøyer) og Nordamerikas Østkyst (Packard), sydlig til de britiske Øer (Norman).

Ordo 5.

Branchiopoda.

Subordo 1.

Phyllocarida.

Fam. Nebaliidæ.

292. Nebalia bipes, (Fabr.)

On the Expedition, observed in the Saltenfjord, at a depth of 20—30 fathoms. The species occurs not infrequently along the whole Norwegian coast, and northward extends as far as Greenland (Krøyer) and the east coast of North America (Packard), southward to the British Islands (Norman).

Subordo 2.

Phyllopoda.

Fam. 1. Apodidæ.

293. Lepidurus glacialis, (Krøyer).

Nogle faa Exemplarer af denne Form toges under Expeditionens sidste Togt i smaa Ferskvandssamlinger ved Adventbay paa Spitsbergen.

Subordo 2.

Phyllopoda.

Fam. 1. Apodidæ.

293. Lepidurus glacialis, (Krøyer).

A few specimens of this form were taken, on the last cruise of the Expedition, in small freshwater lakes, near Advent Bay, Spitzbergen.

Arten forekommer hos os alene i vore Høifjeldstrakter, saaledes paa Dovre (Kongsvold). Filefjeld (Nystuen) og Lom. Den er kjendt saavel fra Spitsbergen (Torell) som Grønland (Krøyer etc.) og det arktiske Nordamerika (Packard), hvor den ofte forekommer i store Mængder i grunde Damme.

The species occurs in Norway throughout the Alpine tracts alone, thus, on the Dovre chain (Kongsvold), the Filefjeld (Nystuen) and at Lom. It is known from Spitzbergen (Torell), Greenland (Krøyer and others), and the Arctic regions of North America (Packard), where the form often occurs very abundantly in shallow ponds.

Fam. 2. Branchipodidæ.

294. Branchinecta paludosa, (Müller).

Kun observeret under Expeditionen i et grundt Tjern ved Vardø, hvor den imidlertid forekom i store Mængder.

Arten, som hos os desuden er bekjendt fra Høifjeldsplateauet paa Dovre (Hjerkin og Kongsvold), er udbredt til Grønland (Müller), det arktiske Nordamerika (= *Br. grønlandica* Verrill og *arctica Miers*), Sibirien (= *Branchipus middendorfianus* Fischer) og svensk Lapland (Lilljeborg).

Fam. 2. Branchipodidæ.

294. Branchinecta paludosa, (Müller).

On the Expedition, observed only in a shallow tarn, near Vardø, where, however, it occurred in great abundance.

The species which is also known in Norway, from the Alpine plateau of the Dovre (Hjerkin and Kongsvold), has its range of distribution up to Greenland (Müller), the Arctic regions of North America (= *Br. grønlandica* Verrill and *arctica Miers*), Siberia (= *Branchipus middendorfianus* Fischer), and Swedish Lapland (Lilljeborg).

295. Polyartemia forcipata, Fischer.

Funden i store Mængder i et lidet Tjern paa Høiden over Byen Hammerfest. Arten, der hos os alene er indskrænket til den arktiske Region og navnlig i Østfinmarken er meget almindelig, er først beskreven af Fischer fra Sibirien og ogsaa noteret af Lilljeborg som forekommende i svensk Lapland.

295. Polyartemia forcipata, Fischer.

Met with in great abundance inhabiting a small tarn on one of the heights above the town of Hammerfest. The species, which in Norway is exclusively limited to the Arctic region, and in particular throughout East Finmark, occurs with great frequence, was first described by Fischer, from Siberia, and subsequently recorded by Lilljeborg, from Swedish Lapland.

Subordo 3.

Cladocera.

Fam. 1. Daphniidæ.

296. Daphnia Schäfferi, Baird.

I det samme Tjern ved Vardø, hvori *Branchinecta paludosa* forekom, fandtes ogsaa denne hos os meget sjeldne *Daphnia* i temmelig betydeligt Antal. Den er forøvrigt af mig kun fundet paa 2 andre Lokaliteter her i Landet,

Subordo 3.

Cladocera.

Fam. 1. Daphniidæ.

296. Daphnia Schäfferi, Baird.

At Vardø, in the same tarn where *Branchinecta paludosa* was found to occur, we met with this *Daphnia* — very rare in Norway — in comparative abundance. For the rest, I have taken the animal in but two other spots

nemlig i en liden Vandpyt ved Frosten (Trondhjems Stift) og i en Grøft med halvt brakt Vand paa Sando (Hvaløerne) ved Udløbet af Christianiafjorden. Arten er kjendt fra Sverige, Danmark, de britiske Øer og Tyskland.

in this country, viz. — from a diminutive pool of water, at Frosten (Trondhjems Stift), and from a trench, filled with brackish water, on the island of Sando (Hvaløerne), at the mouth of the Christianiafjord. The species is known from Sweden, Denmark, the British Islands, and Germany.

---

297. Daphnia pulex, Lin.

Denne meget variable og vidt udbredte Art observeredes under Expeditionen ved Vardø sammen med foregaaende Art og desuden i Damme ved Reikjavik (Island). Den er anført af saagodtsom alle Autores, der har befattet sig med Studiet af denne interessante Krebsdyrgruppe.

297. Daphnia pulex, Lin.

This most variable and widely distributed species was observed on the Expedition at Vardø, along with the preceding form, as also in ditches near Reikjavik, Iceland. The form is recorded by well-nigh all authors that have made this interesting group of Crustacea the subject of their study.

298. Simocephalus vetulus, (Müll).

Ikke ualmindelig i Smaadamme ved Reikjavik; ligesom foregaaende vidt udbredt over hele Europas Fastland og paa de britiske Øer.

298. Simocephalus vetulus, (Müll).

Not uncommon in small ditches near Reikjavik; like the preceding distributed over the whole of the continent of Europe and the British Islands.

Fam. 2. Lynceidæ.

299. Chydorus sphæricus, Müll.

Dette var den eneste Cladocer, som observeredes paa Spitsbergen. Den forekom i ringe Mængder i de samme Myrpytter ved Adventbay, hvori Lepidurus glacialis fandtes. Arten synes i Europa at have en vid geografisk Udbredning og er anført af alle Autores paa dette Felt.

Fam. 2. Lynceidæ.

299. Chydorus sphæricus, Müller.

This was the only Cladoceran observed in Spitzbergen. It occurred, in limited numbers, in similar moorland-pools, at Advent Bay, where Lepidurus glacialis was taken. The species would appear to have a wide geographical distribution throughout Europe, and is recorded by all authors from that region.

300. Alona oblonga, P. E. Müller.

Af og til i Smaadamme ved Reikjavik. Den er hos os en af de alleralmindeligste Arter af Slægten og desuden kjendt fra Sverige, Danmark, Preussen og de britiske Øer.

300. Alona oblonga, P. E. Müller.

Now and again in small ponds near Reikjavik. In Norway, it is one of the commonest species of the genus, and moreover is known from Sweden, Denmark, Prussia, and the British Islands.

73

Fam. 3. **Polyphemidæ.**

301. Podon polyphemoides, (Leuckart).

Observeret under Expeditionen i den indre Del af Sognefjorden som sedvanlig svømmende om nær Vandskorpen. Arten, der først er opdaget af Leuckart ved Helgoland, er meget almindelig i den indre Del af Christianiafjorden og desuden anført fra de danske Kyster (P. E. Müller), fra Østersøen (Lilljeborg) og fra de britiske Øer (Norman).

202. Podon minutus, G. O. Sars.

Denne lille ved vore Kyster ikke ualmindelige Art observeredes ligeledes under Expeditionen i Sognefjorden sammen med foregaaende. Den er ligesom foregaaende noteret fra de danske Kyster og Østersøen.

303. Podon intermedius, Lilljeborg.

Almindelig længere ud mod Havkysten sammen med *Evadne Nordmanni*. Arten forekommer langs vor hele Vest- og Sydkyst til Kattegat.

304. Evadne Nordmanni, Lovén.

Foruden i Sognefjorden observeredes denne Form ogsaa i betydelig Afstand fra Land i det aabne Hav udenfor vor Vestkyst (Stat. 26 og 124). Arten er meget almindelig ved vor Vest- og Sydkyst og gaar ogsaa ind i Kattegat og Østersøen, ligesom den ogsaa er noteret af Norman fra de britiske Øer (Shetlandsøerne).

Fam. 3. **Polyphemidæ.**

301. Podon polyphemoides, (Leuckart).

On the Expedition, observed in the inner part of the Sognefjord, as usual swimming about close to the surface of the water. The species, discovered by Leuckart off Helgoland, is very common throughout the inner tracts of the Christianiafjord, and moreover has been recorded from the Danish coast (P. E. Müller), from the Baltic (Lilljeborg), and from the British Islands (Norman).

302. Podon minutus, G. O. Sars.

This diminutive species, by no means uncommon off the Norwegian coast, was also observed on the Expedition, in the Sognefjord, together with the preceding form. It is, in common with the foregoing, recorded from the Danish coasts and the Baltic.

303. Podon intermedius, Lilljeborg.

Common farther out towards the coast, together with *Evadne Nordmanni*. The form occurs along the whole of our west and south-west coasts down to the Cattegat.

304. Evadne Nordmanni, Lovén.

Apart from the Sognefjord, this form was also observed, at a considerable distance from land, off the West Coast of Norway (Stats. 26 and 124). The species is a very common one off the west and south coasts of the country, and extends as far south as the Cattegat and the Baltic; moreover, it is recorded, by Norman, from the British Islands (the Shetlands).

Ordo 6.

Ostracoda.

Trib. 1. *Myodocopa.*

Fam. 1. **Cypridinidæ.**

305. Cypridina norvegica, Baird.

Nogle Exemplarer af denne ved vore Kyster meget almindelige Form erholdtes paa Stat. 195 i Havet udenfor Finmarkens Kyst fra et Dyb af 107 Favne. Arten er forøvrigt kun noteret fra Shetlandsøerne af Norman.

306. Philomedes brenda, (Baird).

Hunner af denne Form (= *Cypridina globosa*, Lilljeborg) toges under Expeditionen ved Rost og ved Spitsbergen (Adventbay) paa forholdsvis grundt Vand samt desuden paa 3 langt fra hinanden adskilte Havstationer. Den ene af disse (Stat. 223) ligger Syd af Jan Mayen, den anden (Stat. 267) i Østhavet og den 3die (Stat. 338) udenfor Sydpynten af Spitsbergen; Dybden fra 70 til 148 Favne. Arten, der forekommer langs vor hele Kyst, er desuden kjendt fra Kattegat og de britiske Øer.

307. Philomedes Lilljeborgii, G. O. Sars.

Nogle Exemplarer af denne Art toges under Expeditionens 1ste Togt paa Stat. 10 i Havet udenfor vor Vestkyst fra et Dyb af 220 Favne. Desuden observeredes den i Sognefjorden, hvor ogsaa et enkelt Exemplar af den fuldt udviklede Han erholdtes. Arten, der ikke er sjelden paa større Dyb ved vore Kyster, er hidtil ikke noteret udenfor Norge.

308. Asterope abyssicola, G. O. Sars.

Et enkelt Exemplar af denne af mig tidligere kun ved Lofoten observerede Form erholdtes under Expeditionens sidste Togt i Havet mellem Finmarken og Beeren Eiland (Stat. 290) fra et Dyb af 191 Favne.

Ordo 6.

Ostracoda.

Trib. 1. *Myodocopa.*

Fam. 1. **Cypridinidæ.**

305. Cypridina norvegica, Baird.

A few specimens of this form — very common off the coast of Norway — were obtained at Station 195, off Finmark, from a depth of 107 fathoms. For the rest, the species is recorded from the Shetland Isles only, by Norman.

306. Philomedes brenda, (Baird).

Females of this form (= *Cypridina globosa*, Lilljeborg) were taken on the Expedition at Rost and at Spitzbergen (Advent Bay), in comparatively shallow water, as also at 2 Stations in the open sea, far removed from each other. One of these (Stat. 223) lay south of Jan Mayen, the other (Stat. 267) in the Barents Sea, and the 3rd (Stat. 338) off the southern extremity of Spitzbergen; depth ranging from 70 to 148 fathoms. The species, which occurs along the whole coast of Norway, is also known from the Cattegat and the British Islands.

307. Philomedes Lilljeborgii, G. O. Sars.

A few individuals of this species were taken on the 1st cruise of the Expedition, at Stat. 10, off the West Coast of Norway, from a depth of 220 fathoms. Moreover, we observed the species in the Sognefjord, where, too, a single specimen of a fully developed male was obtained. This species, not rare at great depths off the Norwegian coast, has not, up to the present time, been recorded beyond the limits of Norway.

308. Asterope abyssicola, G. O. Sars.

A sole specimen of this form, till then observed by the author at Lofoten only, was taken, on the last cruise of the Expedition, between Finmark and Beeren Eiland (Stat. 290), at a depth of 191 fathoms.

Fam. 2. **Conchoeciidæ.**

309. Conchoecia borealis, G. O. Sars.

Observeret under Expeditionen paa 4 forskjellige Stationer. 2 af disse (Stat. 26 og 31) ligger i Havet udenfor Storeggen, den 3die (Stat. 40) Nord af Færøerne og den 4de (Stat. 359) Vest af Spitsbergen; Dybden fra 237 til 1215 Favne. Arten der først af mig blev opdaget ved Lofoten, forekommer ogsaa ved vor Vest- og Sydkyst paa Dybder over 100 Favne, men er hidtil ikke noteret af andre Forskere.

Fam. 2. **Conchoeciidæ.**

309. Conchoecia borealis, G. O. Sars.

On the Expedition, observed at 4 different Stations. Of these, 2 (Stats. 26 and 31) lay off the Storeggen Bank, the 3rd (Stat. 40) north of the Faroes, and the 4th (Stat. 359) west of Spitzbergen; depth ranging from 237 to 1215 fathoms. The species, discovered by the author at Lofoten, also occurs off the west and south coasts of the country, in depths exceeding 100 fathoms, but has not hitherto been recorded by other naturalists.

Trib. 2. Podocopa.

Fam. **Cypridæ.**

310. Cypris Jurinii, Zaddach.

Observeret under Expeditionen i smaa Ferskvandsamsamlinger ved Adventbay (Spitsbergen). Arten, der hos os er almindelig i Christiania Omegn, er kjendt fra Sverige, Tydskland, Rusland og de britiske Øer.

Trib. 2. Podocopa.

Fam. **Cypridæ.**

310. Cypris Jurinii, Zaddach.

On the Expedition, observed in small freshwater pools near Advent Bay (Spitzbergen). The species, which in Norway is common in the neighbourhood of Christiania, has been recorded from Sweden, Germany, Switzerland, Russia, and the British Islands.

311. Cypria aculeata, (Lilljeborg).

Ikke ualmindelig i Smaadamme ved Reikjavik (Island). Arten, der især ynder halvt brakt Vand, er ikke ualmindelig i den sydlige Del af vort Land og desuden kjendt fra Sverige og de britiske Øer.

311. Cypria aculeata, (Lilljeborg).

Not uncommon in small ponds near Reikjavik (Iceland). The species, which in particular affects slightly brackish water, is not infrequent throughout the southern districts of Norway, and is known too from Sweden and the British Islands.

312. Candona candida, (Müll).

Observeret i enkelte Exemplarer i de samme Smaadamme ved Adventbay (Spitsbergen), hvor *Cypris Jurinii*, forekom. Arten synes at have en vid Udbredning over Europas Fastland ligesom ogsaa paa de britiske Øer.

312. Candona candida, (Müll).

Observed here and there in the same small ponds near Advent Bay (Spitzbergen), where *Cypris Jurinii* was found to occur. The species would appear to have a wide distribution over the continent of Europe, including the British Islands.

313. Macrocypris minna, (Baird).

En Del Exemplarer af denne eiendommelige Form toges ved Husø paa 80—100 Favnes Dyb. Arten er meget almindelig ved vore Kyster paa større Dyb og desuden kjendt fra de britiske Øer.

313. Macrocypris minna, (Baird).

A number of specimens of this peculiar form were taken at Husø, in 80—100 fathoms. The species is a very common one along the Norwegian coast, at great depths, and known too from the British Islands.

Ordo 7.

Copepoda.

Trib. 1. *Calanoidea.*

Fam. 1. **Calanidæ.**

314. Calanus finmarchicus, (Gunner).

Almindelig udbredt over hele det af os berejste Havstrøg og ofte forekommende i umaadelig Masser lige i Vandskorpen, især ved Kanterne af de store Havbanker. Ualmindelig store Exemplarer (over dobbelt saa store som den sædvanlige Form) erholdtes i Havet omkring Jan Mayen. Arten, der forekommer langs vor hele Kyst, er kjendt fra Spitsbergen, Grønland, Island, de britiske Øer og Kattegat.

Ordo 7.

Copepoda.

Trib. 1. *Calanoidea.*

Fam. 1. **Calanidæ.**

314. Calanus finmarchicus, (Gunner).

Distributed as a rule throughout the whole of the ocean-tract we had to explore, and frequently occurring in prodigious numbers at the very surface of the water, in particular close to the edges of the great ocean-banks. Unusually large specimens (more than double the size of the common form) were obtained in the sea surrounding Jan Mayen. The species, which occurs along the whole coast of Norway, is known from Spitzbergen, Greenland, Iceland, the British Islands, and the Cattegat.

315. Euchæta norvegica, Boeck.

Se 1ste Afsnit, pg. 241. Pl. XIX.

Findesteder. Stat. 26, 31, 35, 40, 53, 54, 96, 183, 190, 205, 257.

315. Euchæta norvegica, Boeck.

See Part I, p. 241, Pl. XIX.

Locality. — Stats. 26, 31, 35, 40, 53, 54, 96, 183, 190, 205, 257.

Fam. 2. **Pontellidæ.**

316. Anomalocera Pattersonii, Templeton.

Denne smukke og let kjendelige Form blev under Expeditionen observeret i Sognefjorden, samt paa 6 forskjellige Havstationer (Stat. 10, 19, 26, 33, 35, 124), overalt svømmende skarevis lige i Vandskorpen. Alle Stationer

Fam. 2. **Pontellidæ.**

316. Anomalocera Pattersonii, Templeton.

This beautiful and easily distinguishable form was observed on the Expedition in the Sognefjord, as also at 6 different Stations in the open sea (Stats. 10, 19, 26, 33, 35, 124), everywhere swimming about in shoals at the

tilhører den sydligere Del af Nordhavet; i den nordlige Del observeredes den aldrig. Arten forekommer til enkelte Tider i store Mængder ved vor Syd- og Vestkyst, navnlig ofter uroligt Veir med stærk paalands Strøm, og er udbredt til Bohuslän, de britiske Øer, Europas Atlanterhavskyst og Middelhavet.

surface of the water. All the Stations belong to the southern tract of the Northern Ocean; in the Arctic Sea, it was never observed. The species occurs occasionally in great abundance off the southern and western coasts of Norway; in particular after boisterous weather accompanied by a strong current from the sea, and extends down to Bohuslän, the British Islands, the Atlantic Coast of Europe, and the Mediterranean.

317. Dias longiremis, Lilljeborg.

Denne ved vor Syd- og Vestkyst meget almindelige Form, der nærmest synes mig at maatte henføres til Pontellidernes Familie, observeredes under Expeditionen foruden i Sognefjorden paa 3 i betydelig Afstand fra Kysten beliggende Havstationer (Stat. 33, 35 og 124) ligeledes tilhørende den sydligere Del af Nordhavet. Arten er udbredt til Østersøen, de britiske Øer og Middelhavet.

317. Dias longiremis, Lilljeborg.

This form, very common off the south and west coasts of Norway, which in my judgment has greatest reason for being referred to the family of the Pontellidæ, was observed on the Expedition, not only in the Sognefjord but also at 3 Stations in the open sea, located a considerable distance from the coast, viz. — Stations 33, 35, and 124, all three likewise belonging to the southern part of the Northern Ocean. The species occurs as far south as the Baltic, the British Islands, and the Mediterranean.

Fam. 3. Diaptomidæ.

318. Centropages typicus, Kröyer.

Foruden i Sognefjorden erholdtes enkelte Exemplarer af denne Art i Overfladenettet paa Stat. 26 udenfor Storeggen. Den er ikke ualmindelig ved vor Syd- og Vestkyst og desuden kjendt fra Helgoland, de britiske Øer og Kysten af Portugal.

Fam. 3. Diaptomidæ.

318. Centropages typicus, Kröyer.

Apart from the Sognefjord, a few individuals of this species were taken, in the surface-net, at Station 26, off the Storeggen Bank. The form is not uncommon along the southern and western shores of the country, and occurs moreover off Helgoland, the British Islands, and the coast of Portugal.

319. Centropages hamatus, (Lilljeborg).

Observeret sammen med foregaaende og altid i betydeligere Antal. Arten er meget almindelig overalt ved vor Syd- og Vestkyst og udbredt til Kattegat, Østersøen og de britiske Øer.

319. Centropages hamatus, (Lilljeborg).

Observed together with the preceding species and always in considerable numbers. The species is everywhere a very common one off the south and west coasts of Norway, and occurs down to the Cattegat, the Baltic, and the British Islands.

320. Temora longicornis, (Müller).

Sammen med de 2 foregaaende Arter og desuden observeret paa Stat. 124. Den er en af de ved vor Syd- og Vestkyst allerhyppigst forekommende Calanoider og har en lignende Udbredning som foregaaende Art.

320. Temora longicornis, (Müller).

Taken along with the 2 preceding species, and also observed at Station 124. It is one of our commonest forms of the Calanoid group, and has the same distribution as the preceding species.

---

321. Diaptomus castor, Jurine?

En eiendommelig Varietet af denne Form (eller maaske en egen Art?) observeredes under Expeditionen i Ferskvandsansamlinger ved Vardø og Hammerfest. Arten er udbredt over hele Europas Fastland og de britiske Øer, væsentlig kun forekommende i mindre Tjern og Damme.

321. Diaptomus castor, Jurine?

A peculiar variety of this form (or maybe a distinct species?) was observed on the Expedition in freshwater lakelets near Vardø and Hammerfest. The species is distributed over the whole continent of Europe, including the British Islands, principally occurring in small tarns and ponds.

Trib. 2. *Harpactoidea.*

Fam. **Dactylopidæ.**

322. Thalestris Krohnii, (Kröyer).

(= *Thalestris serrulatus*, Brady).

Denne meget eiendommelige og let kjendelige Art, der i Modsætning til de øvrige Harpactoider synes at være et ægte pelagiskt Dyr, blev under Expeditionen antruffet paa 2 forskjellige Stationer i det aabne Hav. Af disse ligger den ene (Stat. 26) udenfor Storeggen, den anden (Stat. 262) i Havet Øst af Vardø. Jeg har tidligere taget den i Varangerfjorden, ogsaa her i Vandskorpen og i kortere Afstand fra Land. Arten er meget kjendeligt afbildet af Kröyer under Benævnelsen *Harpacticus Krohnii* i Atlas til „Gaimard's voyage en Scandinavie"; men da ingen Text findes, kan det ikke afgjøres, fra hvilken Lokalitet det af Kröyer afbildede Exemplarer hidrører. Brady's Art, *Thalestris serrulatus*, er utvivlsomt identisk med nærværende Form.

Trib. 2. *Harpactoidea.*

Fam. **Dactylopidæ.**

322. Thalestris Krohnii, (Kröyer).

(= *Thalestris serrulatus*, Brady).

This very peculiar and easily distinguishable species, which, in contradistinction to other Harpactoidians, would appear to be a true pelagic animal, was met with on the Expedition at 2 different Stations in the open sea. Of these, one (Stat. 26) lay off the Storeggen Bank, the other (Stat. 262) in the sea east off Vardø. I had previously taken the species in the Varangerfjord, near Vadsø, and here, too, at the surface of the water, a considerable distance from land. The species has been very recognizably figured by Kröyer, under the appellation of *Harpacticus Krohnii*, in the Atlas to "Gaimard's Voyage en Scandinavie;" but as no text is appended, we cannot with certainty determine from what locality the specimen represented by Kröyer was obtained. Brady's species, *Thalestris serrulatus*, is unquestionably identical with the present form.

Trib. 3. *Cyclopoideu.*

Fam. 1. Oithonellidæ.

323. Oithonella¹ helgolandica, Claus.

(= *Oithona pygmæa*, Boeck).

Foruden nærmere Kysten blev denne Art observeret i det aabne Hav paa Stat. 96.;Vest af Nordlandskysten, som sædvanlig svømmende lige i Vandskorpen. Arten, der er meget almindelig ved vor Syd- og Vestkyst, er først beskreven af Claus fra Helgoland.

Trib. 3. *Cyclopoidea.*

Fam. 1. Oithonellidæ.

323. Oithonella¹ helgolandica, Claus.

(= *Oithona pygmæa*, Boeck).

Besides in comparative proximity to the coast, this species was also observed in the open sea, at Station 96, west of the coast of Nordland, swimming about as usual at the surface of the water. The form — very common off the south and west coasts of the country — was first described by Claus, from Helgoland.

Fam. 2. Cyclopidæ.

324. Cyclops strenuus, Fischer.

Observeret under Expeditionen i Vandpytter nær Reikjavik (Island). Arten, der alene synes at være indskrænket til mindre Vandsamlinger, synes at have en vid Udbredning over Europas Fastland og de britiske Øer.

Fam. 2. Cyclopidæ.

324. Cyclops strenuus, Fischer.

On the Expedition, observed in pools of water near Reikjavik (Iceland). The species, that would appear to occur exclusively in small pools and lakelets, has, it seems, a wide distribution over the continent of Europe, including the British Islands.

325. Cyclops gigas, Claus.

Ikke sjelden sammesteds mellem Mudret paa Bunden af Dammene. Arten, der er meget almindelig hos os og udbredt til de britiske Øer og Mellemeuropa, forekommer foruden i mindre Damme ogsaa i større Indsøer, hvor den gaar ned til meget betydelige Dybder (50 Favne).

325. Cyclops gigas, Claus.

Not infrequently met with betwixt the mud at the bottom of the same pools. The species — very common in Norway and extending to the British Islands and Mid-Europe — occurs not only in pools and ponds, but also in lakes of greater extent, where it descends to a very considerable depth (50 fathoms).

Fam. 3. Ascomyzontidæ.

326. Ascomyzon nigripes, (Brady).

(= *Ascomyzon Thorellii*, G. O. Sars, Crust. & Pycnog. nova Exp. Norv, No. 52).

Ved at conferere med det nylig af Brady udgivne Copepodeværk har jeg overbevist mig om, at denne af mig

Fam. 3. Ascomyzontidæ.

326. Ascomyzon nigripes, (Brady).

(= *Ascomyzon Thorelli*, G. O. Sars, Crust. & Pycnog. nova Exp. Norv., No. 52).

On referring to the work on the British Copepoda lately published by Brady, I have come to the result that the

¹ Da Slægtnavnet "Oithona" allerede er anvendt i Zoologien, har jeg foretaget ovenstaaende Forandring.

¹ The generic name of "Oithona" having been already adopted in Zoology, I have selected the above modification.

som ny opstillede Art er identisk med den af ham under Benævnelsen *Cyclopicera nigripes* opførte Form. Jeg maa imidlertid være uenig med nævnte Forsker. naar han slaar Slægten Ascomyzon sammen med Sl. *Artotrogus* Boeck. Thorell's Slegt Ascomyzon er utvivlsomt identisk med Brady's Slegt Cyclopicera.

To Exemplarer af denne ved vore Kyster ikke sjeldent forekommende Form toges under Expeditionen ved Norske Øer (Spitsbergen) mellem Alger. Skjøndt den anhenbart som de øvrige Medlemmer af Familien maa føre et halvt parasitiskt Liv, er det hidtil ikke lykkets at paavise, paa hvilket Dyr den snylter.

species I had established as new is identical with the form *Cyclopicera nigripes*. described by him under that appellation. Meanwhile, I must be allowed to differ from the said naturalist as to the supposed identity of the genus Ascomyzon and the genus *Artotrogus*, Boeck. Thorell's genus, Ascomyzon. is unquestionably identical with Brady's genus Cyclopicera.

Two specimens of this form, not uncommon along the Norwegian coasts, were taken on the Expedition off the Norway Islands (Spitzbergen), between Algæ. Though. obviously, it must, in common with the other members of the family, lead a semi-parasitic existence. no observer has hitherto succeeded in determining the animal on which it fixes.

Trib. 4. *Lernæoidea.*

Fam. 1. **Lernæopodidæ.**

327. Anchorella uncinata, (Müll).

Adskillige Exemplarer af en Form, som jeg ikke formaar at skille fra vor almindelige Anchorella uncinata, blev af Hr. Robert Collett fundne fasthæftede til Brystfinnerne af Lycodesarter fra Stat. 322, beliggende NV af Beeren Eiland; Dybden 658 Favne. Arten synes at have en meget vid geographisk Udbredning og er bekjendt fra Island, Grønland, Nordamerikas Østkyst, Norges, Danmarks og Englands Kyster.

Trib. 4. *Lernæoidea.*

Fam. 1. **Lernæopodidæ.**

327. Anchorella uncinata, (Müll).

Several specimens of a form that I failed to distinguish from the common Anchorella uncinata were found by Mr. Robert Collett, attached to the pectoral fins of certain species of Lycodes, obtained at Station 312, that lay northwest of Beeren Eiland; depth 658 fathoms. The species would appear to have an exceedingly wide geographical distribution, being known from Iceland, Greenland, the east coast of North America, and the coasts of Norway, Denmark, and Great Britain.

Fam. 2. **Lernæidæ.**

328. Hæmobaphes cyclopterinus, (Fabr.).

3 Exemplarer af denne ved sine eiendommelige skrueformigt dreiede Æggetraade let kjendelige Lernæide blev af Hr. Robert Collett fundne, det ene paa en Liparis lineata, de 2 øvrige paa Gadus polaris fra Magdalenebay paa Spitsbergen (Stat. 366). Arten er først beskreven af Fabricius som parasitisk paa Cyclopterus spinosus fra Grønland. senere af Steenstrup ogsaa fundet paa andre grønlandske Fiske og ligeledes observeret ved Island.

Fam. 2. **Lernæidæ.**

328. Hæmobaphes cyclopterinus, (Fabr.)

Three specimens of this Lernæidian, easily distinguishable by its peculiar screw-shaped egg-threads, were found by Mr. Robert Collett, — one on a Liparis lineata, the 2 others on Gadus polaris, from Magdalena Bay, Spitzbergen (Stat. 366). The species was first described by Fabricius, as occurring parasitically on Cyclopterus spinosus, from Greenland, afterwards by Steenstrup, who met with it on Greenland fishes and likewise observed the animal on fishes taken off the coast of Iceland.

Ordo 8.

Cirripedia.

Trib. 1. *Thoracica.*

329. Scalpellum vulgare, Leach, var.

Nogle Exemplarer, der ristnok noget afviger fra den typiske Form, men dog neppe kan specifisk skilles fra denne, blev under Expeditionens 1ste Togt taget i Havet Øst af Island (Stat. 48) fasthæftede til en Pig af Cidaris papillata optaget fra et Dyb af 299 Favne. Arten er meget almindelig ved vor Syd- og Vestkyst paa forholdsvis grundt Vand og udbredt til de britiske Øer, Frankriges Vestkyst og Middelhavet.

330. Scalpellum Strømii, M. Sars.

Se 1ste Afsnit, pg. 241, Pl. XX, Fig. 1—2.

Findesteder. Stat. 33, 79, 190, 255, 260, 261.

331. Scalpellum angustum, G. O. Sars, n. sp.

Se 1ste Afsnit, pg. 243, Pl. XX, Fig. 3—4.

Findesteder. Stat. 18, 343.

332. Scalpellum striolatum, G. O. Sars, n. sp.

Se 1ste Afsnit, pg. 245, Pl. XX, Fig. 5—7.

Findesteder. Stat. 18, 35, 312.

333. Scalpellum cornutum, G. O. Sars, n. sp.

Se 1ste Afsnit, pg. 248, Pl. XX, Fig. 8—10.

Findesteder. Stat. 124, 267, 359.

Ordo 8.

Cirripedia.

Trib. 1. *Thoracica.*

329. Scalpellum vulgare, Leach, var.

A few specimens, deviating, it is true, somewhat from the typical form, but hardly sufficient to give specific distinction, were taken on the 1st cruise of the Expedition, in the sea east of Iceland (Stat. 48), attached to a spike of Cidaris papillata, at a depth of 299 fathoms. The species is a very common one off the south and west coasts of Norway, in comparatively shallow water, and occurs as far south as the British Islands, the west coast of France, and the Mediterranean.

330. Scalpellum Strømii, M. Sars.

See Part I, p. 241, Pl. XX, figs. 1, 2.

Locality. — Stats. 33, 79, 190, 255, 260, 261.

331. Scalpellum angustum, G. O. Sars, n. sp.

See Part I, p. 243, Pl. XX, figs. 3, 4.

Locality. — Stats. 18. 343.

332. Scalpellum striolatum, G. O. Sars, n. sp.

See Part I, p. 245, Pl. XX, figs. 5—7.

Locality. — Stats. 18, 35, 312.

333. Scalpellum cornutum, G. O. Sars, n. sp.

See Part I, p. 248, Pl. XX, figs. 8—10.

Locality. — Stats. 124, 267, 359.

334. Scalpellum hamatum, G. O. Sars, n. sp.

Se 1ste Afsnit, pg. 240, Pl. XX. Fig. 11.—13.

Findestedor. Stat. 164, 200. 359.

334. Scalpellum hamatum, G. O. Sars, n. sp.

See Part I, p. 240, Pl. XX, figs. 11—13.

Locality. — Stats. 164, 200, 359.

---

335. Balanus crenatus, Brug., var.

Se 1ste Afsnit, pg. 252, Pl. XX, Fig. 14—15.

Findested. Stat. 322.

335. Balanus crenatus, Brug., var.

See Part I, p. 252, Pl. XX, figs. 14, 15.

Locality. — Stat. 322.

---

336. Verruca Strømii, (Müll).

Fastheftet til Skjæl og Stene fra forskjellige Punkter af det af os undersøgte Havstrøg; Lokaliteterne ikke nærmere angivne. Arten er meget almindelig langs vor hele Kyst og sydlig udbredt til Middelhavet, nordlig til Spitsbergen.

336. Verruca Strømii, (Müll).

Attached to scales and stones, in different parts of the ocean-tract we had to investigate; the several localities not precisely specified. The species is a very common one along the whole Norwegian coast, and has its southern range of distribution extending to the Mediterranean, its northern to Spitsbergen.

Trib. 2. *Suctoria.*

Trib. 2. *Suctoria.*

337. Sylon hymenodoræ, G. O. Sars, n. sp.

Se 1ste Afsnit, pg. 253, Pl. XX. Fig. 16—17.

Findested. Stat. 52.

337. Sylon hymenodora, G. O. Sars, n. sp.

See Part I, p. 253, Pl. XX, figs. 16, 17.

Locality. — Stat. 52.

Tabeller over Arternes Udbredning.

(Tables of Distribution).

Arter, observerede under Expeditionen. (Species observed on the Expedition).	Nordhavet koldt Area. (Cold Area of the South Atlantic)	Spitzbergen.	Jan Mayen.	Island. (Iceland)	Grønland. (Greenland)	Nordamerikas Østkyst. (Atlantic Coast of North America)	Polarmeer. (Polar Seas)	Beringshavet. (Bering Sea)	Sibiriens Ishav. (Siberian Polar Sea)	Det karske Hav. (Kara Sea)	Franz Josephs Land.	Østhavet. (Murman Sea)	Finmarken. (Finmark)	Lofoten. (L. Islands)	Norges Nordvestkyst. (North-Sea Coast of Norway)	Kattegat. (Categat)	Østersøen. (Baltic)	De britiske Øer. (British Islands)	Middelhavet. (Mediterranean)
Thamnites velox															+				
Atelecyclus septemdentatus															+			+	+
Hyas araneus		+			+	+	+		+	+	+	+	+	+	+	+	+	+	
" coarctatus		+			+	+	?				+	+	+	+	+			+	
Scyramathia carpenteri															+				
Lithodes maja				?	+							+	+	+	+			+	
Eupagurus pubescens		+			+	+	+		+	+		+	+	+	+			+	
" meticulosus													+					+	+
Galathea nexa													+	+				+	+
" intermedia													+	+				+	
Munida rugosa												+	+	+				+	
" tenuimana													+	+					
Sclerocrangon boreas		+			+	+	+		+	+	+	+	⊤	+					
" salebrosus	+						+		+	+									
Crangon Allmanni					+								+	+				+	
Cheraphilus echinulatus													+	+				+	
" neglectus													+						
Pontophilus norvegicus					+							+	+	+	+				
Sabinea septemcarinata		+			+	+	+		+	+	+	+	+	+					
Bythocaris simplicirostris		+											+	+					
" leucopis		+																	
" payeri		⊤								⊤	+								
Cryptocheles pygmaea													+	+					
Hippolyte spinus		+			+	+	+					+	+	+	+				+
" securifrons					+							+	+	+					+
" turgida		+			+	+	+	+			+	+	+	+					+
" pusiola		⊤			+		+					+	+	+	+	+			+
" polaris	+	+			+	+	+					+	+	+	+				
" Gaimardii		+		+	+	+	+	+		+		+	+	+	+	+	+		
Pandalus borealis		+			+	+	+	+				+	+	+	+				+
" leptorhynchus													+	+					+
" annulicornis				+	+							+	+	+	+	+		+	
Caridion Gordoni					+								+	+					+
Pasiphaë tarda		+			+	+							+	+					
Hymenodora glacialis		+			+						+								

11*

Arter, observerede under Expeditionen. (*Species observed on the Expedition*).	Kvitøvets kolde Arm. (*Cold Area of the North Atlantic*)	Spitsbergen.	Jan Mayen.	Island. (*Iceland*)	Grønland. (*Greenland*)	Nordamerikas Østkyst. (*Atlantic Coast of North America*)	Polarstrøm. (*Polar Islands*)	Beringshavet. (*Bering Sea*)	Sibiriens Ishav. (*Siberian Polar Sea*)	Det kariske Hav. (*Kara Sea*)	Franz Josephs Land.	Ochhavet. (*Ochotsk Sea*)	Finmarken. (*Finmark*)	Lofoten. (*L. Islands*)	Norges Nordkyst. (*Northern Coast of Norway*)	Kattegat. (*Skagen*)	Oskurajøen. (*Baltic*)	De britiske Øer. (*British Islands*)	Middelhavet. (*Mediterranean*)
Lophogaster typicus															+				+
Nyctiphanes norvegica			+	+	+								+	+	+	+			+
Boreophausia inermis		+	+	+	+								+	+	+	+			
Thysanoëssa tenera													+	+	+				
Boreomysis tridens														+					
„ nobilis	+																		
„ erythops	+																		
Erythrops Goësii		+			+					+		+	+	+	+				+
„ pygmaea															+				
„ microphthalma													+	+					
„ glacialis	+																		
„ abyssorum			+										+	+	+				
Parerythrops abyssicola														+					
„ robusta	+			+									+						
„ spectabilis	+																		
Pseudomma roseum	+		+		+								+	+					
„ affine													+	+					
„ truncatum		+		+									+						
Amblyops abbreviata													+	+					
Pseudomysis abyssi	+																		
Mysideis grandis		+											+						
Mysis inermis										+		+	+	+	+	+	+	+	
„ mixta			+	+		+						+	+	+	+	+	+		
„ oculata		+	+	+	+	+	+	+	+			+			+			+	
Mysidella typica													+			+	+		
Cuma scorpioides													+	+					
Cyclaspis longicaudata													+	+					
Hemilamprops rosea													+	+					
„ uniplicata	+												+	+					
„ cristata													+	+					
Leucon nasicus					+				+				+	+	+	+			
„ nasicoides					+								+	+		+			
„ fulvus			+		+								+	+					
„ pallidus													+						
Eudorella emarginata					+				+				+	+				+	
„ truncatula													+	+				+	
Eudorellopsis deformis			+	+	+								+	+					
Diastylis Goodsiri		+	+		+		+		+	+		+	+	+	+	+		+	+
„ Rathkii	+	+			+		+		+	+		+	+	+	+	+	+	+	+
„ cornuta														+					+
„ echinata	+											+	+	+					+
„ spinulosa								+		+	+	+							
„ nodosa		+																	
„ polaris	+																		
„ stygia	+																		
„ Edwardsii			+		+					+			+	+					
„ lucifera						+	+				+		+	+	+	+			

Arter, observerede under Expeditionen. (Species observed on the Expedition)	Nordhavets kolde Area. (Cold Area of the North Atlantic)	Spitsbergen.	Jan Mayen.	Island. (Iceland)	Grønland. (Greenland)	Nordamerikas Østkyst. (Atlantic Coast of North America)	Polarøerne. (Polar Islands)	Beringshavet. (Bering Sea)	Sibiriens Ishav. (Siberian Polar Sea)	Det kariske Hav. (Kara Sea)	Franz Josephs Land.	Østhavet. (Murman Sea)	Finmarken. (Finmark)	Lofoten. (L. Islands)	Norges Nordkyst. (North-east Coast of Norway)	Kattegat. (Cattegat)	Østersøen. (Baltic)	De britiske Øer. (British Islands)	Middelhavet. (Mediterranean)
Diastylis resima		+			+	+					+			+		+			
" serrata													+	+	+				
" biplicata													+	+	+				
Leptostylis macrura	+												+	+	+				
" ampullacea					+								+	+	+	+			
Pseudocuma cercaria													+	+	+	+			+
Petalomera declivis		+											+	+					
Campylaspis sulcata													+	+	+				
Apseudes spinosus													+	+	+				
Sphyrapus anomalus													+	+	+				
" serratus	+																		
Cryptocope Voringii	+																		
Typhlotanais tenuimanus														+	+				
" aequiremis		+											+	+	+				
" cornutus												+	+	+	+				
Leptognathia longiremis				+									+	+	+				
Paranthura brachiata	+	+	+						+			+	+	+					
" norvegica														+	+			+	
Anceus maxillaris														+	+			+	
" elongatus			+		+							+	+						
" stygius	+																		
" hirsutus	+																		
" robustus		+										+	+						
Aega psora		+		+	+						+	+	+	+		+			
" ventrosa	+												+	+					
Rocinela danmoniensis													+	+	+				
Cirolana borealis														+					
" concharum														+					
Glyptonotus Sabini				+		+	+	+	+										
" megalurus	+																		
Idotea irrorata					+							+	+	+	+	+	+	+	+
" pelagica					?							+	+	+	+	+		+	
Synidotea nodulosa		+		+	+	+	+	+	+										
" bicuspida		+		+	+	+	+												
Arcturus baffini	+	+		+	+	+													
" tuberosus	+																		
" hystrix	+																		
Astacilla longicornis													+	+	+	+			
" pusilla													+						
" granulata	+				+														
Janira maculosa				+								+	+	+	+	+			
" tricornis		+		+															
Acanthoniscus typhlops	+																		
Pleurogonium spinosissimum				+										+	+				
Paramunna bilobata														+	+				
Nannoniscus bicuspis	+																		

Arter, observerede under Expeditionen. (Species observed on the Expedition).	Nordhavets kolde Area. (Cold Area of the North Atlantic)	Spitsbergen.	Jan Mayen.	Island. (Iceland)	Grønland. (Greenland)	Nordamerikas Østkyst. (Atlantic Coast of North America)	Polarpynt. (Polar Islands)	Beringhavet. (Bering Sea)	Sibiriens Ishav. (Siberian Polar Sea)	Det kariske Hav. (Kara Sea)	Franz Josephs Land.	Sydhavet. (Southern Sea)	Finmarken. (Finmark)	Lofoten. (L. Canada)	Norges Nordkystyal. (North Sea Coast of Norway)	Kattegat. (Category)	Paleraaen. (Baltic)	De britiske Øer. (British Isles)	Middelhavet. (Mediterranean)
Munna Fabricii		+		+	+	+								+	+	+			
„ Krøyeri															+			+	
„ limicola															+				
Ischnosoma quadrispinosum	+																		
Munnopsis typica	+	+			+	+	+		+	+	+	+	+	+	+				
Eurycope cornuta	+												+	+	+				
„ nuntica	+												+	+					
„ gigantea	+								+		+		+						
Ilyarachna hirticeps	+	+										+		+					
Pleryxus abdominalis	+			+	+	+		+				+	+	+	+	+		+	
Gyge hippolytes	+				+	+	+					+	+	+	+	+		+	
Pleurocrypta galathea	+			+	+	+								+				+	
Dajus mysidis	+	+		+	+							+							
Notophryxus clypeatus	+																		
Hyperia galba	+			+								+	+	+	+	+	+	+	
Tauria medusarum										+			+						
Themisto libellula	+	+	+	+					+		+	+							
„ bispinosus	+			+															
Parathemisto abyssorum	+										+		+				+		
Hyperiopsis Voringii	+																		
Lysianassa Cætæ													+			+	+		
Socarnes Vahlii	+			+					+	+	+	+	+						
„ bidenticulatus	+			+						+	+	+	+						
Hippomedon Holbolli	+	+		+	+						+	+	+	+	+	+			+
Aristias tumidus	+			+								+	+					+	
Cyphocaris anonyx	+			+															
Anonyx nugax	+	+	+	+	+	+	+	+			+	+	+	+	+			+	?
„ gulosus	+	+		+	+	+				+	+	+	+	+					
„ pumilus	+			+					+		+	+	+	+	+				
„ calcuratus	+																		
„ typhlops	+																		
Onesimus littoralis	+	+				+	+	+											
„ Edwardsii	+	+		+	+		+	+	+		+	+	+	+		+			
„ turgidus	+																		
„ leucopsis	+																		
„ planus	+	+									+	+	+						
Orchomene serratus											+		+	+					?
„ pectinatus	+												+						
„ minutus	+										+		+	+	+				
Lepidepecreum umbo	+	+											+						
Tryphosa nanoides	+			+									+	+	+			+	
„ Voringii		+											+	+					
„ pusilla	+																		
Aridostoma obesum	+													+	+				
„ laticorne	+																		
Pontoporeia femorata		+		+	+						+		+	+		+	+	+	
Bathyporeia pilosa													+	+	+	+	+	+	

Arter observerede under Expeditionen. (Species observed on the Expedition).	Nordhavets kolde Area. (Cold Area of the North Atlantic.)	Spitsbergen.	Jan Mayen.	Island. (Iceland.)	Grønland. (Greenland.)	Nordamerikas Østkyst. (Atlantic Coast of North America.)	Polarsøen. (Polar Islands.)	Beringshavet. (Bering Sea.)	Sibiriens Ishav. (Siberian Polar Sea.)	Det kariske Hav. (Kara Sea.)	Franz Josephs Land.	Ishavet. (Barents Sea.)	Finmarken. (Finmark.)	Lofoten. (L. Islands.)	Norges Nordvestkyst. (Northwest Coast of Norway.)	Kattegat. (Cattegat.)	Østersøen. (Baltic.)	De britiske Øer. (British Islands.)	Middelhavet. (Mediterranean.)
Urothoë abbreviata	+																		
Phoxus Holbølli			+	+	+	+						+	+	+	+				+
„ oculatus			+										+						
Harpinia plumosa	+	+				+	?					+		+	+	+			+
„ abyssi	+																		
„ carinata	+																		
„ mucronata	+											+							
„ serrata																			
Stegocephalus ampulla	+	+			+	+	+	+		+		+	+	+	+				?
„ christianiensis	+											+	+	+					
Andania abyssi	+											+	+						
Astyra abyssi	+											+	+						
Amphilochus manudens												+	+	+	+	+			
Gitana Sarsii		+										+	+		+				+
Melopa Alderi	+	+											+		+				+
„ spectabilis	+												+						
„ Bruzelii												+	+	+	+				
„ aequicornis	+																		
Danaia abyssicola	+																		
Syrrhoë crenulata		+										+	+		+				
Bruzelia serrata	+											+	+		+				
Oediceros lynceus		+		+		+		+		+		+	+	+					
„ macrocheir																			
Monoculodes longirostris		+										+	+						
„ borealis		+				+						+	+	+					
„ tuberculatus		+										+	+	+					
„ Packardii			+																
„ tenuirostratus	+												+	+					
„ Grubei		+											+						
„ longicornis		+											+	+					
Halimedon Mölleri													+	+					
Acanthostepheia Malmgreni		+				+	+	+				+	+						
Aceros phyllonyx	+	+		+								+	+	+	+				
Oediceropsis brevicornis																			
Pleustes panoplus			+	+	+	+						+	+	+					
Paramphithoë glabra		+	+	+								+	+	+	+				
„ bicuspis		+		+	+	+						+	+	+		+		+	
„ euacantha	+	+																	
„ brevicornis		+											+		+	+		+	
Epimeria cornigera													+		+	+		+	+
„ loricata	+											+							
Vertumnus cristatus												+							
„ serratus	+	+	+	+	+							+		+					
„ inflatus				+	+				+				+						
Odius carinatus		+				+						+	+	+					+
Acanthozone cuspidata	+	+		+	+						+	+	+						
Atylus Swammerdami													+	+	+				+

Arter, observerede under Expeditionen. (Species observed on the Expedition).	Northavita Nobla Arve. (Cold Area of the North America)	Spitsbergen.	Jan Mayen.	Island. (Iceland)	Grønland. (Greenland)	Nordamerikas Østkyst. (Atlantic Coast of North America)	Polarmeret. (Polar Islands)	Beringshavet. (Bering Sea)	Sibiriens Ishav. (Siberian Polar Sea)	Det barske Hav. (Kara Sea)	Franz Josephs Land.	Østhavet. (Barents Sea)	Finmarken. (Finmark)	Lofoten. (Lo Islands)	Norges Nordkystsyst. (Northern Coast of Norway)	Kattegat. (Categat)	Skagerak. (Skagen)	De britiske Øer. (British Islands)	Middelhavet. (Mediterranean)
Atylus carinatus		+			+		+		+	+	+	+		+					
„ Smitti		+						+			+	+	+						
Dexamine spinosa												+	+	+	+			+	⊤
„ Thea												+	+	+	+				
Halirages bispinosus												+	+	+	+			+	
„ borealis												+	+						
„ fulvocinctus	+	+			+	+			+		+	+	+	+					
„ quadridentatus	+																		
„ tridentatus												+	+			+			
Amphitlopsis latipes	+											+	+	+		+			+
„ pulchella	+																		
Cleippides quadricuspis	+										+	+							
Leucothoë spinicarpa												+				+		+	+
Tritropis aculeata		+	+		+	+			+		+	+	+	+					
„ Helleri	+	+									+	+	+	+					
„ appendiculata	+																		
Ensirus cuspidatus		+	+		+	+			+		+	+	+	+	+	?			
„ longipes													+						
Lilljeborgia fissicornis	+	+									+	+	+						
„ auricornis	+		+								+	+	+						
Pardalisca cuspidata		+			+						+	+	+						
„ abyssi		+									+	+	+	+					
Halice abyssi	+										+	+							
Nicippe tumida											+	+							+
Mœra tenera	+																		
Melita dentata		+			+	+	+		+			+	+	+					
„ pallida	+																		
Amathilla Sabini		+	+								+	+	+	+		+		+	+
„ pinguis		+			+						+								
Amathillopsis spinigera	+										+	+							
Eriopis elongata													+						+
Cheirocrates Sundevalli													+	+		+			+
Ampelisca Eschrichtii		+		+	+				+		+	+	+	+					
„ spinipes													+	+					
„ gibba													+	+					
„ propinqua												+	+						
„ odontoplax													+						
„ mimticornis	+																		
Dyblis Gaimardii		+		+	+				+	+	+	+	+	+					
„ abyssi	+																		
Haploops tubicola	+	+	+	+		+					+	+	+	+	+				
„ setosa		+										+	+	+					
Photis Reinhardi		+										+	+	+					
Anthonoë longipes												+	+	+		+			
„ megacheir												+							
Protomedeia fasciata		+										+	+	+					+
„ longimana												+	+	+					

Arter observerede under Expeditionen. (Species observed on the Expedition).	Nordhavets kolde Area. (Cold Area of the North Atlantic.)	Spitsbergen.	Jan Mayen.	Island. (Iceland.)	Grønland. (Greenland.)	Nordamerikas Østkyst. (Atlantic Coast of North America.)	Polarstrøm. (Polar Stream.)	Beringshavet. (Bering Sea.)	Sibiriens Ishav. (Siberian Polar Sea.)	Det karske Hav. (Kara Sea.)	Franz Josephs Land.	Østhavet. (Eastern Sea.)	Finmarken. (Finmark.)	Lofoten. (L. Islands.)	Norges Nordvestkyst. (Nord-West Coast of Norway.)	Kattegat. (Cattegat.)	Østersøen. (Baltic.)	De britiske Øer. (British Islands.)	Middelhavet. (Mediterranean.)
Amphithoë podoceroides						+								+	+	+			+
Podocerus anguipes		+		+	+				+		+		+	+	+	+			+
megacheir	+	+												+	+				
assimilis	+																		
brevicornis	+																		
tenuicornis	+																		
Erichthonius megalops	+		+																
Corophium crassicorne	+										+		+	+	+				+
Unciola irrorata	+	+			+	+					+		+	+	+				
petalocera	+																		
Neohela monstrosa	+											+		+					
Dulichia tuberculata		+										+		+	+				
monacantha					+							+		+	+				
hirticornis	+											+		+					
macera	+																		
Caprella linearis													+	+	+				
septentrionalis		+		+	+	+						+	+	+	+				
punctata		+											+	+					
microtuberculata	+																		
spinosissima	+																		
Aeginella spinosa		+											+	+					
Aegina spinifera	+	+		+	+	+													+
Nebalia bipes	+											+	+	+					
Lepidurus glacialis		+								+				+[4]					
Branchinecta paludosa		+			+[1]			+[3]						+[6]					
Polyartemia forcipata		+												+[6]					
Daphnia Schaefferi													+	+[4]	+[5]	+[6]	+	+[7]	
pulex				+		+[1]			+[3]				+	+[4]	+[6]	+[6]	+	+[7]	
Simocephalus vetulus			+		+[1]				+[3]				+	+[4]	+[6]	+[6]	+	+[7]	
Chydorus sphaericus			+						+[3]				+	+[4]	+[5]	+[6]	+	+[7]	
Alona oblonga				+									+	+[4]	+[6]	+[6]	+	+[7]	
Podon polyphemoides													+	+	+				
intermedius													+	+					
minutus													+	+	+				
Evadne Nordmanni													+	+	+				
Cypridina norvegica												+	+	+	+				
Philomedes brenda		+	+										+	+	+				
Lilljeborgii													+	+	+				
Asterope abyssicola													+	+					
Conchoecia borealis		+	+										+						
Cypris Juvinii													+[4]		+[6]				
Cypria ophthalmica		+											+[4]		+[6]				
Candona candida		+											+[4]		+[6]	+[6]			
Macrocypris minna		+											+	+					
Calanus finmarchicus		+	+	+									+	+	+				+

[1] Nordamerika. (North America). [2] Sibirien. (Siberia). [3] Rusland. (Russia). [4] Norges sydlige Del. (Southern part of Norway). [5] Danmark. (Denmark). [6] Sverige. (Sweden). [7] Italien. (Italia).

Arter, observerede under Expeditionen. (Species observed on the Expedition).	Nordhavets kolde Area (Cold Area of the North Atlantic)	Spitsbergen.	Jan Mayen.	Island. (Iceland)	Grønland. (Greenland)	Nordamerikas Østkyst. (Atlantic Coast of North America)	Polarsøen. (Polar Ocean)	Beringshavet. (Bering Sea)	Sibiriens Ishav. (Siberian Polar Sea)	Det karske Hav. (Kara Sea)	Franz Josephs Land.	Østhavet. (White Sea)	Finmarken. (Finmark)	Lofoten. (L. Islands)	Norges Nordkyst. (North-Sea Coast of Norway)	Kattegat. (Cattegat)	Finterspen. (Jutland)	De britiske Øer. (British Islands)	Middelhavet. (Mediterranean)
Euchæta norvegica		+											+	+	+				
Anomalocera Pattersonii													+	+				+	+
Dias longiremis													+	+	+			+	+
Centropages typicus													+					+	
„ hamatus													+	+	+	+		+	+
Temora longicornis													+	+	+	+			
Diaptomus castor											+	+	+[4]	+[5]	+[6]			+	+[7]
Thalestris Crohnii											+	+			+				+
Oithonella helgolandica															+				
Cyclops strenuus				+						+[3]			+[4]	+[5]	+[6]			+	+[7]
„ gigas															+[6]				
Ascomyzon nigripes		+									+	+	+	+				+	
Anchorella uncinata		+		+	+	+	+					+	+	+	+			+	
Hæmobaphes cyclopterini		+		+	+														
Scalpellum vulgare														+				+	+
„ Strœmii		+										+	+	+					
„ angustum													+						
„ striolatum		+																	
„ cornutum		+	+																
„ hamatum		+																	
Balanus crenatus		+			+		+					+	+	+				+	+
Verruca Strœmii		+										+	+	+				+	+
Sylon Hymenodorœ		+																	

[3] Rusland. (Russia).   [4] Norges sydlige Del. (Southern Part of Norway).   [5] Danmark. (Denmark).   [6] Sverige. (Sweden).   Italien. (Italia).

Recapitulation.

Det samlede Antal af de under Expeditionen observerede Arter af Krebsdyr er herefter, fordelte paa de respective Ordener, følgende:

		Nye Arter.
Podophthalmia	60	5
Cumacea	30	1
Isopoda	52	15
Amphipoda	149	38
Branchiopoda	13	„
Ostracoda	9	„
Copepoda	15	„
Cirripedia	9	5
Tilsammen	337	64

Hovedmassen af disse Arter er aabenbart af arktisk Oprindelse, hvilket tydeligt nok fremgaar af deres hidtil bekjendte geografiske Udbredning. For de nye Arters Vedkommende, er alle de i den kolde Areas Dyb forekommende ganske utvivlsomt arktiske, og dette er ogsaa for enkelte af dem allerede direkte bleven godtgjort ved andre Forskeres Undersøgelser.

Af sandsynlig sydlig Oprindelse er kun følgende 43 Arter:

Thranites relax,
Atelecyclus septemdentatus,
Scyramathia Carpenteri,
Eupagurus tricarinatus,
Galathea nexa,
   ,, intermedia,
Munida tenuimana,
Cheraphilus echinulatus,
   ,, neglectus,
Pandalus leptorhynchus,
Lophogaster typicus,
Erythrops pygmæa,
Cuma scorpioides,
Cyclaspis longicaudata,
Eudorella truncatula,
Pseudocuma cercaria,
Aurens maxillaris,
Rocinela dumnoniensis,
Cirolana borealis,
Pleurocrypta galatheæ,
Lysianassa Costæ,
Bathyporeia pilosa.

Recapitulation.

The various forms of Crustacea observed on the Expedition, were accordingly, when arranged under the respective orders, found to comprise the following number of species: —

		New Species.
Podophthalmia	60	5
Cumacea	30	1
Isopoda	52	15
Amphipoda	149	38
Branchiopoda	13	„
Ostracoda	9	„
Copepoda	15	„
Cirripedia	9	5
	337	64

By far the greater number of these species are evidently of Arctic origin, a fact evinced by their geographical distribution, as yet known. As to the new species, those occurring in the deeps of the Cold Area are all, without doubt, true Arctic forms; and regarding some this has already been shown by the researches of other naturalists.

The following 43 only are probably species of southern origin:

Thranites relax,
Atelecyclus septemdentatus,
Scyramathia Carpenteri,
Eupagurus tricarinatus,
Galathea nexa,
   ,, intermedia,
Munida tenuimana,
Cheraphilus echinulatus,
   ,, neglectus,
Pandalus leptorhynchus,
Lophogaster typicus,
Erythrops pygmæa,
Cuma scorpioides,
Cyclaspis longicaudata,
Eudorella truncatula,
Pseudocuma cercaria,
Aurens maxillaris,
Rocinela dumnoniensis,
Cirolana borealis,
Pleurocrypta galatheæ,
Lysianassa Costæ,
Bathyporeia pilosa.

Oediceropsis brevicornis,
Epimeria cornigera,
Dexamine spinosa.
Halirages bispinosus,
Leucothoë spinicarpa,
Eusirus longipes,
Nicippa tumida,
Cheirocrates Sundewalli,
Autonoë longipes,
Caprella punctata,
Daphnia Schäfferi.
Podon polyphemoides,
   intermedius,
  „ minutus,
Evadne Nordmanni,
Anomalocera Pattersonii,
Dias longiremis,
Oithonella helgolandica,
Scalpellum vulgare,
Balanus crenatus.
Verruca Strömii.

Mere tvivlsomme stiller sig i denne Henseende folgende 28 Arter, hvoraf dog ingen for Tiden kan ansees for virkelig arktiske:

Cryptochiles pygmaea,
Mysidella typica,
Hemilamprops roseа,
Diastylis cornuta.
   „ serrata.
   „ biplicata.
Campylaspis sulcata,
Thyphlotanais tenuimanus,
Paranthura norvegica,
Astacilla pusilla,
Paramunna bilobata,
Munna Kröyeri,
   „ limicola.
Eurycope mutica,
Amphilochus manudens,
Monoculodes Grubei,
Halimedon Mölleri,
Mylus Swammerdami,
Ampelisca spinipes,
   „ gibba,
Protomedeia longimana,
Alona oblonga,
Philomedes Lilljeborgii,
Macrocypris minna,
Centropages typicus,
   „ hamatus,
Temora longicornis.
Diaptomus castor var.

Fra den kolde Areas Dyb haves folgende 112 Arter:

Sclerocrangon salebrosus,
Bythocaris leucopis,
  „ Payeri,

Oediceropsis brevicornis,
Epimeria cornigera.
Dexamine spinosa.
Halirages bispinosus.
Leucothoë spinicarpa,
Eusirus longipes.
Nicippe tumida,
Cheirocrates Sundewalli,
Autonoë longipes.
Caprella punctata,
Daphnia Schäfferi,
Podon polyphemoides,
   „ intermedius,
   „ minutus.
Evadne Nordmanni,
Anomalocera Pattersonii,
Dias longiremis,
Oithonella helgolandica,
Scalpellum vulgare.
Balanus crenatus,
Verruca Strömii

Somewhat more doubtful in this respect are the following 28 species, none of which however at present can strictly be regarded as true Arctic:

Cryptochiles pygmaea,
Mysidella typica,
Hemilamprops roseа,
Diastylis cornuta,
   „ serrata,
   „ biplicata,
Campylaspis sulcata,
Thyphlotanais tenuimanus,
Paranthura norvegica,
Astacilla pusilla.
Paramunna bilobata,
Munna Kröyeri,
   „ limicola,
Eurycope mutica.
Amphilochus manudens.
Monoculodes Grubei,
Halimedon Mölleri,
Mylus Swammerdami,
Ampelisca spinipes,
   „ gibba,
Protomedeia longimana,
Alona oblonga,
Philomedes Lilljeborgii,
Macrocypris minna,
Centropages typicus,
   „ hamatus,
Temora longicornis.
Diaptomus castor var.

From the deeps of the cold Area are the following 112 species:

Sclerocrangon salebrosus,
Bythocaris leucopis,
   „ Payeri,

Hippolyte polaris,
Pasiphaë tarda,
Hymenodora glacialis,
Boreomysis nobilis,
    „ scyphops,
Erythrops glacialis,
Parerythrops spectabilis,
Pseudomma roseum,
Pseudomysis abyssi,
Hemilamprops uniplicata,
Diastylis Rathkii,
    „ echinata,
    „ polaris,
    „ stygia,
Leptostylis macrura,
Sphyrapus anomalus,
    „ serratus,
Cryptocope Voringii,
Paradiathura brachiata,
Anceus stygius,
    „ hirsutus,
Aega ventrosa,
Glyptonotus megalurus,
Arcturus baffini,
    „ tuberosus,
    „ hystrix,
Astacilla granulata,
Acanthoniscus typhlops,
Nannoniscus bicuspis,
Ischnosoma quadrispinosum,
Munnopsis typica,
Eurycope cornuta,
    „ gigantea,
Ilyarachna hirticeps,
Notophryxus clypeatus,
Themisto libellula,
    „ bispinosus,
Parathemisto abyssorum,
Hyperiopsis Voringii,
Hippomedon Holbolli var.,
Cyphocaris anonyx,
Anonyx nugax,
    „ gulosus,
    „ calcaratus,
    „ typhlops,
Onesimus leucopis,
    „ plautus,
Orchomene pectinatus,
Lepidepecreum umbo,
Tryphosa pusilla,
Acidostoma obesum,
    „ laticorne,
Urothoë abbreviata,
Harpinia plumosa,
    „ abyssi,
    „ carinata,
    mucronata,

Hippolyte polaris,
Pasiphaë tarda,
Hymenodora glacialis,
Boreomysis nobilis.
    „ scyphops,
Erythrops glacialis,
Parerythrops spectabilis,
Pseudomma roseum,
Pseudomysis abyssi.
Hemilamprops uniplicata,
Diastylis Rathkii,
    „ echinata,
    „ polaris.
    „ stygia,
Leptostylis macrura.
Sphyrapus anomalus,
    „ serratus,
Cryptocope Voringii,
Paradiathura brachiata,
Anceus stygius,
    „ hirsutus,
Aega ventrosa,
Glyptonotus megalurus,
Arcturus baffini,
    „ tuberosus,
    „ hystrix,
Astacilla granulata,
Acanthoniscus typhlops,
Nannoniscus bicuspis,
Ischnosoma quadrispinosum,
Munnopsis typica,
Eurycope cornuta,
    „ gigantea,
Ilyarachna hirticeps,
Notophryxus clypeatus,
Themisto libellula,
    „ bispinosus,
Parathemisto abyssorum,
Hyperiopsis Voringii,
Hippomedon Holbolli var.,
Cyphocaris anonyx,
Anonyx nugax,
    „ gulosus,
    „ calcaratus,
    „ typhlops,
Onesimus leucopis,
    „ plautus,
Orchomene pectinatus,
Lepidepecreum umbo,
Tryphosa pusilla,
Acidostoma obesum,
    „ laticorne,
Urothoë abbreviata,
Harpinia plumosa,
    „ abyssi,
    „ carinata,
    „ mucronata,

Stegocephalus ampulla.
,, christianiensis.
Andania abyssi,
Astyra abyssi.
Metopa Alderi.
,, spectabilis,
,, ægricornis.
Danaia abyssicola.
Bruzelia serrata.
Oediceros macrocheir.
Monoculodes tenuirostratus.
Aceros phyllonyx.
Paramphithoë enarantha.
Epimeria loricata. ♦
Vertumnus serratus.
Acanthozone cuspidata.
Halirages fulvocinctus.
,, quadridentatus,
Amphithopsis latipes,
,, pulchella.
Cleippides quadricuspis.
Tritropis Helleri.
,, appendiculata.
Eusirus cuspidatus.
Lilljeborgia fissicornis.
,, ægricornis.
Halice abyssi.
Mæra tenera.
Melita pallida.
Amathillopsis spinigera,
Ampelisca minuticornis.
Byblis abyssi.
Haploops tubicola.
,, setosa.
Podocerus megacheir.
,, assimilis.
,, brevicornis,
,, tenuicornis.
Erichthonius megalops,
Unciola irrorata,
,, petalocera,
Neohela monstrosa.
Dulichia hirticornis.
,, macera,
Caprella spinosissima.
Aegina spinigera.
Euchæta norvegica.
Scalpellum Stromii.
,, striolatum,
,, cornutum.
,, hamatum,
Sylon hymenodora.

Af disse er følgende 53 Arter ogsaa observerede paa grundere Vand i de polare Have (inclus. Nordamericas Nordostkyst):

Sclerocrangon salebrosus.
Bythocaris Payeri,

Stegocephalus ampulla.
,, christianiensis.
Andania abyssi.
Astyra abyssi.
Metopa Alderi.
,, spectabilis.
,, ægricornis.
Danaia abyssicola.
Bruzelia serrata.
Oediceros macrocheir,
Monoculodes tenuirostratus,
Aceros phyllonyx.
Paramphithoë enarantha,
Epimeria loricata.
Vertumnus serratus.
Acanthozone cuspidata.
Halirages fulvocinctus.
,, quadridentatus,
Amphithopsis latipes.
,, pulchella.
Cleippides quadricuspis.
Tritropis Helleri.
,, appendiculata,
Eusirus cuspidatus.
Lilljeborgia fissicornis.
,, ægricornis.
Halice abyssi.
Mæra tenera,
Melita pallida.
Amathillopsis spinigera.
Ampelisca minuticornis.
Byblis abyssi.
Haploops tubicola,
,, setosa,
Podocerus megacheir.
,, assimilis,
,, brevicornis,
,, tenuicornis.
Erichthonius megalops,
Unciola irrorata,
,, petalocera.
Neohela monstrosa.
Dulichia hirticornis,
,, macera,
Caprella spinosissima.
Aegina spinigera,
Euchæta norvegica,
Scalpellum Stromii.
,, striolatum,
,, cornutum.
,, hamatum,
Sylon hymenodorae.

Of these the following 53 species have also been recorded from less considerable depths in the Arctic Seas (incl. the North eastern Coast of North America):

Sclerocrangon salebrosus.
Bythocaris Payeri.

Hippolyte polaris,
Pasiphaë tarda,
Hymenodora glacialis,
Pseudomma roseum,
Diastylis Rathkii,
Leptostylis macrura,
Sphyrapus anomalus,
Paramblura brachiata,
Aega crenrosa.
Arcturus baffini,
  „   tuberosus,
Astacilla granulata,
Munnopsis typica,
Eurycope gigantea,
Themisto libellula,
  „   bispinosus,
Hippomedon Holbolli,
Cyphocaris anonyx,
Anonyx nugax,
  „   gulosus,
Onesimus plautus,
Orchomene pectinatus,
Lepidepecreum umbo,
Harpinia plumosa,
Stegocephalus ampulla,
Andania abyssi,
Astyra abyssi,
Metopa Alderi,
  „   spectabilis,
Aceros phyllonyx,
Epimeria loricata,
Vertumnus serratus,
Acanthozone cuspidata,
Halirages fulvocinctus,
Amphithopsis pulchella,
Cleïppides quadricuspis,
Tritropis Helleri,
Eusirus cuspidatus,
Lilljeborgia fissicornis,
  „   aequicornis,
Amathillopsis spinigera,
Haploops tubicola,
  „   setosa,
Podocerus assimilis,
  „   brevicornis,
Erichthonius megalops,
Unciola irrorata,
Neohela monstrosa,
Aegina spinigera,
Sculpellum Stromii,
  „   cornutum.

Folgende 42 Arter er hidtil ikke kjendte udenfor den kolde Areas Dyb i Nordhavet:
Bythocaris leucopis,
Boreomysis nobilis,
Erythrops glacialis,
Parerythrops spectabilis,

Hippolyte polaris,
Pasiphaë tarda,
Hymenodora glacialis,
Pseudomma roseum,
Diastylis Rathkii,
Leptostylis macrura,
Sphyrapus anomalus,
Paramblura brachiata,
Aega crenrosa,
Arcturus baffini,
  „   tuberosus,
Astacilla granulata.
Munnopsis typica,
Eurycope gigantea,
Themisto libellula,
  „   bispinosus,
Hippomedon Holbolli,
Cyphocaris anonyx,
Anonyx nugax,
  „   gulosus,
Onesimus plautus,
Orchomene pectinatus,
Lepidepecreum umba,
Harpinia plumosa,
Stegocephalus ampulla,
Andania abyssi,
Astyra abyssi,
Metopa Alderi,
  „   spectabilis,
Aceros phyllonyx,
Epimeria loricata,
Vertumnus serratus,
Acanthozone cuspidata,
Halirages fulvocinctus,
Amphithopsis pulchella,
Cleïppides quadricuspis,
Tritropis Helleri,
Eusirus cuspidatus,
Lilljeborgia fissicornis,
  „   aequicornis,
Amathillopsis spinigera,
Haploops tubicola,
  „   setosa,
Podocerus assimilis,
  „   brevicornis,
Erichthonius megalops,
Unciola irrorata,
Neohela monstrosa,
Aegina spinigera,
Sculpellum Stromii,
  „   cornutum.

The following 42 species are as yet not known beyond the deeps of the cold Area of the North Atlantic:
Bythocaris leucopis,
Boreomysis nobilis,
Erythrops glacialis,
Parerythrops spectabilis.

Pseudomysis abyssi.
Diastylis polaris.
Sphyrapus serratus.
Cryptocope Voringii.
Anceus stygius.
  „ hirsutus.
Glyptonotus megalurus.
Arcturus hystrix,
Acanthoniscus typhlops.
Nannoniscus bicuspis.
Ischnosoma qvadrispinosum.
Notophryxus clypeatus,
Hyperiopsis Voringii.
Anonyx calcaratus.
  „ typhlops.
Onesimus leucopis,
Urothoë abbreviata.
Harpinia abyssi.
  - carinata,
  „ mucronata,
Metopa œgvicornis,
Danaia abyssicola,
Oediceros macrorheir,
Paramphithoë enacantha,
Halirages qvadridentatus,
Tritropis appendiculata,
Mœra tenera,
Melita pallida,
Ampelisca minuticornis,
Byblis abyssi,
Podocerus tenuicornis.
Unciola petalocera.
Dulichia hirticornis.
  - macera,
Caprella spinosissima,
Scalpellum striolatum,
  „ hamatum,
Sylon hymenodorae.

Pseudomysis abyssi.
Diastylis polaris.
Sphyrapus serrutus.
Cryptocope Voringii.
Anceus stygius.
  „ hirsutus.
Glyptonotus megalurus,
Arcturus hystrix,
Acanthoniscus typhlops.
Nannoniscus bicuspis.
Ischnosoma qvadrispinosum,
Notophryxus clypeatus.
Hyperiopsis Voringii.
Anonyx calcaratus.
  „ typhlops,
Onesimus leucopis.
Urothoë abbreviata.
Harpinia abyssi.
  „ carinata,
  „ mucronata,
Metopa œgvicornis,
Danaia abyssicola,
Oediceros macrorheir,
Paramphithoë euacantha,
Halirages qvadridentatus.
Tritropis appendiculata.
Mœra tenera,
Melita pallida,
Ampelisca minuticornis.
Byblis abyssi.
Podocerus tenuicornis,
Unciola petalocera,
Dulichia hirticornis.
  „ macera,
Caprella spinosissima,
Scalpellum striolatum.
  „ hamatum,
Sylon hymenodorœ.

Zoologiske Stationer.
Zoological Stations.

THE NORWEGIAN NORTH-ATLANTIC EXPEDITION

1876—1878.

XV.

—

ZOOLOGY.

—

CRUSTACEA,

II.

BY

G. O. SARS.

CHRISTIANIA.
PRINTED BY GRØNDAHL & SØN.
1886.

LEIPZIG.
K. F. KÖHLER.

LONDON,
SAMPSON, LOW, MARSTON, SEARLE
& RIVINGTON.

PARIS.
K. NILSON.

DEN NORSKE NORDHAVS-EXPEDITION
1876—1878.

XX.

—

ZOOLOGI.

PYCNOGONIDEA.

VED

G. O. SARS.

MED 15 PLANCHER OG 1 KART.

CHRISTIANIA.
GRØNDAHL & SØNS BOGTRYKKERI.
1891.

I COMMISSION HOS H. ASCHEHOUG & Cᵒ

DEN NORSKE NORDHAVS-EXPEDITION
1876—1878.

ZOOLOGI.

PYCNOGONIDEA.

VED

G. O. SARS.

MED 15 PLANCHER OG 1 KART.

CHRISTIANIA.
GRØNDAHL & SØNS BOGTRYKKERI.
1891.

I COMMISSION HOS H. ASCHEHOUG & Cⁿ

THE NORWEGIAN NORTH-ATLANTIC EXPEDITION
1876—1878.

ZOOLOGY.

PYCNOGONIDEA.

BY

G. O. SARS.

WITH 15 PLATES AND 1 MAP.

CHRISTIANIA.
PRINTED BY GRØNDAHL & SØN.
1891.

LEIPZIG.	LONDON.	PARIS.
K. F. KÖHLER.	SAMPSON, LOW, MARSTON, SEARLE & RIVINGTON.	K. NILSON.

Indholdsfortegnelse.
(Table of Contents).

Indledning.

Den eiendommelige Gruppe af Arthropoderne, som almindeligvis gaar under Benævnelsen *Pycnogonider* eller Havspindler, har længe hørt til de mindst kjendte Former indenfor den nævnte store Dyrafdeling, og deres systematiske Stilling har derfor ogsaa lige til det sidste været meget tvivlsom. I den nyere Tid er imidlertid vort Kjendskab til disse Dyr væsentlig udvidet, idet Gruppen er bleven gjort til Gjenstand for en meget indgaaende Behandling af forskjellige af vor Tids Forskere. Det er især 2 større Arbeider over disse Dyr, som her man nævnes, nemlig Prof. *A. Dohrn's* Bearbeidelse af de i Golfen ved Neapel forekommende Former, og *Dr. Hock's* Report over det rige under Challenger Expeditionen indsamlede Materiale. I begge disse betydelige Arbeider er der, foruden Beskrivelser af en hel Del nye Slægter og Arter, ogsaa leveret meget vigtige Bidrag til disse Dyrs anatomiske Bygning og Udviklingshistorie, ligesom ogsaa Forsøg til en præcisere Inddeling er bleven gjort. Angaaende Havspindlernes Forhold til andre Arthropoder, er begge disse Forskere enige i, at de ikke, som for almindeligt antaget, kan henføres til Arachindernes Classe, ligesaalidt som de kan inordnes under Krebsdyrene, men at de maa danne en egen distinct Gruppe (Classe) inden Arthropodernes vidtløftige Stamme, Dette er utvivlsomt rigtigt og vil vistnok blive hævdet af alle senere Forskere, hvorved ogsaa mange Misforstaaelser ved Tydningen af de forskjellige Dele, der sammensætter Pycnogonidernes Legeme, vil blive undgaaet.

Det under Nordhavs Expeditionen indsamlede Materiale af Pycnogonider er meget betydeligt, og da de nordiske Former idethele maa siges endnu at være mindre vel kjendte, har jeg troet at burde levere udførlige Beskrivelser og Afbildninger af samtlige Arter. Foruden de under selve Expeditionen erholdte Arter er for Fuldstændigheds Skyld medtaget de af mig gjennem en lang Række af Aar ved Norges Kyster observerede Former, hvortil endnu kommer nogle under Nordenskjölds Expedition 1875 i det kariske Hav indsamlede Pycnogonider, som velvilligt har været mig tilsendt til Undersøgelse af Dr. A. Stuxberg, Direktør af Gotheborgs Museum. Det paa denne Maade tilveiebragte Materiale er saaledes ikke lidet omfattende og vil kunne give et temmelig fuldstændigt Overblik over Pycnogonidefaunaen i de nordiske og arktiske Have. Det vil

Den norske Nordhavs-expedition. G. O. Sars: Pycnogonida.

Introductory.

The peculiar group of Arthropods generally passing under the name of *Pycnogonida*, or Sea-Spiders, have long been one of the least known forms in that large division of animals; and their systematic position has continued up to the present day very doubtful. Of late years, however, our acquaintance with these animals has been essentially extended, the group in question having had exhaustive treatment by several naturalists of repute. Two rather voluminous productions on Pycnogonids crave special notice here, viz., Professor *A. Dohrn's* elaborate investigation of the forms occurring in the Bay of Naples, and *Dr. Hock's* Report on the rich material from the "Challenger" Expedition. In each of these important works, we have, besides descriptions of a number of new genera and species, most valuable contributions to the anatomical structure and development of the Pycnogonidea, along also with attempts in the way of a more precise classification. Concerning the relation of the sea-spiders to other Arthropods, both authors are agreed, that we cannot, as formerly for the most part assumed, refer these animals to the class Arachnida, or rather range them under the Crustacea, but that they must form a distinct group (class) within the extensive sub-kingdom of the Arthropoda. This view is unquestionably correct, and will doubtless be taken by all subsequent naturalists, which cannot fail moreover to obviate many misconceptions which tend to arise in determining the various parts composing the body of Pycnogonids.

The material embracing Pycnogonids from the Norwegian North-Atlantic Expedition proved very copious; and the Northern forms being on the whole as yet but little known, I have seen fit to furnish detailed descriptions and drawings of all the species. Exclusive of the forms met with on the Expedition, regard has been paid to those observed by the author during a long series of years on the coast of Norway, and also to a few Pycnogonids collected in the Kara Sea on Nordenskjöld's Expedition, 1875, kindly sent me for examination by Dr. A. Stuxberg, Director of the Gothenburg Museum. The material thus brought together is, we see, sufficiently comprehensive, affording as it does a good general view of the Pycnogonidian fauna in the Northern and Arctic Seas. Collation of Dohrn's memoir will show at a glance the character of that fauna

1

ved en Sammenligning med Dohrn's Værk strax falde i
Øinene, at denne Fauna's Character er meget væsentlig
forskjellig fra den i Middelhavet raadende. Navnlig er
den store Artsrigdom inden *Nymphonidernes* Familie i høi
Grad characteristisk for de nordlige Have i Modsætning til
Middelhavet, hvor hidtil kun en eneste herhen hørende Art
er bleven observeret. Ogsaa er de i de nordlige Have
forekommende Former idethele af betydelig større (tildels
colossale) Dimensioner end de i Middelhavet forefundne,
som i Sammenligning med hine er gjennemgaaende rene
Dværgformer.

Ved den systematiske Inddeling af de nordiske Pyc-
nogonider har jeg tildels fundet at burde tage Familierne
i en noget snevrere Begrændsning end af tidligere For-
skere sædvanlig gjort, hvorved selvfølgelig Familiernes An-
tal er bleven noget forøget. Enkelte tidligere opstillede
Slægter, som af senere Forskere igjen er inddragne, har
jeg ligeledes fundet paany at maatte hævde, ligesom en
Del nye Slægter er opstillede. Jeg anser det for meget
sandsynligt, at man ved et fuldstændigere Kjendskab til de
existerende Arter vil finde det nødvendigt at gaa endnu
videre i denne Retning, og at ogsaa en høiere Inddeling af
Familierne i Ordener engang vil blive etableret, hvad der
dog for Tiden vanskeligt lader sig gjennemføre.

Angaaende Terminologien, saa hersker her, som ogsaa
inden andre Grupper af Arthropoderne, stor Uoverensstem-
melse mellem forskjellige Autores. *Kröyer*, der i Lighed
med *Milne-Edwards* var mest tilbøielig til at henregne
Pycnogoniderne til Crustaceerne, benytter saaledes Termini
hentede fra disse sidste Dyr (Mandibler, Maxiller, Rostrum),
medens andre Forskere, der holdt paa Pycnogonidernes Af-
finitet med Arachniderne, anvender for de samme Dele ganske
andre Betegnelser, mere i Overensstemmelse med den for sidst-
nævnte Classe sædvanlig brugelige Terminologi. Navnlig vil
man finde, at de forreste Par Lemmer figurerer hos de for-
skjellige Autores under de mest forskjelligartede Betegnelser
(Mandibler, Antenner, Kindbakkeantenner, Pedipalpi, Kjæ-
vefødder etc.). Af de nyere Forfattere har *Hoek* i alt væ-
sentligt henholdt sig til den tidligere mest brugelige Ter-
minologi, medens *Dohrn* har for Lemmernes Vedkommende
opgivet enhver særskilt Betegnelse, idet han blot beskriver
dem efter deres Orden som No. I, II, III etc. Dette er
vistnok en meget nem Maade at undgaa alle Vanskelighe-
der, men Methoden er neppe praktisk og vil derfor vistnok
ikke blive adopteret af andre Forskere. En Terminologi
faar man nok bekvemme sig til at anvende; men jeg tror,
at man her gjør rigtigst i at vælge saavidt muligt indiffe-
rente Betegnelser, der ikke involverer nogen Homologise-
ring med Lemmerne hos andre Arthropoder. Nedenfor
meddeles de af mig i nærværende Arbeide benyttede Ter-
mini, hvis nærmere Forklaring vil sees af hosstaaende
Figur, forestillende en Nymphon-Art seet fra Rygsiden,
med kun en af Fødderne tegnet.

to be essentially different from that of the Mediterranean
forms. In particular, the great number of species belong-
ing to the family *Nymphonidæ* is eminently characteristic
of the Northern Seas as contrasted with the Mediterranean,
where but a single species referrable to that family has
been observed. Moreover, the forms inhabiting the Northern
Seas attain as a rule much larger dimensions (some are
even gigantic) than those occurring in the Mediterranean,
which, compared to the former, must be regarded as
veritable dwarf-forms.

In working out the systematic classification of the
Northern Pycnogonida, the author has partly found reason
to take the families in a somewhat more restricted sense
than generally done by earlier naturalists, thus occasioning
a slight augmentation in the number of families. A few
formerly established genera, rejected by subsequent zoolo-
gists, he has also seen fit to maintain, and some new
genera have likewise been instituted. I regard as highly
probable, that a more intimate acquaintance with the
existing species will of necessity lead still farther in the
same direction, and also that a higher division of the
families into orders must eventually be made, though at the
time being such an innovation would most certainly prove
difficult to carry out.

As regards the terminology, very considerable dis-
agreement is found to prevail, alike in this group and in
other divisions of the Arthropoda. *Kröyer*, who, in com-
mon with *Milne-Edwards*, felt most inclined to class the
Pycnogonids with the Crustaceans, adopts terms taken from
the latter animals (mandibles, maxillæ, rostrum), whilst
other authors, that held to the affinity of the Pycnogonidæ
with the Arachnida, apply for the same parts totally dif-
ferent appellations, more in accordance with the termino-
logy in general use for the latter class. In particular,
it will be found that the foremost pair of limbs figure
among the various authors under the most heterogeneous
designations (mandibles, antennæ, maxillary palps, pedipalpi,
maxillary feet, etc.). Of later authors, *Hoek* has kept in
all essentials to the terminology most in use formerly,
whereas Dohrn, as regards the limbs, has rejected every
separate appellation, simply describing them in their natural
order, as No. I, II, III, etc. This is certainly a very
convenient way of getting over difficulties, but the method
can hardly be termed practical, and therefore stands little
chance of being adopted by other authors. A terminology
of some kind we must submit to use; but in my judgment
we should as far as possible make choice of indifferent
terms that do not involve anything homologous with the
limbs in other Arthropoda. Overleaf are given the terms
employed in the present Memoir, the more precise signi-
fication of which will be seen from the accompanying figure,
that represents a species of Nymphon, — dorsal aspect. —
with only one of the legs fully drawn.

P.	Snabelen (proboscis) eller Mundsegmentet.	P.	proboscis, or oral segment.
eph.	Hovedsegmentet (segmentum cephalicum).	eph.	cephalic segment.
pf.	Pandedelen (pars frontalis).	pf.	frontal part.
cl.	Halsen (collum).	cl.	neck.
o.	Øiekunden (tuberculum oculiferum).	o.	oculiferous tubercle.
pc.	Halsfortsatser (processus colli), til Fæste for de falske Fødder.	pc.	processes of the neck, for the insertion of the false legs.
t¹—t³.	3 Kropssegmenter (segmenta trunci).	t¹—t³.	3 segments of trunk.
c.	Halesegmentet (segmentum caudale).	c.	caudal segment.
pcl.	Legemets Sidefortsatser (processus laterales corporis), til Fæste for Gangfødderne.	pcl.	lateral processes of the body, for the insertion of the ambulatory legs.
chf.	Saxlemmerne (chelifori).	chf.	chelifori.
s.	Skaftet (scapus).	s.	scape.
ch.	Saxen (chela), eller Haanden.	ch.	chela, or hand.
plm.	Palmen (palma).	plm.	palm.
p.	den ubevægelige Finger (pollex).	p.	immovable finger.
d.	den bevægelige Finger (dactylus).	d.	movable finger.

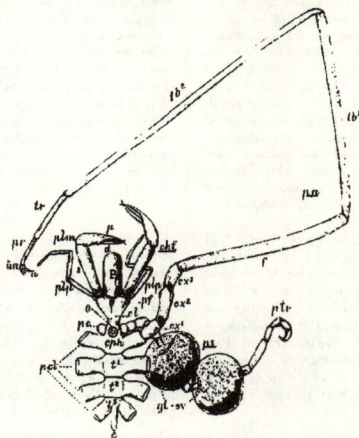

Nymphon Strömii. Kröyer. ♀.

plp.	Følerne (palpi).	plp.	palpi.
ps.	De falske Fødder (pedes spurii).	ps.	false legs.
ptr.	Endedelen (pars terminalis).	ptr.	terminal part.
gl.ov.	Æggekugler (globæ ovorum).	gl.ov.	egg-globes.
pa.	Gangfod (pes ambulatorius).	pa.	ambulatory leg.
cx¹—cx³.	3 Hufteled (articuli coxales).	cx¹—cx³.	3 coxal joints.
f.	Laarled (articulus femoralis).	f.	femoral joint.
tb¹—tb².	2 Lægled (articuli tibiales).	tb¹—tb².	2 tibial joints.
tr.	Tarsalled (tarsus).	tr.	tarsus.
pr.	Fodled (propodus).	pr.	propodus
u.	Endeklo (ungvis terminalis).	u.	terminal claw.
ua.	Bikloer (ungviculi auxiliarii).	ua.	auxiliary claws.

De nedenfor opførte nye Arter har af mig tidligere været kortelig charakteriserede i 3 foreløbige, i Archiv f. Mathem. og Naturvidenskab indførte Afhandlinger. Nogle af disse her første Gang omtalte Arter er tildels af senere Forskere blevne gjenfundne og nøiere beskrevne og afbildede, dog ikke saa udførligt, at jeg finder en fornyet Beskrivelse unødvendig.

De af ældre Autorer givne Beskrivelser og Figurer af Pycnogonider er iahmindelighed yderst ufuldkomne, og det er derfor ogsaa forbunden med særdeles stor Vanskelighed at identificere de af dem opstillede Arter, ja i enkelte Tilfælde endog ligefrem ugjørligt. Dog tror jeg, at adskillige af de nyere Forskere har her ikke gjort sig den tilstrækkelige Umage og forkastet som ubrugelige et større Antal af ældre Beskrivelser end strengt taget nødvendigt. Navnlig synes dette at have været Tilfældet med Dohrn, hvad der klarlig nok fremgaar af det eiendommelige Factum, at alle de af ham opførte Arter fra Golfen ved Neapel beskrives som nye, alene med Undtagelse af en eneste, *Rhynchothorax mediterraneus*, og det uagtet ikke faa middelhavske Former, tidligere har været beskrevne, enkelte til og med fra samme Lokalitet. At flere af de i Dohrn's Værk opførte nye Arter i Virkeligheden er identiske med tidligere beskrevne, anser jeg for ganske utvivlsomt, og jeg har ogsaa Grund til at antage, at enkelte af de nye Slægter vil vise sig uholdbare som saadanne. For de nordiske Arters Vedkommende har jeg saa samvittighedsfuldt som muligt confereret med ældre Beskrivelser og har ogsaa seet mig istand til at hævde i sin Ret igjen enkelte forglemte eller negligerede, af tidligere Forskere (f. Ex. Goodsir) opstillede Arter.

Den i nærværende Værk givne Fremstilling er af rent descriptiv Art og har væsentlig kun til Formaal, 'ved en indgaaende sammenlignende Undersøgelse af de mere almindelige Bygningsforhold at faa nøiere udredet de til den nordiske Pycnogonidefauna hørende Slægter og Arter. Hvad den finere anatomiske Bygning og Udviklingshistorien angaar, saa finder jeg, at denne vigtige Del af Pycnogonidernes Naturhistorie er saa udtommende behandlet i enkelte af de nyere Værker, navnlig af Dohrn og Hoek, at jeg i denne Henseende kun har lidet eller intet nyt at tilføie.

The new species given below, the author has before briefly characterized in 3 preliminary Reports in Archiv for Mathematik og Naturvidenskab. Some of these species, mentioned here for the first time, have been in part met with by subsequent naturalists, and described and figured in detail, though not so fully as, in my opinion, to render a new description superfluous.

The descriptions and figures of Pycnogonids by earlier authors are as a rule exceedingly defective; and hence we find it a matter of very great difficulty to identify the species they institute, nay in some cases actually impossible. Meanwhile, I certainly think that some of the recent authors fail to show sufficient discretion, rejecting as unserviceable a greater number of descriptions than strictly requisite. This would more especially seem to be the case with Dohrn, which indeed appears from the singular fact, that all the species he mentions from the Bay of Naples are described as new, save only *Rhynchothorax mediterraneus*, and yet although not a few Mediterranean forms had been previously described, nay some from even the same locality. That several of the new species mentioned in Dohrn's work are really identical with species formerly established, I regard as unquestionable; and I have reason to believe that several of the new genera will prove untenable as such. Regarding the Northern species, I have collated with the greatest possible care earlier descriptions and feel warranted in re-establishing divers wholly forgotten or ignored species instituted by earlier naturalists (e. g. Goodsir).

The exposition given in this work is of a purely descriptive character, and its chief aim is merely, by a thorough comparative examination of the more general structural details, to attain a more precise determination of the genera and species belonging to the Northern Pycnogonidian fauna. As regards the more delicate anatomical structure and the development, I find this important part of the natural history of the Pycnogonids so exhaustively treated of in some of the more recently published works, especially those of Dohrn and Hoek, that I have but little if anything to add in this respect.

De vigtigste Værker over Pycnogonider.

(Principal Works on Pycnogonids.)

Strøm, H., Physisk og oeconomisk Beskrivelser over Fogderiet Søndmør, beliggende i Bergens Stift i Norge. 1762—66.

Fabricius, O., Fauna grønlandica 1780. :

Müller, O. F., Zoologia Danica. Vol. III. 1788—89.

Rathke, H., Naturh. Selsk. Skrifter. Vol. V. 1799.

Montagu. Description of several Marine Animals found on the Coast of Devonshire. Trans. Linn. Soc. London. Vol. IX. 1808.

Leach, W. E., Zoological Miscellany, I. 1814.

Sabine, E., Supplement to the Appendix of Capt. Parry's Voyage. 1824.

Johnston, G., Miscellanea zoologica. An attempt to ascertain the British Pycnogonidæ. Mag. of Zool. & Botany. Vol. I. 1837.

Goodsir, H. On some new species of Pycnogonidæ. Edinburgh New Phil. Journal. Vol. 32. 1842.

„ „ On some new Crustacean Animals found in the Firth of Forth. Edinburgh New Phil. Journal. Vol. 38. 1842.

„ „ On the Specific and Generic Characters of the Araneiform Crustacea. Ann. Nat. Hist. Vol. 14. 1844.

„ „ Description of a new species of Pycnogon. Ann. Mag. Nat. Hist. Vol. XV. 1845.

Philippi, R. A. Ueber die Neapolitanischen Pycnogoniden. Wiegmann's Arch. f. Naturgeschichte. Vol. IX. 1843.

Krøyer, H. Bidrag til Kundskaben om Pycnogoniderne eller Søspindlerne. Nat. Tidsskr. 2 Række. Bd. 1. 1844—45.

„ Gaimard's Voyage en Scandinavie, Atlas, Pl. 35—39. 1849.

Bell, T. Belcher's Last of the Arctic Voyages. Vol. II. 1855.

Hodge, G. List of the British Pycnogonidæ, with Descriptions of several new Species. Ann. Mag. Nat. Hist. Vol. XIII. 1864.

„ „ Reports of deep-sea dredging on the coasts of Northumberland and Durham 1862—64, Pycnogonidea. Natural History Transactions of Northumberland and Durham. 1865.

Hesse, M. Observations sur des Crustacés rares ou nouveaux des côtes de France. Ann. sciences nat.; 5 série Vol. VII & XX. 1867—74.

Jarzynsky, Th. Praemissus Catalogus Pycnogonidarum inventarum in mari glaciali ad oras Lapponiæ rossicæ et in mari albo, anno 1869 et 70. Ann. de la Soc. des Natur. de St. Petersb. 1870.

Semper, C. Ueber Pycnogoniden und ihre in Hydroiden schmarotzenden Larvenformen. Arb. a. d. Zool. Zoot. Inst. Würzburg. 1874.

Heller, C. Die Crustaceen, Pycnogoniden und Tunicaten des K. K. Øster-Ungar. Nordpol Exped. 1875.

Hoek, P. P. C. Ueber Pycnogoniden. Niederl. Arch. f. Zool. 1877.

„ „ The Pycnogonids dredged during the cruises of the Dutch Schooner „Willem Barents." Niederl. Arch. f. Zool. Suppl. Bd. 1881.

„ „ Report on the Pycnogonida, dredged by H. M. S. Challenger during the years 1878—76. The Zoology of the Voyage of H. M. S. Challenger. Part. X. 1881.

„ „ Nouvelles études sur les Pycnogonides. Arch. de Zool. expér. et génér. T. IX. 1881.

Sars, G. O. Prodromus descriptionis Crustaceorum et Pycnogonidarum, qvæ in Expeditione Norvegica anno 1876 observavit Arch. f. Mathem. & Naturvid. Bd. II. 1877.

„ „ Crustacea et Pycnogonida nova in itinere 2do et 3tio Expeditionis Norvegicæ, anno 1877 & 78 collecta. Arch. f. Math. & Naturvid. Bd. IV. 1879.

„ „ Pycnogonidea borealia & arctica (Prodromus descriptionis). Arch. f. Mathem. & Naturv. Bd. XII. 1888.

Wilson, E. B. A Synopsis of the Pycnogonida of New England. Transact. of the Connect. Acad. of Arts and Sciences. Vol. 5. 1878.

„ „ The Pycnogonida of New England and adjacent Waters. Report of the U. S. Commission of Fish and Fisheries. P. VI. 1881.

Dohrn, A. Die Pantopoden des Golfes von Neapel und der angrenzenden Meeresabschnitte. 1881.

Hansen, H. J. Zoologia Danica, 4de Hefte. Spindeldyr. 1884.

„ „ Fortegnelse over de hidtil i de Danske Have fundne Pycnogonider eller Søspindler. Nat.-Tidskr. 3 R. Bd. 14. 1884.

„ „ Kara Havets Pycnogonider. Dijmphna-Togets Zool.-botaniske Udbytte. 1886.

Beskrivelse af Slægter og Arter.

Fam. 1. **Pycnogonidæ.**

Familiecharacter. Saxlemmer og Følere manglende hos begge Kjøn i fuldt udvoxet Tilstand. Falske Fødder kun tilstede hos Hannen.

Bemærkninger. Til denne Familie regner jeg kun 2 bekjendte Slægter, nemlig *Pycnogonum* og *Phoxichilus*, der begge stemmer overens i ovenstaaende Characterer, om de end i andre Henseender viser ikke ubetydelige Forskjelligheder. Slægterne *Hannonia* Hoek og *Rhynchothorax* Costa. som af andre Forskere henregnes til denne Familie, tror jeg rettest bør indordnes under 2 andre Familier, den første under Familien *Pallenidæ*, den sidste under Familien *Pasithoidæ*.

Gen. **Pycnogonum,** Brünnich (1764).

Slægtscharacter. Legemet undersætsigt bygget, med haarde, knudrede Integumenter, kun svagt haarbesat. Snabelen mere eller mindre lige fortilstrakt, glat. Øieknuden stump. De falske Fødder meget smaa, 9-leddede, med simple Torner og endende med en kraftig Klo. Gangfødderne forholdsvis korte og robuste, med Tarsalleddet meget kort, Endkloen kraftigt udviklet, som oftest uden Bikløer. Kun et enkelt Par af Kjønsaabninger hos begge Kjøn, beliggende paa sidste Fodpars 2det Hofteled. Æggemassen enkelt, kageformig.

Bemærkninger. Af denne Slægt, den først beskrevne inden nærværende Dyrclasse, kjendte man indtil for nyligt kun en eneste Art, *P. littorale* Strøm. I Dohrn's Værk over de i Golfen ved Neapel forekommende Pycno-

---

Description of Genera and Species.

Fam. 1. **Pycnogonidæ.**

Family Character. — Chelifori and palpi wanting in adults of both sexes. False legs present only in male.

Remarks. — As of this family I class but 2 known genera, viz., *Pycnogonum* and *Phoxichilus*, both agreeing in the fore-mentioned characters, though in other respects exhibiting by no means inconsiderable points of difference. The genera *Hannonia* Hoek and *Rhynchothorax* Costa. which other naturalists refer to this family, should, in my judgment, rather be placed under 2 different families. the former under the family *Pallenidæ* and the latter under the family *Pasithoidæ*.

Gen. **Pycnogonum,** Brünnich (1764).

Generic Character. — Body squareset, having hard, rough integuments, sparingly furnished with hair. Proboscis extending more or less straight forwards, smooth. Ocularous tubercle obtuse. The false legs very small, nine-jointed, with simple spines, and terminating in a powerful claw. Ambulatory legs comparatively short and robust. with the tarsus very short, terminal claw powerfully developed, as a rule without auxiliary claws. A single pair only of generative openings in either sex, on the 2nd coxal joint of the last pair of legs. Egg-mass simple, cake-shaped.

Remarks. — Of this genus, the one first described belonging to the present class of animals, was known till of late but a single species, *P. littorale* Strøm. In Dohrn's work however on the Pycnogonidea (Pantopoda) occurring

gonidea (Pantopoda) beskrives imidlertid 2 Arter, *P. nodosum* og *P. pusillum*, der begge er vel adskilte fra den typiske Art. Hertil kommer endnu en ny nordisk Art, *P. crassirostre*, som i det følgende nærmere skal beskrives. Arterne af denne Slægt er let kjendelige ved deres usædvanlig undersættsige Kropsform, korte og kraftige Gangfødder, de almindelige haarde og knudrede Integumenter og den enkle, kageformige ydre Æggmasse. De synes delvis at føre et halvt parasitiskt Liv, idet de ofte er fundne fastklamrede til Actinier og andre lavere Sødyr.

in the Bay of Naples, are described 2 species, *P. nodosum* and *P. pusillum*, both quite distinct from the typical species. Besides those, there is a new Northern species, *P. crassirostre*, to be described farther on. The species of this genus are easily recognizable by their remarkably thickset form of body, short and powerful ambulatory legs, the hard and rugged integuments, and the simple, cake-shaped outer egg-mass. They would seem in great part to lead a parasitical life, being often found firmly clasped to Actinians and other low-organized marine animals.

---

1. Pycnogonum littorale (Ström).

(Pl. 1, fig. 1, a–i).

Phallangium littorale, Ström, Physisk og oeconomisk Beskrivelse over Fogderiet Søndmør, p. 209, Tab. 1, fig. 17.

Pycnogonum balænarum, Linné, Syst. Nat. ed. XII, I, p. 1028.

Pycnogonum littorale, O. Fabr. Fauna Grönlandica, p. 233.

    „   O. F. Müller, Zool. Dan. III, p. 68, Tab. CXIX, fig. 10—12.

Pycnogonum balænarum, Latreille, Hist. nat. des Crustacés et des Insectes, Tome VII, p. 332.

    -      Goodsir, Ann. Nat. Hist. Vol. 14, p. 1, Pl. 1, fig. 1—2.

Pycnogonum littorale, Milne Edwards, Hist. nat. des Crustacés, Vol. III, p. 537. Pl. 41, fig. 6.

    „   Johnston, Mag. Zool. and Botany, Vol. 1, p. 376, Pl. XIII, figs. 1—3.

    „   Kröyer, Bidrag til Kundskab om Pycnogoniderne. Nat. Tidsskrift, ny Række. I p. 126.

    „   Gaimard's Voyage en Scandinavie, Crust. Pl. 38, fig. 4. a—e.

Pycnogonum pelagicum, Stimpson, Invertebrata of Grand Manan, p. 37.

Pycnogonum littorale, Jarzynsky, Praemissus catalogus Pycnogonidarum inventaram in mari glaciali ad oras Lapponiæ Rossicæ et in mari albo.

    -      Moebius, Jaresh. der Commission zur Unters. der Deutschen Meere, I, p. 153.

    „   Hoek, Ueber Pycnogoniden. Niederl. Archiv f. Zool. Bd. III, p. 236, Tab. XV, fig. 1—3.

    „   Wilson, Synopsis of the Pycnogonida of New England. (Transact. Conn. Acad. of Arts & Sciences, Vol. V) p. 4.

    -      Idem, Report on the Pycnogonida of New England and adjacent waters. United States Commission of Fish and Fisheries. Report f. 1878, p. 469, Pl. 1, fig. 1—3.

    -      Hoek, Report on the Pycnogonida of the Challenger Exped. Appendix I. Pycnogonida of the Cruise of the Knight Errant, p. 99.

1. Pycnogonum littorale (Ström).

(Pl. 1, fig. 1, a–i).

Phallangium littorale, Ström. Physisk og oeconomisk Beskrivelse over Fogderiet Søndmør, p. 209, Tab. 1, fig. 17.

Pycnogonum balænarum, Linné, Syst. Nat. ed. XII, I, p. 1028.

Pycnogonum littorale, O. Fabr. Fauna Grönlandica, p. 233.

    „   O. F. Müller, Zool. Dan. III, p. 68, Tab. CXIX, figs. 10—12.

Pycnogonum balænarum, Latreille, Hist. nat. des Crustacés et des Insectes, Tome VII, p. 332.

    -      Goodsir, Ann. Nat. Hist. Vol. 14, p. 1, Pl. 1, fig. 1—2.

Pycnogonum littorale, Milne Edwards, Hist. Nat. des Crustacés. Vol. III, p. 537, Pl. 41. fig. 6.

    „   Johnston, Mag. Zool. and Botany, Vol. 1, p. 376. Pl. XIII. figs. 1—3.

    „   Kröyer, Bidrag til Kundskab om Pycnogoniderne. Nat. Tidsskrift, ny Række, I, p. 126.

    -      Gaimard's Voyage en Scandinavie, Crust. Pl. 38, fig. 4, a—e.

Pycnogonum pelagicum, Stimpson. Invertebrata of Grand Manan, p. 37.

Pycnogonum littorale, Jarzynsky, Praemissus catalogus Pycnogonidarum inventaram in mare glaciale ad oras Lapponiæ Rossicæ et in mari albo.

    „   Moebius, Jahresh. der Commission zur Unters. der deutschen Meere, I. p. 153.

    -      Hoek, Ueber Pycnogoniden. Niederl. Archiv f. Zool., Bd. III, p. 236, Tab. XV, figs. 1—3.

    -      Wilson, Synopsis of the Pycnogonida of New England (Transact. Conn. Acad. of Arts and Sciences, Vol. V), p. 4.

    „   Idem, Report on the Pycnogonida of New England and adjacent waters. United States Commission of Fish and Fisheries. Report for 1878, p. 469. Pl. 1, figs. 1—3.

    „   Hoek, Report on the Pycnogonida of the Challenger Exped. Appendix I. Pycnogonida of the Cruise of the Knight Errant, p. 99.

Pycnogonum littorale, Idem, Nouvelles études sur les Pyc-
nogonides, p. 520.
, ,, Hansen, „Zoologia Danica" Spindeldyr,
Tab. VII, fig. 23.
, ,, Hansen, Fortegnelse over de hidtil i de
Danske Have fundne Pycnogonider. Nat. Tidsskr.
3 Række. B. 14, p. 652.
, ,, G. O. Sars, Pycnogonidea borealia &
arctica. No 1.

Artscharacter. Legemet temmelig bredt, noget ned
trykt. Paa Rygsiden af hvert Kropssegment et mere eller
mindre hoit, koniskt Fremspring; mellem det forreste Frem-
spring og Øieknuden et mindre snaklaut. Legemets Side-
fortsatser brede, næsten sammenstødende, hver oventil ved
Enden forsynet med en stump Knude. Øieknuden afrun-
det, med forholdsvis meget smaa og vidt adskilte Corneæ.
Snabelen omtrent af Legemets halve Længde, stærkt af-
smalnende mod Enden, med det ydre Parti smalt cylin-
driskt. Halesegmentet spadeformigt udvidet mod Enden,
Spidsen afkuttet. Gangfødderne kortere end Legemet, sær-
deles kraftigt byggede, med ru, kornet Hud; Laarleddet
og 1ste Lægled størst, omtrent af ens Længde, hvert ved
Enden oventil gaaende ud i 2 stumpe Fremspring; Tarsal-
leddet særdeles kort, trekantet, bredere end Fodleddet,
oventil næsten skjult af foregaaende Led; Fodleddet noget
krummet, neppe afsmalnende mod Enden; Endekloen sær-
deles kraftig, mere end halvt saa lang som Fodleddet,
uden Bikløer. De falske Fødder hos Hannen cylindriske,
med de 4 ydre Led større end de 4 indre, Endekloen
kraftigt udviklet og krummet i Enden. Farven gulhvid
eller brun. Hunnens sædvanlige Længde 15ᵐᵐ; Spændvidde
26ᵐᵐ; Hannen noget mindre.

Bemærkninger. Som det vil sees af Synonymien,
har denne characteristiske og let kjendelige Form været
observeret og omtalt af saagodtsom alle de Naturforskere,
der overhovedet har beskjæftiget sig med disse Dyr. Men
den har, paa Grund af en vis Lighed i den ydre Habitus,
af Linné og flere senere Forskere været forvexlet med de
forøvrigt vidt forskjellige, til Amphipodernes Orden hørende
Hvallus (Cyamus), og det er herfra at den Linnéiske Arts-
benævnelse „balænarum" skriver sig. Arten er egentlig
først bleven nøiere undersøgt og beskrevet af den bekjendte
danske Naturforsker Krøyer, hvem vi overhovedet skylder
den første ordentlige Bearbeidelse af Gruppen. I den
nyere Tid er denne Art bleven gjort til Gjenstand for en
fornyet Undersøgelse af Wilson og Hoek, og navnlig har
den sidste Forsker paavist flere Eiendommeligheder ved
dens indre Organisation.

Beskrivelse. Legemets Længde er hos fuldt ud-
voxede Hunner, regnet fra Spidsen af Snabelen til Enden
af Halesegmentet, sædvanligvis omkring 15ᵐᵐ med en
Spændvidde mellem Spidsen af Gangfødderne af circa 26ᵐᵐ.
Hannerne er almindeligheid noget mindre end Hunnerne,
men forøvrigt af et meget lignende Udseende.

Pycnogonum littorale, Idem, Nouvelles études sur les Pyc-
nogonides, p. 520.
, ,, Hansen, "Zoologia Danica" Spindeldyr,
Tab. VII, fig. 23.
, ,, Hansen, Fortegnelse over de hidtil i de
danske Have fundne Pycnogonider. Nat. Tidsskr.
3 Række, Bd. 14, p. 652.
, ,, G. O. Sars, Pycnogonidea borealia &
arctica. No. 1.

Specific Character. — Body rather broad and some-
what depressed. On the dorsal side of each segment of
the body a more or less elevated conical projection; be-
tween the foremost projection and the oculiferous tubercle
one of smaller size. The lateral processes of the body
broad, well-nigh contiguous, each provided above with an
obtuse knob. The oculiferous tubercle rounded, with com-
paratively very small and widely distant corneæ. The
proboscis about half the length of the body, rapidly taper-
ing towards the extremity, and with the outer part slender
cylindrical. The caudal segment spatulate-expanded towards
the extremity, tip truncate. Ambulatory legs shorter than
body, exceedingly powerful, with a rough, granulous skin;
femoral joint and 1st tibial joint largest, about equal in
length, each with the extremity above taking the form of
2 obtuse projections; tarsus remarkably short, triangular,
broader than propodus, above almost concealed by the
preceding joints; propodus slightly curved, scarcely at all
tapering towards the extremity; terminal claw uncommonly
powerful, more than half as long as propodus, without
auxiliary claw. The false legs in the male cylindric, hav-
ing the 4 outer joints larger than the 4 inner, terminal
claw powerfully developed and curving towards the extrem-
ity. Colour yellowish-white or brown. Ordinary length
of female 15ᵐᵐ; extent 26ᵐᵐ; male a trifle smaller.

Remarks. — As will appear from the synonomy, this
characteristic and easily recognisable form has been ob-
served and mentioned by well-nigh all naturalists that have
had their attention anyway drawn to these animals. But
from a certain resemblance in the outer habitus, it has
by Linné and several later authors been confounded with
the whale-louse (Cyamus), belonging to the order Amphi-
poda; hence the Linnean specific appellation "balæ-
narum." The species was first carefully examined and
described by the well-known Danish naturalist Krøyer,
to whom indeed we are also indebted for the first system-
atic working-up of the group. Of late this species has
been made the subject of renewed investigation, by Wilson
and Hoek, the latter naturalist more especially having
pointed out divers peculiarities distinguishing its inner or-
ganization.

Description. — The length of the body in full-grown
females, taken from the tip of the proboscis to the extrem-
ity of the caudal segment, measures as a rule close upon
15ᵐᵐ, the extent between the points of the ambulatory
legs reaching 26ᵐᵐ. The males are generally somewhat
smaller than the females, but for the rest of very similar
appearance.

Legemet er (se Pl. I, fig. 1) af aalmindelig undersætsig og sammentrængt Form, samt ved vel markerede Suturer delt i 6 paa hinanden følgende Afsnit eller Segmenter, hvoraf det forreste forestiller Snabelen, det bageste Halesegmentet. Ethvert af de 4 midterste Segmenter udvider sig til Siderne til en kort og tyk, i Enden afkuttet Fortsats, hvortil Gangfødderne er fæstede. Disse laterale Fortsatser er tæt sammentrængte og kun skilte ved yderst smale, spaltformige Mellemrum, hvorfor Legemets Midtparti antager en temmelig bred, oval, noget nedtrykt Form. Det bageste Par af Sidefortsatserne er betydelig kortere end de øvrige og kun skilte bagtil ved et smalt Indsnit, fra hvis Bund Halesegmentet udgaar. Det forreste af de egentlige Kropssegmenter, det saakaldte Hovedsegment, der egentlig maa opfattes som fremkommet ved en Sammensmeltning af flere Segmenter, er som sædvanlig det største og omtrent dobbelt saa bredt som langt. Dog er det forreste Parti, eller Pandedelen, her langtfra saa udviklet som hos de fleste øvrige Pycnogonider og uden nogen egentlig Hals. Det viser i Enden en kraveformig Fortykkelse, der ligesom omfatter Roden af Snabelen (se ogsaa Fig. 1 a og 1 f), og har eventil, i nogen Afstand fra Forkanten en temmelig stærkt fremspringende, men i Enden stumpt afrundet Knude (Øieknuden). Paa den øvre Flade af denne Knude sees de 4 lindseformige Cornæe, der med sit underliggende Pigment fremstiller Dyrets Synsorganer. Disse Cornæe er hos nærværende Art meget smaa og vidt adskilte, samt ordnede 2 og 2 paa hver Side af Midtlinien (se Fig. 1 b). Bag Øieknuden findes paa Legemets Rygside langs Midtlinien en Række af 5 mere eller mindre høie, stumpt koniske Fremspring (se Fig. 1 a), hvoraf de 2 tilhører Hovedsegmentet, ethvert af de øvrige et særskilt Segment; de 3 midterste af disse Fremspring er altid de største. Desuden findes ved Enden af Legemets Sidefortsatser, ligeledes paa Rygsiden, en mere eller mindre tydelig stump Knude. Halesegmentet (se Fig. 1 c) er horizontalt stillet og næsten af spadedannet Form, stærkt indknebet ved Basis og successivt udvidet mod Enden, der er næsten tvert afkuttet eller med en neppe mærkelig Vinkel i Midten; dets Længde er omtrent lig de 2 foregaaende Segmenter tilsammen.

Snabelen (se Fig. 1, 1 a og 1 f) udgaar i horizontal Retning fra Enden af Hovedsegmentet, dog saaledes, at dens Endeparti er svagt nedbøiet (se Fig. 1 a). Den er omtrent halvt saa lang som det øvrige Legeme og ved Basis neppe meget smalere end den forreste Del af Hovedsegmentet. Af Form er den udpræget konisk og temmelig stærkt afsmalnende mod Enden, med det ydre Parti smalt udtrukket og af cylindrisk Form. Oventil eller nedenfra seet viser Snabelens Sidecontourer en svag dobbelt Indbugtning, som ogsaa er bemærket af Wilson. Paa Spidsen af Snabelen ligger Mandanbningen (se Fig. 1 f), som har den sædvanlige trekantede Form, men mangler tydeligt udviklede Læbeplader.

The body (see Pl. I. fig. 1) is remarkably thickset and compact in form, and divided by well-marked sutures into 6 consecutive parts, or segments, the foremost of which represents the proboscis, the hindmost the caudal segment. Each of the 4 median segments expand at the sides, forming a short and thick truncate process, to which the ambulatory legs are affixed. These lateral processes lie crowded together, with but exceedingly narrow, fissurelike intervals between; and hence the medial part of the body assumes a rather broad, oval, somewhat depressed form. The posterior pair of lateral processes are considerably shorter than the rest, and separated behind by only a narrow incision, from the bottom of which issues the caudal segment. The most anterior of the true segments of the body, the so-called cephalic segment, which, strictly, must be regarded as a fusion together, so to speak, of several segments, is as usual the largest, and about twice as broad as long. Meanwhile the foremost or frontal part is in this animal far from being so developed as in most other Pycnogonids, and is also without any neck proper. It exhibits at the extremity a collar-shaped inspissation, encompassing, as it were, the base of the proboscis (see too fig. 1 a and fig. 1 f), and having above, at some distance from the front margin, a rather abruptly projecting, but at the extremity rounded knob (the oculiferous tubercle). On the upper surface of this protuberance are seen the 4 lenticular corneæ, which, along with the underlying pigment, constitute the visual organs of the animal. In the present species, these corneæ are exceedingly small and wide apart and arranged, 2 and 2 together, on each side of the medial line (see fig. 1 b). Behind the oculiferous tubercle, occurs on the dorsal side of the body, along the medial line, a series of 5 more or less elevated, obtuse conical projections (see fig. 1 a), 2 of which belong to the cephalic segment, each of the others to a separate segment; the 3 middlemost of these projections are invariably the largest. Moreover, at the extremity of the lateral processes of the body, likewise on the dorsal side, we observe a more or less distinct obtuse protuberance. The caudal segment (see fig. 1 c), placed horizontally, is almost spatulate in form, very much instricted at the base, and expands successively towards the extremity, which is nearly truncate or with a well-nigh imperceptible angle in the middle; its length about equals that of the 2 preceding segments taken together.

The proboscis (see fig. 1, 1 a and 1 f) issues, with a horizontal direction, from the extremity of the cephalic segment, though in such manner as to give its terminal part a slight downward bend (see fig. 1 a). It measures about half the length of the rest of the body, and is at the base very little if at all slenderer than the foremost part of the cephalic segment. It has a marked conical form and tapers rather 'abruptly towards the extremity, with the outer portion slenderly produced and cylindrical in form. Viewed from above or from below, the lateral contours of the proboscis exhibit a faint twofold curvature, also noticed by Wilson. At the extremity of the proboscis lies the buccal orifice (see fig. 1 f), which has the

2

10

Af Lemmer findes hos Hunnen kun de 4 Par Gangfødder. Hertil kommer imidlertid hos Hannen et 5te Par, fra Bugsiden af Hovedsegmentet udgaaende Lemmer, de saakaldte falske Fødder (se Fig. 1 f). Derimod er der hos fuldt udviklede Dyr intetsomhelst Spor hverken af Saxlemmer eller Følere at opdage.

Gangfødderne (Fig. 1 c)

Gangfødderne (Fig. 1 c) er af temmelig plump og kraftig Bygning, noget kortere end Legemet og bestaaende af det sædvanlige Antal (8) Led. Af de 3 Hofteled er det 1ste største og temmelig bredt, især paa sidste Fodpar (se Fig. 1), hvor det ligger tæt ind mod Halesegmentet, der herved viser sig ligesom indkilet mellem Basis af dette Fodpar. Laarleddet er omtrent saa langt som de 2 sidste Hofteled tilsammen og af en noget uregelmæssig Form, med den indre Kant vinkelformigt udbuet paa Midten og den ydre eller øvre Kant gaaende ud ved Enden af Leddet i 2 jevnsides stillede, mere eller mindre tydelige koniske Fremspring. 1ste Lægled er lidt kortere end Laarleddet, stærkt indknebet ved Roden og gaar ved Enden paa den øvre Side ud i 2 lignende, men noget mindre Fremspring. 2det Lægled er betydelig mindre, noget skraat afskaaret i Enden og viser Antydning til lignende Fremspring som paa de 2 foregaaende Led. Tarsalleddet (se ogsaa Fig. 1 d) er meget kort, af trekantet Form og paa Ydersiden næsten ganske dækket af foregaaende Led; dets indre Kant er bueformigt bøiet og, ligesom en Del af foregaaende Leds Inderkant, tæt besat med korte, tornformige Børster. Fodleddet er mere end 3 Gange længere end Tarsalleddet, men betydelig smalere, temmelig stærkt krummet og overalt omtrent af ens Brede. Inderkanten er noget concav og tæt besat med lignende korte Børter som paa Tarsalleddet og ender med en liden smalt afrundet Lap. Endekløen er særdeles kraftig, mere end halvt saa lang som Fodleddet og af hornbrun, ofte næsten sort Farve. Den er i sit ydre Parti jevnt krummet og ender med en sylskarp Spids. Af Bikløer er der ikke det mindste Spor at opdage.

De falske Fødder

De falske Fødder findes, som anført, alene hos Hannerne, og deres Function synes her udelukkende kun at være den at fastholde den ydre Ægmasse. De er (se Fig. 1 f) fæstede til hver Side under den forreste Del af Hovedsegmentet til et lidet afrundet Fremspring, og er i Sammenligning med samme hos andre Pycnogonideer meget smaa og svage, idet de knapt opnaar ¼ af Legemets Længde. Ved nøiere Undersøgelse (Fig. 1 g) viser de sig at bestaa af det samme Antal Led som Gangfødderne og ender som disse med en kraftig Klo; men Længdeforholdet mellem Leddene er meget forskjelligt. De 4 første Led er forholdsvis meget smaa og næsten af ens Længde, hvorimod de følgende 4 er noget større, navnlig 5te og 6te. Langs den indre Kant af Leddene bemærkes nogle meget smaa og uregelmæssigt fordelte Torner af ganske simpel Form (Fig. 1 h). Endekløen er omtrent saa lang som det

usual triangular form, though wanting distinctly developed lip-plates.

Of limbs, occur in the female only the 4 pairs of ambulatory legs. The male however is furnished with a 5th pair, the so-called false legs (see fig. 1 f), issuing from the ventral side of the cephalic segment. On the other hand, in fully developed animals no trace can be detected of either chelifori or palps.

The ambulatory legs (fig. 1 c) are rather clumsy and powerful in structure, somewhat shorter than the body, and composed of the usual number (8) of joints. Of the 3 coxal joints, the first is the largest, and rather broad, more especially on the last pair of legs (see fig. 1), where it lies close up to the caudal segment, which has thus the appearance of being wedged in between the base of this pair of legs. The femoral joint is about as long as the 2 last coxal joints taken together and of a somewhat irregular form, with the inner margin bent out angularly in the middle and the outer or upper margin running at the extremity of the joint into 2 parallel, more or less distinctly conic projections. The 1st tibial joint is a trifle shorter than the femoral, very considerably instricted at the base, and divides at the extremity on the upper side into 2 similar, but somewhat smaller projections. The 2nd tibial joint is a good deal smaller, cut off somewhat obliquely at the extremity, and indicates the occurrence of similar projections, as in the 2 preceding joints. The tarsus (see fig. 1 d) is very short, triangular in form, and on the outer side well-nigh wholly covered by the preceding joint; its inner margin is arched and, as with part of the inner margin of preceding joint, densely beset with short spiculiform bristles. The propodus has more than 3 times the length of the tarsus, but is considerably narrower, very much curved, and everywhere of well-nigh the same breadth. The inner margin is a little concave, densely beset with short bristles similar to those on the tarsus, and terminates in a small, narrowly rounded lobe. The terminal claw is remarkably powerful, more than half as long as the tarsus, and of a horny brown, often well-nigh black colour. It has the outer part uniformly curved and terminates in a sharp point. Of auxiliary claws not a trace can be detected.

The false feet occur, as stated above, in the males only; and their function would seem to be exclusively that of grasping the outer egg-mass. They are affixed (see fig. 1 f) on either side, under the foremost part of the cephalic segment, to a small rounded projection, and are, as compared with those limbs in other Pycnogonids, very small and feeble, attaining scarcely one-fourth of the length of the body. On closer examination (fig. 1 g), they are found to have the same number of joints as the ambulatory legs, and, like those limbs, they terminate in a powerful claw; but as to length, the proportion between the joints is rather different. The 4 first joints are comparatively very small and almost equal in length, whereas the following 4 are somewhat larger, in particular the 5th and 6th. Along the inner margin of the joints extend a few very small and irregularly distributed spines of quite a simple

foregaaende Led, og som paa Gangfødderne stærkt chitini-
seret, med det ydre Parti krummet og endende i en syl-
skarp Spids.

Den ydre Ægmasse (Fig. 1 i), der her som hos alle
andre Pycnogonideer kun findes hos Hannerne, er enkelt
og kageformig, af uregelmæssig afrundet Form og dækker
Størsteparten af Dyrets Bugside. De enkelte Æg er over-
ordentlig smaa og talrige, omsluttede af en fælles meget
tynd og gjennemsigtig Membran.

Alle Dyrets Integumenter er meget haarde og tykke,
med en noget ru Overflade, bevirket af talrige smaa kue-
deformige Fremspring. Hist og her findes, navnlig paa
Lemmerne meget korte og spredte Haar, der dog kun ved
stærk Forstørrelse lader sig paavise.

Farven er noget varierende fra lyst hvidgul indtil
mørkt brunlig eller rustfarvet.

Forekomst og Levevis. Ved Norges Kyster fore-
kommer denne Art meget almindelig ligefra Christiania fjor-
den til Vadsø, hyppigst ganske nær Stranden paa ringe
Dyb, men i enkelte Tilfælde ogsaa paa meget større Dyb-
der, indtil 150 Favne. Ved Lofoten og Finmarken har
jeg taget den ikke sjelden i Fjæren under Stene.

I sine Bevægelser er den overordentlig langsom og
træg, endog i høiere Grad end nogen anden mig bekjendt
Pycnogonide. Som oftest ser man den næsten ubevægelig
fastklamret til en eller anden Gjenstand, kun af og til vi-
sende en svag Strækning og Bøining af en eller flere af Gang-
fødderne. Snabelen synes dog at kunne bevæges temmelig
frit og paa to forskjellige Maander, idet den dels kan bøies
i forskjellige Retninger i Forhold til Hovedsegmentet, dels
til en vis Grad inddrages i eller udskydes fra dette. Som
ovenfor antydet, er der Grund til at antage, at Dyret idet-
mindste under visse Omstændigheder fører et Slags parasi-
tisk Liv. Det er nemlig meget almindeligt, at man finder
denne Form fastklamret til de store paa grundt Vand
levende Actinier, f. Ex. *Tealia digitata* og *crassicornis*.
Hvorvidt det er det af disse Dyrs Legeme afsondrede Slim
eller de forskjellige fremmede, til Actiniens Legeme kla-
bende Partikler, der tjener den til Næring, er imidlertid
endnu ikke med Sikkerhed godtgjort.

Udbredning. Arten synes at have en særdeles vid
geographisk Udbredning. Dog er det muligt, at man i en-
kelte Tilfælde har forvexlet andre nærstaaende Arter med
denne Form. Philippi's Angivelse af dens Forekomst i
Middelhavet, ved Neapel, anser jeg saaledes for meget
tvivlsom, da den ikke senere af Dohrn er paavist her,
men vel et Par andre Arter af Slægten. Ligeledes finder
jeg, at Artens Forekomst ved Chili (ifølge Nicolet) og ved
Japan (ifølge Slater) i høi Grad tiltrænger Bekræftelse.
Efter min Formening er den en væsentlig kun for de nord-
lige Have charakteristisk Form, hvad der ogsaa synes at
bekræftes deraf, at den ved vore nordlige Kyster almindi-
lighed opnaar en kraftigere Udvikling og betydeligere Stør-
relse end længere sydpaa. Foruden ved Norge kjendes den

form (fig. 1 b). The terminal claw is about as long as
the preceding joint, and, like the ambulatory legs, highly
chitinized, with the outer part curved and terminating in
a most acute point.

The outer egg-mass (fig. 1 i), which in this animal,
as in all Pycnogonids, we find in the males only, is simple
and cake-like, of an irregular rounded form, and covers the
greater part of the ventral surface. The ova are exceed-
ingly small and numerous, and invested with a common
very thin and translucent membrane.

All the integuments of the animal are uncommon-
ly hard and thick, with a roughish surface, occasioned by
numerous small tubercular protuberances. Here and there
occur, more especially on the limbs, very short and scat-
tered hairs, perceptible only however under a strong magnifier.

The colour is somewhat variable, ranging from a light
whitish-yellow to dark-brownish, or rusty.

Occurrence and Habits. — On the coasts of Nor-
way this species is very common from the Christiania fjord
to Vadsø, being met with most frequently near the shore
in shallow water, but in some cases at a very considerable
depth, down even to 150 fathoms. In Lofoten and
Finmark I have not seldom taken it on the beach, from
under stones.

In its movements this animal is remarkably slow and
sluggish, more so indeed than any other Pycnogonid I
know of. As a rule you see it firmly clasped to some
object or other, well-nigh motionless, a feeble stretching or
bending now and then of one or more of the ambulatory
legs being the only sign of life. The proboscis however
admits, it would seem, of being moved with comparative
freedom and in two different ways, since, on the one hand,
it can be bent about in various directions to the cephalic
segment, and, on the other, to a certain extent be with-
drawn into or ejected from that part. As intimated above,
there is reason to assume that the animal   at least under
certain conditions — leads a kind of parasitic life. For very
often this form is found firmly clasped to the large Actiniæ
inhabiting shallow water, e. g., *Tealia digitata* and *crassicornis*.
Whether it be the mucus secreted by these animals, or the
different particles of foreign matter adhering to their body,
that serve the Pycnogonid as food, is a question however
not yet finally settled.

Distribution. — This species would appear to have
a wide geographical distribution. Meanwhile, it may be
that in some cases a nearly related form has been con-
founded with the present Pycnogonid. Philippi's statement
as to its occurrence in the Mediterranean, at Naples, I
regard as highly doubtful, Dohrn not having observed
it there, though he met with two other species of the
genus. Likewise, too, the occurrence of the species on
the coast of Chili (according to Nicolet), and on the coast
of Japan (according to Slater), calls, I certainly think,
for confirmation. In my judgment, it is a form
essentially characteristic of Northern Seas, which indeed
appears from the fact of its attaining a more powerful de-
velopment and more considerable size on the northern

2*

fra den murmanske Kyst og det hvide Hav (ifølge Jarzynsky), fra Kysterne af Danmark (Krøyer. Hansen), Tydskland (Moebius), Belgien (Hoek), Frankrige (Milne-Edwards), de britiske Øer (Johnston o. fl.), Island (Krøyer, ? Grønland (Fabr.), samt Nordamerikas Østkyst (Wilson).

coasts of this country than farther south. Exclusive of Norway, it has been taken on the Murman coast and the coast of the White Sea (according to Jarzynsky) on the coasts of Denmark (Krøyer, Hansen), those of Germany (Moebius), Belgium (Hoek). France (Milne-Edwards), the British Islands (Johnston and others), Iceland (Krøyer), Greenland (Fabr.), and the east coast of North America (Wilson).

2. Pycnogonum crassirostre, G. O. Sars.

Pl. I. Fig. 2. a—b.

Pycnogonum crassirostre, G. O. Sars, Pycnogonidea borealis & arctica. No. 2.

Artscharacter. Legemet mere langstrakt end hos foregaaende Art. næsten cylindriskt, fortil tykkere, med Sidefortsatserne forholdsvis korte og skilte ved større Mellemrum. Langs Legemets Rygside en Række af stumpe Knuder. Halesegmentet allangt ovalt, med Spidsen jevnt afrundet. Øiekuuden stumpt tilrundet med forholdsvis store, uer sammen stillede Cornea. Snabelen skjevt nedadrettet, forholdsvis kort og tyk, neppe mere end ¹/₃ saa lang som Kroppen, cylindrisk konisk, med Enden afstumpet, ikke uddraget. De falske Fødder hos Hannen meget smaa og svage, med de 2 første Led større end de øvrige. Endekloen tynd og kun svagt krummet. Gangfødderne kortere end Legemet, af en lignende Bygning som hos foregaaende Art. men med Tarsalleddet smalere og mere regelmæssigt firkantet. Farven brunlig eller rustfarvet. Hunnens Længde 10ᵐᵐ; Hannens 6¹/₂ᵐᵐ.

Bemærkninger. Denne nye Art er let kjendelig fra P. littorale, foruden ved sin ringere Størrelse, ved sit smalere, næsten cylindriske Legeme, de korte og vidt adskilte Sidefortsatser, Halesegmentets Form, men især ved den betydelig kortere og tykkere Snabel, hvilken sidste Character har givet Anledning til Artsbenævnelsen. Ogsaa i de falske Fødders og Gangfødderues Bygning kan paavises en Del mindre Differentser, der sætter Artens Gyldighed udenfor al Tvivl.

Beskrivelse. Længden af Legemet hos den fuldt udviklede Hun er kun 10ᵐᵐ, altsaa adskilligt ringere end hos foregaaende Art. Hannen er betydelig mindre, nemlig kun 6¹,ᵐᵐ lang.

Legemet er hos begge Kjøn (se Pl. I, Fig. 2, 2 a) temmelig robust, men dog forholdsvis kjendelig smalere end hos foregaaende Art. næsten trindt og noget afsmalnende fortil bagtil. Segmenterne er meget skarpt afsatte fra hinanden og noget indknebne i sin forreste Del. De fra dem udgaaende Sidefortsatser er forholdsvis meget smaa og. uligt hvad Tilfældet er hos den typiske Art. ved temmelig brede Mellemrum skilte fra hinanden. Langs Rygsiden af Legemet findes som hos foregaaende Art en Række

2. Pycnogonum crassirostre, G. O. Sars.

Pl. I. fig. 2. a -b.

Pycnogonum crassirostre, G. O. Sars, Pycnogonidea borealis & arctica, No. 2.

Specific Character. — Body more elongate than in preceding species. almost cylindrical, anteriorly stouter, with lateral processes comparatively short and separated by wider intervals. Along the dorsal surface of the body extend a series of obtuse protuberances. Caudal segment oval throughout, with the point evenly rounded off. Oculiferous tubercle obtusely rounded, with comparatively large, closely set corneæ. Proboscis pointing obliquely downwards, relatively short and thick, but very little more than one-third the length of the body, conico-cylindric, with extremity truncate, not produced. The false legs in the male very small and feeble, having the 2 first joints larger than the rest, terminal claw slender and but slightly curved. Ambulatory legs shorter than body, of a structure similar to that in the preceding species, but with the tarsus more slender and more regularly quadrangular. Colour brownish or rusty. Length of female reaching 10ᵐᵐ, that of male 6¹/₂ᵐᵐ.

Remarks. — This new species may be easily distinguished from P. littorale. not only by its inferior size, its more slender, well-nigh cylindrical body, the short and widely distant lateral processes, the form of the caudal segment, but also, and in particular, by its considerably shorter and thicker proboscis, from which latter character indeed the specific designation is derived. In the structure too of the false legs and of the ambulatory legs can be shown divers minor differences, that place the genuineness of the species beyond all doubt.

Description. — The length of the body in the fully developed female reaches only 10ᵐᵐ, hence is a good deal less than in the preceding species. The male is much smaller, not more than 6¹/₂ᵐᵐ long.

The body is in both sexes (see Pl. I, fig. 2, 2 a) rather robust, though perceptibly slenderer than in the preceding species, almost cylindrical, and tapers somewhat antero-posteriorly. The segments are marked off very sharply from each other, and somewhat instricted in the foremost part. The lateral processes issuing from them are comparatively very small, and, unlike what is the case in the typical species, separated one from the other by rather wide intervals. Along the dorsal surface of the body oc-

af Fremspring; men disse er her (se Fig. 2 a) betydelig lavere, stumpt afrundede i Spidsen og det forreste og bagerste af dem neppe mere end antydede. Ligeledes findes ved Enden af enhver af Sideforsatserne ovenfil en ganske lav, knudeformig Forhøining. Af Segmenterne er det forreste, eller Hovedsegmentet som sædvanlig størst og næsten af samme Længde som Brede, med Pandedelen meget kort og som hos foregaaende Art endende med en cirkulær Fortykkelse, hvori Snabelen er ligesom indsænket (se Fig. 2 c). Halesegmentet (se Fig. 2 og 2 b) er forholdsvis omtrent af samme Længde som hos P. littorale, men af en temmelig afvigende Form. Det er nemlig aflangt ovalt, eller næsten cylindriskt, med det ydre Parti ganske jevnt afrundet, ikke som hos foregaaende Art spadeformigt udvidet og afkuttet i Spidsen.

Øieknuden (Fig. 2 b) er stumpt afrundet og rettet noget forover samt beliggende ganske nær Hovedsegmentets Forkant (se Fig. 2 a). De 4 Cornere er kjendelig større end hos foregaaende Art og ogsaa nærmere stillede sammen (sml. Fig. 2 b og 1 b).

Snabelen (se Fig. 2, 2 a, 2 c) er af et meget characteristiskt Udseende og temmelig ulig samme hos P. littorale. Den er forholdsvis kort og tyk, neppe mere end ⅓ saa lang som det øvrige Legeme og noget skraat nedadrettet. Af Form er den næsten cylindrisk, kun meget lidet afsmalnende mod Enden, der ikke som hos foregaaende Art er smalt udtrukket, men stumpt afkuttet. Mundaabningen viser heller ikke en saa regulær trekantet Form som hos hin Art, men har Kanterne noget uregelmæssigt foldede (se Fig. 2 c).

De falske Fødder hos Hannen (se Fig. 2 c, 2 d) er yderst smaa og forholdsvis kjendelig spinklere end hos P. littorale, næsten traadformige. Længdeforholdet af de enkelte Led er ogsaa temmelig afvigende. Saaledes er her de 2 første Led ubetinget de største, og af de følgende Led er det 5te og 6te noget større end baade de 2 foregaaende og efterfølgende. Endekloen (se ogsaa Fig. 2 c) er kjendelig tyndere og viser kun en ganske svag og jevn Krumning. De paa disse Lemmer fæstede Torner er meget smaa og spredte uden nogen bestemt Orden, dels i Kanterne, dels paa den ydre eller indre Side af Leddene.

Gangfødderne (Fig. 2 f) er adskilligt kortere end Legemet og viser idethele en med samme hos foregaaende Art temmelig overensstemmende Bygning, dog med enkelte mindre Afvigelser. Af Leddene er det 4de eller Laarleddet baade det største og kraftigste, omtrent af samme Længde som de 3 Hofteled tilsammen, og kjendelig længere end det følgende Led. Det viser indtil et lignende vinkelformigt Fremspring som hos P. littorale, hvorimod de hos denne Art ved Enden af dette og de 2 følgende Led forekommende koniske Fortsatser mangler eller er i ethvert Fald yderst utydelige. De 2 Lægled aftager hurtigt baade i Længde og Tykkelse og har hvert mer Enden

ear as in the preceding species a series of projections; but in this animal they are considerably lower, obtusely rounded at the point, and the first and last but little more than rudimentary. Moreover, at the extremity of each lateral process we observe above a low, knob-shaped protuberance. Of the segments, the foremost, or cephalic segment, is as usual the largest, and well-nigh of the same length as breadth, with the frontal part exceedingly short and, as in the preceding species, terminating in a circular inspissation, into which the proboscis would seem, as it were, to be sunk (see fig. 2 c). The caudal segment (see fig. 2 and 2 b) is relatively of about the same length as in P. littorale, but rather different in form. It is oblongo-ovate, or almost cylindrical, with the outer part uniformly rounded off, not as in the preceding form spatulate-expanded and truncate at the point.

The oculiferous tubercle (fig. 2 b) is obtusely rounded and directed somewhat forwards, as also placed close to the front margin of the cephalic segment (see fig. 2 a). The 4 corneæ are perceptibly larger than in the preceding species and nearer together (compare fig. 2 b with fig. 1 b).

The proboscis (see fig. 2, 2 a, 2 c) has a most characteristic appearance, differing not a little from that in P. littorale. It is relatively short and thick, hardly more than one-third as long as the rest of the body, and points somewhat obliquely downward. In form it is almost cylindrical, tapering but very slightly towards the extremity, which is not, as in the preceding species, slenderly produced, but obtusely truncated. Neither does the buccal orifice show so regularly triangular a form as in that species, but has the margins irregularly folded (see fig. 2 c).

The false legs in the male (see fig. 2 c, 2 d) are very small indeed and more appreciably slender than in P. littorale, any almost filiform. The relative length of the different joints differs too considerably. Thus, in this animal the 2 first joints are without question the largest, and of the following the 5th and 6th are a trifle larger than both the 2 preceding and the 2 succeeding ones. The terminal claw (see also fig. 2 c) is perceptibly thinner, and exhibits but a very slight and uniform bend. The spines observed on these limbs are very small, and occur scattered, without regular arrangement, partly along the margins and partly on the outer or inner surface of the joints.

The ambulatory legs (fig. 2 f) are a good deal shorter than the body, and exhibit on the whole a structure agreeing rather closely with that in the preceding species, though with a few minor differences. Of the joints, the 4th or femoral joint is the largest and most powerful, about equal in length to the 3 coxal joints taken together, and appreciably longer than the succeeding joint. It has an angular projection similar to that in P. littorale, whereas the 2 conical processes observed in that species at the extremity of this joint and of the 2 following ones are wanting, or at least very indistinct. The 2 tibial joints diminish rapidly alike in length and thickness, and have each, near

14

i den ydre Kant en ualmindelig lang og fin Børste. Tarsalleddet (se Fig. 2 g) er ganske lidet, næsten qvadratiskt og neppe bredere end Fodleddet; dets øvre Del er her fri, ikke som hos den typiske Art dækket af foregaaende Led. Fodleddet har idethele en lignende Form som hos denne Art, ligesom ogsaa Endekloen viser et meget overensstemmende Udseende. Hele Inderkanten af Fodleddet og Tarsalleddet samt en Del af 2det Lægled er ogsaa her forsynet med en tæt Bræmme af fine Torner, og Fodleddet har desuden i Yderkanten en temmelig regelmæssig Rad af circa 10 fine Børster.

Integumenterne er som hos foregaaende Art særdeles haarde og tykke, med en ru, kornet eller fint knudret Overflade.

De paa Spiritus opbevarede Exemplarer har en temmelig mørk brunlig eller rustfarvet Couleur.

Forekomst. Tre Exemplarer af denne meget distinkte Art, en fuldvoxen Hun og to Hanner fandtes ved nøiere at gjennemgaa en hel Del Exemplarer af P. littorale indsamlede af mig paa forskjellige Kanter af vor Kyst og alle opbevarede paa et enkelt større Glas. Den nøiere Lokalitet, hvor disse 3 Exemplarer er tagne, kan jeg saaledes desværre ikke nu opgive; men jeg antager, at de stammer fra temmelig dybt Vand.

Udbredning. Ifølge skriftlig Meddelelse fra Dr. Hansen er Arten dette Aar (1888) taget af Prem. Lieutnant Ryder paa 66° N. B., 24° 9' V. L. (udfor Dyrefjord paa Island), paa 30 F. D., grov Sand og Skjæl; Bundtemperatur 7.2° C.

the extremity on the outer margin, a very long and delicate bristle. The tarsus (see fig. 2 g) is quite small, almost quadrate, and hardly broader than the propodus; its upper part in this animal is free, not as in the typical species covered by the preceding joint. The propodus has on the whole a form similar to that in the said species, and the terminal claw too agrees very closely in appearance. The whole inner margin of the propodus and the tarsus, as also part of the 2nd tibial joint, is furnished with a dense fringe of delicate spines, and the propodus has besides, on the outer margin, a comparatively regular series of about 10 delicate bristles.

As in the preceding species, the integuments are hard and thick, with a rough, granular or finely tuberculous surface.

Examples preserved in spirit have a rather dark brownish or rusty colour.

Occurrence. — Three examples of this very distinct species, a fullgrown female and two males, were found on looking over more closely a number of specimens of P. littorale collected by the author from different parts of the Norwegian coast, and all preserved in one large glass jar. The exact locality where these 3 individuals were taken I cannot therefore now unfortunately state; but I should say they came from rather deep water.

Distribution. — According to a communication by letter from Dr. Hansen, the species has been taken this year (1888) in lat. 66° N. long 24° 9' W. (off Dyrefjord, Iceland), from a depth of 30 fathoms; coarse shelly sand; bottom-temperature 7,2° C.

Gen. 2. **Phoxichilus**, Latreille (1816).

Slægtscharacter. Legemet smalt og langstrakt, med vel adskilte Sidefortsatser. Hovedsegmentet forholdsvis kort, med Pandedelen kun lidet fremspringende og kraveformigt udvidet omkring Roden af Snabelen, oventil med en Tværforhøining bevæbnet med 2 korte tandformige Fremspring. Halesegmentet cylindriskt, opret. Øieknuden stærkt fremspringende, konisk. Snabelen skraat nedadrettet, næsten cylindrisk, afkuttet i Enden og besat med korte Torner; Mundaabningen med complicerede Læbeplader. De falske Fødder hos Hannen 7-leddede, med simple, spredte Torner, sidste Led meget lidet og ligesom indsænket i det foregaaende, uden Klo. Gangfødderne lange og spinkle, delvis piggede. Tarsalleddet meget lidet, skaalformigt, Fodleddet kraftigt udviklet, mere eller mindre krummet, den indre Kant pladeformigt udvidet ved Basis og bevæbnet med stærke, fortil krummede Torner, Endekloen robust, med vel udviklede Bikløer. Kjønsaabningerne hos Hunnen paa 2det Hofteled af samtlige Fødder, hos Hannen kun paa de

Gen. 2. **Phoxichilus**, Latreille (1816).

Generic Character. — Body slender and elongate, with well-defined lateral processes. Cephalic segment comparatively short, with frontal part but slightly projecting and expanded in the form of a collar round the base of the proboscis, having moreover above a slight transversal prominence armed with 2 short dentiform projections. Caudal segment cylindric, erect. Oculiferous tubercle very considerably projecting, conic. Proboscis pointing obliquely downward, well-nigh cylindrical, truncate at the extremity, and beset with short spines; buccal orifice with complicated labial plates. The false feet in the male seven-jointed, with simple scattered spines, the last joint exceedingly small, and sunk, as it were, into that preceding it, without any claw. Ambulatory legs long and slender, in part spiked. Tarsus very small, calyx-shaped, propodus powerfully developed, more or less curved, the inner margin lamellar-expanded at the base, and provided with strong, anteriorly curving spines, terminal claw robust, with well-developed

3 bagerste Par. Flere uregelmæssig kugleformige ydre Ægmasser tilstede hos Hannen.

Bemærkninger. Denne Slægt skiller sig, som det vil sees, i mange Henseender meget væsentligt fra foregaaende, og det er egentlig kun den fuldstændige Mangel af Saxlemmer og Følere, der har ledet til at man almindelighed henfører den til samme Familie som Slægten Pycnogonum. Naar afsees fra denne, for begge Slægter fælles Character, synes nærværende Slægt i Virkeligheden at slutte sig nærmere til de til følgende Familie, Phoxichilidiidæ, hørende Former. Jeg finder det derfor meget sandsynligt, at man, naar flere Slægter og Arter bliver kjendte, vil finde det nødvendigt at opstille for denne Slægt en egen Familie. Der er af forskjellige Autores opført en hel Del Arter af nærværende Slægt; men det er meget langt fra, at disse formentlige Arter er tilstrækkelig skarpt distingverede fra hverandre, og jeg anser det derfor for rimeligt, at deres Tal vil blive betydelig reduceret. Under disse Omstændigheder vil en fornyet, udførlig Beskrivelse af den i de nordiske Have forekommende Art neppe befindes at være overflødig.

auxiliary claws. The generative openings in the female occur on the 2nd coxal joint of each leg, in the male on the 3 posterior pairs only. Numerous irregular globe-shaped outer egg-masses in the male.

Remarks. — This genus is, as will appear, in many respects very essentially distinguished from the preceding, and indeed the total absence of chelifori and palps has alone led to its being generally classed under the same family as the genus Pycnogonum. Nay, apart from this character, common to both genera, the present genus would seem to approximate more closely the forms of the next family, Phoxichilidiidæ. Hence, when a greater number of genera and species shall have become known, it will, I certainly think, prove necessary to establish a separate family for this genus. Many species belonging to the present genus have been instituted by different authors; but these species are far from being defined with sufficient precision, and I regard therefore as highly probable that a considerable reduction will be made in their number. Under these circumstances, to describe anew and in detail the species occurring in the Northern Seas is hardly superfluous.

3. Phoxichilus spinosus, (Mont.).
(Pl. 1. Fig. 3. a–g).

Phallangium spinosum, Montagu, Transact. Linn. Soc. London, Vol. IX, p. 100, Pl. V, fig. 7.
Phoxichilus spinosus, Johnston, Mag. of Zool. & Botany, I, p. 377.
    „   „   Krøyer, Nat. Tidsskr., ny Række, I, p. 125.
    „   „   Gaimard's Voyage Scandinavie, Pl. 35 Fig. 1, a–f.
    „   „   Goodsir, Ann. Nat. Hist. Vol. 14, p. 2, Pl. 1, fig. 3–5.
? *Endeis gracilis*, Philippi, Arch. f. Nat. Jahrg. 9, Bd. 1.
? *Phoxichilus inermis*, Hesse, Ann. d. Sci. Nat. Zool. VII, p. 199.
? *Phoxichilus lævis*, Grube, Mith. über St. Malo und Roscoff, p. 31 & 50, Tab. 1, Fig. 1, 1 c.
? *Phoxichilus vulgaris*, Dohrn, die Pantopoden des Golfes von Neapel; p. 169. Tab. X, Fig. 6; Tab. X a, Fig. 16—20; Tab. XI, Fig. 1—10, 12, 13, 16 –27.
Phoxichilus spinosus, Hoek, Nouvelles études sur les Pycnogonides, p. 518, Pl. XXVIII, Fig. 33.
    „   „   G. O. Sars, Pycnogonidea borealia & arctica, No. 3.

Artscharacter. Legemet smalt cylindrisk, med Sidefortsatserne vidt adskilte og omtrent saa lange som Legemet er bredt, enhver ved Enden oventil forsynet med et tandformigt Fremspring. Hovedsegmentet neppe længere

3. Phoxichilus spinosus, (Mont.).
(Pl. 1. fig. 3, a–g).

Phallangium spinosum, Montagu, Transact. Linn. Soc. London, Vol. IX, p. 100, Pl. V, fig. 7.
Phoxichilus spinosus, Johnston, Mag. of Zool. & Botany, I, p. 377.
    „   „   Krøyer, Nat. Tidsskr., Ny Række, I, p. 125.
    „   „   Gaimard, Voyage en Scandinavie, Pl. 35, fig. 1, a–f.
    „   „   Goodsir, Ann. Nat. Hist., Vol. 14, p. 2, Pl. 1, figs. 3–5.
? *Endeis gracilis*, Philippi, Arch. f. Nat. Jahrg. 9, Bd. 1.
? *Phoxichilus inermis*, Hesse, Ann. d. Sci. Nat. Zool. VII, p. 199.
? *Phoxichilus lævis*, Grube, Mitth. über St. Malo und Roscoff, p. 31 & 50, Tab. 1, fig. 1, 1 c.
? *Phoxichilus vulgaris*, Dohrn, Die Pantopoden des Golfes von Neapel; p. 169, Tab. X, fig. 6; Tab. X a, fig. 16—20; Tab. XI, fig. 1—10, 12, 13, 16—27.
Phoxichilus spinosus, Hoek, Nouvelles études sur les Pycnogonides, p. 518, Pl. XXVIII. fig. 33.
    „   „   G. O. Sars, Pycnogonidea borealia & arctica, No. 3.

Specific Character. — Body slender-cylindrical, with the lateral processes wide apart and about as long as the body is broad, each furnished at the extremity above with a dentiform projection. Cephalic segment hardly longer

end det følgende Segment. Frontaltornerne rykkede nær sammen, den kraveformige Udvidning forsynet oventil i Midten med en kort Indbugtning. Halesegmentet aflangt ovalt, afstumpet i Enden og til hver Side bevæbnet med en kort Torn. Øieknuden noiagtig i Midten af Hovedsegmentet, høi, konisk tilspidset, de 4 Cornew forholdsvis smaa, nærmere Basis end Spidsen. Snabelen mere end halvt saa lang som det øvrige Legeme og neppe smalere end dette, svagt udvidet paa Midten. De falske Fødder hos Hannen omtrent af Legemets halve Længde. 2det Led størst. 5te Led større end ethvert af de 2 foregaaende og efterfølgende, stærkt krummet, sidste Led trekantet, neppe halvt saa langt som foregaaende, med 2 korte Torner i den indre Kant. Gangfødderne næsten 3 Gange længere end Legemet, bevæbnede med spredte Torner af ulige Størrelse. 2det Hofteled længere end de 2 øvrige tilsammen, Laarleddet dobbelt saa langt som Hofteafsnittet og endende udad med en konisk med 2 ulige-lange Torner bevæbnet Fortsats. 1ste Lægled kortere end 2det, der omtrent er af Laarleddets Længde. Tarsalleddet skjævt afrundet. Fodleddet omtrent 4 Gange længere end bredt, endende udad i et spidst Hjørne, Inderkanten ved Basis bevæbnet med 5 stærke Torner, de 2 yderste jevnsides stillede. Endekløen mere end halvt saa lang som Fodleddet, Bikløerne omtrent halvt saa lange som Endekloen. Legemet gjennemsigtigt, med Tarmen og dens Sideudvidninger af grøn Farve. Legemets Længde hos Hunnen 4mm. Spandvidde 23mm; Hannen noget mindre.

Bemærkninger. At den ved Norges Kyster forekommende Form er identisk med Montagu's Art, derom kan der neppe være nogen Tvivl, og heller ikke den af Hoek ved Frankrigs Nordkyst undersøgte Form synes i nogen Henseende at skille sig fra vor Art. Da Hoek har taget sine Exemplarer paa den selvsamme Lokalitet, hvorfra Grube har sin P. lævis, og har paavist mindre Differentser hos ulige udviklede Individer, holder han Grube's Art for identisk med sin, ligesom han anser det for sandsynligt, at den af Hesse som P. inermis opførte Form heller ikke er artsforskjellig. Hvad endelig de to af Dohrn fra Golfen ved Neapel opførte Arter angaar, saa viser begge saavel stor Overensstemmelse indbyrdes som med den typiske Art. Den ene af Arterne, P. charybdæus opgives imidlertid at være mere end dobbelt saa stor som den anden, P. vulgaris, der derimod i saa Henseende ganske svarer til vor Art, med hvilken jeg derfor er tilbøielig til at anse den for identisk. Philippi's Endeis gracilis maa ligeledes nabenbart henregnes til denne Art. Som forskjellige Arter bliver saaledes kun tilbage P. charybdæus Dohrn, der forøvrigt, naar afsees fra dens usædvanlige Størrelse, kun lidet synes at skille sig fra Montagu's Art, og P. meridionalis Bohm, som ifølge sit Findested (Singapoor) vel neppe kan være identisk med nogen af de europæiske Arter.

Beskrivelse. Legemets Længde hos fuldt udviklede Hunner er omkring 4mm, med en Spandvidde af 23mm. Hannerne synes som Regel at være noget, skjøndt ikke meget, mindre end Hunnerne.

Af Form er Legemet (se Pl. I, Fig. 3, 3 a, 3 c, 3 d)

than that succeeding it, frontal spines near together, the collar having above in the middle a slight sinus. Caudal segment oblong-oval, truncate at the extremity, and on either side armed with a short spine. Oculiferous tubercle exactly in the middle of the cephalic segment, prominent, acuminate, the 4 cornew comparatively small, nearer the base than the point. Proboscis more than half as long as, and hardly slenderer than the rest of the body, slightly expanded in the middle. The false legs in the male about half the length of the body. 2nd joint largest. 5th joint larger than either of the 2 preceding or succeeding it, sharply curved, last joint triangular, scarcely half as long as the preceding, with 2 short spines on the inner margin. Ambulatory legs well-nigh thrice the length of the body, armed with scattered spines, unequal in size. 2nd coxal joint longer than the 2 others taken together, femoral joint twice as long as coxal section, and terminating outwards in a conical process, armed with 2 spines of different length. 1st tibial joint shorter than 2nd, the latter about as long as femoral joint, tarsus obliquely rounded, propodus about 4 times longer than broad, terminating outwards in a sharp corner, inner margin furnished at base with 5 strong spines, the 2 outermost placed side by side, terminal claw more than half as long as propodus, auxiliary claws about half the length of terminal claw. Body translucent with the intestine and its lateral expansions of a green colour. Length of body in the female 4mm, extent 23mm; male somewhat smaller.

Remarks. — That the form occurring on the coasts of Norway is identical with Montagu's species, can hardly admit of doubt; nor indeed would the animal observed by Hoek on the north coast of France appear to differ in any respect from the present species. Hoek having taken his specimens in precisely the same locality whence Grube obtained his P. lævis, and having shown too minor differences to characterise unequally developed individuals, he holds Grube's species as identical with his own, regarding moreover as probable that P. inermis, established by Hesse, is not either specifically distinct. Finally, as to the two species established by Dohrn from the Bay of Naples, both exhibit close agreement alike individually and with the typical species. One of the species, P. charybdæus, is stated however to be more than double the size of the other, P. vulgaris, which in that respect agrees exactly with our species, with which therefore I am disposed to consider it identical. Philippi's Endeis gracilis must likewise obviously be referred to that species. Hence, as distinct species we have left only P. charybdæus Dohrn, which, apart from its remarkable size would appear to differ but little from Montagus's form, and P. meridionalis Bohm, that, judging from its habitat (Singapoor), can hardly be identical with any of the European species.

Description. — The length of the body in fully developed females reaches about 4mm, with an extent of 23mm. The males would seem as a rule to be somewhat, though not much, smaller than the females.

In form (see Pl. I, figs. 3, 3 a, 3 c, 3 d) the body is

særdeles smalt og langstrakt, cylindriskt og næsten overalt af ens Brede, eller kun ganske ubetydeligt afsmalnende bagtil. Segmenterne er ved skarpt markerede Suturer afgrændsede fra hinanden, og det 1ste, eller Hovedsegmentet, neppe synderlig længere end de øvrige. Sidefortsatserne, der paa 1ste Segment udgaar omtrent fra Midten, er paa de 2 følgende Segmenter rykkede nærmere deres bagre Del og udgaar paa sidste Kropssegment lige fra Enden. De er ved betydelige Mellemrum skilte fra hinanden, af cylindrisk Form og omtrent saa lange som Legemet er bredt. Ovautil har enhver af dem lige ved Enden et vel markeret tornformigt Fremspring. Hovedsegmentet er forholdsvis kort, med det forreste Parti, eller Pandedelen, ligesom hos foregaaende Slægt, kun lidet fremspringende. Paa den øvre Side har dette Parti (se Fig. 3 c) en noget buet Tværforhøining, der er bevæbnet med to temmelig nær sammen stillede tornformige Fremspring. Den forreste Kant af Hovedsegmentet danner over Basis af Snabelen en kraveformig Udvidning, der i Midten viser et lidet Indsnit eller Indbugtning. Halesegmentet (Fig. 3 g) er ikke som hos Pycnogonum horizontalt stillet, men altid rettet lige opad, dannende en ret Vinkel med det øvrige Legeme (se Fig. 3 d). Det er omtrent af samme Længde som sidste Kropssegment, af aflang oval Form og næsten overalt af ens Brede. Enden er afstumpet og bærer til hver Side en kort Torn, fæstet til en tydelig Afsats.

Øieknuden (Fig. 3 c), der er beliggende nøiagtig i Centret af Hovedsegmentets Rygside, er særdeles høi, pyramidal eller konisk og ender i en skarp Spids. De 4 Cornea er forholdsvis smaa og ligger nærmere Basis end Spidsen af Øieknuden. Til hver Side, lidt høiere op paa Øieknuden, sees et lidet knudeformigt Fremspring, som ogsaa forefindes her hos andre Pycnogonider og som af Dohrn ansees for et Slags Sandseapparat.

Snabelen (se Fig. 3 a, 3 c, og 3 d) er af forholdsvis betydelig Størrelse, mere end halvt saa lang som det øvrige Legeme og neppe smalere end dette, samt skraat nedadrettet. Af Form er den cylindrisk eller noget tendannet, med en svag men tydelig Fortykkelse paa Midten, og Spidsen stumpt afkuttet. I hele dens ydre Parti, fra den mediane Fortykkelse af, er den besat med spredte, skraat fortil rettede fine Torner, der ved Enden bliver tættere sammentrængte. Mundaabningen viser den sædvanlige trekantede Form og er omgivet af temmelig complicerede Læbeplader, hvis finere Bygning er udførligt beskrevet i Dohrn's Værk. Da Snabelen, ligesom det hele øvrige Legeme, er temmelig gjennemsigtig, skimtes i dens Indre mere eller mindre tydeligt det i den bagre Halvdel beliggende complicerede System af børstebesatte Chitinlister og til hver Side af samme 2 smale fortil rettede blindsækformige Forlængelser af Tarmen (se Fig. 3 c).

Saxlemmer og Følere mangler hos det voxne Dyr, ligesom hos foregaaende Slægt. Dog er der Grund til

exceedingly slender and elongate, cylindrical, and well-nigh everywhere of the same breadth, or tapers but very little posteriorly. The segments are divided from each other by sharply defined sutures, and the 1st or cephalic segment is not much longer than the others. The lateral processes, which on the 1st segment proceed from about the middle, on the 2 following segments approach closer the posterior part, and issue on the last body-segment from the extremity itself. They have wide intervals between them, are of cylindrical form, and about as long as the body is broad. Above, right at the extremity, each has a well-pronounced spiniform projection. The cephalic segment is comparatively short, with the anterior section, or frontal part, but slightly projecting, as in the preceding genus. On the upper surface, this part (see fig. 3 c) has a somewhat arched transversal prominence, armed with 2 spiniform projections, set close together. The anterior margin of the cephalic segment forms, over the base of the proboscis, a sort of collar, exhibiting in the middle a slight incision, or sinus. The caudal segment (fig. 3 g) is not placed horizontally, as in Pycnogonum, but always directed straight upward, at right angles with the rest of the body (see fig. 3 d). It measures about the same length as the last body-segment, is of an oblong oval form, and has well-nigh everywhere equal breadth. The extremity is obtuse, and has on either side a short spine, affixed to a distinct ledge.

The oculiferous tubercle (fig. 3 a), placed exactly in the centre of the dorsal side of the cephalic segment, is very elevated, pyramidal or conic as to form, and terminates in a sharp point. The 4 cornæ are comparatively small, and lie nearer the base than the point of the oculiferous tubercle. On either side, a little higher up the oculiferous tubercle, is seen a small knob-shaped projection, also occurring in other Pycnogonids, and which Dohrn takes for a kind of sensory apparatus.

The proboscis (see figs. 3 a, 3 c, and 3 d) is comparatively large in size, upwards of half as long as, and hardly at all more slender than, the rest of the body, and obliquely directed downward. Cylindric or somewhat fusiform, it has a slight but distinct inspissation in the middle, with the point obtusely truncate. Throughout the whole of its outer part, from the median inspissation, it is furnished with distant, anteriorly pointing, delicate spikes, at the extremity set closer together. The buccal orifice, presenting the usual triangular form, is surrounded by rather complicated labial plates, the more intricate structure of which Dohrn fully describes in his work. The proboscis, in common with the rest of the body, being comparatively translucent, we can detect, inwards, more or less distinctly, the complicated system of bristle-bearing chitinous fillets in the posterior half, and on either side 2 slender, anteriorly directed cæcal prolongations of the intestine (see fig. 3 c).

The chelifori and palpi are absent in the adult animal, as with the preceding genus. Meanwhile, there is

med Dohrn at antage, at de 2 smaa ovenfor omtalte tornformige Fremspring paa den øvre Side af Hovedsegmentets Pandeled repræsenterer et ubetydeligt Rudiment af de hos Larverne tydeligt udviklede Saxlemmer, ligesom en bueformig Chitinliste paa Siderne af dette Segments Halsdel (se Fig. 3 a) antyder det Sted, hvor hos Larverne de til Følerne svarende Lemmer har havt sin Plads.

De falske Fødder (Fig. 3 f), der som hos foregaaende Slægt kun er tilstede hos Hannerne (se Fig. 3 c, 3 d), er forholdsvis betydelig kraftigere udviklede end hos denne Slægt og lige udstrakte mere end halvt saa lange som hele Legemet. Som hos andre Pycnogonideer er de fæstede paa hver Side til et knudeformigt fra Hovedsegmentets Halsdel udgaaende Fremspring, umiddelbart foran Legemets forreste Sidefortsatser, og er bøiede ind under Kroppen, visende en udpræget S-formig Krumning. De er kun sammensatte af 7 Led, meget ulige i Længde og besatte med korte, som oftest hageformigt ombøiede og uden nogen Orden fordelte Torner. Hvad Leddenes indbyrdes Forhold angaar, saa er det 1ste forholdsvis kort og tykt, hvorimod 2det er stærkt forlænget, mere end dobbelt saa langt. De 2 følgende Led er igjen adskilligt kortere og tilsammen neppe betydelig længere end 2det, 5te derimod mere forlænget, skjøndt kortere end 2det, og meget stærkt krummet. 6te Led er af oval eller elliptisk Form og har ved Enden en skaalformig Fordybning, fra hvis Bund det yderst lille 7de eller sidste Led rager frem. Dette er af trekantet Form og uden Klo, men forsynet i den indre Kant med 2 korte Torner af samme Beskaffenhed som de øvrige paa disse Lemmer fæstede.

Gangfødderne (se Fig. 3) er særdeles spinkle, næsten 3 Gange længere end Legemet, og besatte med spredte Torner af noget ulige Størrelse. 2det Hofteled er temmelig stærkt forlænget, mere end dobbelt saa langt som de 2 øvrige tilsammen og noget indknebet ved Basis. Det har paa Undersiden nær Spidsen hos begge Kjøn en liden Hunnen større, hos Hannen betydelig mindre Aabning til Udtømmelse af Kjønsstoffene; hos Hannerne synes dog disse Aabninger ganske at mangle paa 1ste Fodpar. Laarleddet er af betydelig Størrelse, omtrent dobbelt saa langt som hele Hoftepartiet, og gaar ved Spidsen paa den ydre Side nd i en konisk, med 2 ulige lange Torner bevæbnet Fortsats. Hos Hunnen er dette Led mere eller mindre opsvulmet paa Grund af de i dets Indre sig udviklende Æg og har paa Midten 2 skraat overfor hinanden stillede temmelig stærke Torner. 1ste Lægled er kortere end Laarleddet, hvorimod 2det er omtrent at samme Længde som dette, begge af lineær Form og besatte med temmelig ligelig udviklede Torner. Tarsalleddet (se Fig. 3 b) er særdeles lidet og meget bevægeligt forbundet med foregaaende Led. Det er af uregelmæssig afrundet Form, stærkt udrandet i Enden og udad springende frem i en smal, med 2 smaa Børster besat Lap; dets indre Kant er stærkt ud-

reason to assume with Dohrn, that the 2 small spiniform projections mentioned above, on the upper surface of the frontal portion of the cephalic segment, represent a slight rudiment of the chelifori, distinctly developed in the larvæ, as also an arched chitinous fillet on either side of the neckpart of that segment (see fig. 3 a) indicates the place whence, in the larvæ, the limbs corresponding to the palpi had their origin.

The false legs (fig. 3 f), which, as in the preceding genus, are present in the males only (see figs. 3 c, 3 d). have relatively a much more powerful development than in that genus, and measure, fully extended, upwards of half the length of the whole body. As in other Pycnogonids, they are affixed on either side to a knob-shaped projection issuing from the neck-part of the cephalic segment, immediately anterior to the first pair of lateral processes of the body, and are bent in under the trunk, exhibiting a marked S-shaped curve. They are composed of only 7 joints, very unequal in length, and beset with short spines, as a rule unguiform-recurvous, and distributed without any order whatever. Concerning the relative size of the joints, the 1st is comparatively short and thick, whereas the 2nd is very considerably produced, may more than twice as long. The 2 succeeding joints, again, are a good deal shorter, and, taken together, hardly much longer than the 2nd; the 5th on the other hand is more elongate, though shorter than the 2nd, and very much curved. The 6th joint is oval or elliptic in form, and has at the end a bowl-shaped depression, from the bottom of which the exceedingly small 7th, or terminal, joint is seen to protrude. This joint is of triangular form and without any claw, but provided on its inner margin with 2 short spines, similar in character to the others affixed to those limbs.

The ambulatory legs (see fig. 3) are remarkably slender, almost 3 times longer than the body, and beset with scattered spines of somewhat unequal size. The 2nd coxal joint is a good deal produced, more than twice as long as the 2 others taken together, and somewhat constricted at the base. On the under surface, it has, near the extremity, in both sexes, an opening. — for the female comparatively large, for the male much smaller, — to evacuate the generative matter; in the males, this opening would appear to be entirely wanting on the 1st pair of legs. The femoral joint is of considerable size, about double the length of the whole coxal part, and protends at the point on the outer surface as a conic projection, armed with 2 unequally long spines. In the female, this joint is more or less swollen, owing to the eggs in course of development within, and exhibits moreover, placed obliquely opposite one to the other, 2 rather powerful spines. The 1st tibial joint is shorter than the femoral joint, whereas the 2nd is about of the same length; both are linear in form and beset with well-nigh equally developed spines. The tarsus (see fig. 3 b) is exceedingly small, and very movably connected with the preceding joint. It has an irregular rounded form, being deeply emarginated at the extremity, and

buet og bevæbnet med flere Torner, hvoraf en ndmærker sig ved betydeligere Størrelse. Fodleddet er meget kraftigt udviklet, ikke fuldt 4 Gange længere end bredt og temmelig stærkt krummet. Det er langs den ydre Kant og ved Enden besat med en Del uregelmæssigt fordelte Torner, hvoraf den til det ydre tilspidsede Hjørne fæstede er størst. Inderkanten af Leddet er jevnt indbugtet og danner ved Basis en bred pladeformig Udvidning; langs hvilken til særegne Afsatser er fæstet 5 meget stærke fortil krummede Torner, hvoraf dog de 2 yderste er stillede jevnsides; foran dem følger en Rad af omkring 7 noget mindre Torner. Endekloen er meget kraftig, mere end halvt saa lang som Fodleddet, mod hvis indre tornbesatte Kant den kan indboies. Den er stærkt krummet og ved Basis fortil forsynet med 2 vel udviklede, til en særegen Afsats fæstede Hikløer, der omtrent er af Endekloens halve Længde. De 2 ovenbeskrevne sidste Led tilligemed Endekloen danner et meget kraftigt Griberedskab, hvormed Dyret kan klamre sig fast til Hydroider og andre Gjenstande paa Havbunden.

Integumenterne er temmelig tykke, af læderagtig Consistens og overalt forsynede med smaa circulære Felt (Aabninger for Hudkjertler). De er hos det levende Dyr temmelig gjennemsigtige, saa at forskjellige af de indre Organer mere eller mindre tydeligt skinner igjennem, navnlig den intensiv grønfarvede Tarm med sine lige ind i Fodleddet rækkende Sideforkængelser. Seet fra Bugsiden viser sig ogsaa Bugganglikjæden med sine 5 store Ganglier meget tydeligt (se Fig. 3 a) skinnende igjennem Huden.

Ingen af de af mig undersøgte Individer var ægbærende. Men ifølge Dohrn skal Hannerne til sine Tider være forsynede med et sort Antal, til de falske Fødder klebende kugleformige Ægmasser, der ofte ganske dækker Undersiden af Legemet og hver indeholder talrige meget smaa Æg.

Dyrets Farve har, navnlig paa Grund af den gjennemskinnede Tarm med sine blinksækformige Forlængelser, en mere eller mindre intensiv grøn, sjeldnere brunagtig Tone.

Forekomst. Jeg har kun taget denne Form paa en eneste Localitet ved vor Vestkyst, Rennæsø ved Stavanger, paa nogle faa Favnes Dyb mellem Alger og Hydroider. I vort Museum opbevares imidlertid en Del Exemplarer tagne af min Fader ved Florø og Manger, og et enkelt Individ fra Søndhør. Krøyers Exemplarer var ligeledes fra vor Vestkyst.

Udbredning. Arten er aabenbart en mere sydlig Form: thi Jarzynsky's Angivelse af dens Forekomst ved Russisk Lapland tror jeg maa hero paa en Feiltagelse.

projects outwards as a narrow lobe, beset with 2 small bristles; its inner margin is considerably arched and armed with several spines, one of these exhibiting a much larger size. The propodus is very powerfully developed, not quite 4 times as long as broad, and rather sharply curved. Along the outer margin, and at the extremity, it is beset with a number of irregularly disposed spines, of which that affixed to the sharp outer corner is largest. The inner margin of the joint is uniformly incurvate, and constitutes at the base a broad lamellar expansion, along which are affixed, to separate ledges, 5 very strong, anteriorly bending spines, the 2 outermost however being in juxtaposition; in front of them extends a series of about 7 somewhat smaller spines. The terminal claw is very powerful, more than half the length of the propodus, against the inner spiniferous margin of which it admits of being bent. It is strongly curved, and furnished at the base anteriorly with 2 well-developed auxiliary claws, affixed to a special ledge, and attaining about half the length of the terminal claw. The 2 last joints, described above, together with the terminal claw, constitute an exceedingly powerful prehensile organ, by means of which the animal can clasp hold of Hydroids and other objects met with on the sea-bed.

The integuments are rather thick, coriaceous in consistence, and everywhere provided with small circular areas (openings for the cuticular glands). In the living animal, they are comparatively translucent, so that divers of the inner organs shine more or less distinctly through, in particular the dark green-coloured intestine, with its lateral prolongations extending even into the propodus. Viewed from the ventral side, the nervous chord, with its 5 large ganglia, can also be seen, shining through the skin (see fig. 3 a).

None of the specimens I examined were ovigerous. But according to Dohrn, the males are furnished at times with a large number of globular egg-masses adhering to the false legs, which often quite cover the under surface of the body and contain each of them numerous minute ova.

The colour of the animal, more especially owing to the translucent intestine with its cœcal prolongations, has a more or less pronounced green, seldom a brownish tint.

Occurrence. — I have taken this form in but a single locality, on the west coast of Norway, Rennesö near Stavanger, at the depth of a few fathoms, between Algæ and Hydroidæ. In the University Museum, however, are preserved divers specimens collected by my father at Florö and Manger, as also a solitary individual from Söndhör. Kröyer's specimens were likewise from the west coast of the country.

Distribution. — The species is evidently more of a southern form; for Jarzynsky's statement as to its occurrence on the coast of Russian Lapland, must, I certainly

3*

Forruden ved vore Kyster er den kjendt fra de Britiske Øer (Montagu o. fl.), Frankriges Nordkyst (Hock) og Middelhavet (Dohrn).

think, in some way he erroneous. Exclusive of the coast of Norway, it is known from the British Islands (Montagu and others), the north coast of France (Hock), and the Mediterranean (Dohrn).

Fam. 2. Phoxichilidiidæ.

Character. Saxlemmer vel udviklede; Følere manglende; falske Fødder kun tilstede hos Hannen.

Bemærkninger. Denne Familie, der af andre Forskere har været slaaet sammen dels med foregaaende dels med efterfølgende Familie (Pallenidæ), indeholder for Tiden kun 3 Slægter, nemlig *Phoxichilidium* M.-Edw.. *Oomerus* Hesse og *Anoplodactylus* Wilson. I enkelte Henseender viser de herhen hørende Former vistnok adskillig Overensstemmelse med Slægten *Phoxichilus*, men kan neppe henføres til samme Familie som denne, da de hos hin Slægt manglende Saxlemmer her er vel udviklede hos begge Kjøn. Fra de til følgende Familie, *Pallenidæ*, hørende Former skiller de sig ved en mindre fuldkommen Udvikling af de falske Fødder og navnlig ved disse Lemmers Forekomst udelukkende kun hos Hannerne.

Fam. 2. Phoxichilidiidæ.

Character. — Chelifori well developed, palpi absent; false legs in male only.

Remarks. — This family, classed by other naturalists partly along with the preceding and partly with the succeeding family (Pallenidæ), comprises only 3 genera. viz., — *Phoxichilidium* M.-Edw., *Oomerus* Hesse, and *Anoplodactylus* Wilson. True, the forms belonging to the family exhibit in some respects considerable agreement with the genus *Phoxichilus*, but can however hardly be referred to the same family, since the chelifori wanting in that genus occur well developed in this, and in both sexes. From the forms classing under the following family *Pallenidæ*, they are distinguished by a less perfect development of the false legs, and more especially by the occurrence of these limbs without exception in the males alone.

Gen. 3. Phoxichilidium, M.-Edw. (1840).

Syn: Orithyia, Johnston.

Slægtscharacter. Legemet cylindriskt, med forholdsvis korte og vel adskilte Sidefortsatser. Hovedsegmentet fortil neppe fremragende over Snabelens Basis. Halosegmentet simpelt, ovalt, noget opadrettet. Øiekanden beliggende foran Midten af Hovedsegmentets Rygside. Snabelen kort, cylindrisk, udragende noget ventralt fra Hovedsegmentets forreste Del. Saxlemmerne forholdsvis kraftige, Skaftet kolleformigt, Saxen oval, glat, med Fingrene stærkt krummede og udpræget forcipate. De falske Fødder hos Hannen 5-leddede, med sidste Led forholdsvis stort, sammentrykt og stærkt krummet, uden Klo, men med hageformige Torner til Siderne og i den indre Kant. Gangfødderne næsten glatte, mere eller mindre forlængede, Laarleddet hos Hunnen stærkt opsvulmet. Tarsalleddet meget lidet. Fodleddet kraftigt udviklet, krummet og i Underkanten ved Basis bevæbnet med stærke fortilkrummede Torner; Endekloen kraftig, med tydelige Bikløer. Kjønsaabningerne paa 2det Hofteled af samtlige Fødder. Flere kugleformige Æg-masser fæstede til hver af de falske Fødder hos Hannen.

Bemærkninger. I den Begrændsning, hvori Slægten her tages, er den væsentlig charactiseret ved det fortil ikke udover Snabelens Rod fremragende Hovedsegmentet,

Gen. 3. Phoxichilidium, M.-Edw. (1846).

Syn. Orithyia. Johnston.

Generic Character. — Body cylindric, with comparatively short and well separated lateral processes. Cephalic segment projecting anteriorly but very little if at all beyond base of proboscis. Caudal segment simple, oval, pointing somewhat upward. Oculiferous tubercle placed before the middle of the dorsal surface of the cephalic segment. Proboscis short, cylindric, issuing a trifle ventrally from the anterior portion of the cephalic segment. Chelifori comparatively powerful, scape clavate, chela oval, smooth, with the fingers strongly curved, and markedly forcipate. The false legs in the male five-jointed, with the last joint comparatively large, compressed, and strongly curved, without claw, but with unguiform spines at the sides and along the inner margin. Ambulatory legs well-nigh smooth, more or less elongate, femoral joint in female much swollen, tarsus very small, propodus powerfully developed, curved, and armed along the inner margin at the base with strong anteriorly curving spines; terminal claw powerful, with distinct auxiliary claws. Genital openings on 2nd coxal joint of all the legs. Numerous globular shaped egg-masses attached to each of the false legs in the male.

Remarks. — In the restricted sense in which we here take the genus, it is principally characterized by the cephalic segment not projecting anteriorly beyond the base

de forholdsvis kraftigt udviklede Saxlemmer og ved Bygningen af de falske Fødder hos Hannen. Foruden den nedenfor nærmere beskrevne typiske Art, hører med Sikkerhed herhen kun 2 andre Arter, nemlig *P. minor* Wilson og *P. robustum* Dohrn. De øvrige til denne Slægt henførte Arter hører dels til følgende Slægt, *Anoplodactylus* Wilson, dels maa de skilles generiskt fra begge, hvad der navulig synes at gjælde de af Hoek fra Challenger Expeditionen beskrevne exotiske Former, hvoraf flere maaske ikke engang hører til denne Familie[1]. Hos os forekommer kun en enkelt Art af Slægten.

of the proboscis, the comparatively well-developed chelifori, and the structure of the false legs in the male. Exclusive of the typical species, described more in detail below, only 2 other species can with certainty be classed under the genus, viz, — *P. minor* Wilson and *P. robustum* Dohrn. The other species referred to this genus belong partly to the following genus, *Anoplodactylus* Wilson, and partly must be regarded as generically distinct from both, which would seem in particular to apply to the exotic forms described by Hoek from the "Challenger" Expedition, several of which perhaps do not even belong to that family.[1] On the coasts of Norway but one species of the genus is met with.

4. Phoxichilidium femoratum (Rathke).

(Pl. II. Fig. 1, a—g).

Nymphon femoratum, Rathke, Naturh. Selsk. Skrifter, V, p. 201.

Orithya coccinea, Johnston, Mag. of Zool. & Botany, I, p. 378, Pl. XII, Fig. 4—6.

? *Phoxichilidium globosum*, Goodsir, Edinb. New Phil. Journ. Vol. 32, p. 136, Pl. 3, fig. 1.

Phoxichilidium coccineum. Idem, Ann. Nat. Hist. Vol. 14, p. 2, Pl. 1, fig. 6—8.

Phoxichilidium femoratum, Kroyer, Nat. Tidsskr., 2 Række, Bd. 1, p. 122.

„ „ Gaimard's Voyage en Scandinavie, Pl. 33, fig. 2, a—g.

Phoxichilidium maxillare, Stimpson, Marine Invertebrata of Grand Manan, p. 37.

„ „ Wilson, Trans. Conn. Acad. V, p. 12, Pl. IV, fig. 1, a—e.

„ „ Idem, United States Commission of Fish and Fisheries, Report for 1878, p. 480, Pl. III, fig. 12—15.

? *Phoxichilidium femoratum*, Hoek, Niederl. Arch. f. Zoologie, Bd. 3, p. 6, Tab. XV, fig. 8—10.

? „ „ Idem, Arch. de Zool. experiment. IX, p. 512, Pl. XXVI, fig. 18—21, Pl. XXVII, fig. 19.

„ „ Hanson. Zool. Daniæ, Tab. VII, fig. 21.

„ „ Idem, Nat. Tidsskr. 3 Række, Bd. 14, p. 650.

„ „ G. O. Sars, Pycnogonidea borealia & arctica No. 4.

Artscharacter. Legemet temmelig robust, noget tykkere fortil; Sidefortsatserne vel adskilte, neppe længere end Legemet er bredt. Hovedsegmentet noget længere end det følgende Segment, med Pandedelen meget kort og svagt

---

[1] Hoek angiver nemlig hos disse, at de falske Fødder er tilstede hos begge Kjøn, hvad der klarlig nok synes mig at vise, at de hører ind under Fam. Pallenidæ.

4. Phoxichilidium femoratum (Rathke).

(Pl. II. fig. 1, a—g)

Nymphon femoratum, Rathke, Naturh. Selsk. Skriftor, V, p. 201.

Orithya coccineu, Johnston, Mag. of Zool. & Botany, I, p. 378, Pl. XII, fig. 4—6.

? *Phoxichilidium globosum*, Goodsir, Edinb. New. Phil. Journ., Vol. 32, p. 136, Pl. 3, fig. 1.

Phoxichilidium coccineum, Idem, Ann. Nat. Hist. Vol. 14, p. 2, Pl. 1, figs. 6—8.

Phoxichilidium femoratum, Kroyer, Nat. Tidsskrif. 2 Række, Bd. 1, p. 122.

„ „ Gaimard's Voyage en Scandinavie, Pl. 33, fig. 2, a—g.

Phoxichilidium maxillare, Stimpson. Marine Invertebrata of Grand Manan, p. 37.

. „ Wilson, Trans. Conn. Acad. V, p. 12, Pl. IV, fig. 1, a—e.

„ „ Idem, United States Commission of Fish and Fisheries, Report for 1878, p. 480, Pl. III, figs. 12—15.

? *Phoxichilidium femoratum*, Hoek, Niederl. Arch. f. Zoologie, B. 3, p. 6, Tab. XV, fig. 8—10.

? „ „ Idem. Arch. de Zool. expériment. IX, p. 512, Pl. XXVI, fig. 18—21, Pl. XXVII, fig. 19.

„ „ Hansen, Zool. Daniæ, Tab. VII, fig. 21.

. „ Idem, Nat. Tidskr. 3 Række, Bd. 14, p. 650.

„ „ G. O. Sars, Pycnogonidea borealia & arctica No. 4.

Specific Character. — Body rather robust, somewhat stouter anteriorly, lateral processes well defined, hardly longer than body is broad. Cephalic segment a trifle greater in length than that succeeding it, with

---

[1] Thus Hoek states as to these forms, that the false legs are present in both sexes, which in my judgment clearly shows the forms to class under the family Pallenidæ.

indbugtet i Midten af Forkanten. Halesegmentet forholdsvis lidet, ovalt, ubevæbnet. Øieknuden stump konisk, de 4 Cornetæ temmelig smaa, beliggende nærmere Basis end Spidsen af Øieknuden. Snabelen neppe halvt saa lang som det øvrige Legeme, cylindrisk, afstumpet i Spidsen. Saxlemmerne længere end Snabelen. Saxen noget kortere end Skaftet. Fingrene af Pahuens Længde, særdeles kraftige og hageformigt krummede i Enden. De falske Fødder hos Hannen, lige udstrakte, næsten af Legemets Længde, uden at regne Snabelen, stærkt S-formigt bøiede, 3die Led længst, sidste Led lidt kortere end næstsidste, med 3 stærke hageformige Torner i den indre Kant nær Basis, og en Række af tyndere Torner langs hver Side. Gangfødderne temmelig kraftige, omtrent $2^1/_2$ Gang længere end Legemet, næsten nøgne, Laarleddet størst, de 2 Lægled omtrent af ens Længde, Tarsalleddet uregelmæssigt trekantet. Fodleddet omtrent 3 Gange længere end brødt, Inderkanten ved Basis bevæbnet med 6 stærke Torner. Endekloen noget mere end halvt saa lang som Fodleddet, Bikloerne tydeligt fremragende, men smaa. Farven rød eller brunlig (sepiafarvet). Legemets Længde har Hunnen 3""; Spandvidde 20"".

Bemærkninger. Jeg anser det for noget tvivlsomt, hvorvidt alle i ovenstaaende Synonymliste opregnede Former i Virkeligheden refererer sig til denne Art. Den af Goodsir som *P. globosum* opførte Form kan vistnok erkjendes som en Phoxichilidium: men den er altfor ufuldkomment beskrevet og afbildet til at Arten med Sikkerhed kan bestemmes. Ligeledes er jeg i nogen Tvivl, hvorvidt den af Hoek ved Holland og Nordkysten af Frankrige ,observerede Form er samme Art. Fodleddets Bevæbning er nemlig, efter de af Hoek leverede og som det synes meget nøiagtige Afbildninger, temmelig forskjellig ved det ringe Antal af Torner, der er fæstede til Inderkantens basale Udvidning. Hos alle de af mig undersøgte Exemplarer er Tallet af disse Torner constant 6, og hermed stemmer ogsaa hvad Wilson angiver for den nordamerikanske Form, hvis Identitet med den typiske Art synes at være utvivlsom.

Beskrivelse. Hunnens sædvanlige Længde er omkring 3"", med en Spandvidde af 20""; Hannerne er som sædvanlig noget mindre. Exemplarer fra Grønland er dog adskilligt større.

Legemet er (se Pl. II, Fig. 1, 1 a, 1 b) forholdsvis temmelig undersætsigt, cylindriskt, noget tykkere fortil end bagtil, og har Segmenterne ved vel markerede Suturer begrændsede fra hinanden. Sidefortsatserne er forholdsvis korte, neppe længere end Legemet er brødt, og skilte ved temmelig brede Mellemrum; uaar undtages paa sidste Kropssegment, udgaar de omtrent fra Midten af Segmenterne. Hovedsegmentet er noget længere end det følgende Kropssegment og har Forandelen forholdsvis meget kort, neppe fremragende over Snabelens Basis og i Forkanten mellem Roden af Saxlemmerne svagt indbugtet. Halesegmentet er forholdsvis lidet, af simpel oval Form og neppe tydeligt afgrændset fra sidste Kropssegment; det er altid

the frontal part very short and slightly incurved at the middle of the fore margin. Caudal segment comparatively small, oval, unarmed. Oculiferous tubercle obtusely conic, the 4 corneæ rather small, placed nearer the base than the extremity of the tubercle. Proboscis scarcely half as long as rest of body, cylindrical, truncate at extremity. Chelifori longer than proboscis, chela a little shorter than scape, fingers the length of palm, exceedingly powerful and hooked at the points. The false legs in the male attaining when fully extended almost the length of the body, exclusive of proboscis, sharply bent in an sigmoid curve, 3rd joint longest, last joint a little shorter than penultimate, with 3 strong, unguiform spines on the inner margin, near the base, and a row of more slender spines along either side. Ambulatory legs rather powerful, about $2^1/_2$ times as long as the body, almost bare; femoral joint largest, the 2 tibial joints about equal in length, tarsus irregularly triangular, propodus about 3 times longer than broad, inner margin at base armed with 6 strong spines, terminal claw a little more than half as long as propodus, auxiliary claws plainly projecting, but small. Colour red or brownish (sepia-tint). Length of body in female 3""; extent 20"".

Remarks. — I regard as somewhat doubtful whether all the forms enumerated in the above List of Synonymes can properly be referred to this species. The form established by Goodsir as *P. globosum*, may certainly pass for a Phoxichilidium; it is however much too imperfectly described and figured to admit of determining the species with certainty. Likewise, I am far from sure that the form observed by Hoek off the coast of Holland and the north coast of France is the same species. The armature of the propodus must, judging from Hoek's various and, it would seem, very accurate representations, differ not a little by reason of the small number of spines affixed to the basal expansion of the inner margin. In every specimen I have examined, the number of these spines was constant, viz., 6; and this agrees too with what Wilson states for the North American form, whose identity with the typical species would appear to be unquestionable.

Description. — Usual length of female about 3"", with an extent of 20""; the males, as a rule somewhat smaller. Specimens from Greenland however attain a considerably larger size.

The body (see Pl. II, fig. 1, 1 a, 1 b) is comparatively rather squareset, cylindric, somewhat thicker anteriorly than posteriorly, and has the segments limited by well-defined sutures. The lateral processes are comparatively short, hardly longer than the body is broad, and separated one from the other by rather wide intervals; save on the last segment of the trunk, they issue from about the middle of the segments. The cephalic segment is a trifle longer than the succeeding segment of the trunk, and has the frontal part comparatively very short, projecting hardly beyond the base of the proboscis, and on the anterior margin between the origin of the chelifori slightly incurved. The caudal segment is comparatively small, of a simple

noget skjævt opadrettet og mangler enhver Art af Bevæbning.

Øieknuden (Fig. 1 c) har sin Plads betydelig fordan Midten af Hovedsegmentets Rygside, ikke langt fra Forkanton. Den er af noget uregelmæssig stumpt konisk Form og har de 4 Corneæ beliggende nær Basis. Ved noiere Undersøgelse viser disse sidste sig af noget ulige Størrelse, idet de 2 forreste er kjendelig større end de 2 bageste.

Snabelen udgaar (se Fig. 1 a) noget ventralt fra Hovedsegmentets Forende og er lidt skjævt nedadrettet. Den er neppe halvt saa lang som det øvrige Legeme og af cylindrisk Form, med Enden stumpt afkuttet; ganske nær Spidsen har den en svag cirkulær Indknibning (se Fig. 1 b). Mundaabningen er af den sædvanlige triangulære Form.

Saxlemmerne (Fig. 1 d) er forholdsvis kraftigt udviklede og betydelig længere end Snabelen. De bestaar af et temmelig tykt, lige fortil rettet, cylindrisk eller noget kølleformigt, enkeltled Skaft, og et med dette meget bevægeligt forbundet terminalt Afsnit, Saxen. Denne sidste er af oval Form, kortere end Skaftet og ligesom dette ganske glat. Fingrene er særdeles kraftige og stærkt chitiniserede, omtrent af Palmens Længde og med Enden meget stærkt hageformigt krummede, saa at der mellem dem altid er et meget stort aabent Rum. Den bevægelige Finger, som ligger nederst, er noget længere end den ubevægelige, saa at den, naar Saxen lukkes, lægger sig med Spidsen udenom den ubevægelige, uden at krydse samme (se Fig. 1 c).

Af Følere er der, ligesaalidt som hos de i det foregaaende beskrevne Former, det mindste Spor at opdage.

De falske Fødder (Fig. 1 f), som kun er tilstede hos Hannerne, er indleddede paa hver Side til et lidet knudeformigt Fremspring, der ligger noget ventralt umiddelbart foran Insertionen af de forreste Sideforttsatser (se Fig. 1 a, 1 b). De er forholdsvis kraftigt udviklede og, lige udstrakte, næsten af Kroppens Længde, naar Snabelen fratrægnes, Ialmindelighed viser de i midlertid en meget stærk S-formig Boining og er skaaede ind under Dyrets Bugside. De bestaar kun af 5 tydeligt begrændsede Led, og naar Kröyer har beskrevet disse Lemmer som 7-leddede, da kommer dette aabenbart deraf, at han har regnet det knudeformige Fremspring, hvortil de er fæstede, som et særskilt Led og desuden feilagtigt har taget en svag Indknibning i Midten af sidste Led som en virkelig Artikulation. Af Leddene er det 1ste kortest men temmelig tykt, det 3die længst og 2det og 4te omtrent af ens Størrelse. Sidste Led er lidt kortere end disse, dog forholdsvis bredere, sammentrykt og stærkt krummet, uden Klo, men bevæbnet i Inderkanten nær Basis med 3 tæt sammentrængte hageformige Torner og desforuden til hver Side med en Rad af lignende skjøndt noget svagere Torner. Forøvrigt er disse Lemmer kun meget sparsomt besatte med meget smaa, simple tornformige Børster.

oval form, and not distinctly marked off from the last segment of the trunk; it is always directed somewhat obliquely upward, and does not exhibit any kind of armature whatever.

The oculiferous tubercle (fig. 1 c) has its place considerably anterior to the middle of the dorsal surface of the cephalic segment, not far from the anterior margin. It exhibits a somewhat irregular obtusely-conic form, and has the 4 corneæ placed near the base. On closer examination these are found to differ somewhat in size, the 2 foremost being appreciably larger than the 2 hindmost.

The proboscis issues (see fig. 1 a) a little ventrally from the anterior extremity of the cephalic segment, and points somewhat obliquely downward. It is hardly half as long as the rest of the body and of cylindric form, with the extremity obtusely truncate; in close proximity to the point it has a faint circular constriction (see fig. 1 b). The buccal orifice is of the usual triangular form.

The chelifori (fig. 1 d) are of comparatively powerful development and considerably longer than the proboscis. They consist of a rather thick, anteriorly directed, cylindric or somewhat claviform, one-jointed scape and, connected very movably with it, a terminal section, the chela. The latter is oval in form, shorter than the scape, and, like that part, quite smooth. The fingers are exceedingly powerful and highly chitinized, about as long as the palm, and towards the extremity very strongly hooked, so as always to admit of a large open space between them. The movable finger being the lower of the two, is a trifle longer than the immovable, and hence, on the chela being shut, it will lie with the point beyond the immovable one, without crossing it (see fig. 1 c).

Of palpi, as in the forms previously described, not the slightest trace can be found.

The false legs (fig. 1 f), present in the males only, are jointed on either side to a small tuberculiform projection, lying in a somewhat ventral position immediately anterior to the origin of the foremost lateral processes (see fig. 1 a, 1 b). They are comparatively of powerful development and, when fully extended, well-nigh equal in length to the body, excluding the proboscis. Generally, however, they assume a very decided sigmoid curve, and are folded in under the ventral surface of the animal. They consist of 5 distinctly defined joints, and if Kröyer has described these limbs as seven-jointed, this must obviously arise from his having counted the tuberculiform projection to which they are affixed as a distinct joint, and moreover erroneously having mistaken a faint constriction in the middle of the last joint for a true articulation. Of the joints, the 1st is shortest, but rather thick, the 3rd longest and the 2nd and 4th about equal in size. The terminal joint is a little shorter than the two last, but relatively broader, compressed, and strongly curved, without any claw, though armed along the inner margin with 3 closely set, unguiform spines, and having besides on either side a row of similar but somewhat feebler spines. For the rest, these limbs are very sparingly beset with exceedingly small, simple spiniform bristles.

Gangfødderne (se Fig. 1) er forholdsvis temmelig robuste og mindre stærkt afsmalnende mod Enden end sædvanligt. De er neppe mere end $2^1/_2$ Gang længere end Legemet og ser ved første Øiekast ganske glatte ud. Ved nøiere Undersøgelse viser de sig imidlertid overalt temmelig tæt besatte med særdeles smaa mikroskopiske Torner, der giver dem en noget ru Overflade. Af Leddene er Laarleddet det største og hos Hunnerne ofte stærkt oplbæst paa Grund af de i dets indre sig udviklende Æg. De 2 Lægled er indbyrdes mesten af ens Længde og ethvert af dem omtrent saa langt som Hofteparticet. Tarsalleddet (se Fig. 1 g) er meget lidet, af triangulær Form og særdeles bevægeligt forbundet med foregaaende Led; det gaar paa den ydre Side ud i en tilspidset Flig og har Underkanten ganske svagt udbuet samt besat med nogle længere Børster og en enkelt stærk Torn. Fodleddet (ibid.) er særdeles kraftigt udviklet, omtrent 3 Gange længere end bredt og stærkt krummet. Det er overalt besat med korte tornformige Børster og har Underkanten dybt indbugtet samt ved Roden noget pladeformigt udvidet; til Randen af denne Udvidning er fæstet 6 stærke, fortil krummede Torner, hvoraf de 2 forreste er stillede jevnsides. Endekloen er kraftig, noget krummet og omtrent halvt saa lang som Fodleddet. Biklørne er derimod meget smaa, skjønt tydeligt udviklede og ragende frem foran Endekloens Yderkant.

Integumenterne er temmelig tykke og af læderagtig Consistents, samt halvt gjennemsigtige.

De til de falske Fødder hos Hannen fæstede ydre Ægmassers Antal er vexlende, ofte særdeles stort (se Fig. 1 a), af kugledannet Form og indeholdende talrige meget smaa Æg.

Farven er almindeligbed mere eller mindre intensiv rød, usvulig hos de paa grundere Vand forekommende Individer, undertiden mørk brunlig eller sepia-farvet.

Forekomst. Arten synes at forekomme langs vor hele Kyst, sedvanligvis paa ganske grundt Vand. Ved Finmarken har jeg endog taget den i Fjæren under Stene sammen med Pycnogonum littorale. Den gaar imidlertid af og til ogsaa ned til meget betydelige Dyb, og jeg har endog ved Florø optaget et Exemplar, en fuldt udviklet Hun, fra et Dyb af 100 Favne.

Udbredning. Arten er utvilsomt en udpræget nordlig Form og opnaar i Overensstemmelse hermed sin kraftigste Udvikling i de arktiske Have. Forenden ved Norges Kyster er den saaledes kjendt fra den murmanske Kyst (Jarzynsky). Grønland (Krøyer) og Nordamerikas Østkyst (Wilson). Mod Syd gaar den til de britiske Øer (Johnston o. fl.), Danmark (Krøyer, Hansen) og, hvis den af Hoek undersøgte Form virkelig er den samme, ogsaa til Holland og Frankriges Nordkyst.

The ambulatory legs (see fig. 1) are comparatively rather robust, and taper less abruptly towards the extremity than usual. They measure scarcely more than $2^1/_2$ times the length of the body, and appear at the first glance to be quite smooth. On closer examination however, they are found to be rather closely beset with microscopically minute spines, which give them a somewhat rough surface. Of the joints, the femoral is the largest, and in the females often very much swollen, owing to the eggs developing within. The 2 tibial joints are well-nigh of one length, and each about as long as the coxal section. The tarsus (see fig. 1 g) is very small, of triangular form, and very movably connected with the preceding joint; on the outer side it terminates as a pointed lappet, having the inner margin faintly arched and beset with a few comparatively long bristles and one strong spine. The propodus (ibid.) is most powerfully developed, about 3 times as long as broad, and strongly curved. It is everywhere beset with short spiniform bristles, and has the inner edge deeply emarginate, as also at the base somewhat lamellarly expanded; to the margin of this expansion are affixed 6 strong, anteriorly curving spines, the 2 foremost in juxtaposition. The terminal claw is powerful, slightly curved, and about half as long as the propodus. The auxiliary claws on the other hand are very small, though distinctly developed, and project beyond the outer margin of the terminal claw.

The integuments are rather thick and coriaceous in consistence, and semi-translucent.

The number of the outer egg-masses attached to the false legs in the male, is found to vary, being often exceedingly large (see fig. 1 a); they have a globular form and contain numerous minute eggs.

The colour is generally a more or less vivid red, in particular of specimens from shallower water, sometimes dark-brownish or a sepia tint.

Occurrence. — The species would seem to occur along the whole of the Norwegian coast, as a rule in quite shallow water. In Finmark I have even taken it on the beach, under stones, along with Pycnogonum littorale. In some cases however it goes down to a very considerable depth, and at Florø I have even brought up a specimen, a fully developed female, from about 100 fathoms.

Distribution. — The species is unquestionably a well-marked Northern form, attaining accordingly its fullest development in the Arctic Seas. Hence, besides the coasts of Norway, it is known from the Murman coast (Jarzynsky), Greenland (Krøyer), and the east coast of North America (Wilson). Southward, its range extends to the British Islands (Johnston and others), Denmark (Krøyer, Hansen), and, assuming the form examined by Hoek to be really the same, also to Holland and the north coast of France.

Gen. 4. **Anoplodactylus,** Wilson (1878).

Transact. Conn. Acad. Arts & Sciences. Vol. V.

Slægtscharacter. Legemet mere eller mindre smækkort, med forholdsvis lange Sideforlsatser. Hovedsegmentet fortil indknebet og fremragende over Roden af Snabelen. Halesegmentet mere eller mindre forlænget. Øieknuden beliggende ved Enden af Pandedelen, vel udviklet eller rudimentær. Snabelen udgaaende fra Hovedsegmentets ventrale Side, skraat nedadrettet. Saxlemmerne forholdsvis svage, haarbesatte, med Saxen liden og Fingrene neppe forciperede. De falske Fødder hos Hannen 6-leddede, sidste Led meget lidet, børstebesat, uden Klo. Gangføddorne spinkle, mere eller mindre forlængede, sparsomt haarbesatte. Tarsalleddet meget kort, Fodleddet forlænget, med Inderkanten fremspringende ved Basis og her bevæbnet med stærke Torner, Endekloen stærkt forlænget, kløvmig, Bikloerne yderst smaa og rudimentære, ikke fremragende foran Endekloens Yderkant. Flere kugleformige Ægmasser fæstede til de falske Fødder hos Hannen.

Bemærkninger. Den Character, hvorpaa Wilson væsentlig synes at have grundet denne Slægt, nemlig den formeentlige Mangel af Bikloer, er vistnok ubrugelig, da saadanne i Virkeligheden forefindes, skjøndt i en meget rudimentær Tilstand; men jeg tror dog, at Slægten bør opretholdes, da de herhen hørende Arter viser en Del andre eiendommelige Charakterer, der synes at maatte kunne tillægges generisk Betydning, saasom Hovedsegmentets characteristiske Form, Saxlemmernes svagere Bygning, og navnlig det større Antal Led i de falske Fødder. Slægten synes at tælle ikke saa Arter. Foruden den typiske Form, A. lentus Wilson, og de to nedenfor nærmere beskrevne Arter, hører herhen Phoxichilidium virescens Hodge, samt efter al Sandsynlighed de 2 af Dohrn beskrevne middelhavske Arter, P. angulatum og exiguum. Endelig synes den af Hoek fra Challenger Expeditionen opførte Art P. insigne, ialfald at dømme efter de falske Fødders Udseende, nærmest at maatte henregnes til samme Slægt.

Gen. 4. **Anoplodactylus,** Wilson (1878).

Transact. Conn. Acad. Arts & Sciences. Vol. V.

Generic Character. Body more or less slender, with comparatively long lateral processes. Cephalic segment anteriorly constricted and projecting beyond base of proboscis. Caudal segment more or less elongate. Oculiferous tubercle located at extremity of frontal part, well-developed or rudimentary. Proboscis issuing from ventral side of cephalic segment, directed obliquely downwards. Chelifori comparatively feeble, covered with hair, having the chela small and the fingers scarcely forcipate. False legs in the male 6-jointed, terminal joint very small, bristle-bearing, without any claw. Ambulatory legs slender, more or less elongate, sparingly hair-beset, tarsal joint very short, propodal joint produced, with inner margin projecting at base, and armed there with strong spines, terminal claw elongate, falciform, auxiliary claws exceedingly small and rudimentary, not projecting beyond outer margin of terminal claw. Several globular egg-masses attached to the false legs in the male.

Remarks. — The character on which Wilson would seem to have chiefly founded this species, viz., its supposed want of auxiliary claws, is certainly untenable, as such do really occur, although in a very rudimentary state; meanwhile the genus should, I cannot but think, be retained, as the species classed under it exhibit certain other peculiar characters, to which apparently we can assign generic value, thus, for example, the characteristic form of the cephalic segment, the feebler structure of the chelifori, and more especially the greater number of joints in the false legs. The genus would appear to comprise not a few species. Excluding the typical form, A. lentus, Wilson, and the 2 species described below, it counts Phoxichilidium virescens, Hodge, and in all probability the 2 Mediterranean species, P. angulatum and exiguum, described by Dohrn. Finally, the species established by Hoek from the „Challenger" Expedition, P. insigne, judging at least by the appearance of the false legs, would appear to approximate the same genus closest.

5. Anoplodactylus petiolatus (Kröyer).

(Pl. II, Fig. 2, a—l).

Phoxichilidium petiolatum. Kröyer, Nat. Tidsskr. 2 Række, Bd. 1, p. 123.
  — —   Gaimard's Voyage en Scandinavie, Pl. 38. fig. 3, a—f.
Pallene pygmæa, Hodge, Ann. Mag. Nat. Hist.. 3 ser.. V. XIII, p. 116, Pl. XIII, fig. 16—17.
Phoxichilidium mutilatum, Semper, Arb. aus des Zool. Zool. Inst. in Würzburg. Bd. 1, p. 271. Tab. 17, Fig. 12—16.

Den norske Nordhavsexpedition. G. O. Sars; Pycnogonidea.

5. Anoplodactylus petiolatus (Kröyer).

(Pl. II, fig. 2. a—l).

Phoxichilidium petiolatum, Kröyer, Nat. Tidsskr. 2 Række, Bd. 1, p. 123.
  — —   Gaimard's Voyage en Scandinavie, Pl. 38, fig. 3. a—f.
Pallene pygmæa, Hodge. Ann. Mag. Nat. Hist. 3 ser., V. XIII, p. 116, Pl. XIII, figs 16, 17.
Phoxichilidium mutilatum, Semper, Arb. aus der Zool. Inst. in Würzburg. Bd. 1. p. 271. Tab. 17, fig. 12—16.

4

Phoxichilidium longicolle, Dohrn, Die Pantopoden des Golfes von Neapel, p 177, Tab. XIII, Fig. 1—8.
Phoxichilidium pygmæum, Hoek, Arch. Zool. expérim. IX, p. 514, Pl. XXVI & XXVII, fig. 22—25.
Phoxichilidium petiolatum, Hansen, Zool. Daniæ, Tab. VII, fig. 22.
  - „ Hansen, Nat. Tidsskr., 3 Række, Bd. 14, p. 650.
Anoplodactylus petiolatus, G. O. Sars, Pycnogonida borealia et arctica, No. 5.

Artscharacter. — Legemet temmelig bredt, noget nedtrykt, med Sidefortsatserne mindre vidt adskilte og hver ved Enden oventil forsynet med et lidet konisk Fremspring. Hovedsegmentet saa langt som de 3 følgende Segmenter tilsammen, fortil uddraget til en meget smal, over Roden af Snabelen fremragende Hals. Halesegmentet horizontalt, stærkt forlænget. Øieknuden særdeles høi, cylindrisk, forsynet til hver Side af Spidsen med et vinkelformigt Fremspring; de 4 Corneæ beliggende nærmere Spidsen end Basis, skjævt stillede, de 2 bagerste høiere op end de 2 forreste. Snabelen forholdsvis kort, neppe mere end ⅓ saa lang som Legemet, simpelt cylindrisk. Saxlemmerne af Snabelens Længde, Skaftet smalt cylindrisk, Saxen halvt saa lang, Fingrene omtrent af Palmens Længde, den ubevægelige Finger næsten lige, den bevægelige jævnt krummet og længere end hin. De falske Fødder har Hannen omtrent af Legemets Længde (excl. Snabelen); 3die Led stærkt forlænget og smalt, de 3 ydre Led hurtigt aftagende i Størrelse, sidste særdeles lidet, ovalt. Gangfødderne neppe mere end dobbelt saa lange som Legemet, forholdsvis spinkle og besatte med spredte Børster, Laarleddet størst og omtrent af Hoftepartiets Længde, de 2 Lægbid lige lange, Tarsalleddet meget lidet, trekantet. Fodleddet smalt, stærkt krummet og ved Basis indad dannende en smalt afrundet, med 2 stærke Torner bevæbnet pladeformig Udvidning, den indre Kant af Leddet bevæbnet med en Rad af smaa fortil krummede Torner, hvorpaa følger en tynd, udelt Lamelle; Endekloen næsten af Fodleddets Længde, leformig. Farven hvidagtig. Legemets Længde 2ᵐᵐ; Spandvidde 10ᵐᵐ.

Bemærkninger. At baade den af Hodge som *Pallene pygmæa* opførte Form og Dohrn's *Phoxichilidium longicolle* hører herhen, anser jeg for utvivlsomt. Tilgelodes maa jeg være enig med Hansen, naar han opfører den af Semper under Benævnelsen *Phoxichilidium mutilatum* omtalte Form fra Helgoland som Synonym. Arten har ved den smalt udtrukne Hals og høie Øieknude et saa characteristiskt Udseende, at den neppe er til at tage feil af.

Beskrivelse. Hunnens Længde er neppe mere end 2ᵐᵐ, med en Spandvidde af 10ᵐᵐ. Hannerne er som sædvanlig lidt mindre.

Legemet er (se Pl. II, Fig. 2, 2 a, 2 b) noget undersætsigt og i Forhold til Længden temmelig bredt, lidt nedtrykt og afsmalnende bagtil, med vel markerede Suturer mellem Segmenterne. Sidefortsatserne er forholdsvis lange, men ikke meget vidt adskilte. De har hver ved Enden oventil et lidet konisk Fremspring, og de 2 mellemste Par

Phoxichilidium longicolle, Dohrn, Die Pantopoden des Golfes von Neapel, p. 117, Tab. XIII, fig. 1—8.
Phoxichilidium pygmæum, Hoek, Arch. Zool. expérim. IX, p. 514. Pl. XXVI & XXVII. fig. 22—25.
Phoxichilidium petiolatum, Hansen, Zool. Daniæ, Tab. VII, fig. 22.
  „ „ Hansen, Nat. Tidsskr., 3 Række, Bd. 14, p. 650.
Anoplodactylus petiolatus, G. O. Sars, Pycnogonida borealia et arctica, No. 5.

Specific Character. — Body rather broad, somewhat flattened, with the lateral processes less widely separated, and each having above, at the extremity, a small conical projection. Cephalic segment as long as the 3 following segments collectively, produced anteriorly to a very narrow neck, extending over the base of the proboscis. Caudal segment horizontal, greatly prolonged. Oculiferous tubercle remarkably protuberant, cylindric, furnished on each side of the point with an angular projection; the 4 corneæ nearer the point than the base, position oblique, the 2 posterior ones higher up than the 2 anterior ones. Proboscis comparatively short, scarcely more than one-third as long as the body, plain, cylindric. Chelifori measuring the length of proboscis, scape narrow cylindric, chela half as long, fingers about the length of palm, immobile finger well-nigh straight, mobile finger uniformly curved and longest. False legs in the male about the length of the body (excl. proboscis); 3rd joint very elongate and slender, the 3 outer joints diminishing rapidly in size, last one exceedingly small, oval. Ambulatory legs scarcely more than twice as long as the body, comparatively slender and beset with scattered bristles, femoral joint largest and about the length of coxal region, the 2 tibial joints equally long, tarsal joint very small, triangular, propodal joint slender, sharply curved, and at the base forming inwards a narrow, rounded lamellar expansion armed with 2 strong spines; inner margin of the joint armed with a row of small, anteriorly curved spines, to which succeeds a thin, undivided lamella; terminal claw well-nigh as long as propodal joint, falciform. Colour whitish. Length of body 2ᵐᵐ; extent 10ᵐᵐ.

Remarks. — The form described by Hodge as *Pallene pygmæa,* and Dohrn's *Phoxichilidium longicolle* belong, I think, unquestionably, to this species. Moreover, I quite agree with Hansen in regarding the form from Helgoland, mentioned by Semper under the name of *Phoxichilidium mutilatum,* as a synonym. The species acquires by reason of the slenderly produced neck and protuberant oculiferous tubercle, so characteristic an appearance, as to hardly admit of confounding it with any other.

Description. — The length of the female is scarcely more than 2ᵐᵐ, with an extent of 10ᵐᵐ. The males are, as usual, a trifle smaller.

The body (see Pl. II, fig. 2, 2 a, 2 b) is somewhat short and stout, and, relatively to its length, rather broad, slightly flattened, and tapers posteriorly, with well marked sutures between the segments. The lateral processes are comparatively long, but not much separated. They each have at the extremity above, a small conic projection, and

udgaar uniagtig fra Midten af de tilsvarende Segmenter. Hovedsegmentet, der omtrent er saa langt som de 3 følgende Segmenter tilsammen, er i sit bagre Parti temmelig bredt, men indknibes umiddelbart foran de forreste Sidefortsatser pludselig meget stærkt og skyder frem som en smal cylindrisk Hals ud over Snabelens Basis. Til Enden af dette cylindriske Parti af Hovedsegmentet er Saxlemerne fæstede, og umiddelbart bag dem hæver Øieknuden sig i Veiret (se Fig. 2 b). Halsesegmentet (Fig. 2 l) er uslmindelig stærkt forlænget, omtrent saa langt som de 2 foregaaende Segmenter tilsammen, og horizontalt stillet (se Fig. 2 b). Det er af næsten cylindrisk Form og stumpt tilspidset i Enden, med en kort Børste til hver Side nær Spidsen.

Øieknuden (Fig. 2 c) er særdeles høi, cylindrisk, og viser sig, seet forfra eller bagfra, at have til hver Side nær Spidsen en fremspringende Vinkel. De 4 Corneæ ligger nærmere Spidsen end Basis af Øieknuden, dog ikke lige høit, idet de 2 forreste og betydelig større Corneæ ligger lavere end de 2 bagerste (se Fig. 2 b).

Snabelen udgaar her (se Fig. 2 b) tydeligt fra Hovedsegmentets ventrale Side og er noget skraat nedadrettet. Den er forholdsvis kort, neppe mere end ⅓ saa lang som Legemet og af simpel cylindrisk Form, med Enden stumpt afkuttet.

Saxlemmerne (Fig. 2 d), der fra Enden af Hovedsegmentet ligesom hænger ud over Snabelen, er af temmelig svag Bygning, omtrent af Snabelens Længde og med fine Haar. Skaftet er smalt cylindriskt og kun lidet fortykket i Enden. Saxen er neppe halvt saa lang og meget smal, med Fingrene omtrent af Palmens Længde og begge gaaende ud i en sylskarp Spids. Den bevægelige Finger, som her ligger oventil, er noget længere og mere buet end den ubevægelige, der næsten er ganske lige.

Af Følere er der ikke det mindste Spor at opdage.

De falske Fødder hos Hannen (se Fig. 2 b, 2 f) er temmelig spinkle og, lige udstrakte, næsten af Legemets Længde. De bestaar af 6 vel begrændsede Led, hvoraf det 3die er særdeles stærkt forlænget og tyndt, selv længere end begge de foregaaende Led tilsammen; det danner med 2det Led en stærk knæformig Bøining og viser i nogen Afstand fra Basis en utydelig Indknibning, der ved første Øiekast let kan tages for en virkelig Leddeling. De 3 sidste Led aftager hurtigt i Størrelse og er tilsammen kortere end 3die; 4de Led gaar i Flugt med 3die, medens de 2 yderste Led er med en stærk albueformig Bøining slaaede op mod 4de. Begge disse sidste Led, men navnlig det overordentlig lille, ovale Endeled, er besat med en hel Del tilbagebøiede stive Børster, medens den øvrige Del af af disse Lemmer kun er forsynet med simple korte Haar.

Gangfødderne (se Fig. 2) er ikke af synderlig betydelig Længde, neppe mere end dobbelt saa lange som Legemet, men af temmelig spinkel Form og besatte med spredte

the 2 mesial pairs issue exactly from the middle of the corresponding segments. The cephalic segment, which is about as long as the 3 following segments taken together, is rather broad in its posterior part, but immediately anterior to the foremost of the lateral processes is abruptly constricted, and projects as a narrow cylindrical neck over the base of the proboscis. To the extremity of this cylindrical part of the cephalic segment the chelifori are attached, and immediately behind them rises the oculiferous tubercle (see fig. 2 b). The caudal segment (fig. 2 l) is remarkably elongate, about as long as the 2 preceding segments taken together, and horizontally placed (see fig. 2 b). It is well-nigh cylindric in form and obtusely acuminated at the extremity, with a short bristle on each side near the point.

The oculiferous tubercle (fig. 2 c) is exceedingly protuberant, cylindric, and is seen to have, when viewed anteriorly or posteriorly, on each side, near the point, a projecting angle. The 4 corneæ lie nearer the point than the base of the oculiferous tubercle, although not on the same level, as the 2 foremost and considerably larger corneæ are placed lower than the 2 hindmost (see fig. 2 b).

The proboscis in this animal (see fig. 2 b) is distinctly seen to issue from the ventral side of the cephalic segment, and is directed somewhat obliquely downward. It is comparatively short, hardly more than one-third as long as the body, and of a plain, cylindrical form, with the extremity obtusely truncated.

The chelifori (fig. 2 d), which hang out, as it were, over the proboscis from the extremity of the cephalic segment, are of rather feeble structure, about as long as the proboscis, and beset with fine hairs. The scape is narrow cylindric, and but slightly tumificated at the extremity. The chela measures hardly half the length, is very narrow, with the fingers about as long as the palm, and both running to an awl-shaped point. The mobile finger, placed in this animal above, is somewhat longer and more curved than the immobile one, which is almost quite straight.

Of palpi not a trace can be detected.

The false legs in the male (see fig. 2 b, 2 f) are rather slender, and, when fully extended, measure well-nigh the length of the body. They consist 6 well-defined joints, of which the 3rd is especially elongated and thin, longer even than both the preceding joints taken together; it forms along with the 2nd joint a strong geniculate bend, and, exhibits at some distance from the base an indistinct constriction, at the first glance easily mistaken for a true articulation. The 3 last joints diminish rapidly in size, and, taken together, are shorter than the 3rd; the 4th joint extends in line with the 3rd, whereas the 2 outermost joints are, by a strong, elbow-shaped bend folded up against the 4th. Both the latter joints, but in particular the exceedingly small, oval, terminal joint, are beset with a number of stiff, recurved bristles, while the remaining part of the limbs is furnished merely with plain, short hairs.

The ambulatory legs (see fig. 2) do not attain any considerable length, measuring hardly more than double that of the body, but are rather slender in form and beset with

4*

Borster, der navnlig ved Enden af Leddene er tydelige og temmelig lange. Laarleddet er ogsaa her det største og hos den fuldt udviklede Hun temmelig ophøiest paa Grund af de sig i dets indre udviklende Æg; det har ved Enden paa Ydersiden et lidet knudeformigt, med en langere Børste besat Fremspring. De 2 Lægled er indbyrdes omtrent af ens Længde, og det sidste af dem har i nogen Afstand fra Spidsen i Yderkanten en usædvanlig lang og tynd Børste, fæstet til et knudeformigt Fremspring (se Fig. 2 h). Tarsalleddet (ibid.) er meget lidet og som hos foregaaende Slægt særdeles bevægeligt forbundet med foregaaende Led. Det er af trekantet Form og gaar saavel paa den indre som ydre Side ud i et vinkelformigt Hjørne. Fodleddet er forholdsvis smalt og stærkt krummet, med Yderkanten besat med en regelmæssig Rad af fine Børster. Inderkanten springer frem ved Basis i Form af en smalt tilrundet pladeformig Udvidning, hvortil er fæstet 2 stærke, fortil krummede Torner og umiddelbart foran den en Del simple Børster. Langs den øvrige, jevnt indbugtede Del af Inderkanten findes bagtil en Rad af 6 meget smaa fortil krummode Torner, hvorpaa følger en sammenhængende klar Chitinplade, til Siderne af hvilken staar nogle faa fine Børster. Endekloen er særdeles lang, næsten af Fodleddets Længde, leformig, og kan med Spidsen boies ind mod den basale Udvidning af Inderkanten. Bikløerne er yderst smaa og rudimentære, og rage ikke frem foran Endekloens Yderkant, hvorfor de meget let kan oversees. Hos Hannerne er Gangfødderne (Fig. 2 i) udmærkede derved, at 2det Hofteled gaar ved Enden ud i en temmelig stærkt fremspringende, noget konisk, med Børster besat Forbats, paa hvis Ende Kjønsaabningen har sin Plads. Desuden har Laarleddet foran Midten i Yderkanten en til et smalt Rør uddraget Forbats (se ogsaa Fig. 2 k), der indeholder Mundingen for den saakaldte Kitkjertel, ved hvis Secret Æggene sammenkittes og fæstes til de falske Fødder.

Integumenterne er temmelig tynde og gjennemsigtige, med mindre tydeligt udpræget Skulptur.

De til de falske Fødder hos Hannen fæstede ydre Ægmasser (se Fig. 2 b) er som hos foregaaende Slægt talrige og af kugledannet Form, men Æggene forholdsvis betydelig større.

Farven er inlmndelighed hvidagtig, lidt spillende i det grønlige.

Forekomst. Jeg har taget denne Art i store Mængder paa et Par Punkter ved vor Sydkyst, Risøer og Arendal, hvor den forekom paa 6—12 F. D.. Mudderbund. Rimeligvis forefindes den ogsaa langs vor hele Vestkyst, men er paa Grund af sin ringe Størrelse og lidet iøinefaldende Farve, hidtil bleven overseet. Det nordligste, jeg har truffet den, er ved Tjøtø i Nordland.

Udbredning. I Modsætning til *Phoxichilidium femoratum* synes denne Art at være en udpræget sydlig Form.

scattered bristles, distinct and rather long, more especially at the end of the joints. Also in this animal the femoral joint is largest, and in the fully developed female rather dilated, by reason of the eggs developing within; at the extremity, on the outer surface, it has a small, nodular projection, bearing a longish bristle. The 2 tibial joints are of about equal length, and the ultimate one has, at some distance from the point, on the outer margin, an unusually long and delicate bristle attached to a nodular projection (see fig. 2 h). The tarsal joint (ibid.) is extremely small and, as in the preceding genus, very flexibly articulated with the preceding joint. Its form is triangular, and alike on the inner and the outer side it passes into an angular corner. The propodal joint is comparatively slender and strongly curved, with the outer margin beset with a regular series of delicate bristles. The inner margin projects at the base in the form of a narrow, rounded, lamellar expansion, to which are attached 2 strong, anteriorly curving spines, and immediately in front of them a number of plain bristles. Along the remaining, uniformly concave part of the inner margin, occur, posteriorly, a row of 6 very small, anteriorly curving spines, to which succeeds a thin continuous chitinous plate to whose sides a few delicate bristles are attached. The terminal claw is exceedingly long, well-nigh the length of the propodus, falciform, and admits of being bent in, with the point against the basal expansion of the inner margin. The auxiliary claws are remarkably small and rudimentary, not projecting beyond the outer margin of the terminal claw, and may thus be easily overlooked. In the males, the ambulatory legs (fig. 2 i) are distinguished by the 2nd coxal joint running out at the extremity as a rather strongly projecting, somewhat conical, bristle-beset process, on the end of which the sexual opening is located. Moreover, the femoral joint has, just anterior to the middle on the outer margin, a process, drawn out to a narrow tube (see too fig. 2 k), which contains the mouth of the so-called agglutinative gland, whose secretion serves for gluing together the ova and fixing them to the false legs.

The integuments are rather thin and translucent, with not very prominent sculpture.

The outer egg-masses attached to the false legs in the male (see fig. 2 b) are, as in the preceding genus, numerous, and globular in form, but the eggs relatively a good deal larger.

The colour is generally whitish, with a slight greenish play.

Occurrence. I have met with this species in great abundance in two localities on the south coast of this country, Risøer and Arendal, where it occurred at a depth of 6—12 fathoms; mud bottom. Probably it is found, too, along the whole of our west coast, but has from its trifling size and inconspicuous colour been passed by unnoticed. The farthest north I have taken it is at Tjøtø in Nordland.

Distribution. — Unlike *Phoxichilidium femoratum*, this species would seem to be a well-marked southern form.

Foruden ved Norge er den kjendt fra Danmark (Krøyer, Hansen), de britiske Øer (Hodge), Helgoland (Semper), Holland og Nordkysten af Frankrige (Hoek), samt i Middelhavet (Dohrn).

Exclusive of Norway, it is known from Denmark (Krøyer, Hansen), the British Islands (Hodge), Helgoland (Semper), Holland and the north coast of France (Hoek), and the Mediterranean (Dohrn).

---

6. Anoplodactylus typhlops, G. O. Sars.

(Pl. II, Fig. 3, a—o).

Anoplodactylus typhlops, G. O. Sars, Pycnogonidea borealia et arctica No. 6.

Artscharacter. ♀. Legemet særdeles spinkelt, cylindriskt, med vidt adskilte Sideforteatser af betydelig Længde. Hovedsegmentet kortere end de 2 følgende Segmenter tilsammen, som hos foregaaende Art fortil udtrukket i Form af en smal, over Roden af Snabelen fremragende Hals. Halesegmentet forholdsvis kort, opadrettet. Øieknuden rudimentær, uden Spor af Pigment eller Cornea. Snabelen særdeles stor, skjævt nedadrettet, udvidet paa Midten, næsten tendannet. Saxlemmerne lange og spinkle, Skaftet smalt cylindriskt, nogent. Saxen neppe mere end ⅓ saa lang, med kort Palm og lange, i Enden stærkt krummede, børstebesatte Fingre. Gangfødderne stærkt forlængede, mere end 3 Gange længere end Legemet, sparsomt haarbesatte; 2det Hofteled længere end de tø øvrige tilsammen; Laarleddet meget stort, smalt tenformigt; de 2 Lægled indbyrdes omtrent af ens Længde; Tarsalleddet særdeles lidet, skaalformigt; Fodleddet smalt og stærkt forlænget, næsten lige og ved Basis indad gaaende ud i en smalt afrundet Udvidning, bevæbnet med 3 Torner, de 2 forreste stillede jevnsides, den bagerste særdeles lang og næsten lige; Inderkanten af Leddet forsynet med en regelmæssig Rad af korte Torner; Endekloen meget lang, leformig. Farven hvidagtig. Legemets Længde 3ᵐᵐ; Spandvidde 22ᵐᵐ.

Bemærkninger. Denne meget distincte, nye Art, der aabenbart tilhører Slegten *Anoplodactylus* Wilson, er let kjendelig fra de øvrige bekjendte Arter ved Legemets ualmindelig spinkle Form, de stærkt forlængede Gangfødder, den store, tendannede Snabel, men især ved den fuldstændige Mangel af Øine.

Beskrivelse. Længden af det eneste foreliggende Exemplar, en fuldt udviklet Hun, er 3ᵐᵐ, med en Spandvidde af 22ᵐᵐ. Arten opnaar saaledes en meget betydeligere Størrelse end foregaaende.

Af Form er Legemet (se Pl. II, Fig. 3, 3 a, 3 c) særdeles smalt og langstrakt, cylindriskt, med sidste Kropssegment noget smalere end de øvrige, og Sideforteatserne ualmindelig stærkt forlængede, næsten dobbelt saa lange som Legemet er bredt. De er af cylindrisk Form, lidt indknebne ved Basis og uden noget knudeformigt Fremspring oventil, samt skilte ved særdeles vide Mellemrum. Hovedsegmentet (se ogsaa Fig. 3 b) er omtrent saa langt som de 2 følgende Segmenter tilsammen og af en lignende

6. Anoplodactylus typhlops, G. O. Sars.

(Pl. II, fig. 3, a—c).

Anoplodactylus typhlops, G. O. Sars, Pycnogonidea borealia et arctica No. 6.

Specific Character. — ♀ Body remarkably slender, cylindrical, with widely separated lateral processes of considerable length. Cephalic segment shorter than the 2 succeeding segments taken together, produced anteriorly, as in the preceding species, in the form of a slender neck projecting over the base of the proboscis. Caudal segment comparatively short, directed upwards. Oculiferous tubercle rudimentary, without a trace of pigment or cornea. Proboscis exceedingly large, pointing obliquely downward, expanded in the middle, almost fusiform. Chelifori long and slender, scape narrow cylindrical, bare, chela hardly more than one-third as long, with short palm and long fingers, bristle-bearing and strongly curved at the extremity. Ambulatory legs very elongate, more than 3 times longer than body, sparingly furnished with hairs; 2nd coxal joint exceeding in length the 2 others taken together; femoral joint very large, slenderly fusiform; the 2 tibial joints about equal in length; tarsal joint exceedingly small, bowl-shaped; propodal joint slender and very elongate, almost straight, and produced at the base inwards, as a narrow, rounded expansion, armed with 3 spines, the 2 foremost in juxtaposition, the hindmost remarkably long and almost straight; inner margin of the joint bearing a regular series of short spines; terminal claw very long, falciform. Colour whitish. Length of body 3ᵐᵐ; extent 22ᵐᵐ.

Remarks. — This very distinct new species, clearly belonging to the genus *Anoplodactylus*, Wilson, is easy to distinguish from the other known species, by reason of the body's uncommonly slender form, the very elongate ambulatory legs, the large fusiform proboscis, but especially the complete absence of eyes.

Description. — The length of the single specimen obtained, a fully developed female, is 3ᵐᵐ, with an extent of 22ᵐᵐ. The species thus attains a considerably larger size than the preceding one.

In form, the body (see Pl. II. fig. 3, 3 a, 3 c) is exceedingly slender and elongate, cylindric, with the last segment of the trunk a trifle more slender than the others, and the lateral processes uncommonly elongated, well-nigh twice as long as the body is broad. They are of cylindrical form, slightly constricted at the base, and without any nodular projection above, and are separated by exceedingly wide intervals. The cephalic segment (see too fig. 3 b) is about as long as the 2 succeeding segments taken

Form som hos foregaaende Art. Som hos denne sidste indknibes det nemlig umiddelbart foran de forreste Sideforsatser pludselig meget stærkt og skyder ud over Roden af Snabelen i Form af en smal, cylindrisk Hals, til hvis Spids Saxlemmerne er fæstede. Halesegmentet er forholdsvis lidet, neppe saa langt som sidste Segment, af simpel konisk Form og stærkt opadrettet (se Fig. 3 a).

Øieknuden (se Fig. 3 a) er ganske rudimentær, kun dannende en meget svagt fremspringende tilrundet Forhøining ved Enden af Hovedsegmentets Pandedel. Den mangler ethvert Spor baade af Pigment og Synselementer.

Snabelen (se Fig. 3 a, 3 c) er af meget betydelig Størrelse, omtrent saa lang som Hovedsegmentet og det derpaa følgende Segment tilsammen, og udgaar som hos foregaaende Art helt ventralt. Den er skraat nedadrettet og af noget teudannet Form, med en meget udpræget Fortykkelse paa Midten.

Saxlemmerne (se Fig. 3 a, 3 b, 3 c) er overordentlig spinkle og omtrent af Snabelens Længde. Skaftet er smalt cylindriskt, med det ydre Parti kun ganske svagt fortykket, og uden tydelig Haarbesætning. Saxen (Fig. 3 d) er neppe mere end ⅓ saa lang som Skaftet, stærkt indknebet ved Basis og har Palmen meget kort og kun forsynet med en enkelt kort Børste i Yderkanten. Fingrene er mere end dobbelt saa lange som Palmen, temmelig rigeligt børstebesatte og i Enden stærkt krummede. Den bevægelige Finger er som hos foregaaende Art længst og mere jevnt krummet samt krydser med Spidsen den ubevægelige Finger, naar Saxen lukkes.

Af Følere er der, ligesaalidt som hos foregaaende Art der mindste Spor, og da det undersøgte Exemplar er en Hun, mangler ogsaa de falske Fødder fuldstændigt.

Gangfødderne (se Fig. 3) er meget stærkt forlængede og tynde, mere end 3 Gange længere end Legemet, og kun sparsomt haarbesatte. Af Hofteleddene er det 2det temmelig stærkt forlænget, mere end dobbelt saa langt som de 2 øvrige tilsammen og meget smalt ved Basis. Laarleddet er af betydelig Størrelse, ikke saa lidet længere end Hoftepartiet og af smal teudannet Form, samt viser i sit Indre, form den laterale Blindsæk, talrige sig udviklende Æg. De 2 Lægled er noget kortere og indbyrdes omtrent af ens Længde. Tarsalleddet (se Fig. 3 c) er yderst lidet, næsten skaalformigt, og har i Inderkanten nogle tynde Torner, hvoraf en er noget stærkere end de øvrige. Fodleddet er forholdsvis stærkt forlænget og smalt samt mindre krummet end hos foregaaende Art, med en Del korte Børster i Yderkanten og ved Enden. Inderkanten danner som hos foregaaende Art ved Basis en skarpt markeret smalt afrundet Udvidning, der bærer 3 Torner, hvoraf de 2 forreste er stillede jevnsides; den 3die Torn er usædvanlig lang og tynd samt næsten lige udstaaende. Den øvrige Del af Inderkanten er besat med en regelmæssig Rad af korte, fortil krummede Torner, 18—20 i Tallet. Endekloen er

together, and similar in form to that of the preceding species. As in the latter, it is constricted, just anterior to the foremost of the lateral processes, very abruptly and projects over the base of the proboscis in the form of a slender cylindrical neck, to the point of which the chelifori are attached. The caudal segment is comparatively small, hardly as long as the last segment, of plain conic form, and directed almost vertically (see fig. 3 a).

The oculiferous tubercle (see fig. 3 a) is quite rudimentary, forming but a very slightly projecting rounded prominence at the extremity of the frontal part of the cephalic segment. It does not exhibit the slightest trace of either pigment or visual elements.

The proboscis (see fig. 3 a, 3 c) is of very considerable size, about as long as the cephalic segment and that succeeding it taken together, and issues, as in the preceding species, quite ventrally. It points obliquely downwards, and is somewhat fusiform in shape, with a very prominent tumification in the middle.

The chelifori (see fig. 3 a, 3 b, 3 c) are remarkably slender, and about the length of the proboscis. The scape is narrow cylindric, with the outer part but very slightly tumificated, and having no distinct covering of hair. The chela (fig. 3 d) is hardly more than one-third as long as the scape, very considerably constricted at the base, and has the palm extremely short, and furnished with but a single short bristle on the outer margin. The fingers are more than twice as long as the palm, rather abundantly bristle-beset, and strongly curved at the extremity. The mobile finger is, as in the preceding species, the longest, and more uniformly curved, and, on the chela being closed crosses with its point the immobile one.

As in the preceding species, not the slightest trace of palpi can be detected, and the specimen examined being a female, the false legs are also wholly absent.

The ambulatory legs (see fig. 3) are very considerably elongate and slender, measuring more than 3 times the length of the body, and but sparingly beset with hairs. Of the coxal joints, the 2nd is rather elongated, upwards of twice as long as the 2 others taken together, and very narrow at the base. The femoral joint is of considerable size, considerably longer than the coxal region, and of a slender fusiform shape, exhibiting also within it, anterior to the lateral cæcum, numerous eggs in course of development. The 2 tibial joints are somewhat shorter, and about equal in length. The tarsal joint (see fig. 3 c) is exceedingly small, almost bowl-shaped, and has on the inner margin a few delicate spines, one a little stronger than the rest. The propodal joint is comparatively very elongate and slender, and less curved than in the preceding species, with a number of short spines along the outer margin and at the extremity. The inner margin forms, as in the preceding species, at the base, a well-marked, narrow rounded dilation, bearing 3 spines, the 2 foremost in juxtaposition; the 3rd spine is remarkably long and slender, and well-nigh straight. The remaining part of the inner

31

særdeles lang, udpræget tøformig, med Inderkanten tilskjær-
pet og Enden gaaende ud i en sylskarp Spids; Bikløerne,
som hos foregaaende Art, yderst smaa og rudimentære, ikke
fremragende foran Endekloens Yderkant.

Integumenterne er temmelig tykke, men bøielige og
viser under Mikroskopet en fint granuleret Structur.

Legemet er af hvidagtig Farve og halvtgjennemskinnende,
saa at flere af de indre Dele skimtes mere eller mindre
tydeligt igjennem Huden. Sees Dyret fra Bugsiden (Fig.
3 c), viser saaledes Buggangliekjæden sig temmelig tydeligt;
den bestaar, som hos de øvrige i denne Familie hørende
Former, kun af 4 Ganglier, idet det forreste Ganglion
mangler eller rettere er sammensmeltet med det følgende.

Forekomst. Det ovenfor beskrevne Exemplar toges
ved Magerø, søndenom Trondhjemsfjorden, paa et Dyb af
ca. 100 Favne.

Fam. 3. **Pallenidæ.**

Charaoter. Saxlemmer vel udviklede; Følere mang-
lende; falske Fødder tilstede hos begge Kjøn.

Bemærkninger. Ved de ovennævnte Characterer er
denne Familie vel skilt snavel fra foregaaende som efterføl-
gende Familie, imellem hvilke den har sin naturlige Plads.
Foruden de 3 i det følgende nærmere omtalte Slægter,
hører herhen ogsaa den af Dohrn opstillede Slægt *Nœopal-
lene*, hos hvem et Rudiment af Følere er tilstede. End-
videre tror jeg, som allerede ovenfor bemærket, at flere af
de af Hœck som Phoxichilidier beskrevne Former fra Chal-
lenger Expeditionen rettest bør henføres til denne Familie
og indordnes under en eller flere nye Slægter. Hvad ende-
lig de 3 af sidstnævnte Forfatter, ligeledes fra Challenger
Expeditionen, beskrevne *Pallene*-Arter angaar, saa synes
mig ingen af dem rigtigt at ville passe ind under nogen af
de 3 nordiske Slægter, og, da de ogsaa indbyrdes viser
ikke ubetydelige Forskjelligheder, skulde jeg være mest til-
bøielig til at antage, at de repræsenterer 3 nye Slægtstyper
henhørende til nærværende Familie.

Gen. 5. **Pallene.** Johnston 1837.

Slægtscharacter. Legemet glat, mere eller mindre
smalt, cylindriskt, med vel adskilte Sidefortsatser. Hoved-
segmentet forholdsvis stort, med tydelig Hals og stærkt ud-
videt Pandedel. De to sidste Kropssegmenter sammensmel-
tede med hinanden. Halesegmentet meget lidet, stumpt ko-
niskt, opadrettet. Øieknuden mere eller mindre ophøiet,

---

margin exhibits a regular series of short, anteriorly curv-
ing spines, 18—20 in number. The terminal claw is exceed-
ingly long, distinctly falciform, with the inner margin shar-
pened and produced at the extremity to an awl-like point;
the auxiliary claws, as in the preceding species, exceedingly
small and rudimentary, not projecting beyond the outer
margin of the terminal claw.

The integuments are rather thick, but flexible, and ex-
hibit under the microscope a fine, granular sculpturing.

The body is whitish in colour and semi-translucent,
so that several of the inner parts are seen, more or less
distinctly, shining through the integument. Viewed from the
ventral side (fig. 3 c), the animal accordingly exhibits,
pretty distinctly, the ventral chain of ganglia; the latter
consists, as in the other forms belonging to this family,
of but 4 ganglia, as the foremost ganglion is wanting, or
rather is fused into that succeeding it.

Occurrence. The specimen described above was taken
at Magerø, south of the Throndhjemsfjord, from a depth
of about 100 fathoms.

Fam. 3. **Pallenidæ.**

Charaoter. Chelifori well developed; palpi wanting or
rudimentary; false legs present in both sexes.

Remarks. By the above given characters this family
is well distinguished, both from the preceding and the suc-
ceeding one, between which it has its natural place. Ex-
clusive of the 3 genera spoken of more at large in the
sequel, to this family also belongs the genus established by
Dohrn, *Nœopallene*, in which a rudiment of palpi is present.
Moreover, I certainly think, as already noticed above, that
several of the forms from the Challenger Expedition, des-
cribed by Hœck as Phoxichilidians, should properly be refer-
red to this family, and be classed under one or more new
genera. Finally, as to the 3 *Pallene* species from the
Challenger Expedition, likewise described by that author,
none of them, it seems to me, can strictly be ranked under
any of the 3 Northern genera; and exhibiting as they do
differences by no means trifling, I am most inclined to
regard them as representing 3 new generic types belonging
to the present family.

Gen. 5. **Pallene.** Johnston 1837.

Generic Character. Body smooth, more or less slen-
der, cylindrical, with well separated lateral processes. Ce-
phalic segment comparatively large, with neck distinct and
frontal part prominently expanded. The two last segments
of the trunk coalescent. Caudal segment very small, obtusely
conic, directed upwards. Oculiferous tubercle more or less

med vel udviklede Synselementer. Snabelen kort, fortil-
rettet, noget udvidet i sit ydre Parti; Mundaabningen sim-
pel. Saxlemmerne forholdsvis korte, Skaftet tykt, cylindriskt,
Haanden aflang oval, med Fingrene koniskt tilspidsede og
fint tandede i Inderkanten. De falske Fødder stærkt for-
længede og smale, 10-leddede, 5te Led hos Hannen længere
end de øvrige og ved Enden forsynet med en kort tilbage-
bøiet Flig; de 4 ydre Led langs Inderkanten besatte med
en regelmæssig Rad af pladeformige, i Kanterne fint cilie-
rede Tørner; sidste Led stumpt tilrundet i Enden, uden
Klo. Gangfødderne mere eller mindre stærkt forlængede,
sparsomt børstebesatte, med Laarleddet stærkt opsvulmet
hos Hunnerne; Tarsalleddet yderst lidet; Fodleddet kraf-
tigt udviklet og bevæbnet i Inderkanten ved Basis med
stærke Tørner; Endekloen forholdsvis kort, men kraftig;
Bikløerne vel udviklede. Kjønsaabningerne har Hunnen ved
Enden af 2det Hofteled paa alle Fødder, hos Hannen kun
paa de 2 bagerste Par. De ydre Æg meget store og fæ-
stede enkeltvis til de falske Fødder, uden at være sammen-
kittede til sammenhængende Masser.

Bemærkninger. I den Begrændsning, hvori Slægten
her tages, er den hovedsagcligt charactiseret ved den for-
holdsvis smækre, cylindriske Krop, den eiendommelige Ud-
vikling af Hovedsegmentet, den nalmindelig korte Snabel,
Saxlemmernes og navnlig de falske Fødders Structur, ende-
lig ved Tilstedeværelsen af vel udviklede Bikløer paa Gang-
fødderne. Ligeledes tør de 2 sidste Kropssegmenters Sam-
mensmeltning gjelde for et generiskt Mærke.

Typen for Slægten er den nedenfor uciere beskrevne *P.
brevirostris*, Johnston. I den nyere Tid er desuden af Dohrn
opført 4 middelhavske Arter, der utvivlsomt horer ind un-
der denne Slægt og slutter sig meget nær til den typiske
Art, hvortil endnu kommer en 6te nordisk Art, som i det
følgende nærmere skal beskrives.

protuberant, with well developed visual elements Proboscis
short, anteriorly directed, somewhat expanded in its outer
part; oral orifice plain. Chelifori comparatively short,
scape thick, cylindric, hand oblongo-oval, with the fingers
conically pointed and finely dentated along the inner mar-
gin. False legs very elongate and slender, ten-jointed, 5th
joint in male longer than the rest, and furnished at the
extremity with a short recurved lappet; the 4 outer joints
along the inner edge armed with a regular series of lamel-
lar spines, finely ciliate along the margins; terminal joint
obtusely rounded at the extremity, without any claw.
Ambulatory legs more or less prolonged, sparingly setous,
with the femoral joint a good deal swollen in the female;
tarsal joint exceedingly small; propodal joint powerfully
developed, and armed along the inner edge, at the base,
with strong spines; terminal claw comparatively short, but
powerful; auxiliary claws well developed. Sexual openings
in female at the end of the 2nd coxal joint on all the
legs, in male on the 2 posterior pairs only. The outer
eggs very large, each fixed by itself to the false legs,
without being glued together in masses.

Remarks. In the restricted sense in which the genus
is taken here, its chief characteristics consist in the com-
paratively slender cylindrical body, the peculiar development
of the cephalic segment, the remarkably short proboscis,
the structure of the chelifori, and more particularly that of
the false legs, and finally, in the presence of well developed
auxiliary claws on the ambulatory legs. The coalescence
of the 2 last segments of the trunk may likewise perhaps
be taken as a generic feature.

The type of the genus is *P. brevirostris*, Johnston,
described in detail below. Of late, too, Dohrn has estab-
lished 4 Mediterranean species, unquestionably referrable
to this genus, which agree very closely with the typical
species, to which comes a Northern species — the 6th,
described more at large in the sequel.

—

7. Pallene brevirostris, Johnston.

(Pl. III, Fig. 1, a—h).

Pallene, brevirostris, Johnston. Mag. of Zool. & Botany.
    Vol. 1, p. 380, Pl. XII, fig. 7—8.
Pallene brevirostris, Hoek. Niederl. Archiv f. Zoologie, Vol.
    III, p. 237. Tab. XV. Fig. 4—7.
Pallene empusa, Wilson, Transact. Connect. Acad., Vol. V,
    p. 9, Pl. III, fig. 2, a—g.
    „   „   Idem. United States Commission for Fish
    and Fisheries. Report for 1878, p. 476, Pl. II, fig.
    5—7.
Pallene brevirostris, Hoek, Arch. de Zool. expérim. IX, p.
    511, Pl. XXVI, fig. 17.
Pallene brevirostris, Hansen. Zool. Daniæ, Tab. 7. fig. 20.
    „   „   Idem, Naturh. Tidsskrift 3 Række, Bd.
    14. p. 649.

7. Pallene brevirostris, Johnston.

(Pl. III, fig. 1, a—h).

Pallene brevirostris, Johnston. Mag of Zool. & Botany,
    Vol. 1, p. 380, Pl. XII, fig. 7—8.
Pallene brevirostris, Hoek. Niederl. Archiv f. Zoologie, Vol.
    III, p. 237, Tab. XV. figs. 4—7.
Pallene empusa, Wilson, Transact. Connect. Acad. Vol. V.
    p. 9, Pl. III, fig. 2, a—g.
    „   „   Idem, United States Commission for Fish
    and Fisheries. Report for 1878. p. 476. Pl. II, figs.
    5—7.
Pallene brevirostris, Hoek, Arch. de Zool. expérim. IX. p.
    511. Pl. XXVI, fig. 17.
Pallene brevirostris, Hansen, Zool. Daniæ, Tab. VII, fig. 20.
    „   „   Idem, Naturh. Tidsskrift 3 Række. Bd.
    14, p. 649.

Pallene brevirostris, G. O. Sars, Pycnogonidea borealia et arctica. No. 7.

Artscharacteristik. Kroppen noget undersætsig, med Sidefortsætserne neppe længere end Segmenternes Bredde. Hovedsegmentet længere end de øvrige Segmenter tilsammen, Halsen temmelig tyk og ikke skarpt begrundset fra Pandedelen; Afstanden fra Øieknuden til Hovedsegmentets Forkant mindre end fra samme til Halesegmentet. Øieknuden temmelig lav, stumpt tilspidset. Snabelen omtrent halvt saa lang som Hovedsegmentet. Saxlemmerne meget korte, Haanden af Skaftets Længde, Fingrene kortere end Palmen. De falske Fødder hos Hunnen af Legemets Længde, hos Hannen en halv Gang til saa lange, sidste Led med 9 pladeformige Torner. Gangfødderne omtrent 3½ Gang længere end Kroppen, 2det Hofteled ikke dobbelt saa langt som de øvrige tilsammen; 2det Lægled omtrent 3 Gange længere end det terminale Afsnit (Tarsal- og Fodleddet); Fodleddet noget krummet, med 5 stærke Torner i det basale Parti af Inderkanten, Bikløerne noget kortere end Endekløen. Legemet gjennemsigtigt med brede, opakt hvide Tverbaand over Gangfødderne. Længden af Kroppen 1½ᵐᵐ, Spandvidde 11ᵐᵐ.

Bemærkninger. Jeg kan ikke betvivle, at den her omhandlede Form er den af Johnston først beskrevne Art. Hvad den nordamerikanske Form, *P. empusa*, Wilson, angaar, saa er den allerede af Hoek og Hansen indentificeret med nærværende Art, og jeg finder heller ikke, at den af Wilson givne Beskrivelse og de af ham meddelte Figurer afviger saa meget, at der kan være Grund til at antage nogen specifisk Forskjel. Hvorvidt nogen af de 4 af Dohrn opstillede middelhavske Arter lader sig henføre til nærværende Art, synes mig noget tvivlsomt. De 2 Arter *P. spectrum* og *P. Tiberi* synes at være de, der mest ligner vor Art, uden at jeg dog tor indentificere nogen af dem med samme.

Beskrivelse. Legemets Længde hos fuldt udviklede Hunner overskrider neppe 1½ᵐᵐ, og Spandvidden 11ᵐᵐ; Hannerne er i Regelen lidt mindre.

Legemet er (se Pl. III. Fig. 1. 1 a og 1 b) forholdsvis noget undersætsigt, navnlig i Sammenligning med følgende Art, af cylindrisk Form og neppe afsmalnende bagtil. Den egentlige Krop er kun delt i 3 tydeligt begrændsede Segmenter, idet de 2 sidste er fuldstændig sammensmeltede med hinanden, uden at der er det mindste Spor af nogen Sutur mellem begge at opdage. Fuldkommen det samme er ogsaa Tilfældet med følgende Art, og jeg har Grund til at antage, at dette er en for samtlige Arter af nærværende Slægt fælles Character, som kun ikke har været tilstrækkelig paaagtet af tidligere Forskere. Hovedsegmentet er af særdeles betydelig Størrelse, selv kjendelig længere end de øvrige Segmenter tilsammen, hvad der væsentlig skyldes den stærke Udvikling af det frontale Parti. Den foran Øieknuden liggende Del af dette Segment er nemlig over 2½ Gang saa lang som den bagenfor samme liggende Del, og viser en tydeligt indknebet og temmelig lang cylindrisk Hals, der dog ganske successivt udvider sig til det stærkt fortykkede

Pallene brevirostris. G. O. Sars. Pycnogonidea borealia et arctica. No. 7.

Specific Character. Body somewhat short and stout, with the lateral processes scarcely longer than the segments are broad. Cephalic segment exceeding in length that of the other segments taken together, neck rather thick and not sharply defined from the frontal part; distance from the oculiferous tubercle to the anterior margin of the cephalic segment less than from the former to the caudal segment. Oculiferous tubercle rather low, obtusely pointed. Proboscis about half as long as cephalic segment. Chelifori exceedingly short, hand the length of the scape, fingers shorter than palm. The false legs in the female the length of the body, in the male half as long again, last joint with 9 lamellar spines. Ambulatory legs about 3½ times the length of the body, 2nd coxal joint not twice as long as the 2 others taken together; 2nd tibial joint about 3 times as long as the terminal portion (tarsal joint and propodal joint); propodal joint somewhat curved, with 5 strong spines in the basal part of the inner margin, the auxiliary claws a trifle shorter than the terminal claw. Body translucent, with broad opaque white transverse bands across the ambulatory legs. Length of body 1½ᵐᵐ, extent 11ᵐᵐ.

Remarks. I see no reason to doubt that the form here treated is the species first described by Johnston. As regards the North American form, *P. empusa*, Wilson, that has been already indentified by Hoek and Hansen with the present species; nor does Wilson's description, and the figures he has furnished, in my judgment, deviate sufficiently to warrant our assuming any specific distinction. Whether any of the 4 Mediterranean species established by Dohrn admit of being referred to the present form, appears to me somewhat doubtful. The 2 species *P. spectrum* and *P. Tiberi* would seem to be those bearing the closest resemblance to our species, although I would not venture to identify either of them with it.

Description. The length of the body in fully developed females hardly exceeds 1½ᵐᵐ, and the extent hardly 11ᵐᵐ; the males are, as a rule, somewhat smaller

The body (see Pl. III. figs. 1, 1 a and 1 b) is comparatively short and stout, particularly when compared with the following species, has a cylindrical form and scarcely tapers at all posteriorly. The body proper is divided into only 3 distinctly defined segments, as the 2 terminal ones completely coalesce without the slightest trace of having a suture. Precisely the same is the case with the following species, and I have reason to believe that this is a character common to all species of the present genus, but which has not been sufficiently regarded by earlier naturalists. The cephalic segment is especially of great size, being appreciably longer than all the rest taken together, which must chiefly be ascribed to the strong development of the frontal part. The part of this segment in front of the oculiferus tubercle is more than 2½ times the length of the part behind it, and exhibits a distinctly constricted and rather long cylindrical neck, which, however, expands quite gradually to the strongly tumefied terminal part, from which the proboscis and the chelifori

34

terminale Parti, hvorfra Snabelen og Saxlemmerne udgaar. Sidefortsatserne er temmelig vidt adskilte og neppe længere end Legemet er bredt. Det forreste til Hovedsegmentet hørende Par udgaar fra dettes bagerste Parti, medens det følgende Par udgaar noiagtig fra Midten af det tilsvarende Segment. Det bagerste Par er, som sædvanlig, noget kortere end de øvrige og stærkt bagudrettede. Fra Indsnittet mellem begge udgaar det overordentlig lille Halesegment, der er stærkt opadrettet (se Fig. 1 b), og af simpel konisk Form, med Enden svagt kløftet og forsynet til hver Side med en kort Børste (Fig. 1 h).

Øieknuden er kun lidet ophøiet (se Fig. 1 b), af stump konisk Form, og ved Basis forsynet med de 4 sædvanlige Enkeltøine, indleirede i et mørkt Pigment.

Snabelen er (se Fig. 1 a, 1 b) usædvanlig kort, neppe halvt saa lang som Hovedsegmentet, og næsten lige fortil strakt. Den er temmelig tyk, cylindrisk, dog noget udvidet i sit ydre Parti, og har Spidsen stumpt tilrundet, med Mundaabningen simpel, uden nogen Børstebevæbning.

Saxlemmerne er forholdsvis korte og undersætsige, paa langt nær ikke saa lange som Hovedsegmentet, med Skaftet simpelt cylindrisk og ved Enden udad forsynet med en Del fine Børster. Haanden er omtrent af samme Længde som Skaftet og horizontalt indadrettet. Den er (Fig. 1 c) af aflang oval eller næsten pæredannet Form og besat ved Basis af Fingrene med stærke Børster. Fingrene er neppe længere end Palmen og gaar i middelbar Flugt med samme. De er konisk tilspidsede og kun yderst svagt krummede, samt noget ulige i Længde, idet den ubevægelige Finger er kjendelig kortere end den bevægelige; den første har ikke blot langs Inderkanten, men ogsaa til Siderne flere smaa tandformige Knuder, hvorimod disse paa den bevægelige Finger er meget utydelige.

Af Følere er der intet Spor at opdage (se Fig. 1 a).

De falske Fødder er tilstede hos begge Kjøn og fæstede paa hver Side til et knudeformigt Fremspring tæt foran de forreste Sidefortsatser (se Fig. 1 a og 1 b). Som hos de i det foregaaende omtalte Former, er de slaaede ind under Kroppen og viser i Almindelighed paa Midten en mere eller mindre stærk udviklet Bøining. De bestaar hos begge Kjøn af 10 Led, hvoraf de 5 yderste danner et vel begrændset terminalt Afsnit. Angaaende disse Lemmers Længde, saa er den noget forskjellig hos de 2 Kjøn. Hos Hunnen (Fig. 1) er de lige udstrakte neppe længere end Legemet, medens de hos Hannen (Fig. 1 a) er næsten en halv Gang til saa lange. Dette kommer af den forholdsvis betydelig stærkere Udvikling hos Hannen af 4de og navnlig 5te Led, hvilket Sted desuden udmærker sig ved en fligformig, med et Par Børster besat Udvidning i Enden, hvoraf intet Spor er at se hos Hunnen. De 5 Led, der danner Endepartiet (Fig. 1 d), er næsten af ens Længde, og de 4 yderste langs Inderkanten besatte med en regelmæssig Rad af eiendommelige, lamelleformige Torner, der er særdeles fint indskaarne eller lige som cilierede i

issue. The lateral processes are rather wide apart and hardly longer than the body is broad. The foremost pair belonging to the cephalic segment, issue from its hindmost part, whereas the succeeding pair have their origin exactly in the middle of the corresponding segment. The hindmost pair are, as usual, a little shorter than the others and are strongly directed backwards. From the incision between the two, issues the exceedingly small caudal segment, directed strongly upwards (see fig. 1 b), and of a simple conic form, with the extremity faintly cleft and furnished on each side with a short bristle (fig. 1 h).

The oculiferous tubercle is but slightly protuberant (see fig. 1 b), of an obtuse conic form, and at the base provided with the 4 simple eyes, or lenses, embedded in a dark pigment.

The proboscis (see fig. 1 a, 1 b) is remarkably short, scarcely half as long as the cephalic segment, and extended almost straight forwards. It is rather thick, cylindrical, although somewhat expanded in its outer part, and has the point obtusely rounded with the oral opening plain, and no setous armature.

The chelifori are comparatively short and stout, not so long, by far, as the cephalic segment, with the scape plain cylindric, and at the extremity outwards furnished with a number of delicate bristles. The hand is about the same length as the scape, and directed horizontally inwards. It is oblongo-oval or well-nigh pyriform (fig. 1 c), and at the base of the fingers beset with strong bristles. The fingers are scarcely longer than the palm, and extend in immediate line with it. They are conically acuminated and but very slightly curved, also somewhat unequal in length, the immobile finger being appreciably shorter than the mobile one; not only has the former along its inner edge, but likewise at the sides, several minute dentiform nodules, whereas those on the latter are very indistinct.

Of palpi no trace can be detected (see fig. 1 a).

The false legs are present in both sexes, and attached on each side to a nodular projection immediately in front of the foremost of the lateral processes (see figs. 1 a and 1 b). As in the forms previously spoken of, they are folded in, under the trunk, and generally exhibit, at the middle, a more or less prominent, elbow-shaped bend. They are composed, in both sexes, of 10 joints, the 5 outermost forming a well defined terminal division. As regards the length of these limbs, it differs somewhat in the two sexes. In the female (fig. 1), when fully extended, they are hardly longer than the body, while in the male (fig. 1 a) they are almost half as long again. This comes of the relatively much fuller development in the male of the 4th, and more particularly 5th joint, which last has, moreover, a lobular expansion at the extremity beset with one or two setæ, no trace of which can be found in the female. The 5 joints constituting the terminal division (fig. 1 d) are well-nigh equal in length, and the 4 outermost are, along the inner edge, furnished with a regular series of peculiar lamelliform spines, having the edges very

Kanterne. Sidste Led (Fig. 1 c) ender stumpt tilrundet, uden Spor af nogen Endeklo; det bærer 9 af de ovennævnte lamelleformige Torner, hvoraf den yderste er størst.

Gangfødderne er (se Fig. 1) af spinkel Form, omtrent 3½ Gang kortere end Legemet og kun sparsomt børstebesatte. Af de 3 Hofteled er det midterste stærkt forlænget, omtrent dobbelt saa langt som de 2 øvrige tilsammen, og noget kolleformigt opsvulmet i Enden, hvor den ydre Kjønsaabning er beliggende. Laarleddet er hos Hunnen (se Fig. 1) ofte særdeles stærkt opsvulmet paa Midten, eller næsten tenformigt, paa Grund af de i det indre sig udviklende Æg, hvoraf de 3 eller 4 midterste kan opnaa en meget anselig Størrelse (se Fig. 1 f). 1ste Lægled er adskilligt kortere end Laarleddet og noget indknebet ved Basis. Derimod er 2det Lægled vel saa langt som hint Led og af lineær Form. Det af Tarsal- og Fodleddet dannede terminale Afsnit af Foden er forholdsvis kort, neppe ½ saa langt som 2det Lægled, men særdeles bevægeligt forbundet med dette Led og mindre idethele i sin Structur om St. Phoxichilus. Tarsalleddet (se Fig. 1 g) er yderst lidet, af triangulær Form, og har i Inderkanten en stærk Torn foruden en Del sædvanlige Børster. Fodleddet er kraftigt udviklet og noget krummet samt i Inderkanten bevæbnet med stærke Torner, hvoraf navnlig de 5 bageste udmærker sig ved betydelig Størrelse. Ved nøiere Undersøgelse viser disse sidste sig egentlig at være ordnede i 2 Rader, hvoraf den ene indeholder kun 2, den anden 3 Torner. Langs Yderkanten og ved Spidsen bærer dette Led desuden en Del temmelig lange og tynde Børster. Endekloen er forholdsvis kraftig og stærkt krummet, dog neppe mere end halvt saa lang som Fodleddet. Den bærer ved Basis fortil 2 vel udviklede Bikløer, mere end halvt saa lange som selve Kloen.

De til de falske Fødder hos Hannen fæstede Æg er (se Fig. 1 a) forholdsvis meget store, kugleformige, og faa i Antal, almindelighed omkring 6 Stykker paa hver Fod. De er fæstede stærkilt til det stærkt forlængede 5te Led, uden som hos de fleste øvrige Pycnogonider at være omgivne af nogen fælles Omhylningsmembran.

Dyret er i levende Tilstand meget gjennemsigtigt og næsten farveløst. Dog findes i Regelen ved Enden af hvert Led paa Gangfødderne afsat et opakt, kridhvidt Pigment, der ved gjennemfaldende Lys ser mørkt ud og giver Fødderne et mere eller mindre udpræget tværbaandet Udseende.

Forekomst. Jeg har taget denne Art ikke sjelden ved vor Sydkyst, f. Ex. ved Risøer og Arendal, paa forholdsvis grundt Vand mellem Alger og Hydroider. Den forekommer ogsaa af og til ved vor Vestkyst (Stavanger) og gaar nordlig lige op til Tjøtø i Nordland.

Udbredning. Foruden ved Norge er Arten observeret ved de britiske Øer (Johnston o. fl.), Danmark (Hansen), Holland og Nordkysten af Frankrige (Hoek), endelig ved Østkysten af Nordamerika, hvis, som jeg formoder,

delicately indented or, as it were, ciliated. The last joint (fig. 1 c) ends obtusely rounded, without the slightest trace of a terminal claw; it bears 9 of the above-mentioned lamelliform spines, the outermost being the largest.

The ambulatory legs (see fig. 1) are slender in form, about 3½ times as long as the body, and but sparingly beset with setæ. Of the 3 coxal joints, the mesial one is very considerably produced, measuring about twice the length of the two others taken together, and somewhat claviform expanded at the extremity, where the exterior sexual orifice is located. The femoral joint in the female (see fig. 1) is often very much swollen in the middle, or almost fusiform, owing to the eggs developing within, of which the 3 or 4 midmost can attain a very considerable size (see fig. 1 f). The 1st tibial joint is a good deal shorter than the femoral joint and slightly constricted at the base. On the other hand, the 2nd tibial joint is rather longer than the 1st, and of linear form. The terminal division of the leg formed by the tarsal and propodal joints, is comparatively short, hardly ½ as long as the 2nd tibial joint, but very flexibly connected with that joint, and, on the whole, in its structure calls to mind the genus Phoxichilus. The tarsal joint (see fig. 1 g) is exceedingly small, triangular in form, and has on the inner edge a strong spine besides a number of the usual setæ. The propodal joint is powerfully developed and slightly curved, also on the inner margin armed with strong spines; the 5 hindmost of which are especially distinguished by their very considerable size. On closer examination the latter are found to be arranged in 2 series, the one with 2, the other with 3 spines. Along the outer margin and at the point, this joint bears, besides, a number of rather long, fine setæ. The terminal claw is comparatively powerful and strongly curved, but hardly more than half as long as the propodal joint. It has at the base, in front, 2 well developed auxiliary claws, measuring more than half the length of the claw itself.

The eggs attached to the false legs in the male (see fig. 1 a) are, comparatively, very large, globular, and few in number, as a rule about 6 on each leg. They are attached separately to the greatly produced 5th joint, without, as in most other Pycnogonids, being surrounded by a common enveloping membrane.

In the living state the animal is very pellucid and almost colourless. As a rule, however, there may be observed, at the extremity of each joint of the ambulatory legs, an opaque chalky white pigment deposited, which by transmitted light acquires a darke shade, and gives to the legs a more or less prominent transversally banded appearance.

Occurrence. I have taken this species, not infrequently, off the south-west coast of Norway, e. g. at Risøer and Arendal, in comparatively shallow water, among algæ and hydroida. It occurs, too, now and again, off our west coast (Stavanger), and extends as far north as Tjøtø in Nordland.

Distribution. Besides off Norway, the species has been met with off the British Islands (Johnston and others), Denmark (Hansen), Holland and the north coast of France (Hoek), and, finally, on the east coast of North America, if

5*

P. empusa, Wilson, virkelig er identisk med vor Art. I de arktiske Have er den derimod aldrig bleven observeret og Arten synes derfor idethele at maatte betragtes som en sydlig Form.

as I believe, *P. empusa*, Wilson, found there, is really identical with our species. In the Polar Seas, on the other hand, it has never been observed, and hence we are, on the whole, warranted in regarding the species as a southern form.

---

8. Pallene producta, G. O. Sars.

(Pl. III. fig. 2, a—d).

Pallene producta, G. O. Sars, Pycnogonidea borealia et arctia, No. 8.

Artscharacteristik. Meget nær *P. brevirostris*, men af betydelig slankere Kropsform. Hovedsegmentet 1½ Gang til saa langt som de øvrige tilsammen, med mærkeles smal og forlænget Hals og stærkt fortykket Pandedel. Øiekmiden omtrent i Midten af Legomets Længde, stærkt ophøiet og konisk tilspidset. Snabelen som hos *P. brevirostris*. Saxfødderne ligeledes af samme Bygning, men forholdsvis noget større og med stærkere forkængede Fingre. De falske Fødder fæstede i nogen Afstand fra de forreste Sidefortsatser til Siderne af Halsen; Bygningen som hos *P. brevirostris*. Gangfødderne særdeles spinkle og forlængede, med 2det Hofteled over dobbelt saa langt som de 2 øvrige tilsammen, Fodleddet omtrent som hos foregaaende Art, men Bikløerne forholdsvis længere. Dyret gjennemsigtigt, uden al Pigmentering. Legemets Længde 2ᵐᵐ, Spandvidde 18ᵐᵐ.

Bemærkninger. Nærværende Form staar i saagodtsom alle anatomiske Detailler saa særdeles nær *P. brevirostris*, at jeg har været i nogen Tvivl om dens Berettigelse som selvstændig Art. Da imidlertid Dohrn har gjort os bekjendt med flere, som det synes, ligesaa nærstaaende Arter fra Middelhavet, og jeg ikke har fundet nogen tydelige Overgange mellem nærværende Form og den typiske Art, har jeg troet at maatte hævde dens specifiske Forskjel. I sin ydre Habitus viser den en paafaldende Lighed med den af Dohrn under Benævnelsen *P. phantoma* fra Middelhavet beskrevne Art, men skiller sig meget bestemt ved Formen af Fodleddet og ved de betydelig større og ganske glatte Bikløer.

Beskrivelse. Legemets Længde er omkring 2ᵐᵐ, med en Spandvidde af 18ᵐᵐ; altsaa adskilligt større end hos foregaaende Art.

Formen er (se Pl. III, Fig. 2) idethele betydelig spinklere end hos den typiske Art, saavel hvad selve Kroppen som Fødderne angaar. Hovedsegmentet er her af en aldeles excessiv Længde, mere end 1½ Gang længere end de øvrige tilsammen, og navnlig udmærket ved den overordentlig stærkt forlængede og smalt cylindriske Hals, der meget skarpt afgrændser sig fra den stærkt udvidede, næsten kølleformige Pandedel. De 2 sidste Kropssegmenter er som hos- *P. brevirostris* fuldstændig sammenvoxne med hin-

8. Pallene producta, G. O. Sars.

(Pl. III. fig. 2, a—d).

Pallene producta, G. O. Sars, Pycnogonidea borealia et arctica, No. 8.

Specific character. Very closely approximating *P. brevirostris*, but of a much more slender form of body. Cephalic segment as long as one and a half times all the others taken together, with neck extremely slim and prolonged and frontal part greatly tumificated. Oculiferous tubercle located at about the middle of the length of the body, exceedingly protuberant and conically acuminated. Proboscis as in *P. brevirostris*. Chelifori similar in structure as well, but relatively somewhat larger and with more prolongated fingers. False legs attached to the sides of the neck, at some distance from the foremost of the lateral processes: structure as in *P. brevirostris*. Ambulatory legs exceedingly slender and prolongated, with 2nd coxal joint more than twice as long as the two others taken together; propodal joint nearly as in preceding species, but the auxiliary claws relatively longer. Animal translucent, without any pigmentation whatever. Length of body 2ᵐᵐ, extent 18ᵐᵐ.

Remarks. The present form approaches in almost all its anatomical details so remarkably near to *P. brevirostris*, that I have felt much doubt respecting its claim to rank as a distinct species. As Dohrn has, however, made us acquainted with several, it would seem, as closely approximating species from the Mediterranean, and not having myself found any distinct transitions between the present form and the typical species, I have seen fit to maintain its specific distinction. In its external habitus it exhibits a striking resemblance to Dohrn's Mediterranean specis *P. phantoma*, but differs very decidedly in the form of the propodal joint and the much larger and perfectly smooth auxiliary claws.

Description. The body measures about 2ᵐᵐ in length and has an extent of 18ᵐᵐ; therefore a good deal larger than in the preceding species.

The form (se Pl. III, fig. 2) is, on the whole, considerably more slender than in the typical species, both as regards the body and the legs. The cephalic segment has, in this animal, quite a remarkable length, more than one and a half times the length of the others taken together, and is, in particular, distinguished by the greatly prolongated and narrow cylindrical neck, which is very sharply defined from the strongly expanded, almost claviform frontal part. The 2 last segments of the trunk are, as in *P. brevirostris*, completely

anden. Halesegmentet er af samme Udseende som hos denne Art, ligesom ogsaa Kroppens Sidefortsatser.

Øiekunden er beliggende omtrent i Midten af Legemets Længde og skiller sig kjendelig fra samme hos foregaaende Art ved sin høie, konisk tilspidsede Form (se Fig. 2 a, 2 b). Dens Spids er mere eller mindre foroverbøiet, og Lindserne ved Basis af Øiekunden synes forholdsvis noget mindre end hos *P. brevirostris*.

Snabelen forholder sig ganske som hos denne Art, naar undtages, at den er en Smule længere i Forhold til Bredden.

Ogsaa Saxlemmerne viser en meget overensstemmende Bygning: Kun synes de, ligesom overhovedet alle Kropsvedhæng, at være noget mere forhængøde, ligesom ogsaa Fingrenes Længde i Forhold til Palmen er noget større (se Fig. 2 c).

De falske Fødder er her, ligesom Tilfældet er med den middelbavske Art *P. phantoma*, fæstede, i en kjendelig Afstand fra de forreste Sidefortsatser, til Siderne af Halsen. De er hos Hannen, lige udstrakte, betydelig længere end Legemet og stemmer saavel i Leddenes indbyrdes Forhold som Bevæbning ganske overens med samme hos *P. brevirostris*.

Gangfødderne er (se Fig. 2) overordentlig spinkle og forhengede; da imidlertid ogsaa Kroppen er stærkt forhenget, vil Længdeforholdet mellem Legemet og Fødderne omtrent blive det samme som hos foregaaende Art. Af Leddene er det 2det Hofteled uabmindelig langt og smalt, over dobbelt saa langt som de 2 øvrige tilsammen. De 3 følgende Led er ogsaa betydelig længere end hos *P. brevirostris*, hvorimod deres indbyrdes Længdeforhold ikke er meget forskjelligt. Fodleddet (se Fig. 2 d) viser idethele en meget lignende Form og Bevæbning som hos foregaaende Art. Derimod er Bikløerne her kjendelig større, næsten af Endekloens Længde.

De til de falske Fødder hos Hannen fæstede Æg er (se Fig. 2) som hos *P. brevirostris*, faa i Antal og forholdsvis store, fuldkommen kugleformige og ikke omgivne af nogen fælles Membran.

Hele Dyret er i levende Tilstand i høi Grad gjennemsigtigt og uden de hvide Tværbaand over Gangfødderne, der forefindes hos foregaaende Art.

Forekomst. Jeg har taget nogle faa Exemplarer af denne Form ved Apelvær i Nordre Trondhjems Amt. De forekom paa et temmelig betydeligt Dyb, 60—100 Favne, Lerbund.

coalescent. The caudal segment exhibits the same appearance as in that species, as also do the lateral processes of the body.

The oculiferous tubercle is located nearly in the middle of the length of the body, and is perceptibly distinguished from that of the preceding species by its elevated, conically acuminated form (see fig. 2 a, 2 b). Its point is more or less bent forwards, and the lenses at the base of the tubercle would seem to be, relatively, somewhat smaller than in *P. brevirostris*.

The proboscis occurs precisely as in the said species, save in being a trifle longer, proportionally to the breadth.

The cheliferi, too, exhibit a very similar structure, only they would seem, as indeed is the case generally with all appendages of the body, to be somewhat more prolonged, the length of the fingers in proportion to that of the palm, being also somewhat greater (see fig. 2 c).

The false legs in this animal, as in the Mediterranean species *P. phantoma*, are attached, at an appreciable distance from the foremost lateral processes, to the sides of the neck. In the male, when fully extended, they are considerably longer than the body, and agree, alike in the relative proportion of the joints and the armature, with the false legs in *P. brevirostris*.

The ambulatory legs (see fig. 2) are uncommonly slender and elongate: as the trunk, however, is also much produced, the proportion in length between the body and the legs will be nearly the same as in the preceding species. Of the joints, the 2nd coxal joint is remarkably long and slender, more than twice as long as the 2 others taken together. The 3 succeeding joints are likewise a good deal longer than in *P. brevirostris*, whereas their mutual relation as to length is not very different. The propodal joint (see fig. 2 d) exhibits much the same form and armature as in the preceding species. The auxiliary claws are, however, appreciably larger, almost as long as the terminal claw.

The eggs attached to the false legs in the male (se fig 2) are, as in *P. brevirostris*, few in number and comparatively large, quite globular in shape, and not enveloped in any common membrane.

The entire animal is, in the living state, remarkably translucent, and without the white transverse bands across the ambulatory legs observed in the preceding species.

Occurrence. I have taken a few specimens of this form at Apelvær in Nordre Trondhjems Amt. They were brought up from a considerable depth, 60—100 fathoms; clay bottom.

38

Gen. 6. **Pseudopallene,** Wilson, 1878.

(Syn: Pallene, Krøyer).

Slægtscharacteristik. Legemet af robust Form, delvis pigget, med Sideforsatserne mere eller mindre tæt sammentrængte. Hovedsegmentet af middelmaadig Størrelse, stærkt udvidet i Enden, med forholdsvis kort og tyk Hals. De 2 sidste Kropssegmenter tydeligt afgrændsede fra hinanden. Halesegmentet forkenget, koniskt, delvis pigget. Øiekindben stumpt tilrundet, med vel udviklede Synselementer. Snabelen skjævt nedadrettet, konisk. Spidsen mamilleformigt udtrukket, Mundaabningen omgivet af en tæt Krands af fine Børster. Saxlemmerne kraftigt udviklede, Skaftet pigget, Saxen (hos fuldt udviklede Individer) robust, skraat nedadrettet, udvidet mod Enden, Fingrene indadrettede, korte og tykke, med tuberkelformige Fremspring i Inderkanten og stump Spids. De falske Fødder 10-leddede, endende med en vel udviklet Klo, 5te Led hos Hannen med en kort Flig i Enden. Gangfødderne mere eller mindre undersætsige, piggede; Laarleddet hos Hunnen stærkt opsvulmet; Tarsalleddet meget lidet; Fodleddet mere eller mindre krummet, med stærke Torner i Inderkanten; Endekloen kraftigt udviklet, men uden Spor af Bikløer. De ydre Æggemasser med talrige forholdsvis smaa Æg omgivne af en fælles Membran.

Bemærkninger. Jeg er fuldkommen enig med Dr. Hansen i, at denne af Wilson først opstillede Slægt bør opretholdes. Foruden ved den fuldstændige Mangel af Bikløer, adskiller denne Slægt sig fra den typiske ved flere andre vigtige Charakterer, saasom Snabelens Form, Saxlemmernes Bygning, de med en tydelig Klo endende falske Fødder, den eiendommelige piggede Bevæbning af Gangfødderne; endelig, som af Dr. Hansen paavist, ogsaa ved Udviklingen. Man kjender hidtil kun med Sikkerhed 2 herhen hørende Arter, som begge er nordiske og i det følgende nærmere vil blive omtalte.

Gen. 6. **Pseudopallene,** Wilson, 1878.

(Syn: Pallene, Krøyer).

Generic Characters. Body robust in form, partly spinous, with lateral processes more or less crowded together. Cephalic segment of medium size, very much expanded at the extremity, with comparatively short and thick neck. The 2 last segments of the trunk distinctly defined from each other. Caudal segment produced, conic, partly spinous. Oculiferous tubercle obtusely rounded, with well developed visual elements. Proboscis directed obliquely downwards, conic, point mamilliform exserted, oral orifice surrounded by a dense wreath of delicate bristles. Chelifori powerfully developed, scape spinous, the chela (in full-grown specimens) robust, directed obliquely downwards, expanded towards the extremity, fingers directed inwards, short and thick, with nodular projections on the inner edge and point obtuse. False legs ten-jointed, terminating with a well developed claw, 5th joint in male with a short lobe at the extremity. Ambulatory legs more or less thickset and spinous: femoral joint in female exceedingly swollen; tarsal joint very small; propodal joint more or less curved, with strong spines on the inner edge; terminal claw powerfully developed, but without any trace of auxiliary claws. The outer eggmasses, consisting of numerous comparatively small ova, enveloped in a common membrane.

Remarks. I quite agree with Dr. Hansen, that this genus, first established by Wilson, should be maintained. Besides its absolute want of auxiliary claws, the genus differs from the typical one in divers other important characters, as, for example, the form of the proboscis, the structure of the chelifori, the false legs terminating in a distinct claw, the peculiar spinous armature of the ambulatory legs; and finally, too, as pointed out by Dr. Hansen, in the development. Up to the present time, only 2 species can, with certainty, be referred to this genus; both Northern ones and which will subsequently be spoken of more at large.

---

8. Pseudopallene circularis, (Goodsir).

(Pl. III. Fig. 3, a—b).

Pallene circularis, Goodsir, On some new species of Pycnogonida. Edinburgh New Phil. Journal 1842, Vol. 32, p. 136, Pl.

Pallene intermedia, Krøyer, Bidrag til Kundsk. om Pycnogoniderne, l. c. p. 119 (adult.)

—   Idem, Gaimard's Voyage en Scandinavie, pl. 37, Fig. 2 a—g.

Pallene discoidea, Krøyer, Bidrag til Kundsk. om Pycnogoniderne, l. c. p. 120 (jun.).

—   Idem, Gaimard's Voyage en Scandinavie, pl. 37, fig. 3, a—g.

9. Pseudopallene circularis, (Goodsir).

(Pl. III. fig. 3, a—b).

Pallene circularis, Goodsir, On some new species of Pycnogonida. Edinburgh New Phil. Journal 1842, Vol. 32, p. 136, Pl.

Pallene intermedia, Krøyer, Bidrag til Kundsk. om Pycnogoniderne, l. c. p. 119 (adult).

—   Idem, Gaimard's Voyage en Scandinavie, Pl. 37, fig. 2 a—g.

Pallene discoidea, Krøyer, Bidrag til Kundsk. om Pycnogoniderne, l. c. p. 120 (jun.).

—   Idem, Gaimard's Voyage en Scandinavie, Pl. 37, fig. 3, a—g.

Pallene hispida, Stimpson, Invertebrata of Grand Manan, p. 37 (adult).

Pseudopallene hispida, Wilson, Synopsis of the Pycnogonida of New England, p. 10, Pl. III, fig. 1 a—e (adult).
— — Idem, Rep. U. S. Comm. Fish and Fisheries VI, p. 478, Pl. II, fig. 9.

Pseudopallene discoidea, Wilson, Synopsis of the Pycnogonida of New England, p. 12, Pl. III, fig. 3, a—e (jun.).
— — Idem, Rep. U. S. Comm. Fish and Fisheries VI, p. 479, Pl. II, fig. 10.

Pseudopallene intermedia, Hansen, Kara Havets Pycnogonider, p. 21, Tab. XIX, fig. 2 a—l (adult. & jun.).

Pseudopallene circularis, G. O. Sars. Pycnog. borealia et arctica, No. 9.

Artscharacteristik. Legemet særdeles plumpt og undersætsigt, med Sidefortsatserne næsten sammenstødende; de 2 midterste Kropssegmenter oventil med en Længderand af hule pigformige Fortsatser. Hovedsegmentet næppe saa langt som de 3 følgende tilsammen, Halsen særdeles kort, næsten absolet. Saxlemmerne forholdsvis korte, Skaftet cylindriskt, med stærke pigformige Fortsatser ved Enden, Saxen næppe længere end Skaftet, triangulær, den ubevægelige Finger med en enkelt afrundet Knude i Midten af Inderkanten; den bevægelige Finger glat. De falske Fødder forholdsvis korte, de ydre Led besatte med simple, uregelmæssigt ordnede Torner i Inderkanten Gangfødderne korte og robuste, næppe mere end dobbelt saa lange som Legemet, og forsynede, især langs Ydersiden, med stærke pigformige Fortsatser, fint cilierede i Kanterne og bærende en stiv Børste i Spidsen; Fødleddet stærkt krummet og bevæbnet i Inderkanten med omkring 8—10 stærke Torner; Endekloen kortere end Fødleddet. Farven gulbrun. Legemets Længde 3½⁻⁻; Spandvidde 19⁻⁻.

Bemærkninger. Der kan efter min Mening ingensomhelst Tvivl være om, at Goodsir's *Pallene circularis* er identisk med Kröyer's *P. discoidea*, og, da Goodsir's Afhandling er publiceret 3 Aar tidligere end Kröyer's, maa selvfølgelig det af førstnævnte Forsker foreslaaede Navn, *circularis*, bibeholdes for Arten. Dr. Hansen har først paavist, at de 2 Kröyerske Arter, *P. intermedia* og *discoidea* hører sammen, den første repræsenterende fuldt udviklede, den anden yngre Individer; noget, hvis Rigtighed jeg ogsaa ved egne Iagttagelser kan bekræfte. Den amerikanske Form *P. hispida*, synes heller ikke i nogen Henseende at skille sig fra fuldvoxne Exemplarer af nærværende Art, ligesaalidt som den af Wilson som *Pseudopallene discoidea* beskrevne Form lader sig adskille fra yngre Individer (= Pallene discoidea, Kröyer).

Beskrivelse. Legemets Længde er hos fuldt udviklede Individer omtrent 3½⁻⁻, med en Spandvidde af 19⁻⁻. Nogen bemærkelig Forskjel i Størrelsen hos de 2 Kjøn findes ikke.

Formen er (se Pl. III, Fig. 3) usædvanlig kort og undersætsig, i hvilken Henseende denne Art noget minder om Arterne af Slægten *Ammothea*, Leach. Selve Kroppen

Pallene hispida, Stimpson, Invertebrata of Grand Manan, p. 37 (adult).

Pseudopallene hispida, Wilson, Synopsis of the Pycnogonida of New England, p. 10, Pl. III, fig. 1 a—e (adult).
— — Idem, Rep. U. S. Comm. Fish and Fisheries VI, p. 478, Pl. II, fig. 9.

Pseudopallene discoidea, Wilson, Synopsis of the Pycnogonida of New England p. 12, Pl. III, fig. 3, a—e (jun.).
— — Idem, Rep. U. S. Comm. Fish and Fisheries VI, p. 479, Pl. II, fig. 10.

Pseudopallene intermedia, Hansen, Kara Havets Pycnogonider, p. 21, Tab. XIX, fig. 2 a—l (adult & jun.).

Pseudopallene circularis, G. O. Sars. Pycnog. borealia et arctica, No. 9.

Specific Characters. Body exceedingly clumsy and thickset, with lateral processes well-nigh contiguous; the 2 median segments of the body above with a longitudinal series of prominent spiniform projections. Cephalic segment hardly as long as the 3 succeeding ones taken together, neck extremely short, almost absent. Chelifori comparatively short, scape cylindric with strong spiniform projections at the extremity, chela hardly longer than scape, triangular, immobile finger with a single rounded protuberance at the middle of the inner edge; mobile finger smooth. False legs comparatively short, outer joints beset with plain, irregularly disposed spines on the inner margin. Ambulatory legs short and robust, scarcely more than twice as long as body, and furnished, especially along the outer side, with strong spiniform projections delicately ciliated at the edges, and bearing a stiff bristle at the point; propodal joint greatly curved, and armed on the inner edge with about 8—10 strong spines; terminal claw shorter than propodal joint. Colour a yellowish brown. Length of body 3½⁻⁻; extent 19⁻⁻.

Remarks. In my opinion, there can not be the slightest doubt that Goodsir's *Pallene circularis* is identical with Kröyer's *P. discoidea*, and as Goodsir's Memoir appeared 3 years previous to Kröyer's, the name *circularis* proposed by the former naturalist, must, as a matter of course, be retained for the species. Dr. Hansen was the first to point out that the 2 Kröyer species, *P. intermedia* and *P. discoidea* are the same, the former representing fully developed, the latter immature individuals — a fact borne out by my own observations. The North American form, *P. hispida*, does not seem to differ either from adult specimens of the present species, and just as little does the form described by Wilson under the name of *Pseudopallene discoidea* permit itself to be distinguished from younger specimens (= *Pallene discoidea*, Kröyer).

Description. The length of the body in fully developed specimens is about 3½⁻⁻, the extent about 19⁻⁻. Any appreciable difference in size between the 2 sexes can not be detected.

The form (see Pl. III, fig. 3) is remarkably short and thickset, in which respect this species calls somewhat to mind the species of the genus *Ammothea*, Leach. The body

er (se Fig. 3 a, 3 b) forholdsvis bred, og, da de fra samme radicrende Sidefortsatser er næsten sammenstødende, faar herved det centrale Parti af Legemet ved første Øiekast Udseendet af en mere eller mindre cirkelformig Skive; heraf Artsbetegnelserne *circularis* og *discoidea*. Alle Kropssegmenter er tydeligt begrændsede ved vel markerede Suturer, og det forreste (Hovedsegmentet) som sædvanlig det største, skjønt neppe længere end de 3 følgende tilsammen. Ved en stærk median Indknibning er dette Segment delt i 2 Partier, hvoraf det forreste forestiller Pandedelen, det bagerste den fodbærende Del. Begge er kun skilt ved et ganske smalt Mellemrum, og nogen egentlig Hals er saaledes i Grunden ikke tilstede. Pandedelen er stærkt fortykket og oventil forsynet med en Tværrad af smaa pigformige Fortsatser; dens forreste Kant er noget udrandet i Midten, mellem Insertionen af Saxlemmerne. De 2 følgende Kropssegmenter er hvert i Midten af Rygsiden forsynet med en Længdrad af høie pigformige Fortsatser, hvoraf de paa det bagre Segment er mere eller mindre sammensmeltede ved Roden (se Fig. 3 a). Sædvanligvis findes paa det forreste Segment 3, paa det bagerste 4 saadanne Fortsatser, alle fint cilierede i Kanterne og bærende i Spidsen en enkelt stiv Børste. Legemets Sidefortsatser (se Fig. 3 b) er forholdsvis store, omtrent saa lange som Kroppen er bred, og af noget kølledannet Form; ved Enden har hver af dem oventil en Krands af lignende pigformige Fortsatser, som de paa Rygsiden af Kroppen. Som sædvanlig er de 2 Par midterste Sidefortsatser de største og sidste Par mindst. Halesegmentet (Fig. 3 g) er forholdsvis langt, horizontalt, og af smal cylindrisk eller noget konisk Form, samt forsynet med smaa Pigge oventil og i Kanterne.

Øiekanden, der omtrent er beliggende paa Midten af Hovedsegmentet, er (se Fig. 3 a) forholdsvis lav og stumpt tilrundet, samt noget bagudrettet. Synselementerne er vel udviklede og af sædvanlig Bygning.

Snabelen, der er noget skraat nedadrettet (se Fig. 3 a), er adskilligt kortere end Hovedsegmentet og af konisk Form, med Spidsen mammilleformigt uddraget; omkring Mundaabningen findes en tæt Krands af særdeles fine Børster, der dog mangler hos ganske unge Exemplarer (se Fig. 3 b).

Saxlemmerne er hos fuldt udviklede Exemplarer (se Fig. 3 a, 3 b) meget kraftigt udviklede, skjønt af nogen særdeles betydelig Længde. Skaftet er tykt, cylindriskt og oventil ved Enden forsynet med en Tværrad af 4 pigformige Fortsatser, hvoraf navnlig den yderste udmærker sig ved betydelig Størrelse. Haanden, der er skraat nedadog indadrettet mod Spidsen af Snabelen, er omtrent af Skaftets Længde og stærkt opsvulmet, næsten af triangulær Form og paa den øvre Side forsynet med korte børsteførende Fortsatser og spredte Haar. Fingrene er meget korte, stærkt indadrettede og ender Legge i en stump Spids. Den bevægelige Finger er ganske glat, hvorimod den ubevægelige har et stærkt knudeformigt Fremspring i Midten af

itself (see fig. 3 a, 3 b) is comparatively broad, and as the lateral processes radiating therefrom are well-nigh contiguous, the central part of the body acquires, thus, at the first glance, the appearance of a more or less circular disc; hence the specific designations *circularis* and *discoidea*. All the segments of the body are distinctly defined by well marked sutures, the foremost (cephalic segment) being as usual the largest, although hardly longer than the 3 succeeding ones taken together. A deep median constriction divides this segment into 2 portions, of which the foremost represents the frontal, and the hindmost the pediferous part. They are separated by only an exceedingly narrow interval, and a neck therefore, strictly speaking, does not exist. The frontal part is very much tumisicated, and furnished above with a transverse series of small spiniform projections; its anterior edge is somewhat emarginate in the middle, between the insertions of the chelifori. The 2 succeeding segments of the trunk are each provided in the middle of the dorsal side with a longitudinal series of prominent spiniform projections, those on the posterior segment coalescing, more or less, at the base (see fig. 3 a). There occur on the foremost segment, as a rule, 3, on the hindmost 4 such processes, all delicately ciliated along the edges and bearing at the point a single stiff bristle. The lateral processes of the body (see fig. 3 b) are comparatively large, about as long as the trunk is broad, and somewhat clavate in form: at the extremity, each has a wreath of spiniform projections similar to those on the dorsal side of the trunk. As usual, the 2 middle pairs of lateral processes are largest, and the last pair smallest. The caudal segment (fig. 3 g) is comparatively long, horizontal, and of a narrow cylindric or somewhat conic form, and is also furnished above and at the edges with small spines.

The oculiferous tubercle, located at about the middle of the cephalic segment, is comparatively low and obtusely rounded, and has a somewhat backward direction. The visual elements are well developed and of the usual structure.

The proboscis, which is directed somewhat obliquely downwards (see fig. 3 a), is a good deal shorter than the cephalic segment, and conic in form with the point mamilliform exserted: round the oral orifice is seen a dense wreath of exceedingly delicate bristles, which is absent, however, in very young specimens (see fig. 3 b).

The chelifori are, in full-grown specimens (see figs. 3 a, 3 b), very powerfully developed, although not of any considerable length. The scape is thick, cylindric, and furnished above, at the extremity, with a transverse series of 4 spiniform projections, the outermost of which, in particular, attains a considerable size. The hand, directed obliquely downward and inward, towards the tip of the proboscis, is about the length of the scape and much swollen, almost triangular in form, and provided on the upper side with short setiferous processes and scattered hairs. The fingers are very short, directed considerably inwards, and terminate, both of them, in an obtuse point. The mobile finger is quite smooth, whereas the immobile one has a prominent nodular

Inderkanten. Begge Fingre er stærkt chitiniserede og derfor af mørk hornbrun Farve. Hos yngre Individer (= P. discoidea, Krøyer) viser disse Lemmer (se Fig. 3 h) et temmelig afvigende Udseende og er idethele betydelig svagere udviklede end hos fuldvoxne Exemplarer. Navnlig er Saxen meget forskjellig. Den er nemlig paa langt nær ikke saa stærkt opsvulmet og af temmelig regelmæssig oval Form, med Fingrene udstrakte i Palmens Axe samt endende i en fin, noget indbøiet Spids. Inderkanten af begge Fingre er desuden fint tandet i hele Længden, og den ubevægelige Finger mangler ethvert Spor af det stærke knudeformige Fremspring, som forefindes her hos fuldvoxne Individer.

De falske Fødder, der er fæstede noget ventralt, nedenunder Forkanten af de forreste Sidefortsatser, er forholdsvis korte, navnlig hos Hunnen. Hos Hannen er de vistnok noget længere (se Fig. 3 a), men opnaar dog neppe Legemets Længde. 5te Led har hos Hannen ved Enden en lignende fligformig Fortsats som hos foregaaende Slægt. De 4 ydre Led (Fig. 3 d) aftager successivt i Størrelse og er langs Inderkanten forsynede med en Del temmelig uregelmæssigt ordnede Torner uden Sidetænder (Fig. 3 e). Det forholdsvis lille sidste Led har kun 2 saadanne og bærer i Spidsen en vel udviklet Endeklo, der i Inderkanten er fint tandet.

Gangfødderne (se Fig. 3, 3 f) er af usædvanlig kort og robust Form, neppe mere end dobbelt saa lange som Kroppen, og bevæbnede med talrige koniske, i Kanterne fint baarede, pigformige Fortsatser, hver bærende i Spidsen en stiv Børste. Disse Fortsatser er paa de 2 Lægled temmelig regelmæssigt ordnede i 3 Rækker, hvoraf de i den ydre Kant fæstede navnlig er stærkt udviklede, givende Fødderne her et regelmæssigt saugtakket Udseende (se Fig. 3 f). Paa Laarleddet er de noget mere uregelmæssigt ordnede, og paa Hofteparticet grupperer de sig især om Enden af Leddene. Som hos foregaaende Slægt er Laarleddet hos fuldt udviklede Hunner (Fig. 3) stærkt opsvulmet paa Grund af de sig i dets Indre udviklende Æg, der dog her aldrig opnaar en saa betydelig Størrelse. Hos Hannerne er dette Led (se Fig. 3 f) adskilligt smalere, noget indsnøret paa Midten og desuden udmærket ved 2 stærke afrundede Knuder i Inderkanten; en lignende Knude findes ogsaa paa ethvert af de 2 følgende Led nær Basis. Angaaende Leddenes indbyrdes Længdeforhold, saa er Laarleddet omtrent saa langt som de 3 Hofteled tilsammen; 1ste Lægled er omtrent af Laarleddets Længde, medens 2det er kjendelig længere og smalere. Tarsalleddet er meget lidet, dog forholdsvis større end hos foregaaende Slægt, af triangulær Form, med Inderkanten skydende ud i en afrundet, med korte Torner besat Lap. Fodleddet er kraftigt udviklet og temmelig stærkt krummet; det er langs Inderkanten bevæbnet med omkring 8—10 stærke Torner, hvoraf de 4 bagerste er størst. Endekloen er stærkt chitiniseret, noget kortere end Fodleddet og jevnt krummet. Af Bikløer er der ikke det mindste Spor at opdage.

projection in the middle of the inner margin. Both fingers are highly chitinized and therefore of a dark horny brown colour. In young specimens (= P. discoidea, Krøyer) these limbs exhibit a rather deviating appearance (see fig. 3 h) and are, on the whole, much less developed than in fullgrown examples. The chela especially is very different. It does not occur nearly so tumid and has a rather regular oval form, with the fingers extended in the axis of the palm and ending in a fine, somewhat incurvate point. The inner edge of both fingers, moreover, is delicately dentated throughout its whole length, and the immobile finger fails to exhibit any trace of the prominent nodular projection, found here in adult specimens.

The false legs, which are attached somewhat ventrally underneath the anterior edge of the foremost lateral processes, are comparatively short, more especially in the female. In the male they are, indeed, somewhat longer (see fig. 3 a), but hardly attain the length of the body. The 5th joint in the male has, at the extremity, a lobular process similar to that in the preceding genus. The 4 outer joints (fig. 3 d) diminish successively in size, and are furnished along the inner edge with a number of rather irregularly disposed spines without lateral teeth (fig. 3 e). The last, comparatively small joint has only 2 such spines, and bears at the point a well developed terminal claw, finely dentated on the inner edge.

The ambulatory legs (see fig. 3, 3 f) are remarkably short and robust in form, scarcely more than twice as long as the body, and armed with numerous conical spiniform projections delicately ciliated on the edges, each bearing at the tip a stiff bristle. On the 2 tibial joints these projections are rather regularly arranged in 3 series, those attached to the outer edge being, in particular, strongly developed, imparting to the legs here a regular serrate appearance (see fig. 3 f). On the femoral joint they are somewhat less regularly disposed, and on the coxal part they group themselves mostly about the extremity of the joints. As in the preceding genus, the femoral joint in fully developed females (fig. 3) is very much swollen, owing to the eggs in course of development within, which do not, however, attain here any considerable size. In the males this joint (see fig. 3 f) is much more slender, somewhat constricted in the middle, and distinguished, moreover, by 2 prominent rounded protuberances on the inner edge; a similar protuberance is also found on each of the 2 succeeding joints near the base. Respecting the mutual longitudinal relation of the joints, the femoral joint is about as long as the 3 coxal joints taken together; the 1st tibial joint is about the length of the femoral joint, whereas the 2nd is appreciably longer and narrower. The tarsal joint is very small, yet comparatively larger than in the preceding genus, triangular in form, with the inner edge projecting as a rounded lobe, beset with short spines. The propodal joint is powerfully developed and rather strongly curved; it is armed along the inner edge with about 8—10 strong spines, the 4 hindmost of which are largest. The terminal claw is highly chitinized, somewhat shorter than the propodal joint, and evenly curved. Of auxiliary claws not a trace can be detected.

6

De til de falske Fødder hos Hannen fæstede Æg er forholdsvis betydelig mindre og talrigere end hos foregaaende Slægt og danner 2 afrundede Masser, hver omgiven af en fælles Membran.

Dyrets Farve er i levende Tilstand gulagtig, hos ældre Individer næsten gulbrun. Men ofte er Legemet saa tæt besat med Irremmeale, til de talrige pigornuige Fortsætser heftende Dele, at baade Legemets Form og Farve er vanskelig at observere.

Forekomst. Jeg har taget denne Art paa flere Steder af vor Vestkyst og nordlig lige til Vadsø. Den synes alene at forekomme paa forholdsvis grundt Vand, fra 6—20 Favne, mellem Alger og Hydroider.

Udbredning. Arten synes idethele at maatte betragtes som en udpræget nordlig Form. Foruden ved Norge er den nemlig af Krøyer noteret fra Grønland, af Wilson fra Nordamerikas Østkyst, af Jarzynsky fra den murmanske Kyst og af Dr. Hansen fra Novaja Zemljas Sydvestkyst. Goodsir's Exemplarer var fra Kysten af Skotland.

The ova attached to the false legs in the male are, relatively, a good deal smaller and more numerous than in the preceding genus, and form 2 rounded masses, each enveloped in a common membrane.

Colour of the animal in the living state yellowish, in aged specimens well-nigh yellowish-brown. Often, however, the body is so densely beset with extraneous substances adhering to the numerous spiniform projections, that both the form and colour of the body are difficult to recognise.

Occurence. I have taken this species in several localities on the West Coast of this country and as far north as Vadsø. It would seem to occur only in comparatively shallow water — from 6 to 20 fathoms — among Algæ and Hydroidæ.

Distribution. The species should, it would appear, on the whole, be regarded as a well-marked Northern form. Besides from Norway, it is mentioned by Krøyer from Greenland, by Wilson from the east coast of North America, by Jarzynsky from the Murman Coast, and by Dr. Hansen from the south-west coast of Novaja Zemlja. Goodsir's specimens were from the coast of Scotland.

---

10. Pseudopallene spinipes (Fabr.).

(Pl. III, Fig. 4, a—g).

Pycnogonum spinipes, Fabricius, Fauna Grønlandica, p. 232.
Pallene spinipes, Krøyer, Bidrag til Kundsk. om Pycnogoniderne, l. c., p. 118.
— — Idem, Gaimards Voyage en Scandinavie, Pl. 37, fig. 1, a—g.
Pseudopallene spinipes, G. O. Sars, Pycnogonidæn borealia et arctica, No. 10.

Artscharacter. Legemet forholdsvis mindre undersætsigt end hos P. circularis, med Sidefortsætserne videre skilte og piggede i Enden. Rygsiden af Kroppen glat, uden pigformige Fortsætser. Hovedsegmentet noget længere end de 3 følgende tilsammen, noget tydelig, skjøndt kort Hals, Pandeledden stærkt fortykket og oventil ved Enden bevæbnet med korte Torner. Halesegmentet noget opadrettet, kortere end hos P. circularis. Øieknulen særdeles lav, tilrundet. Snabelen stærkt nedadrettet, af samme Beskaffenhed som hos foregaaende Art. Saxlemmerne hos fuldvoxne Individer meget store, Skaftet cylindriskt med flere tornformige Fortsætser oventil, Haanden længere end Skaftet, nedadrettet, successivt udvidet mod Enden, Fingrene meget korte, stærkt indadrettede, begge med en kundeformigt Fremspring i Inderkanten og stumpt afrundet Spids. De falske Fødder hos Hannen længere end Legemet, de 4 ydre Led forsynede med en regelmæssig Rad af sagtakkede Torner. Gangfødderne stærkt forlængede, næsten 4 Gange længere end Legemet og bevæbnede med talrige, forholdsvis smaa, glatte pigformige Fortsætser, hver med en Børste i Spidsen; Fødleddet forholdsvis smalere end hos P. circularis, med 4 stærke Torner i det bagre Parti af Inderkanten; Endekloen

10. Pseudopallene spinipes (Fabr.)

(Pl. III, fig. 4, a - g).

Pycnogonum spinipes, Fabricius, Fauna Groenlandica, p. 232.
Pallene spinipes, Krøyer, Bidrag til Kundsk. om Pycnogoniderne, l. c., p. 118.
Pallene spinipes, Krøyer, Gaimard's Voyage en Scandinavie, Pl. 37, fig. 1, a—g.
Pseudopallene spinipes, G. O. Sars, Pycnogonidea borealia et arctica, No. 10.

Specific Character. Body relatively less thickset than in P. circularis, with the lateral processes farther apart, and spinous at the extremity. Dorsal surface of trunk smooth, without spiniform projections. Cephalic segment somewhat longer than the 3 succeeding ones taken together, with distinct, although short neck, frontal part much tumidsated and armed above, at the end, with short spines. Caudal segment directed a little upwards, shorter than in P. circularis. Oculiferous tubercle exceedingly low, rounded. Proboscis pointing strongly downwards, similar in character to that of preceding species. Cheliferi in full-grown specimens very large, scape cylindrical with several spiniform projections above, hand longer than scape, directed downwards, expanding gradually towards the extremity: fingers very short, directed greatly inwards, both with a nodular projection on the inner edge and an obtusely rounded point. False legs in male longer than the body, the 4 outer joints furnished with a regular series of serrate spines. Ambulatory legs much elongated, almost 4 times as long as body, and armed with numerous, comparatively small and smooth spiniform projections, each bearing a bristle at the point; propodal joint relatively slenderer than in P. circu-

kortere end Fodleddet, leformig krummot.   Farven gulbrun.
Legemets Længde 4½'': Spandvidde 39''.

Bemærkninger. Nærværende Art hører aabenbart til samme Slægt som foregaaende, men er let kjendelig ved sin betydelig slankere Kropsform og navnlig ved de stærkt forlængede Gangfødder, hvis Bevæbning ligeledes er afvigende. Ogsaa i Saxlemmerne og de falske Fødders Bygning er der vel udprægede Differentser.

Beskrivelse. Hos fuldvoxne Individer gaar Legemets Længde op til 4½'', med en Spandvidde af 39'', og denne Art opnaar altsaa en meget betydeligere Størrelse end foregaaende.

Legemsformen er (se Pl. III, Fig. 4) idethele betydelig slankere end hos *P. circularis.* Selve Kroppen er mindre bred, næsten cylindrisk, og har Rygsiden ganske glat, uden Spor af den hos foregaaende Art paa de 2 midtre Segmenter forekommende Pigrække (se Fig. 4 a). Sidefortsatserne er forholdsvis længere og skilte ved bredere Mellemrum. Ved Enden har de, som hos foregaaende Art, en Krauds af Pigge, men som er forholdsvis kortere og heller ikke saa regelmæssigt ordnede. Hovedsegmentet er noget længere end de 3 følgende Segmenter tilsammen og har en tydelig, skjøndt meget kort Hals. Pandedelen er, som hos foregaaende Art, stærkt fortykket og oventil ved Enden bevæbnet med korte pigformige Fortsatser. Forkanten er temmelig dybt udrandet mellem Insertionen for Saxlemmerne. Halesegmentet er forholdsvis noget kortere end hos *P. circularis* og mere oprettet, forøvrigt af en lignende Form.

Øieknuden, der ligger noget bag Midten af Hovedsegmentet, er særdeles lav og stumpt tilrundet (se Fig. 4 a): de 4 Lindser er temmelig store og alle af ens Størrelse.

Snabelen (se Fig. 4 a, 4 b, 4 c) forholder sig i sin Bygning ganske som hos foregaaende Art, men er stærkere nedadrettet og ligeledes forholdsvis noget større.

Saxlemmerne er hos fuldt udviklede Exemplarer (se Fig. 4 a, 4 b) af meget betydelige Størrelse, lige udstrakte næsten af Legemets Længde og stærk chitiniserede, navnlig i det ydre Parti. Skaftet er forholdsvis tykt, cylindriskt, og oventil, saavel ved Enden som længere bagtil, bevæbnet med flere stærke pigformige Fortsatser. Haanden er særdeles kraftigt udviklet, noget længere end Skaftet og næsten lige nedadrettet, dannende en skarp Vinkel med Skaftet. Af Form er den (Fig. 4 d) aflang triangulær, successivt udvidet mod Enden og er besat med korte Pigge og Haar. Fingrene er, som hos foregaaende Art meget korte, afstumpede i Spidsen og stærkt indadrettede. Enhver af dem har i Midten af den stærkt chitiniserede Inderkant et knudeformigt Fremspring, som paa den ubevægelige Finger synes at være dobbelt. Hos ganske unge Exemplarer (se Fig. 4 g) observeres en fuldkommen analog Forskjel i disse Lemmers Bygning som hos foregaaende Art   Fingrene mangler dog

laris, with 4 strong spines on the posterior part of the inner edge; terminal claw shorter than propodal joint, falciform curvate.   Colour yellowish brown.   Length of body 4½'', extent 39''.

Remarks. The present species obviously belongs to the same genus as the preceding one, but is readily distinguished by its much more slender form of body and, in particular, by the greatly elongated ambulatory legs, which likewise deviate as to armature.   Also in the structure of the chelifori and false legs, well marked differences occur.

Description. In full-grown specimens the length of the body reaches 4½'', with an extent of 39''; this species attains, therefore, a much more considerable size than the preceding one.

The form of the body (see Pl. III, fig. 4) is, on the whole, a good deal slenderer than in *P. circularis.* The trunk itself is less broad, almost cylindrical, and has the dorsal surface quite smooth, without a trace of the series of spines (see fig. 4 a) observed on the 2 medial segments in the preceding species. The lateral processes are relatively longer, and marked off by wider intervals. At the extremity may be observed, as in the foregoing species, a wreath of spines, but relatively shorter, neither are they so regularly arranged.   The cephalic segment is somewhat longer than the 3 following segments taken together, and has a distinct, although very short neck. As in the preceding species, the frontal part is very considerably tumificated and armed above, at the extremity, with short spiniform projections. The anterior edge is rather deeply emarginate between the insertions of the chelifori. The caudal segment is relatively somewhat shorter than in *P. circularis* and is more erect; similar in form otherwise.

The oculiferous tubercle, located somewhat posteriorly to the middle of the cephalic segment, is exceedingly low and obtusely rounded (see fig. 4 a); the 4 lenses are rather large and uniform in size.

The proboscis (see figs. 4 a, 4 b, 4 c) does not, in its structure, differ from that of the preceding species, although it points more abruptly downwards, and is relatively somewhat larger.

The chelifori in fully developed specimens (see figs. 4 a, 4 b) attain a very considerable size, being, when fully extended, almost as long as the body, and are highly chitinized, especially in the outer part. The scape is comparatively thick, cylindrical, and armed above, both at the extremity and further back, with several strong spiniform projections. The hand is most powerfully developed, somewhat longer than the scape, and directed well-nigh straight downwards, forming an acute angle with the scape. In form (fig. 4 d) it is oblongo-triangular, expanding gradually towards the end, and beset with short spines and hairs. As in the preceding species, the fingers are very short, obtuse at the tips, and strongly incurvate. Each of them has, in the middle of the highly chitinized inner edge, a nodular projection, apparently double on the immobile finger. In very young specimens (see fig. 4 g) may be observed a difference in the structure of these limbs, perfectly analogous

6*

her ethvert Spor af de fine Tænder i Inderkanten, som findes hos unge Individer af hin Art, og har Spidserne noget stærkere indbøiede.

De falske Fødder er forholdsvis kjendelig længere end hos foregaaende Art, hos Hunnen (se Fig. 4 a) omtrent af Legemets Længde, hos Hannen (Fig. 4) betydelig længere og som hos foregaaende Art forsynede med en konisk Flig ved Enden af 5te Led. De 4 ydre Led er langs Inderkanten bevæbnede med en regelmæssig Rad af sangtakkede Torner (se Fig. 4 c). Endekloen er forholdsvis længere end hos P. circularis og har flere Tænder i Inderkanten.

Gangfødderne (se Fig. 4) udmærker sig ved sin betydelige Længde, der næsten er 4 Gange saa stor som Legemets. De er overalt tæt besatte med pigformige, børstebærende Fortsatser, der dog er betydelig mindre end hos foregaaende Art og ganske glatte i Kanterne. Af Hofteleddene er det 2det stærkt forlænget, betydelig længere end de 2 øvrige tilsammen. Laarleddet er hos Hunnen temmelig stærkt opsvulmet paa Midten, hos Hannen (Fig. 4) betydelig smalere og noget buet. 1ste Lægled er omtrent af Laarleddets Længde, medens 2det er kjendelig længere og meget smalt. Tarsalleddet (se Fig. 4 f) er noget større end hos foregaaende Art, skraat afskaaret i Enden og i Inderkanten bevæbnet med flere, udad i Længde tiltagende Torner. Fodleddet er næsten ret, forholdsvis smalere end hos P. circularis og bevæbnet i Inderkanten med stærke Torner, hvoraf navnlig de 4 eller 5 bagerste udmærker sig ved betydelig Størrelse. Endekloen er kraftigt udviklet, loformigt krummet og noget kortere end Fodleddet. Af Bikløer er der, ligesaalidt som hos foregaaende Art, det mindste Spor at opdage.

De ydre Ægmasser (se Fig. 4) forholder sig som hos foregaaende Art.

Dyrets Farve er mere eller mindre intens gul, gaaende hos ældre Individer over til gulbrunt.

Forekomst. Denne Art synes ved vore Kyster at være sjeldnere end foregaaende. Jeg har taget den paa et Par Punkter ved vor Vestkyst, fremdeles ved Lofoten og ved Finmarken lige til Vadsø. Den forekommer under lignende Forhold som P. circularis og oftest sammen med denne Art.

Udbredning. Som foregaaende Art er den en udpræget nordlig Form og synes derfor ogsaa at naa sin kraftigste Udvikling i de arktiske Have. Foruden ved Norge er den noteret fra Grønland (Krøyer) og den murmanske Kyst (Jarzynsky). Et enkelt Exemplar har jeg havt Anledning til at undersøge fra det Kariske Hav, taget under Nordenskjølds Expedition. Derimod er den hverken observeret ved Danmark, de britiske Øer eller Østkysten af Nordamerika.

to that of the preceding species. The fingers are, however, without a trace of the fine teeth on the inner edge found in young specimens of that species, and have the points a little more incurvate.

The false legs are appreciably longer than in the preceding species, those of the female (see fig. 4 a) attaining about the length of the body, those of the male (fig. 4) considerably exceeding it, and furnished, as in the preceding species, with a conical lobe at the end of the 5th joint. The 4 outer joints are armed along the inner edge with a regular series of serrate spines (see fig. 4 c). The terminal claw is relatively longer than in P. circularis, and has several teeth on the inner edge.

The ambulatory legs (see fig. 4) are distinguished by their great length, nearly 4 times as great as that of the body. They are everywhere beset with spiniform setous processes, a good deal smaller however than in the preceding species, and quite smooth on the edges. Of the coxal joints, the 2nd is much elongated, considerably exceeding in length the 2 others taken together. The femoral joint in the female is a good deal swollen in the middle, in the male (fig. 4) much more slender and somewhat arcuate. The 1st tibial joint is about the length of the femoral joint, whereas the 2nd is appreciably longer and very narrow. The tarsal joint (see fig. 4 f) is somewhat larger than in the preceding species, obliquely truncate at the extremity, and armed on the inner edge with several spines, increasing in length outwards. The propodal joint is well-nigh straight, relatively narrower than in P. circularis, and armed on the inner edge with strong spines, the 4 or 5 posterior of which are characterized by considerable size. The terminal claw is powerfully developed, falciform curvate, and somewhat shorter than the propodal joint. As in the preceding species, no trace of auxiliary claws can be detected.

The outer egg-masses (see fig. 4) as in P. circularis.

The colour of the animal is a more or less vivid yellow, in aged specimens changing into yellowish-brown.

Occurrence. On the coast of Norway this species would seem to be rarer than the preceding one. I have taken it in one or two localities on the West Coast, also at Lofoten and on the coast of Finmark as far as Vadsø. It is met with under the same conditions as P. circularis and most frequently in company with that species.

Distribution. Like the preceding species, this is a well-marked Northern form, and would also, therefore, appear to attain its greatest development in the Arctic Seas. Besides Norway, the animal has been recorded from Greenland (Krøyer), and the Murman Coast (Jarzynsky), and I have also had an opportunity of examining a single specimen from the Kara Sea, taken on Nordenskjøld's Expedition. On the other hand it has not been observed either on the coasts of Denmark or those of the British Islands; nor has it been recorded from the eastern coast of North America.

Gen. 7. **Cordylochele**, G. O. Sars, 1888.

Slægtscharacter. Legemet glat, uden pigformige Fortsatser, med Sidefortsatserne vel adskilte. Hovedsegmentet af meget betydelig Størrelse, med mere eller mindre forlænget Hals, og Pandedelen pludselig særdeles stærkt udvidet og noget affladet. Halssegmentet lidet, horizontalt. Øieknuden lav, afrundet, med vel udviklede Syn-elementer. Snabelen horizontal, konisk, Spidsen mamilleformig, men uden Børstekrands. Saxlemmerne særdeles robuste, Haanden overordentlig stærkt oplvulmet, næsten kugleformig og lige indadrettet, Fingrene meget korte, i Flugt med Palmen, den ubevægelige med et lamelleformigt Fremspring i Inderkanten. De falske Fødder 10-leddede, 5te Led hos Hannen med en børstebesat Flig i Enden, de ydre Led bevæbnede med en regelmæssig Rad af stærke saugtakkede Torner; Endekloen vel udviklet. Gangfødderne forlængede, uden pigformige Fortsatser, men tæt besatte med korte Haar, Tarsalleddet kort, Fodleddet kraftigt udviklet og bevæbnet i Inderkanten med stærke Torner; Endekloen forlænget, uden Biklør.

Bemærkninger. Denne nye Slægt staar vistnok i flere Henseender meget fremgaaende, men synes mig dog at maatte kunne hævdes, især da allerede 3 distincte Arter foreligger, der utvivlsomt, saavel i den ydre Habitus som i visse anatomiske Characterer, slutter sig nær sammen til en naturlig Gruppe. Fra foregaaende Slægt er de herhen hørende Arter let kjendelige ved sit fuldstændig glatte Legeme, Hovedsegmentets eiendommelige Form og navnlig ved Saxlemmernes Bygning, endelig ved Mangelen af pigformige Fortsatser paa Gangfødderne. Fra den typiske Slægt, *Pallene*, skiller de sig blandt andet ved den fuldstændige Mangel af Biklør paa Gangfødderne og ved de falske Fødders Bygning, i hvilke Henseender de stemmer mere overens med Sl. *Pseudopallene*. Typen for Slægten er den af mig tidligere under Benævnelsen *Pallene malleolata* kortelig characteriserede Form, hvortil jeg nu kan føie 2 nye, vel udprægede Arter.

II. Cordylochele malleolata, G. O. Sars.

(Pl. IV, Fig. 1, a–k).

Pallene malleolata, G. O. Sars, Crustacea & Pycnogonida nova in itinere 2do et 3tio Exped. Norvegicæ anno 1877 & 1878 collecta, No. 48.

Pallene malleolata, Hoek, The Pycnogonida dredged in the Faroe Channel during the cruise of H. M. S. „Triton". Trans. Royal Soc. Edinburgh, Vol. XXXII, Part I, p. 6, Pl. 1, fig. 7.

Cordylochele malleolata, G. O. Sars, Pycnogonidea borealia et arctica, No. 11.

Artscharacter. Legemet undersætsigt, med Sidefortsatserne kun skilte ved smale Mellemrum. Hovedsegmentet næsten af Legemets halve Længde, naar Snabelen undtages; Pandedelen særdeles stærkt udvidet, over dobbelt saa bred som Legemet; Halsen skarpt begrændset, cylin-

---

Gen. 7. **Cordylochele**, G. O. Sars, 1888.

Generic Character. Body smooth, without spiniform projections, lateral processes well developed. Cephalic segment of very considerable size, with neck more or less prolonged and the frontal part abruptly and to a great extent expanded, and somewhat flattened. Caudal segment small, horizontal. Oculiferous tubercle low, rounded, with well developed visual elements. Proboscis horizontal, conical, point mamilliform, but without any setous wreath. Chelifori exceedingly robust, hand remarkably swollen, well-nigh globular, and directed straight inwards, fingers very short, in a line with the palm, the immobile one with a lamelliform projection on the inner edge. False legs 10-jointed, the 5th joint in male with a setous lobe at the extremity, the outer joints armed with a regular series of strong serrated spines; terminal claw well developed. Ambulatory legs elongated, without spiniform projections but densely beset with short hairs, the tarsal joint short, propodal joint powerfully developed and armed on the inner edge with strong spines; terminal claw produced, without auxiliary claws.

Remarks. This new genus no doubt approximates in several respects very closely to the preceding one, but should, I think, notwithstanding, be maintained, more especially as we have already 3 distinct species, which indubitably, both in their external habitus and certain anatomical characters, agree so closely as to form a natural group. From the preceding genus these species may be easily recognised by their perfectly smooth body, the peculiar form of the cephalic segment, and, in particular, by the structure of the chelifori. finally, by the absence of spiniform projections on the ambulatory legs. From the typical genus, *Pallene*, they differ, amongst other features, in the absolute want of auxiliary claws on the ambulatory legs and in the structure of the false legs, exhibiting, in respect of them, greater agreement with the genus *Pseudopallene*. The type of the genus is the form I have briefly characterised under the apellation *Pallene malleolata*, to which I can now add 2 new well defined species.

II. Cordylochele malleolata, G. O. Sars.

(Pl. IV, fig. 1, a–k).

Pallene malleolata, G. O. Sars, Crustacea & Pycnogonida nova in itinere 2do et 3tio Exped. Norvegicæ anno 1877 & 1878 collecta, No. 48.

Pallene malleolata, Hoek, The Pycnogonida dredged in the Faroe Channel during the cruise of H. M. S. „Triton". Trans. Royal Soc. Edinburgh, Vol. XXXII, Part I, p. 6, Pl. 1, fig. 7.

Cordylochele malleolata, G. O. Sars, Pycnogonidea borealia et arctica, No. 11.

Specific Character. Body thickset, with lateral processes only separated by narrow intervals. Cephalic segment well-nigh half as long as the body, excepting the proboscis; frontal part very much expanded, more than twice as broad as body; neck sharply defined, cylindric, as long as frontal

46

drisk, af Pandedelens Længde. Øieknuden meget lav, afrundet, med Synselementerne vel adskilte. Snabelen kortere end Hovedsegmentet. Saxlemmerne overordentlig kraftige, med kugleformigt ophlæst og tæt haaret Haand; Fingrene kortere end Palmen, stærkt chitiniserede, med krummet, hornbrun Spids; det pladeformige Fremspring paa den ubevægelige Finger tandet i Kanten; den bevægelige Finger med en knudeformig Forhøis i Midten af Inderkanten. De falske Fødder hos Hannen 1½ Gang længere end Legemet; 5te Led saa langt som de 2 foregaaende tilsammen; Endedelens 5 Led successivt aftagende i Størrelse, de laterale Torner smalt lancetformige og fint savtakkede i Kanterne; Endekloen forholdsvis kort. Gangfødderne robuste, neppe 3 Gange længere end Legemet og tæt haarede; 2det Hoftelad omtrent saa langt som de 2 øvrige tilsammen; Laarleddet neppe dobbelt saa langt som Hoftepartiet, 1ste Lægled kortere end Laarleddet; Tarsalleddet meget kort, bredere end langt, med talrige Torner i Inderkanten; Fodleddet kraftigt udviklet og noget krummet. det basale Parti af Inderkanten noget udvidet og bevæbnet med omkring 7 tæt sammentrængte forlængede Torner; Endekloen betydelig kortere end Fodleddet, leformig krummet. Farven ensformig gulhvid. Legemets Længde 11½mm, Spandvidde 70mm.

Bemærkninger. Fra de 2 øvrige, nedentor nærmere beskrevne Arter er denne let kjendelig ved Pandedelens betydelige Størrelse, de overordentlig kraftigt byggede Saxlemmer, og de mindre stærkt forlængede, tæt haarede Gangfødder.

Beskrivelse. Legemets Længde, fra Spidsen af Snabelen til Enden af Halevedhænget, gaar op til 11½mm, og Spandvidden til 70mm. Nærværende Form opnaar saaledes en meget anselig Størrelse.

Legemsformen er (se Pl. IV, Fig. 1) idethele temmelig robust, saavel hvad Kroppen selv angaar som i Henseende til Lemmerne. Kropssegmenterne er skarpt begrændsede fra hinanden, og de fra dem udgaaende Sidefortsatser skilte ved tydelige, skjøndt smale Mellemrum. Rygsiden af Segmenterne er fuldkommen glat, og heller ikke paa Sidefortsatserne bemærkes noget Spor af de hos foregaaende Slægt her forekommende pigformige Fremspring. Hovedsegmentet (se Fig. 1 a, 1 b, 1 c) har hos nærværende Art opnaaet en ganske overordentlig Udvikling. Det indtager omtrent Legemets halve Længde, naar Snabelen fraregnes, og er mærkelig udmærket ved den colossale Størrelse af Pandedelen. Denne sidste, der er meget skarpt afmarkeret fra den bagenfor liggende Del, er over dobbelt saa bred som den øvrige Krop og har langs Midten en rendeformig Fordybning, medens Sidedelene er stærkt opsvulmede og ved Insertionen for Saxlemmerne besatte med korte Haar. Det mellem Pandedelen og den fødbærende Del at Segmentet liggende Parti danner en vel begrændset cylindrisk Hals, omtrent af Pandedelens Længde. Halssegmentet (Fig. 1 k), der ikke ved nogen tydelig Satur er skilt fra sidste Kropssegment, er forholdsvis meget lidet, horizontalt, og af simpel cylindrisk Form, eller lidt afsmalnende mod Enden, der er stumpt tilrundet.

part. Oculiferous tubercle very low, rounded, with visual elements distinctly separated. Proboscis shorter than cephalic segment. Chelifori remarkably powerful, with globular, inflated, and densely ciliated hand; fingers shorter than palm, highly chitinized, with curvate, horny-brown tips; the lamelliform projection on the immobile finger dentated on the edge; the mobile finger with a nodular process in the middle of the inner edge. False legs in the male one and a half times as long as the body; the 5th joint as long as the 2 preceding ones taken together; the 5 joints of terminal part diminishing successively in size, lateral spines narrow-lanceolate and finely serrated on the edges; terminal claw comparatively short. Ambulatory legs robust, hardly 3 times the length of body and densely hairy; 2nd coxal joint about as long as the 2 others taken together; femoral joint scarcely double the length of coxal part, 1st tibial joint shorter than femoral joint; tarsal joint very short, broader than long, with numerous spines on the inner edge; propodal joint powerfully developed and somewhat curved. basal part of inner margin somewhat expanded and armed with about 7 closely crowded elongated spines; terminal claw considerably shorter than propodal joint, falciform curvate. Colour a uniform yellowish white. Length of body 11½mm, extent 70mm.

Remarks. From the 2 other species, described in detail below, this form is easy to distinguish, by the considerable size of the frontal part, the remarkably powerful structure of the chelifori and the less elongated, densely hairy ambulatory legs.

Description. The length of the body, measured from the tip of the proboscis to the end of the caudal appendage, reaches 11½mm, and the extent 70mm. The present species attains therefore a very considerable size.

The form of the body (see Pl. IV. fig. 1) is, on the whole, rather robust, both as regards the trunk itself as well as the limbs. The segments of the trunk are sharply defined from one another, and the lateral processes issuing from them are separated by distinct though narrow intervals. The dorsal surface of the segments is perfectly smooth, and neither can any trace be detected on the lateral processes of the spiniform projections found in the preceding genus. The cephalic segment (see fig. 1a, 1b, 1c) in the present species has attained a most remarkable development. It occupies about half the length of the body, excepting the proboscis, and is chiefly characterized by the enormous size of the frontal part. The latter, sharply defined from the part behind it is more than twice as broad as the rest of the trunk, and exhibits along the middle a canalicular depression, whereas the lateral parts are very much swollen and beset, at the insertions of the chelifori, with short hairs. The part between the frontal and pediferous portions of the segment forms a well defined cylindrical neck, about the same length as the frontal part. The caudal segment (fig. 1 k) not separated by any distinct suture from the last segment of the trunk, is relatively very small, horizontal, and plain cylindric in form, or tapering a little towards the extremity, which is obtusely rounded.

Øieknuden (se Fig. 1 a, 1 c) er særdeles lav. jevnt afrundet og beliggende ved den bagre Trediedel af Hovedsegmentets Længde, eller lige over Basis af Halsen. De 4 Lindsøer er (se Fig. 1 c) forholdsvis smaa og temmelig vidt adskilte; til enhver af dem hører en skarpt begrændset bægerformig Ansamling af mørkt Pigment, hvis Spids vender mod Centrum af Øieknuden.

Snabelen er (se Fig. 1 a, 1 b, 1 c) betydelig kortere end Hovedsegmentet, horizontalt fortihrettet og af konisk Form. Spidsen er (se fig. 1 d) uddraget til en kort Mamille, hvorpaa Mundaabningen er beliggende. Den er ikke som hos foregaaende Slægt, omgivet af nogen egentlig Børstekrands. men kun, ligesom det tilgrændsende Parti af Snabelen, fint ciliret.

Saxklummerne (se Fig. 1 a, 1 b, 1 c), der er fastede til Pandedelens Sidehjørner, adskilte ved et temmelig betydeligt Mellemrum, er overordentlig kraftigt udviklede og af næsten kølledannet Form. Skaftet er forholdsvis tykt, cylindriskt og, naar undtages nogle meget smaa Haar ved det ydre Hjørne, ganske glat. Haanden (Fig. 1 f) er omtrent af Skaftets Længde, men mere end dobbelt saa bred, næsten kugleformigt opsvulmet og tæt besat med fine Haar, der navnlig henad den ubevægelige Finger bliver særdeles tætte og danner her et tykt filtlugtigt Overtræk. Den er horizontalt indadrettet, saaledes, at dens Ende indmiddelighed møder den tilsvarende paa den anden Side lige under Spidsen af Snabelen (se Fig. 1 b). Fingrene er korte og tykke, paa langt nær ikke af Palmens Længde, og stærkt chitiniserede navnlig i Spidsen, som derved antager en mørk hornbrun Farve. Den ubevægelige Finger, som i Haandens naturlige Stilling ligger fortil, er ikke tydeligt afsat fra Palmen, hvis umiddelbare Fortsættelse den danner. Den er forsynet indad med en lamelleformig Fortsats, der er fint tandet i Kanten og egentlig udgaar fra den nedre Flade, medens selve Kanten af Fingeren viser sig indenfor den hageformigt krummede Spids dylt indbugtet og længere bagtil forsynet med et tandformigt Fremspring (se Fig. 1 f). Den bevægelige Finger, der er betydelig smalere end den ubevægelige, har paa Midten et lignende tandformigt Fremspring, der, naar Saxen er lukket, griber ind mellem det tilsvarende Fremspring paa den ubevægelige Finger og den lamelleformige Fortsats.

Af Følere er der, ligesaalidt som hos de i det foregaaende omtalte Pycnogonideer, det mindste Spor at opdage (se Fig. 1 b).

De falske Fødder (se Fig. 1 b), der hver artikulerer med et fra Siderne af Halsen tæt foran de forreste Sideudfortsatser udgaaende knudeformigt Fremspring, bestaar hos begge Kjøn af 10 Led og ender med en vel udviklet, skjøndt ikke meget hug Klo. Som sædvanlig er disse Lemmer hos Hannerne stærkere udviklede end hos Hunnerne, og er hos de første lige udstrakte, meston 1½ Gang længere end Leganot, hvad der væsentlig skyldes den betydeligere Størrelse af 5te Led. Medens dette Led hos Hunnerne (se Fig. 1) neppe er længere end det foregaaende, er det her (se Fig. 1 b) fuldkommen lige saa langt som de 2 foregaaende til-

The oculiferous tubercle (see fig. 1 a, 1 c) is exceedingly low, evenly rounded, and placed on the posterior longitudinal third-part of the cephalic segment, or immediately above the base of the neck. The 4 lenses (see fig. 1 c) are comparatively small and rather far apart; to each of them belongs a sharply defined cup-shaped aggregation of dark pigment, whose point is directed towards the centre of the oculiferous tubercle.

The proboscis (see fig. 1 a, 1 b, 1 c) is considerably shorter than the cephalic segment, of a conical form, and directed horizontally forwards. The point (see fig. 1 d) is drawn out to a short mamilla, on which occurs the oral opening. It is not, as in the preceding genus, surrounded by a definite wreath of setæ, but like the adjacent part of the proboscis is only finely ciliated.

The chelifori (see fig. 1 a, 1 b, 1 c), attached to the lateral corners of the frontal part, and separated by a considerable interval, are most powerfully developed and wellnigh claviform. The scape is relatively thick, cylindric, and, saving a few very short hairs at the outer corner, perfectly smooth. The hand (fig. 1 f) measures about the length of the scape, but is more than twice as broad, almost globularly tumified, and densely beset with fine hairs, which, down the immobile finger especially, become exceedingly dense, constituting here a thick, felt-like covering. It points horizontally inwards, in such manner as generally to meet at its end the corresponding one of the other side, immediately under the tip of the proboscis (see fig. 1 b). The fingers are short and thick, not nearly attaining the length of the palm, and are highly chitinized, in particular at the point, which thereby acquires a dark horny-brown colour. The immobile finger, which in the natural position of the hand is located anteriorly, is not distinctly defined from the palm, of which it is a direct continuation. It is furnished inwards with a lamelliform process, finely dentated on the edge and really issuing from the lower surface, whereas the edge of the finger itself appears, inside the unciform curvate point, deeply emarginate and farther back provided with a dentiform projection (see fig. 1 f). The mobile finger, a good deal narrower than the immobile, has in the middle a similar dentiform projection, which, when the chela is closed, interlocks with the corresponding projection on the immobile finger and the lamelliform process.

As in the Pycnogonidea previously mentioned, not a trace of palpi can be detected (see fig. 1 b).

The false legs (see fig. 1 b), each articulating with a nodular projection that issues from the sides of the neck just in front of the foremost lateral processes, are in both sexes composed of 10 joints, and terminate with a well developed although not very long claw. As usual, these limbs are in the male more fully developed than in the female, and attain in the former, when fully extended, well-nigh one and a half times the length of the body, chiefly owing to the much greater size of the 5th joint. While this joint in the female (see fig. 1) measures hardly as long as the preceding one, it is here quite as long as the 2 foregoing

sammen og udmærker sig desuden ved en noget afvigende Form, idet det successivt udvides mod Enden, der gaar ud i en temmelig stor ombøiet med tætte Børster besat Lap. Saavel dette som det foregaaende Led er desuden forsynet med et betydeligt Antal af eiendommelige, høgeformigt ombøiede Smaabørster, der rimeligvis tjener til at fæste og holde i Situs de ydre Æggemasser. Af de Led, der sammensætter det terminale Parti (Fig. 1 g), er det 1ste størst, skjøndt ikke meget længere end det derpaa følgende, og overalt tæt haaret. De 4 følgende Led aftager successivt lidt i Størrelse og er alle temmelig sammentrykte samt stærkt indknebne ved Basis. 1 Inderkanten har disse Led en regelmæssig Rad af smalt lancetformige Torner, der ved stærk Forstørrelse (Fig. 1 h) viser sig at være særdeles fint savgtakkede i sit ydre Parti, medens de nærmere Basis har i hver Kant en Del betydelig grovere tandformige Fremspring. Endekloen er betydelig kortere end sidste Led og fint tandet i Inderkanten.

Gangfødderne (se Fig. 1) er af forholdsvis robust Bygning og ikke fuldt 3 Gange længere end Legemet. De er, navnlig i sit ydre Parti, tæt haarede, hvorimod lignende pigformige Fortantser som hos foregaaende Slægt ganske mangler. Af de 3 Hoftepartiet sammensættende Led er det midterste omtrent saa langt som de 2 øvrige tilsammen og noget kølleformigt opsvulmet i Enden. Laarleddet er forholdsvis stort, skjøndt neppe dobbelt saa langt som Hoftepartiet, og hos Hunnen noget opsvulmet paa Grund af de sig i dets Indre udviklende Æg. 1ste Lægled er kortere end Laarleddet, hvorimod 2det Lægled er adskilligt længere og betydelig smalere. Tarsalleddet (se Fig. 1 i) er særdeles kort, brødere end langt og af trekantet Form; paa Yder-siden gaar det ud i en liden tilspidset Lap og har langs den stærkt buede Inderkant en tæt Rad af Torner, der tiltager i Længde udad. Fodleddet er kraftigt udviklet og noget krummet, med Inderkanten tydeligt indbugtet i Midten og ved Basis noget pladeformigt udvidet samt her bevæbnet med en Rad af 6 eller 7 temmelig forlængede og tæt sammenträngte Torner. Den øvrige Del af Inderkanten bærer og-saa en Rad af Torner, men som er meget mindre, og langs Yderkanten og ved Spidsen er Leddet tæt haaret. Endekloen er betydelig kortere end Fodleddet, temmelig tynd og leformigt krummet, uden det mindste Spor af Bikloer.

Dyrets Farve er i levende Tilstand ensformig gulhvid.

Forekomst. Af denne interessante Form blev 4 fuldvoxne Exemplarer indsamlede under Nordhavs Expeditionens sidste Togt. Exemplarerne var fra 3 forskjellige Stationer, nemlig Stat. 290, 362, 363. Af disse er den 1ste beliggende omtrent midtveis mellem Finmarken og Bæren Eiland, de 2 øvrige i Havet udenfor Spitsbergens Nordvestkyst; Dybden fra 191 til 459 Favne.

Udbredning. Arten er utvivlsomt at betragte som en ægte arktisk Form. Foruden i Nordhavet forekommer

taken together, and characterised, too, by a somewhat deviating form, expanding successively, as it does, towards the extremity, which projects in a rather large, recurved, with dense setæ beset lobe. Both this and the preceding joint are, moreover, provided with a considerable number of small peculiar recurved hamate bristles, serving probably to attach and retain *in situ* the outer egg-masses. Of the joints composing the terminal part (fig. 1 g), the 1st is largest, although not much longer than the one succeeding it, and everywhere densely hairy. The 4 following joints diminish successively a little in size, and are all rather compressed, as also very much constricted at the base. On the inner edge these joints have a regular series of slender lanceolate spines, which, under a strong magnifier (fig 1 h), appear most finely serrated in their outer part, whereas, nearer the base, they have on each edge a number of considerably coarser dentiform projections. The terminal claw is a good deal shorter than the last joint, and finely dentated on the inner edge.

The ambulatory legs (see fig. 1) are comparatively robust in structure and not quite 3 times as long as the body. They are, more especially in their outer part, densely hairy, whilst spiniform processes, similar to those in the preceding genus, are altogether wanting. Of the 3 joints composing the coxal region, the mesial one attains about the length of the 2 others taken together, and is somewhat clavately swollen at the extremity. The femoral joint is comparatively large, although hardly twice as long as the coxal part, and in the female somewhat swollen owing to the eggs developing within it. The 1st tibial joint is shorter than the femoral joint, whereas the 2nd tibial joint is considerably longer and much narrower. The tarsal joint (see fig. 1 i) is exceedingly short, broader than long, and triangular in form; on the outer side it projects as a small acuminated lobe, and exhibits along the arcuate inner edge dense series of spines increasing in length outwards. The propodal joint is powerfully developed and somewhat curved, with the inner edge distinctly emarginate in the middle, and at the base somewhat lamellarly expanded, as also armed in that part with a series of 6 or 7 rather elongated and densely crowded spines. The upper part of the inner edge also bears a series of spines, but much smaller, and along the outer edge and at the point the joint is densely hairy. The terminal claw is much shorter than the propodal joint, rather thin and falciform curvate, without exhibiting the slightest trace of auxiliary claws.

The colour of the animal in the living state is a uniform yellowish white.

Occurrence. Of this interesting form only 4 adult examples were collected on the last cruise of the North Atlantic Expedition. The specimens were from 3 different Stations, viz. Stats. 290, 362, 363. The 1st of these lies about midway between Finmark and Bœren Island, the other 2 in the ocean off the north-west coast of Spitzbergen; depth from 191 to 459 fathoms.

Distribution. The species must unquestionably be regarded as a true Arctic form. Besides in the Norwegian Sea,

den nentlig ogsaa i det Kariske Hav, hvorfra jeg har havt til Undersøgelse 2 vel udprægede Exemplarer indsamlede under Nordenskjolds Expedition fra et Dyb af 40—50 Favne.

it occurs, too, in the Kara Sea, whence I have had for examination 2 well marked specimens taken on Nordenskjöld's Expedition from a depth of 40—50 fathoms.

12. Cordylochele longicollis. G. O. Sars.

(Pl. IV, Fig. 2, a—g).

Cordylochele longicollis, G. O. Sars, Pycnogonidea borealia & arctica, No. 12.

Artscharacter. Legemet betydelig slankere end hos foregaaende Art, med Sidefortsatserne vidt adskilte. Hovedsegmentet af Legemets halve Længde, naar Snabelen fraregnes, med særdeles stærkt forlænget og smal Hals; Pandedelen vel begrændset, men forholdsvis betydelig mindre end hos C. malleolata, neppe halvt saa lang som Halsen og ikke opnaaende Legemets dobbelte Brædde. Øiekmulden noget mere ophoiet end hos foregaaende Art, med særdeles store, næsten sammenstødende Lindser. Snabelen som hos foregaaende Art. Saxlemmerne forholdsvis mindre robuste. Skaftet smalere, Haanden kugleformigt opsvulmet og besat med korte Haar. Fingrene kortere end Palmen, mindre stærkt chitiniserede og mindre krummede i Spidsen, den pladeformige Fortsats glat, ikke tandet. De falske Fødder hos Haunen stærkt forlængede og tynde; 5te Led kortere end de 2 foregaaende tilsammen; Endedelens 1ste Led stærkere forlænget; de laterale Torner omtrent som hos foregaaende Art; Endekloen tynd og forlænget. Gangfødderne sparsomt haarbesatte, forholdsvis spinkle, 4 Gange længere end Legemet; 2det Hofteled betydelig længere end de 2 øvrige tilsammen; Laarleddet dobbelt saa langt som Hoftepartiet; 1ste Lægled omtrent af Laarleddets Længde, 2det ½ Gang længere; Tarsalleddet triangulært, neppe bredere end langt, med en enkelt Torn ved Enden i Inderkanten; Fodleddet smalt og forlænget, næsten lige, med 5—6 stærke Torner ved Basis af Inderkanten; Endekloen næsten af Fodleddets Længde, sammentrykt, leformig. Farven hvidagtig. Legemets Længde 8ᵐᵐ, Spandvidde 77ᵐᵐ.

Bemærkninger. Skjøndt utvivlsomt meget nær beslægtet med foregaaende Art, er denne dog let kjendelig ved den betydelig spinklere Legemsform, den lange og smale Hals og de stærkt forlængede og tynde Gangfødder. Ogsaa i Saxlemmernes Bygning er der vel udprægede Differentser, ligesom ogsaa Øieknuden viser et forskjelligt Forhold af Synselementerne.

Beskrivelse. Længden af Legemet hos fuldvoxne Individer er omkring 8ᵐᵐ, med en Spandvidde af 77ᵐᵐ, og denne Art opnaar snaledes ikke den anselige Størrelse som foregaaende.

Legemsformen er (se Pl. IV, Fig. 2) betydelig slankere end hos den typiske Art, baade hvad selve Kroppen og Lemmerne angaar, og Legemets Sidefortsatser, som hos foregaaende Art var tæt sammentrængte, er som Følge heraf her skilte ved temmelig brede Mellemrum. Hovedsegmentet (se Fig. 2 a, 2 b) indtager fuldkommen Halvparten

Den 'norske Nordhavsexpedition. G. O. Sars; Pycnogonides.

12. Cordylochele longicollis, G. O. Sars.

(Pl. IV. fig. 2. a—g.)

Cordylochele longicollis, G. O. Sars. Pycnogonidea borealia & arctica, No. 12.

Specific Character. Body much more slender than in the preceding species, with the lateral processes wide apart. Cephalic segment half the length of the body, excepting the proboscis, with the neck remarkably elongate and slender; frontal part well defined but relatively much smaller than in C. malleolata, scarcely half as long as the neck and not attaining twice the length of the body. Oculiferous tubercle somewhat more protuberant than in the preceding species, with exceedingly large, well-nigh contiguous lenses. Proboscis as in the preceding species. Chelifori relatively less robust, scape slenderer, hand globularly tumid and beset with short hairs, fingers shorter than palm, less strongly chitinised and not so curved at the point. The lamelliform process smooth, not dentate. False legs in male very elongate and slender; 5th joint shorter than both the preceding ones taken together; 1st joint of terminal part considerably elongated; lateral spines much as in the preceding species; terminal claw slender and elongate. Ambulatory legs sparingly furnished with hair, comparatively slender, 4 times the length of body; 2nd coxal joint much longer than both the others taken together; femoral joint twice as long as the coxal region; 1st tibial joint about the length of femoral joint. 2nd half as long again; tarsal joint triangular, hardly broader than long, with a single spine at the end of the inner edge; propodal joint slender and elongate, well-nigh straight, with 5—6 strong spines at the base of the inner edge; terminal claw almost the length of propodal joint, compressed, falciform. Colour whitish. Length of body 8ᵐᵐ, extent 77ᵐᵐ.

Remarks. Though doubtless very nearly related to the preceding species, this form may be easily recognised by its much slimmer body, the long and narrow neck and exceedingly elongate and slender ambulatory legs. In the structure, too, of the chelifori well-marked differences occur, and the oculiferous tubercle also exhibits a deviating relation with respect to the visual elements.

Description. The length of the body in full-grown specimens is about 8ᵐᵐ, the extent 77ᵐᵐ, and this species, therefore, does not attain the considerable size of the preceding one.

The body (see Pl. IV. fig. 2) is much more slim than in the typical species, both as regards the trunk itself and the limbs; and the lateral processes of the body, which in the preceding form were crowded together, are, in the present one, from this cause, separated by rather wide interspaces. The cephalic segment (see fig. 2 a, 2 b) occupies quite half

7

af Legemets Længde, naar Snabelen fraregnes, og er navnlig udmærket ved den overordentlig stærkt forlængede og smale cylindriske Hals. Derimod er Pandedelen her betydelig mindre, idet den neppe er halvt saa lang som Halsen og heller ikke pra langt nær dobbelt saa bred som Kroppen paa det tykkeste. Den er som hos foregaaende Art skarpt afmarkeret fra Halsen, noget fordybet langs den ovre Side og har Sidehjørnerne stumpt afrundede. Halssegmentet viser en lignende Form som hos foregaaende Art, men har Spidsen mere tydeligt indskaaret i Midten.

Øieknuden er ogsaa her (se Fig. 2 a) temmelig lav, dog noget mere fremspringende end hos den typiske Art og stumpt tilspidset i Enden. Lindserne er (se Fig. 2 c) særdeles store, næsten sammenstødende, og det til enhver hørende Pigment, synes her at danne en fælles central Masse.

Snabelen forholder sig i alt væsentligt ganske som hos foregaaende Art.

Ogsaa Saxlemmerne er (se Fig. 2 a, 2 b) af en meget lignende Bygning, om de end i Detaillerne viser enkelte vel udprægede Differentser. De er idethele paa langt nær ikke saa robuste, som hos den typiske Art, og har Skaftet temmelig smalt, cylindriskt og ganske glat. Haanden (Fig. 2 d) er, som hos foregaaende Art, stærkt opsvulmet, næsten kugleformig, men af forholdsvis ringere Størrelse og besat med korte, temmelig ens udviklede Haar. Fingrene, der er adskilligt kortere end Palmen, er mindre stærkt chitiniserede, med Spidsen kun meget svagt krummet. Paa den ubevægelige Finger findes ogsaa her et pladeformigt Fremspring, men dette har her en ganske glat, ikke tandet, Æg, og den tandformige Fortsats i Inderkanten af denne Finger synes at mangle, eller er ialfald meget utydelig. Derimod har den bevægelige Finger i Midten af Inderkanten en tydelig saadan Fortsats.

De falske Fødder er hos Hannen (se Fig. 2 a) stærkt forlængede og idethele spinklere end hos foregaaende Art. 5te Led er ogsaa her det længste og har i Enden en lignende børstebesat Lap; men Forskjellen i Længde mellem dette og det foregaaende Led er dog her mindre end hos den typiske Art. Af Endepartiets Led (Fig. 2 c) er det 1ste næsten saa langt som de 2 følgende tilsammen og cylindriskt. Randtornerne paa de 4 ydre Led (Fig. 2 f) stemmer i Bygning mer overens med samme hos foregaaende Art, men synes forholdsvis noget smalere. Endekloen er ligeledes tyndere og mere forlænget end hos denne Art.

Gangfødderne (se Fig. 2) er, sammenlignede med samme hos C. malleolata, særdeles spinkle og forlængede, næsten 4 Gange længere end Legemet, og kun sparsomt haarbesatte. Af Hofteleddene er 2det stærkt forlænget, længere end de 2 øvrige tilsammen; Laarleddet er hos Hunnen dobbelt saa langt som Hoftepartiet og noget opsvulmet, skjøndt mindre end hos foregaaende Art; 1ste Lægled er neppe kortere end Laarleddet og 2det do. er $1/2$ Gang længere og meget smalt. Tarsalleddet (se Fig. 2 g) er, som hos foregaaende Art, meget lidet, dog længere i

the length of the body, excepting the proboscis, and is chiefly characterized by the prodigiously elongated and narrow cylindrical neck. On the other hand the frontal part is considerably smaller, being scarcely half as long as the neck and not, by far, twice as broad as the trunk where thickest. As in the preceding species, it is sharply marked off from the neck, somewhat hollowed along the upper side, and has the lateral corners obtusely rounded. The caudal segment exhibits a similar form to that of the foregoing species but has the point more distinctly incised in the middle.

The oculiferous tubercle is also in this animal (see fig. 2 a) rather low, projecting, however, somewhat more than in the typical species, and has the extremity obtusely acuminated. The lenses (see fig. 2 c) are exceedingly large, well-nigh contiguous, and the pigment belonging to each would seem to constitute here a common central mass.

The proboscis is in all essential characteristics precisely as in the preceding species.

Also the chelifori (see fig. 2 a, 2 b) exhibit a very similar structure, although with certain well-marked minor differences. They are, on the whole, by no means so robust as in the typical species and have the scape rather narrow, cylindrical, and quite smooth. The hand (fig. 2 d) is, as in the preceding species, very much swollen, almost globular, but comparatively small in size and beset with rather uniformly developed short hairs. The fingers, a good deal shorter than the palm, are less highly chitinised, with the point only gently curved. On the immobile finger occurs, too, in this animal, a lamelliform projection, but with a perfectly smooth, not dentated, edge, and the dentiform process on the inner edge would seem to be absent or at least, is very indistinct. The mobile finger has, however, in the middle of the inner edge, such a process distinctly developed.

The false legs in the male (see fig. 2 a) are very elongate and, on the whole, more slender than in the preceding species. The 5th joint is, also, in the present form the longest, and has at the extremity a similar setiferous lobe; but the difference in length between this and the preceding joint is, however, less than in the typical species. Of the joints composing the terminal part (fig. 2 c), the 1st is well-nigh as long as the 2 succeeding ones taken together, and is cylindric in form. The marginal spines on the 4 outer joints (fig. 2 f) correspond in structure, almost quite, with those of the preceding species, but would seem to be relatively somewhat slenderer. The terminal claw is likewise more slender and elongate than in the said form.

The ambulatory legs in the male (see fig. 2) are, as compared with those of C. malleolata, excessively slim and elongated, almost 4 times longer than the body, and but sparingly beset with hair. Of the coxal joints the 2nd is very elongate, its length exceeding that of the 2 others taken together; the femoral joint in the female is twice as long as the coxal part and somewhat tumid, although less so than in the preceding species; the 1st tibial joint is hardly shorter than the femoral joint, and the 2nd is half as long again and very slender. The tarsal joint (see fig. 2 g) is, as in the preceding

51

Forhold til Breden og af triangulær Form, mod en enkelt stærk Torn i Inderkanten. Fodleddet er forholdsvis længere og smalere end hos *C. malleolata* samt mindre krummet. Det har i Inderkanten ved Basis 5 stærke, udad i Længde tiltagende Torner, hvorpaa følger en Rad af meget mindre saadanne. Endekloen er stærkt forlænget, næsten af Fodleddets Længde, sammentrykt, leformig, med Inderkanten tilskjærpet.

Af de indsamlede Exemplarer var et Par ægbærende. Æggene er (se Fig. 2 a) forholdsvis smaa og sammenkittede til en rundagtig Masse, der omgiver 4de Led af enhver af de falske Fødder.

Dyrets Farve er i levende Tilstand ensformig hvidagtig, med gjennemskinnende gul Tarm og Tarmblindsække.

Forekomst. Jeg har taget denne charakteristiske Art paa 2 Punkter ved vor Kyst, nemlig ved Lofoten og ved Selsøvig i Nordland. Paa begge Steder forekom den enkeltvis paa cirka 100—120 F. D., Lerbund.

species very small, although long in proportion to breadth, and triangular in form, with a single strong spine on the inner edge. The propodal joint is relatively longer and slenderer than in *C. malleolata*, and also less curved. It has on the inner edge, at the base, 5 strong spines increasing in length, outwards, to which succeed a series of very small ones. The terminal claw is exceedingly elongate, attaining well-nigh the length of the propodal joint, compressed, falciform, with the inner edge sharpened.

Of the specimens collected a few were ovigerous. The eggs (see fig. 2 a) are comparatively small and glued together in a spherical mass, enveloping the 4th joint of each of the false legs.

The colour of the animal, in the live state, is uniformly whitish, with yellowish intestine and intestinal cæca shining through.

Occurrence. I have taken this characteristic species in 2 localities on our coast, viz. at Lofoten and at Selsövig in Nordland. In both places it occured sparingly, at a depth of about 100—120 fathoms; clay bottom.

---

13. Cordylochele brevicollis, G. O. Sars.

(Pl. IV, Fig. 3, a—g).

Cordylochele brevicollis. G. O. Sars. Pycnogonidea borealia & arctica. No. 13.

Artscharacter. Legemet undersætsigt, med Sidefortsatserne tæt sammentrængte. Hovedsegmentet betydelig kortere end de følgende Segmenter tilsammen. Halsen meget kort. Pandedelen mindre stærkt udvidet. Øjenknuden særdeles lav, jevnt afrundet, med forholdsvis smaa og vidt adskilte Lindser. Snabelen næsten af Hovedsegmentets Længde. Saxlemmerne forholdsvis mindre robuste end hos den typiske Art; Haanden mindre opsvulmet og af noget uregelmæssig Form; Fingrene længere end Palmen, den bevægelige glat, den ubevægelige med en kun lidet udviklet lamelleformig Fortsats. Nedenfor Saxlemmernes Insertion til hver Side en liden Knude som Rudiment af Folere. Ledknuderne før de falske Fødder ganske udfyldende Mellemrummet mellem Pandedelen og den fødbærende Del af Hovedsegmentet. De laterale Torner paa de 4 ydre Led af disse Lemmer meget stærke, bredt lancetformige, med utydelig crenulerede Kanter. Gangfødderne tæt besatte med yderst korte Haar, næsten 4 Gange længere end Legemet, men betydelig kortere end hos *C. longicollis*; 2det Hofteled forholdsvis kort; Laarleddet stærkt forlænget, næsten 3 Gange saa langt som Hoftepartiet og længere end 1ste Lægled; Tarsalleddet forholdsvis større end hos de 2 øvrige Arter; Fodleddet derimod kortere, afsmalnende mod Enden og bevæbnet med 4—5 større Torner i Inderkanten, hvoraf 1 er fæstet omtrent i Midten; Endekloen stærkt

13. Cordylochele brevicollis, G. O. Sars.

(Pl. IV, fig. 3, a—g).

Cordylochele brevicollis. G. O. Sars. Pycnogonidea borealia & arctica. No. 13.

Specific Character. Body thickset, with the lateral processes crowded together. Cephalic segment considerably shorter than the following ones taken together, neck very short, frontal part less prominently expanded. Oculiferous tubercle exceedingly low, evenly rounded, with comparatively small and widely separated lenses. Proboscis measuring well-nigh the length of the cephalic segment. Chelifori relatively less robust than in the typical species; hand not very tumid and somewhat irregular in form; fingers longer than palm, the mobile one smooth, the immobile with an only slightly developed lamelliform process. Below the insertion of the chelifori, on either side, a small protuberance — the rudiment of palpi. The articulating knots of the false legs entirely occupy the interspace between the frontal and the pediferous part of the cephalic segment. The lateral spines on the 4 outer joints of these limbs very strong, broadly lanceolate, with indistinct crenulated edges. Ambulatory legs densely beset with exceedingly short hairs, well-nigh 4 times longer than body, but considerably shorter than in *C. longicollis*; 2nd coxal joint comparatively short; femoral joint very elongate, attaining almost 3 times the length of coxal part, and longer than 1st tibial joint; tarsal joint relatively larger than in both the other species; propodal joint, on the contrary, shorter, tapering towards the extremity, and armed with 4—5 largish spines on

52

forlænget, konisk tilspidset i Enden. Farven hvidgul. Legemets Længde 10ᵐᵐ. Spandvidde 80ᵐᵐ.

Bemærkninger. Nærværende Art er navnlig charakteriseret ligeoverfor de 2 foregaaende ved den særdeles korte Hals, hvad der har givet Anledning til Artsbetegnelsen. Den er desuden let kjendelig ved den mindre stærkt udvidede Pandedel samt ved Saxlemmernes og Gangfoddernes Bygning.

Beskrivelse. Legemets Længde hos fuldvoxne Individer er 10ᵐᵐ, med en Spandvidde af 80ᵐᵐ, og denne Art opnaar saaledes en meget anselig Størrelse.

Legemsformen er idethele (se Pl. IV, Fig. 3) temmelig robust, og denne Art ligner i sin Henseende ved forste Oiekast mere den typiske Form end foregaaende Art, trods det at Gangfodderne er betydelig stærkere forlængede end hos hin. Selve Kroppen (se Fig. 3 a) viser en meget undersætsig og sammentrængt Form, og Sidefortsatserne er derfor ogsaa kun skilte ved meget smale, spaltformige Mellemrum. Hovedsegmentet er forholdsvis betydelig mindre end hos de 2 foregaaende Arter, idet det paa langt nær ikke opnaar Kroppens halve Længde, og Pandedelen er heller ikke saa stærkt udvidet. Halsen er, i Modsætning til hvad Tilfældet var hos foregaaende Art, her meget kort, selv betydelig kortere end hos den typiske Art, og mellem Pandedelen og de forreste Sidefortsatser er der derfor kun et lidet Mellemrum, som til Siderne ganske udfyldes af Ledknuderne for de falske Fodder. Halesegmentet er omtrent af samme Udseende som hos *C. malleolata*.

Øieknuden er særdeles lav og jevnt tilrundet samt udmærket ved den ringe Størrelse af Lindserne (se Fig. 3 b); disse er endnu videre skilte fra hinanden end hos *C. malleolata* og tydeligt grupperede 2 og 2 til hver Side, hver med et forholdsvis lidet og skarpt begrændset Pigmentbæger.

Snabelen (se Fig. 3 a) synes forholdsvis noget større end hos de foregaaende Arter, idet den næsten er af Hovedsegmentets Længde; dens Bygning er forøvrigt fuldkommen som hos hine Arter.

Saxlemmerne (se Fig. 3 a) er vistnok, sammenlignet med samme hos andre Pycnogonideer, temmelig kraftigt udviklede, men dog paa langt nær ikke i den Grad som hos den typiske Art, og selv hos foregaaende Art synes disse Lemmer i visse Henseender at være mere robuste. Skaftet er ganske glat, cylindriskt, dog med Yderkanten noget indbuet ved Basis. Haanden er langtfra saa stærkt opsvulmet som hos de 2 foregaaende Arter og derfor heller ikke saa udpræget kugleformig, men af noget uregelmæssig sammentrykt Form. Den er overalt tæt besat med særdeles korte Haar, der henad den ubevægelige Finger bliver noget længere, uden dog at antage den filtagtige Character som hos *C. malleolata*. Fingrene er her kjendelig længere end Palmen, og den ubevægelige Finger smalere end hos de 2 øvrige Arter og mere tydeligt begrændset fra Palmen, idet Forkanten paa Grændsen mellem begge danner en tydelig, omend svag, Indbugtning. I In-

the inner edge, of which one is affixed near the middle; terminal claw very elongate, conically acuminated at the extremity. Colour whitish-yellow. Length of body 10ᵐᵐ, extent 80ᵐᵐ.

Remarks. The present species is chiefly characterised, compared with the 2 preceding ones, by its exceedingly short neck, and hence its specific designation. It is, moreover, easily recognised by the less prominently expanded frontal part, as also by the structure of the chelifori and ambulatory legs.

Description. The length of the body in full-grown specimens is 10ᵐᵐ, the extent 80ᵐᵐ; this species attains therefore, a very considerable size.

The body (se Pl. IV, fig. 3) is, on the whole, comparatively robust, and the animal resembles in that respect, at first sight, rather the typical form than the preceding species, notwithstanding that the ambulatory legs are a good deal more elongate than in the former. The trunk itself (see fig. 3 a) exhibits a very thickset and compact form, and the lateral processes are, consequently, marked off by only very narrow, fissure-like interspaces. The cephalic segment is relatively much smaller than in the 2 preceding species, not attaining, by far, half the length of the trunk, nor is the frontal part so prominently expanded. The neck in the present form is distinguished from that of the preceding species, by being very short, considerably shorter even than in the typical form, and between the frontal part and the foremost lateral processes there is, therefore, but a narrow interspace, which at the sides is wholly filled up by the articulatory knots of the false legs. The caudal segment exhibits nearly the same appearance as in *C. malleolata*.

The oculiferous tubercle is very low and evenly rounded, and characterised by the small size of the lenses (see fig. 3 b); the latter occur still farther apart than in *C. malleolata*, and are distinctly arranged 2 and 2 on each side, each with a comparatively small and sharply defined pigmentary cup.

The proboscis (see fig. 3 a) would seem to be relatively somewhat larger than in the 2 preceding species, attaining well-nigh the length of the cephalic segment, its structure is for the rest precisely as in those forms.

The chelifori (see fig. 3 a) are indeed, as compared with those in other Pycnogonids, rather powerfully developed, though not, by far, to such an extent as in the typical species, and even in the preceding species these limbs would appear to be in some respects more robust. The scape is quite smooth, cylindrical, but with the outer edge a little incurvated at the base. The hand is by no means so tumid as in the 2 preceding species, and therefore not so prominently globular, but is somewhat irregularly compressed in form. It is everywhere densely beset with exceedingly short hairs, which, as they approach the immobile finger become somewhat longer, without however assuming the felt-like character observed in *C. malleolata*. The fingers are in this animal appreciably longer than the palm, and the immobile finger is slenderer than in the 2 other species and more distinctly marked off from the palm, as the anterior edge, on the boundary between both, forms

derkanten af denne Finger findes en temmelig lav lamelleformig Udvidning, der fortil, strax indenfor Fingrenes Spids, danner en vinkelformigt Fremspring. Derimod er Inderkanten af den bevægelige Finger ganske glat.

Nedenfor Saxlemmernes Insertion bemærkes (se Fig. 3 a) hos alle de undersøgte Exemplarer til hver Side et lidet knudeformigt Fremspring. Da disse Fremspring netop er beliggende der, hvor hos andre Pycnogonideer Følerne pleier at være fæstede, er der al Grund til at anse dem for et ubetydeligt Rudiment af disse Lemmer. Hos ingen af de 2 øvrige Arter har jeg kunnet opdage det mindste Spor af disse Knuder.

De falske Fødder forholder sig, som hos de 2 øvrige Arter, noget forskjelligt hos de 2 Kjøn, idet de hos Hannen (Fig. 3 d) er betydelig længere end hos Hunnen (Fig. 3 c), hvad der især skyldes den stærkere Udvikling af 5te Led, ved hvis Ende den sædvanlige børstebesatte Lap forefindes. De ydre Led stemmer, i Henseende til det indbyrdes Længdeforhold, temmelig nøie overens med samme hos foregaaende Art. Derimod viser de laterale Torner et meget afvigende Udseende. De er nemlig (se Fig. 3 f) for det første forholdsvis meget større og tykkere, bredt lancetformige, og dernæst mangler de ganske Saugtakker, idet Randen kun viser et uregelmæssigt bølgeformigt Forløb.

Gangfødderne (se Fig. 3) viser en temmelig robust Bygning, men er betydelig stærkere forlængede end hos den typiske Art, næsten 4 Gange længere end Legemet, og adskiller sig ogsaa i Detaillerne meget bestemt fra samme hos begge de øvrige Arter. De er overalt tæt besatte med meget smaa, næsten mikroskopiske Haar, der giver dem et fint loddent Udseende. Hoftepartiet er her forholdsvis kort, neppe længere end Bredden mellem de midterste Sidefortsatser, og Forskjellen i Længde mellem dets 3 Led mindre end hos de 2 øvrige Arter. Laarleddet er derimod meget stærkt forlænget, omtrent 2½ Gang længere end Hoftepartiet, og er hos Hunnen, som sædvanlig, tykkere end hos Hannen. 1ste Lægled er kjendelig kortere end Laarleddet, medens 2det Lægled, som sædvanlig, er det længste af alle. Tarsalleddet (se Fig. 3 g) er forholdsvis betydelig større end hos de 2 foregaaende Arter, længere end bredt og successivt noget udvidet mod Enden. Derimod er Fodleddet forholdsvis mindre kraftigt udviklet, neppe mere end dobbelt saa langt som Tarsalleddet, og noget afsmalnende mod Enden. Det er i Inderkanten bevæbnet med circa 5 større Torner, hvoraf 1 er fæstet omtrent i Midten, de øvrige nærmere Basis. Endekloen er stærkt forlænget, vel saa lang som Fodleddet, konisk tilspidset og mindre stærkt krummet end hos de 2 øvrige Arter.

Farven er i levende Tilstand omtrent som hos *C. malleolata*, nemlig ensformig hvidgul.

Forekomst og Udbredning. Ved vore Kyster har jeg kun observeret nærværende Art paa et eneste Punkt, nemlig ved Vadsø, hvor jeg for mange Aar siden tog et

a distinct although slight incurvation. On the inner edge of this finger a rather low lamelliform expansion occurs, which, anteriorly, just within the point of the fingers, constitutes an angular projection. The inner edge of the mobile finger is, on the contrary, quite smooth.

Below the insertion of the chelifori was found (see fig. 3 a), in all the specimens examined, on either side, a small tuberculiform projection. These projections being located just where the palpi in other Pycnogonida occur, there is every reason to regard them as a trifling rudiment of these limbs. In neither of the 2 other species have I succeeded in discovering the slightest trace of the said projections.

The false legs deviate somewhat, as in both the other species, in the 2 sexes, those of the male (fig. 3 d) being considerably longer than those of the female (fig. 3 c), mainly arising from the greater development of the 5th joint, at whose extremity the usual setiferous lobe occurs. The outer joints agree, as to their mutual relative proportions in length, rather closely with those of the preceding species. On the other hand, the lateral spines exhibit a very different appearance. They are (see fig. 3 f), in the first place, relatively much larger and thicker, broadly lanceolate, and, in the second place, they are totally destitute of sawteeth, the edge simply exhibiting an irregular, undulatory line.

The ambulatory legs (see fig. 3) exhibit a rather robust structure but are much more elongate than in the typical species, attaining well-nigh 4 times the length of the body, differing, too, in several details, very decidedly, from those in both the other forms. They are everywhere densely beset with very minute, almost microscopic hairs, which gives them a delicate downy appearance. The coxal part in this animal is relatively short, hardly longer than the breadth between the mesial lateral processes, and the difference in length between its 3 joints is less than in the 2 other species. The femoral joint, on the other hand, is very much elongated, about two and a half times longer than the coxal part, and, as usual, thicker in the female than in the male. The 1st tibial joint is appreciably shorter than the femoral one, whilst the 2nd tibial joint is, as usual, the longest of all. The tarsal joint (see fig. 3 g) is, relatively, a good deal larger than in the 2 preceding species, and somewhat gradually expanded towards the end. On the other hand, the propodal joint is relatively less powerfully developed, hardly more than twice as long as the tarsal joint, and tapers a little towards the extremity. It is armed on the inner edge with about 5 largish spines, one of which is affixed near the middle, the others nearer the base. The terminal claw is much elongated, rather longer than the length of the propodal joint, conically acuminated, and less sharply curved than in the 2 other species.

The colour is, in the live state, about as in *C. malleolata*, viz., a uniform whity yellow.

Occurrence and Distribution. On the coasts of Norway, I have observed the present species in but one locality, viz. at Vadsö, where, many years ago, I took a soli-

54

enkelt Exemplar, en fuldvoxen Han, paa et Dyb af circa 100 Favne, Lærbund. Arten forekommer imidlertid ogsaa i det Kariske Hav, hvorfra jeg har havt til Undersøgelse 2 Exemplarer, et ganske ungt Individ og en fuldvoxen Hun, indsamlede under Nordenskjölds Expedition fra et Dyb af 50 Favne. Det synes heraf med Sikkerhed at fremgaa, at Arten er en ægte arktisk Form.

tary example, a full-grown male, from a depth of about 100 fathoms; clay bottom. The species also occurs, however, in the Kara Sea, whence I have had 2 specimens for examination, a quite young individual and a full-grown female, collected on Nordenskjöld's Expedition from a depth of 50 fathoms. Hence, it appears, with considerable certainty, that the species is a true Arctic form.

Fam. 4. Nymphonidæ.

Character. Saxlemmer og Følere vel udviklede, de sidste 5-leddede. Falske Fødder tilstede hos begge Kjøn.

Bemærkninger. I den Begrændsning, hvori Familien her tages, nemlig kun omfattende den tidligere Slægt *Nymphon*, er den hovedsagelig charactriseret ligeoverfor de i det foregaaende omtalte Familier ved Tilstedeværelsen af vel udviklede Følere, og fra de følgende Familier dels ved disse Lemmers Structur, dels ved den kraftige Udvikling af Saxlemmerne. Familien slutter sig i Henseende til flere Bygningsforhold nærmest til Fam. *Pallenidæ*, uden at jeg dog finder at kunne forbinde begge til en Familie, saaledes som af enkelte Forskere gjort. Paa den anden Side har jeg troet at burde oplose den tidligere Slægt *Nymphon* i 3 Slægter, og jeg antager det ikke for usandsynligt, at man ved et nøiere Kjendskab til de herhen hørende Former vil finde det nødvendigt at gaa endnu videre i denne Retning.

Fam. 4. Nymphonidæ.

Characters. Chelifori and palpi well developed, the latter five-jointed. False legs present in both sexes.

Remarks. In the restricted sense in which the family is spoken of here, comprising merely the earlier genus *Nymphon*, it is characterised, as compared with the previously mentioned families, by the presence of well-developed palpi, and from the subsequent families, partly by the structure of these limbs and partly by the powerful development of the chelifori. The family approximates closest, in certain structural peculiarities, to the family *Pallenidæ*, without affording, in my judgment, sufficient reason to combine them into one family, as has been done by some naturalists. On the other hand, I have seen fit to break up the earlier genus *Nymphon*, into 3 genera, and think it not improbable, that a more intimate acquaintance with the forms in question will show the necessity of going still farther in that direction.

Gen. 8. Nymphon, Fabr. 1794.

Slægtscharacter. Legemet glat, mere eller mindre smalt, cylindriskt, med vel sondrede Sidefortsatser. Hovedsegmentet temmelig stort, med vel markeret Hals og noget udvidet Pandedel. Haløsegmentet forholdsvis lidet, cylindriskt, opadrettet. Øieknuden mere eller mindre ophoiet, Linderne af ens Størrelse og beliggende nærmere Basis af Øieknuden. Snabelen forholdsvis stor, fortilrettet, cylindrisk, glat, afrundet i Enden. Saxlemmerne kraftigt udviklede, Haanden forholdsvis smal, Fingrene smalere kortere end Palmen, konisk tilspidsede og fint tandede i Inderkanten. Følerne af middelmaadig Længde, 1ste Led meget lidet, de 2 sidste tæt børstebesatte og dannende med foregaaende Led en mere eller mindre udpræget Vinkel. De falske Fødder 10-leddede, sparsomt børstebesatte. 4de og 5te Led hos Hannen stærkt forlængede og tynde, de 4 ydre Led med en regelmæssig Rad af savtakkede Torner, Endekløen vel udviklet, tandet i Inderkanten. Gangfødderne sædvanlig stærkt forlængede og spinkle, sparsomt haarede, 2det Lægled længst, Tarsalleddet mere eller mindre forlænget. Fodleddet sædvanlig lineært. Endekløen med tydelige Bikløer. De ydre Æggemasser hos Hannen kugleformige,

Gen. 8. Nymphon, Fabr. 1794.

Generic Character. Body smooth, more or less slender, cylindric, with well-defined lateral processes. Cephalic segment rather large, with well-marked neck and somewhat expanded frontal part. Caudal segment comparatively small, cylindric, directed upwards. Oculiferous tubercle more or less elevated, the lenses equal in size, and located nearer to the base of the oculiferous tubercle. Proboscis comparatively large, anteriorly directed, cylindric, smooth, rounded at the extremity. Chelifori powerfully developed, hand comparatively narrow, fingers as a rule shorter than palm, conically nominated, and finely dentate on the inner margin. Palpi of moderate length, 1st joint very small, the 2 last densely setiferous and forming with the preceding joint, a more or less prominent angle. False legs ten-jointed, sparingly beset with bristles. 4th and 5th joints in male very elongate and slender, the 4 outer joints with a regular series of serrated spines, terminal claw well developed, dentated on the inner margin. Ambulatory legs as a rule exceedingly elongate and slender, sparingly bristle-beset. 2nd tibial joint longest, tarsal joint more or less prolonged, propodal joint usually linear,

indeholdende talrige smaa Æg, sædvanlig 1 paa hver af de falske Fodder, sjeldnere i dobbelt Antal.

Bemærkninger. Som Type for denne særdeles artsrige Slægt kan nærmest *Nymphon grossipes*, Fabr., gjælde. Arterne er her ordnede nogenlunde i en bestemt Rækkefølge, forbindende med hinanden 4 underordnede Typer, nemlig *N. gracile*, Leach, *N. longitarse*, Kröyer, *N. Strömii*, Kröyer og *N. serratum*, G. O. Sars. Om enhver af disse 4 Arter grupperer sig mere eller mindre tydeligt de her opførte Former, medens den ovenfor anførte heinordiske Art paa en Maade i sig forener alle 4 Gruppers Charaterer.

terminal claw with distinct auxiliary claws. The outer egg-masses in male globular, containing numerous minute ova, usually 1 on each of the false legs, more rarely the double number.

Remarks. As the most approximate type of this very comprehensive genus, we may take *Nymphon grossipes*, Fabr. The species are arranged here in a somewhat definite succession, connecting with each other 4 subordinate typos, viz., *N. gracile*, Leach, *N. longitarse*, Kröyer, *N. Strömii*, Kröyer, and *N. serratum*, G. O. Sars. Round each of these 4 species, the forms described here, group more or less distinctly, whilst the northern species above recorded comprises in a sense, within itself, the characters of all the 4 groups.

14. Nymphon gracile, Leach.

(Pl. V. Fig. 1, a-h.)

Nymphon gracile. Leach, Zool. Miscel. Vol. 1. p. 45, Pl. XIX, fig. 1.
— — Johnston, Mag. of Zool. and Botany, Vol. 1, p. 280, Pl. XII, Fig. 9-12.
— — Hoek, Niederl. Arch. f. Zoologie, III, p. 243, Pl. XV, Fig. 11-13.
— — Idem, Arch. de Zoologie expérim., IX, p. 498, Pl. XXIII, fig. 1-5.
— — Hansen, Zool. Danica, Tab. VII, Fig. 18.
— — Idem, Naturh. Tidsskr 3 Række, Bd. 14. p. 648.
— — G. O. Sars, Pycnogonidea borealia & arctica No. 14.

Artscharacter. Legemet noget undersætsigt, cylindriskt, med Sideforsatserne ikke meget vidt adskilte. Hovedsegmentet omtrent saa langt som de 2 følgende Segmenter tilsammen, Halsen forholdsvis kort, Pandedelen temmelig stærkt udvidet. Øieknuden stumpt konisk, neppe høiere end bred ved Basis. Snabelen næsten af Hovedsegmentets Længde. Saxlemmerne kraftige, Haanden af Skaftets Længde, aflang oval, Fingrene noget kortere end Palmen. Fulorne med 2det og 3die Led af ens Længde, sidste Led lidt længere end næstsidste og begge tilsammen af 3die Leds Længde. De falske Fodder forholdsvis korte, Endedelen længere end de 2 foregaaende Led tilsammen, Randtornene med omtrent 7 Saugtakker til hver Side, hvoraf det bagre Par er betydelig stærkere end de øvrige, Endekloen forholdsvis kort. Gangfødderne neppe mere end 3 Gange længere end Legemet, besatte med stive spredte Børster; Laarleddet hos Hunnen temmelig opsvulmet, 1ste Lægled kortere. 2det do. omtrent af Laarleddets Længde og neppe dobbelt saa langt som de 2 ydre Led tilsammen; Tarsalleddet betydelig kortere end Fodleddet, det sidste kraftigt udviklet, noget krummet og bevæbnet med 4 stærke Torner i Inderkanten; Endekloen neppe mere end halvt saa lang som Fodleddet, meget stærk, Bikloerne vel udviklede, omtrent af Endekloens halve Længde. Farven hvid,

Specific Character. Body somewhat thickset, cylindric, with the lateral processes not very far apart. Cephalic segment about as long as the 2 succeeding segments taken together, neck comparatively short, frontal part rather considerably expanded. Oculiferous tubercle conical-obtuse, hardly higher than broad at base. Proboscis well-nigh equalling the cephalic segment in length. Chelifori powerful, hand as long as scape, oblongo-oval, fingers somewhat shorter than palm. Palpi with 2nd and 3rd joint of one length, last joint a trifle longer than the penultimate one, and both together equalling the length of 3rd joint. False legs comparatively short, terminal part longer than the 2 preceding joints taken together, marginal spines with about 7 saw-teeth on either side, the posterior pair considerably stronger than the others, terminal claw comparatively short. Ambulatory legs hardly more than 3 times longer than body, beset with stiff scattered bristles; femoral joint in female rather tumid; 1st tibial joint shorter, 2nd about the length of femoral joint and scarcely twice as long as the 2 outer joints taken together; tarsal joint considerably shorter than propodal joint, the latter powerfully developed, somewhat curved, and armed with 4 strong spines on the inner edge; terminal claw scarcely more than half as long as propodal joint, very strong; auxiliary claws well developed, about half the length of terminal claw.

med mere eller mindre tydelige violette Tværbaand. Legemets Længde $2^1/_2^{mm}$; Spændvidde 15^{mm}.

Bemærkninger. Nærværende Art er egentlig først kjendeligt beskrevet af Hoek. Hvorvidt den i Virkeligheden er identisk med den af Leach saaledes benævnte Art, anser ogsaa Hoek for meget tvivlsomt. Derimod mener han med Bestemthed i Johnstons Beskrivelse at gjenkjende sin Art. Om den her omhandlede Forms Identitet med den af Hoek beskrevne, kan der efter min Mening ingensomhelst Tvivl være. Egentlig er Artsnavnet *gracile* kun lidet betegnende, da der gives mange Arter af en langt slankere Kropsform, ja nærværende Form hører endog i Virkeligheden til de i denne Henseende mindst udprægede af Slægten.

Beskrivelse. Hos ingen af de af mig indsamlede Exemplarer overskrider Legemets Længde $2^1/_2^{mm}$, medens Hoek angiver 4^{mm} som Maximum. Spændviden har jeg fundet at være omkring 15^{mm}. Af alle her opførte Arter af Slægten er denne saaledes den mindste.

Legemets Form (se Pl. V, Fig. 1) er vistnok temmelig spinkel, sammenlignet med samme hos flere andre Pycnogonider; men blandt Arterne af nærværende Slægt udmærker den sig, som ovenfor bemærket, slet ikke i saa Henseende. Ja Gangfødderne er her i Forhold til Kroppen endog kortere end hos nogen af de her opførte Arter. Selve Kroppen (Fig 1 a, 1 b) er cylindrisk og noget nær af ens Bredde overalt, ganske glat og med Segmenterne vel sondrede fra hinanden. Sidefortsatserne er omtrent saa lange som Kroppen er bred og vel adskilte, skjøndt Mellemrummene mellem dem ikke er synderlig brede. Hovedsegmentet er temmelig stort, omtrent saa langt som de 2 følgende Segmenter tilsammen og har en tydelig, skjøndt forholdsvis kort Hals; Pandedelen er ved Enden omtrent dobbelt saa bred som Halsen og langs Midten oventil noget rendeformigt fordybet. Halesegmentet er forholdsvis lidet, simpelt cylindrisk og afrundet i Enden, samt noget opadrettet.

Øieknuden (se Fig. 1 a, 1 c), hvis Afstand fra Panderanden er omtrent dobbelt saa stor som fra den bagre Kant af Hovedsegmentet, er noget ophøiet, af stump konisk Form; dog er Høiden neppe saa stor som Breden ved Basis. Lindserne er vel udviklede, at ens Størrelse og beliggende nærmere Basis end Spidsen af Øieknuden; det underliggende Pigment er af mørkerød Farve.

Snabelen (se Fig. 1 a, 1 b) er noget kortere end Hovedsegmentet og lige fortilstrakt. Den er temmelig tyk, cylindrisk, mod Enden stumpt tilrundet, og ganske glat.

Saxlemmerne (ibid.) er kraftigt udviklede og lige udstrakte, betydelig længere end Hovedsegmentet. Skaftet er cylindrisk, lidt buet og ved Enden i den ydre Kant forsynet med nogle korte Haar. Haanden (Fig. 1 d), der sædvanligvis er rettet indad under en ret Vinkel med Skaftet, er omtrent af dettes Længde, temmelig opsvulmet, af aflang oval Form og henimod Basis af Fingrene besat med

Colour white, with more or less distinct violet transversal bands. Length of body $2^1/_2^{mm}$, extent 15^{mm}.

Remarks. Hoek was really the first to give a recognizable description of the present species. But whether it is really identical with the species thus designated by Leach, Hoek also regards as very doubtful. On the other hand, he feels quite sure that the form described by Johnston can be none other than his species. The identity of the form treated of here with Hoek's species can, in my judgment, admit of no doubt whatever. The specific name *gracile* is really not significative, as there are many species with a far more slender body, indeed the present form belongs even to the least characteristic of the genus in that respect.

Description. In none of the specimens collected by the writer does the length of the body exceed $2^1/_2^{mm}$, whereas Hoek gives 4^{mm} as the maximum. The extent I have found to be about 15^{mm}. Of all the species recorded here, this is therefore the smallest.

The body (se Pl. V, fig. 1) is indeed rather slender compared with that of several other Pycnogonids; but, as stated above, in this respect it in nowise distinguishes itself among the species of the present genus. Indeed, the ambulatory legs are, in relation to the body, even shorter than in any of the species here recorded. The trunk itself (fig. 1 a, 1 b) is cylindric and well-nigh uniform in breadth throughout, quite smooth, and with the segments well separated from each other. The lateral processes are about as long as the trunk is broad, and well separated, though the interspaces between them are not particularly broad. The cephalic segment is rather large, about as long as the 2 succeeding segments taken together, and has a distinct though comparatively short neck; the frontal part is at the end about twice as broad as the neck, and along the middle dorsally somewhat canalicularly hollowed. The caudal segment is comparatively small, simple cylindric, rounded at the extremity and also directed a little upwards.

The oculiferous tubercle (see fig. 1 a, 1 c), located about twice as far from the frontal edge as from the posterior edge of the cephalic segment, is somewhat elevated, conically obtuse in form; the height is, however, scarcely as great as the breadth at the base. The lenses are well developed, equal in size, and located nearer to the base than to the point of the oculiferous tubercle; the subjacent pigment has a dark-red colour.

The proboscis (see fig. 1 a, 1 b), pointing straight forwards, is somewhat shorter than the cephalic segment. It is rather thick, cylindric, with the tip obtusely rounded, and quite smooth.

The chelifori (ibid.) are powerfully developed and extended straight out, a good deal longer than the cephalic segment. The scape is cylindrical, somewhat incurved, and at the extremity on the outer edge provided with a few short hairs. The hand (fig. 1 d), which is generally directed inwards at a right angle to the scape, attains about the length of that part, is rather swollen, oblongo-oval in form, and

57

korte og tætte Haar. Fingrene er noget kortere end Palmen, konisk tilspidsede og har Spidserne noget bøiede. Inderkanten af begge er forsynet med en tæt Rad af smaa Tænder og slutter tæt sammen, naar Saxen er lukket, idet de omhandlede Tænder griber ind mellem hinanden. Af Fingrene er den bevægelige noget længere end den ubevægelige og mindre bred ved Basis.

Følerne (Fig. 1 e), der udspringer noget nedenfor Saxlemmerne til hver Side af Snabelens Basis (se Fig. 1 a), er lidt kortere end hine og meget spinklere. De bestaar, som hos alle Nymphonider, af 5 Led, hvoraf det 1ste er meget lidet. De 2 derpaa følgende Led er forkengede og indbyrdes omtrent af samme Længde, det yderste af dem noget fortykket mod Enden og besat i begge Kanter med en Del korte Børster. De 2 sidste Led danner tilsammen en temmelig bevægelig Endedel, der danner en mere eller mindre tydelig Vinkel med foregaaende Led, af hvis Længde den omtrent er. Af dens 2 Led er det 1ste noget kortere end det 2det og kølleformigt opsvulmet i Enden. Sidste Led er af aflang oval Form, stumpt tilrundet i Enden og, ligesom det foregaaende, tæt besat med korte og stive Børster.

De falske Fødder (se Fig. 1 a. 1 b), der som sædvanlig udspringer til hver Side fra et afrundet Fremspring lige foran og noget nedenfor Basis af de forreste Sidefortsatser, og er bøiede ind under Legemet med en mere eller mindre stærk S-formig Bøining, er forholdsvis korte, idet de, lige udstrakte, neppe er længere end Legemet. De bestaar af 10 tydeligt begrændsede Led, hvoraf de 3 første er meget korte, hvorimod de 2 derpaa følgende er temmelig forlængede og indbyrdes omtrent lige lange. Endepartiet (Fig. 1 f) er kjendelig længere end disse 2 Led tilsammen og har 1ste Led kun lidet større end det følgende, men adskilligt tykkere og tæt haaret. De 4 ydre Led er stærkt sammentrykte og aftager successivt i Størrelse samt bærer i Inderkanten en regelmæssig Rad af lancetformige Torner, 7—8 paa hvert Led. Disse Torner er (Fig. 1 g) alle af ens Udseende, grovt saugtakkede i Kanterne, og bestaar ligesom af 2 Afsnit, et tykkere basalt Parti, der til hver Side gaar ud i en stærk Torn, og et mere sammentrykt terminalt Parti, der i hver Kant har 6 regelmæssige Saugtakker. Endekloen er tydeligt udviklet, noget kortere end sidste Led og fint tandet i Inderkanten.

Gangfødderne (se Fig. 1) er forholdsvis kortere end hos de øvrige Arter af Slægten, neppe mere end 3 Gange længere end Legemet, og besatte med spredte, men stærke, mesten tornformige Børster. Laarleddet er kun lidet længere end Hoftepartiet og hos Hunnen temmelig stærkt opsvulmet. 1ste Lægled er kortere end Laarleddet, hvorimod 2det Lægled omtrent er af dette Leds Længde, men meget smalere. Det terminale Parti af Foden (Tarsal- og Fodleddet) er mere end halvt saa langt som 2det Lægled og meget bevægeligt forbundet med samme. Tarsalleddet er (se Fig. 1 h) forholdsvis kort, successivt udvidet mod Enden og ved det indre Hjørne bevæbnet med en stærk Torn. Fodleddet er mere end dobbelt saa langt som Tarsalleddet

Den norske Nordhavsexpedition. G. O. Sars: Pycnogonides.

towards the base of the fingers. and densely beset with short hairs. The fingers are a trifle shorter than the palm, conically-acuminated, and have the points somewhat bent. The inner edges of both fingers have a row of close-set small teeth and lie close together, when the chela is shut, the said teeth interlocking with each other. The mobile finger is somewhat longer than the immobile one and less broad at the base.

The palpi (fig. 1 e), issuing a little below the cheli-fori on either side of the base of the proboscis (se fig. 1 a), are somewhat shorter than the latter and much more slender. They are, as in all Nymphonids, composed of 5 joints, the 1st being very small. The 2 succeeding joints are prolonged and of about equal length, the outer one being somewhat tumified towards the end and beset on both edges with a number of short bristles. The 2 last joints together constitute a rather mobile terminal part, which forms a more or less distinct angle with the preceding joint, the length of which it about equals. Of its 2 joints the 1st is a trifle shorter than the 2nd and claviformly tumified at the extremity. The last joint is oblongo-oval in form, obtusely rounded at the end, and, like the preceding one, is densely beset with short, stiff bristles.

The false legs (see fig. 1 a, 1 b), issuing as usual on either side from a rounded projection immediately anterior to and a little below the base of the foremost lateral processes, and bent in under the body with a more or less prominent S-shaped curve, are comparatively short, attaining, when fully extended, hardly the length of the body. They have 10 distinctly defined joints, the 3 first being very short, whereas the 2 succeeding ones are considerably elongated and about equal in length. The terminal part (fig. 1 f) is appreciably longer than those 2 joints taken together, and its 1st joint is but little larger than the following one, but a good deal thicker and densely hirsute. The 4 outer joints are very much compressed, diminish successively in size, and on the inner edge carry a regular series of lanceolate spines, 7—8 on each joint. These spines (fig. 1 g) are all of them similar in appearance, coarsely serrate along the edges, and consist, as it were. of 2 sections, a thicker basal part projecting on either side as a strong spine, and a more compressed terminal part with 6 regular secondary teeth on either edge. The terminal claw is distinctly developed, somewhat shorter than the last joint, and finely dentate on the inner margin.

The ambulatory legs (see fig. 1) are relatively shorter than in the other species of the genus, being hardly more than 3 times longer than the body, and beset with scattered, but strong, well-nigh aculeiform bristles. The femoral joint is but little longer than the coxal part, and in the female considerably swollen. The 1st tibial joint is shorter than the femoral joint, whereas the 2nd tibial joint is about the same length as the latter, but is much more slender. The terminal part of the leg (tarsal and propodal joint) is more than half as long as the 2nd tibial joint and very flexibly connected to it. The tarsal joint (see fig. 1 h) is comparatively short, successively expanded towards the extremity, and armed at its inner corner with a strong spine. The

og noget krummet; det er langs den ydre Kant og ved Enden besat med korte Børster og har i Underkanten 4 stærke Torner, fæstede til særskilte Afsatser. Endekloen er neppe halvt saa lang som Fodleddet, men meget kraftig og stærkt chitiniseret. Bikløerne er vel udviklede og omtrent halvt saa lange som Endekloen.

Dyrets Farve er i levende Tilstand hvidagtig, halvt gjennemsigtig, med et mere eller mindre tydeligt udpræget, vakkert violet Pigment, der baade er afsat paa selve Kroppen og paa Lemmerne, hvor det danner tydelige Tværbaand.

Forekomst. Jeg har kun taget denne lille Art ved vor Sydkyst (Risør, Arendal), hvor den forekom enkeltvis paa ganske grundt Vaud mellem Alger. Paa vort Universitets Museum findes ogsaa nogle Exemplarer af denne Art fra vor Vestkyst, indsamlede af min Fader, men bestemte som *N. brevitarse*, Kroyer.

Udbredning. Arten er utvivlsomt at betragte som en mere sydlig Form. Foruden ved Norge er den nemlig noteret fra de britiske Øer (Leach, Johnston), Danmark (Hansen), Holland og Nordkysten af Frankrige (Hoek). Derimod er den ukjendt i de arktiske Have.

propodal joint is more than twice as long as the tarsal joint and somewhat curved; it is beset, along the outer edge and at the end with short bristles, and has on the inner edge 4 strong spines, affixed to separate ledges. The terminal claw is hardly half as long as the propodal joint, but very powerful and highly chitinised. The auxiliary claws are well developed and about half as long as the terminal claw.

The colour of the animal, is in the living state, whitish, semi-transparent, with a beautiful, more or less distinct, beautiful, violet pigment, deposited both on the trunk itself and on the limbs, where it forms well defined transverse bands.

Occurrence. This diminutive species I have taken exclusively on the south coast of Norway (Risør, Arendal), where it is sparingly met with in very shallow water between algæ. In our University Museum there are a few specimens of this form from the west coast of the country collected by my late father, but determined as *N. brevitarse*, Kroyer.

Distribution. The species must unquestionably be regarded as a more southern form. Besides Norway, it is recorded from the British Islands (Leach, Johnston), Denmark (Hansen), Holland and the north coast of France (Hoek). On the other hand it is quite unknown in the Arctic Seas.

15. Nymphon rubrum. Hodge.

(Pl. V. fig 2, a—k).

Nymphon rubrum, Hodge, Reports of deep sea dredging on the coasts of Northumberland and Durham 1862 —64. p. 41, Pl. X, fig. 1.
— — G. O. Sars, Pycnogonidea borealia & arctica No. 15.

Artscharacter. Legemet særdeles smalt og langstrakt, med vidt adskilte forlængede Sidefortsatser, enhver ved Enden ovantil forsynet med 2 stive divergerende Børster. Hovedsegmentet omtrent saa langt som de 2 følgende Segmenter tilsammen, med stærkt forlænget og smal Hals; Pandedelen forholdsvis kun lidet udvidet. Øiekuulden stærkt ophøiet, konisk tilspidset, høiere end bred. Snabelen neppe mere end halvt saa lang som Hovedsegmentet. Saxlemmerne svagere end hos foregaaende Art, Haanden kortere end Skaftet, tæt haaret, Fingrene kortere end Palmen, omtrent som hos *N. gracile*. Følerne spinkle, 2det og 3die Led omtrent af ens Længde, sidste Led dobbelt saa langt som næstsidste. De falske Fødder hos Hannen længere end Legemet; 4de og 5te Led særdeles stærkt forlængede og tynde; Endepartiet neppe længere end 5te Led, med talrige Randtorner, de sidste af en lignende Bygning som hos *N. gracile*. Gangføddere særdeles spinkle, over 3 Gange længere end Legemet, og besatte med spredte, stærkt chitiniserede Børster; Laarleddet omtrent saa langt som

15. Nymphon rubrum, Hodge.

(Pl. V. fig. 2, a—k).

Nymphon rubrum, Hodge. Reports of deep sea dredging on the coasts of Northumberland and Durham 1862 —64, p. 41, Pl. X, fig. 1.
— — G. O. Sars, Pycnogonidea borealia & arctica No. 15.

Specific Character. Body exceedingly slender and elongate, with widely separated, prolonged lateral processes, each at the extremity above provided with 2 stiff diverging bristles. Cephalic segment about as long as the 2 succeeding ones taken together, with exceedingly elongate and slender neck; frontal part, comparatively, but little expanded. Oculiferous tubercle remarkably elevated, conically-acuminated, higher than broad. Proboscis hardly more than half as long as the cephalic segment. Chelifori less powerful than in the preceding species, hand shorter than the scape, densely hirsute, fingers shorter than thepalm, about as in *N. gracile*. Palpi very slender, 2nd and 3rd joints nearlyequal in length, last joint twice as long as the penultimate one. False legs in male longer than the body; 4th and 5th joints greatly elongated and slender, terminal part scarcely longer than 5th joint, with numerous marginal spines, similar in structure to those of *N. gracile*. Ambulatory legs exceedingly slender, more than 3 times longer than the body, and beset with scattered, highly chitinised bristles; femoral joint about as

lste Lægled; 2det Lægled betydelig længere og over dobbelt saa langt som det terminale Parti; Tarsalloddet næsten af Fodleddets Længde; det sidste næsten ret og betvæbnet i Inderkanten med talrige, ulige lange Torner; Endekloen omtrent halvt saa lang som Fodleddet, Bikloerne vel udviklede, noget kortere end hos foregaaende Art. Farven (ifølge Hodge) rød, med mørkere Tværbaand. Legemets Længde 4¹/₂ᵐᵐ; Spandvidde 23ᵐᵐ.

Bemœrkninger. Nærværende Form stemmer idethele saa vel overens med den af Hodge paa o. a. St. givne Beskrivelse og Figur, at jeg ikke kan tvivle om begges Identitet. Den er let kjendelig fra foregaaende Art ved det betydelig spinklere Legeme, hvorfor denne Art langt heller fortjente Benævnelsen af *gracile*. Som af ovenstaaende Diagnose vil sees, viser den ogsaa i de anatomiske Detailler flere vel udprægede Differentser.

Beskrivelse. Legemets Længde er hos fuldvoxne, ægbærende Hanner 4¹/₂ᵐᵐ, med en Spandvilde af 23ᵐᵐ, og denne Art opnaar sanledes en betydeligere Størrelse end foregaaende.

Legemsformen er (se Pl. V, Fig. 2) idethele usædvanlig spinkel, islfald hos Hannerne, og navnlig er selve Kroppen (Fig. 2 a, 2 b) udmærket ved sin overordentlig smale og langstrakte Form. Sidefortsatserne er adskilligt længere end Legemet er bredt, smalt cylindriske og skilte ved betydelige Mellemrum. De udgaar alle fra den bagre Del af de respective Segmenter og har ved Enden oventil 2 meget iøinefaldende grove, divergerende Børster. Hovedsegmentet er omtrent saa langt som de 2 følgende Segmenter tilsammen og udmærket ved den stærkt forlængede og smale Hals; derimod er Pandedelen forholdsvis betydelig mindre udvidet end hos foregaaende Art. Halesegmentet er næsten lige opadrettet og forholdsvis smalere end hos N. gracile.

Øieknuden (se Fig. 2 a, 2 c), der er beliggende ved den bagre Fjerdedel af Hovedsegmentets Længde, er stærkt ophøiet, konisk tilspidset i Enden, og betydelig høiere end bred. Lindserne er forholdsvis noget større end hos foregaaende Art og af mere elliptisk Form.

Snabelen (se Fig. 2 a, 2 b) er forholdsvis kort, neppe halvt saa lang som Hovedsegmentet, forøvrigt af en lignende Form som hos foregaaende Art.

Saxlemmerne er (se Fig. 2 a, 2 b) betydelig svagere end hos N. gracile og, lige udstrakte, neppe længere end Hovedsegmentet. Skaftet er smalt cylindriskt og mod Enden temmelig tæt haaret. Haanden (Fig. 2 d) er noget kortere end Skaftet, smalere end hos N. gracile og tæt haarbesat. Fingrene er kortere end Palmen og viser en lignende Form og Bevæbning som hos denne Art.

Følerne (Fig. 2 c) er endnu forholdsvis noget spinklere end hos foregaaende Art, forøvrigt af en meget lignende Bygning. Som hos denne Art er 2det og 3die Led

long as 1st tibial joint. 2nd tibial joint considerably longer and more than twice as long as the terminal part; tarsal joint well-nigh the length of propodal joint; the latter nearly straight and armed on the inner edge with numerous spines unequal in length. Terminal claw about half as long as the propodal joint, auxiliary claws well developed, somewhat shorter than in the preceding species. Colour (according to Hodge) red, with darker transverse bands. Length of body 4¹/₂ᵐᵐ, extent 23ᵐᵐ.

Remarks. The present form agrees, on the whole, so closely with the description and figure given by Hodge in the above-cited Memoir, as to leave, I think, no doubt whatever of the identity of both. It is easily distinguished from the preceding species by its much more slender body, and hence has far greater claim to the designation *gracile*. As will appear from the above diagnosis, it exhibits, too, in the anatomical details divers well marked differences.

Description. The length of the body in full-grown ovigerous males is 4¹/₂ᵐᵐ, the extent 23ᵐᵐ, and this species attains accordingly a more considerable size than the preceding one.

The body (see Pl. V, fig. 2) is, on the whole, uncommonly slender, at least in the males, and more especially is the trunk (figs. 2 a, 2 b) distinguished by its remarkably slender and elongate form. The lateral processes are considerably longer than the body is broad, narrow cylindric, and separated by rather wide interspaces. They all issue from the posterior part of the respective segments and have, at the extremity above, 2 very conspicuous coarse, diverging bristles. The cephalic segment is about as long as the 2 succeeding ones taken together, and is characterised by the greatly elongated and slender neck; the frontal part, on the other hand, is relatively much less expanded than in the preceding species. The caudal segment is directed well-nigh straight upwards, and is relatively more slender than in N. gracile.

The oculiferous tubercle (see fig. 2 a, 2 c), located at the posterior fourth of the length of the cephalic segment, is exceedingly elevated, conically-acuminated at the extremity, and considerably higher than broad. The lenses are relatively somewhat larger than in the preceding species and more elliptic in form.

The proboscis (see figs. 2 a, 2 b) is comparatively short, hardly half as long as the cephalic segment, otherwise similar in form to that of the preceding species.

The chelifori (see fig. 2 a, 2 b) are considerably feebler than in N. gracile, and hardly longer, when fully extended, than the cephalic segment. The scape is narrow cylindric, and towards the extremity rather closely beset with hairs. The hand (fig. 2 d) is somewhat shorter than the scape, narrower than in N. gracile, and densely hirsute; the fingers are shorter than the palm and exhibit a similar form and armature as in that species.

The palpi (fig. 2 c) are relatively somewhat slenderer than in the preceding species, but otherwise of very similar structure. As in that species, the 2nd and 3rd joints are about

omtrent af ens Længde. Derimod er sidste Led her forholdsvis større og dubbelt saa langt som næstsidste.

De falske Fødder er hos Hannen (se fig. 2 a, 2 b) særdeles stærkt forlængede og tynde, lige udstrakte, kjendelig længere end Legemet. Af Leddene er (se Fig. 2 f) 4de og 5te overordentlig lange og smale, noget indknebne ved Basis og successivt udvidede mod Enden, hvor de i Kanterne er besatte med en Del meget fine Haar. Endopartiet (Fig. 2 g) er neppe længere end 5te Led og har det 1ste Led betydelig større end de øvrige. Randtornerne paa de ydre Led (Fig. 2 h) er talrigere end hos foregaaende Art. men af en meget lignende Bygning; dog synes den ydre Del at være noget bredere og har ialmindelighed 1 Par Sangtakker flere. Endekløen er omtrent halvt saa lang som sidste Led og temmelig kraftig.

Gangfødderne (se Fig. 2) er særdeles spinkle, mere end 3 Gange længere end Legemet og besatte med spredte, usædvanlig grove. mesten pigformige Børster (Fig. 2 k). Af Leddene er 2det Hofteled temmelig stærkt forlænget, omtrent af samme Længde som de 2 øvrige tilsammen. Laarleddet er hos Hannen meget smalt og noget fortykket i Enden. hvor det har et Knippe af de ovennomtalte Børster. 1ste Lægled er omtrent af Laarleddets Længde, medens 2det do. er betydelig længere og særdeles tyndt. Tarsalleddet er (se Fig. 2 i) temmelig forkenget, af lineær Form og neppe udvidet mod Enden. Fodleddet er kun ubetydelig længere end Tarsalleddet, forholdsvis smalt og mesten lige. Det har i Inderkanten flere stærke Torner, hvoraf 5 udmærker sig ved betydelig Længde. Begge disse Led tilsammen er kortere end Halvparten af 2det Lægled. Endekløen er omtrent halvt saa lang som Fodleddet, temmelig kraftig og jevnt krummet. Hiklørerne er vel udviklede, dog forholdsvis noget kortere end hos foregaaende Art.

De ydre Ægmasser (se Fig. 2 a, 2 b) er kugleformige og indeholder talrige Æg; de er fæstede til 5te Led af de falske Fødder. Hos et af de undersøgte Exemplarer var en lignende Ægmasse ogsaa fæstet til 4de Led.

Farven er, ifølge Hodge, mørkere rød, med Tværbaand af en mørkere rød Colour. Selv har jeg forsømt at notere mig Farven.

Forekomst. I vort Universitets Museum opbevares 2 Exemplarer af denne Art, begge Hanner. De er ifølge den paa Glasset paaheftede Etiquette tagne af min Fader ved Florø og benævnt *N. hispidum* n. sp. Ved at gjennemgaa mit Materiale af Pycnogonider, finder jeg blandt Exemplarer af *N. gracile*, tagne ved vor Sydkyst, et enkelt yngre Individ, der ganske stemmer overens med hine, alene med den Forskjel, at Tarsalleddet er noget kortere.

Udbredning. Foruden ved Norge er denne Art kun observeret ved de britiske Øer af Hodge, som tog et enkelt Exemplar ved Kysten af Durham. Saavidt man heraf

equal in length. The last joint, on the other hand, is relatively greater, and twice as long as the penultimate one.

The false legs in the male (see fig. 2 a, 2 b) are exceedingly elongated and slender, and, when fully extended, appreciably longer than the body. Of the joints (see fig. 2 f) the 4th and 5th are remarkably long and slender, somewhat constricted at the base, and successively expanded towards the extremity, where they are beset on the edges with a number of very fine hairs. The terminal part (fig. 2 g) is scarcely longer than the 5th joint and has its 1st joint considerably larger than the others. The marginal spines on the outer joints (fig. 2 h) are more numerous than in the preceding species, but much the same in structure; yet their outer portion would seem to be somewhat broader, and has in general 1 pair of secondary teeth more. The terminal claw is about half as long as the last joint and rather powerful.

The ambulatory legs (see fig. 2) are exceedingly slender, more than 3 times longer than the body, and beset with scattered, unusually coarse well-nigh spiniform bristles (fig. 2 k). Of the joints, the 2nd coxal is considerably prolonged, attaining about the same length as the 2 others taken together. The femoral joint is, in the male, very slender and somewhat tumified at the extremity, exhibiting there a fascicle of the aforesaid bristles. The 1st tibial joint is about the same length as the femoral one, whereas the 2nd is a good deal longer and exceedingly thin. The tarsal joint (see fig. 2 i) is rather elongate, linear in form, and but little if at all expanded at the extremity. The propodal is only a trifle longer than the tarsal joint, comparatively slender, and well-nigh straight. It has on the inner edge several stout spines, 5 of them distinguished by considerable length. Both these joints taken together are shorter than half of the 2nd tibial joint. The terminal claw is about half as long as the propodal joint, rather powerful, and evenly curved. The auxiliary claws are well developed, though relatively a little shorter than in the preceding species.

The outer egg-masses (see fig. 2 a, 2 b) are globular in form and contain numerous ova; they are affixed to the 5th joint of the false legs. In one of the specimens examined a similar egg-mass was also found on the 4th joint.

The colour is, according to Hodge, a fine red with transverse bands of a darker red hue. I myself omitted to note the colour.

Occurrence. The Christiania University Museum has 2 specimens of this form, both males. They were taken, according to the label on the glass, by my late father at Florø, and designated *N. hispidum* n. sp. On going through my material of Pycnogonids, I lighted, among examples of *N. gracile* from our south coast, on a single immature individual agreeing in every respect with those specimens, save that the tarsal joint is a trifle shorter.

Distribution. Besides Norway, this species has only been observed on the coasts of the British Islands by Hodge, who met with a solitary specimen on the coast

61

kan gjøre nogen Slutning, synes nærværende Art. ligesom foregaaende, at være en sydlig Form.

of Durham. So far as this will admit of our drawing a conclusion, the present species would seem, like the foregoing, to be a southern form.

---

16. Nymphon brevitarse, Kröyer.

(Pl. V, Fig. 3, a—g).

Nymphon hirsutum, Kröyer, Grønlands Amphipoder, p. 92, (non Sabine).
Nymphon brevitarse, Kröyer. Nat. Tidsskr N. R. Bd. 1, p. 115.
— — Idem, Gaimard's Voyage en Scandinavie. Pl. 36, Fig. 4, a—f.
— G. O. Sars, Pycnogonidea borealia & arctica No. 16.

Artscharacter. Legemet noget undersætsigt, med forholdvis korte og ikke meget vidt adskildte Sidefortsatser. Hovedsegmentet omtrent saa langt som de 2 følgende Segmenter tilsammen, Halsen kort og tyk, Pandedelen af middelmaadig Brede. Øieknuden meget lav, afrundet i Enden. Snabelen næsten af Hovedsegmentets Længde. Saxlemmerne kraftigt udviklede, Hannden af Skaftets Længde, successivt udvidet mod Enden, Fingrene betydelig kortere end Palmen. Følerne forholdsvis robuste. 3die Led noget kortere end 2det, sidste Led kun lidet kortere end nestsidste og betydelig smalere. De falske Fødder hos Hannen af middelmaadig Længde, Endepartiet længere end 5te Led, Klaudtornerne som hos de 2 foregaaende Arter, men med 7 Par Saugtakker i den ydre Del. Gangfødderne omtrent 3 Gange længere end Legemet, kraftigere end hos *N. rubrum* og besatte med spredte bløde Børster; Tarsalleddet kortere end Fodleddet; dette sidste temmelig kraftigt, med 6 stærke Torner i Underkanten; Endekloen mere end halvt saa lang som Fodleddet. Biklørne vel udviklede, men noget kortere end hos de 2 foregaaende Arter. Legemets Længde 3⁻⁻; Spandvidde 20⁻⁻.

Bemærkninger. Jeg antager det for utvivlsomt, at nærværende Form er identisk med Kröyers Art, da den i alt væsentligt stemmer meget nøie overens med den af ham givne Beskrivelse og de i Gaimard's Reiseværk meddelte Figurer. Mr. Wilson mener, at Kröyers Art kun er en Ungdomsform af *N. grossipes*, og ogsaa senere Forskere har henholdt sig til denne hans Opfatning. Det er mig en Tilfredsstillelse m at kunne hævde Kröyers Art igjen i sin Ret. Den er nemlig utvivlsomt artsforskjellig fra *N. grossipes*, og slutter sig i Virkeligheden meget nærmere til *N. gracile*. Fra begge disse Arter er den strax let og sikkert at kjende ved Øieknudens meget forskjellige Form, en Character, som ogsaa er fremhævet af Kröyer.

Beskrivelse. Legemets Længde hos det eneste forliggende Exemplar, en fuldvoxen æghærende Han, er

---

16. Nymphon brevitarse, Kröyer.

(Pl. V, fig. 3, a—g).

Nymphon hirsutum, Kröyer, Grønlands Amphipoder, p. 92, (non Sabine).
Nymphon brevitarse, Kröyer, Nat. Tidsskr. N. R., Bd 1, p. 115.
— — Idem, Gaimard's Voyage en Scandinavie. Pl. 36, fig. 4, a—f.
— G. O. Sars, Pycnogonidea borealia & arctica No. 16.

Specific Character. Body somewhat thickset, with comparatively short and not very widely separated lateral processes. Cephalic segment about as long as the 2 following segments taken together, neck short and thick, frontal part of moderate breadth. Oculiferous tubercle very low, rounded at the extremity. Proboscis well-nigh the length of the cephalic segment. Cheliferi powerfully developed; hand as long as scape, successively expanding towards the extremity; fingers a good deal shorter than palm. Palpi comparatively robust, 3rd joint somewhat shorter than 2nd, last joint but a trifle longer than the penultimate one and much more slender. False legs in male of moderate length, terminal part longer than 5th joint, marginal spines as in the 2 preceding species, but with 7 pairs of secondary teeth on the outer part. Ambulatory legs about 3 times longer than body, more powerful, than in *N. rubrum* and beset with scattered soft setæ; tarsal joint shorter than propodal; the latter rather powerful, with 6 strong spines on the inner edge; terminal claw more than half as long as the propodal joint; auxiliary claws well developed, but somewhat shorter than in the 2 preceding species. Length of body 3⁻⁻, extent 20⁻⁻.

Remarks. I regard the present form as unquestionably identical with Kröyer's species, agreeing, as it does, in all essential particulars, very closely with the description he has given and the illustrations furnished in Gaimard's Work. Mr. Wilson opines, that Kröyer's species is merely an immature form of *N. grossipes*, and also subsequent naturalists have adhered to that view. I am highly gratified in now being able to reinstate Kröyer's species. The animal is, beyond doubt, specifically distinct from *N. grossipes* and approximates in reality much nearer to *N. gracile*. From both these species it may at once be easily and surely known, by the very different form of the oculiferous tubercle, a character on which Kröyer has also laid stress.

Description. The length of the body in the only example before me, a full-grown ovigerous male, is some-

noget over 3"", med en Spandvidde af 20"". I Henseende til Størrelse staar den saaledes midt imellem de 2 foregaaende Arter.

Legemets Form (se Pl. V, Fig. 3) er forholdsvis noget undersætsig, og denne Art ligner derfor i sin almindelige Habitus mere *N. gracile* end *N. rubrum:* dog er Fødderne betydelig stærkere forlængede end hos den første af disse Arter. Selve Kroppen (Fig. 3 a) er cylindrisk, med Sidefortsatserne temmelig korte og skilte ved ikke meget brede Mellemrum. Hovedsegmentet er noget længere end de 2 følgende Segmenter tilsammen og har en forholdsvis kort og tyk Hals; Pandedelen forholder sig omtrent som hos *N. gracile*.

Øieknuden (Fig. 3 b), der omtrent er beliggende dobbelt saa langt fra Panderanden som fra Hovedsegmentets bagre Rand, skiller sig væsentlig i Form fra samme Knude de 2 foregaaende Arter, idet den er meget lav og bredt afrundet i Enden, saaledes som allerede af Krøyer angivet. Lindserne er forholdsvis store.

Snabelen (se Fig. 3 a) er omtrent af Hovedsegmentets Længde og neppe bredere end dettes Halsdel.

Saxlemmerne (ibid.) er temmelig kraftige og ligner noget samme hos *N. gracile*. Dog viser Haanden (Fig. 3 c) ved nærmere Undersøgelse en noget afvigende Form. Den er omtrent af Skaftets Længde, kort haaret og temmelig smal ved Basis, hvorimod den successivt udvides mod Enden. Fingrene er forholdsvis korte, paa langt nær ikke af Palmens Længde og danner en stump Vinkel med samme; deres Bevæbning er forøvrigt som hos de 2 foregaaende Arter.

Følerne (Fig. 3 d) er kjendelig mere robuste end hos de 2 foregaaende Arter og har 3die Led noget kortere end 2det. Sidste Led er forholdsvis mindre, kun ubetydeligt længere end næstsidste og meget smalere.

De falske Fødder (Fig. 3 e) er mindre forlængede end hos *N. rubrum*, paa Grund af 4de og 5te Leds ringere Udvikling, og Endepartiet er kjendelig længere end 5te Led. Randtornerne (Fig. 3 f) viser en lignende Bygning som hos de 2 foregaaende Arter, men er forholdsvis noget større og Yderkanten er som hos *N. rubrum* forsynet med 7 Par Saugtakker.

Gangfødderne (se Fig. 3) er omtrent 3 Gange længere end Legemet og forholdsvis mindre spinkle end hos *N. rubrum*. De ere besatte med temmelig lange men spredte Børster, der er bløde, ikke som hos de 2 foregaaende Arter pigformige. Leddenes indbyrdes Længdeforhold er omtrent som hos *N. rubrum;* dog synes 2det Lærgled forholdsvis noget kortere og er neppe mere end dobbelt saa langt som det terminale Afsnit. Tarsalleddet (se Fig. 3 g) er vistnok betydelig kortere end Fodleddet, men dog forholdsvis noget længere end hos *N. gracile*. Det er noget skjævt afskaaret i Enden og har som hos hin Art ved det indre Hjørne en stærk Torn. Fodleddet er kraftigt udviklet, men mindre stærkt krummet end hos *N. gracile*, og har i Inderkanten

what over 3"", the extent 20"". As to size, therefore, it ranks between the 2 preceding species.

The form of the body (see Pl. V, fig. 3) is comparatively somewhat thickset, and this species resembles accordingly, in its general habitus, rather *N. gracile* than *N. rubrum:* the legs, however, are much more prolonged than in the former of those species. The trunk itself (fig. 3 a) is cylindric, with the lateral processes rather short and separated by not very broad interspaces. The cephalic segment is a trifle longer than the 2 following segments taken together, and has a relatively short and thick neck; the frontal part much the same as in *N. gracile*.

The oculiferous tubercle (fig. 3 b), located about twice as far from the frontal margin as from the posterior margin of the cephalic segment, is considerably distinguished in form from that of the 2 preceding species, chiefly in its being very low and broadly rounded at the extremity, as already stated by Kröyer. The lenses are comparatively large.

The proboscis (see fig. 3 a) has about the length of the cephalic segment and is scarcely broader than the cervical part.

The chelifori (ibid.) are rather powerful and somewhat resemble those of *N. gracile*. Yet the hand exhibits (fig. 3 c), on closer examination, a somewhat deviating form. It is nearly as long as the scape, beset with short hairs, and rather narrow at the base, whilst also it successively expands towards the extremity. The fingers are relatively short, not nearly attaining the length of the palm, and they form an obtuse angle with it. Their armature otherwise is just as in the 2 preceding species.

The palpi (fig. 3 d) are appreciably more robust than in the 2 preceding species, and have the 3rd joint somewhat shorter than the 2nd. The last joint is relatively smaller, only a trifle longer than the penultimate one and much more slender.

The false legs (fig. 3 e) are less prolonged than in *N. rubrum*, owing to the slight development of the 4th and 5th joints, and the terminal part is appreciably longer than the 5th joint. The marginal spines (fig. 3 f) have a similar structure to that of the 2 preceding species, but are relatively somewhat larger, and their outer part is furnished, as in *N. rubrum*, with 7 pairs of secondary teeth.

The ambulatory legs (see fig. 3) are about 3 times longer than the body and relatively less slender than in *N. rubrum*. They are beset with rather long but scattered setæ, soft, not as in the 2 preceding species spiniform. The mutually relative length of the joints is about as in *N. rubrum;* the 2nd tibial joint would seem, however, to be relatively somewhat shorter, and is scarcely more than twice as long as the terminal part. The tarsal joint (see fig. 3 g) is indeed considerably shorter than the propodal joint, but still a little longer, relatively, than in *N. gracile*. It is somewhat obliquely truncate at the extremity, and bears, as in that species, at the inner corner a strong spine. The propodal joint is powerfully developed, though less curved

6 stærke Torner, fæstede til ligemauge særskilte Afsatser. Endekloen er noget mere end halvt saa lang som Fodleddet og tommelig stærk. Bikloerne er vel udviklede, dog adskilligt kortere end hos de 2 foregaaende Arter.

De ydre Ægmasser (se Fig. 3 e) er af uregelmæssig kugledannet Form og fæstede omkring 4de Led af de falske Fødder. De talrige Æg er omgivne af en fælles tynd membranøs Kapsel.

Forekomst. Det ovenfor beskrevne Exemplar blev taget under Nordenskjolds Expedition 1876 i Strædet Matotschkin Sharr paa 10—15 F. D., Lerbund.

Udbredning. Arten er først beskreven af Kroyer fra Grønland. Derimod er den hverken observeret ved Norges eller Englands Kyster; thi Angivelserne om dens Forekomst her beror ganske sikkert paa en Forvexling med enten N. gracile eller ganske unge Exemplarer af en eller anden af de øvrige Arter.

than in *N. gracile*, and has on the inner edge 6 strong spines, each affixed to its separate ledge. The terminal claw is a little more than half as long as the propodal joint and rather powerful. The auxiliary claws are well developed, though considerably shorter than in the 2 preceding species.

The outer egg-masses (see fig. 3 e), affixed round the 4th joint of the false legs, have an irregular globular form. The numerous ova are enclosed in common, in a thin membranous capsule.

Occurrence. The specimen described above was taken on Nordenskjold's Expedition, 1876, in the Strait of Matotschkin Sharr at a depth of 10—15 fathoms; clay bottom.

Distribution. This species was first described by Kroyer, from Greenland. It has not been observed, however, either on the coasts of Norway or England, as all statements of its occurrence there have unquestionably arisen from confounding the animal with either *N. gracile* or quite young examples of some one or other of the known species.

17. Nymphon glaciale, Lilljeborg.

(Pl. VI, Fig. 1, a—g).

Nymphon glaciale, Lilljeborg, Bidrag till Norra Rysslands och Norriges fauna. Kgl. Vet. Akad. Handl. 1850, II, p. 311.

— G. O. Sars, Pycnogonidea borealia & arctica, No. 17.

Artscharactor. Legemet noget mindre undersætsigt end hos foregaaende Art, med temmelig lange, vel skilte Sidefortsatser. Hovedsegmentet noget længere end de 2 følgende Segmenter tilsammen, Halsen vel begrændset og smalere end Snabelen, Pandedelen tommelig stærkt fortykket. Øieknuden forholdsvis lav, stumpt tilspidset i Enden. Snabelen kortere end Hovedsegmentet. Saxlemmerne af middelmaadig Størrelse, Haanden noget kortere end Skaftet, aflang oval, Fingrene omtrent af Palmeus Længde. Følerne med 2det og 3die Led af ens Længde, sidste Led noget længere end næstsidste. De falske Fødder hos Hannen længere end Legemet, 4de Led kortere end 5te, Endedelen omtrent af dette sidste Leds Længde, Randtornerne bredt lancetformige, med et Par stærke Tænder nærmere Basis og det ydre Parti fint og regelmæssigt savtakket. Gangfødderne neppe 3 Gange længere end Legemet og besatte med temmelig lange, men spredte Haar; Tarsalleddet forlænget, lineært; Fodleddet lidt kortere, med omtrent 9 stærke Torner i Inderkanten; Endekloen noget mere end halvt saa lang som Fodleddet, meget kraftig; Bikloerne vel udviklede, af Endekloens halve Længde. Legemets Længde 4··· ; Spandvidde 34···.

17. Nymphon glaciale, Lilljeborg.

(Pl. VI, fig. 1, a—g).

Nymphon glaciale, Lilljeborg, Bidrag till Norra Rysslands och Norriges fauna. Kgl. Vet. Akad. Handl. 1850, II, p. 311.

— G. O. Sars, Pycnogonidea borealia & arctica, No. 17.

Specific Character. Body somewhat less thickset than in the preceding species, with rather long, well separated lateral processes. Cephalic segment somewhat longer than the 2 succeeding segments taken together, neck well marked off and more slender than proboscis, frontal part very considerably tumified. Oculiferous tubercle comparatively low, obtusely pointed at the extremity. Proboscis shorter than cephalic segment. Chelifori of moderate size; hand a trifle shorter than scape, oblongo-oval; fingers about the length of palm. Palpi with 2nd and 3rd joints equal in length, last joint somewhat longer than penultimate one. False legs in male longer than body; 4th joint shorter than 5th; terminal part about the length of that (5th) joint, marginal spines broadly lanceolate, with a pair of strong teeth nearer the base, and the outer division finely and regularly serrate. Ambulatory legs hardly 3 times longer than body and beset with rather long, but scattered hairs; tarsal joint prolonged, linear; propodal joint a trifle shorter, with about 9 strong spines on the inner edge; terminal claw somewhat more than half as long as the propodal joint, very powerful; auxiliary claws well developed, half the length of the terminal claw. Length of body 4 1/2···, extent 34···.

Bemærkninger. Nærværende Form stemmer idethele saa vel med den af Professor Lilljeborg givne Diagnose af sin *N. glaciale*, at jeg maa betragte begge som identiske. Arten staar paa en Maade midt imellem *N. brevitarse* og *N. grossipes*, men er ganske sikkert forskjellig fra begge.

Beskrivelse. Legemets Længde hos fuldt udviklede ægbærende Hanner er omtrent $4^1/_2{}'''$, med en Spandvidde af $34'''$. Arten opnaar saaledes en betydeligere Størrelse end *N. brevitarse*, men staar dog i denne Henseende langt tilbage for *N. grossipes*.

Formen er (se Pl. VI. fig. 1) noget mindre undersætsig end hos *N. brevitarse*, skjøndt Fødderne ikke er fuldt saa lange som hos denne Art. Kroppen (Fig. 1 a, 1 b) er imidlertid kjendelig slankere, med forholdsvis betydelig længere og ogsaa noget videre adskilte Sidefortsatser. Hovedsegmentet er noget længere end de 2 følgende Segmenter tilsammen og har en tydelig begrændset og temmelig smal Hals. Pandedelen er forholdsvis stærkt udvidet i Enden og oventil i Midten, som sædvanlig, noget rendeformig fordybet.

Øieknuden (Fig. 1 c), der er beliggende dobbelt saa langt fra Panderanden som fra Hovedsegmentets bagre Rand, er kun lidet ophøiet og stumpt tilspidset i Enden. Linderne er forholdsvis store og af sædvanligt Udseende.

Snabelen (se Fig. 1 a, 1 b) er forholdsvis kort og tyk, paa langt nær ikke af Hovedsegmentets Længde og temmelig stærkt nedadrettet.

Saxfemmerne (ibid.) er af middelmaadig Størrelse og har Skaftet noget længere end Hænderne. Den sidste (Fig. 1 d) er temmelig bred, oval, eller aflang trekantet og besat med korte Haar. Fingrene er omtrent af Palmens Længde og viser den sædvanlige Form og Bevæbning.

Følerne (Fig. 1 e) har 2det og 3die Led af ens Længde og Endepartiet omtrent saa langt som 3die Led. Sidste Led er af aflang oval Form og noget længere og smalere end næstsidste.

De falske Fødder hos Hannen er temmelig stærkt forlængede, lige udstrakte, kjendelig længere end Legemet, og har 4de Led noget kortere end 5te, der omtrent er af Endepartiets Længde. Randtornerne (Fig. 1 f) er bredt lancetformige og har, ligesom hos de foregaaende Arter, nærmere Basis et Par stærke Tænder, medens den spydformigt tilspidsede Enddeel er meget fint og regelmæssigt sangtakket i Kanterne.

Gangfødderne (se Fig. 1) er temmelig spinkle, skjøndt neppe fuldt 3 Gange længere end Legemet og besatte med spredte tynde Borster. 1ste Lægled er omtrent af Laarleddets Længde, hvorimod 2det do. er omtrent $^1/_3$ længere og ikke fuldt dobbelt saa langt som det terminale Afsnit. Tarsalleddet (se Fig. i g) er stærkere forlænget end hos *N. brevitarse* og af lineær Form. Fodleddet er lidt kortere, temmelig kraftigt, men neppe krummet, og i Inderkanten bevæbnet med et betydeligt Antal (omtrent 9) stærkt forlængede Torner. Endekloen er forholdsvis kort, kun lidt

---

Remarks. The present form agrees, on the whole, so closely with the diagnosis given by Professor Lilljeborg of his *N. glaciale*, that I cannot but regard the two as identical. The species ranks, in a sense, midway between *N. brevitarse* and *N. grossipes*, but is different, without doubt, from both.

Description. The length of the body in fully developed ovigerous males is about $4^1/_2{}'''$, the extent $34'''$. Hence the species attains a more considerable size than *N. brevitarse*, but in that respect falls far behind *N. grossipes*.

The form (see Pl. VI. fig. 1) is somewhat less thickset than in *N. brevitarse*, though the legs are not quite as long as in that species. The trunk (fig. 1 a, 1 b) is, however, appreciably more slender, with the lateral processes relatively a good deal longer and farther apart. The cephalic segment is somewhat longer than the 2 following segments taken together, and has a distinctly defined and rather slender neck. The frontal part is comparatively greatly expanded at the extremity, and above in the middle, is, as usual, somewhat canaliculary hollowed.

The oculiferous tubercle (fig. 1 c), located twice as far from the frontal margin as from the posterior edge of the cephalic segment, is but litlle elevated, and obtusely pointed at the end. The lenses are comparatively large and of the usual appearance.

The proboscis (see fig. 1 a, 1 b) is comparatively short and thick, not nearly attaining the length of the cephalic segment, and is strongly directed obliquely downwards.

The cheliferi (ibid.) are of moderate size and have the scape somewhat longer than the hand; the latter (fig. 1 d) is rather broad, oval, or oblong trigonal, and beset with short hairs. The fingers are about as long as the palm, and exhibit the usual form and armature.

The palpi (fig. 1 e) have the 2nd and 3rd joints of equal length, and the terminal part about as long as the 3rd joint. The last joint is oblongo-oval in form, and somewhat longer and slenderer than the penultimate one.

The false legs in the male are considerably elongated, when fully extended, of greater length even than the body, and have the 4th joint somewhat shorter than the 5th, which attains about the length of the terminal part. The marginal spines (fig. 1 f) are broadly lanceolate and have, as in the foregoing species, nearer to the base, a pair of strong teeth, whereas the hastiform acuminate terminal part is very finely and regularly serrated on the edges.

The ambulatory legs (see fig. 1) are rather slender, though hardly quite attaining 3 times the length of the body, and are beset with scattered fine setæ. The 1st tibial joint is about same length as the femoral one, whereas the 2nd is about $^1/_3$ longer and not quite twice as long as the terminal section. The tarsal joint (see fig. 1 g) is more prolonged than in *N. brevitarse*, and is linear in form. The propodal joint is a trifle shorter, rather powerful, but very little if at all curved, and is armed on the inner edge with a considerable number (about 9) of very elongate spines.

mere end halvt saa lang som Fodleddet, men meget stærk. Bikloerne ere vel udviklede og omtrent af Endekloens halve Længde.

De ydre Æggmasser var paa et af de undersøgte Exemplarer (se Fig. 1) særdeles store og tilstede i dobbelt Antal paa hver af de falske Fødder.

Forekomst. Jeg har af denne Art havt Anledning til at undersøge 4 Exemplarer, indsamlede under Nordenskjølds Expedition 1875 i det kariske Hav. Dybden 3—12 Favne. Sandbund.

Udbredning. Prof. Lilljeborg observerede denne Form ved Schuretskaja i Russisk Lapland. Af andre Forskere er den ikke noteret. Dog maa Arten ifølge de her opførte Findesteder utvivlsomt ansees for en ægte arktisk Form, og dens specifiske Benævnelse „glaciale" maa derfor kaldes vel begrundet.

The terminal claw is comparatively short, only little more than half as long as the propodal joint, but exceedingly powerful. The auxiliary claws are well developed, and are about half the length of the terminal claw.

The outer egg-masses were in one of the specimens examined (see fig. 1) remarkably large, and present in double the usual number on each of the false legs.

Occurrence. Of this species I have had the opportunity of examining 4 specimens collected on Nordenskjold's Expedition, 1875, in the Kara Sea; depth from 3 to 12 fathoms, bottom sandy.

Distribution. Professor Lilljeborg observed this form at Schuretskaja in Russian Lapland. By other naturalists it is not recorded. The species must, however, to judge from the localities here given, be unquestionably regarded as a true Arctic form, and, hence, its specific designation „glaciale" must be said to be well founded.

---

18. Nymphon grossipes (Fabr.).

(Pl. VI. fig. 2, a—i).

Pycnogonum grossipes, Fabricius, Fauna grønlandica, p. 229,
Nymphon grossipes. Kröyer, Grønlands Amphipoder, p. 92.
— — Idem, Nat. Tidsskr. N. R., Bd. 1, p. 108.
— Idem. Gaimard's Voyage en Scandinavie, Pl. 36, Fig. 1. a—h.
— Wilson. Trans. Connect. Acad. Scien. Vol. V, p. 20. Pl. VII, Fig. 1, a—q.
— Idem. U. S. Commiss. of Fish and Fisheries. Report for 1878, p. 491; Pl. VI. figs. 32—37, Pl. VII. fig. 42.
— Hoek, Niederl. Arch. f. Zool. Suppl. 1, p. 12. Pl. I. fig. 17—21.
— Hansen, Kara Havets Pycnogonider, p. 16. Tab. XVIII. Fig. 8. 8a.
— G. O. Sars. Pycnogoniden borealia & arctica. No. 18.

Artscharacter. Legemet temmelig spinkelt, med Sidefortsatserne vel adskilte. Hovedsegmentet omtrent saa langt som de 3 følgende Segmenter tilsammen, Halsen smalt cylindrisk, af middelmaadig Længde, Pandedelen stærkt udvidet. Øiekanden høi, konisk tilspidset. Snabelen forholdsvis stor, næsten af Hovedsegmentets Længde. Saxlemmerne særdeles kraftige, Haanden af Skaftets Længde med Palmen stærkt forlænget, næsten cylindrisk og tæt besat med korte Haar. Fingrene neppe mere end halvt saa lange og kun meget svagt krummede i Spidsen. Følerne forholdsvis store, 2det Led ualmindelig kort, neppe mere end halvt saa langt som 3die, sidste Led dobbelt saa langt som næstsidste og afsmalnende mod Enden. De falske Fødder hos Hannen stærkt forlængede, mere end 1/2 Gang til saa lange, som Legemet. 5te Led noget længere end 4de, Endedelen kortere end 5te Led, Randtornerne smalt lancetformige, med

18. Nymphon grossipes, (Fabr.).

(Pl. VI, fig. 2, a—i).

Pycnogonum grossipes, Fabricius, Fauna grönlandica. p. 229.
Nymphon grossipes, Kröyer, Grönlands Amphipoder. p. 92.
— — Idem, Nat. Tidsskr. N. R., Bd. 1. p. 108.
— Idem. Gaimard's Voyage en Scandinavie, Pl. 36, fig. 1. a—h.
— Wilson. Trans. Connect. Acad. Scien. Vol. V. p. 20, Pl. VII. fig. 1. a—q.
— Idem, U. S. Commiss. of Fish and Fisheries, Report for 1878. p. 491. Pl. VI. figs. 32—37, Pl. VII. fig. 42.
— Hoek, Niederl. Arch. f. Zool. Suppl. 1, p. 12. Pl. I, fig. 17—21.
— Hansen. Kara Havets Pycnogonider, p. 16, Tab. XVIII, fig. 8, 8a.
— G. O. Sars, Pycnogoniden borealia & arctica, No. 18.

Specific Characters. Body rather slim, with the lateral processes well separated. Cephalic segment about as long as the 3 succeeding segments taken together, neck slender cylindrical, of moderate length, frontal part greatly expanded. Oculiferous tubercle high, conically acuminated. Proboscis comparatively large, almost the length of the cephalic segment. Cheliferi exceedingly powerful, hand the length of scape, with the palm greatly prolonged, well-nigh cylindric and densely beset with short hairs, fingers scarcely more than half as long and but very gently curved at the tips. Palpi comparatively large, 2nd joint uncommonly short, scarcely more than half as long as the 3rd one: last joint 'twice as long as the penultimate one and tapering towards the extremity. False legs in male exceedingly elongated, more than half as long again as the body, 5th joint somewhat longer than the 4th, terminal part shorter than 5th joint, marginal

Den norske Nordhav-expedition. G. O. Sars: Pycnogonider.

9

et Par stærke Tænder nærmere Basis, Yderdelen fint saug-
takket. Gangfødderne tynde og forlængede, 4 Gange læn-
gere end Legomet, næsten nøgne. 2det Lægled ¹/₄ længere
end Laarleddet og 3 Gange saa langt som det terminale
Afsnit; Tarsalleddet lineært, sædvanlig lidt længere end
Fodleddet; dette sidste stærkt krummet og bevæbnet i In-
derkanten med circa 6 forlængede Torner; Endekloen kraf-
tig, noget mere end halvt saa lang som Fodleddet: Bi-
kloerne vel udviklede, næsten af Endekloens halve Længde.
Legomets Længde 6ᵐᵐ; Spandvidde 54ᵐᵐ.

Bemærkninger. Hvorvidt Fabricius's *Pycnogonum
grossipes* er identisk med nærværende Form, maa jeg anse
for noget tvivlsomt. Sikkert er det imidlertid at Krøyers
Nymphon grossipes falder sammen med den her omhandlede
Art. Artsnavnet *grossipes* synes imidlertid af flere af de
tidligere Autorer at have været anvendt for andre Arter,
navnlig *N. Strömii*, og i den nyere Tid har enkelte For-
skere, følgende Wilsons Exempel, under dette Navn tillige
indbefattet 2 andre Krøyerske Arter, nemlig *N. brevitarse*
og *N. mixtum*. At dette er urigtigt, er allerede ovenfor
paavist for den første af disse Arters Vedkommende, og og-
saa den sidste af disse Former tror jeg. som nedenfor vil
sees. at kunne hævde som en vel begrundet Art. I den
Begrændsning, hvori jeg opfatter nærværende Art, er den
blandt andet vel charncteriseret ved de usædvanlig kraftigt
udviklede Saxlemmer, hvis Haand desuden viser en meget
eiendommelig Form. fremdeles ved Følernes Bygning og
navnlig det indbyrdes Længdeforhold af disse Lemmers Led.

Beskrivelse. Legomets Længde hos fuldt udviklede,
ægbærende Individer har jeg fundet at være omkring 6ᵐᵐ,
med en Spandvidde af 54ᵐᵐ. Arten opnaar saaledes en
meget betydeligere Størrelse end de i det foregaaende om-
talte Former.

Legemsformen (se Pl. VI, Fig. 2) maa idethele siges
at være temmelig spinkel, og navnlig er Fødderne betydelig
længere end hos de i det foregaaende omtalte Arter. Selve
Kroppen (Fig. 2 a, 2 b) er af den sædvanlige cylindriske
Form, med Segmenterne skarpt markerede og Sideforsat-
sorne temmelig stærkt forlængede samt skilte ved forholds-
vis brede Mellemrum. Hovedsegmentet er af betydelig
Størrelse, omtrent saa langt som de 3 følgende Segmenter
tilsammen, og har en tydeligt begrændset, smalt cylindrisk
Hals. Den foran samme beliggende Pandedel er stærkt
udvidet, næsten 3 Gange bredere end Halsen og har den
forreste Kant, mellem Insertionen for Saxlemmerne, jevnt
udrandet. Halesegmentet (Fig. 2 i) er tydeligt indskaaret
i Spidsen, forøvrigt af sædvanligt Udseende.

Øieknuden (Fig. 2 c), der ligger omtrent dobbelt saa
langt fra Panderanden som fra Hovedsegmentets bagre Rand,
er stærkt ophøiet og konisk tilspidset i Enden. Lindserne
er forholdsvis store og ligger nærmere Basis end Spidsen
af Øieknuden.

spines slender lanceolate, with a pair of strong teeth near
the base. outer part finely serrated. Ambulatory legs
slender and elongated, 4 times the length of the body. well-
nigh bare; 2nd tibial joint ¹/₄ longer than the femoral joint
and 3 times as long as the terminal part; tarsal joint linear.
usually rather longer than the propodal joint; the latter
very considerably curvate and armed on the inner edge
with about 6, elongate spines; terminal claw powerful, a
little more than half as long as the propodal joint; auxiliary
claws well developed. almost half the length of the terminal
claw. Length of body 6ᵐᵐ; extent 54ᵐᵐ.

Remarks. Whether Fabricius's *Pycnogonum gros-
sipes* is identical with the present form I must regard as
somewhat open to doubt. Meanwhile. it is quite certain
that Kröyer's *Nymphon grossipes* agrees exactly with
the species treated of here. The specific term *grossipes*
would seem. however, to have been applied by divers of
the earlier authors to other species, more especially to *N.
Strömii*, and of late a few naturalists have comprised
under this designation 2 other species of Kröyer's, viz., *N.
brevitarse* and *N. mixtum*. That such a classification is
wrong, has been already shown above with respect to the
former of those species; and also the latter of the two can,
I think, as will appear farther on, be maintained as a
well-defined species. In the restricted sense in which I
have regarded the present species. it is well characterised,
among other criteria, by the remarkably powerfully developed
chelifori, their hand, too, exhibiting a very peculiar form; fur-
thermore. by the structure of the palpi, and, in particular. by
the longitudinal relations of the joints of those limbs mutually.

Description. The length of the body in fully devel-
oped. ovigerous individuals I have found to be, about 6ᵐᵐ.
the extent 54ᵐᵐ. The species attains, therefore, a much
more considerable size than any of the foregoing forms.

The body (see Pl. VI. fig. 2) must, on the whole, be
called rather slender, the legs especially being much
longer than in any of the previously mentioned species. The
trunk itself (fig. 2 a. 2 b) is of the usual cylindrical form, with
the segments sharply marked off, and the lateral processes
considerably elongated and separated by relatively broad inter-
spaces. The cephalic segment is of considerable size, about
as long as the 3 following segments taken together, and has a
distinctly defined, narrow cylindric neck. The frontal part,
located before it, is very much expanded. almost 3 times
broader than the neck. and has the anterior edge, between
the insertion of the chelifori. evenly emarginate. The
caudal segment (fig. 2 i) is distinctly incised at the point;
otherwise its appearance is as usual.

The oculiferous tubercle (fig. 2 c), placed at about
twice the distance from the frontal margin as from the
posterior edge of the cephalic segment, is strongly pro-
tuberant and conically acuminated at the extremity. The
lenses are comparatively large and lie nearer to the base
than the point of the oculiferous tubercle.

Snabelen (se Fig. 2 a, 2 b) er forholdsvis stor, næsten af Hovedsegmentets Længde og betydelig tykkere end dettes Halsdel. Den er af regelmæssig cylindrisk Form, med Spidsen stumpt tilrundet, og næsten horizontalt fortilrettet.

Saxlemmerne (ibid.) er særdeles kraftigt udviklede. Skaftet er forholdsvis tykt, cylindrisk, eller lidt udvidet mod Enden, og besat med spredte Haar. Hnanden (Fig. 2 d) er omtrent af Skaftets Længde og udmærket ved den smale, næsten cylindriske Form af Palmen, der er tæt besat med korte Haar. Fingrene er forholdsvis korte, neppe synderlig mere end halvt saa lange som Palmen, meget stærkt chitiniserede, derfor af mørk hornbrun Farve, og kun ganske svagt krummede; de danner med Palmen en temmelig udpræget stump Vinkel.

Palerne (Fig. 2 e) er ligeledes forholdsvis kraftigt udviklede og navnlig udmærkede ved det meget ulige Længdeforhold af 2det og 3die Led. Medens det 1ste af disse Led er forholdsvis ualmindelig kort, er det andet særdeles stort, næsten dobbelt saa langt og betydelig kngere end det terminale Parti. Sidste Led er ogsaa ualmindelig stort, mere end dobbelt saa langt som næstsidste og successivt afsmalnende mod Enden.

Du falske Fødder hos Hannen (se Fig. 2 a) er stærkt forlængede, lige udstrakte mere end ½ Gang til længere end Legemet, og har 4de og navnlig 5te Led særdeles lange og smale samt noget fortykkede i Enden. Det terminale Parti er betydelig kortere end 5te Led og har 1ste Led omtrent saa langt som de 2 følgende tilsammen. Randtornerne paa de ydre Led (Fig. 2 f) er smalt lancetformige og har som hos de i det foregaaende omtalte Arter et Par stærke basale Tænder, medens deres ydre Del er fint savgtakket.

Gangfødderne (se Fig 2) er meget tynde og stærkt forlængede, omtrent 4 Gange længere end Legemet, og kun besatte med meget smaa, kun ved stærk Forstørrelse synlige Haar. Af Leddene er 2det Hofteled omtrent dobbelt saa langt som de 2 øvrige tilsammen. 1ste Lægled er kun ubetydelig længere end Laarleddet, hvorimod 2det do. er ⅓ til saa langt og mere end 3 Gange længere end det terminale Afsn't. Tarsalleddet (se Fig. 2 g) er af smal lineær Form og noget varierende i Længde, ialmindelighed noget længere end Fodleddet, sjeldnere omtrent af dettes Længde eller endog lidt kortere (se Fig. 2 h). Fodleddet er temmelig stærkt krummet og langs Inderkanten bevæbnet med omtrent 6 stærkt forlængede Torner, hvoraf de 4 inderste er størst. Endekloen er ialmindelighed særdeles stærk, men kort, ikke synderlig mere end halvt saa lang som Fodleddet. Hos enkelte Exemplarer fra større Dyb er den imidlertid (se Fig. 2 h) kjendelig længere og tyndere. Bikloerne er vel udviklede og oftest omtrent halvt saa lange som Endekloen.

The proboscis (see fig. 2 a, 2 b) is comparatively large, almost the length of the cephalic segment, and a good deal thicker than the cervical part. It has a regular cylindrical form, with the point obtusely rounded, and is directed almost horizontally forwards.

The chelifori (ibid.) are particularly powerfully developed. The scape is comparatively thick, cylindrical, or a little expanded towards the end, and beset with scattered hairs. The hand (fig. 2 d) is about the length of the scape, and is characterised by the narrow, well-nigh cylindric form of the palm, which is densely beset with short hairs. The fingers are comparatively short, scarcely any more than half the length of the palm, highly chitinised, and therefore of a dark horny-brown colour, and but very gently curved; they form along with the palm a rather prominent obtuse angle.

The palpi (fig. 2 e) have likewise a relatively powerful development, and are characterised, in particular, by the very unequal longitudinal relations of the 2nd and 3rd joints. While the 1st of these joints is, relatively, unusually short the other is exceedingly large, well-nigh twice as long, and much longer than the terminal part. The last joint is also uncommonly large, more than twice as long as the penultimate one, and diminishes successively towards the end.

The false legs in the male (see fig. 2 a) are exceedingly elongated, straightly extended more than half as long again as the body, and have the 4th, and particularly the 5th joint remarkably long and slender, as well as somewhat tumificated at the extremity. The terminal part is a good deal shorter than the 5th joint, and has the 1st joint about as long as the 2 following ones taken together. The marginal spines on the outer joint (fig. 2 f) are slender lanceolate, and have, as in the previously mentioned species, a pair of strong basal teeth, while their outer part is finely serrate.

The ambulatory legs (see fig. 2) are very slender and greatly elongated, about 4 times longer than the body, and only beset with very minute hairs, perceptible alone by the aid of a strong magnifier. Of the joints the 2nd coxal joint is about double the length of the 2 others taken together. The 1st tibial joint is but very little longer than the femoral one, whereas the 2nd is ⅓ longer, and more than 3 times the length of the terminal section. The tarsal joint (see fig. 2 g) has a slender linear form and varies somewhat in length, being as a rule somewhat longer than the propodal joint, more rarely about the same length as that joint or even somewhat shorter (see fig. 2 h). The propodal joint is rather sharply curved, and is armed along the inner edge with about 6, elongated spines, of which the 4 innermost are the largest. The terminal claw is, in general, exceedingly strong but short, not much more than half as long as the propodal joint. In some specimens from considerable depths it is, however, (see fig. 2 h) appreciably longer and slenderer. The auxiliary claws are well developed, and are, most frequently, about half as long as the terminal claw.

9 *

De ydre Ægmasser (se Fig. 2) forholder sig omtrent som hos foregaaende Art og er som hos denne ofte tilstede i dobbelt Antal paa hver af de falske Fødder.

Forekomst. Ved vore Kyster har jeg kun observeret denne Art i den arktiske Region, snaledes ved Tromsø. Under Nordli. Expeditionen toges den typiske Form ikke nalmindelig ved Norske Øer. Nordvestsiden af Spitzbergen, paa 10—30 F. D. Desuden indsamledes Exemplarer af Varieteten „abyssicola" paa følgende Havstationer: Stat. 164. 336, 343, den første beliggende udenfor Lofoten, de 2 øvrige Syd af Spitzbergen: Dybden fra 70 til 743 Favne. Ogsaa fra Nordenskjolds Expedition 1875 har jeg havt nogle faa Exemplarer til Undersøgelse, indsamlede dels i Strædet Matotshkin Scharr dels ved Cap. Grebeni; Dybden 2—14 Favne.

Udbredning. Arten er udbredt til Grønland (Krøyer), Østkysten af Nordamerika (Wilson). Barents Søen (Hoek) og det kariske Hav (Hansen). Derimod er jeg tilbøielig til at anse Angivelserne om dens Forekomst længere syd (i Nordsøen og ved Englands Kyster) som beroende paa en Forvexling med andre nærstaaende Arter.

The outer egg-masses (see fig. 2) are about as in the preceding species, and, as in that form, often occur in double the usual number on each of the false legs.

Occurrence. On the coasts of Norway I have observed this species only in the Arctic region, for inst., at Tromsö. On the North Atlantic Expedition, the typical form was not infrequently taken off the Norway Islands, the north-west coast of Spitzbergen, in depths of 10—30 fathoms. Specimens of the variety „abyssicola" were further collected at the following ocean-stations: Stat. 164. 336, 343, the first lying off Lofoten, the 2 others south of Spitzbergen: depth from 70 to 743 fathoms. Also from Nordenskjöld's Expedition in 1875, I have had a few specimens for examination, collected partly in the Strait of Matotshkin Scharr, partly at Cape Grebeni; depth 2—14 fathoms.

Distribution. The species extends as far as Greenland (Krøyer), the east coast of North America (Wilson). Barents Sea (Hoek), and the Kara Sea (Hansen). As to the statements of its occurrence farther south (in the North Sea and off the coasts of England), I am inclined to think they must arise from confounding the animal with other closely allied forms.

---

19. Nymphon mixtum, Krøyer.

(Pl. VI, fig. 3, a—i).

Nymphon mixtum, Krøyer. Nat. Tidsskr. N. R. Bd. 1, p. 110.
— Idem, Gaimard's Voyage en Scandinavie, Pl. 35, Fig. 2. a—f.
— Buchholz, Zweite Deutsche Nordpolarfahrt, Crust. p. 397.
Nymphon grossipes, Hoek, Zool. Chall. Exped. P. X., p. 44, Pl. III, figs. 9—12 (N. armatum).
Nymphon mixtum, Hansen. Zool. Dan. Tab. VII. Fig. 19.
— Idem. Nat. Tidsskr. 3 R. Bd. 14, p. 649.
Nymphon mixtum, G. O. Sars, Pycnogonidea borealia & arctica No. 19.

Artscharacter. Legemet særdeles spinkelt, med vidt adskilte forlængede Sidefortsatser. Hovedsegmentet længere end de 3 følgende Segmenter (tilsammen, med særdeles smal og forlænget Hals, Pandedelen kun lidet udvidet. Øieknuden stærkt ophøiet, Enden udtrukket i en konisk Spids. Snabelen vel udviklet, noget kortere end Hovedsegmentet. Saxlemmerne svagere end hos foregaaende Art. Fingeren neppe saa lang som Skaftet, lidt udvidet mod Enden, Fingrene længere og mere krummede end hos *N. grossipes*, næsten af Palmens Længde. Følerne meget spinkle, 2det og 3die Led af ens Længde, sidste Led kun ubetydeligt længere end næstsidste. De falske Fødder hos Hannen næsten dobbelt saa lange som Legemet, 4de Led lidt længere end 5te, Endedelen kortere end dette Led, Randtor-

Specific Characters. Body exceedingly slender, with widely separated, elongated lateral processes. Cephalic segment longer than the 3 following segments taken together, with the neck exceedingly slim and elongate, frontal part but slightly expanded. Oculiferous tubercle remarkably protuberant, extremity drawn out as a conical point. Proboscis well developed, somewhat shorter than the cephalic segment. Chelifori less powerful than in the preceding species; hand hardly as long as scape, a little expanded towards the extremity; fingers longer and more curvate than in *N. grossipes*, almost the length of the palm. Palpi very slender. 2nd and 3rd joints equal in length, last joint only inconsiderably longer than the penultimate one. False legs in male almost twice as long as the body, 4th joint a trifle longer than 5th.

uerne mindre forlængede end hos foregaaende Art. Gangfødderne overordentlig spinkle, 4½—5 Gange længere end Legemet; Tarsalleddet stærkt forkønget og tyndt: Fodleddet forholdsvis kort, ofte neppe halvt saa langt som Tarsalleddet. vet, Inderkanten bevæbnet med 7—8 forlængede Torner; Endekloen kort og stærk, neppe halvt saa lang som Fodleddet: Bikløerne ualmindelig forlængede, omtrent ½ saa lange som Endekloen. Farven gulhvid med brede orangefarvede Tverbaand. Legemets Længde 9½ᵐᵐ; Spandvidde 95ᵐᵐ.

Bemærkninger. Som ovenfor bemærket, kan jeg ikke være enig med Wilson og flere senere Forskere, naar de anser denne Form kun som en Varietet af *N. grossipes*. Wilson selv har neppe engang havt for sig den rette Kröyerske Art, og at senere Forskere uden videre har adopteret denne Forfatters Opfatning, maa bero paa en mindre indgaaende Undersøgelse af de her omhandlede Former. Som af ovenstaaende Diagnose vil sees, viser nemlig nærværende Art, foruden i Længdeforholdet af Halsen og de 2 ydre Fodled, ogsaa vel udprægede Forskjelligheder i Saxlemmernes og Følernes Bygning, hvilket synes at maatte sætte dens specifiske Forskjel fra *N. grossipes* udenfor al Tvivl. Den af Hoek fra Challenger Expeditionen beskrevne Form, der paa Planchen er benævnt *N. armatum*, synes mig, ialfald at dømme efter Følernes Udseende, ubetinget at maatte henføres til nærværende Art, og ikke, som Hoek i Texten anfører, til *N. grossipes*.

Beskrivelse. Legemets Længde hos de største af mig undersøgte Exemplarer gaar op til 9½ᵐᵐ, med en Spandvidde af 95ᵐᵐ, og denne Art opnaar saaledes en meget anselig Størrelse.

Legemsformen er (se Pl. VI, Fig. 3), som ogsaa af Kröyer fremstillet, særdeles spinkel, og navnlig udmærker Fødderne sig ved sin ualmindelige Længde og Tyndhed. Selve Kroppen (Fig. 3 a, 3 b) er af smal cylindrisk Form, med Sidefortsatserne stærkt forlængede og skilte ved meget brede Mellemrum; de udgaar her fra den bagre Del af de respective Somenter, medens deres Basis hos foregaaende Art indtager, ialfald paa de 2 midterste Segmenter, omtrent Midten af Sidefladerne. Hovedsegmentet er af betydelig Længde, vel saa langt, som de 3 følgende Segmenter tilsammen, og udmærket ved den særdeles smale og forlængede Hals, der er dobbelt saa lang som Pandedelen; denne sidste er derimod her kjendelig mindre end hos *N. grossipes*.

Øieknuden er (se Fig. 3 a) paa Grund af Halsens betydelige Længde her mere end 3 Gange længere fjernet fra Panderanden end fra Hovedsegmentets bagre Rand Den er stærkt ophøiet, lige opadrettet, og gaar i Enden ud i en skarp konisk Spids (Fig. 3 c). Lindserne er vel udviklede og forholder sig som hos foregaaende Art.

terminal part shorter than the latter joint, marginal spines less elongated than in the preceding species. Ambulatory legs remarkably slender, from 4½ to 5 times longer than the body; tarsal joint greatly prolonged and slender: propodal joint relatively short, often hardly half as long as tarsal joint, straight, inner edge armed with 7 8 elongated spines; terminal claw short and powerful, scarcely half as long as the propodal joint; auxiliary claws uncommonly elongated, about ½ as long as the terminal claw. Colour yellowish white, with broad, orange-coloured transversal bands. Length of body 9½ᵐᵐ, extent 95ᵐᵐ.

Remarks. As stated above, I do not agree with Wilson and several other later naturalists in regarding this form as only a variety of *N. grossipes*. Indeed, Wilson himself has hardly had before him the true Kröyer species, and that later naturalists should so readily have adopted Mr. Wilson's view, must, I think, arise from a less thorough examination of the forms treated of here. As will appear from the above diagnosis, the present species exhibits, not only in the longitudinal relations of the neck and the 2 outer leg-joints, but also in the structure of the chelifori and palpi, well marked differences, which would seem to place its specific distinction from *N. grossipes* beyond all doubt. The form described by Hoek from the Challenger Expedition, designated *N. armatum* in the plate, should, I think, to judge from the appearance of the palpi, unquestionably be referred to the present species, and not, as Hoek in the text says, to *N. grossipes*.

Description. The length of the body in the largest specimens I have examined reaches 9½ᵐᵐ, the extent 95ᵐᵐ, and this species attains, therefore, a very considerable size.

The body (see Pl. VI, fig. 3) is, as represented too, by Kröyer, exceedingly slender, and the legs are, in particular, distinguished by their remarkable length and slimness. The trunk itself (fig. 3 a, 3 b) is narrow cylindrical in form, with the lateral processes exceedingly elongated and marked off by very broad interspaces; they issue, in this animal, from the posterior part of the respective segments, whereas their base in the preceding species occupies, at least on the 2 medial segments, about the middle of the lateral surfaces. The cephalic segment is of considerable length, quite as long as the 3 succeeding segments taken together, and characterised by the exceedingly slender and elongated neck, which is double the length of the frontal part; the latter, on the other hand, is appreciably smaller than in *N. grossipes*.

The oculiferous tubercle (see fig. 3 a), is here, owing to the considerable length of the neck, more than 3 times as far from the frontal margin as from the posterior edge of the cephalic segment. It is exceedingly protuberant, directed straight upwards, and runs out at the end to a sharp conical point (fig. 3 c). The lenses are well developed and, otherwise, are as in the preceding species.

Snabelen (se Fig. 3 a, 3 b) er, som hos foregaaende Art, vel udviklet, lidt kortere end Hovedsegmentet, og af den sædvanlige cylindriske Form, samt lige fortibettet.

Saxlemmerne (ibid) er derimod kjendelig svagere end hos denne Art og har Skaftet noget længere end Haanden. Denne sidste (Fig. 3 d) er mindre robust, noget udvidet mod Enden og besat med længere, men mere spredte Haar. Fingrene er noget bugtede og forholdsvis stærkere forlængede end hos N grossipes, kun lidet kortere end Palmen, og har Spidserne stærkere indboiede, saa at de krydser hinanden, naar Saxen er lukket.

Folerne (Fig. 3 e) skiller sig ligeledes meget bestemt fra samme hos foregaaende Art. De er betydelig spinklere og har 2det og 3die Led omtrent af ens Længde. Heller ikke er Forskjellen i Størrelse mellem de 2 ydre Led synderlig udpræget, idet næstsidste Led her er betydelig stærkere forlænget. Begge disse Led tilsammen er omtrent lig 3die Led i Længde.

De falske Fødder hos Hannen (se Fig. 3 a) er overordentlig stærkt forlængede og spinkle, lige udstrakte næsten dobbelt saa lange som Legemet. 4de og 5te Led er særdeles tynde og viser i Enden en meget iøinefaldende Opsvulmning; af disse 2 Led er, uligt hvad Tilfældet er hos N. grossipes, det sidste noget længere end 'et første. Endstykkerne (Fig. 3 f) er betydelig kortere end 5te Led og har 1ste Led længere end de 2 følgende tilsammen. Randtornerne paa de ydre Led (Fig. 3 g) er bredere end hos N. grossipes, mere nærmende sig til den Form som træffes hos N. glaciale (sml. Fig. 1 f).

Gangfødderne (se Fig. 3) er her af en ganske overordentlig Længde, næsten 5 Gange længere end Legemet, og særdeles spinkle. Som hos foregaaende Art, er de kun sparsomt besatte med særdeles korte Haar, saa at de ved første Øiekast synes næsten nøgne. Af Leddene er 2det Hofteled næsten dobbelt saa langt som de 2 øvrige tilsammen. Laarleddet er hos Hannen kun svagt opsvulmet, hos Hannen særdeles smalt, cylindrisk. 1ste Lægled er kjendelig længere end Laarleddet, og 2det do. er særdeles smalt og forlænget. Tarsalleddet er, som hos foregaaende Art, noget variabelt i Længde, men dog altid betydelig længere end hos denne Art, ofte dobbelt saa langt som Fodleddet (se Fig. 3 h), sjeldnere² kun ¹/₂ længere (se Fig. 3 i). Langs Inderkanten er dette Led besat med talrige fine Torner, hvoraf dog enkelte er kjendelig grovere og ordnede enkeltvis med bestemte Mellemrum. Fodleddet (se Fig. 3 h, 3 i) er forholdsvis kort og ganske lige, ikke som hos N. grossipes krummet; det er i Inderkanten bevæbnet med 7—8 mere eller mindre forlængede Torner. Endekloen er forholdsvis kort og stærk, neppe mere end halvt saa lang som Fodleddet, men har Bikloerne ualmindelig store, omtrent ²/₃ saa lange som Kloen.

The proboscis (see fig. 3 a, 3 b) is, as in the preceding species, well developed, slightly shorter than the cephalic segment, of the usual cylindrical form, and directed straight forwards.

The chelifori (ibid) are, on the other hand, appreciably feebler than in the preceding species, and have the scape somewhat longer than the hand. The latter (fig. 3 d) is less robust, somewhat expanded towards the extremity, and beset with longish but rather scattered hairs. The fingers are somewhat sinuous and, relatively, more elongated than in N. grossipes, only little shorter than the palm, and have the tips considerably incurvated, so that they cross each other when the chela is shut.

The palpi (fig. 3 e) also deviate very decidedly from those of the preceding species. They are much more slender and have the 2nd and 3rd joints about equal in length. Nor is the difference in size between the 2 outer joints particularly prominent, as the penultimate one is, in this animal, a good deal more produced. Both these joints taken together about equal the 3rd joint in length.

The false legs in the male (see fig. 3 a) are remarkably elongate and slender, when fully extended, about twice as long as the body. The 4th and 5th joints are exceedingly thin, and exhibit at the extremity a very conspicuous tumefaction; of these 2 joints, the latter is, unlike what occurs in N. grossipes, somewhat longer than the former. The terminal part (fig 3 f) is considerably shorter than the 5th joint, and has the 1st joint longer than the 2 following ones taken together. The marginal spines on the outer joints (fig 3 g) are broader than in N. grossipes, approximating rather the form observed in N. glaciale (cmp. fig. 1 f).

The ambulatory legs (see fig. 3) are in this animal of a most prodigious length, nearly 5 times that of the body, and are exceedingly slender. As in the preceding species, they are but sparingly beset with particularly short hairs, so that at the first glance they appear almost naked. Of the joints, the 2nd coxal joint is almost twice as long as the 2 others taken together. The femoral joint is, in the female, but slightly swollen, in the male exceedingly slender, cylindric. The 1st tibial joint is appreciably longer than the femoral one, the 2nd exceedingly slender and elongated. The tarsal joint varies a little in length, as in the preceding species, but is yet always considerably longer than in that form, being often twice as long as the propodal joint (see fig. 3 h), more rarely only ¹/₂ longer (see fig. 3 i). Along the inner edge, this joint is furnished with numerous delicate spines, some of which are, however, appreciably coarser and distributed singly at definite intervals. The propodal joint (see fig. 3 h, 3 i) is relatively short and quite straight, not, as in N. grossipes, curved; it is armed on the inner edge with 7—8 more or less elongated spines. The terminal claw is comparatively short and powerful, hardly more than half as long as the propodal joint, but has the auxiliary claws uncommonly large. — about ²/₃ as long as the claw itself.

De ydre Ægmasser forholder sig omtrent som hos N. grossipes.

Farven hos det levende Dyr er hvidgul med brede, vakkert orangefarvede Tværbaand over Legemet og Lemmerne.

Forekomst. Nærværende Art er meget almindelig langs vor hele Kyst paa 10—50—100 F. D. Under Nordhavs-Expeditionen blev Exemplarer tagne i Saltstrommen samt paa følgende Hav-Stationer: Stat. 31, 223, 273, 290, den 1ste beliggende udenfor vor Vestkyst, den 2den Syd af Jan Mayen, de 2 sidste Nord af Finmarken; Dybden fra 70—417 F. Ogsaa fra det kariske Hav har jeg havt nogle faa Exemplarer til Undersøgelse, indsamlede under Nordenskjolds Expedition 1875.

Udbredning. Angaaende Artens øvrige Udbredning er det vanskeligt at afgjøre noget med fuld Sikkerhed, da senere Forskere iamindelighed ikke har villet anerkjende den som saadan. Den synes imidlertid ifølge Dr. Hansens Meddelelse at forekomme ved Danmark (Hellebæk), ligesom 2 Exemplarer, nærmest svarende til Formen mixtum Kr.ᵃ, af samme Forfatter anføres som tagne under Dijmphna's Expedition ved Vestkysten af Novaja Semlja. Af Hodge angives den at forekomme ved England (Kysten af Durham), og Buchholz nævner Arten fra Østkysten af Grønland og fra Spitsbergen. De af Hoek fra Challenger Expeditionen omtalte Exemplarer blev tagne ved Østkysten af Nord-Amerika (Syd af Halifax), paa 83 F. D. Arten synes herefter at have en særdeles vid geographisk Udbredning, skjøndt den nærmest er at betragte som en arktisk Form.

The outer egg-masses are about as in N. grossipes.

The colour in the living animal is a whitish yellow, with broad transversal bands of a beautiful orange hue on the body and limbs.

Occurrence. The present species is very common along the whole coast of Norway, at a depth of 10—50—100 fathoms. On the North Atlantic Expedition specimens were taken in the Saltström and at the following oceanstations: Stat. 31, 223, 273, 290, the first lying off the West Coast of Norway, the 2nd South of Jan Mayen, the 2 last North of Finmark; depth from 70 to 417 fathoms. Also from the Kara Sea I have had a few specimens for examination, collected on Nordenskjold's Expedition in 1875.

Distribution. As to the further distribution of the species, it is difficult to say anything with certainty, later naturalists having in general not been disposed to recognize its claim to specific distinction. Meanwhile it would seem, according to Dr. Hansen's statement, to occur on the Coast of Denmark (Hellebæk), while, also, 2 specimens, „approximating closest the form mixtum Kr.ᵃ, are recorded by the same author as taken on Dijmphna's Expedition on the West Coast of Novaja Semlja. By Hodge it is said to occur on the English Coast (that of Durham), and Buchholz records the species from the East Coast of Greenland and from Spitzbergen. The specimens mentioned by Hoek from the Challenger Expedition were taken on the East Coast of North America (South of Halifax), at a depth of 83 fathoms. The species would seem from these data to have an exceedingly wide geographical distribution, though strictly it must be regarded as an Arctic form.

---

20. **Nymphon microrhynchum**, G. O. Sars.

(Pl. VII, Fig. 1, a—g).

Nymphon longitarse, Hansen, Kara-Havets Pycnogonider, p. 15, Tab. XVIII. Fig. 7, a—e (non Krøyer).
Nymphon microrhynchum, G. O. Sars, Pycnogonidea borealia & arctica No. 20.

Artscharacter. Legemet af spinkel Form, med vidt adskilte Sidefortsatser. Hovedsegmentet noget længere end de 2 følgende Segmenter tilsammen, Halsen smal og forlænget, Pandedelen temmelig fortykket i Enden. Øieknuden meget lav, stumpt tilspidset i Enden. Snabelen forholdsvis liden, neppe mere end halvt saa lang som Hovedsegmentet. Saxlemmerne temmelig korte, Haanden neppe saa lang som Skaftet, tæt haaret; Fingrene meget korte, neppe mere end halvt saa lange som Palmen. Folerne med 3die Led noget kortere end 2det, sidste Led dobbelt saa langt som næstsidste og begge tilsammen længere end 3die Led. De falske Fødder af middelmaadig Længde, Randtornene omtrent som hos N. brevitarse. Gangfødderne tynde og forlængede, næsten 5 Gange længere

20. **Nymphon microrhynchum**, G. O. Sars.

(Pl. VII, fig. 1, a—g).

Nymphon longitarse, Hansen, Kara-Havets Pycnogonider, p. 15, Tab. XVIII, fig. 7, a—e (non Krøyer).
Nymphon microrhynchum, G. O Sars, Pycnogonidea borealia & arctica No. 20.

Specific Characters. Body slender, with widely separated lateral processes. Cephalic segment somewhat longer than the 2 succeeding segments taken together, neck slender and elongated, frontal part tumefiecated at the extremity. Oculiferous tubercle very low, obtusely pointed at the end. Proboscis comparatively small, scarcely more than half as long as the cephalic segment. Chelifori rather short, hand hardly as long as scape, densely hirsute; fingers very short, hardly more than half as long as palm. Palpi with the 3rd joint somewhat shorter than the 2nd, last joint twice as long as the penultimate one, and both taken together longer than the 3rd joint. False legs of moderate length, marginal spines about as in N. brevitarse. Ambulatory legs slim and elongated, well-nigh 5 times longer than the body, and basal

72

end Legemet, og besatte med spredte Haar.; Tarsalleddet lineært, Fodleddet ligeledes meget smalt og kun lidet kortere end Tarsalleddet. Inderkanten besat med fine, haarformige Torner, hvoraf 2 eller 3 paa Midten er noget stærkere; Endekloen temmelig stærkt forlænget, men med forholdvis smaa Bikløer. Legemets Længde 5ᵐᵐ; Spandvidde 46ᵐᵐ.

Bemærkninger. Nærværende Art udmærker sig navnlig ved den ringe Størrelse af Snabelen, hvad der har givet Anledning til Artsbenævnelsen. Ogsaa i de øvrige anatomiske Detailler er den, som af ovenstaaende Diagnose vil sees, vel adskilt fra de i det foregaaende omtalte Arter. Ved nøiere at confexere med Dr. Hansens Arbeide over Kara Havets Pycnogonider, ser jeg, at den af ham under Benævnelsen *N. longitarse* beskrevne Form er denne og ikke Kroyers Art.

Beskrivelse. Legemets Længde hos det største af de 2 foreliggende Exemplarer, der synes at være en ung Hun, er 5ᵐᵐ, med en Spandvidde af 46ᵐᵐ. Dr. Hansen opgiver Længden til 5,50ᵐᵐ.

Legemets Form er (se Pl. VII. Fig. 1) meget spinkel og Lemmerne tynde og forlængede. Kroppen (Fig. 1 a, 1 b) er af smal cylindrisk Form, med Sidefortsatserne lange og tynde samt skilte ved brede Mellemrum. Hovedsegmentet er noget længere end de 2 følgende Segmenter tilsammen og har Halsen meget smal og forlænget, hvorimod Pandedelen er temmelig stærkt fortykket i Enden.

Øieknuden (Fig. 1 c), der er beliggende næsten 3 Gauge længere fra Panderanden end fra Hovedsegmentets bagre Rand. er ganske lav, med Enden stumpt tilspidset. Lindserne er forholdsvis smaa.

Snabelen (se Fig. 1 a, 1 b) er udmindelig kort, neppe mere end halvt saa lang som Hovedsegmentet, og noget skraat nedadrettet. Den er af den sædvanlige cylindriske Form og betydelig tykkere end Hovedsegmentets Halsdel.

Saxlemmerne (ibid.) er forholdsvis temmelig smaa og har Haanden (Fig. 1 d) noget kortere end Skaftet samt tæt besat med korte Haar. Fingrene er meget korte, neppe mere end halvt saa lange som Palmen og kun lidet krummede; som hos de fleste øvrige Arter danner de med Palmen en stump Vinkel.

Følerne (Fig. 1 e) har 3die Led lidt kortere end 2det, og sidste Led udmindelig stort. omtrent dobbelt saa langt som næstsidste; begge disse Led er tæt haarede og tilsammen adskilligt længere end 3die Led.

De falske Fødder (see Fig. 1 b) er hos det undersøgte Exemplar neppe længere end Legemet og har 4de og 5te Led af ens Længde. Randtornerne paa de ydre Led (Fig. 1 f) ligner i sin Bygning samme hos *N. breritarse*. men har de basale Tænder noget svagere.

Gangfødderne (se Fig. 1) er meget spinkle og forlængede, mesten 5 Gange længere end Legemet, og besatte med spredte Haar. 2det Hofteled er omtrent dobbelt saa lan langt som de 2 øvrige tilsammen. De 3 følgende Led tiltager successivt i Længde og 2det Lægled er omtrent

with scattered hairs: tarsal joint linear, propodal joint likewise very slender and but little shorter than tarsal joint. the inner edge beset with delicate, capillary spines. of which 2 or 3 in the middle are somewhat stouter; terminal claw a good deal produced, but with relatively small auxiliary claws. Length of body 5ᵐᵐ, extent 46ᵐᵐ.

Remarks. The present species is distinguished chiefly by the small size of the proboscis, a character that has suggested the specific designation. Also in the other anatomical details, it is, as shown by the above diagnosis, well defined from all the previously mentioned species. After a closer comparison with Dr. Hansen's work on the Pycnogonidea of the Kara Sea, I find the form he describes as *N. longitarse*, Kröyer, to be this, and not Kröyer's species.

Description. The length of the body in the largest of the 2 specimens before me. apparently a young female, is 5ᵐᵐ, the extent 46ᵐᵐ. Dr. Hansen gives the length as 5,50ᵐᵐ.

The body (see Pl. VII, fig. 1) is very slender and the limbs slim and elongated. The trunk (fig. 1 a, 1 b) has a narrow, cylindrical form, with the lateral processes long and slender and separated by broad interspaces. The cephalic segment is somewhat longer than the 2 succeeding segments taken together, with the neck very narrow and elongated, whereas the frontal part is pretty much tumefied at the extremity.

The oculiferous tubercle (fig. 1 c), located well-nigh 3 times farther from the frontal margin than from the posterior edge of the cephalic segment, is quite low. with the extremity obtusely pointed. The lenses are comparatively small.

The proboscis (see fig. 1 a, 1 b) is uncommonly short. hardly more than half as long as the cephalic segment, and is directed somewhat obliquely downwards. It has the usual cylindric form and is much thicker than the cervical part of the cephalic segment.

The chelifori (ibid.) are, comparatively, rather small and the hand (fig. 1 d) is somewhat shorter than the scape. also densely beset with short hairs. The fingers are very short, hardly more than half as long as the palm and but little curvate; as in most of the other species, they form an obtuse angle with the palm.

The palpi (fig. 1 e) have the 3rd joint a little shorter than the 2nd. and the last joint uncommonly large. about twice as long as the penultimate one; both these joints are densely hairy and, taken together, considerably longer than the 3rd one.

The false legs (see fig. 1 b), in the specimen examined. are scarcely longer than the body and have the 4th and 5th joints equal in length. The marginal spines on the outer joints (fig. 1 f) resemble in structure those in *N. breritarse*, but have the basal teeth somewhat feebler.

The ambulatory legs (see fig. 1) are very slim and elongated, well-nigh 5 times longer than the body, and beset with scattered hairs. The 2nd coxal joint is about twice as long as the 2 others taken together. The 3 following joints increase successively in length, and the 2nd tibial

¹/₄ længere end Laarleddet og næsten 3 Gange saa langt som det terminale Afsnit. Tarsalleddet (se Fig. 1 g) er af smal lineær Form og ubetydeligt længere end Fodleddet. Dette sidste er endnu noget smalere, ligeledes lineært og i Inderkanten besat med meget smaa, næsten haarformige Torner, hvoriblandt dog bemærkes omtrent i Midten nogle faa noget stærkere saadanne. Endekloen er temmelig stærkt forlænget, skjøndt adskilligt kortere end Fodleddet, og sylformigt tilspidset i Enden. Bikloerne er forholdsvis smaa, neppe ¹/₄ saa lange som Endekloen.

Forekomst. Det ovenfor beskrevne Exemplar, tilligemed et meget mindre Individ, blev taget under Nordenskjølds Expedition 1875 i det kariske Hav paa et Dyb af 40—50 Favne. De af Dr. Hansen undersøgte Exemplarer var ligeledes fra det kariske Hav.

---

21. Nymphon Sluiteri, Hoek.

(Pl. VII, Fig. 2, a—g).

Nymphon Sluiteri, Hoek, Niederl. Archiv f. Zool. Supplem. I, p. 18, Pl. II, fig. 30—34.
— — Hansen. Kara Havets Pycnogonider, p. 12, Tab. XVIII, Fig. 5, a—b.
— G. O. Sars, Pycnogonidea borealia & arctica, No. 21.

Artscharacter. Legemet spinkelt med vidt adskilte forlængede Sidetortsatser. Hovedsegmentet saa langt som de 2 følgende Segmenter tilsammen, Halsen tynd og forlænget, Pandedelen kun lidet udvidet. Øieknuden stærkt ophøiet, med Enden konisk tilspidset. Snabelen næsten af Hovedsegmentets Længde. Saxlemmerne mindre kraftige; Haanden omtrent af Skaftets Længde, noget udvidet paa Midten og besat med korte Haar; Fingrene næsten af Palmens Længde, temmelig stærkt krummede i Enden. Folerne med 2det Led betydelig kortere end 3die; sidste Led næsten dobbelt saa langt som næstsidste og afsmalnende mod Enden; begge tilsammen omtrent af 3die Leds Længde. De falske Fødder hos Hannen ²/₃ længere end Legemet, 4de og 5te Led omtrent af ens Længde, Endedelen kortere end 5te Led. Randtornerne smalt lanectformige med et Par stærkere Tænder nærmere Basis, det ydre Parti fint saugtakket. Gangfødderne stærkt forbøngede, omtrent 5 Gange længere end Legemet og besatte med korte og spredte Haar; 2det Lægled nuget smalt, mere end ¹/₃ længere end Laarleddet, men neppe mere end dobbelt saa langt som det terminale Afsnit; Tarsalleddet forlænget, lineært; Fodleddet adskilligt kortere, noget afsmalnende mod Enden, og bevæbnet i Inderkanten med tynde, næsten børsteformige Torner; Endekloen særdeles lang, næsten af Fodleddets Længde, leformigt krummet ved Basis og endende i en sylformig Spids;

Den norske Nordhavsexpedition. G. O. Sars: Pycnogonidea.

---

joint is about ¹/₄ longer than the femoral one, and nearly 3 times as long as the terminal section. The tarsal joint (see fig. 1 g) is narrow, linear in form, and but very little longer than the propodal joint. The latter joint is still somewhat slenderer and also linear, and is beset on the inner edge with exceedingly small, well-nigh capilliform spines, among which a few somewhat stronger ones are observed almost in the middle. The terminal claw is a good deal produced, though considerably shorter than the propodal joint, and is acuminated in the form of an awl at the extremity. The auxiliary claws are comparatively small, scarcely ¹/₄ of the length of the terminal claw.

Occurrence. The above described specimen as well as a much smaller individual, were taken on Nordenskjöld's Expedition in 1875, in the Kara Sea, at a depth of 40—50 fathoms. The specimens examined by Dr. Hansen were also from the Kara Sea.

---

21. Nymphon Sluiteri, Hoek.

(Pl. VII, fig. 2, a—g).

Nymphon Sluiteri, Hoek, Niederl. Archiv f. Zool. Supplem. I, p. 18, Pl. II, fig. 30, 34.
— — Hansen, Kara Havets Pycnogonider. p. 12, Tab. XVIII, fig. 5, a—b.
— G. O. Sars. Pycnogonidea borealia & arctica, No. 21.

Specific Characters. Body slender, with widely separated elongated lateral processes. Cephalic segment as long as the 2 succeeding ones taken together, neck slim and elongate, frontal part only slightly expanded. Oculiferous tubercle exceedingly elevated, with the extremity conically acuminated. Proboscis well-nigh as long as the cephalic segment. Chelifori not very powerful; hand about as long as the scape, somewhat expanded in the middle, and beset with short hairs; fingers nearly as long as the palm, a good deal curved at the tip. Palpi with the 2nd joint considerably shorter than the 3rd; last joint nearly twice as long as the penultimate one and tapering towards the extremity, and together about as long as the 3rd joint. False legs in male ²/₃ longer than the body, 4th and 5th joints about equal in length, terminal part shorter than 5th joint, marginal spines slender lanceolate, with a pair of strongish teeth near the base, outer part finely serrate. Ambulatory legs greatly elongated, about 5 times longer than the body, and beset with short and scattered hairs; 2nd tibial joint very slender, upwards of ¹/₃ longer than the femoral joint but hardly more than twice as long as the terminal section; tarsal joint elongated, linear; propodal joint a good deal shorter, tapering a little towards the end, and armed on the inner edge with delicate, well-nigh setiform spines; terminal claw particularly long, almost as long as the propodal joint, falciformly arcuate at the base and terminating

10

Bikloerne særdeles smaa. Legemets Længde 7ᵐᵐ; Spandvidde 66ᵐᵐ.

Bemærkninger. Denne af Hoek først beskrevne Art er let kjendelig ved de ydre Fodleds Form og naralig ved den stærkt forlængede Endeklo og de smaa Bikloer. Ogsaa Saxlemmernes Bygning er eiendommelig. Iøvrigt slutter den sig temmelig nær til N. grossipes.

Beskrivelse. Legemets Længde har jeg fundet at være omkring 7ᵐᵐ, med en Spandridde af 66ᵐᵐ.

Legemsformen er (se Pl. VII, Fig. 2), som hos foregaaende Art, meget spinkel, og Lemmerne tynde og forlængede. Kroppen (Fig. 2 a, 2 b) er smal cylindrisk, med Sidefortsatserne temmelig stærkt forlængede og skilte ved brede Mellemrum. Hovedsegmentet er ikke fuldt saa stærkt forlænget som hos foregaaende Art, neppe længere end de 2 følgende Segmenter tilsammen, og har Halsen meget smal. Pandedelen er her kjendelig mindre udvidet end hos de fleste øvrige Arter af Slægten og ogsaa meget kort.

Øieknuden (Fig. 2 c), der ligger ved den bagre Trediedel af Hovedsegmentets Længde, er temmelig ophøiet, med Enden konisk tilspidset. Forfra eller bagfra seet, viser den noget ovenfor Midten til hver Side en meget tydelig Afsats. Lindserne er noget større end hos foregaaende Art, forøvrigt af sædvanligt Udseende.

Snabelen (se Fig. 2 a, 2 b) er omtrent af Hovedsegmentets Længde, regelmæssig cylindrisk og næsten horizontalt fortilrettet.

Saxlemmerne (ibid.) er temmelig forlængede, men forholdsvis noget svagere byggede end hos foregaaende Art. Skaftet er smalt cylindriskt og omtrent af Snabelens Længde, Haanden (Fig. 2 d) ubetydelig kortere og forholdsvis smal, dog noget udvidet paa Midten og besat med korte Haar. Fingrene er betydelig stærkere forlængede end hos de i det foregaaende omtalte Arter, næsten af Palmens Længde og temmelig stærkt krummede i Enden, saa Spidserne krydser hinanden, naar Saxen er lukket.

Følerne (Fig. 2 e) ligner temmelig samme hos N. grossipes. Som hos denne Art er 2det Led betydelig kortere end 3die, skjøndt Forskjellen her er noget mindre. Endedelen er omtrent af 3die Leds Længde og kjendelig tykkere end den øvrige Del. Af dens Led er sidste, som hos N. grossipes, næsten dobbelt saa langt som næstsidste og noget afsmalnende mod Enden.

De falske Fødder hos Hannen (se Fig. 2 b) er stærkt forlængede, omtrent ²/₃ længere end Legemet, men mindre spinkle end hos N. grossipes og N. mixtum. Længdeforholdet af Leddene er omtrent som hos denne sidste Art. Randtornerne paa de ydre Led (Fig. 2 f) er smalt lancetformige og har, som hos de i det foregaaende omtalte Arter nærmere Basis et Par større Tænder, medens Endepartiet er fint saugtakket.

in an awl-shaped point; auxiliary claws exceedingly small. Length of body 7ᵐᵐ, extent 66ᵐᵐ.

Remarks. This species, first described by Hoek, is easily known by the form of the outer leg-joints and, in particular, by the greatly prolonged terminal claw and the small auxiliary claws. The structure, too, of the chelifori is peculiar. It agrees, otherwise, rather closely with N. grossipes.

Description. The length of the body I have found to be about 7ᵐᵐ, the extent 66ᵐᵐ.

The body (see Pl. VII, fig. 2) is, as in the preceding species, very slender, and the limbs are slim and elongated. The trunk (fig. 2 a, 2 b) is narrow cylindric, with the lateral processes considerably elongated, and separated by broad intervals. The cephalic segment is not quite so elongated as in the preceding species, hardly longer than the 2 following segments taken together, and the neck is very slender. The frontal part in this animal is appreciably less expanded than in most of the other species of the genus, and is also very short.

The oculiferous tubercle (fig. 2 c), which is situated at the posterior third of the length of the cephalic segment, is rather elevated, with the extremity conically acuminated. Viewed anteriorly or posteriorly, it exhibits, a little above the middle, on either side a very distinct ledge. The lenses are somewhat larger than in the preceding species, otherwise it has the usual appearance.

The proboscis (see fig. 2 a, 2 b) is about same length as the cephalic segment, regular cylindric in form and directed well-nigh horizontally forward.

The chelifori (ibid.) are rather elongated, but relatively of somewhat feebler structure than in the preceding species. The scape is slender cylindric and about same length as the proboscis, the hand (fig. 2 d) a trifle shorter and comparatively slender, though slightly expanded in the middle, and is beset with short hairs. The fingers are much more elongated than in any of the previously mentioned species, well-nigh same length as the palm, and are a good deal curved at the extremity; the points therefore cross each other when the chela is shut.

The palpi (fig. 2 e) have considerable resemblance to those organs in N. grossipes. As in that species, the 2nd joint is much shorter than the 3rd, though the difference is here somewhat less. The terminal part is about same length as the 3rd joint and is appreciably thicker than the remainder. Of its joints, the last is, as in N. grossipes, almost twice as long as the penultimate one and tapers a little towards the extremity.

The false legs in the male (fig. 2 b) are greatly elongated, about ²/₃ longer than the body, but less slender than in N. grossipes and N. mixtum. The relative lengths of the joints are about the same as in the latter species. The marginal spines on the outer joints (fig. 2 f) are slender lanceolate, and have, as in all the previously mentioned species, near the base, a pair of rather large teeth, whilst the terminal part is finely serrate.

Gangfødderne (se Fig. 2) er spinkle og forlængede, omtrent 5 Gange længere end Legemet, og besatte med korte, spredte Haar. 2det Hofteled er over dobbelt saa langt som de 2 øvrige tilsammen, Laarleddet omtrent ¹/₄ længere end Hoftepartiet og temmelig opsvulmet hos Hunnen. 1ste Tægled er kjendelig længere end Laarleddet. og 2det do., som sædvanlig, det længste, meget tyndt og noget afsmalnende mod Enden. Det terminale Parti af Foden er stærkere udviklet hos denne Art end hos de fleste øvrige og omtrent halvt saa langt som 2det Tægled. Tarsalleddet (se Fig. 2 g) er af lineær Form og adskilligt længere end Fodleddet. Dette sidste afsmalnes successivt noget mod Enden og er i Inderkanten besat med tynde, næsten børsteformige Torner, hvoraf de 4—5 inderste pleier at være længst. Endekløen er sværdeles stærkt forlænget, næsten af Fodleddets Længde, leformigt krummet ved Basis og ender i en sylskarp Spids. Bikløerne er derimod overordentlig smaa, neppe mere end ¹/₁₀ saa lange som Endekløen.

De ydre Ægmasser (se Fig. 2 b) er forholdsvis ikke synderlig store, uregelmæssigt kugleformige, hvorimod de i dem indeholdte Æg er større end sædvanligt. De er sædvanligvis fæstede omkring 4de Led af de falske Fødder, dog ikke sjelden til 5te Led; i enkelte Tilfælde er de tilstede i dobbelt Antal paa hver af disse Lemmer.

Forekomst. Et enkelt Exemplar af denne Art blev under Nordh. Expeditionens sidste Togt taget omtrent midtveis mellem Finmarken og Beeren Eiland (Stat. 290) paa 191 F. D. Jeg har imidlertid havt Anledning til at undersøge en hel Del Exemplarer af samme Art, indsamlede under Nordenskjølds Expedition 1875 paa forskjellige Punkter i det kariske Hav; Dybden fra 20 til 60 Favne.

Udbredning. Arten er først beskreven af Hock fra Barents Søen efter et enkelt mindre vel conserveret Exemplar og er senere af Dr. Hansen anført fra det kariske Hav. Andetsteds er den ikke bleven observeret; men de ovenanførte Lokaliteter er nok til at stemple den som en ægte arktisk Form.

The ambulatory legs (see fig. 2) are slender and elongated, about 5 times longer than the body, and beset with short, scattered hairs. The 2nd coxal joint is more than twice as long as the 2 other ones taken together; the femoral joint is about ¹/₄ longer than the coxal part, and is rather swollen in the female. The 1st tibial joint is appreciably longer than the femoral one, and the 2nd is, as usual, the longest, very slender, and tapers somewhat towards the extremity. The terminal part of the leg is more fully developed in this than in most of the other species. and is about half the length of the the 2nd tibial joint. The tarsal joint (see fig. 2 g) is linear in form and considerably longer than the propodal joint. The latter joint diminishes successively, somewhat, towards the end, and is beset on the inner edge with delicate, well-nigh setiform spines, of which the 4 or 5 innermost are usually the longest. The terminal claw is particularly elongated, almost the length of the propodal joint, falciformly arcuate at the base, and terminates in a point as sharp as an awl. The auxiliary claws, on the other hand, are remarkably small, scarcely more than ¹/₁₀ of the length of the terminal claw.

The outer egg-masses (see fig. 2 b) are, relatively, not very large, irregularly globular in form, whereas the ova they contain are larger than usual. They are generally adherent round the 4th joint of the false legs, not infrequently, however, to the 5th joint; in some cases they are present in double numbers on each of those limbs.

Occurrence. A single specimen of this species was taken on the last cruise of the North Atlantic Expedition. about midway between Finmark and Beeren Eiland (Stat. 290), at a depth of 191 fathoms. I have however, had the opportunity of examining a great many specimens of the same species collected on Nordenskjöld's Expedition in 1875, from various localities in the Kara Sea; depth 20 to 60 fathoms.

Distribution. The species has been first described by Hock, from a single, not very well preserved, specimen taken in Barent's Sea, and it has since been recorded by Dr. Hansen from the Kara Sea. It has not been observed elsewhere, but the localities given above suffice to establish it as a true Arctic form.

22. Nymphon longitarse, Kröyer,

(Pl. VII, Fig. 3, a—h).

Nymphon longitarse. Kröyer, Nat. Tidsskr. N. R. Bd. 1, p. 112.
— — Idem, Gaimard's Voyage en Scandinavie, Pl. 36, fig. 2, a—f.
— — Wilson, Trans. Conn. Acad. Vol. V, p. 19, Pl. VII, fig. 2, a—h.
— — Idem, United States Commission of Fish and Fisheries. Report f. 1878, p. 489, Pl. VI, fig. 30—31.

22. Nymphon longitarse, Kröyer.

(Pl. VII, fig. 3, a—h).

Nymphon longitarse, Kröyer, Gaimard's Voyage en Scandinavie, Pl. 36, fig. 2. a - f.
— — Wilson, Trans. Conn. Acad. Vol. V, p. 19, Pl. VII, fig. 2, a—h.
— — Idem, United States Commission of Fish and Fisheries, Report for 1878, p. 489, Pl. VI, fig. 30—31.

Nymphon longitarse, Hoek, Niederl. Archiv f. Zool. Supplem. 1, p. 15, Pl. 1, fig. 22—23.

— — G. O. Sars, Pycnogonidea borealia & arctica, No. 22.

Artscharacter. Legemet overordentlig spinkelt, med vidt skilte Sidefortsatser. Hovedsegmentet stærkt forlænget, længere end de 3 følgende Segmenter tilsammen, Halsen særdeles lang og smal, Pandedelen jevnt udvidet mod Enden. Øieknuden stumpt tilrundet. Snabelen noget kortere end Hovedsegmentet. Saxlemmerne forholdsvis svage. Haanden noget kortere end Skaftet, kun lidet opsvulmet, haaret, Fingrene forlængede, af Palmens Længde og stærkt krummede i Spidsen. Følerne spinkle, 2det og 3die Led af ens Længde, næstsidste Led noget kortere end sidste og begge tilsammen længere end 3die. De falske Fødder hos Hannen ¹/₂ Gang længere end Legemet, 4de og 5te Led af ens Længde. Endedelen længere end 5te Led; Randtornerne forholdsvis smaa og mindre tæt saugtakkede end hos foregaaende Art. Gangfødderne overordentlig spinkle, mere end 5 Gange længere end Legemet og besatte med korte spredte Haar; 2det Lægled næsten dobbelt saa langt som Laarleddet og særdeles smalt. Tarsalleddet forlænget, lineært; Fodleddet lidet mere end halvt saa langt, Inderkanten besat med meget smaa Torner; Endekloen neppe mere end halvt saa lang som Fodleddet; Bikløerne meget smaa. Farven blegrød. Legemets Længde 6ᵐᵐ; Spændvidde 62ᵐᵐ.

Bemærkninger. Nærværende Art ligner noget i sin ydre Habitus den ovenfor beskrevne *N. microrhynchum,* med hvilken Dr. Hansen har forvexlet den, men er let kjendelig ved den betydelig stærkere forlængede Hals, Øieknudens Form, Saxlemmernes Bygning og Forholdet af de 2 ydre Fodled.

Beskrivelse. Legemets Længde er omtrent 6ᵐᵐ, med en Spændvidde af 62ᵐᵐ.

Formen er hos denne Art (se Pl. VII, Fig. 3) maaske spinklere end hos nogen anden Art af Slægten, saavel hvad Kroppen som Lemmerne angaar. Kroppen (Fig. 3 a, 3 b) er af den sædvanlige smalt cylindriske Form, dog ovenfra seet noget afsmalnede bagfra fortil (se Fig. 3 a). Sidefortsatserne er lange og smale, samt skilte ved brede Mellemrum; som hos *N. mixtum,* udgaar de alle fra den bagre Del af de respektive Segmenter. Hovedsegmentet er af meget betydelig Størrelse, selv længere end de 3 følgende Segmenter tilsammen, og udmærket ved den overordentlig smale og forlængede Hals. Pandedelen udvides jevnt mod Enden og er her mere end dobbelt saa bred som Halsen.

Øieknuden (Fig. 3 c). der paa Grund af Halsens Længde er mere end 3 Gange længere fjernet fra Panderanden end fra Hovedsegmentets bagre Rand, er noget ophøiet, men, nligt de fleste øvrige Arter, stumpt afrundet i Enden. Lindserne er forholdsvis store og beliggende omtrent ved Midten af Øieknudens Høide.

Nymphon longitarse, Hoek, Niederl. Archiv. f. Zool. Suppl. 1, p. 15, Pl. 1, fig. 22—23.

— — G. O. Sars, Pycnogonidea borealia & arctica, No. 22.

Specific Characters. Body remarkably slender, with widely separated lateral processes. Cephalic segment very much elongated, longer than the 3 succeeding ones taken together, neck exceedingly long and slender, frontal part evenly expanded towards the extremity. Oculiferous tubercle obtusely rounded. Proboscis somewhat shorter than the cephalic segment. Chelifori relatively feeble, hand a trifle shorter than the scape, only little swollen, hairy, fingers elongate, same length as the palm, and sharply curved at the point. Palpi slender, 2nd and 3rd joints equal in length, penultimate joint somewhat shorter than the ultimate one and both together longer than the 3rd. False legs in male ¹/₂ as long again as the body, 4th and 5th joints equal in length, terminal part longer than 5th joint; marginal spines comparatively small and less densely serrate than in the preceding species. Ambulatory legs remarkably slender, more than 5 times longer than the body, and beset with short, scattered hairs; 2nd tibial joint well-nigh twice as long as the femoral one and exceedingly slender; tarsal joint elongate, linear; propodal joint little more than half as long. inner edge beset with minute spines; terminal claw scarcely more than half the length of the propodal joint; auxiliary claws very small. Colour pale red. Length of body 6ᵐᵐ, extent 62ᵐᵐ.

Remarks. The present species exhibits. in its outer habitus, some resemblance to the above described *N. microrhynchum,* with which Dr. Hansen has confounded it. but it is easily distinguishable by the much more elongated neck, the form of the oculiferous tubercle, the structure of the chelifori, and the relative lengths of the 2 outer leg-joints.

Description. The length of the body is about 6ᵐᵐ, the extent 62ᵐᵐ.

The body (see Pl. VII, fig. 3) is in this animal more slender, perhaps, than in any other species of the genus, both as regards the trunk and the limbs. The trunk (fig. 3 a. 3 b) is of the usual narrow, cylindrical form but, viewed from above, diminishes a little from rear to front (see fig. 3 a). The lateral processes are long and slender, and are separated by wide intervals; as in *N. mixtum,* they all issue from the posterior part of the respective segments. The cephalic segment is of very considerable size, longer even than the 3 following segments taken together, and is characterised by the remarkably slender and elongated neck. The frontal part expands uniformly towards the end, and is here more than twice as broad as the neck.

The oculiferous tubercle (fig. 3 c), which, owing to the length of the neck, lies more than 3 times farther from the frontal margin than from the posterior edge of the cephalic segment, is somewhat elevated but. unlike most of the other species, is obtusely rounded at the extremity. The lenses are comparatively large, and are located about midway up the tubercle.

Snabelen (se Fig. 3 a, 3 b) er vel udviklet, dog adskilligt kortere end Hovedsegmentet, og af den sædvanlige cylindriske Form.

Saxlemmerne (ibid.) er forholdsvis spinkelt byggede, med Skaftet smalt cylindriskt og omtrent af Snabelens Længde. Haanden (Fig. 3 d) er noget kortere end Skaftet og ligeledes forholdsvis spinkel, ganske svagt udvidet paa Midten og besat med korte Haar. Fingrene er stærkt forlængede, omtrent af Palmens Længde, og stærkt krummede i sit ydre Parti, hvorfor Spidserne krydser hinanden, naar Saxen er lukket.

Folerne (Fig. 3 e) er ligeledes ualmindelig smale og forlængede, med 2det og 3die Led af ens Længde. Endepartiet er noget længere end 3die Led og har næstsidste Led kun lidet kortere end sidste.

De falske Fødder hos Hannen (se Fig. 3 b) er mere end 1/2 Gang længere end Legemet og har 4de og 5te Led omtrent lige lange, medens Endeledelen (Fig. 3 f) er adskilligt længere. Randtornerne (Fig. 3 g) er forholdsvis smaa, forøvrigt af en lignende Bygning som hos de foregaaende Arter. Ved Enderne af Leddene findes imidlertid enkelte Torner af en simplere Form, paa hvilke de stærke basale Tænder synes at mangle.

Gangfødderne (se Fig. 3) er overordentlig spinkle og forlængede, mere end 5 Gange længere end Legemet og besatte med korte, spredte Haar. 2det Hofteled er adskilligt længere end de 2 øvrige tilsammen, og de 3 følgende Led tiltager stærkt i Længde, saa at 2det Lægled næsten er dobbelt saa langt som Laarleddet. Det terminale Afsnit (Fig. 3 h) er meget smalt og noget mere end 1/2 saa langt som 2det Lægled. Tarsalleddet er stærkt forlænget, næsten dobbelt saa langt som Fodleddet, og noget buet. Fodleddet er noget smalere og lige, samt i Inderkanten kun besat med yderst korte haarformige Torner; hos enkelte Exemplarer sees dog paa Midten nogle faa (sædvanlig 4) noget stærkere, tiltrykte Torner. Endekloen er forholdsvis kort, kun lidet mere end halvt saa lang som Fodleddet, og Bikloerne er meget smaa, neppe 1/4 saa lange som Endekloen.

De ydre Ægmasser (se Fig. 3 b) er af middelmaadig Størrelse, cylindrisk-kugleformige og sædvanligvis fæstede omkring 5te Led af de falske Fødder, undertiden dog ogsaa paa 4de. En enkelt Gang har jeg paa hver af de falske Fødder fundet ikke mindre end 3 særskilte Ægmasser, 2 paa 4de og 1 paa 5te Led. Æggene er forholdsvis betydelig mindre end hos N. Sluiteri.

Dyret er i levende Tilstand temmelig gjennemsigtigt, med et blegt kjødrødt Anstrøg, især ved Enden af Kropssegmenterne og Leddene paa Fødderne.

Forekomst. Jeg har truffet denne Art af og til langs var hele Kyst paa 20—100 F. D. Under Nordhavs-Expeditionen toges 4 Exemplarer udenfor Sydspidsen af Spitsbergen (Stat. 336) paa 70 F. D. Desuden har jeg

The proboscis (see fig. 3 a, 3 b) is well developed, considerably shorter, however, than the cephalic segment, and of the usual cylindric form.

The chelifori (ibid.) are comparatively slender in structure, with the scape narrow cylindric and about same length as the proboscis. The hand (fig. 3 d) is a trifle shorter than the scape and is, also comparatively slender, very slightly expanded in the middle, and beset with short hairs. The fingers are exceedingly elongate, well-nigh the length of the palm, and sharply curved in their outer part; the points therefore cross each other when the chela is shut.

The palpi (fig. 3 e) are also uncommonly slender and elongate, with the 2nd and 3rd joints equal in length. The terminal part is a trifle longer than the 3rd joint with the penultimate joint only little shorter than the terminal one.

The false legs in the male (see fig. 3 b) are more than half as long again as the body, and have the 4th and 5th joints about uniform in length, while the terminal part (fig. 3 f) is a good deal longer. The marginal spines (fig. 3 g) are comparatively small, but similar in structure, otherwise, to those in all the preceding species. At the ends of the joints there occur, however, a few spines of a simpler form on which the strong basal teeth are apparently awanting.

The ambulatory legs (see fig. 3) are extremely slender and elongate, more than 5 times longer than the body, and beset with short, scattered hairs. The 2nd coxal joint is considerably longer than the 2 others taken together, and the 3 succeeding joints increase rapidly in length, so that the 2nd tibial joint is almost twice as long as the femoral one. The terminal section (fig. 3 h) is very slender and something more than 1/2 of the length of the 2nd tibial joint. The tarsal joint is greatly elongated, nearly twice as long as the propodal joint, and somewhat arcuate. The propodal joint is a trifle slenderer and straight, and beset along the inner edge with only extremely short, capilliform spines; in some specimens there are seen, however, in the middle, a few (generally 4) somewhat stronger, adpressed spines. The terminal claw is comparatively short, but little more than half the length of the propodal joint, and the auxiliary claws are very small, hardly 1/4 the length of the terminal one.

The outer egg-masses (see fig. 3 b) are of moderate size, cylindrically globular, and generally adherent round the 5th joint of the false legs, sometimes, however, on the 4th one also. Once only did I find on each of the false legs as many as 3 separate egg-masses, 2 on the 4th and 1 on the 5th joint. The ova are, relatively, a good deal smaller than in N. Sluiteri.

The animal is, in the living state, rather transparent, with a pale carnation tint, especially at the end of the body-segments and on the leg-joints.

Occurrence. I have now and again met with this species at a depth of from 20—100 fathoms along the whole coast of Norway. On the North Atlantic Expedition, 4 specimens were taken off the southern extremity of

havt til Undersøgelse 2 vel udprægede Exemplarer af denne Art fra det kariske Hav, indsamlede under Nordenskjølds Expedition 1876 paa 17 F. D.

Udbredning. Arton er udbredt til Grønland (Krøyer), Barents Søen (Hoek) Østkysten af Nordamerika (Wilson). Af Hodge anføres den ogsaa fra England (Kysten af Durham).

Spitzbergen (Stat. 336), at a depth of 70 fathoms. Moreover, I have had for examination 2 well marked individuals of this species from the Kara Sea, collected on Nordenskjöld's Expedition in 1876 at a depth of 17 fathoms.

Distribution. The species extends to Greenland (Kröyer). Barents Sea (Hoek), and the east coast of North America (Wilson). Hodge also records it from England (coast of Durham).

23. Nymphon leptocheles, G. O. Sars.

(Pl. VIII. Fig. 1, a—i).

Nymphon leptocheles, G. O. Sars. Pycnogonidea borealia & arctica, No. 23.

Artscharacter. Legemet temmelig spinkelt, med vidt adskilte Sidefortsatser. Hovedsegmentet kun lidet længere end de 2 følgende Segmenter tilsammen. Halsen forholdsvis kort, men stærkt indknebet, Pandedelen temmelig bred. Øieknuden noget ophøiet, ligesom afskaaret i Enden, med spidst udtrukne Sidehjørner. Snabelen forholdsvis stor, af Hovedsegmentets Længde. Saxlemmerne ualmindelig svage, Haanden noget kortere end Skaftet, meget smal og tæt haaret, Fingrene stærkt forlængede og tynde, længere end Palmen. Følerne meget spinkle, med 2det og 3die Led af ens Længde, næstsidste stærkt forlænget, næsten dobbelt saa langt som sidste. De falske Fødder hos Hannen noget længere end Legemet, 5te Led vel saa langt som 4de og forsynet med en Rad af børstebærende Knuder, Endedelen noget kortere end 5te Led, Randtornerne grovt saugtakkede, uden nogen stærkere Tand ved Basis. Gangfødderne spinkle, næsten 5 Gange længere end Legemet, og besatte med korte spredte Haar, 2det Lægled særdeles tyndt, 1/3 længere end Laarleddet og mere end dobbelt saa langt som det terminale Afsnit; Tarsalleddet lineært, forlænget; Fodleddet adskilligt kortere, ligeledes meget smalt og langs Inderkanten besat med særdeles smaa, haarformige Torner; Endekloen af middelmaadig Længde, jevnt krummet i det ydre Parti; Biklørne smaa. Farven hvidagtig. Legemets Længde 6 1/2 mm; Spandvidde 62 mm.

Bemærkninger. Fra alle øvrige Arter af Slægten er denne let kjendelig ved de ualmindelig svagt byggede Saxlemmer og navnlig ved Haandens spinkle Form, ligeledes ved Følernes og de falske Fødders Bygning. I Beskaffenheden af de 2 ydre Fodled ligner den noget *N. longitarse*, men kjendes let fra denne Art blandt andet ved den betydelig kortere Hals. I visse Henseender synes den at danne en Overgang til den følgende Gruppe af Slægten, for hvilken *N. Strömii*, Kr. er Typen.

Beskrivelse. Legemets Længde er hos fuldvoxne Exemplarer omkring 6 1/2 mm, med en Spandvidde af 62 mm.

Formen er (se Pl. VIII, Fig. 1) idethele temmelig slank, dog neppe i den Grad som hos foregaaende Art. Kroppen (Fig. 1 a, 1 b) er smalt cylindrisk og har Side-

23. Nymphon leptocheles, G. O. Sars.

(Pl. VIII. fig. 1, a—i).

Nymphon leptocheles, G. O. Sars, Pycnogonidea borealia et arctica. No. 23.

Specific Characters. Body rather slender, with widely separated lateral processes. Cephalic segment but little longer than the 2 following segments taken together, neck comparatively short but strongly constricted, frontal part rather broad. Oculiferous tubercle somewhat elevated, truncated at the extremity, with acute, produced lateral corners. Proboscis comparatively large, same length as the cephalic segment. Chelifori uncommonly feeble, hand a trifle shorter than the scape, very narrow and densely hairy, fingers exceedingly elongate and slim, longer than the palm. Palpi very slender, with 2nd and 3rd joints equal in length, the penultimate one greatly elongated, nearly twice as long as the terminal one. False legs in male somewhat longer than the body, 5th joint a little longer than the 4th and furnished with a row of setiferous tubercles, terminal part a little shorter than 5th joint, marginal spines coarsely serrate, without any strong tooth at the base. Ambulatory legs slender, almost 5 times longer than the body, and beset with short, scattered hairs. 2nd tibial joint particularly slender, 1/4 longer than the femoral one, and more than twice as long as the terminal section; tarsal joint linear, elongate; propodal joint considerably shorter, likewise very slender, and beset along the inner edge with exceedingly small capilliform spines; terminal claw of moderate length, evenly curved in the outer part; auxiliary claws small. Colour whitish. Length of body 6 1/2 mm, extent 62 mm.

Remarks. This animal is easily recognised from all the other species of the genus, by the remarkably feeble chelifori and, particularly, by the slender form of the hand, also by the structure of the palpi and the false legs. In the character of the 2 outer leg-joints it resembles a little *N. longitarse*, but may, amongst other criteria, be at once distinguished from that species by the considerably shorter neck. In some respects it would seem to constitute a transition to the succeeding group of the genus of which *N. Strömii*, Kr. is the type.

Description. The length of the body in full-grown specimens is about 6 1/2 mm, the extent 62 mm.

The body (see Pl. VIII. fig. 1) is rather slender, though hardly to such a degree as in the preceding species. The trunk (fig. 1 a, 1 b) is narrow cylindrical, and has

fortsatserne temmelig forlængede samt skilte ved brede Mellemrum. Hovedsegmentet er betydelig kortere end hos *N. longitarso*, neppe længere end de 2 følgende Segmenter tilsammen. Halsen er ristnok tydeligt begrændset og stærkt indknebet, men paa langt nær ikke af den enorme Længde som hos hin Art, hvorimod Pandedelen er kjendelig større, omtrent 3 Gange bredere end Halsen.

Øieknuden ligger her neppe mere end dobbelt saa langt fra Panderanden som fra Hovedsegmentets bagre Rand. Den er noget ophøiet og synes, naar Dyret sees fra Siden (Fig. 1 b), afrundet i Spidsen. Seet forfra eller bagfra (Fig. 1 c), viser den sig noget afsmalnende mod Enden, der er tvært afkuttet, med Sidehjørnerne uddragne i Form af smaa tandformige Fremspring. Linalserne, der har en noget elliptisk Form, ligger omtrent ved Midten af Øieknudens Høide.

Snabelen (Fig. 1 a, 1 b) er stærkt forlænget, neppe kortere end Hovedsegmentet, horisontalt fortilrettet og af den sædvanlige cylindriske Form.

Saxlemmerne (ibid.) er unhindelig spinkle og svagt byggede. Skaftet er smalt cylindrisk og omtrent af Snabelens Længde, Haanden adskilligt kortere, tæt haaret, og meget smal, med forholdsvis kort Palm og stærkt forlængede Fingre. Disse sidste (Fig. 1 e), der er kjendelig længere end Palmen, er særdeles smale og temmelig stærkt krummede i sit ydre Parti, endende med meget tynde indboiede Spidser. Tænderne i Inderkanten er længere og mindre tætstillede end hos de foregaaende Arter og omtrent af ens Udseende paa begge Fingre.

Følerne (Fig. 1 f) udmærker sig ligeledes ved sin spinkle Form og er neppe kortere end Saxlemmerne. Af Leddene er 2det og 3die omtrent af ens Længde, hvorimod de 2 ydre Led er meget ulige i Størrelse, idet, ulig hvad Tilfældet er hos de fleste øvrige Arter, næstsidste Led her er betydelig, næsten dobbelt saa langt som sidste. Begge disse Led tilsammen er noget længere end 3die Led.

De falske Fødder hos Hannen (se Fig. 1 a) er noget mindre stærkt forlængede end hos foregaaende Art, neppe synderlig længere end Legemet, og har 5te Led størst. Dette Led er desuden udmærket ved Tilstedeværelsen langs Inderkanten af en Række eiendommelige knudeformige Udvæxter, hver forsynet med en kort, ombøiet Børste. Endedelen (Fig. 1 g) er noget kortere end 5te Led og har 1ste Led temmelig bredt og Basis og noget sammentrykt fra Siderne samt tæt besat med korte stive Haar, der ligeledes er fæstede til smaa knudeformige Fremspring. Randtornerne paa de ydre Led (Fig. 1 h) forholder sig noget ulige, idet de ved Enden af Leddene er grovt savtakkede i hele sin Længde, medens de paa Midten af Leddene er mere lanceldannede og har 2 Par smaa Tænder ved Basis, de øvrige Savtakker meget brede, pladeformige.

the lateral processes rather elongated and also separated by broad intervals. The cephalic segment is considerably shorter than in *N. longitarsæ*, scarcely longer than the 2 succeeding segments taken together. The neck is indeed distinctly defined and greatly constricted, though not nearly the prodigious length met with in that species, whereas the frontal part is appreciably larger, about 3 times the breadth of the neck.

The oculiferous tubercle in this animal lies hardly more than twice as far from the frontal margin as from the posterior edge of the cephalic segment. It is somewhat elevated and, when the animal is viewed laterally (fig. 1 b), seems rounded at the point. Seen either anteriorly or posteriorly (fig. 1 c), it appears tapering somewhat, towards the end, which is transversely truncated, with the lateral corners produced as small dentiform projections. The lenses are somewhat elliptic in form, and are located about midway up the tubercle.

The proboscis (see fig. 1 a, 1 b) is exceedingly elongated, scarcely shorter than the cephalic segment, directed horizontally forward, and of the usual cylindric form.

The chelifori (ibid.) are uncommonly slim and feeble in structure. The scape is slender cylindrical and about same length as the proboscis, the hand a good deal shorter, densely covered with hair and very narrow, with relatively short palm and greatly elongated fingers. The latter (fig. 1 e), which are appreciably longer than the palm, are particularly slender, and rather sharply bent in the outer part, terminating in very fine incurvate points. The teeth on the inner edge are longer and less closely arranged than in any of the preceding species, and are well-nigh similar in appearance in both fingers.

The palpi (fig. 1 f), likewise distinguished by their slender form, are but very little, if at all, shorter than the chelifori. Of the joints, the 2nd and 3rd are about equal in length, whereas the 2 outer ones are very unequal in size, in so far, that the penultimate joint, unlike what is the case in most of the other species, is, in this animal, considerably, indeed almost twice as long as the terminal one. Both these joints taken together are somewhat longer than the 3rd.

The false legs in the male (see fig. 1 a) are not quite so prominently elongated as in the preceding species, very little, if at all, longer than the body, and have the 5th joint largest. This joint is, moreover, characterised by the presence along the inner edge of a series of peculiar tuberculiform excrescences, each of which is furnished with a short recurvate bristle. The terminal part (fig. 1 g) is somewhat shorter than the 5th joint, with the 1st joint rather broad at the base and somewhat compressed from the sides, and closely beset with short, stiff hairs, which are also secured to small tuberculiform projections. The marginal spines on the outer joints (fig. 1 h) vary somewhat in character, as those at the end of the joints are coarsely serrate throughout the whole of their length, whereas those at the middle of the joints are more lanceolate in form and have 2 pairs of small teeth at the base; the rest of the denticles are very broad and lamellar.

Gangfødderne (se Fig. 1) er temmelig spinkle, næsten 5 Gange længere end Legemet og besatte med korte, spredte Haar. 2det Hofteled er stærkt forlænget, betydelig længere end de 2 øvrige tilsammen, Laarleddet temmelig stærkt opsvulmet hos Hunnen, medens det hos Hannen er meget smalt og af lineær Form. 1ste Lægled er lidt og 2det do. ½ længere end Laarleddet og særdeles spinkolt. Endepartiet (Fig. 1 i) er ligeledes meget smalt, ikke fuldt halvt saa langt som 2det Lægled, og ligner noget samme hos *N. longitarse*. Tarsalleddet er ogsaa her temmelig forlænget, dog forholdsvis kortere end hos hin Art. Fodleddet er ligeledes meget smalt, lineært og noget, skjøndt ikke meget, kortere end Tarsalleddet; det er besat langs Inderkanten med talrige meget smaa, næsten haarformige Torner, hvoraf enkelte, fæstede i regelmæssig Afstand fra hinanden, er ubetydelig stærkere. Endekloen er noget mere forlænget end hos *N. longitarse* og gaar ud i en fin, noget buet Spids. Biklœrne er, som hos denne Art, meget smaa, neppe mere end ⅕ saa lange som Endekloen.

De ydre Æggmasser er forholdsvis meget smaa og sædvanlig fæstede omkring 5te Led af de falske Fødder. Æggene er derimod kjendelig større end hos foregaaende Art.

Forekomst og Udbredning. Jeg har truffet denne meget distincte Art temmelig hyppig langs vor hele Vestkyst, idetmindste til Lofoten, paa 50—100 F. D. Et enkelt Exemplar toges under Nordhavs-Expeditionens sidste Togt omtrent midtveis mellem Finmarken og Beeren Eiland (Stat. 290) paa 191 F. D. Paa andre Punkter er ikke denne Art bleven observeret, og det stiller sig saaledes noget tvivlsomt, hvorvidt den kan ansees som en ægte arktisk Form.

The ambulatory legs (see fig. 1) are rather slender, almost 5 times as long as the body, and beset with short, scattered hairs. The 2nd coxal joint is greatly elongated, considerably longer than both the others taken together; the femoral joint a good deal swollen in the female, whereas in the male it is very slim, and linear in form. The 1st tibial joint is a little, and the 2nd joint a third, longer than the femoral joint and are exceedingly slender. The terminal part (fig. 1 i) is likewise very slim, not quite half as long as the 2nd tibial joint, and has some resemblance to that of *N. longitarse*. The tarsal joint is also here rather elongated, though relatively shorter than in the species named. The propodal joint is likewise very slender, linear, and a little, though not much, shorter than the tarsal one; it is beset along the inner edge with numerous very small, well-nigh capilliform spines, a few of which, attached at regular intervals from each other, are inconsiderably stouter. The terminal claw is a little more elongated than in *N. longitarse*, and runs out in a fine, somewhat arcuated point. The auxiliary claws are, as in that species, very small, hardly more than one-fifth as long as the terminal claw.

The outer egg-masses are relatively very small and, as a rule, are adherent round the 5th joint of the false legs. The eggs themselves are, on the other hand, appreciably larger than in the preceding species.

Occurrence and **Distribution.** I have met with this very remarkable species pretty frequently along the whole of the West coast of Norway, at least as far north as Lofoten, at a depth of 50—100 fathoms. A single specimen was taken on the last cruise of the North-Atlantic Expedition about midway between Finmark and Beeren Eiland (Stat. 290) at a depth of 191 fathoms. In other localities this species has not been observed, and it is therefore somewhat doubtful whether the animal can be regarded as a true Arctic form.

---

24. Nymphon Strømii, Kröyer.

(Pl. VIII. Fig. 2, a—k).

Phalangium marinum. Strøm, Physisk og oeconomisk Beskrivelse af Fogderiet Søndmør, Tab. I, fig. 16.
Nymphon grossipes, Abildgaard, Animalium Daniæ & Norvegiæ Historia, Tab. CXIX, fig. 5—9 (non Fabr.)
Nymphon Strømii, Kröyer, Nat. Tidsskr. N. R. Bd. 1, p. 111.
— — Idem, Gaimard's Voyage en Scandinavie, Pl. 35, Fig. 3, a—f.
Nymphon giganteum, Goodsir, Ann. Mag. Nat. Hist. Vol. XVI, p. 293.
Nymphon Strømii, Wilson, Trans. Conn. Acad. Sciences, Vol. V, p. 17, Pl. VI, fig. 1, a—h.
— — Idem, U. S. Comm. of Fish and Fisheries, Report f. 1878, p. 485, Pl. V, VI, fig. 29.

24. Nymphon Strömii, Kröyer.

(Pl. VIII, fig. 2, a—k).

Phalangium marinum, Ström. Physisk og œkonomisk Beskrivelse af Fogderiet Söndmör, Tab. I. fig. 16.
Nymphon grossipes. Abildgaard. Animalium Daniæ & Norvegiæ Historia, Tab. CXIX. fig. 5—9 (non Fabr.)
Nymphon Strömii. Kröyer, Nat. Tidsskr. N. R. Bd. 1, p. 111.
— — Idem, Gaimard's Voyage en Scandinavie, Pl. 35, fig. 3. a—f.
Nymphon giganteum. Goodsir. Ann. Mag. Nat. Hist. Vol. XVI. p. 293.
Nymphon Strömii. Wilson. Trans. Conn. Acad. Sciences. Vol. V, p. 17, Pl. VI, fig. 1. a - h.
— — Idem, U. S. Comm. of Fish and Fisheries. Report f. 1878, p. 485, Pl. V, VI, fig. 29.

Nymphon Strömii, G. O. Sars. Pycnogonidea borealia & arctica, No. 24.

Artscharacter. Legemet noget undersætsigt, med temmelig tykke og ikke meget vidt skilte Sidefortsatser. Hovedsegmentet meget stort, saa langt som de 3 følgende Segmenter tilsammen. Halsen kort. Pandedelen stærkt udvidet. Øiekuuden meget lav og afrundet i Enden. Snabelen af Hovedsegmentets Længde. Saxlemmerne særdeles kraftigt udviklede. Skaftet noget fortykket i Enden, Haanden meget stor, længere end Skaftet, næsten nogen, buet; Fingrene forlængede, omtrent af Palmens Længde, begge med Enden skarpt tilspidset og indbøiet. Tænderne i Inderkanten af den ubevægelige Finger betydelig storre og færre i Antal end paa den bevægelige Finger. Folerne slanke, dobbelt saa lange som Snabelen, 2det Led lidt længere end 3die, de 2 ydre Led meget smale og forlængede, sidste Led kortest. De falske Fødder kun lidet længere end Legemet, 4de og 5te Led af ens Længde, Endedelen længere end 5te Led. Randtornerne tykke, triangulært tilspidsede, med mere eller mindre tydeligt sangtakkede Kanter. Gangfødderne omtrent 5 Gange længere end Legemet og næsten nogne; 2det Lægled næsten dobbelt saa langt som Laarleddet og 4 Gange længere end det terminale Afsnit; Tarsalleddet lineært. Fodleddet betydelig kortere, med meget smaa Torner i Inderkanten; Bikløerne ikke fuldt ¹/₃ saa lange som Fodleddet; Bikloerne ikke fuldt ¹/₃ saa lange som Endekloen. Farven rødgul. Legemets Længde 15ᵐᵐ; Spandvidde 150ᵐᵐ.

Bemærkninger. Jeg anser det for meget rimeligt, at Strøm's *Phalangium marinum* er denne Art. Ligeledes synes det mig at være utvivlsomt at den af O. Fr. Müller under Benævnelsen *Nymphon grossipes* opførte og af Abildgaard p. o. a. St. afbildede Form hører herhen. Mere tvivlsomt kunde det synes at være, hvorvidt Goodsir's *N. giganteum* er identisk med nærværende Art, da denne Forfatter kun med et Par Ord omtaler samme. Men allerede Artsbetegnelsen synes mig dog med Bestemthed at pege hen paa nærværende Form, der hører til vore storste Pycnogonideer. Angaaende den af Wilson beskrevne Form, har jeg været i nogen Tvivl, om den ikke maaske snarere var at henføre til følgende Art. Dog synes mig, at Beskaffenheden af de ytre Fodled, saaledes som de er afbildede af denne Forsker, mere stemmer med samme hos *N. Strömii*. Jeg anser det forøvrigt for sandsynligt, at Wilson har havt for sig begge Arter, uden at have erkjendt deres Artsforskjel. Ogsaa de fleste nyere Autores har sammenblandet Krøyers Art med den følgende, meget nærstaaende *N. gracilipes* Heller. Fra de foregaaende Arter er nærværende Form meget let kjendelig ved de ualmindelig store Saxlemmer, de stærkt forlængede Følere, og ved den betydelige Størrelse.

Beskrivelse. Legemets Længde gaar op til 15ᵐᵐ, med en Spandvidde af 150ᵐᵐ, og denne Art hører saaledes til de største Arter af Slægten.

Legemets Form (se Pl. VIII, Fig 2) maa vel idethele kaldes spinkel, navnlig naar Hensyn tages til de stærkt

---

Nymphon Strömii. G. O. Sars. Pycnogonidea borealia & arctica. No. 24

Specific Characters. Body somewhat thickset, with rather thick and not very widely separated lateral processes. Cephalic segment very large, as long as the 3 succeeding segments taken together, neck short, frontal part greatly expanded. Proboscis same length as the cephalic segment. Cheliferi particularly powerfully developed, scape tumeficated somewhat at the extremity, hand very large, longer than the scape, almost bare, arcuate; fingers elongated, about the length of the palm, both with the extremity sharply pointed and incurvate, teeth on the inner margin of the immobile finger considerably larger and less numerous than on the mobile finger. Palpi slender, twice as long as the proboscis, 2nd joint a little longer than the 3rd, the 2 outer joints very slim and elongated, last joint shortest. False legs but little longer than the body, 4th and 5th joints equal in length, terminal part longer than the 5th joint, marginal spines stout, triangularly acuminated, with more or less distinct serrated edges. Ambulatory legs about 5 times longer than the body and well-nigh bare; 2nd tibial joint almost twice as long as the femoral joint and 4 times longer than the terminal section; tarsal joint linear, propodal joint considerably shorter, with minute spines on the inner edge; terminal claw short and thick, hardly half as long as the propodal joint; auxiliary claws not quite one-third the length of the terminal claw. Colour reddish-yellow. Length of body 15ᵐᵐ, extent 150ᵐᵐ.

Remarks. I regard it to be very probable, that Ström's *Phalangium marinum* is this species. In my judgment, too, the form recorded by O. Fr. Müller under the designation *Nymphon grossipes*, and illustrated by Abildgaard, belongs undoubtedly to it. There is, it would seem, greater reason to question the identity of Goodsir's *N. giganteum* with the present species, as that author notices the animal with a few words only. Meanwhile, the specific designation itself clearly points, I think, to the present form, which is one of the largest of our Pycnogonids. As regards the form described by Wilson, I have felt some doubt whether it should not rather be referred to the following species. The character of the outer leg-joints, however, as these are illustrated by that naturalist, exhibit, I think, closer agreement with that of *N. Strömii*. I think, however, that Wilson probably had both species before him, but failed to recognise their specific distinction Most later authors, too, have confounded Krøyer's species with the following very nearly related form. *N. gracilipes*, Heller. The present form is easy to distinguish from the preceding species, by the remarkably large chelifori, the greatly elongated palpi, and by its great size.

Description. The length of the body reaches as much as 15ᵐᵐ, the extent 150ᵐᵐ; and this species is therefore one of the largest of the genus.

The body (see Pl. VIII, fig. 2) must, on the whole, be described as slender, more especially as regards

11

forlængede Lemmer. Derimod er Kroppen selv (Fig. 2 a, 2 b) temmelig undersætsig, og Sidefortsatserne forholdsvis tykke samt mindre vidt adskilte end hos mange af de øvrige Arter. Hovedsegmentet er forholdsvis af betydelig Størrelse, omtrent saa langt som de 3 følgende Segmenter tilsammen, men har en temmelig kort Hals, hvorimod Pandedelen er større og bredere end sædvanligt.

Øieknuden (Fig. 2 c), der er beliggende omtrent dobbelt saa langt fra Panderanden som fra Hovedsegmentets bagre Rand, er meget lav og stumpt afrundet i Enden. Lindserne er forholdsvis store og af noget elliptisk Form.

Snabelen (se Fig. 2 a, 2 b) er vel udviklet, omtrent af Hovedsegmentets Længde og af den sædvanlige cylindriske Form. Saxlemmerne (ibid.) er betydelig større end hos nogen af de i det foregaaende omtalte Arter og lige udstrakte næsten af Kroppens Længde (÷ Snabelen). Skaftet er temmelig tykt, cylindrisk, dog noget udvidet i Enden og ganske nøgent. Haanden (Fig. 2 d) er af meget anselig Størrelse, fuldkommen saa lang som Skaftet, og temmelig smal i Forhold til Længden. Den er stærkt buet og næsten nøgen, kun ved Basis af Fingrene besat med nogle yderst smaa Haar. Fingrene er stærkt forlængede, omtrent af Palmens Længde og ender begge i skarpe indbøiede Spidser. Tænderne langs Inderkanten af den ubevægelige Finger er af betydelig Størrelse, flere Gange saa stærke som de paa den bevægelige Finger og ogsaa færre i Antal (se Fig. 2 c).

Følerne (Fig. 2 f) er stærkt forlængede og spinkle, sædvanligvis zigzag-formigt bøiede, og kun besat med meget korte Børster. Af Leddene er det 3die noget kortere end 2det, og de 2 ydre Led ualmindelig spinkle, tilsammen betydelig længere end 3die Led. Det overordentlig smale, linuære sidste Led har jeg paa alle de af mig undersøgte Exemplarer fundet lidt kortere end næstsidste.

De falske Fødder (se Fig. 2 b) er, lige udstrakte, noget længere end Legemet, forholdsvis kraftigere hos Hannen end hos Hunnen, forøvrigt ikke meget forskjellige. 4de og 5te Led er omtrent af ens Længde, og Endedelen adskilligt længere end ethvert af disse Led. Randtornene paa de ydre Led er meget stærke, triangulært tilspidsede og grovt saugtakkede i Kanterne, uden nogen stærkere Tand ved Basis (se Fig. 2 g). Paa de i Midten af Leddene fæstede Torner pleier imidlertid Saugtakkerne at være betydelig mindre udprægede, næsten forsvindende (Fig. 2 h).

Gangfødderne (se Fig. 2) er af meget betydelig Længde, mere end 5 Gange længere end Legemet, og næsten ganske nøgne. De afsmalnes lidt mod Enden, skjøndt ikke saa stærkt som hos flere af de i det foregaaende omtalte Arter, hvorfor de idethele synes noget mere robuste. 2det Hofteled er noget kortere end de 2 øvrige tilsammen, og Laarleddet omtrent ⅓ længere end Hoftepartiet. 1ste Lægled er kjendelig længere end Laarleddet og 2det do. ualmindelig

the exceedingly elongated limbs. On the other hand, the trunk itself (fig. 2 a, 2 b) is rather thickset, and the lateral processes are relatively thick and less widely separated than in many of the other species. The cephalic segment is, relatively, of considerable size, about as long as the 3 following segments taken together, but with a rather short neck, whereas the frontal part is larger and broader than usual.

The oculiferous tubercle (fig. 2 c), placed about twice as far from the frontal margin as from the posterior edge of the cephalic segment, is very low and obtusely rounded at the end. The lenses are comparatively large and somewhat elliptical in form.

The proboscis (see fig. 2 a, 2 b) is well developed, about as long as the cephalic segment, and of the usual cylindrical form.

The chelifori (ibid) are considerably larger than in any of the previously mentioned species, when fully extended almost the length of the trunk (less the proboscis). The scape is rather thick, cylindrical, but somewhat expanded at the extremity and quite bare. The hand (fig. 2 d) is of very considerable size, quite as long as the scape, and rather narrow in proportion to the length. It is exceedingly arcuate and well-nigh bare, only at the base of the fingers is it beset with a few extremely delicate hairs. The fingers are very much elongated, about same length as the palm, and both terminate in acute incurvate points. The teeth along the inner edge of the immobile finger are of considerable size, several times as strong as those on the mobile finger, and are less numerous (see fig. 2 c).

The palpi (fig. 2 f) are greatly elongated and slender, bent usually in zigzag form, and only beset with very short bristles. Of the joints, the 3rd is somewhat shorter than the 2nd, and the 2 outer joints are remarkably slender, together considerably longer than the 3rd joint. The last uncommonly slim, linear joint, I have found, in all the specimens examined, to be a little shorter than the penultimate one.

The false legs (see fig. 2 b) when fully extended, are somewhat longer than the body, in the male relatively more powerful than in the female, not very different otherwise. The 4th and 5th joints are about equal in length, and the terminal part is a good deal longer than either of these joints. The marginal spines on the outer joints are very strong, triangularly pointed, and coarsely serrate on the edges, without any strong tooth at the base (see fig. 2 g). On the spines attached in the middle of the joints, the denticles are, however, in general, much less distinct, indeed almost imperceptible (fig. 2 h).

The ambulatory legs (see fig. 2) are of very considerable length, more than 5 times longer than the body, and are almost quite bare. They taper a little towards the extremity. though not so much as in several of the previously mentioned species, wherefore they would seem to be somewhat more robust. The 2nd coxal joint is a little shorter than the 2 others taken together, and the femoral joint is about one-third longer than the coxal part. The 1st tibial

stærkt forlænget, næsten dobbelt saa langt som Laarleddet og omtrent ¹/₄ længere end det terminale Afsnit. Tarsalleddet (se Fig. 2 i) er af lineær Form og betydelig længere end Fodleddet, der er kjendelig smalere og i Inderkanten besat med en Rad af meget smaa Torner, mellem hvilke der findes fine Haar (se Fig. 2 k). Endekloen er ualmindelig kort, neppe halvt saa lang som Fodleddet, men meget stærk, sammentrykt og endende i en skarp Spids. Bikloerne er af middelmaadig Størrelse, næsten ¹/₃ saa lange som Endekloen.

De ydre Ægmasser (se Fig. 2) er temmelig store, kugleformige, og indeholder talrige yderst smaa Æg. Ofte er de tilstede i dobbelt Antal paa enhver af de falske Fødder.

Farven er i levende Tilstand mere eller mindre intenst gulrød, navnlig mod Enden af Leddene paa Fødderne.

Forekomst. Dette er uden Sammenligning den ved vor Syd- og Vestkyst almindeligste Pycnogonide og forekommer ofte i store Mængder paa maadeligt Dyb, fra 10 til 50 Favne. Det nordligste, jeg har truffet den er ved Lofoten. Ved Finmarken synes den derimod at erstattes af følgende Art.

Udbredning. Foruden ved Norge er Arten kun med Sikkerhed observeret ved England (Goodsir) og Østkysten af Nordamerika (Wilson); thi Angivelserne af dens Forekomst i de arktiske Have beror ganske sikkert paa en Forvexling med følgende Art. At dømme efter dens Forekomst ved vore Kyster, synes den at være en mere sydlig (boreal) Form.

joint is appreciably longer than the femoral one and the 2nd joint is remarkably elongated, well-nigh twice as long as the femoral joint and about one-fourth longer than the terminal section. The tarsal joint (see fig. 2 i) is linear in form and considerably longer than the propodal joint, which is appreciably slenderer and beset on the inner edge with a series of very small spines with fine hairs between them (see fig. 2 k). The terminal claw is uncommonly short, hardly half as long as the propodal joint, but very strong, compressed, and terminating in a sharp point. The auxiliary claws are of moderate size, almost one-third longer than the terminal claw.

The outer egg-masses (see fig. 2) are rather large, globular in shape, and contain numerous, exceedingly small ova. They often occur in double numbers on each of the false legs.

The colour in the living state, is a more or less intense yellowish-red, particularly towards the end of the joints of the legs.

Occurrence. This is beyond comparison the Pycnogonid most commonly met with on the south and west coasts of Norway, and often occurs in great abundance at moderate depths, from 10 to 50 fathoms. The farthest north that I have taken it is off Lofoten. On the Finmark coast it appears, on the other hand, to be replaced by the following species.

Distribution. Besides off Norway, England (Goodsir) and the east coast of North America (Wilson) are the only places where the species has with certainty been observed; as the statements of its occurrence in the Arctic seas rest quite assuredly on a confusion of the animal with the following species. To judge from its occurrence off the coasts of this country, it would seem to be a more southern (boreal) form.

---

25. Nymphon gracilipes, Heller.

(Pl. VIII, Fig. 3, a—g).

Nymphon gracilipes, Heller, Crust. Pycnog. & Tunic. d. Österr. Ung. Nordpol Exped. p. 40, Tab. IV, Fig. 15, Tab. V, Fig. 1—2.
Nymphon Strömii, Hoek, Niederl. Archiv f. Zool. Supplem. 1, p. 9. Pl. 1, fig. 9—16 (non Kröyer).
— — Hansen, Kara Havets Pycnogonider, p. 9, Tab. XVIII, Fig. 3 (non Kröyer).
Nymphon gracilipes, G. O. Sars, Pycnogonidea borealia & arctica, No. 25.

Artscharacter. Ydre Habitus meget lig samme hos foregaaende Art. Hovedsegmentet betydelig længere end de 3 følgende Segmenter tilsammen, Pandedelen endnu bredere end hos *N. Strömii*. Øieknuden lav, stumpt afkuttet i Enden. Snabelen af Hovedsegmentets Længde, noget afsmalnende. Saxlemmerne forholdsvis større og kraftigere end hos foregaaende Art, Haanden betydelig længere end Skaftet, stærkt buet, Fingrene længere end Palmen, Spidsen af den bevægelige næsten ret, af den

25. Nymphon gracilipes, Heller.

(Pl. VIII, fig. 3, a—g).

Nymphon gracilipes, Heller, Crust. Pycnog. & Tunic. d. Österr. Ung. Nordpol Exped. p. 40, Tab. IV, fig. 15, Tab. V, fig. 1, 2.
Nymphon Strömii, Hoek, Niederl. Archiv f. Zool. Supplem. 1, p. 9; Pl. 1, fig. 9—16 (non Kröyer).
— — Hansen, Kara Havets Pycnogonider, p. 9. Tab. XVIII, fig. 3 (non Kröyer).
Nymphon gracilipes, G. O. Sars. Pycnogonidea borealia & arctica, No. 25.

Specific Characters. Outer habitus much the same as in the preceding species. Cephalic segment considerably longer than the 3 following segments taken together, frontal part still broader than in *N. Strömii*. Oculiferous tubercle low, obtusely truncated at the extremity. Proboscis same length as the cephalic segment, somewhat tapering. Chelifori relatively larger and more powerful than in the preceding species, hand considerably longer than the scape, exceedingly arcuate, fingers longer than the palm, the point of the mobile one

11*

uhævægelige stærkt indboiet. Følerne med 2det og 3die Led af ens Længde, sidste Led længere end næstsidste. De falske Fødder hos Hannen næsten ¹/₂ længere end Legemet, Endedelen noget længere end 5te Led, Randtornerne forholdsvis noget smækrere end hos foregaaende Art. Gangfødderne næsten 5 Gange længere end Legemet, stærkt afsmalnende; 2det Længled særdeles smalt og forlænget, dog neppe dobbelt saa langt som Laarleddet; Tarsalleddet og Fodleddet omtrent af ens Længde, begge meget spinkle og lineære; Endekloen stærkt forlænget, næsten af Fodleddets Længde; Bikloerne yderst smaa. Legemets Længde 18ᵐᵐ; Spændvidde 190ᵐᵐ.

Bemærkninger. Nærværende Form staar vistnok overmaadentlig nær foregaaende, men forekommer mig dog at maatte specifiskt adskilles, da jeg ved Undersøgelse af talrige Exemplarer af begge har kunnet paavise flere distinctive Charakterer, der synes mig at være konstante. Vistnok tror saavel Hoek som Hansen at have seet Overgangsformer; men begge disse Forskere har væsentlig kun henholdt sig til en enkelt Karakter, nemlig Kloens Længde paa Gangfødderne. At denne til en vis Grad vil kunne variere, anser jeg ikke for umuligt, skjøndt jeg hos ingen af de under Nordhavs-Expeditionen indsamlede talrige Exemplarer har fundet nogen mærkbar Forskjel i denne Henseende. Hoek har, som Støtte for sin Antagelse af begge Formers Identitet, afbildet de ydre Fodled af 1ste Par Gangfødder hos et og samme Individ, hvoraf den ene Fod viser det sædvanlige Forhold af Kloen, medens den anden har mere Karakteren af *N. Strömii.* Jeg kan imidlertid ikke indrømme, at dette er et fuldgyldigt Bevis for begge Formers Artsidentitet, da det ikke saa gansko sjelden hænder, at de ydre Led kan være deformerede paa en eller anden af Fødderne, som Følge af en tilfældig Læsion og ufuldkommen Regeneration. Foruden ved de ydre Fodleds indbyrdes Længdeforhold og Endekloens betydelige Længde, skiller nærværende Art sig, som af ovenstaaende Diagnose vil sees, ved de endnu kraftigere udviklede Saxlemmer, paa hvilke Fingrene er kjendelig længere i Forhold til Palmen, fremdeles ved det indbyrdes Længdeforhold af Følernes Led, endelig ved Legemets betydeligere Størrelse og noget mere robuste Form.

Da Miers omtrent samtidigt med Heller har beskrevet en Nymphon-Art fra det antarktiske Hav under samme Navn, har Böhn [1] foreslaaet at forandre Artsnavnet *gracilipes* til *Helleri.* Miers har imidlertid i en senere Afhandling selv omdøbt sin Art til *N. antarcticum,* hvorfor den af Bohn foreslaaede Navneforandring bliver unødvendig.

Beskrivelse. Legemets Længde hos de største under Nordhavs-Expeditionen indsamlede Exemplarer er ikke mindre end 18ᵐᵐ, med en Spændvidde af 190ᵐᵐ, og denne Art er saaledes ikke blot den største af Slægten, men tillige en af de største bekjendte Pycnogonideer.

almost straight, and of the immobile one greatly incurvated. Palpi with 2nd and 3rd joints equal in length, ultimate joint longer than the penultimate one. False legs in the male almost one-third longer than the body, terminal part somewhat longer than 5th joint, marginal spines relatively more slender than in the preceding species. Ambulatory legs almost 5 times longer than the body, rapidly tapering; 2nd tibial joint exceedingly slim and elongate, yet hardly twice as long as the femoral joint; tarsal joint and propodal joint about equal in length, both very slender and linear; terminal claw greatly elongated, length almost that of the propodal joint; auxiliary claws exceedingly small. Length of body 18ᵐᵐ, extent 190ᵐᵐ.

Remarks. The present form no doubt approximates to the preceding one very closely, but yet, should, it seems to me, be specifically distinguished, as, on examining numerous specimens of both, I have succeeded in detecting several distinctive characters, which appear, to me, to be constant ones. Both Hoek and Hansen believe, it is true, that they have observed transition forms; but both those naturalists have dwelt chiefly on a single character, viz., the length of the claw on the ambulatory legs. That the character in question may vary to a certain extent, I do not regard as impossible, though I have not found any appreciable variation in that respect in any of the numerous specimens collected on the North Atlantic Expedition. To support his assumption of the identity of both forms, Hoek has drawn the outer leg-joints of the 1st pair of ambulatory legs in one and the same individual, with the one leg exhibiting the usual relations in the claw, whereas the other shows more the character of the relations in *N. Strömii.* I can not, however, admit that to be a perfectly satisfactory proof of the specific identity of both forms, as the outer joints are not so very infrequently deformed on one or other of the legs, in consequence of an accidental lesion and imperfect regeneration. Besides the longitudinal relations of the outer leg-joints *inter se* and the considerable length of the terminal claw, the present species is, as seen from the above diagnosis, distinguished by the still more powerfully developed chelifori in which the fingers are appreciably longer in proportion to the palm, further, by the longitudinal proportion of the joints of the palpi *inter se,* and, finally, by the considerably larger size and somewhat more robust form of the body.

Dr. Miers having described about contemporaneously with Heller a Nymphon species from the Antarctic Ocean under the same designation, Böhn [1] has proposed to change the specific name of *gracilipes* to *Helleri.* Miers, has, however, himself, in a subsequent memoir, renamed his species *N. antarcticum;* the change of name proposed by Böhn is therefore now unnecessary.

Description. The length of the body in the largest specimens collected on the North Atlantic Expedition, is not less than 18ᵐᵐ, with an extent of 190ᵐᵐ; this species is, thus, not only the largest of the genus but also one of the largest Pycnogonidea known.

---

[1] Pycnogoniden des Museums zu Berlin.

[1] Pycnogoniden des Museums zu Berlin.

Legemets Form er (se Pl. VIII, Fig. 3) idethele meget lig samme hos foregaaende Art. Dog synes selve Kroppen (Fig. 3 a) noget mere robust, med Sidefortsatserne tykkere og tættere sammentrængte. Hovedsegmentet er af meget betydelig Størrelse, kjendelig længere end de 3 følgende Segmenter tilsammen, og har Pandedelen forholdsvis endnu større og bredere end hos N. Strømii, hvorimod Halsen forholder sig ens hos begge.

Øienknuden (Fig. 3 b) er, som hos foregaaende Art, lav og afrundet, eller noget stumpt afkuttet i Spidsen. Lindserne synes noget mindre end hos denne Art.

Snabelen (se Fig. 3 a) er forholdsvis stor, fuldkommen saa lang som Hovedsegmentet, og afsmalnes successivt mod Enden, der er næsten tvært afkuttet.

Saxlemmerne (ibid.) er endnu betydelig større og kraftigere end hos foregaaende Art og, lige udstrakte, selv længere end Kroppen (: Snabelen), med meget tykt og noget krummet Skaft. Haanden (Fig. 3 c) er kjendelig længere end Skaftet og af en ligeende stærkt forlænget og buet Form som hos N. Strømii. Fingrene er imidlertid her kjendelig længere end Palmen, og skjøndt deres Bevæbning idethele stemmer med denne Art, vil man dog ved noiere Undersøgelse finde, at Forholdet mellem Tænderne paa begge er mindre ulige (se Fig. 3 d). Den bevægelige Finger er stærkt buet i sit basale Parti, hvorimod Spidsen næsten er fuldkommen lige. Omvendt er Spidsen af den ubevægelige Finger meget stærkt indbøiet (se Fig. 3 d).

Følerne (Fig. 3 c) er af en lignende slank og forlænget Form som hos N. Strømii, men skiller sig ved nærmere Undersøgelse ved et noget forskjelligt Længdeforhold af de enkelte Led. Saaledes er 2det og 3die Led her omtrent af ens Længde, og sidste Led er kjendelig længere end næstsidste samt noget fortykket i sit ydre Parti.

De falske Fødder hos Hannen (se Fig. 3 a) er kraftigt udviklede og næsten ⅓ længere end Legemet. 4de Led er lidt kortere end 5te, og Endedelen er ikke meget længere end dette sidste Led. Randtornerne (Fig. 3 f) er forholdsvis smalere og kort saugtakkede; dog er ogsaa her de i Midten af Leddene festede Torner noget forskjellige, idet de baade er kortere og mindre tydeligt saugtakkede.

Gangfødderne (se Fig. 3) er næsten 5 Gange længere end Legemet og afsmalnes kjendelig mod Enden, hvorfor de synes noget spinklere end hos foregaaende Art. 2det Lægled er særdeles smalt og som sædvanlig det længste, dog paa langt nær ikke dobbelt saa langt som Laarleddet og kun lidet mere end 3 Gange længere end det terminale Afsnit. Tarsal- og Fodleddet (Fig. 5 g) er omtrent af ens Længde, eller Fodleddet ubetydeligt kortere, og begge meget smale, af lineær Form. Endekloen admærker sig i høi Grad ved sin betydelige Længde, idet den, ganske i Modsætning til hvad Tilfældet er hos N. Strømii, næsten er saa lang som Fodleddet, og meget smal, gaaende ud i

The appearance of the body (see Pl. VIII, fig. 3) resembles, on the whole, very closely that of the preceding species. The trunk itself, however, (fig. 3 a) would seem to be somewhat more robust, with the lateral processes thicker and crowded more together. The cephalic segment is of very considerable size, appreciably longer than the 3 succeeding segments taken together, and has the frontal part even relatively larger and broader than in N. Strömii, whereas the neck is alike in both.

The oculiferous tubercle (fig. 3 b) is, as in the preceding species, low and rounded, or somewhat obtusely truncated at the point. The lenses seem to be slightly smaller than in that species.

The proboscis (see fig. 3 a) is comparatively large, fully as long as the cephalic segment, and tapers gradually towards the end, which is almost transversely truncated.

The cholifori (ibid.) are even considerably larger and more powerful than in the preceding species, and, when fully extended even longer than the trunk (less the proboscis), with very thick and somewhat arcuate scape. The hand (fig. 3 c) is appreciably longer than the scape, and of similar, very elongated and curvate form as that of N. Strömii. The fingers, however, are in the present species appreciably longer than the palm, and though, on the whole, their armature agrees with that of N. Strömii, a closer examination will show, that the relation between the teeth in the two forms is less unlike (see fig. 3 d). The mobile finger is greatly curved in its basal part, whereas the point is almost perfectly straight. The point of the immobile finger is, on the contrary, very strongly incurvate (see fig. 3 d).

The palpi (fig. 3 c) are slender and elongated in form, as in N. Strömii, but, on closer examination, distinguish themselves by somewhat different longitudinal proportions in the individual joints. Thus, the 2nd and 3rd joints are about equal in length, and the last joint is appreciably longer than the penultimate one and also somewhat incrassated in its outer part.

The false legs in the male (see fig. 3 a) are powerfully developed, and almost one-third longer than the body. The 4th joint is a little shorter than the 5th, and the terminal part is not much longer than that last-named joint. The marginal spines (fig. 3 f) are, relatively, more slender and shortly serrated; but, also, here the spines secured in the middle of the joints vary somewhat, being both shorter and less distinctly serrated.

The ambulatory legs (see fig. 3) are almost 5 times longer than the body, and taper appreciably towards the extremity, they therefore seem somewhat more slender than in the preceding species. The 2nd tibial joint is exceedingly narrow, and is, as usual, the longest, though greatly less than twice the length of the femoral joint, and but little more than 3 times longer than the terminal section. The tarsal and propodal joints (fig. 3 g) are about equal in length, or the propodal joint inconsiderably shorter, and both are very narrow and linear in form. The terminal claw distinguishes itself greatly by its considerable length, as it, quite in contrast to what is the case in N. Strömii, is

en sylformig Spids. Derimod er Bikløerne forholdsvis meget mindre end hos hin Art, neppe ¹/₁₀ saa lang som Endekløen.

De ydre Æggmasser (se Fig. 3 a) forholder sig omtrent som hos foregaaende Art. Æggene er yderst smaa og talrige.

Forekomst. Ved vore Kyster synes denne Art kun at være indskrænket til den arktiske Region; jeg har saaledes taget den ikke sjelden i Varangerfjord ved Vadsø paa 60—100 F. D. Under Nordhavs-Expeditionen erholdtes talrige Exemplarer paa forskjellige Punkter, saaledes ved Jan Mayen, i Adventbay paa Spitsbergen og i Havet udenfor Spitsbergens Nordvestkyst (Stat. 362, 363); Dybden fra 70 til 459 Favne. Desuden har jeg havt til Undersøgelse flere vel udprægede Exemplarer fra det kariske Hav, indsamlede under Nordenskjølds Expedition 1875; Dybden 10—80 Favne.

Udbredning. Arten synes at have en vid Udbredning i de arktiske Have. Den er saaledes observeret ved Frants Josephs Land (Heller), i Barents Søen (Hoek), det kariske Hav (Hansen), Grinnels Land (Miers) og, som jeg formoder, ogsaa ved Østkysten af Nordamerika (Wilson).

almost as long as the propodal joint, and very narrow, running out to an awl-shaped point. The auxiliary claws are, on the contrary, relatively much smaller than in that species, hardly one-tenth as long as the terminal claw.

The outer egg-masses (see fig. 3 a) have much the same character as in the preceding species. The ova are exceedingly small and numerous.

Occurrence. On the coasts of Norway this species seems to be restricted to the Arctic region. I have, thus, not infrequently taken the animal in the Varangerfjord near Vadsø, at a depth of from 60 to 100 fathoms. On the North-Atlantic Expedition numerous specimens were collected in divers localities; for instance, off Jan Mayen, in Advent Bay, Spitzbergen, and in the ocean off the northwest coast of Spitzbergen (Stats. 362, 363); depth from 70 to 459 fathoms. I have, besides, had sent me for examination, several well-marked specimens from the Kara Sea, taken on Nordenskjöld's Expedition in 1875; depth from 10 to 80 fathoms.

Distribution. The species seems to be widely distributed throughout the Arctic Seas. It has been met with off Frantz Joseph's Land (Heller), in the Barents Sea (Hoek), the Kara Sea (Hansen), off Grinnel's Land (Miers), and, as I suppose, also on the east coast of North-America (Wilson).

---

26. Nymphon elegans, Hansen.

(Pl. IX, Fig. 1, a—g).

Nymphon gracilipes. G. O. Sars, Prodromus descriptionis etc.; Pycnogonida No. 3 (non Heller).
Nymphon elegans, Hansen, Kara-Havets Pycnogonider, p. 11, Tab. XVIII, Fig. 4, n—d.
— G. O. Sars, Pycnogoniden borealia & arctica No. 26.

Artscharacter. Temmelig lig de 2 foregaaende Arter, men noget spinklere og med Sidefortsatserne videre skilte. Hovedsegmentet længere end de 3 følgende Segmenter tilsammen. Halsen tynd, Pandedelen stærkt udvidet. Øieknuden særdeles lav, afrundet. Snabelen kortere end Hovedsegmentet, smalt cylindrisk. Saxlemmerne moget stærkt forlængede og smækre: Skaftet krummet i Enden; Haanden neppe længere end Skaftet, stærkt buet og smal, Fingrene af Palmens Længde, Spidsen af den bevægelige Finger knudeformig fortykket, af den ubevægelige hageformigt indkrummet, Tænderne i Inderkanten af Fingrene, navnlig paa den ubevægelige, af ulige Størrelse. Følerne særdeles tynde og forlængede. 2det Led betydelig længere end 3die, de 2 sidste Led af ens Længde og tilsammen neppe længere end 3die. De falske Fødder hos Hannen omtrent af Legemets Længde, meget tynde, 5te Led længst og længere end Endedelen, Randtornene smalt lancetformige og grovt saugtakkede i Kanterne. Gangfødderne

26. Nymphon elegans, Hansen.

(Pl. IX fig. 1, a—g).

Nymphon gracilipes. G. O. Sars, Prodromus descriptionis etc.; Pycnogonida No. 3 (non Heller).
Nymphon elegans, Hansen, Kara-Havets Pycnogonider. p. 11, Tab. XVIII. fig. 4, a—d.
— G. O. Sars, Pycnogonidea borealia & arctica, No. 26.

Specific Characters. Rather closely resembling the 2 preceding species, but somewhat slenderer, and with the lateral processes farther apart. Cephalic segment longer than the 3 following segments taken together, neck thin, frontal part much expanded. Oculiferous tubercle exceedingly low, rounded. Proboscis shorter than the cephalic segment, narrow cylindrical. Chelifori very much elongated and slender; scape curved at the extremity; hand hardly longer than the scape, exceedingly arcuate and narrow, fingers same length as palm, point of the mobile finger incrassated in tuberculiform, and of the immobile one unguiformly incurvate. teeth on inner edge of the fingers, especially on the immobile one, very unequal in size. Palpi exceedingly thin and elongated. 2nd joint considerably longer than the 3rd, the 2 last joints equal in length and, taken together, hardly longer than the 3rd. False legs in male about same length as the body, very thin, 5th joint longest and longer than the terminal part, marginal spines slender lanceolate and coarsely serrated

næsten 5 Gange længere end Legemet, stærkt afsmalnende; 2det Lægled særdeles smalt og forlænget, mere end 4 Gange saa langt som det terminale Afsnit. Tarsalleddet lidt længere end Fodleddet, begge smale og lineære, med smaa spredte Torner i Inderkanten; Endakloen betydelig kortere end Fodleddet, Biklørne forholdsvis smaa. De ydre Ægmasser smaa, kugleformige med forholdsvis store Æg. Legemets Længde 9ᵐᵐ; Spændvidde 91ᵐᵐ.

Bemærkninger. I min Prodromus har jeg urigtigt identificeret denne Form med Heller's *N. gracilipes*. Senere har Dr. Hansen beskrevet den under ovenstaaende Navn. Den staar meget nær de 2 foregaaende Arter, fra hvilke den dog strax er kjendelig, foruden ved ringere Størrelse og spinklere Form, ved de betydelig stærkere forlængede Saxlemmer og navnlig ved den eiendommelige Maade, hvorpaa Fingrene ender. Ogsaa Følerne er stærkere forlængede og viser et andet Længdeforhold af Ledldene. I Henseende til de ydre Fodleds Bygning staar den paa en Maade midt imellem de 2 foregaaende Arter.

Beskrivelse. Legemets Længde hos fuldvoxne ægbærende Exemplarer er omkring 9ᵐᵐ, med en Spændvidde af 91ᵐᵐ, og denne Art staar saaledes adskilligt tilbage i Størrelse for de 2 foregaaende.

Legemets Form er (se Pl. IX, Fig. 1) temmelig spinkel, og navnlig er selve Kroppen (Fig. 1 a) kjendelig smalere end hos de 2 foregaaende Arter, med Sideforstatserne videre skilte. Hovedsegmentet er af betydelig Størrelse, noget længere end de 3 følgende Segmenter tilsammen, og har, som hos de 2 foregaaende Arter, Pandedelen stærkt fortykket; derimod er Halsen her forholdsvis smalere.

Øienknuden er særdeles lav og viser sig, seet fra Siden (Fig. 1 a), jevnt afrundet. Den har imidlertid, som hos andre Arter, til hver Side et noget fremspringende Hjørne, hvorfor den, forfra eller bagfra seet (Fig. 1 b), synes mere tvært afskuttet. Linidserne er af sædvanligt Udseende og temmelig store.

Snabelen (se Fig. 1 a) er noget kortere end Hovedsegmentet og af regelmæssig cylindrisk Form, samt kjendelig smalere end hos de 2 foregaaende Arter.

Saxlemmerne (ibid.) udmærker sig ved sin ualmindelige Længde, hvorfor de ialmindelighed bæres stærkt vinkelformigt boiede, med Skaftet næsten perpendikulært opadrettet. Lige udstrakte er de ikke langt fra af hele Legemets Længde (incl. Snabelen), og har Skaftet og Haanden omtrent lige lange. Det første er forholdsvis meget smalt, cylindriskt og i sit ydre Parti temmelig stærkt buet. Haanden (Fig. 1 c) er ligeledes forholdsvis betydelig smalere end hos de 2 foregaaende Arter og næsten nøgen, kun ved Basis af Fingrene besat med yderst smaa og fine Haar. Som hos hine Arter danner Fingrenes Axe en Vinkel med Palmens, hvorfor den hele Haand synes temmelig stærkt buet. Fingrene er omtrent af Palmens Længde og har begge i den indre Kant talrige spidse Tænder (se

on the edges. Ambulatory legs well-nigh 5 times longer than the body, rapidly tapering, 2nd tibial joint exceedingly narrow and elongate, more than 4 times longer than the terminal section, tarsal joint a little longer than the propodal joint, both narrow and linear, with small scattered spines on the inner edge; terminal claw considerably shorter than the propodal joint, auxiliary claws comparatively small. The outer egg-masses small, globular, with comparatively large ova. Length of body 9ᵐᵐ; extent 91ᵐᵐ.

Remarks. In my Prodromus I have erroneously identified this form with Heller's *N. gracilipes*. Dr. Hansen has subsequently described it under the above-given name. It approximates very closely the 2 preceding species, from which, however, it can be at once distinguished, not only by its inferior size and more slender form, but also by the much more elongated chelifori, and, in particular, by the peculiar manner in which the fingers terminate. The palpi, too, are more elongated, and show other longitudinal relations in the joints. As regards the structure of the outer leg-joints, it is, in a manner, intermediate between the 2 foregoing species.

Description. The length of the body in full-grown ovigorous specimens is about 9ᵐᵐ, with an extent of 91ᵐᵐ, and this species ranks accordingly, as to size, a good deal below the 2 preceding ones.

The body (see Pl. IX, fig. 1) is rather slender, and the trunk itself (fig. 1 a) is, in particular, appreciably narrower than in the 2 preceding species, with the lateral processes wider apart. The cephalic segment is of considerable size, somewhat longer than the 3 following segments taken together, and has, as in the 2 preceding species, the frontal part greatly incrassated; the neck, on the contrary, is, relatively narrower.

The oculiferous tubercle is exceedingly low, and, when viewed laterally appears (fig. 1 a), evenly rounded. Meanwhile, it exhibits, on either side, as in other species, a somewhat projecting corner; and hence, viewed anteriorly or posteriorly (fig. 1 b), it appears more transversely truncated. The lenses present the usual appearance and are rather large.

The proboscis (see fig. 1 a) is somewhat shorter than the cephalic segment and of regular cylindrical form, and it is appreciably narrower than in the 2 preceding species.

The chelifori (ibid.) are distinguished by their uncommon length, and they are, therefore, usually carried sharply flexed, at an angle with the scape, directed almost vertically upwards. When fully extended their length is not much less than that of the whole body (including the proboscis), and they have the scape and the hand about equal in length. The former is comparatively very narrow, cylindric, and in its outer part rather strongly arcuated. The hand (fig. 1 c) is likewise, comparatively, a good deal narrower than in the 2 preceding species, and well-nigh bare, only at the base of the fingers is it beset with minute and delicate hairs. As in those species, the axis of the fingers forms an angle with that of the palm, and the whole hand thus acquires a rather strongly arcuate

Fig. 1 d), der navnlig paa den ubevægelige Finger er af meget ulige Længde, idet større Tænder her temmelig regelmæssigt afvexler med neppe halvt saa store. Begge Fingre udmærker sig forovrigt i hoi Grad ved den eiendommelige Maade, hvorpaa de ender. Den ubevægelige Finger gaar nemlig ud i en særdeles stærkt, hageformigt indadkrummet skarp Spids, medens den bevægelige ondvendt ender med en stump knudeformig Opsvulmning (se Fig. 1 d).

Folerne (Fig. 1 e) er overordentlig tynde og forlængede, hvorfor de ialmindelighed viser en meget stærk zigzag-formig Krumning. Det indbyrdes Længdeforhold af Leddene skiller sig ogsaa kjendeligt fra samme hos de 2 foregaaende Arter. 2det Led er saaledes her betydelig længere end 3die, hvorimod de 2 ydre Led er forholdsvis mindre og smalere, omtrent af ens Størrelse og begge tilsammentagne neppe længere end 3die Led. Som hos de 2 foregaaende Arter er disse Lemmer kun besatte med meget korte og spredte Haar.

De falske Fødder hos Hannen (se Fig. 1 a) er forholdsvis meget spinkle og lige udstrakte neppe længere end Legemet. Af Leddene er det 5te størst og længere end Endedelen. Randtornerne (Fig. 1 f) er smalt lancetformige og grovt savgtakkede i Kanterne.

Gangfødderne (se Fig. 1) er meget spinkle og stærkt afsmalnende mod Enden, samt næsten nøgne. De er benimod 5 Gange længere end Legemet og har 2det Lægled forholdsvis endnu stærkere forlænget end hos N gracilipes og af særdeles smal lineær Form. Det terminale Afsnit er neppe ¼ saa langt som 2det Lægled og har Fodleddet noget kortere end Tarsalleddet; begge Led er smalt lineære og i den indre Kant bevæbnede med korte Torner, imellem hvilke staar Grupper af meget fincre saadanne. Endekloen er betydelig kortere end Fodleddet, dog al kjendelig spinklere Form end hos N. Strömii. Bikloerne er forholdsvis smaa, neppe mere end ¼ saa lange som selve Kloen.

De ydre Ægmasser (se Fig. 1 a) er forholdsvis mindre end hos de 2 foregaaende Arter, af kugledannet Form og kun tilstede i et enkelt Par. Derimod er Æggene kjendelig større end hos hine Arter.

Forekomst. Ved vore Kyster har jeg endnu ikke observeret denne Art. Derimod toges den under Nordhavs-Expeditionen i stort Antal paa mange forskjellige Punkter. Den er noteret fra ikke mindre end 11 forskjellige Stationer, nemlig: St. 18, 31, 48, 124, 164, 262, 275, 312, 315, 343, 363. Af disse ligger de 3 første i den sydligste Del af det af os undersøgte Havstrøg, dels nærmere den norske Kyst, dels nærmere Island (St. 48); de 2 følgende Stationer ligger i Havet udenfor Nordlandskysten og Lofoten; de øvrige 6 falder alle paa den nordlige Del af det af os berciste Havstrøg, dels i Østhavet (St. 262, 275), dels i Naboskabet af Beeren Eiland og Spitsbergen; Dybden fra

appearance. The fingers are about as long as the palm, and both have, on the inner edge, numerous sharply pointed teeth (see fig. 1 d), which, more particularly on the immobile finger, are very unequal in length. as. here, largish teeth alternate pretty regularly with others scarcely half their size. Both fingers are prominently distinguished, otherwise. by the peculiar way in which they terminate. The immobile finger runs, thus, out into a very strongly unguiform incurvate sharp point, while the mobile one terminates, on the contrary, in an obtuse tuberculiform swelling (see fig. 1 d).

The palpi (fig. 1 e) are remarkably slender and elongated, and exhibit therefore, as a rule, a very prominent zigzag-shaped curvature. The longitudinal relations of the joints *inter se* differ, too, appreciably, from those in the 2 preceding species. Thus, the 2nd joint is considerably longer than the 3rd, whereas the 2 outer joints are relatively smaller and more slender, about equal in length, and both taken together hardly longer than the 3rd joint. As in the 2 preceding species, those limbs are only beset with very short and scattered hairs.

The false legs in the male (see fig. 1 a) are relatively very slender, and, when fully extended hardly longer than the body. Of the joints, the 5th is the largest, and longer than the terminal part. The marginal spines (fig. 1 f) are narrow lanceolate, and coarsely serrated on the edges.

The ambulatory legs (see fig. 1) are very slender, taper rapidly towards the end, and are well-nigh bare. They are nearly 5 times longer than the body, and have the 2nd tibial joint, relatively, still more elongate than in *N. gracilipes*, and particularly narrow linear in form. The terminal section is scarcely one-fourth as long as the 2nd tibial joint, and has the propodal joint somewhat shorter than the tarsal joint; both joints are narrow linear, and armed on the inner edge with short spines between which are groups of delicate spinules. The terminal claw is considerably shorter than the propodal joint, but appreciably slenderer than in *N. Strömii*. The auxiliary claws are comparatively small, hardly more than one-fourth as long as the claw itself.

The outer egg-masses (see fig. 1 a) are relatively smaller than in the 2 preceding species, are globular in form and present only as a single pair. The ova, on the contrary, are perceptibly larger than in those species.

Occurrence. I have not, as yet, observed this species on the coasts of Norway. The animal was, however, met with on the North-Atlantic Expedition in great abundance at many different places. It is noted from not less than 11 different Stations, viz: Sts. 18, 31, 48, 124, 164, 262, 275, 312, 315, 343, 363. Of these, the 3 first lie in the southernmost part of the ocean tract investigated by the Expedition, partly not far from the Norwegian coast and partly not far from Iceland (St. 48); the 2 following Stations lie in the seas off the coasts of Nordland and Lofoten; the remaining 6 are all located in the northern part of the ocean tract explored, 2 in the Barents' Sea (Sts. 262. 275) and

148 til 743 F. Jeg har endvidere havt Anledning til at undersøge flere Exemplarer fra det kariske Hav, tagne paa 3 forskjellige Punkter under Nordenskjølds Expedition 1875 og 1876; Dybden fra 40—70 F. De af Dr. Hansen undersøgte Exemplarer var ligeledes fra det kariske Hav.

Udbrødning. Ifølge skriftlig Meddelelse fra Dr. Hansen, er Arten udbredt til det grønlandske Hav, idet den 1886 af Th. Holm er taget paa 72° 40′ N. Br., 57° 15′ V. L.; Dybden 118 F. Den er saaledes utvivlsomt at betragte som en ægte arktisk Form. Rigtignok er den under Nordhavs-Expeditionen taget saa langt Syd som den 63de Brødegrad; men det er at mærke, at den her kun forekom paa meget betydeligt Dyb i den kolde Area, hvor Forholdene tilnærmelsesvis svarer til dem paa grundere Vand i den arktiske Zone.

27. Nymphon macrum, Wilson.

(Pl. IX. Fig. 2, a—g).

Nymphon macrum. Wilson, Report on the Pycnogonida of New England. United States Commission of Fish and Fisheries, Report for 1878. p. 487, Pl. IV, figs. 21—23.

— G. O. Sars, Pycnogonidea borealia & arctica, No. 27.

Artscharacter. Legemet overdeles spinkelt, med tynde og forlængede Lemmer. Hovedsegmentet omtrent saa langt som de 3 følgende Segmenter tilsammen, Halsen meget smal, Pandedelen stærkt udvidet. Øieknuden noget ophøiet og afstumpet i Enden. Snabelen af Hovedsegmentets Længde, smalt cylindrisk. Saxlemmerne saardeles spinkle, forholdsvis kortere end hos *N. elegans*, Skaftet ret, med nogle længere Børster i den øvre Kant, Haanden af Skaftets Længde, meget smalt, Fingrene længere end Palmen, begge udtrukne i en yderst tynd og stærkt indbøiet Spids, Trænderne i Inderkanten af den ubevægelige Finger lange og tynde, af ulige Længde. Følerne overordentlig smækre, 2det Led næsten dobbelt saa langt som 3die, sidste Led kortere og betydelig smalere end 4de, begge tilsammen længere end 3die. De falske Fødder hos Hannen ¹/₄ længere end Legemet. 5te Led stærkt forlænget, Randtornerne bredt lancetformige og regelmæssigt sangtakkede i Kanterne. Gangfødderne uaimindelig spinkle og besatte med spredte Haar, næsten 5 Gange længere end Legemet, 2det Lægled stærkt forlænget og overordentlig tyndt, mere end 4 Gange længere end det terminale Afsnit, Fødleddet kortere end Tarsalleddet, begge tynde og lineære, med smaa haarformige Torner i Kanterne, Endekloen halvt saa lang som Fødleddet, Bikloerne uaimindelig store, ²/₃ saa lange som selve Kloen. De ydre Ægmasser smaa, men med meget store Æg. Legemets Længde 8ᵐᵐ; Spændvidde 85ᵐᵐ.

the others in the vicinity of Beeren Eiland and Spitzbergen; depth from 148 to 743 fathoms. I have also had an opportunity of examining divers specimens from the Kara Sea, taken in 3 different localities on Nordenskjöld's Expedition, 1875 and 1876; depth from 40 to 70 fathoms. The specimens examined by Dr. Hansen were likewise from the Kara Sea.

Distribution. According to a written communication from Dr. Hansen, the species occurs as far north as the Greenland Sea, Th. Holm having taken it (1886) in lat. 72° 40′ N., long. 57° 15′ W.; depth 118 fathoms. The animal must unquestionably, therefore, be regarded as a genuine Arctic form. It was taken, it is true, on the North-Atlantic Expedition as far south as the 63rd parallel of latitude; but it is to be remarked that it occurred there only at a very considerable depth, in the cold area, where the conditions agree approximately with those distinguishing shallower waters in the Arctic Zone.

27. Nymphon macrum, Wilson.

(Pl. IX, fig. 2, a—g).

Nymphon macrum, Wilson, Report on the Pycnogonida of New England. United States Commission of Fish and Fisheries, Report for 1878, p. 487, Pl. IV, figs. 21—23.

— G. O. Sars. Pycnogonidea borealia & arctica, No. 27.

Specific Characters. Body exceedingly slender, with thin and elongated limbs. Cephalic segment about as long as the 3 following segments taken together, neck very narrow, frontal part greatly expanded. Oculiferous tubercle somewhat elevated, and blunted at the extremity. Proboscis same length as the cephalic segment, narrow cylindric. Chelifori exceedingly slender, relatively shorter than in *N. elegans*, scape straight, with a few long setæ on the upper edge, hand the length of scape, very narrow, fingers longer than the palm, both drawn out to an exceedingly thin and strongly incurvate point, teeth on the inner edge of the immobile finger long and thin, unequal in length. Palpi remarkably slender, 2nd joint almost twice as long as the 3rd, last joint shorter and considerably more slender than the 4th, both taken together longer than the 3rd. False legs in the male one-fourth longer than the body, 5th joint greatly elongated, marginal spines broad-lanceolate and regularly serrated on the edges. Ambulatory legs uncommonly slim and beset with scattered hairs, almost five times as long as the body, 2nd tibial joint greatly elongated and remarkably thin, more than 4 times longer than the terminal section, propodal joint shorter than the tarsal joint, both thin and linear, with small capilliform spines on the edges, terminal claw half the length of the propodal joint, auxiliary claws uncommonly large, two-thirds of the length of the claw itself. Outer egg-masses small, but with very large ova. Length of body 8ᵐᵐ; extent 85ᵐᵐ.

12

Bemærkninger. Denne tidligere alene af Wilson observerede Art slutter sig aabenbart nær til de 3 foregaaende Arter og danner sammen med dem en egen Gruppe af Sl. Nymphon, væsentlig karakteriseret ved de stærkt forlængede Saxlemmer og Følere. Nærmest synes den at komme *N. elegans* Hansen, men er dog let kjendelig ved den umindelig spinkle Form af samtlige Lemmer. Saxlemmernes Haand er saaledes endnu betydelig smalere og navnlig ulig ved den Maade, hvorpaa Fingrene ender. Ogsaa Følerne skiller sig kjendeligt ved et forskjelligt Længdeforhold af de dem sammensættende Led. Endelig er Bikloernes umindelige Størrelse et godt og sikkert Kjendemærke.

Beskrivelse. Legemets Længde er hos de største undersøgte Exemplarer 8ᵐᵐ, med en Spandvidde af 85ᵐᵐ. Arten opnaar saaledes ikke fuldt samme Størrelse som *N. elegans.*

Formen er idethele (se Pl. IX, Fig. 2) umindelig spinkel, især hvad Lemmerne angaar. Selve Kroppen (Fig. 2 a) er af den sædvanlige smalt cylindriske Form og har Sidefortsatserne temmelig vidt skilte. Hovedsegmentet er ogsaa hos denne Art af betydelig Størrelse, idet dets Længde er lig de 3 følgende Segmenter tilsammen, og Pandedelen er temmelig stærkt udvidet, omend ikke fuldt saa stærkt som hos de 3 foregaaende Arter. Halsen er kjendelig tyndere og ogsaa noget mere forlænget end hos hine Arter.

Øiekuudeu (Fig. 2 b) er temmelig stærkt ophøiet, af noget pyramidal Form og afstumpet i Enden. Lindserne er af betydelig Størrelse og elliptisk Form.

Snabelen (se Fig. 2 a) er af regelmæssig cylindrisk Form og omtrent af Hovedsegmentets Længde.

Saxlemmerne (ibid.) udmærker sig ved sin spinkle Form og er, lige udstrakte omtrent af Kroppens Længde (+ Snabelen). Skaftet er smalt cylindriskt og ganske lige, ikke som hos foregaaende Art bøiet i Enden, samt bærer i den øvre Kant nær Spidsen nogle temmelig lange og tynde Børster. Haanden, der omtrent er af Skaftets Længde, er særdeles smal og har Fingrene kjendelig længere end Palmen. Begge Fingre er overordentlig tynde og ender med en yderst fin, jevnt indbøiet Spids (se Fig. 2 d); i Inderkanten bærer de talrige spidse Tænder, der navnlig paa den ubevægelige Finger er af betydelig Længde, skjøndt noget ulige i Størrelse.

Følerne (Fig. 2 c) er endnu tyndere end hos foregaaende Art og viser et noget forskjelligt Længdeforhold af Leddene. 2det Led er saaledes her næsten dobbelt saa langt som 3die, og af de 2 ydre Led er det sidste baade kortere og betydelig smalere end næstsidste; begge disse Led tilsammen er kjendelig længere end 3die.

De falske Fødder udspringer som hos foregaaende Art fra Siderne af Halsen og i nogen Afstand fra de forreste Sidefortsatser (se Fig. 2). De er hos Hannen

Remarks. This animal, previously observed by Wilson alone, has, it is evident, great affinity to the 3 foregoing species, and constitutes along with them a separate group of the genus Nymphon, characterized, in particular, by the exceedingly elongated chelifori and palpi. It seems to approximate closest *N. elegans* Hansen, but yet is, easily distinguished by the remarkably slender form of all its limbs. The hand of the chelifori is, thus, very much narrower, and especially dissimilar in the way in which the fingers terminate. The palpi, too, differ appreciably in the longitudinal proportions of the joints composing them. Finally, the unusual size of the auxiliary claws is a good and reliable distinctive character.

Description. The length of the body in the largest specimens examined is 8ᵐᵐ, with an extent of 85ᵐᵐ. The species, therefore. does not quite attain the size of *N. elegans.*

The form is, on the whole, (see Pl. IX, fig. 2) uncommonly slender, particularly as regards the limbs. The trunk itself (fig. 2 a) is of the usual narrow-cylindrical form, and has the lateral processes rather widely separated. The cephalic segment occurs in this species, too, of considerable size, its length equalling that of the 3 following segments taken together, and the frontal part is a good deal expanded, though not quite so much as in the 3 preceding species. The neck is appreciably thinner, and also somewhat more elongated than in those forms.

The oculiferous tubercle (fig. 2 b) is rather considerably elevated, of a somewhat pyramidal form, and blunted at the extremity. The lenses are large and elliptic in form

The proboscis (see fig. 2 a) has a regular cylindrical form, and is about same length as the cephalic segment.

The chelifori (ibid.) distinguish themselves by their slender form, and, when fully extended, are about same length as the body (less the proboscis). The scape is narrow-cylindrical and quite straight, not as in the preceding species bent at the extremity, also furnished on the upper edge near the point with a few rather long and slender setæ. The hand, of about the length of the scape, is exceedingly narrow, and has the fingers appreciably longer than the palm. Both fingers are remarkably thin, and terminate in a very fine, evenly incurvated point (see fig. 2 d); on the inner edge they carry numerous sharp teeth, which, more particularly on the immobile finger, are of considerable length though somewhat unequal in size.

The palpi (fig. 2 c) are even thinner than in the preceding species, and show a somewhat different longitudinal relation in the joints. The 2nd joint is, in this animal, almost twice as long as the 3rd one, and of the 2 outer joints, the last is both shorter and considerably narrower than the penultimate one; both these joints taken together are appreciably longer than the 3rd.

The false legs issue, as in the foregoing species, from the sides of the neck, and at some distance from the foremost of the lateral processes (see fig. 2). In the

(Fig. 2 a) betydelig stærkere forlængede end hos Hunnen, omtrent ¹/₄ længere end Legemet og har som sædvanlig 5te Led længst. Endedelen er kortere end dette Led. og har Randtornerne (Fig. 2 f) af bred lancetdannet Form, med en regelmæssig Rad af stærke Saugtakker i hver Kant.

Gangfødderne er (se Fig. 2) ualmindelig spinkle og forlængede, næsten 5 Gange længere end Legemet, og besatte med spredte, temmelig lange Haar. Af Leddene er som sædvanlig 2det Lægled det længste og ganske overordentlig tyndt. Det terminale Afsnit (Fig. 2 g) er neppe ¹/₄ saa langt og har Tarsalleddet kjendelig længere end Fodleddet, begge af smal lineær Form og besatte med spredte Smaabørster. Endekloen er neppe mere end halvt saa lang som Fodleddet, men temmelig stærk og tydeligt leformigt tilskjærpet. Bikløerne udmærker sig i høi Grad ved sin betydelige Størrelse, idet de er ²/₃ saa lange som selve Kloen.

De ydre Ægmasser forefindes kun i et enkelt Par og sædvanligvis fæstede omkring de falske Fødders 5te Led. De er (se Fig. 2 a) forholdsvis smaa og af kugledannet Form, hvorimod de i dem indeholdte Æg er af ganske ualmindelig Størrelse.

Forekomst. Jeg har fundet denne Art ikke saa sjelden langs vor Vestkyst. og nordlig til Lofoten, paa et Dyb af 40—100 F. Under Nordhavs-Expeditionen toges den enkeltvis paa 2 Stationer, den ene (Stat. 262) Øst af Vardø, den anden (Stat. 290) omtrent midtveis mellem Finmarken og Beeren Eiland: Dybden fra 148 til 191 F.

Udbredning. Arten er udbredt til Nordamerikas Østkyst, hvor den er taget i Golfen ved Maine paa 85—115 F. D. (Wilson). At dømme efter denne Udbredning i Forbindelse med dens Forekomst i Havet udenfor Finmarken, maa den uhvivlsomt ansees for en oprindelig arktisk Form.

---

male (fig. 2 a), they are considerably more elongated than in the female, about one-fourth longer than the body, and have, as usual, the 5th joint longest. The terminal part is shorter than that joint, with the marginal spines (fig. 2 f), broad-lanceolate in form and bearing a regular series of strong saw-teeth on either edge.

The ambulatory legs (see fig. 2) are uncommonly slender and elongated, almost 5 times longer than the body, and beset with scattered, rather long hairs. Of the joints, the 2nd tibial joint is, as usual, the longest, and quite remarkably slender. The terminal section (fig. 2 g) is hardly one-fourth as long, and has the tarsal joint appreciably longer than the propodal joint, both narrow-linear in form and beset with scattered minute setæ. The terminal claw is hardly more than half as long as the propodal joint, but rather powerful and distinctly falciformly sharpened. The auxiliary claws prominently [distinguish themselves by their considerable size, as they are two-thirds as long as the claw itself.

The outer egg-masses occur as a single pair only, and, in general, affixed round the 5th joint of the false legs. They are relatively small (see fig. 2 a) and globular in form, whereas the ova they contain are of quite a remarkable size.

Occurrence. I have not infrequently met with this species along the West Coast of Norway, and as far north as Lofoten, at a depth of from 40 to 100 fathoms. On the North-Atlantic Expedition solitary specimens were taken at 2 Stations, the one (Stat. 262) east of Vardö, the other (Stat. 290) about midway between Finmark and Beeren Eiland; depth from 148 to 191 fathoms.

Distribution. The species ranges as far as the east coast of North America, where it has been found in the Gulf of Maine at a depth of 85—115 fathoms (Wilson). To judge from this distribution, along with its occurrence off the coast of Finmark, the animal must doubtless be regarded as originally an Arctic form.

---

28. Nymphon micronyx, G. O. Sars.

(Pl. IX, Fig. 3, a—g).

Nymphon micronyr. G. O. Sars. Pycnogonidea borealia & arctica, No. 28.

Artscharacter. Legemet af forholdsvis undersætsig Form. Hovedsegmentet neppe længere end de 2 følgende Segmenter tilsammen; Halsen forholdsvis kort og tyk; Pandedelen kun lidet udridet. Øiekunden meget lav, afrundet. Snabelen kortere end Hovedsegmentet, cylindrisk. Saxlemmerne forholdsvis smaa, Haanden neppe saa lang som Skaftet, af aflang oval Form, Fingrene kortere end Palmen. Følerne korte og tykke, tæt haarede, 2det og 3die Led af ens Størrelse, sidste noget længere end næstsidste; begge tilsammen saa lange som 3die. De falske Fødder hos Hannen noget længere end Legemet. Endedelen

---

28. Nymphon micronyx, G. O. Sars.

(Pl. IX, fig. 3, a—g).

Nymphon micronyx, G. O. Sars, Pycnogonidea borealia & arctica, No. 28.

Specific Characters. Body comparatively thickset in form. Cephalic segment hardly longer than the 2 succeeding segments taken together; neck relatively short and thick; frontal part but little expanded. Oculiferous tubercle very low, rounded. Proboscis shorter than the cephalic segment, cylindric. Chelifori comparatively small, hand hardly as long as the scape, oblong-oval in form, fingers shorter than the palm. Palpi short and thick, 2nd and 3rd joints of equal size, last joint somewhat longer than the penultimate one; both taken together as long as the 3rd. False legs in the male somewhat longer than the body, terminal part

12*

længere end 5te Led, Randtornerne bredt lancetformige, med 2 Par stærke Tænder i det basale Parti, Yderdelen med 6 Par Saugtakker. Gangfødderne tæt besatte med korte Haar, forholdsvis mindre forlængede, neppe mere end 3¹/₂ Gang længere end Legemet, det terminale Afsnit omtrent halvt saa langt som 2det Laagled, Fodleddet betydelig længere end Tarsalleddet, temmelig smalt og noget buet, uden tydeligt udprægede Torner i Inderkanten; Endekloen ualmindelig kort, neppe halvt saa lang som Fodleddet; Bikloerne omtrent af Kloens halve Længde. Legemets Længde 3ᵐᵐ; Spandvidde 22ᵐᵐ.

Bemærkninger. Denne lille Art hører aabenbart til en anden Gruppe af Sl. Nymphon end de 4 sidst beskrevne, og viser i enkelte Henseender (Saxlemmernes og Følernes Form) en vis Lighed med de i Begyndelsen af dette Arbeide opførte Arter, der grupperer sig om *N. gracilis.* Den skiller sig imidlertid kjendelig fra disse ved Fodleddets smale Form og Mangelen af de i Inderkanten af samme hos hine Arter fæstede stærke Torner, i hvilken Henseende den viser større Overensstemmelse med de følgende 3 Arter. Ligeledes afviger Randtornerne paa de falske Fødder fra den for hine Arter sædvanlige Bygning.

Beskrivelse. Den hører til de mindre Arter af Slægten, da Legemets Længde kun er 3ᵐᵐ, med en Spandvidde af 22ᵐᵐ.

Formen er idethele (se Pl. IX, Fig. 3) temmelig undersætsig, ialfald mere end hos Flerheden af Slægtens Arter. Kroppen (Fig. 3 a) er af den sædvanlige cylindriske Form, med Sidefortsatserne omtrent saa lange som Kroppen er bred og skilte ved tydelige, omend ikke meget brede Mellemrum. Hovedsegmentet er neppe længere end de 2 følgende Segmenter tilsammen og har en temmelig kort og tyk Hals; Pandedelen er kun ganske svagt udvidet.

Øiekmoden (Fig. 3 b, 3 a) er særdeles lav og af afrundet Form; Lindserne er vidt adskilte, og Øiepigmentet viser for hver Lindse en lignende bægerdannet Form som hos Arterne af Sl. *Cordylochele.*

Snabelen (se Fig. 3 a) er kjendelig kortere end Hovedsegmentet og af regelmæssig cylindrisk Form.

Saxlemmerne (se Fig. 3) er forholdsvis smaa og af en lignende Bygning som hos *N. gracilis* og beslægtede Arter. Haanden (Fig. 3 d) er noget kortere end Skaftet, af aflang oval Form og temmelig tæt haaret, navnlig ved Basis af Fingrene. Disse sidste er kjendelig kortere end Palmen og bevæbnede i Inderkanten mod smaa Tænder af ens Udseende; Spidserne er jevnt indadkrummede og krydser hinanden, naar Saxen lukkes.

Følerne (Fig. 3 c) er forholdsvis korte og undersætsige samt tæt tinnrøde, navnlig i Yderkanten. Af Ledkene er 2det og 3die omtrent lige store. Sidste Led er af elliptisk Form og noget længere end næstsidste; begge tilsammen omtrent af 3die Leds Længde.

longer than the 5th joint, marginal spines broad-lanceolate, with 2 pairs of strong teeth at the base, outer part with 6 pairs of serrations. Ambulatory legs densely beset with short hairs, relatively less elongated, hardly more than 3¹/₂ times longer than the body, terminal section about half as long as the 2nd tibial joint, propodal joint considerably longer than the tarsal joint, rather narrow, and somewhat curved, without distinctly prominent spines on the inner edge; terminal claw uncommonly short, scarcely half as long as the propodal joint; auxiliary claws of about half the length of the claw itself. Length of body 3ᵐᵐ; extent 22ᵐᵐ.

Remarks. This small species evidently belongs to another group of the genus Nymphon than the 4 last mentioned species, and in some points (for instance in the form of the chelifori and palpi) it shows a certain resemblance to the species described in the first part of the present work as grouping around *N. gracilis.* It is, however, well distinguished from them by the narrow form of the propodal joint, and by the absence of the strong spines occurring in those species on the inner edge of this joint, in which respect it more closely agrees with the 3 succeeding species. Moreover, the structure of the marginal spines on the false legs differs from that usually met with in the first named species.

Description. It belongs to the smaller species of the genus, as the body's length is only 3ᵐᵐ, with an extent of 22ᵐᵐ.

The form is, on the whole, (see Pl. IX, fig. 3) rather thickset, at least, more so than in the bulk of the species of the genus. The trunk (fig. 3 a) has the usual cylindric form, with the lateral processes about as long as the body is broad, and separated by distinct, though not very wide intervals. The cephalic segment is hardly longer than the 2 succeeding segments taken together, and has a rather short and thick neck; the frontal part is but very slightly expanded.

The oculiferous tubercle (fig. 3 b, 3 a) is exceedingly low and rounded in form; the lenses are widely separated, and on each of them the ocular pigment exhibits a calyxshaped form, as in the species of the genus *Cordylochele.*

The proboscis (see fig. 3 a) is appreciably shorter than the cephalic segment and is regular cylindric in form.

The chelifori (see fig. 3) are comparatively small, and similar in structure to those of *N. gracilis* and related species. The hand (fig. 3 d) is somewhat shorter than the scape, oblongo-oval in form, and rather densely hirsute, in particular at the base of the fingers. The latter are appreciably shorter than the palm, and are armed on the inner edge with small teeth of uniform appearance; the points are evenly incurvated, and cross each other when the chela closes.

The palpi (fig. 3 c) are comparatively short and thickset, and also densely hairy, particularly on the outer edge. Of the joints, the 2nd and 3rd have about the same size. The last joint is elliptic in form, and somewhat longer than the penultimate one; both taken together are about the length of the 3rd joint.

De falske Fødder hos Hannen (se Fig. 3 a) er næsten ¹/₄ længere end Legemet og har som sædvanlig 5te Led længst, men kjendelig kortere end Endleddet. Randtornerne (Fig. 3 f) er af lancetdannet Form og har i det basale Parti 2 Par stærke Sidetænder, medens Yderdelen er regelmæssigt savtakket, med 6 Takker til hver Side.

Gangfødderne (se Fig. 3) er mindre forlængede end hos de fleste øvrige Arter, idet de neppe er mere end 3¹/₂ Gang længere end Legemet. De er heller ikke saa stærkt afsmalnende mod Enden og viser i sin hele Længde en temmelig tæt Besætning af korte og fine Haar. Af Leddene er vistnok ogsaa her 2det Lægled det længste, men er dog neppe dobbelt saa langt som det terminale Afsnit og kun lidet længere end Laarleddet. Tarsalleddet er forholdsvis kort, hvorimod Fodleddet er temmelig forlænget, noget krummet, og meget smalt, uden iøinefaldende Torner i Inderkanten. Endekloen er ualmindelig kort, kun lidet mere end ¹/₂ saa lang som Fodleddet, men temmelig kraftig. Biklørne er vel udviklede og næsten halvt saa lange som selve Kloen.

Ingen af de undersøgte Exemplarer havde ydre Ægmasser, om de end havde Udsendet af at være fuldt udviklede.

Forekomst. Et Par Exemplarer af denne Art fandtes i den mig til Undersøgelse overladte Samling af Pycnogonider, indsamlede under Nordeuskjølds Expedition 1875 og 76. De var begge fra Strædet Matotschinssharr; Dybden 2—15 F.

The false legs in the male (see fig. 3 a) are almost one-third longer than the body, with the 5th joint, as usual, longest, but appreciably shorter than the terminal part. The marginal spines (fig. 3 f) are lanceolate in form, and have in the basal part 2 pairs of strong lateral teeth, while the outer part is regularly serrate, with 6 denticles on either side.

The ambulatory legs (see fig. 3) are less elongated than in most of the other species, being hardly upwards of 3¹/₂ times longer than the body. Nor do they taper so rapidly towards the extremity, and they exhibit throughout their entire length a rather dense covering of short and delicate hairs. Of the joints, the 2nd tibial joint is here, also, certainly the longest, though hardly twice as long as the terminal section and but little longer than the femoral joint. The tarsal joint is relatively short, whereas the propodal joint is rather elongated, somewhat curved, and very narrow, without prominent spines on the inner edge. The terminal claw is uncommonly short, only little more than one-third as long as the propodal joint, but rather powerful. The auxiliary claws are well developed and almost half as long as the claw itself.

None of the specimens examined had outer egg-masses, even though they were fully developed, to judge from their appearance.

Occurrence. Two examples of this species were found among the Pycnogonids collected in Nordenskjöld's Expedition, 1875 and 76, and sent me for examination. They were both from the Matotschinsharr Strait; depth 2—15 fathoms.

---

29. Nymphon longimanum, G. O. Sars.

(Pl. X. Fig. 1, a—f).

Nymphon longimanum, G. O. Sars, Pycnogonidea borealia & arctica, No. 29.

Artscharacter. Legemet spinklere end hos foregaaende Art. Hovedsegmentet omtrent saa langt som de 3 følgende Sogmenter tilsammen, med tydelig, skjøndt ikke meget forlænget Hals, og kun meget lidet udvidet Pandedel. Øieknuden temmelig lav, afkuttet i Enden og forsynet med fremspringende Sidehjørner. Snabelen kortere end Hovedsegmentet, cylindrisk. Saxlemmerne smaa og svage. Hnanden betydelig kortere end Skaftet, forholdsvis smal og tæt hnaret; Fingrene af Palmens Længde, med stærkt indbøiede Spidser. Følerne forholdsvis korte og tæt haarede, 2det og 3die Led af ens Størrelse; sidste kun lidet længere end næstsidste og begge tilsammen af 3die Leds Længde. De falske Fødder kun lidet længere end Legemet, Randtornerne meget smale, dolkformige, kort savtakkede i Kanterne. Gangfødderne besatte med spredte fine Haar, temmelig forlængede, noget mere end 4 Gange længere end Legemet, 2det Lægled af smal lineær Form, omtrent 2¹/₂ Gang

29. Nymphon longimanum, G. O. Sars.

(Pl. X, fig. 1, a—f).

Nymphon longimanum, G. O. Sars, Pycnogonidea borealia & arctica, No. 29.

Specific Characters. Body more slender than in the preceding species. Cephalic segment about as long as the 3 following segments taken together, with the neck distinct, though not very elongated, and the frontal part but very little expanded. Oculiferous tubercle rather low, truncated at the extremity, and furnished with projecting lateral corners. Proboscis shorter than the cephalic segment, cylindric. Chelifori small and feeble, hand considerably shorter than the scape, comparatively narrow, and densely hairy; the fingers same length as palm, with strongly incurvated points. The palpi relatively short and densely hirsute, 2nd and 3rd joints of equal size; the last but little longer than the penultimate one, and both taken together equal in length to the 3rd. False legs but little longer than the body, marginal spines very slender, dagger-shaped, shortly-serrated on the edges. Ambulatory legs beset with scattered delicate hairs, rather elongate, a trifle more than 4 times as long

94

længere end det terminale Afsnit, Tarsalleddet forholdsvis
kort, Fodleddet derimod ualmindelig stort, næsten $\frac{1}{2}$ Gang
længere end Tarsalleddet og noget fortykket paa Midten,
Inderkanten bevæbnet med en tæt Rad af tynde Torner;
Endekloen omtrent halvt saa lang som Fodleddet, tem-
melig kraftig; Bikloerne overordentlig smaa og rudimentære.
Legemets Længde $5\frac{1}{2}$; Spandvidde 48.

Bemærkninger. Denne Art er især udmærket ved
Forholdet af det terminale Afsnit paa Gangfødderne og
navnlig ved Fodleddets stærke Udvikling, hvad der har
givet Anledning til Artsbenævnelsen. [1] Ligeledes er den
rudimentære Beskaffenhed af Bikloerne særdeles charac-
teristisk. I sin almindelige Habitus viser den nogen Lighed
med de med *N. grossipes* beslægtede Former, men synes
dog i visse anatomiske Character at slutte sig nærmere til
de 2 følgende Arter.

Beskrivelse. Det eneste foreliggende Exemplar, der
synes at være en Hun, har en Længde af $5\frac{1}{2}$, med en
Spandvidde af 48. Den hører saaledes til de middel-
store Arter.

Legemets Form er (se Pl. X, Fig. 1), om ikke ual-
mindelig spinkel, saa dog kjendelig smækrere end hos fore-
gaaende Art, navnlig hvad de forskjellige Lemmer angaar.
Selve Kroppen (Fig. 1 a) er af sædvanligt Udseende, med
Sidefortsatserne temmelig lange og skilte ved tydelige,
skjøndt ikke meget brede Mellemrum. Hovedsegmentet er
omtrent saa langt som de 3 følgende Segmenter tilsammen
og har en tydelig og temmelig smal Hals, Pandedelen er
kun ganske svagt udvidet og neppe bredere end Kroppen
paa Midten.

Øieknuden (Fig. 1 b) er ikke meget ophøiet og viser,
forfra eller bagfra seet, 2 stærkt fremspringende Sidehjør-
ner, hvorved Enden faar Udseendet af at være noget ud-
randet i Midten. Lindserne er ikke meget store og ligger
noget nærmere Enden end Basis af Øieknuden.

Snabelen (se Fig. 1 a) er af regelmæssig cylindrisk
Form og kjendelig kortere end Hovedsegmentet.

Saxlemmerne (ibid.) er forholdsvis meget smaa og
svagt byggede. Skaftet er smalt cylindrisk og mod Enden
temmelig tæt haaret. Haanden (Fig. 1 c) er betydelig
kortere end Skaftet og ligeledes ualmindelig smal, samt
tæt haaret, navnlig ved Basis af Fingrene. Disse sidste
er omtrent af Palmens Længde og, som hos foregaaende
Art, forsynede i Inderkanten med smaa ensudviklede Tæn-
der, og med skarpe indkrummede Spidser.

as the body, 2nd tibial joint narrow linear in form, about two
and a half times as long as the terminal section, tarsal joint
comparatively short, propodal joint, on the contrary, un-
commonly large, almost a half longer than the tarsal joint
and somewhat tumeficated in the middle, inner edge armed
with a dense series of thin spines, terminal claw about
half as long as the propodal joint, rather powerful; auxiliary
claws remarkably small and rudimentary. Length of body
$5\frac{1}{2}$; extent 48.

Remarks. This species is especially distinguished by
the relations in the terminal part of the ambulatory legs, and,
in particular, by the great development of the propodal joint,
which has suggested the specific designation. [1] Moreover,
the rudimentary nature of the auxiliary claws is especially
characteristic. In its general habitus it exhibits some
resemblance to the, with *N. grossipes* related forms, but
seems, however, in certain anatomical characters, to have
more in common with the 2 following species.

Description. The only specimen before me, ap-
parently a female, has a length of $5\frac{1}{2}$, with an extent
of 48. It belongs therefore to the middle-sized species.

The body (see Pl. X, fig. 1), though not perhaps
exceptionally slender, is at least appreciably slimmer
than in the preceding species, more especially as regards
the different limbs. The trunk itself (fig. 1 a) has the
usual appearance, with the lateral processes rather long,
and separated by distinct, though not very wide inter-
vals. The cephalic segment is about as long as the
3 following segments taken together, and has a distinct
and rather narrow neck. The frontal part is but very
slightly expanded and hardly broader than the trunk in
the middle.

The oculiferous tubercle (fig. 1 b). is not very elev-
ated, and exhibits, viewed anteriorly or posteriorly, 2
strongly projecting lateral corners, which gives to the
extremity the appearance of being somewhat emarginate
in the middle. The lenses are not very large and lie
somewhat nearer the extremity than the base of the
oculiferous tubercle.

The proboscis (see fig. 1 a) is regular cylindric in
form and appreciably shorter than the cephalic segment.

The chelifori (ibid.) are comparatively very small
and feeble in structure. The scape is narrow-cylindric
and, towards the extremity, rather densely hirsute. The
hand (fig. 1 c) is considerably shorter than the scape and
likewise exceedingly narrow, also densely hairy, especially
at the base of the fingers. The latter are about as
long as the palm, and, as in the preceding species, are
provided on the inner edge with small, uniformly developed
teeth, and with sharp incurvated points.

---

[1] Denne er forsaavidt mindre noget uheldigt valgt, som man
nu almindelighed ved Haanden forstaar det ydre Parti af Saxlem-
merne. Jeg har imidlertid ikke troet at burde forandre den en
Gang foreslaaede Artsbetegnelse.

[1] Perhaps not the most appropriate one, the „hand“ being now
generally taken to signify the outer part of the chelifori. Meanwhile
I have not seen fit to change the specific appellation originally pro-
posed.

Følerne (Fig. 1 d) har nogen Lighed med samme hos foregaaende Art, men synes lidt spinklere. Forholdet af Leddene er omtrent som hos hin Art, alene med den Forskjel, at sidste Led synes noget mindre og smalere.

De falske Fødder er kun lidet længere end Legemet, hvorved dog er at bemærke, at det undersøgte Exemplar synes at være en Hun. Randtornerne (Fig. 1 e) er ualmindelig tynde, dolkformige og ensformigt saugtakkede i Kanterne, uden nogen særlig store basale Sidetænder.

Gangfødderne (se Fig. 1) er temmelig stærkt forlængede, idet de er over 4 Gange længere end Legemet. Do er dog ikke af nogen ualmindelig Spinkelhed og afsmalnes kun ganske svagt mod Enden; i sin hele Længde er de besatte med meget fine, spredte Haar. Af Leddene er 2det Lægled som sædvanlig det længste og omtrent 2½ Gang længere end det terminale Afsnit. Dette sidste (Fig. 1 f) forholder sig i flere Hensender eiendommeligt. Tarsalleddet er saaledes forholdsvis usædvanlig kort, medens Fodleddet udmærker sig ved en betydelig Udvikling. Det er nemlig næsten ½ Gang til saa langt som Tarsalleddet og har Inderkanten noget udbuet samt bevæbnet med en tæt Rad af temmelig lange, skjøndt tynde Torner. Endekloen er omtrent halvt saa lang som dette Led og t:mmelig kraftig, med en eiendommelig hornbrun Skygning ved Basis. Derimod er Bikløerne saa yderst smaa og rudimentære, at de meget let vil kunne overses, uden Tilhjælp af stærke Forstørrelser.

Forekomst. Det ovenbeskrevne Exemplar blev under Nordenskjöld's Expedition taget i det kariske Hav paa et Dyb af 60 F.

The palpi (fig. 1 d) have some resemblance to those in the preceding species, but appear to be a little more slender. The relations between the joints are about the same as in that species, with this difference only, that the last joint seems to be somewhat smaller and more slender.

The false legs are but little longer than the body, in relation to which it is to be noted, however, that the specimen examined seems to be a female. The marginal spines (fig. 1 e) are remarkably slender, dagger-shaped, and uniformly-serrate on the edges, without any particularly large lateral teeth at the base.

The ambulatory legs (see fig. 1) are a good deal elongated, as they are more than 4 times longer than the body. They are not, however, exceptionally slender, and taper but very slightly towards the extremity; they are beset throughout their entire length with very delicate scattered hairs. Of the joints, the 2nd tibial joint is, as usual, the longest, about two and a half times longer than the terminal section. The latter (fig. 1 f) is in many respects peculiar. Thus, the tarsal joint is uncommonly short, whereas the propodal joint distinguishes itself by a considerable development, being almost half as long again as the tarsal joint, with the inner edge somewhat arcuate and armed with a dense series of rather long, though slender spines. The terminal claw is about half as long as that joint, and rather powerful, with a peculiar horny-brown tint at the base. The auxiliary claws, on the contrary, are so very minute and rudimentary, as to admit of being easily overlooked without the aid of a strong magnifier.

Occurrence. The specimen above described was taken on Nordenskjöld's Expedition in the Kara Sea, at a depth of 60 fathoms.

---

30. Nymphon serratum, G. O. Sars.

(Pl. X, Fig. 2, a—h).

Nymphon serratum, G. O. Sars, Crustacea & Pycnogonida nova etc. No. 50.
— — Hoek, Pycnogonida „Willem Barents" l. c., p. 16, Pl. I, fig. 21—28, Pl. II, fig. 29.
— — Hansen, Karahavets Pycnogonider, p. 7, Tab. XVIII, Fig. 2, a—c.
— — G. O. Sars, Pycnogonidea borealia & arctica, No. 30.

Artscharacter. Legemet noget smækkert, med temmelig store vel skilte Sidefortsatser og 3 tilspidsede dorsale Fremspring. Hovedsegmentet omtrent saa langt som de 3 følgende Segmenter tilsammen, Halsen af middelmaadig Længde, Pandedelen kun lidet udvidet. Øieknuden noget ophøiet, stump konisk, med Lindserne af middelmaadig Størrelse. Snabelen af Hovedsegmentets Længde. Saxlemmerne ualmindelig smaa, Skaftet smalt cylindrisk, lige fortilstrakt, Haanden neppe mere end halvt saa lang, med Fingrene kortere end Palmen og stærkt indkrummede i

---

30. Nymphon serratum, G. O. Sars.

(Pl. X, fig. 2, a—h).

Nymphon serratum, G. O. Sars, Crustacea & Pycnogonida nova etc. No. 50.
— — Hoek, Pycnogonida „Willem Barents" l. c., p. 16, Pl. I, figs. 21—28, Pl. II, fig. 29.
— — Hansen, Karahavets Pycnogonider, p. 7, Tab. XVIII, fig. 2, a—c.
— — G. O. Sars, Pycnogonidea borealia & arctica, No. 30.

Specific Character. Body somewhat slender, with rather large, well separated lateral processes and 3 acuminated dorsal projections. Cephalic segment about as long as the 3 following segments taken together, neck of moderate length, frontal part but little expanded. Oculiferous tubercle somewhat elevated, obtuse-conic, with the lenses of moderate size. Proboscis the length of the cephalic segment. Chelifori remarkably small, scape narrow-cylindric, extended straight forward, hand hardly more than half as long, with the fingers shorter than the palm and strongly

Spidsen. Folerne smale, kort haarede. 2det Led betydelig længere, men smalere end 3die; dette noget længere end de 2 ydre Led tilsammen; sidste Led meget lidet, ovalt. De falske Fødder hos Hannen omtreut ¹/₄ længere end Legemet, Endeledon saa lang som 5te Led, Randtornerne forholdsvis smaa, smalt lancetformige og grovt saugtakkede i Kanterne. Gangfødderne stærkt forlængede, næsten 5 Gange længere end Legemet, men temmelig robuste og kun lidet afsmalnende mod Enden, 2det Lægled mere end 3 Gange længere end det terminale Afsnit, Tarsal- og Fodled omtrent af ens Længde, begge nalmindelig kraftige, det sidste med 6—8 stærke Torner i Inderkanten; Endekloen omtrent halvt saa lang som Fodleddet, temmelig stærk; Bikloerne vel udviklede, næsten halvt saa lange som Kloen. Legemets Længde 12ᵐᵐ; Spandvidde 117ᵐᵐ.

Bemærkninger. Den mest iøinefaldende Character for nærværende Art er de eiendommelige Fremspring paa Kroppens Rygside, hvortil intet Spor findes hos nogen anden bekjendt Art af Slægten. Ogsaa i flere andre Henseender skiller den sig kjendeligt fra de i det foregaaende beskrevne Arter, hvorimod den i sine anatomiske Detailler idethele slutter sig meget nær til følgende Art.

Beskrivelse. Legemets Længde naar op til 12ᵐᵐ med en Spandvidde af 117ᵐᵐ, og den hører snaledes til de største Arter af Slægten.

Formen maa (se Pl. X. Fig. 2) vistnok idethele kaldes smækker, men dog paa langt nær ikke i den Grad som hos enkelte af de i det foregaaende omtalte Arter, og navnlig har Gangfødderne, omend af betydelig Længde, et umiskjendelig robust Præg. Selve Kroppen viser, seet ovenfra (Fig. 2 a), den sædvanlige cylindriske Form, og har Sideforsatserne temmelig store og tykke samt skilte ved vel markerede Mellemrum. Sees Kroppen fra Siden (Fig. 2 b), fremtræder imidlertid en for nærværende Art meget udmærkende Character, idet ethvert af de 3 forreste Segmenter bagtil sees at hæve sig til et temmelig hoit, skarpt tilspidset og noget bagudrettet Fremspring. Ryggen faar herved et eiendommeligt, ligesom saugtakket Udseende; deraf Artsbetegnelsen. Hovedsegmentet er omtrent saa langt som de 3 følgende Segmenter tilsammen og har en vel markeret, skjøndt ikke meget forlænget Hals; Pandedelen er kun meget lidet udvidet og neppe synderlig bredere end de midterste Kropssegmenter.

Øieknuden (Fig. 2 c) er noget ophoiet, af stump konisk Form og lidt bagudrettet, med Lindsorne af middelmaadig Størrelse og beliggende omtrent ved Midten af Øieknudens Hoide.

Snabelen (se Fig. b) er forholdsvis stor og tyk, omtrent af Hovedsegmentets Længde, og af den sædvanlige cylindriske Form, dog lidt afsmalnende i sit ydre Parti.

incurvate at the points. Palpi narrow, short-ciliate. 2nd joint considerably longer, but narrower than the 3rd; the latter somewhat longer than the 2 outer joints taken together; last joint very small, oval. False legs in the male about one-fourth longer than the body, terminal part as long as the 5th joint, marginal spines comparatively small, narrow-lanceolate, and coarsely serrated on the edges. Ambulatory legs much elongated, almost 5 times longer than the body but rather robust, and tapering but slightly towards the end, 2nd tibial joint more than 3 times longer than the terminal section, tarsal and propodal joints about same length, both uncommonly powerful, the latter with 6—8 strong spines on the inner edge; terminal claw about half as long as the propodal joint, rather powerful; auxiliary claws well developed, almost half as long as the claw itself. Length of body 12ᵐᵐ; extent 117ᵐᵐ.

Remarks. The most conspicuous character of the present species is, the peculiar projections on the dorsal surface of the body, of which not a trace is observed in any of the other known species of the genus. Also in several other respects it is perceptibly distinguished from all the previously described species, whereas, in its anatomical details it approximates, on the whole, very closely to the following form.

Description. The length of the body reaches as much as 12ᵐᵐ, with an extent of 117ᵐᵐ, and the animal pertains, therefore, to the largest species of the genus.

The form (Pl. X, fig. 2) must certainly, on the whole, be described as slender, though not nearly to the extent characterising divers of the species described above; in particular, the ambulatory legs, though of considerable length, exhibit an unmistakeably robust appearance. The trunk itself, when viewed from above (fig. 2 a), exhibits the usual cylindrical form, and has the lateral processes rather large and thick, as well as separated by well marked intervals. On viewing the trunk from the side (fig. 2 b), however, a character prominently distinctive of this species appears, as each of the 3 foremost segments, behind, are seen to rise into a rather high, sharply acuminated and somewhat posteriorly directed projection. The back thus acquires a peculiar, as it were, serrated appearance; hence the specific designation. The cephalic segment is about as long as the 3 following segments taken together, and has a well marked, though not very elongated neck; the frontal part is but very little expanded and hardly at all broader than the medial segments of the trunk.

The oculiferous tubercle (fig. 2 c) is somewhat elevated, of obtuse conical form, and directed a little backwards, with the lenses of moderate size and placed about mid-way up the tubercle.

The proboscis (fig. 2 b) is comparatively large and thick, about as long as the cephalic segment and of the usual cylindrical form, though tapering slightly in its outer part.

Saxlemmerne (se Fig. 2 a, 2 b) er ualmindelig smaa og svagtbyggede, med Skaftet smalt cylindriskt og næsten dobbelt saa langt som Haanden. Denne sidste (Fig. 2 d) er neppe bredere end Skaftet, og har Palmen noget nær cylindrisk samt temmelig sparsomt besat med korte Haar. Fingrene er noget kortere end Palmen, stærkt krummede i Enden, og i Inderkanten bevæbnede med et ikke meget betydeligt Antal af forholdsvis smaa, ensformigt udviklede Sidetænder.

Følerne (Fig. 2 c) overgaar kun lidet Saxlemmerne i Længde og er som disse kun forsynede med meget smaa Haar. Af Leddene er det 2det længst, men adskilligt smalere end 3die, der er lidt længere end de 2 yderste Led tilsammen. Sidste Led er ualmindelig lidet og af oval Form.

De falske Fødder hos Hannen (se Fig. 2 b) er omtrent ¹/₄ længere end Legemet og temmelig kraftigt byggede. Af Leddene er 5te som sædvanlig størst, men neppe længere end Endeledet (Fig. 2 f). Randtornerne (Fig. 2 g) er forholdsvis smaa, smalt lancetformige og grovt saugtakkede i Kanterne.

Gangfødderne (se Fig. 2) er vistnok meget stærkt forlængede, idet de, lige udstrakte, næsten er 5 Gange længere end Legemet, men har desuagtet et temmelig robust Udseende og afsmalnes kun meget ubetydeligt mod Enden. For det blotte Øie synes de ganske nøgne, men ved tilstrækkelig Forstørrelse viser de sig tæt besatte i sin hele Længde med overordentlig smaa Haar. Af Leddene er Laarleddet og 1ste Lægled næsten af ens Længde, medens 2det Lægled er betydelig længere, dog neppe mere end 3 Gange saa langt som det terminale Afsnit. De 2 Led, der sammensætter dette Afsnit (Fig. 2 h), er begge kraftigt udviklede og omtrent af ens Længde. Fødleddet har i Inderkanten, foruden de fine Haar, der overalt beklæder disse Led, 6—7 stærke Torner. Endekloen er neppe mere end halvt saa lang som Fødleddet, men temmelig kraftig og noget løsformigt tilskjærpet. Bikløerne er vel udviklede, næsten af Endekloens halve Længde.

Ingen af de under Nordh. Expeditionen indsamlede Exemplarer havde ydre Ægmasser. Dr. Hansen har imidlertid undersøgt ægbærende Individer og beskriver Ægmasserne som forholdsvis store, af mere eller mindre kugledannet Form, og indeholdende talrige meget smaa Æg.

Forekomst. 3 Exemplarer af denne eiendommelige Art blev under Nordh. Expeditionens sidste Togt tagne i Havet mellem Beeren Eiland og Spitsbergen (Stat. 315 og 337) paa et Dyb af 146—180 Favne. Ved Norges Kyster er den hidtil ikke observeret.

Udbredning. Arten er udbredt til Barents Søen (Hoek), det kariske Hav (Hansen) og Davisstrædet (den samme), og er saaledes utvivlsomt at betragte som en ægte arktisk Form.

The chelifori (fig. 2 a, 2 b) are remarkably small and feeble in structure, with the scape narrow cylindric and well-nigh twice as long as the hand. The latter (fig. 2 d) is scarcely broader than the scape, and has the palm very nearly cylindric and rather sparingly beset with short hairs. The fingers are somewhat shorter than the palm, strongly bent at the tips, and armed on the inner edge with a not very considerable number comparatively small lateral teeth, uniform in development.

The palpi (fig. 2 c) exceed the chelifori but little in length, and are, like those limbs, provided only with very delicate hairs. Of the joints, the 2nd is the longest, but considerably narrower than the 3rd, which is a little longer than the 2 outermost joints taken together. The last joint is remarkably small and oval in form.

The false legs in the male (see fig. 2 b) are about one-fourth longer than the body and rather powerful in structure. Of the joints, the 5th is as usual the largest, but scarcely longer than the terminal part (fig. 2 f). The marginal spines (fig. 2 g) are comparatively small, narrow-lanceolate and coarsely serrate on the edges.

The ambulatory legs (see fig. 2) are indeed very much elongated, measuring, when fully extended, nearly 5 times the length of the body, but have, nevertheless, a rather robust appearance and taper but very slightly towards the extremity. To the naked eye they appear to be quite bare, but when sufficiently magnified they are found to be densely beset throughout their entire length with exceedingly minute hairs. Of the joints, the femoral joint and the 1st tibial joint are almost equal in length, whereas the 2nd tibial joint is considerably longer, though hardly more than 3 times as long as the terminal section. The 2 joints which compose this section (fig. 2 h) are both powerfully developed, and about equal in length. The propodal joint bears on the inner edge, besides the delicate bristles with which these joints are overywhere covered, 6 or 7 strong spines. The terminal claw is hardly more than half as long as the propodal joint, but rather powerful and somewhat falciformly sharpened. The auxiliary claws are well developed, almost half the length of the terminal claw.

None of the specimens collected on the North-Atlantic Expedition had outer egg-masses. Dr. Hansen has, however, examined ovigerous individuals, and describes the egg-masses as comparatively large, more or less globular in form, and containing numerous very minute ova.

Occurrence. The 3 examples of this peculiar species were taken on the last cruise of the North-Atlantic Expedition, in the ocean between Beeren Eiland and Spitzbergen (Stats. 315, 337), at a depth of 146—180 fathoms. On the coasts of Norway the animal has not hitherto been observed.

Distribution. The range of the species extends to Barents' Sea (Hoek), the Kara Sea (Hansen), and Davis' Straits (same author), and hence the animal must unquestionably be regarded as a true Arctic form.

31. Nymphon megalops, G. O. Sars.

(Pl. X, Fig. 3, a—g).

Nymphon megalops, Prodrom. descript. Crust. & Pycnog. etc. No. 7.

— — G. O. Sars, Pycnogonidea borealia & arctica, No. 31.

Artscharacter. Meget lig foregaaende Art, men Ryggen glat, uden dorsale Fremspring. Øieknuden meget stor og tyk, stump konisk, med ualmindelig stærkt udviklede Lindser. Snabelen af Hovedsegmentets Længde, cylindrisk. Saxlemmerne smaa, noget lig samme hos foregaaende Art, men med Haanden forholdsvis lidt større og Fingrene kortere end Palmen, den bevægelige med et tydeligt Indtryk fortil ved Basis. Følerne noget kraftigere end hos foregaaende Art, 2det Led længst, sidste atlangt ovalt, kortere end næstsidste. De falske Fodder ikke meget længere end Legemet, 5te Led kortere end Endledelen; Randtornerne forholdsvis smaa, rundtakkede i Kanterne. Gangfødderne stærkt forlængede, omtrent 5 Gange længere end Legemet, temmelig kraftigt byggede, 2det Lægled mere end 4 Gange længere end det terminale Afsnit, Tarsalleddet og Fodleddet omtrent af ens Længde, men noget spinklere end hos foregaaende Art, det sidste med omtrent 6 Torner i det ydre Parti af Inderkanten; Endekloen forholdsvis kort, neppe halvt saa lang som Fodleddet; Bikløerne vel udviklede, omtrent ¹/₃ saa lange som Endekloen. Legemets Længde 13ᵐᵐ; Spandvidde 140ᵐᵐ.

Bemærkninger. Denne Art staar særdeles nær foregaaende, men er dog meget let kjendelig fra samme ved den fuldstændige Mangel af de for hin Art saa characteristiske dorsale Fremspring. Ligeledes er Øieknuden kjendelig større og Lindserne af ualmindelig Udvikling, hvad der har givet Anledning til Artsbenævnelsen.

Beskrivelse. Legemets Længde hos de største erholdte Exemplarer er 13ᵐᵐ, med en Spandvidde af 140ᵐᵐ, og denne Art opnaar saaledes en endnu betydeligere Størrelse end foregaaende.

Kropsformen er (se Pl. X, Fig. 3) idethele temmelig lig samme hos foregaaende Art; dog maaske lidt slankere. Selve Kroppen (Fig. 3 a, 3 b) er øventil ganske glat, uden Spor af nogen dorsale Fremspring, og har Sidefortsatserne af betydelig Størrelse samt skilte ved tydelige, skjøndt ikke meget brede Mellemrum. Hovedsegmentet er omtrent saa langt som de 3 følgende Segmenter tilsammen og har en tydeligt markeret Hals, der er kjendelig smalere end hos foregaaende Art; Pandedelen synes forholdsvis lidt stærkere udvidet end hos denne Art.

Øieknuden (se Fig 3 a, 3 b) er særdeles stor og tyk, næsten pyramideformig, og lige opadrettet; forfra eller bagfra seet (Fig. 3 e), viser Enden sig noget afstumpet,

31. Nymphon megalops, G. O. Sars.

(Pl. X, fig. 3. a—g).

Nymphon megalops, G. O. Sars, Prodromus descript. Crust. & Pycnog. etc. No. 7.

— — G. O. Sars, Pycnogoniden borealia & arctica, No. 31.

Specific Characters. Very like the preceding species, but the back smooth, without dorsal projections. Oculiferous tubercle very large and thick, obtusely conical, with the lenses remarkably well developed. Proboscis same length as the cephalic segment, cylindric. Chelifori small, somewhat resembling those of the preceding species but with the hand, relatively, a little larger and the fingers shorter than the palm, the mobile one having anteriorly at the base a distinct indenture. Palpi somewhat stronger than in the preceding species, 2nd joint the longest, last one oblongo-oval, shorter than the penultimate one. False legs not much longer than the body, 5th joint shorter than the terminal part; marginal spines comparatively small, obtusely serrate on the edges. Ambulatory legs greatly elongated, about 5 times longer than the body, rather powerful in structure, 2nd tibial joint more than 4 times longer than the terminal section, the tarsal and propodal joints about equal in length, but somewhat more slender than in the preceding species, the latter with about 6 spines on the distal part of the inner edge; terminal claw comparatively short, hardly half the length of the propodal joint; auxiliary claws well developed, about one-third as long as the terminal claw. Length of body 13ᵐᵐ; extent 140ᵐᵐ.

Remarks. This form approximates very closely indeed the preceding species, but is, however, readily recognized by the total absence of the dorsal projections so characteristic of that form. Moreover the oculiferous tubercle is appreciably larger, and the lenses remarkably strong in development, a feature which has suggested the specific designation.

Description. The body, in the largest examples obtained, has a length of 13ᵐᵐ, with an extent of 140ᵐᵐ; hence this species attains a still more considerable size than the preceding one.

The form of the body (see Pl. X. fig. 3) is, on the whole, very similar to that of the preceding species, but possibly a little more slender. The trunk itself (fig. 3 a, 3 b) is, superiorly, quite smooth, without a trace of any dorsal projection, and has the lateral processes of considerable size and separated from each other by distinct, though not very wide intervals. The cephalic segment is about as long as the 3 following segments taken together, and has a distinctly defined neck, which is appreciably narrower than in the preceding species; the frontal part would seem to be relatively a little more expanded than in that form.

The oculiferous tubercle (see fig. 3 a, 3 b) is exceedingly large and thick, almost pyramidal, and directed straight upwards; viewed anteriorly or posteriorly (fig. 3 e),

men uden tydeligt fremtrædende Sidehjørner. Lindserne er ualmindelig store, elliptiske og beliggende nærmere Basis end Spidsen af Øieknuden.

Snabelen (se Fig. 3 a. 3 b) er af betydelig Størrelse, fuldkommen saa lang som Hovedsegmentet og betydelig tykkere end dettes Halsdel. Formen er den sædvanlige cylindriske.

Saxlemmerne (ibid.) er, som hos foregaaende Art, temmelig smaa og svage. Skaftet er smalt cylindriskt og næsten lige fortilstrakt, med det ydre Parti lidt fortykket og tæt besat med korte Haar. Haanden (Fig. 3 d) er betydelig kortere end Skaftet, men forholdsvis lidt kraftigere udviklet end hos foregaaende Art. Palmen er kjendelig længere end Fingrene, og de sidste ikke fuldt saa stærkt indboiede i Spidsen som hos N. serratum. Den bevægelige Finger har ved Basis fortil et temmelig stærkt Indtryk og er ligesom den ubevægelige i Inderkanten bevæbnet med en Rad af temmelig stærke, ensformigt udviklede Tænder.

Folerne (Fig. 3 c) viser en Bygning meget nær overensstemmende med samme hos foregaaende Art. De synes dog forholdsvis lidt kraftigere udviklede og har de ydre Led noget større, skjøndt tilsammentagne neppe længere end 3die. Ogsaa her er sidste Led kortere end næstsidste og af aflang oval Form.

De falske Fødder (se Fig. 3 b) er kun lidet længere end Legemet og har Endedelen kjendelig større end 5te Led. Randtornerne (Fig. 3 f) er forholdsvis smaa og noget ulige udviklede, med Kanterne utydeligt savtakkede.

Gangfødderne (se Fig. 3) er stærkt forlængede, omtrent 5 Gange længere end Legemet, og noget mindre robuste end hos foregaaende Art; de er som hos denne tæt besatte med overordentlig smaa Haar, der dog først kommer tilsyne ved en temmelig stærk Forstørrelse. 2det Lægled er kjendelig smalere end hos N. serratum og mere end 4 Gange længere end det terminale Afsnit. Dette sidste (Fig. 3 g) synes ligeledes noget mindre robust end hos hin Art og har Tarsalleddet og Fodleddet omtrent af ens Længde, begge af lineær Form og forsynede med en tydelig Kjøl langs Siderne. Fodleddet har i Inderkanten omtrent 6 Torner, der dog kan indtager den ydre Halvpart af Leddet. Endekloen er forholdsvis kort, neppe halvt saa lang som Fodleddet, men temmelig kraftig og noget tilskjærpet i Kanterne. Bikloerne er vel udviklede og omtrent ⅓ saa lange som selve Kloen.

Om de ydre Ægmasser kan intet siges, da ingen af de erholdte Exemplarer var æghærende.

Forekomst. Denne anselige Art toges under Nordhavs-Expeditionen paa 4 langt fra hinanden beliggende Stationer. Af disse ligger en (Stat. 31) i Havet udenfor

the extremity appears somewhat obtusely blunted, but without any distinct, prominent lateral corners. The lenses are exceedingly large, elliptic, and located nearer to the base than to the point of the tubercle.

The proboscis (see fig. 3 a. 3 b) is of considerable size, quite as long as the cephalic segment, and a good deal thicker than its cervical part. It has the usual cylindrical form.

The chelifori (see fig. 3 a. 3 b) are, as in the preceding species, rather small and feeble. The scape is narrow cylindric, and directed well-nigh straight forwards, with the outer part a little tumefiented and densely beset with short hairs. The hand (fig. 3 d) is considerably shorter than the scape, but has a somewhat, relatively, more powerful development than in the preceding species. The palm is appreciably longer than the fingers, and the latter are not quite so incurvate at the tips as in N. serratum. The mobile finger has at the base, anteriorly, a rather deep indenture, and is, like the immobile one, armed on the inner edge with a row of rather strong, uniformly developed teeth.

The palpi (fig. 3 c) exhibit a structure very nearly in correspondence with that of the preceding species. They would seem, however, to be a little more powerfully developed, and have the outer joints somewhat larger, though taken together hardly longer than the 3rd one. Here, too, the last joint is shorter than the penultimate one and oblong-oval in form.

The false legs (see fig. 3 b) are but little longer than the body, and have the terminal part appreciably larger than the 5th joint. The marginal spines (fig. 3 f) are comparatively small and somewhat unequally developed, with the edges indistinctly serrated.

The ambulatory legs (see fig. 3) are very much elongated, about 5 times longer than the body, and somewhat less robust than in the preceding species; as in that species, they are densely beset with exceedingly small hairs, not perceptible however till brought out by a rather powerful magnifier. The 2nd tibial joint is appreciably narrower than in N. serratum, and more than 4 times longer than the terminal section. The latter (fig. 3 g) would likewise seem to be somewhat less robust than in that species, with the tarsal and propodal joints about equal in length, both linear in form and provided with a distinct carina along the sides. The propodal joint bears on the inner edge about 6 spines, which occupy, however, only the outer half of the joint. The terminal claw is comparatively short, scarcely half as long as the propodal joint, but rather powerful and somewhat sharpened on the edges. The auxiliary claws are well developed and about one-third as long as the claw itself.

Respecting the outer egg-masses, there is nothing whatever to state, as none of the specimens obtained were ovigerous.

Occurrence. This large-sized species was taken on the North-Atlantic Expedition at 4 widely distant Stations. Of these, one (Stat. 31) lay off the Storeggen bank,

Storeggen, en anden (Stat. 48) Øst af Island, en 3die (Stat. 200) NV. af Finmarken, en 4de (Stat. 343) SV af Spitsbergen; Dybden fra 299 til 743 Favne. Alle Stationer tilhører den kolde Area, og Arten maa derfor utvivlsomt ansees som en ægte arktisk Form.

Udbredning. Skjøndt Arten ikke af nogen af de senere Forskere er bleven noteret, kan jeg dog for den endnu opgive en anden Lokalitet, udenfor det under Nordhavs-Expeditionen undersøgte Havstrøg. Jeg har nemlig ganske nylig gjennem Dr. Hansen havt til Undersøgelse nogle Pycnogonider for det grønlandske Hav, hvoriblandt ogsaa fandtes et ganske ungt Exemplar af nærværende Art. Exemplaret blev taget paa 65° 39′ N. B. og 28° 25′ V. L. fra et Dyb af 553 Favne; Sten og Skjæl. Arten har saaledes en temmelig vid Udbredning i de arktiske Have.

Bemærkninger. Jeg har fundet det rigtigt at opstille nærværende Slægt til Optagelse af en Del, tidligere til Slægt Nymphon henførte Arter, der baade i den almindelige Habitus og i visse anatomiske Detailler, endelig ogsaa i Udviklingen skiller sig kjendeligt fra de typiske Nymphoner. Som Type for Slegten kan opstilles den i de arktiske Have saa almindelig udbredte *N. hirtipes* Bell. Meget nær til denne slutter sig de 2 Arter, *N. spinosum* Goodsir og *N. tenellum* G. O. Sars; noget mere afvigende, skjøndt nabenbart tilhørende samme Slægtstype, er paa den

---

another (Stat. 48) east of Iceland, a third (Stat. 200) north-west of Finmark, and the fourth (Stat. 343) south-west of Spitsbergen; depth from 299 to 743 fathoms. The Stations are all located in the cold area, and the species must, therefore, unquestionably be regarded as a true Arctic form.

Distribution. Though the species has not been recorded by any of the later naturalists, I can yet give another locality for it outside the ocean-tract explored on the North-Atlantic Expedition. I have quite lately had sent me by Dr. Hansen for examination, several Pycnogonids from the Greenland Sea, among which there was a quite young specimen of the present species. The example in question was taken in lat. 65° 39′ N.. long. 28° 25′ W., at a depth of 553 fathoms; bottom stones and shells. The species has thus a rather wide distribution in the Arctic Seas.

Gen. 2. **Chætonymphon**, G. O. Sars. 1888.

Nymphon, autorum (ex parte).

Slægtscharacter. Legemet sædvanligvis undersætsigt og mere eller mindre tæt haarbesat oventil. Hovedsegmentet af betydelig Størrelse, med forholdsvis kort Hals og stærkt udvidet Pandedel. Halesegmentet forlænget, konisk tilløbende i Enden. Øienknuden mere eller mindre ophøiet, med tydelige Linдser, sædvanlig beliggende nær Spidsen. Snabelen stor, cylindrisk. Saxlemmerne tæt haarede, Haanden kortere end Skaftet, Fingrene smale og forlængede, stærkt krummede i Spidsen og i Inderkanten bevæbnede med tynde, ens udviklede Tænder. Følerne korte og undersætsige, tæt haarede. De falske Fødder hos Hannen temmelig ulig samme hos Hunnen, med 8te Led stærkt udvidet i sit ydre Parti og her tæt børstebesat, Randtornerne saugtakkede, Endekl0en kamformig tandet. Gangføddarne mindre forlængede end hos Nymphon, mere eller mindre stærkt haarede, Laarleddet hos Hunnen stærkt opsvulmet, hos Hannen forsynet i Inderkanten med en Række af stumpe Knuder; Tarsalleddet kort, Fodleddet kraftigt udviklet med stærke Torner i Inderkanten, Endekl0en mere eller mindre forlænget, med tydelige Bikløer. Larven forsynet ved Udklækningen med Anlæg til 2 Par Gangfødder.

Gen. 2. **Chætonymphon**, G. O. Sars. 1888.

Nymphon, autorum (ex parte).

Generic Characters. Body usually thickset, more or less densely setous above. Cephalic segment of considerable size, with comparatively short neck and frontal part much expanded. Caudal segment elongate, tapering conically at the extremity. Oculiferous tubercle more or less elevated, with distinct lenses, usually near the point. Proboscis large, cylindric. Cheliferi densely hairy, hand shorter than the scape, fingers narrow and elongated, exceedingly bent at the tips and armed on the inner edge with thin, uniformly developed teeth. Palpi short and thickset, densely setous. False legs in the male rather unlike those of the female, with the 5th joint much expanded in its outer part, and there densely beset with setæ, marginal spines serrated, terminal claw pectinated. Ambulatory legs less elongated than in Nymphon, more or less prominently setous, femoral joint much swollen in the female, in the male furnished on the inner edge with a series of blunted nodules; tarsal joint short, propodal joint powerfully developed. with strong spines on the inner edge, terminal claw more or less elongated. with distinct auxiliary claws. The larva on being hatched appears with traces of 2 pairs of ambulatory legs.

Remarks. I have seen fit to establish the present genus in order to include divers species previously referred to the genus Nymphon, which, both in their general habitus and in certain anatomical details as well as, also, in development, differ appreciably from the typical Nymphons. As type of the genus may be taken *N. hirtipes* Bell, so generally met with throughout the Artic Seas. Very closely to this form, do the 2 species, *N. spinosum* Goodsir and *N. tenellum* G. O. Sars ally themselves; somewhat more divergent, though evidently of the same generic type, are, on the one

one Side *N. hirtum* Kröyer, paa den anden *N. macronyx* G. O. Sars. Af exotiske Former hörer *N. brevicaudatum* Miers (hispidum Hoek) fra Kerguelen ubetinget til samme Slægt. Antallet af Arter bliver saaledes for Tiden ikke mindre end 5.

hand, *N. hirtum* Kröyer, and on the other, *N. macronyx* G. O. Sars. Of exotic forms, *N. brevicaudatum* Miers (hispidum Hoek), from Kerguelen, belongs unquestionably to the same genus. The number of species amounts therefore, at present, to not less than 5.

32. Chætonymphon hirtum, (Kröyer).

(Pl. XI, Fig. 1, a—g.

Nymphon hirtum, Chr. Fabricius, Entom. systematica IV, p. 417.
— — Kröyer, Nat. Tidsskrift, ny Rœkke, Bd. 1, p. 113.
— — Gaimard's Voyage en Scandinavie, Pl. 36, fig. 3, a—g.
Nymphon pallenoide, G. O. Sars, Crust. & Pycnog. nova etc., No. 49.
Nymphon hirtum, Hansen, Kara Havets Pycnogonider, p. 7, Note.
Chætonymphon hirtum, G. O. Sars, Pycnogonidea borealia & arctica, No. 32.

Artscharacter. Legemet af undersætsig Form, fint laaddent oventil, med Sidefortsatserne tæt sammentrængte og kortere end Kroppens Brede. Hovedsegmentet omtrent saa langt som de 3 følgende Segmenter tilsammen, Halsen særdeles kort og tyk, Pandedelen temmelig bred, Halesegmentet noget opadrettet. Øieknuden forholdsvis lav, stumpt tilrundet. Snabelen kortere end Hovedsegmentet. Saxlemmerne smaa, tæt og kort haarede, Haanden betydelig kortere end Skaftet, med Palmen jevnt bred og længere end Fingrene, der med samme danner en udpræget Vinkel. Folerne ualmindelig smaa, 2det Led størst, sidste Led afrundet ovalt, neppe kortere end næstsidste. De falske Fodder omtrent af Legemets Længde, Randtornerne smaa, noget krummede og utydeligt saugtakkede. Gangfødderne kort laadne overalt, ualmindelig robuste, noget sammentrykte, neppe 3 Gange længere end Legemet, 2det Laagled jevnt bredt, omtrent 2½ Gange længere end det terminale Afsnit, Tarsalleddet ligesaa bredt som langt, Fodleddet omtrent 3 Gange saa langt, noget opsvulmet i sit basale Parti, med en Rad af circa 8 stærke, udad i Længde tiltagende Torner i Inderkanten; Endekloen halvt saa lang som Fodleddet, stærkt krummet; Bikloerne vel udviklede, af Endekloens halve Længde. Legemets Længde 6ᵐᵐ; Spandvidde 33ᵐᵐ.

Bemærkninger. At den her omhandlede Form er identisk med den af Kröyer under ovenstaaende Navn beskrevne og afbildede Art, antager jeg for givet, og dette bekræftes ogsaa ved den nylig af Dr. Hansen meddelte, temmelig udførlige Diagnose. Derimod holder jeg det for meget tvivlsomt, hvorvidt Kröyer's og Fabricius's Art er den samme, og maa fremdeles fastholde, at der er vel saa

32. Chætonymphon hirtum, (Kröyer).

(Pl. XI, fig. 1, a—g).

Nymphon hirtum, Chr. Fabricius, Entom. systematica IV, p. 417.
— — Kröyer, Nat. Tidsskrift. ny Rœkke, Bd. 1, p. 113.
— — Gaimard's Voyage en Scandinavie, Pl. 36, fig. 3, a—g.
Nymphon pallenoide, G. O. Sars, Crust. & Pycnog. nova etc. No. 49.
Nymphon hirtum, Hansen, Kara Havets Pycnogonider, p. 7 Note.
Chætonymphon hirtum, G. O. Sars, Pycnogonidea borealia & arctica, No. 32.

Specific Characters. Body thickset in form, delicately pubescent above, with the lateral processes closely crowded together and shorter than the trunk is broad. Cephalic segment about as long as the 3 following segments taken together, neck exceedingly short and thick, frontal part rather broad, caudal segment directed somewhat upwards. Oculiferous tubercle comparatively low, obtusely rounded. Proboscis shorter than the cephalic segment. Chelifori small, densely and shortly hispid, hand considerably shorter than the scape, with the palm uniformly broad, and longer than the fingers, which make with the former a prominent angle. Palpi remarkably small, 2nd joint largest, last joint rounded oval, hardly shorter than the penultimate one. False legs about the length of the body, marginal spines small, somewhat bent and indistinctly serrated. Ambulatory legs everywhere shortly hispid, uncommonly robust, somewhat compressed, scarcely 3 times longer than the body, 2nd tibial joint uniformly broad, about two and a half times longer than the terminal section, tarsal joint as broad as long, propodal joint about 3 times as long, somewhat swollen in its basal part, with a row of about 8 strong spines on the inner edge, increasing in length outwards; terminal claw half as long as the propodal joint, strongly bent; auxiliary claws well developed, half the length of the terminal claw. Length of body 6ᵐᵐ; extent 33ᵐᵐ.

Remarks. That the form treated of here, is identical with the species described and figured by Kröyer under the above name, I assume to be certain, and the rather full diagnosis lately given by Dr. Hansen tends to establish this. On the other hand, I regard it to be highly doubtful whether Kröyer's and Fabricius's species is the same form, and must still maintain, that there is quite as

megen Sandsynlighed for, at denne sidste er identisk med følgende Art. Da man i Almindelighed synes at være kommen overens om at godkjende Kroyers Bestemmelser, bliver det imidlertid bedst, for at undgaa Forvirring, at lade nærværende Art beholde det af Kroyer paa den anvendte Navn, og opføre følgende Art under den af Bell foreslaaede Artsbenævnelse. Arten er let kjendelig ved sin ualmindelig undersætsige Kropsform og den tætte Beklædning af meget smaa ensformige udviklede Haar; fremdeles ved Saxlemmernes Bygning.

Boskrivelse. Det eneste foreliggende Exemplar, der synes at være en paa det nærmeste fuldt udviklet Hun, har en Længde af ikke fuldt 6"", med en Spandvidde af 33"". Det af Dr. Hansen undersøgte Individ var omtrent af samme Størrelse.

Formen er (se Pl XI, Fig. 1) ualmindelig undersætsig og minder noget om samme hos visse Pallenider, navnlig af Sl. *Cordylochele*, hvad der gav Anledning til den af mig først for Arten foreslaaede Benævnelse „pallenoide". Kroppen selv (Fig. 1 a, 1 b) er forholdsvis meget bred, tykkest paa Midten, og har Segmenterne skarpt afsatte fra hinanden samt oventil, navnlig henimod deres bagre Kant, tæt besatte med korte Haar. Sideforsatserne er tæt sammentrængte og kun skilte ved yderst smale, spaltformige Mellemrum; de er noget kortere end Legemets Brede paa Midten, temmelig tykke, kølleformige og oventil ligeledes tæt haarede. Hovedsegmentet er af betydelig Størrelse, omtrent saa langt som de 3 følgende Segmenter tilsammen, og har en særdeles kort og tyk Hals, Pandedelen udvides successivt mod Enden og er som sædvanlig oventil noget rendeformigt fordybet efter Midten, med Sidedelene ligesom opsvulmede og tæt haarede. Halesegmentet er forholdsvis stort og noget skjævt opadrettet, med Enden stumpt tilrundet.

Øieknuden (se Fig. 1 a, 1 b), der er beliggende nærmere den bagre end den forreste Kant af Hovedsegmentet, er temmelig lav og stumpt afrundet i Enden. Lindserne er forholdsvis store, noget skjævtstillede og beliggende omtrent ved Midten af Øieknudens Hoide.

Snabelen (se Fig. 1 b) er meget kort, paa langt nær ikke af Hovedsegmentets Længde, noget skraat nedadrettet og koniskt tilløbende, med but Ende.

Saxlemmerne (ibid.) er ualmindelig smaa, men af undersætsig Bygning og overalt kort haarede. Haanden (Fig. 1 c) er betydelig kortere end Skaftet og har Palmen forholdsvis tyk og næsten af ens Bredde overalt. Fingrene, der med Palmen danner en meget udpræget Vinkel, er kortere end denne og begge langs Inderkanten bevæbnede med forholdsvis smaa, ens udviklede Tænder. Den bevægelige Finger er betydelig længere end den uberægelige og jevnt krummet. Enderne af begge Fingre er skarpt tilspidsede og noget, skjøndt ikke meget indboiede.

Følerne (Fig. 1 d) er ligeledes ualmindelig smaa og

great, if not greater probability, that the latter is identical with the following species. Meanwhile, as there seems to be a general accord to recognize Kröyer's determinations, it will be preferable, to avoid confusion, to let the present species retain the name applied to it by Kröyer, and establish the following species under the specific designation proposed by Bell. The species is easily recognized by the remarkably thickset form of its body, and the dense covering of very small, uniformly developed hairs and, further, by the structure of the chelifori.

Description. The only specimen before me, which seems to be an almost fully developed female, has a length of not quite 6"", with an extent of 33"". The individual examined by Dr. Hansen was of about the same size.

The form (see Pl. XI. fig. 1) is uncommonly thickset and bears some resemblance to that of certain Pallenidæ, particularly of the genus *Cordylorhele*, hence the specific designation first proposed by me „pallenoide". The trunk itself (fig. 1 a, 1 b) is comparatively very broad, thickest in the middle, and has the segments sharply defined one from the other, and superiorly, in particular towards their posterior edge, densely beset with short hairs. The lateral processes are closely crowded and only separated by exceedingly narrow, fissured intervals; they are somewhat shorter than the body is broad in the middle, rather thick, claviform, and likewise densely hairy on the dorsal side. The cephalic segment is of considerable size, about as long as the 3 following segments taken together, and has an exceedingly short and thick neck; the frontal part becomes successively expanded towards the extremity, and is superiorly, as usual, somewhat canaliculated along the middle, with the lateral parts, as it were, swollen and densely hairy. The caudal segment is relatively large, and is directed somewhat obliquely upwards, with the extremity obtusely rounded.

The oculiferous tubercle (see fig. 1 a, 1 b) is placed nearer to the posterior than to the anterior edge of the cephalic segment, and is rather low, and rounded off obtusely at the extremity. The lenses are comparatively large, somewhat obliquely placed, and located about midway up the tubercle.

The proboscis (see fig. 1 b) is very short, not nearly the length of the cephalic segment, directed somewhat obliquely downwards and tapers, conically, to a blunt extremity.

The chelifori (ibid.) are unusually small but thickset in structure, and everywhere shortly pubescent. The hand (fig. 1 c) is considerably shorter than the scape, and has the palm relatively thick, and almost uniform in breadth throughout. The fingers, which form with the palm a very prominent angle, are shorter than it, and both are armed with comparatively small, uniformly developed teeth. The mobile finger is considerably longer than the immobile one and evenly curved. The tips of both fingers are sharply pointed, and a little, though not very incurvate.

The palpi (fig. 1 d) are likewise exceedingly small,

ligesom Saxlemmerne tæt haarede, navnlig i det ydre Parti. Af Leddene er 2det størst. De 2 ydre Led er begge yderst smaa og omtrent af ens Længde, det sidste af afrundet oval Form.

De falske Fødder (Fig. 1 e) er neppe længere end Legemet og har 4de og 5te Led omtrent af ens Udseende og Længde, hvorved er at mærke, at det undersøgte Exemplar er en Hun. Randtornerne er forholdsvis smaa og stærkt krummede, med meget smaa Sidedtænder. Paa sidste Led (Fig. 1 f) er der 8 saadanne Torner, successivt tiltagende i Længde mod Spidsen. Endekloen (ibid.) er næsten lige og har 7 smaa Sidetænder.

Gangfødderne (se Fig. 1) er ualmindelig robuste, noget sammentrykte og overalt tæt lændne af korte, ensformigt udviklede Haar. De er neppe 3 Gange længere end Legemet og kun lidet afsmalnende mod Enden. Dog er Laarleddet betydelig bredere end de øvrige. 2det Lægled er næsten overalt af ens Brede og omtrent 2½ Gang længere end det terminale Afsnit. Tarsalleddet (se Fig. 1 g) er meget kort, neppe længere end bredt, og danner indad en afrundet, med fine Torner besat Lap. Fodleddet er næsten 3 Gange saa langt, noget opsvulmet i sit basale Parti og her i Inderkanten bevæbnet med en Rad af circa 8. udad i Længde tiltagende Torner. Endekloen er forholdsvis kort, neppe mere end halvt saa lang som Fodleddet, men særdeles kraftig og stærkt krummet. Bikloerne er vel udviklede, omtrent halvt saa lange som Endekloen.

Farven var paa det undersøgte Exemplar ensformig graahvid, halvt gjennemsigtig.

Forekomst. Det ovenfor beskrevne Exemplar toges under Nordhavs-Expeditionens sidste Togt i Saltstrømmen, ved Indløbet til Saltenfjord, paa et Dyb af 80—90 Favne mellem Hydroider. Paa andre Steder af vor Kyst har jeg ikke truffet den.

Udbredning. Arten er udbredt til Island, hvorfra saavel Kröyer's Typeexemplar som det nylig af Dr. Hansen omtalte Individ var. Paa andre Localiteter er den hidtil ikke med Sikkerhed observeret. Thi Angivelserne herom beror ganske sikkert paa en Forvexling med følgende Art.

and, like the chelifori, densely hairy, particularly in the outer part. Of the joints, the 2nd is the largest. The 2 outer joints are both very small and about equal in length; the terminal one having a rounded oval form.

The false legs (fig. 1 e) are hardly longer than the body, and have the 4th and 5th joints about uniform in length and appearance; but it is to be noted that the specimen examined was a female. The marginal spines are comparatively small and strongly curved, with very minute lateral teeth. On the last joint (fig. 1 f) 8 of these spines occur, increasing successively in length towards the point. The terminal claw (ibid.) is well-nigh straight and has 7 small lateral teeth.

The ambulatory legs (see fig. 1) are uncommonly robust, somewhat compressed, and everywhere densely hispid with short, uniformly developed hairs. They are hardly 3 times longer than the body, and taper but little towards the extremity. The femoral joint, however, is considerably broader than the others. The 2nd tibial joint is almost uniform in breadth throughout, and about two and a half times as long as the terminal section. The tarsal joint (see fig. 1 g) is very short, scarcely longer than it is broad, and forms inwards a rounded lobe beset with delicate spines. The propodal joint is almost 3 times as long, a little swollen in its basal part and armed there, on the inner edge, with a series of about 8 spines increasing in length outwards. The terminal claw is comparatively short, scarcely more than half the length of the propodal joint, but exceedingly powerful and strongly curved. The auxiliary claws are well developed, about half as long as the terminal claw.

In the specimen examined the colour was a uniform greyish white, semi-translucent.

Occurrence. The specimen described above was taken on the North-Atlantic Expedition's last cruise in Saltströmmen, at the mouth of the Saltenfjord, at a depth of 80—90 fathoms, among Hydroids. In other localities of the Norwegian coast I have not met with the animal.

Distribution. The range of this species extends to Iceland, whence both Kröyer's typical specimen and the individual lately spoken of by Dr. Hansen were obtained. Elsewhere it has not as yet been observed with certainty, as all statements to that effect assuredly rest on its being confounded with the following species.

---

33. Chætonymphon hirtipes (Bell).

(Pl. XI. Fig. 2, a—k).

Nymphon hirtipes, Bell, Belcher's Last of the Arctic Voyages. Crust. p. 403, Pl. 35, Fig. 3.
Nymphon hirtum, G. O. Sars, Prodrom. descript. Crust. & Pycnogon. p. 365.
Nymphon hirtipes, Wilson, Trans. Conn. Acad. Vol. V, p. 22, Pl. V, figs. 2—3. Pl. VI, fig. 2, a—k.

33. Chætonymphon hirtipes (Bell).

(Pl. XI, fig. 2, a—k).

Nymphon hirtipes, Bell, Belcher's Last of the Arctic Voyages. Crust. p. 403, Pl. 35, fig. 3.
Nymphon hirtum, G. O. Sars. Prodrom. descript. Crust. & Pycnogon., p. 365.
Nymphon hirtipes, Wilson, Trans. Conn. Acad., Vol. V, p. 22, Pl. V, figs. 2—3, Pl. VI, fig. 2, a—k.

Nymphon hirtum, Idem, U. S. Commission Fish & Fisheries, Rep. f. 1878, p. 495, Pl. VII, fig. 38—41.
Nymphon hirtipes, Hoek, Pycnog. Willem Barents l. c., p. 6, Pl. I. fig. 1—8.
— — Hansen. Kara Havets Pycnogonider, p. 5.
— — G. O. Sars. Pycnogonidea borealia & arctica. No. 33.

Artscharacter. Legemet undersætsigt, eventil kort haaret, med Sidefortsatserne tæt sammentrængte. Hovedsegmentet omtrent saa langt som de 3 følgende Segmenter tilsammen, Halsen kort og tyk. Pandelolen stærkt udvidet. Halesegmentet horizontalt, forlænget, tenformigt. Øieknuden stærkt ophøiet, meget smal, næsten cylindrisk, skrant bagudrettet, Lindserne forholdsvis smaa og beliggende nær Spidsen. Snabelen af Hovedsegmentets Længde, cylindrisk-konisk. Saxlemmerne betydelig større end hos foregaaende Art og tæt haarede; Skaftet smalt cylindriskt, noget tykkere i Enden; Haanden lidt kortere end Skaftet, noget sammentrykt, Palmen successivt udvidet mod Enden og omtrent af Fingrenes Længde, disse stærkt krummede i Spidsen, Tænderne i Inderkanten længere og tyndere end hos foregaaende Art. Palerne omtrent af Saxlemmernes Længde tæt besatte med temmelig lange Haar. 2det Led længst, de 2 ydre Led betydelig smalere end 3die og tilsammen noget længere end dette, sidste Led aflangt elliptiskt, kortere end næstsidste. De falske Fødder omtrent af Legemets Længde, 5te Led hos Hannen stærkt udvidet i det ydre Parti og her besat med talrige lange Børster; Randtornerne bredt lancetformige, utydeligt crenulerede nær Kanterne. Gangfødderne omtrent 3½ Gang længere end Legemet, noget afsmalnende mod Enden og tæt besatte med temmelig lange og stærke Haar. Laarleddet hos Hunnen stærkt opsvulmet, hos Hannen i Inderkanten fint crenuleret, 2det Lægled tydeligt afsmalnende. omtrent 3 Gange længere end det terminale Afsnit; Tarsalleddet længere end bredt, Fodleddet noget mere end dobbelt saa langt, successivt afsmalnende mod Enden og i Inderkanten bevæbnet med 4—5 tynde Torner; Endckloen betydelig længere og smalere end hos foregaaende Art; Bikloerne meget smaa. De ydre Æggmasser meget store, uregelmæssigt kugleformige, med talrige Æg. Legemets Længde 11½ᵐᵐ; Spandvidde 70ᵐᵐ.

Bemærkninger. Denne Art kan nærmest betragtes som Type for Slægten, da den i sig paa den mest udprægede Maade forener de for samme characteristiske Eiendommeligheder. De allerfleste af de under Benævnelsen *Nymphon hirtum* af andre Forskere anførte Former refererer sig utvivlsomt til denne og ikke til den Krøyerske Art. Begge er let at adskille, saavel ved Beskaffenheden af Haarbedækningen som ved Øieknuden og Lemmernes Bygning.

Beskrivelse. Legemets Længde hos de største af mig undersøgte Individer gaa op til 11½ᵐᵐ, med en Spandvidde af 70ᵐᵐ. Hannerne synes som Regel at være noget mindre end Hunnerne.

Nymphon hirtum, Idem, U. S. Commission Fish & Fisheries, Rep. for 1878, p. 495, Pl. VII, figs. 38—41.
Nymphon hirtipes, Hoek, Pycnog. Willem Barents, l. c., p. 6. Pl. I. figs. 1—8.
— — Hansen. Kara Havets Pycnogonider, p. 5.
— — G. O. Sars. Pycnogonidea borealia & arctica, No. 33.

Specific Characters. Body thickset, shortly hirsute above, with the lateral processes closely crowded. Cephalic segment about as long as the 3 following segments taken together, neck short and thick. frontal part much expanded. Caudal segment horizontal, elongated, fusiform. Oculiferous tubercle elevated, very narrow, almost cylindric, directed obliquely backwards. lenses relatively small and placed near the point. Proboscis the length of the cephalic segment. conico-cylindric. Chelifori considerably larger than in the preceding species and densely setous; scape narrow-cylindric. somewhat thicker at the extremity; hand somewhat shorter than scape. slightly compressed. palm successively expanded towards the extremity and of about the length of the fingers. the latter strongly curved at the tips, teeth on the inner edge longer and thinner than in the preceding species. Palpi about the length of the chelifori, densely beset with rather long hairs, 2nd joint longest, the 2 outer joints considerably narrower than the 3rd. and. taken together, somewhat longer than it, last joint oblongo-elliptic, shorter than the penultimate one. False legs about as long as the body, 5th joint in male greatly expanded in the outer part, and beset there with numerous long setæ. marginal spines broad-lanceolate, indistinctly crenulated on the edges. Ambulatory legs about 3½ times longer than the body, tapering a little towards the extremity and densely beset with rather long and stiff bristles, femoral joint in female greatly swollen. in male delicately crenulated on the inner edge. 2nd tibial joint preceptibly tapering, about 3 times longer than the terminal soction; tarsal joint longer than broad, propodal joint somewhat more than twice as long, tapering successively towards the extremity and armed on the inner edge with 4 or 5 slender spines; terminal claw considerably longer and narrower than in the preceding species; auxiliary claws very small. The outer eggmasses very large, irregularly globular, with numerous ova. Length of body 11½ᵐᵐ; extent 70ᵐᵐ.

Remarks. This species may be chiefly regarded as the type of the genus, as it unites in itself, in the most distinct manner, the characters peculiar to the genus. Most of the forms recorded by other naturalists under the designation *Nymphon hirtum*, refer unquestionably to this and not to the Krøyer species. They are both easily distinguished, alike by the nature of the setous covering, the oculiferous tubercle and the structure of the limbs.

Description. The length of the body in the largest of the individuals I have examined reaches 11½ᵐᵐ, the extent 70ᵐᵐ. The males seem. as a rule. to be somewhat smaller than the females.

Legemets Form (se Pl. XI, Fig. 2) er ogsaa hos denne Art meget undersætsig, skjøndt maaske noget mindre end hos foregaaende Art, navnlig hvad Lemmerne angaar. Selve Kroppen (Fig. 2 a, 2 b) er tyk og svær, med Segmenterne meget skarpt sondrede fra hinanden og, ligesom hos foregaaende Art, kort haarede paa Rygsiden. Sidefortsatserne, der kun er skilte ved meget smale, spaltformige Mellemrum, er meget tykke, kortere end Kroppens Brede paa Midten og oventil tæt haarede. Hovedsegmentet er omtrent saa langt som de 3 følgende Segmenter tilsammen og har Halsen kort og tyk, Pandedelen dobbelt saa bred og meget udpræget rendeformigt fordybet oventil efter Midten. Halesegmentet er horizontalt og af smal tendannet Form.

Øieknuden er stærkt ophøiet, af smal cylindrisk Form, og viser sig, naar Dyret sees fra Siden (Fig. 2 b), skraat bagudrettet og noget skjævt afkuttet i Enden. Forfra eller bagfra seet (Fig. 2 c), synes den ganske jevnt at afsmalnes mod Enden, der er stumpt tilspidset og til hver Side forsynet med et lidet vinkelformigt Fremspring. Linserne er forholdsvis smaa, noget skraatstillede og beliggende nær Enden af Øieknuden.

Snabelen (se Fig. 2 b) er af betydelig Størrelse, fuldkommen saa lang som Hovedsegmentet og af cylindrisk Form, med but tilrundet Ende.

Saxlemmerne (se Fig. 2 a, 2 b) er forholdsvis større end hos foregaaende Art og ogsaa af noget slankere Form. Skaftet er smalt cylindriskt, lidt tykkere i Enden og tæt haaret. Haanden (Fig. 2 d), der er noget sammentrykt fra Siderne, opnaar neppe Skaftets Længde og er ligeledes tæt besat med Haar, der navnlig ved Basis af den ubevægelige Finger er temmelig lange og stærke. Palmen er stærkt indknebet ved Basis og tiltager successivt i Brede udad, hvorved den næsten faar en trekantet Form. Fingrene danner ogsaa her med Palmen en tydelig Vinkel og er forholdsvis betydelig længere og smalere end hos foregaaende Art, uden dog synderligt at overgaa Palmen i Længde; de ender begge med skarpe indbøiede Spidser og har langs Inderkanten en Rad af temmelig lange og tynde, ens udviklede Tænder.

Følerne (Fig. 2 e) er, lige udstrakte, omtrent af Saxlemmernes Længde og, navnlig i sit ydre Parti, tæt besatte med forholdsvis lange Haar. Af Leddene er ogsaa her det 2det størst. De 2 ydre Led er betydelig smalere end 3die og tilsammentagne noget længere end dette. Sidste Led er af aflang oval Form og kjendelig kortere end næstsidste.

De falske Fødder er hos Hunnen (Fig. 2 f) af sædvanligt Udseende, med 5te Led omtrent af samme Størrelse som 4de og Endeleddet paa det nærmeste saa lang som disse 2 Led tilsammen. Hos Hannen er disse Lemmer

The body (see Pl. XI, fig. 2) is also in this species very thickset, though possibly somewhat less so than in the preceding one, particularly as regards the limbs. The trunk itself (fig. 2 a, 2 b) is thick and massive with the segments sharply defined from each other, and, as in the preceding species, short-hairy on the dorsal side. The lateral processes, which are only separated by exceedingly narrow, fissure-like intervals, are very thick, shorter than the body is broad in the middle, and densely hairy above. The cephalic segment is about as long as the 3 following segments taken together, and has the neck short and thick; the frontal part twice as broad, and, dorsally, very prominently canaliculiformly grooved along the middle. The caudal segment is horizontal and of a narrow, fusiform shape.

The oculiferous tubercle is exceedingly elevated, of a narrow cylindrical form, and appears, on viewing the animal laterally (fig. 2 b), to slant backwards and be somewhat obtusely truncated at the extremity. Viewed anteriorly or posteriorly (fig. 2 c), it seems to taper quite evenly to the extremity, which is obtusely acuminated and furnished on either side with a small angular projection. The lenses are comparatively small, somewhat obliquely placed, and located near the end of the tubercle.

The proboscis (see fig. 2 b) is of considerable size, fully as long as the cephalic segment and cylindrical in form, with a blunt rounded extremity.

The chelifori (see fig. 2 a, 2 b) are relatively larger than in the preceding species, and also of a somewhat more slender form. The scape is narrow-cylindric, a little thicker at the extremity, and densely setous. The hand (fig. 2 d), which is slightly compressed from the sides, hardly attains the length of the scape, and is, likewise, densely beset with hairs, which, in particular at the base of the immobile finger, are rather long and stiff. The palm is a good deal constricted at the base, and increases successively in breadth onwards, thus acquiring a well-nigh triangular form. The fingers form in this animal, too, along with the palm, a distinct angle, and are relatively a good deal longer and narrower than in the preceding species, without, however, much exceeding the palm in length; they both terminate in sharp incurvate points, and bear along the inner edge a series of rather long and thin, uniformly developed teeth.

The palpi (fig. 2 e) are, when fully extended, about the same length as the chelifori, and are, especially in their outer part, densely beset with comparatively long hairs. Of the joints, the 2nd is here, too, the largest. The 2 outer joints are considerably narrower than the 3rd and, taken together, also somewhat longer than it. The last joint is oblong-oval in form and appreciably shorter than the penultimate one.

The false legs exhibit in the female (fig. 2 f) the usual appearance, with the 5th joint of about the same size as the 4th, and the terminal part very nearly as long as those 2 joints taken together. In the male, these

14

(se Fig. 2 b, 2 g) kjendelig kraftigere udviklede og navnlig 5te Led af betydelig Størrelse, noget krummet og i sit ydre Parti forsynet med en stærk Opsvulmning besat med lange og tætte Børster. Ogsaa Endedelens 1ste Led er forholdsvis større og bredere end hos Hunnen. Randtornerne (Fig. 2 b) er hos begge Kjøn bredt lancetformige og utydeligt crenulorede i Kanterne, med det yderste Parti glat. Endekloen er fint tandet i den ene Kant.

. Gangfødderne (se Fig. 2) viser ogsaa hos denne Art en temmelig robust Bygning, men afsmalnes kjendelig mere mod Enden og er besatte med længere og stærkere Haar. De er omtrent 3½ Gang længere end Legemet og har Laarleddet hos Hunnen meget bredt og noget sammentrykt fra Siderne, hos Hannen (Fig. 2 k) betydelig smalere og i den indre Kant forsynet med en Rad af talrige (omkring 14) smaa Knuder, der giver denne Kant et fint crenuleret Udseende. 2det Lægled er omtrent 3 Gange længere end det terminale Afsnit og afsmalnes temmelig stærkt mod Endon. Tarsalleddet (se Fig. 2 i) er noget længere end bredt og danner ikke nogen tydelig Lap indad. Fodleddet er mere end dobbelt saa langt og afsmalnes successivt mod Enden. I den indre Kant har dette Led 4—5 tynde Torner, der dog kun indtager den indre Halvpart af Ledlet, og hvoraf de yderste er af betydelig Længde. Endekloon er forholdsvis længere og tyndere end hos foregaaende Art og noget leformigt tilskjærpet. Derimod er Biklovene yderst smaa.

De ydre Ægmasser (se Fig. 2 b), der altid kun er tilstede i et enkelt Par, er af betydelig Størrelse og uregelmæssig kugledannede, med talrige Æg af middels Størrelse og, paa Grund af det gjensidige Tryk, mere eller mindre kantet Form.

Dyrets Farve er almindeligbed skidden graa, gaaende over i det brunlige. Ofte er imidlertid Legemet saa tæt besat med fremmede Dele, at Farven er vanskelig at bestemme. Ikke sjelden har jeg til Føddorne fundet fæstet Bryozoer, Anneliderer, Hydroider og andre Pseudoparasiter.

Forokomst. Ved vore Kyster har jeg kun observeret denne Art i den arktiske Region, hvor den imidlertid paa sine Steder, f. Ex. ved Vadsø, er temmelig hyppig paa 50—100 F. D. Under Nordhavs-Expeditionen toges den paa ikke mindre end 12 forskjellige Stationer. Af disse ligger en (St. 48) Ø af Island. en anden (St. 223) S af Jan Mayen, 6 Stationer (St. 262, 267, 270, 273, 275, 290) i Havet N og Ø af Finmarken, endelig 4 Stationer (St. 326, 336, 338, 363) i Havet om Spitsbergen; Dybden fra 70 til 299 F. Ogsaa fra det kariske Hav har jeg havt Anledning til at undersøge talrige Exemplarer, indsamlede under Nordenskjölds Expedition.

Udbrednng. Arten synes at have en vid Udbredning i de arktiske Have. Foruden de ovenomtalte Steder, er den observeret ved arktisk Nordamerika (Bell), Grøn-

limbs (see fig. 2 b, 2 g) are appreciably more powerfully developed, the 5th joint in particular being of considerable size, somewhat curved, and furnished in its outer part with a prominent tumefaction beset with long and dense bristles. Also the 1st joint of the terminal part is relatively larger and broader than in the female. The marginal spines (fig. 2 b) are, in both sexes, broad-lanceolate and indistinctly crenulated on the edges, with the outermost part smooth. The terminal claw has one of the edges finely dentate.

The ambulatory legs (see fig. 2) exhibit. also, in this species a rather robust structure, but taper appreciably more towards the extremity, and are beset with longer and stiffer hairs. They are about 3½ times longer than the body and have the femoral joint in the female very broad and somewhat compressed from the sides. in the male (fig. 2 k) a good deal narrower, and furnished on the inner edge with a series of numerous (about 14) small nodules, which gives to this edge a delicately crenulated appearance. The 2nd tibial joint is about 3 times longer than the terminal section, and tapers rather abruptly towards the end. The tarsal joint (see fig. 2 i) is somewhat longer than broad. and does not form a distinct lobe inwards. The propodal joint is more than twice as long, and tapers successively towards the end. On its inner edge this joint has 4 or 5 slender spines, which occupy, however, only the inner half of the joint, and of which the outermost are of considerable length. The terminal claw is relatively longer and thinner than in the preceding species, and somewhat falciformly sharpened. The auxiliary claws, on the other hand, are exceedingly small.

The outer egg-masses (see fig. 2 b), present always as a single pair, are of considerable size and irregularly globiform, with numerous ova of moderate size and, owing to the reciprocal pressure, more or less angular.

The colour of the animal is generally a dirty grey, bordering on brownish. Very often, however, the body is so coated with foreign substances as to render the colour difficult to determine. Not infrequently I have found attached to the legs, Bryozoa, the tubes of Annelids, Hydroids, and other pseudo-parasites.

Occurrence. On the coasts of Norway I have only observed this species in the Arctic region, where however, in some localities, it is rather common at a depth of 50—100 fathoms. On the North Atlantic Expedition it was taken at as many as 12 different Stations, viz: 1 (St. 48) east of Iceland, 1 (St. 223) south of Jan Mayen, 6 (St. 262, 267, 270. 273, 275, 290) in the sea north and east of Finmark, and finally 4 (Sts. 326, 336, 338, 363) in the sea round Spitsbergen; depth from 70 to 299 fathoms. Also from the Kara Sea I have had opportunity of examining numerous specimens collected on Nordenskjöld's Expedition.

Distribution. The species seems to be widely distributed throughout the Arctic Seas. Besides in the above-mentioned localities, it is recorded from Arctic

land (Miers), Østkysten af Nordamerika (Wilson). Davisstrædet (Hansen) og det sibiriske Ishav (Staxberg) og er saaledes ifølge sin Forekomst en udpræget arktisk og circumpolar Form.

North America (Bell). Greenland (Miers), the East Coast of North America (Wilson), Davis Straits (Hansen), and the Siberian Polar Sea (Staxberg), and is therefore, according to its occurrence, a prominent Arctic and circumpolar form.

34. Chætonymphon spinosum, (Goodsir).

(Pl. XI. Fig. 3, a—i).

Nymphon spinosum, Goodsir, Edinburgh New Phil. Journal, Vol. 32, p. 139, Pl. III, Fig. 3.
— — Idem. Ann. Nat. Hist. Vol. 14. p. 3, Pl. I, Fig. 17, 18.
Chætonymphon spinosum, G. O. Sars, Pycnogonidea borealia & arctica, No. 34.

Artscharacter. Legemet noget mindre undersætsigt end hos foregaaende Art. med Sidefortsatserne mere tydeligt skilte og Rygsiden af Segmenterne besatte med lange og stærke bagud krummede Børster. Hovedsegmentet omtrent som hos Ch. hirtipes, men med noget smalere Hals. Øieknuden stærkt ophøiet, opsvulmet i Enden; Lindserne større end hos foregaaende Art. Snabelen lidt kortere end Hovedsegmentet, cylindrisk. Saxlemmerne lig samme hos Ch. hirtipes. men med kortere Palm og betydelig længere og tyndere Fingre. Følerne spinklere og mindre tæt børstebesatte end hos denne Art. De falske Fødder hos Hannen mindre robuste, med 5te Led kortere og mere sparsomt børstebesat; Randtornerne lancetformige og i sin hele Længde tydeligt savtakkede. Gangfødderne neppe mere end 3 Gange længere end Legemet, noget mindre robuste end hos de 2 foregaaende Arter og rundt om tæt besatte med ualmindelig lange og stive Børster, 2det Lægled omtrent 2½ Gang længere end det terminale Afsnit, Tarsalleddet smalere end hos foregaaende Art, Fodleddet over dobbelt saa langt som Tarsalleddet, smalt lineært, med talrige Torner af ulige Længde langs hele Inderkanten; Endekloen noget mere end halvt saa lang som Fodleddet, Bikloerne vel udviklede, af Kloens halve Længde. Ægmasserne mindre end hos Ch. hirtipes, med faa og meget store Æg. Farven graa, med brunligt gjennemskinnende Tarmsystem. Legemets Længde 8½ᵐᵐ; Spandvidde 51ᵐᵐ.

Bemærkninger. Nærværende Art, der af enkelte senere Forskere synes at være forvexlet med foregaaende, staar denne vistnok meget nær, men er ved noiere Undersøgelse let og sikkert at adskille, saavel ved den ualmindelig stærke Børstebesætning som ved Øieknudens Form, samt Saxlemmernes og Gangfødderues Bygning. At den er identisk med Goodsir's Art finder jeg ganske utvirlsomt, baade paa Grund af Overensstemmelser i Beskrivelsen og fordi den har en mere sydlig Udbredning end de øvrige Arter af Slægten.

34. Chætonymphon spinosum, (Goodsir).

(Pl. XI, fig. 3, a—f).

Nymphon spinosum, Goodsir, Edinburgh New Phil. Journal, Vol. 32, p. 139, Pl. III, fig. 3.
— — Idem, Ann. Nat. Hist. Vol. 14, p. 3, Pl. I, figs. 17, 18.
Chætonymphon spinosum, G. O. Sars, Pycnogonidea borealia & arctica, No. 34.

Specific Characters. Body somewhat less thickset than in the preceding species, with the lateral processes more distinctly defined, and the dorsal side of the segments beset with long and prominently backwards curved bristles. Cephalic segment about as in Ch. hirtipes, but with somewhat narrower neck. Oculiferous tubercle exceedingly elevated, swollen at the extremity; lenses larger than in the preceding species. Proboscis a trifle shorter than the cephalic segment, cylindric. Chelifori as in Ch. hirtipes, but with shorter palm and considerably longer and thinner fingers. Palpi more slender and less densely setous than in that species. False legs in male less robust. with the 5th joint shorter and more sparingly beset with bristles; marginal spines lanceolate, and distinctly serrate throughout the whole of their length. Ambulatory legs scarcely more than 3 times longer than the body, a little less robust than in the 2 preceding species, and beset all round with remarkably long and stiff bristles, 2nd tibial joint about 2½ times longer than the terminal section, tarsal joint narrower than in the preceding species, propodal joint more than twice as long as the tarsal joint. narrowlinear, with numerous spines of unequal length along the whole of the inner edge; terminal claw a little more than half as long as the propodal joint, auxiliary claws well developed, half the length of the claw. Egg-masses smaller than in Ch. hirtipes, with few and very large ova. Colour grey, with brownish intestinal system shining through. Length of body 8½ᵐᵐ; extent 51ᵐᵐ.

Remarks. The present species, confounded apparently by certain later naturalists with the preceding one, does indeed approximate that form very closely, but, on further examination, is easily and surely distinguished, both by the remarkably strong setous covering as well as by the form of the oculiferous tubercle, and the structure of the chelifori and ambulatory legs. That the form is identical with Goodsir's species, I regard as quite indubitable, both from agreements in description and because it has a more southerly distribution than the other species of the genus.

14*

Beskrivelse. Legemets Længde er omkring 8¹/₂ᵐᵐ, med en Spandvidde af 51ᵐᵐ, og denne Art staar saaledes i Størrelse tilbage for *Ch. hirtipes*.

Den almindelige Habitus (se Pl. XI, Fig. 3) er meget lig samme hos *Ch. hirtipes;* dog synes baade Kroppen og Lemmerne idethele at være noget mindre robust byggede, og Sidefortsatserne videre adskilte. Hovedsegmentet og de 2 følgende Segmenter er (se Fig. 3 b) oventil i sit bagre Parti besatte med ualmindelig lange og stive bagudbøiede Haar, og ogsaa paa Hovedsegmentets Pandedel og paa Sidefortsatsernes ovre Side er Haarene kjendelig stærkere end hos foregaaende Art. Formen af Hovedsegmentet er omtrent som hos *Ch. hirtipes*, med den Forskjel, at Halsen er noget tyndere (se Fig. 3 a), og Halesegmentet har en lignende smal tendannet Form som hos denne Art.

Øieknuden (Fig. 3 c) skiller sig derinmod kjendelig i sin Form fra samme hos foregaaende Art. Den er forholdsvis større og har det ydre Parti tydeligt fortykket, ligesom opblæst, med Enden stumpt afrundet og forsynet med 2 meget smaa knudeformige Fremspring. Lindserne er af betydelig Størrelse og, som hos foregaaende Art, beliggende nærmere Spidsen .end Basis af Øieknuden.

Snabelen (se Fig. 3 b) synes forholdsvis noget kortere og tykkere end hos *Ch. hirtipes*, men viser forøvrigt et meget lignende Udseende.

Saxlemmerne (se Fig. 3 b) ligner ved første Øiekast særdeles meget samme hos den typiske Art. Ved nøiere Undersøgelse viser imidlertid Haanden (Fig. 3 d) meget vel udpragede Differentser. Den er idethele svagere bygget og har Palmen betydelig kortere i Forhold til Fingrene, samt i Inderkanten forsynet med en tydelig Indbugtning. Fingrene er næsten dobbelt saa lange som Palmen, meget tynde og stærkt krummede, gaaende ud i sylskarpe hinanden krydsende Spidser. Tænderne i Inderkanten synes ligeledes tyndere og længere end hos foregaaende Art.

Følerne (Fig. 3 e) viser et lignende Længdeforhold af de dem sammensættende Led som hos *Ch. hirtipes*, men er forholdsvis noget spinklere og skiller sig desuden ved en mindre tæt Børstebeentning.

De falske Fødder hos Hannen (se Fig. 3 b, Fig. 3 f) er ligeledes spinklere og har 5te Led mindre kraftigt udviklet, men er i sit ydre Parti paa en lignende Maade udvidet og børstebesat. Randtornerne (Fig. 3 g) er i sin hele Længde tydeligt og regelmæssigt saugtakkede.

Gangfødderne (se Fig. 3) er ikke fuldt 3 Gange længere end Legemet og idethele forholdsvis mindre robuste end hos de 2 foregaaende Arter. De er i hele sin Længde tæt besatte med ualmindelig lange og stive Børster, der navnlig paa de 2 Lægled er stærkt udviklede og danner en tæt kostformig Bræmme rundt om samme. Laarleddet er hos Hunnen temmelig stærkt opsvulmet og ialmindelighed fyldt med forholdsvis ualmindelig store Ægceller. Hos

Description. The body has a length of about 8¹/₂ᵐᵐ, with an extent of 51ᵐᵐ, and this species, therefore, is inferior in size to *Ch. hirtipes*.

The general habitus (see Pl. XI, fig. 3) is very similar to that of *Ch. hirtipes;* yet both the trunk and the limbs would seem altogether to be somewhat less robust in structure, and the lateral processes to be more separated. The cephalic segment and the 2 succeeding segments (see fig. 3 b) are beset above, in their posterior part. with remarkably long and stiff recurvate hairs; and also on the frontal part of the cephalic segment and the upper surface of the lateral processes the hairs are appreciably stouter than in the preceding species. The form of the cephalic segment is about as in *Ch. hirtipes*, with this difference, that the neck is somewhat thinner (see fig. 3 a), and the caudal segment has a similar narrow fusiform shape as in that species.

The oculiferous tubercle (fig. 3 c), on the other hand, is appreciably distinguished in its form from that of the preceding species. It is relatively larger, and has the outer part distinctly thickened, as it were inflated, with the extremity obtusely rounded and furnished with 2 very small tuberculiform projections. The lenses are of considerable size and, as in the preceding species, are placed nearer the point than the base of the tubercle.

The proboscis (see fig. 3 b) would seem to be relatively somewhat shorter and thicker than in *Ch. hirtipes*, but exhibits, otherwise, a very similar appearance.

The chelifori (see fig. 3 b) resemble very closely, at the first glance, those in the typical species. A more careful examination, however, shows the hand (fig. 3 d) to have well-marked differences. It is, on the whole, more feeble in structure, with the palm considerably shorter in proportion to the fingers and the inner edge exhibits a distinct incurvation. The fingers are almost twice as long as the palm, very thin and sharply curved, running out to awl-sharp intercrossing points. The teeth on the inner edge seem also to be thinner and longer than in the preceding species.

The palpi (fig. 3 e) exhibit the same longitudinal relations in the joints composing them as in *Ch. hirtipes*, but are relatively somewhat more slender, and they distinguish themselves, besides, by having the setous covering less dense.

The false legs in the male (see fig. 3 b, 3 f) are also relatively more slender, and have the 5th joint less powerfully developed, but with the outer part in like manner expanded and beset with bristles. The marginal spines (fig. 3 g) are throughout their entire length distinctly and regularly serrated.

The ambulatory legs (see fig. 3) are not quite 3 times longer than the body, and on the whole are relatively less robust than in the 2 preceding species. They are densely beset throughout their entire length with exceedingly long and stiff bristles, which, particularly on the 2 tibial joints, are strongly developed and form round them a dense brush-like fringe. The femoral joint is in the male a good deal swollen, and as a rule filled with comparatively very

Hannen er dette Led (se Fig. 3 i) som sædvanlig betydelig smalere og har i den indre Kant 4—5 afrundede Kunder. 2det Lægled er meget smalt, næsten lineært, og omtrent 2¹/₂ Gang længere end det terminale Afsnit. Dette sidste (se Fig. 3 h) skiller sig kjendeligt fra samme hos de 2 foregaaende Arter og er idethele betydelig spinklere. Tarsalleddet er mere end dobbelt saa langt som bredt og kun ganske svagt udvidet mod Enden. Fodleddet er stærkt forlænget, omtrent 2¹/₂ Gang længere end Tarsalleddet, meget smalt, lineært, og langs Inderkanten bevæbnet med en Rad af 12—16 temmelig ulige udviklede Torner. Endekloen er noget mere end halvt saa lang som Fodleddet og stærkt krummet ved Basis. Bikloerne er, i Modsætning til hvad Tilfældet er hos den typiske Art, vel udviklede og næsten af Kloens halve Længde

De ydre Ægmasser (se Fig. 3 b) er forholdsvis mindre end hos foregaaende Art, kugleformige, og indeholder et forholdsvis ringe Antal usædvanlig store Æg.

Dyrets Farve er blegt gulagtig, med brunlig gjennemskinnende Tarmsystem.

Forekomst. Jeg har taget denne Art af og til ved vor Vestkyst, fra Høiden af Stavanger til Tjøtø i Nordland. Ved Finmarken har jeg derimod ikke observeret den, og heller ikke under Nordhavs-Expeditionen erholdtes denne Art.

Udbredning. Foruden ved Norges Kyster er den alene med Sikkerhed kjendt fra de Britiske Øer (Goodsir). Den har saaledes utvilsomt en mere sydlig Udbredning end de øvrige Arter af Slægten.

large egg-colls. In the male, this joint (see fig. 3 i) is, as usual, considerably narrower, and has on the inner edge 4 or 5 rounded nodules. The 2nd tibial joint is very narrow, well-nigh linear, and about 2¹/₂ times longer than the terminal section. The latter (see fig. 3 h) is appreciably distinguished from that part in the 2 preceding species, and is, on the whole, considerably more slender. The tarsal joint is more than twice as long as it is broad, and but very slightly expanded towards the extremity. The propodal joint is much elongated, about 2¹/₂ times longer than the tarsal joint, very narrow, linear, and armed along the inner edge with a series of 12—16 rather unequally developed spines. The terminal claw is somewhat more than half as long as the propodal joint, and sharply curved at the base. The auxiliary claws, contrary to what occurs in the typical species, are well developed, and almost half the length of the claw itself.

The outer egg-masses (see fig. 3 b) are smaller, relatively, than in the preceding species, globular in form, and contain a comparatively small number of uncommonly large ova.

The colour of the animal is a pale yellow, with brownish intestinal system shining through the skin.

Occurrence. I have now and again taken this species on the West Coast of Norway, from the latitude of Stavanger to Tjötö in Nordland. On the Coast of Finmark I have, on the contrary, not observed it, nor was the animal obtained on the North-Atlantic Expedition.

Distribution. Besides on the Coasts of Norway, the species is only known with certainty from the British Islands (Goodsir). It has thus, unquestionably, a more southerly distribution than the other species of the genus.

35. Chætonymphon tenellum, G. O. Sars.

(Pl. XII, Fig. 1, a—h).

Chætonymphon tenellum, G. O. Sars, Pycnogonidea borealia & arctica, No. 35.

Artscharacter. Legemet forholdsvis betydelig spinklere end hos de 3 foregaaende Arter, Kroppen næsten cylindrisk, oventil kort og fint haaret, med Sidefortsatserne vel adskilte. Hovedsegmentet neppe længere end de 2 følgende Segmenter tilsammen; Halsen kort, Pandedelen successivt udvidet. Halesegmentet simpelt cylindrisk, stumpt afrundet i Enden. Øieknuden stump konisk, lige opadrettet, med forholdsvis store Lindser. Snabelen noget kortere end Hovedsegmentet, horizontal, noget afsmalnende. Saxlemmerne noget lig samme hos *Ch. spinosum*, men med Haanden forholdsvis kortere og Fingrene mindre spinkle. Følerne temmelig forhøiede, 2det og 3die Led omtrent af samme Længde, sidste Led neppe kortere end næstsidste og begge tilsammen lig 3die. De falske Fødder hos Hannen temmelig spinkle, 5te Led successivt udvidet mod Enden og her kort haaret; Randtornerne forholdsvis smaa, stumpt lancet-

35. Chætonymphon tenellum, G. O. Sars.

(Pl. XII. fig. 1, a—h).

Chætonymphon tenellum, G. O. Sars, Pycnogonidea borealia & arctica, No. 35.

Specific Characters. Body relatively much more slender than in the 3 preceding species, trunk well-nigh cylindric, short and finely hirsute above, with the lateral processes well separated. Cephalic segment scarcely longer than the 2 following segments taken together; neck short, frontal part successively expanded. Caudal segment simple-cylindric, obtusely rounded at the extremity. Oculiferous tubercle obtuse-conic, pointed straight upwards, with comparatively large lenses. Proboscis somewhat shorter than the cephalic segment, horizontal, slightly tapering. Chelifori somewhat like those of *Ch. spinosum*, but with the hand relatively shorter and the fingers less slender. Palpi rather elongated, 2nd and 3rd joints of about uniform length, last joint scarcely shorter than the penultimate one, and both taken together equalling the 3rd. False legs in the male rather slender, 5th joint

formige, uregelmæssigt crenulerede i Kanterne. Gangfødderne neppe 3 Gange længere end Legemet. temmelig spinkle og tæt haarede, Laarleddet hos Haanen med kun 3 Knuder i Inderkanten, det terminale Parti meget smalt, Tarsalleddet lineært, Fodleddet ikke fuldt dobbelt saa langt, med talrige lange og tynde Torner i Inderkanten; Endekloen omtrent halvt saa lang som Fodleddet; Bikløerne vel udviklede Legemets Længde 6½″·; Spandvidde 34″·.

Bemærkninger. Fra de 3 foregaaende Arter skiller denne sig ved en kjendelig spinklere Kropsform, hvad der har givet Anledning til Artsbetegnelsen. Mest synes den at nærme sig til Ch. spinosum, men den smalt cylindriske Krop, Øieknudens Form og flere andre Charaterer skiller den bestemt fra samme.

Beskrivelse. Legemets Længde hos den fuldt udviklede Han er kun 6½″·, med en Spandvidde af 34″·, og denne Art er snaledes betydelig mindre end de i det foregaaende omtalte Former.

Legemet er (se Pl. XII, Fig. 1) betydelig spinklere end hos nogen af de ovenfor omtalte Arter, og navnlig er selve Kroppen (se Fig. 1 a, 1 b) kjendelig smalere, næsten cylindrisk, med Sidefortsatserne skilte ved temmelig brede Mellemrum. Paa Rygsiden er Segmenterne besatte med meget smaa, men trætte Haar. og det samme er ogsaa Tilfældet med de temmelig tykke og plumpe Sidefortsatser. Hovedsegmentet er neppe længere end de 2 følgende Segmenter tilsammen og har en tydelig. men kort Hals; Pandedelen udvides ganske successivt mod Enden og er her næsten dobbelt saa bred som Kroppen paa Midten. Halesegmentet er af simpel cylindrisk Form, stumpt afrundet i Enden, og horizontalt.

Øieknuden (Fig. 1 c) er noget mindre ophøiet end hos Ch. hirtipes og Ch. spinosum, men mere fremragende end hos Ch. hirtum. Den er lige opadrettet og af stump konisk Form, uden tydelige knudeformige Fremspring. Lindserne er forholdsvis store, elliptiske og beliggende nærmere Enden end Basis af Øieknuden.

Snabelen (se Fig. 1 a) er kortere end Hovedsegmentet. horizontalt fortilrettet, og kjendelig afsmalnende mod Enden.

Saxlemmerne (ibid.) ligner noget samme hos Ch. spinosum, men er noget spinklere og har Haanden (Fig. 1 d) forholdsvis kortere og mindre stærkt vreden. Palmen er forholdsvis større og af temmelig regelmæssig trekantet Form, hvorimod Fingrene er betydelig kortere og mindre stærkt krummede. Tænderne i Inderkanten af Fingrene er lange og tynde, men færre i Antal end hos Ch. spinosum.

Følerne (Fig. 1 c) er temmelig stærkt forlængede og, navnlig i sit ydre Parti, tæt haarede. Forholdet af Leddene skiller sig kjendeligt fra samme hos de foregaaende

successively expanded towards the extremity, and shortly lanceolate, irregularly crenulated on the edges. Ambulatory legs scarcely 3 times longer than the body, rather slender and densely setous, femoral joint in male with only 3 nodulus on the inner edge, terminal part very narrow. tarsal joint linear, propodal joint not quite twice its length, with numerous long and slender spines on the inner edge; terminal claw about half as long as the propodal joint; auxiliary claws well developed. Length of body 6½″·; extent 34″·.

Remarks. From the 3 foregoing species the present differs in its appreciably slimmer body, which feature has suggested the specific designation. It seems to approximate Ch. spinosum closest. but the narrow cylindrical trunk, the form of the oculiferous tubercle and several other characters distinguish it clearly from that species.

Description. The length of the body in the fully developed male is only 6½″·, with an extent of 34″·, and this species is accordingly much smaller than the preceding forms.

The body (see Pl. XII, fig. 1) is a good deal slimmer than in any of the species above recorded, and more especially the trunk (see fig. 1 a, 1 b) is appreciably narrower, well-nigh cylindric, with the lateral processus separated by rather wide intervals. On the dorsal side the segments are beset with very short but dense hairs, and that is also the case with the rather thick and clumsy lateral processes. The cephalic segment is hardly longer than the 2 following segments taken together, and has a distinct though short neck; the frontal part expands successively towards the end, and is there almost twice as broad as the trunk in the middle. The caudal segment is of simple cylindric form, obtusely rounded at the extremity, and horizontal.

The oculiferous tubercle (fig. 1 c) is somewhat less elevated than in Ch. hirtipes, but more prominent than in Ch. hirtum. It points straight upwards, and is conico-obtuse in form, without any distinct tuberculiform projections. The lenses are comparatively large, elliptic, and placed nearer the extremity than the base of the tubercle.

The proboscis (see fig. 1 a) is shorter than the cephalic segment, directed horizontally forwards, and tapers appreciably towards the extremity.

The chelifori (ibid.) somewhat resemble those of Ch. spinosum, but are a little slenderer, and have the hand (fig. 1 d) relatively shorter and less contorted. The palm is relatively larger and tolerably regularly triangular in form, whereas the fingers are considerably shorter and less sharply curved. The teeth on the inner edge of the fingers are long and thin, but fewer in number than in Ch. spinosum.

The palpi (fig. 1 e) are rather greatly elongated, and, particularly in their outer part, densely setous. The proportion between the joints differs appreciably from that in the

Arter, idet her 3die Led er fuldkommen saa langt som 2det, og de 2 sidste Led indbyrdes af ens Længde og tilsammentagne lig 3die.

De falske Fødder hos Hannen (Fig. 1 f) er, lige udstrakte, omtrent af Legemets Længde og af en temmelig spinkel Form. 5te Led er stærkt forlænget og udvides ganske successivt mod Enden, uden her at vise en saadan abrupt Opsvulmning, som hos de 2 foregaaende Arter. Ligeledes er de til dette Led fæstede Børster af et mere uniformt Udseende og betydelig kortere og finere end hos hine Arter. Randtornerne paa Endedelen (Fig. 1 g) er forholdsvis smaa, stumpt lancetformige og uregelmæssigt rundtakkede i Kanterne.

Gangfødderne (se Fig. 1) er kjendelig spinklere end hos de 3 foregaaende Arter, hvorved dog er at mærke, at det undersøgte Exemplar er en Han. De er ikke fuldt 3 Gange længere end Legemet og, navnlig i sit ydre Parti, tæt laadne af temmelig lange og stive Haar. Laarleddet har i Inderkanten 3 temmelig store, afrundede Knuder, der er indskrænkede til det basale Parti af Leddet. 2det Lægled er af smal lineær Form og omtrent 2¹/₂ Gang længere end det terminale Afsnit. Dette sidste (se Fig. 1 h) ligner noget samme hos *Ch. spinosum*, men har Tarsalleddet forholdsvis længere. Fodleddet er ikke fuldt dobbelt saa langt og tiltager lidt i Tykkelse mod Enden. I Inderkanten har det en Rad af 12—14 tynde Torner af noget ulige Længde, de i Midten kongst. Endekloen er forholdsvis kort, neppe mere end halvt saa lang som Fodleddet, men temmelig kraftig og stærkt krummet ved Basis. Bikløerne er som hos *Ch. spinosum* vel udviklede og omtrent halvt saa lange som Kloen.

Ingen af de 2 undersøgte Exemplarer var æghærende, og om de ydre Ægmassers Form kan saaledes intet anføres.

Forekomst. 2 Exemplarer af denne Art, begge Hanner, toges under Nordhavs-Expeditionens sidste Togt i Havet V. af Finmarken (Stat. 200) paa et Dyb af 620 F. Da Stationen tilhører den kolde Area, er Arten utvivlsomt at betragte som en ægte arktisk Form.

preceding species, the 3rd joint being in this animal fully as long as the 2nd, and the 2 last joints uniform in length and taken together equal to the 3rd.

The false legs in the male (fig. 1 f) are, when fully extended, about same length as the body and rather slender in form. The 5th joint is very much elongated, and expands quite gradually towards the end without exhibiting there so abrupt a tumefaction as in the 2 preceding species. Moreover, the bristles affixed to that joint present a more uniform appearance than in those said species. The marginal spines on the terminal part (fig. 1 g) are comparatively small, obtuse-lanceolate, and irregularly serrated on the edges.

The ambulatory legs (see fig. 1) are appreciably more slender than in the 3 preceding species; we must, however, bear in mind that the specimen examined was a male. They are not quite 3 times longer than the body, and, more particularly in their outer part, densely hirsute with rather long and stiff hairs. The femoral joint bears on the inner edge 3 rather large rounded tubercles, confined in position to the basal part of the joint. The 2nd tibial joint is narrow linear in form, and about 2¹/₂ times longer than the terminal section. The latter (see fig. 1 h) somewhat resembles that part in *Ch. spinosum*, but has the tarsal joint relatively longer. The propodal joint is not quite twice as long, and increases in thickness towards the extremity. On the inner edge it bears a series of 12—14 slender spines, somewhat unequal in length, those in the middle being longest. The terminal claw is relatively short, scarcely more than half as long as the propodal joint, but rather powerful and sharply curved at the base. The auxiliary claws are well developed, as in *Ch. spinosum*, and about half as long as the main claw.

Neither of the 2 specimens examined was ovigerous, and nothing can be said therefore respecting the form of the outer egg-masses.

Occurrence. Two specimens of this species, both males, were taken on the last cruise of the North-Atlantic Expedition (St. 200), in the sea west of Finmark, at a depth of 620 fathoms. As this Station lies in the cold area, the species must unquestionably be regarded as a true Arctic form.

---

36. Chætonymphon macronyx, G. O. Sars.

(Pl. XII, Fig. 2, a—k).

Nymphon macronyx, G. O. Sars, Prodrom. descript. Crust. & Pycnog. p. 365.

— — Hoek, Pycnog. of „Knight Errant". Report on the Challenger Pycnogonida, p. 95, Pl. XV, fig. 1—7.

— — Hansen, Kara Havets Pycnogonider, p. 13, Tab. XVIII, Fig. 6, a—c.

36. Chætonymphon macronyx, G. O. Sars.

(Pl. XII, fig. 2, e—k).

Nymphon macronyx, G. O. Sars, Prodrom. descript. Crust. & Pycnog. p. 365.

— — Hoek, Pycnog. of „Knight Errant." Report on the Challenger Pycnogonida, p. 95, Pl. XV, figs. 1—7.

— — Hansen, Kara Havets Pycnogonider, p. 13, Tab. XVIII, fig. 6, a—c.

Chætonymphon macronyx, G. O. Sars, Pycnogonidea borealia & arctica, No. 36.

Artscharaeter. Legemet smækkrere end hos de øvrige Arter af Slægten, Kroppen smalt cylindrisk, oventil glat, med vidt adskilte Sidefortsatser. Hovedsegmentet omtrent saa langt som de 2 følgende Segmenter tilsammen, med tydelig markeret Hals; Pandedelen kun lidet udvidet. Halesegmentet cylindriskt, skjævt opadrettet. Øieknuden stærkt ophøiet og smal, ved Enden forsynet med 2 divergerende Fremspring. Lindserne af meget ulige Størrelse, det bagre Par betydelig mindre end det forreste og beliggende høiere op paa Øieknuden. Snabelen af Hovedsegmentets Længde, cylindrisk. Saxlemmerne forholdsvis svage og besatte med lange spredte Haar, Haanden kortere end Skaftet. Fingrene næsten dobbelt saa lange som Palmen, særdeles smale og stærkt krummede i Enden, med tynde og forlængede Tænder i Underkanten. Følerne spinkle, 2det Led længst, de 2 sidste Led tæt haarede, af ens Længde og tilsammen længere end 8die. De falske Fødder hos Hannen stærkt forlængede, af et lignende Udseende som hos *Ch. tenellum*; Randtornerne smalt lancetformige, med stump Spids og regelmæssigt savtakkede Kanter. Gangfødderne omtrent 3 Gange længere end Legemet, meget spinkle og besatte med spredte Haar, Laarleddet hos Hunnen stærkt opsvulmet i det basale Parti, 2det Lægled særdeles smalt og omtrent dobbelt saa langt som det terminale Afsnit; Fodleddet over dobbelt saa langt som Tarsalleddet og langs Inderkanten forsynet med en tæt og regelmæssig Rad af tynde Torner; Endekloen ualmindelig stærkt forlænget, neppe kortere end Fodleddet, leformig tilskjærpet; Bikloerne yderst smaa og rudimentære. De ydre Æggmasser kugleformige, med faa og store Æg, ofte tilstede i dobbelt Antal paa enhver af de falske Fødder. Legemets Længde 6¹/₂ᵐᵐ; Spandvidde 36ᵐᵐ.

Bemærkninger. Af alle Arter synes denne mest at afvige fra den typiske Form, *Ch. hirtipes;* men jeg kan dog ikke et Øieblik betænke mig paa at henføre den til samme Slægtstype. Den eiendommelige Bygning af Saxlemmerne, ligesom ogsaa Forholdet af de 2 ydre Led af Følderne og den tydelige, skjøndt ristnok mindre udprægede Landdenhed af Lemmerne, stempler den som en ægte Chætouymphon. Fra de øvrige Arter er den let kjendelig ved sin forholdsvis meget spinkle Kropsform og ved den ualmindelige Længde af Endekloen paa Gangfødderne, hvilken sidste Character har givet Anledning til Artsbenævnelsen.

Beskrivelse. Længden af de største Exemplarer gaar op til 6¹/₂ᵐᵐ, med en Spandvidde af 36ᵐᵐ, altsaa omtrent som hos *Ch. tenellum.*

Legemets Form (se Pl. XII, Fig. 2) maa, i Sammenligning med samme hos de øvrige Arter af Slægten, kaldes særdeles spinkel, skjøndt den i denne Henseende ikke kan maale sig med flere Arter af Slægten *Nymphon.* Selve Kroppen (Fig. 2 a, 2 b) er af smal cylindrisk Form og har Sidefortsatserne af betydelig Længde samt skilte ved brede Mellemrum. Ryggen er glat, uden den sædvanlige

Chætonymphon macronyx, G. O. Sars, Pycnogonidea borealia & arctica, No. 36.

Specific Characters. Body slimmer than in the other species of the genus, trunk narrow-cylindric, smooth above, with the lateral-processes widely apart. Cephalic segment about as long as the 2 following segments taken together, with distinctly defined neck; frontal part but slightly expanded. Caudal segment cylindric, pointed obliquely upwards. Oculiferous tubercle exceedingly elevated and narrow, furnished at the extremity with 2 diverging projections, the lenses very unequal in size, the posterior pair much smaller than the anterior, and placed higher up the tubercle. Proboscis the length of the cephalic segment, cylindric. Chelifori comparatively feeble and beset with long scattered hairs, hand shorter than scape. Fingers almost twice as long as palm, exceedingly narrow and sharply curved at the extremity, with thin and elongated teeth on the inner edge. Palpi slender, 2nd joint longest, the 2 last joints densely hairy, of equal length, and, taken together, longer than the 3rd. False legs in the male very much elongated, similar in appearance to those in *Ch. tenellum;* marginal spines narrow-lanceolate, with obtuse point and regularly serrated edges. Ambulatory legs about 3 times longer than body, very slender, and beset with scattered hairs, femoral joint in the female much swollen in the basal part, 2nd tibial joint exceedingly narrow, and about twice as long as the terminal section; propodal joint more than twice as long as the tarsal joint, and furnished on the inner edge with a dense and regular series of slender spines; terminal claw remarkably elongate, hardly shorter than the propodal joint, falciformly sharpened; auxiliary claws exceedingly small and rudimentary. Outer egg-masses globular, with few and large ova, often present in double number on each of the false legs. Length of body 6¹/₂ᵐᵐ; extent 36ᵐᵐ.

Remarks. Of all the species this would seem to deviate most from the typical form, *Ch. hirtipes;* but I do not feel the slighest hesitation in referring it to the same generic type. The peculiar structure of the chelifori, as also the relations of the 2 outer joints of the legs, and the distinct, though certainly less prominent setous character of the limbs, show it to be a true Chætouymphon. From the other species it is easily recognized, by its relatively very slender body and the remarkable length of the terminal claw on the ambulatory legs, which latter character has suggested the specific designation.

Description. The length of the largest specimens reaches 6¹/₂ᵐᵐ, the extent 36ᵐᵐ, about the same therefore as in *Ch. tenellum.*

The body (see Pl. XII, fig. 2), compared with that of the other species of the genus must be termed exceedingly slender, though in that respect it cannot compare with several species of the genus *Nymphon.* The trunk itself (fig. 2 a, 2 b) is narrow-cylindric in form, and has the lateral processes of considerable length and separated by wide intervals. The back is smooth, without the

Haarbesætning, og kun ved Enden af Sidefortsatserne bemærkes nogle meget smaa og fine Haar. Hovedsegmentet er omtrent saa langt som de 2 følgende Segmenter tilsammen og har en tydelig, skjøndt ikke meget lang, cylindrisk Hals; Pandedelen er mindre stærkt udvidet end hos de øvrige Arter, men skarpere afmarkeret fra Halsen. Halssegmentet er, som hos *Ch. tenellum*, simpelt cylindriskt, men altid skjævt opadrettet.

Øieknuden (Fig. 2 c. 2 d) er stærkt ophøiet, meget smal og lidt bagudrettet; Spidsen er afstumpet og forsynet med 2 divergerende tornformige Fremspring. Lindserne er af meget ulige Størrelse, idet det forreste Par er mere end dobbelt saa stort som det bagerste, der ogsaa ligger betydelig høiere (se Fig. 2 d).

Snabelen (se Fig. 2 a, 2 b) er af betydelig Størrelse, fuldkommen saa lang som Hovedsegmentet, lige fortilstrakt og af regelmæssig cylindrisk Form.

Saxlemmerne (ibid.) er forholdsvis svagere byggede end hos de øvrige Arter, med Skaftet smalt cylindriskt og besat med temmelig lange, men spredte Haar. Haanden (Fig. 2 e) er kjendelig kortere end Skaftet og har, som hos de øvrige Arter, Palmen forholdsvis kort og af triangulær Form, med Inderkanten i sit ydre Parti tæt besat med lange og stærke Haar. Fingrene er næsten dobbelt saa lange som Palmen og, navnlig den bevægelige, overordentlig tynde, samt stærkt krummede i Enden. Tænderne i Inderkanten er af samme Beskaffenhed som hos de 2 foregaaende Arter.

Følerne (Fig. 2 f) udmærker sig, ligesom Saxlemmerne, ved sin usædvanlig spinkle Form og er, navnlig mod Enden, tæt haarede. Af Leddene er 2det længst. De 2 ydre Led er indbyrdes omtrent af ens Længde og tilsammen betydelig længere end 3die, begge meget smale.

De falske Fødder hos Hannen (se Fig. 2 b, 2 g) er stærkt forlængede og tynde, forøvrigt i sin Bygning nær overensstemmende med samme hos *Ch. tenellum*. 5te Led er stærkt krummet og ganske successivt fortykket mod Enden samt kun besat med meget korte og fine Børster. Randtornerne (Fig. 2 i) er meget smale, næsten lineære, med stump Spids og Kanterne regelmæssigt saugtakkede. Endekloen (Fig. 2 h) har 7 Sidetænder.

Gangfødderne (se Fig. 2) er omtrent 3 Gange længere end Legemet, særdeles spinkle og besat i sin hele Længde med temmelig lange men forholdsvis spredte Haar. Hos Hunnen er Laarleddet ualmindelig stærkt opblæst i sit basale Parti paa Grund af de indsluttede forholdsvis store Ægceller, medens det ydre Parti har hibeholdt sin oprindelige smale Form. Hos Hannen er hele dette Led særdeles smalt og har Inderkanten ganske svagt bugtet, men uden tydelige Tuberkler. 2det Lægled er overordentlig tyndt og viser en eiendommelig, næsten Sformig Bøining; det er kun lidet længere end 1ste Lægled, men omtrent dobbelt saa langt som det terminale Afsnit.

usual hairy covering, and only at the extremity of the lateral processes are there observed a few minute and delicate hairs. The cephalic segment is about as long as the 2 following segments taken together, and has a distinct, though not very long, cylindrical neck; the frontal part is less expanded than in the other species, but more distinctly demarcated from the neck. The caudal segment is, like that of *Ch. tenellum*, plain cylindric, but always directed obliquely upwards.

The ocular tubercle (fig. 2 c, 2 d) is strongly prominent, very narrow, and slightly directed backwards; the point is blunted and furnished with 2 divergent aculeiform projections. The lenses are of very different size; the anterior pair being twice the size of the posterior pair, which, also, are placed considerably higher (see fig. 2 d).

The proboscis (see fig. 2 a, 2 b) is of considerable size, quite as long as the cephalic segment, directed straight forward, and of regular cylindric form.

The chelifori (ibid.) are relatively more slender in structure than in the other species, with the scape narrow cylindrical and beset with rather long but scattered setæ. The hand (fig. 2 e) is appreciably shorter than the scape, and has, as in the other species, the palm relatively short and triangular in form, with the inner edge in its outer portion closely beset with long, stiff setæ. The fingers are almost twice as long as the palm, and, especially the mobile one, are extremely slender and greatly curved at the extremity. The teeth on the inner margin are of the same kind as in the 2 preceding species.

The palpi (fig. 2 f), like the chelifori, are distinguished by their unusual slender form, and are, especially at the extremity, densely setous. Of the joints, the 2nd is the longest. The 2 outer joints are, mutually, about equal in length, and are together considerably longer than the 3rd one; both very narrow.

The false legs in the male (see fig. 2 h, 2 g) are greatly elongated and slender in structure; otherwise they almost correspond with the same limbs in *Ch. tenellum*. The 5th joint is greatly bent, quite gradually tumefied towards the extremity, and only beset with very short and fine bristles. The marginal spines (fig. 2 i) are very delicate, almost linear, with blunt point, and the edges regularly serrated. The terminal claw (fig. 2 h) has 7 lateral teeth.

The ambulatory legs (see fig. 2) are about 3 times as long as the body, particularly slender, and beset throughout their entire length with pretty long but, relatively, scattered setæ. In the female, the femoral joint is unusually greatly expanded in its basal portion, by reason of the enclosed relatively large egg-cells, whilst the outer portion maintains its original slender form. In the male, the whole of this joint is particularly slender, and has the inner margin quite faintly curvate, but without distinct tubercles. The 2nd tibial joint is extremely thin and exhibits a peculiar almost S-formed curvature; it is only a little longer than the 1st tibial joint, but nearly twice as long as the terminal section.

Tarsalleddet (se Fig. 2 k) er smalt cylindriskt, eller ganske svagt udvidet mod Enden, og omtrent 3 Gange længere end bredt. Fodleddet er stærkt forlænget, over dobbelt saa langt som Tarsalleddet, noget opsvulmet i sit basale Parti, og langs hele Inderkanten forsynet med en tæt og regelmæssig Rad af tynde, ens udviklede Torner. Endekloen er af ganske ualmindelig Længde, neppe kortere end Fodleddet, og viser ved Basis en stærk, ligesom knæformig Boining; dens ydre Parti er næsten lige og af smal ledannet Form, med den indre Kant tilskjærpet. Bikloerne er saa yderst smaa og rudimentære, at de meget let vil kunne oversees.

De ydre Ægmasser (se Fig. 2 b) er af kugledannet Form og indeholder kun et ringe Antal af ualmindelig store Æg. Ofte findes Ægmasserne i dobbelt Antal paa hver af de falske Fødder.

Forekomst. Af nærværende characteristiske Art blev talrige Exemplarer indsamlede under Nordhavs-Expeditionen paa forskjellige Punkter af det af os undersøgte Havstrøg. Den er snaledes noteret fra ikke mindre end 9 forskjellige Stationer, tildels temmelig vidt adskilte fra hinanden. Af disse ligger en (Stat. 18) i Havet mellem Norge og Færøerne, 2 (Stat. 124, 137) længere Nord, udenfor Nordlandskysten, 2 (Stat. 190, 192) N at Vesternalen, 1 (Stat. 262) Ø af Varda, 1 (Stat. 286) SV at Beeren Eiland, og endelig 2 (Stat. 343, 362) udenfor Syd- og Nordvestkysten af Spitsbergen; Dybden fra 148 til 870 Favne. Alle Stationer, alene med Undtagelse af St. 262, tilhører den kolde Area. Ogsaa fra det kariske Hav har jeg havt adskillige Exemplarer til Undersøgelse, indsamlede under Nordenskjölds Expedition. Exemplarerne forekom her, som sædvanlig, paa betydelig ringere Dyb end i Nordhavet.

Udbredning. Arten anføres af Hoek fra Havet om Færøerne („Knight Errant" Expedition) og af Hansen fra det kariske Hav. Derimod er den hverken kjendt fra Grønland eller Nordamerika's Østkyst. At Arten imidlertid er en ægte arktisk Form, er utvivlsomt.

The tarsal joint (see fig. 2 k) is narrow cylindric, or quite faintly expanded towards the extremity, and is about 3 times as long as it is broad. The propodal joint is greatly elongated, more than twice as long as the tarsal joint, somewhat tumefied in the basal portion, and is furnished along the whole of the inner margin with a close and regular series of thin, uniformly developed spines. The terminal claw is of quite unusual length, scarcely shorter than the propodal joint, and at the base exhibits a strong, almost geniculate bend; its outer portion is almost straight, and of narrow falciform shape with the inner margin sharpened. The auxiliary claws are so extremely minute and rudimentary that they may easily escape observation.

The external egg-masses (see fig. 2 b) are globular in form, and contain only a small number of unusually large ova. The egg-masses are frequently found in double number on each of the false legs.

Occurrence. Numerous specimens of this characteristic species were collected during the North Atlantic Expedition, at different points of the ocean tracts investigated. It is thus remarked at no less than 9 different stations, to some extent greatly separated from each other. Of these, one (Stat. 18) is situated in the ocean between Norway and the Faroe Islands; 2 (Stat. 124, 137) farther north, off the coast of Nordland; 2 (Stat. 190, 192) north of Vesteraalen; 1 (Stat. 262) east of Vardö; 1 (Stat. 286) southwest of Beeren Island; and, finally, 2 (Stat. 343, 362) off the south and north-west coasts of Spitsbergen; depth 148 to 870 fathoms. All the stations, with the exception of St. 262 only, pertain to the cold area. From the Kara Sea I have also had several specimens for investigation, collected by Nordenskjöld's Expedition. These specimens, were obtained, as usual, at considerably less depth than in the North Atlantic Ocean.

Distribution. The species is remarked by Hoek from the seas around the Faroe Islands („Knight Errant" Expedition), and by Hansen from the Kara Sea. On the other hand, it is unknown from either Greenland or the east coast of North America. It is, however, indubitable, that the species is a genuine Arctic form.

Gen. 10. **Boreonymphon**, G. O. Sars, 1888.

Slægtscharacter. Legemet tykt og robust, med tæt sammentrængte Sidefortsatser. Hovedsegmentet af betydelig Størrelse, med kort Hals og stærkt fortykket Pandedel. Øieknuden rudimentær, uden Synselementer. Snabelen konisk tilløbende. Saxlemmerne kraftigt udviklede, Haanden med kort Palm og stærkt forlængede glatte, næsten halvcirkelformigt bøiede Fingre. Følerne omtrent som hos Nymphon. De falske Fødder lidet forskjellige hos de 2 Kjøn, hos Hannen tæt besatte med pigformige, ombøiede Børster; Randtornerne simple, uden Sangtakker, Endekloen glat.

Gen. 10. **Boreonymphon**, G. O. Sars, 1888.

Generic Characters. Body thick and robust, with closely crowded lateral processes. Cephalic segment of considerable size, with short neck and greatly tumefied frontal part. Ocular tubercle rudimentary, without visual elements. Proboscis running out in coniform. Chelifori powerfully developed; the hand with short palm and greatly elongated, smooth fingers, almost semi-circularly bent. Palpi nearly the same as in Nymphon. False legs somewhat different in the 2 sexes; in the male closely beset with spiniform, recurvate bristles; marginal spines plain

Ganglfødderne forlængede, men af robust Bygning, Fodleddet længere end Tarsalleddet og uden tydelige Torner i Inderkanten; Endekloen konisk tilspidset, Bikloerne yderst smaa. næsten obsolete. Ungerne forbliver fastklamrede til Hannens Legeme længe efter at Larvelivet er tilendebragt.

Bemærkninger. Jeg har fundet det rigtigt at opstille denne nye Slægt til Optagelse af den i flere Heuseender anomale Form *Nymphon robustum* Bell. Slægten, der hidtil kun er repræsenteret af denne ene Art, er især characteriseret ved den eiendommelige Bygning af Saxlemmerne og ved Beskaffenheden af de falske Fødder, navnlig hvad Randtornerne og Endekloen angaar, tildels ogsaa ved Ganglføddernes Structur. Den eiendommelige Omstændighed, at Ungerne vedbliver at være fastklamrede til Hannens Legeme, selv efter at have opnaaet mere end den halve definitive Størrelse. er ogsaa anført blandt Slægtscharacterne, da noget lignende, saavidt mig bekjendt. ikke er fundet hos nogen anden Pycnogonide.

without secondary teeth; terminal claw smooth. Ambulatory legs elongated, but robust in structure; Propodal joint longer than tarsal joint, and without distinct aculei on the inner margin; terminal claw conically acuminated; auxiliary claws extremely small, almost obsolete. The young remain firmly adherent to the body of the male long after the larval existence is terminated.

Remarks. I have considered it right to establish this new genus for the adoption of the, in several respects, anomalous form. *Nymphon robustum*, Bell. The genus, which, hitherto, is only represented by that one species, is especially characterized by the peculiar structure of the chelifori and by the nature of the false legs, principally in respect of the marginal spines and the terminal claw, partly also by the structure of the ambulatory legs. The peculiar circumstance that the young continue to remain firmly adherent to the body of the male, even after they have attained more than half the definite size, is also remarked among the generic characters, as a similar relation, so far as I am aware, has not been found in any other Pycnogonid.

---

37. Boreonymphon robustum (Bell).

(Pl. XII. Fig. 3, a—d).

Nymphon robustum, Bell. Belcher's Last of the Arctic Voyage, Vol. II. p. 409, Pl. XXXV. fig. 4.
Nymphon abyssorum. Norman, i Wyville Thomson's „The Depths of the Sea", p. 129.
Nymphon hians. Heller. Crustaceen, Pycnogoniden und Tunicaten der K. K. Oester. Ungar. Nordpol.-Exped., p. 17, Tab. V, Fig. 3—5.
Nymphon robustum, G. O. Sars, Prodrom. descr. Crust. & Pycnogonid. p. 265.
— — Hoek, Pycnog. Will. Barents, p. 20, Pl. II, figs. 35—40.
— — Hoek. Pycnog. of „Knight Errant", Zool. Chall. Exped. P. X, Vol. III, p. 97.
— — Hansen, Karn-Havets Pycnogonider, p. 4, Tab. XVIII, Fig. 1.
Boreonymphon robustum, G. O. Sars. Pycnogonidea borealia & arctica. No. 37.

Artscharacter. Legemet tykt og robust, med Segmenterne meget skarpt afsatte og noget fremspringende bagtil, Sidefortsatserne massive, næsten kølleformige, kortere end Legemet er bredt paa Midten. Hovedsegmentet længere end de 3 følgende Cephalenter tilsammen. Halsen stærkt indknebet, neppe mere end halvt saa bred som Kroppen paa Midten; Pandedelen særdeles stor og massiv, 3 Gange bredere end Halsen, og rendeformigt fordybet efter Midten, med stærkt opsvulmede Sidedele. Halesegmentet horizontalt, cylindriskt. afrundet i Spidsen. Alle Integumenter ru af smaa mikroskopiske Pigge. Øieknuden yderst liden,

37. Boreonymphon robustum (Bell).

(Pl. XII. fig. 3, a—d).

Nymphon robustum, Bell. Belcher's Last of the Arctic Voyages, Vol. II, p. 409, Pl. XXXV, fig. 4.
Nymphon abyssorum, Norman, in Wyville Thomson's „The Depths of the Sea" p. 129.
Nymphon hians, Heller, Crustaceen, Pycnogoniden und Tunicaten der K. K. Oester. Ungar. Nordpol.-Exped. p. 17, Pl. V, figs. 3—5.
Nymphon robustum, G. O. Sars, Prodrom. descr. Crust. & Pycnogonid. p. 265.
— — Hoek, Pyenog. Will. Barents p. 20, Pl. II, figs. 35—40.
— — Hoek, Pyenog. of „Knight Errant", Zool. Chall. Exped. P. X. Vol. III, p. 97.
— — Hansen, Karnhavets Pycnogonider, p. 4, Pl. XVIII, fig. 1.
Boreonymphon robustum, G. O. Sars, Pycnogonidea borealia & arctica, No. 37.

Specific Characters. Body thick and robust, with the segments very distinctly defined and somewhat prominent posteriorly, lateral processes massive, almost claviform, shorter than the breadth of the body at the middle. Cephalic segment longer than the 3 succeeding segments together; neck greatly constricted, scarcely more than half the breadth of the body at the middle; frontal part particularly large and massive, 3 times as broad as the neck, and canaliculary hollowed along the middle, with strongly swollen lateral parts. Caudal segment horizontal, cylindrical, rounded at the point. Integuments everywhere

15*

fligformig. Snabelen omtrent af Hovedsegmentets Længde, skjævt nedadrettet, konisk afsmalnende. Saxlemmerne lige udstrakte omtrent af Kroppens Længde, Skaftet indknebet ved Basis, Haanden lidt kortere end Skaftet, Palmen kort. triangulær, ved Enden besat med pigformige Børster, Fingrene næsten dobbelt saa lange, kloformige, næsten halvcirkelformigt krummede. Følerne betydelig kortere end Saxlemmerne, tæt haarede, 2det Led længst, de 3 følgende successivt aftagende i Størrelse, sidste Led meget smalt. De falske Fødder lidt kortere end Legemet, hos Hannen træt besatte med pigformige Børster, Endedelen betydelig længere end 5te Led, Randtornerne meget smaa, Endekloen tynd. Gangfødderne over 3 Gange længere end Legemet, robuste og kun lidet afsmalnende mod Enden. Hofteleddene forholdsvis korte og tykke, Laarleddet ikke meget opsvulmet, 2det Lægled mere end dobbelt saa langt som det terminale Afsnit, Fodleddet $1/7$ Gang længere end Tarsalleddet og betydelig smalere, lineært, uden tydelige Torner i Inderkanten; Endekloen omtrent af Tarsalleddets Længde, jevnt krummet og sylformigt tilspidset; Bikløerne overordentlig smaa, næsten obsolete. De ydre Æggmasser kugleformige med talrige Æg. Legemets Længde indtil 22^{mm}; Spandvidde 154^{mm}.

Bemærkninger. Denne Art er for Tiden den eneste Repræsentant for Slægten Boreonymphon; thi hverken blandt de talrige af Hoek fra Challenger Expeditionen beskrevne Nymphon-Arter eller blandt de af andre Forskere opførte exotiske Former har jeg fundet nogen Tilnærmelse til den for nærværende Slægt eiendommelige Type. Det bliver derfor ogsaa temmelig vanskeligt at give en præcis Arts-diagnose af nærværende Form, og de her opførte Charac-terer er kun forelobig sammenstillede i Analogi med samme hos Nymphon-Arterne.

Beskrivelse. Den sædvanlige Længde af Legemet synes at være omkring 15^{mm}, med en Spandvidde af 104^{mm}; men Arten kan undersiden naa en meget betydeligere Størrelse, idet Længden kan gaa op til 22^{mm} og Spandvidden til 154^{mm}. Lignende kjæmpemæssige Exemplarer er ogsaa undersøgte af Hansen fra det kariske Hav.

Legemets Form (se Pl. XII, Fig. 3) er idethele ual-mindelig kraftig og robust og retfærdiggjør fuldkommen den for Arten valgte Benævnelse „robustum". Navnlig gjælder dette selve Kroppen (Fig. 3 a, 3 b), der er over-ordentlig plumpt bygget og stærkt fortykket paa Midten. Segmenterne er meget skarpt afsatte fra hinanden og har de bagre Kanter tydeligt fremspringende saavel oventil som nedentil, hvorved Conturerne, naar Dyret sees fra Siden (Fig. 3 a), faar et noget saugtakket Udseende. Sidefort-satserne er korte og tykke, næsten kolleformige, og kun adskilte ved meget smale, spaltformige Mellemrum. Paa sin øvre Side er de, ligesom Kropssegmenterne, rue af yderst smaa mikroskopiske Pigge. Hovedsegmentet er af meget betydelig Størrelse, selv kjøndelig længere end de 3 følgende

roughened by small microscopical spines. Ocular tubercle extremely small, lobiform. Proboscis about same length as the cephalic segment, directed obliquely downwards, drawn out conically towards the point. Chelifori, straightly ex-tended, about same length as the body; scape constricted at the base, hand a little shorter than the scape, palm short, triangular, beset at the extremity with spiniform bristles; fingers nearly twice as long, claw-shaped, almost semi-circularly curvate. Palpi considerably shorter than the chelifori, densely setous; 2nd joint longest, the 3 suc-ceeding ones diminishing successively in size; last joint very narrow. False legs slightly shorter than the body; in the male densely beset with spiniform bristles; the terminal portion considerably longer than the 5th joint, marginal spines very small, terminal claw slender. Ambul-atory legs more than 3 times longer than the body, robust and only narrowing slightly towards the extremity; coxal joints relatively short and thick; femoral joint not much tumefied; 2nd tibial joint more than twice as long as the terminal division, propodal joint one half longer than the tarsal joint and considerably narrower, linear, and without distinct spines on the inner margin. terminal claw about same length as the tarsal joint, uniformly curved, and pointed like an awl; auxiliary claws extremely small, almost obsolete. The outer egg-masses globular, contain-ing numerous ova. Length of the body reaching 22^{mm}. Extent 154^{mm}.

Remarks. This species is, at present, the only re-presentative of the genus Boreonymphon; as neither among the numerous Nymphon-species from the Challenger Ex-pedition, described by Hock, nor among those exotic forms described by other naturalists have I found any approx-imation to the type peculiar to the genus. It is therefore somewhat difficult to furnish a precise specific diagnosis of the present form, and the characters remarked upon, here, are only temporarily placed together in an analogy to the same characters in the Nymphon-species.

Description. The usual length of the body appears to be about 15^{mm}, with an extent 104^{mm}; but the species occasionally attains a considerably greater size, as the length may rise to 22^{mm} and the extent to 154^{mm}. Similar gigantic specimens from the Kara Sea have also been investigated by Hanson.

The body (see Pl. XII, fig. 3) is, upon the whole, uncommonly powerful and robust, and completely justifies the designation „robustum" chosen for the species. This applies especially to the trunk (fig. 3 a, 3 b), which is exceedingly plumply built, and greatly tumefied at the middle. The segments are very distinctly defined from each other, with their posterior edges distinctly prominent both above and below, which, when the animal is viewed latterally, gives to the contours a somewhat serrated appearance. The lateral processes are 'short and thick, almost claviform, and are only separated by very narrow, fissured intervals. On their upper sides, as well as on the segments of the trunk, they are roughened by ex-tremely minute microscopical spines. The cephalic seg-

Segmenter tilsammen, og har paa Midten en stærk Ind-knibning, der danner en meget kort, men tydelig Hals. Det ydre Parti, eller Pandedelen, er særdeles stærkt ud-videt og massivt, 3 Gange bredere end Halsen og dybt rendeformigt fordybet efter Midten af den øvre Flade, med Sidedelene stærkt opsvulmede. Halesegmentet er horizon-talt, af smal cylindrisk Form og stumpt afrundet i Spidsen.

Øiekuulen er yderst liden og rudimentær, saa at den let forbisees, og mangler ethvert Spor af Pigment eller Synselementer. Naar Legemet sees fra Siden (Fig. 3 a), tager den sig ud som et lidet konisk tilspidset Fremspring ved Basis af Halsdelen. Forfra eller bagfra seet (Fig. 3 c) viser den sig imidlertid at danne en tværstillet, bredt af-rundet Flig.

Snabelen (se Fig. 3 a) er omtrent af Hovedsegmen-tets Længde og noget skjævt nedadrettet. Den afsmalnes successivt mod den stumpt afkuttede Spids og faar derved et udpræget konisk Udseende.

Saxlemmerne (se Fig. 3 a, 3 b) er meget kraftigt ud-viklede og, lige udstrakte, omtrent af Kroppens Længde, naar Snabelen og Halesegmentet fraregnes. Skaftet er af cylindrisk Form, dog kjendelig indknebet nær Basis, og rundtom besat med smaa, pigformige Haar. Haanden (Fig. 3 d) er lidt kortere end Skaftet og udmærker sig fra samme hos de øvrige Nymphonider ved sin eiendommelige Form. Palmen er forholdsvis kort, stærkt indknebet ved Basis og af udpræget trekantet Form. Den er noget op-svulmet paa Midten og paa den ydre Flade besat med lignende pigformige Haar som paa Skaftet, især henad Basis af den ubevægelige Finger. Begge Fingre er meget smale og forlængede, omtrent dobbelt saa lange som Palmen og af udpræget klodannet Form. De mangler ganske de sædvanlige Tænder i Inderkanten og er overordentlig stærkt, næsten halvcirkelformigt krummede, endende i sylskarpe Spidser, der krydser hinanden, naar Saxen lukkes. Selv i dette sidste Tilfælde er der dog altid mellem Fingrene en vid Aabning, hvad der har givet Anledning til den af Heller anvendte Artsbenævnelse „hians".

Folerne (Fig. 3 e) er betydelig kortere end Saxlem-merne og af et lignende Udseende som hos Sl. Nymphon. De er temmelig tæt besatte med korte Haar, der navnlig i det ydre Parti er meget fine, og har 2det Led længst, de 3 følgende hastigt aftagende i Størrelse. Sidste Led er meget smalt og sammen med næstsidste længere end 3die.

De falske Fødder er hos begge Kjøn omtrent af ens Længde og, lige udstrakte, ikke faldt saa lange som Lege-met (se Fig. 3 a). De er hos Hannen (Fig. 3 f) tæt besatte med eiendommelige pigformige Børster, der for det meste er mere eller mindre stærkt ombøiede og noget

ment is of very considerable size, even appreciably longer than the 3 succeeding segments together, and has a strong constriction in the middle, which forms a very short but distinct neck. The outer portion or frontal part, is par-ticularly greatly expanded and massive, 3 times broader than the neck, and deeply, canaliculately hollowed along the middle of the upper surface, with the lateral parts strongly tumefied. The caudal segment is horizontal, nar-row cylindric in form, and bluntly rounded at the point.

The ocular tubercle is extremely small and rudiment-ary, so that it is easily unobserved, and it is deficient in the slightest trace of pigment or visual elements. When the body is viewed laterally (fig. 3 a) the tubercle appears like a small, conically acuminated projection at the base of the cervical portion. Viewed anteriorly or posteriorly (fig. 3 c), it shows itself to be a transversally placed, broad rounded lobe.

The proboscis (see fig. 3 a) is about the length of the cephalic segment, and is somewhat obliquely directed down-wards. It becomes gradually narrower towards the bluntly truncated point, and in this way acquires a distinguished conical appearance.

The chelifori (see fig. 3 a, 3 b) are very powerfully devel-oped, and, when straightly extended, are about the length of the body if the proboscis and caudal segment are de-ducted. The scape is cylindric in form, but appreciably con-stricted near the base, and is beset roundabout with small spiniform hairs. The hand (fig. 3 d) is a little shorter than the scape, and distinguishes itself from the same feature in the other Nymphonids by its peculiar shape. The palm is relatively short, strongly constricted at the base, and of distinguished trigonal form. It is somewhat tumefied in the middle and, upon the outer surface, is beset with similar spiniform hairs as upon the scape, especially to-wards the base of the immobile finger. Both fingers are very narrow and elongated, about twice the length of the palm and of distinguished claw-shaped form. They are entirely deficient in the usual teeth on the inner margin, and are extraordinarily strongly bent, almost semi-circularly, terminating in points sharp as awls, which cross each other when the chela is closed. Even in that last case there is always left a wide opening between the fingers, which feature has been the cause of the designation „hians-being given to it by Heller, as a specific name.

The palpi (fig. 3 e) are considerably shorter than the chelifori, and are similar in appearance to those of the genus Nymphon. They are rather densely beset with short setæ, which, especially in the outer portion, are very del-icate; the 2nd joint is the longest, and the 3 succeeding ones diminish rapidly in size. The last joint is very nar-row, and, together with the penultimate one, is longer than the 3rd.

The false legs are about equal in length in both sexes, and, straightly extended, are not quite as long as the body (see fig. 3 a). In the male (see fig. 3 f) they are densely beset with peculiar spiniform bristles, which are gener-ally more or less strongly recurvate and somewhat flexuous,

bugtede samt ender i en fint udtrukken Spids (Fig. 3 g). Endepartiet er betydelig kngere end 5te Led og har 1ste Led størst samt besat med lignende Børster som de paa foregaaende Led. De paa de 4 ydre Led fæstede Randtorner (se Fig. 3 i) er forholdsvis smaa og ganske simple, uden Spor af Saugtakker, og heller ikke Endekloen (se Fig. 3 h) viser nogen Antydning til de sædvanlige Sidetænder.

Gangfødderne (se Fig. 3) er vistnok af betydelig Længde, idet de er over 3 Gange længere end Legemet, men dog idethele temmelig robuste og kun lidet afsmalnende mod Enden. De ser for det blotte Øie ganske glatte ud. Ved noiere Undersøgelse med en stærk Lupe viser de sig imidlertid i sin hele Længde tæt besatte med særdeles korte, men stærke, næsten pigformige Haar, der giver dem en noget ru Overflade. De 3 Hofteled er forholdsvis korte og næsten af ens Længde, eller det 2det kun ubetydelig længere end de øvrige. Laarleddet er omtrent dobbelt saa langt som Hoftepartiet og udmærker sig ikke hos Hunnen ved nogen paafaldende Opsvulmning, saaledes som hos Arterne af foregaaende Slægt, skjøndt det er noget tykkere end hos Haunen. 2det Lægled afsmalnes ganske svagt mod Enden og er omtrent 2½ Gang længere end det terminale Afsnit. Dette sidste (se Fig. 3 k) er kjendelig smalere og har Tarsalleddet af simpel cylindrisk Form. Fodleddet er ⅓ Gang til saa langt og betydelig smalere end Tarsalleddet, af lineær Form og mangler tydelige Torner i Inderkanten, hvorimod det ligesom Tarsalleddet er rundt om besat med samme Slags smaa pigformige Haar som paa den øvrige Del af Foden. Endekloen er betydelig kortere end Fodleddet, eller omtrent af Tarsalleddets Længde, temmelig smal og jævnt krummet, gaaende ud i en sylskarp Spids. Bikløerne synes ved første Øiekast ganske at mangle. Først ved stærk Forstørrelse (Fig. 3 l) bemærkes paa deres Plads 2 yderst smaa og fine Pigge som et Rudiment af samme.

De ydre Ægmasser (se Fig. 3 a) er af kugledannet Form og indeholder talrige Æg af middels Størrelse. Oftere træffer man disse Masser sammensatte af de udklækkede Larver i alle Udviklingsstadier; ja selv længe efter at Ungerne har tilbagulagt Larvestadiet og opnaaet en meget anselig Størrelse, træffer man dem fastklamrede til Hannens Legeme. Saavel hos Han som Hun er Fødderne og tildels ogsaa Kroppen ofte besat med forskjellige pseudoparasitiske Organismer, især Polyzoer.

Forekomst. Af denne charactereistiske Form blev talrige Exemplarer indsamlede under Nordhavs-Expeditionens samtlige 3 Togter. Vi har noteret den fra 5 forskjellige Stationer, tildels beliggende i betydelig Afstand fra hverandre. En af disse (Stat. 18) ligger i Havet mellem Færøerne og Norge; en anden (Stat. 48) Øst af Island; en 3die (Stat. 192) Nord af Vesteraalen, de 2 øvrige (Stat. 362 og 363) NV af Spitsbergen; Dybden fra 260

and terminate in a finely drawn out point (fig. 3 g). The terminal division is considerably longer than the 5th joint, and has the 1st joint the largest, and also beset with bristles similar to those on the preceding joint. The marginal spines (see fig. 3 i), secured to the 4 outer joints, are relatively small and quite plain, without trace of secondary teeth; neither does the terminal claw (see fig. 3 h) show any indication of the usual lateral teeth

The ambulatory legs (see fig. 3) are, indeed, of considerable length, as they are more than 3 times longer than the body but, yet, upon the whole, are robust, and only diminish slightly towards the extremity. To the naked eye they appear quite smooth. Upon closer examination with a powerful magnifier, they, however, appear closely beset throughout their entire length with particularly short but strong, almost spiniform hairs, which gives them a somewhat rough exterior surface. The 3 coxal joints are relatively short and almost equal in length, or the 2nd only slightly longer than the others. The femoral joint is about twice as long as the coxal section, and is not distinguished, in the female, by any remarkable tumefication like that in the species of the preceding genus, although it is somewhat thicker than in the male. The 2nd tibial joint is quite faintly diminished towards the extremity, and is about 2½ times longer than the terminal division. This last (see fig. 3 k) is appreciably narrower, and has the tarsal joint plain cylindric in form. The propodal joint is ⅓ as long again, and considerably narrower than the tarsal joint, linear in form, and deficient in distinct spines on the inner margin, while, on the other hand, it, like the tarsal joint, is beset roundabout with the same kind of small spiniform hairs as upon the other part of the leg. The terminal claw is considerably shorter than the propodal joint, or about half the length of the tarsal joint, rather narrow and uniformly curved, terminating in a point sharp as an awl. The auxiliary claws appear at the first glance to be entirely absent. It is only upon powerful magnification that there are observed, in their place, 2 extremely minute and delicate spines as a rudiment of them.

The outer egg-masses (see fig. 3 a) are globular in form and contain numerous ova of medium size. We frequently find those masses composed of the hatched larvæ in all stages of development, indeed, even long after the young have relinquished the larval stage and attained a most respectable size, we find them firmly adherent to the body of the male. Both in the male and the female, the legs, and partly also the body, are often covered with various pseudo-parasitic organisms, especially Polyzoa.

Occurrence. Of this characteristic form numerous specimens were collected during all the 3 cruises of the North Atlantic Expedition. We have remarked it at 5 different stations, separated, partly, by a considerable distance from each other. One of those (Stat. 18) is situated in the ocean between the Faroe Island and Norway; a second (Stat. 48) east of Iceland; a third (Stat. 192) north of Vesteraalen; the 2 others (Stat. 362 and 363) north-west

til 649 F. Navnlig forekom den i ganske enorme Masser paa Stat. 18. Alle Stationer, alene med Undtagelse af Stat. 363, tilhører den kolde Area. Ogsaa fra det kariske Hav har jeg havt ikke faa Exemplarer til Undersøgelse, indsamlede under Nordenskjölds Expeditioner, og som sædvanlig her paa betydelig grundere Vand end i Nordhavet.

Udbredning. Arten synes at have en vid Udbredning i de arktiske Have. De af Bell undersøgte Exemplarer var fra arktisk Nordamerika, Wellington-Canalen, og af Miers angives den ogsaa fra Discovery-Bugten. Af Heller anføres den fra Frants Joseph Land og af Hoek fra forskjellige Stationer i Barents Søen. Under „Lightning" Expeditionen toges den i Færø-Shetlands-Renden (Wyville Thompson), og under „Knight Errant"-Expeditionen erholdtes denne Art ifølge Hoek saa langt Syd som 60° N. B., men paa meget dybt Vand. Endelig anføres den af Hansen fra det kariske Hav. At Arten er en ægte arktisk Form, synes ifølge dens Forekomst utvivlsomt.

of Spitzbergen; depth from 260 to 649 fathoms. Especially did it present itself in quite enormous quantities at Station 18. All the Stations, with exception of Stat. 363 alone, pertain to the cold area. From the Kara Sea, also, I have had not a few specimens for investigation, collected during Nordenskjöld's Expeditions, and, as usual here, in much shallower depths than in the North Atlantic Ocean.

Distribution. The species appears to have an extensive distribution in the Arctic seas. The specimens investigated by Bell were from Arctic North America, Wellington Channel; and it is also remarked by Miers from Discovery Bay. Heller has remarked it from Frants Joseph's Land, and Hoek from several stations in Barents Sea. On the „Lightning" Expedition it was taken in the Faroe-Shetland channel (Wyville Thompson), and on the „Knight Errant" Expedition it was obtained, according to Hoek, as far south as 60° N. lat. but at a very great depth. Finally, it is remarked by Hansen from the Kara Sea. That the species is a genuine Arctic form seems from its occurrence to be indubitable.

Fam. 5. Ammotheidæ.

Legemet sammentrængt, mere eller mindre ufuldkomment segmenteret. Saxlemmerne smaa og rudimentære, i fuldt udviklet Tilstand uden Chela. Følerne vel udviklede, 4—9-leddede. Falske Fødder tilstede hos begge Kjøn, 7—10-leddede, uden Endeklo. Gangfødderne med Bikløer. Snabelen tenformig, mere eller mindre bevægeligt forbunden med Hovedsegmentet.

Bemærkninger. Denne Familie indeholder en Del, fordetmeste meget smaa og undersætsigt byggede Pycnogonider, der især udmærker sig fra de i det foregaaende omtalte Former ved den rudimentære Beskaffenhed af Saxlemmerne og ved Snabelens Bygning, i hvilke Henseender de viser mere Lighed med de til følgende Familie, *Eurycydidæ*, henførte Former. Familien synes at indeholde talrige Slægter, hvoraf dog flere er meget ufuldstændigt characteriserede. Som utvivlsomt henhørende til nærværende Familie maa jeg betragte følgende Slægter: *Ammothea*, Leach; *Tanystylum*, Miers; *Pariboea*, Philippi; *Oiceobates*, Hesse; *Oorhynchus*, Hoek; *Clothenia*, Dohrn og *Tryganus*, Dohrn. Ogsaa om adskillige andre opførte Slægter kan det med nogenlunde Sikkerhed siges, at de tilhører nærværende Familie; men hvorvidt de i Virkeligheden er distincte, eller om de falder sammen med nogen af de ovennævnte Slægter, lader sig paa Grund af den ufuldstændige Beskrivelse vanskeligt afgjøre. Saadanne Slægter er: *Bohmia*, Hoek; *Phanodesmus*, Costa; *Pephredo*, Goodsir; *Platyoelus*, Costa; *Lecythorhynchus*, Böhm. Hos os er Familien kun repræsenteret af en enkelt Slægt.

Fam. 5. Ammotheidæ.

The body compact, more or less imperfectly segmented. Chelifori small and rudimentary, in the fully developed state no chela. Palpi well-developed, 4—9-jointed. False legs present in both sexes, 7—10-jointed, without terminal claw. Ambulatory legs with auxiliary claws. Proboscis fusiform, more or less movably connected to the cephalic segment.

Remarks. This family includes a number of, chiefly very small and stoutly built Pycnogonids, which especially distinguish themselves from the previously mentioned forms by the rudimentary nature of the chelifori and the structure of the proboscis, in which respects they display a greater resemblance to the forms referred to the following family *Eurycydidæ*. The family appears to include numerous genera, of which, however, several are very imperfectly characterized. I must regard the following genera as indubitably pertaining to the present family: *Ammothea*, Leach; *Tanystylum*, Miers; *Pariboea*, Philippi; *Oiceobates*, Hesse; *Oorhynchus*, Hoek; *Clothenia*, Dohrn and *Tryganus*, Dohrn. Also in regard to several other genera which have been established, it may with some degree of certainty be said, that they pertain to the present family; but whether they really are distinct, or coincide with any of the above-named genera is difficult to determine owing to the imperfect descriptions supplied. Such genera are: *Bohmia*, Hoek; *Phanodesmus*, Costa; *Pephredo*, Goodsir; *Platyoelus*, Costa; *Lecythorhynchus*, Böhm. In the northern seas the family is only represented by a single genus.

120

Gen. 11. **Ammothea,** Leach, 1815.

Syn. Achelia, Hodge.

Slægtscharacter. Legemet kort og undersætsigt, med tæt sammentrængte Sidefortsatser. Hovedsegmentet massivt, med utydelig Hals og qvadratisk Pandedel. Halessegmentet ikke sondret fra sidste Kropssegment, smalt cylindriskt, horizontalt. Øienknuden nær Forkanten af Hovedsegmentet, stærkt ophøiet med tydelige Lindser. Snabelen skraat nedadrettet, indknebet ved Basis, tenformig. Saxleommerne hos fuldt udviklede Individer meget smaa. 2-leddede, sidste Led kugleformigt. Folerne af middelmaadig Længde, 8—9-leddede. De falske Fødder forholdsvis korte, uden tydelig Endøkle og med et meget ringe Antal af saugtakkede Randtorner. Gangfødderne korte og robuste, ofte piggede; Laarleddet meget bredt, med det ydre Hjørne mere eller mindre fremspringende; Tarsalleddet særdeles lidet; Fødleddet kraftigt udviklet, mere eller mindre krummet og pigget i Inderkanten; Endekloen stærk, Bikløerne vel udviklede. Kjønsaabningerne hos Hannen fbeliggende paa Spidsen af et stærkt Fremspring paa 2det Hofteled af de 2 bagre Fodpar.

Bemærkninger. Slægten *Ammothea* blev først opstillet af Leach for en exotisk Art, hos hvem Saxlemmerne endte med en liden, men tydeligt udviklet Chela. I 1864 undersøgte den engelske Naturforsker, Hodge, en Del smaa Pycnogonideer, hvoraf nogle ganske stemmede overens med Leach's Slægt, medens andre, skjøndt iøvrigt temmelig lige, mærkeligt skilte sig derved, at Saxlemmerne ganske manglede Chela. Han saa heri en generisk Forskjel og opstillede derfor for disse sidste Arter sin Slægt *Achelia.* Denne Slægt blev ogsaa af andre Zoologer adopteret, ja af Wilson endog stillet i en ganske anden Familie end Slægten *Ammothea.* Først Hoek har til fuld Eridens godtgjort, at begge Slægter hører sammen, idet Slægten *Ammothea* kun grunder sig paa yngre Exemplarer, medens Slægten *Achelia* repræsenterer de fuldt udviklede Individer. En betydelig Reduction af de under begge Slægter opstillede Arter bliver derfor ogsaa nødvendig. Foruden den først opstillede Art, *A. carolinensis,* Leach, og nedenfor nærmere beskrevne Arter, hører herhen en engelsk Art. *A. longipes,* Hodge, en amerikansk, *A. spinosa,* Stimpson, og 6 middelhavske Arter, nylig characteriserede af Dohrn i hans Pycnogonideværk.

Gen. 11. **Ammothea,** Leach, 1815.

Syn. Achelia. Hodge.

Generic Characters. Body short and stout, with closely crowded lateral processes. Cephalic segment massive, with indistinct neck and square frontal part. Caudal segment not separated from the last body-segment, narrow cylindric, horizontal. Ocular tubercle near the front of the cephalic segment, strongly protuberant, with distinct lenses. Proboscis directed obliquely downwards, constricted at the base, fusiform. Chelifori, in fully developed specimens, very small, 2-jointed, last joint globular. Palpi of medium length, 8—9-jointed. False legs relatively short, without distinct terminal claw and with a very small number of serrated marginal spines. Ambulatory legs short and robust, frequently spinous; femoral joint very broad, with the outer corner more or less projecting; tarsal joint particularly small; propodal joint strongly developed, more or less curved and spinous on the inner margin; terminal claw strong, auxiliary claws well developed. The sexual apertures, in the male, situated at the point of a prominent projection on the 2nd coxal joint of the 2 posterior pairs of legs.

Remarks. The genus *Ammothea* was first established by Leach for the adoption of an exotic species in which the chelifori terminated in a small but distinctly developed chela. In 1864 the English naturalist Hodge investigated a number of small Pycnogonids, of which a few quite corresponded to Leach's genus, while others, although otherwise pretty similar, distinguished themselves notably by the chelifori being quite awanting in chela. He regarded this as a generic difference, and therefore established for those latter species his genus *Achelia.* This genus was also adopted by other zoologists, indeed even placed by Wilson in quite another family than the genus *Ammothea.* Hoek was the first who completely established that both genera belong to each other, as the genus *Ammothea* is only based on young specimens, while the genus *Achelia* represents the fully developed individuals. A considerable reduction in the species ranked under both genera became therefore necessary. Besides the first established species, *A. carolinensis,* Leach, and the 2 species more particularly described hereafter, there also pertain to it, an English species *A. longipes,* Hodge, an American one, *A. spinosa,* Stimpson, and 6 Mediterranean species, lately characterized by Dohrn in his work on Pycnogonida.

---

38. Ammothea echinata, (Hodge).

(Pl. XIII. Fig. 1, a—m).

Achelia echinata, Hodge, Ann. Mag. Nat. Hist. Vol. XIII. 1864, p. 115, Pl. XII, Fig. 7—10.
Ammothea brevipes, Hodge, ibid. p. 114, Pl. XII, Fig. 1—4 (juv.)

38. Ammothea echinata, (Hodge).

(Pl. XIII. fig. 1. a—m).

Achelia echinata. Hodge, Ann, Mag. Nat. Hist. Vol. XIII, 1864, p. 115, Pl. XII. figs. 7—10.
Ammothea brevipes, Hodge, ibid. p. 114, Pl. XII, figs. 1—4 (juv.)

Ammothea fibulifera, Dohrn, Die Pantopoden des Golfes von Neapel, p. 141, Tab. IV. Fig. 1—22.
Ammothea echinata, Hoek, Archives de Zool. expériment. Vol. IX, p. 508, Pl. XXV, Fig. 14—16.
— — G. O. Sars, Pycnogonidea borealia & arctica. No. 38.

Artscharacter. Legemet tykt og massivt, noget nedtrykt. 2det Kropssegment vel adskilt saavel fra Hovedsegmentet (som det følgende Segment; de 2 sidste sammenvoxne. Pandedelens Sidehjørner udtrukne til koniske, fortilrettede Fremspring. Sidefortsatserne tykke, næsten sammenstødende, hver ved Enden oventil forsynet med 2 ens udviklede pigformige Fortsatser endende med en stiv Børste. Øieknuden noget fortilrettet, næsten cylindrisk. Spidsen af stumpet, med et kort mediant Fremspring; Lindserne nær Enden. Snabelen mere end halvt saa lang som det øvrige Legeme. Sexlemmerne neppe halvt saa lange som Snabelen. Skaftet oventil ved Enden gaaende ud i et i Spidsen tvedelt og med 2 Pigge forsynet Fremspring. Endedelen kugleformig. Følerne 8-leddede, temmelig tynde, 2det Led længere end 4de, dette sidste kortere end Endedelen. Gangfødderne neppe dobbelt saa lange som Legemet, kraftigt byggede og delvis besatte med Pigge; de 2 første Hofteled hos Hannen hvert med 4 parvis ordnede pigformige Fortsatser. Laarleddets ydre Hjørne koniskt fremspringende, Fodleddet næsten jevnt bredt, stærkt krummet og bevæbnet ved Basis i Inderkanten med 3 stærke Torner; Endekloen omtrent halvt saa lang som Fodleddet, Bikloerne vel udviklede, af Kloens halve Længde. Farven gulagtig. Legemets Længde 2ᵐᵐ; Spandvidde 7ᵐᵐ.

Bemærkninger. At denne Form er Hodge's *Achelia echinata*, anser jeg for sikkert, og rimeligvis hører ogsaa hans *Ammothea breviripes* herhen som repræsenterende det endnu ikke fuldt udviklede Dyr. Ligeledes kan jeg ikke tvivle paa, at Dohrn's *A. fibulifera* er identisk med den nordiske Form, hvad ogsaa Hoek antager. I Begyndelsen var jeg ogsaa tilbøielig til at henføre den nordamerikanske Form, *A. spinosa* (Stimpson) til denne Art, men finder dog, at dømme efter den af Wilson givne Beskrivelse og Figur, at der kan være Grund til at holde begge Former indtil videre ud fra hinanden. Arten er let kjendelig ved sine, især hos Hannen, stærkt piggede Fødder.

Beskrivelse. Længden af Legemet hos fuldt udviklede Individer af begge Kjøn overstiger neppe 2ᵐᵐ, og den største Spandvidde er omtrent 7ᵐᵐ.

Legemets Form (se Pl. XIII, Fig. 1 og 1 a) er usædvanlig undersætsig og Fødderne kortere end hos nogen af de i det foregaaende omtalte Former, med Undtagelse af Slægten *Pycnogonum*. Selve Kroppen (Fig. 1 b, 1 c, 1 d) er forholdsvis meget tyk og har Sidefortsatserne saa tæt sammentrængte, at det midtre Parti af Legemet faar Udseende af en oval Skive, hvorfra Lemmerne udstraaler. Midt over Kroppen gaar 2 vel markerede Tværsuturer, hvorved 2det Segment er tydeligt afgrændset saavel fra

Ammothea fibulifera. Dohrn. Die Pantopoden des Golfes von Neapel, p. 141, Pl. IV, figs. 1—22.
Ammothea echinata, Hoek. Archives de Zool. experiment. Vol. IX, p. 508, Pl. XXV, figs. 14—16.
— — G. O. Sars. Pycnogonidea borealia & arctica, No. 38.

Specific Characters. Body thick and massive, somewhat depressed, 2nd truncal segment well separated from the cephalic segment as well as from the succeeding one; the two last segments coalesced. The lateral corners of the frontal part drawn out to conical prominences projected forwards. Lateral processes thick, almost contiguous, each furnished at the end, above, with two equally developed spiniform processes terminating in a stiff bristle. Ocular tubercle somewhat anteriorly directed, almost cylindrical, the point blunted, with a short medial prominence; the lenses placed near the extremity. Proboscis more than half as long again as the rest of the body. Chelifori scarcely half the length of the proboscis, the scape at the tip, above, passing into a bifurcated projection at the point furnished with 2 spines, the terminal portion globular in form. Palpi 8-jointed, rather slender. 2nd joint longer than 4th and the last-named shorter than the terminal part. Ambulatory legs scarcely twice as long as the body, powerfully built and partly beset with spines; the 2 first coxal joints, in the male, each with two spiniform processes arranged in pairs, the outer corner of the femoral joint conically projectant, propodal joint almost uniform in breadth, strongly bent, and, at the base, furnished on the inner margin with 3 strong spines; terminal claw about half the length of the propodal joint, auxiliary claws well developed and half the length of the claws. Colour yellowish. Length of the body 2ᵐᵐ. Extent 7ᵐᵐ.

Remarks. That this form is Hodge's *Achelia echinata* I consider to be certain, and probably his *Ammothea breviripes* also belongs to it, as representative of the not yet fully developed animal. Neither can I doubt that Dohrn's *A. fibulifera* is identical with the northern form, which Hoek has also supposed. At first I was also disposed to assign the North American form, *A. spinosa* (Stimpson) to this species, but think, however, when judged by the description and illustration given by Wilson, that there may be good reason to keep both forms separate from each other for the present. The species is easily recognizable by its spinous legs, especially in the male.

Description. The length of the body, in fully developed individuals of both sexes, scarcely exceeds 2ᵐᵐ and the greatest extent is about 7ᵐᵐ.

The body (see Pl. XIII, fig. 1 and 1 a) is uncommonly stout, and the legs shorter than in any of the forms we have previously mentioned with exception of the genus *Pycnogonum*. The trunk itself (fig. 1 b, 1 c, 1 d) is relatively very thick, and has the lateral processes so closely crowded that the medial portion of the body aquires the appearance of an oval disc from which the limbs radiate. Across the middle of the body two well-defined transversal sutures pass, causing the 2nd segment to be dis-

Hovedsegmentet som fra den følgende Del af Truncus; forøvrigt er ingen tydelig Segmentering paa Kroppen bemærkelig. Sidefortsatserne er (se Fig. 1 b) temmelig tykke, næsten kølledannede, og har ved Enden oventil 2 ens udviklede pigformige Fortsatser, hver endende med en stiv Børste. Hovedsegmentet indtager ikke fuldt $^1/_3$ af Kroppens Længde og er næsten jevnt tykt, uden nogen tydelig Hals. Dets forreste Parti, eller Pandedelen, er tvært afkuttet i Enden, med Sidehjørnerne udtrukne i en konisk fortilrettet Fortsats, forsynet med en liden Børste i Spidsen (se Fig. 1 c). De 2 bagerste Kropssegmenter er fuldstændig sammenvoxne og kun antydede ved de fra dem udgaaende Sidefortsatser, hvoraf det sidste Par som sædvanlig er kortere og mere bagudrettet. Halesegmentet, der heller ikke er tydeligt afgrændset fra Kroppen, er meget smalt, cylindriskt, og af betydelig Længde, omtrent som Hovedsegmentet, samt horizontalt, endende i en stump Spids.

Øieknuden (se Fig. 1 b. 1 c. 1 e), der er beliggende helt fortil, nær Enden af Pandedelen, er af betydelig Størrelse og stærkt ophøiet. Den er noget forover rettet og af cylindrisk Form, med et ganske kort kegleformigt Fremspring i Midten af den stumpt afrundede Ende. Lindserne er forholdsvis smaa og beliggende helt ved Toppen af Øieknuden.

Snabelen (se Fig. 1 b. 1 c. 1 d) udgaar noget ventralt fra Hovedsegmentets Ende og er meget skarpt afgrændset fra samme, idet der omkring dens Basis findes en fortykket circulær Kant (se Fig. 1 d), hvorved paa en Maade en Slags Ledforbindelse kommer istand. Den er af betydelig Størrelse, over halvt saa lang som det øvrige Legeme, og ialmindelighed mere eller mindre skraat nedadrettet. Af Form er den udpræget tendannet, idet den ved Basis har en stærk Indkuhbning og successivt udvides til henimod Midten, hvorfra den igjen hurtigt afsmalnes mod Enden, som er stumpt tilspidset. Som hos andre Pycnogonideer er den sammensat af 3 Længdesegmenter, hvoraf det uparrede og smaleste indtager Dorsalsiden, de 2 øvrige en Del af Sidefladerne og hele Undersiden, hvor de støder sammen langs efter Midten (se Fig. 1 d). Mellem Segmenterne findes tætte tværgaaende Muskler, der især i det basale Parti af Snabelen er tydelige. Muundaabningen, der ligger paa Spidsen, er begrændset af 3 tydeligt fremspringende Læber.

Saxlemmerne er hos det voxne Dyr (se Fig. 1 b. 1 e) yderlig smaa og rudimentære, neppe kragere end Øieknuden er høi, og fæstede temmelig nær sammen til den forreste Rand af Hovedsegmentet ovenover Snabelens Basis. Skaftet er (se Fig. 1 f) af kølledannet Form og gaar ved Enden oventil ud i en temmelig stærkt fremspringende, i Spidsen tvekløftet Fortsats besat med 2 pigformige Børster. Endepartiet, der svarer til Haanden hos andre Pycnogonideer, har kun Formen af et lidet kugleformigt Led, uden nogen Antydning til Fingre. Ved stærk Forstørrelse kan dog

tinctly demarcated, both from the cephalic segment as well as the succeeding portion of the trunk; there is, otherwise, no distinct segmentation to be noticed on the body. The lateral processes (see fig. 1 b) are pretty thick, almost clavate, and have at the extremity above 2 equally developed spiniform processes, each terminating in a stiff bristle. The cephalic segment occupies not quite $^1/_3$ of the length of the body and is almost uniform in thickness, without any distinct neck. Its anterior portion, or the frontal part, is truncated at the extremity, with the lateral corners drawn out to a conical process, directed forwards and furnished with a small bristle at the point (see fig. 1 c). The 2 posterior segments of the trunk are completely coalesced and only indicated by the lateral processes that issue from them, of which the last pair is, as usual, shorter and more posteriorly directed. The caudal segment, which, also, is not distinctly demarcated from the trunk, is very narrow, cylindric, and of considerable length, about the same as the cephalic segment, horizontal, and terminates in a blunt point.

The ocular tubercle (see fig. 1 b, 1 c, 1 e), which is situated quite in front, near the end of the frontal part, is of considerable size and strongly protuberant. It is directed forwards a little and is cylindric in form, with a quite short conical prominence in the middle of the bluntly rounded extremity. The lenses are relatively small, and situated quite at the top of the tubercle.

The proboscis (see fig. 1 b, 1 c, 1 d) issues somewhat ventrally from the end of the cephalic segment, and is very distinctly demarcated from it, as round its base there occurs a thickened circular edge (see fig. 1 d) by which there is, in a manner, formed a kind of articulatory connection. It is of considerable size, more than half as long again as the rest of the body, and, usually, is more or less directed obliquely downwards. In shape it is distinguished fusiform, as at its base it has a strong constriction and is progressively expanded towards the middle, whence it again rapidly diminishes towards the extremity, which is bluntly pointed. As in other Pycnogonids it is composed of 3 longitudinal segments, of which the unpaired and narrowest occupies the dorsal side, the 2 others a portion of the lateral surfaces and the entire under side where they unite along the middle (see fig. 1 d). Between the segments closely placed transversal muscles are found, which are especially distinct in the basal portion of the proboscis. The oral aperture, which is situated at the point, is bordered by 3 distinct protruding lips.

The chelifori are, in the adult animal (see fig. 1 b, 1 e), extremely small and rudimentary, scarcely longer than the ocular tubercle is high, and are secured pretty closely together to the foremost margin of the cephalic segment above the base of the proboscis. The scape is (see fig. 1 f) clavate in form and at the extremity, above, passes into a pretty strongly prominent process, bifurcated at the point and beset with 2 spiniform bristles. The terminal part, which corresponds to the hand in other Pycnogonids, has only the form of a small globular joint,

adskilles et yderst lidet terminalt, med 2 smaa Børster
besat Led, der synes at svare til den hevægelige Finger.

Følerne (se Fig. 1 b. — 1 d. 1 g), der er fæstede
til en meget fremspringende Afsats paa hver Side af Hoved-
segmentet, er vel udviklede og, lige udstrakte, omtrent af
Snabelens Længde. De er uimindelighed stærkt S-formigt
bøiede og sammensatte af 8 tydeligt begrændsede Led,
hvoraf de 4 yderste repræsenterer Enddelelen, de 4 øvrige
Basaldelen. Af Basaldeleus Led er det 1ste og 3die meget
korte, de 2 øvrige derimod temmelig forlængede, navnlig
2det, alle besatte med meget smaa og spredte Børster.
Enddelelen, der altid danner en mere eller mindre tydelig
albueformig Vinkel med Basaldelen, er neppe mere end
halvt saa lang som denne. Dens 4 Led er næsten af ens
Størrelse, eller det 2det ubetydelig længere end de øvrige,
og har alle i den ydre Kant en tæt Besætning af Børster.
Sidste Led er af oval Form og har 2 af de red Spidsen
fæstede Børster fint cilierede.

De falske Fødder (se Fig. 1 c. 1 d. og 1 h) er fæstede
helt ventralt, nedenunder og lidt foran de forreste Side-
fortsatser, og er skaede ind under Kroppen, saa at de
neppe er synlige, naar Dyret sees ovenfra. De er ikke
af nogen betydelig Størrelse, idet de, lige udstrakte, er
adskilligt kortere end Legemet, og bestaar, som hos de
fleste øvrige Pycnogonideer, af 10 tydeligt begrændsede
Led, hvoraf de 3 forste er forholdsvis korte og tykke,
medens de 2 følgende Led er stærkere forlængede, navnlig
hos Hannen. Endepartiet er forholdsvis lidet udviklet, hos
Hannen neppe længere end det foregaaende Led, og har
kun et meget lidet Antal af Randtorner, nemlig ialt kun
6, 1 paa hvert af de 4 forste Led og 2 paa det yderst
lille Endeled; den ene af disse sidste tør dog maaske nær-
mest svare til Endekloen hos andre Pycnogonideer. Alle
disse Randtorner er tæt og regelmæssigt sangtakkede i
begge Kanter (Fig. 1 i).

Gangfødderne (se Fig. 1. 1 a) er forholdsvis korte
og robuste, lige udstrakte, ikke engang dobbelt saa lange
som Legemet, og besatte med grove pigformige Børster,
der delvis er fæstede til Spidsen af mere eller mindre
fremspringende koniske Fortsatser. Af Leddene er de 3
Hoftsled meget korte, især 1ste og 2det, medens de 3 føl-
gende Led er noget mere forlængede og indbyrdes omtrent
af ens Længde. Hos Hannen (se Fig. 1 a, 1 m) er de 2
forste Hoftsled besatte til hver Side med 2 stærkt frem-
springende, koniske Fortsatser, hver endende med en pig-
formig Børste, og paa de 2 bageste Fodpar findes desuden
paa Undersiden af 2det Hoftsled et stumpt konisk Frem-
spring af betydelig Størrelse, paa hvis Spids Kjønsaabningen
er beliggende. Hos Hunnen (Fig. 1. 1 k) mangler disse
sidste Fremspring ganske, og heller ikke de pigformige
Fortsatser paa de 2 forste Hoftsled er her saa tydelige.
Laarleddet er hos begge Kjøn meget bredt og noget sam-

without any indication of fingers. Upon powerful magni-
fication, however, there may be distinguished an extremely
small terminal joint beset with 2 small bristles, which
appears to correspond to the mobile finger.

The palpi (see fig. 1 b. — 1 d. 1 g), which are
secured to a somewhat protruding process on each side
of the cephalic segment, are well developed and, straightly
extended, are about the length of the proboscis. They
are usually strongly bent in S-form and composed of 8
distinctly defined joints, of which the 4 outermost represent
the terminal division and the 4 others the basal division.
Of the joints of the basal portion the 1st and 3rd are
very short, the 2 others, on the contrary, are pretty much
elongated, especially the 2nd, and all are beset with very
small and scattered bristles. The terminal part, which
always forms a more or less distinct elbow-shaped angle
with the basal part, is scarcely more than half its length.
Its 4 joints are nearly of the same size, or the 2nd in-
considerably longer than the others, and they all have, on
the outer margin, a close covering of bristles. The ter-
minal joint is oval in form and 2 of the bristles secured
to its point are finely ciliated.

The false legs (see fig. 1 c. 1 d. and 1 h) are secured
quite ventrally, below and a little in front of the foremost
lateral processes, and are folded in under the trunk, so
that they are scarcely visible when the animal is viewed
from above. They are not of any considerable size, as
they, straightly extended, are considerably shorter than
the body and consist, as in most of the other Pycnogonids,
of 10 distinctly defined joints, of which the 3 first are
relatively short and thick, while the 2 succeeding ones
are more elongated, especially in the male. The terminal
part is relatively little developed, in the male scarcely
longer than the preceding joint, and has but a very small
number of marginal spines, only 6 altogether. 1 on each of
the 4 first joints and 2 on the extremely small terminal
joint; the one of those last may, however, perhaps cor-
respond nearest to the terminal claw in other Pycnogonids.
All those marginal spines are closely and regularly ser-
rated on both edges (fig. 1 i).

The ambulatory legs (see fig. 1, 1 a) are relatively
short and robust, straightly extended, not even twice the
length of the body, and are beset with coarse spiniform
bristles, which are partly secured to the point of more
or less protuberant, conical processes. Of the joints, the
3 coxal joints are very short, especially the 1st and 2nd,
while the 3 succeeding ones are somewhat more elongated,
and, mutually, about uniform in length. In the male (see
fig. 1 a, 1 m), the 2 first coxal joints are beset on each side
with 2 strongly prominent, conical processes, each termin-
ating in a spiniform bristle, and on the 2 posterior pairs
of legs, there is, besides, on the under surface of the 2nd
coxal joint, a blunt conical protuberance of considerable
size, upon whose point the sexual aperture is situated.
In the female (fig. 1, 1 k), those last-named protuberances
are entirely absent, neither are the spiniform processes of the
2 first coxal joints so distinct here. The femoral joint is

16*

124

meutrykt, med den indre Kant udbuet og fint ciliered, den ydre Kant forsynet med en tydelig Afsats og gnaende ved Enden ud i en, navulig hos Hannen stærkt fremspringende konisk Fortsats, begge forsynede med en Del korte, pigformige Børster. 1ste Lægled er noget indknebet ved Basis og successivt udvidet mod Enden og har i Yderkanten flere smaa koniske, med pigformige Børster endende Fremspring, medens Inderkanten er fint ciliered og jevnt udbuet, stærkest hos Hannen. 2det Lægled er adskilligt smalere, med Inderkanten næsten lige, og har i Yderkanten en hel Del grove pigformige Børster, hvoraf især en, fæstet noget forbi Midten, udmærker sig ved betydelig Længde. Det terminale Afsnit er lidt kortere end 2det Lægled og meget bevægeligt forbundet med samme. Dets 1ste Led, eller Tarsalleddet, er særdeles lidet, næsten skaalformigt, medens Fodleddet er overordentlig kraftigt bygget og noget ligt samme hos *Phoxichilidium*. Som hos denne Slægt er det temmelig stærkt krummet, navnlig hos Hannen, omtrent af ens Tykkelse overalt, og i Inderkanten bevæbnet med flere korte Torner, hvoraf de 3 basale udmærker sig ved betydeligere Størrelse. Endekloen er omtrent halvt saa lang som Fodleddet, meget kraftig og leformigt krummet. Bikloerne er vel udviklede og omtrent af Kloens halve Længde.

De ydre Æggmasser er af uregelmæssig Form og indeholder talrige temmelig smaa Æg.

Alle Integumenter er særdeles stærkt chitiniserede, navnlig paa Lemmerne, men dog noget gjennemsigtige, saa at Tarmen med deus blindsækformige Forlængelser skinner tydeligt igjennem hos det levende Dyr.

Farven er mere eller mindre intenst gulagtig.

Forekomst. Jeg har truffet denne Form enkeltvis paa flere Punkter ved vor Vestkyst (Espevær, Bøkkervig, Korshavn, Kalvaag), hvor den forekom mellem Alger og Bryozoer paa 10—20 F. D.

Udbredning. Arten er aabenbart en mere sydlig Form og er, foruden ved Norges Vestkyst, kjendt fra de britiske Øer (Hodge), Vestkysten af Frankrige og Holland (Hoek) og Middelhavet (Dohrn).

39. Ammothea lævis (Hodge).

(Pl. XIII, Fig. 2, a—m).

Achelia lævis, Hodge, British Pycnogonida, l. c. p. 115, Pl. XIII, Fig. 12.

Artscharacter. Legemet tykt og undersætsigt, med alle Kropssegmenter sammenvoxne. Sidefortsatserne forholdsvis kortere end hos foregaaende Art, hver ved Enden forsyuet fortil med en liden børstebærende Fortsats, bagtil

very broad in both sexes and somewhat compressed, with the inner margin bulging and finely ciliated, the outer margin furnished with a distinct projection and passing out at the extremity in a, especially in the male, strongly protuberant conical process, both margins furnished with a number of short spiniform bristles. The 1st tibial joint is somewhat constricted at the base and progressively expanded towards the extremity, and has on the outer margin several small conical projections terminating in spiniform bristles, while the inner margin is finely ciliated and evenly incurvate, strongest in the male. The 2nd tibial joint is considerably narrower, with the inner margin almost straight, and has on the outer margin quite a number of coarse spiniform bristles, of which one especially, secured somewhat beyond the middle, distinguishes itself by its considerable length. The terminal division is a little shorter than the 2nd tibial joint and somewhat movably connected to it. Its 1st joint, or the tarsal joint, is particularly small, almost cupuliform, while the propodal joint is extremely powerfully built, and is somewhat similar to the same joint in *Phoxichilidium*. As in that genus, it is pretty strongly curved, especially in the male, about equal in thickness throughout, and armed on the inner margin with several short spines, of which the 3 basal ones are distinguished by considerable size. The terminal claw is about half the length of the propodal joint, very powerful, and falciformly curved. The auxiliary claws are well developed and about half the length of the claws.

The outer egg-masses are irregular in shape, and contain numerous rather small ova.

All the integuments are very strongly chitinised, especially on the limbs, but still somewhat transparent, so that the intestine with its cœcal prolongations is distinctly seen in the living animal.

The colour is more or less intensely yellowish.

Occurrence. I have met with occasional specimens of this form at several places on the West Coast of Norway (Espevær, Bøkkervig, Korshavn, Kalvaag) where it occurred among Algæ and Bryozoa at a depth of 10—20 fathoms.

Distribution. The species is evidently a more southern form and is, besides from the West Coast of Norway, known from the British Islands (Hodge) the West Coast of France and Holland (Hoek), and the Mediterranean (Dohrn).

39. Ammothea lævis (Hodge).

(Pl. XIII, fig. 2, a—m).

Achelia lævis, Hodge, British Pycnogonida, l. c. p 115, Pl. XIII, fig. 12.

Specific Characters. Body thick and stout, with all the segments of the trunk coalesced. Lateral processes relatively shorter than in the preceding species, each furnished at the anterior extremity with a small

med et stærkt chitiniseret knudeformigt Fremspring. Side-
hjørnerne af Hovedsegmentet mindre uddragne end hos *A.*
echinata. Øieknuden lige opadrettet, pyramidal, endende
i en konisk Spids, Lindserne omtrent ved Midten. Snabelen
stærkt nedadrettet, neppe mere end halvt saa lang som
Legemet. Saxlemmerne noget mere end halvt saa lange
som Snabelen, Skaftet kolleformigt, uden nogen tydelig
dorsal Fortsats, Endedelen uregelmæssig oval. Følerne
8-leddede, 2det Led kortere end 4de, Endedelen omtrent
af dette sidstes Længde. Gangfødderne neppe dobbelt saa
lange som Legemet, uden tydelige Pigge, men med spredte
Haar, 1ste Hofteled oventil ved Enden forsynet med en
knudeformig Fortsats, alle Hofteled hos Hannen temmelig
tæt haarede; Fodleddet forholdsvis endnu kraftigere end
hos foregaaende Art, noget fortykket pan Midten; Ende-
kloen over halvt saa lang som Fodleddet, Bikloerne sær-
deles smaa. Legemets Længde 1.50ᵐᵐ; Spandvidde 6ᵐᵐ.

Bemærkninger. Jeg antager det for rimeligt, at
dette er Hodge's *Achelia lævis*, men Beskrivelsen er altfor
ufuldstændig til med fuld Sikkerhed at afgjøre om saa er
Tilfældet. Arten er imidlertid i begge Kjøn meget let at
kjende fra foregaaende, navnlig ved den fuldstændige Sam-
menvoxning af alle Kropssegmenter, ved Øieknudens Form
og Gangføddernes Mangel af Pigge. Ogsaa i Saxlemmer-
nes og Følernes Bygning er der, som af ovenstaaende
Diagnose vil sees, vel udpragede Differentser. Foruden
Han og Hun har jeg i denne Art ogsaa havt Anledning
til at undersøge ganske unge Individer med tydeligt choli-
forme Saxlemmer.

Beskrivelse. Legemets Længde er hos den fuldt
udviklede Hun neppe mere 1½ᵐᵐ, med en Spandvidde af
6ᵐᵐ. Hannen er ubetydelig større.

I ydre Habitus har denne Art (se Pl. XIII, Fig. 2,
2 a) stor Lighed med foregaaende. Kroppen (Fig. 2 b,
2 c) er dog om muligt endnu noget plumpere og i høi
Grad udmærket derved, at samtlige Segmenter er fuld-
stændig sammenvoxne, uden at det mindste Tegn til nogen
Tværsuturer kan opdages hverken oventil eller nedentil.
Sidefortsatserne er forholdsvis noget kortere end hos fore-
gaaende Art og har ved Enden oventil, som hos denne, 2
Fortsatser; men disse er her meget ulige, idet den forreste
er meget liden, tilspidset og pan Toppen forsynet med en
kort Børste, medens den bagerste har Formen af en tem-
melig stor og stærkt chitiniseret konisk Knude uden ter-
minal Børste. Hovedsegmentet er, som hos foregaaende
Art, fortil næsten lige afkuttet, men har Sidehjørnerne
betydelig mindre fremspringende. Halesegmentet er af
lignende Udseende som hos *A. echinata.*

Øieknuden (Fig. 2 d) er lige opadrettet, stærkt
ophøiet og af pyramidal Form, fra Midten af successivt

setiferous process, and posteriorly with a strongly chitinised
nodiform protuberance. Lateral corners of the cephalic
segment less drawn out than in *A. echinata.* Ocular
tubercle directed straightly upwards, pyramidal, termin-
ating in a conical point; the lenses situated nearly in
the middle. Proboscis directed strongly downwards,
scarcely more than half the length of the body. Cheli-
fori somewhat more than half as long as the proboscis,
scapo claviform, without any distinct dorsal process,
terminal part irregularly oval. Palpi 8-jointed. 2nd
joint shorter than the 4th, terminal part about same
length as the last-named. Ambulatory legs scarcely
twice as long as the body, without distinct spines but
with scattered setæ, 1st coxal joint furnished at the end
above with a nodiform process, all the coxal joints
in the male rather densely setous; propodal joint, rela-
tively still more powerful than in the preceding species,
somewhat tumeficated at the middle; the terminal claw
more than half as long as the propodal joint, auxili-
ary claws particularly small. Length of the body 1.50ᵐᵐ;
extent 6ᵐᵐ.

Remarks. I suppose it to be probable that this is
Hodge's *Achelia lævis,* but the description is much too in-
complete to enable this to be determined with perfect
certainty. The species is, however, in both sexes, very
easy to distinguish from the preceding one, particularly
by the perfect accretion of all the segments of the body,
by the form of the ocular tubercle, and the absence of
spines on the ambulatory legs. In the structure of the
chelifori and palpi also, as will be observed from the
above diagnosis, there are marked differences. Besides
male and female, I have, also, of this species, had the
opportunity of investigating quite young individuals with
distinct forcipated chelifori.

Description. The length of the body in the fully
developed female is scarcely more than 1½ᵐᵐ with an
extent of 6ᵐᵐ. The male is inconsiderably larger.

In external habit this species has (see Pl. XIII,
fig. 2, 2 a) great resemblance to the preceding one. The
trunk (fig. 2 b, 2 c) is, however, if possible, still more
thick-set, and in an eminent degree remarkable by the
fact that all the segments are completely coalesced, without
it being possible to observe the least trace of any trans-
versal sutures either above or below. The lateral pro-
cesses are relatively somewhat shorter than in the pre-
ceding species, and, like it, have, at the extremity above,
2 processes, but these are here very unlike, inasmuch
that the foremost one is very small, pointed, and at the
top furnished with a short bristle, while the posterior one
has the shape of a pretty large and strongly chitinised
conical nodule without a terminal bristle. The cephalic
segment is, as in the preceding species, almost straightly
truncated in front, but has the lateral corners considerably
less prominent. The caudal segment resembles in appear-
ance that of *A. echinata.*

The ocular tubercle (fig. 2 d) is directed straight
upwards, strongly protuberant, and pyramidal in form,

afsmalnende til en konisk Spids. Lindserne har sin Plads omtrent ved Midten af Øiekanden og er noget skraat stillede samt af ulige Størrelse, idet det bagerste Par er kjendelig mindre end det forreste.

Snabelen (se Fig. 2 c) er stærkt nedadrettet og viser en lignende tendannet Form som hos foregaaende Art. Den er imidlertid forholdsvis noget kortere og plumpere, neppe mere end halvt saa lang som den øvrige Del af Legemet.

Saxlemmerne (Fig. 2 c) har ogsaa en noget plumpere Form end hos foregaaende Art og er ogsaa forholdsvis noget større, idet de er mere end halvt saa lange som Snabelen. De er, som alle de øvrige Lemmer, overordentlig stærkt chitiniserede og har Skaftet af kølledannet Form, med 2 korte pigformige Børster ved Enden oventil, men uden tydelig dorsal Fortsats. Haanden er, som hos foregaaende Art, ufuldstændigt udviklet, dannende et forholdsvis lidet Endeled af uregelmæssig oval Form og uden Spor af Fingre.

Følerne (Fig. 2 f) er, lige udstrakte, adskilligt længere end Snabelen og viser en lignende Bygning som hos foregaaende Art. De er imidlertid kjendeligt plumpere og har 4de Led forholdsvis større, omtrent af samme Længde som Endedelen og adskilligt længere end 2det Led.

De falske Fødder hos Hannen (Fig. 2 g) er besatte med korte, omboiede Børster eller Pigge og har det terminale Afsnit meget kort, med Leddene hurtigt aftagende i Størrelse. Randtornerne er forholdsvis svagere udviklede end hos foregaaende Art og færre i Antal.

Gangfødderne er hos Hunnen (Fig. 2) af meget kort og undersætsig Form og neppe længere i Forhold til Legemet end hos foregaaende Art. Hos Hannen (Fig. 2 a) synes de forholdsvis noget spinklere. De mangler hos begge Kjøn egentlige Pigge, men er besat hist og her med smaa simple Børster. 1ste Hofteled har ved Enden oventil en lignende konisk Knude som paa Sidefortsatserne, navnlig tydeligt fremtrædende hos Hannen. Hos denne sidste udmærker desuden samtlige Hofteled sig ved en temmelig tæt og regelmæssig Børstebesætning i begge Kanter (se Fig. 2 a), og 2det Hofteled paa de 2 bagerste Par ved et lignende, skjøndt ikke fuldt saa stort Fremspring som hos Hannen af foregaaende Art (se Fig. 2 h). Fodleddet (se Fig. 2 i) er overordentlig kraftigt bygget, stærkt krummet og noget fortykket i sit basale Parti; Bevæbningen er forøvrigt en lignende som hos *A. echinata*. Endekloen er mere end halvt saa lang som Fodleddet, hvorinod Bikloerne er meget mindre end hos foregaaende Art og neppe ¼ saa lang som Kloen.

Farven er omtrent som hos *A. echinata*, skjøndt noget blegere.

Ganske unge Individer (Fig. 2 k) er mere gjennem-

tapering progressively from the middle to a conical point. The lenses are situated at about the middle of the ocular tubercle, and are somewhat obliquely placed as well as unequal in size, in so far, that the posterior pair are appreciably smaller than the anterior ones.

The proboscis (see fig. 2 c) is directed strongly downwards, and exhibits a similar fusiform shape as in the preceding species. It is, however, relatively somewhat shorter and stouter, and scarcely more than half as long as the rest of the body.

The chelifori (fig. 2 c) have also a somewhat stouter form than in the preceding species, and are also relatively somewhat larger, as they are more than half as long as the proboscis. They are, like all the other limbs, extraordinarily strongly chitinised, and have the scape claviform, with 2 short spiniform bristles at the extremity above, but without any distinct dorsal process. The hand is, as in the preceding species, imperfectly developed, forming a relatively small terminal joint of irregular oval form and without trace of fingers.

The palpi (fig. 2 f) are, straightly extended, considerably longer than the proboscis, and resemble in structure those of the preceding species. They are, however, appreciably stouter, and the 4th joint is relatively larger, about the same length as the terminal part and considerably longer than the 2nd joint.

The false legs, in the male, (fig. 2 g) are beset with short, incurvate bristles or spines, and have the terminal division very short, with the joints diminishing rapidly in size. The marginal spines are relatively more faintly developed than in the preceding species, and fewer in number.

The ambulatory legs, in the female (fig. 2), are very short and stout in form, and, in proportion to the body, are scarcely longer than in the preceding species. In the male (fig. 2 a) they appear to be relatively somewhat more slender. In both sexes they are deficient in spines proper, but are here and there beset with small simple bristles. The 1st coxal joint has, at the extremity above, a similar conical nodule as on the lateral processes, which is especially distinctly prominent in the male. In the last-named all the coxal joints further distinguish themselves by a pretty close and regular covering of bristles on both margins (see fig. 2 a). and the 2nd coxal joint of the 2 posterior pairs also by a similar prominence as in the male of the preceding species (see fig. 2 h) though not quite so large. The propodal joint (see fig. 2 i) is extremely powerfully built, strongly bent, and somewhat tumefacted in its basal portion; the armature, otherwise, is like that of *A. echinata*. The terminal claw is more than half as long as the propodal joint while, on the other hand, the auxiliary claws are much less than in the preceding species and scarcely ¼ of the length of the claw.

The colour is nearly the same as in *A. echinata*, although somewhat paler.

Quite young individuals (fig. 2 k) are more transparent,

sigtige og har Integumenterne paa langt mer ikke saa stærkt chitiniserede som hos fuldvoxne Dyr. Ogsaa synes Gangfødderne forholdsvis noget kortere. Hvad der imidlertid især udmærker dem, er Beskaffenheden af Saxlemmerne. Disse er nemlig forholdsvis større end hos de voxne Individer og har Endopartiet udviklet til en fuldstændig Chela, med vel udprægede, skjøndt korte, kloformige Fingre (se Fig. 2 l), hvorved de fnar en vis Lighed med samme hos Slægten *Phoxichilidium.* Følerne (Fig. 2 m, p) bestaar kun af 6 Led, idet de 3 yderste endnu ikke er sondrede fra hinanden, og de falske Fødder (ibid. 5) danner kun en ganske kort og simpel, hageformigt ombøiet Stamme, i hvis Indre dog en begyndende Leddeling lader sig paavise.

Forekomst. Jeg har af denne Art havt Anledning til at undersøge 2 fuldvoxne Exemplarer, Han og Hun, og et Par endnu ikke fuldt udviklede Individer. De toges alle, ved Christianssund, paa 20—30 F. D. mellem Alger og Bryozoer.

Udbredning. Arten er forinden ved Norges Vestkyst hidtil med Sikkerhed kun observeret ved de britiske Øer af Hodge.

and their integuments are not nearly so strongly chitinized as in the full-grown animal. The ambulatory legs, also, appear to be, relatively, somewhat shorter. That which, however, especially distinguishes them is the nature of the chelifori. These are, relatively, considerably larger than in the adult individuals, and have the terminal part developed to a perfect chela with well marked, although short, claw-shaped fingers (see fig. 2 l), by which they acquire a certain resemblance to those limbs in the genus *Phoxichilidium.* The palpi (fig. 2 m, p) consist of only 6 joints, as the 3 outermost ones are not yet separated from each other, and the false legs (ibid. 5) form only a quite short and plain, unciform incurvate stem, in whose interior, however, a rudimentary articulation may be detected.

Occurrence. I have had the opportunity of investigating 2 fully grown specimens of this species, male and female, and a couple of not yet fully developed individuals. They were all taken at Christianssund, at a depth of 20—30 fathoms, among Algæ and Bryozoa.

Distribution. Besides on the West Coast of Norway, the species has, hitherto, only been observed, with certainty, off the British Islands by Hodge.

Fam. 6. Eurycydidæ.

Legemet fuldstændig segmenteret; ogsaa Halesegmentet tydeligt afgrændset. Saxlemmerne mere eller mindre rudimentære, Haanden særdeles liden og ufuldkommen cheliform hos de voxne Dyr. Følerne stærkt forlængede, zigzagformigt bøiede, 10-ledede, de 2 første Led meget korte. Falske Fødder tilstede hos begge Kjøn, 10-ledede og forsynede med tydelig Endeklo. Fødderne uden Biklør. Snabelen bevægligt indleddet til et cylindriskt Skaft og mere eller mindre bøiet ind under Legemet.

Bemærkninger. Denne Familie viser vistnok enkelte Charakterer tilfælles med foregaaende, men synes mig dog at burde kunne hævdes, da flere distincte Slægter lader sig naturligt gruppere under samme. Det mest fremtrædende Træk ved de herhen hørende Former er utvilsomt Snabelens eiendommelige Udvikling og anomale Bøining ind under Legemet, hvortil endnu kommer en Del andre Charakterer, saasom Halesegmentets skarpe Begrændsning fra sidste Kropssegment, Følernes stærke Udvikling og Bygningen af de falske Fødder. Foruden de 2 nedenfor nærmere characteriserede Slægter hører herhen Sl. *Barana,* Dohrn og rimeligvis ogsaa Slægterne *Paræetes,* Slater, *Alcinous,* Costa og *Nymphopsis,* Schimkewitsch.

Fam. 6. Eurycididæ.

Body perfectly segmented; caudal segment also distinctly demarcated. Chelifori more or less rudimentary, the hand particularly small and imperfectly cheliform in the adult animal. Palpi greatly elongated, curved in zigzag form, 10-jointed, the 2 first joints very short. False legs present in both sexes, 10-jointed, and furnished with distinct terminal claw. Legs without auxiliary claws. Proboscis movably articulated to a cylindrical scape, and more or less curved in under the body.

Remarks. This family certainly exhibits some characters common also to the preceding one, but yet it appears to me, that it ought to be maintained separate, as several distinct genera may be naturally grouped within it. The most prominent feature in the forms pertaining to it is, undoubtedly, the peculiar development of the proboscis and its anomalous folding in under the body, to which are added several other characters, such as the distinct demarcation of the caudal segment from the last segment of the trunk, the great development of the palpi and the structure of the false legs. Besides the 2 genera more particularly characterized in the sequel, the genus *Barana,* Dohrn belongs to it, and probably also the genera *Paræetes* Slater, *Alcinous,* Costa, and *Nymphopsis,* Schimkewitsch.

128

Gen. 12. **Eurycyde**, Schödte, 1857.

Syn: Zetes. Kröyer.

Slægtscharacter. Legemet forholdsvis plumpt, med skarpt afsatte Segmenter og umindelig lange Sidefortsatser. Hovedsegmentet med lidet udviklet Pandedel og stærkt udstaaende Halsfortsatser til Fæste for de falske Fødder. Halcsegmentet horizontalt, tenformigt udvidet i sit ydre Parti. Øiekunden meget smal og stærkt opheiet, med tydeligt udviklede Synselementer. Snabelen af middelmaadig Størrelse og tendannet Form, indleddet paa et smalt cylindriskt Skaft og omboiet mod Bugsiden. Saxlemmerne smale og forlængede, Skaftet 2-leddet, Haanden meget liden og hos voxne Individer uden tydelig Chela. Følerne stærkt forlængede zigzagformigt bøiede, 10-leddede. De falske Fødder af normal Bygning, 10-leddede, Randtornerne i en dobbelt Rad, saugtakkede. Endekloen tydelig. Gangfødderne spinkle, besatte med stærke Børster, Hofteleddene hos Hunnen opsvulmede, Tarsalleddet meget lidet. Fodleddet forlænget. Endekloen kort. uden Bikloer.

Bemærkninger. Den af Kröyer foreslaaede Slægtsbenævnelse Zetes har ikke kunnet bibeholdes da dette Navn allerede tidligere har været anvendt paa en Midde-Slægt, og er derfor af Prof. Schödte ombyttet med Benævnelsen Eurycyde. Slægten er vel characteriseret ved Snabelens og Saxlemmernes Bygning og skiller sig i begge disse Henseender væsentlig saavel fra følgende Slægt som fra den af Dohrn opstillede Slægt Barana, skjøndt den forøvrigt viser mange Overensstemmelser med disse Former. Ligeledes kommer den meget nær den af Wl. Schimkewitsch opstillede Slægt Nymphopsis, uden imidlertid at kunne forenes med samme. Slægten indeholder saaledes for Tiden kun en Art. nemlig den af Kröyer først beskrevne.

Gen. 12. **Eurycyde**, Schödte, 1857.

Syn: Zetes, Kröyer.

Generic Characters. Body relatively plump with sharply defined segments and unusually long lateral processes. Cephalic segment with little developed frontal part, and strongly prominent cervical processes as fastenings for the false legs. Caudal segment horizontal, fusiformly expanded in its outer part. Ocular tubercle very narrow and strongly protuberant, with distinctly developed visual elements. Proboscis of medium size and fusiform, articulated to a narrow cylindrical scape, and curved inwards towards the ventral side. Chelifori narrow and elongated, scape 2-jointed, hand very small and, in adult individuals. without distinct chela. Palpi greatly elongated, curved in zig-zag form, 10-jointed. False legs normal in structure, 10-jointed, marginal spines in a double series, serrated, terminal claw distinct. Ambulatory legs slender, beset with strong bristles, coxal joints in the female swollen, tarsal joint very small, propodal joint elongated, terminal claw short. without auxiliary claws.

Remarks. The generic designation Zetes, proposed by Kröyer, has not been maintainable, as that term had already, earlier, been applied to a genus of Mites, and has, therefore, been changed by Prof. Schödte to the name Eurycide. The genus is well characterized by the structure of the proboscis and the chelifori, and is distinguished. materially. in both those respects from the following genus as well as from the genus Barana established by Dohrn, although it, otherwise, exhibits much resemblance to those forms. It also approximates pretty closely to the genus Nymphopsis established by Wl. Schimkewitseh, without, however. our being able to unite them. The genus contains thus, at present, only one species. viz. that first described by Kröyer.

---

40. Eurycyde hispida, (Kröyer).

(Pl. XIV, Fig. 1, a–g).

Zetes hispidus. Kröyer. Bidrag til Kundskab om Pycnogoniderne. l. c. p. 108.
— — Gaimard's Voyage en Scandinavie. Pl. 38, Fig. 1, a–h.
Eurycyde hispida. Schödte. Nat. Bidrag til en Beskrivelse af Grønland, p. 71.
— — Hansen. Kara-Havets Pycnogonider, l. c. p. 17, Tab. XIX, Fig. 1. a–h.
— — G. O. Sars, Pycnogonidea borealia & arctica. No. 40.

Artscharacter. Legemet temmelig undersætsigt, med skarpt afsatte Segmenter; Sidefortsatserne længere end Legemets Brede. kun adskilte ved smale Mellemrum og

40. Eurycyde hispida, (Kröyer).

(Pl. XIV, fig. 1, a–g).

Zetes hispidus, Kröyer, Bidrag til Kundskab om Pycnogoniderne. l. c. p. 108,
— — Gaimard's Voyage en Scandinavie, Pl. 38, fig. 1, a–h.
Eurycyde hispida. Schödte. Nat. Bidrag til en Beskrivelse af Grønland. p. 71.
— — Hansen. Kara-Havets Pycnogonider, l. c. p. 17, Tab. XIX, fig. 1 a –h.
— —. G. O. Sars, Pycnogonidea borealia &. arctica. No. 40.

Specific Character. Body pretty stout, with sharply defined segments: lateral processes longer than the breadth of the body, only separated by narrow inter-

fint haarede i Kanterne. Hovedsegmentet stærkt afsmalnende fortil. Pandedelen kun lidet udvidet og stumpt afkuttet i Enden. Halesegmentet horizontalt, omtrent saa langt som de 3 bagerste Kropssegmenter tilsammen og noget bagenfor Midten forsynet med en Tværrad af 4—6 stærke Børster. Øieknuden noget foran Midten af Hovedsegmentet, særdeles smal, cylindrisk, lidt fortykket i Enden, Lindserne af middelmaadig Størrelse, nær Spidsen. Snabelens Skaft omtrent af Øieknudens Længde. Endepartiet mere end dobbelt saa langt, tenformigt, den største Brede nærmere Basis. Saxlemmerne længere end Hovedsegmentet og det følgende Segment tilsammen, Skaftets sidste Led længst og, ligesom det foregaaende, oventil besat med stærke, grovt cilierede Børster, Haanden særdeles liden, omkonde med en tilspidset Fortsats og fortil forsynet med et lidet 2-leddet Appendix. Følerne, lige udstrakte, omtrent ¹/₃ Gang længere end Saxlemmerne, 3die Led længere end de 2 følgende tilsammen, Endeleddet omtrent af 5te Leds Længde. De falske Fødder hos Hannen omtrent af Legemets Længde, 4de Led længst. Endeleddets Led successivt aftagende i Størrelse, Gangføddernne ikke fuldt dobbelt saa lange som Kroppen, afsmalnende mod Enden og besatte mod stærke, grovt cilierede Børster, Laarleddet omtrent af Hoftepartiets Længde og hos Hannen forsynet nær Basis med en konisk tilspidset Fortsats, de 2 Lægled indbyrdes af ens Længde, Endepartiet noget kortere, Fodleddet smalt og forlænget, noget krummet og fint haaret i Inderkanten, Endekloen forholdsvis kort. Legemets Længde (uden at regne Snabelen) 2.50ᵐᵐ; Spandvidde 10ᵐᵐ.

Bemærkninger. Denne Art, den eneste hidtil bekjendte af Slægten, er kjendelig beskrevet af Krøyer og afbildet i Gaimard's store Værk. Senere er den af Dr. Hansen underkastet en fornyet Undersøgelse, hvorved enkelte interessante Forhold ved dens Bygning er bleven oplyste.

Beskrivelse. Længden af de af mig undersøgte Exemplarer, regnet fra Panderanden til Enden af Halosegmentet, overstiger ikke 2¹/₂ᵐᵐ, og Spandvidden er omtrent 10ᵐᵐ. Dr. Hansen opgiver Længden af et usædvanlig stort Exemplar til 4.9ᵐᵐ, hvorved dog ogsaa Snabelen er medtaget i lige fortilstrakt Stilling.

Legemets Form (se Pl. XIV, Fig. 1) maa idethele siges at være temmelig undersætsig, skjøndt paa langt nær ikke i den Grad som hos Arterne af foregaaende Slægt, og navnlig er Lemmerne betydelig spinklere. Selve Kroppen (Fig. 1 a, 1 b) er forholdsvis plumpt bygget og har alle Segmenter meget skarpt afsatte fra hinanden. Ved første Øiekast synes den at være ganske nøgen, men ved stærk Forstørrelse viser det sig, at den overalt er tæt inadden af overordentlig smaa og fine Haar, der ogsaa fortsætter sig ud paa Snabelen. Sidefortsatserne er udmalmin-

vals and finely setous on the margins. Cephalic segment diminishing greatly anteriorly, the frontal part only little expanded and bluntly truncated at the extremity. Caudal segment horizontal, about as long as the 3 posterior segments of the body taken together, and a little behind the middle furnished with a transversal series of 4—6 strong bristles. Ocular tubercle somewhat in front of the middle of the cephalic segment, particularly narrow, cylindric, slightly tumeficated at the extremity, the lenses of medium size, near the point. Scape of the proboscis about same length as the ocular tubercle, the terminal part more than twice as long as it, fusiform, broadest near the base. Chelifori longer than the cephalic segment and the following one together, the last joint of the scape longest, and, like the preceding one, beset at the top with strong, coarsely ciliated bristles, hand particularly small, terminating in a pointed process and furnished anteriorly with a small 2-jointed appendix. Palpi, straightly extended, about ¹/₃ longer than the chelifori, 3rd joint longer than the 2 succeeding ones together, the terminal part about the length of the 5th joint. False legs in the male about same length as the body, the 4th joint longest, the joint of the terminal part diminishing successively in size. Ambulatory legs not quite twice as long as the trunk, tapering towards the extremity and beset with strong, coarsely ciliated bristles, femoral joint about same length as the coxal part and, in the male, furnished near the base with a conically pointed process, the 2 tibial joints, mutually, of equal length, terminal part somewhat shorter, propodal joint narrow and elongated, somewhat bent and finely setous on the inner margin, terminal claw relatively short. Length of the body (exclusive of the proboscis) 2.50ᵐᵐ. Extent 10ᵐᵐ.

Remarks. This species, the only one of the genus hitherto known, has been recognisably described by Krøyer, and figured in Gaimard's great work. Subsequently it has been subjected to a renewed investigation by Dr. Hansen, which has elucidated a few interesting features in respect of its structure.

Description. The length of the specimens examined by the author, measured from the margin of the frontal part to the extremity of the caudal segment, does not exceed 2¹/₂ᵐᵐ and the extent is about 10ᵐᵐ. Dr. Hansen states the length of an unusually large specimen as 4.9ᵐᵐ in which, however, the proboscis, in a straight anteriorly extended condition, is also included.

The body (see Pl. XIV, fig. 1) must be said to be, altogether, pretty stout, although not nearly to the same degree as in the species of the preceding genus, and the limbs are, in particular, slenderer. The trunk itself (fig. 1 a, 1 b) is relatively plumply built, and has all the segments very sharply demarcated from each other. At the first glance it appears to be quite bare, but upon powerful enlargement it appears everywhere finely shaggy, with extremely minute and delicate hairs, which are also continued out upon the proboscis. The lateral processes

delig store, kjendelig længere end Kroppen er bred, og kun adskilte ved smale Mellemrum. De er noget fortykkede i Enden og langs Kanterne fint haarede. Hovedsegmentet er omtrent saa langt som de 3 følgende Segmenter tilsammen og afsmalnes kjendeligt fortil, idet Pandedelen kun er meget svagt advidet. I nogen Afstand fra de forreste Sidefortsatser udgaar fra Halsdelen til hver Side et temmelig stort, smalt afrundet Fremspring, hvortil de falske Fødder er indleddede. Halesegmentet (Fig. 1 g) er, uligt hvad Tilfældet er hos de fleste øvrige Pycnogonideer, meget skarpt afsat fra sidste Kropssegment, med hvilket det synes at være bevægeligt artikuleret. Det er forholdsvis smalt, men af betydelig Længde, omtrent ligt de 3 bageste Kropssegmenter tilsammen, og horizontalt bagudrettet. Af Form er det smalt tendannet, stærkt indknebet ved Basis og successivt udvidet til bag Midten, hvor det danner en noget vinkelformig Bøining; det er her forsynet med en Tværrad af 4—6 stærke, divergerende Børster, hvoraf de 2 staar tæt sammen paa Rygsiden. Denne Tværrad af Børster i Forbindelse med den eiendommelige Bøining paa dette Sted giver ved første Øiekast Indtrykket af en Segmentering, og Krøyer har ogsaa feilagtigt beskrevet Halesegmentet som bestaaende af 2 Led.

Øiekunden (se Fig. 1 b, 1 c), der har sin Plads lidt foran Midten af Hovedsegmentet, er stærkt ophøiet, noget foroverrettet, og af meget smal cylindrisk Form. Toppen er noget fortykket og ender i en stump Spids samt har til hver Side et lidet tandformigt Fremspring. Lindserne er vel udviklede, af middels Størrelse, og beliggende lige ved Enden af Øiekunden.

Snabelen (Fig. 1 d) er af en meget eiendommelig Bygning. Den bestaar nemlig af to skarpt afsatte og med hinanden bevægeligt forbundne Dele, et smalt cylindrisk, lige fortilrettet Skaft, omtrent af Hovedsegmentets halve Længde, og et stærkt opsvulmet, tenformigt Endeparti, der almindeligvis er bøiet ind under Kroppen. Naar begge Dele er udstrakte i samme Plan (se Fig. 1 a) er Snabelens Længde omtrent lig de 4 egentlige Kropssegmenter tilsammen. Af de to ovennævnte Dele er det egentlig kun Endepartiet, der svarer til Snabelen hos andre Pycnogonideer.

Saxlemmerne (Fig. 1 e) maa vistnok, som hos de til foregaaende Familie hørende Former, siges at være rudimentære, forsaavidt som de hos fuldt udviklede Individer mangler en egentlig Chela, men de er dog af ikke ubetydelig Længde, idet de er mere end halvt saa lange som Legemet. De er forholdsvis meget smale, næsten lige fortilstrakte, og bestaar af 3 tydeligt begrændsede Led. Af disse tilhører de 2 første aabenbart Skaftet, som saaledes, afvigende fra hvad Tilfældet pleier at være hos Pycnogonideerne, er 2-leddet. 1ste Led er noget kortere og betydelig tykkere end 2det, der er af smal lineær Form; begge er paa den øvre Side forsynede med stærke,

are unusually large, appreciably longer than the trunk is broad, and are only separated by narrow intervals. They are somewhat tumefieated at the extremity and finely setous along the margins. The cephalic segment is about as long as the 3 succeeding segments taken together, and tapers appreciably in front, as the frontal part is only very faintly expanded. At some distance from the foremost lateral processes, a pretty large, narrow, rounded prominence, to which the false legs are articulated, issues on each side from the cervical part. The caudal segment (fig. 1 g) is, unlike the case in other Pycnogonids, very sharply demarcated from the last segment of the trunk, with which it seems to be flexibly articulated. It is relatively narrow but of considerable length, about equal to the 3 posterior segments of the trunk taken together, and is directed horizontally backwards. In shape it is narrow fusiform, strongly constricted at the base and successively expanded till behind the middle, where it forms a somewhat angular bend; it is here furnished with a transversal series of 4—6 strong, divergent bristles, of which 2 stand close together on the dorsal side. This transversal series of bristles in conjunction with the peculiar bend at this part gives, at the first glance, the impression of a segmentation, and Krøyer has also erroneously described the caudal segment as consisting of 2 joints.

The ocular tubercle (see fig. 1 b, 1 c), which is situated a little in front of the middle of the cephalic segment, is strongly protuberant, directed somewhat forward, and very narrow cylindric in form. The top is somewhat tumefieated and terminates in a blunt point, and on each side has a small dentiform prominence. The lenses are well developed, of medium size, and are situated quite at the extremity of the ocular tubercle.

The proboscis (fig. 1 d) is very peculiar in structure. It consists, namely, of 2 sharply defined parts flexibly connected to each other, a narrow, cylindrical scape directed straight forward, about half the length of the cephalic segment, and a strongly swollen, fusiform terminal part, which is usually folded in under the trunk. When both portions are extended in the same plane (see fig. 1 a) the length of the proboscis is about equal to that of the 4 segments proper of the trunk, taken together. Of the 2 above-named portions, it is really only the terminal part that corresponds to the proboscis in other Pycnogonids.

The chelifori (fig. 1 e) must certainly, as in the forms pertaining to the preceding families, be said to be rudimentary, in so far that they in fully developed individuals have no real chela, but, still, they are of no inconsiderable length as they are more than half as long as the body. They are relatively very narrow, extended almost straight forward, and consist of 3 distinctly demarcated joints. Of these the 2 first evidently pertain to the scape, which thus, differing from what is usually the case in the Pycnogonids, is 2-jointed. The 1st joint is somewhat shorter and considerably thicker than the 2nd, which is narrow linear in form; both are furnished on the upper side with

grovt cilierede Borster, 4 paa 1ste og 9 paa 2det Led, ordnede i 2 alternerende Rader. Sidste Led (Fig. 1 f), der forestiller Haanden, er særdeles lidet og ender i en konisk tilspidset Fortsats, hvis ydre Parti er afgrændset ved en Tværsutur. I nogen Afstand fra denne Fortsats er til Leddets forreste Side fæstet et yderst lidet 2-leddet Appendix, der ifølge sin Stilling maa betragtes som et Rudiment af den bevægelige Finger, ligesom den ovennæmtalte koniske Fortsats synes at repræsentere den ubevægelige Finger. Hos yngre Individer er, som først af Dr. Hansen paavist, Haanden udviklet til en fuldstændig, skjøndt forholdsvis meget liden Chela, med kloformige, i Enden stærkt krummede Fingre (se Fig. 1 g, 1 h), hver med et Par Smaatænder i Inderkanten.

Folerne (Fig. 1 i) er mere end ½ Gang længere end Saxlemmerne og bæres ialmindelighed stærkt S-formigt eller rettere zigzag-formigt bøiede. De er af spinkel Form, hist og her besatte med grove Børster og sammensatte af 10 vel begrændsede Led, hvoraf det 3die er længst. De 2 første Led er meget korte og ogsaa 4de Led forholdsvis lidet, hvorimod 5te Led er af betydelig Størrelse, skjøndt mindre end 3die. De 5 øvrige Led forestiller Endedelen og er alle forholdsvis korte, dog 2det noget længere end de øvrige. Som hos Slægten Ammothea er de i Inderkanten besatte med fine og tætte Børster.

De falske Fødder (se Fig. 1 b, 1 k) er temmelig stærkt forlængede, lige udstrakte omtrent af Legemets Længde, og viser idethele en fuldkommen normal Bygning. De bestaar af 10 vel begrændsede Led, hvoraf 4de og 5te som sædvanlig er længst. Hos Hannen er 4de Led noget længere end 5te og begge besatte med fine ombøiede Børster. Endedelen er ikke fuldt dobbelt saa lang som 5te Led og har Leddene successivt aftagende i Størrelse. De 4 yderste er i den indre Kant bevæbnede med en dobbelt Rad af grovt saugtakkede Torner (se Fig. 1 m, 1 n). Endekloen (se Fig. 1 m) er tydeligt udviklet, skjøndt forholdsvis kort og ganske glat.

Gangfødderne (se Fig. 1, 1 o) er ikke fuldt dobbelt saa lange som Legemet, naar Snabelen fraregnes, og af temmelig spinkel Form, samt successivt afsmalnende fra Basis til Enden. De er besatte med stærke, delvis grovt cilierede Børster, der er bøiede i forskjellige Retninger og giver dem et lodden Udseende. Hofteleddene er navnlig hos Hannen stærkt opsvulmede, da Ovarierne, uligt hvad Tilfældet pleier at være, er indskrænkede til dette Parti, uden at strække sig ind i Laarleddet. Dette sidste Led er derfor hos begge Kjøn meget smalt, af linær Form, og skiller sig kun hos Hannen ved Tilstedeværelsen nær Basis af et konisk tilspidset Fremspring (se Fig. 1 o). De 2 Lægled er begge omtrent af samme Længde som Laarleddet, men kjendelig smalere, navnlig det sidste. Endepartiet (se Fig. 1 p) er noget kortere end 2det Lægled og har Tarsalleddet særdeles lidet, hvorimod Fodleddet er temmelig forlænget, ganske svagt krummet og lidt fortykket i sit basale Parti. Begge Led er tæt besatte med korte

strong, coarsely ciliated bristles, 4 on the 1st and 9 on the 2nd joint, arranged in 2 alternating series. The last joint, (fig. 1 f) which represents the hand, is particularly small, and terminates in a conically pointed process whose outer portion is defined by a transversal suture. At some distance from this process an extremely small 2-jointed appendix is secured to the foremost side of the joint, which, from its situation, must be regarded as a rudiment of the mobile finger, just as the above mentioned process appears to represent the immobile finger. In young individuals, as first shown by Dr. Hansen, the hand is developed to a perfect, although relatively very small chela with claw-shaped fingers strongly bent at the end (see fig. 1 g, 1 h), each with a couple of small teeth on the inner margin.

The palpi (fig. 1 i) are more than one half longer than the chelifori, and are usually carried curved in strong S-form or, more correctly speaking, zig-zag form. They are slender in structure and beset here and there with coarse bristles, and composed of 10 well defined joints, of which the 3rd is the longest. The 2 first joints are very short, and the 4th joint is, also, relatively small, whilst the 5th joint is of considerable size although a good deal smaller than the 3rd one. The other 5 joints represent the terminal part and are all relatively short, still the 2nd is somewhat longer than the others. They are, as in the genus Ammothea, beset on the inner edge with fine, close-set bristles.

The false legs (see fig. 1 b, 1 k) are rather greatly elongated, straightly extended about same length as the body, and altogether exhibit a perfectly normal structure. They consist of 10 well marked joints, of which the 4th and 5th are, as usual, the longest. In the male the 4th joint is somewhat longer than the 5th, and both are beset with fine recurved bristles. The terminal part is not quite twice as long as the 5th joint, and the joints diminish successively in size. The 4 outermost ones are armed on the inner margin with a double series of coarse, serrated spines (see fig. 1 m, 1 n). The terminal claw (see fig. 1 m) is distinctly developed, although relatively short and quite smooth.

The ambulatory legs (see fig. 1, 1 o) are not quite twice as long as the body when the proboscis is excluded, pretty slender in form, and diminish progressively from the base to the extremity. They are beset with strong, to some extent coarsely ciliated bristles, which are bent in various directions and impart a hirsute appearance to them. The coxal joints, especially in the female, are greatly tumefied, as the ovaries, unlike what is usually the case, are confined to that part without extending themselves into the femoral joint. The last-named joint is, therefore, in both sexes, very narrow, linear in form, and is only distinguished in the male by the presence near the base of a conically pointed prominence (see fig. 1 o). The 2 tibial joints are both about same length as the femoral joint, but appreciably narrower, especially the last one. The terminal part (see fig. 1 p) is somewhat shorter than the 2nd tibial joint and the tarsal joint is particularly small, while the propodal joint is pretty much elongated,

17*

Haar, hvorimod egentlige Randtorner mangler. Endekloen er forholdsvis kort, næppe mere end $^1/_3$ saa lang som Fodleddet, og uden Spor af Bikløer.

De ydre Ægmasser (se Fig. 1 b), der ialmindelighed er fæstede til de falske Fødders 4de Led, er uregelmæssig kugledannede og indeholder et begrændset Antal af middelstore Æg, omgivne af en fælles lynd Membran.

Legemets Farve er mere eller mindre tydelig gulagtig, med mørkebrunt gjennemskinnende Tarmsystem. Men somoftest er Dyret saa tæt besat med Mudder og andre fremmede Dele, at Farven er meget vanskelig at erkjende.

Forekomst. Jeg har observeret denne eiendommelige Pycnogonide ganske enkeltvis paa forskjellige Punkter af vor Kyst, nemlig ved Christiansund, ved Valdersund nordenom Trondhjemsfjorden, og ved Kvalø paa Nordlandskysten; Dybden 50—100 Favne. Under Nordhavs Expeditionen toges et enkelt Exemplar i Havet mellem Finmarken og Bøeren Eiland (Stat. 290) paa et Dyb af 191 Favne. Desuden har jeg havt Anledning til at undersøge et enkelt Exemplar, taget under Nordenskjölds Expedition i det Kariske Hav.

Udbredning. Arten er først af Kröyer beskreven fra Grønland og senere af Jarzynsky anført fra den murmanske Kyst, samt af Dr. Hansen fra det Kariske Hav. Den maa ifølge denne sin Forekomst utvivlsomt ansees for en ægte arktisk Form.

quite faintly bent, and a little tumeficated in its basal part. Both joints are closely beset with short hairs, whilst, on the other hand, real marginal spines are absent. The terminal claw is relatively short, scarcely more than $^1/_3$ as long as the propodal joint, and without trace of auxiliary claws.

The outer egg-masses (see fig. 1 b), which are usually secured to the 4th joint of the false legs, are irregularly globular in form, and contain a limited number of medium-sized ova enveloped in a thin common membrane.

The colour of the body is more or less distinct yellowish, with dark brown, transparent intestinal system. But most commonly the animal is so densely covered with mud and other foreign substances that the colour is very difficult to detect.

Occurrence. I have observed this peculiar Pycnogonid quite occasionally, at 3 different places on the Norwegian coast viz. at Christianssund, at Valdersund north of the Trondhjem Fiord, and at Kvalö on the coast of Nordland; depth 50-100 fathoms. On the North Atlantic Expedition a single specimen was taken in the ocean between Finmark and Beeren Island (Stat. 290) at a depth of 191 fathoms. I have had an opportunity, besides, of examining a single specimen taken in the Kara Sea, on Nordenskjöld's Expedition.

Distribution. The species is first described by Kröyer from Greenland, and subsequently recorded by Jarzynsky from the Murman Coast, also by Dr. Hansen from the Kara Sea. It must, according to that occurrence, be indubitably regarded as a genuine Arctic form.

Gen. 13. **Ascorhynchus**, G. O. Sars. 1876.

Slægtscharacter. Legemet smalt og forlænget, med skarpt afsatte Segmenter og vidt adskilte Sidefortsatser. Hovedsegmentet med forlænget Hals og kølleformigt udvidet Pandedel; Halsfortsatserne utydelige. Halesegmentet særdeles smalt, cylindriskt. Øiekuuden af forskjellig Form, ialmindelighed uden Synselementer. Snabelen af betydelig Størrelse, næsten pæreformig og mere eller mindre indbøiet under Legemet, Skaftet meget kort. Saxlemmerne særdeles smaa, Skaftet 1-leddet (eller 2-leddet), Haanden hos fuldvoxne Individer rudimentær, af triangulær Form. Følerne stærkt forlængede, af en lignende Bygning som hos foregaaende Slægt. De falske Fødder 10-leddede, Endeledets 1ste Led stærkt forlænget, Randtornerne i flere Rækker, saugtakkede. Gangfødderne af middelmaadig Længde, meget spinkle, fiint haarede eller glatte, 2det Hofteled hos Hunnen stærkt opblæst, Laarleddet hos Hannen med en rundagtig Knude ved Basis, Tarsalleddet kort eller maadelig forlænget, Fodleddet lineært, ikke krummet, Endekloen forlænget, uden Bikløer. De ydre Ægmasser forholdsvis smaa, Æggene faa og af betydelig Antal.

Gen. 13. **Ascorhynchus**, G. O. Sars. 1876.

Generic Characters. Body narrow and elongated, with sharply defined segments and widely separated lateral processes. Cephalic segment with elongated neck and claviformly expanded frontal part; the cervical processes indistinct. Caudal segment particularly narrow, cylindrical. Ocular tubercle of variable form, usually without visual elements. Proboscis of considerable size, almost piriform, and more or less folded in under the body, scape very short. Chelifori particularly small, scape single-jointed (or 2-jointed), hand in full-grown individuals, rudimentary, triangular in form. Palpi greatly elongated, of similar structure as in the preceding genus. False legs 10-jointed, 1st joint of the terminal part greatly elongated, marginal spines in several series, serrated. Ambulatory legs of medium length, very slender, finely setous or smooth, 2nd coxal joint in female, greatly expanded, femoral joint in male with a rounded nodule at the base, tarsal joint short, or only slightly elongated, propodal joint linear, not bent, terminal claw elongated, without auxiliary claws. The outer egg-masses relatively small, the ova few in

tydelig Størrelse, ikke omgivne af nogen fælles Membran.

Bemærkninger. Denne Slægt staar vistnok meget nær foregaaende, men synes mig dog at burde opretholdes, da flere Arter i den nyere Tid er optgaaede, der viser lignende Forskjelligheder fra Slægten *Euryeyde* som den typiske Art. Af disse Forskjelligheder kan fremhæves den smale forlængede Form af Legemet. Snabelens enorme Udvikling og Mangel af noget tydeligt Skaft, Saxleunnernes Structur, endelig de falske Fødders Bevæbning og Halesegmentets Form. Den af Dohrn opstillede Slægt *Barana* synes i visse Henseender at komme nærværende Type endnu nærmere end foregaaende Slægt, og navnlig viser den ene af Arterne, *B. castelli*, i sin ydre Habitus en umiskjendelig Lighed med Arterne af Slægten Ascorhynchus, medens den anden Art, *B. arenosa* i denne Henseende mere minder om Slægten Euryeyde. Der er imidlertid visse Forhold, der synes at skille begge disse Arter snavel fra Slægten Euryeyde som Ascorhynchus og som taler imod at forene dem med nogen af disse Slægter. Foruden den nedenfor nærmere beskrevne Art hører herhen 3 af Hoek fra Challenger Expeditionen beskrevne Arter, og en af Böhm under Benævnelsen *Grauptorhynchus ramipes* opført Form fra Japan henføres af Hoek ligeledes til denne Slægt. Arternes Antal bliver saaledes for Tiden ikke mindre end 5 ialt.

Remarks. This genus certainly approximates to the preceding one pretty closely, but it appears to me, however, that it should be maintained, as several species have been discovered in later years which exhibit similar divergencies from the genus *Euryeyde* as the typical species. Of these divergencies may be accentuated, the narrow elongated form of the body, the enormous development of the proboscis and the absence of any distinct scape, the structure of the chelifori and, finally, the armature of the false legs and the form of the caudal segment. The genus *Barana*, established by Dohrn, appears, in some respects, to approach the present type still closer than the preceding genus; and the one of the species *B. castelli*, especially, shows in its external habit an unmistakable resemblance to the species of the genus Ascorhynchus, whilst the second species, *B. arenosa*, reminds in this respect more of the genus Euryeyde. There are, however, certain features that appear to separate both those species from the genus Euryeyde as well as Ascorhynchus, and which forbid their union with any of those genera. Besides the species more particularly described hereafter, 3 species from the Challenger Expedition, described by Hoek, pertain to it, and a form from Japan described by Böhm, under the appellation *Grauptorhynchus ramipes*, has also been referred by Hoek to this genus. The number of the species is thus, at present, not less than 5 altogether.

---

41. **Ascorhynchus abyssi**, G. O. Sars.

(Pl. XIV, Fig. 2, a—t).

Ascorhynchus abyssi, G. O. Sars, Prodromus descript. Crust. & Pycnog. etc., No. 8.
—   — G. O. Sars, Pycnogonidea borealin & arctica No. 41.

Artscharacter. Legemet smalt cylindriskt, med forholdsvis korte og vidt adskilte Sidefortsatser. De 3 forreste Segmenter med den bagre Del ophoiet og gaaende ud i en opadrettet tilspidset Fortsats; en lignende men noget mindre Fortsats ved Enden af enhver af Sidefortsatserne. Hovedsegmentet noget længere end de 2 følgende Segmenter tilsammen; Pandedelen successivt udvidet mod Enden, som er tvært afknuttet. Halesegmentet meget smalt, noget nedadkrummet. Øiekunden helt fortil, stumpt afrundet i Enden, med et kort tandformigt Fremspring til hver Side og uden Spor af Synsclementer; Snabelen af særdeles betydelig Størrelse, saa lang som de 3 forreste Segmenter tilsammen, stærkt fortykket paa Midten, næsten pæreformig og omslanet under Bugen. Saxleumerne omtrent halvt saa lange som Hovedsegmentet, Skaftet enleddet, Haanden hos fuldt udviklede Individer særdeles liden, triangulær, med en kort tandet Knude som Rudiment af

41. **Ascorhynchus abyssi**, G. O. Sars.

(Pl. XIV, fig. 2, a—t.)

Ascorhynchus abyssi, G. O. Sars, Prodromus descript. Crust. & Pycnog. etc. No. 8.
—   — G. O. Sars, Pycnogonidea borealin & arctica, No. 41.

Specific Characters. Body narrow cylindrical, with relatively short and widely separated lateral processes. The 3 foremost segments with the posterior part elevated, and continued into a pointed process directed upwards; a similar but somewhat smaller process at the extremity of each of the lateral processes. Cephalic segment somewhat longer than the 2 succeeding segments together; frontal part successively expanded towards the extremity, which is abruptly truncated. Caudal segment very narrow, somewhat bent downwards. Ocular tubercle quite in front, bluntly rounded at the end, with a short dentiform prominence on each side and without trace of visual elements. Proboscis of particularly great size, as long as the 3 anterior segments together, strongly tumefieated at the middle, almost piriform and folded under the belly. Chelifori about half as long as the cephalic segment, scape single-jointed, hand, in fully

den bevægelige Finger. Følerne, lige udstrakte, næsten 5 Gange længere end Saxlemmerne. 5te Led kun lidet kortere end 3die. Endedelen ikke fuldt saa lang, dens 2det Led længst. De falske Fødder hos Hannen længere end Kroppen, Endedelens 1ste Led næsten saa langt som de øvrige tilsammen. Gangfødderne omtrent dobbelt saa lange som Legemet. tæt besatte med korte Haar. Tarsalleddet meget kort. Fodleddet hos Hunnen lineært. med korte Torner i Inderkanten, hos Hannen bredere og mere sammentrykt samt bevæbnet med en Rad af 16–18 betydelig stærkere Torner, Endekloen hos Hunnen halvt saa lang som Fodleddet, hos Hannen betydelig større. Legemets Længde uden Snabelen 7ᵐᵐ; Spandvidde 32ᵐᵐ.

Bemærkninger. Nærværende Art maa, som den først opdagede, betragtes som Typen for Slægten. Den er vel adskilt fra de 3 af Hoek fra Challenger Expeditionen beskrevne Former ved de korte Sidefortsatser, Øielmundens Form og Stilling. den enorme Udvikling af Snabelen, de tæt haarede Gangfødder og Forholdet af disses 2 sidste Led.

Beskrivelse. Formen er (se Pl. XIV. Fig. 2) forholdsvis meget spinkel, saavel hvad Kroppen som Lemmerne angaar. Selve Kroppen (Fig. 2 a, 2 b, 2 c) er af smal cylindrisk Form og, ovenfra eller nedenfra seet, næsten overalt af ens Brede. Seet fra Siden (Fig. 2 c) viser den sig noget bredere paa Midten og mere eller mindre krummet. Segmenterne er meget skarpt afsatte fra hinanden, og den bagre Rand paa de 3 forreste er tydeligt hævet ovantil; umiddelbart foran Randen har ethvert af disse Segmenter et lige opadrettet tilspidset Fremspring. Sidefortsatserne er adskilte ved brede Mellemrum og ikke af nogen betydelig Længde, idet de neppe overgaar Legemets Brede. Enhver af dem har ovantil ved Enden et kort tandformigt Fremspring og er i Kanterne besatte med korte Haar. Selve Kroppen er derimod saagodtsom nøgen, eller kun forsynet med yderst smaa, mikroskopiske Torner. Hovedsegmentet er af betydelig Størrelse, adskilligt længere end de 2 følgende Segmenter tilsammen, og har en temmelig lang cylindrisk Hals, der ved Basis til hver Side viser en ganske svag Udbugtning til Fæste for de falske Fødder, hvorimod egentlige Halsfortsatser mangler. Pandedelen udvides ganske successivt mod Enden, som er temmelig bred og tvært afkuttet. Halesegmentet (Fig. 2 t), der som hos foregaaende Slægt er tydeligt artikuleret til sidste Kropssegment, er særdeles smalt, cylindriskt eller kun ganske svagt fortykket i sit ydre Parti, og noget nedadkrummet (se Fig. 2 c). Det er kun forsynet med meget smaa, spredte Haar og viser i Enden en tydelig spaltformig Analaabning.

Øieknuden (se Fig. 2 a, 2 b) er, uligt hvad Tilfældet er med de af Hoek beskrevne Arter, beliggende helt fortil

developed individuals. perticularly small. triangular. with a short dentate nodule as a rudiment of the mobile finger. Palpi, straightly extended, almost 5 times longer than the chelifori, 5th joint only a little shorter than the 3rd, terminal part not quite so long, 2nd joint longest. False legs in male longer than the trunk, 1st joint of the terminal part almost as long as all the others together. Ambulatory legs about twice as long as the body, closely beset with short setæ, tarsal joint very short. propodal joint in female linear, with short spines on the inner margin, in the male broader and more compressed and armed with a series of 16–18 considerably stronger spines; terminal claw in female half the length of the propodal joint; in male considerably larger. Length of the body. exclusive of the proboscis, 7ᵐᵐ; extent 32ᵐᵐ.

Remarks. The present species must, as the first discovered, be regarded as the type of the genus. It is well distinguished from the 3 forms from the Challenger Expedition described by Hoek, by the short lateral processes, the form and position of the ocular tubercle, the enormous development of the proboscis, the densely setous ambulatory legs and the relations of their 2 terminal joints.

Description. The form (see Pl. XIV, fig. 2) is relatively very slender, both as regards the trunk and the limbs. The trunk itself (fig. 2 a, 2 b, 2 c) is narrow cylindric in form, and, viewed either superiorly or inferiorly, it is almost everywhere uniform in breadth. Viewed laterally (fig. 2 c) it shows itself to be somewhat broader at the middle and more or less bent. The segments are very sharply defined from each other, and the posterior margin on the 3 foremost ones is distinctly raised above; immediately in front of the margin each of those segments has a pointed prominence directed straight upwards. The lateral processes are separated by broad intervals and are not of any considerable length, as they scarcely exceed the breadth of the body. Each of them has above: at the extremity, a short dentiform prominence and is beset with short setæ on the edges. The trunk itself is, on the other hand. almost quite bare, or only furnished with extremely minute microscopical spines. The cephalic segment is of considerable size, considerably longer than the 2 succeeding segments together, and has a pretty long cylindrical neck which, at the base, on each side, shews a quite faint bulging for the attachment of the false legs. whereas real cervical processes are awanting. The frontal part is quite progressively expanded towards the extremity. which is pretty broad and abruptly truncated. The caudal segment (fig. 2 t), which, as in the preceding genus. is distinctly articulated to the last segment of the trunk, is particularly narrow, cylindrical, or only quite faintly tumefieated in its exterior portion and somewhat bent downwards (see fig. 2 c). It is only furnished with very small, scattered setæ, and exhibits at the extremity a distinct fissured anal aperture.

The ocular tubercle (see fig. 2 a, 2 b) is, unlike what is the case in the species described by Hoek, situated quite

og har Formen af en stump Forhøining, uden Spor af Pigment eller Lindser. Forfra eller bagfra seet (Fig. 2 d) viser den sig jevnt afrundet i Enden, med et lidet tandformigt Fremspring til hver Side.

Snabelen (se Fig. 2 c) er af særdeles betydelig Størrelse, omtrent saa lang som de 3 første Segmenter tilsammen, og er altid stærkt omboiet mod Bugsiden. Den er, som hos foregaaende Slægt, bevægeligt artikuleret til et fra Hovedsegmentet fortil udgaaende Skaft; men dette Skaft (se Fig. 2 b) er her særdeles kort og kan derfor let forbisees. Snabelen er stærkt indknebet ved Basis og udvidet paa Midten, næsten af pæredannet Form, og har en svag Indsnøring i sit basale Parti, medens det terminale Parti jevnt afsmalnes mod den stumpt afkuttede Spids. I Tversnit er Snabelen (se Fig. 2 f) næsten trekantet, idet det dorsale Længdesegment er stærkt, næsten tagformigt hvælvet, medens de 2 Sidesegmenter støder sammen ventralt i samme Plan. Mundaabningen (se Fig. 2 e) er begrændset af 3 distincte Læber, hver med et lidet knudeformigt Fremspring i Midten.

Saxlemmerne (se Fig. 2 a, 2 b, 2 c, Fig. 2 g) er meget smaa og rudimentære, neppe halvt saa lange som Hovedsegmentet, med hvilket de synes at være ubevægeligt forbundne. Skaftet er enleddet, cylindriskt og ganske svagt krummet, samt, foruden de overalt paa Kroppen forekommende mikroskopiske Smaatorner, besat med en Del temmelig smaa og simple Borster. Haanden (Fig. 2 h) or yderst liden, af triangulær Form og ender med et indadrettet stumpt Hjørne. Fortil har den en uregelmæssigt tandet Knude, der er forbundet med Haanden ved et tyndhudet Parti og forestiller et Rudiment af den bevægelige Finger. Hos yngre Individer, der dog paa det nærmeste har opnaaet sin definitive Størrelse er Haanden (se Fig. 2 i, 2 k), som hos foregaaende Slægt, fuldkommen cheliform, med stærkt krummede, kloformige Fingre, uden Sidetænder.

Følerne (se Fig. 2 a—c, Fig. 2 l) er af meget betydelig Længde, idet de, lige udstrakte, næsten er saa lange som hele Legemet, naar Snabelen fraregnes. I sin Bygning stemmer de forøvrigt temmelig noie overens med samme hos foregaaende Slægt og er, som hos denne, tydeligt 10-leddede og stærkt zigzag-formigt boiede. Af Leddene er ogsaa her de 2 første meget korte, hvorimod 2det og 5te Led er stærkt forlængede og indbyrdes næsten af ens Længde. Endeleddet er omtrent saa lang som 4de Led og har 2det Led betydelig længere end de øvrige.

De falske Fødder (se Fig. 2 c, Fig. 2 m) er stærkt forlængede og spinkle, lige udstrakte vel saa lange som Legemet, naar Snabelen fraregnes, og bestaar af 10 vel begrændsede Led. Hos Hannen (Fig. 2 c) er 4de og 5te Led noget bredere end hos Hunnen (Fig. 2 m) og besatte med omboiede tornformige Borster. Endeleddet (se Fig. 2 n) er næsten saa lang som de 2 foregaaende Led tilsammen og har 1ste Led stærkt forlænget. Tornerne paa de følgende Led (Fig. 2 o) viser et lignende Udseende som

anteriorly and has the form of a blunt prominence, without trace of pigment or lenses. Viewed anteriorly or posteriorly, (fig. d) it shews itself to be evenly rounded at the end, with a small dentiform prominence on each side.

The proboscis (see fig. 2 c) is of particularly large size, about as long as the 3 first segments together, and is always strongly incurvated towards the ventral side. It is, as in the preceding genus, flexibly articulated to a scape issuing from the front of the cephalic segment; but this scape (see fig. 2 b) is here particularly short and may therefore be easily unobserved. The proboscis is greatly constricted at the base and expanded at the middle, almost piriform, and has a faint constriction in its basal portion, whilst the terminal portion tapers evenly towards the bluntly truncated point. In transversal sections the proboscis (see fig. 2 f) is almost trigonal, as the dorsal longitudinal segment is strongly, almost roof-like, arcuate, whilst the 2 lateral segments unite ventrally in the same plane. The oral aperture (see fig. 2 e) is bordered by 3 distinct lips, each with a small nodular prominence in the middle.

The chelifori (see fig. 2 a, 2 b, 2 c, fig. 2 g) are very small and rudimentary, scarcely half as long as the cephalic segment, with which they appear to be immobily connected. The scape is single-jointed, cylindrical, and quite faintly bent, and is, also, beset with, besides the microscopical spines that are everywhere present on the trunk, a number of pretty small and simple bristles. The hand (fig. 2 h) is extremely small, triangular in form, and terminates in a blunt corner directed inwards. Anteriorly it has an irregularly dentated nodule which is connected to the hand by a membranous part and represents a rudiment of the mobile finger. In young individuals which have, however, attained, approximately, their definite size, the hand is (see fig. 2 i, 2 k), as in the preceding genus, perfectly cheliform, with strongly bent claw-shaped fingers, without lateral teeth.

The palpi (see fig. 2 a—c, fig. 2 l) are of very considerable length, as they, straightly extended, are, excluding the proboscis, almost as long as the entire body. In their structure they correspond otherwise, pretty closely with the same organs in the preceding genus, and are, as in it, distinctly 10-jointed, and strongly bent in zig-zag form. Of the joints the 2 first are also here very short, while the 2nd and 5th joints are greatly elongated and are mutually about uniform in length. The terminal part is about as long as the 4th joint and has the 2nd joint considerably longer than the others.

The false legs (see fig. 2 c, fig. 2 m) are strongly elongated and slender, straightly extended, rather longer than the body when the proboscis is deducted, and consist of 10 well marked joints. In the male (fig. 2 c) the 4th and 5th joints are somewhat broader than in the female (fig. 2 m), and are beset with recurvate aculeiform bristles. The terminal part (see fig. 2 n) is almost as long as the 2 preceding joints taken together, and has the 1st joint greatly elongated. The spines on the succeeding joints

hos foregaaende Art, men er talrigere og ordnede i flere Rader; de i den inderste Rad — de egentlige Randtorner — er dog betydelig større end de i de øvrige.

Gangføddderne (se Fig. 2) er af spinkel Form, omtrent dobbelt saa lange som Legemet (uden Snabelen), og tæt besatte med fine, ensformigt udviklede Haar. Hos Hunnen er 2det Hofteled særdeles stærkt, næsten blæreformigt op-blæst og fyldt med store Ægceller, medens dette Led hos Hannen (se Fig. 2 p) er smalt og af lineær Form; hos begge Kjøn er det mere end dobbelt saa langt som de 2 øvrige Hofteled tilsammen. Laarleddet er omtrent af Hofte-partiets Længde og· hos begge Kjøn af smal lineær Form; hos Hannen har det nær Basis en stumpt afrundet Knude (Fig. 2 q), som ganske mangler hos Hunnen. Af de 2 Lægled er det 2det noget længere end det 1ste og omtrent af Laarleddets Længde, begge meget smale, lineære. Ende-partiet (Fig. 2 r, 2 s) er omtrent halvt saa langt som 2det Lægled og har Tarsalleddet meget kort. medens Fodleddet er temmelig stærkt forlænget og næsten lige.

De til de falske Fødder hos Hannen fæstede Æg er (se Fig. 2 e) forholdsvis meget store, kugleformige, og faa i Antal, neppe over 8—12 Stykker. De er enkeltvis grup-perede omkring 4de Led, uden at være omgivne af nogen fælles Omhyllingsmembran.

Legemet er i levende Tilstand af hvidagtig Farve og temmelig gjennemsigtigt, saa at flere af de indre Dele skinner mere eller mindre tydeligt igjennem Integumen-terne. Saaledes er, naar Legemet sees nedenfra (Fig. 2 b) den hele Buggangliekjede meget iøinefaldende. Den be-staar af 5 vel adskilte Ganglier, hvoraf det forreste er af temmelig smal og forkønget Form. |De fra Ganglierne udgnaende Hovednerver er ligeledes tydelig at forfølge.

Forekomst. Af denne characteristiske Form blev under Expeditionen talrige Exemplarer indsamlede, navnlig i stor Mængde paa 'de paa Bundskraben fæstede Svab-berter. Arten er observeret paa ikke mindre end 5 for-skjellige Stationer, spredte omkring i det af os bereiste Havstrøg fra den 63de til den 78de Bredegrad. Af Sta-tionerne ligger 2 (St. 35 og 53) i Havet mellem Norge paa den ene Side og Færøerne og Island paa den anden, en 3die (St. 205) NV af Lofoten, de 2 øvrige (St. 303 og 353) længere Nord i Havet mellem Spitsbergen og Beeren Eiland paa den ene Side og Grønland og Jan Mayen paa den anden. Dybden fra 1081 til 1539 Favne. Alle Sta-tioner tilhører den kolde Area.

Udbredning. Da denne Form hidtil ikke er obser-veret af andre Forskere, kan om dens Udbredning for Tiden kun siges, at den synes at være indskrænket til den dybe. med iskoldt Vand paa Bunden fyldte Indsænkning i Nordhavet, der ligger vestenom de store Havbanker og disses Fortsættelse mod Nord forbi Beeren Eiland og Spitsbergen. Østenfor den 18de Længdegrad er den hidtil ikke observeret.

(fig. 2 o) exhibit a similar appearance as in the preceding species, but are more numerous and arranged in several series; those in the innermost series — the real marginal species — are, however, considerably larger than the others.

The ambulatory legs (see fig. 2) are slender in form. about twice as long as the body (excluding the proboscis). and are closely beset with fine, uniformly developed setæ. In the female the 2nd coxal joint is very much. almost vesicularly inflated, and is filled with large ovicells, whilst the same joint in the male (se fig. 2 p) is narrow and linear in form; in both sexes it is twice as long as the¡ 2 other coxal joints taken together. The femoral joint is about the length of the coxal part, and in both sexes is narrow linear in form; it has, in the male, near the base, a bluntly rounded nodule (fig. 2 q), which is quite absent in the female. Of the 2 tibial joints the 2nd is somewhat longer than the 1st one, and about the length of the femoral joint, both very narrow, linear. The ter-minal part (fig. 2 r, 2 s) is about half the length of the 2nd tibial joint and has the tarsal joint very short, while the propodal joint is pretty strongly elongated and almost straight.

The ova attached to the false legs in the male (see fig. 2 e) are relatively very large, globular in shape, and few in number, scarely more than 8—12. They are grouped singly, round the 4th joint, without being enve-loped in any common enclosing membrane.

The body is, in the live state, of whitish colour and pretty transparent, so that several of the internal organs appear more or less distinctly visible through the integu-ments. Thus, when the body is viewed from below (fig. 2 b), the entire chain of ventral ganglia is very prominent. It consists of 5 well separated ganglia, of which the foremost is of rather narrow and elongate form. The chief nerves issuing from the ganglia may also be distinctly traced.

Occurrence. Numerous specimens of this charac-teristic form were collected during the expedition, especi-ally attached in great numbers to the swabs secured to the dredge. The species was observed at not less than 5 different stations scattered about in the tracts of the ocean cruised in, from the 63rd to the 78th parallels of latitude. Of the stations, 2 (St. 35 and 53) are situated in the ocean between Norway on the one side and the Faeroe Islands and Iceland on the other; a 3rd (St. 205) to the N. W. of Lofoten; the 2 others (St. 303 and 353) farther north, in the ocean between Spitzbergen and Beeren Eiland on the one side and Greenland and Jan Mayen on the other. Depth from 1081 to 1539 fathoms. All the stations pertain to the cold area.

Distribution. As this form has not, hitherto, been observed by other naturalists, it can, for the present, only be said of its distribution, that it appears to be confined to the deep basin filled at the bottom with ice-cold water that exists in the North Sea, situated to the west of the great ocean banks and their continuation northwards past Beeren Island and Spitzbergen. To the east of the 18th degree of longitude it has not hitherto been observed.

Fam. 7. Pasithoidæ.

Kroppen usegmenteret, med kort Pandedel. Snabelen ualmindelig stor, ikke bevægeligt forbunden med Kroppen. Saxlemmer ganske manglende hos det fuldt udviklede Dyr. Følere og falske Fødder vel udviklede, begge 10-leddede og fæstede tæt sammen ind under Pandedelen.

Bemærkninger. Den Slægt, hvorefter nærværende Familie er benævnt, *Pasithoë* Goodsir, er vistnok endnu kun meget ufuldstændigt kjendt, men synes mig dog ved den fuldstændige Mangel af Saxlemmer og de vel udviklede Følere at maatte stilles nærmest ved Slægten *Colossendeis*, Jarzynsky, og sammen med denne at danne en egen Familie, der aabenbart slutter sig temmelig nær til de 2 foregaaende Familier.

Fam. 7. Pasithoidæ.

Trunk unsegmented, with short frontal part. Proboscis uncommonly large, not flexibly connected to the trunk. Cheliferi quite absent in the fully developed animal. Palpi and false legs well developed, both 10-jointed and secured close together in below the frontal part.

Remarks. The genus, from which the present family is named, *Pasithoë*, Goodsir, is certainly, as yet, only very imperfectly known, but. still, it appears to me, from the perfect absence of cheliferi and the well developed palpi, that it must be placed next to the genus *Colossendeis*, Jarzynsky, and along with it form a family by itself, which evidently approximates very closely to the 2 preceding families.

Gen. 14. **Colossendeis**, Jarzynsky. 1870.

Slægtscharacter. Legemet robust eller smækkert, med forholdsvis korte Sideforsatser og liden Pandedel, uden Hals. Halesegmentet meget smalt og skarpt begrændset fra Kroppen. Øieknuden tilspidset, uden tydelige Øine. Snabelen af anselig Størrelse, Enden afstumpet, 3-lappet, ikke afsmalnende. Følerne smække, uden tydelige Haar. De falske Fødder stærkt forlængede, 4de og 6te Led længst, de 4 sidste bevæbnede med flere Rækker af sammentrykte Torner, Endekloen tydelig. Gangfødderne stærkt forlængede, de 3 Hofteled korte og af ens Udseende, Endepartiet smalt, cylindriskt, Tarsalleddet længere end Fodleddet, det sidste simpelt, uden Torner i Inderkanten, Endekloen sylformig, uden Biklør.

Bemærkninger. Nærværende Slægt er opstillet af den russiske Zoolog Jarzynsky for det af Sabine som *Phoxichilus proboscideus* beskrevne kolossale arktiske Pycnogonide. Hertil kunde jeg i Aaret 1876 føie en meget distinct ny Art fra Nordhavs-Expeditionen, *C. angusta*, og i sit Arbeide over Challenger Expeditionens Pycnogonideer har Hoek opført ikke mindre end 9 forskjellige herhen hørende Arter, hovedsagligt fra det syd-atlantiske Hav, hvoraf en, *C. gigas*, opnaar en end mere kolossal Størrelse end dens Slægtning i Norden. For Tiden kjender man saaledes ialt ikke mindre end 11 til denne Slægt hørende Arter. Som Slægtsnavnet antyder, er det især den enorme Udvikling af Snabelen, der giver disse Dyr sit særegne Præg. Fra Slægten *Pasithoë* er de herhen hørende Arter desuden let kjendelige ved sine stærkt forlængede Gangfødder og ved den simple Bygning af disses Endeparti.

Gen. 14. **Colossendeis**, Jarzynsky. 1870.

Generic Characters. Body robust or slender, with relatively short lateral processes and small frontal part, no neck. Caudal segment very narrow and sharply defined from the trunk. Ocular tubercle pointed, without distinct eyes. Proboscis of respectable size, the extremity blunted, tri-lobate, not tapered. Palpi slender, without distinct setæ. False legs greatly elongated, the 4th and 6th joints longest, the 4 last armed with several series of crowded spines, terminal claw distinct. Ambulatory legs greatly elongated, the 3 coxal joints short, and similar in appearance, terminal part narrow, cylindrical, tarsal joint longer than the propodal joint, the last-named plain, without spines on the inner margin, terminal claw awl-shaped, without auxiliary claw.

Remarks. The present genus was established by the Russian Zoologist, Jarzynsky, to include the colossal Arctic Pycnogonoid described by Sabine as *Phoxichilus proboscideus*. To this form I was able, in 1876, to add a very distinct new species *C. angusta* from the North Atlantic Expedition, and Hoek has, in his work upon the Pycnogonoids of the "Challenger" Expedition, described no less than 9 different species pertaining to the same genus, principally from the South Atlantic Ocean, of which one *C. gigas* attains a still more colossal size than its relative in the North. At present, therefore, we are acquainted with not less than 11 species pertaining to this genus. As the generic designation indicates, it is the enormous development of the proboscis especially, that imparts to those animals their special character. The species of this genus are, besides, easily distinguished from the genus *Pasithoë*, by their greatly elongated ambulatory legs and by the simple structure of the terminal part of the latter.

---

42. Colossendeis proboscidea (Sab.)

(Pl. XV, Fig. 1, a—d).

Phoxichilus proboscideus, Sabine, Suppl. to the Append. of
Capt. Parry's Voyage, p. CCXXVI.
Colossendeis borealis, Jarzynsky, Prœm. Cat. Pycnogon.,
Ann. de la Société des Naturalistes de St. Petersbourg.
Colossendeis proboscidea, G. O. Sars. Prodrom. descript.
Crust. et Pycnog., etc. p. 368.
Anomorhynchus Smithii, Miers, Ann. Mag. Nat. Hist. 1881,
p. 50, Pl. VII. Fig. 6—8.
Colossendeis proboscidea, Hoek. Pycnog. Wil Brarents, l. c.,
p. 22, Pl. II, Fig. 41—42.
Colossendeis gigantea, Struxberg, Vega-Expeditionens vetensk.
iakttagelser, Bd. I, p. 708.
Colossendeis proboscidea, Hansen, Karahavets Pycnogonider,
p. 20.
— — G. O. Sars, Pycnogonidea borealia
& arctica, No. 42.

Artscharacter. Kroppen kort og undersætsig. allang
oval, bredest paa Midten, mod træt sammentrængte Side-
fortsatser. Pandedelen triangulær, neppe bredere end
Kroppen paa Midten. Halesegmentet meget smalt. cylin-
drisk, nedadkrummet. Snabelen af enorm Størrelse, mere
end dobbelt saa lang og i sit ydre Parti næsten dobbelt
saa tyk som Kroppen, noget buet og successivt udvidet
mod Enden, næsten kølleformig. Øieknuden lige opad-
rottet, konisk tilspidset. Følernes 3 ydre Led successivt
aftagende i Størrelse og tilsammen længere end 7de Led.
De falske Fødder, lige udstrakte, længere end Legemet,
4de Led kortere end 6te. Gangfødderne forholdsvis robuste,
omtrent dobbelt saa lange som Legemet, Tarsalleddet
betydelig længere og tykkere end Fødleddet, Endekloen
kortere end dette sidste Led. Farven gulrød. Legemets
Længde 50ᵐᵐ, Spandvidde 225ᵐᵐ.

Bemærkninger. Denne gigantiske Form, der danner
Typen for Slægten. skiller sig fra alle de øvrige bekjendte
Arter ved den ualmindelig korte og sammentrængte Krops-
form og ved Snabelens excessive Størrelse og eiendommelige
kølledannede Form. Ogsaa hvad Fødderne angaar har den
et ubetinget mere robust Præg end de øvrige Arter.

Beskrivelse. Det foreliggende Exemplar, der synes
at være en fuldt udviklet Hun, har en Længde fra Spidsen
af Snabelen til Enden af Halesegmentet af fulde 50ᵐᵐ, og
en Spandvidde mellem de udstrakte Gangfødder af ikke
mindre end 225ᵐᵐ. Den er saaledes ubetinget den største
af alle vore nordiske Pycnogonideer.

Formen maa` (se Pl. XV, Fig. 1) idetheletaget siges
at være temmelig robust, navnlig hvad selve Kroppen an-
gaar. Denne sidste er (se ogsaa Fig. 1 a, 1 b) af aflang
Form, med jevnt convex Rygside og noget afladet Bug-
side, samt uden det mindste Spor af nogen Segmentation.
Sidefortsatserne, der er kortere end Kroppens Brede paa
Midten, er saa træt sammentrængte, at der knapt er nogen
bemærkelige Mellemrum mellem dem. og den centrale Del

42. Colossendeis proboscidea (Sab.)

(Pl. XV, fig. 1, a—d).

Phoxichilus proboscideus, Sabine, Suppl. to the Append. of
Capt. Parry's Voyage, p. CCXXVI.
Colossendeis borealis. Jarzynsky, Præm. Cat. Pycnogon.
Ann. de la Société des Naturalistes de St. Petersbourg.
Colossendeis proboscidea, G. O. Sars, Prodrom. descript.
Crust. et Pycnogon. &c. p. 368.
Anomorhynchus Smithii, Miers, Ann. Mag. Nat. Hist. 1881.
p. 50, Pl. VII, figs. 6—8.
Colossendeis proboscidea, Hoek. Pycnog. Wil. Brarents. l. c.
. p. 22, Pl. II, figs. 41—42.
Colossendeis gigantea, Stuxberg, Vega-Expeditionens Vetensk.
iakttagelser. Bd. I, p. 708.
Colossendeis proboscidea, Hansen, Karahavets Pycnogonider,
p. 20.
— — G. O. Sars. Pycnogonidea borealia
& arctica. No. 42.

Specific Characters. Trunk short and stout, oblongo-
oval, broadest at the middle, with closely crowded lateral
processes. Frontal part triangular, scarcely broader than
the trunk at the middle. Caudal segment very narrow
cylindrical, bent downwards. Proboscis of enormous size,
more than twice as long and in its outer part almost
twice as thick as the trunk, somewhat arcuate, gradually
expanded towards the extremity, almost claviform. Ocular
tubercle directed straight upwards, conically pointed. The
3 outer joints of the palpi diminishing successively in
size, and together longer than the 7th joint. False legs,
straightly extended, longer than the body, 4th joint shorter
than the 6th one. Ambulatory legs relatively robust, about
twice as long as the body, tarsal joint considerably longer
and thicker than the propodal joint, terminal claw shorter
than that last-named joint. Colour yellow-red. Length of
the body 50ᵐᵐ. Extent 225ᵐᵐ.

Remarks. This gigantic form, which forms the type
of the genus, distinguishes itself from all the other known
species, by its uncommonly short and compact trunk, and
by the excessive size of the proboscis and its peculiar
clavate form. Also in respect of the legs it has a dis-
tinctly more robust character than the other species.

Description. The specimen before us, which appears
to be a fully developed female, has a length from the
point of the proboscis to the extremity of the caudal seg-
ment, of quite 50ᵐᵐ and an extent between the extended
ambulatory legs, of not less than 225ᵐᵐ. It is, thus,
indubitably the largest of all our northern Pycnogonids.

The form (see Pl. XV, fig. 1) must be said to be,
on the whole, pretty robust, especially as regards the
trunk. This last is (see also figs. 1 a, 1 b) oblongo-oval
in form, with an even convex dorsal side and somewhat
flattened ventral side, and without the least trace of seg-
mentation. The lateral processes, which are shorter than
the breadth of the trunk at the middle, are so closely
crowded, that there is scarcely any noticeable interval

af Legemet antager derfor Formen af en oval Skive. Fortil danner Kroppen en kort, triangulær Pandedel, der med hele sin Brede forbinder sig med Snabelen, og ved en stærk Indknibning afgrændser sig fra det bagenfor liggende, fedterende Parti af Kroppen. Om nogen virkelig Hals kan der imidlertid neppe være, Tale. Halssegmentet er skarpt afsat fra Kroppen og noget nedadboiet. Det er mere end halvt saa lang som Kroppen og særsicles smalt, næsten cylindriskt, dog ganske lidt fortykket mod Enden, som er stumpt tilrundet.

Snabelen (se Fig. 1, 1 a og 1 b) er af aldeles enorm Størrelse, næsten dobbelt saa lang som det øvrige Legeme og betydelig tykkere end dette i sit ydre Parti. Den udgaar i horizontal Retning fra Enden af Pandedelen, men viser en meget tydelig ventral Boining (se Fig. 1 b). Af Form er den næsten kølledannet, idet den successivt udvides mod Enden, med den øvre Flade stærkt convex, den nedre mere afladet. Enden er stumpt afkuttet og viser 3 afrundede Lapper, svarende til de 3 Længdesegmenter, hvoraf den er sammenzat. Af disse Lapper er den øverste mest fremragende, og alle 3 begrændser i Midten den trekantede Mundaabning. Denne sidste (se Fig. 1 c) dækkes for en Del af 3 fra hvert af Længdesegmenterne indad fremspringende triangulære Læber af membranøs Beskaffenhed, hvis tilspidsede Ender næsten mødes i Midten.

Oiekmuden (se Fig 1 b) har Formen af en lige opadrettet konisk tilspidset Forhøining, uden Spor af Pigment eller Synselementer.

Af Saxlemmer er ikke det mindste Rudiment at opdage.

Følerne (se Fig. 1, 1 a og 1 b), der udspringer noget ventralt fra den forreste Del af Pandepartiet, er af betydelig Størrelse, idet de, lige udstrakte, næsten er af Legemets Længde. Af Form er de smalt cylindriske, noget S-formigt boiede og kun besatte i sit yderste Parti med yderst korte pigformige Haar. Leddene viser et lignende indbyrdes Forhold som hos de til foregaaende Familie hørende Former, idet de 2 forste er meget korte og tykke, 3die og 5te stærkt forlængede, medens det mellem begge liggende 4de Led er forholdsvis af ringe Størrelse. Af de 5 ydre Led er 2det længst, og de 3 sidste aftager successivt i Størrelse.

De falske Fødder (se Fig. 1 a, 1 b) er fæstede tæt bag Følerne og hver indleddede paa en fremspringende Knude. De er stærkt forlængede og tynde, selv betydelig længere end det hele Legeme, og idmindeligbed stærkt albueformigt boiede. Antallet af Led er det samme som paa Følerne, nemlig 10, hvoraf de 3 forste som sædvanlig er meget korte. 4de og 5te derimod stærkt forlængede, iser det sidste. De 4 yderste Led er ganske korte, indbyrdes omtrent af ens Størrelse, og i Inderkanten bevæbnede med flere Rækker af korte, sammentrykte Torner.

mellem them, and the central part of the body, therefore, assumes the shape of an oval disc. Anteriorly the trunk forms a short triangular frontal part, which is, in its entire breadth, connected to the proboscis, and is marked off by a strong constriction from the pediferous part of the body situated behind. There can scarcely, however, be any mention of a real neck. The caudal segment is sharply defined from the trunk, and somewhat bent downwards. It is more than half as long as the trunk and particularly narrow, almost cylindrical, although slightly tumeficated towards the extremity, which is bluntly rounded.

The proboscis (see fig. 1, 1 a and 1 b) is of quite an enormous size, almost twice as long as the rest of the body, and considerably thicker than it in its outer portion. It issues in a horizontal direction from the end of the frontal part, but exhibits a very distinct ventral curvature (see fig. 1 b). In shape it is almost claviform, as it is gradually expanded towards the extremity, with the upper surface strongly convex and the lower one more flattened. The extremity is obtusely truncated, and exhibits 3 rounded lobes, corresponding to the 3 longitudinal segments of which it is composed. Of those lobes the uppermost one is the most prominent, and all the 3 border in the middle the trigonal oral aperture. This last (see fig. 1 c) is partially covered by 3 triangular lips of membranous nature projecting inwards from each of the longitudinal segments whose pointed extremities almost meet each other in the centre.

The ocular tubercle (see fig. 1 b) has the form of a conically pointed prominence, directed straightly upwards, without trace of pigment or visual elements.

Not the least rudiment of cheliferi can be discovered.

The palpi (see fig. 1, 1 a and 1 b), which issue somewhat ventrally from the anterior part of the frontal portion, are of considerable size, as they, straightly extended, are almost the length of the body. In form they are narrow cylindrical, somewhat S-formly bent, and only in their outermost part beset with extremely short, spiniform setæ. The joints exhibit a similar mutual relation as in the forms pertaining to the preceding family, as the 2 ones are very short and thick, the 3rd and 5th greatly elongated, whilst the 4th joint, lying between them both, is relatively of small size. Of the 5 outer joints the 2nd is the longest, and the 3 last ones diminish successively in size.

The false legs (see fig. 1 a, 1 b) are attached close behind the palpi, and each is articulated to a prominent nodule. They are greatly elongated and thin, even considerably longer than the entire body, and usually strongly bent in elbow-shape. The number of joints is the same as in the palpi, namely 10, of which the 3 first ones are, as usual, very short, the 4th and 5th, on the contrary, greatly elongated, especially the last-named. The 4 outermost joints are quite short, about equal in size mutually, and armed on the inner margin with several series of

Endekloen er tydeligt udviklet, skjøndt ikke af nogen betydelig Længde og ganske glat.

Gangfødderne (se Fig. 1) er omtrent dobbelt saa lange som Legemet og idethele af temmelig kraftig Bygning, kun lidet afsmalnende mod Enden. De 3 Hofteled er korte og tykke, næsten terningsformige og omtrent af ens Størrelse. Laarleddet er omtrent 3 Gange saa langt som Hoftepartiet og kun lidet opsvulmet. De 2 Lægled er betydelig kortere og ikke meget forskjellige indbyrdes, begge simpelt cylindriske. Endepartiet (Fig. 1 d) er noget kortere end sidste Lægled og betydelig smalere. Af dets 2 Led er det 1ste (Tarsalleddet) betydelig større end Fodleddet og begge ganske simple, uden anden Bevæbning end de samme smaa mikroskopiske Torner, der også bedækker den øvrige Del af Fødderne. Endekloen er adskilligt kortere end Fodleddet, fuldkommen lige og sylformigt tilspidset. Af Bikloer er der intet Spor at opdage.

Farven er hos det levende Dyr gulrød, noget mere intens ved Enden af Leddene.

Forekomst. Det ovenfor beskrevne Individ toges under Expeditionens 1ste Togt i Havet V af Storeggen (Stat. 18) paa et Dyb af 412 Favne.

Udbredning. Arten synes at have en vid Udbredning i de arktiske Have. Den blev først beskrevet af Sabine fra Polarhavet mellem Grønland og Nordamerika og er senere noteret af Jarzynsky fra den murmanske Kyst, af Hoek fra flere Punkter i Barentssøen samt fra Færø-Shetlands-Renden (Triton's Expedition), af Miers fra Frantz Josephs Land, af Hanson fra det kariske Hav og fra Nord-Grønland; endelig af Stuxberg fra det sibiriske Ishav. Ifølge denne Udbredning maa Arten siges at være circumpolar, og skjøndt den er observeret saa langt Syd som til den 60de Bredegrad, er den utvivlsomt at betragte som en ægte arktisk Form, da hine sydlige Stationer alle tilhører den kolde Area.

short, compressed spines. The terminal claw is distinctly developed, although not of any considerable length, and quite smooth.

The ambulatory legs (see fig. 1) are about twice as long as the body and altogether of pretty powerful structure, only little tapered towards the extremity. The 3 coxal joints are short and thick, almost quadrate, and about equal in size. The femoral joint is about 3 times as long as the coxal part and only little tumefied. The 2 tibial joints are considerably shorter and not very different from each other, both plain cylindric. The terminal part (fig. 1 d) is somewhat shorter than the last tibial joint and considerably narrower. Of its 2 joints the 1st one (the tarsal joint) is considerably larger than the propodal joint, and both are quite plain, without any other armature than the same small microscopical spines as also cover the remaining portion of the legs. The terminal claw is considerably shorter than the propodal joint, perfectly straight, and pointed like an awl. No trace of auxiliary claws can be discovered.

The colour in the living animal is yellow-red, somewhat more intense at the extremity of the joints.

Occurrence. The individual described in the foregoing was taken on the 1st cruise of the Expedition, in the ocean W. of the Storeggen bank (Stat. 18) at a depth of 412 fathoms.

Distribution. The species seems to have a wide distribution in the Arctic seas. It was first described by Sabine from the Polar Sea between Greenland and North America, and is subsequently recorded by Jarzynsky from the Murman coast, by Hoek from several points in the Barents Sea and from the Faroe—Shetland Channel (Triton's Expedition), by Miers from Frantz Josephs Land, by Hanson from the Kara Sea and from North Greenland, and finally, by Stuxberg from the Siberian Polar Sea. According to that distribution, the species must be said to be circumpolar, and although it has been observed as far south as the 60th parallel of latitude, it must, indubitably, be considered as a genuine Arctic form, as those southern stations all pertain to the cold area.

43. Colossendeis angusta, G. O. Sars.

(Pl. X, Fig. 2, a—f).

Colossendeis angusta, G. O. Sars, Prodrom. descript. Crust. & Pycnog. etc. p. 368.
— — Wilson, Bull. Mus. Comp. Zool. VIII, p. 243, Pl. III, Fig. 8 & 13.
— — Hoek, Pycnogon. Færoe Channel during the Cruise of „Triton", Trans. Roy. Soc. Edinburgh, Vol. XXXII, Part I, p. 5, Pl. 1, Fig. 8.
— — Hansen, Kara-Havots Pycnogonider, p. 21.

43. Colossendeis angusta, G. O. Sars.

(Pl. X, fig. 2. a—f).

Colossendeis angusta, G. O. Sars, Prodrom. descript. Crust. & Pycnog. &c. p. 368.
— — Wilson, Bull. Mus. comp. Zool. VIII, p. 243, Pl. III, figs. 8 & 13.
— — Hoek, Pycnogon. Faroe Channel during the Cruise of „Triton", Trans. Roy. Soc. Edinburgh, Vol. XXXII, Part 1, p. 5, Pl. I, fig. 8.
— — Hansen, Kara Havets Pycnogonider, p. 21.

Colossendeis angusta, G. O. Sars, Pycnogoniden borealia & arctica, No. 43.

Artscharacter. Legemet meget smalt, linæert, med forholdsvis korte og vidt adskilte Sidefortsatser; Pandedelen noget udvidet, triangular. Halesegmentet smalt cylindriskt, $^1/_3$ saa langt som Kroppen. Snabelen lige fortilrettet, neppe bredere, men noget længere end Kroppen, cylindrisk, lidt fortykket paa Midten. Øiekmuden stærkt ophøiet, dannende et koniskt tilspidset, noget foroverhøiet Frenspring. Følerne stærkt forlængede, 3die Led størst, 8de Led særdeles kort, skjævt afskaaret i Enden, de 2 ydre Led omtrent af ens Længde. De falske Følder, lige udstrakte, $^1/_4$ Gang længere end Legemet. 4de og 6te Led af ens Længde. Gangfødderne særleles spinkle og forkengede, nesten 3 Gange længere end Legemet, det indbyrdes Forhold af Leddene omtrent som hos foregaaende Art; dog Forskjellen mellem Tarsal- og Fodleddet mindre, og Endekløen betydelig længere. Farven tagstensrød. Legemets Længde 19^{mm}; Spændvidde 123^{mm}.

Bemærkninger. Nærværende Art er let kjendelig fra foregaaende ved den langt smækrere Kropsform, den smale cylindriske Snabel og de vidt adskilte Sidefortsatser. Derimod kommer den saa særdeles nær en af Hoek fra Challenger-Expeditionen beskreven Form, *C. gracilis,* at jeg vilde have været tilbøielig til at identificere begge med hinanden, hvis ikke denne sidste Forms Forekomst (i det antarktiske Hav) ganske synes at maatte forbyde en saadan Identification.

Beskrivelse. De under Expeditionen tagne Exemplarer har alle omtrent en Længde af 19^{mm} og en Spændvidde af 123^{mm}. Denne Form opnaar saaledes en ret anselig Størrelse, skjøndt den i saa Henseende staar langt tilbage for foregaaende Art.

Legemets Form er (se Pl. XV, Fig. 2), i Modsætning til hvad Tilfældet er hos foregaaende Art, særdeles spinkel, baade hvad selve Kroppen og Lemmerne angaar. Da Integumenterne er af betydelig Fasthed, faar det hele Legeme ved Siden af sin spinkle Form ogsaa en eiendommelig Stivhed i alle Dele.

Selve Kroppen (Fig. 2 a, 2 b, 2 c) er af smal cylindrisk Form, fuldkommen lige, og, som hos foregaaende Art, uden ethvert Spor af Segmentering. Sidefortsatserne er forholdsvis korte, neppe længere end Kroppen er bred, men — ligeledes ganske i Modsætning til hvad Tilfældet er hos *C. proboscidea* — skilte ved meget brede Mellemrum. Pandedelen er ganske kort, af triangular Form og noget bredere end den øvrige Krop, uden imidlertid at være skilt fra samme ved nogen egentlig Hals. Halesegmontet, der som hos foregaaende Art er skarpt afsat fra Kroppen, er særdeles smalt, horizontalt bagudrettet og af cylindrisk Form, eller ganske lidt fortykket i sit ydre Parti.

Kroppens Overflade er ganske glat, uden Spor af Haar eller Torner. Under Mikroskopet viser de læder-

Colossendeis angusta, G. O. Sars, Pycnogoniden borealia & arctica, No. 43.

Specific Characters. Body very narrow, linear, with relatively short and widely separated lateral processes; frontal part somewhat expanded, triangular. Caudal segment narrow, cylindrical, $^1/_3$ of the length of the trunk. Proboscis directed straight forward, scarcely broader, but somewhat longer than the trunk, cylindrical, slightly tumefieated at the middle. Ocular tubercle strongly protuberant, forming a conical acute prominence bent somewhat forward. Palpi greatly elongated, the 3rd joint largest, the 8th joint particularly short, obliquely truncated at the extremity, the 2 outer joints about equal in length. False legs, straightly extended, $^1/_4$ longer than the body, the 4th and 6th joints equal in length. Ambulatory legs particularly slender and elongated, almost 3 times longer than the body, the mutual relations of the joints about the same as in the preceding species; but the difference between the tarsal and propodal joints is less and the terminal claw is considerably longer. Colour brick-red. Length of the body 19^{mm}. Extent 123^{mm}.

Remarks. The present species is easily distinguished from the preceding one, by its far more slender shape of body, the narrow cylindrical proboscis and the widely separated lateral processes. On the other hand, it approximates so very closely to *C. gracilis,* a form described by Hoek from the Challenger Expedition, that I would have been disposed to identify them with each other if the occurrence of the last-named form (in the Antarctic Ocean) did not appear to forbid such an identification.

Description. The specimens obtained during the Expedition have all a length of about 19^{mm} and an extent of 123^{mm}. This form attains, thus, quite a respectable size, although, in this respect, it falls far behind the preceding species.

The shape of the body (see Pl. XV, fig. 2) is, in opposition to what is the case in the preceding species, particularly slender, both as regards the trunk and the limbs. As the integuments have a considerable consistency the entire body obtains, in addition to its slender form, also, a peculiar rigidity in all its parts.

The trunk itself (fig. 2 a, 2 b, 2 c) is narrow, cylindric in form, perfectly straight and, as in the preceding species, is without the slightest trace of segmentation. The lateral processes are relatively short, scarcely longer than the trunk is broad, but — also quite in opposition to what is the case in *C. proboscidea* — separated by very broad interspaces. The frontal part is quite short, triangular in form, and somewhat broader than the rest of the trunk, without, however, being separated from it by any real neck. The caudal segment which, as in the preceding species, is sharply defined from the trunk, is particularly narrow, horizontally directed backwards and cylindric in form, or quite slightly tumefieated in its outer portion.

The surface of the trunk is quite smooth, without trace of setæ or aculei. Under the microscope the coriace-

agtige Integumenter sig forsynede med talrige smaa ellips-
oidiske Legemer (se Fig. 2 d).

Øieknuden har Formen af et hoit, koniskt tilspidset
og lidt foroverboiet Fremspring (se Fig. 2 c), der, som
hos foregaaende Art, mangler ethvert Spor af Pigment
eller Synselementer.

Snabelen (se Fig. 2 a, 2 b, 2 c) er vel saa lang som
den øvrige Del af Legemet, naar Halesegmentet fraregnes,
og lige fortilstrakt, noiagtig i Kroppens Axe. Den er af
smal cylindrisk Form, neppe bredere end Kroppen, og har
paa Midten en svag men tydelig Opsvulmning. Spidsen
er noget skraat afstumpet, med den øvre Læbedel skydende
noget udover de 2 øvrige (se Fig. 2 b). Selve Mundaab-
ningen har et lignende Udseende som hos foregaaende Art.

Af Saxlemmer var hos ingen af de indsamlede Exem-
plarer nogetsomhelst Spor at opdage. Det maa imidlertid
her anmærkes, at Hoek hos 3 af de 8 under Triton's
Expedition indsamlede Exemplarer fandt tydeligt udviklede
og temmelig stærkt forlængede, skjøndt overordentlig tynde
Saxlemmer, og at efter samme Forsker disse Lemmer ogsaa
var tilstede hos et Exemplar af den hiørstaaende Art, C.
gracilis. Rimeligvis har ingen af disse snaledes udrustede
Exemplarer været fuldt udviklede. Det er imidlertid hoist
mærkværdigt, at disse Lemmer, der er fælles for alle Pyc-
nogonider i Larvelivet, her bibeholdes og udvikles videre
lige til Dyret paa det nærmeste er udvoxet, for saa ganske
at forsvinde. Hvorvidt dette gjælder blot de 2 her nævnte
Arter eller samtlige Arter af Slægten, er endnu ikke til-
strækkelig oplyst.

Følerne (se Fig. 2 a, 2 b, 2 c) er i alt væsentligt
af en lignende Beskaffenhed som hos foregaaende Art og,
lige udstrakte, næsten ⅓ Gang længere end Snabelen.
Leddenes indbyrdes Længdeforhold stemmer ogsaa idethele
temmelig vel overens med samme hos hin Art, naar und-
tages de 3 sidste Led. Af disse er nemlig (se Fig. 2 c)
det 1ste Led palmindelig kort, næsten skaalformigt, og
skraat afskaaret i Enden, dannende nedad en afrundet
fremspringende Lap, medens de 2 øvrige er af sædvanlig
Form og indbyrdes næsten af ens Størrelse, eller det
sidste lidt længere og smalere end næstsidste.

De falske Fødder (se Fig. 2 a) er spinkle og for-
længede, lige udstrakte betydelig længere end det hele
Legeme, og stemmer idethele i sin Bygning temmelig nøie
overens med samme hos foregaaende Art. 4de Led er
dog her forholdsvis noget større og neppe kortere end 5te.

Gangfødderne (se Fig. 2) udmærker sig ligeledes ved
sin overordentlig spinkle og forlængede Form, idet de, lige
udstrakte, er mere end 3 Gange længere end Legemet. I
Henseende til det indbyrdes Længdeforhold af Leddene er
der imidlertid kun liden Forskjel mellem de 2 Arter, naar
alene undtages, at de 2 sidste Led (se Fig. 2 f) er af

ous integuments show themselves to be furnished with
numerous small ellipsoidal bodies (see fig. 2 d).

The ocular tubercle has the form of a high conically
pointed prominence bent slightly forward (see fig. 2 c).
which, as in the preceding species, is deficient in the
slightest trace of pigment or visual elements.

The proboscis (see fig. 2 a, 2 b, 2 c) is fully as long
as the rest of the body, when the caudal segment is de-
ducted, and, directed straight forward, lies exactly in the axis
of the trunk. It is narrow, cylindric in form, scarcely
broader than the trunk, and at the middle has a faint but
distinct tumefication. The point is somewhat obliquely
truncated, with the superior labial part projecting a little
beyond the 2 others (see fig. 2 b). The oral aperture
itself is similar in appearance to that of the preceding
species.

Of chelifori, there was not in any of the specimens
obtained a trace discoverable. It must be noted here,
however, that Hoek, in 3 out of the 8 specimens collected
during the „Triton's" Expedition, observed distinctly devel-
oped and pretty greatly elongated, although extremely thin
chelifori, and that according to the same naturalist those
limbs were also present in a specimen of the closely
related species C. gracilis. Probably none of the spec-
imens thus equipped have been fully developed. It is,
however, highly remarkable that those limbs, which are
common to all Pycnogonids in the larval state, are here
maintained and further developed until the animal is
almost fully grown, and then quite disappear. Whether
this is the case only with the 2 species named here, or
affects all species of the genus, is not yet sufficiently
elucidated.

The palpi (see figs. 2 a, 2 b, 2 c) are, in all es-
sential respects, similar in character to those of the pre-
ceding species and, straightly extended, almost ⅓ longer
than the proboscis. The mutual longitudinal relations of
the joints correspond, upon the whole, pretty well with
the same in that species, with the exception of the 3
last joints. Of these the 1st (see fig. 2 c), especially, is
uncommonly short, almost cupuliform, and obliquely trun-
cated at the extremity, forming downwards a rounded pro-
minent lobe, while the 2 others are of the usual form, and
mutually about equal in size, or the ultimate one perhaps
a little longer and narrower than the penultimate one.

The false legs (see fig. 2 a) are slender and elongate,
straightly extended considerably longer than the entire
body, and correspond in their structure, upon the whole,
pretty closely with the same features in the preceding
species. The 4th joint is, however, relatively, somewhat
larger and scarcely shorter than than the 5th.

The ambulatory legs (se fig. 2) distinguish themselves,
also, by their extremely slender and elongate form, as they.
straightly extended, are more than 3 times longer than
the body. In regard to the mutual longitudinal relations
of the joints, there is, however, only little divergency
between the 2 species. with the exception, only. that the

ons Længde og at Endekloen er forholdsvis betydelig stærkere forlænget.

Hos det levende Dyr er saavel Legemet som Lemmerne af en intensiv tagstensrød Farve. Denne Farve forsvinder dog meget hurtigt paa de i Spiritus opbevarede Exemplarer, hvis Legeme derfor ogsaa bliver mere gjennemsigtigt, saa at flere af de indre Dele mere eller mindre tydeligt skinner igjennem Integumenterne. Sees Legemet fra Bagsiden (Fig. 2 b), bemærkes saaledes med stor Tydelighed den hele Buggangliekjæde tilligemed de fra samme udgaaende Hovednerver. Som hos Slægten *Ascorhynchus*, bestaar denne af 5 vel adskilte Ganglier, hvoraf dog de 2 sidste er forbundne med saa korte Commissurer, at de begge synes at tilhøre Kroppens næstsidste Segment.

Forekomst. Af denne charateristiske Form blev under Nordhavs-Expeditionen 7 Exemplarer indsamlede, alle fuldvoxne og næsten af ens Størrelse. Exemplarerne toges paa 3 forskjellige, temmelig vidt adskilte Stationer. Af disse ligger den 1ste (Stat. 31) udenfor Storæggen, den 2den (Stat. 137) i Havet V af Lofoten, og den 3die (Stat. 312) NV af Bæren Eiland; Dybden fra 417 til 658 Favne. Alle 3 Stationer tilhører den kolde Area.

Udbredning. Arten er i den nyere Tid observeret af forskjellige Naturforskere og paa flere vidt adskilte Lokaliteter, saaledes udenfor Nordamerikas Østkyst (Wilson), i Færo–Shetlands-Renden (Hoek) og i det kariske Hav (Hansen). Skjøndt den ved Nordamerikas Østkyst ifølge Wilson er observeret saa langt Syd som mellem den 38te og 40de Bredegrad, er den dog utvivlsomt, ligesom foregaaende Art, at anse for en ægte arktisk Form.

2 last joints (see fig. 2 f) are equal in length, and that the terminal claw is, relatively, considerably more elongated.

In the living animal, the body, as well as the limbs, has an intense brick-red colour. This colour disappears, however, very rapidly in the specimens preserved in alcohol, their bodies therefore become more transparent, so that several of the internal organs appear more or less distinctly visible through the integuments. If the body is viewed from the ventral side (fig. 2 b) there may thus be observed with great distinctness, the entire ventral ganglial chain as well as the chief nerves issuing from the same. As in the genus *Ascorhynchus*, it consists of 5, well separated ganglia, of which the 2 last are, however, connected by so short commissures that they both appear to pertain to the penultimate segment of the trunk.

Occurrence. Of this characteristic form 7 specimens were collected during the North Atlantic Expedition, all fully grown and nearly equal in size. The specimens were taken at 3 different, pretty widely separated stations. Of these the 1st (Stat. 31) lies outside the Storeggen bank, the 2nd (Stat. 137) in the ocean W of Lofoten, and the 3rd (Stat. 312) N, W of Bœren Island; depth from 417 to 658 fathoms. All 3 stations pertain to the cold area.

Distribution. The species has, in later times, been observed by several naturalists and in several well separated localities; thus, off the East Coast of North America (Wilson), in the Faroe–Shetland Channel (Hoek) and in the Kara Sea (Hansen). Although it has been, according to Wilson, observed on the East Coast of North America as far south as between the 38th and 40th parallels of latitude; it must yet, indubitably, like the preceding species, be regarded as a genuine Arctic form.

Tillæg.

Bidrag til Pycnogonideernes Systematik.

Under Udarbeidelsen af denne Afhandling har det mere og mere stillet sig for mig som ønskeligt at faa gjort et Forsøg paa at foretage en mere conseqvent gjennemført systematisk Inddeling af de talrige hidtil kjendte Pycnogonideer. Da det synes, at alle Forskere for Tiden er enige i, at disse Dyr hverken kan henføres til Crustaceerne eller Arachniderne, men maa danne en Classe for sig, kan man heller ikke længere lade sig nøie med at fordele de forskjellige Slægter paa forskjellige Familier, men maa ogsaa se om muligt at faa grupperet Familierne under større Afdelinger, eller Ordener. At et saadant Forsøg hidtil ikke er gjort, har sin naturlige Grund deri,

Appendix.

Contribution to the systematic Classification of the Pycnogonids.

In the preparation of this Memoir, the desirability of making a more logically instituted systematic arrangement of the numerous, hitherto known Pycnogonids, has obtruded itself more and more strongly upon me. As it appears that all naturalists are at present unanimous in considering that these animals can neither be referred to the Crustaceans nor the Arachnidans, but must form a class by themselves, we cannot, either, be satisfied longer with distributing the different genera over different families, but must also endeavour, if possible, to group the families in larger divisions, or orders. That such an attempt has not been made, hitherto, arises, naturally, from the fact,

at kun et meget begrændset Antal Familier har været opstillet; ja det er egentlig først i den allernyeste Tid at der overhovedet har været Tale om nogen Sondring mellem forskjellige Familier inden denne Dyrgruppe. Ved Bearbeidelsen af de nordiske Pycnogonideer har jeg fundet det nødvendigt nøiere at præcisere ikke blot Slægterne, men ogsaa Familierne, og har idetheho, som der vil sees, taget disse sidste i en betydelig snævrere Begrændsning end af andre Forskere gjort. Følgen heraf er, at deres Tal er bleven betydelig forøget. Medens Hoek, i sine nyeste Arbeider over disse Dyr, kun opstiller 4 Familier, er deres Tal i nærværende Arbeide fordoblet; ja jeg finder nu hertil at maatte føie endnu en ny Familie, idet Slægten *Phoxichilus* synes mig ved nærmere Overveielse neppe at kunne forenes med Sl. *Pycnogonum* i en og samme Familie, men bør danne Typen for en særskilt saadan, *Phoxichilidæ*. Antallet af Familier, i den Begrændsning hvori jeg her tager dem, bliver altsaa ialt ikke mindre end 9. De er i nærværende Arbeide opførte i en bestemt Rækkefølge, hvorved jeg har villet antyde den større eller mindre Grad af Affinitet, de viser indbyrdes. Jeg finder imidlertid nu at burde forsøge endnu mere bestemt at fastsætte dette indbyrdes Forhold mellem Familierne ved at gruppere dem under 3 større Afdelinger. Som Distinctionscharacter har jeg herved hovedsageligt benyttet Forholdet af Saxlemmerne. Hos en Gruppe af Pycnogonideer mangler disse (ligesom ogsaa Følerne) fuldstrændigt, naar undtages i Larvetilstanden; hos en anden Gruppe er de derimod vel udviklede gjennem hele Dyrets Levetid; hos en tredie Gruppe endelig er disse Lemmer vistnok i Regelen tilstede i Ungdommen (altsaa ikke blot i Larvetilstanden). hvorimod de i den fuldt-udviklede Tilstand enten reduceres til unyttige Appendices eller ganske og aldeles forsvinder. Herefter faar vi altsaa 3 store Afdelinger eller Ordener, hvorunder alle bekjendte Pycnogonideer lader sig indordne. De i det foregaaende nærmere omtalte nordiske Pycnogonide-Slægter lader sig ifølge ovenstaaende Inddeling sammenstille paa følgende Maade:

that only a very limited number of families has been established; indeed, it is only first in quite late times that there has been any mention at all of a separation between the different families included in this animal group. In the treatment of the northern Pycnogonids I have found it necessary to define more minutely, not only the genera but also the families, and have, as will be seen, taken those last in, altogether, a considerably narrower limitation than other naturalists have done. Their number has, consequently, been considerably increased. While Hoek, in his latest work on those animals, only establishes 4 families, their number has been doubled in the present work; indeed I now find it necessary to add to this yet another, new family, inasmuch that the genus *Phoxichilus* appears, to me, on closer consideration, to be scarcely alliable with the genus *Pycnogonum* in one and the same family, but ought to form the type of a separate one, *Phoxichilidæ*. The number of families, within the limitation in which I here take them, becomes consequently, altogether, not less than 9. They are in the present work arranged in a definite consecutive order, by which I have desired to indicate the greater or lesser degree of affinity they mutually show among themselves. I think, however, now, that I ought to attempt to still more definitely establish the mutual relations between the families, by grouping them in 3 large divisions. As distinctive characters I have, in doing so, principally adopted the relations of the chelifori. In one group of Pycnogonids these are entirely awanting (as well as also the palpi) except in the larval state; in a second group, they are, on the other hand, well developed throughout the entire existence of the animal; finally, in a third group, those limbs are certainly, as a rule, present in the young stages (not only in the larval state therefore) but, on the contrary, they, in the fully developed condition, become either reduced to useless appendices, or quite, and absolutely, disappear. According to this, therefore, we obtain 3 great divisions or orders, within which all the known Pycnogonids permit themselves to be arranged. The northern genera of Pycnogonids, spoken of in the foregoing, permit themselves, according to the above-mentioned arrangement, to be ranked in the following manner:

Ordo I.

Achelata.

Fam. 1. *Pycnogonidæ.*
    Gen. 1. Pycnogonum.
Fam. 2. *Phoxichilidæ*
    Gen. 2. Phoxichilus.

Order I.

Achelata.

Fam. 1. *Pycnogonidæ.*
    Gen. 1. Pycnogonum.
Fam. 2. *Phoxichilidæ*
    Gen. 2. Phoxichilus.

Ordo II.

Enchelata.

Fam. 1. *Phoxichilidiidæ.*
    Gen. 1. Phoxichilidium.
     ,, 2. Anoplodactylus.

Order II.

Enchelata.

Fam. 1. *Phoxichilidiidæ.*
    Gen. 1. Phoxichilidium.
     ,, 2. Anoplodactylus.

Fam. 2. *Pallenidæ.*
  Gen. 3. Pallene.
    „ 4. Pseudopallene.
    „ 5. Cordylochele.
Fam. 3. *Nymphonidæ.*
  Gen. 6. Nymphon.
    „ 7. Chætonymphon.
    „ 8. Boreonymphon.

Ordo III.
Cryptochelata.
Fam. 1. *Ammotheidæ.*
  Gen. 1. Ammothea.
Fam. 2. *Eurycydidæ.*
  Gen. 2. Eurycyde.
    „ 3. Ascorhynchus.
Fam. 3. *Pasithoidæ.*
  Gen. 4. Colossendeis.

Fam. 2. *Pallenidæ.*
  Gen. 3. Pallene.
    „ 4. Pseudopallene.
    „ 5. Cordylochele.
Fam. 3. *Nymphonidæ.*
  Gen. 6. Nymphon.
    „ 7. Chætonymphon.
    „ 8. Boreonymphon.

Order III.
Cryptochelata.
Fam. 1. *Ammotheidæ.*
  Gen. 1. Ammothea.
Fam. 2. *Eurycydidæ.*
  Gen. 2. Eurycyde.
    „ 3. Ascorhynchus.
Fam. 3. *Pasithoidæ.*
  Gen. 4. Colossendeis.

Forklaring af Plancherne.

Pl. I.

Pycnogonum littorale (Ström).

(Fig. 1. a—i).

Fig. 1. Fuldvoxen Hun, seet ovenfra.
„ 1 a. Legemet af samme (uden Fødderne), seet fra høire Side.
„ 1 b. Øiknuden, ovenfra seet.
„ 1 c. En Gangfod.
„ 1 d. Det ydre Parti af samme, stærkere forstørret.
„ 1 e. Sidste Kropssegment tilligemed Halesegmentet, ovenfra seet.
„ 1 f. Legemet (uden Gangfødder) af en fuldvoxen Han, seet nedenfra.
„ 1 g. En af de falske Fødder af samme Exemplar.
„ 1 h. Et Stykke af Inderkanten af næstsidste Led, med tilhørende Randtorner, stærkt forstørret.
„ 1 i. Ægmasse fra Bugen af en Han.

Pycnogonum crassirostre, n. sp.

(Fig. 2, a—h).

Fig. 2. Fuldvoxen Hun, ovenfra seet.
„ 2 a. Samme fra høire Side.
„ 2 b. Øiknuden, ovenfra seet.
„ 2 c. Den forreste Del af Legemet af en fuldvoxen Han, seet nedenfra.
„ 2 d. En af de falske Fødder af samme Exemplar.
„ 2 e. Endepartiet af samme, stærkere forstørret.
„ 2 f. En Gangfod.
„ 2 g. Det ydre Parti af samme, stærkere forstørret.
„ 2 h. Sidste Kropssegment tilligemed Halesegmentet, seet ovenfra.

Phoxichilus spinosus (Mont.)

(Fig. 3, a—g).

Fig. 3. Fuldvoxen Hun, ovenfra seet.

Explanation of the Plates.

Pl. I.

Pycnogonum littorale (Ström).

(Fig. 1, a—i).

Fig. 1. Adult female, dorsal aspect.
„ 1 a. Body of same (without legs), dextral aspect.
„ 1 b. Ocular tubercle, superior aspect.
„ 1 c. An ambulatory leg.
„ 1 d. Outer part of same, greatly magnified.
„ 1 e. Last segment of the trunk, with the caudal segment, dorsal aspect.
„ 1 f. Body (without ambulatory legs) of an adult male, ventral aspect.
„ 1 g. One of the false legs of the same specimen.
„ 1 h. A portion of the inner margin of the penultimate joint, with pertaining marginal spines, greatly magnified.
„ 1 i. Egg-mass from the belly of a male.

Pycnogonum crassirostre, n. sp.

(Fig. 2. a—h).

Fig. 2. Adult female, dorsal aspect.
„ 2 a. The same, dextral aspect.
„ 2 b. Ocular tubercle, superior aspect.
„ 2 c. The foremost part of the body of an adult male, ventral aspect.
„ 2 d. One of the false legs of the same specimen.
„ 2 e. Terminal part of the same, greatly magnified.
„ 2 f. An ambulatory leg.
„ 2 g. The outer portion of same, greatly magnified.
„ 2 h. Last segment of the trunk, with the caudal segment, dorsal aspect.

Phoxichilus spinosus (Mont.)

(Fig. 3. a—g).

Fig. 3. Adult female, dorsal aspect.

Fig. 3 *a.* Legemet af samme (uden Fødder), seet nedenfra.
„ 3 *b.* Det ydre Parti af en Gangfod.
‚ 3 *c.* Legemet (uden Gangfødder) af en fuldvoxen Han.
. 3 *d.* Samme. seet fra høire Side.
„ 3 *e.* Øieknuden, seet fra Siden.
‚ 3 *f.* En af de falske Fødder hos Hannen.
„ 3 *g.* Halesegmentet, ovenfra seet.

Fig. 3 *a.* Body of the same (without legs) inferior aspect.
‚ 3 *b.* The outer portion of an ambulatory leg.
: 3 *c.* Body (without ambulatory legs) of an adult male.
„ 3 *d.* The same, dextral aspect.
‚ 3 *e.* Ocular tubercle, lateral aspect.
‚ 3 *f.* One of the false legs in the male.
. 3 *g.* Caudal segment, superior aspect.

Pl. II.

Phoxichilidium femoratum (Rathke).

(Fig. 1, a—g).

Fig. 1. Fuldvoxen Hun. seet ovenfra.
‚ 1 *a.* Legemet (uden Gangfødder) af en ægbærende Hun. seet fra høire Side.
„ 1 *b.* Samme, seet nedenfra (den høire falske Fod er udeladt).
. 1 *c.* Øieknuden, seet fra Siden.
. 1 *d.* En af Saxlemmerne.
‚ 1 *e.* Saxen, stærkere forstørret.
„ 1 *f.* En af de falske Fødder hos Hannen.
. 1 *g.* Det ydre Parti af en Gangfod.

Pl. II.

Phoxichilidium femoratum (Rathke).

(Fig. 1, a—g).

Fig. 1. Adult female, dorsal aspect.
„ 1 *a.* Body (without ambulatory legs) of an ovigerous male, dextral aspect.
‚ 1 *b.* The same, ventral aspect (the right false leg is omitted).
„ 1 *c.* Ocular tubercle, lateral aspect.
„ 1 *d.* One of the chelifori.
‚ 1 *e.* The chela, greatly magnified.
‚ 1 *f.* One of the false legs in the male.
„ 1 *g.* The outer part of an ambulatory leg.

Anoplodactylus petiolatus (Kröyer).

(Fig. 2, a—l).

Fig. 2. Fuldvoxen Hun. seet ovenfra.
‚ 2 *a.* Legemet af samme (uden Gangfødder), seet ovenfra og noget. stærkere forstørret.
‚ 2 *b.* Legemet (uden Gangfødder) af en ægbærende Hun. seet fra høire Side.
. 2 *c.* Øieknuden, seet bagfra.
‚ 2 *d.* En af Saxlemmerne.
. 2 *e.* Det ydre Parti af samme, stærkere forstørret.
„ 2 *f.* En af de falske Fødder hos Hannen.
. 2 *g.* Endepartiet af samme, stærkere forstørret.
‚ 2 *h.* Det ydre Parti af en Gangfod.
‚ 2 *i.* En Gangfod af sidste Par hos Hannen.
„ 2 *k.* Et Stykke af Laarleddets · Yderkant, med den tubformige Munding af Kitkjærtelen.

„ 2 *l.* Halesegmentet. seet ovenfra.

Anoplodactylus petiolatus (Kröyer).

(Fig. 2, a—l).

Fig. 2. Adult female, dorsal aspect.
‚ 2 *a.* Body of the same (without ambulatory legs), dorsal aspect, a little more magnified.
‚ 2 *b.* Body (without ambulatory legs) of an ovigerous male, dextral aspect.
„ 2 *c.* Ocular tubercle, posterior aspect.
‚ 2 *d.* One of the chelifori.
. 2 *e.* Outer part of the same, greatly magnified.
‚ 2 *f.* One of the false legs in the male.
‚ 2 *g.* Terminal part of the same, greatly magnified.
‚ 2 *h.* Outer part of an ambulatory leg.
‚ 2 *i.* An ambulatory leg of the last pair in the male.
‚ 2 *k.* A portion of the outer margin of the femoral joint, with the tubular aperture of the agglutinative gland.
‚ 2 *l.* Caudal segment, dorsal aspect.

Anoplodactylus typhlops, n. sp.

(Fig. 3, a—e).

Fig. 3. Fuldvoxen Hun. seet ovenfra.

Anoplodactylus typhlops, n. sp.

(Fig. 3, a—e).

Fig. 3. Adult female, dorsal aspect.

Fig. 3 *a.* Legemet (uden Gangfødder) af samme, seet fra hoire Side.
„ 3 *b.* Den forreste Del af Legemet, seet ovenfra.
- 3 *c.* Legemet, seet nedenfra.
- 3 *d.* Endepartiet af en af Saxlemmerne.
„ 3 *e.* Den ydre Del af en Gangfod.

Fig. 3 *a.* Body (without ambulatory legs) of same, dextral aspect.
„ 3 *b.* Anterior part of the body, dorsal aspect.
„ 3 *c.* The body, ventral aspect.
„ 3 *d.* Terminal part of one of the chelifori.
„ 3 *e.* The outer part of an ambulatory leg.

Pl. III.

Pallene brevirostris, Johnst.

(Fig. 1, a—h).

Fig. 1. Fuldvoxen Hun, seet ovenfra.
„ 1 *a.* Legemet (uden Gangfødder) af en ægbærende Han, seet nedenfra.
„ 1 *b.* Samme fra venstre Side.
„ 1 *c.* Venstre Chela, seet fra Yderside.
„ 1 *d.* Endepartiet af en af de falske Fødder hos Hannen.
- 1 *e.* Sidste Led af samme, stærkere forstørret.
- 1 *f.* Laarleddet af en fuldvoxen Hun, med de i dets indre sig udviklende Æg.
„ 1 *g.* Det ydre Parti af en Gangfod.
„ 1 *h.* Halesegmentet, seet ovenfra.

Pl. III.

Pallene brevirostris, Johnst.

(Fig. 1, a h).

Fig. 1. Adult female, dorsal aspect.
„ 1 *a.* Body (without ambulatory legs) of an ovigerous male, ventral aspect.
„ 1 *b.* The same, sinistral aspect.
„ 1 *c.* Left chela, exterior aspect.
„ 1 *d.* Terminal part of one of the false legs in the male.
„ 1 *e.* Terminal joint of the same, greatly magnified.
„ 1 *f.* Femoral joint of an adult female, with the ova in process of development in its interior.
„ 1 *g.* Outer part of an ambulatory leg.
„ 1 *h.* Caudal segment, superior aspect.

Pallene producta, n. sp.

(Fig. 2, a—d).

Fig. 2. Fuldvoxen ægbærende Han, seet ovenfra.
- 2 *a.* Legemet (uden Gangfødder), seet fra hoire Side.
„ 2 *b.* Øieknuden, seet fra Siden.
„ 2 *c.* Venstre Chela, seet fra den indre Side.
„ 2 *d.* Det ydre Parti af en Gangfod.

Pallene producta, n. sp.

(Fig. 2, a—d).

Fig. 2. Adult ovigerous male, dorsal aspect.
„ 2 *a.* The body (without ambulatory legs), dextral aspect.
„ 2 *b.* Ocular tubercle, lateral aspect.
„ 2 *c.* Left chela, interior aspect.
„ 2 *d.* Outer part of an ambulatory leg.

Pseudopallene circularis, (Goodsir).

(Fig. 3, a—h).

Fig. 3. Fuldvoxen Hun, seet ovenfra.
„ 3 *a.* Legemet (uden Gangfødder) af en fuldvoxen Han, seet fra hoire Side.
„ 3 *b.* Samme, ovenfra seet.
„ 3 *c.* Hoire Chela, seet fra Yderside.
„ 3 *d.* Endepartiet af en af de falske Fødder hos Hannen.
- 3 *e.* En af Randtornerne paa samme, stærkt forstørret.
„ 3 *f.* En af Gangfødderne hos Hannen.
„ 3 *g.* Halesegmentet, seet ovenfra.
„ 3 *h.* Den forreste Del af Legemet hos et ganske ungt Individ, seet ovenfra.

Pseudopallene circularis, (Goodsir)

(Fig. 3, a—h).

Fig. 3. Adult female, dorsal aspect.
„ 3 *a.* Body (without ambulatory legs) of an adult male, dextral aspect.
„ 3 *b.* The same, superior aspect.
„ 3 *c.* Right chela, exterior aspect.
„ 3 *d.* Terminal part of one of the false legs in the male.
„ 3 *e.* One of the marginal spines of the same, greatly magnified.
„ 3 *f.* One of the ambulatory legs in the male.
„ 3 *g.* Caudal segment, dorsal aspect.
„ 3 *h.* Anterior part of the body of a perfectly young individual (dorsal aspect).

Pseudopallene spinipes, (Kröyer).

(Fig. 4, a—g).

Fig. 4. Fuldvoxen, ægbærende Han, seet ovenfra.
- 4 a. Legemet (uden Gangfødder) af en fuldvoxen Han, seet fra høire Side.
- 4 b. Samme, seet fra Bugsiden.
- 4 c. Enden af Snabelen, med den terminale Børstekrands.
- 4 d. Hoire Chela, seet fra Ydersiden.
- 4 e. Enden af en af de falske Fodder.
- 4 f. Det ydre Parti af en Gangfod.
- 4 g. Den forreste Del af Legemet hos et ganske ungt Individ, seet fra Bugsiden.

Pseudopallene spinipes, (Kröyer).

(Fig. 4, a—g).

Fig. 4. Adult ovigerous male, dorsal aspect.
- 4 a. Body (without ambulatory legs) of an adult female, dextral aspect.
- 4 b. The same, ventral aspect.
- 4 c. Extremity of the proboscis, with the terminal wreath of bristles.
- 4 d. Right chela, exterior aspect.
- 4 e. Extremity of one of the false legs.
- 4 f. Outer part of an ambulatory leg.
- 4 g. Anterior part of the body in a quite young individual, ventral aspect.

Pl. IV.

Cordylochele malleolata, G. O. Sars.

(Fig. 1, a-k).

Fig. 1. Fuldvoxen Hun, seet ovenfra.
- 1 a. Den forreste Del af Legemet af samme, seet ovenfra.
- 1 b. Legemet (uden Gangfødder) af en fuldvoxen Han, seet fra Bugsiden.
- 1 c. Samme, seet fra høire Side.
- 1 d. Snabelen, seet fra Bugsiden.
- 1 e. Øieknuden, ovenfra seet.
- 1 f. Venstre Chela, seet fra Indersiden.
- 1 g. Endepartiet af en af de falske Fodder hos Hannen.
- 1 h. 3 af Randtornerne fra samme, stærkt forstørrede.
- 1 i. Den ydre Del af en Gangfod.
- 1 k. Halesegmentet, ovenfra seet.

Pl. IV.

Cordylochele malleolata, G. O. Sars.

(Fig. 1, a-k).

Fig. 1. Adult female, dorsal aspect.
- 1 a. Anterior part of the body of same, dorsal aspect.
- 1 b. Body (without ambulatory legs) of an adult male, ventral aspect.
- 1 c. The same, dextral aspect.
- 1 d. Proboscis, ventral aspect.
- 1 e. Ocular tubercle, superior aspect.
- 1 f. Left chela, interior aspect.
- 1 g. Terminal part of one of the false legs in the male.
- 1 h. 3 of the marginal spines of the same, greatly magnified.
- 1 i. Outer part of an ambulatory leg.
- 1 k. Caudal segment, dorsal aspect.

Cordylochele longicollis, n. sp.

(Fig. 2, a—g).

Fig. 2. Fuldvoxen Hun, seet ovenfra.
- 2 a. Legemet (uden Gangfødder) af en fuldvoxen, ægbærende Han, seet fra venstre Side.
- 2 b. Samme, ovenfra seet.
- 2 c. Øieknuden, seet ovenfra.
- 2 d. Venstre Chela, seet fra Indersiden.
- 2 e. Endepartiet af en af de falske Fodder hos Hannen.
- 2 f. 5 Randtorner fra samme, stærkt forstørrede.
- 2 g. Den ydre Del af en Gangfod.

Cordylochele longicollis, n. sp.

(Fig. 2, a—g).

Fig. 2. Adult female, dorsal aspect.
- 2 a. Body (without ambulatory legs) of an adult ovigerous male, sinistral aspect.
- 2 b. The same, dorsal aspect.
- 2 c. Ocular tubercle, superior aspect.
- 2 d. Left chela, interior aspect.
- 2 e. Terminal part of one of the false legs in the male.
- 2 f. 5 marginal spines of the same, greatly magnified.
- 2 g. Outer part of an ambulatory leg.

Cordylochele brevicollis, n. sp.

(Fig. 3, a—g).

Fig. 3. Fuldvoxen Hun, sect ovenfra.
, 3 a. Legemet af samme (uden Fødder), seet fra Bug-
siden.
, 3 b. Øieknuden, ovenfra seet.
, 3 c. Høire Chela, seet fra Indersiden.
, 3 d. En af de falske Fødder hos Hannen.
, 3 e. En af de falske Fødder hos Hunnen.
, 3 f. 3 Randtorner fra samme, stærkt forstørrede.
, 3 g. Den ydre Del af en Gangfod.

Cordylochele brevicollis, n. sp.

(Fig. 3. a—g).

Fig. 3. Adult female, dorsal aspect.
, 3 a. Body of the same (without legs), ventral aspect.
, 3 b. Ocular tubercle, superior aspect.
, 3 c. Right chela, interior aspect.
, 3 d. One of the false legs in the male.
, 3 e. One of the false legs in the female.
, 3 f. 3 marginal spines of the same, greatly magnified.
, 3 g. Outer part of an ambulatory leg.

Pl. V.

Nymphon gracile, Leach.

(Fig. 1, a—h).

Fig. 1. Fuldvoxen Hun, seet ovenfra.
, 1 a. Legemet af samme (uden Gangfødder), seet fra
høire Side.
, 1 b. Samme, seet ovenfra.
, 1 c. Øieknuden, forfra seet.
, 1 d. Høire Chela, seet fra Ydersiden.
, 1 e. En af Folerne.
, 1 f. Endepartiet af en af de falske Fødder.
, 1 g. En Randtorn, stærkt forstørret.
, 1 h. Den ydre Del af en Gangfod.

Pl. V.

Nymphon gracile, Leach.

(Fig. 1. a—h).

Fig. 1. Adult female, dorsal aspect.
, 1 a. Body of the same (without ambulatory legs)
dextral aspect.
, 1 b. The same, dorsal aspect.
, 1 c. Ocular tubercle, anterior aspect.
, 1 d. Right chela, exterior aspect.
, 1 e. One of the palpi.
, 1 f. Terminal part of one of the false legs.
, 1 g. A marginal spine, greatly magnified.
, 1 h. Outer part of an ambulatory leg.

Nymphon rubrum, Hodge.

(Fig. 2, a—k).

Fig. 2. Fuldvoxen, æglærende Han, seet ovenfra.
, 2 a. Legemet af samme (uden Gangfødder), seet fra
høire Side.
, 2 b. Samme, ovenfra seet.
, 2 c. Øieknuden, forfra seet.
, 2 d. Venstre Chela, seet fra Indersiden.
, 2 e. En af Folerne.
, 2 f. En af de falske Fødder.
, 2 g. Endedelen af samme, stærkere forstørret.
, 2 h. En Randtorn, stærkt forstørret.
, 2 i. Den ydre Del af en Gangfod.
, 2 k. En af de tykke lancetformige Børster paa Gang-
fødderne, stærkt forstørret.

Nymphon rubrum, Hodge.

(Fig. 2, a—k).

Fig. 2. Adult, ovigerous male, dorsal aspect.
, 2 a. Body of the same (without ambulatory legs),
dextral aspect.
, 2 b. The same, dorsal aspect.
, 2 c. Ocular tubercle, anterior aspect.
, 2 d. Left chela, interior aspect.
, 2 e. One of the palpi.
, 2 f. One of the false legs.
, 2 g. Terminal part of same, greatly magnified.
, 2 h. A marginal spine, greatly magnified.
, 2 i. Outer part of an ambulatory leg.
, 2 k. One of the thick lanceolate bristles of the am-
bulatory legs, greatly magnified.

Nymphon brevitarse, Kröyer.

(Fig. 3, a—g).

Fig. 3. Fuldvoxen, æglærende Han, seet ovenfra.
, 3 a. Legemet af samme (uden Fødder), seet fra Bug-
siden.

Nymphon brevitarse, Kröyer.

(Fig. 3. a—g).

Fig. 3. Adult, ovigerous male, dorsal aspect.
, 3 a. Body of the same (without legs), ventral
aspect.

Fig. 3 *b.* Øieknuden, forfra seet.

„ 3 *c.* Venstre Chela, seet fra Indersiden.

„ 3 *d.* En af Følerne.

„ 3 *e.* En af de falske Fødder, med tilhørende Ægmasse.

„ 3 *f.* En Randtorn, stærkt forstørret.

„ 3 *g.* Den ydre Del af en Gangfod.

Fig. 3 *b.* Ocular tubercle, anterior aspect.

„ 3 *c.* Left chela, interior aspect.

„ 3 *d.* One of the palpi.

„ 3 *e.* One of the false legs, with the adherent eggmass.

„ 3 *f.* A marginal spine, greatly magnified.

„ 3 *g.* Outer part of an ambulatory leg.

Pl. VI.

Nymphon glaciale, Lilljeborg.

(Fig. 1, a–g).

Fig. 1. Fuldvoxen, ægbærende Han, seet ovenfra.

„ 1 *a.* Legemet af samme (uden Fødder), seet ovenfra.

„ 1 *b.* Samme, seet fra venstre Side.

„ 1 *c.* Øieknuden, forfra seet.

„ 1 *d.* Venstre Chela, seet fra Indersiden.

„ 1 *e.* En af Følerne.

„ 1 *f.* En Randtorn fra de falske Fødder, stærkt forstørret.

„ 1 *g.* Den ydre Del af en Gangfod.

Nymphon grossipes, (Fabr.)

(Fig. 2, a–i).

Fig. 2. Fuldvoxen, ægbærende Han, seet ovenfra.

„ 2 *a.* Legemet af samme (uden Gangfødder), seet fra venstre Side.

„ 2 *b.* Samme, seet ovenfra.

„ 2 *c.* Øieknuden, forfra seet.

„ 2 *d.* Venstre Chela, seet fra Ydersiden.

„ 2 *e.* En af Følerne.

„ 2 *f.* En Randtorn fra de falske Fødder, stærkt forstørret.

„ 2 *g.* Den ydre Del af en Gangfod.

„ 2 *h.* Den ydre Del af en Gangfod hos et andet Individ, med uhuindelig kort Tarsalled.

„ 2 *i.* Halesegmentet, ovenfra seet.

Nymphon mixtum, Kröyer.

(Fig. 3, a–i).

Fig. 3. Fuldvoxen Han, seet ovenfra.

„ 3 *a.* Legemet (uden Gangfødder) af en fuldvoxen Han, seet fra venstre Side.

„ 3 *b.* Samme, seet fra Bugsiden.

„ 3 *c.* Øieknuden, forfra seet.

„ 3 *d.* Venstre Chela, seet fra Indersiden.

„ 3 *e.* En af Følerne.

Pl. VI.

Nymphon glaciale, Lilljeborg.

(Fig. 1, a–g).

Fig. 1. Adult, ovigerous male, dorsal aspect.

„ 1 *a.* Body of the same (without legs), dorsal aspect.

„ 1 *b.* The same, sinistral aspect.

„ 1 *c.* Ocular tubercle, anterior aspect.

„ 1 *d.* Left chela, interior aspect.

„ 1 *e.* One of the palpi.

„ 1 *f.* A marginal spine of the false legs, greatly magnified.

„ 1 *g.* Outer part of an ambulatory leg.

Nymphon grossipes, Fabr.

(Fig. 2, a–i).

Fig. 2. Adult, ovigerous male, dorsal aspect.

„ 2 *a.* Body of the same (without ambulatory legs), sinistral aspect.

„ 2 *b.* The same, dorsal aspect.

„ 2 *c.* Ocular tubercle, anterior aspect.

„ 2 *d.* Left chela, exterior aspect.

„ 2 *e.* One of the palpi.

„ 2 *f.* A marginal spine of the false legs, greatly magnified.

„ 2 *g.* Outer part of an ambulatory leg.

„ 2 *h.* Outer part of an ambulatory leg from another individual, with unusually short tarsal joint.

„ 2 *i.* Caudal segment, dorsal aspect.

Nymphon mixtum, Kröyer.

(Fig. 3, a–i).

Fig. 3. Adult female, dorsal aspect.

„ 3 *a.* Body (without ambulatory legs) of an adult male, sinistral aspect.

„ 3 *b.* The same, ventral aspect.

„ 3 *c.* Ocular tubercle, anterior aspect.

„ 3 *d.* Left chela, interior aspect.

„ 3 *e.* One of the palpi.

Fig. 3 *f.* Endedelen af en af de falske Fødder.

„ 3 *g.* 4 Randtorner, stærkt forstørrede.

„ 3 *h.* Den ydre Del af en Gangfod.

„ 3 *i.* Den ydre Del af en Gangfod hos et andet Individ med kortere Tarsalled.

Fig. 3 *f.* Terminal part of one of the false legs.

„ 3 *g.* 4 marginal spines, greatly magnified.

„ 3 *h.* Outer part of an ambulatory leg.

„ 3 *i.* Outer part of an ambulatory leg from another individual, with shorter tarsal joint.

Pl. VII.

Nymphon microrhynchum, n. sp.

(Fig. 1, a—g).

Fig. 1. Hun, seet ovenfra.

„ 1 *a.* Legemet af samme (uden Gangfødder), ovenfra seet.

„ 1 *b.* Samme, seet fra høire Side.

„ 1 *c.* Øieknuden, forfra seet.

„ 1 *d.* Høire Chela, seet fra Ydersiden.

„ 1 *e.* En af Følerne.

„ 1 *f.* En Randtorn fra de falske Fødder, stærkt forstørret.

„ 1 *g.* Den ydre Del af en Gangfod.

Nymphon Sluiteri, Hoek.

(Fig. 2, a—g).

Fig. 2. Fuldvoxen Hun, seet ovenfra.

„ 2 *a.* Legemet (uden Gangfødder) af en fuldvoxen, ægbærende Han, seet ovenfra.

„ 2 *b.* Samme, seet fra venstre Side.

„ 2 *c.* Øieknuden, forfra seet.

„ 2 *d.* Venstre Chela, seet fra Ydersiden.

„ 2 *e.* En af Følerne.

„ 2 *f.* En Randtorn fra de falske Fødder, stærkt forstørret.

„ 2 *g.* Den ydre Del af en Gangfod.

Nymphon longitarse, Kröyer.

(Fig. 3. a—h).

Fig. 3. Fuldvoxen Hun, seet ovenfra.

„ 3 *a.* Legemet (uden Gangfødder) af en fuldvoxen, ægbærende Han, seet ovenfra.

„ 3 *b.* Samme, seet fra høire Side.

„ 3 *c.* Øieknuden, forfra seet.

„ 3 *d.* Høire Chela, seet fra Indersiden.

„ 3 *e.* En af Følerne.

„ 3 *f.* Endedelen af en af de falske Fødder.

„ 3 *g.* 2 Randtorner, stærkt forstørrede.

„ 3 *h.* Den ydre Del af en Gangfod.

Pl. VII.

Nymphon microrhynchum, n. sp.

(Fig. 1. a—g).

Fig. 1. Female, dorsal aspect.

„ 1 *a.* Body of the same (without ambulatory legs), dorsal aspect.

„ 1 *b.* The same, dextral aspect.

„ 1 *c.* Ocular tubercle, anterior aspect.

„ 1 *d.* Right chela, exterior aspect.

„ 1 *e.* One of the palpi.

„ 1 *f.* A marginal spine of the false legs, greatly magnified.

„ 1 *g.* Outer part of an ambulatory leg.

Nymphon Sluiteri, Hoek.

(Fig. 2, a—g).

Fig. 2. Adult female, dorsal aspect.

„ 2 *a.* Body (without ambulatory legs) of an adult ovigerous male, dorsal aspect.

„ 2 *b.* The same, sinistral aspect.

„ 2 *c.* Ocular tubercle, anterior aspect.

„ 2 *d.* Left chela, exterior aspect.

„ 2 *e.* One of the palpi.

„ 2 *f.* A marginal spine of the false legs, greatly magnified.

„ 2 *g.* Outer part of an ambulatory leg.

Nymphon longitarse, Kröyer.

(Fig. 3. a—h).

Fig. 3. Adult female, dorsal aspect.

„ 3 *a.* Body (without ambulatory legs) of an adult ovigerous male, dorsal aspect.

„ 3 *b.* The same, dextral aspect.

„ 3 *c.* Ocular tubercle, anterior aspect.

„ 3 *d.* Right chela, interior aspect.

„ 3 *e.* One of the palpi.

„ 3 *f.* Terminal part of one of the false legs.

„ 3 *g.* 2 marginal spines, greatly magnified.

„ 3 *h.* Outer part of an ambulatory leg.

Pl. VIII.

Nymphon leptocheles, n. sp.
(Fig. 1, a—i).

Fig. 1. Fuldvoxen Hun, seet ovenfra.
" 1 a. Legemet (uden Gangfødder) af en fuldvoxen Han, ovenfra seet.
1 b. Samme, seet fra høire Side.
" 1 c. Øieknuden, forfra seet.
" 1 d. Venstre Chela, seet fra Ydersiden.
" 1 e. Den ydre Del af samme, stærkere forstørret.
" 1 f. En af Følerne.
" 1 g. Endedelen af en af falske Fødder hos Hannen.

" 1 h. 2 Randtorner, stærkt forstørrede.
" 1 i. Den ydre Del af en Gangfod.

Nymphon Strömii, Kröyer.
(Fig. 2, a—k).

Fig. 2. Fuldvoxen, ægbærende Han, seet ovenfra.
" 2 a. Legemet (uden Gangfødder), seet ovenfra.
" 2 b. Samme, seet fra venstre Side.
" 2 c. Øieknuden, forfra seet.
" 2 d. Høire Chela, seet fra Ydersiden.
2 e. Enderne af de 2 Fingre, stærkere forstørrede.
" 2 f. En af Følerne.
" 2 g. En Randtorn fra de falske Fødder, stærkt forstørret.
" 2 h. En anden Randtorn, med mindre tydelige Sidetænder.
" 2 i. Den ydre Del af en Gangfod.
" 2 k. Spidsen af Fodleddet tilligemed Endekloen, stærkere forstørret.

Nymphon gracilipes, Heller.
(Fig. 3, a—g).

Fig. 3. Fuldvoxen Hun, seet ovenfra.
" 3 a. Legemet (uden Gangfødder) af en fuldvoxen, ægbærende Han, seet fra høire Side.
" 3 b. Øieknuden, forfra seet.
" 3 c. Høire Chela, seet fra Ydersiden.
" 3 d. Enderne af Fingrene, stærkere forstørrede.
" 3 e. En af Følerne.
" 3 f. 3 Randtorner fra de falske Fødder, stærkt forstørrede.
" 3 g. Den ydre Del af en Gangfod.

Pl. VIII.

Nymphon leptocheles, n. sp.
(Fig. 1, a—i).

Fig. 1. Adult female, dorsal aspect.
" 1 a. Body (without ambulatory legs) of an adult male, dorsal aspect.
" 1 b. The same dextral aspect.
" 1 c. Ocular tubercle, anterior aspect.
" 1 d. Left chela, exterior aspect.
" 1 e. Outer part of the same, greatly magnified.
" 1 f. One of the palpi.
" 1 g. Terminal part of one of the false legs in the male.
" 1 h. Two marginal spines greatly magnified.
" 1 i. Outer part of an ambulatory leg.

Nymphon Strömii, Kröyer.
(Fig. 2, a—k).

Fig. 2. Adult, ovigerous male, dorsal aspect.
" 2 a. Body (without ambulatory legs) dorsal aspect.
" 2 b. The same, sinistral aspect.
" 2 c. Ocular tubercle, anterior aspect.
" 2 d. Right chela, exterior aspect.
" 2 e. Extremities of the 2 fingers, greatly magnified.
" 2 f. One of the palpi.
" 2 g. A marginal spine of the false legs, greatly magnified.
2 h. Another marginal spine, with somewhat indistinct lateral teeth.
" 2 i. Outer part of an ambulatory leg.
" 2 k. Extremity of the propodal joint along with the terminal claw, greatly magnified.

Nymphon gracilipes, Heller.
(Fig. 3, a—g).

Fig. 3. Adult female, dorsal aspect.
" 3 a. Body (without ambulatory legs) of an adult ovigerous male, dextral aspect.
" 3 b. Ocular tubercle, anterior aspect.
" 3 c. Right chela, exterior aspect.
" 3 d. Extremities of the fingers, greatly magnified.
" 3 e. One of the palpi.
" 3 f. Three marginal spines of the false legs, greatly magnified.
" 3 g. Outer part of an ambulatory leg.

Pl. IX.

Nymphon elegans, Hansen.

(Fig. 1, a—g).

Fig. 1. Fuldvoxen Hun, seet ovenfra.

" 1 a. Legemet (uden Gangfødder) af en fuldvoxen, ægbærende Han, seet fra høire Side.

" 1 b. Øieknuden, forfra seet.

" 1 c. Venstre Chela, seet fra Ydersiden.

" 1 d. Enderne af Fingrene, stærkere forstørrede.

" 1 e. En af Følerne.

" 1 f. 2 Randtorner fra de falske Fødder, stærkt forstørrede.

" 1 g. Den ydre Del af en Gangfod.

Nymphon macrum, Wilson.

(Fig. 2, a—g).

Fig. 2. Fuldvoxen Hun, seet ovenfra.

" 2 a. Legemet (uden Gangfødder) af en fuldvoxen, ægbærende Han, seet fra venstre Side.

" 2 b. Øieknuden, forfra seet.

" 2 c. Høire Chela, seet fra Ydersiden.

" 2 d. Fingrene, stærkere forstørrede.

" 2 e. En af Følerne.

" 2 f. 3 Randtorner fra de falske Fødder, stærkt forstørrede.

" 2 g. Den ydre Del af en Gangfod.

Nymphon micronyx, n. sp.

(Fig. 3, a—g).

Fig. 3. Fuldvoxen Hun, seet ovenfra.

" 3 a. Legemet (uden Gangfødder) af en Han, seet fra Bugsiden.

" 3 b. Øieknuden; seet ovenfra.

" 3 c. Samme, forfra seet.

" 3 d. Venstre Chela, seet fra Indersiden.

" 3 e. En af Følerne.

" 3 f. 2 Randtorner fra de falske Fødder, stærkt forstørrede.

" 3 g. Den ydre Del af en Gangfod.

Pl. X.

Nymphon longimanum, n. sp.

(Fig. 1, a—f).

Fig. 1. Fuldvoxen Hun, seet ovenfra.

" 1 a. Legemet af samme (uden Fødder), seet ovenfra.

" 1 b. Øieknuden, forfra seet.

Pl. IX.

Nymphon elegans, Hansen.

(Fig. 1, a—g).

Fig. 1. Adult female, dorsal aspect.

" 1 a. Body (without ambulatory legs) of an adult ovigerous male, dextral aspect.

" 1 b. Ocular tubercle, anterior aspect.

" 1 c. Left chela, exterior aspect.

" 1 d. Extremities of the fingers, greatly magnified.

" 1 e. One of the palpi.

" 1 f. Two marginal spines of the false legs, greatly magnified.

" 1 g. Outer part of an ambulatory leg.

Nymphon macrum, Wilson.

(Fig. 2, a—g).

Fig. 2. Adult female, dorsal aspect.

" 2 a. Body (without ambulatory legs) of an adult, ovigerous male, sinistral aspect.

" 2 b. Ocular tubercle, anterior aspect.

" 2 c. Right chela, exterior aspect.

" 2 d. The fingers, greatly magnified.

" 2 e. One of the palpi.

" 2 f. Three marginal spines of the false legs, greatly magnified.

" 2 g. Outer part of an ambulatory leg.

Nymphon micronyx, n. sp.

(Fig. 3, a—g).

Fig. 3. Adult female, dorsal aspect.

" 3 a. Body (without ambulatory legs) of a male, ventral aspect.

" 3 b. Ocular tubercle, superior aspect.

" 3 c. The same, anterior aspect.

" 3 d. Left chela, interior aspect.

" 3 e. One of the palpi.

" 3 f. Two marginal spines of the false legs, greatly magnified.

" 3 g. Outer part of an ambulatory leg.

Nymphon longimanum, n. sp.

(Fig. 1, a—f).

Fig. 1. Adult female, dorsal aspect.

" 1 a. Body of the same (without legs) dorsal aspect.

" 1 b. Ocular tubercle, anterior aspect.

Fig. 1 c. Venstre Chela, seet fra Ydersiden.
" 1 d. En af Folerne.
" 1 e. 2 Randtorner fra de falske Fødder, stærkt forstørrede.
" 1 f. Den ydre Del af en Gangfod.

Fig. 1 c. Left chela, exterior aspect.
" 1 d. One of the palpi.
" 1 e. Two marginal spines of the false legs, greatly magnified.
" 1 f. Outer part of an ambulatory leg.

Nymphon serratum G. O. Sars.

(Fig. 2, a—h).

Fig. 2. Fuldvoxen Hun, seet ovenfra.
" 2 a. Legemet (uden Gangfødder) af en fuldvoxen Han, seet ovenfra.
" 2 b. Samme, seet fra venstre Side.
" 2 c. Øieknuden, forfra seet.
" 2 d. Høire Chela, seet fra Ydersiden.
" 2 e. En af Folerne.
" 2 f. Endedelen af en af de falske Fødder.
" 2 g. En Randtorn, stærkt forstørret.
" 2 h. Den ydre Del af en Gangfod.

Nymphon serratum G. O. Sars.

(Fig. 2, a—h).

Fig. 2. Adult female, dorsal aspect.
" 2 a. Body (without ambulatory legs) of an adult male, dorsal aspect.
" 2 b. The same, sinistral aspect.
" 2 c. Ocular tubercle, anterior aspect.
" 2 d. Right chela, exterior aspect.
" 2 e. One of the palpi.
" 2 f. Terminal part of one of the false legs.
" 2 g. A marginal spine, greatly magnified.
" 2 h. Outer part of an ambulatory leg.

Nymphon megalops, G. O. Sars.

(Fig. 3, a—g).

Fig. 3. Fuldvoxen Hun, seet ovenfra.
" 3 a. Legemet (uden Gangfødder) af en fuldvoxen Han, seet ovenfra.
" 3 b. Samme, seet fra venstre Side.
" 3 c. Øieknuden, forfra seet.
" 3 d. Venstre Chela, seet fra Indersiden.
" 3 e. En af Folerne.
" 3 f. 4 Randtorner fra de falske Fødder, stærkt forstørrede.
" 3 g. Den ydre Del af en Gangfod.

Nymphon megalops, G. O. Sars.

(Fig. 3, a—g).

Fig. 3. Adult female, dorsal aspect.
" 3 a. Body (without ambulatory legs) of an adult male, dorsal aspect.
" 3 b. The same, sinistral aspect.
" 3 c. Ocular tubercle, anterior aspect.
" 3 d. Left chela, interior aspect.
" 3 e. One of the palpi.
" 3 f. Four marginal spines of the false legs, greatly magnified.
" 3 g. Outer part of an ambulatory leg.

Pl. XI.

Chætonymphon hirtum, (Fabr.)

(Fig. 1, a—g).

Fig. 1. Fuldvoxen Hun, seet ovenfra.
" 1 a. Legemet (uden Gangfødder), seet ovenfra.
" 1 b. Samme, seet fra venstre Side.
" 1 c. Venstre Chela, seet fra Ydersiden.
" 1 d. En af Folerne.
" 1 e. En af de falske Fødder.
" 1 f. Det ydre Led af samme, tilligemed Endekloen, stærkere forstørret.
1 g. Den ydre Del af en Gangfod.

Pl. XI.

Chætonymphon hirtum, (Fabr.)

(Fig. 1, a—g).

Fig. 1. Adult female, dorsal aspect.
" 1 a. Body (without ambulatory legs) dorsal aspect.
" 1 b. The same, sinistral aspect.
" 1 c. Left chela, exterior aspect.
" 1 d. One of the palpi.
" 1 e. One of the false legs.
" 1 f. Outer joint of same along with the terminal claw, greatly magnified.
1 g. Outer part of an ambulatory leg.

20*

Chætonymphon hirtipes (Bell).

(Fig. 2, a—k).

Fig. 2. Fuldvoxen Hun, seet ovenfra.
- 2 a. Legemet (uden Gangfødder) af en fuldvoxen, ægbærende Han, seet ovenfra.
„ 2 b. Samme, seet fra høire Side.
„ 2 c. Øieknuden, forfra seet.
„ 2 d. Venstre Chela, seet fra Ydersiden.
„ 2 e. En af Følerne.
- 2 f. En af de falske Fødder hos Hunnen.
- 2 g. En af de falske Fødder hos Hannen.
„ 2 h. 2 Randtorner, stærkt forstørrede.
„ 2 i. Den ydre Del af en Gangfod.
- 2 k. Det basale Parti af en Gangfod hos Hannen.

Chætonymphon spinosum (Goodsir).

(Fig. 3, a—i).

Fig. 3. Fuldvoxen Hun, seet ovenfra.
„ 3 a. Legemet (uden Gangfødder) af en fuldvoxen, Han, seet ovenfra.
3 b. Samme, seet fra venstre Side.
- 3 c. Øieknuden, forfra seet.
„ 3 d. Høire Chela, seet fra Ydersiden.
3 e. En af Følerne.
- 3 f. En af de falske Fødder hos Hannen.
„ 3 g. 3 Randtorner, stærkt forstørrede.
„ 3 h. Den ydre Del af en Gangfod.
„ 3 i. Den basale Del af en Gangfod hos Hannen.

Chætonymphon hirtipes (Bell).

(Fig. 2, a—k).

Fig. 2. Adult female, dorsal aspect.
„ 2 a. Body (without ambulatory legs) of an adult ovigerous male, dorsal aspect.
2 b. The same, dextral aspect.
„ 2 c. Ocular tubercle, anterior aspect.
„ 2 d. Left chela, exterior aspect.
„ 2 e. One of the palpi.
„ 2 f. One of the false legs of the female.
„ 2 g. One of the false legs of the male.
„ 2 h. Two marginal spines, greatly magnified.
„ 2 i. Outer part of an ambulatory leg.
„ 2 k. Basal part of an ambulatory leg in the male.

Chætonymphon spinosum (Goodsir).

(Fig. 3, a—i).

Fig. 3. Adult female, dorsal aspect.
„ 3 a. Body (without ambulatory legs) of an adult ovigerous male, dorsal aspect.
„ 3 b. The same, sinistral aspect.
„ 3 c. Ocular tubercle, anterior aspect.
„ 3 d. Right chela, exterior aspect.
„ 3 e. One of the palpi.
„ 3 f. One of the false legs in the male.
„ 3 g. Three marginal spines, greatly magnified.
„ 3 h. Outer part of an ambulatory leg.
- 3 i. Basal part of an ambulatory leg of the male.

Pl. XII.

Chætonymphon tenellum, n. sp.

(Fig. 1, a—h).

Fig. 1. Fuldvoxen Han, seet ovenfra.
„ 1 a. Legemet (uden Gangfødder), seet fra venstre Side.
„ 1 b. Samme, seet ovenfra.
„ 1 c. Øieknuden, forfra seet.
„ 1 d. Høire Chela, seet fra Ydersiden.
„ 1 e. En af Følerne.
„ 1 f. En af de falske Fødder.
- 1 g. 3 Randtorner, stærkt forstørrede.
„ 1 h. Den ydre Del af en Gangfod.

Chætonymphon macronyx, G. O. Sars.

(Fig. 2, a—k).

Fig. 2. Fuldvoxen Hun, seet ovenfra.

Pl. XII.

Chætonymphon tenellum, n. sp.

(Fig. 1, a—h).

Fig. 1. Adult male, dorsal aspect.
„ 1 a. Body (without ambulatory legs) sinistral aspect.
„ 1 b. The same, dorsal aspect.
„ 1 c. Ocular tubercle, anterior aspect.
„ 1 d. Right chela, exterior aspect.
„ 1 e. One of the palpi.
- 1 f. One of the false legs.
„ 1 g. Three marginal spines, greatly magnified.
„ 1 h. Outer part of an ambulatory leg.

Chætonymphon macronyx, G. O. Sars.

(Fig. 2, a—k).

Fig. 2. Adult female, dorsal aspect.

Fig. 2 a. Legemet (uden Gangfødder) af en fuldvoxen, ægbærende Han, seet ovenfra.
„ 2 b. Samme, seet fra venstre Side.
„ 2 c. Øieknuden, forfra seet.
„ 2 d. Samme, seet fra venstre Side.
„ 2 e. Venstre Chela, seet fra Ydersiden.
„ 2 f. En af Følerne.
„ 2 g. En at de falske Fødder hos Hannen.
„ 2 h. Endekloen af samme, stærkt forstørret.
„ 2 i. Tre Randtorner, ligeledes stærkt forstørrede.
„ 2 k. Den ydre Del af en Gangfod.

Boreonymphon robustum (Bell).

(Fig. 3, a—l).

Fig. 3. Fuldvoxen Hun, seet ovenfra.
„ 3 a. Legemet (uden Gangfødder) af en fuldvoxen, ægbærende Han, seet fra høire Side.
„ 3 b. Samme, seet ovenfra.
„ 3 c. Øieknuden, forfra seet.
„ 3 d. Høire Chela, seet fra Ydersiden.
„ 3 e. En af Følerne.
„ 3 f. En af de falske Fødder hos Hannen.
„ 3 g. Fire af de eiendommelige tilbagebøide Børster, stærkt forstørrede.
„ 3 h. Spidsen af en af de falske Fødder, med Endekloen.
„ 3 i. Nogle af Randtornerne, stærkt forstørrede.
„ 3 k. Den ydre Del af en Gangfod.
„ 3 l. Basis af Endekloen, med de rudimentære Bikløer, stærkt forstørret.

Pl. XIII.

Ammothea echinata, (Hodge).

(Fig. 1, a —m).

Fig. 1. Fuldvoxen Hun, seet ovenfra.
„ 1 a. Fuldvoxen Han. ovenfra seet.
„ 1 b. Legemet af samme (uden Gangfødder), seet ovenfra.
„ 1 c. Samme, seet fra høire Side.
„ 1 d. Samme, seet nedenfra.
„ 1 e. Øieknuden, bagfra seet, tilligemed det venstre Hjørne af Pandedelen.
„ 1 f. En af de rudimentære Saxlemmer.
„ 1 g. En af Følerne.
„ 1 h. En af de falske Fødder hos Hunnen.
„ 1 i. En Randtorn, stærkt forstørret.
„ 1 k. En af Gangfødderne hos Hunnen.
„ 1 l. Den ydre Del af samme, stærkere forstørret.
„ 1 m. En Gangfod af sidste Par hos Hannen.

Fig. 2 a. Body (without ambulatory legs) of an adult ovigerous male, dorsal aspect.
„ 2 b. The same, sinistral aspect.
„ 2 c. Ocular tubercle, anterior aspect.
„ 2 d. The same, sinistral aspect.
„ 2 e. Left chela, exterior aspect.
„ 2 f. One of the palpi.
„ 2 g. One of the false legs of the male.
„ 2 h. Terminal claw of the same, greatly magnified.
„ 2 i. Three marginal spines, also greatly magnified.
„ 2 k. Outer part of an ambulatory leg.

Boreonymphon robustum (Bell).

(Fig. 3, a—l).

Fig. 3. Adult female, dorsal aspect.
„ 3 a. Body (without ambulatory legs) of an adult ovigerous male, dextral aspect.
„ 3 b. The same, dorsal aspect.
„ 3 c. Ocular tubercle, anterior aspect.
„ 3 d. Right chela, exterior aspect.
„ 3 e. One of the palpi.
„ 3 f. One of the false legs in the male.
„ 3 g. Four of the peculiar recurvate bristles, greatly magnified.
„ 3 h. Extremity of one of the false legs, with the terminal claw.
„ 3 i. A few of the marginal spines, greatly magnified.
„ 3 k. Outer part of an ambulatory leg.
„ 3 l. Base of the terminal claw, with the rudimentary auxiliary claws, greatly magnified.

Pl. XIII.

Ammothea echinata, (Hodge).

(Fig. 1, a—m).

Fig. 1. Adult female, dorsal aspect.
„ 1 a. Adult male, dorsal aspect
„ 1 b. Body of the same (without ambulatory legs) dorsal aspect.
„ 1 c. The same, dextral aspect.
„ 1 d. The same, ventral aspect.
„ 1 e. Ocular tubercle, posterior aspect, along with the left corner of the frontal part.
„ 1 f. One of the rudimentary chelifori.
„ 1 g. One of the palpi.
„ 1 h. One of the false legs of the female.
„ 1 i. A marginal spine, greatly magnified.
„ 1 k. One of the ambulatory legs in the female.
„ 1 l. Outer part of the same, greatly magnified.
„ 1 m. An ambulatory leg of the last pair in the male.

Ammothea lævis (Hodge).

(Fig. 2, a—m).

Fig. 2. Fuldvoxen Hun, seet ovenfra.
" 2 a. Fuldvoxen Han, seet ovenfra.
" 2 b. Legemet af Hunnen (uden Ganglødder), seet ovenfra.
" 2 c. Samme, seet fra høire Side.
" 2 d. Øieknuden, bagfra seet.
" 2 e. En af de rudimentære Saxlemmer.
" 2 f. En af Følerne.
" 2 g. En af de falske Fødder.
" 2 h. En Gangfod af sidste Par hos Hannen.
" 2 i. Den ydre Del af samme, stærkere forstørret.
" 2 k. Ungt Exemplar, ovenfra seet.
" 2 l. Saxlemmerne af samme Exemplar.
" 2 m. Høire Føler (p) og høire falske Fod (s) af samme.

Pl. XIV.

Eurycyde hispida, (Kröyer).

(Fig. 1, a—q).

Fig. 1. Fuldvoxen, æghærende Han, seet ovenfra.
" 1 a. Legemet af samme (uden Gangfødder), seet ovenfra, med fortilstrakt Snabel.
" 1 b. Samme, seet fra venstre Side.
" 1 c. Øieknuden, bagfra seet.
" 1 d. Snabelen, seet fra venstre Side.
" 1 e. En af de rudimentære Saxlemmer.
" 1 f. Endepartiet af samme, stærkere forstørret.
" 1 g. En af Saxlemmerne hos et ungt Exemplar med vel udviklet Chela.
" 1 h. Chela'en stærkere forstørret.
" 1 i. En af Følerne hos et fuldvoxent Individ.
" 1 k. En af de falske Fødder hos Hannen.
" 1 l. En af de eiendommelige tilbagebøiede Torner, stærkt forstørret.
" 1 m. Enden af en af de falske Fødder.
" 1 n. Et Stykke af Inderkanten af sidste Led, med 4 sagtakkede Torner, stærkt forstørret.
" 1 o. En af Gangfødderne hos Hannen.
" 1 p. Den ydre Del af samme, stærkere forstørret.
" 1 q. Halesegmentet, seet ovenfra.

Ascorhynchus abyssi, G. O. Sars.

(Fig. 2, a t).

Fig. 2. Fuldvoxen Hun, seet ovenfra.
" 2 a. Legemet (uden Gangfødder) af en fuldvoxen Han, seet ovenfra.

Ammothea lævis (Hodge).

(Fig. 2, a—m).

Fig. 2. Adult female, dorsal aspect.
" 2 a. Adult male, dorsal aspect.
" 2 b. Body of the female (without ambulatory legs) dorsal aspect.
" 2 c. The same, dextral aspect.
" 2 d. Ocular tubercle, posterior aspect.
" 2 e. One of the rudimentary chelifori.
" 2 f. One of the palpi.
" 2 g. One of the false legs.
" 2 h. An ambulatory leg of the last pair in the male.
" 2 i. Outer part of same, greatly magnified.
" 2 k. Young specimen, dorsal aspect.
" 2 l. Chelifori of the same specimen.
" 2 m. Right palpus (p) and right false leg (s) of the same.

Pl. XIV.

Eurycyde hispida, (Kröyer).

(Fig. 1, a—q).

Fig. 1. Adult ovigerous male, dorsal aspect.
" 1 a. Body of the same (without ambulatory legs) dorsal aspect, with proboscis directed forward.
" 1 b. The same, sinistral aspect.
" 1 c. Ocular tubercle, posterior aspect.
" 1 d. Proboscis, sinistral aspect.
" 1 e. One of the rudimentary chelifori.
" 1 f. Terminal part of the same, greatly magnified.
" 1 g. One of the chelifori in a young specimen with well developed chela.
" 1 h. The chela, greatly magnified.
" 1 i. One of the palpi in an adult individual.
" 1 k. One of the false legs in the male.
" 1 l. One of the peculiar recurved spines, greatly magnified.
" 1 m. Extremity of one of the false legs.
" 1 n. A portion of the inner margin of the final joint, with 4 serrated spines, greatly magnified.
" 1 o. One of the ambulatory legs in the male.
" 1 p. Outer part of the same, greatly magnified.
" 1 q. Caudal segment, dorsal aspect.

Ascorhynchus abyssi, G. O. Sars.

(Fig. 2, a—t).

Fig. 2. Adult female, dorsal aspect.
" 2 a. Body (without ambulatory legs) of an adult male, dorsal aspect.

159

Fig. 2 *b.* Samme, seet fra Bugsiden (Snabelen og de falske
Fødder er udeladt).

" 2 *c.* Samme af en ægbærende Han, seet fra høire Side.
" 2 *d.* Øieknuden, forfra seet.
" 2 *e.* Enden af Snabelen, med Mundaabningen.
" 2 *f.* Gjennemsnit af Snabelen paa Midten.
" 2 *g.* En af de rudimentære Saxlemmer.
" 2 *h.* Endedelen af samme, stærkere forstørret.
" 2 *i.* En af Saxlemmerne hos et ungt Individ, med
fuldstændig Chela.
" 2 *k.* Chela'en, stærkere forstørret.
" 2 *l.* En af Følerne hos et fuldvoxent Exemplar.
" 2 *m.* En af de falske Fødder hos Hunnen.
" 2 *n.* Endepartiet af samme, stærkere forstørret.
" 2 *o.* Tre af Randtornerne, stærkt forstørrede.
" 2 *p.* En Fod af sidste Par hos Hannen.
" 2 *q.* Det knudeformige Fremspring ved Basis af Laar-
leddet, stærkere forstørret.
" 2 *r.* Den ydre Del af en Gangfod hos Hunnen.
" 2 *s.* Den ydre Del af en Gangfod hos Hannen.
" 2 *t.* Halesegmentet, nedenfra seet.

Fig. 2 *b.* The same, ventral aspect (the proboscis and the
false legs are omitted).

" 2 *c.* The same of an ovigerous male, dextral aspect.
" 2 *d.* Ocular tubercle, anterior aspect.
" 2 *e.* Extremity of the proboscis, with the oral aperture.
" 2 *f.* Section of the proboscis at the middle.
" 2 *g.* One of the rudimentary chelifori.
" 2 *h.* Terminal part of the same, greatly magnified.
" 2 *i.* One of the chelifori in a young individual, with
perfect chela.
" 2 *k.* The chela, greatly magnified.
" 2 *l.* One of the palpi in an adult specimen.
" 2 *m.* One of the false legs in the female.
" 2 *n.* Terminal part of the same, greatly magnified.
" 2 *o.* Three of the marginal spines, greatly magnified.
" 2 *p.* A leg of the last pair in the male.
" 2 *q.* The nodular prominence at the base of the
femoral joint, greatly magnified.
" 2 *r.* Outer part of an ambulatory leg in the female.
" 2 *s.* Outer part of an ambulatory leg in the male.
" 2 *t.* Caudal segment, ventral aspect.

Pl. XV.

Colossendeis proboscidea (Sab.)

(Fig. 1, a—d).

Fig. 1. Fuldvoxen Hun, seet ovenfra; naturlig Størrelse.
" 1 *a.* Legemet (med Basis af Gangfødderne), seet fra
Bugsiden.
" 1 *b.* Samme, seet fra høire Side.
" 1 *c.* Enden af Snabelen, med Mundaabningen, forfra
seet.
" 1 *d.* Den ydre Del af en Gangfod.

Pl. XV.

Colossendeis proboscidea (Sab.)

(Fig. 1, a—d).

Fig. 1. Adult female, dorsal aspect, natural size.
" 1 *a.* Body (with the base of the ambulatory legs)
ventral aspect.
" 1 *b.* The same, dextral aspect.
" 1 *c.* Extremity of the proboscis, with the oral aper-
ture, anterior aspect.
" 1 *d.* Outer part of an ambulatory leg.

Colossendeis angusta, G. O. Sars.

(Fig. 2, a—f).

Fig. 2. Fuldvoxen Han (?), seet ovenfra.
" 2 *a.* Legemet (uden Gangfødder), seet ovenfra.
" 2 *b.* Samme, seet fra Bugsiden.
" 2 *c.* Samme, seet fra høire Side.
" 2 *d.* Et Stykke af Huden, med de indleirede Smaa-
legemer, stærkt forstørret.
" 2 *e.* Den ydre Del af en Føler.
" 2 *f.* Den ydre Del af en Gangfod.

Colossendeis angusta, G. O. Sars.

(Fig. 2, a—f).

Fig. 2. Adult male (?) dorsal aspect.
" 2 *a.* Body (without ambulatory legs) dorsal aspect.
" 2 *b.* The same, ventral aspect.
" 2 *c.* The same, dextral aspect.
" 2 *d.* A portion of the integument, with the small
entrenched bodies, greatly magnified.
" 2 *e.* Outer portion of a palpus.
" 2 *f.* Outer portion of an ambulatory leg.

Zoologiske Stationer.
(Zoological Stations.)

Station No.	Datum. (time)	Nordlig Bredde. (North Latitude)	Længde fra Greenwich. (Longitude)	Engl. Favne. (Fathoms)	Meter. (Metres)	Bundens Temperatur. (Temperature at Bottom) C.	Bunden.	Bottom.	Apparat. S. Skrabe. T. Trawl.
	1876								
1	Juni 3	61° 13'	6° 36' E.	650	1189	6.°6	Sandler.	Sabulous Clay.	S.
2	(June) 3	61 10	6 32 E.	672	1229	6. 7	Sandler.	Sabulous Clay.	T.
4	„ 8	61 5	5 14 E.	566	1035	6. 6	Sandler, Grus, Singel.	Sabulous Clay. Pebbles.	T.
8	„ 9	61 0	4 49 E.	200	366	6. 6	Ler. Sand. Sten.	Clay, Sand, Stones.	S.
9	„ 20	61 30	3 37 E.	206	377	5. 9	Ler.	Clay.	T.
10	„ 21	61 41	3 19 E.	220	402	6. 0	Slik, Ler.	Ooze, Clay.	S. T.
18	„ 21	62 44	1 48 E.	412	753	—1. 0	Ler.	Clay.	S. T.
23	„ 23	62 52	5 50 E.						T.
25	„ 28	63 10	5 25 F.	98	179	6. 9	Sandler.	Sabulous Clay.	T. S.
26	„ 28	63 10	5 16 F.	237	433	7. 1	Sandler.	Sabulous Clay.	S.
31	„ 29	63 10	5 0 E.	417	763	—1. 0	Sandler.	Sabulous Clay.	S. T.
33	„ 30	63 5	3 0 E.	525	960	—1. 1	Ler.	Clay.	T. S.
34	Juli 1	63 5	0 53 E.	587	1073	—1. 0	Ler.	Clay.	T.
35	(July) 5	63 17	1 27 W.	1081	1977	—1. 0	Biloculinler.	Biloculina Clay.	S.
40	„ 18	63 22	5 29 W.	1215	2222	—1. 2	Biloculinler.	Biloculina Clay.	S. T.
48	Aug. 6	64 36	10 22 W.	299	547	—0. 3	Morkegraat Ler.	Dark-grey Clay.	s.
51	„ 7	65 53	7 18 W.	1163	2127	—1. 1	Biloculinler.	Biloculina Clay.	S.
52	„ 8	65 47	3 7 W.	1861	3403	—1. 2	Biloculinler.	Biloculina Clay.	T.
53	„ 10	65 13	0 33 E.	1539	2814	—1. 3	Biloculinler.	Biloculina Clay.	S & T.
54	„ 12	64 47	4 24 E.	601	1099	—1. 2	Biloculinler.	Biloculina Clay.	S & T.
79	„ 21	64 48	6 32 E.	155	283	6. 9	Sandler.	Sabulous Clay.	S.
87	„ 22	64 2	5 35 E.	498	911	—1. 1	Ler.	Clay.	S.
92	„ 22	64 0	6 42 E.	178	326	7. 2	Sandholdigt Ler.	Sabulous Clay.	T.
93	„ 24	62 41	7 8 E.	158	289	6. 4	Blødt Ler.	Soft Clay.	S.
	(Romsdalsfjord).								
	1877								
96	Juni 16	66 8	3 0 E.	805	1472	—1. 1	Biloculinler.	Biloculina Clay.	S.
101	(June) 17	65 36	8 32 E.	223	408	6. 0	Sandler.	Sabulous Clay.	S.
124	„ 19	66 41	6 59 E.	350	640	—0. 9	Grovkornet Ler.	Coarse Clay.	S. T.
137	„ 21	67 24	8 58 E.	452	827	—1. 0	Ler.	Clay.	S. T.
147	„ 22	66 49	12 8 E.	142	260	6. 2	Graat Ler.	Grey Clay.	S.
149	„ 23	67 52	13 58 E.	135	247	4. 9	Ler.	Clay.	T. S.
	(Vestfjord).								
164	„ 29	68 21	10 40 E.	457	836	—0. 7	Sandler.	Sabulous Clay.	S. T.
175	Juli 2	69 17	14 35 E.	415	759	3. 0	Ler, Smaasten.	Clay, Pebbles.	S.
176	(July) 3	69 18	14 33 E.	536	980	—0. 2	Ler.	Clay.	S.
177	„ 3	69 25	13 49 E.	1443	2639	—1. 2	Biloculinler.	Biloculina Clay.	S & T.
183	„ 5	69 59	6 15 E.	1710	3127	—1. 3	Biloculinler.	Biloculina Clay.	S & T.
190	„ 7	69 41	15 51 E.	870	1591	—1. 2	Sandholdigt Ler.	Sabulous Clay.	T.
192	„ 7	69 46	16 15 E.	649	1187	—0. 7	Sandler.	Sabulous Clay.	S.
195	„ 16	70 55	18 38 E.	107	196	5. 1	Sten. Ler.	Stones, Clay.	S.
200	„ 17	71 25	15 41 E.	620	1134	—1. 0	Ler.	Clay.	S. T.
205	„ 18	70 51	13 3 E.	1287	2354	—1. 2	Biloculinler.	Biloculina Clay.	S.
213	„ 26	70 23	2 30 E.	1760	3219	—0. 8	Biloculinler.	Biloculina Clay.	S.
223	Aug. 1	70 54	8 24 W.	70	128	—0. 6	Graasort Sandler.	Dark-grey sabulous Clay	S.
	(Jan Mayen).								
224	„ 1	70 51	8 20 W.	95	174	—0. 6	Graasort Sandler.	Dark-grey sabulous Clay	S.
225	„ 2	70 58	8 4 W.	195	357	—0. 6	Graasort Sandler.	Dark-grey sabulous Clay	S.
237	„ 3	70 41	10 10 W.	263	481	—0. 3	Bruut Ler, Stene.	Brown Clay, Stones.	S.
240	„ 4	69 2	11 26 W.	1004	1836	—1. 1	Biloculinler.	Biloculina Clay.	S.
248	„ 8	67 56	4 11 E.	778	1423	—1. 4	Biloculinler.	Biloculina Clay.	S.
251	„ 9	68 6	9 44 E.	634	1159	—1. 3	Ler.	Clay.	S.
252	„ 11	Vestfjord.					Ler.	Clay.	S.
253	„ 15	Skjerstadfjord.		263	481	3. 2	Ler.	Clay.	S.

Station No.	Datum (Date)	Nordlig Bredde (North Latitude)	Længde fra Greenwich (Longitude)	Dybde (Depth) Engl. Favne (Fathoms)	Meter (Metres)	Bundens Temperatur (Temperature at Bottom) C.	Bunden	Bottom	Apparat (Apparatus) S. Skrabe (Dredge), T. Trawl, s. Svabere (Swabs)
253b	Aug. 17	Saltstrømmen.		90	165		Sten.	Stones.	S.
	1878.								
255	Juni 19	68° 12' 15° 40'	E. (Vestfjord).	341	624	6."5	Ler.	Clay.	S.
257	(June) 21	70 1 23 2	E. (Altenfjord).	160	293	3. 9	Ler.	Clay.	S.
258	" 21	70 13 23 3	E. (Altenfjord).	230	421	4. 0	Ler.	Clay.	T.
260	" 24	70 55 26 11	E. (Porsangerfjord).	127	232	3. 5	Ler.	Clay.	S. T.
261	- 25	70 47 28 30	E. (Tanafjord).	127	232	2. 8	Ler.	Clay.	S. T.
262	" 27	70 36 32 35	E.	148	271	1. 9	Ler.	Clay.	T. S.
267	" 29	71 42 37 1	E.	148	271	—1. 4	Ler, Sten.	Clay, Stones.	S.
270	" 30	72 27 35 1	E.	136	249	—0. 0	Ler.	Clay.	S.
273	Juli 1	73 25 31 30	E.	107	360	2. 2	Ler.	Clay.	N.
275	(July) 2	74 8 31 12	E.	147	269	—0. 4	Ler.	Clay.	T.
280	" 4	74 10 18 51	E. (Beeren Eiland).	35	64	1. 1	Sten.	Stones.	S.
283	" 5	73 47 14 21	E.	767	1403	- 1. 4	Ler.	Clay.	S.
286	" 6	72 57 14 32	E.	447	817	—0. 8	Ler.	Clay.	T.
290	" 7	72 27 20 51	E.	191	349	3. 5	Sandler.	Sabulous Clay.	T.
295	" 14	71 59 11 40	E.	1110	2030	—1. 3	Biloculiuler.	Biloculina Clay.	T.
297	" 16	72 36 5 12	E.	1280	2341	—1. 4	Biloculiuler.	Biloculina Clay.	T.
303	" 19	75 12 3 2	E.	1200	2195	—1. 6	Biloculiuler.	Biloculina Clay.	T.
312	" 22	71 54 14 53	E.	658	1203	—1. 2	Ler.	Clay.	T.
315	" 22	74 53 15 55	E.	180	329	2. 5	Ler, Sand.	Clay, Sand.	T.
322	" 23	74 57 19 52	E.	21	38	0. 2	Haard.	Hard.	S.
323	" 30	72 53 21 51	E.	223	408	1. 5	Ler.	Clay.	T.
326	Aug. 3	75 31 17 50	E.	123	225	1. 6	Ler.	Clay.	T.
333	" 4	76 6 13 10	E.	748	1368	—1. 3	Biloculiuler.	Biloculina Clay.	T.
336	" 5	76 19 15 42	E.	70	128	0. 4	Ler, Haard B.	Clay, Hard Bottom.	S.
338	" 6	76 19 18 1	E.	146	267	1. 1	Haard.	Hard.	N.
343	" 7	76 34 12 51	E.	743	1359	—1. 2	Ler.	Clay.	T.
350	" 8	76 26 0 29	W.	1686	3083	—1. 5	Biloculiuler.	Biloculina Clay.	T.
353	" 10	77 58 5 10	E.	1333	2438	—1. 4	Biloculiuler.	Biloculina Clay.	T.
357	" 12	78 3 11 18	E.	125	229	1. 9	Ler.	Clay.	S.
359	" 12	78 2 9 25	E.	416	761	0. 8	Ler.	Clay.	S.
362	" 14	79 59 5 40	E.	459	839	—1. 0	Ler.	Clay.	T.
363	" 14	80 3 8 28	E.	260	475	1. 1	Ler.	Clay.	T.
366	" 17	79 35 11 17	E. (Magdalene Bay).	61 / 37	112 / 68	-2. 1 / —0. 2	Ler.	Clay.	T.
370	" 18	78 48 8 37	E.	109	199	1. 1	Ler.	Clay.	T.
372	" 19	78 9 14 7	E. (Isfjord).	129	236	1. 2	Ler.	Clay.	T.
374	" 22	78 16 15 33	E. (Advent Bay).	60	110	0. 7	Ler.	Clay.	T.

Index.

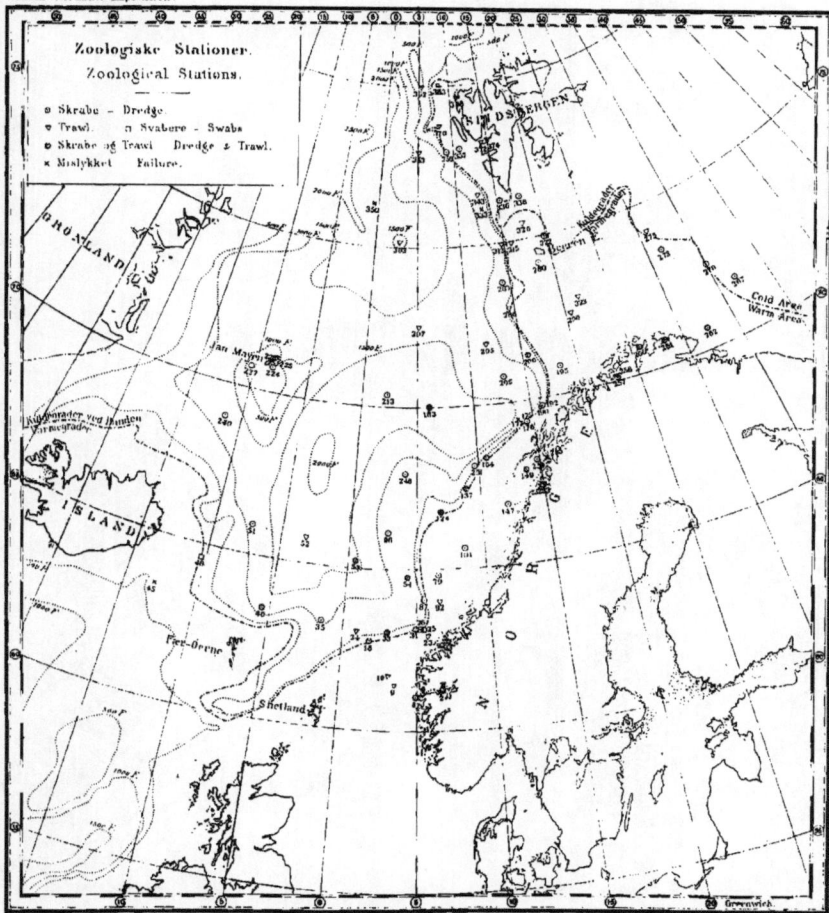

Norske Nordhavs-Expedition.

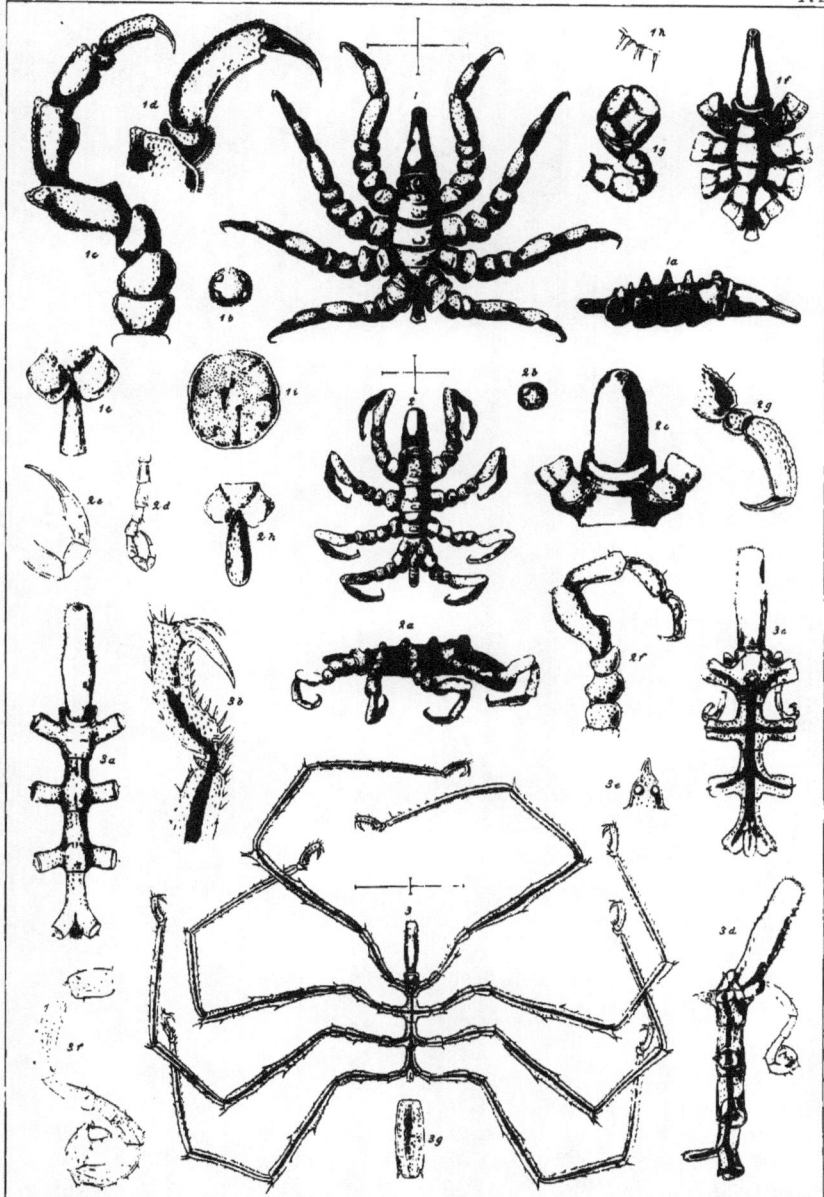

Fig.1, a-i, PYCNOGONUM LITTORALE, (Ström). Fig.2, a-h, PYCNOGONUM CRASSIROSTRE, n.sp.
Fig.3, a-g, PHOXICHILUS SPINOSUS, (Mont)

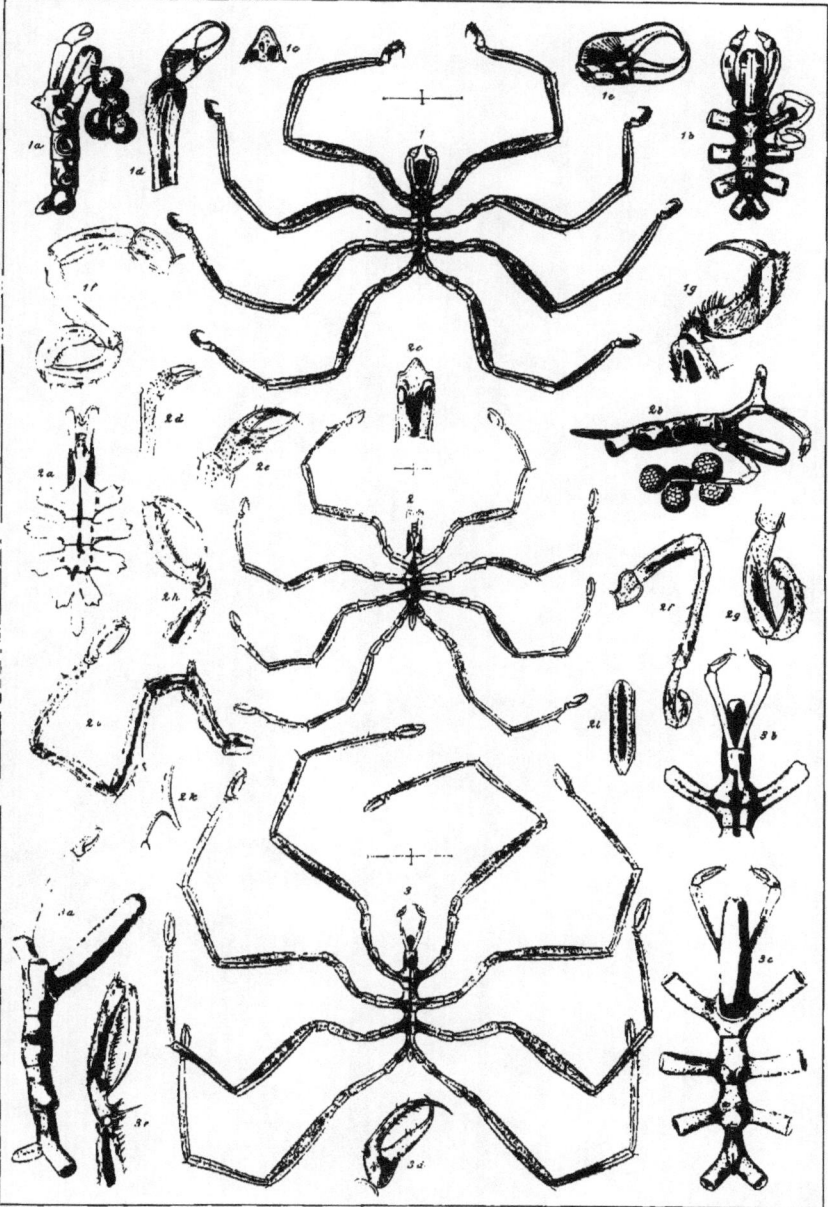

G. O. Sars del.   Lith. W. Schlachter, Stockholm.

Fig 1, a-g, PHOXICHILIDIUM FEMORATUM, (Rathke) Fig 2, a-l, ANOPLODACTYLUS PETIOLATUS, (Kröyer).
Fig. 3, a-e, ANOPLODACTYLUS TYPHLOPS, n.sp.

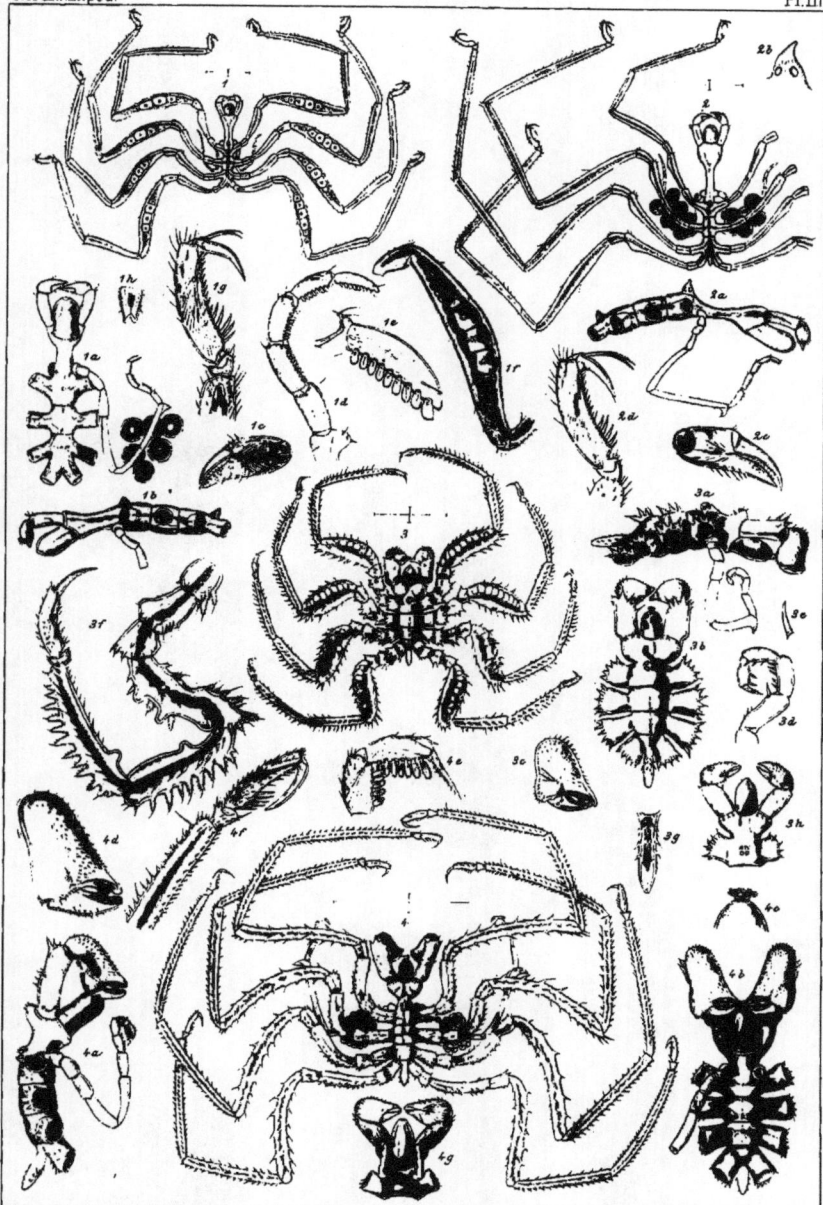

G.O. Sars del   Lith.W. Schlachter, Stockholm.

Fig.1, a-h, PALLENE BREVIROSTRIS, JOHNST.   Fig. 2, a-d, PALLENE PRODUCTA, n. sp.
Fig. 3, a-h, PSEUDOPALLENE CIRCULARIS, (Goodsir). Fig. 4, a-g. PSEUDOPALLENE SPINIPES, (Fabr.)

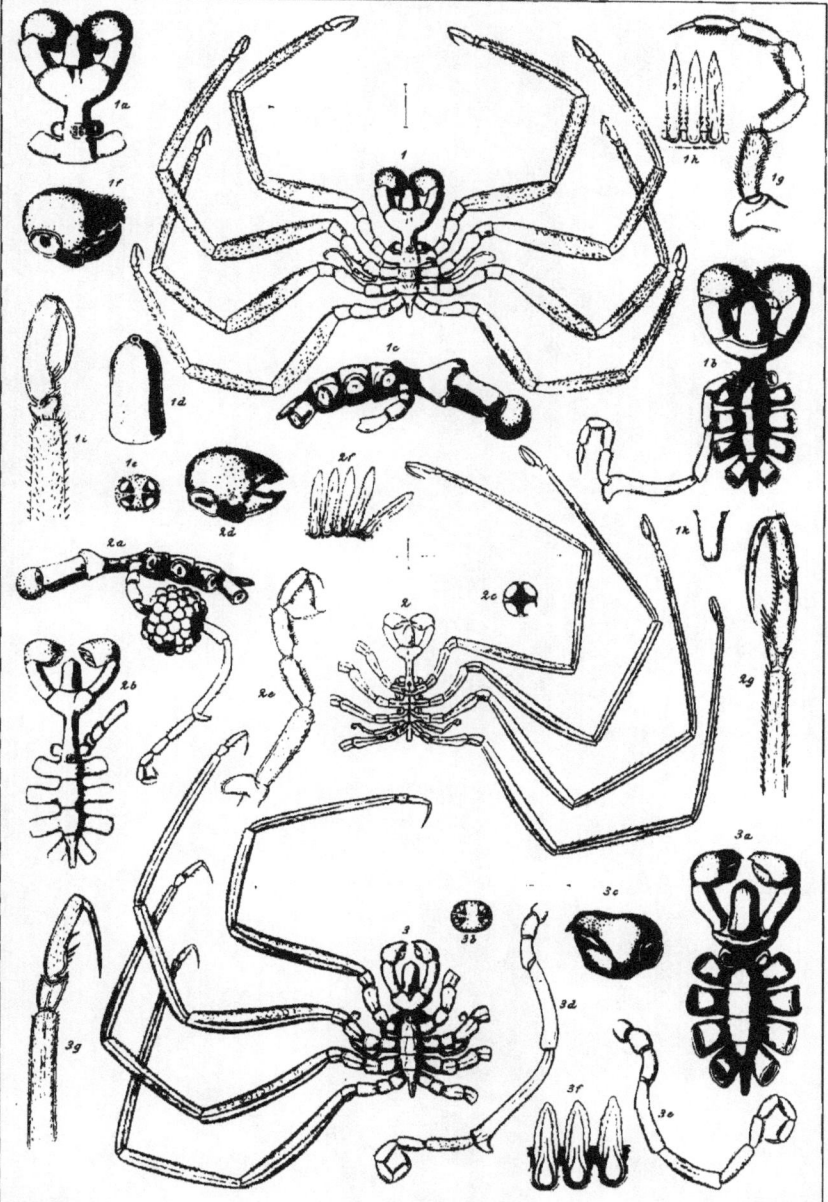

Fig.1,a-k, CORDYLOCHELE MALLEOLATA, G.O.Sars. Fig. 2, a-g, CORDYLOCHELE LONGICOLLIS, n sp.
Fig. 3, a-g, CORDYLOCHELE BREVICOLLIS, n.sp.

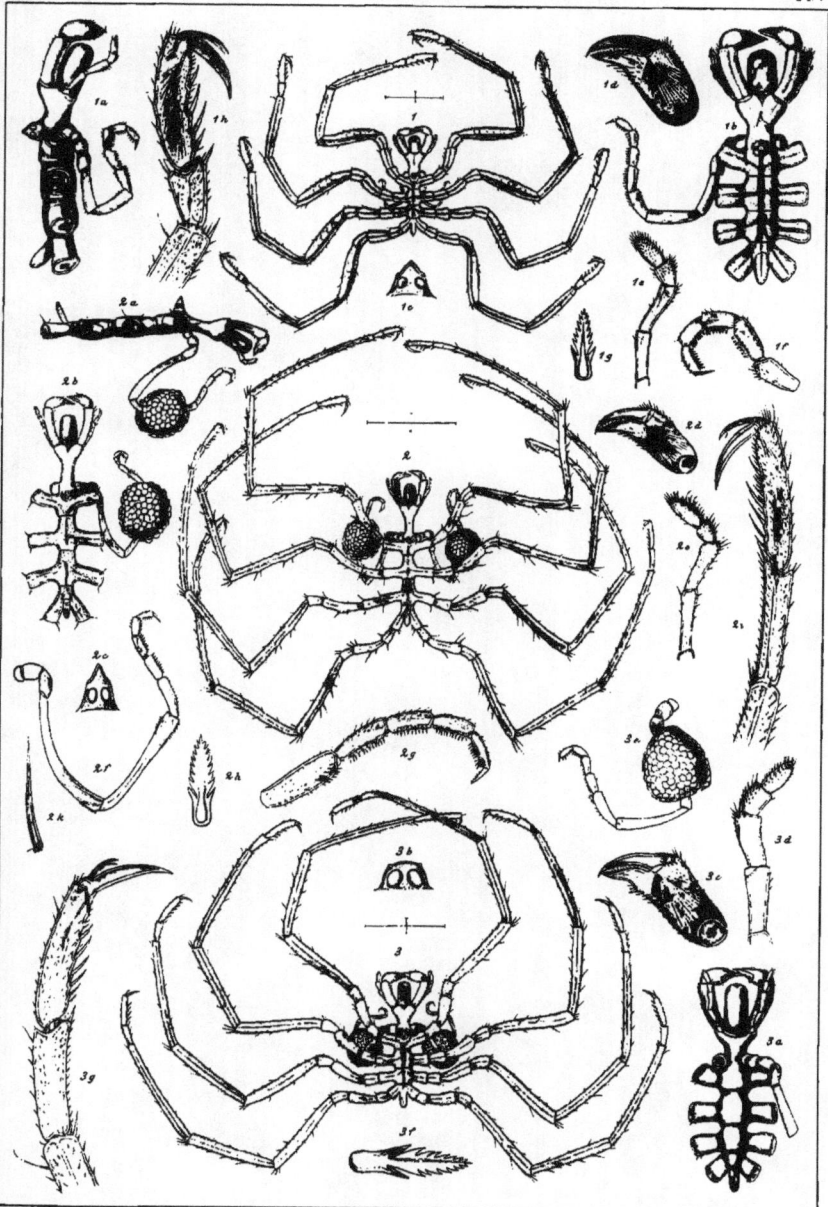

C O. Sars, del   Lith: W Schlachter, Stockholm.

Fig.1, a-b, NYMPHON GRACILE, Leach. Fig.2, a-k, NYMPHON RUBRUM, Hodge.
Fig.3, a-g, NYMPHON BREVITARSE, Kröyer.

G O SARS, PYCNOGONIDEA

Pl VI

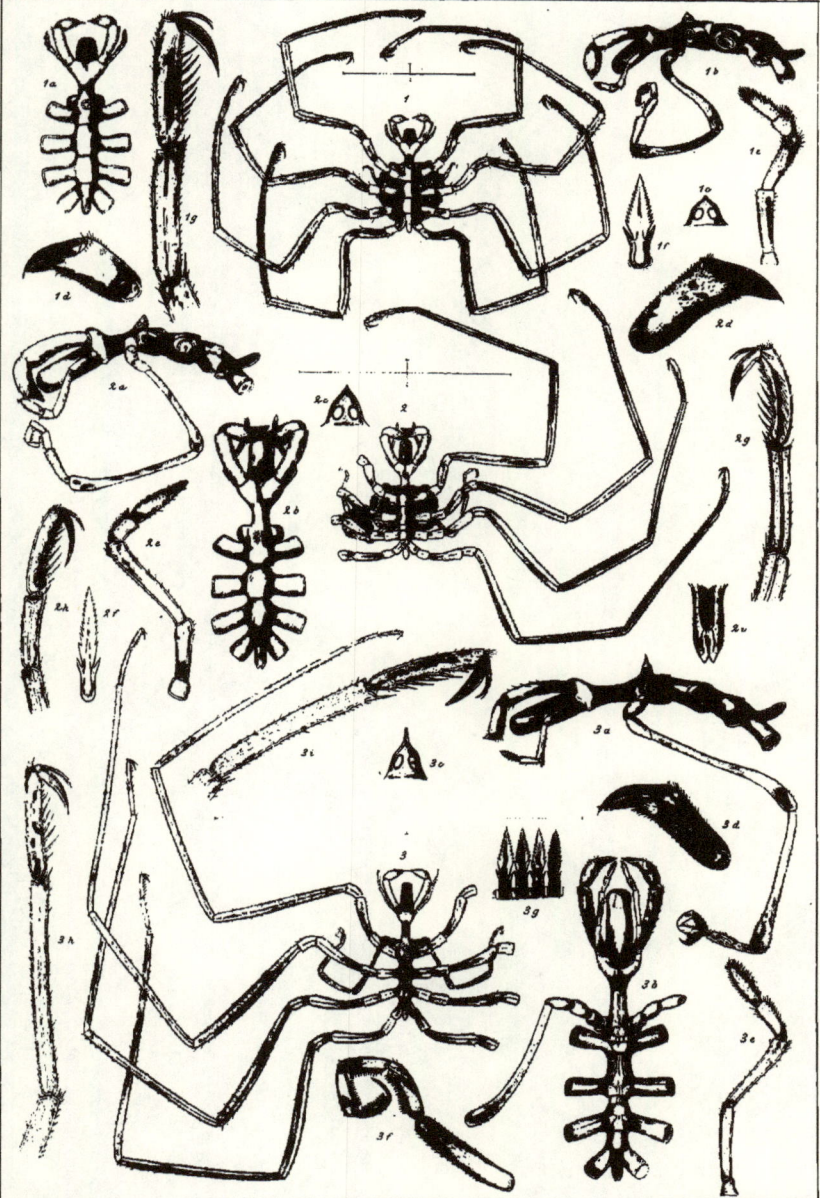

G. O.Sars, del.

Lith W Schlachter, Stockholm

Fig.1, a-g, NYMPHON GLACIALE, Litljeb. Fig.2, a-i, NYMPHON GROSSIPES (Fabr)
Fig.3, a-i, NYMPHON MIXTUM, Kröyer

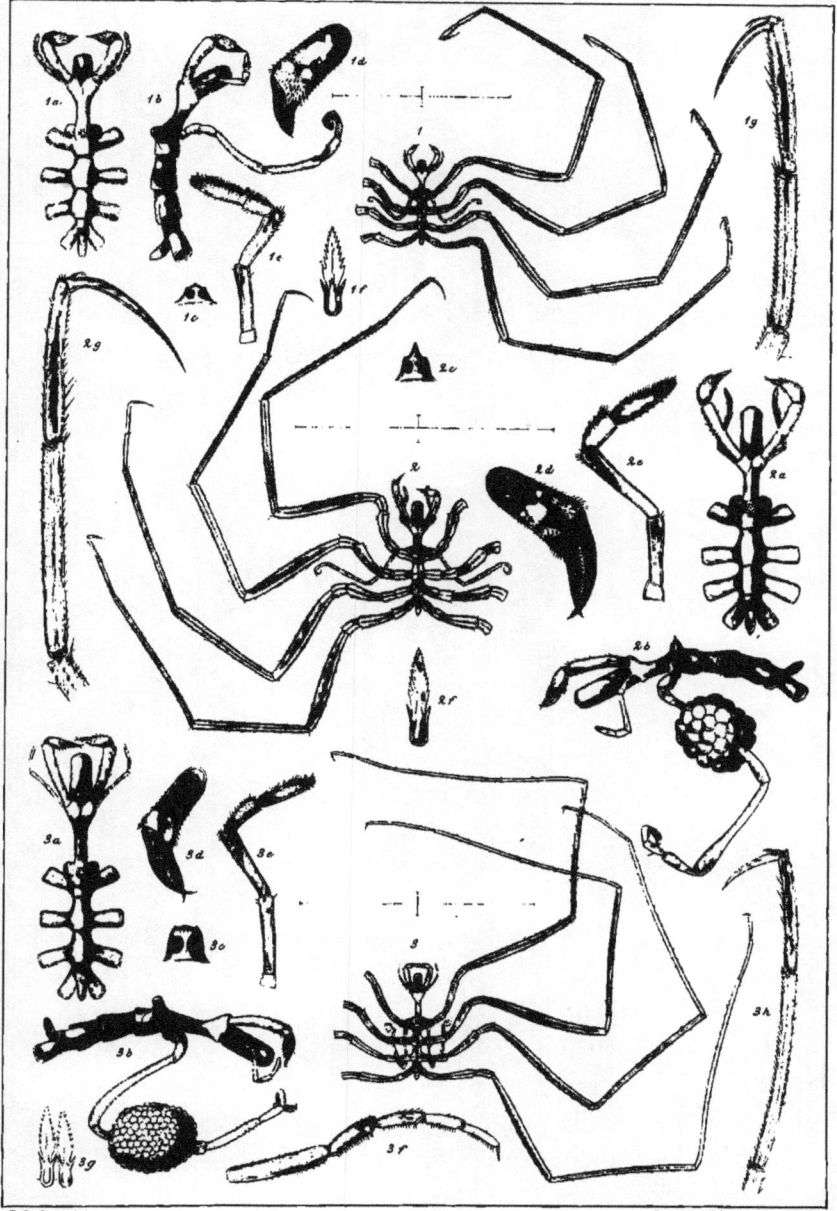

G. C. Sars del.   Lith. W Schlachter, Stockholm

Fig.1, a-g, NYMPHON MICRORHYNCHUM, n. sp. Fig.2, a-g, NYMPHON SLUITERI, Hoek.
Fig.3, a-h, NYMPHON LONGITARSE, Kröyer.

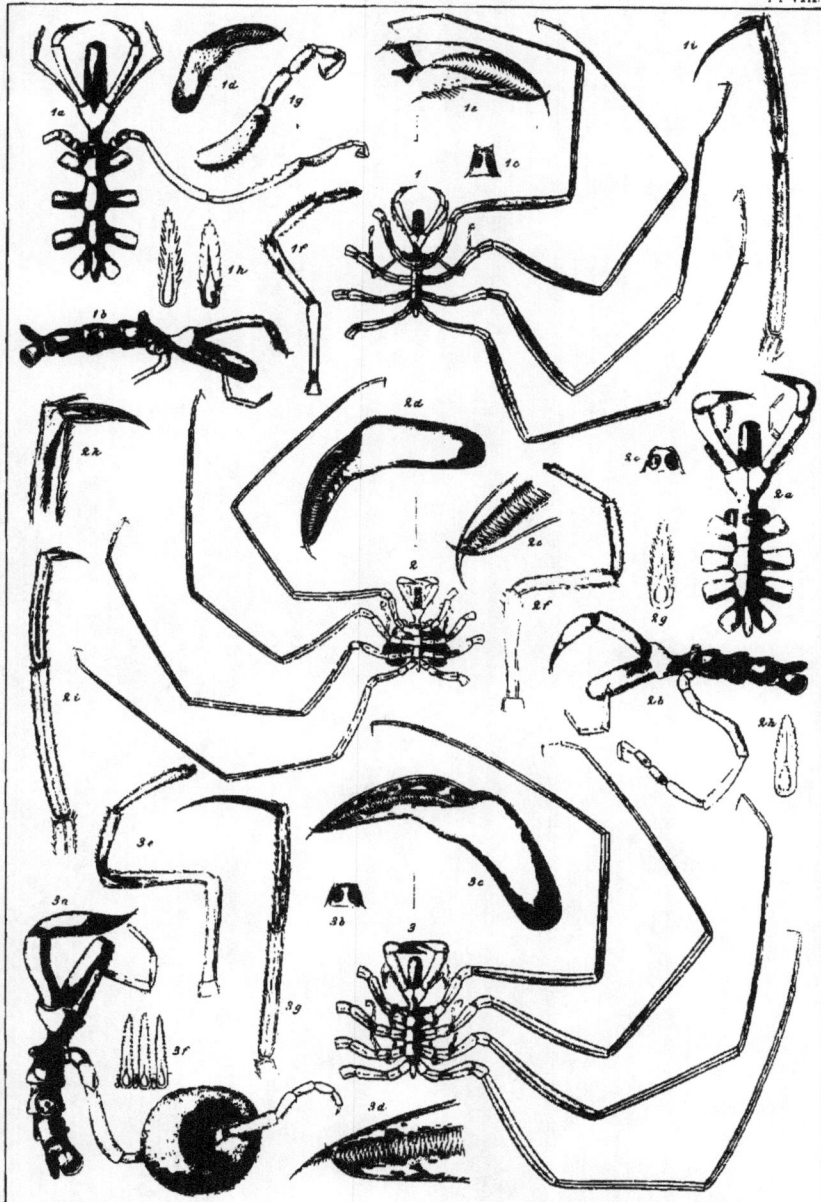

G.O. Sars del.   Lith W. Schlachter, Stockholm.

Fig 1, a-i, NYMPHON LEPTOCHELES, n. sp. Fig. 2, a-k, NYMPHON STRÖMII, Kröyer.
Fig. 3, a-g, NYMPHON GRACILIPES, Heller.

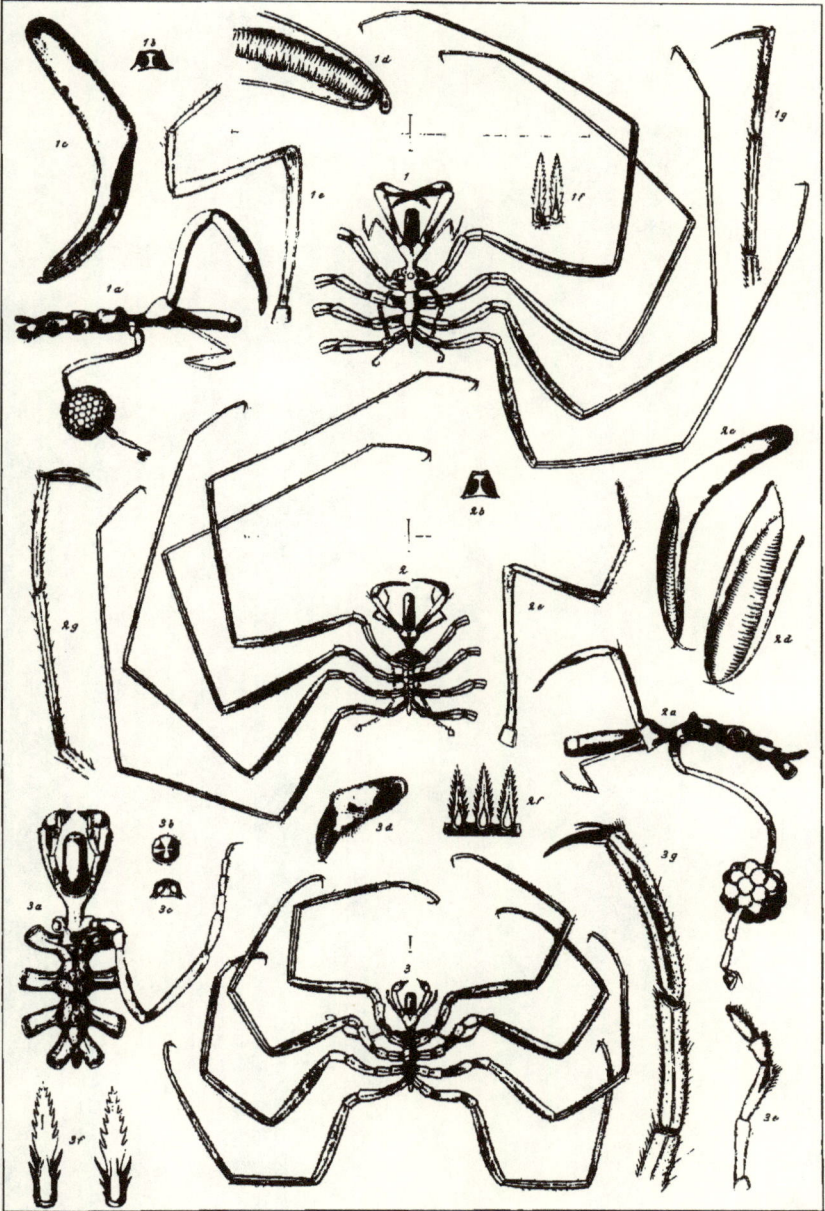

G.O Sars del.   Lith W Schlachter Stockholm

Fig.1, a-g, NYMPHON ELEGANS, Hansen.   Fig.2, a-g, NYMPHON MACRUM, Wilson.
Fig.3, a-g, NYMPHON MICRONYX, n sp

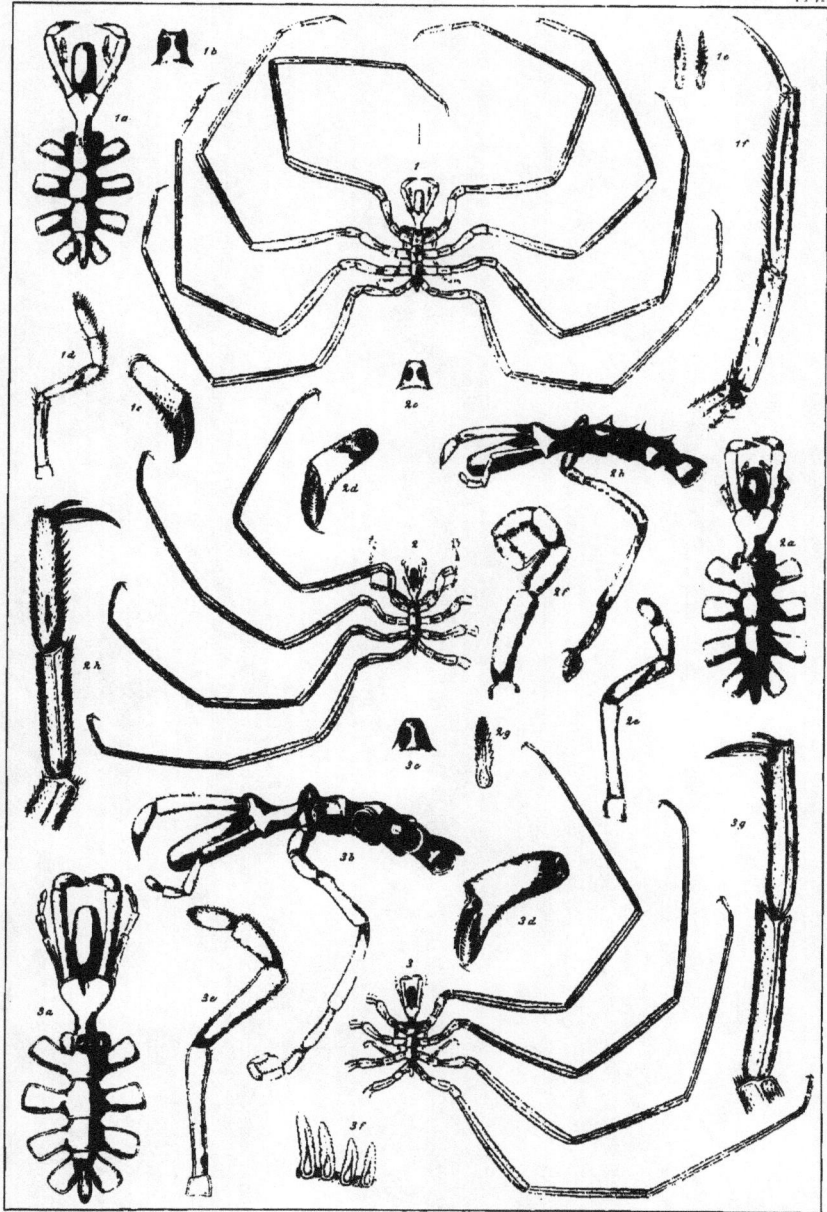

Fig 1, a-f, NYMPHON LONGIMANUM, n.sp. Fig 2, a-h, NYMPHON SERRATUM, G O Sars
Fig. 3, a-g, NYMPHON MEGALOPS, G O.Sars.

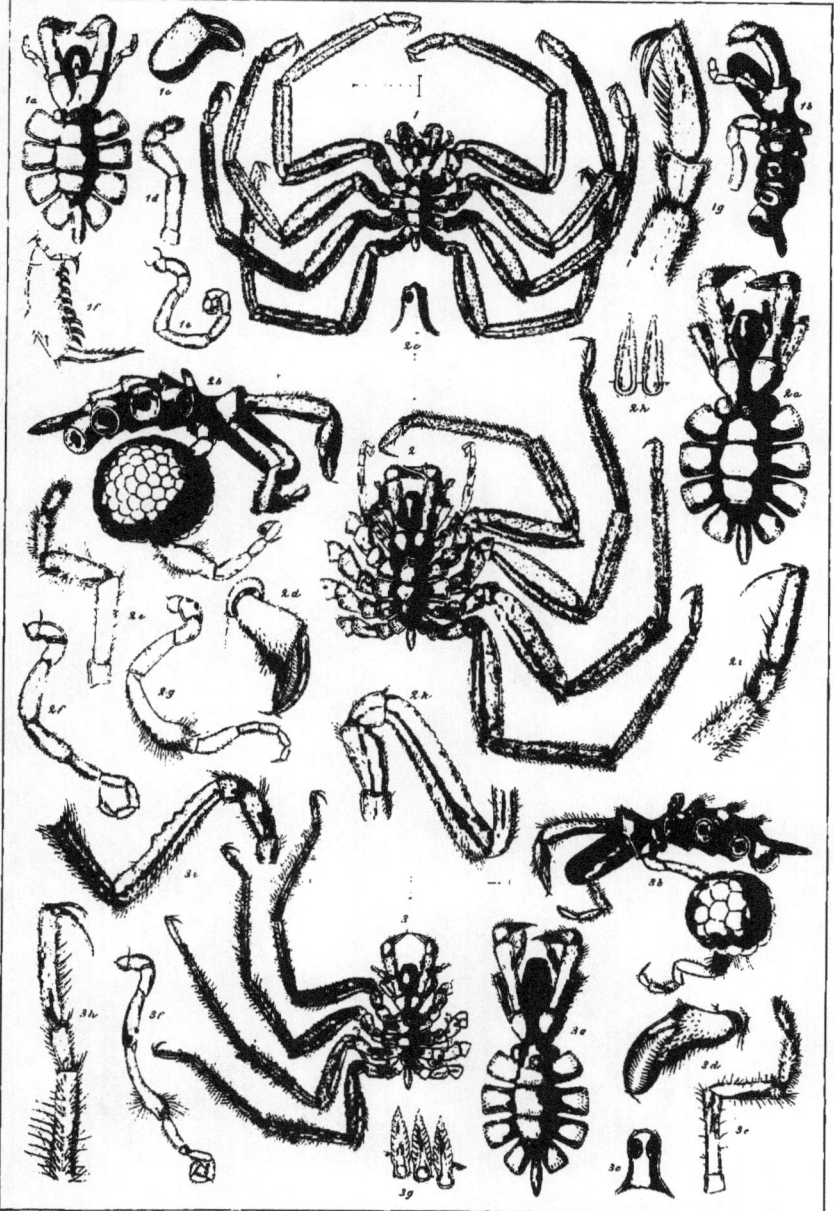

Fig 1, a-g, CHÆTONYMPHON HIRTUM Fabr. (Kröyer). Fig. 2, a-k, CHÆTONYMPHON HIRTIPES, (Bell).
Fig 3, a-i, CHÆTONYMPHON SPINOSUM, (Goodsir).

G. O. SARS, PYCNOGONIDEA

Pl. XII

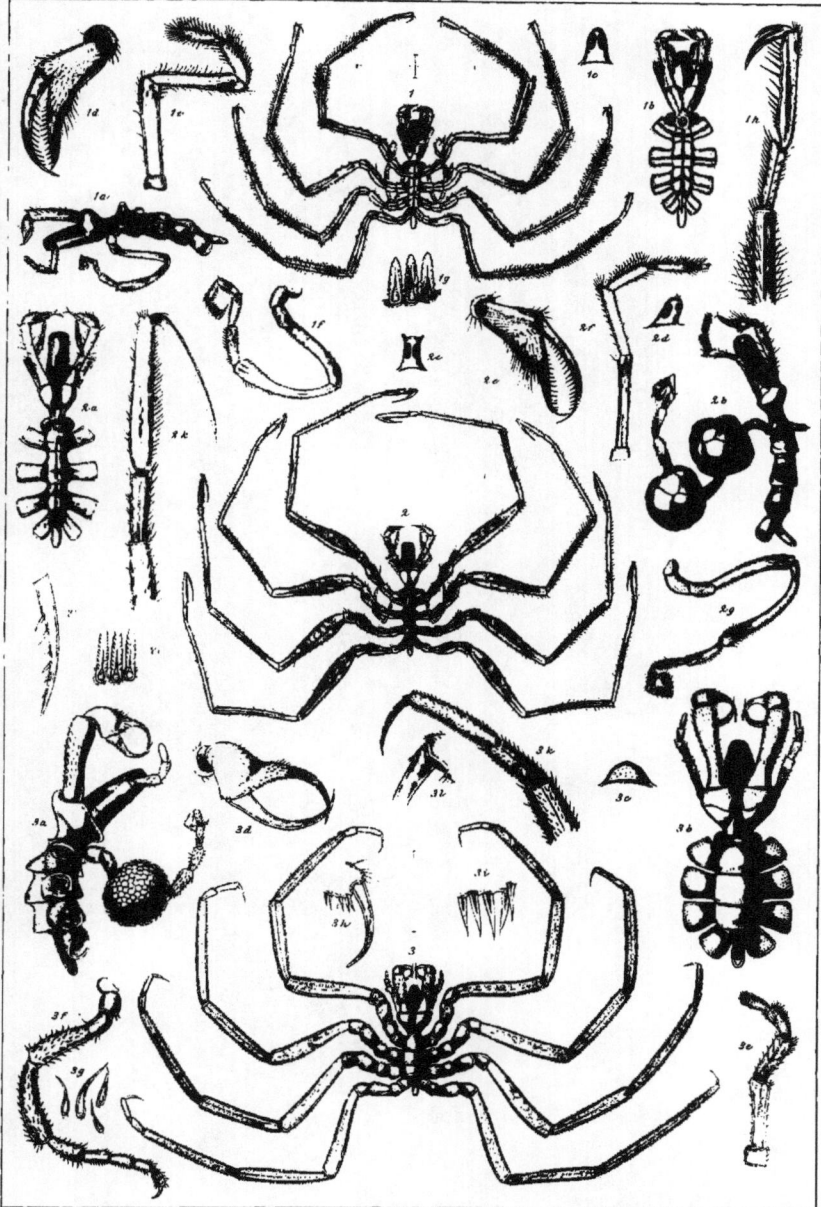

G. O. Sars del.

Lith. W. Schlachter, Stockholm.

Fig. 1, a-h, CHÆTONYMPHON TENELLUM, n.sp. Fig. 2, a-k, CHÆTONYMPHON MACRONYX, G. O. Sars.
Fig. 3, a-l, BOREONYMPHON ROBUSTUM, (Bell).

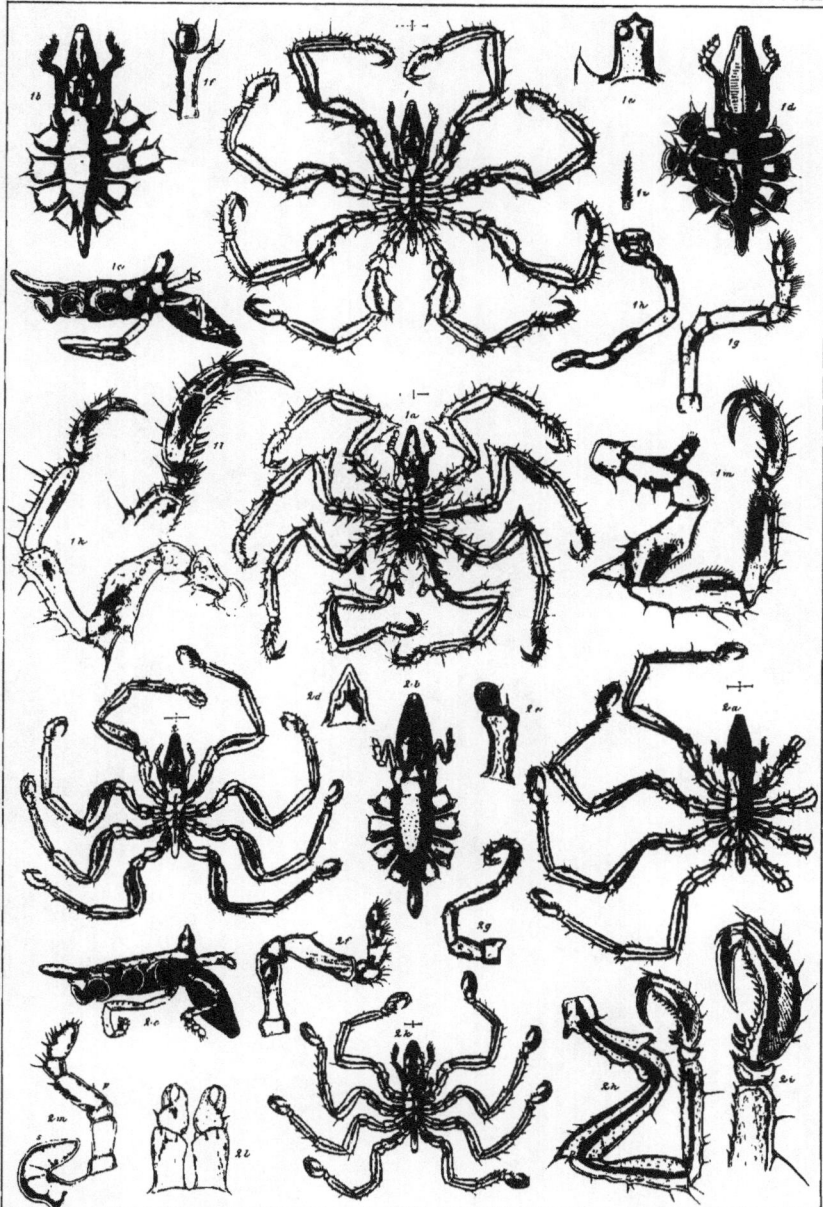

G. O. Sars del.   Lith. W. Schlachter, Stockholm

Fig.1, a-m, AMMOTHEA ECHINATA, (Hodge).
Fig.2, a-m, AMMOTHEA LÆVIS, (Hodge).

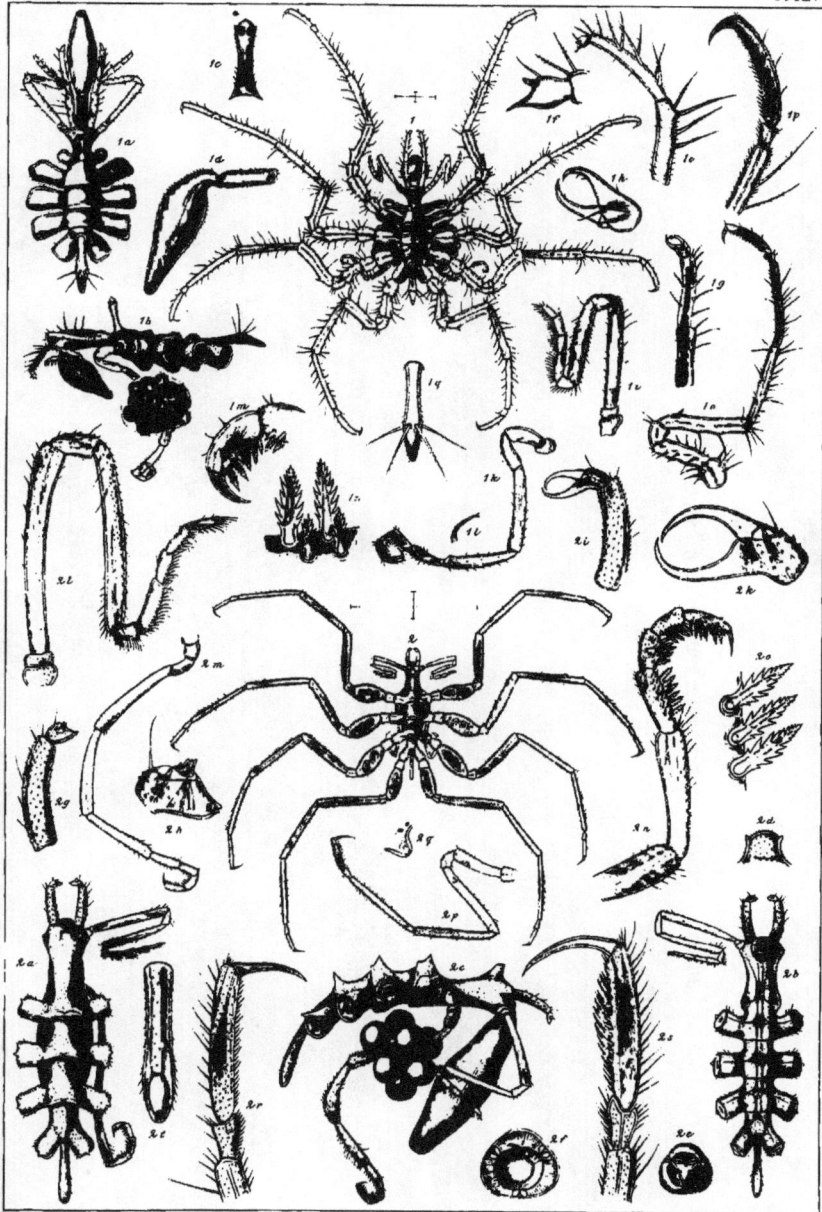

G.O.Sars del.   Lith: W Schlachter, Stockholm

Fig.1, a-q, EURYCYDE HISPIDA, (Kröyer).
Fig.2, a-t, ASCORHYNCHUS ABYSSI, G.O. Sars.

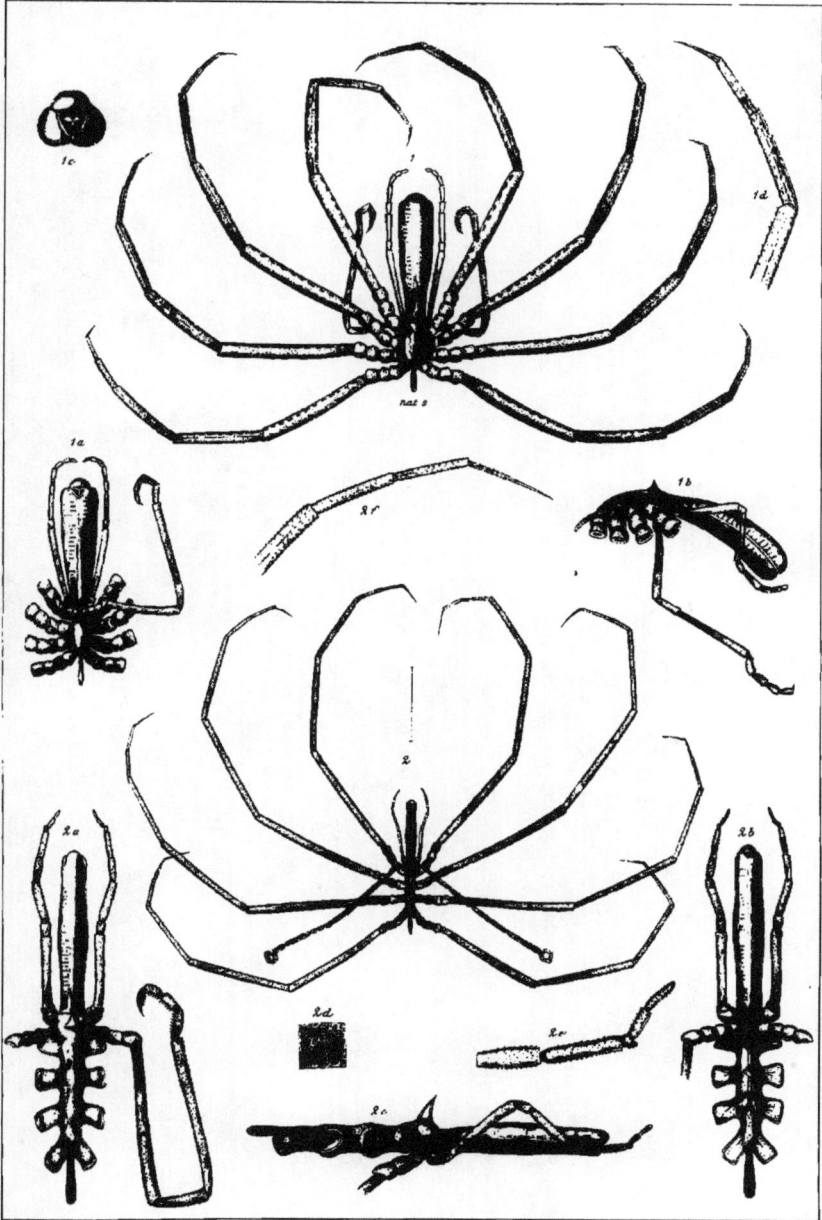

G. O. Sars del.
Lith W. Schlachter, Stockholm.

Fig. 1, a-d, COLOSSENDEIS PROBOSCIDEA, (Sab). Fig. 2, a-f, COLOSSENDEIS ANGUSTA, G. O. Sars.

www.ingramcontent.com/pod-product-compliance
Lightning Source LLC
Chambersburg PA
CBHW022123020426
42334CB00015B/736